Politik & Co.

Sozialkunde

UpdateCodes

Aktualisierung von Grafiken, Statistiken und Tabellen

Olaf Beckmann,
Gernot Herz,
Stefan-Fabian Lutz,
Marcus Müller,
Volker Rith,
Michael Sauer und
Sandra Spanaus
unter Beratung von
Marcus Höreth

Mit digitalen Aufgabenkästen

Digitale Hilfen für Operatoren und Methoden, Zusatzmaterialien, interaktive Anwendungen (Quizze, Rankings, Abstimmungen, ...)

Erklärfilm

73000-521

Sek II
Rheinland-Pfalz

C.C.BUCHNER

Politik & Co. Sek II – Rheinland-Pfalz

Herausgegeben von Michael Sauer

Sozialkunde – Gesamtband

Bearbeitet von Olaf Beckmann, Gernot Herz, Stefan-Fabian Lutz, Marcus Müller, Volker Rith, Michael Sauer und Sandra Spanaus unter Beratung von Marcus Höreth

Sozialkunde – Gesamtband:

- Digitales Lehrermaterial **click & teach** Einzellizenz, Bestell-Nr. 720361
- Digitales Lehrermaterial **click & teach** Box (Karte mit Freischaltcode), ISBN 978-3-661-72036-4

Diese Titel werden auch als digitale Ausgabe **click & study** unter www.ccbuchner.de erscheinen.

1. Auflage, 1. Druck 2023

Dieses Werk folgt der reformierten Rechtschreibung und Zeichensetzung. Ausnahmen bilden Texte, bei denen künstlerische, philologische oder lizenzrechtliche Gründe einer Änderung entgegenstehen.
Die Mediencodes enthalten ausschließlich optionale Unterrichtsmaterialien. An keiner Stelle im Schülerbuch dürfen Eintragungen vorgenommen werden. Auf verschiedenen Seiten dieses Buches finden sich Verweise (Links) auf Internetadressen. Haftungshinweis: Trotz sorgfältiger inhaltlicher Kontrolle wird die Haftung für die Inhalte externer Seiten ausgeschlossen.

Redaktion: Tabea Schüller-Ruhl
Layout und Satz: mgo360 GmbH & Co. KG, Bamberg
Druck und Bindung: Mohn Media Mohndruck GmbH, Gütersloh

www.ccbuchner.de

ISBN 978-3-661-**72035**-7

Inhaltsverzeichnis

P (Pflicht) und **WP** (Wahlpflicht)

Methoden

Methodenglossar

Zur Arbeit mit dem Buch

Der Band Politik & Co. - Sozialkunde wurde nach den Vorgaben des neuen Lehrplans für das Fach Sozialkunde in Rheinland-Pfalz neu konzipiert. Er ermöglicht Ihnen, liebe Schülerinnen und Schüler, die zentralen Inhalte und Kompetenzen des Faches anhand vieler Beispiele aus Ihrem Leben und Ihrer Umgebung zu erwerben. Für Ihre Lehrerinnen und Lehrer ist das Buch eine Hilfe, einen modernen und binnendifferenzierten Unterricht zu verwirklichen.

1 Kapitelauftaktseiten

Jedes Kapitel beginnt mit einer Auftaktdoppelseite. Eine Materialseite und offene Aufgaben ermöglichen Ihnen eine erste Annäherung an die Inhalte des neuen Kapitels. Dabei können Sie auch zeigen, was Sie bereits über das Thema wissen. Ein kurzer Einführungstext, welcher mit den Spannungsfeldern für das Kapitel startet, hilft ihnen außerdem, einen Überblick zu erhalten. Schließlich erfahren Sie, welche Leitfragen das Kapitel vor allem beantworten wird.

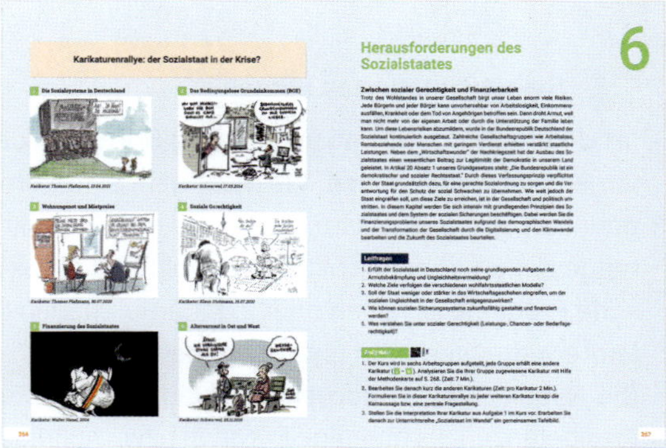

2 Einführung in die Unterkapitel

Jedes Unterkapitel beginnt mit einer knappen Einführung. In der Rubrik **„Zum Thema"** werden Sie an das jeweilige Thema herangeführt. Hier erfahren Sie, was das zu behandelnde Problem auf den nachfolgenden Seiten ist und mit welchen Themen es bearbeitet werden kann. Im Anschluss an die thematische Hinführung beginnt jedes Unterkapitel mit einem Einstiegsmaterial und entsprechenden Einstiegsaufgaben. Diese gewährleisten einen motivierenden und problemorientierten Auftakt für den Unterricht.

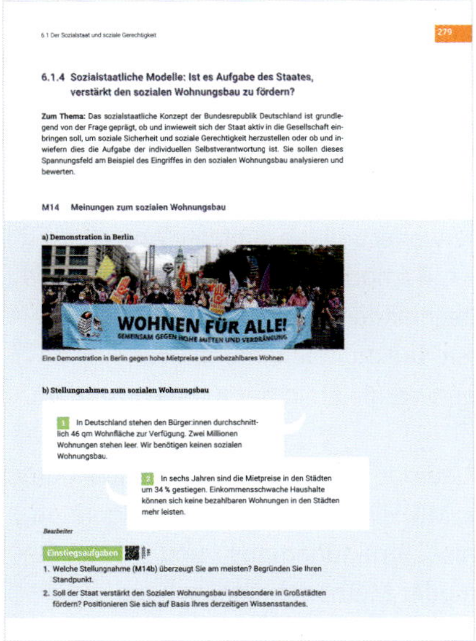
6.1 Der Sozialstaat und soziale Gerechtigkeit

279

6.1.4 Sozialstaatliche Modelle: Ist es Aufgabe des Staates, verstärkt den sozialen Wohnungsbau zu fördern?

Zum Thema: Das sozialstaatliche Konzept der Bundesrepublik Deutschland ist grundlegend von der Frage geprägt, ob und inwieweit sich der Staat aktiv in die Gesellschaft einbringen soll, um soziale Sicherheit und soziale Gerechtigkeit herzustellen oder ob und inwiefern dies die Aufgabe der individuellen Selbstverantwortung ist. Sie sollen dieses Spannungsfeld am Beispiel des Eingriffes in den sozialen Wohnungsbau analysieren und bewerten.

M14 Meinungen zum sozialen Wohnungsbau

a) Demonstration in Berlin

Eine Demonstration in Berlin gegen hohe Mietpreise und unbezahlbares Wohnen

b) Stellungnahmen zum sozialen Wohnungsbau

1 In Deutschland stehen den Bürger:innen durchschnittlich 46 qm Wohnfläche zur Verfügung. Zwei Millionen Wohnungen stehen leer. Wir benötigen keinen sozialen Wohnungsbau.

2 In sechs Jahren sind die Mietpreise in den Städten um 34 % gestiegen. Einkommensschwache Haushalte können sich keine bezahlbaren Wohnungen in den Städten mehr leisten.

Bearbeiter

Einstiegsaufgaben

1. Welche Stellungnahme (M14b) überzeugt Sie am meisten? Begründen Sie Ihren Standpunkt.
2. Soll der Staat verstärkt den Sozialen Wohnungsbau insbesondere in Großstädten fördern? Positionieren Sie sich auf Basis Ihres derzeitigen Wissensstandes.

3 Aufbau der Unterkapitel

Durch die Arbeit mit dem Materialienteil und den speziell ausgewiesenen Methoden- und Workshopseiten schulen Sie Ihre Analyse-, Urteils-, Handlungs- und Methodenkompetenzen. Die sorgfältig ausgewählten Quellen zeigen unterschiedlichste Perspektiven und vertiefen die zentralen Themenaspekte. Die Aufgaben am Ende jedes Unterkapitels zeigen Ihnen, wie Sie das Thema mittels der Materialien erarbeiten können, wobei die Aufgaben in der Regel eine konkrete Handlungsanweisung (Operator) enthalten. Zudem unterstützen die Angebote **H** (Hilfe) und **F** (Fordern) in der Randspalte zu den Aufgabenkästen bei der Bearbeitung der Aufgaben und ermöglichen dadurch einen binnendifferenzierenden Unterricht.

4 Kapitelabschluss

Die Rubrik „Wissen kompakt“ am Ende der Unterkapitel hilft Ihnen, das erworbene Wissen in Bezug auf wichtige Begriffe zu sichern. Die QR- und Mediencodes führen zu interaktiven Übungen, mit Hilfe derer Sie das erlangte Wissen selbstständig mittels eines digitalen Endgeräts überprüfen können.
Die letzte Doppelseite eines jeden Kapitels „Kompetenzen anwenden“ ermöglicht es Ihnen sich auf eine anstehende Kursarbeit vorzubereiten.

5 Selbstgesteuertes Lernen

Im Unterricht für Sozialkunde sollen Sie nicht nur einfach Fakten auswendig lernen und wiedergeben. Vielmehr geht es darum, dass Sie als mündige Bürgerinnen und Bürger am Leben in einer Demokratie teilhaben und es aktiv mitgestalten können. Mit der Rubrik **„Politik aktiv“** können Sie aktiv politische Produkte erstellen oder z. B. Simulationen durchführen und so das Gelernte weiter vertiefen und anwenden.
Die Rubrik **„Sie als Bürger:in …“** lädt Sie dazu ein, sich mit Ihren erlernten Kompetenzen als mündige Bürgerin bzw. mündiger Bürger aktiv einzubringen.

6 Methodenkarten

„Politik & Co. Sek II“ bietet Ihnen eigens konzipierte Methodenkarten, um einzelne Themen und Aufgaben besser bearbeiten zu können.
Die Fach- und Bearbeitungsmethoden in den Kapiteln und im Methodenglossar ab S. 585 stärken die Methodenkompetenz.

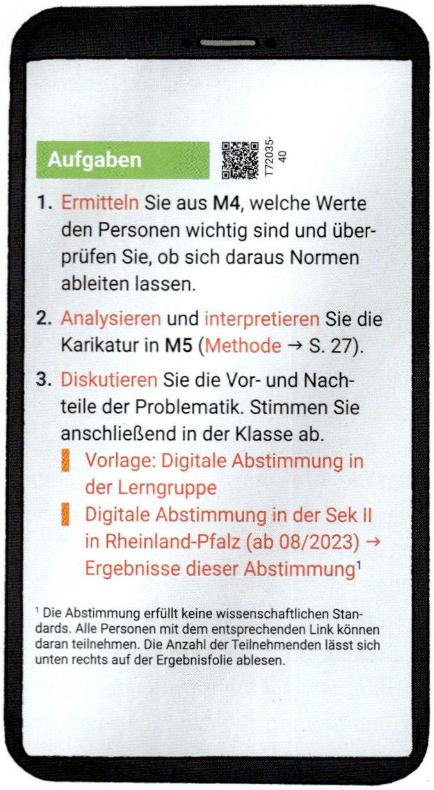

7 Digitale Aufgabenkästen

„Politik & Co. Sek II“ gibt allen Aufgabenkästen einen „digitalen Zwilling“. Mit Hilfe der QR- und Mediencodes in den Kopfzeilen der Aufgabenkästen können die jeweiligen Aufgaben digital abgerufen werden. Diese digitalen Aufgaben sind identisch mit den jeweiligen Aufgaben im Schulbuch, bieten aber folgenden Mehrwert:

- Digitale interaktive Anwendungen zu den Aufgaben: Aufgaben aus dem Schulbuch werden um digitale, interaktive Anwendungen (z. B. Abstimmungen, Wortwolken, Rankings, …) erweitert. Diese digitalen Anwendungen sind sowohl im Klassenraum (z. B. moderiert durch die Lehrkraft) als auch im ganzen Bundesland Rheinland-Pfalz (moderiert durch den Verlag) möglich. Mit anderen Worten: Die digitalen interaktiven Anwendungen ermöglichen einen anonymen Vergleich in der Klasse – und im Bundesland.
- Operatoren- und Methodenkarten werden zu den jeweils passenden Operatoren und Methoden verlinkt. Mit Hilfe von digitalen Endgeräten können somit wichtige Verständnis-, Strukturierungs- und Formulierungshilfen für einzelne Operatoren oder Methoden angeschaut und direkt an der Aufgabe, ohne blättern zu müssen, genutzt werden.
- Formulierungshilfen o.ä. ermöglichen eine Differenzierung in den Aufgaben.
- Der Hinweis → digitaler Aufgabenkasten verweist auf Zusatzmaterialien, die im jeweiligen digitalen Aufgabenkasten hinterlegt sind.

8 UpdateCodes

Zahlreiche Grafiken, Schaubilder und Tabellen mit dem Icon werden regelmäßig aktualisiert und stehen mit Hilfe eines QR- und Mediencodes neben der jeweiligen Grafiküberschrift kostenfrei zum Download zur Verfügung. Die Grafiken sind wie folgt konzipiert:

- Unter der Grafiküberschrift findet sich der jeweilige Stand der Grafik-Aktualisierung, z. B. „Stand: 2022". Dieser Stand zeigt immer die letzte Datenüberprüfung an.
- Die Quellenangabe unter der Grafik informiert über den jeweiligen Datenerhebungszeitpunkt.

Lesebeispiel zur nebenstehenden Grafik: Die Daten stammen vom Bundesministerium für Arbeit und Soziales aus dem Jahr 2021. Die letzte Datenüberprüfung, ob es neuere Daten gibt, fand im Jahr 2022 statt.

Weitere Informationen zu den Update Codes finden sich im nebenstehenden QR- und Mediencode.

73000-519

Letzte Überprüfung nach aktuellsten Daten

73000-06

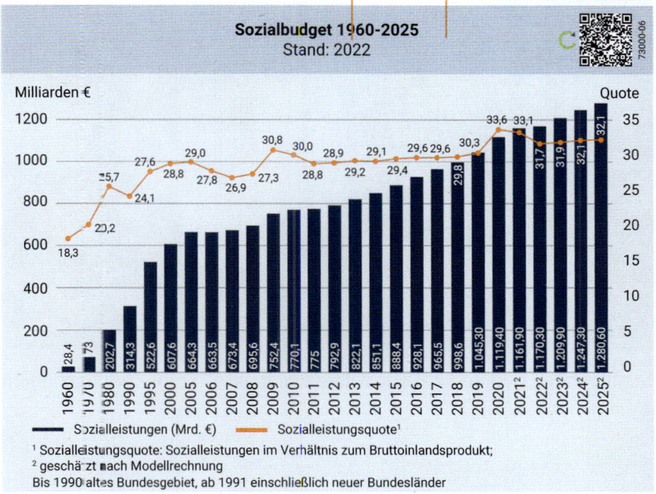

©C.C. Buchner Verlag, aktuelle Daten nach: Bundesministerium für Arbeit und Soziales, 2021

Datenerhebungszeitraum

9 Allgemeine Hinweise

- Das Methodenglossar am Ende des Buches bietet Ihnen einen Überblick über wichtige Methoden, um die Aufgaben besser bearbeiten zu können.
- Das Register zum Auffinden von Querverweisen kann ein wichtiges Hilfsmittel sein und das selbstständige Arbeiten mit dem Buch erleichtern.
- Eigens für das Lehrbuch erstellte Zusatzmaterialien oder Erklärfilme können Sie auf der Verlagshomepage (www.ccbuchner.de) kosten- und werbefrei jederzeit abrufen. Mit Hilfe von Mediencodes können Sie sie entweder direkt (Quick-Response-Code ↔ Smartphone/Tablet) oder über die Eingabe des jeweiligen Mediencodes in das Suchfeld der Verlagshomepage beziehen.
- Geschlechtergerechte Sprache: Die Reihe „Politik & Co. Sek II" lebt Vielfalt und Gleichheit unabhängig von Alter, Herkunft, Handicap, sexueller Orientierung, Geschlecht und individueller Identität. Daher wurde auch eine geschlechtergerechte Sprache verwendet. Eine Ausnahme stellen Quellen dar, die in ihrer original-sprachlichen Form belassen wurden. Sie beziehen aber selbstverständlich auch alle Menschen mit ein.
- Materialien ohne Quellenangaben sind von den Bearbeiterinnen und Bearbeitern verfasst.
- Sofern bei Materialien aus dem Internet kein Verfasserdatum ermittelt werden konnte, wird das „Abrufdatum" genannt.
- Die URL/vollständigen Internetadressen aller verwendeten Materialien aus dem Internet können Sie über den nebenstehenden QR- und Mediencode einsehen.

QR- und Mediencodes in Politik & Co. Sek II – Rheinland-Pfalz

72035-01

URL aller verwendeten Materialien aus dem Internet

72035-02

Schülerinnen und Schüler engagieren sich aktiv für ihre politischen Interessen.

Aktives Lernen im Sozialkundeunterricht

Sozialkundekundeunterricht in der Oberstufe: Politik verstehen – Politik beurteilen – sich aktiv einmischen?!

Karikatur: Gerhard Mester, 2008

Oberstufenschüler:innen in einem Planspiel zur Europäischen Union

Einführung: Politik verstehen – Politik beurteilen – partizipieren

1

Nur urteilen oder sich aktiv einmischen?

Politik ist etwas, das uns ALLE betrifft! Tagtäglich werden wir mit einer Vielzahl an politischen Nachrichten und Ereignissen konfrontiert: von internationalen Konflikten, die unsere Aufmerksamkeit auf sich ziehen, über die Politik in der Europäischen Union, dem Ringen um Gesetze im Deutschen Bundestag bis hin zu Fragen der Wirtschaft und der Gesellschaft. Ihnen, liebe Schülerinnen und Schüler, die Kompetenzen mitzugeben, diese politischen Situationen in ihrer Komplexität, Dynamik und Widersprüchlichkeit zu verstehen, sie zu beurteilen und sich dann auch selbst in die Diskussionen einzubringen, das ist die Aufgabe von Sozialkundeunterricht.

Die Demokratie in Deutschland ist darauf angewiesen, dass die Bürgerinnen und Bürger partizipieren, zum Beispiel an Wahlen teilnehmen und sich auch selbst wählen lassen. Der Sozialkundeunterricht ist deshalb von herausragender Bedeutung, weil er die notwendigen Kompetenzen vermitteln soll, die mündige Bürgerinnen und Bürger für diese Aufgaben benötigen.

In diesem einführenden Kapitel sollen Sie lernen, wie politische Situationen analysiert und beurteilt werden können und welche Kompetenzen Sie als mündige Bürgerinnen und Bürger benötigen, damit Sie sich für Ihre Interessen engagieren können.

Leitfragen

1. Was ist Politik und wie erleben Sie Politik?
2. Wie können politische Situationen analysiert und beurteilt werden?
3. Welche Kompetenzen benötigen mündige Bürgerinnen und Bürger?
4. Welche grundlegenden Wertvorstellungen tragen wir als politische Menschen in uns?
5. Wie können wir uns politisch engagieren?

Aufgaben

72035-03

1. Beschreiben Sie die Bilder A – D auf der linken Seite. Inwiefern zeigt sich in ihnen guter oder auch problematischer Sozialkundeunterricht?
2. Welche Erwartungen haben Sie an den Sozialkundeunterricht in der Oberstufe?
   a) Notieren Sie zunächst für sich stichpunktartig Ihre Interessen, Wünsche, aber auch Ihre Sorgen und Ängste.
   b) Tandeminterview: Interviewen Sie sich gegenseitig im Wechsel zu Ihren Erwartungen aus Aufgabe 2a.
   c) Sammeln Sie die Ergebnisse an einer (digitalen) Pinnwand und diskutieren Sie diese im Anschluss.

1.1 Politikbegriff und Politikkompetenz

1.1.1 Mitmach- statt Zuschauer-Demokratie: Welche Kompetenzen und Einstellungen benötigen mündige Bürgerinnen und Bürger?

Zum Thema: „Alle Staatsgewalt geht vom Volke aus". So steht es in Art. 20 GG. Die Demokratie stellt damit als Regierungsform höhere Anforderungen an die Bürgerinnen und Bürger als jede andere, weil sie auf deren aktive Teilhabe und Unterstützung angewiesen ist. Diejenigen Kompetenzen zu fördern, die für mündige Bürgerinnen und Bürger als notwendig erachtet werden, ist Aufgabe politischer Bildung und somit auch des Sozialkundeunterrichts. Doch tatsächlich ist es umstritten, welche Kompetenzen mündige Bürgerinnen und Bürger benötigen und ob und inwiefern der Sozialkundeunterricht diese auch fördern soll. Welche Kompetenzen halten Sie für notwendig?

M1 Karikatur: das Wissen der Bürgerinnen und Bürger über das politische System

Mündigkeit
Mündigkeit meint die Fähigkeit von Bürgerinnen und Bürgern zur Selbstbestimmung und Urteilsfähigkeit. Damit sind sie in der Lage, für die Gesellschaft und den Staat mit ihren Entscheidungen und Handlungen Verantwortung zu übernehmen und mitzuwirken.

Karikatur: Gerhard Mester, 2008

Einstiegsaufgaben 72035-04

1. Interpretieren Sie die Karikatur in **M1**. Welche Aussage trifft sie über Bürgerinnen und Bürger?
2. Mitmach- oder Zuschauerdemokratie: Welche Kompetenzen fehlen den Bürgerinnen und Bürgern in der Karikatur? Sammeln und diskutieren Sie Ihre Vorschläge.

M2 Welche Kompetenzen brauchen mündige Bürgerinnen und Bürger?

1 Mit der **kognitiven Kompetenz** ist das Erfordernis eines gewissen Niveaus an Wissen und Lernfähigkeit gemeint, wobei sich das Wissen auf die institutionelle Ordnung des politischen Systems, auf funktionale Zusammenhänge innerhalb dieses Systems bis hin zu seinen weltpolitischen und weltwirtschaftlichen Abhängigkeiten bezieht. Der Bürger soll aber auch hinsichtlich der Inhalte der je aktuellen politischen Entscheidungen über sachlich informierte Kenntnisse verfügen.

2 **Prozedurale Kompetenzen** sind Kenntnisse und Fertigkeiten, die benötigt werden, um politische Einflussmöglichkeiten und Partizipationschancen auch tatsächlich wahrnehmen zu können. Der Bürger muss zu diesem Zweck Kenntnisse über administrative Zuständigkeiten und rechtliche Verfahren besitzen. Er muss über strategische Fähigkeiten verfügen, um eigene oder als richtig erkannte allgemeine Ziele verwirklichen zu können.

3 **Habituelle Kompetenzen** sind Einstellungen oder – in traditioneller Terminologie – Tugenden, die der Bürger dem Gemeinwesen zu dessen Bestandserhaltung entgegenbringen muss. Sie müssen affektiv fest verankert sein, damit sie handlungsmotivierend wirken können. Moderne Demokratien sind in ihren habituellen Erwartungen besonders anspruchsvoll. Als staatliche Gemeinwesen benötigen sie natürlich Rechtsgehorsam, darüber hinaus aber auch Opferbereitschaft, das Gemeinwesen gegen Bedrohungen von außen zu verteidigen. Als liberale Gemeinwesen bedürfen sie der Fairness und der Toleranz in weltanschaulichen Angelegenheiten. Als demokratische Gemeinwesen sind sie angewiesen auf Partizipation, die nach Möglichkeit rational, verantwortbar und regelmäßig sein soll. Als sozialstaatliche Gemeinwesen kommen sie nicht ohne sozialen Gerechtigkeitssinn und Solidarität aus.

Detjen, Joachim: Die Demokratiekompetenz der Bürger. In: Aus Politik und Zeitgeschichte B25/2000, online Ausgabe vom 26.05.2002

M3 Politisch aktive Bürgerinnen und Bürger – ein Leitbild für die politische Bildung?

Eine funktionierende Demokratie ist auf die Beteiligung ihrer Bürger:innen angewiesen. Allerdings ist umstritten, wie groß der Anteil aktiver Bürger:innen tatsächlich sein sollte. Die Auffassung darüber hängt ab vom jeweiligen Demokratieverständnis und Menschenbild. In einer repräsentativen Demokratie bestimmen die Bürger:innen per Wahl ihre Volksvertreter, welche dann in den Parlamenten und Regierungen für alle verbindliche Entscheidungen treffen. Dieses Konzept geht davon aus, dass die Mehrzahl der Bürger:innen weder über die notwendigen Kenntnisse noch das Interesse verfügt, um ständig in der Politik aktiv mitzuwirken. Außerdem könnten politische Eliten rationalere und bessere Entscheidungen treffen als die „Normalbürger:innen". Die Bürger:innen werden nach diesem Demokratieverständnis nur zeitweise für die Auswahl und Legitimation der Repräsentanten benötigt. Anhänger einer eher partizipativen Demokratie möchten dagegen, dass Bürger:innen in möglichst vielen Bereichen aktiv beteiligt sind und die Politik im Land in großer Zahl aktiv mitgestalten. Sie vermuten bessere politische

Entscheidungen, wenn deutlich mehr Menschen an diesen Entscheidungen mitwirken oder deren Interessen berücksichtigt werden. Nach diesem Konzept sollen Bürger:innen zusätzlich zu Wahlen weitere Gelegenheiten haben, direkt zu entscheiden (Volksentscheid) oder politisch Gehör zu finden (z. B. in Bürgerforen). Dieser Kontroverse folgend werden die nachfolgenden Bürgerleitbilder als Ziele der politischen Bildung in Deutschland diskutiert:

Bearbeiter

1 **Reflektierte Zuschauer/-innen** informieren sich regelmäßig über Politik und sind in der Lage, rational begründete Wahlentscheidungen zu treffen.

2 **Interventionsfähige Bürger/-innen** engagieren sich darüber hinaus punktuell in der Politik, immer dann, wenn ihre eigenen Interessen besonders betroffen sind.

3 **Aktivbürger/-innen** engagieren sich dauerhaft politisch und Politik ist ein wesentlicher Bestandteil ihres Lebens.

Nach: Pohl, Kerstin: Politische aktive Bürgerinnen und Bürger – ein Leitbild für die politische Bildung. In: www.bpb.de, 22.10.2019

M4 Zwei Thesen zum realen politischen Handeln im Sozialkundeunterricht

Mit der Klasse zur Demo?

These 1:
In unserer freiheitlichen Demokratie gibt es keinen Zwang zur politischen Partizipation. Die Freiheit mündiger Bürgerinnen und Bürger umfasst auch die Freiheit nicht zu handeln. Das reale politische Handeln im Unterricht ist deshalb eine Manipulation der Schülerinnen und Schüler. Die Schule sollte allein die Wissensvoraussetzungen schaffen, damit die Schülerinnen und Schüler über ihr Engagement selbst entscheiden können.

These 2:
Das reale politische Handeln gehört in den Politikunterricht. Nur so können die zur Partizipation notwendigen Fähigkeiten trainiert und Selbstwirksamkeitserfahrungen gesammelt werden und nur so kann man Politik auch praktisch verstehen. Diese Erfahrungen können dann im Unterricht reflektiert werden.

Basierend auf: Pohl, Kerstin: Mit der Klasse zur Demo? Chancen und Gefahren realen politischen Handelns im Kontext politischer Bildung. In: www.bpb.de, 23.10.2019

M5 Beteiligungsmöglichkeiten für Bürger:innen in Deutschland

Ich möchte als mündige Bürgerin bzw. als mündiger Bürger ...

	Auf jeden Fall	Wahrscheinlich	Weiß noch nicht	Eher nein	Auf keinen Fall
... an Wahlen teilnehmen.					
... Mitglied einer Partei werden.					
... mich als Politiker:in selbst zur Wahl stellen (z.B. in der eigenen Gemeinde).					
... an genehmigten Demonstrationen teilnehmen.					
... an nicht genehmigten Demonstrationen teilnehmen.					
... in einer Bürger:initiative aktiv sein.					
... (im Internet) mit anderen über Politik diskutieren.					
... in einem Interessenverband aktiv sein.					
... mich regelmäßig über Politik informieren.					
... mich weitgehend aus dem Politischen raushalten.					
...					

Bearbeiter

Aufgaben

72035-05

1. Erarbeiten Sie aus **M2** die Kompetenzen einer mündigen Bürgerin / eines mündigen Bürgers. Vergleichen Sie diese mit Ihrer Liste zu **M1**.
2. Wie realistisch erscheint Ihnen der Erwerb der Kompetenzen in **M2**? Vergeben Sie dazu Punkte von 0 = sehr unrealistisch bis 10 = sehr realistisch.
3. Tandemarbeit: Analysieren Sie den Zusammenhang zwischen Demokratieverständnis und Bürgerleitbild (**M3**). Welchem Bürgerleitbild ordnen Sie sich selbst, welchem Ihre Partnerin / Ihren Partner zu? Formulieren Sie gegebenenfalls ein neues Bürgerleitbild.
4. Diskutieren Sie in Kleingruppen anhand der Thesen (**M4**), welches Bürgerleitbild (**M3**) der Sozialkundeunterricht zum Ziel haben soll. Welcher These stimmen Sie zu?
5. (Wie) möchten Sie sich beteiligen? Bearbeiten Sie die Umfrage (**M5**) und diskutieren Sie die Ergebnisse im Kurs.

Sie als Bürger:in ...

nehmen Kontakt zu besonders engagierten Bürger:innen in Ihrer Gemeinde auf (z. B. in Parteien, Verbänden, Bürgerinitiativen). Führen Sie Interviews (→ Methodenglossar) und präsentieren Sie diese dann im Kurs (als Ton-, Video- oder Schriftdokument). Analysieren Sie dabei die Motivation und die Erfahrungen der Befragten.

1.1.2 Politikbegriffe – Dimensionen – Politikzyklus: Was ist Politik und was nicht?

Zum Thema: Sozialkundeunterricht soll bei den Schülerinnen und Schülern das Verständnis für Politik wecken und sie dazu befähigen, politische Situationen angemessen zu beurteilen. Hierfür ist aber ein tragfähiges Verständnis dafür notwendig, was Politik denn überhaupt ist.

M6 Welche Situationen sind politisch?

Bearbeiter

		politisch	nicht politisch
1	Sie kaufen in einer Buchhandlung das Buch von Christoph Plickert: „Merkel. Eine kritische Bilanz!“		
2	Wirtschaftsminister Robert Habeck verkündet im Deutschen Bundestag, welche wirtschaftspolitischen Entscheidungen die Bundesregierung getroffen hat.		
3	Eine Familie sitzt beim Abendessen und diskutiert über das Fernsehduell der Kanzlerkandidat:innen vor der Bundestagswahl.		
4	Eine Familie diskutiert darüber, wie lange die Kinder abends wegbleiben dürfen.		
5	Der UN-Sicherheitsrat beschließt Sanktionen gegen Nordkorea.		
6	Schüler:innen diskutieren im Sozialkundekurs, ob sie lieber Referate oder Videopodcasts für die Epochalnote erstellen möchten.		

Bitte ins Heft

Einstiegsaufgaben 72035-06

1. Entscheiden Sie, welche Situationen in **M6** für Sie politisch sind.
2. Diskutieren Sie Ihre Einschätzungen und arbeiten Sie dabei Schlüsselbegriffe heraus, die Ihren Politikbegriffen zugrunde liegen.

M7 Was bedeutet der Begriff „Politik"?

Der Begriff *Politik* stammt vom griechischen Wort *polis* ab. [...] Seit den frühen klassischen Politiklehren, beginnend mit Aristoteles, wird die Bestimmung von Politik immer wieder neu versucht. Doch ist bis heute keine wachsende Einigkeit über den Begriff von Politik erzielt worden. Ob Macht, Konflikt, Herrschaft, Ordnung, Gemeinwohl oder Friede die eigentliche Substanz von Politik seien, bleibt umstritten. So besteht [...] eine Möglichkeit (darin), sich dem Begriff Politik anzunähern, indem man verschiedene Definitionen miteinander vergleicht.

1 Aristoteles versteht unter Politik das dem Menschen angeborene Streben nach dem Leben in der Gemeinschaft mit Freunden.

2 „Politik ist der Kampf um gerechte Ordnung." (Gablenz, 1951)

3 „Politik ist die Summe aller Mittel, die nötig sind, um zu Macht zu kommen und sich an der Macht zu halten und um von der Macht den nützlichsten Gebrauch zu machen." (Machiavelli, 1414)

4 „Der Gegenstand und das Ziel der Politik ist der Friede [...] der Friede ist die politische Kategorie schlechthin." (D. Sternberger, 1961)

5 „Politik [ist] der alle Bereiche des gesellschaftlichen Lebens durchdringende Kampf der Klassen und ihrer Parteien, der Staaten und der Weltsysteme um die Verwirklichung ihrer sozialökonomisch bedingten Interessen und Ziele [...]." (Wörterbuch der marxistisch-leninistischen Soziologie, 1969)

6 Das Politische ist als Folgeproblem einer gesellschaftlichen Problemsituation zu betrachten (nach K. Rohe, 1994).

5 „Das politische System sei ein Entscheidungssystem, deren Entscheidungen besondere Relevanz haben, da sie die Verteilung von Gütern betreffen. Diese Verteilung geschehe autoritativ, da sie in der Regel respektiert werden müsse und das System Sanktionen für abweichendes Verhalten bereit halte. Die Sanktionen besässen Geltung für die gesamte Gesellschaft." (D. Easton, 1954)

8 „Politik ist die Herstellung einer ‚guten' Ordnung für die Gesamtheit von Menschen sowie die Erhaltung dieser Ordnung durch die Gewährleistung innerer und äusserer Sicherheit. Das Mittel dazu ist die Macht." (M. Thöndl, 2005)

9 „Politik würde für uns also heissen: Streben nach Machtanteil oder nach Beeinflussung der Machtverteilung, sei es zwischen Staaten, sei es innerhalb eines Staates zwischen den Menschengruppen, die er umschliesst." (Max Weber, 1919)

10 „Politik [ist] gesellschaftliches Handeln, [...] welches darauf gerichtet ist, gesellschaftliche Konflikte über Werte verbindlich zu regeln." (G. Lehmbruch, 1968)

11 „Politik ist die Gesamtheit der Aktivitäten zur Vorbereitung und zur Herstellung gesamtgesellschaftlich verbindlicher und/oder am Gemeinwohl orientierter und der ganzen Gesellschaft zugute kommender Entscheidungen." (T. Meyer, 2003)

Die oben aufgeführten Zitate machen deutlich, dass es die „wahre", objektive Definition von *Politik* nicht gibt [...]. Die hier wiedergegebenen Politik-Begriffe erfassen ganz verschiedene Aspekte der komplexen sozialen Realität, die als „politisch" qualifiziert wird. Einmal ist es die Problematik des guten Lebens, dann die Freund-Feind-Beziehung oder das Problem des Klassenkampfes. Das Hervorheben einzelner Aspekte erzeugt notwendigerweise das Absehen von anderen Akzenten. Die Verwendung dieser Begriffe hat demnach eine selektive Wirkung. [...] Die Bildung und Verwendung eines bestimmten Politik-Begriffes geht dem auf die soziale Realität gerichteten Erkenntnisinteresse voraus. [...]

Die verschiedenen Definitionen von Politik der vorherigen Seite lassen sich in vier Typen unterscheiden:

A **Der marxistische Politikbegriff**: Für dessen Vertreter ist die Politik lediglich ein Phänomen des Überbaus und mithin des Klassenkampfes aufgrund der materiell-ökonomischen Gegebenheiten, insbesondere der Produktionsverhältnisse.

B **Der pragmatische Politikbegriff**: Er dreht sich vor allem um das Phänomen Macht, also um den Erwerb und die Bewahrung der Herrschaft.

C **Der normative Politikbegriff**: Im Zentrum steht die Gemeinschaft und die gute Ordnung als Zweck des Staates und des Gemeinwesens.

D **Der empirisch-analytische Politikbegriff**: An seiner Basis steht das politische Entscheidungssystem in komplexen und konfliktgeprägten Gesellschaften.

Caduff, Claudio: Politik Begriff. In: www. politischebildung.ch (Abruf am 22.10.2021)

M8 Politik im engeren und im weiteren Sinne als Arbeitsbegriffe für die politische Bildung

In der Politikwissenschaft wurde die Suche nach einem umfassenden allgemeingültigen Politikbegriff weitgehend aufgegeben. Als Folge davon hat sich immer mehr durchgesetzt, für bestimmte Funktionen, Anwendungen und Situationen einen bestimmten Politikbegriff als Arbeitsbegriff zu verwenden. Für die politische Bildung im Rahmen des Sozialkundeunterrichts sind dies Politik im engeren Sinne und Politik im weiteren Sinne. Beide umfassen die Kernelemente eines Politikbegriffes, wie sie von vielen Politikwissenschaftler:innen genannt werden: Konflikt, Konsens, Interesse und Macht. Hinzu kommt aber auch als wichtiger Faktor, dass es sich bei politischen Situationen um Konflikte zwischen Personen, Personengruppen oder Staaten handelt, die geregelt oder entschieden werden müssen.

Damit ist nicht jeder Streit und jedes Problem zwischen Menschen politisch, sondern nur diejenigen Situationen, in denen auch ein Entscheidungs- oder Regelungsanlass vorhanden ist. Bei Politik im engeren Sinne handelt es sich um Situationen, die gesamtgesellschaftlich verbindlich entschieden werden müssen. Angefangen mit der Kommune, dem Bundesland, dem Gesamtstaat, der Europäischen Union und schließlich der gesamten Internationalen Politik bezieht sich dieser Bereich des Politischen auf Akteure und Institutionen, die sich in ihrer Hauptfunktion mit der Regulierung politischer Situationen beschäftigen.

Politik im weiteren Sinne bezieht sich dagegen auf die gesellschaftliche Sphäre, den nichtstaatlichen Bereich. Auch hier kann es zu entscheidungsnotwendigen konflikthaften Situationen kommen, die dann aber nicht mehr gesamtgesellschaftlich relevant sind, sondern nur für die betreffende Personengruppe.

Hierzu gehören beispielsweise die Bereiche Familie, Freundeskreis, Schule, Verein oder Betrieb. Diese haben ihre Hauptfunktion gerade nicht darin, politische Situationen zu regulieren, sondern andere Aufgaben zu erfüllen.

Bearbeiter

M9 Die drei Dimensionen von Politik

*Da es keinen allgemeingültigen Politikbegriff gibt, begreift man heute Politik als grundsätzlich mehrdimensional strukturiert. In allen politischen Situationen wird demnach um die Regelung eines Inhalts (**policy**) gerungen, das Ringen findet innerhalb eines institutionellen und rechtlichen Rahmens statt (**polity**) und durchläuft in einem zeitlichen Verlauf (**politics**) bestimmte Stationen.*

Die drei Dimensionen von Politik

Dimension	Erscheinungsformen	Merkmale	Bezeichnung
Form	• Verfassung • Normen • Institutionen	• Organisation • Verfahrensregeln • *Ordnung*	polity
Inhalt	• Aufgaben und Ziele • politische Programme	• Problemlösung • Aufgabenerfüllung • Wert- und Zielorientierung • *Gestaltung*	policy
Prozess	• Interessen • Konflikte • Kampf	• Macht • Konsens • *Durchsetzung*	politics

Grafik: Thomas Brand

Grafik: der Politikzyklus
Die prozessuale Dimension von Politik kann als Zyklus beschrieben werden, der als Analyseinstrument dient.

72035-07

Aufgaben

72035-08

1. Analysieren Sie mit Hilfe von **M7**, warum es nicht nur einen Politikbegriff gibt. Berücksichtigen Sie dabei vor allem das „Erkenntnisinteresse" (**M7**, Z. 17).
2. Tandemarbeit (je Team eine Politikdefinition in **M7**): Erarbeiten Sie den Kern der Politikdefinitionen 1 – 11 in **M7**. Sind diese jeweils für Sie zustimmungsfähig? Erläutern Sie dem Kurs Ihre Arbeitsergebnisse.
3. Ordnen Sie die Politikdefinitionen in **M7** einem Grundtyp (**M7** A – D) zu. Begründen Sie Ihre Entscheidung.
4. Erarbeiten Sie aus **M8** die Schlüsselbegriffe und den Unterschied von Politik im engeren und im weiteren Sinne. Entwickeln Sie daraus jeweils eine eigene Kurzdefinition.
5. Beantworten Sie jetzt **M6**: Welche Situationen sind nicht politisch, Politik im engeren oder im weiteren Sinne?
6. Erläutern Sie die Politikdimensionen (**M9**) und den Politikzyklus (→ QR-Code in der Randspalte) am Beispiel geeigneter politischer Situationen. Nutzen Sie hierzu auch **M6**.

Politik aktiv
Auch politische Influencer:innen haben einen eigenen Politikbegriff.
Ermitteln Sie den Politikbegriff eines/einer Influencer:in Ihrer Wahl und stellen Sie diesen im Kurs mit Belegen aus deren Postings vor.

1.2 Kategoriale Politikanalyse und Urteilsbildung

1.2.1 Fallbeispiel: Klimaschutz und Tierwohl: Soll der Preis für Fleisch erhöht werden?

Zum Thema: Die Frage des Fleischkonsums und der Massentierhaltung werden in unserer Gesellschaft und bei den politischen Entscheidern intensiv diskutiert. Es ist eine politische Situation, die alle betrifft und in der Sie alle bereits eine eigene Meinung haben. Aber haben Sie dabei auch genügend Argumente gehört, die Zusammenhänge und Komplexität verstanden und andere Perspektiven berücksichtigt?
An diesem Fallbeispiel sollen Sie exemplarisch lernen, wie politische Situationen analysiert und differenziert beurteilt werden können.

M10 Massentierhaltung – Fleischpreise – Klimawandel

1

Massentierhaltung von Geflügel und Schweinen zur Billigfleischproduktion

2

	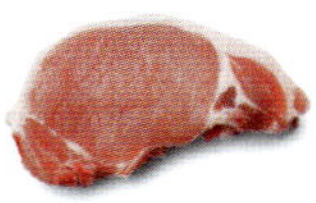 Kotelett	 Minutensteak	 Hinterschinken
Billig	5,54/kg	7,23/kg	5,80/kg
Bio	14,90/kg	21,90/kg	31,10/kg

Preisvergleich: Billig- und Biofleisch bei Lidl und Edeka im März 2017

3 Weltklimarat: Gestiegener Fleischkonsum hat fatale Folgen für das Klima

Laufer, Nora: Weltklimarat: Gestiegener Fleischkonsum hat fatale Folgen für das Klima. In: Der Standard, 08.08.2019

Einstiegsaufgaben 72035-09

1. Stellen Sie zwischen den Materialien **M10** 1 – 3 einen Zusammenhang her und formulieren Sie die Problemstellung.
2. Entscheiden Sie (geheim) auf der Grundlage von **M10**. Begründen und diskutieren Sie Ihre Entscheidung.
   a) Wie stehen Sie zu einer Erhöhung des Fleischpreises?
      - Finde ich gut
      - Ist mir egal
      - Finde ich schlecht
   b) denn ich ...
      - esse ohnehin kein Fleisch.
      - würde weniger Fleisch essen.
      - würde weniger, aber dann nachhaltig produziertes und eher teureres Fleisch essen.
      - möchte keine Einschränkungen meines Fleischkonsums hinnehmen.
      - möchte auf keinen Fall mehr Geld für Fleisch ausgeben.
      - ...

M11 Politische Situation: Was sind mögliche Auswirkungen des Fleischkonsums auf Klima und Tierwohl?

Die Fleischproduktion trägt einen erheblichen Anteil zur Erderwärmung bei. Ein viel zu niedriger Preis für Fleisch sowie ein stark gestiegener Konsum sind dafür die – viel kritisierten – Gründe. Der Weltklimarat IPCC geht davon aus, dass die Nahrungsmittelproduktion für bis zu 37 % aller vom Menschen verursachten Treibhausgase verantwortlich ist und dabei allein circa 15 % durch die industrielle Fleischerzeugung verursacht werde. Das ist mehr als die Emission von Treibhausgasen bei Inlandsflügen, die ebenfalls oft in der Kritik stehen. Zusätzlich verschwinden durch die Abholzung von Wäldern zur Gewinnung von landwirtschaftlichen Flächen natürliche Speicher von CO_2. Nach Schätzungen des Bundesumweltamtes gelangen zur Produktion von 1 kg Rindfleisch bis zu 28 kg Treibhausgase in die Atmosphäre, für die Produktion von Obst und Gemüse weniger als 1 kg. Die Massentierhaltung wirft aber auch die Frage nach dem Tierwohl auf. Für die Produktion von möglichst billigem Fleisch werden viele Tiere auf kleinem Raum gehalten und viele Vorgänge sind mechanisiert. Es geht darum, in kurzer Zeit mit möglichst geringen Mitteln möglichst viel Fleisch zu erzeugen. Deshalb fordern verschiedene Parteien, Natur- und Tierschutzverbände, aber auch kritische Verbraucher:innen, einen geringeren Fleischkonsum und eine klima- und tierwohlverträglichere Ausrichtung der Fleischproduktion. Um dieses Ziel zu erreichen werden mehrere Möglichkeiten diskutiert: Durch Bildung und Aufklärung sollen die Bürger:innen dazu gebracht werden, vermehrt nachhaltig produziertes Fleisch zu kaufen und insgesamt weniger Fleisch zu essen. Ob diese dazu bereit sind oder eher weiter auf billigere Alternativen ausweichen, ist allerdings unsicher. Deshalb gibt es auch den Vorschlag, die Mehrwertsteuer auf Fleisch zu erhöhen und den Fleischpreis dadurch zu heben. Durch einen höheren Preis verspricht man sich eine Verringerung des Fleischkonsums. Die zusätzliche Steuersumme könnte vom Staat als Unterstützung an Betriebe gezahlt werden, die ihre Produktion auf Nachhaltigkeit umstellen möchten. Aber auch bei dieser Maßnahme ist die Wirksamkeit fraglich, weil die Steuern prozentual anfallen. Für 5 Euro gekauftes Billigfleisch wären dann etwa 60 Cent mehr zu zahlen, die Differenz zum Biofleisch somit immer noch erheblich. Außerdem wehrt sich die Fleischindustrie gegen eine solche Steuer. Sie sieht ihre wirtschaftliche Grundlage gefährdet und verweist auf die Arbeitsplätze in ihren Unternehmen. Ein höherer Preis für Fleisch würde außerdem vor allem für die einkommensschwachen Konsument:innen die stärksten Folgen haben. Fleischkonsum hinge somit auch von der finanziellen Situation ab. Ein weiterer Vorschlag ist es, für die Tierhaltung und Fleischproduktion strengere Regeln zu erlassen, um die Erzeuger:innen dazu zu bewegen, ihre Betriebe nachhaltig und artgerecht umzustellen. Viele Erzeuger:innen, die billiges Fleisch produzieren, kritisieren jedoch die hohen Umstellungskosten. Diese Kosten müssten letztendlich auf die Verbraucherpreise aufgerechnet werden. Die höheren Preise würden dann dazu führen, dass die Konsument:innen weniger Fleisch kaufen würden, was die Betriebe wiederum wirtschaftlich belasten würde. Außerdem argumentieren die Erzeuger:innen, dass die Konsument:innen ausdrücklich billiges Fleisch wünschen. Höhere Fleischpreise und strengere Einschränkungen sind also insgesamt unpopulär, so dass politische Entscheider oft vor solchen Maßnahmen zurückschrecken, um ihren Wahlerfolg nicht zu gefährden.

Bearbeiter

Aufgaben

72035-10

1. Begründen Sie, inwiefern es sich bei **M11** um eine politische Situation handelt.
2. Analysieren Sie die politische Situation mit Hilfe politischer Kategorien (→ Methode, S. 28 ff.). Präsentieren Sie Ihre Ergebnisse in Form eines Schaubildes.
3. Simulieren Sie die Diskussion um den Fleischpreis als Round-Table:
   a) Entscheiden Sie, welche Akteur:innen am Round-Table teilnehmen sollen.
   b) Verteilen Sie die Rollen und entwickeln Sie für alle eine Rollenkarte.
   c) Führen Sie die Simulation durch und reflektieren Sie diese anschließend.
4. Soll der Fleischpreis erhöht werden? Formulieren Sie schriftlich ein differenziertes politisches Urteil (→ Methode, S. 31 f.).

Round Table
Ein Round Table wird oft von Politischen Entscheidern einberufen, um möglichst vielen Akteur:innen die Möglichkeit eines Austausches auf Augenhöhe zu bieten. In der Regel werden keine Entscheidungen getroffen.

METHODE

Politische Situationen analysieren

Mit Hilfe von **Kategorien** lassen sich politische Situationen differenziert analysieren. Kategorien sind Schlüsselbegriffe, die helfen, Erkenntnisse zur ordnen und zu strukturieren. Da sie auf alle politischen Situationen anzuwenden sind, können die Schlüsselfragen der kategorialen Sachanalyse wie ein Werkzeugkasten genutzt werden.

Beispiel für einen Akteur
Verbraucher sind nur dann ein Akteur, wenn sie ein homogenes Interesse haben. Andernfalls muss zwischen Verbrauchern differenziert werden.

Hinweis zur Kategorie Zielkonflikt/Spannungsfeld
Informationen zu Zielkonflikten und Spannungsfeldern finden Sie auf Seite 29.

*Anmerkung: Die Zuordnung der Kategorien zu den Dimensionen ist nicht eindeutig. Einige Kategorien sind mehrdimensional.

1 Die Sachanalyse

Leitfrage für die Sachanalyse: Was ist?

Welche Kategorien stehen für die Sachanalyse zur Verfügung?

Dimension*	Kategorie	Mögliche Schlüsselfragen
Policy (Inhalt)	**politisches Problem**	• Worum geht es? • Welches Problem/welche Frage soll entschieden werden?
	Akteure	• Welche Akteure sind beteiligt? • Welche Beteiligten können zusammengefasst und welche müssen unterschieden werden?
	Interessen / Ziele/ Meinungen	• Was wollen die Akteure erreichen? • Gehen ihre Ziele und Interessen in die gleiche Richtung oder sind sie widersprüchlich?
	Geschichtlichkeit	• Wie ist die Vorgeschichte der Auseinandersetzung? • Welche entscheidenden Ereignisse sind wichtig, um die Auseinandersetzung zu verstehen?
	Interpretationen / Narrative / Ideologie	• Wie interpretieren die Akteure die politische Situation? • Für welche Weltanschauung, Werte und Grundeinstellungen stehen die Akteure?
	Bedeutsamkeit / Betroffenheit	• Wie wichtig ist die Auseinandersetzung für die jeweiligen Akteure, die Gesellschaft etc.? • Wer ist von der Entscheidung wie betroffen?
	Argumentationsstruktur	• Welche Argumente bringen die Akteure vor? • Wie lassen sich die Argumente strukturieren?
	Zielkonflikt / Spannungsfeld	• Was ist der übergeordnete Zielkonflikt/ das übergeordnete Spannungsfeld? • Wie verlaufen die Konfliktlinien?
Politics (Prozess)	**Prozess**	• Wie wird der Konflikt ausgetragen? • Wie verläuft die Auseinandersetzung?
	Austragungsmodus / Mittel	• Welche Mittel und Methoden setzen die Akteure ein, um ihre Interessen durchzusetzen?
	Macht / Machtverhältnisse	• Wer hat welche Möglichkeiten, auf die Entscheidung Einfluss zu nehmen und/oder sie durchzusetzen?
	Abhängigkeit / Unterstützung	• Wer unterstützt wen? • Wer ist von wem abhängig?
	Legitimationsbeschaffung	• Wie werden Mehrheiten gefunden und wie wird um Zustimmung geworben? • Wer verhandelt mit wem?
Polity (Rahmen)	**Institutionen**	• Welche Institutionen sind beteiligt?
	Recht	• Wie ist die rechtliche Situation?

Wie werden die Kategorien für die Analyse benutzt?

1. Wählen Sie diejenigen Kategorien aus, die für die jeweilige politische Situation besonders wichtig sind.
2. Beantworten Sie die Schlüsselfragen differenziert.
3. Fügen Sie die Antworten zu einer Gesamtanalyse zusammen (Schaubild, Text etc.).

2 Die Möglichkeitsanalyse

Leitfrage für die Möglichkeitsanalyse: Was ist politisch möglich?

Nach der Sachanalyse politischer Situationen und Fragestellungen sollen die verschiedenen Handlungs- und Entscheidungsalternativen erfasst und analysiert werden.

Welche Kategorien stehen für die Möglichkeitsanalyse zur Verfügung?

Kategorie	Schlüsselfragen
Optionen	• Welche prinzipiellen Möglichkeiten und Alternativen stehen für eine Entscheidung zur Auswahl? • Muss entschieden werden oder besteht auch die Möglichkeit der Nichtentscheidung?
Durchsetzung/Machtverhältnisse	• Welche Entscheidungsoptionen haben welche Chance sich durchzusetzen?
Kompromiss	• In welchen Fragen herrscht Dissens, in welchen Fragen gibt es Übereinstimmung und Kompromissmöglichkeiten?
Akteure/Bewertung	• Wie bewerten die Akteure die verschiedenen Entscheidungsoptionen? • Wer profitiert von welcher Entscheidung, wer hat Nachteile von welcher Entscheidung?
Folgen	• Welche Folgen haben die jeweiligen Entscheidungsmöglichkeiten (auch global)?
Zukunft	• Welche Konsequenzen und Folgen sind ungewiss, welche sind sicher?

Wie werden die Kategorien für die Analyse benutzt?

1. Wählen Sie diejenigen Kategorien aus, die für die jeweilige politische Situation besonders wichtig sind.
2. Beantworten Sie die Schlüsselfragen differenziert.
3. Fügen Sie die Antworten zur Sachanalyse hinzu (z. B. Flussdiagramm mit mehreren möglichen Abzweigungen)

Wichtige Zielkonflikte und Spannungsfelder in der Politik

→ Eine vollständige Tabelle der Zielkonflikte und Spannungsfelder finden Sie im hinteren Buchdeckel.

Aufgrund der dem Politikbegriff zugrundeliegenden Kontroversität lassen sich nachfolgende Zielkonflikte/Spannungsfelder identifizieren, die – trotz aller Verschiedenheit politischer Frage- und Problemstellungen – immer wieder auftreten. Es handelt sich um ganz grundlegende Dilemmata, zwischen denen politisches Handeln und Entscheiden abläuft und zwischen denen in der nachfolgenden Urteilsbildung abgewogen werden muss. Dabei gilt für diese Spannungsfelder: Je mehr das eine Ziel erreicht wird, desto weniger wird das andere erreicht. Es ist unmöglich, beide Ziele gleichzeitig zu vollenden.

- Freiheit – Ordnung
- Freiheit – Sicherheit
- Einzelinteresse – Gemeinwohl
- Konflikt – Konsens (auch Wandel – Stabilität)
- Mitbestimmung – Entscheidungsfähigkeit
- Freiheit – Gleichheit
- Pluralität – Integration
- Partizipation – Repräsentation
- Ökonomie – Ökologie

Politische Situationen beurteilen

Eine Dilemma-Situation: Urteilsbildung verstehen am einfachen Fallbeispiel

Ein kleines Gedankenexperiment

Fall 1

Ein Waggon rast – völlig außer Kontrolle – über das Gleis direkt auf 5 Gleisarbeiter zu. Sie stehen an der Weiche, sehen das Geschehen, und damit den führerlosen Wagen heransausen. Wenn Sie die Weiche nach rechts umstellen, können Sie den 5 Menschen in letzter Sekunde das Leben retten. Der einzige Haken dabei ist: Wenn der Waggon nach rechts abbiegt, überfährt er ebenfalls einen Gleisarbeiter – allerdings nur einen einzigen.

Was würden Sie tun?

Fall 2

Ein führerloser Waggon rast auf eine Gruppe von 5 Gleisarbeitern zu. Sie stehen auf einer Brücke über dem Gleis. Sie suchen etwas, was Sie von oben auf die Bahngleise werfen können, um den Waggon aufzuhalten. Das Einzige, was Sie sehen, ist ein großer Mann, der neben Ihnen auf der Brücke steht. Das Geländer ist nicht hoch. Alles, was Sie tun müssen, wäre, den Mann von hinten kräftig zu schubsen. Sein schwerer Körper würde den heranrasenden Eisenbahnwagen aufhalten. Die 5 Gleisarbeiter wären gerettet.

Was würden Sie tun?

Fall 3

Ein führerloser Waggon rast auf eine Gruppe von 5 Gleisarbeitern zu. An der Weiche, welche die fünf retten könnte, steht ein junger Mann. Sie stehen mit Ihrem Auto, welches liegen geblieben ist, auf dem anderen Gleis. Keine Chance zu entkommen!

Was soll der junge Mann tun?

1 & 2: Nach: Precht, Richard David: Wer bin ich und wenn ja, wie viele?. 11.Auflage. München: Goldmann Verlag 2007, S. 169f; 3: Bearbeiter

Anmerkungen

Fall 1 und Fall 2 basieren auf einer Umfrage des Psychologen Marc Hauser und wurden im Internet von mehr als 300.000 Menschen verschiedener Kulturen auf verschiedenen Kontinenten beantwortet. Sie sind Teil eines Forschungsprojektes zu Moralvorstellungen (moral-sense-test). Das Ergebnis: Bei der ersten Frage hat fast jeder geantwortet, die Weiche umzustellen. Bei der zweiten Frage würde nur jeder sechste den Mann von der Brücke schubsen.

Aufgaben 72035-11

1. Führen Sie das Gedankenexperiment durch, in dem Sie jeden Fall einzeln entscheiden. Nach jedem Votum werden die Ergebnisse gesammelt und begründet.
   Wichtig: In der Phase der Entscheidungsfindung (30 Sekunden) erfolgt keine Kommunikation und gegenseitige Beeinflussung. Jede und jeder entscheidet nur für sich.
2. Analysieren und diskutieren Sie die unterschiedlichen Befunde zu den zwei Fällen im Gedankenexperiment.
3. Übertragen Sie jeden einzelnen Fall aus dem Gedankenexperiment auf folgende Situation: Ein Terrorverdächtiger wird festgenommen. Es wird vermutet, dass er einen Anschlag plant, bei dem viele Menschen sterben könnten. Soll er gefoltert werden?

Politische Situationen beurteilen

Begriff des politischen Urteils und Bedeutung für die politische Bildung

Die Bürger:innen zu befähigen, ein möglichst rationales Urteil über politische Situationen zu treffen, ist – nach weitgehendem Konsens – die wichtigste Aufgabe politischer Bildung. Die Urteilsfähigkeit gilt als notwendige Voraussetzung für vernunftgeleitetes und gewissenhaftes politisches Handeln und Entscheiden. Ein Urteil unterscheidet sich qualitativ von der Meinung, dem Vorurteil oder dem Vorausurteil, weil es auf tatsächlichem Wissen beruht, auf Kriterien/Kategorien basiert und verschiedene Perspektiven berücksichtigt. Es gilt: „Eine Meinung kann man zu allem haben, aber viel weniger Sachverhalte kann man tatsächlich beurteilen". Zu unterscheiden sind das Sachurteil (deskriptives Urteil) und das Werturteil. Das Sachurteil ist die Erklärung und Deutung politischer Situationen und wird durch die Sachanalyse (→ Methode: Politische Situationen analysieren, S. 26) erreicht. Das eigentliche Ziel politischer Bildung ist aber, politische Situationen und Entscheidungen zu bewerten. Dies ist die wichtigste Kompetenz des mündigen Bürgers/der mündigen Bürgerin. Es geht darum, für etwas oder gegen etwas Position zu beziehen, sich für oder gegen etwas zu entscheiden, Partei zu ergreifen und dies auch gut zu begründen.

Bearbeiter

3 Die Urteilsbildung

Leitfrage für die Urteilsbildung: Was soll sein?

Erkenntnisse für die Urteilsbildung aus dem Gedankenexperiment

1. Ein Urteil hängt ab von den zugrundeliegenden Kategorien (Kriterien)
Es lassen sich allgemein zweckrationale und wertrationale Kategorien unterscheiden. **Zweckrationalität** fragt nach der Zweck-Mittel-Relation, die Kategorien sind in der Regel quantifizierbar (im Gedankenexperiment 5:1). Die **Wertrationalität** umfasst allgemeine Wertvorstellungen und ist nicht quantifizierbar (im Gedankenexperiment: „Retten" oder „aktiv töten"). Urteilen gehen immer Abwägungen zwischen Zweck- und Wertrationalität voraus.

2. Ein Urteil hängt ab von der jeweiligen Perspektive
Je nachdem, welche Perspektive man im Gedankenexperiment einnimmt, verändert sich die Entscheidung. Für ein gewissenhaftes Urteil müssen somit auch andere Perspektiven erkannt und berücksichtigt werden.

3. Ein Urteil hängt ab von der Überzeugungskraft der jeweiligen Argumente
In jeder politischen Situation gibt es Sachverhalte, die für oder gegen eine bestimmte Entscheidung treffen. Welches Argument dabei besonders überzeugend ist und welches weniger, beeinflusst die getroffene Entscheidung.

Bearbeiter

METHODE

Vorschlag für den Prozess der Urteilsbildung

1. Berücksichtigen Sie in Ihrem Urteil verschiedene Perspektiven, indem Sie sich in die Situation verschiedener Akteure hineinversetzen.
- Wie sieht die Entscheidungssituation aus Sicht verschiedener Akteure aus?
- Wer profitiert von einer Entscheidung, für wen hat sie negative Konsequenzen?

2. Berücksichtigen Sie für Ihr Urteil verschiedene Kategorien.
- Wählen Sie aus dem Kategorienraster zweck- und wertrationale Kategorien aus, die bei dieser politischen Situation für Sie besonders relevant sind.
- Wie beeinflussen die verschiedenen Entscheidungsmöglichkeiten die jeweiligen Kategorien? (Was ist „gerechter", „demokratischer", „schneller", „nützlicher", „billiger" etc.)

3. Formulieren Sie Ihr Urteil.
- Welche Perspektive überzeugt Sie mehr als andere oder ist wichtiger für Ihr Urteil?
- Welche Argumente (von wem) haben Sie besonders überzeugt, welche weniger?
- Welche Kategorie/welche Kategorien sind für Sie besonders entscheidend? Berücksichtigen Sie dabei sowohl zweck- als auch wertrationale Kategorien.
- Wägen Sie begründet ab zwischen den Kategorien und Perspektiven. Welches Urteil treffen Sie demnach?

Bearbeiter

Ein Kategorienraster für politische Urteile

Beurteilungsmaßstab	Perspektiven		
	Politische Akteure	Adressat:innen	System
Kategorien der EFFIZIENZ → Zweckrationalität	• Handlungsmöglichkeiten • Handlungseinschränkungen • Macht • Aufwand • Wirtschaftlichkeit • Kosten • Wirksamkeit	• Individuelle Kosten/Nutzen-Abwägung • Individuelle Interessen • Verhältnismäßigkeit • Einfachheit • Folgen	• Funktionsfähigkeit • Handlungsfähigkeit • Leistungsfähigkeit • Entscheidungsfähigkeit • Stabilität • Schnelligkeit • Sicherheit
Kategorien der LEGITIMITÄT → Wertrationalität	• Demokratische Werte und Prinzipien • Interessenberücksichtigung • Gemeinwohlorientierung • Transparenz • Partizipation • Akzeptanz	• Menschenrechte • Selbstbestimmung • Mitbestimmung • Identität • Verallgemeinerbarkeit • Zumutbarkeit • Nachhaltigkeit • Klima- & Umweltschutz	• Grund- und Menschenrechte • Menschenwürde • Demokratie • Gemeinwohl & Gerechtigkeit (z. B. rechtstaatliche Prinzipien) • Sozialstaatliche Prinzipien

Nach: Massing, Peter: Kategorien des politischen Urteilens und Wege zur politischen Urteilsbildung. In: Maasing, Peter und Weißeno, Georg (Hg.): Politische Urteilsbildung. Zentrale Aufgabe für den Politikunterricht. Schwalbach Ts.: Wochenschau 1997, S.125

1.2.2 Politische Grundorientierungen: Welche tragen wir in uns?

Zum Thema: Politische Urteile werden durch Wertvorstellungen geprägt, die wir durch Sozialisationserfahrungen in der Familie, dem Freundeskreis und in der Schule in uns tragen. Diese Vorstellungen, die uns etwas befürworten oder ablehnen, verändern oder beibehalten lassen, können auf klassische politische Grundorientierungen (Gesellschaftstheorien) zurückgeführt werden. Umgangssprachlich geht es dabei oft vereinfacht um „politisch links", „politisch rechts" oder die „politische Mitte". Aber was bedeutet es eigentlich, „links" oder „rechts" zu sein und welche politischen Grundorientierungen tragen Sie in sich? Das Verständnis für die eigenen politischen Grundorientierungen hilft dabei, eigene Urteile besser zu verstehen und zu reflektieren, aber auch die Position von anderen politisch einzuordnen.

M12 Umfrage in Deutschland zur Einschätzung der eigenen politischen Einstellung

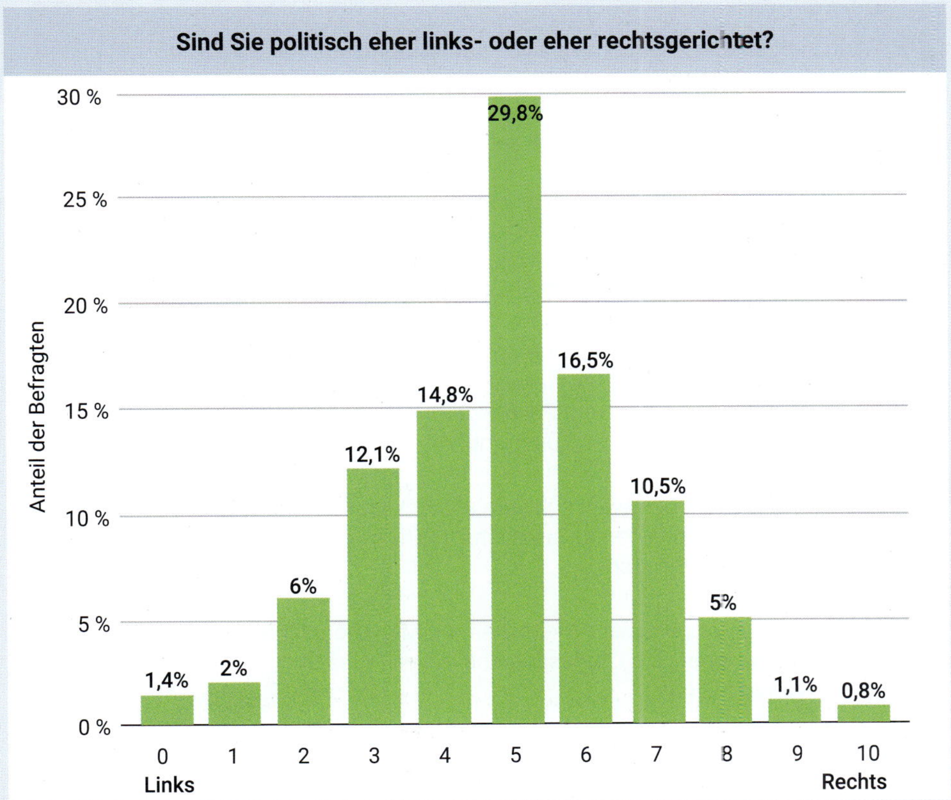

Nach: Statista, 2021: Umfragedaten stammen von 2014

Politische Einstellungen, Grundorientierungen und Gesellschaftstheorien
Gesellschafstheorien beziehen sich auf das Ganze der Gesellschaft und versuchen, zentrale Merkmale der Gesellschaft in Konzepte zu fassen. Sie sind immer mehr zu einer Quelle für die Politische Theorie bzw. für ihr Teilgebiet der politischen Philosophie geworden. Gesellschaftstheorien bzw. Grundorientierungen werden in der Politikwissenschaft u.a. als Grundlage bzw. Erklärungsmuster für politische Einstellungen der Bürgerinnen und Bürger verwendet.

Einstiegsaufgaben 72035-12

1. Interpretieren Sie das Diagramm in **M12**.
2. Ordnen Sie sich selbst in das Diagramm ein und begründen Sie dies.

M13 Grundsätzliche Entscheidungsfragen zur Erstellung eines politischen Profils

	Frage
1	Es soll ein Steuergesetz beschlossen werden. Folgende Möglichkeiten stehen zur Auswahl: a) Jede/r zahlt die Hälfte ihres/seines Einkommens. b) Jede/r zahlt ein Viertel ihres/seines Einkommens. c) Der Steuersatz in Prozent steigt mit dem Einkommen. Welches würden Sie bevorzugen?
2	Auf zentralen Plätzen in den Städten sollen Kameras installiert werden, um Straftaten zu verhindern. Damit wird aber jede Bürgerin/jeder Bürger erfasst, die/der diese Plätze betritt. Stimmen Sie zu?
3	Alle Bürgerinnen und Bürger sollen den gleichen Lohn für ihre Arbeit bekommen, um soziale Unterschiede nicht zu sehr zu befördern und Konflikte zu verringern. Stimmen Sie zu?
4	Auf allen Straßen des Landes, auch auf Autobahnen, soll ein Tempolimit gelten. Befürworten Sie dies?
5	Es soll politisch entschieden werden, wie der Staat mit denjenigen umgehen soll, die nicht arbeiten wollen: a) Keine finanzielle Unterstützung zahlen. b) Eine finanzielle Unterstützung zahlen, die das Existenzminimum abdeckt. c) Unabhängig vom Grund die volle Unterstützung für Arbeitslose zahlen. Für welche Option entscheiden Sie sich?
6	Einige Parteien fordern, dass vermehrt Sachentscheidungen von Bürgerinnen und Bürgern direkt getroffen werden (Volksentscheide), anstatt diese von gewählten Politikerinnen und Politikern im Bundestag entscheiden zu lassen. Findet diese Forderung Ihre Zustimmung?
7	Es wird diskutiert, ob gegen schwere ansteckende Krankheiten (wie z. B. das Corona-Virus) eine generelle staatliche Impflicht eingeführt werden soll. Wie entscheiden Sie sich?
8	Es wird gefordert, dass alle Menschen mit Migrationshintergrund, die in Deutschland leben, die Landessprache lernen müssen. Befürworten Sie das?
9	Mitarbeiter:innen und Angestellte in Betrieben sollen per Gesetz mehr Möglichkeiten haben, über die Geschäftsführung und die Arbeitsbedingungen mitzubestimmen, um die Entscheidungsmöglichkeiten für Vorstände und Inhaber:innen einzuschränken. Würden Sie zustimmen?
10	Ein Chemieunternehmen bietet Geld dafür, dass es auf dem Staatsgebiet eine Fabrik bauen darf. Das könnte Arbeitsplätze bedeuten, aber auch Gefahren für die Umwelt. Soll das Unternehmen die Fabrik bauen dürfen?

Bearbeiter

M14 Kurze Darstellung politischer Grundorientierungen

Die in der Tabelle aufgeführten klassischen politischen Grundorientierungen (Denkschulen) haben viele moderne Gesellschaftstheorien geprägt. Auch das Spektrum politischer Parteien kann vielfach darauf zurückgeführt werden.

	Liberalismus	Sozialismus	Konservatismus	Libertarismus / Anarchismus
Zentrale Idee	Die Freiheit des Einzelnen hat Vorrang vor der Gemeinschaft.	Eine politisch und sozial gerechte Gesellschaft.	Bewahren überlieferter Autoritäten, Werte, Sitten und Gebräuche	Generelle Ablehnung der Herrschaft von Menschen über Menschen.
Menschenbild	Der Mensch ist vernunftbegabt und hat von Natur aus ein Recht auf Leben, Freiheit und Eigentum.	Der Mensch ist von Natur aus gemeinwohlorientiert.	Der Mensch bedarf der Einbindung in Staat, Familie und Religion. Jeder hat seinen Platz in einer gottgewollten Ordnung.	Mündige und selbstbestimmt emanzipierte Menschen schließen sich freiwillig und ohne Zwang zusammen, um die Produktion zu sichern.
Gesellschaftsbild	Aus der freien Entfaltung der Einzelnen entsteht Wohlstand und Fortschritt der Gesellschaft.	Die Gemeinschaft hat Vorrang vor dem Einzelnen. Alle müssen nach dem Gemeinwohl streben.	Die Gesellschaft wird durch den Staat, Autoritäten und überlieferte Werte zusammengehalten.	Die libertäre/anarchische Gesellschaft ist nicht „chaotisch“, sondern nach dem Prinzip des Föderalismus organisiert.
Bild vom Staat	Der Staat soll lediglich einen Ordnungsrahmen bilden, um die Freiheit des Einzelnen zu schützen und Rechtssicherheit zu gewährleisten.	Der Staat sorgt mittels Umverteilung für soziale und politische Gleichheit.	Der Staat hat die Funktion, die Menschen zu schützen und für Ordnung zu sorgen.	Der Libertarismus/Anarchismus lehnt den Staat prinzipiell als Instrument der Herrschaftsausübung ab.
Zentrale historische Anliegen	1. Förderung und Wahrung von Freiheit und Selbstbestimmung des Einzelnen; 2. Eintreten für eine Bändigung staatlicher Macht durch Gewaltenteilung und Rechtsstaat; 3. Eintreten für eine Marktwirtschaft ohne staatliche Eingriffe.	1. Politische und soziale Gleichheit; 2. Vergesellschaftung der Produktionsmittel.	1. Eintreten für eine Verankerung staatlicher Ordnung in traditionellen Werten und für Recht und Ordnung als zentrale Staatsaufgaben; 2. Wendung gegen revolutionäre Veränderungen und für eine Politik der kleinen Schritte.	1. Abschaffung des privaten Eigentums („Eigentum ist Diebstahl“); 2. Eine Gesellschaft von „Gleichheit“ und „Gerechtigkeit“, in der Waren direkt zwischen den Produzenten getauscht werden; 3. Abschaffung des Staates.
Vordenker	Adam Smith, John Stuart Mill	Jean-Jaques Rousseau, Karl Marx	Edmund Burke, Thomas Hobbes	Pierre-Joseph Proudhon, Errico Malatesta

Bearbeiter

M15 Auszüge aus den Wahlprogrammen der Parteien zur Bundestagswahl 2021

SPD Soziale Politik für Dich.

Eine solidarische Gesellschaft, ein unterstützender, gut funktionierender Staat, öffentliche Investitionen in Infrastruktur, Wissenschaft und Forschung, eine kraftvolle Wirtschaft, ein starkes, souveränes Europa, zukunftsfähige Arbeitsplätze und der Kampf gegen den Klimawandel – das gehört alles zusammen. [...] Unsere Kinder und Enkel sollen noch eine Welt haben, in der sie leben können. Nicht irgendwie, sondern gesund, in Wohlstand und Frieden. Darum wollen wir, dass Deutschland der erfolgreiche Wirtschaftsstandort mit guten Arbeitsplätzen bleibt. Dafür werden wir in Wissenschaft, Forschung und die Entwicklung modernster Technologien investieren [...]. Aber nicht die Bürger*innen mit normalen und kleinen Einkommen sollen das bezahlen. Sie leisten längst genug, daher wollen wir für die große Mehrheit die Steuern senken. Wer ein sehr hohes Einkommen hat, kann aber mehr leisten. [...] Wir stehen für eine Gesellschaft des Respekts. Wir schauen nicht von oben auf andere herab. Jede Arbeit ist wertvoll und verdient Anerkennung. [...] Demokratie und soziale Gerechtigkeit sind die Grundlagen für eine starke Gesellschaft [...]. Respekt ist die Grundlage für einen modernen und starken Sozialstaat: Gerechte Löhne, bezahlbare Mieten, eine bessere Vereinbarkeit von Familie und Beruf.

CDU CSU

Deutschland ist ein starkes Land. Das ist vor allem ein Verdienst der Bürgerinnen und Bürger, die jeden Tag anpacken, damit es bei uns auch morgen gut läuft. [...] Unser Ziel heißt: Sicherheit und Frieden, Freiheit und Wohlstand für die Menschen in Deutschland. [...] Wir werden unsere Wirtschaft wieder in Schwung bringen und für sichere und zukunftsfähige Arbeitsplätze sorgen. Dabei verbinden wir nachhaltiges Wachstum, Klimaschutz und soziale Sicherheit miteinander. [...] Wir arbeiten dafür, dass wir eine Gesellschaft bleiben, die zusammenhält: Junge und Ältere, Starke und Schwächere. Unser christliches Menschenbild gibt uns hierfür den Kompass an die Hand: Individuelle Freiheit und gemeinschaftliche Verantwortung sind keine Gegensätze, sondern sie bedingen einander. Mit den Prinzipien der Sozialen Marktwirtschaft sorgen wir dafür, dass jeder Mensch in unserem Land eine gute medizinische und pflegerische Versorgung erhält [...]. Wir sorgen für eine verlässliche Rente [...]. Wir werden dafür sorgen, dass alle Menschen, die jeden Tag hart arbeiten und viel leisten, entlastet werden. Leistung muss sich lohnen. Wir werden auch Freiräume für unsere Unternehmen schaffen und dazu beitragen, dass sie wettbewerbsfähig bleiben. Gleichzeitig wollen wir so schnell wie möglich ohne neue Schulden auskommen. [...] Jede und jeder soll sich durch Anstrengung, Leistung und Fleiß etwas aufbauen und nach dem eigenen Glück streben können [...]. Wir wollen, dass die Menschen in unserem Land auf ein Leben in Sicherheit und Freiheit vertrauen können: ob zu Hause, unterwegs auf Straßen oder Plätzen, in Bussen oder Bahnen, bei Tag oder Nacht, analog oder digital. Sie erwarten zu Recht einen starken Staat, der sie schützt.

AfD

Die Welt um uns herum ist verrückt geworden. Deshalb sehnen wir uns nach einem normalen Leben. Einem Leben in Freiheit. Einem Leben in Wohlstand. Einem Leben in Sicherheit. Wir sehnen uns nach einem Leben ohne Angst vor der Zukunft. [...] Wenn wir jetzt alle gemeinsam anpacken, geht es wieder bergauf mit unserem Land: Deutschland. [...] Für eine Familie mit Kindern reicht ein normales Einkommen kaum noch zum Leben. Die eigene Wohnung oder das Eigenheim bleiben meist ein unerfüllbarer Traum. Denn mehr als die Hälfte des Jahres und damit des Berufslebens arbeiten wir nur fürs Finanzamt. [...] Wir sagen: Schluss damit – der Staat muss dem Bürger wieder Luft zum Atmen lassen! [...] Normal ist es, unsere Grenzen zu schützen. Die gescheiterte Integrationspolitik und der Kontrollverlust an den Grenzen haben Deutschland an seine Belastungsgrenze gebracht [...] Zuwanderung wieder national regeln. [...] Kein dauerhaftes Bleiberecht nach illegaler Einreise! Ausreisepflicht durchsetzen! [...] Deutsche Leitkultur statt Parallelgesellschaften! Keine Burkas im öffentlichen Raum! [...] Normal ist ein Staat, in dem Recht und Ordnung herrschen. Viele Menschen fühlen sich in Deutschland nicht mehr sicher. [...] Soziale Gerechtigkeit bedeutet für uns die Anerkennung der Lebensleistung. Unsere Prioritäten sind: sichere Arbeitsplätze, umfassende Gesundheitsversorgung und eine Rente, von der man gut leben kann.

Freie Demokraten FDP

Ein zukunftsfähiges Deutschland braucht einen modernen Staat, Bildung muss neu gedacht werden. Während die Wirtschaft in anderen Regionen der Welt wieder durchstartet, wird sie in Deutschland durch hohe Steuern und Bürokratie ausgebremst. Deutschland muss umfassend modernisiert werden. [...] Wir stehen für Freiheit, Modernisierung und Nachhaltigkeit durch Innovation. Legen wir los. [...] Unsere Wirtschaft braucht einen Neustart. Und muss wieder auf Wachstumskurs gebracht werden. Wir brauchen sichere und zukunftsfähige Arbeitsplätze. Wie? Entlasten, entfesseln, investieren. Noch ist Deutschland bei Steuern und Abgaben Weltmeister. Auf diesen Titel verzichten wir gern. Denn das schadet Betrieben, Beschäftigten, Selbstständigen. Unsere Ideen: Entlasten, wo es nur geht. Bürokratie und Steuererhöhungen sind Sabotage am Aufschwung. [...] Mit einem starken Europa, einem starken europäischen Binnenmarkt, regelbasiertem Freihandel und der Kraft der Sozialen Marktwirtschaft. [...] Wir wollen ein Land, das mehr Freude am Erfinden als am Verbieten hat. [...] Wir wollen einen klimapolitischen Neustart mit klaren Zielen, mehr Verbindlichkeit und zugleich mehr Offenheit für überlegene technologische Problemlösungen [...]. Wie gelingt sozialer Aufstieg? Mit Bildung. Wie ein selbstbestimmtes Leben? Mit Bildung. Darüber darf nicht das Elternhaus oder der Wohnort entscheiden. Wir wollen beste Chancen für jede und jeden.

DIE LINKE.

Die Superreichen sind in der Corona-Krise reicher geworden, während viele Beschäftigte mit Kurzarbeit kaum über die Runden gekommen sind. Geld ist genug da. Es muss gerecht verteilt und zum Wohle aller eingesetzt werden. [...] Jede*r Fünfte im Westen, jede*r Dritte in Ostdeutschland arbeitet zu Niedriglöhnen: Nur ein Ereignis – Kurzarbeit, Krankheit, pflegebedürftige Angehörige – trennt sie von der Existenzangst. [...] Die Löhne müssen steigen. Wir setzen den Mindestlohn auf 13 Euro– darunter reicht es nicht für eine armutsfeste Rente. [...] Wir besteuern hohe Vermögen und Erbschaften gerecht. Mit den Einnahmen modernisieren wir Schulen, Krankenhäuser und schaffen bezahlbare Wohnungen in öffentlichem Eigentum. [...] Deutschland ist eines der reichsten Länder der Welt. Niemand darf hier in Armut leben müssen. [...] Das Arbeitslosengeld I muss länger gezahlt werden. Die Hartz-IV-Sätze sind Armut per Gesetz und reichen nicht für angemessene Ernährung. [...] Wir wollen stattdessen eine Mindestsicherung von 1.200 Euro einführen [...] Teil des Sozialstaates sind gute soziale Dienstleistungen, die für alle da sind: Gebührenfreie Kitas, kostenloses Essen in Schule und Kita. [...] Wir wollen eine Gesellschaft, die frei ist von Ausgrenzung und Ausbeutung und die jede*n mitnimmt. Mit gleichen Rechten für alle, die hier leben. Mit einem funktionierenden Sozialstaat und guten öffentlichen Dienstleistungen für alle.

BÜNDNIS 90 DIE GRÜNEN

Wir können die Grundlagen für einen klimagerechten Wohlstand legen, indem wir die Wirtschaft ökologisch modernisieren. Für mehr soziale Gerechtigkeit und Anerkennung, mehr Zusammenhalt in der Gesellschaft [...]. Nötig ist eine vorausschauende Politik, die Krisen verhindert und Mut macht, die nötigen Veränderungen anzugehen. Denn Veränderung schafft Halt und führt zum Besseren. [...] Mit dem Klimaschutz-Sofortprogramm führen wir unser Land auf den 1,5-Grad-Pfad. Vor allem Geringverdiener*innen entlasten wir mit einem Energiegeld, [...] und einem Klimabonus – so wird Klimaschutz sozial gerecht. [...] Jedes Kind hat ein Recht auf gute Kitas und Schulen, egal wo es lebt. Mit unseren Plänen schaffen wir gleiche Lebenschancen und Zusammenhalt in unserer vielfältigen Gesellschaft. Wir stärken Familien mit einer einfachen und gerechten Förderung: der Kindergrundsicherung. [...] Wir schaffen Sicherheit im Übergang. Gerade für diejenigen, die den Umbruch am stärksten spüren werden. Dafür setzen wir auf die Garantiesicherung und gute Arbeit, zum Beispiel durch einen höheren Mindestlohn von 12 Euro. [...] Wir wollen Hartz IV überwinden und ersetzen es durch eine Garantiesicherung. Sie schützt vor Armut und garantiert ohne Sanktionen das soziokulturelle Existenzminimum.

SPD: Für Dich. Das Zukunftsprogramm der SPD als Kurzfassung ; CDU/CSU: Das Programm für Stabilität und Erneuerung. Gemeinsam für ein modernes Deutschland; AfD: Deutschland. Aber normal. Kernpunkte des Bundestagswahlprogramms der Alternative für Deutschland; FDP: Kurzwahlprogramm: Nie gab es mehr zu tun; Die Linke: Kurzwahlprogramm: Zeit zu handeln: Für soziale Sicherheit, Frieden und Klimagerechtigkeit!; Bündnis 90/ Die Grünen: Unser Land kann viel, wenn man es lässt. Das Wahlprogramm kurz & knapp

M16 Politische Grundorientierungen im Links-Rechts-Schema

Die Unterscheidung „links" und „rechts" geht auf die Sitzordnung in der französischen Nationalversammlung von 1789 zurück. Dort saßen – vom Präsidenten aus gesehen – auf der rechten Seite diejenigen Parteien, die für den Erhalt der gegenwärtigen politischen und gesellschaftlichen Verhältnisse eintraten. Auf der linken Seite saßen diejenigen Parteien, die eine Änderung der politischen und sozialen Verhältnisse anstrebten. Ob dieses Links-Rechts-Schema heute noch zutreffend und sinnvoll ist, wird diskutiert. Das Schaubild zu den politischen Grundorientierungen gibt einen Überblick, um die dahinterstehenden Einstellungen und Haltungen zu verstehen.

Bearbeiter

Die Dimensionen des Links-Rechts-Schemas

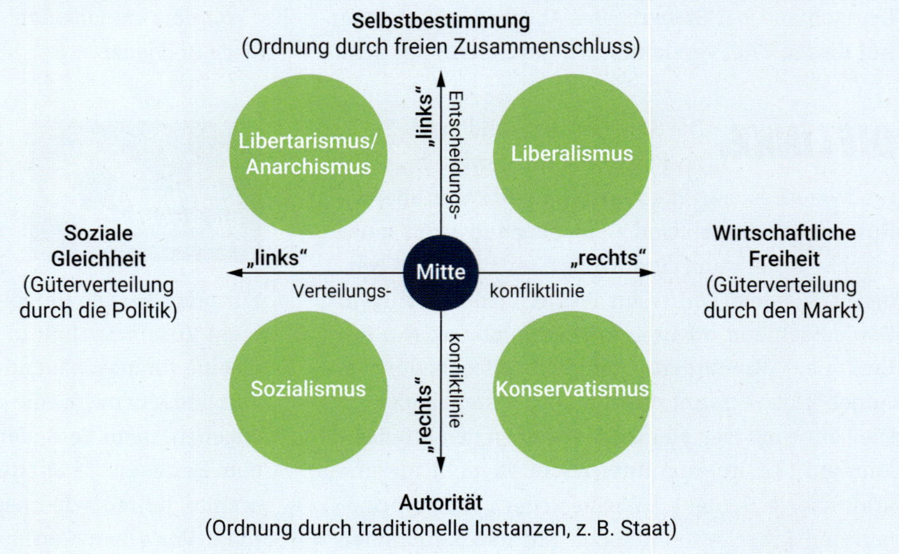

Nach: Jäger, Christel; Petrik, Andreas; Güttner, Rainer: Demokratische Unterrichtsentwicklung: Demokratielernen im Simulationsspiel „Dorfgründung". Gymnasium Corveystraße, Hamburg. Berlin: BLK 2006, 31, [12], S. 19

Aufgaben

72035-13

1. Diskutieren Sie jede Grundfrage in **M13** kurz im Kurs und notieren Sie Ihre eigene Bewertung.
2. Erklären Sie den Kern der jeweiligen politischen Grundorientierungen in **M14**. Erläutern Sie auch den Zusammenhang zwischen Grundorientierungen und dem Rechts-Links-Schema in **M16**.
3. Erstellen Sie Ihr politisches Profil:
   a) Ordnen Sie jede Ihrer Antworten zu **M13** als Koordinatenpunkt in das Rechts-Links-Schema ein.
   b) Verbinden Sie die Punkte zu einem Politischen Profil und analysieren Sie das Ergebnis. Passt dies zu Ihrer Selbsteinschätzung zu **M12**?
4. Diskutieren Sie anhand des Textes „Ist das Rechts-Links-Schema noch sinnvoll?" (→ digitaler Aufgabenkasten), ob die Aussagekraft des Rechts-Links-Schemas noch zutreffend ist.

Politik aktiv
Welche Grundorientierungen prägen die Parteien des Bundestages? Analysieren Sie anhand der Wahlprogramme (**M15**) deren politisches Profil und tragen Sie es in das Links-Rechts-Schema in **M16** ein.

Die Rolle des Sozialkundeunterrichts

Der Sozialkundeunterricht hat die Aufgabe, bei den Schülerinnen und Schülern das Interesse an Politik zu wecken und ihnen die **Kompetenzen mündiger Bürgerinnen und Bürger** zu vermitteln. Im Kern umfasst dies die notwendigen **Kenntnisse** sowie die **Analyse- und Urteilsfähigkeit**. Ob zu diesen Kompetenzen auch das reale politische Handeln, die **Partizipation**, gehört, ist umstritten. Auch welches Bürgerleitbild (**reflektierte Zuschauer:in, interventionsfähige Bürger:in** oder **Aktivbürger:in**) als Ziel der politischen Bildung angestrebt werden soll, wird in der Wissenschaft diskutiert.

Übung

82000-696

Was ist Politik?

Eine allgemeine Definition von Politik, auf die sich alle einigen können, gibt es nicht. Für die politische Bildung im Rahmen des Sozialkundeunterrichts unterscheidet man grundlegend in **Politik im engeren Sinne** und **Politik im weiteren Sinne**, wobei sich der Unterricht der Oberstufe vorrangig mit dem engeren Begriff beschäftigt. Politisch wird soziales Handeln dann, wenn das Zusammenleben von Menschen zum Problem oder Konflikt wird, welcher reguliert oder entschieden werden muss. Politik wird zudem als grundsätzlich mehrdimensional strukturiert begriffen. Es geht demnach um Inhalte (**policy**), die in einem institutionellen und rechtlichen Rahmen (**polity**) einen Prozess der Meinungs- und Entscheidungsfindung (**politics**) durchlaufen.

Übung

82000-697

Politische Situationen analysieren

Sowohl die Analyse politischer Situationen als auch die rationale Urteilsbildung erfolgt mit Hilfe **politischer Kategorien**. Die Methode der **Sachanalyse** hat die Aufgabe, politische Situationen in ihrer Komplexität zu erfassen, die Zusammenhänge herauszuarbeiten und die wichtigen Strukturen offenzulegen. Mit Hilfe der **Möglichkeitsanalyse** werden die verschiedenen Handlungs- und Entscheidungsalternativen analysiert. Die **Urteilsbildung** ist dann ein Abwägungsprozess unter Berücksichtigung verschiedener **Perspektiven, zweck- und wertrationaler Kategorien** und der Überzeugungskraft von Argumenten.

Übung

82000-698

Politische Grundorientierungen

Politische Grundorientierungen dienen dazu, eigene Urteile zu reflektieren und die Position von anderen besser einordnen zu können. Im Kapitel werden vier klassische politische Denkschulen vorgestellt: der **Sozialismus**, der **Libertarismus/Anarchismus**, der **Konservatismus** und der **Liberalismus**. Diese politischen Grundorientierungen dienen bis heute als Grundlagen für politische Parteien und ihre Ausrichtungen und Positionen. Oft wird auch über ein **Links-Rechts-Schema** gesprochen, welches auf die Sitzordnung der französischen Nationalversammlung von 1789 zurückgeht und zwischen politisch rechts und politisch links unterscheidet. Die Aktualität dieses zweidimensionalen Schemas ist aber umstritten und andere Dimensionen sollten berücksichtigt werden.

Übung

82000-699

Bearbeiter

KOMPETENZEN ANWENDEN

Kursarbeitstraining

Die folgenden Aufgaben bieten die Möglichkeit, Ihre gewonnen Kompetenzen zu überprüfen und diese anzuwenden. Sie können als Vorbereitung für eine Kursarbeit dienen. Lösungsvorschläge erhalten Sie über den QR-Code.

Was ist die Idee beim bedingungslosen Grundeinkommen?
Jede Bürgerin und jeder Bürger erhält– unabhängig von ihrer bzw. seiner wirtschaftlichen Lage – einen gesetzlich festgelegten und für jede bzw. jeden gleichen Geldbetrag vom Staat, ohne dafür eine Gegenleistung erbringen zu müssen. Dafür entfallen andere Sozialleistungen wie das Arbeitslosen- oder das Kindergeld.

Ein Kommentar zum bedingungslosen Grundeinkommen

Brauchen wir in Deutschland ein bedingungsloses Grundeinkommen?

Kaum ein Thema wird in Deutschland derzeit so kontrovers diskutiert wie das bedingungslose Grundeinkommen (BGE). Wenig überraschend passiert dies gerade in einer Krise, in der Millionen Menschen um ihre wirtschaftliche und soziale Existenz bangen. Die soziale Polarisierung war bereits vor der Pandemie groß und verstärkt sich nun drastisch. Gerade jetzt wächst das Bedürfnis nach einer grundlegenden Reform der sozialen Sicherungssysteme [...]. So könnte die soziale Sicherung nicht nur darauf angelegt sein, existenzielle Löcher zu stopfen, sondern jedem und jeder Einzelnen in unserer Gesellschaft neben einem Minimum an Sicherheit auch mehr Eigenverantwortung zu geben. Der technologische Wandel und eine stetig voranschreitende Globalisierung werden die soziale Polarisierung weiter beschleunigen. Während die einen von diesem Wandel profitieren werden und ihn klug für sich persönlich nutzen können – er eröffnet neue Freiheiten und Chancen –, werden andere dagegen, vor allem solche mit geringeren Qualifikationen und schlechteren Startchancen, eine wertschätzende Arbeit verlieren und an den Rand der Gesellschaft gedrängt. [...] Angesichts dieser Verwerfungen rufen viele nach einem größeren Sozialstaat, der mehr finanzielle Ressourcen umverteilt, damit aber letztlich die Abgehängten und Chancenlosen nur ruhigstellt. Dies kann keine Lösung sein und war es auch nie. In Deutschland hat sich ja gezeigt, dass trotz eines wachsenden Sozialstaats die Ungleichheit von Arbeitsmarktchancen, Einkommen und Vermögen zugenommen hat. Der Grund für die soziale Polarisierung liegt nicht darin, dass der Sozialstaat in Deutschland nicht groß genug wäre. Ein Mehr an Sozialleistungen wird daher die soziale und wirtschaftliche Polarisierung auch nicht stoppen, geschweige denn reduzieren. Die Lösung liegt vielmehr in einer grundlegenden Umgestaltung des Sozialstaats, der nicht länger versucht, Menschen ruhig zu stellen oder zu sanktionieren. Erforderlich ist ein Sozialstaat, der jedem Menschen die Chance auf Eigenverantwortung und soziale Teilhabe gibt, der wirkliche Chancengleichheit in allen Bereichen, vom Bildungssystem bis hin zum Arbeitsmarkt, gewährleistet. Es ist ein Sozialstaat, der die Menschen ermutigt und befähigt, ihr eigenes Leben zu gestalten, Autonomie zu erlangen und nicht in einer anhaltenden Abhängigkeit vom Sozialstaat zu verbleiben. Genau dies ist die grundlegende Idee des bedingungslosen Grundeinkommens – die intrinsische Motivation in jedem Einzelnen zu stärken und zu unterstützen, sein eigenes Potenzial zu nutzen und einen Beitrag zur Gesellschaft zu leisten. In anderen Worten: Erforderlich ist eine Umgestaltung von einem ruhigstellenden hin zu einem aktivierenden Sozialstaat. Viele zweifeln daran, dass das bedingungslose Grundeinkommen der richtige Weg ist, um dieses Ziel zu erreichen. Viele dieser Zweifel sind berechtigt. Einige Menschen werden durch ein Grundeinkommen ihre Arbeit aufgeben und nicht mehr, sondern weniger in ihre Bildung und Qualifizierung investieren. Aber einigen Menschen wird es helfen, eigene Träume und Pläne zu realisieren und sich damit auch verstärkt in die Gesellschaft einzubringen. Wir wissen nicht, wie und für wen ein bedingungsloses Grundeinkommen funktionieren wird und was es mit den Menschen machen wird. [...] Für viele Menschen wird ein bedingungsloses Grundeinkommen nicht funktionieren, für andere ganz oder teilweise schon. [...] Zudem wird sich ein bedingungsloses Grundeinkommen nicht nur auf den Arbeitsmarkt auswirken, sondern auf fast jede Facette unseres täglichen Lebens. Bisherige kleinere und unvollständigere Modellversuche mit dem bedingungslosen Grundeinkommen zeigen, dass sich auch die Lebenszufriedenheit und Gesundheit von Menschen durch eine solche finanzielle Sicherheit verbessern kann. Sie zeigen auch, dass sich der gesellschaftliche Zusammenhalt verändert, dass die Demokratie durch eine größere Partizipation und Teilhabe gestärkt werden könnte, dass Familien und Frauen durch die Sicherheit mehr Stabilität erhalten und dass sich auch das Verhalten der Menschen in Bezug auf die Umwelt verändern wird.

Fratzscher, Marcel: Zeit für soziale Experimente. In: www.zeit.de, 26.2.2021

Aufgaben

72035-14

1. Begründen Sie, inwiefern die Situation im Kommentar politisch ist.
2. Analysieren Sie die Situation mit Hilfe geeigneter Kategorien.
3. Beurteilen Sie die Auffassung des Autors *perspektivisch*, *kategorial* und *differenziert*.
4. Ordnen Sie den Autor begründet einer politischen Grundorientierung zu. Welcher Partei könnte er nahestehen?

Lösungsvorschläge und Erwartungshorizonte

72035-15

Szenario: Unser kleiner Staat – wir gründen eine Gemeinschaft

Viktoriastift in Finkenbach-Gersweiler

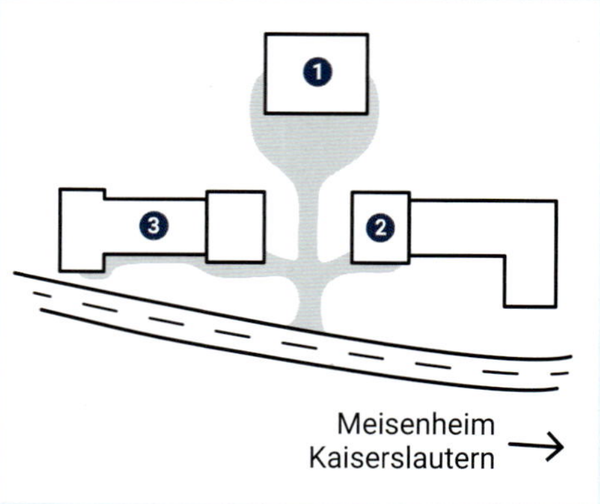

❶ Herrenhaus	
Wohnung 1	Wohnung 2
Wohnung 3	Lagerräume
Keller 1	Keller 2

❷ Verwaltungsgebäude
Wohnung 1
Wohnung 2

❸ Große Scheune
(unbewohnbar)

Mit zwanzig gleichgesinnten Schülerinnen und Schülern Ihres Kurses möchten Sie die Schule verlassen und eine eigene Gemeinschaft gründen. Sie beschließen, das schlossähnliche Landgut Finkenbach-Gersweiler im Donnersbergkreis in Rheinland-Pfalz zu mieten. Das Land Rheinland-Pfalz hat Ihnen angeboten, die gesamte Anlage für einen symbolischen Preis von 100 Euro pro Monat mieten zu können.

Sie werden bei Ihrem Vorhaben von Ihren Eltern unterstützt. Zwei aus Ihrer Gruppe erhalten von ihren Eltern 2.000 Euro pro Monat, 12 Gruppenmitglieder werden 800 Euro beisteuern und sechs von Ihnen können lediglich 200 Euro pro Monat einbringen.

Das neubarocke Bauwerk (1919 – 1922) besteht aus einem Verwaltungsgebäude, zwei landwirtschaftlichen Zweckbauten, einer großen Scheune, einem Schlachthaus und dem höhergelegenen Herrenhaus (Bild). Im Herrenhaus können drei Wohnungen mit vier bis fünf Zimmern (je 20-40 qm) belegt werden. Im Verwaltungsgebäude, rechts vor dem Herrenhaus gelegen (Bild), befinden sich zwei weitere Wohnungen mit je vier Zimmern (je 15 und 18 qm). Dort gibt es aber im Gegensatz zu den Wohnungen des Herrenhauses keine Gasheizung und kein warmes Wasser. Es kann im Winter mit zwei kleinen Öfen mit Holz geheizt werden.

Zur benachbarten Kleinstadt Meisenheim kann man mit dem Fahrrad fahren (8 km). Die 30 km entfernte Stadt Kaiserslautern kann zweimal am Tag mit dem ÖPNV erreicht werden.

Basierend auf einer Idee von Andreas Petrik: Lehrstück „Wir gründen eine Dorfgemeinschaft", August 2005. In: www.blk-demokratie.de

Gesellschaftlicher Wandel in Deutschland

2

Zwischen Freiheit (Heterogenität) und Gleichheit (Identität)

In diesem Kapitel setzen Sie sich mit dem Wandel der Gesellschaft in der Bundesrepublik Deutschland auseinander und diskutieren, welche Chancen und Risiken die aktuellen gesellschaftlichen Transformationsprozesse für Ihre Zukunft haben.
Durch eine differenzierte Untersuchung der gesellschaftlichen Grundlagen können Sie wirtschaftliche und politische Prozesse in unserem Land analysieren und verstehen. Sie legen so die Basis zur Auseinandersetzung mit den weiteren Themenfeldern dieses Schulbuches.
Im ersten Unterkapitel lernen Sie Aspekte sozialer Ungleichheit in unserer Gesellschaft kennen. Sie setzen sich exemplarisch mit folgenden Beispielen auseinander: Die ungleichen Einkommensverhältnisse in Deutschland, die Frage der Chancengerechtigkeit in Schulen und die Problematik der Gleichberechtigung von Frauen und Männern am Arbeitsplatz.
Anschließend befassen Sie sich mit den Themen Migration und Integration, um die Frage zu diskutieren, wie Integration in unserer Gesellschaft gelingen kann.
In einem dritten Unterkapitel lernen Sie die Tragfähigkeit klassischer und aktueller Gesellschaftsmodelle kennen. Diese Modelle bilden die Gesellschaft im Ganzen ab, um u.a. Merkmale der sozialen Ungleichheit erkennen und beurteilen zu können.

Leitfragen

1. Welche Aspekte tragen zur sozialen Ungleichheit in der Gesellschaft besonders bei?
2. (Wie stark) soll der Staat in einer freiheitlichen Gesellschaft eingreifen, um soziale Ungleichheit zu verringern?
3. Wie soll unsere Gesellschaft Zuwanderung organisieren und Integration gestalten?
4. Wie gut können Modelle den Aufbau und die soziale Ungleicheit unserer Gesellschaft erfassen?
5. Gefährden Individualisierung und Pluralisierung eher den Zusammenhalt in unserer Gesellschaft (Identität) oder bereichern sie diese (Heterogenität)?

Aufgaben

72035-16

1. Teilen Sie die auf der linken Seite im Szenario erwähnten Zimmer des Landgutes unter sich im Kurs auf. Begründen Sie Ihre Verteilung der Zimmer.
2. Erstellen Sie eine gemeinsame Haus- und Hofordnung (Definition und Besetzung von Ämtern, Dienste und Aufgaben, Umgang mit Konflikten und Verstößen, Regeln für die Entscheidungsfindung). Verteilen Sie anschließend die Positionen nach dieser Ordnung.
3. Bestimmen Sie, welchen Anteil die jeweiligen Bewohner:innen an den Miet-, Heiz-, Wasser- und Abfallkosten zahlen sollen.
4. Diskutieren Sie, ob das nachgespielte Szenario realistisch ist. Inwiefern zeigen sich in Ihrer Simulation (Un-)gleichheit und Benachteiligung bzw. Privilegierung?

2.1 Struktur der Gesellschaft im Wandel

2.1.1 Trennung von Staat und Gesellschaft: Wie stark darf und soll die Politik in die Privatsphäre eingreifen?

Zum Thema: Wer oder was ist die Gesellschaft? Wer oder was ist der Staat? In diesem Kapitel beschäftigen Sie sich mit diesen grundlegenden Fragen des Faches. Sie grenzen dabei die Bereiche Gesellschaft und Staat voneinander ab und diskutieren, wie stark der Staat in die Privatsphäre der Bürgerinnen und Bürger eingreifen darf und soll.

M1 Bilder von Gesellschaft und Staat

Familie beim Frühstück

Bürger bei der Stimmabgabe

Kinder und Lehrer im Schulunterricht

Richterin in Rheinland-Pfalz

Einstiegsaufgaben 72035-17

1. Beschreiben Sie die Bilder (**M1**).
2. Welche Bilder zeigen „Gesellschaft", welche den „Staat"? Begründen Sie Ihre Zuordnung durch zentrale Unterscheidungskriterien.

M2 Was bedeutet der Begriff Gesellschaft?

a) Im Grundgesetz

§ **Artikel 20, Satz 2, GG** §

„Alle Staatsgewalt geht vom Volk aus."

b) Eine Definition von Gesellschaft

Gesellschaft ist ein vielschichtiger Begriff [...]. Die Verbundenheit oft sehr heterogener Personen für einen bestimmten Zweck, ob kurz- oder längerfristig, ist entscheidend.
Dem Wortursprung nach bedeutet Gesellschaft die Vereinigung oder ein Beisammensein mehrerer Gefährten. In der deutschen Sprachentwicklung ist Gesellschaft mit Gemeinschaft und Genossenschaft verknüpft. Wichtiger war die griechische und die lateinische Begriffsgeschichte. Seit Plato (428 – 348) und Aristoteles (384 – 322) hat der Begriff [...] einen bis heute beibehaltenen Sinn: Gesellschaft umfasst eine größere Gruppe von Menschen (wie z. B. in der polis, dem Stadtstaat der Griechen), die in einem Zusammenhang wechselseitig eingebrachter Interessen und Fähigkeiten stehen, auf einem klar definierten Territorium leben, sich als politische und soziale Einheit begreifen und außerhalb ihrer Grenzen auch so wahrgenommen werden. [...]
In allen Etappen der europäisch-abendländischen Staats- und Gesellschaftstheorie blieb der antike Kerngedanke von bürgerlicher Gesellschaft und schützendem Staat erhalten [...]. Unter den Bedingungen des Frühkapitalismus, der Aufklärung und der bürgerlichen Revolutionen bildete sich die spezifische Form der bürgerlichen Gesellschaft der Neuzeit heraus, als eine vom Liberalismus geprägte Marktgesellschaft, als politisch-nationale Einheit und als Rechtsgesellschaft, die die Freiheitsrechte aller Menschen zur Geltung bringt und sichert.
Die Staats- und Gesellschaftstheorie von G. F. W. Hegel (1770 – 1831) konzipierte [...] einen bis heute wirksamen Gesellschaftsbegriff: Familie, bürgerliche Gesellschaft und Staat sind die Basisinstitutionen einer durchgängig auf Recht beruhenden Gesellschaftsformation [...].
Konstitutiv ist die Trennung von Gesellschaft und Staat. Während der Staat für die innere, rechtliche, soziale und äußere Sicherheit zuständig ist, kann Gesellschaft als Handlungssphäre der freien Bürger bezeichnet werden; sie können sich nach ihren Vorstellungen in Vereinen und Genossenschaften assoziieren und in den Institutionen (wie Familie) und Gesellschaften des bürgerlichen Rechts (BGB) durch Verträge zusammenschließen.

Schäfers, Bernhard. In: Andersen, Uwe/ Woyke, Wichard (Hg.): Handwörterbuch des politischen Systems der Bundesrepublik Deutschland. 8., aktual. Aufl. Heidelberg. Springer VS 2021. In: www.bpb.de

Heterogen
(Soziolog.) unterschiedlich aufgrund verschiedener Merkmale wie z. B. soziale Stellung, Geschlecht, Herkunft, körperliche und geistige Fähigkeiten

Assoziieren
Zusammenschließen, vereinigen

M3 Die Unterscheidung von Staat und Gesellschaft

[D]er Staat [ist], als organisierte politische Entscheidungseinheit, in seiner Tätigkeit funktional auf die Gesellschaft bezogen. Er nimmt für die Gesellschaft eine notwendige, ihren Bestand bedingende Erhaltungs-, Sicherungs- und auch Veränderungsfunktion wahr [...], indem er Verfahren und Instanzen zur friedlichen Konfliktregelung bereitstellt (Rechtsschutz und Rechtsdurchsetzung), indem er durch Gesetze die Rahmenordnung festlegt und garantiert, innerhalb deren die freie, staatlich nicht gelenkte Tätigkeit und Entfaltung der Gesellschaft sich abspielen kann, indem er Gefahren für den Bestand und die Sicherheit der Gesellschaft durch eingrei-

fende oder vorbeugende (planend-koordinierende) Maßnahmen abwehrt.
Staat und Gesellschaft sind also nicht zwei je geschlossene, voneinander isolierte Verbände oder Gemeinwesen, [...] der Staat ist vielmehr die politische Entscheidungseinheit und Herrschaftsorganisation für eine Gesellschaft (oder, wenn man will, „über" ihr); er steht in notwendiger und mannigfacher Wechselbeziehung mit dieser, ohne darum aufzuhören, von ihr organisatorisch und funktional unterschieden und gesondert zu sein. Diese organisatorische Zusammenfassung und Verselbständigung der politischen Entscheidungsfunktionen, ihre relative Herauslösung aus gesellschaftlicher Unmittelbarkeit ist es gerade, die einerseits die innerstaatliche Friedenseinheit möglich macht, anderseits die wirksame funktionale Reduzierung und Zweckausrichtung aller politischen Entscheidungsgewalt zugunsten der individuellen Freiheit.
Erst im totalitären System, wenn dem staatlichen, d. h. herrschaftlich-politischen Zugriff auf individuelle Verhaltensbereiche und die Verhaltensaktualisierung der Individuen keine Grenze mehr gezogen ist, ihm nichts mehr im eigentlichen Sinn vorausliegt, fallen Staat und Gesellschaft ineinander und kommt es zur sogenannten „Identität" von Staat und Gesellschaft; sie bedeutet zugleich das Ende der individuellen Freiheit. [...] Demokratisierung kann eine sinnvolle politische Forderung sein, wenn sie bedeutet, dass die demokratische Struktur der staatlichen Entscheidungsgewalt verbessert und dass gesellschaftliche Machtpositionen, die die Freiheit anderer oder den demokratischen Staat selbst gefährden, demokratischer Kontrolle unterstellt werden müssen. Bedeutet sie hingegen, dass alle Bereiche gesellschaftlicher Freiheit einer ‚demokratischen` Bestimmungsgewalt partieller Kollektive unterstellt werden müssen, um so die Gesellschaft einerseits vom Staat ‚frei' zu machen und anderseits in sich zu demokratisieren, so ist sie eine Wegmarke zum Totalitarismus. Sie löst dann eben jene Konzentrierung der politischen Entscheidungsgewalt bei der staatlichen Organisation auf, die eine notwendige Bedingung zur Sicherung individueller Freiheit ist, gerade um sie gegenüber den Lenkungs- und Vereinheitlichungsansprüchen partieller gesellschaftlicher Kollektive zu gewährleisten.

Böckenförde, Ernst-Wolfgang: Die Bedeutung der Unterscheidung von Staat und Gesellschaft im demokratischen Sozialstaat der Gegenwart. Erstdruck in: Rechtsfragen der Gegenwart. Festgabe für Wolfgang Hefermehl zum 65. Geburtstag. W. Kohlhammer, Stuttgart/Berlin/Köln/Mainz 1972, S. 11-36. In: www. momo-berlin.de, Abruf am 26.09.2022

Aufgaben

72035-18

1. Erklären Sie die Begriffe Gesellschaft und Staat mit eigenen Worten (**M2**).
2. Ordnen Sie die Bilder (**M1**) mit Hilfe von **M2** den Bereichen Staat und Gesellschaft zu.
3. Geben Sie die Grundaussagen in **M3** zur Trennung und Verbindung von Staat und Gesellschaft wieder und erläutern Sie diese am Beispiel (**M1**).
4. Beurteilen Sie am Beispiel einer privaten Gesprächssituation und der politischen Willensbildung (**M1**), ob Staat und Gesellschaft eher getrennt oder eher miteinander verbunden sein sollen.

H zu Aufgabe 1
Worin unterscheiden sie sich?

F zu Aufgabe 1
Erläutern Sie, welchen verschiedenen gesellschaftlichen Gruppen Sie angehören. Gehen Sie dabei auf die Sozialbeziehungen, die zeitliche Zusammensetzung, das Thema und die Aufgabe der Gruppen ein.

Sie als Bürger:in ...
formulieren für ein konkretes Beispiel aus Ihrem persönlichen Lebensalltag eine begründete Aufforderung an den Staat, dort stärker einzugreifen (mehr Regulierung) oder sich stärker zurück zu halten (weniger Regulierung). Tragen Sie Ihre Aufforderungen im Kurs vor, vergleichen und diskutieren Sie diese.

2.1.2 Der demographische Wandel: Zuwanderung als Lösung für den Fachkräftemangel?

Zum Thema: Veränderungen der Geburtenrate, der Lebenserwartung und Migrationsbewegungen haben Auswirkungen auf die Zusammensetzung der Gesellschaft. Dieser Wandel stellt Deutschland in den nächsten Jahren vor besondere Herausforderungen. Sie setzen sich mit der Bevölkerungsstruktur auseinander und diskutieren die Frage, ob Deutschland aufgrund der wissenschaftlich prognostizierten Überalterung der Gesellschaft gezielt ausländische Fachkräfte aufnehmen sollte.

M4 Wie setzt sich die Bevölkerung - zukünftig - zusammen?

Karikatur: Nel, 2005

Einstiegsaufgaben 72035-19

1. Analysieren Sie die Karikatur (**M4**).
2. Stellen Sie begründete Vermutung darüber an, welche Auswirkungen der demographische Wandel auf den Arbeitsmarkt haben könnte.

M5 Die Altersstruktur einer Bevölkerung

a) Kennzahlen mit Einfluss auf die Altersstruktur

Die Alterszusammensetzung der Bevölkerung – man spricht auch von ihrer [...] Altersstruktur [...] – ist das Ergebnis der Geburtenhäufigkeiten, Wanderungsbewegungen und Sterbefällen der letzten 100 Jahre. Anhand eines Größenvergleichs verschiedener Altersgruppen kann man erkennen, ob die demografischen Rahmenbedingungen [...] in diesem Zeitraum stabil waren oder sich verändert haben. [...] Die Alterstruktur wird durch gravierende historische Ereignisse verändert, soweit sie einen Einfluss auf die Geburten- und Sterbehäufigkeiten haben [z. B. Naturkatastrophen wie Dürren und Seuchen, Kriege und damit zusammenhängende Zu- und Abwanderung].

Huinik, Johannes/ Schröder, Torsten: Sozialstruktur Deutschlands. München 2019, S. 51ff.

Erklärfilm:
Demographischer Wandel
72035-20

Altenquotient
Er bildet das Verhältnis der Personen im Rentenalter (z. B. 65 Jahre und älter) zu 100 Personen im erwerbsfähigen Alter (z. B. von 20 bis unter 65 Jahren) ab. Die Kennzahl zeigt, für wie viele potenzielle Rentenbezieherinnen und -bezieher Menschen im Erwerbsalter im weitesten Sinne sorgen müssen.

Demographischer Wandel
Veränderung der Zusammensetzung einer Gesellschaft in ihrer Altersstruktur, hervorgerufen z. B. durch eine Veränderung der Geburtenrate (Fertilitätsrate) oder der Sterberate (Mortalität).
In Deutschland ist z. B. die Lebenserwartung gestiegen, wodurch der Anteil der älteren gegenüber den jüngeren Menschen deutlich zugenommen hat.

b) Altersaufbau der deutschen Bevölkerung

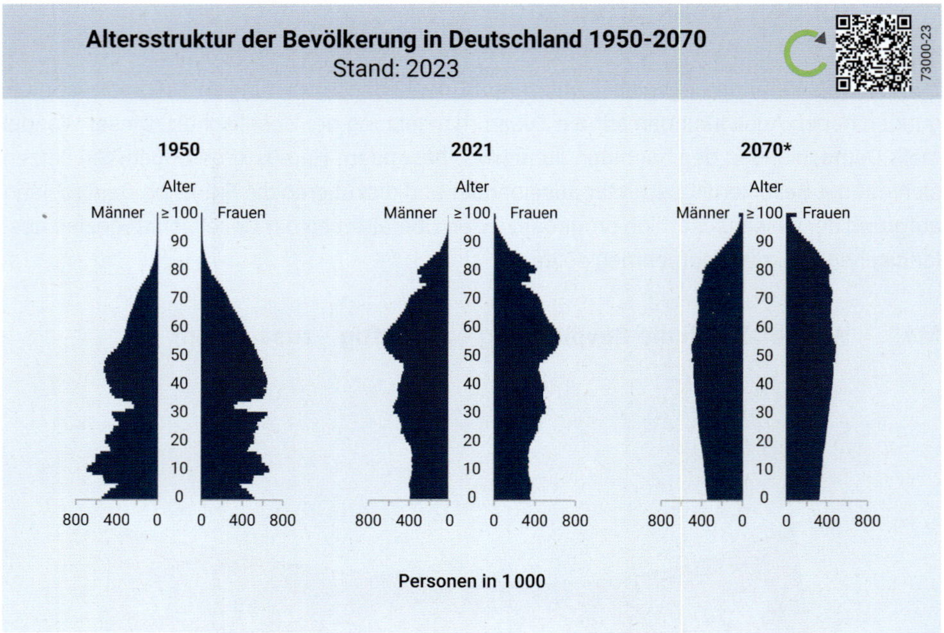

**2070: 15. koordinierte Bevölkerungsvorausberechnung*
©C.C. Buchner Verlag, aktuelle Daten nach: DESTATIS, 2023

M6 Ein lebendiges Diagramm – Fallbeispiele

Zahlen in Diagrammen und Statistiken bleiben oft abstrakt und sind schwer zu interpretieren. Beim „lebendigen Diagramm" werden konkrete Aussagen mit Hintergrundinformationen über Auswirkungen auf das Leben (fiktiver) Personen mit den Informationen aus Diagrammen zusammengeführt. Komplexe Sachverhalte lassen sich so mit Leben füllen.

a) Egon ist im Jahr 2021 ein Jahr alt geworden. Statistisch werden mehr Jungen als Mädchen geboren.
b) Martin ist im Jahr 1969 am Tag der Mondlandung geboren. Er feiert seinen 10. Geburtstag in der Grundschule. Die Klassengröße in der Grundschule Bingen ist enorm groß.
c) Hermann Weiß ist am Ende des 2.Weltkrieges 16 Jahre alt geworden und sucht einen Ausbildungsplatz.
d) Frau Koch hat keine Geschwister. Ihr Jahrgang war im Vergleich zu früheren auffällig klein. Sie wurde am Ende der Weltwirtschaftskrise 1932 geboren.
e) Bernd und Bärbel sind 22 Jahre und seit drei Jahren ein Paar. Sie studierten 1969 Soziologie an der Johannes-Gutenberg-Universität in Mainz. Aufgrund der Erfindung der Verhütungspille können sie ihren Kinderwunsch planen und nach dem Studium eine Familie gründen.
f) Frau Busch lebt seit drei Jahren in einem Seniorenheim. Es befinden sich dort auffällig viele Frauen und sehr wenige Männer ihres Alters.
g) Frau Grünspecht ist 100 Jahre alt geworden. Sie erhält von der Stadt Mainz einen Blumenstrauß.
h) Trotz eines ordentlichen Schulabschlusses erhält Jürgen keinen Ausbildungsplatz als Elektroniker.
g) Paul macht mit zehn weiteren Schülern seines Jahrgangs das Abitur an einem Gymnasium in Bad Kreuznach.
h) Herr Martini aus Neapel wird von VW angeworben, um bei der Autoproduktion in Wolfsburg zu arbeiten.

M7 Gibt es einen Zusammenhang zwischen demographischem Wandel und Arbeitsmarkt?

a) Altenquotient in Deutschland

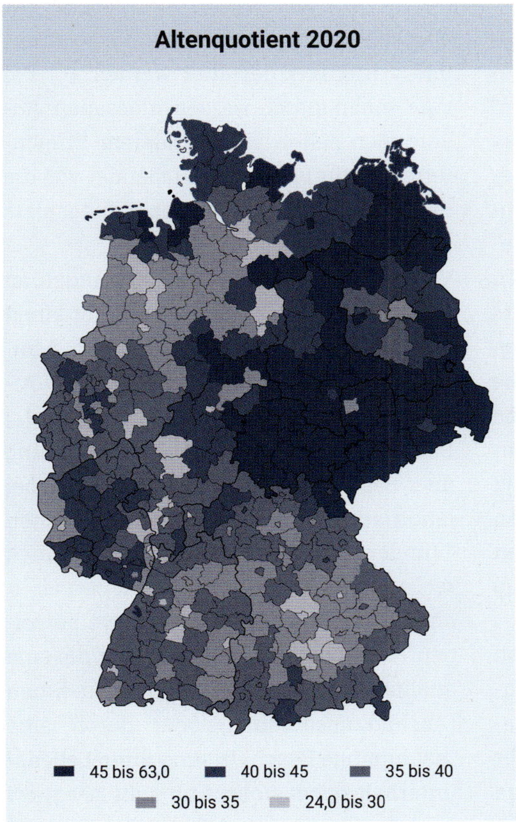

Nach: Bundesinstitut für Bevölkerungsforschung, Zahlen: Statistisches Bundesamt, Berechnungen BiB (2020)

b) Umfrage zum Fachkräftemangel

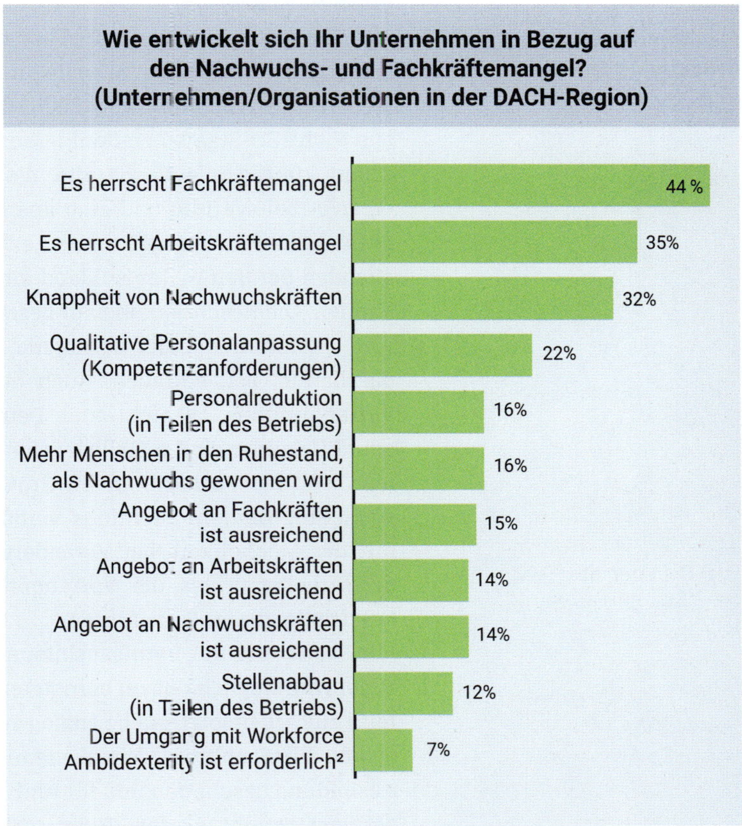

Nach: Statista, Datenquelle: Hays; Institut für Beschäftigung und Employability, Februar 2022

M8 Kommentar: Gesellschaftliche Reformen ohne Fachkräfte sind nicht möglich

[D]ie neue Regierung [will] bauen, um das Land möglichst zumutungsfrei sozial, klimaneutral und verteidigungsfähig zu machen. 400.000 Wohnungen, ein paar Tausend Windräder und jetzt noch: neue Panzer und Flugzeuge. [...] Die[s] [...] kann allerdings nur klappen, wenn es genug Arbeitslose gibt, die in Arbeit gebracht werden können. Denn Geld allein baut keine Windräder. Und auch keine Wohnungen. Und gewiss keine Panzer. Das tun Menschen. Und davon gibt es nicht unendlich viele. Die nun ausgerufene Zeitenwende fällt mit dem Beginn der kritischen Phase des demografischen Wandels zusammen. Bereits in diesem Jahr [2022] werden in Deutschland 300.000 Personen mehr in Ruhestand gehen, als neu in den Arbeitsmarkt eintreten. Bis zum Jahr 2030 summiert sich diese Lücke Schätzungen zufolge auf fünf Millionen Menschen. Und schon heute sind Fachkräfte knapp. Im Handwerk, in der Industrie, in der Pflege. Allein Rheinmetall plant, 3.000 Stellen zu schaffen, um die zusätzlichen Rüstungsaufträge abarbeiten zu können. Diese Leute fehlen dann anderswo. Wenn man sie überhaupt bekommt

Schieritz, Mark: Wie bezahlen wir das? In: Die Zeit, 24.03.2022, S. 23

M9 Eckpunkte eines Fachkräftezuwanderungsgesetzes

Am 07.06.2019 hatte der Bundestag die Entwürfe der Bundesregierung für ein Fachkräfteeinwanderungsgesetz und ein Gesetz „über Duldung bei Ausbildung und Beschäftigung" verabschiedet.

Migration, Asyl, Zuwanderung und Integration
→ Kap. 2.2, S. 64 ff.

Ziel dieses Gesetzes ist es, die Fachkräftesicherung „durch eine gezielte und gesteuerte Zuwanderung von Fachkräften" aus Nicht-EU-Staaten zu flankieren. Dazu sollen künftig alle Fachkräfte, die über einen Arbeitsvertrag und eine anerkannte Qualifikation verfügen, in den entsprechenden Berufen in Deutschland arbeiten können. Die Beschränkung auf besonders vom Fachkräftemangel betroffene „Engpassberufe" soll entfallen. Auch auf die Vorrangprüfung, ob nicht auch Deutsche oder EU-Bürger für die Stelle infrage kommen, soll bei Fachkräften im Grundsatz verzichtet werden, allerdings verbunden mit der Möglichkeit, bei Veränderungen des Arbeitsmarktes die Vorrangprüfung kurzfristig wieder einzuführen.

Für Fachkräfte mit Berufsausbildung soll zudem die Möglichkeit zur befristeten Einreise zur Arbeitsplatzsuche analog zur Regelung für Fachkräfte mit akademischer Ausbildung geschaffen und für fünf Jahre befristet erprobt werden. Zudem soll laut Entwurf der Aufenthalt zu ergänzenden Qualifizierungsmaßnahmen für Angehörige von Nicht-EU-Staaten mit im Ausland abgeschlossener Berufsbildung erweitert und attraktiver gestaltet werden. [...] Die vom Innenausschuss beschlossenen Änderungen sehen unter anderem Erleichterungen für betroffene Ausländer vor, die in Deutschland einen Ausbildungsplatz suchen wollen. [...]

Verschärft wurden die Anforderungen an Menschen ab 45 Jahren, die nun für einen Aufenthalt zur Beschäftigung ein Mindestgehalt oder eine „angemessene Altersversorgung" nachweisen müssen. [...] Das Gesetz „über Duldung bei Ausbildung und Beschäftigung" zielt darauf ab, bei langfristigen Duldungen aus persönlichen Gründen für bestimmte Ausländer einen rechtssicheren Aufenthalt zu ermöglichen „und eine Bleibeperspektive aufzeigen". Dabei geht es um Betroffene, die eine qualifizierte Berufsausbildung aufnehmen (Ausbildungsduldung) oder durch eine „nachhaltige Beschäftigung ihren Lebensunterhalt selbst sichern und gut integriert sind (Beschäftigungsduldung)".

Deutscher Bundestag: Einwanderung in den deutschen Arbeitsmarkt neu geregelt. In: www.bundestag.de, Abruf am 27.09.2022

Aufgaben

72035-21

1. a) Analysieren Sie zu zweit den Altersaufbau und die Zusammensetzung der Bevölkerung (**M5**).
   b) Prüfen Sie die Prognose im Schaubild (**M5b**).
   c) Stellen Sie Ihre Ergebnisse im Kurs vor.
2. Ordnen Sie in Kleingruppenarbeit (2-3 Personen) begründend die einzelnen Fallbeispiele (**M6**) dem Schaubild zum Altersaufbau der deutschen Bevölkerung (**M5**) zu, indem Sie die Kennzeichnung (**a-h**) der Fallbeispiele mit dem jeweilige „Alter in Jahren" (1-100) in Verbindung bringen.
3. Analysieren Sie das Material (**M7, M8**) im Hinblick auf die sozialen und wirtschaftlichen Folgen des demographischen Wandels in Deutschland.
4. a) Beurteilen Sie die Vorschläge des Fachkräftezuwanderungsgesetzes (**M9**) perspektivisch und kategorial (→ Methode, S. 31 f.).
   b) Stellen Sie Ihre Ergebnisse im Kurs vor.

2.1.3 Die Sozialstruktur unserer Gesellschaft: Soziale Ungleichheit – welche Kriterien haben Einfluss auf die soziale Stellung?

Zum Thema: Was macht soziale Ungleichheit aus und worin zeigt sie sich? In diesem Kapitel lernen Sie Dimensionen sozialer Ungleichheit kennen und diskutieren am konkreten Beispiel deren Relevanz und Tauglichkeit.

M10 Zwei Personen im sozialen Gefüge

Peter Kleinschmitt	Dr. Charlotte Schramm
Eltern: ungelernte Arbeiter/Arbeiterin	Vater: Ingenieur, Manager bei BASF; Mutter: Grundschullehrerin, später Hausfrau
48 Jahre	50 Jahre
ohne Berufsausbildung	Abitur, abgeschlossenes Mathematik- und Informatikstudium
verschiedene Tätigkeiten im Einzelhandel	Informatikerin in einem bedeutenden Kreditinstitut
1.800 Euro im Monat	6.000 Euro im Monat
kein Vermögen	besitzt zwei Mietshäuser in Ingelheim am Rhein
wohnt zur Miete in einem Mehrfamilienhaus	wohnt im eigenen Haus in einer Großstadt
seit 20 Jahren verheiratet, drei Töchter im Alter von 7, 9 und 11 Jahren	geschieden, ein 10-jähriger Sohn
seit vielen Jahren Trainer im Fußballverein	Mitglied im Lesezirkel und im Freundeskreis des Programmkinos

Bearbeiter

Einstiegsaufgaben 72035-22

1. Vergleichen Sie die zwei Personen (**M10**) hinsichtlich ihrer sozialen Stellung. Begründen Sie Ihre Einschätzung mit den von Ihnen zugrunde gelegten Kriterien und tauschen Sie sich untereinander aus.
2. Diskutieren Sie, ob sich Ihre Rangordnung ändern würde, wenn Herr Kleinschmitt 6.000 Euro und Frau Dr. Schramm 1.800 Euro verdienen würde.

M11 Was ist soziale Ungleichheit?

Mit dem Wort „Ungleichheit" werden in den Sozialwissenschaften nicht bloße (horizontale) Unterschiede, sondern (vertikale) Besser- und Schlechterstellungen zwischen Menschen bezeichnet. Man spricht von „sozialer Ungleichheit" […], wenn die Ressourcenausstattung (zum Beispiel der Bildungsgrad oder die Einkommenshöhe) oder die Lebensbedingungen (beispielsweise die Wohnverhältnisse) von Menschen aus gesellschaftlichen Gründen so beschaffen sind, dass bestimmte Bevölkerungsteile regelmäßig bessere Lebens- und Verwirklichungschancen als andere Gruppierungen haben. „Besser" sind Lebens- und Verwirklichungschancen dann,

Sozialer Status / Stellung bezeichnet die Wertschätzung, die einer Person in der Gesellschaft zukommt. Er kann zugeschrieben (z.B. Geburt) oder erworben (eigene Leistung) werden.

wenn Ressourcenausstattung oder Lebensbedingungen bestimmten Menschen nach den jeweils geltenden gesellschaftlichen Maßstäben (zum Beispiel bezüglich Sicherheit, Wohlstand, Gesundheit) die Möglichkeiten zu einem „guten Leben" und zur weiteren Entfaltung der eigenen Persönlichkeit bieten, anderen Menschen jedoch nicht. [...] Der Begriff soziale Ungleichheit schließt somit nicht aus, dass Menschen mit vorteilhaften Bedingungen ein elendes Leben führen.

Neben den sozialen, das heißt gesellschaftlich entstehenden, relativ stabilen und verallgemeinerbaren existieren viele weitere Ungleichheiten zwischen Menschen. Nicht als soziale Ungleichheit gelten unter anderen individuelle, momentane und natürliche Vor- bzw. Nachteile. Sie entstehen zum Beispiel durch (un)vorteilhafte Persönlichkeitseigenschaften, Lotteriegewinne oder angeborene Behinderungen. [...]

Wer landläufig von „sozialer Ungleichheit" spricht, verbindet mit diesem Begriff üblicherweise die Vorstellung der Illegitimität bzw. der Ungerechtigkeit. Dagegen lässt es der sozialwissenschaftliche Begriff der „sozialen Ungleichheit" offen, ob Sachverhalte sozialer Ungleichheit (zum Beispiel Einkommensabstände) als „gerecht" oder „ungerecht" gelten.

Hradil, Stefan: Soziale Ungleichheit – eine Gesellschaft rückt auseinander. In: Hradil, Stefan (Hg.): Deutsche Verhältnisse. Eine Sozialkunde. Frankfurt am Main 2013, S. 152f.

M12 Die Dimensionen sozialer Ungleichheit

In Bezug auf die deutsche Gesellschaft geht man häufig von vier Dimensionen sozialer Ungleichheit aus, die alle als berufsnah gelten und stark mit der Erwerbstätigkeit und den damit verbundenen Einkommensverhältnissen verknüpft sind.

Dimensionen	Bildung	Materieller Wohlstand	Macht	Prestige
Indikatoren (messbare Beispiele)	▪ formaler Bildungsabschluss ▪ soziale Herkunft	▪ Einkommen ▪ Vermögen ▪ Armut	▪ berufliche Befugnisse ▪ Einkommen ▪ Vermögen	▪ Berufszugehörigkeit ▪ soziale Herkunft

Nach: Bock, Matthias/Jürgensen, Peter: Abiturtraining. Sozialwissenschaften. Halbergmoos: Stark 2014, S.113

Aufgaben

72035-23

1. Benennen Sie zentrale Aspekte der sozialen Ungleichheit nach Stefan Hradil (**M11**).
2. Untersuchen Sie die soziale Stellung von Herrn Kleinschmitt und Frau Dr. Schramm (**M10**) mit Hilfe der Dimensionen der sozialen Ungleichheit (**M12**).
3. Beurteilen Sie die Tauglichkeit der Kriterien für die Messung sozialer Ungleichheit (**M11, M12**). Entwickeln Sie gegebenenfalls weitere Kriterien.

H zu Aufgabe 2
Prüfen Sie, ob bei den Personen (M10) eine ungleiche Verteilung an Ressourcen (z. B. Einkommen, Vermögen, Lebensbedingungen) und/oder fehlende Chancen (Bildung, Herkunft) vorliegen.

Sie als Bürger:in ...
nehmen Kontakt mit den staatlichen Behörden in Ihrer Gemeinde/Stadt (z.B. Bürgermeister:in, Sozialamt) auf und informieren sich über die aktuelle Lage der sozialen Ungleichheit und über Maßnahmen zur Verringerung. Stellen Sie die Ergebnisse im Kurs vor.

2.1.4 Aspekte sozialer Ungleichheit I: Sind Einkommen zu ungleich verteilt?

Zum Thema: Menschen verdienen unterschiedlich viel, sie haben unterschiedliche Besitz- und Eigentumsverhältnisse. Dies führt zu Ungleichheit in der Gesellschaft. In diesem Kapitel setzen Sie sich mit unterschiedlichen Berechnungs- und Darstellungsformen der Einkommensentwicklung auseinander. Danach diskutieren Sie, ob die Entwicklung der Einkommensverteilung zu einer sozialen Spaltung der Gesellschaft führt.

M13 Wer bekommt wie viel?

A Durchschnittsgehalt eines/einer Vorstandsvorsitzenden eines DAX-Unternehmens im Jahr 2020: 5,29 Mio. Euro (brutto / Jahr) oder **440.000 Euro (brutto / Monat)**

Der bestverdienende Vorstandsvorsitzende (Stephen Angel, Linde-Konzern) verdiente 14 Mio. Euro/Jahr oder 1,16 Mio. Euro/Monat.

B Faktor, um den ein Vorstandsmitglied bei VW mehr verdient als ein:e Mitarbeiter:in: **75**

C Durchschnittsgehalt vollzeitbeschäftigter Arbeitnehmenden in Deutschland 2020: 47.700 Euro (brutto/Jahr) **3.975 Euro (brutto/Monat)**

D Die Armutsquote lag 2020 in Deutschland bei **16,1** %. Dies entspricht 13,4 Mio. Menschen.

Brutto
Geldbetrag vor dem Abzug von Steuern und Sozialversicherungen

Zahlen (2020): a, b) www.statista.com; c) www.absolventa.de; d) www.der-paritaetische.de

Einstiegsaufgabe 72035-24

Analysieren und vergleichen Sie die Einkommenssituationen in **M13**.

M14 Welche Einkommensquellen gibt es?

1 Einkommen aus unselbstständiger Arbeit
Angestellte erhalten ihr Gehalt, Arbeiter ihren Lohn, Seeleute ihre Heuer, Politiker ihre Diäten und Künstler ihre Gage. Auch die Ausbildungsvergütung zählt hierzu, ebenso wie der Sold der Soldaten. Hinzu kommen alle Entgelte aus dem Verkauf von Dienstleistungen an andere private Haushalte (z. B. Reinigungs- und Aufsichtsdienste).

2 Einkommen aus selbstständiger Arbeit
Die Einkünfte aus der Unternehmertätigkeit können zum einen die Gewinne eines Unternehmens sein, die dem Unternehmerhaushalt zufallen, zum anderen kann es sich um die Erlöse aus freiberuflicher Tätigkeit handeln. Hinzu kommen alle Einkünfte aus Vermietungen, da sie als unternehmerische Tätigkeit zählen.

3 Einkommen aus Vermögen
Das Vermögenseinkommen umfasst alle Einkünfte aus Zinsen, Dividenden, Beteiligungen und Guthaben aus Banken, aus Mieteinnahmen aus Hausbesitz sowie Pachteinnahmen aus Grundstücksbesitz.

4 Transfereinkommen
Hierunter fallen alle Leistungen, die der Staat den privaten Haushalten ohne konkrete Gegenleistung (z. B. Kindergeld, Sozialhilfe) bzw. aufgrund vorher getätigter Beitragszahlungen (z. B. Rentenzahlungen) zukommen lässt. Viele Haushalte beziehen dabei ihr Einkommen parallel aus unterschiedlichen Quellen.

Institut für Ökonomische Bildung: Einkommensarten, In: www.ioeb.de, Abruf am 01.07.2020

Interaktive Grafiken:
Einkommensverteilung in Deutschland

72035-25

Äquivalenzeinkommen
Mit Hilfe von Äquivalenzeinkommen – auch Haushaltsäquivalenzeinkommen genannt – kann die Einkommenssituation von Haushalten unterschiedlicher Größe und Zusammensetzung vergleichbar gemacht werden. Dazu werden die Einkommen aller im Haushalt lebenden Personen addiert und mit Hilfe einer Bedarfsskala passend für die Struktur des Haushalts umgerechnet.
Bei einer von der OECD vorgeschlagenen und in der europäischen Statistik allgemein akzeptierten Skala erhält die erste erwachsene Person im Haushalt ein Bedarfsgewicht von 1; weitere erwachsene Personen und Jugendliche über 14 Jahren haben jeweils ein Gewicht von 0,5 und Kinder bis zu 14 Jahren ein Gewicht von 0,3.
© 2019 Deutsches Institut für Wirtschaftsforschung e. V.

M15 Wie entwickeln sich Einkommen in Deutschland?

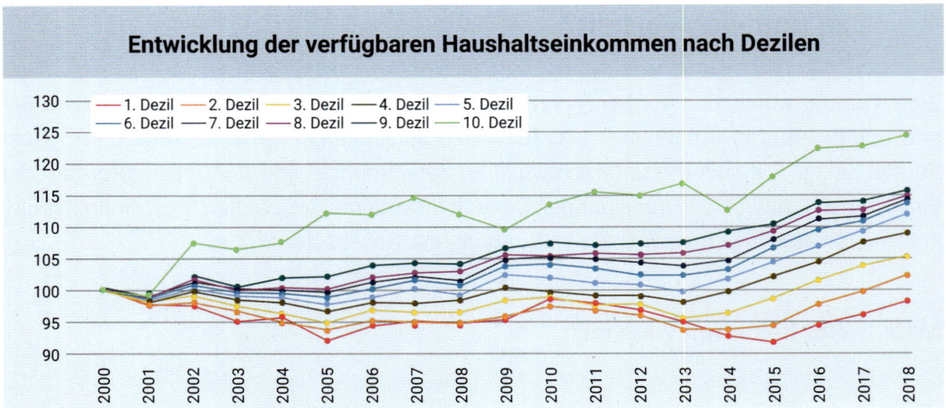

Nach: DIW Wochenbericht Nr. 18/2021; Datenquelle: SOEPv36

Bei einer Einteilung in Dezile („Zehntelwerte“) wird die Menge der Gesamtwerte (hier die verfügbaren Haushaltseinkommen) nach aufsteigender Größe in zehn gleichgroße Teile zerlegt. Entsprechend werden dann z. B. im 1. Dezil die 10 % der Haushalte mit dem geringsten verfügbaren Haushaltseinkommen zusammengefasst.

M16 Wie (un)gleich sind Einkommen und Vermögen in Deutschland verteilt?

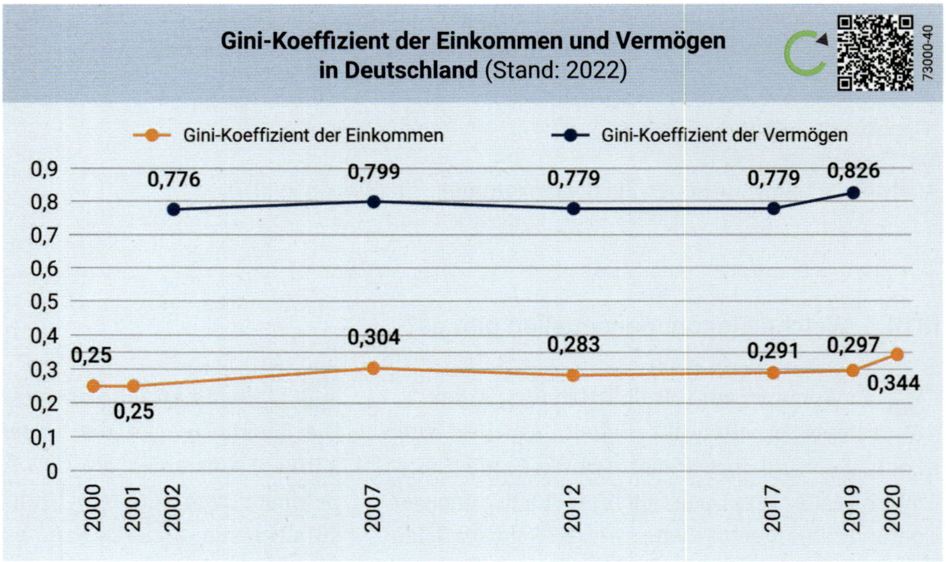

Erklärung: Gini-Koeffizient des verfügbaren Äquivalenzeinkommens sowie individuelle Nettovermögen der Personen ab 17 Jahren in Privathaushalten. Je höher der Gini-Koeffzient desto ungleicher die Verteilung. Bei einem Gini von 0 besitzen alle Personen gleich viel. Bei einem Gini von 1 besitzt eine Person alles und alle anderen nichts.

© C.C. Buchner Verlag, aktuelle Daten nach: Eurostat EU-SILC, 2020, DIW Berlin, 2019

M17 Zwei Positionen zur Rezeption von Einkommensunterschieden

a) Armut wird nicht größer

Die Armen werden immer ärmer und die Reichen immer reicher: Dieses Bild prägt seit Jahren die sozialpolitische Diskussion in Deutschland und wird in der Corona-Krise noch verstärkt. Es prägt zunehmend die Wahrnehmung der Bürger – obwohl es der messbaren Entwicklung der Einkommen und ihrer Verteilung widerspricht.

Denn sie war im abgelaufenen Jahrzehnt auf jeden Fall günstiger als davor. [...] Von großer Bedeutung ist dabei offenbar, was man unter Armut versteht. In politischen Debatten wird oft nicht klar zwischen Armut und Ungleichheit unterschieden – ihre statistisch messbaren Entwicklungen unterscheiden sich aber sehr stark, wie amtliche Daten zeigen [...]. Der Anteil der Menschen, die im Alltag mit ernsten finanziellen Nöten kämpfen, ist demnach stark gesunken: Er hat sich von 5,1 Prozent 2005 auf 2,6 Prozent im Jahr 2019 fast halbiert. Gemessen wird dabei, wer in „erheblicher materieller Deprivation" lebt. Das sind Personen, die angeben, sich beispielsweise kein Auto und keine Waschmaschine leisten zu können, und die zugleich größere Probleme haben, Miet- und Heizkosten zu bezahlen. [...] Eine politische Schlüsselrolle spielen indes Kennziffern, die etwas über die Verteilung der Einkommen aussagen – darunter die sogenannte Armutsgefährdungsquote: Sie besagt, welcher Anteil der Bevölkerung mit seinem Einkommen weniger als 60 Prozent des mittleren Einkommens der Gesellschaft erreicht [...] Steigen nur die mittleren Einkommen, erhöht sich das so gemessene Armutsrisiko. Steigen alle Einkommen gleich stark, ändert es sich nicht.

Creutzburg, Dietrich: Armut im Land sinkt – Angst vor Armut steigt. In: FAZ, 09.04.2021

Grafik:
Welche Einkommensschicht hat welchen Anteil an der Bevölkerung?

72035-26

b) Die Einkommensunterschiede polarisieren die Gesellschaft

Der [...] Einwand ist, dass der Anstieg der Ungleichheit unproblematisch sei, da fast alle Einkommensgruppen in den vergangenen zehn Jahren eine Erhöhung von Löhnen und Einkommen erfahren konnten, jedoch die höheren Einkommensgruppen lediglich stärker von dieser Entwicklung profitiert hätten. Dieses Argument wird immer wieder als Keule herausgeholt, um eine Diskussion über Verteilung und Ungleichheit abzublocken. Es wird versucht, hierüber die Diskussion als eine Neiddebatte abzutun, bei der die Armen lediglich den Reichen ihren Erfolg nicht gönnten. [...] Sicher gibt es auch Menschen, die den Gutverdienenden ihr hohes Einkommen nicht gönnen, aber es geht beim Anstieg der Ungleichheit nicht nur um die Frage von Gerechtigkeit, sondern um die Frage der sozialen Teilhabe und Chancengleichheit.

Natürlich hat Deutschland einen starken Sozialstaat, der im globalen Vergleich eine hervorragende Absicherung gewährleistet. Vom Armutsrisiko betroffen zu sein bedeutet hierzulande eben nicht, dass diese Menschen nun keine Gesundheitsvorsorge oder Unterkunft mehr haben. Der Anstieg des Armutsrisikos von rund elf Prozent vor 20 Jahren auf knapp 17 Prozent aktuell bedeutet aber durchaus, dass zunehmend viele Menschen keine ausreichende soziale Teilhabe in unserer Gesellschaft mehr haben und vor allem Kinder und Jugendliche ihrer Zukunftschancen beraubt werden. [...] Denn diese Entwicklungen spiegeln zu einem erheblichen Maße eine abnehmende soziale Teilhabe, fehlende Chancengleichheit und eine zunehmende soziale Polarisierung wider.

Fratzscher, Marcel: Armut nimmt Zukunftschancen. In: Die Zeit, 08.11.2019

Begriff und Konzept von sozialer Gerechtigkeit
→ Kap. 6.1.1, S. 270 f.

Umverteilung und Transfer
→ Kap. 6.1.4, S. 280

Onlinekapitel:
Sozialer Wandel und Einkommensentwicklung international: Wer profitiert – wer verliert?

72035-28

Aufgaben

72035-27

1. Stellen Sie in einem Schaubild die Einkommensquellen der Bürger:innen dar (**M14**).
2. Analysieren Sie die unterschiedlichen Darstellungsformen zur Einkommensverteilung und -entwicklung und formulieren Sie zentrale Aussagen (**M15, M16**).
3. Geben Sie die Positionen zur Einkommensverteilung (**M17**) mit eigenen Worten wieder.
4. Beurteilen Sie die Einkommensverteilung in Deutschland (**M13-M17**).

H zu Aufgabe 4
Berücksichtigen Sie dabei auch die Leistungs- und Verteilungsgerechtigkeit (→ Kap. 6.1.1, S. 271)

METHODE

Statistiken analysieren

Zahlenarten und Besonderheiten
Absolute/relative Zahlen, Indexzahlen (Relation zu einem als 100 definierten Bezugswert); exakt oder gerundet?; statistisch ermittelt oder geschätzt?

Statistiken sind systematische Sammlungen von Informationen in Form von Zahlen, die als Tabellen, Schaubilder oder Diagramme visuell aufbereitet werden und so einen raschen Zugriff auf zum Teil sehr komplexe Sachverhalte ermöglichen. Beim Umgang mit Statistiken ist jedoch Vorsicht geboten! Scheinbar objektive Zahlen können Sachverhalte auch verfälscht darstellen und damit bestimmten Interessen dienen. Schon deswegen stellt die methodisch sorgfältige Analyse von Statistiken besonders im Fach Politik-Wirtschaft eine Schlüsselkompetenz dar.

So gehen Sie vor:

1 Einordnen und Beschreiben

a) Einordnen
- Wer hat die Statistik erstellt? In wessen Auftrag? Für bestimmte Adressat:innen?
- Wie wurden die Werte ermittelt (statistisch, geschätzt, prognostisch...)?
- Ist die Erhebung repräsentativ?

b) Beschreiben
- Was zeigt die Statistik grundsätzlich (Thema)?
- Welche Diagrammform wird und welche Zahlenarten werden verwendet?
- Müssen (Fach-)Begriffe geklärt werden?
- Auf welchen Zeitpunkt oder welchen Zeitraum bezieht sich die Statistik?
- Wie sind die Achsen eingeteilt (Größen, Einheiten, Sprünge, Gruppenbildungen...)?
- Welche Anteile oder Verläufe zeigt das Diagramm grundsätzlich?
- Lassen sich Verlaufsphasen feststellen (Zunahme, Abnahme, Stagnation)?
- Welche Besonderheiten in der Häufigkeitsverteilung bzw. zeitlichen Entwicklung weisen die Zahlen an welchen Stellen auf ((lokale) Minima bzw. Maxima; sprunghafte Entwicklungen; besonders große oder auffällig geringe Unterschiede...)?

2 Deuten

- Worauf könnten Häufigkeitsverteilungen, kontinuierliche oder sprunghafte Entwicklungen zurückzuführen sein? Entwickeln Sie Leitfragen und leiten Sie Erklärungshypothesen (= begründbare Annahmen) ab.
- Welche Zusammenhänge lassen sich zwischen Ihnen bekannten (politischen, gesellschaftlichen, wirtschaftlichen) Gegebenheiten und Entwicklungen und den statistischen Werten herstellen?
- Welche getroffenen Annahmen untermauert bzw. widerlegt die Statistik?
- Welche Gesamtaussage/n lässt/lassen sich aus der Statistik ziehen?

3 Beurteilen

- Können die zugrunde gelegten Zahlen überprüft werden? Stammen sie aus einer seriösen Quelle (z. B. Statistisches Bundesamt)? Sind sie mit einer nachvollziehbaren Methode erhoben worden?
- Sind die Zahlen geeignet, um eine fundierte Aussage über einen Sachverhalt zu treffen? Steckt hinter der Zahlen-/Größenauswahl das Interesse der Auftraggeber:innen?
- Führt die Wahl der Einheiten zu einer fundierten Aussage oder führen Stauchungen/Streckungen/Auslassungen zu einer Abschwächung/Verstärkung einer möglicherweise erwünschten Wirkung?
- Welche Daten bräuchte es noch, um zu einer fundierteren Aussage zu gelangen?
- Ist die grafische Darstellungsform geeignet zur Veranschaulichung der Daten?

Darstellungsformen

Kreisdiagramm

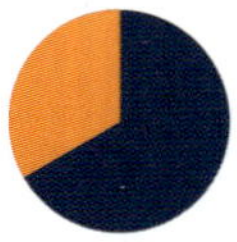

z. B. Darstellung von Anteilen an Gesamtmengen

Balkendiagramm

z. B. Zahlenwerte in einer (abnehmenden) Reihenfolge

Säulendiagramm

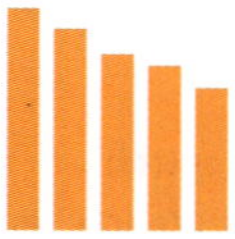

z. B. Zeitreihen-Vergleiche oder Vergleiche zwischen Zahlenwerten u. Ä.

Kurvendiagramm

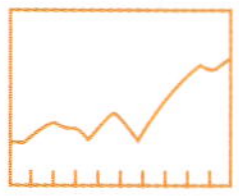

z. B. Entwicklungen, Trends im Zeitverlauf

Spinnennetzdiagramm

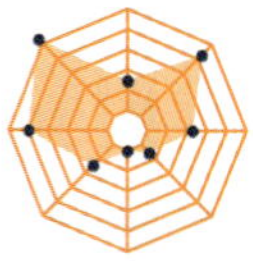

z. B. Ergebnisse mehrerer untersuchter Größen auf einer Skala zu einem Staat u. Ä. zugleich

Bearbeiterin

2.1.5 Aspekte sozialer Ungleichheit II: Bildung– hängt der Schulerfolg zu sehr vom Geldbeutel der Eltern ab?

Zum Thema: In diesem Kapitel untersuchen Sie den Bildungsbereich in Deutschland und lernen damit eine weitere Dimension der sozialen Ungleichheit kennen. Sie diskutieren die Frage, ob der Bildungserfolg in Deutschland zu stark von der Herkunft und nicht von den Leistungspotenzialen der Schülerinnen und Schüler abhängt.

M18 Gleiche Bildungschancen für alle?

Karikatur: Thomas Plaßmann

Einstiegsaufgabe 72035-29

Analysieren Sie die Karikatur (**M18**) und formulieren Sie das politische Problem.

M19 Wie wichtig ist Bildung für Einzelne und die Gesellschaft?

Durch eine gute (Schul-)Bildung sollen Jugendliche auf das Leben vorbereitet werden und sich zu einer handlungsfähigen und mündigen Persönlichkeit entwickeln können.

Bildung und Ausbildung sind in unserer Gesellschaft häufig die Voraussetzungen für den späteren Erfolg und Wohlstand. Mit welchem Abschluss man die Schule verlässt, entscheidet oft über die späteren Berufs- und Karrieremöglichkeiten. Ohne einen Schulabschluss hat man geringere Chancen auf ein ausreichendes Einkommen und Teilhabe an der Gesellschaft. Dazu müssen junge Menschen in verschiedenen Bereichen zentrale Kompetenzen erwerben.

Aber nicht nur aus individueller Perspektive kommt es auf eine gute Qualifikation an. Aus gesamtgesellschaftlicher Perspektive ist die Teilhabe an Bildung und die Gewährleistung möglichst hoher Bildungsabschlüsse entscheidend. Denn Bildung gilt als gesellschaftspolitischer Schlüssel zur Herstellung von mehr Chancengleichheit.

Durch die sogenannte Bildungsexplosion in den 1960er und 70er Jahren wurden in Westdeutschland die Möglichkeiten stark ausgeweitet, höhere Schulabschlüsse zu erreichen. So sollten die unterschiedlichen Begabungen stärker gefördert und Chancengerechtigkeit gesteigert werden. Zudem sind moderne Industrienationen wie Deutschland auf ein hohes Bildungsniveau ihrer Bürgerinnern und Bürger angewiesen, um international konkurrenzfähig zu bleiben. Bildung ist also ein gesellschaftlicher Wert und auch im wirtschaftlichen Interesse des Landes.

Bearbeiter

Zweiter Bildungsweg
Bildungsgänge, die es ermöglichen, im Erwachsenenalter einen Schulabschluss zu erwerben

M20 Wie beeinflusst die soziale Herkunft die Kompetenzen von Schülerinnen und Schülern?

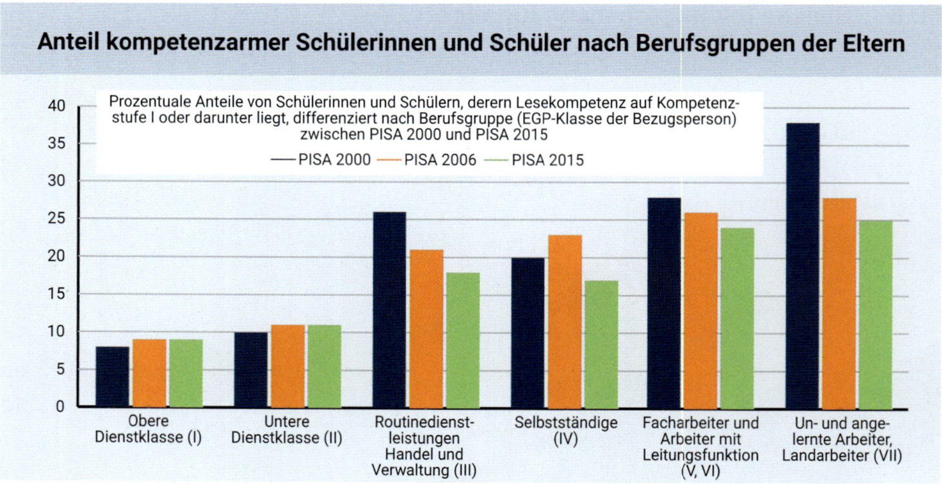

Nach: Bundeszentrale für politische Bildung, 2020, CC: BY-NC-ND/3.0/de/; Datenquelle: PISA 2000/2006/2015

M21 Soziale Mobilität nach Schularten

Mobilität
bezeichnet die soziale Beweglichkeit von Personen, Gruppen oder Gesellschaften. Zu unterscheiden sind z.B. die räumliche Mobilität (Ein- und Auswanderung/ Kap. 11.2.2) und die soziale Mobilität (persönliche, gruppen- bzw. schichtbezogene Auf- und Abstiege).

Schulbesuch nach allgemeinbildendem Schulabschluss der Eltern im Jahr 2019
Stand: 2020

73000-112

	Insgesamt (in 1.000)	Höchster allgemeinbildender Schulabschluss der Eltern [2] (in Prozent)				Ohne allgemeinbildenden Schulabschluss (in Prozent)
		Haupt-(Volks-)schulabschluss	Abschluss der polytechnischen Oberschule	Mittlerer Abschluss	Fachhochschul- oder Hochschulreife	
Insgesamt	**10.299**	**15,9**	**3,6**	**29,1**	**46,0**	**5,1**
Grundschule	2.963	14,0	1,8	27,7	51,1	5,1
Hauptschule	297	40,7	1,8	25,0	16,9	14,8
Realschule	1.106	20,5	3,2	37,6	33,2	5,2
Gymnasium	2.527	5,9	3,3	21,7	67,1	1,8
Sonstige allgemeinbildende Schulen	1.750	19,1	4,9	31,9	36,0	7,7
Berufliche Schule, die einen mittleren Abschluss vermittelt	48	27,0	2,8	31,7	24,6	13,7
Berufliche Schule, die zur Fachhochschul-/Hochschulreife führt	266	16,5	4,9	35,4	38,2	4,8
Berufsschule	1.071	23,1	7,7	33,0	29,3	6,5
Sonstige berufliche Schulen	271	15,9	3,6	29,1	46,0	5,1

Ergebnisse des Mikrozensus. – Nachgewiesen werden Personen, für die Angaben zu mindestens einem Elternteil vorliegen. Bei abweichendem Schulabschluss der Eltern wird der Elternteil mit dem höchsten Abschluss nachgewiesen. Ohne Schülerinnen und Schüler an Fachschulen und Fachakademien (nur in Bayern).

© C.C. Buchner Verlag, aktuelle Daten nach: Mikrozensus DESTATIS, 2020

M22 Gibt es Bildungsgerechtigkeit in Deutschland?

Studien, wie die PISA-Studie oder der IQB-Bildungstrend untersuchen regelmäßig die Entwicklung der Bildungsgerechtigkeit in Deutschland. Die Ergebnisse der Studien zeigen weiterhin ein Bild der Ungerechtigkeit. [...] Der IQB-Bildungstrend 2016 zeigt, dass der Zusammenhang zwischen sozialer Herkunft und Kompetenzentwicklung von Schülern zwischen 2011 und 2016 unverändert blieb bzw. sich teilweise leicht verschlechtert hat. Unterschiede lassen sich auch bei der Entscheidung für weiterführende Schularten erkennen. Bei vergleichbaren Kompetenzen und Grundfähigkeiten haben Schüler aus einem bildungsnahen Elternhaus eine deutlich höhere Chance auf einen Gymnasialbesuch als Kinder aus bildungsfernen Familien. [...]

Wie kann die Bildungsungleichheit gelöst werden?

Das Problem ist der Teufelskreis, der hinter den Ungleichheiten steckt. Der Zusammenhang zwischen Sozialstatus und Bildungserfolg muss zunächst entkoppelt werden. Denn Kindern, die aus bildungsfernen Haushalten kommen, steht dieser Hintergrund im Weg, um selbst aus diesem Zustand auszubrechen [...]. Ein Kind, welches durch seinen Hintergrund kaum eine berufliche Chance auf einen überdurchschnittlichen sozio-ökonomischen Status hat, wird irgendwann eigene Kinder haben, die mit der gleichen Problematik zu kämpfen haben.

Ebenfalls hat die Zusammensetzung von Klassen einen hohen Einfluss auf den Lernfortschritt und die Leistungsentwicklung der Schüler. Bildungsferne Familien oder Familien mit Migrationshintergrund wohnen in anderen Stadtteilen als Kinder aus privilegiertem Haushalt. Sie besuchen also auch andere Schulen und es entsteht bereits hier eine soziale Segregation. Diese Trennung der unterschiedlichen sozio-ökonomischen Hintergründe führt ebenfalls dazu, dass die Ungleichheiten weiterhin bestehen. [...] Solch sozial benachteiligten Schulen könnten beispielweise Förderprogramme helfen, um ihnen Ressourcen zur Verfügung zu stellen. [...]

Die Umwandlung von Schulen in sozialen Brennpunkten zu Ganztagsschulen kann ebenfalls zu einer Chancengleichheit beitragen, da Schüler so individuell gefördert werden können. Desweiteren sollen Eltern mehr in die unterrichtliche Arbeit einbezogen werden. [...]

Wie die Studie herausstellte, besitzen Schüler aus einem sozio-ökonomisch privilegierten Haushalt deutlich bessere Kenntnisse im Umgang mit digitalen Medien als weniger privilegierte Schüler. [...]

Aus diesen Ergebnissen könnte man also schließen, dass Schüler aus sozio-ökonomisch schwächeren Verhältnissen nicht die gleiche Bildung in Bezug auf digitale Medien von ihrer Familie erhalten, wie privilegiertere Schüler. [...]

Die fehlende Medienkompetenz ist aber ausschlaggebend für den Arbeitsmarkt. Wer dort nicht mit digitalen Kenntnissen punkten kann, dem werden berufliche Chancen verwehrt. Digitalisierung funktioniert natürlich nur dann für alle, wenn Schülern aus sozio-ökonomisch schwächeren Haushalten ein Endgerät zur Verfügung gestellt wird, um ihre digitalen Fähigkeiten zu schulen.

Barkow, Julia: Bildungsgerechtigkeit in Deutschland: Wie fair ist unser Land wirklich? In: Focus, 06.10.2021

Zusatzmaterial:
Biographische Untersuchungen zum Zusammenhang von Herkunft und Bildungschancen

72035-30

Politik aktiv
Debattieren Sie (→ Methode, S. 301) die Frage, ob das Gymnasium als Schulform abgeschafft werden soll, um mehr Bildungsgerechtigkeit zu erzielen. (→ digitaler Aufgabenkasten)

Aufgaben

72035-32

1. Erklären Sie die Relevanz eines hohen Bildungsniveaus (**M19**).
2. Beschreiben und analysieren Sie den Zusammenhang zwischen sozialer Herkunft und Bildungserfolg (**M20, M21**).
3. Geben Sie die Hauptaussagen des Textes **M22** mit eigenen Worten wieder.

2.1.6 Aspekte sozialer Ungleichheit III: Geschlecht - soll eine Geschlechterquote bei der Besetzung von Führungspositionen eingeführt werden?

Zum Thema: Die Gleichberechtigung von Männern und Frauen ist in vielen Bereichen noch nicht verwirklicht. In diesem Kapitel lernen Sie zunächst die rechtlichen und bildungspolitischen Fortschritte hin zu einer Gleichberechtichtigung von Mann und Frau kennen. Anschließend diskutieren Sie, ob für Unternehmen eine Geschlechterquote bei der Besetzung von Führungspositionen eingeführt werden soll.

M23 Fallbeispiele: Auszüge aus zwei Bewerbungsschreiben

Sehr geehrter Herr Dr. Meilenstein,

hiermit bewerbe ich mich auf die von der Gutenberg-Versicherung ausgeschriebene Projektleitung „Professionalisierung des IT-Managements".

Seit Beginn meines Berufseinstiegs vor 21 Jahren habe ich mich intensiv mit den Themenbereichen Digitalisierung und Professionalisierung der Mitarbeiter:innen im Banken- und Versicherungswesen beschäftigt. Lange Jahre habe ich bei GermanBanking in einer Führungsposition gearbeitet und Mitarbeiter:innen auf die Herausforderungen der technischen Erneuerungen im IT-Bereich vorbereitet. In den letzten fünf Jahren bin ich nach der Geburt meiner beiden Töchter familiären Verpflichtungen nachgekommen, habe mich aber gleichzeitig in die neuesten IT-Programme eingearbeitet bzw. deren technische Innovationen durchdacht. [...]

Mit freundlichen Grüßen
Anna von Stoltenberg

Sehr geehrter Herr Dr. Meilenstein,

hiermit bewerbe ich mich auf die von der Gutenberg-Versicherung ausgeschriebene Projektleitung „Professionalisierung des IT-Managements".

Seit 10 Jahren leite ich die IT-Abteilung der Rhein-Mosel Bank. Daneben habe ich mich kontinuierlich mit der stärkeren Digitalisierung und Modernisierung im deutschen Banken- und Versicherungswesen beschäftigt.
Mich zeichnet eine enorme Arbeitsbereitschaft, Motivation und Belastbarkeit aus.
In Bezug auf meinen Arbeitsplatz bin ich flexibel und kann kurzfristig in ganz Deutschland eingesetzt werden. [...]

Mit freundlichen Grüßen
Friedrich Großschmidt

Einstiegsaufgabe 72035-33

Sie sind verantwortlich für die Einstellung der Bewerber:innen. Wer bekommt die Stelle (**M23**)? Begründen und vergleichen Sie Ihre Entscheidung.

M24 Gleichstellung von Mann und Frau – stimmt der gesetzliche Anspruch mit der Realität überein?

Auf dem Weg zur Gleichstellung?

In Deutschland ist die Gleichberechtigung der Geschlechter als gesellschaftliches Prinzip im Grundgesetz verankert. Art. 3 Abs. 1 GG schreibt fest: „Männer und Frauen sind gleichberechtigt." Das Grundgesetz wurde 1994 dahingehend ergänzt, dass die Förderung der „tatsächlichen Durchsetzung" der Gleichberechtigung von Frauen und Männern sowie die „Beseitigung bestehender Nachteile" zur Aufgabe des Staates erklärt wurde (Art. 3 Abs. 2 GG). Es dauerte aber noch bis zum Jahr 2006, bis ein Allgemeines Gleichbehandlungsgesetz (Antidiskriminierungsgesetz) vom Bundestag verabschiedet wurde. Dieses Gesetz hat zum Ziel, ungerechtfertigte Benachteiligungen aus Gründen der ethnischen Herkunft, des Geschlechts, der Religion, der Weltanschauung, einer Behinderung, des Alters oder der sexuellen Identität zu verhindern und zu beseitigen. So müssen z. B. Stellenanzeigen in Zeitungen so abgefasst werden, dass sich grundsätzlich jede Interessentin bzw. jeder Interessent auf die Stelle bewerben kann.

Worin bestehen die Benachteiligungen?

Trotz dieser rechtlich formalen Gleichberechtigung der Geschlechter erleben Frauen in vielen Bereichen der Gesellschaft nach wie vor deutliche Benachteiligungen. Die Situation berufstätiger Frauen ist oft gekennzeichnet durch schlechtere Arbeitsbedingungen, geringere Bezahlung, Arbeitsplätze mit niedrigerem Sozialprestige sowie ein höheres Armuts- und Arbeitsplatzrisiko.

Hinsichtlich der beruflichen Aufstiegschancen gilt nach wie vor: Je höher die berufliche Position und je höher das Gehalt sind, desto geringer ist der Frauenanteil. Auch wenn die Frauen zunehmend Leitungspositionen einnehmen, sind die meisten Führungsetagen in Wirtschaft und Verwaltung nach wie vor reine Männerdomänen.

Die klassische Rollenverteilung bei der Kindererziehung stellt nach wie vor ein Karrierehindernis für Frauen dar.

Was sind die Ursachen?

- Die klassische Rollenteilung in der Familie ist nach wie vor ein großes Hindernis für eine weibliche Karriere. Frauen tragen immer noch die Hauptverantwortung für Kindererziehung und Haushaltsführung und verzichten oft zugunsten der Familie auf eine berufliche Karriere.
- Auch infolge der oft schwierigen Vereinbarkeit von Familie und Beruf steigen viele qualifizierte Frauen vorübergehend aus dem Beruf aus oder wechseln in eine Teilzeitbeschäftigung, während ihre männlichen Altersgenossen Karriere machen.
- Die Berufswahl vieler Frauen verläuft weiterhin nach klassischen Mustern: Sie entscheiden sich nach wie vor häufig für „typisch weibliche" Ausbildungsgänge und Studienfächer, die traditionell oft gesellschaftlich weniger anerkannt und schlechter bezahlt sind als typische „Männerberufe".

Bearbeiter

M25 Berufliche (Karriere)Wege von Frauen und Männern

a) Erwerbstätigkeit nach Geschlecht und Alter

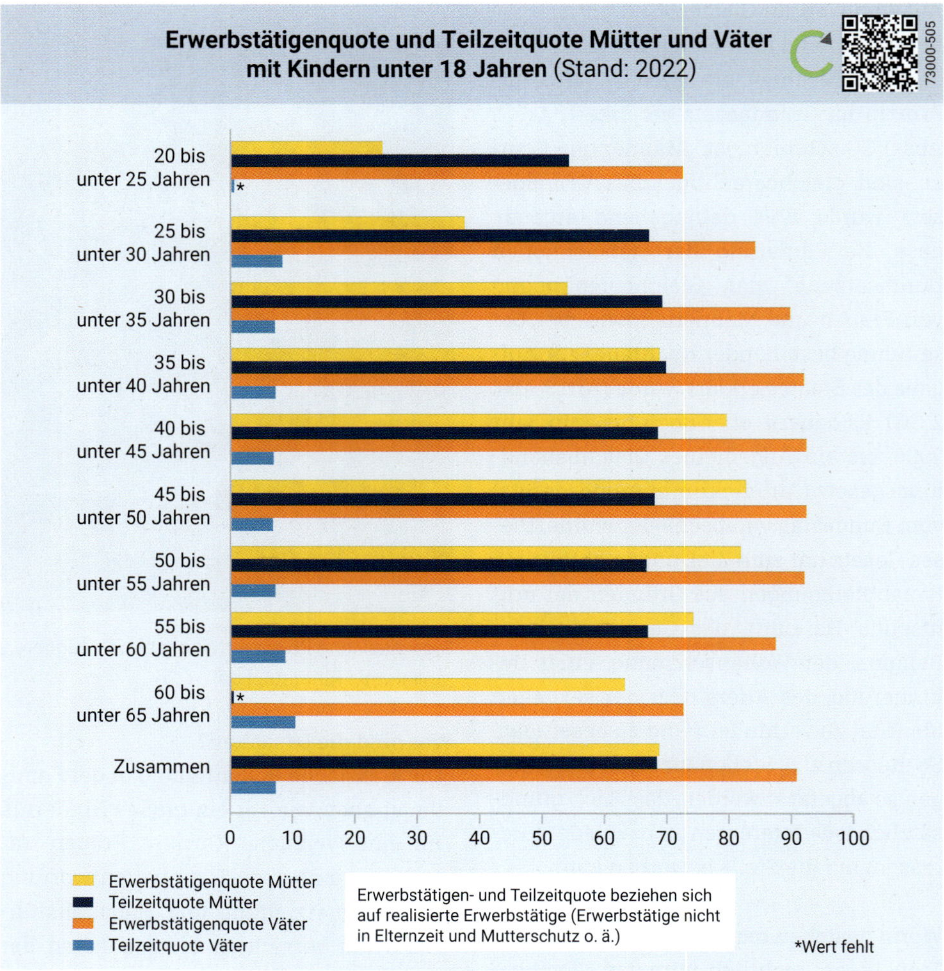

© C.C. Buchner Verlag, aktuelle Daten nach: DESTATIS Mikrozensus 2021, eigene Berechnungen

b) Frauen in der akademischen Laufbahn

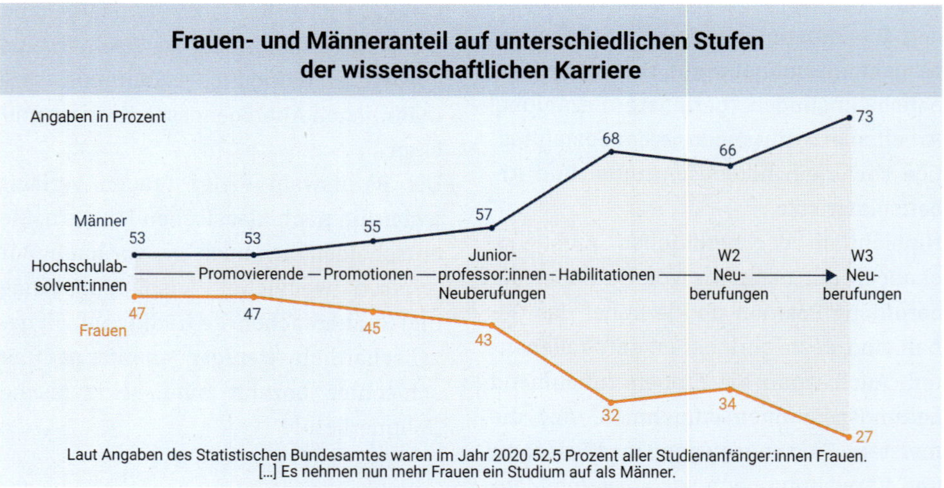

Nach: WSI, Work on progress | Blog; Datenquelle: Bundesbericht Wissenschaftlicher Nachwuchs (2021); Hans Böckler Stiftung

Besoldungsordnung für Professor:innen
Juniorprofessur
in der Regel befristet, niedrigeres Grundgehalt und geringere Ausstattung
W2-Professur
in der Regel unbefristete Planstelle, Grundgehalt mit Leistungszuschlägen
W3-Professur
unbefristete Planstelle, Grundgehalt mit in der Regel höheren Zulagen

c) Einkommensunterschied zwischen Frauen und Männern: Gender Pay Gap

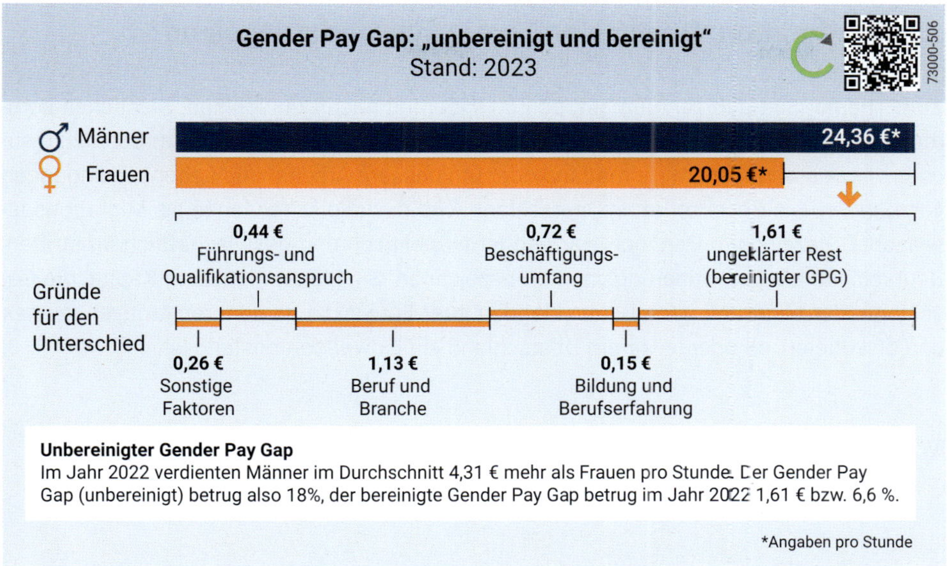

© C.C. Buchner Verlag, aktuelle Daten nach: DESTATIS (Datenerhebung: 2022; Grafikerstellung: 2023)

Zusatzmaterial: Gesetzentwurf zur Teilhabe von Frauen an Führungspositionen (2021). Material und Aufgaben zu einer Debatte

72035-34

M26 Umfrage: Rollenerwartungen

Fragen	stimme zu	lehne ab
Ich bin bereit, den Nachnamen des Partners/der Partnerin anzunehmen.		
Ich verzichte auf meine berufliche Karriere, wenn der Partner/ die Partnerin die besseren beruflichen Perspektiven hat.		
Ich kann mir vorstellen, vorübergehend die Kindererziehung und alle Haushaltsaufgaben in Vollzeit zu übernehmen.		
Ich unterstütze das berufliche Weiterkommen meines Partners/ meiner Partnerin, indem ich mit ihm/ihr aus beruflichen Gründen umziehe.		
Sollten beide Partner einen gutbezahlten Beruf haben, gehen beide für die Kindererziehung in Teilzeit.		

Bearbeiter

Aufgaben

72035-35

1. Beschreiben Sie den Weg zur Gleichstellung von Männern und Frauen in Deutschland (**M24**).
2. a) Analysieren Sie die Schaubilder (**M25**) und fassen Sie die Hauptaussagen thesenartig zusammen (→ Methode, S. 56).
   b) Entwickeln Sie Ideen, wie sich der „ungeklärte Rest“ (**M25c**) erklären lässt.
3. Beantworten Sie die Umfrage (**M26**) im Kurs und vergleichen Sie Ihre Ergebnisse. Setzen Sie diese Ergebnisse in Bezug zu den Statistiken in **M25**.
4. Beurteilen Sie den Zusammenhang zwischen sozialer Ungleichheit und Geschlecht perspektivisch und kategorial (**M24-M26**).

Onlinekapitel: Identitäten und soziale Ungleichheit: Sorgen Fremdzuschreibungen von Identitäten für soziale Ungleichheit?

72035-36

2.2 Migrationsgesellschaft im Wandel

2.2.1 Migration: Deutschland – ein Einwanderungsland?

Zum Thema: Seit Jahrzehnten gibt es Zuwanderung nach Deutschland. Menschen kommen aus vielfältigen Gründen aus dem Ausland zu uns, beispielsweise um Schutz zu suchen vor Bedrohungen im Heimatland oder um bessere Arbeits- und Lebensbedingungen vorzufinden. Die Gesellschaft in Deutschland wird deshalb schon lange als Migrationsgesellschaft bezeichnet. Dennoch war und ist es politisch und gesellschaftlich umstritten, Deutschland als Einwanderungsland zu bezeichnen. Sie lernen in diesem Kapitel die Geschichte der Migration nach Deutschland in ihrer Entwicklung und ihren Motiven kennen und diskutieren, ob oder inwiefern Deutschland ein Einwanderungsland ist.

M27 Ist Deutschland ein Einwanderungsland?

Einwanderungsland? Wir doch nicht!

Deutschland ist ein Einwanderungsland – dieser Fakt ist weitgehend akzeptierte Realität

Einstiegsaufgaben 72035-37

1. Vergleichen Sie die Zitate (**M27**) inhaltlich. Nennen Sie Gründe, warum die Bezeichnung von Deutschland als Einwanderungsland umstritten ist.
2. Ist Deutschland Ihrer Einschätzung nach ein Einwanderungsland? Positionieren Sie sich zu dieser Frage.

M28 Was ist Migration?

Die Verlegung des Lebensmittelpunktes von Individuen und Gruppen über eine größere Entfernung bezeichnet man allgemein als Migration. Die Zu- und Fortzüge können zwischen Regionen innerhab eines Landes (Binnenmigration) oder über die Grenzen eines Landes hinweg (Außenwanderung/internationale Migration) geschehen. Im Gegensatz zu alltäglichen Formen der Mobilität (Tourismus, Fahrt zum Arbeitsplatz) wird bei der Migration der Lebensmittelpunkt langfristig verlegt. Von einer dauerhaften Migration kann gesprochen werden, wenn der Aufenthalt in einem anderen Land länger als ein Jahr anhält.

Nach der Internationalen Organisation für Migration (IOM) leben derzeit etwa 200 Millionen Menschen außerhalb ihrer Herkunftsländer. Migration und Migrationsbewegungen sind somit ein globales Phänomen. Die Motive sind dabei vielfältig: die Suche nach einem besseren Beruf (Arbeitsmigration), die Gründung einer Familie (Familienmigration), die Flucht vor Gewalt (Fluchtmigration) etc.

Sehr häufig spielen neben ökonomischen und politischen Ursachen die bereits existierenden Netzwerke in den Zielländern für Migrantinnen und Migranten eine wichtige Rolle. Insgesamt kann man sagen, dass Wanderungen immer zu Veränderungen der Gesellschaftsstruktur in den Ziel- und Herkunftsländern führen.

Basierend auf: Bundeszentrale für politische Bildung, Dossier Migration: Was ist Migration? In: www.bpb.de, 14.05.2018

M29 Migration in Deutschland: Geschichte und Gegenwart

a) Geschichte der Migration in der Bundesrepublik Deutschland

1964: Der portugiesische Zimmermann Armando Rodrigues wird auf dem Bahnhof Köln-Deutz vom Bundesinnenminister als millionster Gastarbeiter in der Bundesrepublik begrüßt und erhält als Geschenk ein Motorrad.

Das besetzte Deutschland der unmittelbaren Nachkriegszeit war [...] eine Gesellschaft in Bewegung: rund zehn Millionen Menschen waren aus den zerbombten Städten evakuiert worden und konnten zum Teil, wenn überhaupt, erst nach Jahren zurückkehren. Hinzu kamen rund elf Millionen demobilisierte oder aus Kriegsgefangenschaft entlassene deutsche Soldaten. [...] Rund 14 Millionen Menschen flohen vor der anrückenden Roten Armee sowie vor spontanen und organisierten Vertreibungsaktionen: In der Folge waren Ende 1947 knapp ein Viertel der Bevölkerung der sowjetisch besetzten Zone Flüchtlinge; in der amerikanisch besetzten Zone waren es knapp 18 Prozent und in der britischen knapp 15 Prozent. [...]

Die Zahl der in der Bundesrepublik beschäftigten Ausländer stieg von etwa 73.000 (1954) über 329.000 (1960) auf 711.000 (1962) um 1965 erstmals die Millionenmarke zu überschreiten (1,2 Mio.). Nach einem kurzen Rückgang 1967 stieg ihre Zahl weiter an, um 1973, dem Jahr des Anwerbestopps, einen Höhepunkt von 2,6 Mio. zu erreichen. Insgesamt war gut ein Drittel der ausländischen Beschäftigten „Gastarbeiterinnen". [...] Migrantinnen und Migranten sollten für einige Jahre in die Industriezentren Europas kommen und dort arbeiten, um anschließend mit dem gesparten Geld zurückzukehren und neuen Arbeitskräften Platz zu machen. Dieses System funktionierte auch lange Zeit: So kamen zwischen Ende der 1950er und Anfang der 1970er Jahre rund 14 Mio. ausländische Arbeitskräfte in die Bundesrepublik, während im gleichen Zeitraum etwa 11 Mio. wieder zurückkehrten. [...]

Die Ölkrise im Herbst 1973 und die zunehmende Kritik der Gewerkschaften an der „Gastarbeiter"-Anwerbung gaben schließlich den Anlass für den Anwerbestopp [...].

Herkunftsgebiet der meisten Migranten in den 1990er Jahren war [...] das östliche Europa, von wo zunehmend Flüchtlinge, Arbeitskräfte, Spätaussiedler, Geschäftsleute, Wissenschaftler, Juden, Studierende und Au-pairs – so die Kategorien des Einwanderungsrechts – in das wiedervereinigte Deutschland kamen. [...] Zwischen 1988 und 1993 kamen rund 7,3 Mio. Menschen nach Deutschland, 3,6 Mio. verließen es im gleichen Zeitraum wieder, was eine Nettozuwanderung von 3,7 Mio. bedeutet. Angesichts des weiterhin vorherrschenden Selbstverständnisses Deutschlands, kein Einwanderungsland zu sein, führte dies zu schweren politischen Auseinandersetzungen [...].

Die Bürgerkriege des zerfallenden Jugoslawiens, die zunehmende Binnenmigration in Europa, wachsende globale Verflechtungen, vor allem aber ein zunehmend selbstbewusster Teil der eingewanderten Bevölkerung und ihrer Nachkommen führten schließlich gegen Ende des Zwanzigsten Jahrhunderts dazu, dass die Bundesrepublik sich ihrer Einwanderungsgeschichte stellte und diese zunehmend auch offiziell anerkannte: Im Jahr 2000 trat ein neues Staatsangehörigkeitsrecht in Kraft, das die Einbürgerung in Deutschland geborener Nachkommen von Einwanderern erleichterte [...].

Berlinghoff, Marcel: Geschichte der Migration in Deutschland. In: www.bpb.de, 14.05.2018

b) Entwicklung der Zu- und Abwanderung in Zahlen

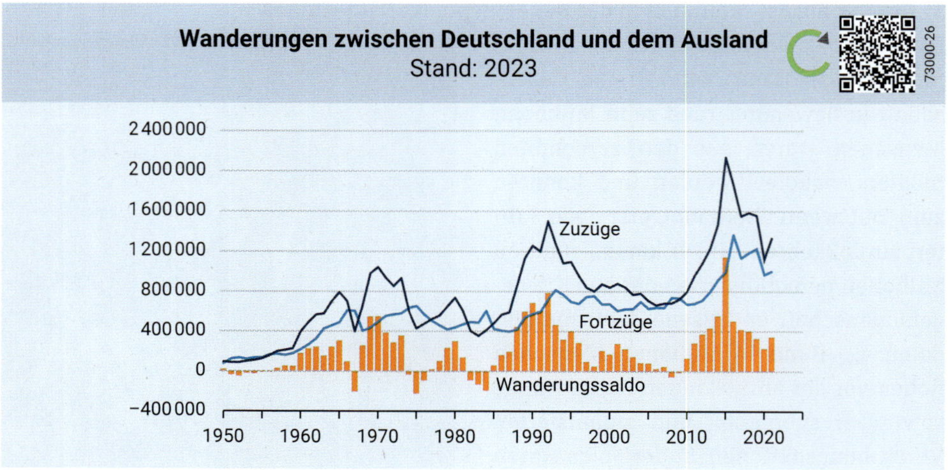

**bis 1990 früheres Bundesgebiet*
© C.C. Buchner Verlag, aktuelle Daten nach: DESTATIS, 2022

c) Mit Migrationshintergrund in Deutschland

© C.C. Buchner Verlag, aktuelle Daten nach: DESTATIS, 2022

M30 Welche Erscheinungsformen von Migration werden diskutiert?

Formen (Auswahl)	Merkmale und Teilphänomene
Arbeitswanderung	Aufnahme unselbstständiger Erwerbsarbeit in [...] Landwirtschaft, Industrie und im Dienstleistungsbereich
Bildungs- und Ausbildungswanderung	Erwerb schulischer, akademischer und beruflicher Qualifikationen
Hausarbeiterinnenwanderung	Aufnahme haushaltsnaher Dienstleistungen mit enger Bindung an Arbeitgeberfamilien und ungeregelter bzw. unterbezahlter Arbeit
Entsendung	Zeitlich befristete Entsendung im Rahmen und im Auftrag von Organisationen/ Unternehmen [...]
Gewaltmigration	Nötigung zur Abwanderung aus politischen, nationalen, rassistischen oder religiösen Gründen
Lebensstilmigration	Migration finanziell unabhängiger Personen [...] aus kulturellen, klimatischen oder gesundheitlichen Erwägungen

Nach: Oltmer, Jochen: Globale Migration: Geschichte und Gegenwart, München 2016; S. 18f.

M31 Zur Diskussion um den Begriff „Einwanderungsland"

Kein Einwanderungsland. An diesem Dogma halten Politiker aller Parteien lange fest. Wer in den Sechziger- und Siebzigerjahren im Bundestag den Begriff „Einwanderungsland" verwendet, meint damit entweder andere Staaten – oder erklärt eben, warum die Bundesrepublik auf keinen Fall eines sein könne. Die begriffliche Abgrenzung geht einher mit einer Politik, die sich kaum um die Lebensbedingungen und Teilhabechancen der „ausländischen Arbeitskräfte", wie sie damals genannt wurden, kümmert.

Anfang der Siebzigerjahre verschlechtert sich die wirtschaftliche Lage, die erste Ölkrise verursacht eine steigende Arbeitslosigkeit. Damit ändert sich auch die öffentliche Stimmung gegenüber den nun als Konkurrenz empfundenen Arbeitern und Arbeiterinnen aus dem Ausland. Schnell ist die Bundespolitik bereit, die eben noch geförderte und gewünschte Einwanderung wieder zu begrenzen: 1973 beschließt der Bundestag den sogenannten Anwerbestopp. 1981 sagt der Bundeskanzler Helmut Schmidt: „Es war ein Fehler, so viele Ausländer ins Land zu holen."

In den Jahren nach der Wiedervereinigung wird der Wunsch nach Abgrenzung noch viel stärker: Immer häufiger wird im Bundestag über Abschiebung gesprochen, auch die Klage über eine sogenannte Überfremdung hat nun wieder Konjunktur. [...] In den Neunzigerjahren thematisieren Politiker und Politikerinnen die wachsende Ausländerfeindlichkeit und den zunehmenden Rassismus. Sie fordern, Deutschland solle seine Rolle als Einwanderungsland endlich anerkennen, es solle nicht nur auf Abgrenzung und Repression setzen, sondern auch Teilhabe ermöglichen. Immer häufiger wird jetzt über Konzepte zur Integration diskutiert. Doch die Union beharrt weiter auf dem Grundsatz, den sie schon 1983 im Koalitionsvertrag mit der FDP festgeschrieben hatte: „Deutschland ist kein Einwanderungsland." Auch nachdem die FDP in der ersten Hälfte der Neunzigerjahre ihre Position ändert und ein Einwanderungsgesetz fordert, mit dem der Zuzug von Fachkräften geregelt werden soll, hält die Union an ihrer Haltung fest – ungeachtet einer gesellschaftlichen Realität, in der Millionen Menschen familiäre Wurzeln außerhalb Deutschlands haben.

Erst der Zuzug Hunderttausender Kriegsflüchtlinge 2015 und 2016 führt auch bei einigen Politikern von CSU und CDU zum Umdenken. Im Sommer 2019 einigt sich die große Koalition auf ein sieben Gesetze umfassendes Migrationspaket. Als Teil des Kompromisses handelt die SPD ein Fachkräfteeinwanderungsgesetz aus. [...] [E]s ist das erste Mal, dass ein Gesetz die längst bekannte Realität anerkennt.

Lindhoff, Alicia: Einwanderungsland? Wir doch nicht, in: Die Zeit, 17.09.2019

Aufgaben

72035-38

1. Erklären Sie den Unterschied zwischen Mobilität und Migration (**M28**).
2. Erstellen Sie mit Hilfe des Textes (**M29a**) eine Zeitleiste zur Migrationsgeschichte Deutschlands.
3. Analysieren Sie auf der Basis der Migrationsgeschichte Deutschlands die Grafiken **M29b**) und **c**). Erklären Sie Auffälligkeiten.
4. Ordnen Sie die wichtigsten Migrationsbewegungen in Deutschland den Erscheinungsformen (**M30**) zu. Begründen Sie Ihre Zuordnung.
5. Erarbeiten Sie die politische und gesellschaftliche Diskussion um den Begriff „Einwanderungsland" (**M31**).
6. Beurteilen Sie differenziert die Frage, ob Deutschland ein Einwanderungsland ist (**M27-M31**).

H zu Aufgabe 2
Teilen Sie die historischen Einwanderungsbewegungen in Phasen ein und geben Sie jeder Phase eine geeignete Überschrift.

2.2.2 Flucht und Asyl: Welche und wie viele Geflüchtete sollen in Deutschland aufgenommen werden?

Zum Thema: Viele Menschen flüchten nach Deutschland, zum Beispiel im Jahr 2015, aber auch in Folge des russischen Angriffs auf die Ukraine 2022. In Deutschland hat man sehr unterschiedlich auf die Ankommenden reagiert und über deren Aufnahme diskutiert.
In diesem Kapitel lernen Sie die Grundlagen des Asyl- und Flüchtingsrechts kennen und diskutieren die Frage, wie viele und nach welchen Kriterien Geflüchtete in Deutschland aufgenommen werden sollen.

M32 Fallbeispiele: Geflüchtete auf dem Weg in die Europäische Union

A

Einsatz der Sea Watch-2 am 27. Oktober 2016 im Mittelmeer. Am Morgen wurde ein Schlauchboot mit ca. 130 Menschen gesichtet und gerettet, gleichzeitig ertranken 340 Menschen an diesem Tag.

B

Mütter mit Kindern aus der Ukraine kommen in Deutschland an (Frühjahr 2022). Nach dem russischen Angriff auf die Ukraine fliehen Millionen vor dem Krieg.

Erklärfilm:
„Flüchtlingskrise" 2015
72035-40

Einstiegsaufgaben 72035-39

1. Erläutern Sie die Situation in den Bildern (**M32**).
2. Welche und wie viele Geflüchtete sollen in Deutschland aufgenommen werden? Begründen Sie mit Kriterien, die Ihrer Auffassung nach für und gegen die Aufnahme sprechen.

M33 Welche rechtlichen Grundlagen für die Aufnahme von Geflüchteten und Asylsuchenden gibt es?

Das System des Flüchtlingsschutzes beruht auf internationalen und nationalen Schutzvorschriften. Der Kern des internationalen Flüchtlingsschutzes ist die Genfer Flüchtlingskonvention von 1951 (GFK). Sie definiert, warum einer Person Flüchtlingsschutz zuzuerkennen ist. [...]
Daneben gibt es eine Reihe von regionalen Regelungen, die den Schutz von Flüchtlingen behandeln. [...] Die Kriterien der Genfer Flüchtlingskonvention werden dabei ausgelegt und präzisiert. So soll sichergestellt werden, dass in der gesamten Europäischen Union die gleichen Sachverhalte zu einem Schutzstatus führen. Zudem wurde auf europäischer Ebene der sogenannte subsidiäre Schutz eingeführt [...]. Das internationale Schutzsystem wird in Deutschland durch nationalen Schutz ergänzt. Das umfasst das verfassungsrechtlich gewährte Grundrecht auf Asyl und die Prüfung von nationalen Abschiebeverbo-

ten. [...] Menschen verlassen ihre Heimat aus unterschiedlichen Gründen. Grundsätzlich ist zwischen Flüchtlingen, Binnenvertriebenen und Migranten zu unterscheiden. Nur Flüchtlinge sind vom internationalen Flüchtlingsrecht erfasst. [...]

Ein Flüchtling ist eine Person, die sich außerhalb ihres Heimatlandes befindet, weil ihr dort schwere Menschenrechtsverletzungen drohen, die an die Rasse, Religion, Nationalität, politische Überzeugung oder an die Zugehörigkeit zu einer bestimmten sozialen Gruppe anknüpfen. Ein Flüchtling wird also wegen seiner angeborenen oder unveränderlichen Eigenschaften, seinen Überzeugungen oder seiner Identität verfolgt und kann deshalb nicht in seinem Heimatstaat leben. Da der Heimatstaat die betroffene Person nicht vor dieser Bedrohung schützt, benötigt er oder sie Schutz in einem anderen Land.

Der Unterschied zwischen Flüchtlingen und Asylberechtigten ist nicht groß. Die beiden Schutzformen basieren vor allem auf unterschiedlichen rechtlichen Grundlagen. Die Definition der Flüchtlingseigenschaft beruht auf der Genfer Flüchtlingskonvention; die Asylberechtigung ist in der deutschen Verfassung verankert. Der Flüchtlingsschutz nach der Genfer Flüchtlingskonvention umfasst auch den Schutz vor der Verfolgung durch nichtstaatliche Akteure. Das verfassungsrechtlich geschützte Asylrecht schützt dagegen nur von Gefahren, die vom Heimatstaat ausgehen. [...]

Die deutsche Verfassung gewährt politisch Verfolgten Asyl. Dieses Grundrecht kann jedoch nur derjenige in Anspruch nehmen, der nicht aus einem sicheren Drittstaat eingereist ist. Sichere Drittstaaten sind alle EU-Staaten sowie Norwegen und die Schweiz. Da Deutschland ausnahmslos von sicheren Drittstaaten umgeben ist, ist die praktische Bedeutung des Aslygrundrechts folglich gering. Eine Bedeutung hat das Grundrecht bei Einreise auf dem Luftweg, wenn die Einreise über einen Staat erfolgt, der kein sicherer Drittstaat ist. [...]

Die Asylberechtigung ist zudem ausgeschlossen, wenn ein Betroffener Schutz vor Verfolgung in einer anderen Region des Herkunftslandes finden kann und ihm ein Leben dort zuzumuten ist. [...]

Eine Person erhält subsidiären Schutz, wenn sie zwar nicht wie ein Asylberechtigter oder Flüchtling aus bestimmten Gründen verfolgt wird, ihr aber trotzdem in ihrer Heimat ein ernsthafter Schaden durch schwere Menschenrechtsverletzungen droht. Das ist der Fall, wenn einer Person die Todesstrafe, Folter, eine unmenschliche oder erniedrigende Behandlung oder Bestrafung droht. Außerdem liegt ein ernsthafter Schaden vor, wenn das Leben oder die körperliche Unversehrtheit einer Zivilperson aufgrund eines bewaffneten Konflikts gefährdet sind. Der subsidiäre Schutz kann also auch bei Vorliegen allgemeiner Gefahren greifen, etwa im Rahmen eines Krieges.

UNHCR Deutschland: FAQ Schutzformen. In: www.unhcr.org/dach/de, Abruf am 17.10.2022

Aufenthaltserlaubnis auf Zeit
Flüchtlinge und Asylsuchende haben nach erfolgreicher Anerkennung einen Anspruch auf eine Aufenthaltserlaubnis, die zunächst für drei Jahre erteilt wird (mit Verlängerungsmöglichkeit), Personen mit subsidiärem Schutz bekommen zunächst eine Aufenthaltserlaubnis für ein Jahr.

M34 Diskussion um die Aufnahme von Geflüchteten und Asylsuchenden

a) Eine politische und gesellschaftliche Herausforderung

Nach der [im Herbst 2015] anfänglich weit verbreiteten Euphorie und Willkommenskultur in Deutschland gibt es inzwischen eine starke Polarisierung der öffentlichen Debatte. Ein Streit zwischen, aber auch innerhalb der politischen Parteien ist entbrannt [...]. In vielen Familien und Freundeskreisen wird darüber gestritten, wie unser Land mit der Herausforderung massiver Flüchtlingszuwanderung umgehen soll. Viele Menschen werden bewegt durch das Leid und die humanitäre Katastrophe der Flüchtlinge. Aber viele sind auch in Sorge um unsere sozialen und gesellschaftlichen Errungenschaften, sie fürchten einen Verlust an kultureller Identität angesichts vieler Flüchtlinge aus unterschiedlichen Kulturkreisen mit ganz anderen Wertvorstellungen und starken religiösen Prägungen, und sie sind […] besorgt um die innere Sicherheit in Deutschland. […] Doch zugleich sehen wir, dass auch die Hilfsbereitschaft von zahlreichen ehrenamtlichen Helfern, die sich unermüdlich, zum Teil bis zur Erschöpfung für Flüchtlinge einsetzen, nicht abnimmt.

Der Riss geht aber nicht nur durch Deutschland, sondern auch durch Europa. Viele Staaten der EU setzen inzwischen auf nationale Alleingänge und die einseitige Schließung ihrer Grenzen, Dublin-II gilt vielen als gescheitert. […] Angesichts der gegenwärtigen Lage ist einigen Bürgern erkennbar der normative Kompass abhanden gekommen. Ihre Entscheidungen und Haltungen werden immer häufiger durch Ängste, Ungeduld, Egoismen oder Opportunismus bestimmt. Das gilt auch und gerade für einige Politiker, die um Wählerstimmen bei den nächsten Wahlen buhlen oder um Verluste fürchten. […]

Es ist unbestreitbar, dass das Problem der Flüchtlingsaufnahme Fragen aufwirft, die nicht allein aus dem Lehnstuhl heraus beantwortet werden können. Welche Langzeitfolgen hätte eine mehrjährige Zuwanderung von etwa einer Million Flüchtlingen pro Jahr für unseren gesellschaftlichen Zusammenhalt? Insbesondere wenn man bedenkt, dass viele Flüchtlinge durch Kulturen und Religionen geprägt sind, die nicht reibungslos mit unserem europäischen Selbstverständnis harmonieren. Wie groß werden die finanziellen Belastungen für unseren Sozialstaat auf lange Sicht sein? Wie viele der Flüchtlinge wird man wenigstens mittelfristig in Arbeit bringen können? Welche Auswirkungen wird diese Entwicklung auf die innere Sicherheit haben? Welche Konsequenzen ergeben sich für Europa und die Weltgemeinschaft? Wir wissen es nicht […]. Welche Pflichten haben wir überhaupt gegenüber Flüchtlingen? – Woraus leiten sich diese Pflichten ab? – Wie sollten wir die Prioritäten zwischen diesen Pflichten und möglichen rivalisierenden Pflichten (dem Wohlstand der eigenen Bürger, der kulturellen Identität des Landes, seiner inneren Sicherheit) setzen? – Was muss ein Staat tun, wenn andere Staaten ihre Verantwortung nicht wahrnehmen? Nur wenn politische Akteure eine grundlegende normative Orientierung hinsichtlich dieser Fragen gewonnen haben, können sie sinnvoll nach Strategien suchen, diese Zielsetzungen und Werte praktisch zu berücksichtigen und zu realisieren.

Grundmann, Thomas/ Stephan, Achim (Hg.): Welche und wie viele Flüchtlinge sollen wir aufnehmen? Philosophische Essays, Stuttgart: Reclam Verlag 2016, S. 8-10

Dublin II
Das Verfahren regelt, welcher EU-Staat für das Asylverfahren zuständig ist. Grundsätzlich gilt, dass dies der Staat ist, über den die Einreise in die EU erfolgt ist. Da dadurch bestimmte Staaten in der EU stärker als andere belastet werden, ist das Verfahren in der Kritik und gilt wegen der Nichteinhaltung als gescheitert.

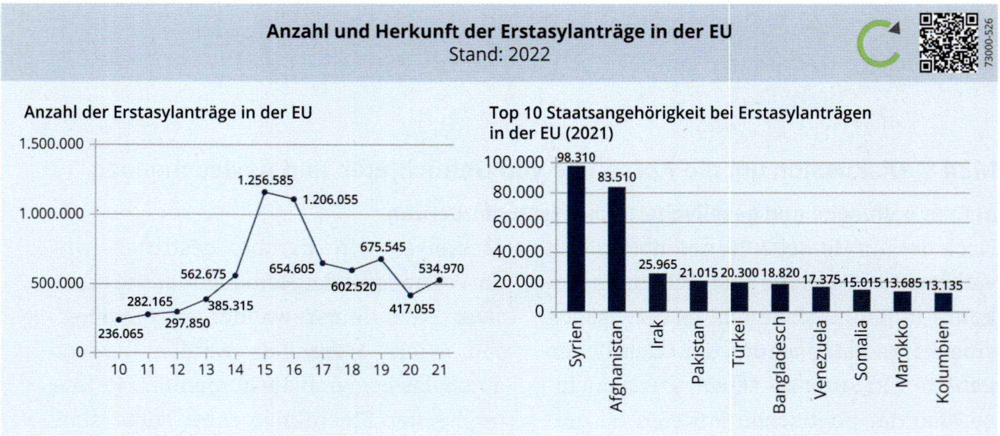

©C.C. Buchner Verlag, aktuelle Daten nach: Eurostat, 2022

b) Geflüchtete erster und zweiter Klasse?

Flüchtlingsschutz ist seit Jahrzehnten ein Zankapfel in der EU. Einigen können sich die Europäer nur auf eines, die Mauern der Festung Europa noch höher zu machen. Vor dem Krieg in der Ukraine fliehen [im Frühjahr 2022] Millionen von Menschen und plötzlich ist alles anders: Freie Wahl des Fluchtlandes in der EU, keine Obergrenzen, Arbeitserlaubnis und Familiennachzug wird großzügig gewährt. Möglich durch EU-Recht, das bisher noch nie angewendet wurde. [...] [W]as Europa den Geflüchteten aus der Ukraine bietet, ist ein Gebot der Menschlichkeit und der europäischen Werte. Aber es setzt auch ein großes Fragezeichen. In den vergangenen Wintermonaten sind Menschen aus Syrien und Afghanistan erfroren, an der Grenze zwischen Belarus und Polen. Ja, Polen, das EU-Land, das jetzt bereits eine Millionen Menschen aus der Ukraine aufgenommen hat, verletzt sonst an seiner Ostgrenze die Mindeststandards von Völker- und Europarecht. Schafft dieses Europa, das sich jetzt so menschlich zeigt, gleichzeitig zwei Klassen von Geflüchteten? „Es sind dieses Mal echte Flüchtlinge“ war in der Neuen Zürcher Zeitung zu lesen. Und ist das nicht genau die Gefahr, dass man Kinder und Frauen aus der Ukraine mit weißer Haut anders behandelt als junge Männer aus Syrien mit dunklerer Hautfarbe?
Ukrainern bevorzugt zu helfen, ist kein Rassismus, sagt der Europa- und Völkerrechtler Daniel Thym. Es sei legitim, Menschen aus unterschiedlichen Staaten unterschiedlich zu behandeln. Denn: Es gebe nun einmal unterschiedliche Beziehungen zu unterschiedlichen Staaten. Entscheidend sei die politische und kulturelle Nähe [...]. Was Völkerrechtler Thym allerdings zugeben muss: Wenn man eine bestimmte Geflüchteten-Gruppe für willkommener erklärt als andere, dann ist das die Abkehr vom Flüchtlingsrecht als individuellem Recht. Beim klassischen Einwanderungsrecht gilt der Grundsatz: Ein Staat kann definieren, wen er als Bürger aufnehmen möchte. Beim Flüchtlingsrecht ist das aus gutem Grund anders. Da geht es darum, dass man nicht als Bürger, sondern als Mensch betroffen ist, und zwar von Krieg, Verfolgung und Elend. Und dass man deshalb als Mensch das Menschen-Recht hat, vor existentieller Bedrohung in andere Staaten zu fliehen. Geflüchteten-Rechte sind nur dann effektive Rechte, wenn sie frei sind von allen Gruppenzuordnungen – politischen, religiösen oder sexuellen. [...] Was Europa jetzt aber unbedingt vermeiden muss, ist, Geflüchtete gegeneinander auszuspielen. Und das geschieht, wenn Europa Menschen, die nicht aus der Ukraine kommen, Rechte vorenthält. Und dabei geht es nicht um irgendwelche Rechte, sondern um den Schutz des nackten Lebens vor Krieg und Elend.

Bauer, Max: Flucht aus der Ukraine: Geflüchtete erster und zweiter Klasse? In: www.swr.de, 09.03.2022

Zusatzmaterial: Umgang mit Geflüchteten. Wem helfen wir zuerst?

72035-41

c) Ein kommunales und ein europäisches Problem

2022 werden mehr Geflüchtete in Deutschland aufgenommen als 2015/2016 - die meisten aus der Ukraine. Viele Kommunen sind überfordert. Nun soll der Bund helfen. Viele Kommunen in Deutschland sind mit der Unterbringung und Betreuung geflüchteter Menschen vollkommen überfordert und schlagen schon seit Längerem beim Innenministerium Alarm: Sie brauchen schlicht Hilfe. [...] Sie fühlen sich vom Bund bei der Aufnahme und Versorgung von Kriegsflüchtlingen aus der Ukraine, aber auch Asylbewerbern allein gelassen.
Seit dem russischen Überfall auf die Ukraine im Februar sind rund eine Million Kriegsflüchtlinge in Deutschland aufgenommen worden. In den letzten Monaten nahm aber auch die Zahl der Asylbewerber wieder zu, die über das Mittelmeer und

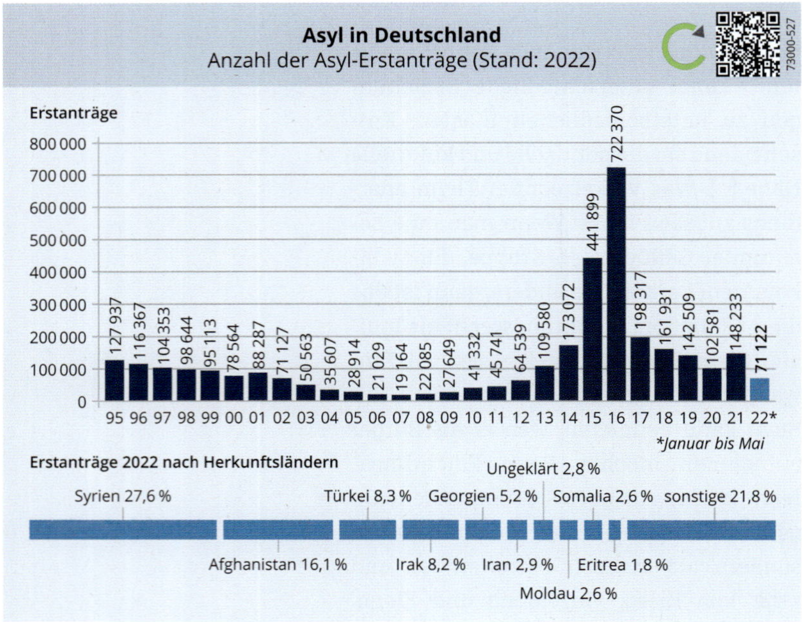

©C.C. Buchner Verlag, aktuelle Daten nach: BAMF, 2022

die sogenannte Balkan-Route nach Norden ziehen. Von Januar bis September 2022 wurden beim Bundesamt für Migration und Flüchtlinge 135.000 Erstanträge auf Asyl gestellt. Das sind 35 Prozent mehr als 2021. Immer mehr Kommunen melden voll belegte Unterkünfte. Turnhallen müssen als Notunterkünfte zweckentfremdet werden. Die Situation sei vergleichbar mit den Jahren der sogenannten Flüchtlingskrise 2015 und 2016, sagte der Vizepräsident des Deutschen Städtetags, Leipzigs Oberbürgermeister Burkhard Jung in Berlin. [...]

Während die weitere Aufnahme von Kriegsflüchtlingen aus der Ukraine nicht zur Debatte steht, will die Bundesregierung „unerlaubte Einreisen" von Asylbewerbern aus sicheren Drittstaaten unbedingt begrenzen. Nicht nur in Deutschland, sondern insgesamt an den EU-Außengrenzen steige der Druck aktuell an. „Das macht mir Sorgen", so [Bundesinnenministerin] Faeser, die für eine „klare Begrenzung" sorgen will. [...] Die europäischen Staaten seien „gemeinsam in der Verantwortung, illegale Einreisen zu stoppen".
Nach dem Willen der Bundesregierung soll auf europäischer Ebene auch darüber verhandelt werden, ob und wie Geflüchtete, die aus anderen EU-Staaten nach Deutschland gekommen sind, in diese Länder zurückgeführt werden können. [...]
In der Praxis haben weder Griechenland, wo die meisten Flüchtlinge aus der Türkei und über das Mittelmeer ankommen, noch andere Staaten auf der Balkan-Route ein Interesse daran, Menschen zurückzunehmen. Von einer „Asylwüste", die sich zwischen Griechenland und Österreich erstrecke, spricht der Migrationsforscher Gerald Knaus: „Die Länder liefern sich einen Wettstreit darum, wer potentielle Asylanten schlechter behandelt. Die Folge ist, dass fast niemand in einem Staat der Region bleiben möchte."

Kinkartz, Sabine: Neue Rekorde bei Geflüchteten - was Deutschland tun will. In: www.dw.de, 11.10.2022

Geflüchtete aus der Ukraine
Februar 2022 – 10.10.2022: 1.004.026
Zahlen: www.mediendienst-leister-integraion.de, Stand: 20.10.2022

Aufgaben

72035-42

1. Stellen Sie die rechtlichen Grundlagen des Flüchtlings- und Asylrechts mit eigenen Worten dar (**M33**).
2. Analysieren Sie die Aufnahme von Geflüchteten und Asylsuchenden als politische Situation auf kommunaler, Bundes- und europäischer Ebene (→ Methode, S. 28) (**M34**).
3. Formulieren Sie eine differenzierte Handlungsempfehlung an die politisch Entscheidenden, nach welchen Kriterien und wie viele Geflüchtete und Asylsuchende in Deutschland aufgenommen werden sollen.

Politik aktiv

Debattieren Sie die Frage, welche und wie viele Geflüchtete bzw. Asylsuchende Deutschland aufnehmen sollte (→ Methode, S. 301).

2.2.3 Integration und Integrationstheorien: In welcher Gesellschaft wollen wir leben?

Zum Thema: Seit vielen Jahren wird die Frage kontrovers diskutiert, ob und wie Migrantinnen und Migranten gesellschaftlich und politisch in Deutschland eingegliedert werden können. Um ein friedliches Zusammenleben zu erreichen, werden dabei mehr oder weniger Anpassungsleistungen von den neu Hinzukommenden auf der einen Seite und von der aufnehmenden Gesellschaft auf der anderen Seite gefordert.
Sie setzen sich in diesem Kapitel mit den verschiedenen Integrationsmodellen und -theorien auseinander und formulieren Kriterien für eine gelungene Integration.

M35 Fallbeispiel: eine Briefmarke zum Thema Integration

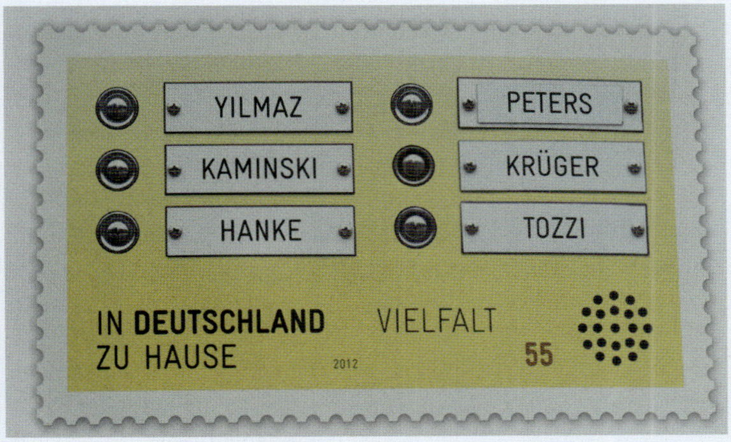

Einstiegsaufgabe 72035-43

Entspricht das Klingelschild auf der Briefmarke Ihrer eigenen Vorstellung einer gelungenen Integration? Beziehen Sie begründet Stellung.

M36 Was bedeutet Integration?

Der Begriff Integration geht auf das Lateinische „integrare“ zurück, das man mit erneuern, ergänzen, vervollständigen übersetzen kann.
Er meint soziologisch den Prozess des Zusammenwachsens einer Gesellschaft. Der Begriff ist immer wieder Gegenstand politischer Auseinandersetzungen in der deutschen Gesellschaft. Dabei geht es in erster Linie darum, was unter einer erfolgreichen gesellschaftlichen Integration verstanden wird und um die Frage, wie unsere Gesellschaft aussehen soll.
Mit dem Begriff Integration werden konkrete soziale Prozesse beschrieben. Es muss immer wieder gesellschaftlich ausgehandelt werden, inwiefern Einzelne oder Gruppen diesen Prozess selbst gestalten können oder vorgegebene Anpassungsleistungen erbringen müssen.
Bis zur Jahrtausendwende galt die Annahme, Deutschland sei kein Einwanderungsland. Integrationsarbeit wurde vom Staat auf Wohlfahrtsverbände und zivilgesellschaftliche Akteure übertragen. Erst im Zuwanderungsgesetz von 2005 wurde Integration als staatliche Aufgabe verankert. Dabei wurden erstmalig Integrationskurse wie Sprachkurse, Orientierungskurse und landeskundliche Kenntnisse für Migrantinnen und Migranten angeboten.

Bearbeiter

M37 Wie wirken Integrationstheroien und -modelle auf die Integrationspolitik?

Volltext:
Integrationstheorien und ihr Einfluss auf Integrationspolitik

72035-45

Akkulturation
Wechselseitig Anpassungsprozesse von Migrant:innen und der Aufnahmegesellschaft

Segregation
Trennung (oder Ausgrenzung) von Gesellschaftsgruppen mit bestimmten sozialen Merkmalen

a) Integrationstheorien und ihr Einfluss auf Integrationspolitik

Die ersten theoretischen Erklärungsversuche der Migrationsforschung nehmen ihren Ausgang in der Auseinandersetzung mit den großen Einwanderungsbewegungen in die USA im 19. und frühen 20. Jahrhundert. Das Einfügen von Zuwanderer:innen in die Aufnahmegesellschaft wurde – ganz in der Tradition sozialwissenschaftlicher Evolutionstheorien – als ein fortschreitender Prozess gefasst, an dessen Ende die vollständige Anpassung (Assimilation) steht. Später entstanden stärker ausdifferenzierte Assimilationsmodelle. Assimilation verläuft in diesen Modellen nicht mehr linear und unvermeidlich; sie ist auch abhängig von der Bereitschaft im Zuwanderungsland, die gesellschaftliche Partizipation der Migrant:innen zuzulassen. [...]

In den 1960er Jahren verloren Assimilationsmodelle [...] schrittweise ihre Bedeutung und wurden durch das Gegenmodell des „ethnischen Pluralismus" verdrängt. Dieses Modell geht von einer Beibehaltung ethnischer Besonderheiten von Gruppen in modernen Gesellschaften aus. Auf diesen Konzepten beruhen integrationspolitische Ansätze, die die Anerkennung und den Schutz ethnischer und kultureller Unterschiede betonen und sich gegen einen „Druck" zur Assimilation wenden. Von einer solchen explizit multikulturellen Integrationspolitik haben inzwischen Staaten wie beispielsweise die Niederlande Abstand genommen. In der Migrationsforschung steht der Ansatz in der Kritik, weil er ethnische und kulturelle Gemeinschaften als homogene Gruppen versteht. Diese [...] Vorstellung dient z. B. auch rechtsnationalen Bewegungen als argumentative Grundlage einer ausgrenzenden Identitätspolitik. [...]

Deutlich mehr Einfluss auf das in der deutschen Integrationspolitik herangezogene Verständnis von Integration hatte die Theorie des Mannheimer Soziologen Hartmut Esser. Essers handlungstheoretisches Modell orientiert sich an einer kognitiven Theorie des Handelns und Lernens von Individuen. Entsprechend versteht er Handlungen als rationale Entscheidungen von Akteur:innen, die ihren individuellen Nutzen maximieren wollen. Die mit Migration verbundenen Problemstellungen (wie z.B. der Erwerb von Sprachkompetenz und Bildungsqualifikationen oder die Beteiligung am primären Arbeitsmarkt) versteht er somit als individuelle Anpassungsleistung.

Koch, Ute: Integrationstheorien und ihr Einfluss auf Integrationspolitik. In: www.bpb.de, 28.05.2018

b) Modelle zur Integration von Zugewanderten

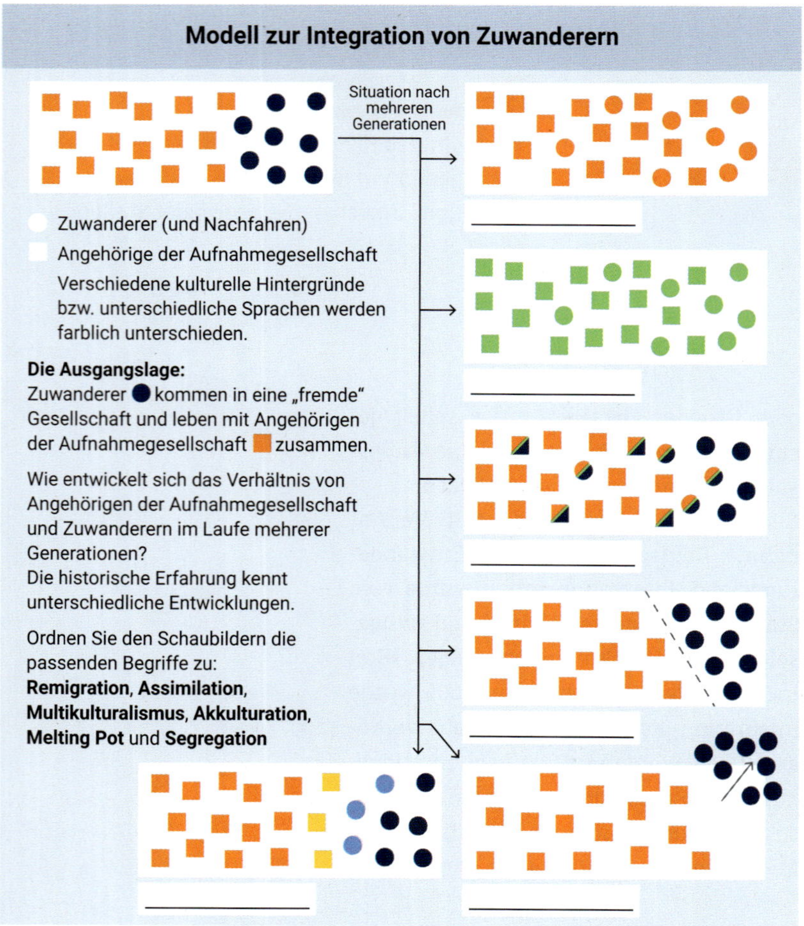

Nach: Pallaske, Christoph. In: Geschichte betrifft uns, Heft 6/2009: Migration – Auswanderer aus Deutschland, Zuwanderer nach Deutschland, Bergmoser + Höller Verlag, Aachen 2009

M38 Wann kann Integration gelingen?

Thesen	Zuordnung zu einem Integrationsmodell
Integration verläuft deutlich besser, wenn Einwanderungsgruppen sich in einem bestimmten Ausmaß kulturell an die Mehrheitsgesellschaft anpassen.	
Das Erlernen der deutschen Sprache und zahlreiche interkulturelle Kontakte zur Mehrheitsgesellschaft sind Voraussetzung für eine gelungene gesellschaftliche Eingliederung von Migrantinnen und Migranten.	
Einwanderer müssen die Wertevorstellungen einer modernen Gesellschaft (Gleichberechtigung von Mann und Frau, Akzeptanz der Religionsfreiheit, Anerkennung des staatlichen Gewaltmonopols) annehmen.	Bitte ins Heft
Gute Bildungsabschlüsse und der Erfolg auf dem Arbeitsmarkt sind zentrale Indikatoren einer gelungenen Integration.	
Die Verfassung, Recht und Justiz müssen von allen Gesellschaftsmitgliedern akzeptiert werden.	
Die Beibehaltung kultureller Merkmale wie Sprache oder Religion der verschiedenen Einwanderergruppen und das Leben in Parallelgesellschaften schaden nachhaltig der Integration.	
Die deutsche Gesellschaft ist in ihren Wertvorstellungen, Lebenszielen, Identitäten sehr heterogen. Eine allgemeine Leitkultur, an die sich Migrierende anpassen könnten, gibt es nicht.	
Die Gesellschaft befindet sich permanent im Wandel. Jedes gesellschaftliche Mitglied muss sich in einem sozialen Prozess ständig neu integrieren und verändern.	
Die Mehrheitsgesellschaft muss auf die Migrantinnen und Migranten zugehen und Teilhabe/ Partizipation ermöglichen.	
Die bisher erbrachte Anpassungsleistung von Einwanderungsgruppen muss von der Mehrheitsgesellschaft akzeptiert und stärker gewürdigt werden.	

Bearbeiter

Kultur
umfasst im Allgemeinen alles, was der Mensch in einer Gesellschaft geschaffen hat. Darunter fallen auch die Konzepte, wie das Zusammenleben, die Wertevorstellungen und erlernte Verhaltensweisen der Menschen konkret gestaltet sind.

Aufgaben

72035-46

1. a) Erläutern Sie die unterschiedlichen Dimensionen des Integrationsbegriffes (**M36**).
   b) Geben Sie die Dimensionen des Integrationsbegriffs mit eigenen Worten wieder.
2. Erarbeiten Sie aus **M37a** die unterschiedlichen Integrationsmodelle. Tragen Sie die Begriffe ins Schaubild (**M37b**) ein.
3. Ordnen Sie die Aussagen (**M38**) den jeweiligen Integrationsmodellen (**M37b**) zu.
4. Entwickeln Sie einen eigenen Kriterienkatalog für gelungene Integration (**M37, M38**). Stellen Sie diesen im Kurs in einer kurzen Rede dar.

F zu Aufgabe 3
Erläutern Sie den Einfluss der Theorien auf Integrationspolitik mit konkreten Beispielen (**M37a, M29**).

Sie als Bürger:in ...
befragen Mitschüler:innen mit Migrationshintergrund, was sie unter einer gelungenen Integration verstehen. Die Ergebnisse veröffentlichen Sie in der Schülerzeitung.

2.2.4 Leitkulturdebatte: Braucht Deutschland eine Leitkultur und wenn ja, welche?

Zum Thema: Die Diskussion über mögliche Gemeinsamkeiten, die in der Gesellschaft in Deutschland vorhanden sein müssen oder auch nicht, kann exemplarisch an der Debatte um eine deutsche Leitkultur nachgezeichnet werden. Dieser Konflikt über die Notwendigkeit und die Inhalte eines gesellschaftlichen Konsenses entflammt seit Mitte der 1990er Jahre immer wieder. Wie stehen Sie zur Frage einer deutschen Leitkultur?

M39 Was ist deutsche Leitkultur?

a) Humor im Integrationskurs

Karikatur: Thomas Plaßmann

b) Umfrage zur Leitkultur

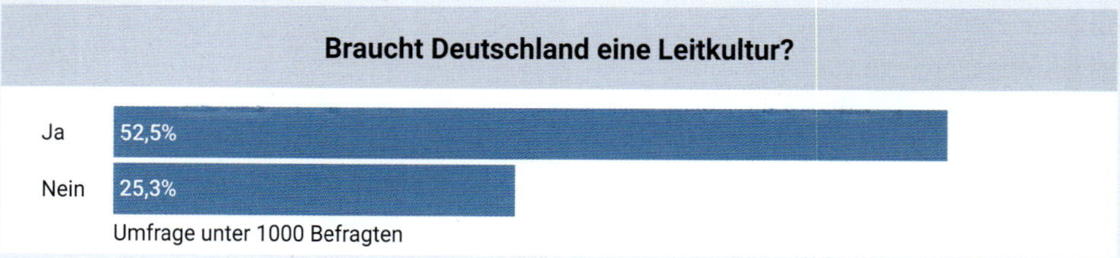

Nach: © Insa-Umfrage für das Magazin „Focus" 2017

Einstiegsaufgaben 72035-47

1. Beschreiben und interpretieren Sie die Karikatur (**M39a**) in Verbindung mit der Umfrage (**M39b**).
2. Benötigt die deutsche Gesellschaft eine Leitkultur, die zentrale Werte und den gesellschaftlichen Grundkonsens festlegt? Diskutieren Sie.

M40 Eine Leitkultur für Deutschland?

a) Grundsätze für eine „deutsche Leitkultur" des Innenministers

Wer sind wir? Und wer wollen wir sein? Als Gesellschaft. Als Nation. Die Fragen sind leicht gestellt, die Antworten schwer [...].

Einige Dinge sind klar. Sie sind auch unstreitig: Wir achten die Grundrechte und das Grundgesetz. Über allem steht die Wahrung der Menschenwürde. Wir sind ein demokratischer Rechtsstaat. Wir sprechen dieselbe Sprache, unsere Amtssprache ist Deutsch. Für all das haben wir ein Wort: Verfassungspatriotismus. Ein gutes Wort. Aber ist das alles? [...]

Ich finde den Begriff „Leitkultur" gut und möchte an ihm festhalten. Denn er hat zwei Wortbestandteile. Zunächst das Wort Kultur. Das zeigt, worum es geht, nämlich nicht um Rechtsregeln, sondern ungeschriebene Regeln unseres Zusammenlebens. Und das Wort „leiten" ist etwas anderes als vorschreiben oder verpflichten. Vielmehr geht es um das, was uns leitet, was uns wichtig ist, was Richtschnur ist. Eine solche Richtschnur des Zusammenlebens in Deutschland, das ist das, was ich unter Leitkultur fasse. [...]

Ich will mit einigen Thesen zu einer Diskussion einladen über eine Leitkultur für Deutschland.

1. Wir legen Wert auf einige soziale Gewohnheiten, nicht weil sie Inhalt, sondern weil sie Ausdruck einer bestimmten Haltung sind: Wir sagen unseren Namen. Wir geben uns zur Begrüßung die Hand. Bei Demonstrationen haben wir ein Vermummungsverbot. „Gesicht zeigen" – das ist Ausdruck unseres demokratischen Miteinanders. [...]

2. Wir sehen Bildung und Erziehung als Wert und nicht allein als Instrument. Schüler lernen – manchmal zu ihrem Unverständnis – auch das, was sie im späteren Berufsleben wenig brauchen. Einige fordern daher, Schule solle stärker auf spätere Berufe vorbereiten. Das entspricht aber nicht unserem Verständnis von Bildung. Allgemeinbildung hat einen Wert für sich. Dieses Bewusstsein prägt unser Land.

3. Wir sehen Leistung als etwas an, auf das jeder Einzelne stolz sein kann. Überall: im Sport, in der Gesellschaft, in der Wissenschaft, in der Politik oder in der Wirtschaft. Wir fordern Leistung. Leistung und Qualität bringen Wohlstand. Der Leistungsgedanke hat unser Land stark gemacht. Wir leisten auch Hilfe, haben soziale Sicherungssysteme und bieten Menschen, die Hilfe brauchen, die Hilfe der Gesellschaft an. Als Land wollen wir uns das leisten und als Land können wir uns das leisten. Auch auf diese Leistung sind wir stolz.

4. Wir sind Erben unserer Geschichte mit all ihren Höhen und Tiefen. Unsere Vergangenheit prägt unsere Gegenwart und unsere Kultur. [...]

5. Wir sind Kulturnation. Kaum ein Land ist so geprägt von Kultur und Philosophie wie Deutschland. Deutschland hat großen Einfluss auf die kulturelle Entwicklung der ganzen Welt genommen. [...]

6. In unserem Land ist Religion Kitt und nicht Keil der Gesellschaft. Dafür stehen in unserem Land die Kirchen mit ihrem unermüdlichen Einsatz für die Gesellschaft. Sie stehen für diesen Kitt – sie verbinden Menschen, nicht nur im Glauben, sondern auch im täglichen Leben [...].

7. Wir haben in unserem Land eine Zivilkultur bei der Regelung von Konflikten. Der Kompromiss ist konstitutiv für die Demokratie und unser Land. Vielleicht sind wir stärker eine konsensorientierte Gesellschaft als andere Gesellschaften des Westens. Zum Mehrheitsprinzip gehört der Minderheitenschutz. [...]

8. Wir sind aufgeklärte Patrioten. Ein aufgeklärter Patriot liebt sein Land und hasst nicht andere. Auch wir Deutschen können es sein. [...]

9. Unser Land hatte viele Zäsuren zu bewältigen. Einige davon waren mit Grundentscheidungen verbunden. Eine der wichtigsten lautet: Wir sind Teil des Wes-

Leitkultur
Begriff, der einen auf Werte basierenden gesellschaftlichen Konsens beschreibt und die gemeinsame Basis zwischen Deutschen und Migrierten darstellt (z.B. Grundrechte, Demokratie, Rechtsstaatlichkeit).
Im Jahr 2000 wurde der Begriff vom damaligen CDU-Fraktionsvorsitzenden Friedrich Merz in der Debatte als Gegenbegriff zum Multikulturalismus verwendet.

Thomas de Maizière
war deutscher Innenminister (2009-2011, 2013-2018) und löste mit seinen Grundsätzen für eine Leitkultur (2017) eine breite Debatte aus.

Volltext:
Leitkultur für Deutschland

72035-48

tens. Kulturell, geistig und politisch. Die Nato schützt unsere Freiheit. [...]

10. Wir haben ein gemeinsames kollektives Gedächtnis für Orte und Erinnerungen. Das Brandenburger Tor und der 9. November sind zum Beispiel ein Teil solcher kollektiven Erinnerungen. Oder auch der Gewinn der Fußballweltmeisterschaften. Regionales kommt hinzu: Karneval, Volksfeste. Die heimatliche Verwurzelung, die Marktplätze unserer Städte. [...]

Was folgt nun aus dieser Aufzählung? Manches mag fehlen, anderes kann hinzukommen. Ist das ein Bildungskanon, den alle wissen und lernen müssen, zum Beispiel in den 100 Stunden der Orientierung in unserem Integrationskurs? Schön wär's. Kann eine Leitkultur vorgeschrieben werden? Ist sie verbindlich? Nein. Wie der Name Kultur schon sagt, geht es hier nicht um vorgeschriebene Regeln. Die Leitkultur prägt und soll prägen. Sie kann und soll vermittelt werden.

Leitkultur kann und soll vor allem vorgelebt werden. Wer sich seiner Leitkultur sicher ist, ist stark. Stärke und innere Sicherheit der eigenen Kultur führt zu Toleranz gegenüber anderen. Leitkultur ist also zunächst und vor allem das, was uns ausmacht. Wenn sie uns im besten Sinne des Wortes leitet, dann wird sie ihre prägende Wirkung auf andere entfalten. Auch auf die, die zu uns kommen und bleiben dürfen. Ihnen reichen wir unsere ausgestreckte Hand.

Was aber geschieht nun mit denjenigen, die zu uns gekommen sind, die hier eine Bleibeperspektive haben, die dennoch aber eine solche Leitkultur weder kennen, vielleicht nicht kennen wollen oder gar ablehnen? Bei denen wird die Integration wohl kaum gelingen. Denn zugehörig werden sie sich nicht fühlen ohne Kenntnis und jedenfalls Achtung unserer Leitkultur. In unserem Umgang mit diesen Menschen sollte uns eine Unterscheidung leiten: Die Unterscheidung zwischen dem Unverhandelbaren und dem Aushaltbaren. Das Unverhandelbare werden wir nicht aufgeben, wir müssen auf dessen Einhalten bestehen. Dazu gehören neben den Forderungen nach Straflosigkeit und Achtung unserer Grundwerte auch die Einhaltung von Respekt im Miteinander und die Herrschaft des Rechts vor der Religion. Wir bleiben – unverhandelbar – Teil des Westens, stolze Europäer und aufgeklärte Patrioten. Vor allem die Menschenwürde ist für uns unverhandelbar, auch im Umgang der Menschen untereinander.

Aushalten müssen wir dagegen sicher einiges. Das lässt unsere Toleranz auch zu. Wenn wir aber darauf achten, dass wir uns unserer Leitkultur bewusst sind und sie vorleben, dann wissen wir um die Stärke dieser Leitkultur, können einiges aushalten und müssen weniger aushalten, je überzeugender unsere Leitkultur wirkt. Wenn wir uns klar darüber sind, was uns ausmacht, was unsere Leitkultur ist, wer wir sind und wer wir sein wollen, wird der Zusammenhalt stabil bleiben, dann wird auch Integration gelingen – heute und in Zukunft.

de Maizière, Thomas: Leitkultur für Deutschland – was ist das eigentlich? In: www.zeit.de, 30.04.2017

b) Umfrage: Inhalte einer deutschen Leitkultur

Nach: Statista, 2022; Datenquelle: INSA, 2017

M41 Kritik an der Forderung nach einer Leitkultur

a) Ob wir dazu gehören, entscheiden die anderen

Ich kann […] nicht einfach hierher gehören, nur weil ich das will. Denn ich entscheide das nicht selber. Mein Gegenüber entscheidet, wann und ob ich deutsch sein darf. […] Ich muss mich jedes Mal aufs Neue dem Urteil anderer unterwerfen. Je nachdem, wer mein Gegenüber ist, reicht es, mal einen Test zu bestehen, mal die Sprache gut zu können. […] Auf der anderen Seite soll man trotzdem gastfreundlich sein und das türkische Gebäck mit den Nachbarn teilen. Denn ein bisschen türkisch darf man schon sein – aber bloß nicht zu viel. Kopftuch darf man nicht tragen. Auf keinen Fall. Aber manchmal ist es dann doch okay. Wenn man ein Interview geben soll, darf man ruhig sagen, dass man Deutsche ist – obwohl man Kopftuch trägt. Das kommt nämlich ganz gut. Und Weihnachten soll man auf jeden Fall mitfeiern. Und am besten auch einen deutschen Partner haben. Das hilft. Aber wenn, dann sollte man sich vorher schon richtig integriert haben und den deutschen Partner nicht mit seiner anderen Kultur verwirren.

Und wenn man alles geschafft hat, […] ist man dann irgendwann vielleicht doch ganz schnell kein Deutscher mehr. Wenn man einmal zu oft Urlaub in der Türkei gemacht hat, obwohl da gerade fast so viele Menschenrechtsverletzungen begangen werden wie in China. Dann kann man auch kein richtiger Deutscher mehr sein. Ist doch klar.

Selbst ich bin verwirrt von diesem „wir“ und „ihr“ und „uns“ und weiß selber nie so richtig, wann ich von Türken rede und wann von Deutschen und wann ich dazugehöre und wann nicht. […] Es geht einfach nur darum, wie unfassbar heuchlerisch es ist, all diese teuren Werbespots zu drehen, in denen mantraartig heruntergebetet wird, dass Deutschland für Toleranz und Vielfalt einstünde. Und in jedem Unternehmen wird diversity ganz, ganz großgeschrieben: Jeder darf sich frei entfalten. Jeder darf leben, wie er will. Alle werden akzeptiert. Jeder ist wichtig für unsere Gesellschaft. Aber wenn es darauf ankommt, gibt es nur ein „wir“ und „ihr“ mit ganz steilen Grenzen. Und wehe, man erfüllt mal nicht die Erwartungen. Dann bekommt man zu spüren, dass man nicht wirklich dazugehört. Sondern nur geduldet wird. […] Ich liebe Deutschland und ich liebe die deutsche Sprache. […] Und ich hoffe einfach, dass Deutschland irgendwann auch mal müde wird, darüber zu diskutieren, ob jemand mit Migrationshintergrund dazugehört oder nicht.

Kayikci, Merve: Wir undankbaren Deutschtürken. In: Zeit Campus, 24.07.2018

Merve Kayikci ist Deutschtürkin der Generation Y und schreibt über ihre Erfahrungen mit dem Deutschsein.

b) Leitkultur ist ein spaltender Begriff

„Leitkultur ist kein integrierender, sondern ein polarisierender Begriff, ein spaltendes Kampfwort, ein Wort der Überhebung und der Überheblichkeit […].“

Prantl, Heribert: Warum de Maizières Leitkultur-Katalog gesellschaftsschädlich ist, in: Süddeutsche Zeitung, 01.05.2017

Aufgaben 72035-49

1. Erarbeiten Sie die zentralen Inhalte und Begründungen für eine Leitkultur im Text von de Maizière (**M40a**).
2. Beschreiben und interpretieren Sie die Statistik **M40b**. Begründen Sie, ob diese eher Übereinstimmung oder Unterschiede zum Text (**M40a**) zeigt.
3. Erläutern Sie die Kritik an der Leitkulturdebatte in **M41** mit eigenen Worten.
4. „Braucht Deuschland eine Leitkultur?“ Beurteilen Sie die Frage perspektivisch und kategorial (→ Methode, S. 31 f.). Verfassen Sie dazu einen Kommentar, in dem Sie Ihre Unterstützung oder Ablehnung differenziert darlegen.

2.3 Gesellschaftsmodelle der sozialen Differenzierung

In welcher Gesellschaft leben wir, und was ist überhaupt eine ,Gesellschaft'? Die Antwort auf diese Frage kann sowohl empirisch – durch Umfragen – oder auch durch Theoriebildung gefunden und gegeben werden. Gesellschaftsmodelle sind theoretische Beschreibungen zur Charakterisierung und Strukturierung von Gesellschaften. Neben einem analytischen Aspekt enthalten sie auch immer ein politisches Interesse, die Gesellschaft in einer bestimmten Art und Weise darzustellen. Sie sollen in diesem Kapitel ausgewählte Modelle und Theorien, welche in der Vergangenheit und Gegenwart besonders großen Einfluss auf unsere Vorstellung zur Zusammensetzung der Gesellschaft in Deutschland hatten, kennenlernen, vergleichen und ihre Aussagekraft beurteilen.

2.3.1 Das Klassenmodell früher und heute: Ist Deutschland wieder eine Klassengesellschaft?

Zum Thema: Das Klassenmodell von Karl Marx ist eine der zentralen Beschreibungen der deutschen Gesellschaft. Es stammt zwar aus dem 19. Jahrhundert, doch wird auch aktuell diskutiert, ob sich Deutschland heute wieder auf dem Weg in eine Klassengesellschaft befindet. Sie sollen in diesem Kapitel das Gesellschaftsmodell von Karl Marx kennenlernen und anhand wichtiger Argumente debattieren, ob oder inwiefern diese Beschreibung Deutschlands als Klassengesellschaft heute noch zutreffend ist und welche politischen Interessen hinter den jeweiligen Auffassungen stehen.

M42 Fallbeispiel: Vermögensverteilung in Deutschland

a) Vermögensverteilung in der Karikatur

Karikatur: Burkhard Mohr/ Baaske Caroons

b) Fakten zur Vermögensverteilung in Deutschland (2022)

a) Das Privatvermögen in Deutschland betrug 18,6 Billionen Euro.
b) 40% der Deutschen haben so gut wie kein Vermögen.
c) Die Top 0,1 % der Vermögenden in Deutschland besitzen 22 % des Nettogesamtvermögens.

Einstiegsaufgaben 72035-50

1. Analysieren Sie die Karikatur **M42a**. Vergleichen Sie die Karikatur mit den Fakten in **M42b**.
2. Begründen Sie: Spaltet sich die Gesellschaft in zwei Klassen (mit und ohne Vermögen)?

M43 Verschiedene Gesellschaftsmodelle

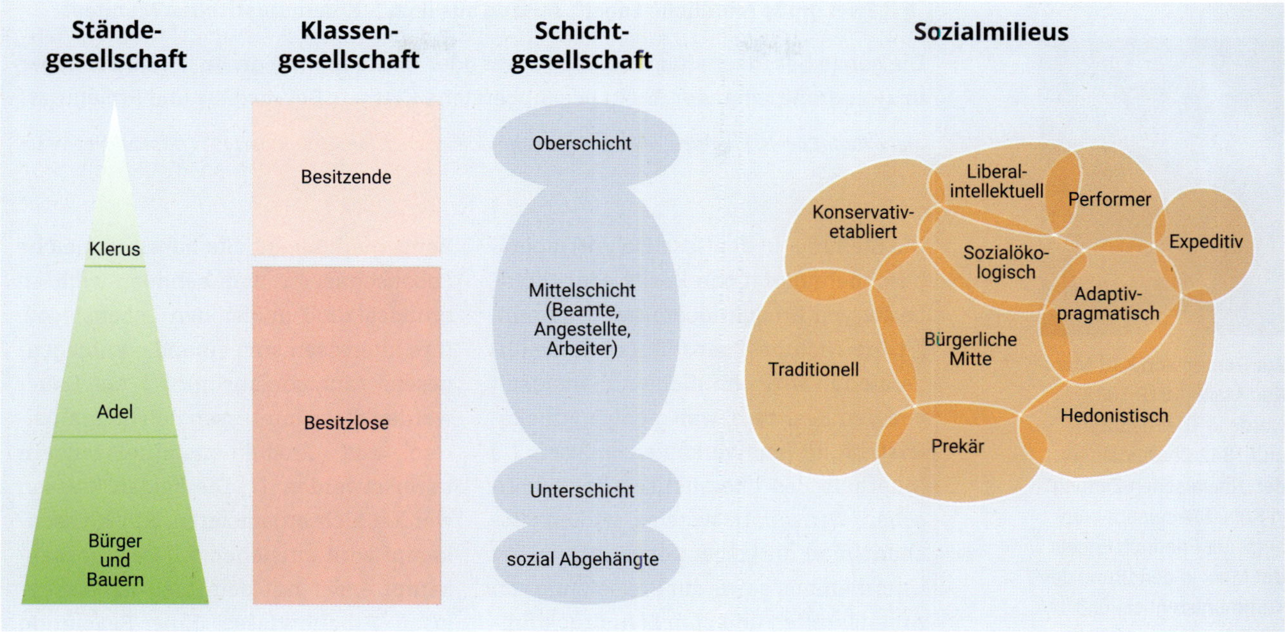

Bearbeitergrafik

M44 Vom Klassenmodell zu den Sozialmilieus

Gesellschaftsmodelle haben die Funktion, gesamtgesellschaftliche Zusammenhänge in einem bestimmten historischen Kontext zu erfassen und zu veranschaulichen. Modelle reduzieren dabei die komplexe Wirklichkeit und bilden die Realität vereinfacht und mit einem bestimmten erkenntnisleitenden Interesse ab. Die mittelalterliche Gesellschaft wurde mit dem klassischen Ständesystem beschrieben. Dieses wird im Zuge der Industrialisierung abgelöst durch das Modell der Klassengesellschaft. Ihr Begründer Karl Marx beschrieb darin im 19. Jahrhundert zwei antagonistische, gesellschaftliche Hauptklassen (Bourgeoise und Proletarier). Im Gegensatz zur Ständegesellschaft des Mittelalters und der darin durch Geburt festgelegten - Gott gewollten - Stellung in der Gesellschaft bestimme der Besitz und Nichtbesitz an Produktionsmitteln die jeweilige gesellschaftliche Position.

Ab Mitte des 20. Jahrhunderts dominierte das Schichtenmodell als Beschreibung der modernen Dienstleistungs- und Industriegesellschaft in Deutschland. Berufe, Einkommen Vermögen, Bildung waren nun die zentralen Unterscheidungskriterien zur Erfassung der sozialen Unterschiede zwischen der Unter-, Mittel- und Oberschicht. Diese Modelle (z.B. von Bolte, Dahrendorf, Geißler etc.) wurden entwickelt, um die soziale Ungleichheit und die jeweilige soziale Stellung differenzierter darzustellen. Dabei wurde die (Nicht-)Mobilität zwischen den Schichten und deren Zuordnung zu den Wirtschaftssektoren berücksichtigt.

In den 1980er Jahren entwickelte sich eine zunehmende Individualisierung und Pluralisierung der Gesellschaft. Soziologen waren gezwungen, die traditionellen Schichtenmodelle weiterzuentwickeln. Mit Hilfe von sogenannten Sozialmilieus versuchten sie, subjektive Wertvorstellungen und Lebensweisen mit zu erfassen. Personen eines bestimmten Milieus unterscheiden sich dabei nicht nur bezüglich ihrer sozialen Lage, sondern auch in Grundorientierungen, Lebenszielen und Einstellungen.

Bearbeiter

Zur Person von Karl Marx
Karl Marx (1818-1883) wurde in Trier geboren und 1842 Chefredakteur der „Rheinischen-Zeitung" in Köln. Mit seinem Wegbegleiter Friedrich Engels trat Marx in den „Bund der Kommunisten" ein und schrieb mit ihm 1848 das „Manifest der kommunistischen Partei". In den 1850er Jahren entwickelt Marx im englischen Exil seine Kritik am kapitalistischen Wirtschaftssystem. Seine Klassentheorie entstand demnach zu einer Zeit, in der soziale Ungleichheiten durch die Industrialisierung deutlich sichtbar werden. „Das Kapital. Kritik der politischen Ökonomie" aus dem Jahr 1867 ist Marx' Hauptwerk, welches weitreichende Auswirkungen auf die Arbeiterbewegung in Europa und die gesamte Weltgeschichte des 20. Jahrhunderts hatte.

Zusatzmaterial: Prinzipien des Klassenbegriffs

72035-52

M45 Hintergrund: die Klassentheorie nach Karl Marx

A „Zwei große feindliche Lager", Auszug aus dem 1. Kommunistischen Manifest

Die ganze Gesellschaft spaltet sich mehr oder wenig in zwei große feindliche Lager, in zwei große, einander direkt gegenüberstehe Klassen: Bourgeoisie und Proletariat."

Marx, Karl/ Engels, Friedrich: Manifest der kommunistischen Partei, Stuttgart 1974 (Erstaufgabe: 1848), S. 23f.

Die Stellung (in der Gesellschaft) ist insbesondere durch den Besitz oder Nichtbesitz von Produktionsmittel bestimmt. [...] Die Nichtbesitzer (die Lohnarbeiter) geraten in wirtschaftliche Abhängigkeit von den Besitzern, weil sie ihre Arbeitsleistung an jene verkaufen müssen. [...] Innerhalb des liberalistisch-kapitalistischen Wirtschaftssystems wirken Mechanismen, die [...] zur Konzentration der Unternehmen sowie zur Freisetzung von Arbeitskräften und zum Lohndruck führen. Dies bedeutet zunehmende Macht und Reichtum der Kapitalisten und zunehmende Verelendung der Lohnarbeiter. [...] Ausgehend von den Produktionsverhältnissen spaltet sich also die Gesellschaft in [...] Bevorzugte und Benachteiligte auf. Sie haben ungleiche Lebenschancen und befinden sich in grundsätzlich ungleichen Lebenslagen. Ihre Interessen sind einander entgegengesetzt (antagonistisch). [...] Auf Dauer werden diese Interessen den Lohnarbeitern und Produktionsmittelbesitzern bewusstwerden. [...] Die beiden Klassen werden sich organisieren. Ein Klassenkampf wird entstehen. [...] Der Klassenkampf endet mit dem Sieg der besitzlosen Arbeiterklasse. Eine Revolution wird die kapitalistischen Produktionsverhältnisse und das Privateigentum an Produktionsmitteln beseitigen.

Hradil, Stefan: Soziale Ungleichheit in Deutschland, Opladen 2001, S. 55

B Das Marxsche Konzept von Basis und Überbau

Marx und Engels unterteilten die Gesellschaft [...] in eine entscheidende „Basis" (die ökonomischen Beziehungen und die wirtschaftliche Struktur) und in den sekundären „Überbau" (Kultur, Moral, Politik und Religion). Es ging ihnen dabei um die „einfache Tatsache, dass die Menschen vor allen Dingen zuerst essen, trinken, wohnen und sich kleiden müssen, ehe sie Politik, Wissenschaft, Kunst, Religion usw. treiben können; dass also die Produktion der unmittelbaren materiellen Lebensmittel und damit die jedesmalige ökonomische Entwicklungsstufe eines Volkes oder eines Zeitabschnitts die Grundlage bildet, aus der sich die Staatseinrichtungen, die Rechtsanschauungen, die Kunst und selbst die religiösen Vorstellungen der betreffenden Menschen entwickelt haben" (MEW, Bd. 19, S. 335). Demnach bedinge die „Basis" kausal den „Überbau". Also führe ein ökonomischer auch zu einem politischen Wandel: „Mit der Veränderung der ökonomischen Grundlage wälzt sich der ganze ungeheure Überbau langsam oder rascher um" (MEW, Bd. 13, S. 9).

Nach: Pfahl-Traughber, Armin: Der Marxismus zwischen Ideologie und Wissenschaft. In: www.bpb.de, 10.03.2008

M46 Argumente zur Diskussion: Wiederkehr der Klassengesellschaft?

Seit einigen Jahren wird in Deutschland diskutiert, ob die Gesellschaft in Deutschland wieder mit einem Klassenmodell beschrieben werden kann. Nachfolgend finden Sie zentrale Argumente, die in dieser Diskussion geäußert werden.

A	Die Gesellschaft kann man nicht einfach in zwei Klassen (Arbeiter, Kapitalisten) aufteilen. Im Gegensatz zu marxistischen Vorstellungen sind Wohlstand und Massenkonsum in Deutschland kontinuierlich gestiegen. Insbesondere die gesellschaftliche Unterschicht profitierte von dieser Entwicklung.
B	Die deutsche Gesellschaft wird immer pluraler und fragmentierter. Der Begriff der Klasse ist veraltet. Einkommen und das Vermögen bestimmen nicht allein über die Position einer Person in der Gesellschaft. Es müssen weitere Kriterien wie Lebensstil, Freizeitverhalten, soziales Engagement etc. einbezogen werden.
C	Der Sozialstaat und die enorme Umverteilung haben verhindert, dass in Deutschland im Vergleich zu anderen Ländern größere gesellschaftliche Gruppen in Armut leben. Dies hat zur Herausbildung einer stabilen und leistungsfähigen Mittelstandsgesellschaft geführt.
D	57 % der Erwerbslosen, 42,7 % der alleinerziehenden Mütter und 35 % der Nichtdeutschen sind von Armut bedroht. Die soziale Ungleichheit zwischen Familien mit und ohne Kindern, Mann und Frau, Personen mit/ohne Migrationshintergrund ist strukturell und wird häufig von Generation zu Generation „weitervererbt".
E	Die soziale Herkunft hat enorme Auswirkungen auf den Bildungserfolg, die spätere berufliche Qualifikation und die gesellschaftlichen Aufstiegschancen. Die soziale Auslese beginnt in Deutschland am Ende der Grundschule. Der Schulerfolg hängt stark vom familiären Hintergrund der Kinder ab.
F	Menschen ohne Berufsausbildung leben häufig in prekären Lebenssituationen. Auch im Alter sind sie auf Grund der geringen Rente von Armut bedroht. Ihre Lebenserwartung liegt deutlich unter dem Durchschnitt der Gesellschaft.

Bearbeiter

Rückkehr der Klassengesellschaft?
→ Kursarbeitstraining, S. 96 f.

Aufgaben

72035-53

1. Erläutern Sie in Grundzügen die Entwicklung der Gesellschaftsmodelle (**M44**) anhand der Schaubilder in **M43**.
2. Erarbeiten Sie die Grundzüge der Gesellschaftstheorie nach Karl Marx (**M45**) und stellen Sie diese als Schaubild dar.
3. Begründen Sie, ob und inwiefern die Klassengesellschaft bei Marx ein interessengeleitetes Modell ist (**M45**).
4. Ist Deutschland (wieder) eine Klassengesellschaft? Entscheiden Sie, ob die jeweiligen Argumente (**M46**) für bzw. gegen die These einer deutschen Klassengesellschaft sprechen.
5. Begründen Sie, zu welcher politischen Grundorientierung (→ Kap. 1.2.2, S. 35) die Pro- und die Kontra-Argumente gehören und analysieren Sie, inwiefern es sich bei der Frage von Klassengesellschaft um eine politische Debatte handelt.
6. Führen Sie zur Frage „Ist Deutschland wieder eine Klassengesellschaft?" eine Talkshow durch (Moderator:in, Vertreter:in einer Pro- und einer Kontra-Position).

F zu Aufgabe 2
Erklären Sie mit Hilfe des Konzepts von Basis und Überbau (**M45** B) den berühmten Satz Karl Marx: „Das Sein bestimmt das Bewusstsein."

2.3.2 Das Modell der Schichtgesellschaft: Interpretieren oder politisieren Modelle die Gesellschaft?

Zum Thema: Oftmals konkurrieren Gesellschaftsmodelle in einer bestimmten Zeit darum, die Gesellschaft treffender zu beschreiben. Neben den empirischen Befunden drückt sich dabei aber auch die Konkurrenz politisch motivierter Sichtweisen aus. Dies ist exemplarisch an den Schichtmodellen von Bolte und Dahrendorf in den 1960er Jahren zu erkennen. Doch Schichtmodelle sind auch eine wichtige Weiterentwicklung des Klassenmodells und haben die Funktion, die moderne westliche Industrie- und Dienstleistungsgesellschaft besser zu beschreiben. In diesem Kapitel setzen Sie sich mit wichtigen Schichtmodellen auseinander und analysieren und beurteilen deren Aussagekraft.

M47 Thesen zur Gesellschaftsstruktur

These 1: Wir leben in einer sich angleichenden Mittelstandsgesellschaft. Verhaltensweisen, Lebensstile und wirtschaftliche Positionen haben sich angeglichen. Insbesondere die Sozialpolitik der letzten Jahrzehnte hat gravierende Ungleichheiten in der Gesellschaft verhindert.

These 2: Unsere Gesellschaft ist gespalten. Zwischen der Arbeiterschaft und dem Mittelstand gibt es eine geradezu unüberwindbare Barriere. Durch die Zugehörigkeit zu einer Schicht wird eine klare Grenze festgelegt. Gesellschaftlicher Aufstieg (Mobilität) ist nur begrenzt möglich.

Bearbeiter

Einstiegsaufgaben 72035-54

1. Erläutern Sie die beiden Thesen (**M47**) und stellen Sie diese grafisch dar.
2. Ordnen Sie die Thesen politischen Grundorientierungen bzw. Parteien zu.
3. Welcher These stimmen Sie eher zu? Begründen und diskutieren Sie Ihr Votum.

M48 Soziale Schichten – Konkurrenz von Gesellschaftsmodellen in den 1960er Jahren

In den 1960er Jahren gab es in der Bundesrepublik Deutschland zwei berühmte Gesellschaftsmodelle der Soziologen Ralf Dahrendorf und Karl Martin Bolte. Die beiden Schichtenmodelle unterscheiden sich aber fundamental voneinander, obwohl beide Wissenschaftler eine Analyse der Sozialstruktur der gleichen Gesellschaft vorgenommen haben.

Bolte teilte die Bevölkerung in Schichten ein. **Soziale Schichten** beschreiben dabei eine Gruppe von Personen in einer Gesellschaft, deren Mitglieder bestimmte gemeinsame soziale Merkmale haben und sich im Hinblick auf ihren Status als eigenständige Gruppen empfanden. In der Regel sind dies Bildungsstand, Einkommen und Beruf als klassische Faktoren. Moderne Schichtenbegriffe beziehen dabei auch Prestige und Lebensführung ein. Boltes Modell ähnelte dem einer Zwiebel. Er erweiterte die traditionelle Einteilung der Gesellschaft in Unter-, Mittelschicht und Oberschicht, indem er den Mittelstand deutlich differenzierte (neuer und alter Mittelstand) und der Arbeiterschaft zuordnete. Dahrendorf entwickelt für seine Beschreibung das Bild eines Hauses, in dem auch Schichten nebeneinander existierten und eine gewisse soziale Mobilität möglich war.

Bearbeiter

M49 Zwei Schichtmodelle

A Das „Hausmodell" nach Dahrendorf

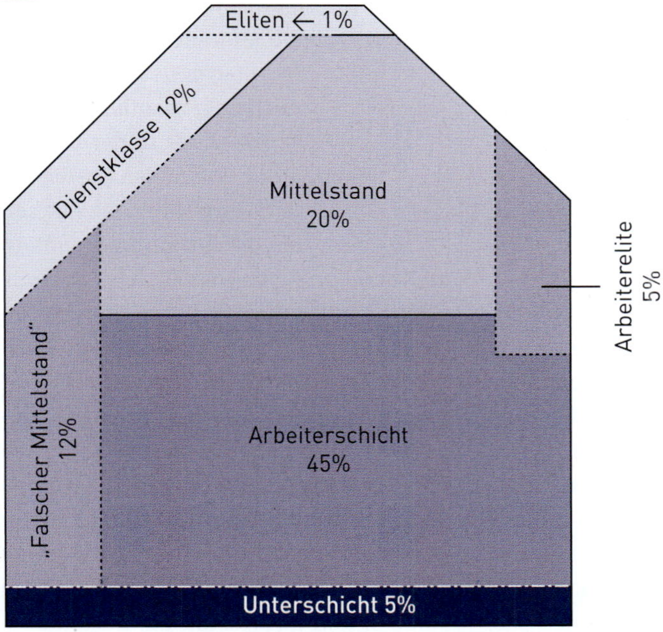

Dahrendorf, Ralf: Gesellschaft und Demokratie in Deutschland. München: Piper/Deutsche Bücherbund 1965, S.105

B Die „Bolte-Zwiebel"

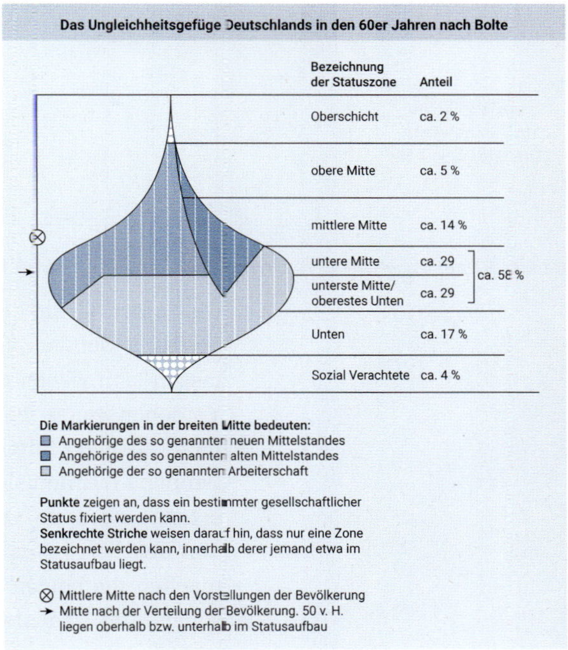

Nach: www.wikimedia.org/Karl Martin Bolte

c) Soziale Schichtung der westdeutschen Bevölkerung (1960er Jahre)

Dahrendorf verglich die Gesellschaft mit einem Haus: An der Spitze stehen wie immer die Eliten. Im Obergeschoss residieren nebeneinander die bürokratischen Helfer der Eliten, die Dienstklasse, „insbesondere nichttechnische Verwaltungsangestellte aller Ränge", sowie der „alte Mittelstand" der Selbstständigen. Im Hauptgeschoss wohnen die große Arbeiterschicht und der „falsche Mittelstand" der einfachen Dienstleistungsberufe. Dessen soziale Stellung unterscheidet sich nicht von derjenigen der Arbeiter, er zählt sich jedoch seinem Selbstverständnis nach „fälschlicherweise" zur Mittelschicht. Die Arbeiterelite (hier Meister und Vorarbeiter) hat sich dagegen nach oben hin vom Rest der Arbeiterschaft abgesetzt. Der Keller des Hauses ist bevölkert von der Unterschicht der „Dauererwerbslosen, Unsteten, Rückfallkriminellen, Halbanalphabeten u. a.", die mitunter auch als „Bodensatz der Gesellschaft", „sozial Verachtete" oder „Lumpenproletariat" bezeichnet wurden.

Geißler, Rainer: Facetten der modernen Sozialstruktur. In: www.bpb.de, 15.12.2014

Eliten: Machteliten in Politik, Wirtschaft, Medien
Dienstklasse: Verwaltungsangestellte
Mittelklasse: Selbstständige
Falscher Mittelstand: einfache Dienstleistungsberufe
Arbeitereliten: Meister, Schlosser, usw.
Arbeiterschicht: Facharbeiter und ungelernte Arbeiter
Unterschicht: Dauererwerbslose, soziale Randgruppen

M50 Das Schichtmodell nach Geißler (2014)

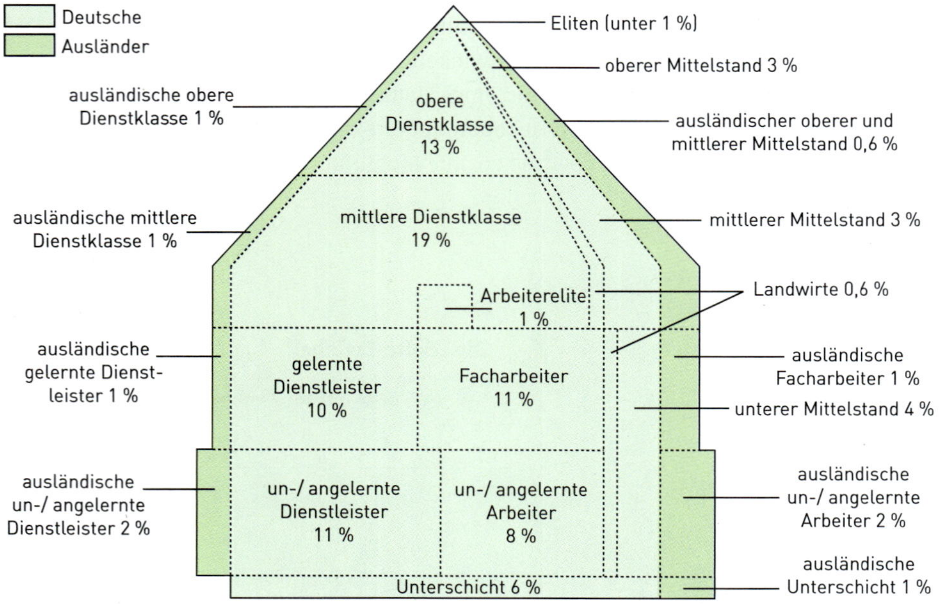

Geißler, Rainer: Facetten der modernen Sozialstruktur. In: www.bpb.de, 16.12.2014.

Die Schichten der beiden Häuser (Dahrendorf und Geißler) und ihre Prozentwerte lassen sich wegen der unterschiedlichen Vorgehensweise bei ihrer Konstruktion nicht genau miteinander vergleichen. Dennoch machen sie die massiven Unterschichtungen im vergangenen Jahrhundert deutlich. [...] In beiden oberen Etagen machen die beiden Dienstklassen inzwischen fünf Sechstel der Bewohner aus, während der früher dominierende Mittelstand auf gut ein Sechstel zusammengedrückt wurde. Und auch in den beiden unteren Etagen, wo einst die Arbeiterschicht vorherrschte, gibt es inzwischen mehr Dienstleister als Arbeiter. [...] Ihr Umfang ist inzwischen größer als derjenige der un- und angelernten Arbeiter. Auch ein Teil des Mittelstandes ist in der unteren Hälfte platziert.

Deutlich erkennbar sind die Entwicklungen Deutschlands zu einem Einwanderungsland und die tendenzielle Unterschichtung durch die Migranten. In den unteren Etagen des Hauses sind Ausländer deutlich stärker vertreten als in der unteren Mitte, und in den oberen Bereichen wohnen sie nur selten. Zwei wichtige qualitative Veränderungen werden im Schaubild nicht sichtbar. Zum einen hat sich die vergleichbar einfache Wohnung der 1960er Jahre inzwischen in eine ansehnliche Residenz mit Komfortappartement verwandelt [...]. Zum anderen sind die Decken und Wände noch durchlässiger geworden [...]. Die historisch langfristige Tendenz zur „Entschichtung" der Sozialstruktur [...] hat sich in der Bundesrepublik in den letzten Jahrzehnten fortgesetzt. Die Zusammenhänge von Soziallagen einerseits, Mentalitäten und Verhaltensweisen haben sich weiter gelockert.

Geißler, Rainer: Die Sozialstruktur Deutschlands. Wiesbaden 2014, S. 101ff.

Aufgaben

72035-55

1. Analysieren Sie die Schichtmodelle von Bolte und Dahrendorf (**M49**). Erläutern Sie zentrale Unterschiede der Gesellschaftsmodelle.
2. Recherchieren Sie die politische Grundorientierung/Parteipräferenz von Bolte und Dahrendorf (**M49**) und analysieren Sie, inwiefern sich in den jeweiligen Gesellschaftsmodellen ein politisches Interesse ausdrückt.
3. Beschreiben Sie das Schichtenmodell nach Rainer Geißler (**M50**). Nennen Sie die Veränderungen zwischen den Schichtungsmodellen Dahrendorf und Geißler (**M49**).
4. Begründen und diskutieren Sie: Sind Schichtungsmodelle eher informativ oder manipulativ?

2.3.3 Soziale Milieus und Lebenswelten in Deutschland: Welchem Milieu gehören Sie an?

Zum Thema: Als Weiterentwicklung der traditionellen Klassen- und Schichtmodelle zur Betrachtung der Sozialstruktur einer Gesellschaft wird in der jüngeren Vergangenheit vor allem die Bildung moderner sozialer Milieus diskutiert. Sie setzen sich in diesem Kapitel exemplarisch mit der Sinus-Studie und deren Milieus auseinander, wenden das Modell konkret zur Marktforschung an und diskutieren, inwiefern es auf Individuen und Kollektive anwendbar ist.

M51 Welche Sportart passt zu welchen Einstellungen und Werten?

A Yoga

Yoga im Park

B Bodybuilding

Bodybuilder im Fitnessstudio

C Fußball

Fußballtraining auf dem Platz in Großweiler

Einstiegsaufgaben 72035-56

1. Analysieren Sie, welche möglichen Lebensstile und Einstellungen/Werte/Vorlieben/Abneigungen, aber auch Einkommens- und Bildungsverhältnisse durch das Betreiben der jeweiligen Sportart (**M51**) zum Vorschein kommen.
2. Verorten Sie sich selbst: Welchem Lebensstil stehen Sie nahe? Präsentieren Sie gegebenenfalls zusätzliche Bilder.

M52 Die Sozialen Milieus

Der Begriff [soziale Milieus] wurde benutzt, um die Einflüsse spezifischer sozialer Umwelten auf die Einstellungen und Verhaltensweisen aufzuspüren. [...]
Bekannt geworden sind [...] die sogenannten Sinus-Milieus. Das Sinus-Institut [...] gruppiert Menschen mit ähnlicher Lebensauffassung und Lebensweise zu „sozialen Milieus".
„Soziale Mileus fassen, um es vereinfacht auszudrücken, Menschen zusammen, die sich in Lebensauffassung und Lebensweise ähneln, die also gleichsam „subkulturelle" Einheiten innerhalb der Gesellschaften bilden". [...] Die Bevölkerung wird also nach „subkulturellen Einheiten" oder Subkulturen „ untergliedert; dazu gehören Unterschiede in ihren Wertorientierungen und Lebenszielen, in ihren Einstellungen zu Arbeit, Freizeit und Konsum, zu Familie und Partnerschaft, in ihren Zukunftsperspektiven, politischen Grundüberzeugungen und Lebensstilen. [...]
Soziale Mileus lassen sich in der gesellschaftlichen Realität nicht scharf gegeneinander abgrenzen, die Übergänge zwischen ihnen sind [...] fließend. Die empirische Grundlage der Sinus-Milieus ist repräsentatives Interviewmaterial.

Geißler, Rainer: Die Sozialstruktur Deutschlands, Wiesbaden 2014, S. 114

M53 Die Milieu-Studie des Sinus-Instituts

a) Das aktuelle „Milieu-Modell" des Sinus-Instituts

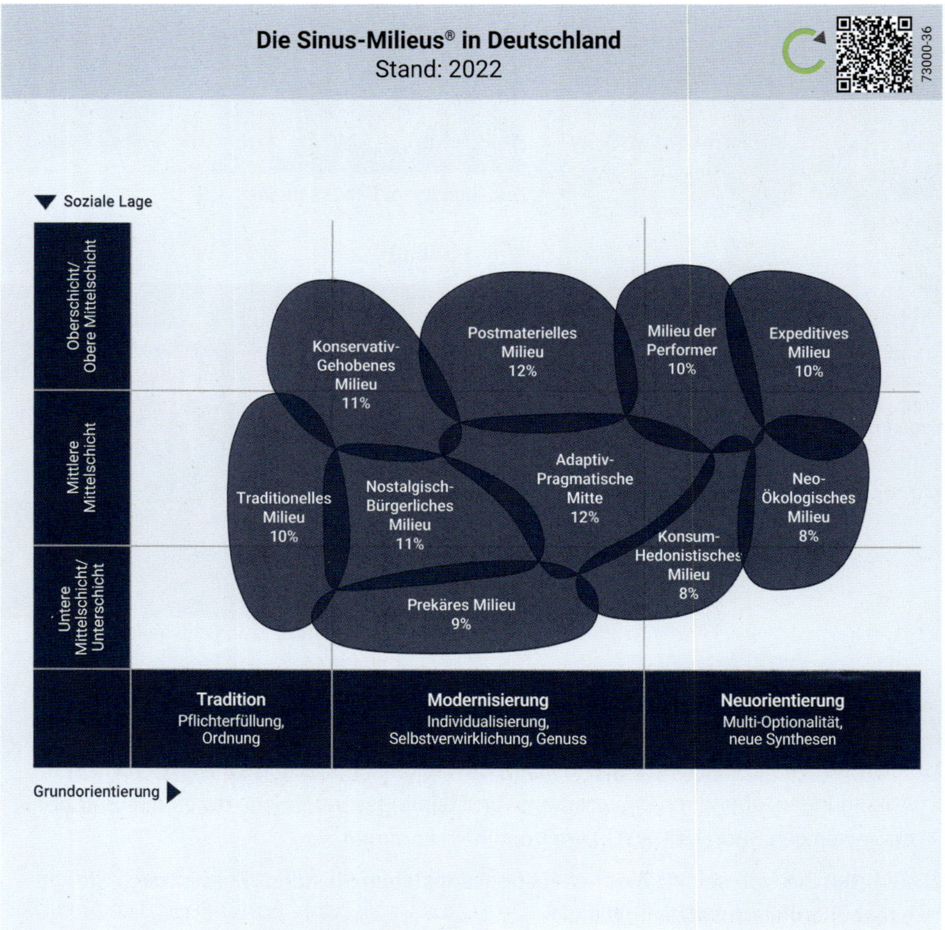

Nach: SINUS Markt- und Sozialforschung GmbH, 2022

b) Kurzcharakteristik der Sinus-Milieus

Sinus-Milieus	Kurzbeschreibung
Leitmilieus	
Konservativ-Gehobenes Milieu	Die alte strukturkonservative Elite: klassische Verantwortungs- und Erfolgsethik sowie Exklusivitäts- und Statusansprüche; Wunsch nach Ordnung und Balance; Selbstbild als Fels in der Brandung postmoderner Beliebigkeit; Erosion der gesellschaftlichen Führungsrolle
Postmateriel-les Milieu	Engagiert-souveräne Bildungselite mit postmateriellen Wurzeln: Selbstbestimmung und -entfaltung sowie auch Gemeinwohlorientierung; Verfechter von Post-Wachstum, Nachhaltigkeit, diskriminierungsfreien Verhältnissen und Diversität; Selbstbild als gesellschaftliches Korrektiv
Milieu der Performer	Die effizienzorientierte und fortschrittsoptimistische Leistungselite: globalökonomisches und liberales Denken; gesamtgesellschaftliche Perspektive auf der Basis von Eigenverantwortung; Selbstbild als Stil- und Konsum-Pioniere; hohe Technik- und Digital-Affinität
Zukunftsmilieus	
Expeditives Milieu	Die ambitionierte kreative Bohème: Urban, hip, digital, kosmopolitisch und vernetzt; auf der Suche nach neuen Grenzen und unkonventionellen Erfahrungen, Lösungen und Erfolgen; ausgeprägte Selbstdarstellungskompetenz, Selbstbild als postmoderne Elite
Neo-Ökologisches Milieu	Die Treiber der globalen Transformation: Optimismus und Aufbruchsmentalität bei gleichzeitig ausgeprägtem Problembewusstsein für die planetaren Herausforderungen; offen für neue Wertesynthesen: Disruption und Pragmatismus, Erfolg und Nachhaltigkeit, Party und Protest; Selbstbild als progressive Realisten; Umwelt- und klimasensibler Lebensstil
Moderner Mainstream	
Adaptiv-Pragmatische Mitte	Der moderne Mainstream: Anpassungs- und Leistungsbereitschaft, Nützlichkeitsdenken, aber auch Wunsch nach Spaß und Unterhaltung; starkes Bedürfnis nach Verankerung und Zugehörigkeit; wachsende Unzufriedenheit und Verunsicherung aufgrund der gesellschaftlichen Entwicklung; Selbstbild als flexible Pragmatiker
Konsum-Hedonisti-sches Milieu	Die auf Konsum und Entertainment fokussierte (untere) Mitte: Spaßhaben im Hier und Jetzt; Selbstbild als cooler Lifestyle-Mainstream; starkes Geltungsbedürfnis; berufliche Anpassung vs. Freizeit-Eskapismus; zunehmend genervt vom Diktat der Nachhaltigkeit und Political Correctness
Prekäres Milieu	Die um Orientierung und Teilhabe bemühte Unterschicht: Dazugehören und Anschlusshalten an den Lebensstandard der breiten Mitte – aber Häufung sozialer Benachteiligungen und Ausgrenzungen; Gefühl des Abgehängtseins, Verbitterung und Ressentiments; Selbstbild als robuste Durchbeißer
Traditioneller Mainstream	
Nostalgisch-Bürgerliches Milieu	Die harmonieorientierte (untere) Mitte: Wunsch nach gesicherten Verhältnissen und einem angemessenen Status; Selbstbild als Mitte der Gesellschaft, aber wachsende Überforderung und Abstiegsängste; gefühlter Verlust gelernter Regeln und Gewissheiten; Sehnsucht nach alten Zeiten
Traditionelles Milieu	Die Sicherheit und Ordnung liebende ältere Generation: verhaftet in der kleinbürgerlichen Welt bzw. traditionellen Arbeiterkultur; anspruchslose Anpassung an die Notwendigkeiten; steigende Akzeptanz der neuen Nachhaltigkeitsnorm; Selbstbild als rechtschaffene kleine Leute

SINUS-Institut, www.sinus-institut.de/sinus-milieus/sinus-milieus-deutschland, Abruf am 31.10.2022

Aufgaben

72035-57

1. Erklären Sie, was man unter sozialen Milieus (**M52** und **M53**) versteht. Erläutern Sie die zentralen Unterschiede dieses Modells zu den traditionellen Klassen- und Schichtenmodellen (→ Kap. 2.3.2).
2. Teamarbeit: Erarbeiten Sie die jeweiligen Sinus-Milieus (**M53**). Stellen Sie in einer kurzen Präsentation das jeweilige Milieu anschaulich (Wohnung/Haus/Kleidung/Hobbies/Musik/Filme etc.) im Kurs vor.
3. Verorten Sie fiktive Personen (z. B. aus Büchern, Serien oder Filmen) in ein Sinus-Milieu (mit Begründung). Vergleichen und diskutieren Sie Ihre Einschätzung und beurteilen Sie dann die Aussagekraft der Sinus-Milieus für Individuen und für Kollektive.

2.3.4 Postmoderne Gesellschaftsmodelle: Wie gespalten ist unsere Gesellschaft heute?

Zum Thema: Der gesellschaftliche Wandel erzeugt Gewinner:innen und Verlierer:innen, Zukunftsängste aber auch große Hoffnungen und Freiheiten. Die Folge ist, dass eine Spaltung der Gesellschaft in die Gewinner:innen und Verlierer:innen des gesellschaftlichen Wandels droht oder schon vorliegt. Aktuelle Gesellschaftsmodelle beschreiben diese Situation, liefern Erklärungsansätze und Zukunftsprognosen. Dabei spielen sowohl politische, kulturelle, wirtschaftliche, aber auch die Digitalisierung als Faktoren des sozialen Wandels eine entscheidende Rolle. Sie sollen in diesem Kapitel wichtige neue Gesellschaftsmodelle kennenlernen, die Frage der Spaltung der Gesellschaft bewerten und Forderungen und Möglichkeiten für die Gesellschaft der Zukunft formulieren.

M54 Wie gespalten ist unsere Gesellschaft? Zwei Positionen

Auf dem Europäischen Polizeikongress 2022 wurde im Lichte des Krieges in der Ukraine, der Corona-Pandemie und verschiedener anderer Krisen die Frage diskutiert: Was macht das mit dem gesellschaftlichen Zusammenhalt in Deutschland? Zur Spaltung der Gesellschaft gab es dabei unter anderem diese beiden Positionen:

A

Katrin Göring-Eckardt
©GoeringEckardt
Ist unsere Gesellschaft gespalten? Meiner Meinung nach ist sie das nicht. Eine große Mehrheit steht hinter der Demokratie. Auch in Stresszeiten wie diesen. Aber eine laute Minderheit, die unsere Demokratie ablehnt und bekämpft, müssen wir genau im Blick behalten. #epk22 #epc22

B

Ahmad Monsour
©Ahmad Monsour_
Ist unsere Gesellschaft gespalten? Meiner Meinung nach ja, weil wir sehr oft Debatten moralisiernd führen, weil wir verlernt haben zu streiten und weil die #Diskurskultur so eng geworden ist, dass wir nur die #Realität in der eigenen Blase kennen und akzeptieren. #epk22

Nach: Twitter, #epk22

Einstiegsaufgaben 72035-58

1. Analysieren Sie die Positionen in **M54**. Welche Folgen sind damit verbunden?
2. Welche Position ist Ihrer Auffassung nach eher richtig? Begründen und diskutieren Sie

M55 Was bezeichnet sozialer Wandel?

Sozialer Wandel bezeichnet alle Veränderungen in der Struktur und den Eigenschaften einer Gesellschaft. Darunter fallen die Schichtung, Mobilität, Arbeitswelt, Werteveränderungen, Religion, Familienstrukturen, aber auch Kulturtechniken (Buch, Fernsehen, Internet), die Veränderung von Sprache, Politischen Institutionen und Bildungsinstitutionen, Moden sowie im Kern auch Weltanschauungs- und Einstellungsveränderungen in kurzfristiger aber vor allem in langfristiger Hinsicht. Ursachen und Faktoren für einen sozialen Wandel sind sehr vielfältig. Genannt werden häufig die Veränderung von ökonomischen Möglichkeiten, technische Entwicklungen, politische Veränderungen sowie Kultur und Religion. Alle diese Faktoren sind mehr oder minder komplex und interdependent.

Bearbeiter

Onlinekapitel: Der soziale Wandel: das Beispiel Pirmasens

72035-59

M56 Die Individualisierungsthese von Ulrich Beck

Nach Ulrich Beck (1986) haben der steigende Wohlstand, das Mehr an Freizeit, die schärfere individuelle Konkurrenz in Bildungseinrichtungen und im Beruf, die vermehrte Mobilität und die höheren Bildungsniveaus dazu geführt, dass die Menschen seit den 1960er Jahren sehr viel individueller handeln können und handeln müssen als früher. Wie sie leben, ist ihnen immer weniger von Familie, Gemeinde, Religion und sozialer Klasse vorgegeben. Es liegt heute weitgehend am Einzelnen selbst, wie er sein Leben gestaltet. Er kann sich dabei immer weniger auf Muster oder Vorbilder stützen, die als selbstverständlich gelten. Diese Entwicklung bezeichnet Ulrich Beck als Individualisierung [...]. Die individualisierten Einzelnen können sich einerseits darüber freuen, dass sie autonomer und freier als zuvor sind. Andererseits sind die Einzelnen den Gefahren der Anomie etwa hinsichtlich von Norm- und Orientierungslosigkeit mehr denn je ausgesetzt. [...]

Eine Pluralisierung von sozialen Milieus und Lebensstilen findet statt. Immer neue gesellschaftliche Formationen und soziale Identitäten bilden sich aus. [...] Hinsichtlich der Sozialstruktur moderner Gesellschaften behauptet Beck schließlich, dass das Gefüge sozialer Ungleichheiten sich seit den 1960er Jahren nicht wesentlich geändert hat. Die Einkommensabstände, Prestigeabstufungen, Machtgefälle und Ähnliches sowie die dadurch geprägten Lebenschancen wie ungleiche Gesundheit, Lebenserwartung oder Bildungschancen seien im Großen und Ganzen gleich geblieben.

https://studlib.de/5511/sozial/ulrich_beck_individualisierungsthese

Ulrich Beck deutscher Soziologe (* 1944, † 2015) vertrat vor allem in seinem Hauptwerk „Risikogesellschaft" die These, dass sich die sozial und biographisch festgelegten Schichten veränderten hin zu einer Individualisierung der Gesellschaft (Von der „Normal"- zur „Wahlbiographie"). Seine Thesen bilden somit die Brücke zwischen den Schichtenmodellen der 1960-80er Jahre und den heutigen Gesellschaftsmodellen.

M57 Andreas Reckwitz: Zum Strukturwandel der Moderne

a) Die Gesellschaft der Singularitäten

Wohin wir auch schauen in der Gesellschaft der Gegenwart: Was immer erwartet wird, ist nicht das Allgemeine, sondern das Besondere. Nicht an das Standardisierte und Regulierte heften sich die Hoffnungen, das Interesse und die Anstrengungen von Institutionen und Individuen, sondern an das Einzigartige, das Singuläre. Reiseziele beispielsweise können sich nicht länger damit begnügen, einförmige Urlaubsziele des Massentourismus zu sein. Es ist vielmehr die Einzigartigkeit des Ortes, die besondere Stadt mit authentischer Atmosphäre, die exzeptionelle Landschaft, die besondere lokale Alltagskultur, denen nun das Interesse des touristischen Blicks gilt. Und das ist nur ein Beispiel von vielen, denn diese Entwicklung hat die gesamte spätmoderne globale Ökonomie erfasst. Sowohl für materielle Güter wie für Dienstleistungen gilt, dass an die Stelle der Massenproduktion uniformer Waren jene Ereignisse und Dinge treten, die nicht für alle gleich oder identisch sind, sondern einzigartig, das heißt singulär sein wollen. [...]

Wir leben nicht mehr im industriellen, sondern im kulturellen Kapitalismus. Dies hat tiefgreifende Folgen auch für die Arbeits- und Berufswelt: Standen in der alten Industriegesellschaft eindeutige formale Qualifikationen und Leistungsanforderungen im Vordergrund, so geht es in der neuen Wissens- und Kulturökonomie darum, dass die Arbeitssubjekte ein außergewöhnliches „Profil" entwickeln. Belohnt werden nur jene, die Außerordentliches leisten oder zu leisten versprechen, das den Durchschnitt hinter sich lässt, während Arbeitnehmer mit profanen Routinetätigkeiten das Nachsehen haben. [...]

Markant ausgeprägt ist dies in der neuen, der hochqualifizierten Mittelklasse, also in jenem sozialen Produkt von Bildungsexpansion und Postindustrialisierung, das zum Leitmedium der Spätmoderne ge-

Andreas Reckwitz (*1970) gilt momentan als einer der am meisten beachteten Soziologen in Deutschland. Er hat mit seiner „Gesellschaft der Singularitäten" im Jahre 2017 eine Gesellschaftstheorie für die Spätmoderne veröffentlicht, die an den Klassen- und Milieutheorien anknüpft, aber weiterführt.

Populäre Gesellschaftsmodelle des 20. Jahrhunderts
In den vergangenen Jahrzehnten erreichten verschiedene Gesellschaftsmodelle besondere Popularität. Zu nennen wären die „Postindustrielle Gesellschaft" (Touraine/Bell), die „Informationsgesellschaft" (Spinner), die „Weltgesellschaft" (Giddens/Luhmann), Die „Postmoderne" (Baumann/Welsch), die „individualisierte Gesellschaft" (Schimank), die „Risikogesellschaft" (Beck), die „Erlebnisgesellschaft" (Schulze) und die „Multioptionsgesellschaft" (Gross). Gesellschaftsmodelle sollen die Gesellschaft als Ganzes charakterisieren und mögliche Entwicklungen der Gesellschaft in der Zukunft vorhersagen. Sie liefern neben wichtigen Erkläransatzen auch genügend Potential für Diskussionen über ihre Aussagekraft und politische und gesellschaftliche Handlungsoptionen.

Erweiterte Textfassungen: Beck (M56) und Reckwitz (M57a)

72035-60

worden ist. An alles in der Lebensführung legt man hier den Maßstab der Besonderung an: wie man wohnt, was man isst, wohin und wie man reist, wie man den eigenen Körper oder den Freundeskreis gestaltet. [...]
Die allgegenwärtigen sozialen Medien mit ihren Profilen sind eine der zentralen Arenen dieser Arbeit an der Besonderheit. Das Subjekt bewegt sich hier auf einem umfassenden sozialen Attraktivitätsmarkt, auf dem ein Kampf um Sichtbarkeit ausgetragen wird [...].
Zu Beginn des 21. Jahrhunderts [werden] nun auch die grundsätzlichen Krisenmomente der Spätmoderne sichtbar. [...] Die Krise der Anerkennung ergibt sich aus der Transformation von der industriellen Massenökonomie zur postindustriellen Ökonomie der Singularitäten. [...] Mit dem Ende der Industriegesellschaft [tut sich] eine systematisch begründete soziale Schere zwischen den Hochqualifizierten der neuen, expandierenden Wissens- und Kulturökonomie und den Geringqualifizierten auf, die sich vor allem mit einfachen Dienstleistungen oder außerhalb des Arbeitsmarktes finden. [...]
Der Polarisierung der Arbeitsverhältnisse entspricht eine nicht nur sozial-materielle, sondern auch kulturelle Polarisierung der Lebensstile. [...] Die neue, akademische Mittelklasse und die neue Unterklasse (teilweise auch die alte Mittelklasse) [entwickeln sich] in gegenläufiger Weise: kultureller Aufstieg und Abstieg stehen einander gegenüber und verlaufen gleichzeitig. Die neue Mittelklasse kann nicht nur auf berufliche Anerkennung zählen, sondern entfaltet eine kulturorientierte kuratierte Lebensführung, in der sie in allen Bereichen [...] am hohen (ethischen und ästhetischen) Wert arbeitet und als Trägerin eines wertvollen „guten Lebens" erscheint. Demgegenüber erfährt die neue Unterklasse eine Entwertung ihrer Arbeit, die mit einer Entwertung ihres gesamten Lebensstils einhergeht. Im Ergebnis scheint ein beträchtliches Segment der Gesellschaft von Fortschrittshoffnungen abgekoppelt. [...]
Schließlich kommt es in der Gesellschaft der Singularitäten zu einer Krise des Politischen. [...] Die Krise des Politischen betrifft sowohl die politische Öffentlichkeit und ihre kulturellen Grundlagen als auch den Staat. Nicht zuletzt angetrieben durch die Entwicklung der digitalen Medien, verlagert sich die politische Debatte in autonome Teilöffentlichkeiten. [...] Kulturelle Neogemeinschaften entziehen ihre Essenzialisierungen der politischen Debatte und erklären sich selbst für sakrosankt. [...] Angepasst an die Konsumbedürfnisse der Bürger, versteht sich der spätmoderne Staat eher als Einrichtung der Ermöglichung und weniger der Verfolgung gesamtgesellschaftlicher Ziele. [...] Alle genannten Krisen lassen sich so als Ausformungen einer Krise des Allgemeinen interpretieren.

Reckwitz, Andreas: Die Gesellschaft der Singularitäten. Zum Strukturwandel der Moderne, 5. Auflage. Berlin: Suhrkamp 2021, S. 7-14; 432-435

b) Kritik: Reckwitz' Modell müsste erst empirisch geprüft werden

Soziologie wäre keine Wissenschaft, korrigierte sie nicht die Sicht der Gesellschaftsmitglieder auf ihre Gesellschaft. Wo Letztere überall Vielfalt, Freiheit und Unordnung sehen, muss das Fach Einheitlichkeit, Zwang und Ordnung nachweisen, gleichzeitig aber auch Wandel erkennen und damit alte von neuen Gesellschaftsformationen unterscheiden können. [...]
Der Berliner Kultursoziologe Andreas Reckwitz hat mit seinen Arbeiten ein sehr erfolgreiches Beispiel für eine solche Diagnose abgeliefert, um die innerhalb des Faches eine hitzige Debatte entbrannt ist. Reckwitz' Kollege Steffen Mau wirft ihm jetzt vor, er habe in der Definition seines Klassenmodells der „Spätmoderne" einen wissenschaftlichen Fehler begangen. Er habe nämlich in der Definition seines Untersuchungsgegenstandes etwas begriff-

lich „verleimt“, was erst zu überprüfen gewesen wäre. Reckwitz sei mit einer „weitgehenden Homologieannahme zwischen Struktur und Kultur“ ins Feld gegangen, in der „Statuslage und kulturelle Muster beziehungsweise Lebensstil“ bereits zusammengehen. Bei Reckwitz sei also „Klasse niemals nur Lage, sondern immer auch Kultur“, bei ihm verschmölzen „soziale Klasse und gesellschaftspolitisches Lager“. Das könne in der Realität ja vorkommen, so Mau, aber man müsse es doch erst mal empirisch prüfen und nicht bereits mit seinen Suchmustern unterstellen. [...] Es könne [z.B.] [...] „signifikante Fraktionen der postindustriellen Arbeiterklasse“ geben, die sich auf den von Reckwitz unterstellten kosmopolitischen Wertekanon gar nicht verpflichten lassen wollten. Umgekehrt müssten dann wohl nach Reckwitz alle Facharbeiter AfD wählen, viel Fleisch konsumieren und Diesel fahren. Es ist aber durchaus möglich, dass es auch in anderen Milieus als in den von Reckwitz publizistisch verklärten Akademikern „Ausdrucksformen der Singularität“ gibt, die er schlicht übersieht, weil sie per definitionem nicht vorkommen sollten.

Wagner, Gerald: Gesellschaftlicher Leim und das tatsächliche Leben. In: www.faz.net, 04.09.2021

Zusatzmaterial: Armin Nassehi: Die Digitalität der Gesellschaft

72035-61

M58 Wolfgang Merkel: Konfliktlinie zwischen Kosmopolitismus und Kommunitarismus

1 Die westlichen Gesellschaften haben in den vergangenen vier Jahrzehnten einen tief greifenden Kulturwandel erlebt. Neue Lebensformen, gleichgeschlechtliche Ehen, Chancengerechtigkeit der Geschlechter, Multikulturalismus und ökologische Fragen dominieren die Diskurse. [...] Kosmopolitische Eliten besetzen die Spitzenpositionen in Wirtschaft, Staat, Parteien und Medien. Der kosmopolitische Diskurs der Herrschenden wurde zum herrschenden Diskurs. Kritik an ihm wurde in der öffentlichen Sphäre häufig moralisch delegitimiert. [...] Zugleich wurden traditionell konservative Werte wie Nation, nationale Identität, Leitkultur oder die Ausschließlichkeit der Mann-Frau-Ehe anachronistisch. Die nostalgische Schließung gegenüber der kulturellen Modernisierung war dann die fast folgerichtige – und hilflose – Reaktion einer weniger gebildeten, vor allem männlichen Unter- und (unteren)Mittelschicht. Diese sieht sich als Verlierer der kulturellen Moderne.

Merkel, Wolfgang: Bruchlinien: Kosmopolitismus, Kommunitarismus und die Demokratie. In: WZB Mitteilungen, Heft 154, Dezember 2016

Wolfgang Merkel (*1952), Direktor em. am Wissenschaftszentrum Berlin für Sozialforschung und Professor em. für Vergleichende Politikwissenschaft und Demokratieforschung an der Humboldt-Universität zu Berlin, formulierte vor einigen Jahren die vielbeachtete These, dass der Gegensatz zwischen Kosmopolitismus und Kommunitarismus eine neue Konfliktlinie (Cleavage) – vielleicht die entscheidende – in der Gesellschaft bilde und eine Spaltung der Gesellschaft entlang dieser Linie zu beobachten sei.

2 Die Globalisierung hat Gesellschaften, Konflikte, Institutionen, Organisationen, Verfahren, Ungleichheitslagen, Klassen, Diskurse und Rechtsverhältnisse verändert. [...]
Bei Kommunitaristen ist der Hang zu kühnen theoretischen Entwürfen weniger stark ausgeprägt. Sie heben in erster Linie die konstitutive Rolle von Gemeinschaft und Identität für die Entwicklung von sozialen Gesinnungen und Haltungen hervor. Aus dieser Perspektive sind Verteilungsgerechtigkeit und Demokratie abhängig von sozialen Kontexten, die meist territorial begriffen werden. [...] Es gibt keinen Konsens darüber, wie das Konzept Gemeinschaft zu verstehen ist. [...] Eine einheitliche These der kommunitaristischen Ausführungen ist jedoch die Annahme, dass diesen Gemeinschaften eine soziale und politische Identität zukommen soll, dass sie Solidarität und ein stabiles Gefühl der Zugehörigkeit ermöglichen, aber auch unterdrücken

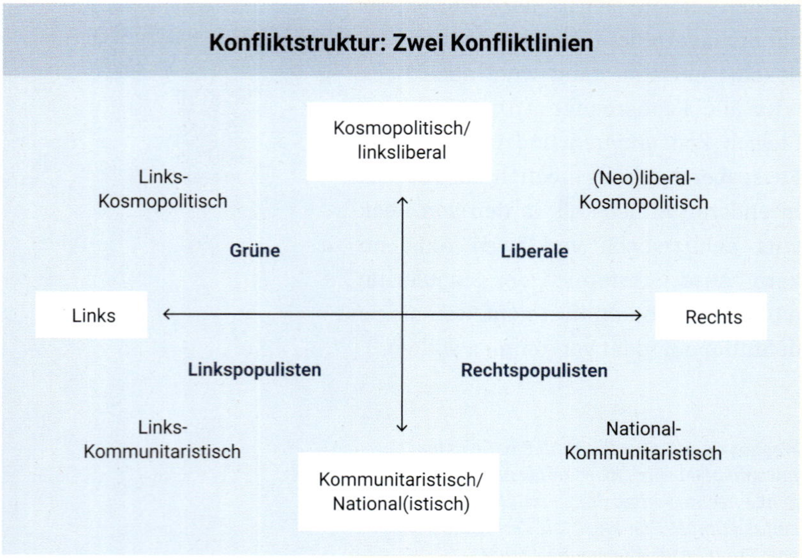

Nach: Wolfgang Merkel, 2022

können sollen. [...] Grenzen werden als bedeutungsvoll und in gewissem Sinne auch als konstitutiv für Gerechtigkeitsvorstellungen angesehen. [...] Gleichzeitig wird jede Form der Übertragung von Kompetenzen und Rechten auf supranationale Institutionen mit Skepsis betrachtet. [...]

Der Kosmopolitismus ist zu einem erfolgreichen und kohärenten Narrativ geworden, das fortschrittliche Werte, einen eleganten Livestyle und transnationale Wirtschaftsinteressen vereint. Es ist daher zu erwarten, dass die Kosmopoliten ein überdurchschnittliches Bildungsniveau und Einkommen sowie ein hohes Maß an kulturellem Kapital und Humankapital aufweisen. Sie sind kulturell offen und sowohl räumlich als auch beruflich mobil, letztendlich also die Gewinner der Globalisierung.

Auf der anderen Seite gilt es idealtypisch zu erwarten, dass die Kommunitaristen die politischen Errungenschaften des Wohlfahrtsstaats der Nachkriegszeit verteidigen wollen und mit den entgegengesetzten Eigenschaften (der Kosmopoliten) zu beschreiben sind. Sie haben ein unterdurchschnittliches Bildungsniveau und Einkommen, ein eingeschränktes Kultur- und Humankapital und sind weniger mobil jenseits des Nationalstaats. Kommunitaristen neigen dazu, eher die Verlierer der Globalisierung zu sein und ein besonderes wirtschaftliches und kulturelles Interesse am National- wie Sozialstaat zu haben. Sie weisen eine starke Präferenz für eng kontrollierte nationalstaatliche Grenzen auf. [...]

Die im Entstehen begriffene neue Konfliktlinie erklärt sich durch die Effekte der Globalisierung.

Merkel, Wolfgang/ Zürn, Michael: Kosmopolitismus, Kommunitarismus und die Demokratie. In: Nida-Rümelin, Julian/ von Daniels, Detlef/ Wloka, Nicole (Hg): Internationale Gerechtigkeit und institutionelle Verantwortung. DeGruyter 2019, S. 67ff.

Weltgesellschaft
→ Kap. 11.1.2, S. 447 f.

Aufgaben

72035-62

1. Erklären Sie den Begriff des sozialen Wandels (**M55**).
2. Gruppenarbeit: Stellen Sie die grundlegenden Aussagen und Befunde der jeweiligen Gesellschaftsmodelle **M56-M58** als Schaubild dar (Schlüsselbegriffe) (→ Methode, S. 102). Erläutern und verdeutlichen Sie die Modelle im Kurs anhand konkreter aktueller Beispiele (Kurzvortrag).
3. Arbeiten Sie Gemeinsamkeiten und Unterschiede in einer Tabelle heraus (**M56-M58**).
4. Verfassen Sie zur Analyse von Reckwitz (**M57**) einen kritischen Gegenkommentar.
5. Beurteilen Sie die Frage nach der Spaltung der Gesellschaft. Benennen Sie dabei die für Ihre Position entscheidenden Faktoren, Argumente und Kategorien aus den entsprechenden Gesellschaftstheorien (**M57-M59**) und berücksichtigen Sie Ihre Erkenntnisse aus den Kapiteln zur sozialen Ungleichheit (→ Kap. 2.1).

Politik aktiv
Recherchieren Sie in den sozialen Medien nach Posts und ordnen Sie diese den jeweiligen gesellschaftlichen Gruppen, die in den Gesellschaftstheorien genannt werden, zu.

Gesellschaft, Staat und demographischer Wandel

Gesellschaft bezeichnet in einem Staatsgebiet den herrschaftsfreien Bereich, in dem die private Freiheit sich vollziehen kann. Es muss ausgehandelt werden, wo der Bereich der Staatseingriffe endet und der gesellschaftliche Bereich beginnt. In Deutschland sind der demographische Wandel (Veränderungen in der Altersstruktur der Gesellschaft) und die soziale Ungleichheit politische und gesellschaftliche Herausforderungen. Der zunehmende Anteil an älteren Menschen verursacht Probleme für die Rentensicherung und den Arbeitsmarkt. Als Lösung wird die Zuwanderung von ausländischen Fachkräften diskutiert.

Übung

82000-700

Soziale Ungleichheit

Die soziale Ungleichheit kann durch drei Faktoren exemplarisch beschrieben werden: Empirische Befunde zeigen eine ungleiche Verteilung der Einkommen (Einkommensgerechtigkeit). Auch hängen der Bildungserfolg und die soziale Mobilität stark von der sozialen Herkunft ab (Bildungsgerechtigkeit). Die Ungleichheit zwischen Männern und Frauen zeigt sich u.a. durch die ungleichen Chancen, berufliche Spitzenpositionen zu erreichen und ungleiche Bezahlung (Geschlechtergerechtigkeit).

Übung

82000-701

Migration, Integration und Leitkultur

Deutschland ist mindestens seit Ende des Zweiten Weltkrieges von Ein- und Auswander:innen geprägt, die ihren Lebensmittelpunkt aus verschiedenen Gründen verlegen (Migration). Allerdings ist politisch umstritten, ob Deutschland deshalb als Einwanderungsland zu bezeichnen ist. Es stellt sich die Frage, inwieweit sich Zugewanderte an die ursprünglichen Bewohner:innen anpassen sollen oder müssen, um ein Zusammenwachsen der Gesellschaft zu erreichen (Integration). Hierbei werden je nach politischer Grundorientierung verschiedene Möglichkeiten diskutiert, denen unterschiedliche Auffassungen von Gesellschaft zugrunde liegen (multikulturelle vs. assimilierte Gesellschaft). Die Überlegungen zum Gemeinsamen in der deutschen Gesellschaft werden unter dem Begriff der Leitkultur zusammengefasst.

Übung

82000-702

Gesellschaftsmodelle

Gesellschaftsmodelle haben die Aufgabe, Gesellschaft in ihren Strukturen zu beschreiben und zukünftige Entwicklungen vorherzusagen. Für Deutschland lassen sich als wichtige Beschreibungen in historischer Reihenfolge das Klassenmodell (nach Karl Marx), die Schichtenmodelle (Dahrendorf, Geißler) und die Sozialmilieus unterscheiden. Allen Gesellschaftsmodellen liegt der Befund sozialer Ungleichheit zugrunde. Diese drückt sich im Klassenmodell im Gegensatz zwischen Besitzenden und Nichtbesitzenden aus. Die Zugehörigkeit zu einer sozialen Schicht beschreibt dagegen einen ähnlichen sozialen Status hinsichtlich Einkommen, Bildung und Beruf. Soziale Milieus beinhalten zusätzlich ähnliche Lebensführungen und Wertevorstellungen. (Post-)Moderne Gesellschaftsmodelle thematisieren die Veränderungen in der Gesellschaft (sozialer Wandel) durch Individualisierung (Beck), Singularisierung (Reckwitz) sowie die Gefahr der Spaltung der Gesellschaft in Kosmopoliten und Kommunitaristen (Merkel).

Übung

82000-703

KOMPETENZEN ANWENDEN

Kursarbeitstraining

Die folgenden Aufgaben bieten die Möglichkeit, Ihre gewonnen Kompetenzen zu überprüfen und diese anzuwenden. Sie können als Vorbereitung für eine Kursarbeit dienen. Lösungsvorschläge erhalten Sie über den QR-Code.

1 Die gespaltene Gesellschaft

Karikatur: Jan Tomaschoff, 2020

2 Warum wir wieder von Klassen reden müssen

Lange war Deutschland ein Märchenland: Ein Land, in dem alle, die sich anstrengten, einen gewissen Wohlstand erreichen konnten. In dem sich alle eine Reihenhaushälfte kaufen, eine moderne Küche einbauen lassen, zwei Autos unters Carport stellen und einmal im Jahr in den Süden fahren konnten. Es war das Versprechen des Sozialstaats: Die nivellierte Mittelstandsgesellschaft – die Behauptung also, dass es in Deutschland keine richtigen Klassenschranken mehr gäbe, dass so gut wie alle zum Mittelstand gehören würden. Nur: So ganz gegeben hat es dieses Märchenland nie, und heute existiert es noch weniger – auch wenn viele immer noch daran glaubten und sich das Märchen der klassenlosen Gesellschaft bis in unsere Tage hält. Jahrzehntelang galt man als verbohrter Marxist, wenn man den Begriff „Klasse" nur in den Mund nahm. Das scheint sich langsam zu ändern […].

Schaut man sich ein paar Daten an, verwundert das keineswegs. Die Hälfte der Deutschen hat ein Vermögen von 20.000 Euro oder weniger – meistens viel weniger. Ein Drittel der Menschen muss ganz ohne Rücklagen auskommen, jeder Zehnte ist verschuldet. Und das, obwohl die Wirtschaft gebrummt hat in den letzten Jahren und Reiche immer reicher wurden: Seit Anfang der 1990er Jahre haben sich die Vermögen der oberen 10 Prozent der Bevölkerung inflationsbereinigt verdoppelt, während die ärmeren 50 Prozent sogar Vermögen verloren. Heute hält die reichere Hälfte der Menschen in Deutschland 99 Prozent der Vermögen. Die ärmere Hälfte nur 1 Prozent. Genauso krass sind die Zahlen am anderen Ende der Skala: Das reichste ein Prozent der Deutschen besitzt 30 Prozent des Gesamtvermögens. Die 45

reichsten Familien besitzen mehr als die ärmere Hälfte der Bevölkerung, immerhin über 40 Millionen Menschen. Das klingt nicht gerade nach nivellierter Mittelstandsgesellschaft. […]

Verändert hat sich aber nicht nur die traditionelle Arbeiterklasse – sondern auch die alte Mittelschicht. Laut dem Berliner Soziologen Andreas Reckwitz hat sie sich aufgespaltet: In eine neue, aufstrebende Mittelklasse der Akademiker und Akademikerinnen mit gut bezahlten Jobs, die eher in der Großstadt zu Hause ist […]. Und in die alte, absteigende Mittelklasse der Menschen mit mittlerem Schulabschluss und Ausbildung, die eher auf dem Land leben und traditionelle Werte hochhalten […].

Hier tobt ein heftiger Kulturkampf, der sich an scheinbaren Nebenschauplätzen entzündet: am Tempolimit, am Gendersternchen, an der Bratwurst. An Dingen, die aber den Kern der Identität vieler Menschen ausmachen – in beiden Klassen. Es sind Symptome eines Machtkampfs: Die neue Mittelklasse […] steht auf der Gewinnerseite der gesellschaftlichen Dynamik. Das Selbstbild ist das des reflektierten Weltbürgers, der ein gutes, gerechtes Leben führt. Tatsächlich aber hat die neue Mittelklasse mit ihrer Ideologie der Liberalisierung auch in der Wirtschaft maßgeblich dazu beigetragen, dass Menschen aus der alten Mittelklasse – und auch aus der Working Class – entwertet wurden. Menschen aus der alten Mittelklasse und der Working Class wiederum antworten auf diese Entwertung häufig mit rechtsextremen Parolen. […]

Tatsächlich soll mit Klassismus [als Begriff] beides in den Blick genommen werden: Die Ausbeutung und nun eben auch die vielen strukturellen und alltäglichen Diskriminierungen. Die beginnen spätestens in der Schule, sagt [der Soziologe] Andreas Kemper: „Die IGLU-Studie, die Internationale Grundschul-Lese-Untersuchung aus Dortmund, die alle fünf Jahre stattfindet, hat jedes Mal seit 2000 festgestellt, dass bei gleicher kognitiver Kompetenz Kinder aus der sogenannten Working Class von Lehrkräften benachteiligt werden, wenn es um die Frage geht: Wer soll zum Gymnasium gehen? Wer soll zur Realschule gehen?“ […] Andreas Kemper sagt, man müsste den Menschen vielleicht Geld fürs Wählen geben, um zu zeigen, wie wichtig es ist. Und man müsse armen Menschen auch sonst mehr Geld geben bzw. zu höheren Löhnen verhelfen – damit alle von ihrer Arbeit gut leben und alle am gesellschaftlichen Leben teilnehmen könnten. Menschen aus der Working Class müssten aber auch selbst die Stimme erheben. […]

Handeln statt appellieren: Wäre es Politikern und Politikerinnen wirklich ernst mit dem Kampf gegen Ungleichheit, gegen Populismus und für eine starke Demokratie, dann sollten sie vielleicht wirklich einmal die Ursachen angehen. Vorausgesetzt natürlich, sie haben überhaupt ein Interesse, die soziale Spaltung zu verringern. Ein erster Schritt wäre, die Realität anzuerkennen und wieder von Klassen zu sprechen […].

Funk, Hardy: Warum wir wieder von Klassen reden müssen. In: www.br.de, 05.10.2021

Aufgaben

72035-64

1. Beschreiben und interpretieren Sie die Karikatur **1**.
2. Erläutern Sie die Begriffe soziale Schicht, Klasse und Milieu und grenzen Sie diese voneinander ab.
3. Prüfen Sie, inwiefern die Hauptaussage der Karikatur zutreffend ist. Begründen Sie auch mit Hilfe geeigneter Gesellschaftstheorien.
4. Geben Sie die Grundaussagen des Textes **2** mit eigenen Worten wieder (Zeilenbelege) und erläutern Sie die „nivellierte Mittelstandsgesellschaft“ (Z. 46 f.).
5. Beurteilen Sie die Thesen und Empfehlungen perspektivisch und kategorial.

Lösungsvorschläge und Erwartungshorizonte

72035-65

Abiturjahrgang 1930

Teil eines Abiturjahrgangs 2021

Werte und Normen im Wandel

Jugendliche 2018

Jugendliche 1938

Werte und Normen im Wandel

3

Zwischen Kontinuität und Veränderung

Werte und Normen als handlungsleitende Vorstellungen und Verhaltensweisen unterliegen einem stetigen Wandel. Im Gegensatz zu den eher traditionellen Werten, die vor allem den Erwartungen der Gesellschaft an die Individuen entsprechen und stärker an Pflichten und Sicherheiten orientiert waren, sind moderne Werte an den Selbsterwartungen der Individuen ausgerichtet. Hierzu zählen z. B. Werte der Selbstverwirklichung und der Selbstentfaltung, die möglicherweise durch ihre starke Ausrichtung auf die Individuen den gesellschaftlichen Zusammenhalt gefährden könnten.

Mit der zentralen Fundamentalnorm der Menschenwürde hat der Parlamentarische Rat mit der Wesensbestandsgarantie im Art. 79, Abs. 3 allerdings einen der Veränderung entzogenen absoluten Wert geschaffen, der für das gesellschaftliche Miteinander prägend ist und politisches Handeln eingrenzt.

In diesem Kapitel sollen Sie die Wertorientierungen von Gleichaltrigen erforschen und auf mögliche Entwicklungstendenzen für Gesellschaften hin untersuchen. Darüber hinaus wird der Wertewandel an zwei ausgewählten Fragestellungen analysiert: Wie kann die Gleichstellung von Männern und Frauen erreicht werden und wie hat sich die Bedeutung der medialen Erfahrung gegenüber der personalen verändert? Im Anschluss bearbeiten Sie soziologische Erklärungsansätze von Ronald Inglehart und Helmut Klages für den Wertewandel und bewerten deren Überzeugungskraft kritisch. Schließlich lernen Sie am Beispiel eines Wertkonfliktes (Triage) das Wertegerüst des Grundgesetztes (GG) kennen und dessen normative wertgebundene Reichweite einschätzen.

Leitfragen

1. Welche Wertvorstellungen repräsentieren Jugendliche und junge Erwachsene heute?
2. Wie gleichberechtigt sollen Frauen und Männer sein?
3. Verdrängt die mediale die personale Erfahrung?
4. Wie lassen sich Veränderungen von Werten erklären?
5. Wie kann die Menschenwürde nach Art. 1 GG für Wertekonflikte interpretiert werden?

Aufgaben

72035-66

1. Beschreiben Sie die vier Bilder auf der linken Seite.
2. Arbeiten Sie Gemeinsamkeiten und Unterschiede heraus und entwerfen Sie aus der Perspektive jeweils einer Schülerin bzw. eines Schülers eine Abiturrede, in der Sie über die Werte Ihrer Generation sprechen.
3. Gestalten Sie ein Abiturfoto für Ihren Jahrgang und benennen Sie die bildhafte Aussageabsicht (→ Methode, S. 504).

3.1 Aspekte des Wertewandels

3.1.1 Wertorientierungen Jugendlicher im Wandel: Werden wir eine Gesellschaft von Egoisten?

Zum Thema: Unter Werten versteht man dauerhafte Orientierungen des Individuums in Bezug auf das sozial Wünschenswerte. Erwarte ich vor allem einen sicheren Arbeitsplatz oder ist es mir in meiner späteren Berufstätigkeit vor allem wichtig, etwas Sinnvolles zu tun? Wichtige Werte besitzen Verhalten steuernde Funktionen und ermöglichen es, den Individuen unter Verhaltensalternativen eine Auswahl zu treffen. Darüber hinaus besteht in der Wertforschung eine gewisse Übereinkunft darin, dass Werte vom Individuum durch Prozesse der Sozialisation übernommen und verankert werden. Sie sollen in diesem Kapitel die Werteorientierungen von Jugendlichen analysieren, Ihre eigenen mit einbringen und Werteveränderungen bewerten.

M1 Umfrage im Kurs: Was ist Ihnen besonders wichtig?

Wenn Sie an Ihre aktuelle Situation, aber auch an Ihre Zukunft denken: Was ist Ihnen im Leben besonders wichtig?

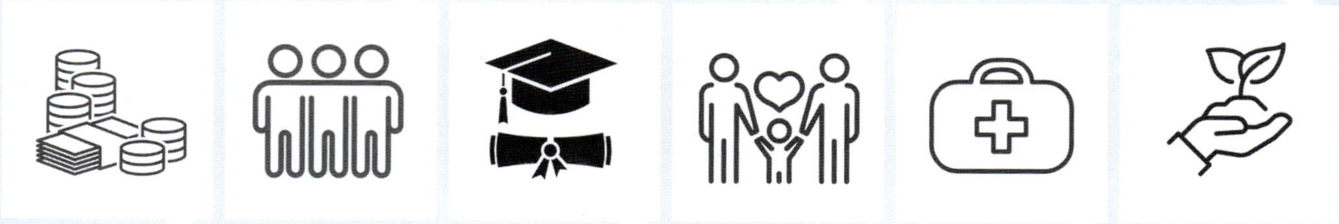

Einstiegsaufgaben 72035-68

Formulieren Sie mindestens fünf Schlagwörter zu **M1** und vergleichen Sie Ihre Ergebnisse im Kurs.

M2 Welche Kompetenzen brauchen mündige Bürgerinnen und Bürger?

Nach: Shell Jugendstudie 2019

Weitere Grafiken
72035-69

Nach: Shell Jugendstudie 2019

M3 Wertpräferenzen nach Corona

Hinsichtlich der Veränderung der Wertpräferenzen durch die Corona-Pandemie sind die ersten Befunde noch uneinheitlich. Auf den ersten Blick haben sich die Rankings des Werteindex nicht deutlich verändert. Auffällig ist, dass gerade die Werte, die in der Pandemie im Besonderen nicht erfüllt werden konnten, Freiheit und Sicherheit, auf der Werteskala nach oben gewandert sind.
Obwohl es im Besonderen durch die großen Herausforderungen der Pandemie einen Wunsch nach Gemeinschaft und einem „Wir“ gibt, verstärkt die angestoßene Digitalisierung (Schulen, Universitäten etc.) den Trend zum Egozentrismus.
Der Trendforscher Peter Wippermann geht sogar so weit zu sagen, dass wir in Zukunft noch stärker die virtuelle Realität nutzen werden, „um unsere sozialen Bedürfnisse zu organisieren“. Gerade unter den jungen Heranwachsenden zwischen 15 und 25 Jahren werden virtuelle Begegnungen den realen, sozialen Kontakten vorgezogen. Diese Entwicklung deutete sich vor der Pandemie bereits an, beschleunigte sich aber erkennbar durch die Corona-Pandemie.

Bearbeiter

Zusatzmaterial:
Das ganze Interview mit dem Trendforscher Peter Wippermann

72035-70

Aufgaben

72035-71

1. Geben Sie die in den Grafiken (**M2** A – D) dargestellten Wertvorstellungen wieder.
2. Analysieren Sie ausgehend von **M3**, ob sich durch die Corona-Pandemie die in den Wertpräferenzen dargestellten Werte grundlegend geändert haben. Benutzen Sie zur Beantwortung der Frage auch das Interview hinter dem QR-Code in der Randspalte.
3. Oft wird die These vertreten, dass Selbstentfaltung und Selbstverwirklichung als Werte bei Jugendlichen immer bedeutsamer werden. Analysieren Sie die Materialien auf diese These hin und überprüfen Sie sie auf ihre sachliche Richtigkeit.
4. Gestalten Sie in Kleingruppen eine eigene Umfrage, in der Sie Werte von Jugendlichen in folgenden Bereichen erheben: Politische Einstellungen, Bedeutung von Familie und Freunden, Zukunftsängste bzw. -sorgen, Freizeitgestaltung, Bedeutung materiellen Wohlstandes, Gleichberechtigung, Umgang mit digitalen Medien.

METHODE

Ein Schaubild erstellen

Ein Schaubild ist eine grafische Darstellung von Zahlen, Daten, Fakten oder Zusammenhängen. Es kann dabei die Form eines Diagramms oder einer Infografik haben.
Bei Diagrammen sind die häufigsten Darstellungsformen Kreis- oder Tortendiagramme, Balken- und Säulendiagramme sowie Kurvendiagramme. Während Kreisdiagramme besonders geeignet sind, prozentuale Verteilungen darzustellen, eignen sich Balken oder Säulendiagramme für Daten mit mehreren Kategorien. Kurvendiagramme eignen sich gut dafür, den zeitlichen Verlauf eines oder mehrerer Werte darzustellen. Infografiken vereinen in der Regel mehrere Schaubilder. Sie beinhalten Diagramme, Abhängigkeiten, Beziehungen und Textelemente. Die Funktion eines Schaubildes, ist es, Komplexes durch ihre Übersichtlichkeit leicht verständlich zu machen.

So gehen Sie vor:

1 Thema erschließen

- Materialien auswerten
- zentrale Informationen vorstrukturieren (in Bezug auf die Aufgabenstellung)

▼

2 Layout skizzieren

- Wie viele Elemente soll das Schaubild enthalten?
- Wie sollen das Layout und die grundsätzliche Struktur aussehen?
- Skizzieren Sie einzelne Bestandteile des Schaubildes und überlegen Sie, wie Sie inhaltliche Zusammenhänge mit Hilfe von Pfeilen und Linien verständlich darstellen möchten.

▼

3 Schaubild anfertigen

- Fertigen Sie das Schaubild entweder in Papierform oder digital an.

Tipp: Für die digitale Gestaltung können z. B. eine Präsentationssoftware wie Powerpoint, Keynote oder digitale Tools wie z. B. Sketchnotes genutzt werden.

- Gestalten Sie das Schaubild visuell ansprechend, da die Betrachtenden es so länger anschauen:
  - Dabei hilft z. B. die Nutzung von ansprechenden Schriften (am besten nicht mehr als drei verschiedene Schriftarten verwenden).
  - Durch die Verwendung auffälliger Farben können Begriffe oder Beziehungen hervorgehoben werden.
  - Hierarchisieren Sie Ihre Visualisierung, indem Sie wichtige Dinge groß und Unterkategorien kleiner darstellen. Dabei sollte zwischen den Elementen genug Platz gelassen werden, sodass das Schaubild übersichtlich bleibt. Hier kann die Rasterung des Bildes helfen. Weniger ist in einem Schaubild oft mehr.

Bearbeiter

3.1.2 Die Stellung von Männern und Frauen in der Gesellschaft: genügend gleichgestellt?!

Zum Thema: Mit der Einführung des aktiven und passiven Frauenwahlrechts im November 1918 in der Weimarer Republik wurde eine zentrale Forderung der Frauenbewegung des 19. Jahrhunderts, die politische Gleichstellung von Frauen und Männern, umgesetzt. Es dauerte dann allerdings bis 1949 bevor im Grundgesetz (GG) Artikel 3 das Gleichberechtigungsgebot verwirklicht wurde. Heute scheint vor allem die Gleichstellung in Beruf und Karriere immer noch nicht gänzlich umgesetzt zu sein. Sie sollen in diesem Kapitel die berufliche Stellung von Männern und Frauen vergleichen, mögliche Szenarien zur Entwicklung der Gleichberechtigung entwickeln und Kriterien einer erstrebenswerten Zukunft gestalten.

M4 Geschlechteraufteilung bei der Berufstätigkeit

A	1991	2018
Stimme voll zu	8 %	4 %
Stimme eher zu	20 %	7 %
Weder noch	16 %	17 %
Stimme nicht zu	33 %	24 %
Stimme gar nicht zu	22 %	48 %

Entwicklung der Zustimmung zur Aussage „Die Aufgabe des Ehemannes ist es, Geld zu verdienen, die der Ehefrau, sich um Haushalt und Familie zu kümmern".

Nach: ALLBUS 1991 & 2018

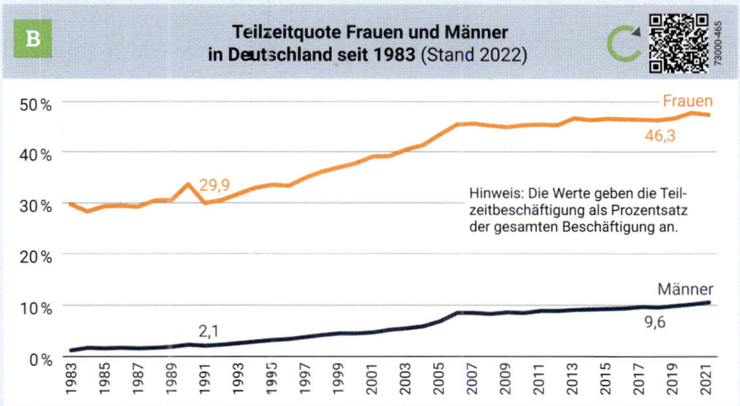

© C.C. Buchner Verlag, aktuelle Daten nach: Eurostat, 2022

Einstiegsaufgaben 72035-72

1. Analysieren Sie die Tabelle und die Grafik in **M4** A + B.
2. Erarbeiten Sie Gemeinsamkeiten und Widersprüche zwischen **M4** A und B. Kommentieren Sie diese.

M5 Gleichberechtigung im Wandel der Zeit

Lange Zeit waren Frauen in Europa auf vielen Ebenen des gesellschaftlichen Lebens benachteiligt. Durch das Menschenrechtsideal der Aufklärung geprägt, begannen sie im 19. Jahrhundert ihre tatsächliche Gleichberechtigung zu fordern. Im Besonderen verlangte die deutsche Frauenbewegung ein Ende der Vormundschaft von Vätern und Ehemännern sowie stärkere politische Teilhaberechte. Eine wichtige Etappe auf dem Weg der Gleichberechtigung war die Einführung des aktiven und passiven Frauenwahlrechts in der Weimarer Republik im November 1918. Nach dem Ende des 2. Weltkriegs wurde das Frauenwahlrecht wiederhergestellt und 1949 im Artikel 3 GG das Gleichberechtigungsgebot gegen erhebliche Widerstände durchgesetzt. Dieses Gebot spiegelte jedoch nicht die soziale Wirklichkeit wider. Erst 1957

Am 09.09.1978 demonstrieren nach Aufruf des Deutschen Gewerkschaftsbundes im Mainz überwiegend Frauen für Gleichberechtigung in der Arbeitswelt.

verloren Ehemänner ihr Letztentscheidungsrecht in Fragen der Ehe und Kindererziehung. Nun war es auch nicht mehr möglich, dass Männer die Arbeitsverhältnisse ihrer Ehefrauen kündigen konnten. Mit der Reform des Eherechts entfiel 1976 die Vorgabe der „Hausfrauenehe“ im Bürgerlichen Gesetzbuch (BGB) und wurde durch ein partnerschaftliches Eheprinzip abgelöst. Frauen konnten nun ohne Erlaubnis des Ehemanns arbeiten gehen. Im Scheidungsrecht wurde das Schuldprinzip, das meist zum Nachteil der Frauen ausgelegt worden war, durch das Zerrüttungsprinzip ersetzt. Die Gleichbehandlung von Männern und Frauen am Arbeitsplatz wurde durch das EG-Anpassungsgesetz 1980 rechtlich umgesetzt. Jedem Arbeitgebenden ist es seitdem verboten, einen Arbeitnehmenden seines Geschlechts wegen zu benachteiligen oder zu maßregeln. Geschlechtsspezifische Stellenausschreibungen sind unzulässig. Es gilt der Grundsatz: „Gleicher Lohn für gleiche Leistung“. Allerdings sah das Gesetz keine Sanktionen bei Verstößen vor. Diese führte erst das Zweite Gleichberechtigungsgesetz von 1994 ein. Artikel 3 GG erhielt den Zusatz, dass der Staat die Durchsetzung der Gleichberechtigung fördern soll. Der rechtlichen Entwicklung steht indes eine weiterhin von Diskriminierung geprägte Realität entgegen. Frauen verdienen im Schnitt weniger als Männer, sind öfter in unsicheren Arbeitsverhältnissen und seltener in Führungspositionen großer Unternehmen. Entsprechend verfolgt die Politik eine aktive Frauenförderung, z. B. mit der 2015 eingeführten Frauenquote in DAX-Unternehmen. Neben der Gleichstellung von Mann und Frau betreffen Frauenrechte auch Bereiche wie sexuelle Gewalt oder das Recht auf Selbstbestimmung. Die Vergewaltigung in der Ehe beispielsweise ist erst seit 1997 strafbar.

Bearbeiter

EG-Anpassungsgesetz
Langtitel: Gesetz über die Gleichbehandlung von Männern und Frauen am Arbeitsplatz und über die Erhaltung von Ansprüchen bei Betriebsübergang

M6 Gesetzliche Quotenregelungen: Ein sinnvolles Instrument zur Schaffung der Gleichstellung im Beruf von Frauen und Männern?

Pro-Argumente

- Die bestehende berufliche Benachteiligung muss politisch ausgeglichen werden.
- Männer verteilen die Macht unter sich und reproduzieren diese Machtverteilung, da sie Nachfolger suchen, die ihnen gleich sind.
- Ein freiwilliges Umdenken findet nicht statt, deshalb hilft nur eine staatliche Reglementierung
- Zwingt Unternehmen dazu Mitarbeiterinnen zu fördern und weibliche Vorbilder zu schaffen.
- Die starren Hierarchieebenen in den Unternehmen sind nur durch eine gesetzliche Quote zu verändern.

Kontra-Argumente

- Gleichstellung bedeutet Gleichmacherei. Individuen sind ungleich, deshalb sind auch ungleiche Tätigkeiten zu akzeptieren.
- Erzwungene Quote beseitigt nicht das Grundproblem der Benachteiligung von Frauen.
- Umdenken muss an anderer Stelle gefördert werden: bildungs-/gesellschaftspolitisch.
- Der Wettbewerb um die besten Talente wird durch eine Quote eingeschränkt.
- Gibt der Frau das Gefühl nur wegen der Quote auf der jeweiligen Position zu sein.

Bearbeiter

Aufgaben

72035-73

1. Gestalten Sie aus den Informationen des Textes (**M5**) einen Zeitstrahl, den Sie mit weiteren Rechercheergebnissen zur Entwicklung der Gleichbehandlung vervollständigen.
2. Erarbeiten Sie die Pro-und Kontra-Argumente zur gesetzlichen Quotenregelung (**M6**). Positionieren Sie sich: Was ist das für Sie wichtigste Argument?
3. Wie wird sich die Gleichberechtigung bis zum Jahr 2040 entwickeln.Schauen Sie mit der Szenario-Technik (→ Methodenglossar) in die Zukunft.

F zu Aufgabe 3
Entwickeln Sie Kriterien einer erstrebenswerten Zukunft. Diskutieren Sie Ihre Ergebnisse und mögliche Schwierigkeiten bei der Konsensfindung.

3.1.3 Welche Bedeutung haben Medien für Jugendliche: Verdrängt die mediale die persönliche Erfahrung?

Zum Thema: Das Internet ist das Leitmedium des 21. Jahrhunderts geworden. Im Gegensatz zu den klassischen Medien (Rundfunk, Print und Fernsehen) generiert das Netz exponentiell mehr Inhalte und schafft so eine gesellschaftliche und politische Öffentlichkeit, die grundsätzlich anders funktioniert als die vorherigen. Die politische Öffentlichkeit differenziert sich aus, es bilden sich Nischen und Diskursblasen, in denen wiederum beurteilt und kommentiert wird mit der Folge, dass die politische Kommunikation weiter anwächst und in hohem Maße sich auf sich selbst bezieht (Selbstreferentiell). Sie sollen in diesem Kapitel die Bedeutung der medialen Entwicklung für die persönliche Entwicklung analysieren und kritisch erörtern.

M7 Aussagen von Jugendlichen zur Bedeutung von (sozialen) Medien

Anna W. ©annaW_04 Folgen

TikTok nutze ich am meisten, da es super unterhaltsam ist, man aber auch von den neuesten Events oder über das, was gerade auf der Welt passiert, informiert wird.

Malek H. ©malekHu5 Folgen

Ich nutze TikTok am häufigsten. Ob das ein sinnvolles Medium ist, ist eine andere Frage. Ich nutze es zur Unterhaltung bzw. Entspannung, da man hauptsächlich mit Leuten des eigenen Alters in Kontakt kommt. Außerdem ist der Content komplett auf dich abgestimmt. Schlecht ist die große Beeinflussung und mögliche Fakenews.

Anissa N. @nissi_wow Folgen

Das Internet ist für mich das wichtigste Medium. Ich nutze es größtenteils zu Unterhaltungs- und Informationszwecken. (Youtube, Twitter, Zeitungen und Onlineartikel (Danke Öffis)). Zusätzlich Spotify und ein wenig Instagram.

Rene S. ©05_Renes Folgen

Mein wichtigstes Medium ist Evernote, da ich mit Hilfe dessen mein Leben strukturieren kann. Egal ob Notizen für die Schule, Summaries, Tagesplanungen; alles kann hier festgehalten werden. Jedoch würde mir nicht nur Evernote allein ausreichen, da die Informationsbeschaffung und Kommunikation darüber mit anderen nahezu unmöglich ist.

Kristina U. ©TinaU_2004 Folgen

Ich nutze vorwiegend Youtube, weil man Informationen, Entertainment und dumme Menschen zugleich hat. Richtige Informationen und dumme Menschen ist ein lustiges Duell. Zusätzlich nutze ich manche Kanäle für die Schule.

Einstiegsaufgaben 72035-74

1. Analysieren Sie die abgebildeten Tweets Ihrer Mitschülerinnen und Mitschüler auf Gemeinsamkeiten und Unterschiede hin.
2. Verfassen Sie einen Tweet, indem Sie darlegen, welche Bedeutung die (sozialen) Medien für Sie besitzen. Verteilen Sie die Tweets im Kurs mit der Bitte sie zu kommentieren.

M8 Wie viel Zeit verbringen Jugendliche täglich online?

Nach: JIM-Studie 2022, Medienpädagogischer Forschungsverbund Südwest, www.mpfs.de

M9 Wie stehen Jugendliche zur digitalen Kommunikation?

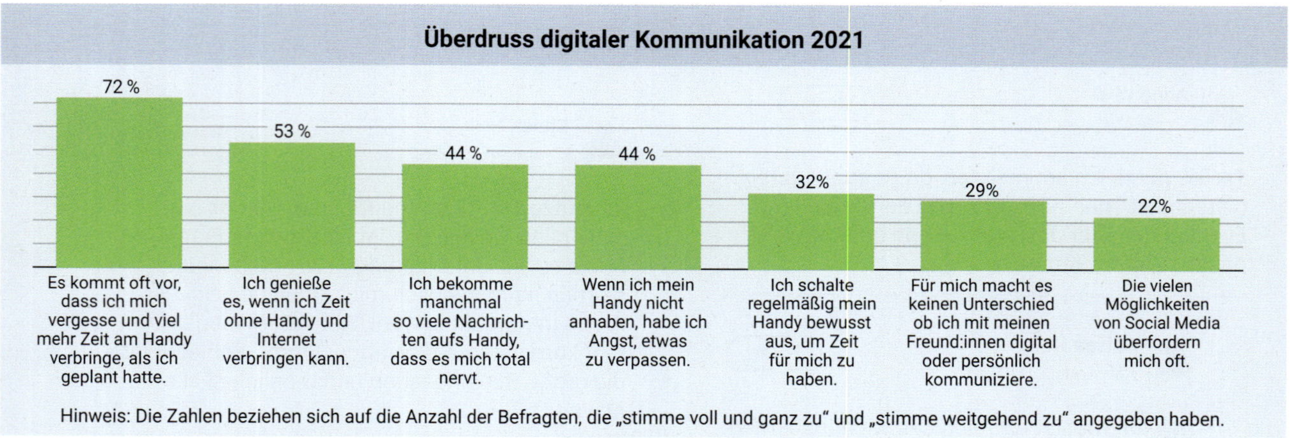

Nach: JIM-Studie 2021, Medienpädagogischer Forschungsverbund Südwest, www.mpfs.de

M10 Selbstdarstellung in sozialen Medien: Wer nicht auf dieser Bühne spielt, ist raus

Die Fotosharing-Plattform Instagram ist, was Facebook einmal war: der Ort der sozialen Vernetzung, an dem Jugendliche sich inszenieren. Aber was bedeutet es, wenn Heranwachsende sich permanent selbst darstellen?

Als man sie nach Facebook fragt, da lacht sie nur. „Das ist so was von gestern“, sagt sie. Keiner ihrer Freunde interessiere sich noch ernsthaft für Facebook, inzwischen hätten ja selbst die eigenen Eltern, manchmal sogar die Großeltern die Vernetzungsplattform entdeckt. Das sei, als würde man auf derselben Party abhängen. [...] Sie ist siebzehn, heißt Lara, und wie alle ihre Freunde hat, sie einen Account bei der Foto-Sharing-Plattform Instagram, deren Nutzerzahlen unentwegt steigen. [...] Instagram ist Laras Standleitung zu ihren Freunden. Es ist ein Kommunikations- und Selbstvergewisserungsinstrument für Jugendliche. [...] Ohne soziale Netzwerke würde sich Lara vom Informationsfluss abschneiden und stünde im Abseits. Wie sollte sie auf dem Pausenhof über die peinlichen Fotos der Tussi aus der Parallelklasse mitlästern? Wie den hochgeladenen Videoclip ihrer Freundin kommentieren? [...] Surft man bei Instagram, sticht die Professionalität vieler Teenagerprofile ins Auge. Perfektes Make-up, perfektes Styling, perfektes Licht. Die Inszenierungsspielregeln sind bekannt. Instagram ist eine Bühne. Es geht dabei nicht immer um

Schönheit, aber sehr oft. Es existieren unzählige Apps, die den Fotos den professionellen Schliff verleihen. Im Grunde kann beinahe jeder, der den nötigen Aufwand betreibt, bei Instagram gut aussehen. Was unter dem Label Schnappschuss oder Selfie daherkommt, wirkt oft wie das Ergebnis eines durchgeplanten Fotoshootings. Die Bandbreite reicht von mädchenhaft verspielt bis eindeutig erotisch. Je mehr Haut, desto besser. Viel Haut bedeutet viele Likes. Likes sind die soziale Währung, ein permanent abrufbares Ranking, sichtbar für jeden. „Die mit besonders vielen Likes sind die ‚Fame- Leute', sagt Lara. „Die sind halt like-geil." Sie wollen Applaus, jeder will Applaus, auch dieser Wettkampf ist Instagram-Realität. Was für die „Fame-Leute" Segen ist, kann für jene, die ignoriert werden, Fluch sein. Unkommentierte Sichtbarkeit ist Unsichtbarkeit. [...]

Lara ist eine hübsche junge Frau mit makelloser Haut, ohne Hang zum Tussihaften. [...] Sie wächst in einer Optimierungsgesellschaft auf, in der schon kleinen Mädchen suggeriert wird, dass sie es im Leben besonders weit bringen, wenn sie schön sind. In der zahllose weibliche Teenager Heidi Klum verehren und „Germany's next Topmodel" im Fernsehen schauen – eine Sendung, deren berühmtester Satz lautet: „Ich habe heute leider kein Foto für dich." In der Magazine behaupten, vierzig sei das neue dreißig und der Körper zu einer gestaltbaren Spielfläche mutiert, als ließe sich der Alterungsprozess tatsächlich aufhalten. Die Oberfläche als Schlüssel, der die Tür zu Glück und Erfolg öffnet. In der Liebe und im Beruf. [...]

Ada Borkenhagen ist Psychologin, zu ihrem Forschungsschwerpunkt zählt der moderne Körper und dessen ausgefeilte Modifikationsmöglichkeiten. Sie sagt: „Minimalinvasive Eingriffe wie Botox und Hyaluronsäure werden in Zukunft so normal werden wie die Zahnprophylaxe." Der Körper ist sehr viel wichtiger geworden, ebenso wie seine Vermarktung, die sich im Internet zuspitzt. „Das setzt Jugendliche unter Druck." Es gelte, immer und überall gut auszusehen. [....] Zahlreiche Studien beleuchten, wie sich die intensive Nutzung sozialer Plattformen auf das Selbstbewusstsein und die Beziehung zum eigenen Körper auswirkt. Damit exzessive Selbstbeschäftigung nicht in einen überkritischen Blick mündet, muss das Ego ziemlich ausgeprägt sein. Das kuschlige Aufgehobensein in einer virtuellen Gemeinschaft, das sich die sozialen Netzwerke ja auf die Fahnen schreiben, trifft jedenfalls nicht automatisch auf alle zu, im Gegenteil. Das macht Instagram weder zu einem gefährlichen Kommunikationsinstrument, noch nimmt es ihm seine Vernetzungskraft. Es zeigt aber, dass die Selbstprüfung durch Wettbewerb das Bild vom eigenen Ich mitunter gewaltig auf die Probe stellt.

Mühl, Melanie: Die Instagram-Jugend. Wer nicht auf dieser Bühne spielt, ist raus. In: www.faz.net, 17.01.2015 © Alle Rechte vorbehalten. Frankfurter Allgemeine Zeitung GmbH, Frankfurt. Zur Verfügung gestellt vom Frankfurter Allgemeine Archiv

Aufgaben

72035-75

1. Analysieren Sie das Onlinenutzungsverhalten Jugendlicher in **M8** und vergleichen Sie Ihr eigenes Nutzungsverhalten in Form eines Medientagebuchs mit den Durchschnittswerten.
2. Werten Sie das Material **M9** aus und erklären Sie die möglichen Gründe für den Überdruss der Jugendlichen.
3. Benennen Sie mögliche Folgen der Inszenierung auf Instagram für die jugendlichen Konsument:innen.
4. Beurteilen Sie den Einfluss der medialen Umwelt perspektivisch und kategorial. Gestalten Sie dazu einen Instagram-Feed, indem Sie sich kritisch mit den auf Instagram dargestellten Schönheitsidealen auseinandersetzen.

3.2 Theorien des Wertewandels und die Verfassung als Norm

3.2.1 Die Postmaterialismustheorie des Wertewandels: Führt der Postmaterialismus zur Verwirklichung partizipativer Ziele?

Zum Thema: Laut Ronald Inglehart hat in den westlichen Industriegesellschaften seit den 1950er Jahren ein massiver Wertewandel von eher materiellen (z.B. Ernährung und Sicherheit) hin zu postmateriellen Werten (z.B. Selbstverwirklichung, Achtung, Wertschätzung und Partizipation) stattgefunden. Eng verbunden mit diesem Wertewandel ist eine Individualisierung und Pluralisierung von Lebensstilen. Traditionelle Lebensmuster werden eher abgelehnt, während ein selbstbestimmtes, authentisches Leben für die Postmaterialisten zentrale Bedeutung hat. Sie sollen in diesem Kapitel ausgehend von eigenen Wertpräferenzen den Materialismus und den Postmaterialismus kennenlernen und hinsichtlich ihrer Aussagekraft bewerten.

M11 Items und die dahinterstehenden Werte

a) Materielle und postmaterielle Werte

1 Aufrechterhaltung von Ruhe und Ordnung

2 Kampf gegen steigende Preise

3 Mehr Einfluss der Bürger auf die Entscheidungen der Regierung

4 Schutz des Rechts auf freie Meinungsäußerung

b) Fragen zur Gleichstellung von hetero- und homosexuellen Paaren:

- Würden Sie ein Gesetz, das homosexuellen Paaren die Ehe ermöglicht, befürworten oder ablehnen?
- Würden Sie es befürworten oder ablehnen, wenn homosexuelle genauso wie heterosexuelle Paare Kinder adoptieren dürfen?

Einstiegsaufgaben 72035-76

1. Wählen Sie aus **M11a** zwei Items, die Ihnen besonders wichtig sind aus und vergleichen Sie die Auswahl im Kurs.
2. Beantworten Sie die Fragen in **M11b** und ermitteln Sie ein Ergebnis für Ihre Lerngruppe. Vergleichen Sie Ihr Kursergebnis mit den Umfrageergebnissen im digitalen Aufgabenkasten. Nehmen Sie Stellung zu Gemeinsamkeiten und Unterschieden.
3. Im nebenstehenden QR-Code finden Sie globale Einstellungen zur Homosexualität. Interpretieren Sie das deutliche Gefälle innerhalb Europas und erörtern Sie die Frage, ob Toleranz gegenüber Homosexuellen etwas mit der materiellen Lebenssituation zu tun haben könnte.

Grafik: Globale Einstellungen zur Homosexualität

72035-77

M12 Wertewandel: vom Materialismus zum Postmaterialismus

Mit dem Ende des Zweiten Weltkrieges ist in den westlichen Industriegesellschaften ein Wertewandel in Gang gekommen. Während die vor 1945 geborenen Menschen noch vorwiegend materielle Werte wie Karriere, Wohlstand oder Sicherheitsbedürfnisse priorisieren, bevorzugen die nach 1945 geborenen eher postmaterialistische Werte wie Kreativität, Selbstentfaltung oder Schutz der Natur. Einen der bedeutendsten Erklärungsansätze für diesen Wertewandel hat der amerikanische Soziologe Ronald Inglehart in den siebziger Jahren des letzten Jahrhunderts entwickelt. Ausgehend von der Analyse der entwickelten Industriegesellschaften diagnostizierte Inglehart einen lang andauernden wirtschaftlichen Aufschwung nach dem 2. Weltkrieg, der dazu führen würde, dass materielle Werte, die eher zur Sicherung der physischen Existenz notwendig sind wie Nahrung und Abwesenheit von Krieg, unwichtiger bei den Wertprioritäten wurden, während postmaterielle Werte wie soziale Bedürfnisse, und individuelle Selbstverwirklichung auf der Werteskala immer häufiger genannt wurden. In Anlehnung an die Maslows-Bedürfnispyramide geht Inglehart davon aus, dass die Werteprioritäten das sozioökonomische Umfeld eines Menschen widerspiegeln. Wenn also in einer Gesellschaft die Existenz- und Überlebensbedürfnisse stabil befriedigt werden, wendet sich der Mensch den Bedürfnissen zu, die (noch) nicht befriedigt sind. Ausgehend von dieser Mangelhypothese lässt sich als Regel definieren, dass längere Phasen wirtschaftlichen Wachstums eher zur Ausbreitung postmaterialistischer Werte führen. Entsprechend bewirken langandauernde Phasen wirtschaftlichen Niedergangs vermehrt die Rückbesinnung auf materialistische Werte. Allerdings reicht nach Inglehart die Mangelhypothese nicht ausschließlich zur Erklärung des Wertewandels. Hinzu kommt mit der Sozialisationshypothese die Beobachtung, dass Menschen ihre Wertpräferenzen in den besonders prägenden primären (Elternhaus) und sekundären (Peer-Groups und Schule) Sozialisationsphasen entwickeln und diese im Anschluss zeitstabil bleiben. Die Werte, die die Individuen bis zum Erreichen des Erwachsenenalters ausgebildet haben, ändern sich auch unter wirtschaftlich veränderten Bedingungen kaum noch. Mit der Mangel- und der Sozialisationshypothese lassen sich dann für Inglehart verlässliche Prognosen über die Entwicklung des Wertewandels abgeben. Längere Phasen wirtschaftlichen Wohlstandes führen zu einer Bevorzugung postmaterialistischer Werte, während Menschen die unter existenzbedrohenden Lebensbedingungen aufgewachsen sind, auch wenn sich ihr materieller Wohlstand erhöht hat materiellen Werten verhaftet bleiben, da Wertepräferenzen, die sich bereits vor dieser Wohlstandsphase herausgebildet haben, relativ stabil bleiben, sodass der Wandel stärker an den nachwachsenden Generationen als an der Gesamtbevölkerung ablesbar ist.

Bearbeiter

Ronald Inglehart
(*05.09.1934 in Milwaukee, † 08.05.2021 in Ann Arbor)

- **Werke (u.a.)**: The Silent Revolution (1977), Culture Shift in Advanced Industrial Society (1990), Modernization and Postmodernization(1997)

M13 Brauchen wir eine Rückkehr zu traditionellen Werten?

Einer verbreiteten Auffassung zufolge ist der mentale Zustand eines zunehmenden Teils der Bevölkerung problematisch. Dafür werden – als Folge der Wohlstandsentwicklung seit den fünfziger Jahren – ungünstige sozialpsychologische Veränderungen verantwortlich gemacht. Dieser Auffassung zufolge hat die Wohlstandsentwicklung die Menschen korrumpiert; es wird die Gefahr gesehen, dass die weitere gesellschaftliche Entwicklung immer mehr verantwortungsscheue, nicht nur am Allgemeinwohl, sondern auch am Mitmenschen uninteressierte Egoisten mit „Vollkasko-Mentalität" hervorbringt. [...] Wir fragten uns, ob und inwieweit Wertorientierungen, die in der Forschung und auch im allgemeinen Verständnis als „traditionelle" und „moderne" Werte voneinander abgegrenzt werden, dennoch gemeinsam auftreten können. Wir fanden in der Tat einen Persönlichkeitstypus, der gleichermaßen „moderne" und „traditionelle" Werte besonders schätzt. Wir entschlossen uns, Menschen mit diesem bemerkenswerten Typus nach einer breiten Analyse ihrer Lebensumstände und Einstellungen aktive Realisten zu nennen. Ein Überblick über die Merkmale der insgesamt fünf von uns aufgefundenen Wertetypen zeigt große Unterschiede in der Fähigkeit und Neigung, sich produktiv und „sozialverträglich" auf die Anforderungen der gesellschaftlichen Modernisierung und der Bürgergesellschaft einzulassen. Vorrangig traditionell orientierte Menschen (1999: 18 Prozent der Bevölkerung ab 14 Jahren) halten sich eher ans Bewährte und lassen wenig Neigung zur Selbstständigkeit und Risikofreude erkennen. Vorrangig hedonistisch und materiell Orientierte (15 Prozent) sind zwar flexibel. Die Dominanz des Lustprinzips und Jagd nach schnellen Gewinnen lassen sie jedoch nicht selten die Grenzen des sozial und legal Verträglichen austesten. Vorrangig idealistisch Eingestellte (17 Prozent) sind zwar verbale Fortschrittsbejaher, stehen jedoch wegen ihrer oft ideologisch geprägten Sichtweise der Realität der Modernisierung frustrationsanfällig gegenüber. „Perspektivenlos Resignierte" (16 Prozent) sind die eigentlichen „Stiefkinder" des gesellschaftlichen Wandels; Rückzug, Passivität und Apathie sind für sie typisch. Aktive Realisten können dagegen von ihrer mentalen Grundausstattung her am ehesten als hochgradig modernisierungstüchtige Menschen charakterisiert werden. Die Gruppe umfasste 1999 34 Prozent der Bevölkerung und stellte somit den zahlenmäßig stärksten Typus dar. Menschen, die dieser Gruppe angehören, sind in der Lage, auf verschiedenartigste Herausforderungen „pragmatisch" zu reagieren, gleichzeitig aber auch mit starker Erfolgsorientierung ein hohes Niveau an „rationaler" Eigenaktivität und Eigenverantwortung zu erreichen. Sie sind auf eine konstruktiv-kritikfähige und flexible Weise institutionenorientiert und haben verhältnismäßig wenige Schwierigkeiten, sich in einer vom schnellen Wandel geprägten Gesellschaft zielbewusst und mit hoher Selbstsicherheit zu bewegen. [...] Persönlichkeitseigenschaften, die zur Bewältigung und Gestaltung der Modernisierung wichtig sind, sind – wie wir [...] feststellen konnten – über die gesamte Bevölkerung hinweg betrachtet keineswegs schwach entwickelt. Die aktiven Realisten liegen allerdings praktisch bei allen Messwerten deutlich über dem Durchschnitt. Sie erweisen sich als „kooperative Selbstvermarkter" mit hoch entwickelter fachlicher Kompetenz und ausgeprägtem Erfolgsstreben, gleichzeitig aber auch mit ausgeprägter Fähigkeit zur Selbstkontrolle und rationalen Verhaltenssteuerung, zur Soziabilität und Kommunikation, ergänzt durch erhöhte Konflikt- und Durchsetzungsfähigkeit. Alles dies mutet auf den ersten Blick betrachtet widersprüchlich an, repräsentiert aber das spannungsreiche Persönlichkeitsprofil, das den Menschen in Zukunft mehr und mehr abgefordert wird und zu dessen Realisierung es aller Voraussicht, nach der von den aktiven Realisten verkörperten, „Wertesynthese" als mentaler Grundlage bedarf. [....] Angesichts der strategischen Bedeutung, welche der Wertesynthese zukommt, muss zunächst die dringliche Frage gestellt werden, ob die Gruppe der aktiven Realisten zahlenmäßig zunimmt oder kleiner wird. Sofern das Erstere der Fall ist, kann davon ausgegangen werden, dass der Wertewandel die Zukunftsfähigkeit der Menschen unter den Bedingungen der gesellschaftlichen Modernisierung stärkt. [...]. Ist dagegen das Letztere der Fall, so besteht Anlass zu großer Sorge.

- Ordnungsliebende Konventionalisten spielen bei den jungen Leuten schon länger nur noch eine geringe Rolle.
- Perspektivenlose Resignierte, die „Stiefkinder" des Wandels, verharren auf etwa demselben Niveau.
- Nonkonforme Idealisten, die seit dem Ende der sechziger Jahre Konjunktur hatten, erlebten in den neunziger Jah-

ren einen Einbruch, von dem sie sich nicht wieder erholten.

- Hedonistische Materialisten erlebten bis zur ersten Hälfte der neunziger Jahre einen steilen Aufstieg, der jedoch bald einen Gipfel erreicht und in der Folge einer deutlichen Rückläufigkeit weicht.
- Aktive Realisten erlebten fortgesetzte Zuwächse und stellen sich gegen Ende der neunziger Jahre mit vergrößerter Deutlichkeit als die stärkste Teilgruppe dar. [....]

Der entscheidende Spannungsgehalt einer Entwicklung, die bei den jungen Leuten besonders deutlich erkennbar wird, ist die Konkurrenz zwischen den aktiven Realisten und den hedonistischen Materialisten. Im Zeitraum zwischen dem Ende der achtziger und dem Ende der neunziger Jahre gab es zeitweilig ein „Kopf-an-Kopf-Rennen" zwischen diesen beiden Wertetypen. Die Hedonisten hatten bei der Messung im Jahr 1993 fast aufgeschlossen, wobei ihr höheres Wachstumstempo die Prognose eines bevorstehenden Vorbeiziehens an den aktiven Realisten nahe zu legen schien. Es war dies die Zeit, in welcher die auch heute noch vertretenen Diagnosen einer „Egoisten-Gesellschaft", „Spaßgesellschaft" oder „Ellenbogen-Gesellschaft" auftauchten. Wie die Daten zeigen, gab es während dieser Zeit in der Tat bei den jüngeren Teilen der Gesellschaft eine Tendenz in diese Richtung, die aber keinen „Trend", d. h. also keine nachhaltige Entwicklung darstellte. Als „nachhaltig" erwies sich letzten Endes einzig das Wachstum der Gruppe der aktiven Realisten. Die strategische Frage, ob der Wertewandel die Zukunftsfähigkeit der Menschen unter den Bedingungen der gesellschaftlichen Modernisierung stärkt, kann insoweit mit „Ja" beantwortet werden. Die These lautet, dass sich die Wertesynthese immer deutlicher als die Leitlinie des Wertewandels herauskristallisiert. Die im Titel aufgeworfene Frage „Brauchen wir eine Rückkehr zu traditionellen Werten?" kann von diesem Ergebnis her verneint werden.

Klages, Helmut: Brauchen wir eine Rückkehr zu traditionellen Werten? In: www.bpb.de, 26.05.2002

Aufgaben

72035-78

1. Geben Sie die Hauptaussagen von Inglehart und Klages (**M12** und **M13**) mit eigenen Worten wieder. Worin liegen Gemeinsamkeiten, worin unterscheiden sie sich?
2. Vergleichen Sie Ihre Ergebnisse aus der Einstiegsaufgabe a mit der Postmaterialismustheorie und beurteilen Sie die Erklärungskraft der Theorie.
3. Analysieren Sie die Infografiken im Kapitel zu Werteinstellungen (→ S. 100/101) unter der Frage, ob man eher von einer Zunahme postmaterialistischer Werte (Inglehart, **M12**) oder von einer Wertsynthese (Klages, **M13**) sprechen sollte?
4. Arbeiten Sie aus den beiden soziologischen Erklärungsmodellen für den Wertewandel mögliche Chancen und Risiken heraus.
5. Nehmen Sie aus der Perspektive eines Jugendlichen und der Politik Stellung zu der Forderung für Kinder und Jugendliche eine Werteerziehung institutionell in der Schule zu verankern.
6. Ordnen Sie sich selbst begründet einem der fünf Wertetypen Klages (**M13**) zu. Begründen Sie Ihre Einordnung kategorial.

Politik aktiv

Gestalten Sie eine Befragung mit materialistischen und postmaterialistischen Werten und führen Sie diese mit Ihrer (Groß-)Elterngeneration durch. Analysieren Sie Gemeinsamkeiten und Unterschiede und überprüfen Sie, ob die Ergebnisse die Hypothesen Ingleharts stützen.

3.2.2 Das normative Fundament des Grundgesetzes: Menschenwürde – wer soll in der Triage bevorzugt medizinisch behandelt werden?

Zum Thema: Moderne Gesellschaften scheinen kein einheitliches Wertesystem mehr zu haben. Der Pluralismus der Weltanschauungen und Wertvorstellungen führt zu einer Verunsicherung, die verbunden mit allgemeinen Umwälzungsprozessen gesellschaftlicher Strukturen, verbindliche Orientierungspunkte bei den Fragen „Was soll ich tun" bzw. „Wie soll ich handeln" verschwinden lässt. Hier bietet der Art. 1 GG mit der Achtung der Menschenwürde einen Anker für das geordnete Leben der Menschen, da sie als Grundlage aller politischen Gesellschaften fungieren kann. Sie sollen in diesem Kapitel am Beispiel der Triage den Aufbau des Grundgesetzes kennenlernen, die Bedeutung und Interpretationsmöglichkeiten für Art. 1 GG analysieren und sich in diesem Grundrechtskonflikt positionieren.

M14 Fallbeispiel: Triage – wer soll leben, wer muss sterben?

Aus Italien ist das Schreckensszenario in Intensivstationen schon bekannt: Ein über achtzig Jahre alter Patient hat den letzten freien Beatmungsplatz belegt, und es wird eine 35 Jahre alte Mutter von drei Kindern eingeliefert, die nur überleben wird, wenn sie ebenfalls beatmet wird. Soll der Arzt dann den älteren Patienten vom Beatmungsgerät abhängen und sein Sterben in Kauf nehmen, um die junge Mutter zu retten?

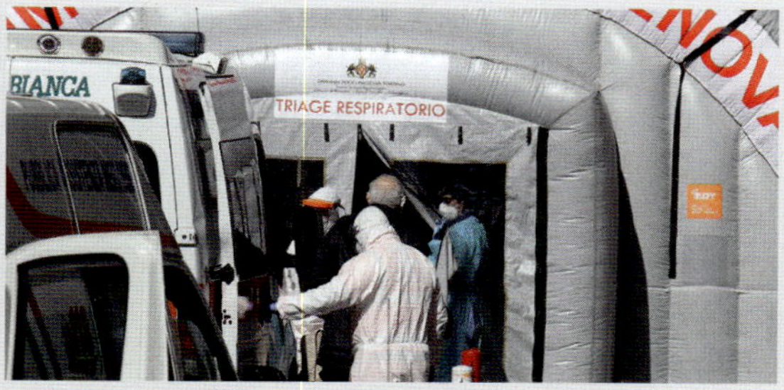

Krankenwagen bringen Covid-Erkrankte zu einem notdürftig errichteten Triage Zelt vor dem Universitätsklinikum der italienischen Stadt Genua.

Schmoll, Heike: Vor tragischen Entscheidungen. In: www.faz.net, 28.03.2020

Einstiegsaufgaben 72035-79

1. Erläutern Sie den Fall in **M14**.
2. Wie soll in **M14** entschieden werden? Begründen Sie Ihren Vorschlag.

M15 Hintergrundinformationen über die deutsche Verfassung und die Ausgestaltung der Grundrechte

Die Verfassung ist die rechtliche Grundordnung unseres Gemeinwesens. Sie bestimmt die Leitprinzipien (auch Staatsstrukturprinzipien genannt), nach denen sich politische Einheit bildet und staatliche Aufgaben wahrgenommen werden sollen. Sie regelt Verfahren der Bewältigung von Konflikten innerhalb des Gemeinwesens. [...] Die Regelungen der Verfassung sind weder vollständig noch vollkommen. Zwar werden zahlreiche Fragen staatlicher Ordnung bis in Einzelheiten hinein normiert; aber weite Bereiche, auch solche des im engeren Sinne staatlichen Lebens, werden nur durch Bestimmungen von mehr oder minder großer inhaltlicher Weite und Unbestimmtheit, manche sogar gar nicht geordnet. So soll die Verfassung als oberste Rechtsordnung des Gemeinwesens nicht alle Einzelfragen beantworten. Diese sind vielmehr von der Politik zu bewältigen. Die Wertordnung der Verfassung, welche sich aus der Gesamtheit ihrer Artikel ergibt, soll für Einzelfragen ausgelegt werden. So bleibt die Verfassung insgesamt zukunftsoffen. Sie soll aber die grundsätzliche Richtung des politischen Handelns bestimmen und diesem auch Grenzen setzen. [...] Es entspricht vielmehr dem Grundgedanken der Demokratie, dass die jeweils vom Vertrauen der Mehrheit der Bevölkerung getragenen Kräfte ihre Auffassungen und Vorstellungen in Politik umsetzen. [...] Verspricht die Verfassung mehr als Parlament und Regierung leisten können, so wird sie unglaubwürdig. Die weitgehende Übereinstimmung des Verfassungstextes mit der politischen Realität ist ein wichtiges Ziel, solche Verfassungen sind normativ. Nicht normative Verfassungen verlieren möglicherweise ihre Fähigkeit, den Grundkonsens des Gemeinwesens zu festigen, von dem das zwischen Regierenden und Regierten notwendige Vertrauensverhältnis abhängt. Andererseits ist Konsens in den Grundfragen notwendige Voraussetzung der Wirksamkeit der Verfassung. Dieser Konsens entsteht nicht durch die Verfassung, sondern wird von ihr aufgenommen und in ihren wesentlichen Aussagen zum Ausdruck gebracht. Im Grundgesetz geschieht dies vor allem durch das Bekenntnis zur Würde des Menschen als oberster Leitlinie staatlichen Handelns (Art. 1 GG) und durch die in der „Minimalverfassung" des Art. 20/28 GG niedergelegten Leitprinzipien der Verfassung, durch welche der deutsche Staat zum republikanischen, demokratischen, bundesstaatlichen und sozialen Rechtsstaat wird. Die Menschenwürde und die Leitprinzipien bilden den Kern der Verfassung und unterliegen einer Ewigkeitsgarantie. Aus ihnen ergeben sich unter anderem direkt die Grundrechte der Art. 2 bis 17 GG und die Verfahrens- und Kompetenzregeln für den Staatsapparat, welche in den übrigen Artikeln verfasst sind. Die Grundrechte umschreiben dabei nicht nur den jeder Bürgerin und jedem Bürger zustehenden Bereich der Freiheit, sondern schaffen auch die wesentlichen Voraussetzungen für die Verwirklichung jener tragenden Prinzipien. Aus ihnen ergeben sich etwa Meinungs- und Pressefreiheit, Achtung von Glaubens- und Gewissenüberzeugungen, die Gleichberechtigung der Geschlechter und viele andere Grundentscheidungen, die nicht nur Einzelfreiheiten sichern, sondern das Gesamtklima des politischen und gesellschaftlichen Lebens bestimmen sollen.

Das Grundgesetz geht als direkte Reaktion auf das Scheitern der Weimarer Republik und das Grauen des Dritten Reiches von einem bestimmten Menschenbild aus, das sich unmittelbar und konzentriert im Art. 1 GG ausdrückt. So bedeutet die Menschenwürde, dass der Mensch frei sein soll, d. h. seine Person nach eigener Entscheidung bilden und entfalten kann. Dahinter steht [...] die Auffassung, dass jeder Mensch eine eigene Würde habe, durch die er Person sei und sich vom Tier unterscheide. Soll der Mensch als Mensch leben können, dann muss seine personale Würde auch für die politischen Machtträger unantastbar sein. Das bedeutet: er darf nicht als Objekt behandelt, zum Werkzeug gemacht oder zur beliebig manipulierbaren Sache beispielsweise für politische, weltanschauliche oder ökonomische Zwecke herabgewürdigt werden. Als Objekt behandelt wird aber, wer bei der Wahrheitsermittlung durch Polizei und Strafjustiz durch physischen Zwang und durch Anwendung psychotechnischer Mittel in seinem freien Willen und seiner freien Entscheidung ganz oder teilweise beeinträchtigt wird. Aus dem Menschenbild folgt neben dem Anspruch auf Freiheit und körperliche Unversehrtheit auch das Recht der Gleichbehandlung. Ins Politische gewendet heißt das, dass alle Macht und Herrschaft an der unantastbaren Würde jedes einzelnen Menschen ihre Grenzen finden muss. Macht bedarf prinzipiell der

Begrenzung und Kontrolle, und sie muss dazu auf der Zustimmung der Unterworfenen gründen, da eine uneingeschränkte Zugriffsmöglichkeit den einzelnen in seiner Würde und Freiheit verletzen und entmündigen würde. Denn alles, insbesondere staatliche Macht, hat dem Ziel zu dienen, die Möglichkeiten und Chancen eines freien und menschenwürdigen Lebens für alle Glieder des Gemeinwesens zu sichern und zu steigern. Aus diesem Grund hat das Wesen der Grundrechte einen Doppelcharakter:

Zum einen sind die Grund- und Menschenrechte als Freiheitsrechte unmittelbar geltendes Recht, welche das Individuum vor staatlichen Eingriffen schützen soll. Doch der freiheitlich demokratische Staat bedarf auch der freien Mitgestaltung der gemeinsamen politischen Ordnung durch die Individuen und ihrer gesellschaftlichen Vereinigungen. Deshalb gewinnen die Freiheitsrechte über die Abwehr staatlicher Eingriffe hinaus positiv die Funktion, Grundlage, soziale und rechtliche Basis der staatlichen Ordnung zu sein. Die Betätigung vor allem der Meinungs- und Pressefreiheit, der Vereins- und Versammlungsfreiheit durch die Bürger in ihren Zusammenschlüssen ist eine notwendige Bedingung demokratischer Politik. Deshalb müssen die Grundrechte gleichermaßen als politische Teilhaberechte verstanden werden. [...]

Insgesamt stellt die Verfassung vielmehr eine vom Bundesverfassungsgericht bestätigte „objektive Wertordnung" (BverfGE 7,198 ff.) dar. Diese Bezeichnung würde aber missverstanden, wollte man aus ihr eine Ermächtigung des Staates ableiten, eine für alle verbindliche Ideologie zu entwickeln. So ist es nicht der Staat, nicht die von ihm gesetzte Rechtsordnung und auch nicht die Verfassung, die die Grundüberzeugungen bildet oder gar erzwingt. Diese Überzeugungen werden vielmehr vorausgesetzt. [...] So ist die Menschenwürde ein vorstaatliches Recht (Naturrecht), das dem Menschen um sein Menschsein zusteht und nicht vom Staat geschaffen, sondern nur garantiert wird. Die Rechtsordnung ist aber auf diese Grundüberzeugungen des menschlichen Zusammenlebens angewiesen, wenn sie angenommen und befolgt werden soll. [...] Das Grundgesetz ist demnach zwar unbedingt eine wertgebundene Ordnung, garantiert aber gleichzeitig die weltanschauliche Neutralität.

Bearbeiter nach: Benda, Ernst: Grundgesetz – Verfassung/Verfassungsreform. In: U. Andersen/W. Woyke (Hg.): Handwörterbuch des politischen Systems der Bundesrepublik Deutschland. Bonn: 1995, S. 221 f., Besson, Waldemar: Das Leitbild der modernen Demokratie. Bausteine einer freiheitlichen Staatsordnung. Bonn: Dietz 1991, S. 12 f. und Sutor, Bernhard: Politik. Ein Studienbuch zur politischen Bildung. Paderborn: Schöningh 1994, S. 113 f.

M16 Grundlagen zur Ausgestaltung der politischen Ordnung Deutschlands

Menschenwürde
Der Begriff basiert auf der Vorstellung, dass sie für den Menschen als solchen, unabhängig von Ethnie, gesellschaftlicher Stellung, Gesundheitszustand, Geschlecht oder politischer Überzeugungen, gilt. Menschenwürde kann nicht entzogen werden.

Artikel 1 GG

(1) Die Würde des Menschen ist unantastbar. Sie zu achten und zu schützen ist Verpflichtung aller staatlichen Gewalt.

(2) Das Deutsche Volk bekennt sich darum zu unverletzlichen und unveräußerlichen Menschenrechten als Grundlage jeder menschlichen Gemeinschaft, des Friedens und der Gerechtigkeit in der Welt.

(3) Die nachfolgenden Grundrechte binden Gesetzgebung, vollziehende Gewalt und Rechtsprechung als unmittelbar geltendes Recht.

Artikel 20 GG

(1) Die Bundesrepublik Deutschland ist ein demokratischer und sozialer Bundesstaat.

(2) Alle Staatsgewalt geht vom Volke aus. Sie wird vom Volke in Wahlen und

Abstimmungen und durch besondere Organe der Gesetzgebung, der vollziehenden Gewalt und der Rechtsprechung ausgeübt.
(3) Die Gesetzgebung ist an die verfassungsmäßige Ordnung, die vollziehende Gewalt und die Rechtsprechung sind an Gesetz und Recht gebunden.
(4) Gegen jeden, der es unternimmt, diese Ordnung zu beseitigen, haben alle Deutschen das Recht zum Widerstand, wenn andere Abhilfe nicht möglich ist.

Artikel 28 GG

(1) Die verfassungsmäßige Ordnung in den Ländern muß den Grundsätzen des republikanischen, demokratischen und sozialen Rechtsstaates im Sinne dieses Grundgesetzes entsprechen. In den Ländern, Kreisen und Gemeinden muß das Volk eine Vertretung haben, die aus allgemeinen, unmittelbaren, freien, gleichen und geheimen Wahlen hervorgegangen ist. Bei Wahlen in Kreisen und Gemeinden sind auch Personen, die die Staatsangehörigkeit eines Mitgliedstaates der Europäischen Gemeinschaft besitzen, nach Maßgabe von Recht der Europäischen Gemeinschaft wahlberechtigt und wählbar. In Gemeinden kann an die Stelle einer gewählten Körperschaft die Gemeindeversammlung treten.
(2) Den Gemeinden muss das Recht gewährleistet sein, alle Angelegenheiten der örtlichen Gemeinschaft im Rahmen der Gesetze in eigener Verantwortung zu regeln. Auch die Gemeindeverbände haben im Rahmen ihres gesetzlichen Aufgabenbereiches nach Maßgabe der Gesetze das Recht der Selbstverwaltung. Die Gewährleistung der Selbstverwaltung umfasst auch die Grundlagen der finanziellen Eigenverantwortung; zu diesen Grundlagen gehört eine den Gemeinden mit Hebesatzrecht zustehende wirtschaftskraftbezogene Steuerquelle.
(3) Der Bund gewährleistet, dass die verfassungsmäßige Ordnung der Länder den Grundrechten und den Bestimmungen der Absätze 1 und 2 entspricht.

Republik
Keine Monarchie

Demokratie
Herrschaftsform: Der Begriff Demokratie besteht aus Demos (Volk) und kratein (Herrschaft).

Rechtsstaat
Regierung und Verwaltung dürfen nur im Rahmen der bestehenden Gesetze handeln.

Bundesstaat
Bezeichnet den Zusammenschluss mehrerer Staaten (Gliedstaaten) zu einem Gesamtstaat, in dem Aufgaben unterschiedlich verteilt sind.

Sozialstaat
Ein Staat, der sich um soziale Gerechtigkeit und einen sozialen Ausgleich bemüht.

Weitere Informationen zu den Begriffen

72035-80

M17 Ist die Würde des Menschen wirklich unantastbar?

Vor tragischen Entscheidungen

Aus Italien ist das Schreckensszenario in Intensivstationen schon bekannt: Ein über achtzig Jahre alter Patient hat den letzten freien Beatmungsplatz belegt, und es wird eine 35 Jahre alte Mutter von drei Kindern eingeliefert, die nur überleben wird, wenn sie ebenfalls beatmet wird. Soll der Arzt dann den älteren Patienten vom Beatmungsgerät abhängen und sein Sterben in Kauf nehmen, um die junge Mutter zu retten? Nichts fürchten Ärzte mehr als das Extubieren eines Patienten und eine so extreme Entscheidungssituation. Rechtlich gesehen, wäre es aktives Töten. Die medizinischen Fachgesellschaften haben dafür ihre eigenen Kriterien entwickelt. Die Ad-hoc-Empfehlung des Deutschen Ethikrats unterscheidet sich insofern von den Empfehlungen der medizinischen Fachgesellschaften, als er die Normenkonflikte zwischen Recht und Ethik bedenkt, die sich nicht selten als nahezu unlösbares Dilemma erweisen
Der Vorsitzende des Ethikrats, der evangelische Theologe Peter Dabrock, hält es für richtig, dass allein die klinische Erfolgsaussicht als Kriterium gelten soll, verweist aber auch darauf, dass Staat und Gesellschaft selbst in solchen Ausnahmesituationen „die

Fundamente der Rechtsordnung" sichern müssen und eine Erosion noch weniger ertragen können als sonst. Das Alter, die soziale Herkunft, Religionszugehörigkeit oder gar Behinderung des Patienten dürften bei der Entscheidung in Konfliktsituationen keine Rolle spielen. Der Gleichheitsgrundsatz müsse auch jetzt unaufgebbar bleiben. Er hält es für unabdingbar, Vertrauen in die Rechtsordnung, in das Gesundheitssystem und in die Ärzte zu stärken. „Der Staat darf menschliches Leben nicht bewerten und deshalb auch nicht vorschreiben, welches Leben in einer Konfliktsituation vorrangig zu retten ist. Selbst in Ausnahmezeiten eines flächendeckenden und katastrophalen Notstands hat er nicht nur die Pflicht, möglichst viele Menschenleben zu retten, sondern auch und vor allem die Grundlagen der Rechtsordnung zu garantieren", heißt es. Wer sich als Arzt an die transparenten Kriterien der medizinischen Fachgesellschaften hält, „kann im Fall einer möglichen (straf-)rechtlichen Aufarbeitung des Geschehens mit einer entschuldigenden Nachsicht der Rechtsordnung rechnen", lautet der semantische Kompromiss zwischen Ethikern und Rechtswissenschaftlern in dem Papier. Um diese sogenannte „Triage bei Ex-post-Konkurrenz" hat der Ethikrat am längsten gerungen. Der Hamburger Strafrechtler Reinhard Merkel, selbst Mitglied im Ethikrat und Mitautor des besonders strittigen Punkts im Ethikratspapier, verweist darauf, dass es den Verfassungs- und Strafrechtlern in dem Gremium nicht darum gegangen sei, die Rolle der „furchtbaren Juristen" einzunehmen, vielmehr fühlten alle „die entsetzliche Beklemmung mit". Juristen könnten die fundamentalen Rechtsprinzipien aber nicht ignorieren, vielmehr müsse der Staat auch und gerade in solchen Katastrophensituationen die fundamentalen Grenzlinien des Rechts bewachen. Der Staat habe selbst nichts zu empfehlen, er könne aus rechtlicher Perspektive aber nicht dulden, dass der über achtzig Jahre alte Patient extubiert wird, um die junge Mutter zu retten. Ein drittes Szenario, das in der Stellungnahme keine Erwähnung findet, wird auf Deutschland zukommen. Es lässt sich gegenwärtig im Elsass beobachten, wo das präventive Vermeiden der Ex-post-Triage schon gang und gäbe ist. Auch wenn noch ein Beatmungsgerät frei wäre, wird der 75 Jahre alte Patient nicht intubiert, weil die dortigen Mediziner wissen, dass in Kürze nicht genügend Beatmungsgeräte frei sein werden, um jüngeren Patienten das Leben zu retten. In Frankreich wird schon jetzt offen gesagt, was hier noch niemand thematisiert: Solchen Patienten könnte schlimmstenfalls nur noch begleitende Sterbehilfe angeboten werden.

Schmoll, Heike: Vor tragischen Entscheidungen. Stellungnahme des Deutschen Ethikrats zur Corona-Krise. In: www.faz.net, 28.03.2020 © Alle Rechte vorbehalten. Frankfurter Allgemeine Zeitung GmbH, Frankfurt. Zur Verfügung gestellt vom Frankfurter Allgemeine Archiv

Aufgaben

72035-81

1. a) Erläutern Sie sich zu zweit gegenseitig mit **M15** den Doppelcharakter der Grundrechte (Z. 130/131).
   b) Stellen Sie Ihre Ergebnisse im Kurs vor.
2. Gestalten Sie ausgehend vom Artikel 1 des GG im Zentrum ein Schaubild (→ Methode, S. 102), indem die Ausgestaltung und Funktionen der Grundrechte und Staatsstrukturprinzipien der Artikel 20 GG und 28 GG (**M15** und **M16**) für die politische Ordnung der Bundesrepublik Deutschland erkennbar werden.
3. Beschreiben Sie die Wertkonflikte, die sich in der beschriebenen Triage (**M17**) gegenüberstehen.
4. Beurteilen Sie die Ausgangsfrage in **M14** perspektivisch (80-jähriger Patient/Mutter von drei Kindern/Arzt/Politiker) und kategorial unter besonderer Berücksichtigung des Verfassungsrechts (→ Methode, S. 31 f.).

F zu Aufgabe 2
Lesen Sie den Text „Die Entscheidung für den sozialen Rechtsstaat" (→ digitaler Aufgabenkasten) und nehmen Sie anschließend Stellung zu der Frage, ob Rechtsstaat und Sozialstaat im Widerspruch stehen.

Politik aktiv
Entwerfen Sie ein Gesetz, das die Triage allgemeingültig regelt.

Werte/Wertewandel

Werte können materiell (Haus, Essen, Sicherheit, etc.) oder immateriell (Wissen, Ehrlichkeit, Selbstentfaltung, etc.) sein. Sie bewegen Menschen zu einem bestimmten Verhalten und sind in unterschiedlichen Kulturen unterschiedlich, wobei ähnliche wirtschaftliche und gesellschaftliche Entwicklungsstufen auch ähnliche Wertprioritäten hervorrufen. Lange stabile Phasen wirtschaftlichen Wachstums führen zu einer messbaren Veränderung der Werteeinstellungen. So ist in Deutschland ein Wertewandel von eher materialistisch orientierten Werten der Vorkriegsgeneration zu postmaterialistischen Werten bei den nach dem Zweiten Weltkrieg Geborenen zu beobachten. Erklären lässt sich dieser Wandel nach Inglehart mit Hilfe der Mangel- und der Sozialisationshypothese. Der deutsche Soziologe Helmut Klages widerspricht den Befunden von Inglehart. Er bestreitet zwar nicht, dass postmaterialistische Werte dabei sind, an Bedeutung zu gewinnen. Er glaubt nur nicht, dass diese die materialistisch geprägten Pflicht- und Akzeptanzwerte radikal verdrängen würden. Vielmehr weist er aufgrund empirischer Untersuchungen auf die gleichzeitige Existenz von Selbstentfaltungswerten und Pflicht- und Akzeptanzwerten hin (Wertesynthese).

Übung
82000-704

Gleichberechtigung

Bei der Verabschiedung des Grundgesetzes (GG) im Jahre 1949 wurde im Artikel 3 GG das Gleichberechtigungsgebot gegen erhebliche Widerstände durchgesetzt. Doch erst im Jahre 1957 wurde durch das Gleichberechtigungsgesetz das den Ehemännern bis dato legale Letztentscheidungsrecht (der sogenannte Stichentscheid) in Fragen der Ehe und Kindererziehung abgeschafft. Nun war es auch nicht mehr möglich, dass Männer die Arbeitsverhältnisse ihrer Ehefrauen kündigen konnten. Im Zuge der Anpassung des GG durch die Wiedervereinigung erhielt der Artikel 3 GG den Zusatz, dass der Staat die Durchsetzung der Gleichberechtigung fördern soll. Entsprechend verfolgt die Politik eine aktive Frauenförderung (z. B. mit der Frauenquote in DAX-Unternehmen).

Übung
82000-705

Grundgesetz

Das Grundgesetz ist die Verfassung der Bundesrepublik Deutschland. Eine Verfassung bezeichnet die rechtliche Grundordnung eines Staates. Sie regelt seine Organisation und Struktur und bestimmt das Verhältnis zu seinen Bürgerinnen und Bürgern. Der Begriff Grundgesetz sollte im geteilten Deutschland das Provisorische zum Ausdruck bringen. Inzwischen hat sich das Grundgesetz aber als so stabil und zeitlich überdauernd erwiesen, dass Deutschlands Verfassung heute immer noch Grundgesetz heißt.

Übung
82000-706

Menschenwürde

Die Menschenwürde ist der innere Wert, der dem Menschen um seinetwillen zukommt. Der Staat hat sie zu achten und damit alles zu unterlassen, was sie beeinträchtigt. Er darf den Menschen deshalb nicht zum verfügbaren Objekt seines Handelns machen und ihn nicht als Mittel zum Zweck missbrauchen, womit sich der Begriff der Menschenwürde an Kant anlehnt. Als Artikel 1 im Grundgesetz ist sie durch den Artikel 79 (3) mit der sogenannten Ewigkeitsklausel ausgestattet und unveränderlich.

Übung
82000-707

KOMPETENZEN ANWENDEN

Kursarbeitstraining

Die folgenden Aufgaben bieten die Möglichkeit, Ihre gewonnen Kompetenzen zu überprüfen und diese anzuwenden. Sie können als Vorbereitung für eine Kursarbeit dienen. Lösungsvorschläge erhalten Sie über den QR-Code.

1 Pro & Kontra: Kinderrechte ins Grundgesetz?

Seit dieser Woche gibt es einen Gesetzentwurf zur Einführung von Kinderrechten ins Grundgesetz. Ist das sinnvoll, oder bloße Symbolpolitik? Ein Pro und Kontra.

PRO: Eine grundsätzliche Weichenstellung

Es gibt Sätze, die banal klingen, aber tiefgründig sind. Der Satz „Kinder sind keine kleinen Erwachsenen" ist so einer. Kinder können nicht selbst für sich sorgen, sie können ihre Rechte nicht durchsetzen, sie brauchen Fürsorge und Schutz. Das weiß jeder. Aber nicht jeder handelt danach. Das ist oft nicht böse Absicht, manchmal gehen Kinder unter, wenn Erwachsene mit Nachdruck ihre Interessen verfolgen. Die Verankerung von Kinderrechten im Grundgesetz wird nicht über Nacht die Situation irgendeines Kindes verbessern. Doch eine Erweiterung von Artikel 6 kann einen Beitrag leisten, den Blick für das Kindeswohl zu schärfen. Das ist mehr als ein Symbol. Wie fatal es sich auswirken kann, wenn niemand genau hinschaut, hat der Staufener Missbrauchsfall gezeigt. Über Jahre hinweg war ein Junge von seiner Mutter und ihrem Lebensgefährten auf schwerste Weise sexuell missbraucht [...] worden. Das Jugendamt und die Gerichte, die mit der Situation in der Familie befasst waren, erkannten nicht, dass sich der Beschützerinstinkt der Mutter, eigentlich ein Urinstinkt, in sein perverses Gegenteil verkehrt hatte. Das Kind hatte in der Schule erzählt, dass es sich vor dem Freund seiner Mutter ausziehen und sich von ihm ansehen lassen müsse. [...] Die Gerichte hatten davon abgesehen, den Jungen selbst anzuhören und ihm einen Verfahrensbeistand zu bestellen, einen Anwalt des Kindes sozusagen. Hätten Behörden und Gerichte dem Jungen wirklich Aufmerksamkeit geschenkt, hätten sie seine Not gesehen. [.....]

Zu den Kinderrechten soll der Anspruch auf rechtliches Gehör gehören, wenn staatliche Entscheidungen die Rechte eines Kindes unmittelbar betreffen. Aber es geht nicht nur um die ganz harten Fälle. Etwa jede dritte Ehe in Deutschland scheitert. Wenn sich Eltern scheiden lassen, werden die Kinder in Mitleidenschaft gezogen. Wie stark, hängt davon ab, ob und inwiefern die Eltern Rücksicht auf ihre Kinder nehmen oder ob sie ihren Streit auf dem Rücken der Kinder austragen. Die Behörden und Gerichte müssen darauf hinwirken, dass Eltern sich nicht unverantwortlich verhalten. [...]

Grundrechte sind in erster Linie Abwehrrechte gegen den Staat. Das lässt sich am Beispiel des Rechts auf Leben und körperliche Integrität gut erklären. Dieses Grundrecht schützt etwa davor, dass Demonstranten von Polizisten verletzt werden – es sei denn, dies ist im Ausnahmefall gerechtfertigt. [...] Das ist bei den Kinderrechten auch nicht anders. Wenn im Grundgesetz künftig steht, dass jedes Kind „das Recht auf Achtung, Schutz und Förderung seiner Grundrechte einschließlich seines Rechts auf Entwicklung zu einer eigenverantwortlichen Persönlichkeit in der sozialen Gemeinschaft" hat, dann heißt das erst einmal, dass der Staat in diese Rechte nicht eingreifen darf. Der Staat darf also gerade nicht mit Kindern machen, was er will; das neue Grundrecht stärkt vielmehr die Position des Kindes auch gegenüber staatlichen Vorgaben. Dann muss im Einzelfall abgewogen werden; die Schulpflicht werden Kinder kaum los, das ist ein gerechtfertigter Eingriff. Die Schutzpflicht des Kindergrundrechts bedeutet derweil, dass der Staat die Rahmenbedingungen dafür schaffen muss, dass Kinder ihre Rechte auch ausüben können. [...]

Bubrowski, Helen/van Lijnden, Constantin: Kinderrechte ins Grundgesetz. In: ww.faz.net, 01.12.2019

KOMPETENZEN ANWENDEN

KONTRA: Reine Verfassungslyrik

Es ist nicht so, als gäbe es einen Mangel an Projekten, denen Politiker sich widmen könnten, um die Situation von Kindern und Jugendlichen in Deutschland zu verbessern: Zahl und Ausstattung von Kitas etwa, eine generationengerechte Umwelt- und Rentenpolitik oder eine Absenkung des Wahlalters. Doch jedes dieser Vorhaben hat auch seine Kosten, die in Haushaltsmitteln und Wählerstimmen bemessen werden. Kostenlos zu haben ist hingegen eine andere Reform, der sich eine Reihe von Familienpolitikern seit Jahren hingebungsvoll widmen: die Einführung von Kinderrechten ins Grundgesetz. Das Pathos, mit dem dabei die „besondere Verantwortung des Staates" für „die Kleinsten und Schwächsten in der Gesellschaft" und „die Zukunft unseres Landes" beschworen wird, wäre schwer genug zu ertragen, wenn sich dahinter ein gehaltvolles Vorhaben verbergen würde. Doch leider gilt wie so oft im Leben: Was nichts kostet, ist nichts wert. Dass es sich bei Kinderrechten um bloße Symbolpolitik handelt, gibt der Gesetzentwurf, mit dem sie eingeführt werden sollen, unumwunden zu, mehr noch: Er erklärt die rechtliche Wirkungslosigkeit des neu zu schaffenden Grundrechts sogar zum ausdrücklichen Ziel der Reform. Um dies sicherzustellen, hatte das Bundesjustizministerium im Vorfeld eine Expertenkommission damit betraut, verschiedene Formulierungsvarianten zu ersinnen, und dann diejenige gewählt, von der mit der höchsten Wahrscheinlichkeit zu erwarten ist, dass sie Behörden und Gerichten keinerlei Anlass liefern wird, an ihrer Praxis im Umgang mit Kindern irgendetwas zu ändern. Wozu dann das Ganze? Damit Kinderrechte „besser sichtbar gemacht werden", heißt es im Entwurf. Ein offeneres Bekenntnis zu Tugendmalerei und Verfassungslyrik ist nicht vorstellbar. [...] Natürlich gibt es auch heute noch Reformbedarf – etwa bei den Zukunftschancen von Kindern aus bildungsfernen Familien, womöglich auch bei der verpflichtenden Anhörung von Kindern in Sorgerechtsstreitigkeiten, wie dies nach dem Staufener Missbrauchsfall angeregt wurde. [...] Verfassungsrechtler, deren Handwerk darin besteht, jedes der bewusst sparsam eingesetzten Worte des Grundgesetzes dreimal zu wenden, auf seinen Gehalt abzuklopfen und in seinen Implikationen zu durchdringen, treibt solch offen zur Schau getragene Geringschätzung gegenüber der Klarheit und Präzision des Grundrechtskatalogs selbstredend zur Verzweiflung. Nicht auszuschließen, dass der eine oder andere Richter sich veranlasst sieht, diesem sprachlichen Bedeutungsverfall entgegenzuwirken, indem er dem neuen Kindergrundrecht in Entscheidungen doch irgendeine Bedeutung beimisst – dann freilich mit kaum voraussehbaren und vom Gesetzgeber nicht beabsichtigten Ergebnissen.

Bubrowski, Helen/van Lijnden, Constantin: Kinderrechte ins Grundgesetz. In: www.faz.net, 01.12.2019

Aufgaben 72035-82

1. Geben Sie das dargestellte Problem wieder.
2. Erarbeiten Sie sich die Pro und Kontra-Argumente für die Aufnahme von speziellen Kinderrechten in das Grundgesetz und ergänzen Sie diese gegebenenfalls mit eigenen Argumenten.
3. Erörtern Sie die Aufnahme von speziellen Kinderrechten in das GG und machen Sie deutlich welche Sach- und Wertaspekte Ihrem Urteil zugrunde liegen.

Lösungsvorschläge und Erwartungshorizonte

72035-83

A Vertrauen der Deutschen in politische Institutionen Anfang 2023 in %

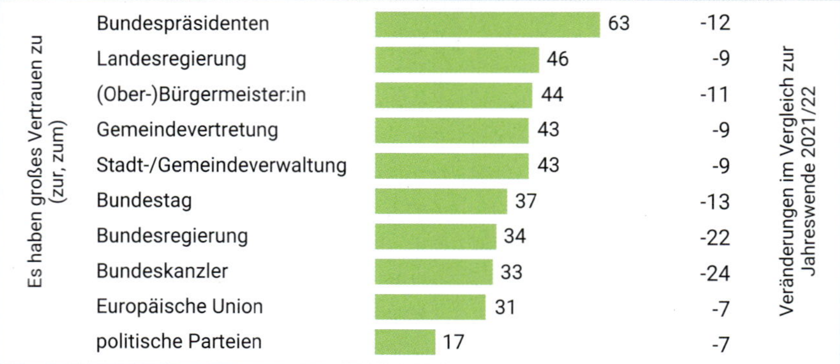

Nach: forsa-Institutionen-Vertrauensranking zur Jahreswende 2022/2023

Der Deutsche Bundestag beschließt mit der Mehrheit seiner Mitglieder ein neues Gesetz, Dezember 2022

Bei einer Kundgebung gegen die Corona-Schutzmaßnahmen werden die Treppen des Reichstags von Demonstrierenden gestürmt, 2020.

D Sind Sie mit der Art und Weise, wie die Demokratie in Deutschland funktioniert, alles in allem gesehen zufrieden?

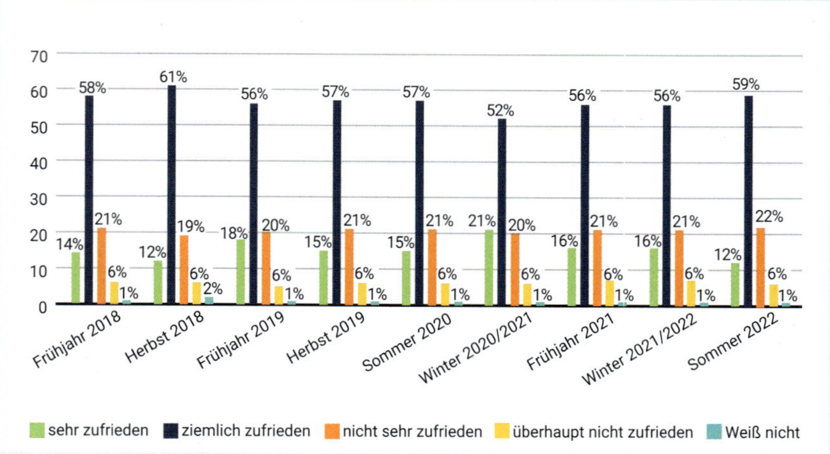

Nach: Statista, 2021; Quelle: Europäische Kommission

Das politische System der Bundesrepublik Deutschland

4

Zwischen Kompromiss und Abgrenzung

In einer liberalen Demokratie wie der Bundesrepublik Deutschland legitimieren die Bürgerinnen und Bürger ihre Repräsentanten durch Wahlen und Abstimmungen. Diese treffen dann für sie Entscheidungen. Es besteht regelmäßig die Möglichkeit für die Wahlberechtigten, die Politischen Entscheider:innen in ihrem Amt zu bestätigen oder neue Mehrheitsverhältnisse zu schaffen. Das Funktionieren dieses Systems hängt aber davon ab, dass es auf genügend Akzeptanz und Zustimmung bei den Bürgerinnen und Bürgern gründet, dass diese zahlreich an Wahlen partizipieren und sich selbst zur Wahl stellen. Außerdem muss das System in der Lage sein, den Bürgerinnen und Bürgern genügend Partizipationsmöglichkeiten zur Verfügung zu stellen und sinnvolle Sachentscheidungen hervorzubringen, welche den gesellschaftlichen Frieden gewährleisten können. Im politischen System ist das Zusammenwirken der politischen Akteure darauf ausgerichtet, Mehrheiten für eigene Gesetzesvorhaben zu erlangen. Dafür ist Geschlossenheit notwendig. Allerdings gibt es auch Vetospieler, die erst durch einen Interessenausgleich und Kompromisse überzeugt werden müssen, damit politische Entscheidungen zustande kommen, die in verbindliche Gesetze fließen. Sie sollen in diesem Kapitel Ihre Partizipationsmöglichkeiten und -hemmnisse als Bürgerinnen und Bürger, die formellen und informellen Entscheidungsprozesse im politischen System sowie die Gefährdung und Herausforderungen der Demokratie in Deutschland analysieren und beurteilen.

Leitfragen

1. Wie funktioniert das Zusammenspiel der politischen Akteure zwischen der Suche nach mehrheitsfähigen Kompromissen und der Notwendigkeit der Abgrenzung im politischen Wettbewerb?
2. Welche Möglichkeiten und Hemmnisse der Partizipation und Mitbestimmung besitzen die Bürgerinnen und Bürger?
3. Welche Stärken- und Leistungsfähigkeiten, aber auch welche Mängel und Potenziale zur Weiterentwicklung hat unser politisches System?

Aufgaben

72035-84

1. Beschreiben Sie die Bilder und Grafiken (A – D). Formulieren Sie Thesen zum Zustand des politischen Systems.
2. Ermitteln Sie mögliche Ursachen für das schwindende Vertrauen in die Demokratie und die politischen Institutionen:
   a) Erarbeiten Sie in Teams mögliche Ursachen in Thesenform.
   b) Prüfen Sie die Tragfähigkeit Ihrer Thesen durch eine Umfrage in ihrem Freundes-, Bekannten- und Familienkreis.
   c) Visualisieren Sie Ihre Umfrageergebnisse und diskutieren Sie diese im Kurs.
   d) Formulieren Sie Forschungsfragen dazu, inwieweit das politische System selbst die Ursache ist. Beantworten Sie die Forschungsfragen entlang des Kapitels.

4.1 Politische Willensbildung und Parteiendemokratie

4.1.1 Parteien im politischen System der Bundesrepublik Deutschland: Wie gut erfüllen die Parteien noch ihre Aufgaben?

Zum Thema: Alle Abgeordneten des Deutschen Bundestages sind als Parteimitglieder gewählt worden, ohne Parteimitgliedschaft war bisher keine Kandidatur erfolgreich. Dies gibt den Parteien eine zentrale Rolle im politischen System in Deutschland. Gleichzeitig sind die Zustimmungswerte zu den politischen Parteien und die Zufriedenheit sehr gering. Daraus resultiert die Frage, wie gut die Parteien eigentlich ihre Aufgaben erfüllen und ob sie nicht durch andere Formen der Mitbestimmung ersetzt oder ergänzt werden sollen.

M1 Positionierung: Wie gut erfüllen die Parteien in Deutschland ihre Aufgaben?

In Deutschland gibt es eine große Vielfalt von Parteien.

A Ich bin mit den Parteien in Deutschland sehr zufrieden, weil …

B Ich bin mit den Parteien in Deutschland sehr unzufrieden, weil …

Bearbeiter

Einstiegsaufgaben 72035-85

1. Welcher Aussage in **M1** stimmen Sie eher zu? Positionieren Sie sich zwischen den beiden Aussagen und begründen Sie Ihre Position durch Nennung des entscheidenden Kriteriums.
2. Vergleichen und diskutieren Sie die unterschiedlichen Positionierungen und Begründungen.

M2 Parteien: Begriff und Typologie

A Begriff der Partei

- Es handelt sich um einen mehr oder weniger festgefügten (= organisierten) Personenverband;
- diese Personen vertreten gemeinsame politische Ansichten und Interessen;
- ihr Ziel ist die Beteiligung an der staatlichen Herrschaft (= Erringung von Regierungsmacht). […]

B Typologische Merkmale von Parteien

Parteien sollten und können danach unter folgenden fünf Gesichtspunkten unterschieden werden:

- Ideologisch-politische Zugehörigkeit und Programmatik
- Historischer Ursprung und Entstehung
- Organisationsstruktur
- Struktur der Anhängerschaft
- Zielorientierung und Funktionen im politischen System

Die fünf Merkmale sind nicht unabhängig voneinander zu betrachten, sondern beeinflussen sich wechselseitig und weisen vielfältige Überschneidungen auf. [...]

[Das erste] Merkmal liegt in den meisten Fällen der Selbstbezeichnung und Namensgebung der Parteien zugrunde; insofern geht es den anderen voraus. Die Zugehörigkeit der Parteien wird dabei entweder an inhaltlich-beschreibenden (konservativ, sozialdemokratisch, grün etc.) oder Richtungsbegriffen (rechts, links) festgemacht. [...]

Das Links-Rechts-Schema geht historisch auf die Französische Revolution zurück. Mit seiner Hilfe lassen sich die Positionen der Parteien zu den relevanten politischen Streitfragen räumlich abbilden. In der heutigen Politikwissenschaft werden diese Streitfragen in der Regel zu zwei gesellschaftlichen Grundkonflikten zusammengefasst: dem sozioökonomischen Verteilungs- und dem soziokulturellen Wertekonflikt. Im ersten Falle stehen sich die Grundpositionen der Marktfreiheit und sozialen Gerechtigkeit als rechte und linke Pole gegenüber, im zweiten Falle konservativ-autoritäre und libertäre Werthaltungen. [...]

Neben das Richtungsmerkmal muss [...] als weiteres Unterscheidungsmerkmal die Intensität oder Radikalität der ideologischen Ausrichtung treten (gemäßigte, radikale oder extreme/extremistische Parteien). Das Spektrum ideologischer Positionen reicht damit von den extrem rechten (= faschistischen oder nationalistischen) bis hin zu den extrem linken (= kommunistischen) Vertretern. [...] Während die nach ideologischen Merkmalen unterschiedenen Parteien in der Regel über ein Vollprogramm verfügen, das alle wichtigen politischen Fragen adressiert, setzen andere Parteien von vornherein nur auf einzelne Themen, die die Werte und Interessen relativ kleiner Bevölkerungsgruppen betreffen. Diese Vertreter werden als Einpunkt- oder Nischenparteien bezeichnet. In der Bundesrepublik gehören dazu z. B. die Tierschutzpartei oder die Partei Bibeltreuer Christen. [...]

Logos von im deutschen Bundestag vertretenen Parteien

Blendet man von der Angebotsseite der Partei selbst zur Nachfrageseite des Wählers über, lassen sich die Parteien nach den Bevölkerungsgruppen unterscheiden, die sie in der Auseinandersetzung mit ihren Wettbewerbern bevorzugt erreichen wollen. [...] In den heutigen Gesellschaften, die durch ein hohes Maß an sozialstruktureller Pluralität gekennzeichnet sind, gelingt es in der Regel nur noch kleineren Parteien, die Interessen homogener Bevölkerungsgruppen anzusprechen; diese werden dann häufig als Klientelparteien apostrophiert. [...]

Die abnehmende Bedeutung der Standes- und Klassenschranken in den Wohlstandsgesellschaften der Nachkriegszeit begründet den Siegeszug eines neuen Parteientyps, der von nun an die ganze Bevölkerung als potenzielle Wählerzielgruppe betrachtet. In Deutschland wird dieser Typus als Volkspartei bezeichnet.

Decker, Frank: Parteiendemokratie im Wandel. 2., aktualisierte und überarbeitete Auflage. Baden-Baden: Nomos Verlag 2018, S. 11-19

M3 Welche Funktionen haben die Parteien im politischen System?

A Begriff der Partei im Grundgesetz

Artikel 21

(1) Die Parteien wirken bei der politischen Willensbildung des Volkes mit. [...]

B Funktionen der Parteien im politischen System

Parteien nehmen eine Mittlerposition zwischen Staat und Gesellschaft ein. Auf der einen Seite artikulieren, formen und kanalisieren sie die Meinungen und Interessen der Bürger, indem sie bei den Wahlen konkurrierende personelle und Programmangebote unterbreiten. Auf der anderen Seite setzen sie den so gebildeten politischen Willen in Entscheidungen um. Um beiden Aufgaben gerecht zu werden, müssen die Parteien organisatorische Beziehungen sowohl zum Volk als auch zum Staat aufbauen und diese verstetigen.

Von der Politikwissenschaft werden den Parteien üblicherweise vier Funktionen zugeschrieben:

1 Repräsentationsfunktion: Parteien bilden die Konfliktlinien innerhalb einer Gesellschaft ab, sind also ein Ausdruck sozialer Kräfte. Durch die Formulierung politischer Programme versuchen sie, die Interessen der von ihnen vertretenen Wählergruppen zu artikulieren und zu bündeln.

2 Legitimationsfunktion: Als Institutionen der Willensbildung verkörpern die Parteien das demokratische Prinzip im Allgemeinen und dessen plebiszitäre Komponente im Besonderen. Indem sie die Bürger mobilisieren und zur Partizipation anhalten, tragen sie zur politischen Integration des Gemeinwesens bei.

3 Sozialisations- und Elitenrekrutierungsfunktion: Parteien wählen das politische Führungspersonal aus und trainieren es für die Übernahme von staatlichen (bzw. kommunalen) und Regierungsämtern. Als Karrierevehikel sind sie dabei zugleich Interessengruppen in eigener Sache.

4 Steuerungsfunktion: Parteien streben nach Regierungsmacht und üben unmittelbaren Einfluss auf die staatliche Willensbildung und Entscheidungsfindung aus. Im Wettbewerb mit ihren Mitstreitern sorgen sie für politische Innovationen.

Decker, Frank: Parteiendemokratie im Wandel. 2., aktualisierte und überarbeitete Auflage. Baden- Baden: Nomos Verlag 2018, S. 16 und Decker, Frank: Parteiendemokratie im Wandel. In: Decker, Frank/ Neu, Viola (Hrsg.): Handbuch der deutschen Parteien. 3., erweiterte und aktualisierte Auflage. Wiesbaden: Springer VS 2018, S. 3 f.

M4 Wie hoch ist das Vertrauen in politische Parteien in Deutschland?

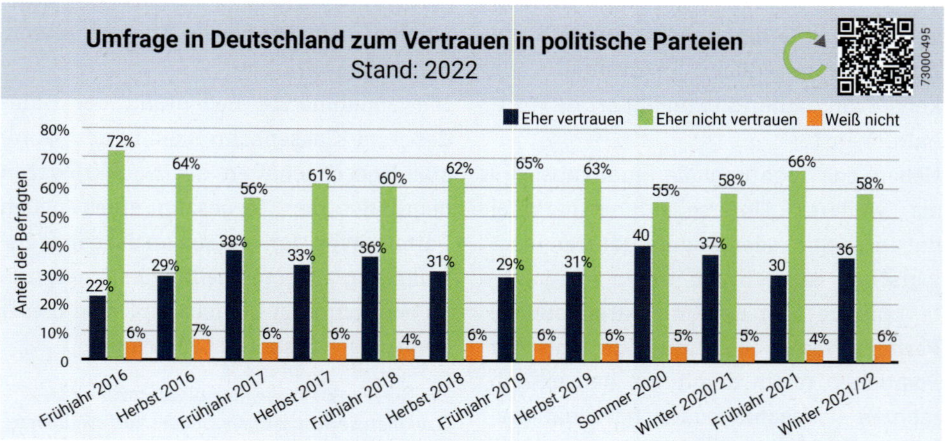

© C.C. Buchner Verlag, aktuelle Daten nach: Standard Eurobarometer, 2022; Darstellung: Statista

Mitgliederentwicklung von Parteien 1990-2021 (Auszug)
SPD: -58,2% auf 396 Tsd.
CDU: -51,4% auf 384 Tsd.
Grüne: +304% auf 125 Tsd.
FDP: -54,2% auf 77 Tsd.

73000-126

M5 Sozialstruktur der Parteimitglieder

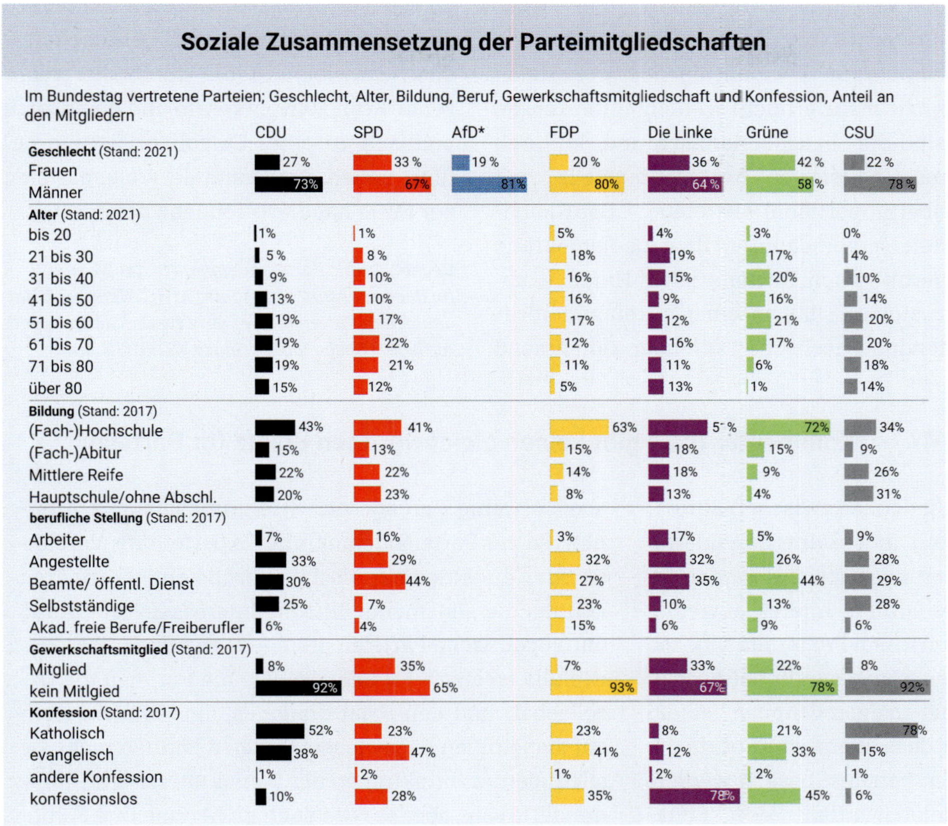

Nach: bpb, 2020, CC: BY-NC-ND; , Datenquelle: Niedermayer, Oskar: Parteimitglieder in Deutschland: Version 2020. Arbeitshefte aus dem Otto-Stammer-Zentrum. Nr. 31. FU Berlin 2020

Grafik: Durchschnittsalter der Mitglieder politischer Parteien

73000-461

* Zum Zeitpunkt der Datenerhebung war die AfD nicht im Bundestag vertreten, sodass nicht für alle Merkmale Daten vorliegen.

M6 Kommentar I: Die Parteien verursachen eine Repräsentations- und Legitimationskrise

Am ehesten erfolgreich bleiben die Parteien in der Sozialisations- und Rekrutierungs- sowie der politischen Steuerungsfunktion. Bei der erstgenannten können sie in den meisten Demokratien sogar ein Monopol für sich reklamieren […] In der gesellschaftlichen Sphäre sehen sie sich mit der Tatsache konfrontiert, dass die Partizipation vermehrt jenseits von ihnen – in Bürgerinitiativen, sozialen Bewegungen und Nichtregierungsorganisationen – stattfindet, die Bürger also andere Formen und Kanäle der Einflussnahme vorziehen. Mit Blick auf das gestörte Vertrauensverhältnis zwischen Bürgern und Parteien, das sich in nachlassender Organisationskraft, Nichtbeteiligung an Wahlen, „abweichendem" Stimmverhalten sowie anderweitigen Protestformen mitteilt, scheint es nicht übertrieben, von einer anhaltenden Repräsentations- und Legitimationskrise der Parteiendemokratie zu sprechen. […] Uneinigkeit herrscht unter den wissenschaftlichen und publizistischen Beobachtern, wie diese Tendenzen zu bewerten sind. Haben wir es tatsächlich mit Krisenzeichen zu tun, die für die Stabilität des demokratischen Systems bedrohlich werden können? Oder handelt es sich um Aspekte eines ganz normalen Wandlungsprozesses, der zu einer Transformation der Parteien und des Parteiensystems führt, aber nicht notwendigerweise zu ihrem Niedergang? Für die erste Interpretation sprechen Befunde einer wachsenden Unzufriedenheit mit der Demokratie, die in Deutschland unter dem Schlagwort „Politikverdrossenheit" firmiert. [...] Unterstützung findet die Krisenthese, wenn man die Struktur der Wähler betrachtet, die von den etablierten (systemtragenden) Parteien nicht mehr erreicht werden; unter diesen sind die sozialökonomisch und -kulturell marginalisierten Bevölkerungsteile weit überproportional vertreten [...]. Das Gleichheitsversprechen, auf dem die Demokratie beruht, auch in materieller Hinsicht abzusichern, fällt in einer auseinanderdriftenden Gesellschaft offenbar zunehmend schwer. [...] In der Repräsentationslücke spiegeln sich die zentrifugalen Tendenzen der wirtschaftlichen und gesellschaftlichen Entwicklung, die durch die wachsende Kluft zwischen Arm und Reich auch politisch zu einer Entsolidarisierung geführt haben. Der Drang der Volksparteien zur Mitte hat diese Tendenz befördert.

Decker, Frank: Parteiendemokratie im Wandel. In: Decker, Frank/ Neu, Viola (Hrsg.): Handbuch der deutschen Parteien. 3., erweiterte und aktualisierte Auflage. Wiesbaden: Springer VS 2018, S. 4-6

M7 Kommentar II: Es gibt keinen gleichwertigen Ersatz für Parteien

Parteien sind das zentrale Bindeglied zwischen Bürgerschaft und Regierungssystem. Indem ihre Kandidatinnen in Parlamente und Regierungen gewählt werden, repräsentieren sie die gesellschaftliche Interessenvielfalt und gestalten die Politik nach ihrem Programmangebot. Als Mitgliederorganisationen tragen sie zur politischen Integration unterschiedlicher sozialer Gruppen bei und sorgen als gatekeeper dafür, dass öffentliche Führungspositionen mit qualifiziertem Personal besetzt werden. Die bundesdeutschen Parteien wurden diesen Funktionsanforderungen lange Zeit in hohem Maße gerecht. Ihre überwiegend positive Bilanz verband sich vor allem mit den Volksparteien CDU/CSU und SPD, denen es jeweils gelang, heterogene gesellschaftliche Gruppen an sich zu binden und die zentralen politischen Interessenkonflikte zu moderieren. [...] Ein funktionales Äquivalent zu den Volksparteien hat sich jedoch bislang ebenso wenig durchgesetzt wie grundsätzliche Alternativen zur Parteiendemokratie: Expertenräte, Verbände oder direktdemokratische Entscheidungsverfahren können die allgemeinpolitische Interessenvermittlung durch politische Parteien produktiv ergänzen, aber keinesfalls ersetzen. [...] Genauso wie die Parteien die Gesellschaft und den Staat brauchen, sind letztere auch auf die Parteien angewiesen. Parteien können nicht die alleinigen Architektinnen der Demokratie des 21. Jahrhunderts sein, aber es wird auch nicht ohne ihre Fähigkeit gehen, die gesellschaftlichen Interessen über den programmbezogenen Wettbewerb im Prozess der politischen Willensbildung sichtbar zu machen und sie bei der Entscheidungsfindung effektiv umzusetzen.

Grotz, Florian / Schroeder, Wolfgang: Das politische System der Bundesrepublik Deutschland. Eine Einführung. 1. Auflage. Wiesbaden: Springer VS 2021, S. 175–177

Aufgaben

72035-87

1. Erarbeiten Sie die Kennzeichen einer Partei und deren Typologie (**M2**). Finden Sie jeweils erklärende Beispiele aus dem Parteiensystem in Deutschland.
2. Erläutern Sie die Funktionen von Parteien im politischen System (**M3**). Entwerfen Sie dazu ein Schaubild (Methode, S. 102).
3. Analysieren Sie die Statistiken zu den Parteien (**M4**, **M5**, **QR-Codes**). Welche Aussagen darüber, wie gut die Parteien ihre Funktionen (**M3**) erfüllen, lassen sich aus den Daten ableiten? Stellen Sie diese thesenartig zusammen.
4. Repräsentations- und Legitimationskrise der Parteiendemokratie und/oder Funktionsnotwendigkeit für das politische System ? Fassen Sie die zentralen Aussagen aus **M6** und **M7** zusammen.
5. Beurteilen Sie die Aufgabenerfüllung durch die politischen Parteien differenziert und kategorial (→ Methode, S.31 f.).

4.1.2 Fragmentierung des Parteiensystems: Gefährdet die Krise der Volksparteien unsere Demokratie?

Zum Thema: Die Zahl der im Deutschen Bundestag vertretenen Parteien hat in den vergangenen Jahrzehnten zugenommen, der Erfolg der traditionell großen Parteien CDU und SPD als Volksparteien hat sich verringert. Dies wird oft als Krisensymptom für das politische System und für die Demokratie insgesamt interpretiert. Sie sollen in diesem Kapitel die jeweiligen Argumente kennenlernen und die Gefährdung beurteilen.

M8 Weniger Sitze im Deutschen Bundestag als Ausdruck für eine Krise der Volksparteien?

A Die Sitzverteilung im Deutschen Bundestag – 1961 und 2021 im Vergleich

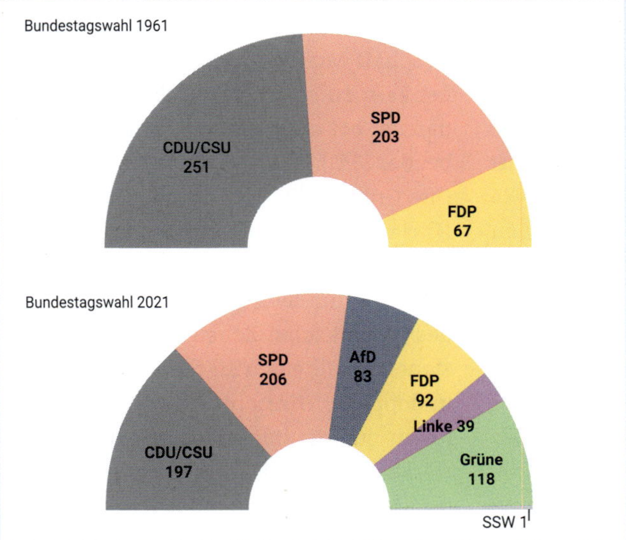

© C.C. Buchner Verlag, Daten für beide Grafiken nach: Bundeswahlleiter, 2023

B Zwei Einschätzungen zur Krise der Volksparteien

Es wird schwer werden für unsere Demokratie, in Zukunft ohne starke und stabile Volksparteien auszukommen.

Merkel, Wolfgang: Brauchen wir noch Volksparteien? In: www.tagesspiegel.de, 21.10.2018

Kommentar: Die Krise der Volksparteien ist keine Krise der Demokratie

Schließ, Gero: Kommentar: Die Krise der Volksparteien ist keine Krise der Demokratie. In: www.dw.com, 24.11.2018

Einstiegsaufgaben 72035-88

1. Erarbeiten Sie die Unterschiede in der Sitzverteilung zwischen 1961 und 2021 (**M8 A**).
2. Stellen Sie den Bezug zwischen den Einschätzungen in **M8 B** zu den Sitzverteilungen in **M8 A** her. Welcher Einschätzung stimmen sie zu?

M9 Die Entwicklung des Parteiensystems seit 1945

Bei der neunten Direktwahl zum Europäischen Parlament am 26. Mai 2019 erreichten CDU/CSU und SPD zusammen nur 44,7 Prozent der abgegebenen Stimmen. Damit kamen die beiden Volksparteien zum ersten Mal bei einer bundesweiten Wahl nicht mehr auf 50 Prozent. [...] Allein derartige Zahlen signalisieren bereits eine Krise der Parteien, die ihren Anspruch, als Volksparteien große Teile der Wählerschaft hinter sich zu vereinen, immer weniger erfüllen. [...]. 1945 ließen die Alliierten in ganz

Deutschland vier Parteien zu: eine christliche, eine sozialdemokratische, eine liberale und eine kommunistische. Die CDU [...] begriff sich von Anfang an als überkonfessionelle Partei, [...] während sich die SPD im ersten Jahrzehnt nach dem Krieg klar als Arbeiterpartei verstand. [...] War die erste Bundestagswahl 1949 noch stark von Weimarer Einflüssen geprägt [...], erreichte die Union 1953 mit 45,2 Prozent ein Ergebnis, das Analytiker als ein „deutsches Wahlwunder" bezeichneten. [...] [S]ie hatte fast das gesamte „bürgerliche Parteienlager" aufgesogen. Die 1970er Jahre waren eine Phase der Zweiparteiendominanz, „das goldene Zeitalter der Volksparteien". Bei den beiden Bundestagswahlen 1972 und 1976 erreichten Union und SPD zusammen mehr als 90 Prozent der Stimmen [...]. Angesichts einer Wahlbeteiligung von ebenfalls 90 Prozent votierten mithin mehr als 80 Prozent der Wahlberechtigten für sie. [...] In den 1980er Jahren – 1983 zogen die Grünen erstmals in den Bundestag ein – ließ die Fixierung auf die beiden „Großen" zwar nach, aber sie dominierten wie zuvor die politische Agenda. [...] Und der FDP [...] oblag eine Scharnierfunktion zwischen den Volksparteien. [...] Das Aufkommen der Neuen Sozialen Bewegungen trug in der Folgezeit jedoch allmählich zum Abschmelzen der Volksparteien bei. [...] Der friedlichen Freiheitsrevolution im Herbst 1989 folgte im Herbst 1990 die ebenso friedliche Einheitsrevolution. [...] Zwar wurde das Parteiensystem des Westens auf den Osten übertragen, aber die Parteien hatten es schwer, dort Anerkennung zu finden. Zu den wichtigsten Gründen, [...] zählen ein starker Parteienverdruss im Osten, eine schwache Parteiidentifikation, ungefestigte Parteistrukturen sowie ein generelles Misstrauen gegenüber Organisationen. Im Westen erwies sich das Ende des Kalten Krieges „als Konjunkturprogramm für die Herausforderer der Volksparteien". [...] Das Parteiensystem splitterte sich auf. [...] Insgesamt haben CDU und SPD bei allen Bundestagswahlen seit 1990 in den alten Bundesländern besser abgeschnitten als in den neuen – dies trifft erst recht auf FDP und Bündnis 90/Die Grünen zu, die jeweils „Bessergestellte" ansprechen, jedoch ganz und gar nicht auf Protestparteien wie Die Linke und die AfD. Auch in den alten Bundesländern nahm das Ausmaß an Volatilität, Polarisierung und Fragmentierung zu. Union und SPD haben angesichts der immer heterogener gewordenen Wählerschaft Mühe, ihren traditionellen Markenkern zu behaupten („Wirtschaftskompetenz" bei der Union, „Sozialkompetenz" bei der SPD). [...]

Ein Werbeplakat für eine Dokumentation über die Krise der Volksparteien.

Die Gründe für den augenscheinlichen Niedergang sind struktur- wie situationsbedingt, exogener wie endogener Art. Zu den strukturellen Ursachen: Die Erosion des gewerkschaftlichen wie des konfessionellen Milieus trifft die Parteien gleich in doppelter Hinsicht. Zum einen gilt dies für die quantitative Ebene (die Zahl der Gewerkschaftsangehörigen sinkt ebenso wie die der kirchlich organisierten Christen), zum anderen für die qualitative Ebene: Die Bindung der Verbliebenen an ihr Milieu ist weniger intensiv als früher. Das Sinken der Parteiidentifikation resultiert wesentlich aus der Zunahme gesellschaftlicher Individualisierung, die traditionelle lebensweltliche Bindungen zurückdrängt. Zu den situativen Ursachen: Der prinzipiell nicht kritikwürdige „Drang der Volksparteien zur Mitte" hat sich als wenig hilfreich erwiesen. „Er ließ ein Vakuum an den rechten und linken Rändern des Parteiensystems entstehen, in das kleinere Parteien erfolgreich hineinstoßen konnten.

Jesse, Eckhard: Krise (und Ende?) der Volksparteien. In: Aus Politik und Zeitgeschichte 71. Jg., 26–27/2021, Bundeszentrale für politische Bildung (Hrsg.), S. 39 – 43

M10 Wie problematisch ist der Niedergang der Volksparteien und die Fragmentierung des Parteiensystems?

A Die Fragmentierung ist eine Chance

24 oder 25 Prozent können ja gute Wahlergebnisse sein; es sind aber nicht mehr die Ergebnisse von Volksparteien, die für sich beanspruchen können, die Gesellschaft als Ganzes zu repräsentieren, oder zumindest ihre relevanten Gruppen. [...] Das von zwei Volksparteien dominierte Lagersystem ist zu einem mulitpolaren Mehrparteiensystem geworden. Der Trend ist ja schon älter. [...] Und wir sollten das nicht zur nächsten Krise der Demokratie stilisieren, sondern als Chance begreifen. Die Nachkriegsdemokratie hat den beiden alten Volksparteien viel zu verdanken. Sie hatten ihre Zeit. Die ist aber vorbei, und in mancherlei Hinsicht ist das auch gut so. [...] Unsere Gesellschaft lebt, denkt, fühlt und wählt aber schon lange nicht mehr in solchen großgesellschaftlichen Lagern. [...] Für die Bearbeitung politischer Konflikte in ausdifferenzierten, stark individualisierten und immer vielfältigeren Gesellschaften ist die Lagerdemokratie jedenfalls nicht mehr die zeitgemäße demokratische Form. [...] Schauen Sie in die Länder, die derzeit Probleme mit ihrer Demokratie haben: die USA, Großbritannien, auch Ungarn oder Polen, selbst Frankreich könnte man hier nennen. Deren mehrheitsdemokratische Systeme oder Systemelemente verschärfen gesellschaftliche Spaltungen eher, als sie zu bearbeiten. Ein konsensdemokratisches Mehrparteiensystem eignet sich viel besser, um Politik für unsere pluralistischen, individualisierten und segmentierten Gesellschaften zu gestalten. Sie folgen aber anderen Spielregeln. Und die müssen erlernt werden. [...] Wir wählen Parteien mit ihren Programmen und Personen. Dass die daraus bisher nur entweder Lagerkoalitionen oder GroKos gemacht haben, zeigt eher, wie schwer sich die Parteien mit dem Wandel tun. Wie sehr sie im alten Lagerdenken verharren. Die Ära Merkel ist auch die Ära verpasster Koalitionschancen. Weder Schwarz-grün oder Jamaika, noch Rot-rot-grün hat man im Bund hinbekommen. [...] Die Parteien könnten ihre Profile schärfen. Eigene Markenkerne entwickeln, und Unterscheidbarkeit erzeugen. Aber nicht entlang veralteter Lagergrenzen, sondern zur Abbildung der neuen gesellschaftlichen Vielfalt. Und verbunden mit Konsens und Kooperation im Regierungshandeln. Das Regieren mit starren Mehrheiten in Lagern verhindert Politik, anstatt sie zu ermöglichen. [...] Die Leute sehen sich an, was die Parteien anbieten, und entscheiden dann, was sie wollen, was zu ihnen passt, was sie, von Wahl zu Wahl, für das Richtige halten. Und sie wünschen sich, dass die Parteien nach der Wahl auch lagerübergreifend zusammenarbeiten. Dazu passt ein kooperationsfähiges Parteiensystem.

Interview mit dem Demokratie-Forscher Robert Vehrkamp, in: Dernbach, Andrea: „25 Prozent sind kein Volkspartei-Ergebnis". In: www.tagesspiegel.de, 29.09.2021

B Die Fragmentierung gefährdet Stabilität und führt zu Demokratieverdruss

Noch nie war bei einem Bundestagswahlergebnis die stärkste Partei so schwach wie diesmal. Kein Lager hat eine Mehrheit, der Sieger wird vom Zweitplatzierten angezählt, realistische Machtoptionen gibt es nur in Dreierkoalitionen, mit denen es in der stabilitäts- und konsensverliebten politischen Kultur der Bundesrepublik auf nationaler Ebene keine Erfahrungen gibt. [...] Dabei entsteht allerdings die Gefahr der Enttäuschung durch die Koalitionsverhandlungen und deren Ergebnisse. Zwar besteht auch für jene, die die künftige Regierung nicht gewählt und nicht gewollt haben, kein Grund zum Schwarzsehen. Denn in lagerübergreifenden Koalitionen wie der Ampel oder auch einem Jamaikabündnis ist es oft genug nicht das Ziel, Ideen zu aggregieren, sondern das Schlimmste aus der Programmatik des Partners zu verhindern. [...] Bei diesem Modus besteht aber die Gefahr des Demokratieverdrusses: Die durch das Verhältniswahlrecht gegebene Repräsentation der gesellschaftlichen Vielfalt im Parlament führt häufig nicht dazu, dass die Herzensanliegen der Parteianhänger verwirklicht werden – selbst wenn ihrer Partei der Sprung in die Regierung und damit zur Gestaltungsmacht gelingt. [...] Eine Erfolgsgewähr gibt es derzeit jedoch nicht einmal, wenn ein Anliegen einer an der Regierungskoalition beteiligten Partei eine breite parlamentarische Mehrheit unter Beteiligung der Opposition fände, da sind die Zwänge des Koalitionsvertrages und die Fraktionsdisziplin vor. Es schwächt aber die Identifikation mit der parlamentarischen Demokratie, wenn die Wählerschaft einer Partei die Erfahrung macht, dass selbst die mehrheitsfähigen Anliegen ihrer Partei nicht umgesetzt werden. [...] So sorgt das Koalitionsprinzip nicht mehr nur für die gewünschte Stabilität [...].

Karp, Markus: Keine Verlierer, keine Sieger. In: www.cicero.de, 15.10.2021

M11 Karikatur zur Koalitionsbildung im fragmentierten Parteiensystem

Karikatur: Heiko Sakurai, 14.09.2021

Aufgaben

72035-89

1. Erarbeiten Sie anhand von **M9** die wichtigsten Stationen in der Entwicklung des Parteiensystems (Kennzeichen, Ursachen, Folgen). Stellen Sie diese als Zeitstrahl dar.
2. Analysieren Sie mit **M10** A und B die Vor- und Nachteile der Fragmentierung des Parteiensystems.
3. Beurteilen Sie die Fragmentierung des Parteiensystems differenziert. Vertreten Sie Ihre Position dabei in der Diskussion.
4. Analysieren Sie die Karikatur **M11** (→ Methode, S. 268). Beurteilen Sie die Hauptaussage der Karikatur (schriftlich).

Sie als Bürger:innen ...

stellen zu zweit als wichtigen Beitrag für mehr Partizipation eine im Deutschen Bundestag vertretene Partei im Kurs vor (→ digitaler Aufgabenkasten). Entwerfen Sie auch einen Maßnahmenkatalog, wie Ihre vorgestellte Partei mehr Mitglieder und Wähler:innen gewinnen kann zur Überwindung der Repräsentations- und Legitimationskrise.

4.1.3 Innerparteiliche Demokratie - alle Mitglieder oder die Delegierten: Wer soll über den Vorsitz einer Partei entscheiden?

Zum Thema: Parteien sollen in ihrer inneren Ordnung nach demokratischen Grundzügen aufgebaut sein. Doch wie soll diese innerparteiliche Demokratie ausgestaltet werden? Über welche Fragen sollen die Mitglieder, über welche die Delegierten und über welche die Parteiführung entscheiden? Dieses Kapitel stellt die grundlegenden Argumente und Spannungsfelder vor.

M12 Wahl des CDU-Vorsitzenden 2021: Mehrheit der Delegierten oder Mehrheit der Mitglieder?

A **Umfrage unter Mitgliedern der CDU**

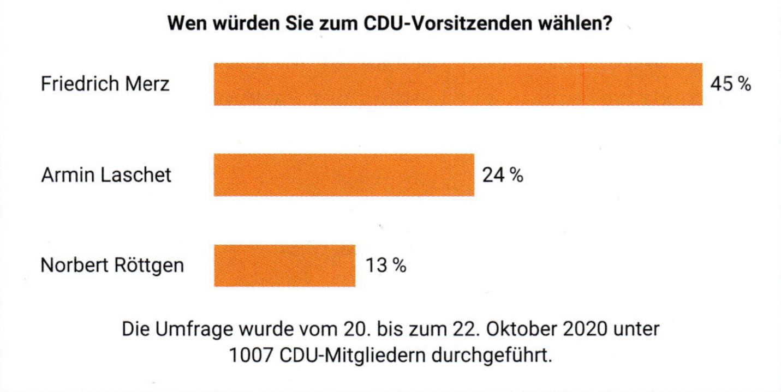

© C.C. Buchner Verlag, Daten nach: Forsa Umfrage im Auftrag von RTL/ntv, Oktober 2020

B **Laschet ist neuer CDU-Vorsitzender**

Auf dem 33. Parteitag der CDU votierten 521 der Delegierten in einer Online-Abstimmung für Laschet. Sein Mitbewerber in der Stichwahl, Friedrich Merz, erhielt 466 Stimmen.

ZDF, dpa, AFP: Nach Stichwahl: Laschet ist neuer CDU-Vorsitzender – vorerst. In: www.zdf.de, 16.01.2021

Einstiegsaufgabe 72035-91

Beschreiben Sie die Schlagzeile und die Umfrage (**M12**) und formulieren Sie das politische Problem.

M13 Die Ausgestaltung der Innerparteilichen Demokratie

Um zu garantieren, dass Parteien als maßgebliche Instanzen zur Förderung der Demokratie wirken, muss ihre innere Ordnung „demokratischen Grundsätzen entsprechen" (Art. 21 Abs. 1 GG). Mit diesem Rechtsrahmen wird auch „den einzelnen Mitgliedern eine angemessene Mitwirkung an der Willensbildung der Partei" (§ 7 Abs. 1 PartG) garantiert.
Damit bewirkt das Parteiengesetz, dass sich die deutschen Parteien in ihrer Organisationsstruktur grundsätzlich ähneln [...]. Zum einen gibt das Parteiengesetz vor, dass sich die Parteien entsprechend den Ebenen des föderalen Staatsaufbaus in vertikale „Gebietsverbände" gliedern [...].
Die untersten Organisationseinheiten sind auf der Ebene der Gemeinden bzw. Stadtteile angesiedelt, [...]. Während es in manchen ländlichen Regionen nicht genügend Mitglieder einer Partei gibt, um einen Ortsverband zu gründen, bestehen in den meisten Städten mehrere Ortsverbände derselben Partei. Kreisverbände (SPD:

Zusatzmaterial:
Auszüge aus dem Parteiengesetz

72035-92

Unterbezirke) bilden die nächsthöhere Organisationsgliederung. Sie bündeln die lokalen Einheiten und korrespondieren mit den Stadt- und Landkreisgrenzen. Wenn eine Partei aufgrund fehlender Mitgliederbasis [...] in bestimmten Regionen keine Ortsverbände hat, bilden die Kreisverbände die unterste Organisationsebene. Die Landesverbände als nächsthöhere Ebene entsprechen in der Regel der Gliederung der Bundesländer. [...] Der Bundesverband ist die oberste Organisationseinheit einer Partei. [...].

Zum anderen gibt es auf jeder Ebene einer Parteiorganisation unterschiedliche Gremien, die nach der Logik horizontaler Gewaltenteilung strukturiert sind. Dabei bildet der Parteitag die „Legislative", Vorstand und Präsidium die „Exekutive" und das Schiedsgericht die „Judikative" [...].

Als höchstes Legitimations- und Beschlussorgan entscheidet [der Parteitag] über inhaltliche und organisatorische Grundsatzfragen, wie Wahlprogramme und Satzungsänderungen. Außerdem wählt der Parteitag die innerparteilichen Amtsträgerinnen des Gebietsverbands, wie z. B. den Vorsitzenden und die Vorstandsmitglieder [...].

Aufgrund des Delegiertenprinzips kann die Parteibasis den Bundes- oder Landesvorstand nicht direkt bestimmen. „Urwahlen" der Parteivorsitzenden, wie sie zuletzt die SPD 2019 durchgeführt hat, haben daher „nur konsultativen Charakter und müssen in ihrem Ergebnis von Parteitagen bestätigt werden" [...]. Als exekutive Gremien sind Vorstand und Präsidium mit der Leitung der Parteiorganisation beauftragt.

Organisationsstruktur deutscher Parteien

	Legitimationsorgane („Legislative")	**Leitungsorgane („Exekutive")**	**Schiedsinstanzen („Judikative")**
Bund	Bundesparteitag, Bundesausschuss/ -Konvent	Bundesvorstand, Präsidium, Parteizentrale	Bundespartei-gericht
Land	Landesparteitag, Landesausschuss	Landesvorstand, Landesgeschäftsstelle	Landespartei-gericht
Kreis	Kreisparteitag, Kreisausschuss	Kreisvorstand, Regionalbüro	Kreisparteigericht
Gemeinde/ Stadtteil	Mitglieder-versammlung	Ortsvorstand	–

Nach: Grotz, Florian / Schroeder, Wolfgang: Das politische System der Bundesrepublik Deutschland. Eine Einführung. 1. Auflage. Wiesbaden: Springer VS 2021, S. 144–146

M14 Innerparteiliche Demokratie in der Diskussion

2021 wurde Armin Laschet von Delegierten auf einem Parteitag zum CDU-Parteivorsitzenden gewählt, obwohl die Mitglieder seinen Gegenkandidaten Friedrich Merz in Umfragen favorisierten. Auch die Ernennung von Laschet zum Kanzlerkandidaten erfolgte durch ein Votum des Bundesvorstandes, hier wurde sein Kontrahent Markus Söder (CSU) in Umfragen bei den Parteimitgliedern und den Wahlberechtigten als beliebter ermittelt. Nachdem die CDU mit Armin Laschet starke Verluste bei der Bundestagswahl 2021 hinnehmen musste, trat er vom Vorsitz zurück. Die CDU entschied sich daraufhin für eine Befragung der Mitglieder über den nächsten Vorsitz. Das Ergebnis sollte dann von Delegierten auf einem Parteitag offiziell bestätigt werden.

A Die Mitglieder sollen mehr direkt mitentscheiden:

Es ist wirklich wahr: In der CDU dürfen künftig die Mitglieder über den Vorsitz der Partei mitentscheiden. Und das ist auch gut so. Denn nur mehr Mitbestimmung sichert das Überleben der Christdemokraten. [...] Es geht ein Schreckgespenst um in der CDU – und es heißt: SPD. Mancher Christdemokrat hat Angst, das Schicksal der Sozialdemokraten zu erleiden. Also der Partei, die bei der letzten Vorsitzendenwahl im Jahr 2019 eine unendliche Ochsentour von zig möglichen Führungsteams erlebte. Die am Ende zwei Politiker wählte, die praktisch niemand kannte. [...] Doch es war immerhin das Ergebnis einer Mitgliederbefragung: Breit legitimiert, ganz basisdemokratisch. [...] Hey, CDU, willkommen im Jahr 2021, super, dass ihr es noch geschafft habt! Denn jede andere Form der Neuwahl eines Vorsitzenden wäre politisch völlig verfehlt gewesen. [...] Der Noch-Parteichef Armin Laschet ist damit, wenn man so will, der letzte seiner Art: Seine Wahl zum Vorsitzenden (Merz war an der Basis beliebter) und seine Kanzlerkandidatur (Söder war an der Basis beliebter) erfolgten nur, weil die Parteigremien hinter ihm standen. Doch dann ist er krachend gescheitert. [...] Das ändert sich jetzt, die Macht wandert von den Gremien zu den Mitgliedern. Endlich! Natürlich ist ein Mitgliedervotum nicht der Zaubertrank [...]. Aber: Sie haben jetzt zumindest ein Mittel, um die grundsätzliche Richtung der CDU herauszufinden. [...] Mit dem nun anstehenden Mitgliederentscheid kann sich die CDU in Ruhe überlegen, wer sie eigentlich sein will. [...] Diese Phase der Selbstfindung hat die Partei nötig, denn sie ist gespalten. [...] Vor allem ist die Mitgliederbeteiligung eine zeitgemäße Art, um Politik zu machen. Die Partei, das sind eben ihre Mitglieder. Sie prägen das Bild und den Kern der CDU. Das Spitzenpersonal wird regelmäßig ausgewechselt, die Mitglieder bleiben, oft über Jahrzehnte. Sie müssen daher auch mitentscheiden.

Kummert, Tim: Jetzt wird alles anders. In: www. t-online.de, 30.10.2021

B Der Mitgliederentscheid gefährdet den innerparteilichen Frieden und den Wahlerfolg

Die Urwahl gilt als Königsweg innerparteilicher Demokratie. Die Erfahrung zeigt, dass das ein Irrtum ist. Denn was basisdemokratisch daherkommt, ist oft nur Aktivistenherrschaft. [...] Die Mitgliederbefragung gilt als Goldstandard innerparteilicher Demokratie. Sie soll die wahre Stimmung an der Basis besser widerspiegeln als andere Verfahren, zur Befriedung beitragen und zu besseren Ergebnissen führen. Leider leistet sie nichts von alledem. [...] Vor allem der erste Punkt wirkt zunächst plausibel. Warum eine kleine Elite entscheiden lassen, wenn man den Willen der gesamten Partei ermitteln kann? Genauso argumentieren auch Befürworter von Volksentscheiden: Direkte Demokratie ist demokratischer. Doch das Delegiertenprinzip in Parteien ist keine demokratisch minderwertige Form politischer Organisation [...]. Beim Mitgliederentscheid über den Vorsitz der SPD beteiligten sich nur 54 Prozent aller Parteimitglieder. Von diesen stimmten am Ende 53 Prozent für das neue Vorsitzendenduo. Die Mehrheit kam zustande, weil der damalige Juso-Chef Kevin Kühnert einen überproportionalen Einfluss auf das Wahlergebnis nehmen konnte. Seine Jugendorganisation war straff organisiert, motiviert, und sie setzte ihre Ressourcen zielgerichtet ein. Kühnert hat deshalb eine Mitgliederbefragung über die neue Koalition ins Spiel gebracht. So sichert man Macht. Was basisdemokratisch daherkommt, ist oft nur Aktivistenherrschaft. [...] Das führt zu einem weiteren Problem der Mitgliederentscheide: Sie tragen wenig zur Befriedung bei. Sie fördern eher die Polarisierung. [...] Generell gilt, dass die Anhänger der Parteien moderater sind als ihre Mitglieder. [...] Ob das auch bei den Wählern gut ankäme, ist fraglich.

Neukirch, Ralf: Das Märchen vom guten Mitgliederentscheid. In: www.spiegel.de, 05.11.2021

M15 Schaubild: Spannungsfelder innerparteilicher Demokratie

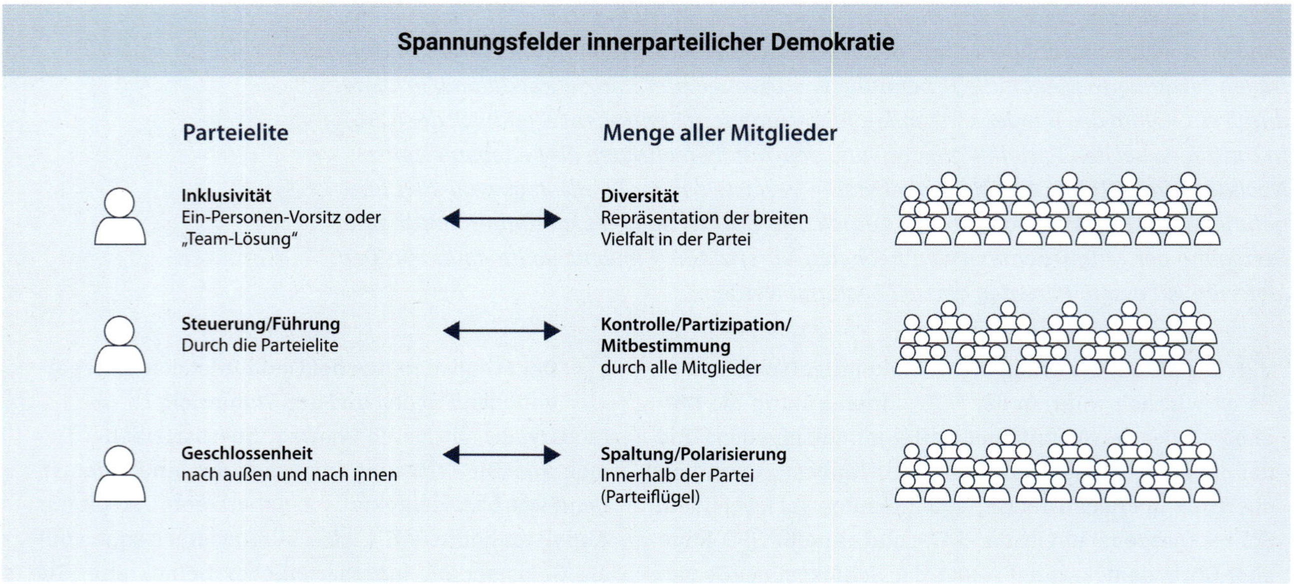

Bearbeitergrafik

Aufgaben

72035-93

1. Erarbeiten Sie die Grundzüge der innerparteilichen Demokratie und erläutern Sie diese am Schaubild (**M13**).
2. Analysieren Sie die Vor- und Nachteile von Mitgliederentscheiden (**M14** A + B). Welche Spannungsfelder innerparteilicher Demokratie (**M15**) zeigen sich in den beiden Kommentaren?
3. Vorsitzende brauchen auch Spielraum für eigene Entscheidungen. Verfassen Sie einen Kommentar aus Sicht eines/r Parteivorsitzenden, der diesen Aspekt berücksichtigt.
4. Beurteilen Sie perspektivisch und kategorial Mitgliederentscheide in Parteien (→ Kategorienraster).

Onlinekapitel: Bürgerräte: sinnvolle Ergänzung zur Parteiendemokratie?

72035-94

Politik aktiv

Simulation „Partei-Konvent“:

Auf dem nächsten Parteitag soll die Satzung ihrer Partei überarbeitet werden. Hierzu wird auch geprüft, ob und wie mehr Beteiligung der Mitglieder ermöglicht werden kann. Ein Konvent von besonders engagierten Mitgliedern soll dazu konkrete Vorschläge erarbeiten und damit die Partei in die Zukunft führen.

1. Bilden Sie Teams zur Vorbereitung des Konvents.
2. Beraten und erarbeiten Sie in den Teams Vorschläge zur Steigerung der Mitgliederbeteiligung.
   - Berücksichtigen Sie dabei auch die Kommentare (**M14**) und die Spannungsfelder (**M15**).
   - Überlegen Sie auch, wie digitale Formate eine Lösung oder ein Hemmnis sein können.
3. Partei-Konvent: Stellen Sie sich ihre Vorschläge im Kurs vor. Diskutieren und beschließen Sie geeignete Satzungsänderungen.

4.2 Repräsentative und direkte Demokratie in Deutschland

4.2.1 Wahlen und Wahlrechtsgrundsätze in Deutschland: Sollen alle in Deutschland lebenden ausländischen Personen an Bundestagswahlen teilnehmen dürfen?

Zum Thema: Verfassungsrechtlich vorgegeben sind in Art. 38 GG nur 5 Grundsätze für Wahlen in Deutschland. Die konkrete Ausgestaltung dieser Grundsätze in einem Wahlrecht ist in einfachen Gesetzen verankert. Dabei wird vielfach diskutiert, wie die Grundsätze interpretiert werden sollen und ob diese auch mit der Zeit verändert werden müssen. Das kann exemplarisch beim Ausländerwahlrecht gezeigt werden. So sind auf kommunaler Ebene EU-Bürgerinnen und Bürger wahlberechtigt, die übrigen Ausländerinnen und Ausländer nicht. Auf Landes- und Bundesebene gibt es kein Wahlrecht für Ausländerinnen und Ausländer. In diesem Kapitel sollen Sie die Funktionen von Wahlen in einer Demokratie und die Wahlgrundsätze kennenlernen und deren Umsetzung am Beispiel des Ausländerwahlrechts diskutieren und beurteilen.

M16 Fallbeispiel: Forderung zum Ausländerwahlrecht

Kundgebung von „Die Vielen" mit dem Motto „Wahlrecht für alle" vor dem Reichstagsgebäude in Berlin, 2021. Die Forderung der Gruppe lautet: Wahlrecht für alle in Deutschland lebenden Menschen!

Einstiegsaufgaben 72035-95

1. Beschreiben Sie das Bild (**M16**).
2. Führen Sie zur Forderung auf dem Bild im Kurs eine geheime Abstimmung durch. Diskutieren Sie das Ergebnis.

M17 Kompetitive und nichtkompetitive Wahlen: Wie bedeutsam sind Wahlen in Demokratien?

In Deutschland werden die Bürger regelmäßig zu den Wahlurnen gerufen, um über die Zusammensetzung von Parlamenten und damit letztlich auch von Regierungen zu entscheiden. Dass die Entscheidung über den Zugang zur politischen Herrschaft durch Volkswahl erfolgt und nicht etwa durch Los, Bestechung, Erbfolge oder Gewalt (z. B. einen Militärputsch), erscheint uns heute als selbstverständlich. [...] Im alltäglichen Sprachgebrauch verbindet sich mit dem Begriff der Wahl die

Möglichkeit der Auswahl und freien Entscheidung zwischen mehreren inhaltlichen und personellen Alternativen. [...] Daher spricht man von kompetitiven Wahlen überall dort, wo das Prinzip des Wettbewerbs zwischen unterschiedlichen Angeboten und der freien Wahlentscheidung zwischen diesen Angeboten gilt. Wahlen, bei denen diese Prinzipien gar nicht oder nur partiell gelten, werden dagegen als nichtkompetitiv bzw. semi-kompetitiv bezeichnet. In der kompetitiven Wahl manifestieren sich zwei demokratische Kernprinzipien: einerseits die umfassende und gleichberechtigte Beteiligung aller Mitglieder einer Gemeinschaft und andererseits der freie Wettbewerb zwischen unterschiedlichen Ideen oder Personen bei der Übernahme von Führungspositionen. [...] Kompetitive Wahlen sind damit das konstitutive Element einer demokratischen Ordnung schlechthin. [...] Erstens verkörpern sie die Idee der Volkssouveränität. [...] Zweitens sind Wahlen ein wesentliches Instrument aktiver Bürgerbeteiligung. [...] Wahlen verkörpern drittens das Ideal demokratischer Gleichheit, insofern alle Bürger jeweils die gleiche Anzahl von Stimmen haben und daher den Präferenzen jedes Einzelnen grundsätzlich die gleiche Bedeutung im Entscheidungsprozess zukommt.

Behnke, Joachim/Grotz, Florian/Hartmann, Christof: Wahlen und Wahlsystem. Berlin/Boston: DeGruyter Oldenbourg Verlag 2017, S. 5 f.

M18 Welche Funktionen üben Wahlen aus?

Ihrer technischen Funktion nach ist die Wahl ein Mittel zur Bildung von Körperschaften oder zur Bestellung einer Person in ein Amt. [...] Verfahrenstechnisch werden bei der Wahl von einer wohl abgegrenzten Wählerschaft (im Sinne der Wahlberechtigten) individuell Stimmen abgegeben; die Stimmen werden ausgezählt und mittels eines vorher festgelegten Entscheidungsmaßstabes und gegebenenfalls (bei Parlamentswahlen) unter Zuhilfenahme eines bestimmten Verrechnungsverfahrens [...] in Mandate übertragen. [...] Daraus erwächst ein Kanon formalisierter Prinzipien, der für das Verfahren der Wahl in modernen Verfassungsstaaten nicht nur konstitutiv ist, sondern auch die wesentliche Voraussetzung für die Anerkennung der durch das Verfahren der Wahl herbeigeführten Sach- und Personalentscheide von Seiten der an diese gebundenen Wähler darstellt. Zu diesen formalisierten Prinzipien gehören:

1 Die Chancengleichheit, die aus dem Rechtssatz der Gleichheit fließt und vor allem im Bereich der Wahlbewerbung (Parteienfinanzierung, Zugang zu Medien) gesichert sein muss, die aber auch für das [...] Wahlrecht (Gewicht jeder Stimme auf die Wahlentscheidung) als Kriterium gilt.

2 Der Wahlvorschlag, der von der Wahl selbst nicht zu trennen ist und somit ihr gleichen Maßstäben unterliegt (Freiheit der Wahlbewerbung), der freilich nicht die positive Auswahlentscheidung der Wählerschaft ersetzen kann.

3 Die Kandidatenkonkurrenz, hinter der sich vornehmlich eine Konkurrenz alternativer politischer Auffassungen und Programme verbergen sollte.

4 Die Wahlfreiheit, die mit dem Postulat der geheimen Wahl verknüpft ist und durch die geheime Stimmabgabe gewährleistet wird. Der Wahlprozess als administrativer und rechtlich überprüfbarer Vorgang, der dem Kriterium der Wahlintegrität unterliegt.

5 Die Transparenz des Wahlverfahrens in dem Sinne, dass einsichtig ist, wie (bei Parlamentswahlen) der Wählerwille mittels Stimmgebungsverfahren ausgedrückt werden kann und was mit den abgegebenen Stimmen im angewandten Stimmenverrechnungsverfahren geschieht [...].

6 Schließlich die Entscheidung auf Zeit, versinnbildlicht in verfassungsrechtlich determinierten Wahlperioden, was beinhaltet, dass die Auswahl und die Wahlfreiheit der Wahlberechtigten bei künftigen Wahlen nicht durch früher getroffene Wahlentscheidungen eingeschränkt sind.

Je nach Ausprägung dieser gesellschaftlichen, politisch-institutionellen und parteipolitischen Variablen können Wahlen folgende Funktionen ausüben:

1 Politische Beteiligung der Bevölkerung

2 Legitimierung des politischen Systems und der Regierung einer Partei oder Parteienkoalition.

3 Übertragung von Vertrauen an Personen und Parteien.

4 Rekrutierung der politischen Elite.

5 Repräsentation von Meinungen und Interessen der Wahlbevölkerung.

6 Hebung des politischen Bewusstseins der Bevölkerung durch Verdeutlichung der politischen Probleme und Alternativen.

7 Verbindung politischer Entscheidungen mit den Präferenzen der Wählerschaft.

8 Mobilisierung der Wählerschaft für gesellschaftliche Werte, politische Ziele und Programme.

9 Kanalisierung politischer Konflikte in Verfahren zu ihrer friedlichen Beilegung.

10 Integration des gesellschaftlichen Pluralismus und Bildung eines politisch aktionsfähigen Gemeinwillens.

11 Herbeiführung eines Konkurrenzkampfes um politische Macht auf der Grundlage alternativer Sachprogramme.

12 Einsetzung einer kontrollfähigen Opposition.

13 Bereithaltung des Machtwechsels.

14 Herbeiführung einer Entscheidung über die Regierungsführung in Form der Bildung parlamentarischer Mehrheiten.

Nach: Nohlen, Dieter: Wahlen/Wahlfunktionen. In: Andersen, Uwe/Bogumil, Jörg/Marschall, Stefan/Woyle, Wichard (Hrsg.): Handwörterbuch des politischen Systems der Bundesrepublik Deutschland. 8., überarbeitete und erweiterte Auflage. Wiesbaden: Springer VS 2021, S. 970-972

M19 Welche Wahlrechtsgrundsätze gelten in Deutschland?

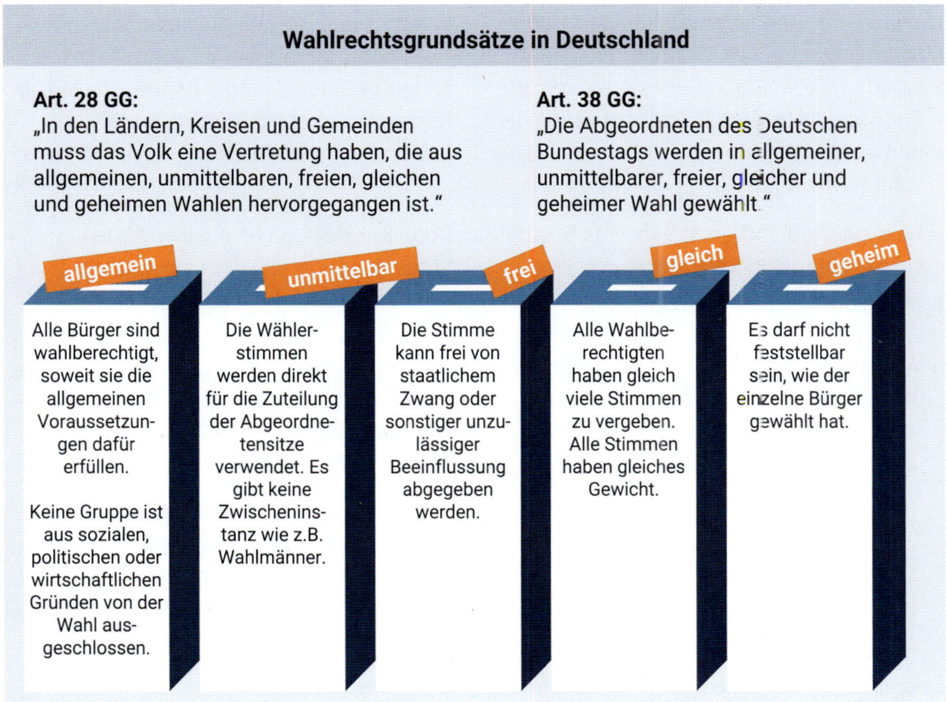

Öffentlichkeit der Wahl
- Die Wahl muss sich vo den Augen der Öffentlichkeit vollziehen.
- Die wesentlichen Teile des Wahlvorgangs wie die Wahlhandlung, mit Ausnahme der Stimmabgabe, und die Ergebnisermittlung sollen öffentlich überprüfbar sein

(allgemein anerkanntes Prinzip, aber ohne Verfassungsrang)

Bearbeiter nach: Der Bundeswahlleiter: Wahlrechtsgrundsätze. In: www.bundeswahlleiter.de, 16.05.2017

M20 Pro- und Kontra allgemeines Wahlrecht für Ausländer:innen

Das Bundesverfassungsgericht entschied in einem Grundsatzurteil 1990, dass das Staatsvolk, von dem nach Art. 20 GG die Staatsgewalt ausgeht, von deutschen Staatsangehörigen gebildet wird. Damit wird für das Wahlrecht die deutsche Staatsbürgerschaft vorausgesetzt. Dieses Urteil ist umstritten.

Die Hauptargumente, die für die Übertragung des Wahlrechts auf im Land lebende ausländische Staatsangehörige sprechen:	Die Hauptargumente von Gegnern des Wahlrechts für ausländische Staatsangehörige:
▪ „No taxation without representation." Alle Mitglieder einer Gemeinschaft, die regelmäßig Steuern zahlen, sollen in politischen Organen, die darüber entscheiden, wie öffentliche Gelder ausgegeben werden und verbindliche Regeln für alle Einwohner aufstellen, repräsentiert sein.	▪ Das (aktive und passive) Wahlrecht sollte ein verdientes Privileg sein. Es ist per Definition an die Nationalität gekoppelt und daher sollten nur Staatsangehörige an politischen Willensbildungs- und Entscheidungsprozessen mitwirken.
▪ Gleichbehandlung aller Einwohner eines Landes. Je länger Ausländer in einem Land leben, desto schwieriger wird es, ihren Ausschluss von öffentlichen Entscheidungsprozessen zu rechtfertigen.	▪ Verhinderung ausländischen Einflusses. Regierungen der Herkunftsländer der Zuwanderer könnten über ihre Staatsangehörigen politische Prozesse im Aufnahmeland beeinflussen.
▪ Das Zugeständnis des Wahlrechts fördert die politische Partizipation von Zuwanderern und somit auch ihre Integration in die Aufnahmegesellschaft.	▪ Bildung ethnischer Parteien verhindern. Wenn bestimmte Zuwanderergruppen ihre eigenen politischen Parteien gründen, dann könnte dies traditionelle etablierte Parteien schwächen.
▪ Zuwanderer sind dauerhafte Mitglieder einer Gesellschaft. Das Zugeständnis des Wahlrechts sendet eine wichtige symbolische Botschaft an die Mehrheitsgesellschaft: Langfristig aufenthaltsberechtigte Zugewanderte werden im Land verbleiben und als (zukünftige) Mit- und Staatsbürger wahrgenommen.	▪ Zuwanderer sollten existierende Kräfteverhältnisse nicht durcheinander bringen dürfen. Das Zugeständnis des Ausländerwahlrechts könnte bestehende Machtverhältnisse durcheinander bringen, da einige Parteien stärker von den Stimmen der Zuwanderer profitieren würden als andere.
▪ Weg zur Staatsbürgerschaft. Das Recht zur Teilnahme an kommunalen Wahlen ermutigt Ausländer, sich einbürgern zu lassen, damit sie auch an nationalen Wahlen teilnehmen und Positionen im öffentlichen Dienst einnehmen dürfen.	▪ Domino-Effekt. Ist es ausländischen Staatsangehörigen erst einmal erlaubt, an Kommunalwahlen teilzunehmen, dann werden die Argumente, sie von nationalen Wahlen auszuschließen, schwächer. Einige argumentieren, dass das Wahlrecht auf nationaler Ebene widerstreitende Loyalitäten schaffen könnte.
	▪ Das Zugeständnis des Wahlrechts minimiert das Interesse der Zuwanderer an einer Einbürgerung. Statt der Einführung des Ausländerwahlrechts sollte die Einbürgerung gefördert werden.

Groenendijk, Kees: Wahlrecht für Drittstaatsangehörige. In: www.bpb.de, 22.05.2014

Volltext: Urteil des Bundesverfassungsgerichts vom 31. Oktober 1990 zum Ausländerwahlrecht

72035-96

M21 Kommentar: Wahlrecht für Auländer:innen und das Grundgesetz

Aus dieser Sicht ist es nur konsequent, Ausländern kein (volles) aktives und passives Wahlrecht zuzugestehen, weil dieses [...] die Staatsangehörigkeit im Sinne des Grundgesetzes voraussetzt. Man muss diese konservativ anmutende Ansicht nicht unbedingt als reaktionär brandmarken, zumal die Zugehörigkeit zum (demokratischen) Volk und mithin die ihr verliehene Staatsbürgerschaft völlig unabhängig von der ethnischen Zugehörigkeit definieren werden kann.

Dann ist es Aufgabe einer gelungenen Einbürgerungspolitik, dafür zu sorgen, dass eine möglichst weitreichende Deckungsgleichheit zwischen den Inhabern demokratischer Mitwirkungsrechte und den dauerhaft von politischer Herrschaft unterworfenen Menschen hergestellt wird. Konsequent ist daher eine Einbürgerungspolitik, die dafür sorgt, dass sich einheimisch fühlende Menschen trotz ihrer ausländischen Wurzeln ihren bloßen ‚Gaststatus' aufgeben wollen, um deutsche Staatsbürger zu werden.

Eine ‚Betroffenen'-Demokratie würde die Volkszugehörigkeit allerdings nicht notwendig von der Staatsbürgerschaft abhängig machen, sondern unabhängig von ihr andere Kriterien der Herrschaftsteilhabe definieren. Das Grundgesetz hat sich jedoch gegen eine solche Konzeption entschieden.

Höreth, Marcus: Die komplexe Republik. Staatsorganisation in Deutschland. Stuttgart: Kohlhammer Verlag 2016, S. 32

Aufgaben

72035-97

1. Erläutern Sie anhand von **M17**, warum kompetitive Wahlen eine zentrale Bedeutung für Demokratien haben.
2. Erklären Sie den Begriff der Wahl (**M18**) und formulieren Sie zu jeder Wahlfunktion ein konkretes Beispiel zur Veranschaulichung (Tandemarbeit).
3. Erarbeiten Sie die Wahlrechtsgrundsätze in Deutschland (**M19**). Begründen Sie, inwiefern man beim Ausländerwahlrecht von einem Spannungsfeld zu den Wahlgrundsätzen sprechen kann.
4. Diskutieren Sie die Einführung eines allgemeinen Ausländerwahlrechts mit den Argumenten in **M20** und **M21**. Finden Sie gegebenenfalls eigene Argumente (z. B. aus der Einstiegsaufgabe **M16**).

F Aufgabe 2
Diskutieren Sie die Einführung einer allgemeinen Wahlpflicht. Material zum Thema finden Sie im digitalen Aufgabenkasten.

Politik aktiv

Simulation: „Einen Gesetzesvorschlag entwickeln und abstimmen":

a) Bilden Sie im Kurs Fraktionen unterschiedlicher Größe.
b) Erarbeiten Sie in Ihren Fraktionen einen konkreten Gesetzesvorschlag zum Ausländerwahlrecht in schriftlicher Form. Dies umfasst auch mögliche Kriterien, an welche das Wahlrecht geknüpft werden kann (Aufenthaltsdauer, Aufenthaltsstatus, Herkunft, Bekenntnis zum Grundgesetz, Sprachkompetenz, Identität, Integration in das Gemeinwesen etc.).
c) Verhandeln Sie mit anderen Fraktionen, um einen mehrheitsfähigen Gesetzesvorschlag zu erreichen.
d) Stimmen Sie im Plenum über die Gesetzesvorschläge ab.

Onlinekapitel
Wahlkampf: mehr auf Inhalte oder mehr auf Personen setzen?

72035-98

4.2.2 Das Wahlrecht zum Deutschen Bundestag: Wie gut ist unser Wahlsystem?

Zum Thema: Wahlen stellen in einer liberalen Demokratie die wichtigste Mitbestimmungsmöglichkeit für die Bürgerinnen und Bürger dar. Deshalb ist auch die Frage, wie gewählt wird, von besonderer Bedeutung. Das Wahlsystem zum Deutschen Bundestag wird kontrovers diskutiert, vielfach wird der Ruf nach Reformen und auch nach einer umfassenden Neufassung laut. Sie sollen in diesem Kapitel das Wahlrecht kennenlernen und seine Leistungen und Probleme beurteilen.

M22 Einschätzungen zum Bundestagswahlrecht

A Warum das deutsche Wahlsystem besser ist als sein Ruf

Mishra, Robin: Warum das deutsche Wahlrecht besser ist als sein Ruf. In: www.politik-kommunikation.de, 18.10.2017

B POLLYTIX-UMFRAGE OFFENBART WISSENSLÜCKEN ZUM WAHLSYSTEM

Nur 28 Prozent der Befragten können beide Stimmen korrekt zuordnen, [...]
Etwa die Hälfte der Befragten kann keiner der beiden Stimmen die richtige Funktion zuordnen.

(Ergebnisse einer repräsentativen Umfrage von 2018) pollytix: pollytix-Umfrage offenbart Wissenslücken zum Wahlsystem. In: www-pollytix.de, Abruf am 29.06.2022

C Deutschland braucht ein Mehrheitswahlrecht

Schwennicke, Christoph: Deutschland braucht ein Mehrheitswahlrecht. In: www.cicero.de, 29.8.2013

Einstiegsaufgaben 72035-99

Erarbeiten Sie die Einschätzungen zum Wahlrecht (**M22**). Formulieren Sie zu zweit eigene Fragen an die Thematik und stellen Sie Ihre Ergebnisse im Kurs vor.

M23 Zusammenhang zwischen Wahlrecht und Parteiensystem

A Wahl nach Verhältniswahlrecht: Ergebnisse der Knesset-Wahl in Israel 2021

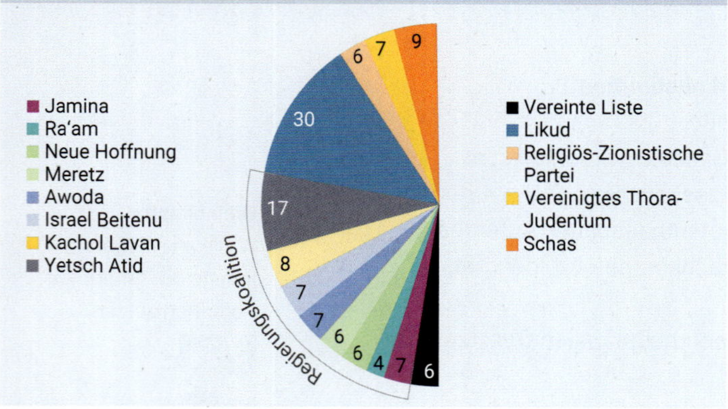

Bearbeitergrafik, Daten nach: votes24.bechirot.gov.il, 14.06.2021

B Wahl nach Mehrheitswahlrecht: Ergebnisse der Wahl zum britischen Unterhaus 2019

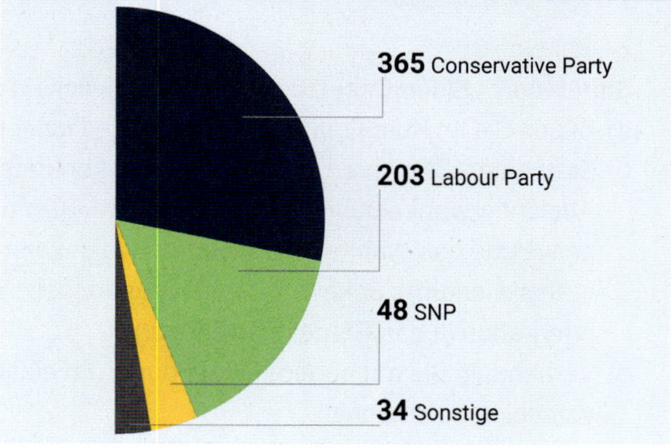

Bearbeitergrafik, Daten nach: BBC, 13.12.2019

M24 Das Wahlsystem in der Bundesrepublik Deutschland

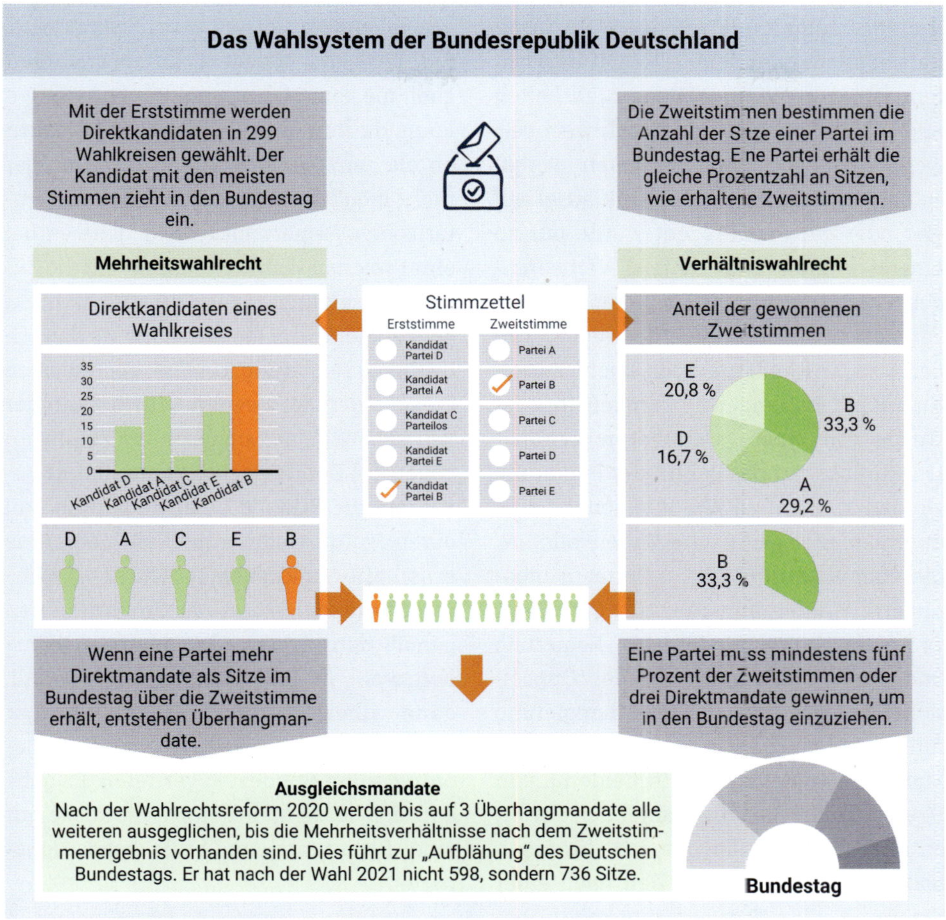

Nach: POLYAS GmbH, 2021 (erweitert durch den Bearbeiter)

Musterstimmzettel zur Bundestagswahl

72035-100

Zusatzmaterial:
Die Wahlrechtsreform und ihre Hintergründe

72035-101

M25 Das deutsche Wahlsystem: besser als sein Ruf?

Erst- und Zweitstimme, Fünf-Prozent-Klausel, Überhangmandate: Das komplizierte deutsche Wahlsystem zieht viel Schmäh und Spott auf sich. Aber wer von Washington aus auf Berlin blickt, entdeckt plötzlich seine spröde Schönheit.

1 Das deutsche Wahlsystem sorgt dafür, dass die Anzahl der Abgeordneten im Parlament die Stimmanteile abbildet. Die Zweitstimme (die wichtigere von beiden) macht es möglich. Die Partei mit den meisten Kreuzen bekommt die meisten Sitze. Wer das in einer Demokratie für selbstverständlich hält, hat die Rechnung ohne das amerikanische Wahlmänner-System gemacht. Donald Trump ist Präsident, obwohl er fast drei Millionen Stimmen weniger hatte als seine Gegenkandidatin. Er ist damit bereits der fünfte US-Präsident, der die Mehrheit beim Popular Vote verfehlt hat.

2 Es macht dennoch möglich, Politikerpersönlichkeiten zu unterstützen. Mit der Erststimme können Wähler echte Typen direkt in den Bundestag wählen. […]

3 Es hält das Land zusammen. Gäbe es die Fünf-Prozent-Hürde nicht, müsste man sie erfinden. Sie verhindert, dass Splittergruppen das Parlament lahmlegen und sorgt so für Stabilität. Langweilig wird es trotzdem nicht. Im nächsten Bundestag werden sechs Fraktionen sitzen. Koalitionen zu schmieden mag mühsam sein, zwingt aber zu überparteilichen Kompromissen – ein Segen in aufgeheizten Zeiten wie diesen!

Mishra, Robin: Warum das deutsche Wahlsystem besser ist als sein Ruf. In: www.politik-kommunikation.de, 18.07.2017

Volltext:
Regierungs- oder Bekenntniswahlsystem: ein Plädoyer für das relative Mehrheitswahlrecht

72035-102

M26 Kommentar: Deutschland benötigt ein Mehrheitswahlrecht!

Die vorrangige Funktion der Wahl in einem parlamentarischen Regierungssystem ist es, regierungsfähige Mehrheiten und die Chance eines Machtwechsels sicherzustellen. Eine bisweilen vorgeschlagene Senkung der Sperrklausel auf vier oder gar drei Prozent würde nur zu einer weiteren und zumeist verheerenden Zersplitterung im Parlament führen, verheerend insbesondere deswegen, weil dann sogar Kleinstparteien leicht zum – für nichts haftenden – Zünglein an der Waage mit einem weitüberproportionalen Einfluss auf die Politik der Regierung werden können. [...] Will man jedoch eine durchlaufende politische Willensbildung, die vom Volk über durch Parteien organisierte Wahlen und über das Parlament zu einer handlungsfähigen Regierung und dem Schattenkabinett der Opposition als möglicher Alternativregierung führt, dann muss man sich für das relative Mehrheitswahlsystem entscheiden [...]. In Deutschland geben die Wähler den Parteien quasi eine Blankovollmacht für einen politischen „Kuhhandel“. Den nach einer Wahl von allen Parteien regelmäßig beschworenen Wählerwillen gibt es in diesem System nicht. Die Parteien sind selbst erst Quelle des politischen Willens, der den Wählern im Rahmen einer Koalition als vollendete Tatsache vorgesetzt wird, die übrigens mangels Zurechenbarkeit auch nie vom Wähler sanktioniert werden kann, da ihm ja in Bezug auf die Koalition als ganze eine Wahlentscheidung gar nicht möglich ist. [...] In einem parlamentarischen Regierungssystem geht es bei einer solchen Wahl zwar direkt um die Zusammensetzung des Parlaments, indirekt aber zugleich um die durch dieses danach gebildete Regierung. Und bei eben diesem entscheidenden zweiten Schritt kann der deutsche Wähler kein gezieltes Votum abgeben. [...] Der deutsche Wähler hat in Bezug auf die Bildung einer Regierung und deren Politik weder eine Wahl noch eine ernsthafte Sanktionsmöglichkeit. [...] Würde in Deutschland wie in Großbritannien gemäß dem System der relativen Mehrheitswahl in Einerwahlkreisen gewählt, dann wären FDP, Grüne und Linke gar nicht oder nur mit einigen wenigen Abgeordneten im Bundestag vertreten. Es gäbe dort also klare Mehrheitsverhältnisse mit einer Regierungs- und einer Oppositionspartei.

Geismann, Georg: Regierungs- oder Bekenntniswahlsystem? Ein Plädoyer für das relative Mehrheitswahlrecht. In: Aus Politik und Zeitgeschichte. Parlamentarismus, 64. Jahrgang, 38-39/2014. Bundeszentrale für politische Bildung, S.25 ff.

M27 Kommentar: Warum in Deutschland kein Mehrheitswahlrecht eingeführt werden sollte

Was ist gut an [unserem] Modell? Erstens gewährleistet das Verhältniswahlrecht, dass auch kleine Gruppierungen im Parlament vertreten sind und sich nicht alles auf nur zwei große Lager [...]. Zweitens wird in jedem Wahlkreis, also im unmittelbaren Wohnumfeld jedes Wählers, ein Abgeordneter gewählt, der dann vorwiegend die regionalen Interessen vertreten soll – neben den über die Listen in die Vertretung gelangten Politiker, die eine solche regionale Anbindung nicht zwingend haben müssen. [...] Mit nur noch einer Stimme fiele das weg. [...] Ausschlaggebend sollte die Frage sein, ob die Volksvertreter tatsächlich die geeigneten Repräsentanten der Repräsentierten sind. Das lenkt zu den Vorauswahlprozessen der Parteien auf ihren Landeslisten und in ihren Wahlkreiskonferenzen. Werden die richtigen Leute aufgestellt? Es darf schon so sein, dass die gebildeteren eher zum Zuge kommen sollten, denn Politiker sollten ein Geschick in Kommunikation und im Verstehen komplizierter Gesetze und Entscheidungsprozesse haben – das setzt, unabhängig von Schichten, Berufsgruppen und Lebensläufen, ein gewisses Maß an Bildung voraus.

Wallbaum, Mark: Pro & Contra: Sollte das Wahlrecht einfacher werden? In: www.rundblick-niedersachsen.de, 06.05.2018

M28 Welche Bewertungskriterien sind für Wahlsysteme relevant?

Wahlsysteme können nach den folgenden fünf Kriterien beurteilt werden:

A Repräsentation
Die Bürgerinnen und Bürger müssen angemessen im Parlament vertreten sein. Repräsentation bezieht sich dabei sowohl auf die möglichst unverfälschte Wiedergabe des Wählerwillens durch das Wahlsystem (proportionale Repräsentation) als auch auf die angemessene Vertretung gesellschaftlich relevanter Gruppen.

B Verständlichkeit
Die Wahl ist ein besonders wichtiger Akt in der parlamentarischen Demokratie. Deswegen sollten die Bürgerinnen und Bürger das Wahlrecht auch grundlegend nachvollziehen können. Das Verständnis bezieht sich sowohl darauf, die Stimmen korrekt abzugeben (möglichst wenig ungültige Stimmen) als auch auf die Umrechnung der Stimmen in Sitze im Parlament. Nur so können die Stimmen von den Wahlberechtigten sinnvoll genutzt und der Wählerwillen angemessen abgebildet werden.

C Regierbarkeit
Ein Wahlsystem soll eine stabile und funktionsfähige Regierung ermöglichen. Dies kann durch die Konzentration des Parteiensystems erfolgen, indem die Zersplitterung minimiert wird. Es gilt: Je weniger Parteien für eine Regierungsbildung benötigt werden, desto einfacher ist die Regierungsbildung.

D Personalisierung
Die Möglichkeit, nicht nur Parteien, sondern auch Personen zu wählen, steigert die Qualität demokratischer Partizipation, weil eine engere Bindung zwischen Wählern und Gewählten ermöglicht wird. Gewählte repräsentieren „ihre" Wählerinnen und Wähler.

E Legitimität
Dieses Kriterium umfasst alle vorherigen. Ein Wahlsystem beinhaltet Regeln und Verfahren, nach denen sich die Mehrheitsverhältnisse im Parlament und dann auch in der Regierung bilden. Diese müssen von Öffentlichkeit und Politik breit akzeptiert werden, damit das Wahlsystem und die darauf folgende Regierungsbildung als legitim aufgefasst wird.

Bearbeiter nach: Behnke, Joachim/Grotz, Florian/Hartmann, Christof: Wahlen und Wahlsysteme. Berlin/Boston: De Gruyter Oldenbourg 2017, S. 63-66

Aufgaben

72035-103

1. Leiten Sie einen Zusammenhang zwischen Wahlrecht und Parteiensystem her (**M23**). Ordnen Sie das deutsche Wahlrecht und Parteiensystem entsprechend ein (**M24**).
2. Erklären Sie das Wahlrecht zum Deutschen Bundestag (**M24**) mit eigenen Worten. Begründen Sie dabei, warum die Zweitstimme wichtiger ist als die Erststimme.
3. Gruppenarbeit: Erarbeiten Sie Vor- und Nachteile des bundesdeutschen Wahlsystems sowie die Argumente für und gegen die Einführung eines Mehrheitswahlrechts (**M25-M27**). Präsentieren Sie die jeweiligen Ergebnisse im Kurs.
4. Analysieren Sie, in welchem Wahlsystem (Mehrheits- oder Verhältniswahlsystem) Politiker:innen mit bestimmten Eigenschaften Vorteile haben, gewählt zu werden.
   - Charisma
   - Führungsstärke
   - Fachkompetenz
   - Ausstrahlung
   - Kompromissbereitschaft
   - „Parteisoldat:in"
   - Kümmern um die Wähler:innen
   - „Individualist:in"
   - Geschlossenes Auftreten mit der Fraktion
   - Eigensinniges Auftreten mit der Fraktion
   - …
5. Schreiben Sie eine differenzierte Beurteilung des deutschen Wahlrechts als wissenschaftlichen Vortrag (→ Methode, S. 31 f.). Berücksichtigen Sie dabei die Bewertungskriterien in **M28**. Formulieren Sie auch Reformvorschläge. Halten Sie Ihren Vortrag im Plenum und diskutieren Sie die Befunde.

Onlinekapitel
Wahlumfragen (Demoskopie): zu starke Beeinflussung der Wählerinnen und Wähler?

72035-104

4.2.3 Plebiszitäre Elemente: mehr Demokratie durch Volksentscheide?!

Zum Thema: Die Demokratie in Deutschland steht im 21. Jahrhundert vor großen Herausforderungen. Um die Demokratie zu revitalisieren und Vertrauen in das politische System zurückzugewinnen, wird von vielen Seiten die Einführung von mehr direkten Beteiligungsrechten für die Bevölkerung gefordert. Diese solle nicht mehr nur alle vier Jahre wählen dürfen, sondern regelmäßig selbst über politische Fragen entscheiden oder dazu gehört werden. Am Beispiel der Diskussion um Volksentscheide wird in diesem Kapitel differenziert aufgezeigt, ob diese tatsächlich ein Mehr an Demokratie bedeuten.

M29 Deutschlands Einstellung zu Volksentscheiden – karikiert

Karikatur: Pfohlmann, 21.07.2010

Einstiegsaufgaben 72035-105

Analysieren Sie die Karikatur (**M29**). Welche Aussage über Volksentscheide und Demokratie beinhaltet sie?

M30 Welche Elemente direkter Demokratie gibt es in Deutschland?

In Art. 20 GG ist festgelegt, dass die Staatsgewalt vom Volke ausgeht und durch Wahlen und Abstimmungen ausgeübt wird. Allerdings ist neben den Wahlen die Möglichkeit von Abstimmungen auf Bundesebene kaum ausgeprägt. Das Grundgesetz sieht hier nur in Art. 29 GG die Neugliederung des Bundes als verbindlich an. Direkte Demokratie kann sich allgemein auf die Annahme von Verfassungen, auf Verfassungsänderungen, auf die Entscheidung über Gesetze, Sachfragen oder die Auflösung des Parlaments beziehen. Unterschieden wird dabei in Initiativen aus der Regierung – „von oben" –, die als Referendum bezeichnet werden (z. B. die Entscheidung über den Brexit in Großbritannien) und in diejenigen, die vom Volk – „von unten" – ausgehen und Plebiszite heißen. Die Volksinitiative – als erste Stufe der Plebiszite – hat die Absicht, dass sich das Parlament mit einer bestimmten Sachfrage auseinandersetzen muss. Ein Volksbegehren hat – als zweite Stufe – die Funktion, eine bestimmte Entscheidung des Parlaments über einen Gesetzentwurf oder sonstigen Antrag zu erwirken. Lehnt das Parlament den Antrag ab, so

erfolgt – als dritte Stufe – ein Volksentscheid, in dem die wahlberechtigte Bevölkerung über den im Bürgerbegehren gestellten Antrag mit Zustimmung (Ja) oder Ablehnung (Nein) abstimmen kann. Auf kommunaler Ebene gibt es in Deutschland zahlreiche Möglichkeiten direkter Demokratie, auf Landesebene ist das je nach Bundesland verschieden.
Rheinland-Pfalz kennt in den Art. 107-155 LV die Volksinitiative, das Volksbegehren und den Volksentscheid.

Bearbeiter

Das Volksbegehren Artenvielfalt war das erfolgreichste Volksbegehren in der Geschichte Bayerns.

M31 Volksentscheide: Welche Pro- und Kontra-Argumente werden diskutiert?

Der Parlamentarische Rat hat sich bei der Ausarbeitung des Grundgesetzes mit einer Ausnahme gegen direktdemokratische Elemente entschieden. Auch das Grundgesetz wurde nicht direkt durch das Volk legitimiert. Das Fehlen [direkter Demokratie] auf Bundesebene hat mehrere Gründe. Immer wieder angeführt werden die Erfahrungen mit Volksentscheiden in der Weimarer Republik und mit Volksabstimmungen während der nationalsozialistischen Diktatur. [...] Seitdem hat es mehrere Anläufe gegeben, Volksbegehren und Volksentscheid auch auf Bundesebene einzuführen, [...] aber die für eine Verfassungsänderung erforderliche Zwei-Drittel-Mehrheit wurde verfehlt. [...] Mit Ausnahme der CDU traten bei der Bundestagswahl 2017 alle Parteien mehr oder weniger deutlich für die Einführung von Volksentscheiden auch auf der Bundesebene ein. [...] In der Bevölkerung finden Elemente [direkte Demokratie] auf Bundesebene hohe Zustimmung, wie Umfragewerte von 70 % bis 80 % zeigen. Bei einem Teil der Eliten dagegen ist die Skepsis aufgrund des Erstarkens des Rechtspopulismus und nach den jüngsten Erfahrungen im In- und Ausland [...] gewachsen. [...] Die Einführung bzw. Ausweitung [direkter Demokratie] ist letztlich eine Frage der Machtverteilung [...] Die Gegner [direkter Demokratie] weisen dabei auf die mögliche Überforderung der Entscheidungskompetenzen der Bürger, die Reduzierung komplexer Sachverhalte auf nur mit „ja" oder „nein" zu beantwortende Fragen und die fehlende Chance von Kompromisslösungen im Rahmen von Bürger- und Volksentscheiden hin. Die sich hinziehenden Verfahren [direkter Demokratie] würden in vielen Fällen zu einer Verzögerung von Entscheidungen führen. [...] Die Beteiligung an Bürger- und Volksentscheiden liegt durchschnittlich bei 50 % bzw. 40 % und ist damit nicht höher als bei Wahlen. Bei niedriger Beteiligung erhöhe sich die Gefahr, dass direktdemokratische Verfahren von kleinen, eher mittelschichtorientierten Gruppen oder einflussreichen Organisationen mit partikularen Interessen instrumentalisiert würden. [...] Mittlerweile ist auch die Angst vor populistischen Instrumentalisierungen zu einem zentralen Gegenargument geworden. Befürworter unmittelbarer Volksherrschaft lehnen diese Argumente mit Hinweis auf die Erfahrungen mit direktdemokratischen Elementen in [Deutschland] und in anderen Ländern ab. [...] Die unmittelbare Einflussnahme des Volkes auf Politik entlaste die repräsentative Demokratie und erhöhe die Legitimation politischer Entscheidungen. Weitere positive Effekte der [direkten Demokratie] werden in den sogenannten Vorwirkungen gesehen. Allein durch ihre Existenz würden direktdemokratische Verfahren bereits zu einer höheren Responsivität der Politik beitragen, indem die Repräsentanten schon im Vorfeld von Entscheidungen die Meinung der Repräsentierten berücksichtigten. DD stärke die Transparenz und Kontrolle der Politik und gestalte diese flexibler, da auch die Opposition und nicht im Parlament vertretene Gruppen außerhalb von Wahlen die Chance erhalten, ihre Ziele mit Hilfe von Volksbegehren und -entscheiden durchzusetzen.

Bovermann, Rainer: Direkte Demokratie. In: Andersen, Uwe/Bogumil, Jörg/ Marschall, Stefan/ Woyke, Wichard (Hrsg.): Handwörterbuch des politischen Systems der Bundesrepublik Deutschland, 8., überarbeitete und erweiterte Auflage. Wiesbaden: Springer VS Verlag 2021, S. 244 f.

M32 Volksentscheide – mehr oder weniger Demokratie?

1 **Soziale Selektion:** [...] Aus der empirischen Forschung wissen wir, dass die Teilnahme an Volksabstimmungen auf lokaler, regionaler oder nationaler Ebene hinter der Beteiligung an allgemeinen Wahlen zurückbleibt. Dies gilt insbesondere für Wahlen zu den nationalen Parlamenten. [...] Niedrige Partizipationsraten bedeuten aber stets auch eine soziale Selektion: Die unteren Schichten bleiben überproportional häufig zu Hause. Je niedriger die Beteiligung, umso höher die soziale Exklusion. Nicht das Volk in seiner Gesamtheit, sondern die höheren Schichten, die Zwei-Drittel Gesellschaft stimmen typischerweise bei Referenden ab. Das untere Drittel des Volkes bleibt weitgehend außen vor. Volksabstimmungen haben eine größere soziale Schieflage als allgemeine Wahlen. [...]

2 **Selbstexklusion der Unkundigen:** Eine jüngere Studie von mehr als 150 Volksabstimmungen in der Schweiz hat gezeigt, dass die Bürger, die an den Abstimmungen teilnehmen, weit kompetenter in politischen Fragen sind als die Gesamtheit der Stimmberechtigten. [...] Die „Inkompetentesten nehmen typischerweise nicht an den Abstimmungen teil". Es sind die besser gebildeten Bürger, die das „Volk" in Referenden vertreten. [...]

3 **Kampagnenfähigkeit:** Volksreferenden werden nicht vom Volk initiiert. Es bedarf der Initiatoren – und die kommen aus den meinungsstarken politisierten Mittelschichten, Interessengruppen, NGOs, bisweilen auch aus Regierung und Parteien. Der Erfolg ist keineswegs nur, aber stets auch von der Kampagnenfähigkeit der Initiatoren abhängig. [...] Das Volk ist in Volksabstimmungen wesentlich abhängiger von den etablierten politischen und wirtschaftlichen Gruppen, als dies ihre Befürworter wahrhaben wollen. [...]

4 **Ergebniskonservatismus:** Die Erfahrungen mit Volksabstimmungen in der Schweiz und in Kalifornien zeigen im Ergebnis häufig die Durchsetzung konservativer, neoliberaler und bisweilen auch dumpf rechtspopulistischer Politikinhalte. Der über Referenden verhinderte Bau von Moscheen oder die erleichterte „Ausschaffung" von Asylsuchenden und Migranten in der Schweiz sollen nur erwähnt werden. [...] Es soll kein Zweifel aufkommen: Referenden können eine vitalisierende Komplementärwirkung auf die repräsentativen Demokratien von Flächenstaaten entfalten. Ihre legitimierende Funktion soll nicht verschwiegen werden. Doch die vier Paradoxa entzaubern die basisdemokratischen Erwartungen der Befürworter direktdemokratischer Verfahren. [...] Es ist vielmehr die Perspektive des unteren Drittels unserer Gesellschaft. So paradox es auch klingen mag: Dessen Interessen sind in repräsentativen Institutionen besser aufgehoben als in Entscheidungen, die „das" Volk trifft. Denn wer in Volksentscheiden vor allem initiiert und abstimmt, ist nicht ein repräsentativer Querschnitt oder gar das Volk selbst. Beides ist eine Fiktion. [...] Nicht „mehr", sondern „weniger Demokratie" würde gewagt werden.

Merkel, Wolfgang: Entmachten Volksentscheide das Volk? Anmerkungen zu einem demokratischen Paradoxon. In: WZBMitteilungen, Nr. 131 (2011), S. 10-13

M33 Kategorienraster für die Beurteilung von Volksentscheiden

Perspektive	Perspektive A (z. B. Bürger:innen Pro)	Perspektive B (z. B. Politiker:innen Kontra)	System
Argument			Entscheidungsprozess dauert länger
Kategorie			*Entscheidungsfähigkeit*
Argument			
Kategorie			
Argument			
Kategorie			

Bitte ins Heft

Bearbeiter

Aufgaben

72035-106

1. Teamarbeit: Erstellen Sie zur rechtlichen Situation und zu den Möglichkeiten direkter Demokratie (**M30**) ein Plakat und erläutern Sie dieses im Kurs.
2. Für die Einführung von Volksentscheiden gibt es drei verschiedene Entscheidungsmöglichkeiten:
   - Die generelle Einführung von Volksentscheiden
   - Die bedingte Einführung von Volksentscheiden (nur für bestimmte Entscheidungsfragen, wenn eine bestimmte Anzahl von Menschen den Antrag stellt etc.)
   - Die generelle Ablehnung

   a) Beurteilen Sie die Frage der Einführung. Erstellen Sie dazu mit Hilfe von **M31** und **M32** ein Kategorienraster (**M33**) (→ Vorlage im digitalen Aufgabenkasten).

   b) Analysieren Sie die Einführung für bestimmte Sachfragen (z. B. Veränderung des Einkommenssteuersatzes, zum Ausbauziel von Windkraftanlagen, zum Umgang mit China).

   c) Schreiben Sie dann eine Beurteilung, die Ihr wichtigstes Argument, die wichtigste Kategorie und die überzeugendste Perspektive beinhaltet.

   d) Stellen Sie sich gegenseitig Ihre Beurteilungen vor und diskutieren Sie diese.

Sie als Bürger:in ...
möchten sich aktiv in die Politik einbringen und eine konkrete Änderung durchsetzen (Teamarbeit):

a) Entwickeln Sie eine konkrete Idee / einen Änderungsvorschlag für Ihre Gemeinde/Stadt.

b) Nehmen Sie mit politischen Akteuren in der Stadt (Bürgermeister:in, Gemeinde- oder Stadträte, Stadtverwaltung) Kontakt auf und versuchen Sie, diese von Ihrer Idee zu überzeugen.

c) Prüfen Sie, ob Sie gegebenenfalls Ihre Idee durch Beteiligung an einer Fragestunde im Gemeinde- oder Stadtrat (nach §16 GemO RLP), durch eine Beschwerde (nach §16b GemO RLP) oder durch einen Einwohnerantrag (§ 17 GemO RLP) mehr Ausdruck verleihen können.

d) Reflektieren und diskutieren Sie Ihre Erfahrungen im Kurs.

Einwohnerantrag
Eine Art Referendum, für das eine Mindestzahl an Unterschriften notwendig ist.

4.3 Politischer Entscheidungsprozess

Politische Systeme und Prozesse analysieren

Die Vetospieler-Theorie

Das Konzept zur Systemanalyse von George Tsebelis, die Vetospieler-Theorie, ist noch relativ neu (1995/2002), fand aber in kürzester Zeit eine umfassende Resonanz in der Politikwissenschaft. Es wurde von vielen Wissenschaftlern weiterentwickelt und an konkreten Fallbeispielen getestet. In der Vetospieler-Theorie geht es darum, Bedingungen zu formulieren, unter welchen Akteure (z. B. Politiker, Parteien, Institutionen etc.) politische Entscheidungen treffen und damit einen politischen Wandel (z. B. durch Gesetzesbeschlüsse) bewirken. Die Theorie kann die Handlungslogik politischer Akteure in der Vergangenheit erklären und auch als Prognoseinstrument genutzt werden. Der Fokus der Theorie liegt demnach auf den Akteuren, weniger auf Institutionen.
Bearbeiter

M34 Zwei Fallbeispiele: Diskussion um eine Steuerreform

Fall A:

Eine Partei A kann entscheiden, ob sie einer Gesetzesvorlage von Partei B für einen neuen Einkommenssteuersatz von 55 % zustimmt. Sie selbst möchte gerne einen Einkommenssteuersatz von 50 % verwirklichen. Der alte Steuersatz liegt bei 40 %.
Stimmt Partei A zu?

Fall B:

In einer Koalition soll ein neues Steuersystem beschlossen werden. Partei A schlägt einen neuen Einkommenssteuersatz von 50 % vor, Koalitionspartner Partei B möchte lieber 40 %. Der aktuelle Steuersatz liegt bei 45 %.
Wird ein neues Steuersystem beschlossen?

Bearbeiter

Einstiegsaufgaben 72035-107

Welche Entscheidungen werden in Fall A und Fall B getroffen? Begründen und diskutieren Sie Ihre Vermutungen.

M35 Was sind die Grundzüge der Vetospieler-Theorie?

Nach Tsebelis [...] sind Vetospieler die individuellen oder kollektiven Akteure, deren Zustimmung für eine Veränderung des (legislativen) Status quo notwendig ist. Diese funktionale Definition ermöglicht es, für alle politischen Systeme die Vetospieler zu identifizieren [...]. Zentrales Erkenntnisinteresse ist die Frage nach den Chancen für politischen Wandel bzw., im Umkehrschluss, nach den Bedingungen von policy-Stabilität, sprich der Unbeweglichkeit von Politik [...]. Die Akteure interagieren miteinander unter der Prämisse, ihren jeweiligen Nutzen zu maximieren. [...] Folglich ist jeder Vetospieler bestrebt, ein Politikergebnis zu erreichen, das möglichst nahe an seinen Idealpunkt heranreicht. Eine Veränderung des Status quo ist dann möglich, wenn Lösungen existieren, die für alle Vetospieler eine Verbesserung gegenüber dem Status quo erbringen oder sich zumindest als gleich gut erweisen [...]. Die Menge solcher Lösungen wird in den räumlichen Modellen als winset bezeichnet [...] und kann als der politische „Konsensbereich" gelten. Ist das winset leer, gibt es keine Möglichkeit zur Veränderung des Status quo: es herrscht policy-Stabilität. Ebenso wenig kann es zu Veränderungen kommen, wenn der Status quo innerhalb des sogenannten Einstimmigkeitskern liegt. Dieser „Kern" umfasst alle Politikvarianten, die unter der Entscheidungsregel der Einstimmigkeit nicht überstimmt werden können, da sich zumindest ein Vetospieler verschlechtern würde, d. h. der Politikvorschlag für diesen Akteur weiter entfernt von seinem Idealpunkt ist als der Status quo.

Nach: Abromeit, Heidrun/Stoiber, Michael: Demokratien im Vergleich. Einführung in die vergleichende Analyse politischer Systeme. Wiesbaden:VS Verlag fr Sozialwissenschaften/GWV Fachverlage GmbH 2006, S. 63 ff.

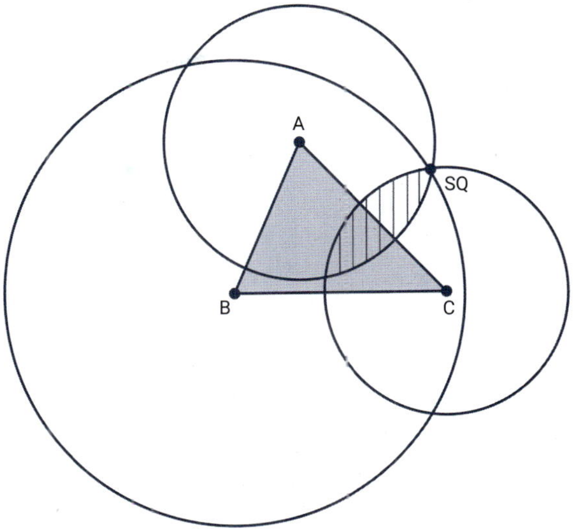

Das winset wird bestimmt durch die Schnittmenge aller Kreise – der sogenannten Indifferenzkurven mit den Idealpunkten der Vetospieler (A, B, C) als Mittelpunkt, die durch den Status quo (SQ) führen (die schraffierte Fläche).

Beim Einstimmigkeitskern handelt es sich um die kleinste Fläche, die von den Verbindungslinine aller Idealpunkte der Vetospieler (A, B, C) eingeschlossen wird (graue Fläche)

M36 Grundaussagen zur Möglichkeit eines policy-Wandels oder für policy-Stabilität nach Tsebelis

1 Erhöht sich die Anzahl an Vetospielern, dann wird das winset kleiner. Die Chance für eine Entscheidung, welche den Status quo verändert, sinkt.

2 Kommt dagegen ein Vetospieler hinzu, dessen Interessen im bisherigen Einstimmigkeitskern liegen bzw. damit übereinstimmen, so ist dieser nicht als Vetospieler zu zählen (Absorptionsregel).

3 Je größer die Distanz zwischen den Vetospielern ist, desto kleiner wird das Winset und umso größer ist die policy-Stabilität.

4 Der Agenda-Setzer ist derjenige Akteur, der bestimmen kann, worüber abgestimmt wird. Er wird immer diejenigen Lösungen im winset vorschlagen, die seinem Idealpunkt am nächsten sind. Sofern die übrigen Vetospieler keine Möglichkeit haben, diesen Vorschlag abzuändern, werden sie ihm zustimmen.

5 Kollektive Vetospieler unterscheiden sich von individuellen darin, dass sie sich aus mehreren Akteuren zusammensetzen. So bestehen Parlamente mit starker Fraktionsdisziplin aus so vielen individuellen Akteuren, wie es Fraktionen gibt.

6 Erhöht sich die Mehrheitserfordernis bei kollektiven Akteuren (z.B. von einfacher Mehrheit zu einer qualifizierten Mehrheit), so erhöht sich die policy-Stabilität oder bleibt gleich.

Basierend auf: Abromeit, Heidrun/Stoiber, Michael: Demokratien im Vergleich. Einführung in die vergleichende Analyse politischer Systeme. Wiesbaden:VS Verlag fr Sozialwissenschaften/GWV Fachverlage GmbH 2006, S. 63 ff.

M37 Wer sind die Vetospieler in den verschiedenen politischen Systemen?

Tsebelis unterscheidet zunächst **institutionelle** und die sogenannten [**parteipolitischen**] Vetospieler [...]. Zu den in der Verfassung festgelegten institutionellen Vetospielern zählen in demokratischen Systemen das nationale Parlament sowie alle weiteren institutionellen Akteure, die im Gesetzgebungsprozess zustimmen müssen, wie etwa zweite Kammern in föderalen Systemen, der Präsident in präsidentiellen Systemen oder sogar das Volk. [...] Wer die [parteipolitischen] Vetospieler sind, ergibt sich nicht aus der Verfassung, sondern aus dem politischen Prozess [...] sie agieren innerhalb der institutionellen Vetospieler. [...] Das Zusammenspiel von institutionellen und [parteipolitischen] Vetospielern verdeutlicht die Relevanz der Absorptionsregel. Zweite Kammern sind im Prinzip dann als potentielle kollektive Vetospieler zu betrachten, wenn sie ein echtes Vetorecht haben. Doch wenn die Mehrheitsverhältnisse in beiden Kammern eines Parlaments ähnlich sind und die Regierung in beiden Kammern über die Mehrheit verfügt, kann die zweite Kammer als Vetospieler gestrichen werden; es kommt keine zusätzliche Partei ins Spiel, deren Zustimmung benötigt wird.

Nach: Abromeit, Heidrun/Stoiber, Michael: Demokratien im Vergleich. Einführung in die vergleichende Analyse politischer Systeme. Wiesbaden: VS Verlag für Sozialwissenschaften/GWV Fachverlage GmbH 2006, S. 63 ff.

M38 Weitere Faktoren, die Entscheidungen im politischen System beeinflussen können

Meist sind politische Entscheidungssituationen in der Realität komplizierter, um sie mit der reinen Vetospielertheorie erklären zu können. So müssen bei der Analyse zusätzliche Faktoren berücksichtigt werden, welche die rationale Handlungslogik der Akteure lenken:

Unterschiedliche Präferenzen	Es muss herausgefunden werden, ob es sich bei einer Entscheidungssituation um einen sehr wichtigen Punkt für einen Akteur handelt oder um einen eher unwichtigen.
Tauschprozesse/ Deals	Ein Akteur könnte einer Entscheidungsvorlage auch dann zustimmen und sich von seinem Idealpunkt weiter entfernen, wenn er dafür einen anderen Gewinn bekäme. Dies könnte die Zustimmung zu einem von ihm präferierten Thema sein (package-deal) oder eine personelle Verbesserung (z. B. einen Minister- oder Kanzlerposten).
Weitere Parameter	▪ das öffentliche Meinungsbild zur Entscheidungsfrage ▪ der vermutete Erfolg oder Misserfolg bei zukünftigen Wahlen ▪ die Berichterstattung in den Medien ▪ den Wunsch, andere Akteure bewusst zu blockieren, auch wenn man von einer Entscheidung selbst profitieren würde (Abgrenzung oder Kooperation)

Bearbeiter

Aufgaben 72035-108

1. Erläutern Sie die Vetospieler-Theorie mit eigenen Worten. Fassen Sie die Hauptaussagen thesenartig zusammen (**M35** – **M37**).
2. Beantworten Sie die Ausgangsfragen zu Fall A und Fall B (**M34**) mit Hilfe der Vetospieler-Theorie.
3. Wenden Sie die Theoreme (**M36**) und die weiteren Faktoren in **M38** auf die Fallbeispiele (**M34**) an. Verändern Sie dazu gegebenenfalls die Fallbeispiele.

4.3.1 Koalitionen: Wer soll eine Regierung bilden?

Zum Thema: Die Bildung von Koalitionen ist zentral für unser politisches System. Ohne Koalitionsvereinbarungen ist nicht nachzuvollziehen, warum politische Akteure bestimmte Entscheidungen treffen, kompromissbereit sind oder sich von Vorschlägen distanzieren. Sie prägen alle politischen Prozesse auf Bundes- und Landesebene. Wer allerdings eine Koalition nach einer Wahl bilden darf und kann, geht nicht unmittelbar aus dem Wahlergebnis hervor, sondern ist Teil von Verhandlungen. Sie sollen in diesem Kapitel am Beispiel der Bundestagswahl 2021 die Notwendigkeit von Koalitionen, die Kritik an Koalitionsverhandlungen sowie Kriterien für eine Koalitionsbildung analysieren und beurteilen.

M39 Zwei Auffassungen zum Regierungsauftrag nach der Bundestagswahl 2021

A Sitzverteilung nach der Bundestagswahl am 26.09.2021

Union	197	Linke	39
SPD	206	Grüne	118
AfD	83	SSW	1
FDP	92		

© C.C. Buchner Verlag, Daten nach: Bundeswahlleiter, 2023

B Statement des damaligen CDU-Parteivorsitzenden Armin Laschet zum Wahlausgang

Keine Partei kann aus diesem Ergebnis einen klaren Regierungsauftrag ableiten. [...] Für den CDU-Bundesvorstand ist klar, dass wir zu Gesprächen über eine Jamaika-Koalition bereitstehen.

Tagesschau: Laschet wirbt für Jamaika. In: www.tagesschau.de, 27.09.2021

Hinweis: Eine Jamaika-Koalition besteht aus CDU/CSU, Grüne und FDP

C Statement des damaligen SPD-Parteivorsitzenden Norbert Walter-Borjans als Reaktion auf Armin Laschet

In einer Demokratie haben am Wahltag der Wähler und die Wählerin das Wort. Und mit den Ergebnissen müssen die Parteien verantwortungsvoll umgehen [...]. Dass sie Gespräche führen, ist niemandem zu verwehren. Wenn man aber „mit Abstand Zweiter" wird, hat man zwar die Möglichkeit zur Regierungsbildung, aber das moralische Recht hat man nicht.

Dpa: „Kein moralisches Recht": SPD kritisert Regierungsanspruch der Union. In: www.infranken.de, 27.09.2021

Einstiegsaufgaben 72035-109

1. Erarbeiten Sie die beiden Positionen in **M39** B, C zum Wahlausgang der Bundestagswahl 2021 (**M39** A).
2. Formulieren Sie mit Hilfe der Statements das politische Problem. Welchem Statement stimmen Sie zu?

M40 Grundinformation: Wie kommt es zur Koalitionsbildung?

Unter Koalition [...] im parlamentarischen System Deutschlands wird der Zusammenschluss zweier oder mehrerer Parteien bzw. ihrer Fraktionen zum Zwecke der Bildung und Unterstützung einer Regierung verstanden. Koalitionen werden im parlamentarischen System erforderlich, wenn eine Partei allein nicht die notwendige Mehrheit aller Mandate erreicht hat bzw. über eine zu geringe Mehrheit verfügt. [...] Koalitionen sind zeitlich befristete Bündnisse, die in der Regel für eine Legislaturperiode geschlossen werden. In einer Koalition können die beteiligten Parteien notwendigerweise nicht ihre eigene Programmatik durchsetzen, sondern müssen Kompromisse eingehen. Dabei können die Interessen des kleineren Koalitionspartners stärkere Berücksichtigung finden, als es sein Wählervotum aussagt, wenn er für die Bildung der Koalition unbedingt erforderlich ist. [...] Nach erfolgreichen Koalitionsverhandlungen werden Koalitionsvereinbarungen [Koalitionsverträge] getroffen, die die politischen Ziele (Gesetzesvorhaben u. a. m.) und personellen Vorstellungen (Aufteilung und Besetzung der Ministerien und Staatssekretäre) der beteiligten Parteien widerspiegeln. In der politischen Praxis bedürfen die Koalitionsvereinbarungen der Zustimmung der Fraktionen, meist auch der Parteivorstände oder sogar der Parteimitglieder. [...] Meistens geht die stärkste Parlamentsfraktion mit einer kleinen Fraktion eine sogenannte kleine Koalition ein. Allerdings ist es auch möglich, gegen die stärkste Fraktion eine kleine Koalition zu bilden. [...] Solche Abkommen können die Zusammenarbeit während der gesamten Legislaturperiode ebenso beinhalten wie das Versprechen, im Bundestag nicht mit wechselnden Mehrheiten zu stimmen. [...] Um die Koalitionsvereinbarungen zu überprüfen und die in einer Koalition mit Sicherheit während einer Legislaturperiode auftretenden Spannungen zu entschärfen, wird ein Koalitionsausschuss eingerichtet, dem die Spitzenpolitiker der die Koalition eingehenden Parteien angehören. Er hat neben der allgemeinen Koordination die Aufgabe, aufkommende Streitigkeiten zwischen den Koalitionspartnern auszugleichen, die parlamentarische Arbeit vorzubesprechen, Initiativen der Regierung zu klären und somit die Regierungs- und Parlamentsarbeit zu koordinieren.

Woyke, Wichard: Koalitionen. In: Andersen, Uwe/ Bogumil, Jörg/Marschall, Stefan/Woyke, Wichard (Hrsg.): Handwörterbuch des politischen Systems der Bundesrepublik Deutschland, 8., überarbeitete und erweiterte Auflage. Wiesbaden: Springer VS Verlag, 2021, S. 439 f.

Vertreter:innen der Ampel-Parteien auf dem Weg zur Unterzeichnung des Koalitionsvertrages, 2021

M41 Kommentar: Koalitionsverhandlungen sind intransparent, übergriffig und undemokratisch

Unvorstellbar, wie früher Koalitionen gebildet wurden. Keine „Verträge", die sich großspurig so nennen, obwohl es nichts weiter als politische Absprachen sind. Keine Verhandlungen, bei denen alle beisammensitzen: Abgeordnete, Funktionäre, Parteiführer, Minister, Ministerpräsidenten, die übergriffig, nämlich ohne Rücksicht auf Staatsebenen „durchregieren". Es reichte vielmehr ein Handschlag, vielleicht ein Zehn-Punkte-Papier. Das war es. Auf die Kanzlerwahl kam es an. Dann wurde regiert. Und heute? Trotz des Katzenjammers vor vier Jahren verhandeln nicht weniger als dreihundert Politiker in 22 Arbeitsgruppen über die vier Jahre Regierungspolitik. Vor sechzig Jahren wurde dergleichen noch als verfassungswidrig bezeichnet. Es beschneide die Richtlinienkompetenz des künftigen Kanzlers, schränke die Verantwortlichkeit der Minister ein und knebele das freie Mandat der Bundestagsabgeordneten [...]. Gegen dieses Verdikt ließ und lässt sich einiges einwenden. Der künftige Kanzler und künftige Minister sind schließlich nicht außen vor, die Parteien tun nur, was sie tun sollen, nämlich an der politischen Willensbildung mitwirken, und sie handeln im Sinne des Grundgesetzes, dem sehr daran gelegen ist, dass stabile Regierungsverhältnisse herbeigeführt werden. Vertrauensbildung, Sicherheit und Kontrolle sind aber Sinn und Zweck von Koalitionsverträgen. Also alles gut? [...] Der Bundestag funktioniert, bevor es die Ampel gibt. Denn der Bundestag ist handlungsfähig, auch ohne dass es einen Koalitionsvertrag gibt. Er ist sogar handlungsfähiger, solange es keinen Koalitionsvertrag gibt. Der Bundestag und die Ministerien sind schließlich die Orte, in denen stattfinden sollte, was jetzt in Koalitionsverhandlungen vorweggenommen wird. Der Unterschied ist, dass dann wesentlich mehr Transparenz, wesentlich mehr Demokratie und wesentlich mehr Debatte und Öffentlichkeit stattfände als in 22 Arbeitsgruppen, von denen gerade einmal bekannt ist, wer ihre Mitglieder sind. Das intransparente Verfahren der Koalitionsverhandlungen gerät erst dann wieder in demokratisches Fahrwasser, wenn Parteitage und Parteimitglieder über die Ergebnisse befragt werden. Angesichts der zahlreichen, bis ins Einzelne formulierten Gesetzesprojekte, die dann zur Abstimmung stehen, fragt es sich aber, warum Parteimitglieder mehr Rechte haben als die Wahlbürger. Die haben Abgeordnete, nicht Funktionäre damit beauftragt, das ganze Volk, nicht nur das Parteivolk zu repräsentieren – im Bundestag wohlgemerkt, nicht in Koalitionsausschüssen. Das müssten sich auch die Abgeordneten selbst fragen. Sie lassen sich zu Notariatsgehilfen einer Legislative machen, die nicht im Reichstag sitzt, sondern in den Hinterzimmern der Parteizentralen.

von Altenbockum, Jasper: Intransparent, übergriffig, undemokratisch. In: www.faz.net, 11.11.2021

Digitale Abstimmung: Bundesregierung ohne Koalitionsvertrag?

72035-110

M42 Umfragen zur Koalitionsbildung nach der Bundestagswahl 2021

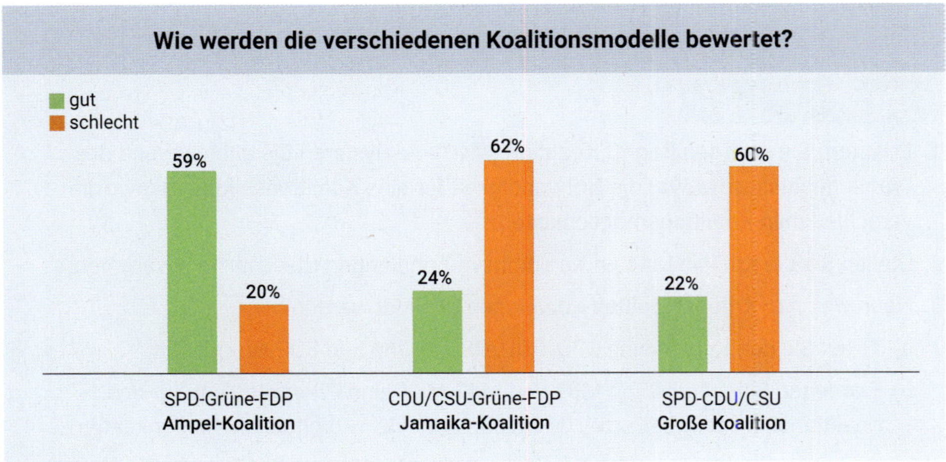

© C.C. Buchner Verlag, Daten nach: ZDF Politbarometer Oktober I 2021, Interviewzeitraum: 28.09.2021-30.09.2021

M43 Streitpunkte nach möglichen Koalitionen nach der Bundestagswahl 2021

a) Die Zahl der Konfliktthemen je Parteipaar

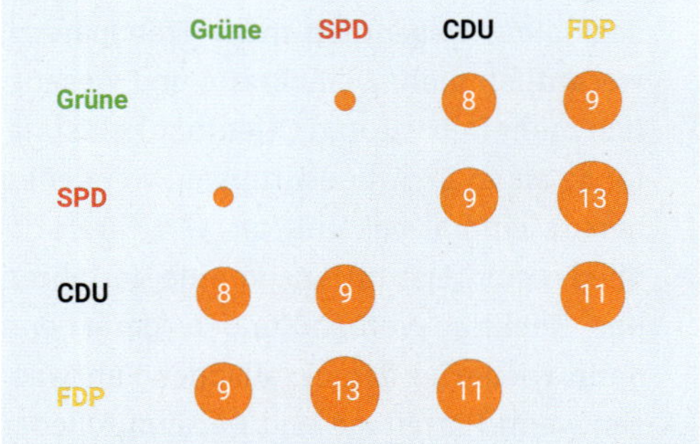

Ein Streitthema liegt vor, wenn sich die Parteien in ihren Antworten auf einer Skala von -1 (lehne sehr ab) bis 1 (stimme sehr zu) um drei Punkte unterscheiden.

Nach: Tagesspiegel, 2021

b) So viele Konfliktpunkte gibt es in den drei möglichen Koalitionen

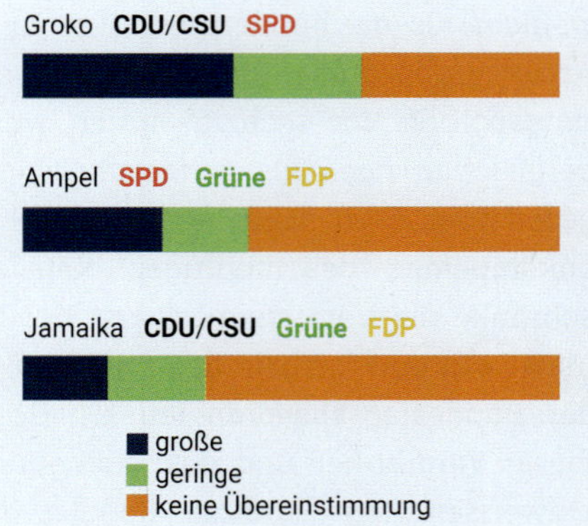

Nach: Tagesspiegel, 2021

M44 Spieltheoretische Machtverteilung in Koalitionsverhandlungen

Spieltheoretische Einschätzung der Koalitionsoptionen

Werte von 0 (keine Macht) bis 1 (alle Macht)

	SPD	CDU/CSU	Grüne	FDP
Position nach der Wahl: Shapley-Wert				
	0,33	0,33	0,17	0,17
Position in Verhandlungen mit Groko: Außenoptionswert				
Groko	0,5	0,5		
Ampel	0,58		0,21	0,12
Jamaika		0,58	0,21	0,2
Position in Verhandlungen ohne Groko: Außenoptionswert				
Ampel	0,08		0,46	0,46
Jamaika		0,08	0,46	0,46

Hinweise:
Der Shapley-Wert resultiert aus der Sitzverteilung im Parlament.
Position in Verhandlungen ohne GroKo heißt, dass eine GroKo von den möglichen Koalitionsparteien ausgeschlossen wird.

Nach: Institut der deutschen Wirtschaft, IW-Kurzbericht 71/2021

Zusatzmaterial:
Koalitionsvertrag der Ampel-Koalition
72035-112

Politik aktiv
Simulieren Sie die Koalitionsverhandlungen der Ampel-Parteien als Rollenspiel anhand der realen Streitpunkte. (→ digitaler Aufgabenkasten) Gibt es eine Einigung? Wenn ja, welche? (Kompromisse, Ressortverteilung etc.).

Aufgaben

72035-113

1. Erläutern Sie kurz den Begriff Koalition (**M40**). Analysieren Sie auch anhand des Wahlergebnisses (**M39a**) die Notwendigkeit für eine Koalitionsbildung sowie die verschiedenen Koalitionsmöglichkeiten.
2. Stellen Sie die Kritik in **M41** an Koalitionsverhandlungen thesenartig zusammen.
3. Nach welchen Kriterien sollten Koalitionen gebildet werden?
   a) Teilen Sie den Kurs in eine SPD, CDU/CSU, Grüne und FDP-Gruppe auf.
   b) Erarbeiten Sie anhand von **M39** und **M42-M44** eine Prioritätenliste für den Koalitionsbeitritt Ihrer Partei. (Mögliche Aspekte → digitaler Aufgabenkasten)
4. Erläutern Sie Koalitionsverhandlungen mit Hilfe der Vetospieler-Theorie (→ Workshop, S. 148 ff.).

4.3.2 Der Bundestag: verlängerter Arm der Regierung oder effektiver Kontrolleur?

Zum Thema: Der Bundestag gilt als Zentrum des politischen Systems, gleichsam wird er oft dafür kritisiert, weil er seine Kontrollrechte gegenüber der Bundesregierung nicht genügend wahrnehme. Sie sollen diese Kritik im folgenden Kapitel anhand der Funktionen und der Arbeitsweise des Bundestages analysieren und dazu begründet Stellung nehmen.

M45 Bundestag: Gesetzgeber oder Kontrolleur

a) Statistik der Gesetzgebung:

19. Wahlperiode (2017– 2021)*	
vom Bundestag verabschiedet (beschlossene) Gesetze	547
davon Vorlagen der Regierung	443
davon Vorlagen von CDU/CSU und SPD	90

*Koalition aus CDU/CSU und SPD

Deutscher Bundestag: Statistik der Gesetzgebung – 19. Wahlperiode. In: Parlamentsdokumentation, 03.01.2022

b) Der Bundestag als Kontrolleur?

Die staatliche Gewalt ist in mehrere Gewalten aufgeteilt: Die legislative (gesetzgebende), die exekutive (vollziehende) und die judikative (Recht sprechende) Gewalt sollen sich gegenseitig kontrollieren und staatliche Macht begrenzen. Der Bundestag ist nach dem Prinzip der Gewaltenteilung die gesetzgebende Gewalt (Legislative) in Deutschland. Demgegenüber stehen die Bundesregierung als Exekutive und die Bundes- und Landesgerichte als Judikative.

Deutscher Bundestag: Das Prinzip der Gewaltenteilung. In: www.bundestag.de, Abruf am 05.07.2022

Einstiegsaufgaben 72035-114

1. Beschreiben Sie die Statistik in **M45a**.
2. Begründen Sie, inwiefern die Statistik **M45a** den Deutschen Bundestag eher als verlängerten Arm der Bundesregierung denn als Kontrolleur (**M45b**) darstellt.

M46 Was sind die Funktionen und Stellung des Deutschen Bundestages?

Im heutigen Deutschland [steht] das Parlament, der Bundestag (in den Bundesländern die Landtage), im Zentrum der politischen Institutionen. Er ist als einziges Bundesorgan direkt vom Volke gewählt, verfügt damit über die entscheidende demokratische Legitimation und erfüllt die Funktionen:

- Er ist es, der die personelle Besetzung aller anderen zentralstaatlichen Organe direkt oder indirekt vornimmt, teilweise gemeinsam mit Vertretern anderer Organe (Wahlfunktion).
- Seiner Kontrolle unterliegt das Regierungshandeln (Kontrollfunktion).
- Ihm obliegt, bei Mitwirkung des Bundesrats, die Gesetzgebung (Legislative Funktion).
- Er soll den im Volke vorhandenen Meinungen Ausdruck geben (Artikulationsfunktion).

Entscheidend dafür, in welcher Weise diese Aufgaben tatsächlich erfüllt werden, ist jedoch die veränderte Rolle des Parlaments im parlamentarischen Regierungssystem. Einst primär Volksrepräsentation gegenüber einer obrigkeitlichen Regierung, stellt nun das Parlament selbst, genauer: die Parlamentsmehrheit, durch Personen ihres Vertrauens die Regierung. [...] Anstelle eines Dualismus von Gesamtparlament und Regierung ist damit ein Dualismus von Parlamentsmehrheit (einschließlich Regierung) und parlamentarischer Opposition getreten. In dessen Rahmen stehen für die Parlamentsmehrheit

Eine Sitzung des Deutschen Bundestages

1 Redner:in
2 Bundesratsbank
3 Bank der Bundesregierung
4 Sitzungsleitung (Bundestagspräsidium)
5 Fraktionen
6 Stenograf:innen – Protokoll der Sitzung
7 Presse- und Zuschauertribüne

die Wahl- und Gesetzgebungsfunktion im Vordergrund, für die Opposition hingegen Kontrolle und Artikulation. […]

Die Regierungsbildung, wie sie in der Bundesrepublik mit der Wahl des Bundeskanzlers erfolgt, [ist] eine zentrale Funktion des Bundestages. […] Darüber hinaus hat er weitere Organe personell zu besetzen, durch

- die Wahl des Bundespräsidenten, gemeinsam mit der gleichen Zahl von Vertretern der Landtage (= » Bundesversammlung «);
- die Wahl der Hälfte der Bundesverfassungsrichter und der Richter an obersten Bundesgerichten […].

Ein verfassungsrechtliches Novum auch im internationalen Vergleich sieht das Grundgesetz für die Ablösung eines amtierenden Kanzlers vor: das » konstruktive Misstrauensvotum «. Danach kann der Sturz eines Kanzlers (und mit ihm seiner Regierung) allein durch Wahl eines neuen Bundeskanzlers erfolgen. Eine bloß negative Mehrheit, einig nur in der Ablehnung des amtierenden Bundeskanzlers, reicht also nicht zu dessen Sturz. Erfolgreich wurde das konstruktive Misstrauensvotum bisher zur Regierungsablösung bei Koalitionswechseln eingesetzt. […] Fühlt sich ein Bundeskanzler seiner Mehrheit nicht sicher, so kann er nach Art. 68 GG seinerseits die Initiative ergreifen und dem Bundestag die Vertrauensfrage stellen. Verweigert man ihm das Vertrauen, ohne einen anderen Kanzler zu wählen, so kann der Bundespräsident auf Vorschlag des Kanzlers binnen 21 Tagen den Bundestag auflösen und Neuwahlen ausschreiben. Der Bundespräsident muss dies aber nicht tun. Die Vertrauensfrage mag so in einer unsicher gewordenen Lage Klärung schaffen, eine drohende Neuwahl Abgeordnete an die Seite des amtierenden Kanzlers treiben.

Rudzio, Wolfgang: Das politische System der Bundesrepublik Deutschland, 10., aktualisierte und erweiterte Auflage. Wiesbaden: Springer VS 2019, S. 191 ff.; 206 ff.

M47 Legitimation der Bundesregierung: Was sagt das Grundgesetz?

Artikel 63 GG

(1) Der Bundeskanzler wird auf Vorschlag des Bundespräsidenten vom Bundestage ohne Aussprache gewählt.
(2) Gewählt ist, wer die Stimmen der Mehrheit der Mitglieder des Bundestages auf sich vereinigt. Der Gewählte ist vom Bundespräsidenten zu ernennen.

Artikel 64 GG

(1) Die Bundesminister werden auf Vorschlag des Bundeskanzlers vom Bundespräsidenten ernannt und entlassen.

M48 Schaubild: das Regierungssystem der Bundesrepublik Deutschland

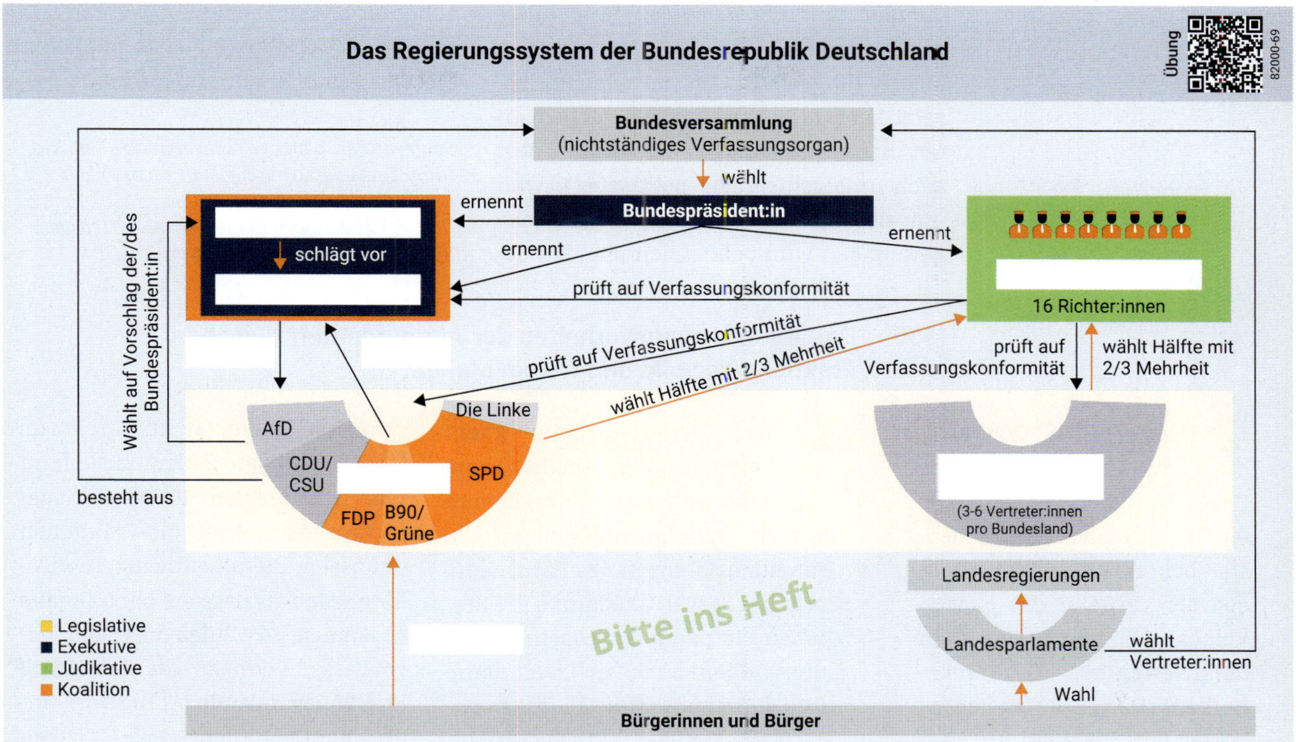

Bearbeitergrafik

M49 Gremien und Arbeitsweise des Deutschen Bundestags als Fraktionenparlament

Die immense Aufgabenfülle, der sich der Bundestag seit 1949 gegenübersieht, ist nur mit arbeitsteiligen Strukturen zu bewältigen. Diese sind einerseits entlang politischer, andererseits entlang fachlicher Kriterien organisiert. Die verbreitete Klassifizierung des Bundestages als „Fraktionenparlament" macht schon deutlich, welch zentraler Stellenwert diesen Gremien zukommt. Fraktionen sind nach § 10 Abs. 1 der Geschäftsordnung des Bundestages [...] „[...] Vereinigungen von mindestens fünf von Hundert der Mitglieder des Bundestages, die derselben Partei oder solchen Parteien angehören, die aufgrund gleichgerichteter politischer Ziele in keinem anderen Land miteinander im Wettbewerb stehen." Da sich die fraktionsinterne Willensbildung und Entscheidungsfindung besonders in den großen, mehrere Hundert Mitglieder umfassenden Fraktionen nur über Prozesse arbeitsteiliger Vorstrukturierung effizient organisieren lässt, sind sie in Arbeitsgruppen (SPD, CDU/CSU) bzw. Arbeitskreise (FDP, Bündnis 90/Die GRÜNEN [...]) untergliedert. Diese umfassen die zentralen Politikfelder und decken sich – zumindest bei den größeren Fraktionen – mit den Gebieten der ständigen Ausschüsse des Bundestages. Den Experten der Fraktionen wächst auf dem Feld, für das sie „zuständig" sind und auf dem sie sich Fachkompetenz erworben haben, mitunter ein ganz erhebliches Einflusspotential auf der Fraktions- und Parlamentsebene zu (Meinungsführerschaft). Das zentrale Beschlussgremium ist die Fraktionsversammlung. Dieser obliegt es auch das Leitungsgremium, den Fraktionsvorstand mit dem Fraktionsvorsitzenden an der Spitze, zu wählen. [...] Das zentrale Beschlussorgan des Bundestages ist das Plenum. Die eigentlichen Arbeitsgremien sind die ständigen Ausschüsse des Bundestages [...], die entsprechend den Mehrheitsverhältnissen im Plenum besetzt sind. Dort tauschen die Fachexperten ihre Argumente aus, dort stoßen aber auch unterschiedliche politische Bewertungen aufeinander. Nach eingehenden Beratungen wird schließlich über die sogenannte Beschlussempfehlung des Ausschusses an das Plenum abgestimmt. Die ständigen Ausschüsse dienen folglich als „vorbereitende Beschlussorgane".

Schreyer, Bernhard und Schwarzmeier, Manfred: Grundkurs Politikwissenschaft: Studium der politischen Systeme. Eine studienorientierte Einführung, 2., durchgesehene Auflage. Wiesbaden: Springer Fachmedien 2005, S. 171 f.

M50 Das Abstimmungsverhalten der Abgeordneten zwischen Fraktionsdisziplin und freiem Mandat

A Nach Art. 38 GG verfügen alle Abgeordneten des Deutschen Bundestags über ein freies Mandat, nach dem sie bei ihren Entscheidungen als Vertreter des ganzen Volkes nur ihrem Gewissen unterworfen sind (Gewissensfreiheit). Damit dürfen sie zu keiner Entscheidung gezwungen werden (Fraktionszwang). In der Regel stimmen die Abgeordneten einer Fraktion aber geschlossen ab (Fraktionsdisziplin). In manchen Fällen wird von der Fraktionsführung die Fraktionsdisziplin explizit aufgehoben, so dass bestimmte Entscheidungen als sogenannte Gewissensentscheidungen für die Abgeordneten freigegeben werden (z. B. Entscheidungen über eine allgemeine Impfpflicht, zur Ehe für Alle).

Bearbeiter

B Der Bundestag wäre kaum entscheidungsfähig, wollten die Abgeordneten als Einzelakteure handeln. Ausschlaggebend für die Handlungsfähigkeit des Parlaments ist daher dessen Gliederung in Fraktionen als parlamentarische Handlungseinheiten – sichtbar darin, dass diese zumeist geschlossen abstimmen. In eine Fraktionsdisziplin fügen sich die Abgeordneten aus der Einsicht, nur im Kompromiss mit anderen bei den ihnen wichtigen Fragen Mehrheiten bilden zu können. [...] Die Konformität des Abstimmungsverhaltens lässt sich aus innerparteilicher Sozialisation erklären; häufig abweichende Abgeordnete haben auch weniger Chancen, ein Fraktions- oder Regierungsamt zu erhalten. [...] So sympathisch Rechte des Einzelnen erscheinen mögen – nur als Fraktionenparlament vermag ein vielköpfiges Gremium wie der Bundestag Entscheidungsfähigkeit zu erreichen. [...] Umso größere Bedeutung kommt innerfraktionellen Entscheidungsprozessen zu. Auch die Fraktionen umfassen allerdings meist zu viele Mitglieder, als dass sie ohne Organe auskämen. So wählen die Fraktionsvollversammlungen aus ihrer Mitte Fraktionsvorstände [...] Die Vorstände haben vor allem zwei Aufgaben zu erfüllen:

- Sie sichern die Geschlossenheit ihrer Fraktionen nach außen, indem sie zu anstehenden Entscheidungen des Bundestages eine Willensbildung der Fraktion herbeiführen und eine Marschroute für das Vorgehen im Bundestag entwickeln.
- Sie planen und verteilen die Arbeit der Fraktion, indem sie fraktionsinterne Arbeitskreise bzw. -gruppen bilden und Vorschläge für die personelle Besetzung dieser Gremien wie auch der Ausschüsse des Bundestages machen.

Rudzio, Wolfgang: Das politische System der Bundesrepublik Deutschland, 10., aktualisierte und erweiterte Auflage. Wiesbaden: Springer VS 2019, S. 197-205

M51 Welche Aufgaben und Funktionen hat die Opposition im Deutschen Bundestag?

Als Opposition wird der Teil des Parlaments bezeichnet, der nicht der Regierung angehört oder diese stützt. Sie soll als Korrektiv des Mehrheitswillens fungieren, das Handeln der politisch Verantwortlichen in Regierung und Parlament kritisieren, kontrollieren und Alternativen aufzeigen. Hierbei kann eine kompetitive von einer kooperativen Opposition unterschieden werden. Eine kompetitive Opposition zeichnet sich aus durch das öffentliche Ringen mit der Regierung um die besseren

Argumente, um inhaltliche oder personelle Alternativen, mit dem Ziel, die Wählerschaft zu überzeugen, um die zukünftige Regierung selbst bilden zu können. Sie ist gekennzeichnet durch weitgehende Ablehnung von Entscheidungsvorschlägen der Regierung. Die kooperative Opposition sieht ihre Aufgabe eher im Mitregieren, dem inhaltlichen Mitgestalten und dem Interessenausgleich im Sinne der gesamtstaatlichen Verantwortung. In Deutschland wird, abhängig von der jeweiligen Opposition und dem Entscheidungsgegenstand, eine Mischung dieser beiden Grundtypen beobachtet. Dies resultiert auch daraus, dass mit der Möglichkeit der inhaltlichen Einflussnahme in Ausschüssen und der Möglichkeit, über den Bundesrat Veränderungen erzwingen zu können, eine Reihe von Mitgestaltungsmöglichkeiten für die Opposition bestehen.

Bearbeiter, basierend auf: Höreth, Marcus/Ketelhut, Jörn: Was ist effektive Opposition? Überlegungen zu einem Schlüsselbegriff der Regierungslehre. In: Bröchler, Stephan/Glaab, Manuela/Schöne, Helmar (Hg.): Kontrolle, Alternative. Was leistet die parlamentarische Opposition? Wiesbaden: Springer Fachmedien 2020, S. 98 ff.

M52 Welche Möglichkeiten der parlamentarischen Kontrolle gibt es?

Kleine Anfrage	Mindestens fünf Prozent der Abgeordneten sind notwendig, um kleine Anfragen schriftlich einzureichen. Diese werden vom zuständigen Ministerium innerhalb von zwei Wochen schriftlich beantwortet. Kleine Anfragen dienen dazu, Informationen zu erhalten, die Regierung mit Fragen zu beschäftigen und als Oppositionsfraktion Aktivität zu demonstrieren.
Große Anfrage	Auch große Anfragen müssen von mindestens fünf Prozent aller Abgeordneten gestellt werden. Im Unterschied zur kleinen Anfrage ziehen sie eine Bundestagsdebatte nach sich, sofern dies mindestens eine Fraktion verlangt. Sie sind oft umfangreicher als kleine Anfragen.
Aktuelle Stunde	Auf Antrag von mindestens fünf Prozent der Abgeordneten werden im Bundestag Themen von aktueller Bedeutung diskutiert.
Einzelfragen von Abgeordneten:	Auch einzelne Abgeordnete haben die Möglichkeit, sich mit schriftlichen oder mündlichen Fragen an die Regierung zu wenden. Jede bzw. jeder Abgeordnete darf bis zu vier Fragen pro Monat für eine schriftliche Beantwortung stellen. Mündliche Fragen an die Minister:innen bzw. deren parlamentarischen Staatssekretärinnen und Staatssekretäre können in der Fragestunde, welche als 90-minütiges Format in jeder Sitzungswoche stattfindet, gestellt werden.
Untersuchungsausschuss	Der Untersuchungsausschuss dient dazu, Regierungshandeln darauf zu prüfen, ob es sich im Rahmen des geltenden Rechts bewegt. Hierbei werden in öffentlicher Sitzung vom Ausschuss Beweise zu möglichem Fehlverhalten zusammengetragen.

Bearbeiter

M53 Übersicht: Nutzung von parlamentarischen Kontrollrechten im Deutschen Bundestag

	Große Anfragen	darunter von der Opposition	**Kleine Anfragen**	darunter von der Opposition	**Fragen von Abgeordneten**	darunter von der Opposition	**Aktuelle Stunden**
2009 – 2013	54	96,3 %	3629	98,9 %	26305	94,7 %	131
2013 – 2017	15	100 %	3953	98,9 %	17131	91,2 %	91
2017 – 2021	35	100 %	11677	100 %	30821	96,7 %	139

Bearbeiter nach: Rudzio, Wolfgang: Das politische System der Bundesrepublik Deutschland, 10., aktualisierte Auflage. Wiesbaden: Springer VS 2019, S. 212; Deutscher Bundestag: Statistik der Parlamentarischen Kontrolltätigkeit – 19. Wahlperiode. In: Parlamentsdokumentation, 19.11.2021

M54 Deutscher Bundestag und Bundesregierung: zwischen Abhängigkeit und Kontrolle

Das Grundgesetz bestimmt in Artikel 63, dass der Bundeskanzler vom Bundestag gewählt wird, ohne Aussprache und mit der Mehrheit der Mitglieder. In Art. 67 bestimmt es, dass er, ebenfalls mit der Mehrheit der Abgeordneten, gestürzt werden kann, indem diese Mehrheit einen anderen Kanzler wählt (konstruktives Misstrauensvotum). Der Kanzler braucht also die die Zustimmung der Mehrheit des Bundestages, um sein Amt antreten zu können, und er braucht sie täglich weiter, um es behalten zu können. Die Mitglieder der Regierung, die Minister, brauchen diese Zustimmung ebenso, nicht jeweils einzeln, sondern – sozusagen noch schlimmer – kollektiv, denn alle gemeinsam verlieren ihre Ämter, wenn der Kanzler abgewählt wird (Art. 69).

Was folgt daraus? [...] Die Abgeordneten, die den Kanzler zu Beginn der Wahlperiode gewählt haben, die Mehrheit, werden so lange für ihn und seine Regierung, seine Politik, seine Gesetzesvorschläge stimmen, wie sie die Regierung nicht loswerden wollen. Denn wenn die Regierung „ihre" Mehrheit, die vielberufene „Kanzlermehrheit", verliert, keine Gesetze, keinen Haushalt mehr beschließen kann, dann gibt es drei Möglichkeiten:

- Im Bundestag findet sich eine andere Mehrheit zusammen, z. B. durch Koalitionswechsel, und wählt einen neuen Kanzler [...];
- Oder der Kanzler tritt zurück, dann hat ebenfalls der Bundestag einen neuen Kanzler zu wählen [...];
- oder der Kanzler stellt die „Vertrauensfrage" gemäß Art. 68 GG und ersucht, wenn er keine Mehrheit bekommt, den Bundespräsidenten um die Anberaumung von Neuwahlen [...].

In allen Fällen haben die Abgeordneten, die diese Regierung einst durch Wahl des Bundeskanzlers ins Amt brachten und nun nicht mehr mehrheitlich unterstützen, ihre Rolle als mitregierende und -gestaltende Parlamentsmehrheit mindestens fürs Erste verspielt. Denn es war nicht einfach „die" Regierung, die sie haben scheitern lassen, es war vielmehr „ihre" Regierung. [...] Im politischen Ergebnis sind es die Abgeordneten der regierenden Mehrheit, die für Erfolg und Misserfolg der Regierung geradezustehen haben. Sie zahlen in den nächsten Wahlen die Zeche dafür, wie das Land regiert wurde [...]. Der Bürger als Wähler entscheidet, ob er einen Wechsel herbeiführen oder mit der bisherigen Regierung und ihrer Parlamentsmehrheit weitermachen will. Deshalb will die Parlamentsmehrheit den Erfolg „ihrer" Regierung und hilft ihr, und deshalb will die Opposition diesen Erfolg nicht, sondern nächstes Mal selbst die Mehrheit bekommen, und stimmt daher regelmäßig gegen sie. [...] Das heißt nun nicht, Aufgabe der Mehrheit im Bundestag sei ein kritikloses Abnicken jeglicher Vorhaben und Gesetzentwürfe „ihrer" Regierung. Im Gegenteil, diese grundlegende Spielregel unserer Regierungsform zwingt die Abgeordneten der Mehrheit zur Teilnahme am politischen Geschäft: Sie wollen im eigenen Interesse den Erfolg dieser Regierung [...]; deshalb wollen und müssen sie zu solchen Ergebnissen beitragen, die [...] den erstrebten Erfolg, also die Akzeptanz von Öffentlichkeit und Wählern, zu erreichen helfen. [...]. Es wird [...] gefolgert, wenn denn Parlamentsmehrheit und Regierung politisch identisch oder gleichgerichtet seien, so kontrolliere nicht mehr das Parlament als Ganzes die Regierung, sondern nur noch die Opposition, und damit werde eine der wichtigsten Aufgaben des Parlaments geschwächt und die Gewaltenteilung beschädigt. Dieser Kurzschluss wird von mehreren Fehlimpulsen ausgelöst:

- von einem verkürzten Kontrollbegriff,
- einem Missverständnis der Gewaltenteilung und
- einer überholten Separierung zwischen staatlicher und gesellschaftlicher politi-

scher Aktivität. [...]

Die Parlamentsmehrheit, die die Regierung ins Amt bringt und ihren Erfolg will, hat genau aus diesem Grund ein gesteigertes Interesse an Kontrolle im [...] mitlenkenden Sinne, eben um zu vermeiden, dass die Regierung Gesichtspunkte und Interessen vernachlässigt [...]. Deshalb kümmern sich die Ausschüsse des Bundestages intensiv und permanent um die Politiken der ihnen jeweils spiegelbildlich gegenüberstehenden Ministerien, keineswegs nur um die Gesetze, und keineswegs nur seitens der Opposition [...], und deshalb bereiten die Fraktionen gerade auch der Mehrheit im Bundestag in Arbeitskreisen und -gruppen, die ebenfalls fachlich den Ressorts entsprechen, alle Vorhaben intensiv politisch vor, bevor sie in den Ausschüssen bearbeitet werden. [...]. Weil die Ziele der miststeuernden Kontrolle der Parlamentsmehrheit und diejenigen der oppositionellen Kontrolle der Minderheitsfraktionen genau entgegengesetzt sind – die eine will die Regierung unterstützen, die andere sie in Frage stellen und eine bessere Alternative vorweisen-, sind auch die Methoden verschieden. Die oppositionelle Kontrolle such die Öffentlichkeit, mobilisiert Gegenkräfte in gesellschaftlichen Gruppen, wendet sich an Gerichte, sucht andere Institutionen einzusetzen, z. B. den Bundesrat und die Länder, und kritisiert das Handeln der Regierung in parlamentarischen und anderen öffentlichen Debatten. Die Mehrheitskontrolle hingegen sucht gerade dem zuvorzukommen, sie will im Vorfeld Pläne und Entwürfe auf Probleme abklopfen und setzt deshalb intern in gemeinsamen Gesprächen von Mitgliedern der die Regierung tragenden Fraktionen mit Regierungsvertretern an.

Zeh, Wolfgang: Verfassungsrechtliche und politische Organisation des Deutschen Bundestages. In: Andersen, Uwe (Hg.): Der Deutsche Bundestag. Eine Einführung. Schwalbach/Ts: Wochenschau Verlag 2008, S. 61-65

Aufgaben

72035-115

1. Ergänzen Sie das Schaubild **M48** mit Hilfe von **M46** und **M47**.
2. Erläutern Sie am Schaubild **M48** die Begriffe „Dualismus von Parlamentsmehrheit und Opposition“ (**M46**, Z. 31) und „Zentrum der politischen Institutionen“ (Z. 3). Bewerten Sie jetzt die Richtigkeit von **M45b**.
3. Erarbeiten Sie die Gremien und Arbeitsweise des Bundestages als arbeitsteiliges Fraktionenparlament (**M49**). Stellen Sie die Ergebnisse als Schaubild dar (→ Vorlage im digitalen Aufgabenkasten). Begründen Sie die Dominanz der Bundesregierung in der Gesetzgebung in **M45**.
4. Beschreiben Sie die rechtlichen Möglichkeiten für das Abstimmungsverhalten von Abgeordneten und begründen Sie die Notwendigkeit der Fraktionsdisziplin (**M50**).
5. Erarbeiten Sie die Aufgaben und die Möglichkeiten der Opposition (**M51-M53**).
6. Analysieren Sie, inwiefern der Bundestag die Bundesregierung kontrolliert (**M54**).
7. Beurteilen Sie die Frage, ob der Bundestag als Ganzes stärker als Gegenspieler der Regierung funktionieren sollte.

Politik aktiv

Die Bundesregierung plant die Einführung einer Steuererhöhung, bei der Unternehmen mehr Steuern als bisher zahlen sollen. Entwerfen Sie a) aus Sicht von Abgeordneten der Regierungsfraktion b) aus Perspektive der Opposition ein Strategiepapier (Stichpunkte, Adressaten, Medien, Wortwahl, Ansprechpartner:innen), um das geplante Regierungshandeln möglichst effektiv zu verhindern. Stellen Sie Ihre Strategie im Kurs vor, vergleichen und diskutieren Sie Ihre Ergebnisse.

Onlinekapitel: Die Zusammensetzung des Deutschen Bundestags

72035-116

4.3.3 Der Bundesrat im Gesetzgebungsprozess: Mitgestalter oder Vetoplayer?

Zum Thema: Immer wieder gerät der Bundesrat in die Kritik, Gesetzesvorhaben zu verlangsamen oder auch zu blockieren. Sie sollen sich in diesem Kapitel mit dieser Problematik auseinandersetzen und die Einflussmöglichkeiten des Bundesrates beurteilen.

M55 Die Rolle des Bundesrates

a) Karikatur zum Bundesrat

Karikatur: Luff, 18.11.2021

b) Die Aufgaben des Bundesrates im Grundgesetz

Art. 50 GG
Durch den Bundesrat wirken die Länder bei der Gesetzgebung und Verwaltung des Bundes und in Angelegenheiten der Europäischen Union mit.

Grundgesetz für die Bundesrepublik Deutschland

Einstiegsaufgaben 72035-117

1. Beschreiben und interpretieren Sie die Karikatur **M55a**.
2. Analysieren Sie, inwiefern zwischen der Karikatur (**M55a**) und Art. 50 GG (**M55b**) ein Spannungsfeld besteht.

M56 Stellung und Aufgaben des Bundesrates im politischen System

Föderalismus
Die Gliederung des Bundesgebietes in Bundesländer mit eigener Staatlichkeit

Die Handlungsspielräume der Legislative und Exekutive sind hierzulande eng begrenzt – aufgrund strenger Machtaufteilung und einer großen Zahl von Mitregenten und Vetospielern. Hierbei kommt dem Föderalismus eine besonders wichtige Rolle zu. [...] Einheitsstaaten wie Frankreich [...] haben nur eine Regierung. In Deutschland hingegen sind siebzehn Regierungen am Werke: eine im Bund und sechzehn in den Ländern. Jedes Bundesland hat die Attribute der Staatlichkeit: eine eigenständige Regierung mit landeseigener Verwaltung, ein Landesparlament, eine Verfassung und eine eigene Verfassungsgerichtsbarkeit. [...] Die Bundesländer und die Ministerpräsidenten an ihrer Spitze spielen eine so große Rolle, dass die Bundesrepublik Deutschland als „Republik der Landesfürsten" eingestuft wurde. [...] Besonders großen Einfluss erlangen die Länder auf die Bundespolitik durch den Bundesrat, ihre Vertretung auf Bundesebene. Durch den Bundesrat wirkt insbesondere die Exekutive der Länder maßgeblich bei der Gesetzgebung und Verwaltung des Bundes mit [...]. Der Bundesrat wirkt eher im Stillen, im Sinne von

„quiet politics“ anstelle von öffentlichkeitswirksamer, geräuschvoller Politik [...]. Er ist keine Parlamentskammer, sondern eine Kammer der Exekutive, ein bürokratischer Rat, der sich aus den Mitgliedern der Regierungen der Länder zusammensetzt, die mit imperativem Mandat ausgestattet sind und ihre Stimmen en bloc abgeben. In den Bundesrat entsenden die Länderregierungen Vertreter der Exekutive. [...] Derzeit beträgt die Gesamtzahl der Stimmen im Bundesrat 69 [...]. Die Zahl der Stimmen, die jedes Land im Bundesrat führt, variiert mit der Bevölkerungsgröße der Länder [...]. Divergierende Mehrheiten im Bundesrat und Bundestag sind folgenreich: Die Bundestagsopposition kann nämlich im Verein mit der Bundesratsmehrheit an Vorhaben der Bundesregierung mitregieren, wenn sie die Länderregierungen ihrer parteipolitischen Färbung auf ihre Seite bringt und die Bundesregierung kompromissbereit ist. Doch auch die Blockade der Gesetzgebung durch die Bundesratsmehrheit ist unter diesen Bedingungen möglich. Deshalb gerät der deutsche Föderalismus des Öfteren in den Ruf des „Blockadeföderalismus“. [...] Allerdings werden hochwahrscheinliche Blockaden von der gesetzgebenden Mehrheit im Bundestag antizipiert und führen bisweilen zu „faulen Kompromissen“. Mitunter türmt die Bundesratsmehrheit aber auch unüberwindbare Hindernisse auf. [...] Wie stark der Bundesrat an der Gesetzgebung mitregiert, hängt allerdings davon ab, ob eine Grundgesetzänderung, ein Zustimmungsgesetz oder ein Einspruchsgesetz zu beschließen ist. [...] Bei Zustimmungsgesetzen hat der Bundesrat eine Vetoposition. Zustimmungspflichtig sind Gesetze, welche die bundesstaatliche Grundlage oder Hoheitsrechte der Länder berühren. [...] Doch im Gegensatz zur Grundgesetzänderung, die eine Zweidrittelmehrheit verlangt, genügt in diesem Fall die einfache Mehrheit der Bundesratsstimmen. Handelt es sich um [...] Einspruchsgesetze, sind die Mitregierungschancen geringer. [...] Erfolgt der Einspruch nur mit der Mehrheit der Bundesratsstimmen, kann der Bundestag ihn mit der Kanzlermehrheit [...] zurückweisen. Hat der Bundesrat den Einspruch aber mit Zweidrittelmehrheit beschlossen, bedarf die Zurückweisung [...] der Zweidrittelmehrheit [im Bundestag]. [...] Solange die beteiligten Akteure kooperationswillig und -fähig sind, wird der Entscheidungsprozess nicht grundsätzlich gestört, jedoch meist erheblich verlangsamt. Zudem nimmt er konkordanzdemokratische Züge an. Damit rückt die Konfliktregelung durch Verhandeln in den Vordergrund, die quer zur Konfliktregulierung durch Mehrheitsentscheid steht.

Eine Sitzung des Bundesrates

Zum Abstimmungsverhalten der Bundesländer

Die Koalitionsverträge der Landesregierungen enthalten in der Regel eine Bundesratsklausel. Diese legt fest, dass das jeweilige Bundesland sich bei unterschiedlicher Auffassung der Koalitionspartner der Stimme enthält. Enthaltungen wirken im Bundesrat aber als Nein-Stimmen.

Bearbeiter

Schmidt, Manfred G.: Das politische System Deutschlands. Institutionen, Willensbildung und Politikfelder. Schriftenreihe der bpb Bd. 10007. Bonn: Bundeszentrale für politische Bildung 2016, S. 200 ff.

Zusatzmaterial:
Die Theorie der Politikverflechtungsfalle

72035-118

M57 Gesetzgebungsprozess: Welche Rolle erfüllt der Bundesrat?

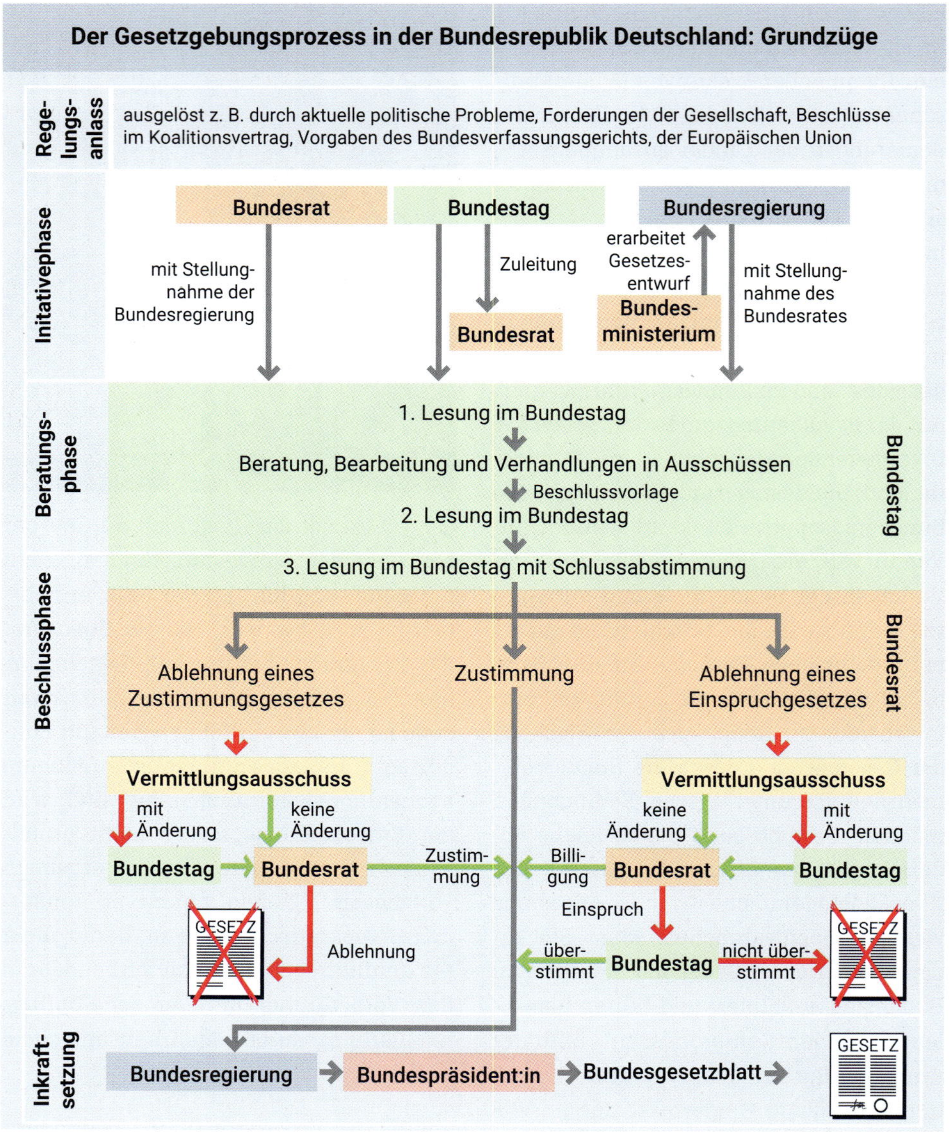

Bearbeitergrafik

Vermittlungsausschuss
Er setzt sich aus je 16 Mitgliedern des Bundesrates und des Bundestages zusammen und erarbeitet einen Kompromiss.

M58 Der Bundesrat als parteipolitischer Vetoplayer

Zwar könnte der Bundesrat formal gesehen immer Vetospieler werden, doch setzt dies die Beschränkung der Gesetzgebung auf Zustimmungsgesetze voraus. [...] Sofern die Koalition derselben Mehrheit angehört wie die Mitglieder des Bundesrats, käme die Absorptionsregel zur Anwendung. In dieser Konstellation gäbe es also [...] parteipolitische Vetospieler (die Regierungsparteien), die den institutionellen Vetospieler Bundesrat absorbieren. Zweitens ist der anders gelagerte Fall denkbar, dass unterschiedliche Mehrheitsverhältnisse in beiden Häusern herrschen. In diesem Fall bleiben die beiden parteipolitischen Vetospieler des Bundestags unverändert, es tritt aber der Bundesrat als institutioneller Vetospieler hinzu. [...] Die Absorption des institutionellen Akteurs ‚Bundesrat' durch die parteipolitischen Akteure [...] vereinfacht [...] das Ergebnis aber in unzulässiger Weise. Selbst in einer

Großen Koalition mit verfassungsändernder Mehrheit, bei der eine Absorption am wahrscheinlichsten wäre, tritt der Bundesrat nach wie vor als Vetospieler auf. [...] Daraus folgt, dass die Übereinstimmung der Mehrheitsverhältnisse in Bundestag und Bundesrat kein zuverlässiger Indikator für die Absorption der Vetospieler in Deutschland sein kann. Vielmehr ist der Bundesrat ein äußerst heterogener Akteur. Aus zwei weiteren Gründen ist trotz übereinstimmender Mehrheitsverhältnisse in Deutschland die Anwendung der Absorptionsregel nicht möglich: Zum einen werden die Mitglieder des Bundesrats von den Landesregierungen bestellt und abberufen. Zum anderen verfolgen Landesregierungen oftmals andere Interessen als die Bundesregierung, selbst wenn beide von der gleichen Partei gestellt werden. Differenzierter betrachtet stellt sich der Bundesrat als eine Ansammlung von potentiellen Vetospielern (den Ministerpräsidenten) dar, deren Parteizugehörigkeit keine zuverlässigen Vorhersagen über ihr Abstimmungsverhalten zulässt. Dennoch bleibt anzuerkennen, dass bei sehr knappen Mehrheitsverhältnissen im Bundesrat es alleine durch Androhung eines Vetos schon forciert zum Kompromiss kommt, und der Parteifrieden nicht leichtfertig riskiert wird.

Grumer, Lennard: Die Vetospielertheorie nach George Tsebelis am Beispiel der deutschen Parteiendemokratie. In: Journal für Generationengerechtigkeit, 11(2), S. 49-53

M59 Wie sind die Mehrheitsverhältnisse im Bundestag und Bundesrat?

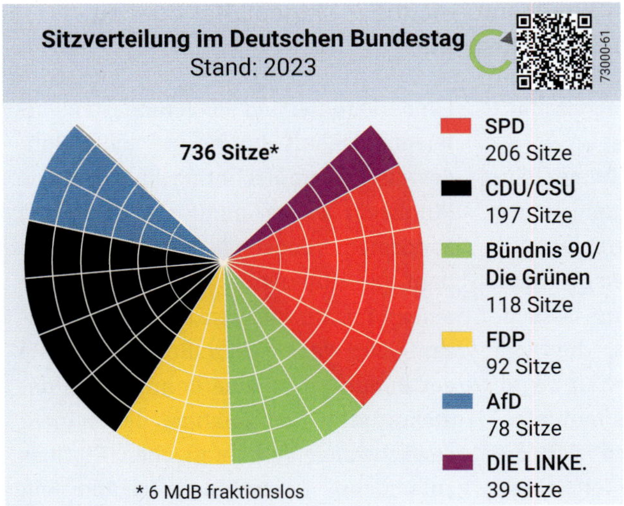

© C.C. Buchner Verlag, aktuelle Daten nach: Deutscher Bundestag (Datenerhebung: 2023; Grafikerstellung: 2023)

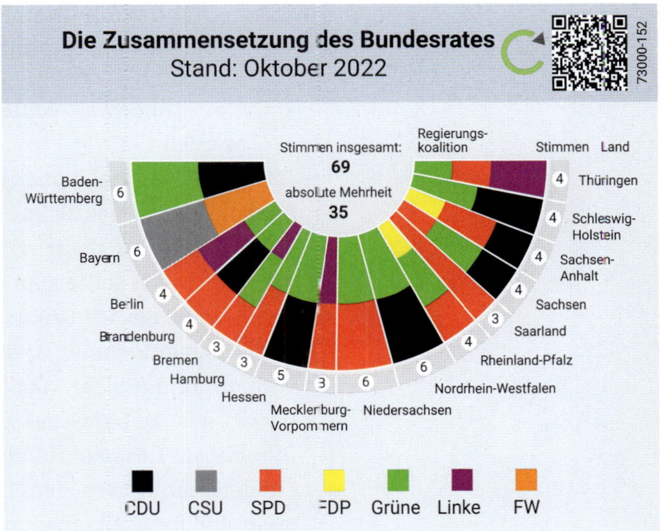

© C.C. Buchner Verlag, aktuelle Daten nach: Bundesrat, 2022

M60 Ist der Bundesrat ein parteipolitischer Vetoplayer?

Wenn in der öffentlichen Meinung – sowohl vor als auch nach der Föderalismusreform – häufig von einer Blockadepolitik des Bundesrates zu lesen ist [...], dann kann eine solche Behauptung mittels empirischer Daten widerlegt werden. So sind [...] seit 1990 im Durchschnitt gerade einmal 1,8 Prozent aller Gesetze wegen nicht erteilter Zustimmung des Bundesrates gescheitert [...]. Die Absorptionsregel von Tsebelis [zeigt] eine wesentliche Schwierigkeit des Bundesrates im föderativen System auf. Denn dadurch, dass die Vertreter im Bundesrat nicht nur Repräsentanten eines Bundeslandes, sondern auch Parteimitglieder sind, kann sich das Problem ergeben, diese möglicherweise verschiedenen Interessenlagen in Einklang zu bringen.

[...] Aus diesem Problem heraus stellt sich die Frage, ob der Deutsche Bundesrat als reines Länderorgan betrachtet werden kann, in dem lediglich die Interessen der Bundesländer ohne eine parteipolitische Färbung im Vordergrund stehen, oder ob Parteiinteressen die Entscheidungen des Bundesrates dominieren. Dieses Dilemma lässt sich auch wie folgt beschreiben: „Sind die Mehrheiten im Bundestag und Bundesrat gleich, so besteht die Gefahr der Funktionslosigkeit des Bundesrates: Denn die Parteiinteressen verlangen nach [...] einvernehmlichen Lösungen, wobei die Länderinteressen leidtragend sein können. Im umgekehrten Fall gilt das gleiche: Die Parteiinteressen fordern Konfrontation. Verlierer (...) sind die ursprünglichen Aufgaben des Bundesrates, die nach Vorstellung des Parlamentarischen Rates gerade sachorientiert gelöst werden sollten [...]. Ungeachtet dessen herrscht wissenschaftliche Unstimmigkeit darüber, ob parteipolitische Erwägungen den Bundesrat durchdringen dürfen oder nicht. [...] Auch wenn die Orientierung der Landesverbände an der Bundespartei überschätzt wird [...], hat die Staatspraxis gezeigt, dass die Parteipolitisierung des Bundesrates in vielen Fällen ein Übergewicht bekommen hat [...] und die Aussage, dass, wenn Länder- und parteipolitische Interessen in Widerspruch zueinander stehen, die Länderbelange die parteipolitischen überwiegen [...], zumindest zweifelhaft ist.

Kiesow, Julia: Wirtschaftskrisen in Deutschland. Reaktionsmuster von Vetospielern und Agendasetzern. Wiesbaden: Springer VS 2015, S. 95 ff.

Zusatzmaterial:
Zu viele Vetoplayer im Gesetzgebungsprozess?

72035-119

M61 Diskussion über den Bundesrat: wichtiger Mitgestalter oder zu starker parteipolitischer Vetospieler?

A Der Bundesrat sollte abgeschafft werden

Die Länderkammer blockiert immer häufiger die Bundespolitik. In seiner jetzigen Form sollte man sie daher streichen [...]. An seine Stelle sollte zum Beispiel nach dem Vorbild des US-Senats eine tatsächliche Länderkammer treten, die vom Wähler unmittelbar legitimiert wird. [...] Mit der Zunahme der zustimmungspflichtigen Gesetze wandelte sich die Länderkammer seit den 1970er Jahren mehr und mehr zu einem parteipolitisch funktionalisierten Blockadeinstrument. Quasi durch die verfassungsrechtliche Hintertür haben sich die Ministerpräsidenten und die Landesregierungen großen Einfluss auf die Bundespolitik gesichert – mehr, als ihnen die Väter des Grundgesetzes zugedacht hatten. [...] Jeder der beteiligten Parteien wird versuchen, über die Länderebene Einfluss auf die Bundespolitik zu nehmen, der ihr im Bundestag fehlt. [...] Es [wäre] an der Zeit, dem gewachsenen Einfluss der Länderkammer und der veränderten Parteienlandschaft durch eine echte Bundesrats-Reform Rechnung zu tragen. Die Mitglieder sollten nicht mehr von den Landesregierungen gestellt werden, sondern sie sollten sich alle vier Jahre an einem Termin in allen Ländern gleichzeitig zur Wahl stellen. Endlich erhielte der Bundesrat so eine unmittelbare demokratische Legitimation, der seinem gewachsenen demokratischen Einfluss entspräche. Deutschland bekäme ein echtes Zweikammern-Parlament. Zudem könnte so dem Missstand begegnet werden, dass jede Landtagswahl mittlerweile eine kleine Bundestagswahl ist, und die Landespolitik, für die die Ministerpräsidenten eigentlich gewählt werden, in den Hintergrund treten lässt. Deutschland braucht eine Demokratiereform. Es wird Zeit, den Föderalismus wieder vom Kopf auf die Füße zu stellen.

Seils, Christoph: Schafft den Bundesrat ab! In: www.zeit.de, 02.04.2009

B Der Föderalismus und die starke Rolle des Bundesrates sind gut

Der Föderalismus ist gut, weil er zu einem Policy-Lernen beiträgt, weil Länder unterschiedliche Lösungen implementieren, sich beobachten und das Bessere übernehmen. Die Bürger sind näher an den Regierenden dran in den Ländern und haben mehr Einfluss, auch mehr Identifikation. Aber das Allerwichtigste ist, und das ist vor allem in Deutschland so und da spielt der Bundesrat eine ganz zentrale Rolle: Über den Föderalismus wird ein breiter gesellschaftlicher Konsens in Deutschland hergestellt, den wir dringend brauchen. [...] Die Zahl der zustimmungspflichtigen Gesetze hat sich verringert, allerdings nicht dramatisch. Wir waren vor der Föderalismusreform 2006 bei etwas über 50 Prozent, wir sind jetzt im Schnitt bei ungefähr 40 Prozent. [...] Der Bundesrat ist nicht nur bei zustimmungspflichtigen Gesetzen wichtig, sondern bei allen Gesetzen, auch bei allen Rechtsverordnungen und bei der EU-Gesetzgebung. Überall dort bestimmt der Bundesrat mit. Und was man auch noch mit ins Bild holen muss, ist die Arbeitsteilung im deutschen Föderalismus. Die Länder vollziehen Gesetze, das heißt, die Länder sind die Experten in Fragen, wie Verwaltungsvollzug funktioniert. Und diese Kompetenz speisen sie über ihre Beteiligung im Bundesrat bereits antizipierend in die Gesetzgebung ein. Dadurch wird die Gesetzgebung natürlich qualitativ besser. [...] Natürlich ist langsam mühsam. Unterschiedliches zu verstehen oder zu akzeptieren, erfordert eine große Toleranz.

Aber ich denke: Je länger, je mehr ist der Föderalismus eigentlich die angemessene institutionelle Form, den Staat zu organisieren, um mit den eben auch sehr komplexen und interdependenten Politikproblemen angemessen umzugehen. Das ist ein Grundproblem, dass wir als Bürger uns klare Institutionen und Prozesse wünschen, aber die sind nicht geeignet, um die komplizierten Probleme zu lösen, die wir haben.

Nathalie Behnke im Gespräch mit Liane von Billerbeck: Wie der Föderalismus die Politik besser macht. In: www.deutschlandfunkkultur.de, 12.02.2021

Aufgaben

72035-120

1. Erläutern Sie die Zusammensetzung, die Funktion und die Möglichkeiten des Bundesrates (**M56**) anhand des Schaubildes zum Gesetzgebungsprozess (**M57**).
2. Analysieren Sie die aktuellen Mehrheitsverhältnisse in Bundestag und Bundesrat (**M59**). Welche Möglichkeiten haben die Oppositionsparteien des Bundestages im Bundesrat?
3. Erklären Sie das Abstimmungsverhalten der Länder im Bundesrat mit Hilfe der Vetospieler-Theorie (**M58, M60**). Formulieren Sie eine differenzierte Antwort: Ist der Bundesrat ein parteipolitischer Vetospieler?
4. Erarbeiten Sie die beiden Positionen zum Bundesrat (**M61 A + B**) und simulieren Sie eine Diskussion zwischen den beiden Autor:innen als Podiumsdiskussion.
5. a) Beurteilen Sie die beiden Auffassungen zum Bundesrat (**M61 A + B**) unter Berücksichtigung mehrerer Perspektiven und zentraler Kategorien.
   b) Formulieren Sie Ihre Beurteilungen schriftlich, tauschen Sie sich im Kurs aus und kommentieren Sie sich Ihre Ergebnisse gegenseitig.

H zu Aufgabe 5a
Mögliche Kategorien: Entscheidungsfähigkeit, Interessenberücksichtigung, Mitbestimmung, Entscheidungsqualität/Schnelligkeit, Transparenz, Gemeinwohl/Konsensorientierung

4.3.4 Entscheiden in der Bundesregierung: miteinander oder gegeneinander?

Zum Thema: Konflikte zwischen Minister:innen oder zwischen Minster:innen und Kanzler:in in einer Bundesregierung sind nichts Ungewöhnliches, sondern die logische Folge unterschiedlicher Interessen von Koalitionspartnern. Diese müssen sich sowohl voneinander abgrenzen, um für die Wähler:innen unterscheidbar zu sein als auch zusammenarbeiten, um gemeinsam Politik durchsetzen zu können. In diesem Kapitel sollen Sie am Beispiel eines Konfliktes in der Außenpolitik analysieren, wie in der Bundesregierung Konflikte geregelt werden und wer welche Machtmöglichkeiten hat. Welche Empfehlungen geben Sie den jeweiligen Akteuren für die Konfliktregulierung?

M62 Fallbeispiel: Streit um Nordstream 2 – Außenministerin Annalena Baerbock vs. Bundeskanzler Olaf Scholz

Baerbock gegen Scholz

Schon nach wenigen Tagen knirscht es im Gebälk der Koalition. Die wichtige Achse zwischen Kanzleramt und Außenministerin biegt sich: Es geht um Nord Stream 2. Baerbock will keine Genehmigung für die Inbetriebnahme, Scholz will sie. [...] Eigentlich geht es nur um ein paar Rohre, durch die Gas von Russland nach Deutschland fließt: Nord-Stream-2-Pipeline heißt das Projekt. [...] Und doch ist die neue Pipeline ein politischer Zankapfel ersten Grades [...], weil der Kanzler und seine Außenministerin bei dem Projekt uneins sind. Genau zwei Wochen, nachdem Olaf Scholz, der von sich sagt: „Wer bei mir Führung bestellt, bekommt sie auch", als Kanzler vereidigt ist, muss er diesen Führungsanspruch gegenüber seiner Außenministerin Annalena Baerbock jetzt durchsetzen. [...] Im jetzt aufgebrochenen Streit fügt [der SPD-Fraktionschef Mützenich] hinzu: Die deutsche Außenpolitik werde „insbesondere im Kanzleramt gesteuert". Baerbock versteht das zu Recht als Kampfansage. Sie ließ den Grünen-Außenpolitiker Omid Nouripour von der Leine, der drauflos twitterte: „Das Auswärtige Amt so herabzusetzen ist die überkommene 'Koch-Kellner-Logik'.

Außenministerin Annalena Baerbock, Grüne, (links) und Bundeskanzler Olaf Scholz, SPD, (rechts) stellen sich den Fragen der Presse.

Stock, Oliver: Baerbock gegen Scholz: Protokoll Nord Stream-Streit. Wer dahintersteckt und wie es weitergeht. In: www.theeuropean.de, 23.12.2021

Einstiegsaufgaben 72035-121

1. Erläutern Sie die Situation und das politische Problem in **M62**.
2. Wer soll über die Außenpolitik in Deutschland entscheiden? Sammeln und diskutieren Sie Ihre Einschätzungen.

M63 Zusammensetzung und Funktionen der Bundesregierung

Die Bundesregierung besteht aus dem Bundeskanzler und den Bundesministern. Zusammen bilden sie das Kabinett. Ebenfalls Teil der Bundesregierung sind die Bundesministerien, denen die Minister vorstehen, sowie das Presse- und Informationsamt der Bundesregierung. Die Aufgabe der Bundesregierung ist die Vorbereitung und Umsetzung der Entscheidungen des Bundestages. Ihre Arbeitsweise ist durch das Spannungsverhältnis der in Art. 65 GG festgelegten Prinzipien geprägt: Richtlinienprinzip, Ressortprinzip und Kabinettsprinzip. [...] Auch wenn der Bundeskanzler die Bundesminister formal benennt (Art. 64 I GG), liegt die reale Verfügungsgewalt bei den Koalitionspartnern. Die Entscheidung, wie die Ressorts zugeschnitten werden und welche Partei welches Amt in einer neuen Regierung übernimmt, wird bereits in den Koalitionsverhandlungen geklärt. [...] Die Benennung der Personen, die Minister werden, obliegt faktisch den jeweiligen Parteien, die dabei u. a. auf den regionalen und Geschlechterproporz achten. Diese Parteiabhängigkeit führt zu mehrfachen Loyalitätsbeziehungen, da die Minister einerseits der Richtlinienkompetenz des Bundeskanzlers unterstehen, andererseits Erwartungen der Partei ausgesetzt sind, die sie nominiert hat. Zumeist sind die Minister Mitglied der Partei, die sie nominiert hat, und verfügen über ein Mandat im Bundestag. [...] Die Zuschnitte der einzelnen Ressorts sind dabei auch ein symbolisches Instrument. Mit der Benennung einzelner Aufgabenbereiche in der Ministeriumsbezeichnung wird eine besondere Aufmerksamkeit auf dieses Thema zum Ausdruck gebracht. [...] Bis zu einem gewissen Maß kann mit dem Ressortzuschnitt auch Personalpolitik betrieben werden. So ermöglichte die Aufteilung des Ministeriums für Jugend, Familie, Frauen und Gesundheit 1991 in drei einzelne Ministerien Helmut Kohl eine deutliche Erhöhung des Frauenanteils im Kabinett. Eine andere Variante ist die Zusammenlegung verschiedener wichtiger Themenbereiche zu einem Superministerium. [...] Die Ministerien haben einen jeweils eigenen Unterbau, der aus verschiedenen Abteilungen und Referaten besteht (Ministerialbürokratie) [...]. Die Mehrheit der Gesetze wird durch die Bundesregierung vorbereitet und in den Gesetzgebungsprozess eingebracht. Die Bundesregierung kann hierbei auf die Ministerialbürokratie zugreifen und so Referentenentwürfe vorbereiten lassen. [...] Die ausgearbeiteten Gesetzentwürfe müssen formal vom Kabinett beschlossen werden. [...] Geleitet werden die Sitzungen durch den Bundeskanzler, es nehmen teil die Minister, welche durch ihre parlamentarischen Staatssekretäre vertreten werden können [...]. Vereinzelt können zu einzelnen Tagesordnungspunkten auch weitere Beamte aus den Ministerien hinzugezogen werden. [...] Das Kabinett entscheidet formal per Mehrheitsbeschluss. [...] Bei Konflikten zwischen den Koalitionspartnern wird der Koalitionsausschuss einberufen. [...] Eine besondere Rolle innerhalb des Kabinetts nimmt der Finanzminister ein. So kann der Finanzminister bei finanzwirksamen Fragen ein suspensives Veto einlegen, welches nur aufgehoben werden kann, wenn in der erneuten Beratung auch der Kanzler für die Vorlage stimmt.

Beigang, Stefan/von Blumenthal, Julia: Bundesregierung. In. Andersen, Uwe/Woyke, Wichard (Hg): Handwörterbuch des politischen Systems der Bundesrepublik Deutschland. 8., aktual. Auflage. Heidelberg: Springer VS 2021.

Das Bundeskabinett um Bundeskanzler Olaf Scholz zusammen mit dem Bundespräsidenten Frank-Walter Steinmeier, 2021

Was heißt regieren?
Regieren als politischer Prozess umfasst die Tätigkeiten der Lenkung, Führung, Steuerung, Koordinierung und Moderation staatlichen Handelns.

Bröchler, Stefan: Regierungszentrale/Bundeskanzleramt. In: Andersen, Uwe/Wichard Woyke (Hg.): Handwörterbuch des politischen Systems der Bundesrepublik Deutschland. 8., aktual. Aufl. Heidelberg: Springer VS 2021.

M64 Verfassungsrechtliche Vorgaben zur Machtverteilung in der Bundesregierung

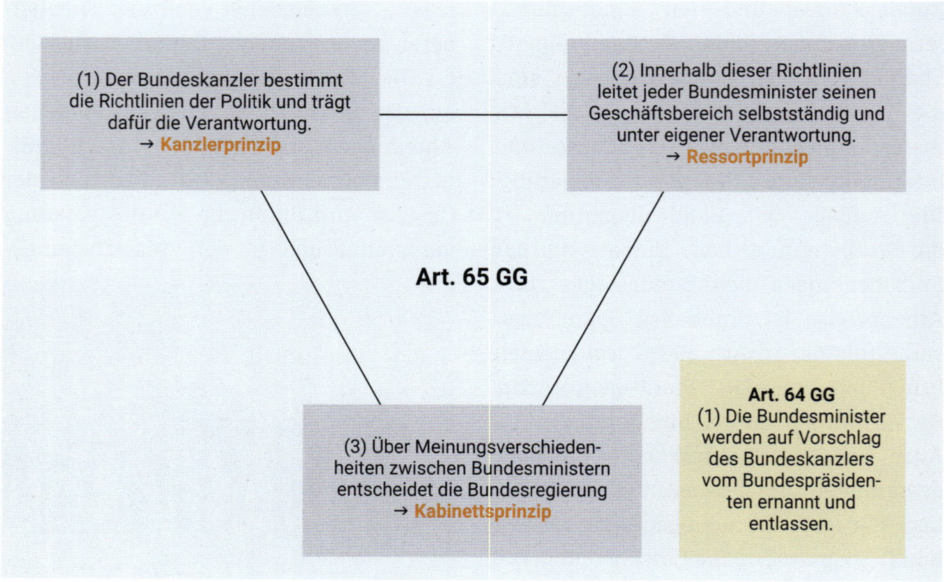

Bearbeiter

M65 Art. 65 GG: Wie offen sind die Grundprinzipien für politische Interpretation?

Das Grundgesetz zeigt nicht, in welchem Hierarchieverhältnis die drei Grundprinzipien der Regierungsorganisation stehen. Dies handeln die Akteure politisch miteinander aus. Auch ist in der Verfassung selbst nicht festgelegt, für welchen Entscheidungsanlass (Gesetz o. ä.) Art. 65 GG wie anzuwenden ist (Offenheit der Verfassung). Zwischen den drei Ordnungsprinzipien herrscht deshalb ein rechtliches und politisches Spannungsverhältnis. Verfassungsrechtler:innen sehen in der Richtlinienkompetenz nur eine „Reservefunktion", welche dem Kanzler bzw. der Kanzlerin in schwierigen politischen Situationen eine zusätzliche verfassungsrechtliche Autorität verleihen könne.

Bearbeiter nach: Helms, Ludger: Regierungsorganisation und politische Führung in Deutschland. Lehrbuch. Wiesbaden: VS Verlag für Sozialwissenschaften 2005, S. 62 f.

M66 Auszug aus dem Koalitionsvertrag der Ampel-Koalition (2021 – 2025)

Im Kabinett werden Entscheidungen einvernehmlich getroffen, kein Koalitionspartner wird überstimmt. [...] Ressort- und Kollegialitätsprinzip bleiben weiterhin grundlegend für das Regierungshandeln. [...] Die Koalitionspartner treffen in der Bundesregierung Personalentscheidungen einvernehmlich. [...] Das Vorschlagsrecht für die jeweiligen Ämter liegt bei den entsprechenden Koalitionspartnern.

Mehr Fortschritt wagen, Bündnis für Freiheit, Gerechtigkeit und Nachhaltigkeit, Koalitionsvertrag 2021-2025 zwischen der Sozialdemokratischen Partei Deutschlands (SPD), Bündnis 90/Die Grünen und den Freien Demokraten (FDP), S. 175 f.

Online-Simulation:
der Kanzlersimulator

72035-123

M67 Wie wird im Kabinett entschieden? Bericht eines Insiders

Vorstandssitzungen großer deutscher Unternehmen dauern oft Stunden. [...] Die Kabinettssitzungen der Bundesregierung dauern dagegen in der Regel im Durchschnitt nur 45 Minuten. Das hat seine guten Gründe: Es gibt eine sogenannte Top-1-Liste. Hier sind viele Tagesordnungspunkte zusammengefasst, die keiner weiteren Erörterung bedürfen. [...] Die Bundeskanzlerin begrüßt die Kabinettsmitglieder zu Beginn der Sitzung, ruft den Tagesordnungspunkt 1 auf und sagt: „So beschlossen". In Sekunden sind somit viele, manchmal Dutzende Tagesordnungspunkte beschlossen. Das trennt das Wichtige vom Unwichtigen und spart Zeit.

Danach werden die sogenannten ordentlichen Tagesordnungspunkte der Reihe nach aufgerufen. Oft sind das Gesetzesentwürfe, politische Eckpunkte für wichtige Vorhaben, die deshalb vorab beschlossen werden, damit ein Ministerium nicht lange an einem komplizierten Gesetzesentwurf arbeitet, um hinterher festzustellen, dass es für die wichtigen Inhalte keine Zustimmung der anderen Ministerien gibt. [...] Hierzu trägt der zuständige Minister vor. Es gibt einige Nachfragen von Kollegen. Und dann wird beschlossen. Alles dauert nur Minuten. [...]

Bei den Top-1-Punkten und bei allen ordentlichen Tagesordnungspunkten gilt, dass sie so vorbereitet sein müssen, dass es keine streitige Diskussion und keine Veränderungen an den Vorlagen und Beschlussvorschlägen in der Sitzung selbst gibt. [...] Diese ungewöhnliche Vorgehensweise bei Kabinettsitzungen beruht auf einer jahrzehntelangen Praxis und ist gut begründet: Die Vorlagen müssen Tage vorher verschickt werden, damit alle anderen Ressorts sie kennen oder wenigstens kennen können. [...]

Das bedeutet, alle inhaltlichen Debatten finden im Vorfeld der Kabinettssitzung statt. Zwischen den Ressorts und, wenn nötig, unter vermittelnder Beteiligung des Bundeskanzleramts. Manchmal versucht ein Bundesminister einen komplizierten Einigungsprozess dadurch zu umgehen, dass er öffentlich ankündigt, seine Vorlage werde an einem bestimmten Datum im Kabinett beraten. Er hofft, dass seine Kollegen dann Bedenken zurückstellen, um den Termin nicht zu gefährden und die Bundesregierung nicht öffentlich zu blamieren. [...]

Montagnachmittags findet eine Runde der beamteten Staatssekretäre unter dem Vorsitz des Chefs des Bundeskanzleramts statt. Dort werden alle Vorlagen beraten, nötigenfalls auch streitig, und durch Kompromisse [...] „kabinettsreif" gemacht. [...] Nichts dringt von diesen Sitzungen nach außen. Kompromisse sind für die einzelnen Ressorts ohne Gesichtsverlust möglich. [...] Natürlich wird um den Inhalt von Gesetzesentwürfen und Kabinettsvorlagen gerungen, auch öffentlich. Das ist richtig und wichtig, auch wenn so der Eindruck entstehen mag, die Regierung sei zerstritten. [...]

Ein solcher Streit klärt Positionen kann das Profil eines Regierungsmitglieds oder eines Koalitionspartners schärfen. Natürlich muss er insbesondere von Regierungsmitgliedern sachlich und stilvoll ausgetragen werden. Wenn das nicht der Fall ist, nehmen das die Wähler zu Recht übel.

Aber die Kompromissfindung im Vorfeld [...] verbessert auch die Ergebnisse in der Sache, weil nicht ad hoc in der Sitzung ein nicht ausgereifter Vorschlag aufgenommen wird oder gar ein Punkt abgesetzt werden muss, weil es keine Einigkeit gegeben hat, was dann für alle peinlich ist. Und die Atmosphäre im Kabinett wird entspannter und kollegialer.

de Maizière, Thomas: Regieren. Innenansichten der Politik. 1. Auflage. Freiburg im Breisgau: Verlag Herder GmbH 2019, S. 31-35

Thomas de Maizière war von 2005 bis 2018 Bundesminister in verschiedenen Ressorts. Er beschreibt in seinem Buch aus seiner eigenen Erfahrung, wie Politik im Kabinett gemacht wird.

M68 Fallbeispiel Außenpolitik: Wer profiliert sich in der Bundesregierung?

Wer ist der oder die Erste? Wer prägt die Erzählung? Manchmal sind es die kleinen Signale, die Überraschungseffekte, die für die politische Botschaft sorgen. Kaum war Annalena Baerbock (Grüne) am 8. Dezember als Außenministerin vereidigt, brach sie zu Antrittsbesuchen nach Paris und Brüssel auf. Kurz darauf ging es nach Liverpool zum G7-Treffen der wichtigsten westlichen Industrieländer. Die Nachricht: Deutschlands Chefdiplomatin ist in Aktion – noch bevor der neue Bundeskanzler Olaf Scholz (SPD) internationale Akzente setzen konnte. Baerbock, die erste Frau auf diesem Posten, verteilte Farbtupfer [...]. An diesem Mittwoch reist sie zu einem eintägigen Blitztrip nach Washington, um mit ihrem US-Amtskollegen Antony Blinken zu sprechen. Sie schlägt wieder als Erste auf, vor Scholz. Hinzukommt, dass sich die 41-jährige Ministerin die Abteilung internationaler Klimaschutz vom Umweltministerium geschnappt hat – eine Aufwertung des Auswärtigen Amtes. [...] Nicht allen in der Sozialdemokratie gefällt dieser Machtzuwachs. Deutsche Außenpolitik werde „insbesondere im Kanzleramt" gesteuert, stichelte SPD-Fraktionschef Rolf Mützenich. Kanzler Scholz bemüht sich zwar um das Image des Chef-Moderators in der Ampelkoalition, will aber trotzdem verstärkt seine Handschrift deutlich machen.

Backfisch, Michael/Dörner, Jan: Konfliktpunkte: Wo Streit zwischen Scholz und Baerbock droht. In: www.waz.de, 05.01.2022

Aufgaben

72035-124

1. Erarbeiten Sie in Kleingruppen für die Zusammensetzung und die Funktionen der Bundesregierung (**M63**) ein Schaubild (→ Methode, S. 102).
2. Erläutern Sie die verfassungsrechtliche Machtverteilung in der Bundesregierung (**M64, M65**). Begründen Sie, inwiefern zwischen den Grundprinzipien der Regierungsführung in Art. 65 GG (**M66**) ein „Spannungsverhältnis" (**M63**, Z. 11 f.) besteht.
3. Analysieren Sie anhand von **M63-M66**, warum die Richtlinienkompetenz der Kanzlerin bzw. des Kanzlers nach Art. 65 GG (**M65**) politisch nur eingeschränkt wirksam ist.
   - Welche politischen Folgen hätte ein strenges Durchsetzen der Richtlinienkompetenz für die Koalition?
   - Wenden Sie die verfassungsrechtlichen und politischen Kriterien auf den Fall in **M62** an. Wer entscheidet?
4. Beschreiben Sie, wie im Kabinett Entscheidungen formell und informell getroffen werden (**M67**).
5. Begründen Sie die Notwendigkeit von Anpassung und Profilierung in einer Bundesregierung (**M67, M68**).
6. Simulieren Sie eine Pressekonferenz des Kanzlers und der Außenministerin zum Fall in **M62**. Erarbeiten Sie dazu in Teams mögliche Statements und Antworten der politischen Akteure auf kritische Fragen der Presse.
7. Beurteilen Sie kategorial und perspektivisch, ob die Mitglieder der Bundesregierung sich eher abgrenzen oder zusammenarbeiten sollten (→ S. 150, M35).

Politik aktiv

Olaf Scholz hat von der Richtlinienkompetenz im Oktober 2022 Gebrauch gemacht.

1. Recherchieren Sie die beiden Fälle:
   a) Laufzeitverlängerung der Atomkraftwerke
   b) Beteiligung eines chinesischen Unternehmens im Hamburger Hafen
2. Analysieren und beurteilen Sie die jeweiligen politischen Situationen. Stellen Sie Ihre Ergebnisse in einem Vortrag im Kurs vor.

4.3.5 Ministerialbürokratie: Führung durch die Ministerinnen und Minister oder Dominanz der Bürokratie bei der Gesetzesinitiative?

Zum Thema: Das Bundeskabinett hat zwar ein Initiativrecht für Gesetzesentwürfe. Allerdings werden diese Entwürfe nicht von den Ministerinnen und Ministern selbst ausgedacht, sondern in den jeweiligen Ministerien, der Ministerialbürokratie, erarbeitet. Sie sollen in diesem Kapitel den Einfluss der Ministerialbürokratie analysieren und herausfinden, ob die Minister:innen oder ihre Beamt:innen im Ministerium dominieren.

M69 Bericht: Ministerien bekommen neue Leitungen

A Inneres: Nancy Faeser

Diese Bundesinnenministerin ist willens, den immer brutaler auftretenden Rechtsextremismus in Deutschland zu bekämpfen. [...] Von heute auf morgen eines der größten Ministerien in Deutschland zu führen, das seit 2005 in Hand der CDU war und konservativ geprägt ist, wird zweifelsohne eine gewaltige Aufgabe für Faeser werden.

B Wirtschaft und Klimaschutz: Robert Habeck

Der 52-jährige Flensburger leitet das für die Grünen wichtigste Ministerium. Ob seine Partei erfolgreich und zufrieden ist, hängt vor allem davon ab, wie schnell und wie ambitioniert Habeck das Klimaschutzgesetz weiterentwickelt. [...] Erschwernis: Habeck leitet ein Ministerium, dessen Beamte bisher eher die Interessen von Wirtschaft und Industrie im Auge hatten als den Kampf gegen die Klimakrise.

Stempfle, Michael: Inneres: Nancy Faeser und Pokraka, Daniel: Wirtschaft und Klimaschutz: Robert Habeck. In: Der Kanzler und sein Kabinett. www.tagesschau.de, 08.12.2021

Einstiegsaufgabe 72035-125

Erläutern Sie die Situation für die beiden Minister:innen in **M69**. Welche Aussagen zur Leitung eines Ministeriums können Sie aus **M69** ableiten?

M70 Stellung und Aufbau der Ministerialbürokratie

Die Ministerialbürokratie umfasst die in den Ministerien des Bundes sowie der Länder Beschäftigten der öffentlichen Verwaltung und deren vielfältige Funktionen. [...] Diese Ministerialbürokraten sind, bildlich gesprochen, das Zwischenglied zwischen politischer Führung und Verwaltung. [...] Die Organisation in den Ministerien ist entsprechend den herkömmlichen Regeln der Bürokratie [...] arbeitsteilig und hierarchisch [...]. Die Kommunikation verläuft formal über den Dienstweg herauf bzw. herunter [...]. Der Minister ist nicht nur als Mitglied der Regierung parlamentarischer Entscheidungsträger und Verantwortlicher für das Ministerium, sondern gleichzeitig als Dienstherr und Ressortchef dessen Spitze. [...] Dem Minister arbeitet im

Ministerbüro ein kleiner Kreis von loyalen und vertrauten Beamten als persönliche Referenten und dergleichen zu, die mit seinem Ausscheiden wechseln. Die behördeninterne Leitung in den Ministerien nehmen ein oder mehrere Staatssekretäre wahr, die als beamtete Staatssekretäre oft in dem Ministerium Karriere gemacht haben, im Gegensatz zu den parlamentarischen Staatssekretären, die zur Gruppe der Politiker gehören und der Ministerialbürokratie der einzelnen Häuser mehr oder weniger erfolgreich angegliedert sind. Die mittlere Leitungsebene in den Ministerien bilden die Abteilungs- und Unterabteilungsleiter, die vor allem Koordinierungsfunktionen ausüben. Abteilungsleiter oder Unterabteilungsleiter wie Staatssekretäre sind „politische Beamte", die das besondere Vertrauen der Regierung bzw. ihres Ministers besitzen. Politische Beamte können daher bei Verlust dieses Vertrauens ohne weiteres in den einstweiligen Ruhestand versetzt werden. [...] Die Grundeinheiten der Ministerien, zugleich deren eigentliche Arbeitseinheiten, sind die stark spezialisierten Referate, in großen Ministerien wie dem Bundesinnenministerium bis an die 100 an der Zahl. In den Referaten ist der Referatsleiter die zentrale Figur, dem seinerseits Referenten und Sachbearbeiter zuarbeiten. [...]. Traditionell obliegen den Verwaltungen mit den Ministerialbürokratien an der Spitze vor allem Aufgaben der Umsetzung und Ausführung von Gesetzen in der gesellschaftlichen Wirklichkeit. [...] Im Bund und damit auch für dessen Ministerialbürokratien dominieren hingegen die gesetzgeberischen Funktionen. Die vom Parlament zu beratenden und ratifizierenden Gesetze gehen heute mehr denn je auf Entwürfe der Regierung und damit auf Vorlagen aus den Ministerien zurück.

Machura, Stefan: Ministerialbürokratie. In: Andersen, Uwe//Woyke, Wichard (Hg.): Handwörterbuch des politischen Systems der Bundesrepublik Deutschland, 8., aktual. Auflage. Heidelberg: Springer VS Verlag 2021, S. 627-629

M71 Schaubild: Aufbau und Stellung der Ministerialbürokratie

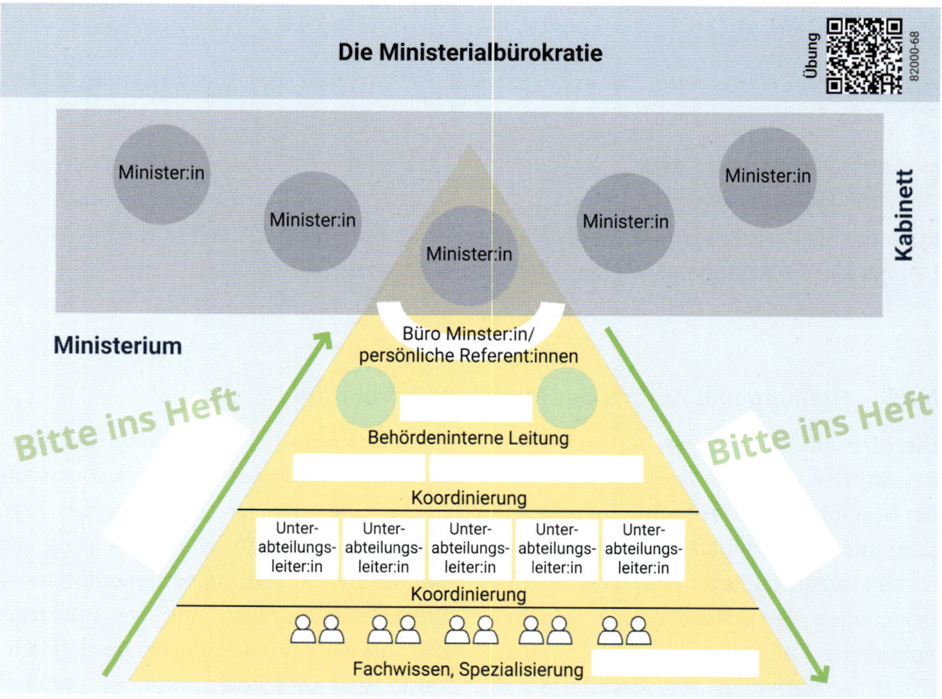

Bearbeitergrafik

M72 Die Ministerialbürokratie als politischer Akteur zwischen Regierung, Parlament und Interessengruppen

Immer noch herrscht die naive Vorstellung vom interesselosen Beamten, der buchstabengetreu die ihm gegeben Anweisungen ausführt. Nach diesem wirklichkeitsfremden Bild arbeitet die Ministerialbürokratie kontinuierlich und im Stillen, [...] dem Ideal einer Institution entsprechend, die nur der korrekten Umsetzung der anderweitig beschlossenen Gesetze dient. Bei der Ausübung ihrer Pflichten hätten die Beamten keinerlei eigene Interessen, seien nur dem Allgemeinwohl verpflichtet und würden, unerschütterlich neutral, ihre politischen Überzeugungen hinten anstellen. [...] In der Praxis [haben sie allerdings] großen Einfluss auf die Politik, und dies nicht nur bei der Ausführung von politischen Entscheidungen, sondern bereits weitaus früher im politischen Prozess, wie zum Beispiel bei der Formulierung von Gesetzesanträgen oder beim Agenda-Setting. [...] Insbesondere der Einfluss der Ministerialbürokratie auf Entscheidungen von Parlament und Regierung ist zu einer durchaus relevanten, wenn nicht sogar bestimmenden Größe geworden. Zur Ministerialbürokratie, zu deren expliziten Aufgaben es ja gehört, Gesetze und Programme für die politischen Entscheider vorzubereiten, zählen auf Bundesebene rund 20.000 Personen. [...] Die ministeriellen Mitarbeiter [verfügen] über deutlich mehr Fachwissen und Detailkenntnis, und haben in der Regel wesentlich bessere Kontakte zu den jeweils relevanten nicht-staatlichen Akteuren. Dieses Fachwissen wird auf Grund der zunehmenden Komplexität der politischen Entscheidungen immer wichtiger, und die strukturelle Überlegenheit der Ministerialbürokratie gewinnt so fortlaufend an Gewicht. Ebenso verändert sich die Bedeutung der einzelnen Gesetzgebungsphasen: Die Erstellung einer Gesetzesvorlage, die in der Regel durch die Mitarbeiterstäbe der Ministerien erfolgt, wird bei zunehmender Komplexität gegenüber der eigentlichen Entscheidungsfindung im Parlament immer wichtiger [...] Letztendlich stehen auch Minister und Staatssekretäre vor dem selben Problem wie ihre Kollegen vom Bundestag, gleich welcher Fraktion: Die Experten in ihren Mitarbeiterstäben sind ihnen an Fachwissen weit voraus, und die Verweildauer im jeweiligen Zuständigkeitsbereich ist für einen Minister in der Regel noch kürzer als für einen Bundestagsabgeordneten, ganz zu schweigen von den verbeamteten Ministeriumsmitarbeitern. Diese beiden Punkte, die zunehmende Komplexität der gesellschaftlichen Realität und die kurze Verweildauer der politischen Akteure in ihren Ämtern verursachen einen strukturell bedingten Wissensvorsprung der Bürokratie

Außenministerin Annalena Baerbock (2. von rechts), bespricht sich mit einer Mitarbeiterin und Mitarbeitern.

gegenüber allen politischen Akteuren, der auch die Regierungsangehörigen betrifft. [...] Schon im Bereich des ‚Agenda-Settings', also bei der Frage, welche Themen überhaupt im Parlament verhandelt werden, hat die Ministerialbürokratie relevante Einflussmöglichkeiten. Sie verfügt über Detailinformationen und Sachkenntnisse in verschiedenen gesellschaftlichen Bereichen, die den einzelnen Abgeordneten nicht zugänglich sind [...]. Die Ministerialbeamten werden dabei nicht nur auf Anordnung aktiv, sondern setzen auch ohne direkten Auftrag der politischen Leitung Themen auf die Tagesordnung, wenn innerhalb der Mitarbeiterstäbe Handlungsbedarf erkannt wird. Dementsprechend

Interessengruppen (Verbände) sind private Organisationen, deren Aufgabe es ist, soziale, politische oder wirtschaftliche Interessen ihrer Mitglieder zu vertreten (**Lobbyismus**). Dazu gehören z. B. die Arbeitgeberverbände, Gewerkschaften, Vertreter der Automobil-, Nahrungsmittel- und Tabakindustrie oder auch Umweltschutzorganisationen.

wenden sich auch viele Lobbyisten bei der Einforderung politischen Handelns direkt an Mitarbeiter der Ministerialbürokratie, und nicht an Abgeordnete oder Fraktionen des Bundestags [...]. Besonders hoch kann der Einfluss der Bürokratie bei der so genannten ‚administrativen Gesetzgebung' eingeschätzt werden. Hierunter versteht man die Änderung, Präzisierung und Ausformulierung von bereits bestehenden Gesetzen sowie ‚unspektakuläre' Umsetzungsverpflichtungen aus internationalen Rechtsakten. Aufgrund ihres Fachwissens obliegt den Ministerialbeamten hier die Aufgabe, fachlich vernünftige, rechtlich mögliche und administrativ durchführbare Lösungsvorschläge zu entwickeln, die dann im Parlament ratifiziert werden. [...] So haben hier die Verwaltungsinstanzen vielfach die Gelegenheit, relativ weit reichende Regelungen nahezu selbständig und quasi unkontrolliert zu setzen. [...] Wirtschaftsvertreter bevorzugen den direkten Kontakt zu Ministerialbeamten. Hier finden sie eher Gehör als bei politischen Akteuren, für die es durchaus mit negativen Konsequenzen verbunden sein kann, in der Öffentlichkeit mit einem Wirtschaftsverband oder einem einzelnen Unternehmen in Verbindung gebracht zu werden. [...] Auch für die Ministerialverwaltung sind diese Kontakte gewinnbringend: Durch die Verbandsvertreter erfahren die Beamten schon in einem frühen Stadium, welche Regelungen auf harten Widerstand stoßen würden. Außerdem verfügen die Verbände über Praxiswissen und können besser einschätzen, ob eine Lösung tatsächlich und mit welchen Folgen bzw. Kosten umsetzbar ist. Darüber hinaus stellen die Verbände eine wichtige Ressource an Detailwissen und spezifischen Lösungsvorschlägen dar, ohne die eine angemessene Vorbereitung entsprechender Gesetzesvorlagen nicht durchführbar wäre. Es liegt auf der Hand, dass mit zunehmendem Einfluss der Ministerialbürokratie auch der Einfluss der Interessenverbände steigt, die so relativ direkten Zugriff auf die Formulierung der Vorlagen erhalten. [...] In einer pluralistischen Gesellschaft kann diese enge Verknüpfung von Bürokratie und privaten Interessen den verschiedenen Gruppen Mitspracherechte bei für sie relevanten Vorhaben garantieren. [...] Allerdings birgt diese Entwicklung auch Risiken in sich: Zum einen können hier die ‚klassischen' Argumente der Demokratietheorie angebracht werden: Nicht alle gesellschaftlichen Gruppen verfügen über das gleiche Konfliktpotential, die Zugangsbedingungen zu den einzelnen Ministerien sind nicht gleich verteilt, ältere Gruppierungen haben Vorteile gegenüber jüngeren etc., und generell wird der Durchsetzung von Partikularinteressen unter Missachtung des Allgemeinwohls Vorschub geleistet, die sich zudem noch auf oft informellen und nur sehr schwer kontrollierbaren Bahnen bewegt.

Niederhafner, Stefan/ Speth, Rudolf: Die Ministerialbürokratie in Deutschland – Vom Kellner zum Koch? In: Macht der Bürokratie – Ohnmacht der Politik. Regiert die Ministerialbürokratie das Land? In: Neue Soziale Bewegungen, Heft 3/2004. Stuttgart: Lucius&Lucius Verlag 2004, S. 23 ff.

M73 Fallbeispiel: Wer hat das Sagen im Ministerium?

In der SPD ist man glücklich, dass Lambrecht das Haus übernahm. Sie habe dort „wahnsinnig gut eingeschlagen", heißt es im Umfeld von Scholz, schaffe ordentlich was weg. Doch im Ministerium ist die Stimmung schlecht. Nach mehr als zwei Jahren fremdelt die Justizministerin noch mit dem Haus und das Haus mit ihr. [...] Zwischen Hausleitung und Fachebene besteht in allen Ministerien eine gewisse Distanz, die politische Logik folgt anderen Regeln als die fachliche. Doch unter Lambrecht sind es getrennte Welten. Beamte beklagen, dass ihre fachliche

Einschätzung die Ministerin nur dann interessiere, wenn sie in ihr politisches Kalkül passe. [...] Um der eigenen Partei zu zeigen, wie viel man in der Regierung erreichen kann, musste ihr Ministerium sozialdemokratische Prestigeprojekte vorantreiben. Aus einigen ist letztlich nichts geworden. [...] Beamte im Justizministerium wissen, was sie können, aber viele fühlen sich nicht wertgeschätzt. Es ist demotivierend und frustrierend, wenn eine Ministerin sich über ihren Rat hinwegsetzt, ein anderes Ziel vorgibt und sie anweist, mit der Arbeit noch mal von vorne zu beginnen. Im Grundsatz ist das im System allerdings so angelegt, Deutschland ist keine Beamtenrepublik, die Führung des Staates besteht aus Politikern, die politisch entscheiden. Unter ranghohen Politikern gibt es den Spruch, dass ein Minister sein Haus steuern müsse, sonst steuere das Haus den Minister. Unter Lambrechts Vorgängerin Katarina Barley, so lästern Sozialdemokraten, soll Letzteres der Fall gewesen sein: Sie habe sich nicht über die selbstbewussten Ministerialbeamten hinwegsetzen können. In Teilen des Hauses wurde ihre Art dagegen geschätzt: Sie habe sich die Argumente angehört und sie aufgenommen. [...] Lambrecht, so viel ist klar, hat die Hände fest am Steuer. Schon ihre erste Amtshandlung als Ministerin im Juni 2019 löste unter den Beamten Irritationen aus. Sie baute die Spitze des Hauses in großem Stil um, trennte sich von der Staatssekretärin, der Leiterin des Planungsstabes, der Chefin des Kabinettsreferats, dem Sprecher. Zu Beginn einer neuen Legislaturperiode wäre das nicht weiter verwunderlich, erst recht, wenn der Vorgänger einer anderen Partei angehört hat. [..] Die Ministerin besetzte die frei gewordenen Stellen mit Vertrauten.

Bubrowski, Helene: Abendsonne über dem Ministerium der Justiz. In: www.faz.net, 17.09.2021 © Alle Rechte vorbehalten. Frankfurter Allgemeine Zeitung GmbH, Frankfurt. Zur Verfügung gestellt vom Frankfurter Allgemeine Archiv

Christine Lambrecht (SPD) war bis zum Herbst 2021 Justizministerin, Katharina Barley bis 2019 ihre Vorgängerin.

Aufgaben

72035-126

1. Erarbeiten Sie die Stellung und den Aufbau der Ministerialbürokratie (**M70**) und tragen Sie die fehlenden Begriffe in das Schaubild **M71** ein.
2. Erläutern Sie die Einflussmöglichkeiten der Ministerialbürokratie (**M72**). Vervollständigen Sie mit diesen Informationen das Schaubild **M71**.
3. Formulieren Sie zum großen Einfluss der Ministerialbürokratie Pro- und Kontra-Argumente. Stellen Sie diese in einer Tabelle zusammen. Erklären Sie dabei auch die Funktion von Interessengruppen.
4. Begründen Sie anhand von **M70–M73**, ob die Dominanz im Ministerium bei den Ministerialbeamt:innen oder den Minister:innen liegt. Diskutieren Sie Ihre Auffassungen.
5. Zu starker Einfluss der Ministerialbürokratie? Beurteilen Sie die Frage perspektivisch und kategorial.

Politik aktiv

Sie sind Beamte:r in einem Referat des Klima- und Wirtschaftsministerium und möchten einen Gesetzesentwurf erarbeiten, mit dem der Kauf von Elektroautos noch stärker staatlich gefördert wird. Erarbeiten Sie – in Gruppen – eine Strategie, mit der Sie dieses Ziel im Ministerium erreichen und der Minister Ihren Entwurf ins Kabinett bringt. Wie gehen Sie vor?

4.3.6 Informelle Prozesse im Gesetzgebungsprozess: „Hinterzimmer-Politik“ oder notwendige Absprachen?

Zum Thema: Politik wird nicht nur im Parlament oder im Bundeskabinett gemacht, sondern Entscheidungen werden auch in vielen Situationen vorbereitet und getroffen, die abseits der Öffentlichkeit stattfinden. So gibt es fest institutionalisierte Gremien wie den Koalitionsausschuss, aber auch die spontanen Gespräche und vertraulichen Telefonate gehören zum Repertoire der politischen Praxis. Sie sollen in diesem Kapitel die informellen Prozesse analysieren, simulieren und beurteilen.

M74 Wie problematisch ist die „Hinterzimmer-Politik“?

Die Hinterzimmer-Politik untergräbt den Glauben an Demokratie

Casdorff, Stephan-Andreas: Die Hinterzimmer-Politik untergräbt den Glauben an Demokratie. In: www.tagesspiegel.de, 04.07.2019

Einstiegsaufgaben 72035-127

1. Was verstehen Sie unter „Hinterzimmer-Politik“? Erläutern und diskutieren Sie Ihr Verständnis.
2. Wie problematisch ist für Sie die Verlagerung von Entscheidungen in den nichtöffentlichen Bereich?

M75 Grundinformation: informelle Prozesse

Die funktionale Trennung von Institutionen der Legislative und der Exekutive einerseits sowie das Erfordernis der Zusammenarbeit im parlamentarischen Prozess andererseits machen einen Koordinierungsbedarf zwischen Akteuren in diesen Institutionen notwendig, der nicht durch (verfassungs)rechtliche Vorgaben festgelegt wurde. Die Informalität von Gremien und Prozessen soll dabei Geschlossenheit und Entscheidungsfähigkeit gewährleisten. So ist es natürlich der Wunsch einer Ministerin bzw. eines Ministers, für ein bestimmtes Gesetzesvorhaben sowohl die gesamte Bundesregierung als auch die Regierungsfraktionen zu gewinnen. Dem formalen Entscheiden im Parlament werden in der politischen Praxis informelle Entscheidungsgremien vorgelagert, die durch Interessenausgleich zwischen den beteiligten Akteuren Mehrheiten sicherstellen sollen. Die Beteiligten an diesen informellen Prozessen eint dabei das Interesse am Fortbestand und erfolgreichen Zusammenwirken der Regierung, wobei die einzelnen Akteure sehr wohl unterschiedliche Präferenzen haben und sich auch von den anderen Beteiligten abgrenzen müssen. So gilt es zum Beispiel in Koalitionsausschüssen die Interessen der jeweiligen Parteien (der „Basis“), die Interessen der Fraktionen, der Minister:innen und des Kanzlers/der Kanzlerin zusammenzuführen, um gegenüber der Öffentlichkeit als handlungsfähige Regierung zu erscheinen. Zerstrittenheit innerhalb der Regierung als auch innerhalb von Parteien wird von den Wählenden in der

Regel durch einen geringeren Wahlerfolg abgestraft. Die informellen Situationen, dazu gehören – nichtöffentliche – Gespräche, Telefonate, gemeinsame Abendessen etc., sollen unter dem Aspekt des Vertrauens und der Gegenseitigkeit dazu beitragen, dass die Mitglieder einer hochspezialisierten Fraktion Regierungsvorlagen zustimmen können. Um dies zu erreichen sind Kompromisse und auch „Koppelgeschäfte" an der Tagesordnung. Informalität findet immer im Spannungsfeld zwischen dem Führungsanspruch verschiedener Akteure (Minister:in, Parteivorsitz, Fraktionsspitze) und der Freiheit und den Interessen der jeweiligen Abgeordneten statt. Verlaufen die informellen Prozesse erfolgreich, können sie einen wesentlichen Beitrag auch zur Konfliktminimierung und -beilegung leisten.

Bearbeiter

M76 Kommentar eines Insiders: informelle Prozesse sind notwendig

Formelle Verfahren werden [...] in der politischen Praxis des Regierens durch informelle Verfahren ergänzt. Das ist höchst sinnvoll. Die Kabinettvorlagen werden zum Beispiel rechtzeitig an die Vorsitzenden der Koalitionsfraktionen im Bundestag verschickt, damit diese einen Beschluss im Kabinett verändern oder aufhalten können. Dort gibt es also ein faktisches, informelles Vetorecht. Die Fachminister sind zudem gut beraten, ihre Vorlagen – mindestens dem Inhalt nach – mit den fachlich zuständigen Arbeitsgruppen der Koalition zu besprechen und ebenfalls abzustimmen, damit es keine Überraschungen und keinen Widerspruch nach der Beschlussfassung gibt. [...] Ich hielte es für falsch, wenn derartige informelle Runden und Gesprächsformate als politisch zweifelhafte Kungelrunden bezeichnet würden. Ich halte derartige informelle Runden vielmehr für ausschlaggebend für gute sachliche Ergebnisse. Informelle Verfahren sind immer dann richtig und wichtig, wenn sie in förmliche Verfahren münden, im Bewusstsein der Informalität durchgeführt werden und Beschlussverfahren ergänzen und nicht ersetzen. Zwar sind solche informellen Verfahren nicht im Grundgesetz vorgesehen. Daraus ziehe ich allerdings nicht den Schluss, dass all dies nicht mit der Verfassung im Einklang stünde oder auch sonst nicht in Ordnung wäre. Denn generell sind diese seit Jahrzehnten geübten Gesprächsformate sinnvoll, weil sie die Kompromissfindung erleichtern und sie stets auf die anschließenden formellen Gesetzgebungs- und Verwaltungsverfahren ausgerichtet sind. [...] Es werden in diesen informellen Gesprächsformaten die Argumente und Positionen, die im Gesetzgebungsverfahren vorgetragen werden, antizipiert. Geschieht dies nicht oder wird es ignoriert, dann werden solche politischen Absprachen nicht umgesetzt. Und das möchte niemand. Insoweit wirkt das formale Verfassungsgefüge in diese Gesprächsformate dämpfend hinein. Ich nenne das die »Vorwirkung des förmlichen Verfahrens« in politische Absprachen und in die informellen Verfahren [...]. Bei der Gesetzgebungsarbeit werden zwischen Regierungsmitgliedern unterschiedlicher Parteizugehörigkeit »Pakete« geschnürt. Das bedeutet beispielsweise Folgendes: Der Bundesjustizminister akzeptiert nur dann eine Gesetzesvorlage des Bundesinnenministers, wenn gleichzeitig eine Vor-

Informelles Gespräch zwischen Mitgliedern der Koalition während einer Bundestagssitzung 2021

lage, die in seinem politischen Interesse liegt, abschließend beraten wird. Hier gibt es dann zwar keinen sachlichen Zusammenhang zwischen den Vorlagen, aber es wird ein politischer durch die Verknüpfung hergestellt: Ein politischer Erfolg wird der anderen Seite nur dann zugestanden, wenn gleichzeitig ein politischer Erfolg im eigenen Lager zustande kommt. [...] Der Nachteil ist, dass so der Koalitionsausschuss die Regierungsarbeit entwertet. Faktisch wird der Koalitionsausschuss zu einer Art »Oberregierung«. [...] Einerseits müssen dort Dinge entschieden werden, die im üblichen Kabinettsverfahren nicht entschieden werden konnten. Andererseits stellt sich die Frage, warum der Koalitionsausschuss kompromissbereiter sein soll als die Beratungen im Kabinettsverfahren, da dieselben Beteiligten miteinander verhandeln. Da hilft oft wieder eine politische Paketbildung. [...] Trotzdem sind solche Paketlösungen sinnvoll, weil sie Blockaden in der Entscheidungsfindung lösen. Und in einer Koalition gibt es nun einmal unterschiedliche Interessen. Was spricht dagegen, einen Kompromiss zu machen, der in der Sache nichts miteinander zu tun hat, der aber beide Seiten zufriedenstellt und für beide Seiten noch zumutbar ist?'

de Maizière, Thomas: Regieren. Innenansichten der Politik. 1. Auflage. Freiburg im Breisgau: Verlag Herder GmbH 2019, S. 37 ff.

M77 Kommentar: Die Hinterzimmer-Politik ist höchst problematisch

FDP und Grüne erklären die Geheimhaltung zum neuen Politikstil. Das mag angenehm sein für sie, der Nachvollziehbarkeit politischer Entscheidungen schadet es. [...] Grüne, FDP und SPD sind in diesen Tagen dabei, einen neuen Politikstil zu etablieren: Alle Verhandlungen sollen vertraulich bleiben, die Öffentlichkeit soll nur über Ergebnisse, nicht über Zwischenstände, informiert werden. [...] Doch so verständlich der Wunsch von Verhandlungspartnern ist, auch mal über Dinge reden zu können, ohne dass die gleich öffentlich breitgetreten werden: Dem Verständnis von politischen Prozessen und der Transparenz der Kompromissfindung, die Grundlagen für eine funktionierende Demokratie sind, tun die Verhandler und Verhandlerinnen damit keinen Gefallen. [...] Die Öffentlichkeit hat auch ein Recht darauf, zu erfahren, warum bestimmte Entscheidungen so fallen, wie sie fallen. Bürgerinnen und Bürger brauchen keine streitfreie Politik, die ihnen am Ende vermeintlich perfekte Ergebnisse vorsetzt. Gerade dadurch, dass öffentlich um strittige Themen gerungen wird, werden ja überhaupt erst die Unterschiede, die Vor- und Nachteile von bestimmten Lösungen und auch die Alternativen deutlich. [...] Doch Geheimniskrämerei sollte nicht zum neuen politischen Stil eines künftigen Regierungsbündnisses gehören. Sicher, Verhandlungen brauchen Vertraulichkeit, vor allem dann, wenn es um die Kritik an einzelnen Personen oder bestimmten Entscheidungen geht. [...] Ist ein offener Austausch zu solchen Fragen [...] nicht mehr möglich, weil jeder weiß, dass es anschließend gleich in der Presse steht [...], schadet das auf Dauer einer Partei.

Schuler, Katharina: Transparenz war gestern. In www.zeit.de, 07.10.2021

Aufgaben

72035-128

1. Erarbeiten Sie die Notwendigkeit informeller Prozesse im politischen System (**M75**).
2. Simulieren Sie informelle Prozesse am Beispiel des Koalitionsausschusses (→ Methode).
3. Ermitteln Sie in den jeweiligen Kommentaren zu informellen Prozessen die Argumente und Kategorien. Stellen Sie diese in einer Tabelle gegenüber (**M76**, **M77**).
4. Beurteilen Sie die informellen Prozesse im politischen System. Formulieren Sie dazu einen kritischen Kommentar zu **M76** oder **M77**.

METHODE

Simulation informeller Prozesse: Streit in der Koalition

Die Energiepreise sind in den letzten Wochen durch Lieferengpässe für Gas und Erdöl stark gestiegen. Die Medien berichten über Bürgerinnen und Bürger, die ihre Strom- und Heizkosten kaum noch bezahlen können. In der Koalition herrscht zwischen den einzelnen Parteien Unstimmigkeit, ob und wie auf diese Problematik zu reagieren ist. In dieser Simulation schlüpfen Sie in die Rolle von Mitgliedern der Koalition. Wie entscheiden Sie als Mitglied dieser Koalition? Finden Sie im Koalitionsausschuss eine gemeinsame Position oder möchten Sie sich von den Parteien abgrenzen?

So gehen Sie vor:

1 Gruppen und Vorbereitung

1. Schritt: Teilen Sie den Kurs in 3 Gruppen auf. Jede Gruppe übernimmt eine Partei.

2. Schritt: In der Gruppe werden jeweils drei Gruppenmitglieder mit Sonderfunktionen betraut (Minister:in, Parteivorsitzende:r, Fraktionsvorsitzende:r)

3. Schritt: Analysieren Sie mit Hilfe der Rollenkarten und dem Informationstext zum Koalitionsausschuss Ihre Situation und entscheiden Sie, ob Sie Verhandlungen im Koalitionsausschuss eingehen oder direkt mit Ihrer Position vor die Presse gehen möchten.

2 Durchführung

A Erarbeiten Sie entweder eine Verhandlungsstrategie für die Sitzung des Koalitionsausschusses oder ein Pressestatement.

B Jede Gruppe entsendet die drei Gruppenmitglieder mit Sonderfunktionen zur Sitzung des Koalitionsausschusses. Die anderen Kursteilnehmenden beobachten die Diskussion.

C Wenn Sie im Koalitionsausschuss verhandelt haben, verkünden je ein Vertreter/eine Vertreterin jeder Partei gemeinsam vor der Presse das Ergebnis.

3 Reflexion

Reflektieren Sie ihre Simulation im Hinblick auf die Analyse und Beurteilung informeller Prozesse.

Bearbeiter

Vereinbarungen zur Informalität im Koalitionsvertrag der Ampelregierung – Der Koalitionsausschuss

Die Koalitionspartner verpflichten sich, die getroffenen Vereinbarungen in Regierungshandeln umzusetzen. Sie tragen für die gesamte Politik der Koalition gemeinsam Verantwortung. Sie werden ihre Arbeit in Parlament und Regierung laufend und umfassend miteinander abstimmen und zu Verfahrens-, Sach- und Personalfragen Konsens herstellen. [...] Die Koalitionspartner treffen sich monatlich zu Koalitionsgesprächen im Koalitionsausschuss, um grundsätzliche und aktuelle politische Fragen miteinander zu diskutieren und die weitere Arbeitsplanung miteinander abzustimmen. Darüber hinaus treffen sie sich zu allen Angelegenheiten von grundsätzlicher Bedeutung, die zwischen den Koalitionspartnern abgestimmt werden sowie zu Angelegenheiten, deren Beratung einer der Koalitionspartner wünscht. Der Koalitionsausschuss bereitet die Leitlinien der Arbeit der Koalition vor. Der Koalitionsausschuss besteht aus ständigen Vertreterinnen und Vertretern der drei Koalitionspartner, darunter die Parteivorsitzenden, der Bundeskanzler und die Spitzen der Regierung, der Chef des Bundeskanzleramtes sowie die Vorsitzenden der Koalitionsfraktionen im Deutschen Bundestag. Sitzungen des Koalitionsausschusses werden gemeinsam vorbereitet.

Rollenkarten

Freie Demokraten FDP

Sie fordern, die Steuern auf Strom, Gas und Erdöl kurzfristig zu senken. Belastungen für die Bürgerinnen und Bürger und die Unternehmen müssen zurückgefahren werden. Auch die Verlängerung der Laufzeiten für Atom- und Kohlekraftwerke könnte dazu beitragen, die Energiekosten mittelfristig zu reduzieren. Sie befürworten auch eine höhere Pendlerpauschale (Betrag, der pro beruflich gefahrenem Kilometer steuerlich abgesetzt werden kann). Ihre Wählerschaft erwartet vor allem, dass die Belastungen für die Bürgerinnen und Bürger durch den Staat verringert und die Innovationskraft der deutschen Wirtschaft unterstützt werden.

SPD Soziale Politik für Dich.

Sie fordern einen staatlichen Zuschuss zu den Energiekosten (175 für Zwei- und 135 Euro für Ein-Personen-Haushalte als Einmalzahlung) und eine höhere Pendlerpauschale für Berufstätige. Diese können dann von jedem Kilometer Strecke einen höheren steuerlichen Betrag absetzen. Gleichzeitig sollen die Klima- und Umweltziele beibehalten werden. Sie lehnen deshalb eine Verlängerung der Laufzeiten für Atomkraftwerke ab. Die Parteibasis erwartet, dass Sie als Partei der sozialen Gerechtigkeit erkennbar sind.

BÜNDNIS 90 DIE GRÜNEN

Sie sehen die Ursache für die hohen Energiekosten vor allem im mangelnden Ausbau der Solar- und Windenergie. Diese führt zur großen Abhängigkeit von fossilen Rohstoffen und schwankenden Marktpreisen. Gleichzeitig werden auch die Klimaschutzziele gefährdet. Sie möchten vor allem schnellstmöglich die Klimaschutzziele erreichen und dazu die Solar- und Windenergie in den nächsten 5 Jahren verdoppeln. Sie lehnen die Erhöhung der Pendlerpauschale ab, weil der Autoverkehr dadurch nicht eingeschränkt wird. Ebenso lehnen Sie eine Senkung der Stromsteuer ab, weil sie falsche Anreize setzt und nicht prinzipiell die Energiepolitik neu ausrichtet. So könne eine Verteuerung von fossilen Energieträgern dazu führen, dass nachhaltige Energie für die Unternehmen rentabler wird.

Bearbeiter

4.3.7 Medien im politischen System: Kontrolleur der Politik oder Manipulator der öffentlichen Meinung?

Zum Thema: Die Bürgerinnen und Bürger erfahren das Politische in der Regel nur über die Medien, die wenigsten sind selbst bei den Diskussionen und Entscheidungen in Parlament und Regierung dabei. Umso wichtiger ist es, die Rolle der Medien im politischen System genauer zu betrachten. Sie sollen in diesem Kapitel die traditionelle Stellung und Aufgabe der Medien, aber auch die neueren Entwicklungen durch die breite Nutzung der sozialen Netzwerke diskutieren und beurteilen.

M78 Karikatur: Wahlbeeinflussung durch soziale Netzwerke?

Karikatur: Thomas Plaßmann

Einstiegsaufgaben 72035-129

1. Analysieren Sie die Karikatur **M78**.
2. Nennen und diskutieren Sie die Rolle der (sozialen) Medien bei ihrer persönlichen Wahlentscheidung.

M79 Daten zur Mediennutzung

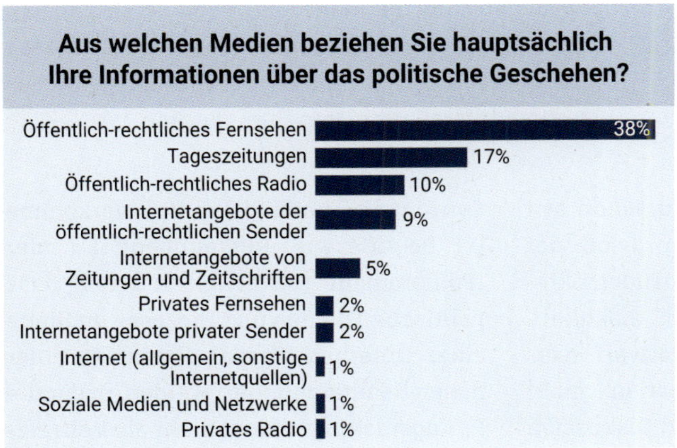

Nach: Statista, Datenquelle: WDR, 2020

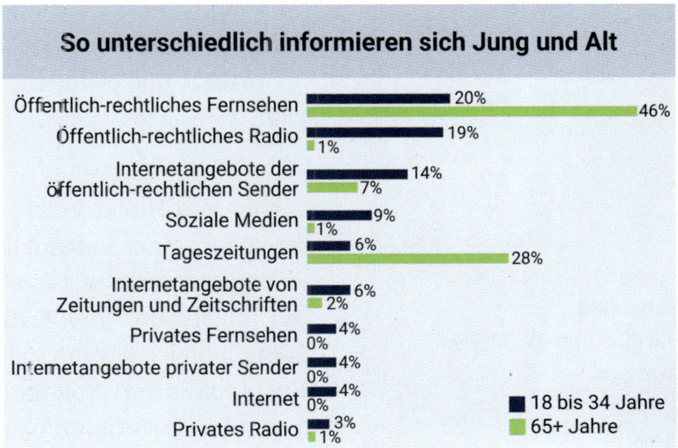

Nach: Statista, Datenquelle: WDR, 2019

Bundeskanzler Olaf Scholz umringt von Medienvertreter:innen

M80 Von der Parteien- zur Mediendemokratie

Medien generieren Öffentlichkeit. Sie informieren die Bürgerinnen, beeinflussen ihre Meinungsbildung und verbinden sie so mit der Politik. Medien sind damit eine unverzichtbare Basis für die demokratische Willensbildung. Zugleich wirken sie als öffentliche Kontrollinstanz der Politik und gelten deshalb als „Vierte Gewalt" [...]. Um diese Funktionen erfüllen zu können, bedarf es eines vielfältigen Medienangebots, das sich durch ein breitgefächertes, unabhängiges Informations- und Meinungsspektrum auszeichnet [...]. In der repräsentativen Demokratie erfüllen Medien wichtige Funktionen. Sie verbreiten aktuelle Informationen zum politischen und gesellschaftlichen Geschehen und bieten Foren der öffentlichen Diskussion. Entscheidend für die politische Urteilsbildung der Bürgerinnen ist, dass sie ausgewogene und einordnende Medienangebote mit einer gewissen Regelmäßigkeit nutzen. So steigt die Wahrscheinlichkeit, dass Sachverhalte verstanden, Entwicklungen nachvollzogen und Meinungen begründet formuliert werden. [...] Als intermediäre Struktur zwischen Bürgerinnen und Staat bilden Medien zugleich eine Instanz zur Kontrolle politischer Macht. [...] Ausgangspunkt des Verhältnisses von Medien und Politik sind ihre grundsätzlich unterschiedlichen Handlungslogiken. Auf der einen Seite brauchen Politikerinnen die mediale Öffentlichkeit, um für ihre Argumente zu werben, ihre Entscheidungen zu legitimieren und bei den Wählerinnen präsent zu sein. Auf der anderen Seite suchen Medien im politischen Raum nach verwertbaren Nachrichten. [...] Durch den intensivierten Medienwettbewerb und die digitalisierten Angebots- und Nutzungsformate haben sich diese gegenläufigen Logiken noch verstärkt. Sie kommen in zwei Spannungslinien besonders deutlich zum Ausdruck [...]:

1 „Politische Prozesszeit" versus „mediale Produktionszeit" [...]: Während demokratische Politik ein Prozess ist, der in längeren Zeitspannen verläuft (Interessen moderieren, Entscheidungsalternativen diskutieren, Kompromisse entwickeln, u. v. m.), verlangt die mediale Logik nach Unmittelbarkeit und Schnelligkeit. [...]

2 Sachlichkeit versus Aufmerksamkeit. Weil demokratische Entscheidungsprozesse transparent – und damit öffentlich – gemacht werden müssen, ist Politik auf die Medien angewiesen. Außerdem wird politische Legitimation durch Kommunikation hergestellt. In diesem Sinne geht es vor allem um eine sachliche, umfassende und faire Berichterstattung. Auf der anderen Seite sind Medien [...] bestrebt, Themen zu wählen, die beim Publikum verfangen. Plakative Formulierungen und markante und personenbezogene Schlagzeilen sind unter dem Gesichtspunkt der Aufmerksamkeit attraktiver als eine ausgewogene und differenzierte Berichterstattung. [...]

Vor diesem Hintergrund wird schon seit längerem eine Entwicklung „[v]on der Parteiendemokratie zur Mediendemokratie" [...] erkannt und kritisch diskutiert. Dabei lautet ein zentraler Vorwurf, dass sich politische Kommunikation nicht mehr auf die Vermittlung und Diskussion sachbezogener Inhalte konzentriere, sondern zur „Theatralisierung" verkomme [...]. Begriffe wie „Infotainment" [...] oder „Politainment" [...] verweisen darauf, dass politische Themen und Prozesse im Sinne eines Unterhaltungsparadigmas zu einer neuen Realität montiert werden, in der die Protagonistinnen nicht mehr als Vertreterinnen der Parteien, sondern als individu-

Schaubild:
die Funktion von Medien

72035-130

elle Persönlichkeiten in den Mittelpunkt rücken. [...] Umgekehrt haben die politischen Akteurinnen Lernprozesse durchlaufen, um eine größere Aufmerksamkeit auf der medialen Bühne zu erreichen. Folgen dieser Entwicklungen sind eine „Event-", „Image-" und „Scheinpolitik" [...], die zuweilen eine größere Relevanz haben als [...] zielgerichtete Problemlösungsdiskurse. [...]

Wie verändern sich diese Kommunikationsstrukturen im digitalen Zeitalter?

Politikerinnen und Bürgerinnen können auf diese Weise direkter kommunizieren. Damit werden die Stellung der traditionellen Medien und ihr kooperatives Verhältnis zur Politik grundlegend herausgefordert. Besonders davon betroffen ist die klassische Gatekeeper-Funktion von Journalistinnen und Redaktionen, die in der „alten" Medienwelt darüber entscheiden, welche Personen, Positionen und Ereignisse öffentlich werden und damit zur Formung des öffentlichen Meinungsbildes beitragen. [...] Der Aufstieg des Internets, der parallel zum Bedeutungsrückgang der klassischen Medien erfolgte, verbindet sich mit einem grundlegenden Wandel der Kommunikationsstrukturen, der die Fragmentierung in Teilöffentlichkeiten beschleunigt hat. An die Stelle der durch Sender, Verlage und Redaktionen geregelten Zugänge in die Öffentlichkeit (Gatekeeper) sind zunehmend individuelle oder kollektive Internetnutzerinnen getreten, die die Unübersichtlichkeit des schier grenzenlosen Informations- und Meinungsangebots potenziert haben. [...] Soziale Medien tragen einerseits zu verstärkter Segregation, Desinformation, Hate Speech und antidemokratische Mobilisierung bei; andererseits erweitern sie die Möglichkeiten der politischen Information, Partizipation und demokratischen Mobilisierung. Die klassische Medienpolitik hat sich für die Bereiche Presse, Rundfunk und Fernsehen bewährt. Doch die mit dem Internet und den sozialen Medien etablierten Informations- und Kommunikationsräume lassen sich nicht allein auf dieser Basis regulieren, sondern brauchen einen ergänzenden rechtlichen Rahmen.

Grotz, Florian/ Schroeder, Wolfgang: Das politische System der Bundesrepublik Deutschland. Eine Einführung. Wiesbaden: Springer VS 2021, S. 211-228

M81 Worin bestehen die Gefahren in den sozialen Netzwerken für das politische System?

Traditionelle Massenmedien erstellen überwiegend eigene Inhalte, die von Redaktionen nach professionellen Kriterien kuratiert, also ausgewählt und priorisiert werden. Dagegen präsentieren Plattformen in der Regel Inhalte Dritter, etwa von Nutzerinnen und Nutzern, von traditionellen Massenmedien oder von Werbetreibenden. Diese Inhalte werden mithilfe von Algorithmen individuell für Plattformnutzerinnen und -nutzer ausgewählt (personalisierte Kuratierung), um die Verweildauer auf den Plattformen zu erhöhen, mit dem Ziel, Werbeeinnahmen zu generieren (aufmerksamkeitsbasiertes Geschäftsmodell). Die Algorithmen, die der personalisierten Kuratierung zugrunde liegen, versuchen zu diesem Zweck und auf Grundlage umfassender Beobachtungs- und Auswertungsdaten zum Nutzerverhalten, die Aufmerksamkeit der Plattformnutzerinnen und -nutzer zu lenken und deren Verhalten zu beeinflussen. Die Omnipräsenz von Smartphones im Alltag und die Bedeutung sozialer Medien für das Sozial- und Berufsleben verstärken die Bedeutung der Plattformen noch. [...] Die bestehenden Ansätze zur Verpflichtung der Plattformen, unzulässige Inhalte zu löschen und ihre Kuratierungskriterien transparent zu machen, genügen noch nicht. [...] Die Digitalisierung birgt aber auch Risiken für Information und Kommunikation. So stellen Auswahl und Rezeption von Informationen eine erhebliche Herausforderung dar, weil das unermessliche Informationsangebot die kognitive Kapazität von Menschen überfordert und die Kuratierungspraxis der Plattformen zu einer inadäquaten Priorisierung von Informationen führen kann. Zudem ist eine angemessene Bewertung von Informationen oft kaum zu leisten, da die Korrektheit von Informationen und die Vertrauenswürdigkeit der ihnen zugrunde liegenden Quellen als relevante Voraussetzungen normativer Aussagen oft nur schwer einzuschätzen sind. Ein Grund dafür ist beispielsweise die massenhafte, schnelle und weitreichende Verbreitung von Falschnachrichten in digitalen Öffentlichkeiten. Darüber hinaus gefährden die algorithmische Kuratierungspraxis wie auch das Auswahlverhalten von Nutzerinnen und Nutzern die Pluralität und deren Wahrnehmung, also die Vielfalt von Meinung und Information in demokratischen Öffentlichkeiten. So wählen insbesondere Konsumentinnen und Konsumenten mit extremen politischen Ansichten hauptsächlich solche Quellen aus, die ihre eigene, bereits bestehende Meinung stützen; außerdem bilden sich in sozialen Medien zunehmend Gruppen heraus, deren Mitglieder sich in ihrem homogenen Meinungsbild gegenseitig verstärken. In der Folge können sich Positionen radikalisieren, die Tonlage in der politischen Auseinandersetzung kann sich verschärfen. Schließlich ist auch die Zivilität des politischen Diskurses durch Phänomene wie „Hate Speech" (Hassrede) und „Online Harassment" (Online-Mobbing) bedroht.

Nationale Akademie der Wissenschaften Leopoldina, Union der deutschen Akademien der Wissenschaften, acatech – Deutsche Akademie der Technikwissenschaften (Hg.): Digitalisierung und Demokratie. Halle (Saale) 2021, S. 4 f.

M82 Inszenierung von Politik in der Mediendemokratie

Politische Entscheider ringen pausenlos mit ihren Konkurrent:innen um Aufmerksamkeit, um die Zustimmung des Publikums und der eigenen Anhängerschaft. Diese wird aber nicht nur im politischen Kerngeschäft, der Vorbereitung und dem Beschluss politischer Entscheidungen in Partei und Parlament erreicht, sondern geschieht vornehmlich durch die mediale Inszenierung von Politik. Die Inszenierung setzt darauf, unabhängig von tatsächlichen politischen Handlungen und Entscheidungen, beim Massenpublikum die Illusion einer politischen Realität zu erzeugen. Inszenierung war schon immer eine Begleiterscheinung des Politischen, bei der sich Politiker:innen selbst einem Publikum in einer bestimmten Weise darstellen [...] Allerdings erlaubt erst die Nutzung von Sozialen Medien (z. B. Twitter, Instagram, Facebook etc.), sich direkt – ohne Gatekeeper – an ein breiteres Publikum zu wenden. Dies geschieht durch kurzweilige und witzige Posts, die Aufmerksamkeit und Verweildauer erzeugen. Die Politiker:innen produzieren, liken oder teilen dazu kurze Texte und Bilder. Die moderne Inszenierungsstrategie von Politik setzt auf:

A Personalisierung:
Politische Entscheider:innen präsentieren sich dem Publikum auf diejenige Art und Weise, in der sie oder ihre Berater:innen ihre Stärken sehen (z. B. durchsetzungsfähig, nahbar, familienfreundlich, zuhörend, sportlich und aktiv, gut vernetzt, gut aussehend, modisch, bodenständig). Es stehen nicht mehr die Parteien und deren Inhalte im Vordergrund, sondern der Politiker/die Politiker:in selbst [...]. Es geht darum, Vertrauen aufzubauen und Authentizität zu suggerieren.

B Dramaturgie:
Aktions- und emotionsgeladene Bilder, Texte und Situationen werden gelikt oder erstellt, Entscheidungsanlässe zugespitzt („Es muss sofort gehandelt werden") und Themen besonders herausgehoben („Das ist jetzt wichtig"). Es geht darum, möglichst viel Aufmerksamkeit mit einem bestimmten Beitrag zu erzeugen.

C Schein- oder Symbolpolitik:
Diese zeichnet sich dadurch aus, dass eine bestimmte öffentliche Darstellung von Politik im Vordergrund steht und das tatsächliche politische Handeln und Entscheiden in den Hintergrund rückt. Hierzu gehören beispielsweise Talkshows, Pressekonferenzen, Homestories, repräsentatives Wirken im Wahlkreis (der Spatenstich zum Beginn eines Bauvorhabens) oder Politiker in Unterhaltungssendungen (Politainment).

Bearbeiter

M83 Fallbeispiel: Inszenierung von Politik in sozialen Medien

A
Der Schnappschuss [lässt sich] auch als selbstbewusstes Statement verstehen. Die Wahlsieger wissen um ihre wichtige Rolle als kleinere Partner einer möglichen Koalition, die schließlich die Antwort auf die Frage finden müssen: Wer wird der nächste Bundeskanzler? Und auf der Suche danach lassen sie sich nicht reinreden. [...] Das wissen die Kanzlermacher medienwirksam zu inszenieren.

B

Dieses Selfie teilten Volker Wissing, Annalena Baerbock, Christian Lindner und Robert Habeck (v.l.n.r.) nach ersten Vorsondierungen zu den Koalitionsgesprächen nach der Bundestagswahl 2021.

Stern: Ein Wink, nur nicht vom Balkon: Welche Botschaften in dem Kanzlermacher-Selfie stecken. In: www.stern.de, 29.09.2021

Aufgaben

72035-131

1. Beschreiben und interpretieren Sie die Statistiken zur Mediennutzung (**M79** A + B). Erarbeiten Sie Gemeinsamkeiten und Unterschiede zur Ihrer eigenen Mediennutzung.
2. Erarbeiten Sie aus M80 die Stellung und Funktion von Medien im politischen System. Stellen Sie diese mit ihrer „intermediären Struktur" (Z. 26/27) als Schaubild dar.
3. Erläutern Sie anhand von M80 und M81 den Wandel des Mediensystems durch soziale Netzwerke und erstellen Sie eine Liste von Chancen und Gefahren dieser neuen Medien.
4. Wie stark sollten Plattformen und Inhalte in sozialen Netzwerken staatlich kontrolliert werden? Diskutieren Sie die Frage in Form einer Amerikanischen Debatte (→ Methodenglossar).
5. Analysieren Sie die Notwendigkeit und Strategien von Inszenierung des Politischen (**M82** und **M83**). Inwiefern handelt es sich bei **M83** B um eine gelungene Inszenierung?
6. Notwendiger Kontrolleur oder zu starke Manipulation? Beurteilen Sie die Rolle der Medien im politischen System kategorial und perspektivisch. Formulieren Sie dazu einen Blogeintrag für eine selbst ausgewählte Medienplattform.

Politik aktiv
Werden Sie selbst zu Journalist:innen.
- Schreiben Sie einen eigenen Beitrag (Bericht oder Kommentar) über eine Pressekonferenz.
- Vergleichen Sie Ihre Beiträge hinsichtlich der Kriterien sachliche Richtigkeit, Ausgewogenheit, Wirkung etc.

4.3.8 Das Bundesverfassungsgericht: zu starke Einmischung in die Gesetzgebung?

Zum Thema: Das Bundesverfassungsgericht genießt international große Anerkennung. Auch in der deutschen Bevölkerung ist das Vertrauen groß. Allerdings werden seine Entscheidungen und die gelegentlich als zu stark empfundene Einmischung in den Bereich der Gesetzgebung von Politiker:innen und Wissenschaftler:innen kritisch betrachtet. Sie sollen in diesem Kapitel analysieren, inwiefern eine solche Einmischung vorhanden ist und dazu kritisch Stellung beziehen.

M84 Fallbeispiele: Meldungen zu Urteilen des Bundesverfassungsgerichts

Online-Durchsuchungen

A Richter erfinden das Computer-Grundrecht

Vorbeugendes Schnüffeln ist tabu – es muss Gefahr für Leib und Leben bestehen, bevor der Staat Festplatten ausspähen darf. Mit diesem Urteil ist das Verfassungsgericht im Informationszeitalter angekommen und hat ein IT-Grundrecht erfunden: Der Computer wird zum Teil der Persönlichkeit.

Hipp, Dietmar: Richter erfinden das Computer-Grundrecht. In: www.spiegel.de, 27.02.2008

B Klimaschutz ist ein Grundrecht

Der Paukenschlag in Deutschland! Das Bundesverfassungsgericht fällt ein historisches Urteil: Klimaschutz ist ein Grundrecht. Freiheit bedeutet, die zukünftigen Generationen nicht zu schädigen. Der deutsche Gesetzesgeber muss nachbessern, und zwar deutlich.

Kemfert, Claudia: Historisches Urteil zur Klimaklage: Jetzt müssen die Emissionen so schnell wie möglich runter. In: www.fr.de, 02.05.2021

Einstiegsaufgabe 72035-132

Analysieren Sie die Meldungen in **M84**. Inwiefern sehen Sie darin ein politisches Problem?

M85 Über welche Stellung und Funktion verfügt das Bundesverfassungsgericht im politischen System

Die Erfahrungen mit dem nationalsozialistischen Unrechtsregime trugen zur besonders herausgehobenen Stellung des Bundesverfassungsgerichts durch die Väter und Mütter des Grundgesetzes bei. Es sollte von einem unabhängigen Gericht geprüft werden, ob Gesetze nicht nur formal, sondern auch materiell mit den Grundsätzen des Rechtsstaates und der Wertordnung des Grundgesetzes übereinstimmen (Verfassungskonformität). Damit wurde sichergestellt, dass sich Demokratie nicht nur als reine Mehrheitsherrschaft vollzieht, weil bestimmte Prinzipien des Staates dem Zugriff des Mehrheitswillens entzogen wurden und der Minderheitenschutz nicht zum Spielball der Mehrheit wird. Das Gericht selbst besteht aus zwei Senaten mit je 8 Richter:innen, die je zur Hälfte vom Bundestag und Bundesrat mit Zwei-Drittel-Mehrheit auf 12 Jahre gewählt werden. Eine Wiederwahl ist aus Gründen der Unabhängigkeit nicht möglich. Die qualifizierte Mehrheit soll dafür sorgen, dass die Richterinnen und Richter nicht nur nach parteipoliti-

Verfassungsbeschwerden
Die meisten Verfassungsbeschwerden werden aus Effizienzgründen von einer dreiköpfigen Kammer des Gerichts im schriftlichen Verfahren nach dem Einstimmigkeitsprinzip entschieden.

schen Motiven ausgesucht werden, sondern Kompromisse über die Parteigrenzen hinweg notwendig sind. Alle Richter:innen müssen mindestens 40 Jahre alt sein und über eine volle juristische Ausbildung verfügen. Jeweils drei Richter:innen eines jeden Senats müssen vorher Richter:innen an einem obersten Gerichtshof gewesen sein. Diese Bedingungen stellen die Fachkompetenz des Gerichts sicher. Das Bundesverfassungsgericht kann nicht von sich aus tätig werden, sondern muss angerufen werden. Seine Entscheidungen binden alle anderen Staatsorgane.
Die wichtigsten Zuständigkeiten sind:

1 Die **konkrete Normenkontrolle** nach Art. 100,1 GG: Das Verfassungsgericht wird hierbei zur Klärung von einem anderen Gericht angerufen, das in einem konkreten Rechtsstreit eine anzuwendende Rechtsnorm für verfassungswidrig hält.

2 Die **Verfassungsbeschwerde** nach Art. 93, 4 GG: Jeder, der sich vom Staat in seinen Grundrechten verletzt fühlt, kann – nach Ausschöpfung des Rechtsweges – das Verfassungsgericht anrufen. Die Verfassungsbeschwerde macht den größten Teil der Arbeitslast des Gerichts aus.

3 **Verfassungsstreitigkeiten** zwischen Verfassungsorganen (Organstreit, Bund-Länder-Streit) nach Art. 93,1 und 84,4 GG: Relativ selten muss das Gericht auf der Grundlage des Grundgesetzes letztverbindlich in Zuständigkeits- oder Kompetenzstreitigkeiten zwischen Verfassungsorganen entscheiden.

4 Die **abstrakte Normenkontrolle** nach Art. 93,1 GG: Eine beschlossene Rechtsnorm (z. B. ein Gesetz) wird auf Antrag von Bundesregierung, einer Landesregierung oder mindestens einem Viertel des Bundestages darauf geprüft, ob sie verfassungswidrig ist. Diese Kontrollmöglichkeit wird größtenteils von der Opposition genutzt. Eine Prüfung des Gesetzes vor dem Beschluss ist aber nicht zulässig (präventive Normenkontrolle).

5 **Verwirkung von Grundrechten** nach Art. 18 GG

6 Die **Verfassungsbeschwerde** nach Art. 93, 4 GG: Jeder, der sich vom Staat in seinen Grundrechten verletzt fühlt, kann – nach Ausschöpfung des Rechtsweges – das Verfassungsgericht anrufen. Die Verfassungsbeschwerde macht den größten Teil der Arbeitslast des Gerichts aus.

7 **Parteiverbotsverfahren** nach Art. 21,2 GG: Nur das Bundesverfassungsgericht kann eine Partei als verfassungswidrig erklären.

Die Beratungen des Gerichts sind nicht öffentlich, die Entscheidungen in mündlichen Verfahren werden mit der Mehrheit der Richter:innen des Senats getroffen. Rechtsauffassungen von Richterinnen und Richtern, die nicht der Mehrheitsmeinung entsprechen, können in einem Sondervotum veröffentlicht werden.

Bearbeiter

M86 Ehemaliger Verfassungsrichter: „Das BVerfG ist nicht entgrenzt!"

Wer Gesetze gestalten will, sollte sich bemühen, Mitglied des Deutschen Bundestages zu werden!" Dieser vielzitierte Satz von Wolfgang Schäuble ist paradigmatisch für die vor allem von Seiten der Politik, aber auch von Seiten der Wissenschaft und den Medien an das Bundesverfassungsgericht gerichtete Mahnung: Das Gericht dürfe seine Kompetenzen nicht überschreiten, dürfe sich nicht die Rolle eines „Ersatzgesetzgebers" anmaßen. Andernfalls laufe der Rechtsstaat Gefahr, zum „Richterstaat" [...] zu mutieren. [...]. Dass diese Grenzen gerade gegenüber dem unmittelbar legitimierten parlamentarischen Gesetzgeber nicht einfach zu bestimmen sind, dürfte allen Verfassungsrichterinnen und -richtern zu jeder Zeit mehr oder weniger deutlich vor Augen gestanden haben. Als Chiffre für dieses Bewusstsein hat sich in der internationalen Diskussion der nicht unproblematische, aber plakative Begriff des „judicial selfrestraint" eingebürgert. [...] In Deutschland wird mit Blick auf das Bundesverfassungsgericht mitunter von einem „entgrenzten Gericht" gesprochen [...]. Selbstverständlich haben die Entscheidungen des Bundesverfassungsge-

Andreas Voßkuhle ist ehemaliger Präsident des Bundesverfassungsgerichts.

Judicial selfrestraint
Judicial selfrestraint meint die Selbstbeschränkung des Gerichts auf rechtliche Aspekte einer Entscheidung, so dass der Exekutive und Legislative möglichst wenig ihres Gestaltungsspielraums weggenommen wird.

Originaltext in der BVerfGE:

72035-133

richts, die häufig kontrovers diskutierte Grundfragen des Zusammenlebens in der Gesellschaft betreffen, politische Auswirkungen, und selbstverständlich wohnt jedem Akt richterlicher Rechtsanwendung ein voluntatives und gestaltendes Element inne. Aus beiden Umständen folgt aber keine Einebnung der Gewaltenunterschiede. Das im vorliegenden Zusammenhang häufig pejorativ verwendete Prädikat „politisch" verdeckt hier letztlich mehr, als es erklärt. Denn die Entscheidungsfindung innerhalb von Verfassungsgerichten folgt einer vollkommen anderen Logik als die Entscheidungsfindung im Parlament oder der Regierung. Das liegt zum einen daran, dass Verfassungsrichter gänzlich unabhängig, ohne Eigeninteresse, zumeist mit großem zeitlichem Abstand und ohne Zeitdruck über abgeschlossene Sachverhalte entscheiden. Vor allem aber finden anders als im Forum der politischen Auseinandersetzung in den Beratungen der beiden Senate des Bundesverfassungsgerichts letztlich ausschließlich juristische Argumente Gehör. Wer als Verfassungsrichter diese Regel nicht beachtet, muss sich darauf einstellen, dass sein Einfluss auf das Ergebnis der Beratungen rapide schwindet. Kein Kollege marginalisiert sich aber selbst gern, auch keine Kollegin. Außerdem ist der Korridor zulässiger juristischer Argumente deutlich enger, als mancher Beobachter meint. Die auf den ersten Blick angesichts der Unbestimmtheit vieler Verfassungsnormen große Spannbreite der juristischen Argumentation wird erheblich eingeengt durch die konsentierten Regeln juristischer Methodik [...]. Wir können daher festhalten: Die Schwierigkeit, das Spannungsverhältnis zwischen demokratischer Mehrheitsentscheidung und verfassungsrechtlicher Bindung immer wieder angemessen aufzulösen, wird die Verfassungsgerichtsbarkeit, wird das Bundesverfassungsgericht stets begleiten. [...] Von einem „entgrenzten" Gericht kann daher keine Rede sein.

Voßkühle, Andreas: Karlsruhe Unlimited? Zu den (unsichtbaren) Grenzen der Verfassungsgerichtsbarkeit. In: www.zeitung.faz.net.de, 27.02.2020

M87 Ehemaliger Bundestagspräsident: „Das BVerfG sollte sich mehr zurückhalten!"

Norbert Lammert war von 2005 – 2017 Bundestagspräsident.

An der besonderen Stellung des Bundesverfassungsgerichts in der politischen Architektur unseres Landes besteht kein Zweifel. Niemand will das im Übrigen ändern. Es hat entscheidend zur Machtbalance der Verfassungsorgane beigetragen. [...] Dass dabei politischer Streit gelegentlich nicht zu vermeiden ist, ist weder ungewöhnlich noch problematisch; denn das Grundgesetz selbst begründet das für unsere Demokratie durchaus produktive Spannungsverhältnis zwischen den Verfassungsorganen. Es ist dem demokratischen Verfassungsstaat systemimmanent. Bei der Wahrnehmung des politischen Gestaltungsauftrags, den das Parlament zweifellos hat, gibt es unbestreitbar immer wieder die Versuchung des Gesetzgebers, im Regelungseifer die Grenzen der Verfassung zu strapazieren. Es gibt aber auch den gelegentlichen Ehrgeiz des Verfassungsgerichts, die geltende Verfassung durch schöpferische Auslegung weiterzuentwickeln. Natürlich ist es die Aufgabe des Bundesverfassungsgerichts und seine herausgehobene Funktion in unserem Verfassungsgefüge, darauf zu achten, dass niemand und keine Institution die von der Verfassung gesetzten Grenzen überschreitet. Dabei sollte sich auch das Gericht immer wieder vergewissern, ob es die ihm selbst gesetzten Grenzen seinerseits so einhält, wie es dies von anderen Institutionen verlangt. Die Versuchung, solche Grenzen auszuloten oder zu verschieben, beschränkt sich jedenfalls nicht auf Parlamente und Behörden. Diese Beobachtung lässt sich auch für das Verfassungsgericht machen und wird im Übrigen ja nicht nur in Wissenschaft, Politik und Medien diskutiert, sondern auch von amtierenden Verfassungsrichtern in Sondervoten vorgetragen, mit dem ausdrücklichen Hinweis auf die Verletzung der Grenzen zwischen gesetzgeberischer Gestaltung und verfassungsrechtlicher Kontrolltätigkeit.

Rede von Prof. Dr. Norbert Lammert zur Feierstunde „65 Jahre Grundgesetz". In: www.bundestag.de, 23.05.2014

M88 Fallanalyse: Wie stark mischt sich das BVerfG ein?

Fall 1: Urteil zum Bundestagswahlrecht 2012

Im Jahr 2012 urteilte das Bundesverfassungsgericht zu einem Gesetz, welches das Bundestagswahlrecht reformieren sollte (Normenkontrollverfahren). Dabei ging es auch darum, die Rechtmäßigkeit von Überhangmandaten zu überprüfen, die damals noch nicht ausgeglichen wurden.

Der Zweite Senat des Bundesverfassungsgerichts hat mit seinem heute verkündeten Urteil entschieden, dass das mit der Änderung des Bundeswahlgesetzes (BWG) neu gestaltete Verfahren der Zuteilung der Abgeordnetensitze des Deutschen Bundestages gegen die Grundsätze der Gleichheit und Unmittelbarkeit der Wahl sowie der Chancengleichheit der Parteien verstößt [...]. Darüber hinaus sind die Grundsätze der Wahlrechtsgleichheit und der Chancengleichheit der Parteien auch insoweit verletzt, als [...] Zusatzmandate vergeben werden und [...] das ausgleichslose Anfallen von Überhangmandaten in einem Umfang zulässt, der den Grundcharakter der Bundestagswahl als Verhältniswahl aufhebt. [...]. Im Hinblick auf die Notwendigkeit, den Wahlen zu den kommenden Bundestagen eine verlässliche rechtliche Grundlage zu geben [...], hält der Senat es für geboten, die gesetzlichen Wertungen in einem handhabbaren Maßstab zusammenzuführen, an den der Gesetzgeber anknüpfen kann. Daraus ergibt sich eine zulässige Höchstgrenze von etwa 15 Überhangmandaten. [...] Der Gesetzgeber ist daher gehalten, Vorkehrungen zu treffen, die ein Überhandnehmen ausgleichsloser Überhangmandate unterbinden.

Bundesverfassungsgericht: Neuregelung des Sitzzuteilungsverfahrens für die Wahlen zum Deutschen Bundestag verfassungswidrig. In: Pressemitteilung Nr. 58/2012, 25.07.2012

Fall 2: Urteil im Kopftuchstreit 2003

Die muslimische Lehrerin Fereshta Ludin klagte in einer Verfassungsbeschwerde gegen das Land Baden-Württemberg. Dieses lehnte die Einstellung der Lehrerin als Beamte ab, da sie nicht auf das Tragen eines Kopftuches im Unterricht verzichten wollte.

Ein Verbot für Lehrkräfte, in Schule und Unterricht ein Kopftuch zu tragen, findet im geltenden Recht des Landes Baden-Württemberg keine hinreichend bestimmte gesetzliche Grundlage. [...] Die Länder haben im Schulwesen umfassende Gestaltungsfreiheit. [...] Dabei können die einzelnen Länder zu verschiedenen Regelungen kommen. Bei dem zu findenden Mittelweg dürfen auch Schultraditionen, konfessionelle Zusammensetzung der Bevölkerung und ihre mehr oder weniger starke religiöse Verwurzelung berücksichtigt werden. [...] Dem zuständigen Landesgesetzgeber steht es frei, die bislang fehlende gesetzliche Grundlage zu schaffen. So kann er im Rahmen der verfassungsrechtlichen Vorgaben das zulässige Maß religiöser Bezüge in der Schule neu bestimmen. [...] Es lassen sich Gründe dafür anführen, die zunehmende religiöse Vielfalt in der Schule aufzuneh-

Zwei weitere Fälle

72035-134

men und als Mittel für die Einübung von gegenseitiger Toleranz zu nutzen [...]. Es mag [...] auch gute Gründe dafür geben, der staatlichen Neutralitätspflicht im schulischen Bereich eine striktere und mehr als bisher distanzierende Bedeutung beizumessen und demgemäß auch durch das äußere Erscheinungsbild einer Lehrkraft vermittelte religiöse Bezüge von den Schülern grundsätzlich fern zu halten, um Konflikte mit Schülern, Eltern oder anderen Lehrkräften von vornherein zu vermeiden.

Bundesverfassungsgericht: Lehrerin mit Kopftuch. In: Pressemitteilung Nr. 71/2003, 24.09.2003

M89 Das Bundesverfassungsgericht: ein Vetoplayer?

Besitzt ein Verfassungsgericht eigene Präferenzen, die von denen der anderen Vetospieler abweichen, dann ist es als Vetospieler zu zählen. Sind die Präferenzen jedoch mit denen anderer Vetospieler deckungsgleich, dann wird das Verfassungsgericht absorbiert und es wäre nicht als Vetospieler zu zählen. Da Verfassungsrichter meist von anderen (legislativen) Vetospielern, wie etwa Parlamenten oder Präsidenten, ausgewählt werden und ihre Besetzung zugleich hohen Mehrheitshürden unterliegt, werden Verfassungsgerichte nach Tsebelis meist mit Richtern besetzt, die in der Mitte des Präferenzspektrums angesiedelt sind. Daher sind sie meist innerhalb des core zu verorten und werden folglich absorbiert. Dies bedeutet im Grunde, dass die Präferenzen solch absorbierter Vetospieler von anderen Vetospielern abgedeckt werden, nämlich von jenen, die sie auswählen. Fraglich ist in diesem Zusammenhang jedoch, ob die Verfassungsrichter tatsächlich stets ähnliche Präferenzen aufweisen wie die Parteien oder Akteure, die sie zu Verfassungsrichtern machen. [...] Unterscheidet sich jedoch seine parteipolitische Färbung von jener der anderen Vetospieler (z. B. von der des Präsidenten oder der Regierung), dann wäre es als separater Vetospieler zu zählen. Dies gilt wohl dann auch, wenn sich die Präferenzen verselbständigen oder an andere Bedingungen, wie etwa die Verfassung, gebunden sind.

Wagschal, Uwe: Kompetitive und konsensuale Vetospieler in der Steuerpolitik. In: Ganghof, Steffen/ Hönnige, Christoph/ Stecker, Christian (Hg): Parlamente, Agendasetzung und Vetospieler. 1. Auflage. Wiesbaden: VS Verlag für Sozialwissenschaften 2009, S. 117 ff.

Aufgaben

72035-135

1. Erarbeiten Sie die Stellung und Aufgaben des Bundesverfassungsgerichts mit Hilfe von **M85** und erstellen Sie daraus ein Schaubild (→ Methode, S. 102).
2. Fassen Sie die beiden Positionen zum Bundesverfassungsgericht (**M86**, **M87**) mit eigenen Worten zusammen.
3. Erläutern Sie die Entscheidungen in **M88** und analysieren Sie, ob und inwiefern sich das Bundesverfassungsgericht in den Fällen (zu stark) in die Gesetzgebung einmischt oder eine Rechtsschöpfung vorliegt. Vergleichen Sie dazu auch **M84** B.
4. Begründen Sie anhand von **M85**, **M88** und **M89** differenziert, ob das Bundesverfassungsgericht ein Vetospieler (→ S. 148 ff.) ist.
5. Zu starke Einmischung in die Gesetzgebung? Formulieren Sie schriftlich eine kategoriale und perspektivische Urteilsbildung (→ Methode, S. 31 f.).

4.3.9 Parlamentarische – präsidentielle – semipräsidentielle Regierungssysteme: Sollen zukünftige Bundespräsident:innen direkt vom Volk gewählt werden?

Zum Thema: Moderne Demokratien lassen sich in parlamentarische, präsidentielle und semi-präsidentielle untergliedern. Eine von vielen Bürgerinnen und Bürgern gewünschte Direktwahl der Bundespräsidentin bzw. des Bundespräsidenten hätte die Qualität für Deutschland einen Systemwechsel in Richtung des semi-präsidentiellen Regierungssystems anzubahnen. Sie sollen in diesem Kapitel die verschiedenen Regierungsformen verstehen, vergleichen und die Frage nach der Direktwahl des deutschen Staatsoberhauptes beurteilen.

M90 Umfrage zur Direktwahl zukünftiger Bundespräsident:innen

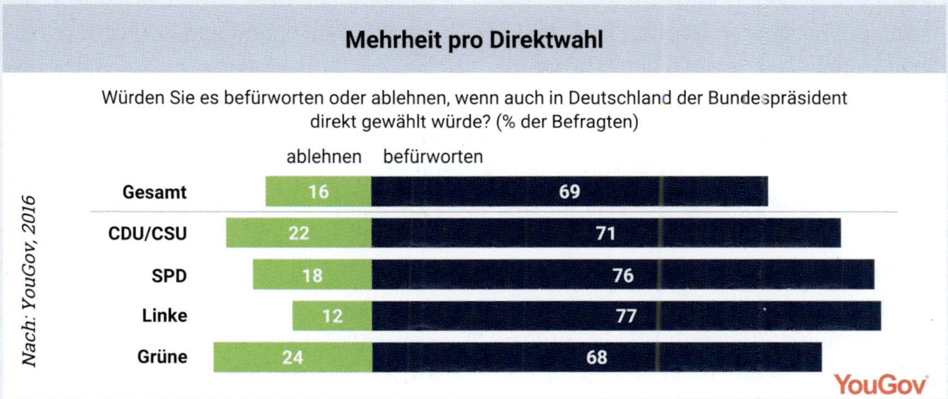

Einstiegsaufgaben 72035-136

1. Beschreiben und interpretieren Sie die Umfrage (**M90**).
2. Führen Sie im Kurs ebenfalls eine solche Umfrage durch. Vergleichen und begründen Sie Ihr Votum.

M91 Präsidentielle, semi-präsidentielle und parlamentarische Demokratie im Vergleich

Im Mittelpunkt der Regierungssystemtypologien stehen die drei Institutionen Staatsoberhaupt, Regierung und Parlament sowie deren Interaktion. [...] Grundlegend ist die Unterscheidung zwischen parlamentarischen und präsidentiellen Regierungssystemen [...]. Die Dichotomie der zwei Grundtypen geht zurück auf eine Unterscheidung der Verfassungsstruktur und der Verfassungspraxis des Vereinigten Königreichs und der USA [...]. Prägend für die deutschsprachige Politikwissenschaft ist die Typologie von Winfried Steffani [...]. Nach Steffani ist die Abberufbarkeit der Regierung durch das Parlament aus politischen Motiven das primäre und hinreichende Klassifikationsmerkmal präsidentieller und parlamentarischer Regierungssysteme. [...] „Alle Regierungssysteme, deren Parlamente über ein solches Abberufungsrecht aus politischen Gründen verfügen, gehören zum Grundtyp ‚parlamentarisches Regierungssystem' beziehungsweise ‚Parlamentarismus' im speziellen Sinne. Alle anderen Systeme bilden den Grundtyp ‚präsidentielles Regierungssystem' beziehungsweise ‚Präsidentialismus'". [...] Ein wichtiger, aber nicht definierender Unterschied ist, dass parlamentarische Systeme in aller Regel eine „doppelköpfige Exekutive" aus Präsident oder Monarch und Premierminister aufweisen, während präsidentielle Systeme über eine „geschlossene Exekutive" verfügen [...]. Der Präsident ist Staatsoberhaupt und zugleich Regierungschef. Das Parlament hat keinen oder nur bestätigenden Einfluss auf die Zusammensetzung der Regierung, trägt aber im Gegenzug auch keine politische Verantwortung für ihr Überleben im Amt [...]. Die Konsequenz für die Gewaltenteilung ist, dass im präsidentiellen System die beiden Staatsorgane parlamentarische Versammlung und Regierung weitgehend unverbunden nebeneinander stehen und kooperieren müssen, damit politischer Stillstand verhindert wird. [...] Als funktionale Konsequenz des Abberufungsrechts in parlamentarisches Regierungssystemen kommt der Versammlung die Aufgabe der politischen Regierungsbestellung zu, d. h., Parlamente haben vor allem Wahlfunktion. Diese Funktion ist in präsidentiellen Systemen gering ausgeprägt. Hier dominiert die Gesetzgebungsfunktion der Versammlung. Zugleich spielt die parlamentarische Kontrollfunktion gegenüber der Exekutive eine größere Rolle als in parlamentarischen Systemen. [...] Im Unterschied zum Präsidentialismus, der durch wechselseitige Unabhängigkeit der legislativen und exekutiven Gewalt geprägt ist, und im Gegensatz zum parlamentarischen System, in dem die Exekutive von der Legislative abhängig ist, stehen Regierung und Regierungschef im Semi-Präsidentialismus in einem doppelten Abhängigkeitsverhältnis – sie benötigen das Vertrauen des Parlamentes und des Präsidenten [...]. Semi-präsidentielle Systeme sind [...] durch drei Kennzeichen charakterisiert: (1) Der Staatspräsident ist direkt gewählt; (2) Der Staatspräsident hält bedeutende politische Kompetenzen [...]; (3) Dem Staatspräsidenten stehen der Premierminister und die Ministerregierung gegenüber, die Regierungsmacht besitzen und vom politischen Vertrauen des Parlamentes abhängig sind. [...] Einige Untersuchungen scheinen zu belegen, dass präsidentielle Systeme den parlamentarischen Systemen im Hinblick auf ihre politische Leistungsfähigkeit unterlegen sind [...]. Begründen ließe sich dies u. a. mit der schwächeren Fraktionsdisziplin der Parteien in (semi-)präsidentiellen Systemen [...], einer höheren Neigung des Präsidentialismus zu abrupten Politikwechseln und ihrer geringeren gesetzgeberischen Effektivität aufgrund häufig unterschiedlicher parteipolitischer Zusammensetzung der für Regierung und Gesetzgebung zuständigen Institutionen („divided government"). Diese Befunde sind mit Vorsicht zu genießen. [...] So sind Präsidenten durchaus in der Lage, Regierungs- und Policy-Koalitionen zu schmieden, um Gefahren wie „divided government" und Politikstau zu umschiffen. [...]. Ebenfalls von Bedeutung sind weiche Faktoren wie der Problemdruck und das Ausgangsniveau der staatlichen Politikleistungen, Politikstile und Konsens- oder Konfliktorientierung der politischen Auseinandersetzung etc. Insofern ist der These von Tsebelis [...] zuzustimmen, dass die Unterscheidung in präsidentielle und parlamentarische Systeme kaum geeignet ist zur Analyse der Staatstätigkeit und Politikleistung in Demokratien, da zu viele andere Erklärungsvariablen ausgeblendet werden.

Croissant, Aurel: Regierungssysteme und Demokratietypen. In: Lauth, Hans-Joachim (Hg..): Vergleichende Regierungslehre. Eine Einführung. 3., aktualisierte und erweiterte Auflage. Wiesbaden: VS Verlag 2010, S. 118 ff.

M92 Tabelle: Parlamentarische und präsidentielle Demokratie im Vergleich

	Parlamentarische Demokratie	Präsidentielle Demokratie
Legitimationskette	Bitte ins Heft	„doppelte Legitimität“: - Parlament und Präsident verfügen kraft Direktwahlen durch das Volk eine eigene Legitimitätsbasis
Gewaltenteilung	Gewaltenverschränkung: - Machtbegrenzung durch Verflechtung und gegenseitige Kontrolle der Institutionen - enge Verbindung zwischen Parlamentsmehrheit und Regierung	Bitte ins Heft
Exekutive	Bitte ins Heft	geschlossene Exekutive: Einheit von Regierungschef und Staatsoberhaupt
Zugehörigkeit der Regierung zum Parlament	Rechtlich zulässig und politisch notwendig: Eine Person kann sowohl ein Regierungsamt als auch ein Parlamentsmandat bekleiden	verfassungsrechtlich verboten: Gebot der Inkompatibilität, das Zugehörigkeit der Regierungsmitglieder zum Parlament verbietet
Abberufbarkeit der Regierung/Auflösung des Parlaments	Möglichkeit der Abberufbarkeit und Auflösung: - Regierung ist auf das Vertrauen des Parlaments angewiesen und kann im Fall eines Misstrauensvotums von ihm abberufen werden - Parlamentsauflösung durch die Regierung möglich	Bitte ins Heft
Rolle der Fraktionen/ Parteien	Bitte ins Heft	Parteien und Fraktionsdisziplin nicht wichtig: - locker gefügte Parteien, wenig Parteienwettbewerb - Präsident benötigt keine Parlamentsmehrheit, Möglich-keit unterschiedlicher Mehrheitsverhältnisse („ divided government“)

Nach: Demokratiezentrum Wien: Hintergrundwissen Parlamentarische vs. präsidentielle Demokratie, 2021

M93 Schaubilder: Regierungssysteme im Vergleich

a) Das Verfassungssystem der USA

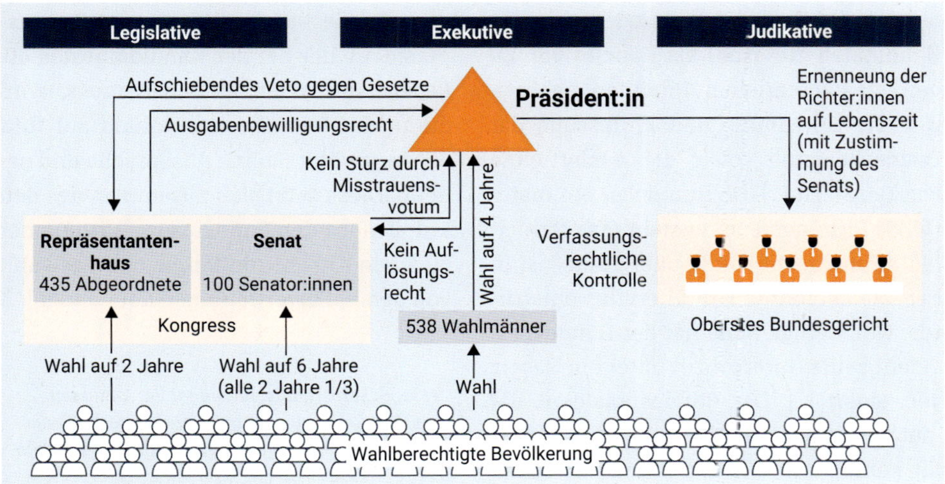

Nach: Bergmoser + Höller Verlag AG, Zahlenbilder 854511

b) Das britische Regierungssystem

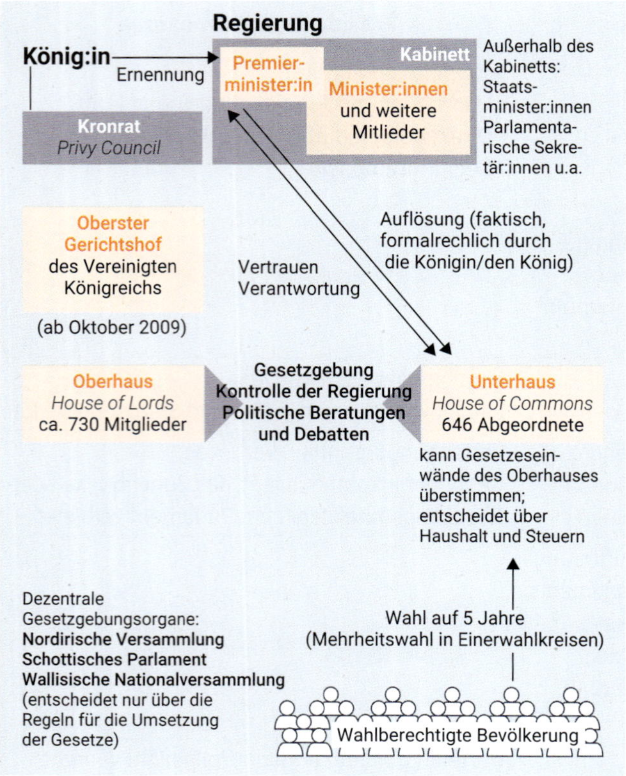

Nach: Bergmoser + Höller Verlag AG, Zahlenbilder 789110

c) Die Verfassung der Französischen Republik

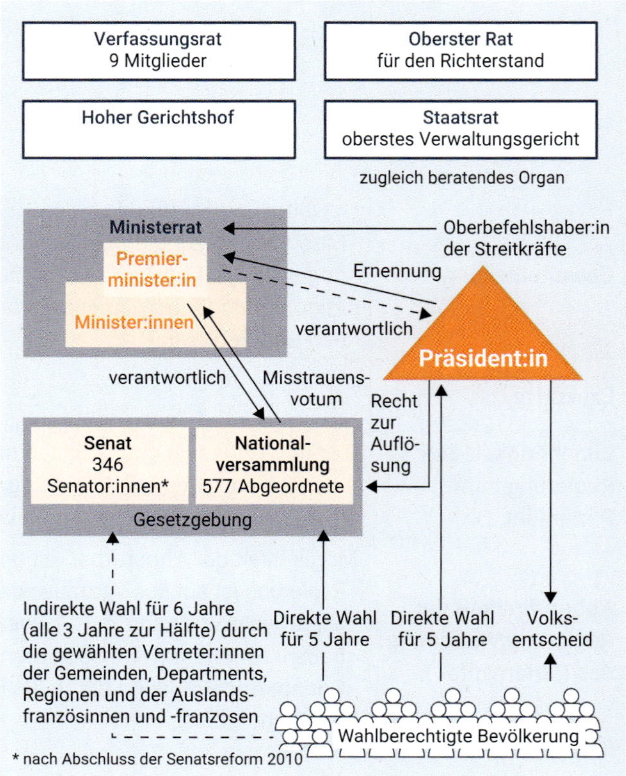

Nach: Bergmoser + Höller Verlag AG, Zahlenbilder 799311

Frank-Walter Steinmeier ist der 12. Bundespräsident der Bundesrepublik Deutschland und seit 2017 im Amt.

M94 Kurzinfo: Stellung und Aufgaben des Bundespräsidenten

Der Bundespräsident ist nur mit wenigen und nicht sehr bedeutenden Aufgaben betraut (vgl. GG Art. 54–61). Er repräsentiert Deutschland nach innen wie nach außen, vertritt den Bund völkerrechtlich und schließt in dessen Namen Staatsverträge. Faktisch an die Mehrheitsverhältnisse gebunden, schlägt er dem Bundestag einen Kandidaten zur Wahl als Kanzler vor. Zu den staatsnotariellen Pflichten gehören u. a. die Ernennung und Entlassung der Bundesbeamten sowie die Ausfertigung von Gesetzen […]. Ob ihm dabei ein materielles Prüfungsrecht zusteht (das formelle Prüfungsrecht steht außer Frage), ist in der staatsrechtlichen Literatur umstritten. Nur wenige Male hat der Bundespräsident seine Unterschrift unter ein Gesetz verweigert […]. Der Bundespräsident hat „auctoritas“, keine „potestas“ […] – Autorität, keine Macht […]. In parlamentarischen Krisensituationen kommt ihm eine gewisse Nothelferfunktion zu. Das Recht, den Bundestag aufzulösen, obliegt ihm lediglich in zwei Fällen. Erreicht der Kandidat für das Amt des Kanzlers im dritten Wahlgang nur die relative Mehrheit der Stimmen, so kann der Bundespräsident gemäß Art. 63 Abs. 4 ihn entweder ernennen oder den Bundestag auflösen. Der Bundespräsident, der bei der Kandidatur das 40. Lebensjahr vollendet haben muss, wird durch die Bundesversammlung auf fünf Jahre gewählt – ohne Aussprache und geheim. Diese setzt sich zusammen aus den Mitgliedern des Bundestages sowie einer gleichen Anzahl von Mitgliedern, gewählt von den Volksvertretungen der Länder […].

Jesse, Eckard: Bundespräsident. In: Andersen, Uwe/Woyke, Wichard (Hg.): Handwörterbuch des politischen Systems der Bundesrepublik Deutschland, 8., aktual. Auflage. Heidelberg:Springer VS Verlag 2021, S. 70 ff.

M95 Sollen zukünftige Bundespräsident:innen direkt vom Volk gewählt werden? Pro und Kontra

1 Kontra: Die Direktwahl des Staatsoberhauptes könnte in ein semi-präsidentielles Regierungssystem münden!

Wann immer die Wahl oder Wiederwahl eines Bundespräsidenten ansteht, kann man sicher sein, dass von Politikern, journalistischen und wissenschaftlichen Beobachtern und Teilen der interessierten Öffentlichkeit die Forderung erhoben wird, das bisherige indirekte Wahlverfahren durch eine unmittelbare Volkswahl zu ersetzen. [...] Die Hoffnung, man könne die Parteien auf diese Weise entmachten, ist schon deshalb trügerisch, weil natürlich auch bei einer Direktwahl die Hauptverantwortung für die Nominierung der Kandidaten den Parteien obläge. [...] Da es bei einer Direktwahl vor allem auf Popularität ankommt, wäre das Rekrutierungsfeld kleiner als bei der Wahl durch eine Versammlung. Damit hätten Kandidaten [...], deren öffentlicher Bekanntheitsgrad gering ist, wenig Chancen, aufgestellt zu werden. [...] Das Wahlverfahren diskriminiert also gerade jenen Typus des parteifernen Bewerbers, der von seinem Zuschnitt dem überparteilichen Charakter des Amtes besonders gut entsprechen würde. [...] Dies führt zu einem weiteren, noch wichtigeren Gegenargument. Das bisherige indirekte Verfahren des Art. 54 Abs. 1 impliziert, dass der Bundespräsident „ohne Aussprache" gewählt wird, was eine vorherige öffentliche Diskussion über die Kandidaten selbstverständlich nicht ausschließt. Bei der Direktwahl hingegen wäre eine solche Diskussion zwingend, müsste ein regelrechter Präsidentschaftswahlkampf stattfinden. Doch um welche Themen sollte dabei gestritten werden? Da der Bundespräsident von Verfassungs wegen nur über geringe politische Befugnisse verfügt, würden die Kandidaten Gefahr laufen, im Wahlkampf Erwartungen zu wecken, die sie später gar nicht erfüllen könnten. Eine Direktwahl ist unter diesen Umständen ohne Sinn. Sie wäre gemessen an der faktischen Machtlosigkeit des Amtes ein verfassungspolitischer Fremdkörper. [...] Nun sind die Befürworter der Direktwahl keineswegs so naiv, dass ihnen dieser Zusammenhang entgangen wäre. Von daher ist es zumindest logisch konsequent, wenn [...] [sie] neben der Direktwahl auch eine institutionelle Stärkung des Amtes ins Auge fassen. [...] Ihre Ausweitung würde die Position des Präsidenten innerhalb der doppelköpfigen Exekutive aufwerten und ihn dadurch in eine stärkere Konkurrenzsituation zum Bundeskanzler und dessen parlamentarisch verantwortlicher Regierung bringen. Doch warum sollte die Bundesrepublik einen solchen Weg einschlagen, der auf die Änderung ihres bisherigen Verfassungsgefüges hinauslaufen würde? [...] Statt eines „semi-präsidentiellen" Systems, in dem der Regierungschef sowohl dem Parlament als auch dem Präsidenten gegenüber verantwortlich war, sollte das Grundgesetz eine strikt parlamentarische Regierungsform begründen und die Hegemonie beim Kanzler liegen. Dem Staatsoberhaupt wurden ausschließlich zeremonielle (und staatsnotarielle) Funktionen zugewiesen und seine Autorität ganz auf die Macht des Wortes beschränkt. [..] Eine Neuaufteilung der Funktionen wäre nur sinnvoll, wenn es Gründe gäbe, die Macht des Bundeskanzlers innerhalb der Exekutive sowie im Verhältnis zur Legislative einzuschränken. Ein deutscher Regierungschef hat es aber schon heute eher mit zu vielen als mit zu wenigen Gegenmächten zu tun. [...] Welchen Sinn sollte es haben, dem einen weiteren potenziellen Vetospieler hinzuzufügen?

Decker, Frank: Hände weg vom Präsidenten! In: Berliner Republik. Das Debattenmagazin, 3/2004

2 Pro: Das Staatsoberhaupt braucht eine stärkere Legitimation

Vorweg: In dieser Frage spreche ich als bis dato dreimaliges Mitglied der Bundesversammlung – nicht aber für meine Partei, welche die Contra-Position vertritt. Die sogenannte Wahl durch die Bundesversammlung ist eine Farce. Auch wenn es manchmal knapp war – der jeweils gewählte Bewerber stand zu Beginn der Versammlung bereits fest. Die Rolle der Bundesversammlung beschränkt sich darauf, den präsidialen Start ins Amt mehr oder weniger holprig zu gestalten, danach dürfen sich die Teilnehmer Schnittchen und ein paar Gläser Schampus gönnen, und der Demokratie ist mal wieder genüge getan; eine bizarre Veranstaltung!

Wir bräuchten endlich einen offenen Wettbewerb um das Amt des Bundespräsidenten. Wir sind seit langem mit einer steigenden Politikverdrossenheit konfrontiert. Den Wunsch vieler Bürgerinnen und Bürger, sich mehr einzumischen, mehr mitzuentscheiden über politische Belange, sollte man als Angebot, nicht als Drohung wahrnehmen. Politische Beteiligung ist nicht statisch für alle Zeiten festgelegt, sondern eben auch den Veränderungen in politischen Willens- und in meinungsbildenden Prozessen unterworfen. Diesem Anliegen sollte Rechnung getragen werden.

Deshalb plädiere ich seit einem Jahrzehnt dafür, den Bundespräsidenten direkt zu wählen. Die Vorteile liegen klar auf der Hand: In einem offenen Wettbewerb kämen im Gegensatz zur bisherigen Kür, die vornehmlich in Hinterzimmern erfolgt, Menschen zum Zuge, die echte Diskussionsangebote an das Volk machen. Erst so käme eine tatsächliche (Aus-)Wahl zustande. Ein direkt gewählter Bundespräsident hätte zwar zum einen eine stärkere Legitimation, zum anderen aber auch eine stärkere Verpflichtung dem Volke gegenüber. [...] Mehr Kompetenzen braucht der Präsident nicht – aber ein anderes Auswahlverfahren.

Winkler, Josef: Volkswahl des Bundespräsidenten? Pro. In: www.politik-kommunikation.de, 01.02.2012

Aufgaben

72035-137

1. Erarbeiten Sie die grundlegenden Kennzeichen und Unterschiede zwischen dem parlamentarischen und präsidentiellen sowie dem semi-präsidentiellen Regierungssystem (**M91**).
2. Vervollständigen Sie mit Hilfe von **M91** die Tabelle **M92**.
3. Ordnen Sie die Regierungssysteme in den USA, Großbritannien und Frankreich in die Typologie ein. Erläutern Sie das jeweilige Regierungssystem anhand der Schaubilder (**M93a-c**).
4. Begründen Sie anhand von **M94** und **M95**, warum eine Direktwahl des Bundespräsidenten einen Systemwechsel nach sich ziehen könnte.
5. Erläutern Sie die Argumentation von Frank Decker (**M95**) mit Hilfe der Vetospieler-Theorie (S. 148 ff.).
6. Erarbeiten Sie die zentralen Argumente für und gegen eine Direktwahl des Bundespräsidenten (**M95**, → weitere Materialien im digitalen Aufgabenkasten).
7. Diskutieren Sie die Einführung einer Direktwahl im Kurs. Nennen Sie dabei Ihre zentralen Argumente und Kategorien.

Wahlen/Repräsentation

Die Akteure des politischen Systems in Deutschland erhalten ihre Legitimation durch Wahlen. Eine erweiterte Mitbestimmung durch **plebiszitäre Elemente** oder auch **deliberative Verfahren** wie **Bürgerräte** werden diskutiert, letztere auch schon erprobt. Ob sie eher einen Zugewinn an Mitbestimmung und demokratischer Repräsentation darstellen oder eher zur Erweiterung der **Repräsentationslücke** beitragen, ist umstritten.

Übung
82000-708

Koalition/Gewaltenteilung

Im Zentrum der Handlungslogik des **parlamentarischen Systems** der Bundesrepublik, geprägt durch ein Mehrparteiensystem, steht die Bildung einer Koalition, da in der Regel keine Partei durch das **personalisierte Verhältniswahlrecht** über eine absolute Mehrheit der Sitze im Bundestag verfügt. Hierdurch entsteht ein Dualismus der Regierungsfraktionen und der Opposition. Da hier Regierung und Parlamentsmehrheit eine Handlungseinheit formen, kann von einer klassischen Gewaltenteilung zwischen Exekutive und Legislative nicht mehr gesprochen werden. Es liegt eine Gewaltenverschränkung vor.

Übung
82000-709

Parteien/Vetospieler-Theorie

Dominiert wird das politische System durch die Parteien. Der Entscheidungsprozess, der durch die Vetospieler-Theorie verstanden werden kann, vollzieht sich im Spannungsfeld von Partei, Fraktion, Bundesregierung und Bundesrat. In **formellen** und **informellen** Prozessen werden Kompromisse eingegangen, ein Interessenausgleich zwischen den verschiedenen Akteuren gesucht, um vor allem die **Geschlossenheit** innerhalb der Regierungsfraktionen sicherzustellen. Dieser Geschlossenheit steht das Interesse der Parteien gegenüber, sich im Parteienwettbewerb von den anderen Akteuren in der Koalition **abzugrenzen**, um selbst bei den nächsten Wahlen einen möglichst großen Erfolg zu erzielen. Außerhalb der großen Aufmerksamkeit der **Medien** werden politische Entscheidungen in großen Teilen von der **Ministerialbürokratie** vorbereitet, die im Spannungsfeld von Sachverstand und fehlender Transparenz für einen großen Anteil an Gesetzesentwürfen und Verwaltungsvorschriften verantwortlich ist.

Übung
82000-710

Bundesverfassungsgericht

Neben den zentralen Akteuren im Gesetzgebungsprozess ist vor allem die Rolle des Bundesverfassungsgerichts als Hüter der Verfassung wichtig. Seine Aufgabe ist es, Entscheidungen auf ihre Verfassungskonformität zu prüfen. Ob sich das Gericht dabei allerdings durch die Neuschöpfung von Grundrechten oder zu konkrete Vorgaben in den Urteilen zu weit in den Bereich der Legislative vorwagt, ist umstritten.

Übung
82000-711

KOMPETENZEN ANWENDEN

Klausurtraining

Die folgenden Aufgaben bieten die Möglichkeit, Ihre gewonnen Kompetenzen zu überprüfen und diese anzuwenden. Sie können als Vorbereitung für eine Kursarbeit dienen. Lösungsvorschläge erhalten Sie über den QR-Code.

1 Karikatur zum Bundesrat

Karikatur: Jürgen Janson, 11.05.2012

2 Warum der Deutsche Bundestag nie repräsentativ sein wird, weshalb große Debatten die Ausnahme bleiben werden

Diversität: Bildet der Deutsche Bundestag nun die Gesellschaft ab?

Jein. 279 neue Abgeordnete sitzen im Bundestag. Zwei trans Frauen sind darunter und mindestens ein ehemaliger Förderschüler. Der neue Bundestag ist weiblicher und im Schnitt zwei Jahre jünger als der vorherige. [...]

Und doch hat Wolfgang Schäuble Recht, wenn er sagt: „Verwechseln wir nicht Repräsentation mit Repräsentativität." Der Bundestag kann allein schon deshalb kein perfektes Abbild der Gesellschaft sein, weil er dann ja gar nicht mehr gewählt werden könnte, sondern nur noch mechanisch zusammengesetzt. Die Wählerinnen und Wähler aber müssen auch solche Repräsentanten wählen können, die nicht genauso sind wie sie selbst. In diesem Wettbewerb haben manche einen Vorteil – weil sie gefälliger reden können, weil sie ausgebildet sind für den politischen Betrieb, oder weil sie von Haus aus das Selbstverständnis und die Ressourcen für eine politische Karriere mitbekommen haben – deshalb ist auch dieser Bundestag akademischer, männlicher und weißer als die Gesamtgesellschaft.

Die Abgeordneten selbst haben übrigens nicht unbedingt Lust, auf ihre persönlichen Merkmale reduziert zu werden. [...]Darin besteht die Kunst: Auf Diversität zu achten, ohne dass der Fokus auf Identitätsfragen die politischen Inhalte in den Hintergrund drängt. [...]

Reden: Werden die Debatten jetzt besser?

[...] [E]s [ist] eine einigermaßen irre Vorstellung, 736 Menschen in einen Raum zu stecken und dann ein vernünftiges Gespräch zu erwarten, eine stilbildende Debatte gar.

KOMPETENZEN ANWENDEN

Das Bundestagsplenum ist (auch in der Regelgröße mit 598 Abgeordneten) viel zu groß, um effektiv zu diskutieren. Die Auftritte am Mikro dort sind vor allem das: Auftritte. Die Rednerinnen und Redner führen dort rhetorische Figuren auf, die sie vorher eingeübt haben. Die Äußerungen der anderen nehmen sie maximal als Vorlage, um sich noch anschaulicher abgrenzen zu können. Dabei können große Reden zustande kommen, aber ein Gespräch, ein gemeinsames Suchen nach Lösungen gar, findet nicht statt. Das liegt nicht nur an der Größe des Parlaments, sondern auch daran, dass auf dieser Bühne mit Dialog wenig zu gewinnen ist.

Wenn die neue Bundestagspräsidentin Bärbel Bas sagt, „hier im Bundestag werden die Debatten ausgetragen, die das Land bewegen", formuliert sie damit einen weit verbreiteten, aber kaum erfüllbaren Anspruch. Denn die eigentlichen Diskussionen über Gesetze, über Formulierungen und Zahlen in Budgets, sie finden nicht im Plenum der 736 statt, sondern in Fraktionssitzungen, kleineren informellen Runden und in den 24 Ausschüssen. Diese Ausschüsse bestimmen eigentlich den Arbeitsmodus des Bundestags, der eben kein klassisches Redeparlament ist (wie beispielsweise das britische), sondern auch ein Arbeitsparlament (wie das US-amerikanische).

Beides zugleich, große Reden und Verhandlungen im Detail, kann das Parlament nicht leisten. Denn der rhetorische Streit braucht die Polarisierung, die Ausschussarbeit die Annäherung. Wer am Rednerpult aufeinander einprügelt, findet danach schlechter Kompromisse. Der Mittelweg, den der Bundestag seit seiner Gründung versucht, führt zwingend zu Enttäuschungen bei allen, die glauben, im Plenum werde ergebnisoffen gestritten. Aber er ist richtig. Denn die Alternative wäre, dass die Regierung und Ministerien die Gesetze noch viel stärker bestimmen, als sie das eh schon tun, und der Bundestag zwar schöne Reden hält, aber entmachtet ist. [...]

Macht: Ist der Deutsche Bundestag noch wichtig, wenn die Regierung einmal steht?

[...] Grüne, FDP und Linke [haben] in den vergangenen vier Jahren immer wieder gemeinsam für mehr Parlamentsrechte gekämpft, die SPD dürfte mit dem Ampel-Bündnis auf diese Seite wechseln. Diese Konstellation ist vielversprechend, gerade weil das Parlament sowieso unter chronischem Machtverlust leidet. An Expertise und Ressourcen ist es den Ministerien unterlegen, Befugnisse nicht nur in der Wirtschafts- und Finanzpolitik wandern zur EU ab. Das ist ein demokratisches Problem, weil keine andere Institution so stark legitimiert ist, so sehr als Volksvertretung wahrgenommen wird wie der Bundestag. Er darf nicht an den Rand gedrückt werden.

Jacobsen, Lenz: Erwarten wir von den Neuen nicht zu viel. In: www.zeit.de, 27.10.2021

Aufgaben

72035-138

1. Beschreiben, interpretieren und beurteilen Sie die Karikatur 1.
2. Erarbeiten Sie die wichtigsten Inhalte des Materials 2 und geben Sie diese mit eigenen Worten wieder.
3. Stellen Sie in Grundzügen die Arbeitsweise des Deutschen Bundestages im Zusammenspiel mit der Bundesregierung dar (formell/informell).
4. Beurteilen Sie die These des Autors in 2, dass der Bundestag unter „chronischem Machtverlust leidet" perspektivisch und kategorial.

Lösungsvorschläge und Erwartungshorizonte

72035-139

Einkaufszentrum "Mall of Berlin"

Übergabe der Amtsgeschäfte von Peter Altmaier (CDU) an Robert Habeck (Bündnis90/Die Grünen)

Industriegebiet Chempark Dormagen im Ortsteil Chorweiler in Köln

Streik der Beschäftigten im Einzelhandel in Düsseldorf

Wirtschaften, Wirtschaftsordnungen und Wirtschaftspolitik

5

Zwischen staatlicher Regulierung und Marktfreiheit

Wenn Individuen vor eine Entscheidung gestellt werden, wägen sie ab, welcher Nutzen und welche Kosten damit im Positiven und im Negativen verbunden sind. Solche Entscheidungen müssen nicht nur Individuen, sondern auch Unternehmen und politische Akteure treffen. Dabei gilt es, vielfältige Interessen und die Folgen des Handelns zu berücksichtigen. Angesichts der krisenhaften Ereignisse der Gegenwart und Unwägbarkeiten der Zukunft (z.B. Corona-Pandemie, Klimawandel und die Auswirkungen des russischen Angriffskrieges gegen die Ukraine) steigen die Anforderungen an nachhaltiges Handeln für die Umwelt, die Gesellschaft und die Wirtschaft. So kommt folglich den politischen Entscheidungsträgern die Aufgabe zu, den Rahmen für nachhaltiges Handeln der Wirtschaftssubjekte zu setzen und die Soziale Marktwirtschaft in der Bundesrepublik Deutschland so zu gestalten, dass den pluralen und oft divergenten Interessen in Wirtschaft und Gesellschaft Geltung verschafft werden kann. In diesem Kapitel sollen Sie wirtschaftliche und politischen Entscheidungssituationen und Prämissen erarbeiten. Sie analysieren und beurteilen, welche Rolle staatliches Handeln in der Sozialen Marktwirtschaft einnehmen soll und kann.

Leitfragen

1. Welche Interessen und Ziele verfolgen die Wirtschaftssubjekte?
2. Welche Freiräume sind für das Wirken der Wirtschaftssubjekte notwendig?
3. Wie können Rahmenbedingungen für wirtschaftliches Handeln durch politische Entscheidungen gestaltet werden?
4. Warum gibt es Konflikte um die Ausgestaltung einer Wirtschaftsordnung?
5. Wie kann wirtschaftliches Handeln nachhaltig gestaltet werden?

Aufgaben 72035-140

1. Spielen Sie das Ultimatum-Spiel wie folgt über vier Runden:
   a) Teilen Sie Ihren Kurs in zwei gleich große Hälften und geben Sie der Hälfte A je einen Umschlag und einen Zettel. Auf diesen soll ein Angebot zur Aufteilung eines Betrags von 100€ notiert und dann in den Umschlag gesteckt werden. Wird das Angebot abgelehnt, erhalten Geber:innen und Nehmer:innen nichts.
   b) Die Spielleitung sammelt die Umschläge ein und verteilt sie zufällig an die Schüler:innen der Hälfte B des Kurses.
   c) Die Schüler:innen öffnen die zugeteilten Umschläge und entscheiden, ob sie das Angebot annehmen oder ablehnen. Die Höhe des Angebots und ihre Entscheidung notieren sie sich. Danach beginnen Sie erneut bei a.
2. Diskutieren Sie die Ergebnisse und Ihr Vorgehen als Geber:in bzw. Nehmer:in im Kurs.

F zu Aufgabe 1
Führen Sie die Variante 2 des Ultimatum-Spiels durch (→ digitaler Aufgabenkasten).

5.1 Grundlagen des Wirtschaftens

5.1.1 Preisbildung: Wie sollen die Wirtschaftssubjekte auf Preisänderungen reagieren?

Zum Thema: Auf Märkten treffen Wirtschaftssubjekte aufeinander: einerseits als Anbieter und andererseits als Nachfrager von Waren oder Dienstleistungen. Für diese wird vom Anbieter ein bestimmter Preis festgelegt. Im Folgenden setzen Sie sich mit der Preisbildung auf einem Markt auseinander und erarbeiten Merkmale von Märkten und Grundprinzipien des Wirtschaftens.

M1 Fallbeispiel Preisbildung: Pizza Margherita

1 Rollenkarte Marktleiter:in

Als Marktleiter:in protokollieren Sie die von Käufer:innen und Verkäufer:innen gemeinsam ausgehandelten Preise für eine Pizza Margherita in den entsprechenden Zellen in der Tabelle (→ QR-Code) per Strich.

Rollenkarte mit Tabelle zur Beobachtung der Preise

72035-142

2 Rollenkarte Verkäufer:in

Sie sind Verkäufer:in und wollen auf dem Markt eine Pizza Margherita verkaufen. Sie handeln rein rational nach dem Prinzip der Gewinnmaximierung.

Rollenkarte mit Tabelle zur Eintragung des erzielten Gewinns und Aktionskarte mit Produktionskosten für eine Pizza Margherita

72035-144

3 Rollenkarte Käufer:in

Sie sind Käufer:in und wollen auf dem Markt eine Pizza Margherita kaufen. Sie handeln rein rational nach dem Prinzip der Kostenminimierung.

Rollenkarte mit Tabelle zur Eintragung des erzielten Restbetrages und Aktionskarte mit Budget für eine Pizza Margherita

72035-146

Spiegelregeln

1. Das Ziel der Verkäufer:innen ist ein möglichst hoher Gewinn, Ziel der Käufer:innen ein möglichst hoher Restbetrag, Verluste sind nicht erlaubt.
2. Am Anfang jeder Runde erhält jede Person eine entsprechende Aktionskarte. Die Informationen auf der Aktionskarte sind geheim.
3. Die Marktleitung eröffnet die Spielrunden mit einer Glocke.
4. Die Käufer:innen suchen die Verkäufer:innen auf.
5. Alle Spieler:innen im Einkauf/Verkauf dürfen maximal einen Vertragsabschluss über eine Pizza Margherita pro Spielrunde tätigen.
6. Handelseinige Partner:innen lassen ihren ausgehandelten Preis bei der Marktleitung protokollieren, tragen das Ergebnis auf ihrer Rollenkarte ein.
7. Die Marktleitung beendet die Spielrunde nach spätestens 3 Minuten mit der Glocke, danach dürfen keine Verträge mehr abgeschlossen werden.
8. Wer in dieser Zeit keinen Vertrag abgeschlossen hat, streicht auf seiner Rollenkarte die entsprechende Zeile.
9. Zu jeder Runde gelten wieder die per Aktionskarte zugewiesenen Kosten (Verkäufer:in) bzw. Budgets (Käufer:in).

Einstiegsaufgaben 72035-147

1. Teilen Sie den Kurs in Käufer:innen, Verkäufer:innen und eine Marktleitung ein und führen Sie das Marktspiel in **M1** durch.
2. Wie realistisch ist das Marktspiel? Diskutieren Sie, welche Abweichungen es möglicherweise geben würde, wenn Sie tatsächlich Pizza kaufen wollten.

M2 Was sind die Grundbegriffe des Wirtschaftens?

Da Menschen Mangel verspüren, möchten sie das daraus entstehende Bedürfnis nach einem bestimmten Gut stillen. Jedoch sind Güter nicht unbegrenzt verfügbar, da nie genug Ressourcen vorhanden sind, um so viele Güter zu produzieren, dass alle Bedürfnisse aller Menschen befriedigt werden können. Diese Knappheit von Gütern ist das wirtschaftliche Grundproblem und erfordert wirtschaftliches Handeln des Menschen, damit eine bestmögliche Versorgung mit und Verteilung von Gütern gewährleistet ist. Neben der Knappheit von Gütern sind auch die finanziellen Möglichkeiten beschränkt, um Güter zu erwerben. Daher handeln private Haushalte nach dem ökonomischen Prinzip der Nutzenmaximierung, Unternehmen dagegen haben die Gewinnmaximierung im Blick. Für beide Wirtschaftsakteure gelten vernünftigerweise das Minimalprinzip und das Maximalprinzip als Handlungsmaxime.

A Minimalprinzip

(Prinzip des kleinsten Mitteleinsatzes)

Ein bestimmter Erfolg soll mit dem geringsten Aufwand erreicht werden.

Beispiel: Sie benötigen ein Handy und möchten dafür so wenig Geld wie möglich ausgeben.

B Maximalprinzip

(Prinzip des größten Erfolges)

Mit den gegebenen Mitteln den größtmöglichen Erfolg erzielen.

Beispiel: Sie haben die Summe von 400 Euro und kaufen für diese Summe das beste Handy, das Sie bekommen können.

Die für die Produktion von Gütern notwendigen Ressourcen werden Produktionsfaktoren genannt und lassen sich unterteilen in Boden, womit alle natürlichen Vorkommen, also Rohstoffe und Naturprodukte gemeint sind, Arbeit, also die menschliche Leistung als Anteil an der Produktion von Gütern, sowie Kapital. Damit sind die Anlagen und Ausrüstungen gemeint, die für die Produktion von Gütern benötigt werden. Nach der Klassifizierung von Gütern handelt es sich hier um knappe Güter bzw. Wirtschaftsgüter. Diese sind entweder materielle Güter (Sachgüter), also Waren, oder immaterielle Güter wie Dienstleistungen oder Eigentumsrechte. Mit Blick auf die Verwendung spricht man zunächst von Produktionsgütern, die von Unternehmen gekauft werden, um Konsumgüter herzustellen, welche von privaten Haushalten gekauft werden.

Bei der ökonomischen Entscheidung für ein bestimmtes und daher auch gegen ein anderes Gut spielen auch die Opportunitätskosten eine Rolle. Denn nicht nur der Preis für das erworbene Gut ist ein Entscheidungsaspekt, sondern auch der entgangene Nutzen (z.B. fehlende Nachhaltigkeit) des nicht erworbenen Gutes.

Bearbeiter

M3 Wie sieht ein vollkommener Markt aus?

Die Wirtschaftstheorie verwendet das Modell des vollkommenen oder idealen Marktes, um die Zusammenhänge zwischen Angebot, Nachfrage und Preisbildung auf Märkten zu untersuchen. Dafür werden verschiedene Prämissen formuliert, die erfüllt sein müssen. Erstens sind die gehandelten Güter homogen, also mit Blick auf Größe, Qualität, Geschmack, Form oder sonstiger Merkmale völlig gleichartig. Daher entwickeln die Käufer auch keinerlei Präferenzen für ein bestimmtes angebotenes Gut. Präferenzen der Käufer gibt es auch nicht gegenüber einem bestimmten Anbieter aufgrund von Sympathie. Auch der Standort des Anbieters spielt keine Rol-

William Stanley Jevons (1835 – 1882), englischer Nationalökonom, prägte den Begriff des vollkommenen Marktes.

Zusatzmaterial:
Übersicht wichtiger Marktformen
72035-148

le, weil Angebot und Nachfrage auf einem sogenannten Punktmarkt zum gleichen Zeitpunkt an einem gleichen Ort zusammentreffen. Daher sind alle Anbieter in der Lage, das nachgefragte Gut sofort zu liefern und die Nachfrager können dieses sofort kaufen. Zudem herrscht vollständige Markttransparenz, weil die Anbieter wissen, zu welchem Preis die Nachfrager die Güter kaufen werden und die Nachfrager sind über die geforderten Preise der Anbieter informiert. Zu einem sogenannten Gleichgewichtspreis wird auf dem vollkommenen Markt der höchste Umsatz erzielt, da die Gütermenge, welche die Nachfrager kaufen wollen und können, gleich der Gütermenge ist, die die Anbieter verkaufen wollen und können. Deshalb spricht man auch von einem Markträumungspreis, da jeder Marktteilnehmer zufrieden ist und es weder einen Angebotsüberschuss (Angebot > Nachfrage) noch einen Nachfrageüberschuss (Nachfrage > Angebot) gibt. Da sich auf dem vollständigen Markt viele kleine Anbieter und viele kleine Nachfrager gegenüberstehen, spricht man von einem Polypol, einer vollständigen Konkurrenz. Alle Marktteilnehmer entsprechen der Vorstellung des Homo oeconomicus, der durch rein rationales Verhalten, dem Streben nach größtmöglichem Nutzen und der absoluten Kenntnis des Marktes gekennzeichnet ist.

Bearbeiter

M4 Das Zusammenspiel von Angebot und Nachfrage – grafisch erklärt

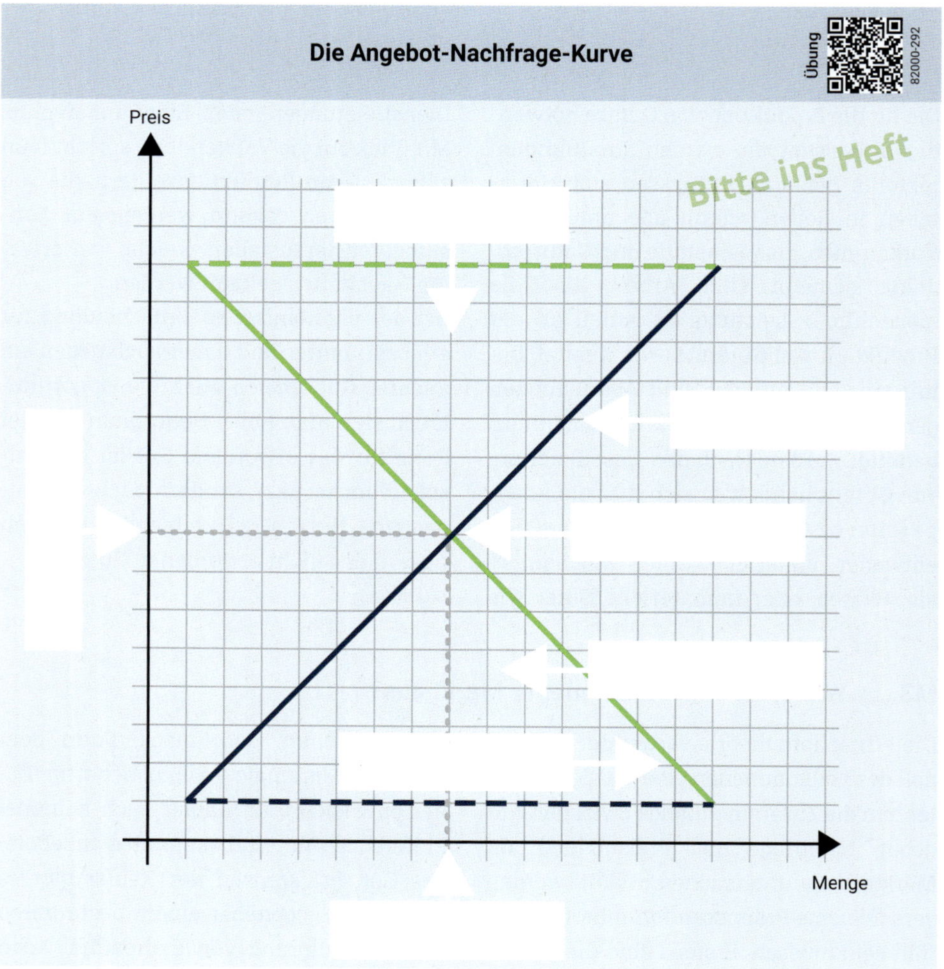

Bearbeiter

M5 Ticker – Wirtschaftsnachrichten: Was passiert in der Wirtschaft?

1 Kieler Ökonom erwartet Lohnzuwächse von fünf Prozent im Jahr
www.faz.net

2 Strom- und Gaspreise steigen drastisch an
www.merkur.de

3 Viele Firmen planen Preiserhöhung
www.zdf.de

4 Bauvolumen wächst trotz Corona-Krise kräftig – Preise schießen 2022 weiter in die Höhe
www.diw.de

5 Niedrige Spritpreise in Polen dank Steuersenkung
www.auto-motor-und-sport.de

6 Zigaretten werden teurer: Tabaksteuer erhöht – Weitere Preiserhöhungen absehbar
www.giessener-allgemeine.de

7 Nintendo Switch: Nintendo senkt endlich den Preis
www.netzwelt.de

8 NORMA reduziert gleich zu Jahresbeginn die Preise auf verschiedene Produkte um bis zu 20 Prozent
www.presseportal.de

9 Zwölf Euro Mindestlohn soll im Oktober kommen
www.spiegel.de

Aufgaben

72035-149

1. Nennen Sie die aus Ihrer Sicht zentralen Begriffe aus **M2** und erläutern Sie diese am Beispiel des Marktspiels (**M1**).
2. Nennen Sie die Merkmale des vollkommenen Marktes (**M3**) und ergänzen Sie damit die Grafik **M4**.
3. Überprüfen Sie, ob das Marktspiel (**M1**) dem Modell des vollkommenen Marktes entspricht.
4. Wie verändert sich die Kauf- und Angebotsmenge für einen Turnschuh für verschiedene Preise? Sie sind potenzielle Käuferin bzw. potenzieller Anbieter: Erläutern Sie die Angebots-Nachfrage-Kurve (**M4**) mit eigenen Worten am Beispiel Ihrer Kauf- und Angebotsentscheidung für einen Turnschuh zu einem bestimmten Preis.
5. Begründen Sie, wie sich die Marktteilnehmer:innen angesichts der Ticker-Meldungen (**M5**) verhalten werden. Zeichnen Sie zu einer Meldung Ihrer Wahl eine Grafik wie in **M4**, die die Veränderung darstellt und Ihre Begründung stützt.
6. Sie haben eine Karte für ein Konzert Ihrer Lieblingsband in Hamburg in den Sommerferien geschenkt bekommen. Das Zugticket kostet 120€, eine Fahrt dauert 7 Stunden. Das Busticket kostet 55€, eine Fahrt dauert 12 Stunden. Begründen Sie Ihre Entscheidung mit Hilfe der bisherigen Ergebnisse.

F zu Aufgabe 3
Erörtern Sie, wie sich die Merkmale des vollkommenen Marktes in der Realität entwickeln. Nutzen Sie dazu auch die Definitionen der Marktformen (→ QR-Code, S. 206).

5.1.2 Der Wirtschaftskreislauf: Modell oder Realität?

Zum Thema: In einer arbeitsteiligen Wirtschaft findet ein ständiger Austausch von Gütern gegen Geld und von Geld gegen Güter statt. Um dieses Beziehungsgeflecht zu veranschaulichen, bediente sich François Quesnay 1758 erstmals eines Kreislaufmodells (in Anlehnung an den menschlichen Blutkreislauf), das seitdem ein wichtiger modellhafter Baustein des wirtschaftswissenschaftlichen Denkens geworden ist. Sie sollen in diesem Kapitel die Interaktion der verschiedenen Wirtschaftsakteure erarbeiten.

M6 Der Kauf eines Hauses – wer ist beteiligt?

Sie leben mit Ihrem Haushalt in einer Mietwohnung, wollen aber Wohneigentum erwerben. In Ihrer Nachbarschaft bietet eine Baufirma bezahlbare Einfamilienhäuser an. Ihr:e Hauptverdiener:in kann im kommenden Jahr das Gehalt durch Mehrarbeit langfristig erhöhen und die Sparkasse in Ihrem Ort ist bereit, einen zinsgünstigen Kredit zu gewähren, den Ihr Haushalt so tilgen kann, dass die monatlichen Mehrkosten gegenüber der Miete kaum steigen. Allerdings ist zu beachten, dass für den Kauf des Hauses eine Grunderwerbssteuer fällig wird. Dafür gibt es eine staatliche Subvention zum Erwerb des Hauses, da es energieschonend sein wird.

Ein typisches Einfamilienhaus

Einstiegsaufgabe 72035-151

Entwickeln Sie mit den Informationen von **M6** ein Schaubild (→ Methode, S. 102), welches die Beziehung Ihres Haushalts zum Staat, zu den Unternehmen und den Banken darstellt.

M7 Die Volkswirtschaft im Modell

Francois Quesnay: Begründer des Wirtschaftskreislaufschemas
(1694-1774), französischer Chirurg und Ökonom, entwarf das Tableau Économique als das erste Schema des wirtschaftlichen Kreislaufes.

Dabei handelt es sich um ein Modell, das alle Transaktionen zwischen Haushalten und Unternehmen in einer einfachen Volkswirtschaft darstellt. In dieser Volkswirtschaft interagieren auf den Märkten für Güter (Waren und Dienstleistungen) Haushalte und Unternehmen dadurch, dass Unternehmen Güter anbieten, die von Haushalten gekauft werden. Die Ausgaben der privaten Haushalte für diese Güter stellen die Einkommen der Unternehmen dar. [...] Unternehmen nutzen das Geld, das sie durch den Verkauf von Waren und Dienstleistungen erhalten, um Produktionsfaktoren (Land, Arbeit, Kapital und Unternehmen) von Haushalten zu erwerben, die diese Faktorleistungen anbieten. Die von den privaten Haushalten eingenommenen Faktoreinkommen (Löhne, Mieten, Zinsen und Gewinne) werden für die Bezahlung von Waren und Dienstleistungen verwendet. In dieser Wirtschaft fließt das Geld von den Haushalten zu den Unternehmen und dann wieder zurück zu den Haushalten. Nicht alle Einkommen, welche die Haushalte verdienen, werden auf den Gütermärkten auch wieder ausgegeben. Ein Teil dieser Einkommen unterliegt der Besteuerung, welche an den Staat abgeführt werden muss. Ein anderer Einkommensteil wird gespart – Beträge, die in Form von Rentenbeiträgen, Versicherungs- und Vorsorgeleistungen oder Einzahlungen ihren Weg in Finanzinstitutionen finden. [...] In ähnlicher Weise wird ein Teil der Unternehmenseinkommen in Form von Unternehmenssteuern an den Staat abgeführt. [...]

Der Staat verwendet die Steuereinnahmen und Kredite von Finanzinstitutionen für die Bereitstellung von Staatsleistungen und Investitionen in die Infrastruktur, für

Bildung, Gesundheit, Verteidigung usw., d.h. für Staatsausgaben [...]. Unternehmen nutzen die Mittel, die Sparer in Finanzinstitutionen anlegen, durch Kreditaufnahme zur Finanzierung von Investitionen in neue Anlagen, Ausrüstung und Betriebserweiterungen. Die Investitionen wiederum finden ihren Weg zurück in den Markt für Waren und Dienstleistungen [...].

Mankiw, Gregory N./Taylor, Mark P.: Grundzüge der Volkswirtschaftslehre. Ins Deutsche übertragen von Herrmann, Marco/Müller, Christian/Püplichhuysen, Diana. 7. Auflage. Stuttgart: Schäffer-Poeschel Verlag 2018, S. 622-624

M8 Wie interagieren die Wirtschaftssubjekte in einer Volkswirtschaft?

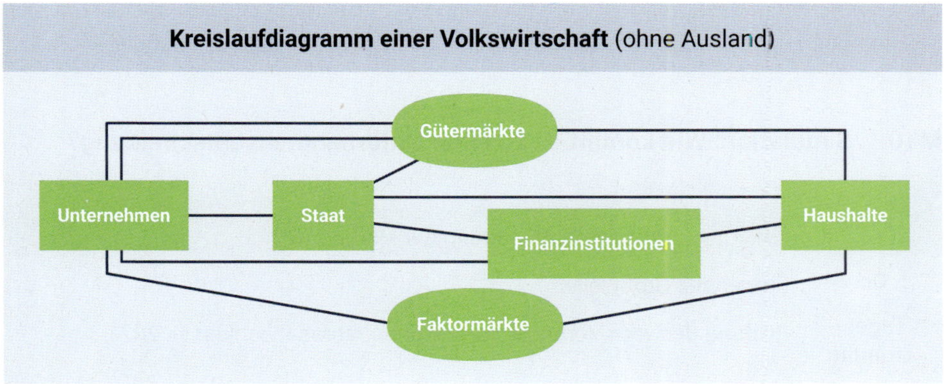

Bearbeitergrafik

M9 Modelle als Landkarten der Volkswirtschaftslehre

Vereinfacht gesprochen handelt es sich [bei Modellen] um Landkarten, die es ermöglichen, sich in einer sehr komplexen ökonomischen Realität zurechtzufinden. Und ähnlich wie für Landkarten gilt auch für Modelle, dass keines für alle Bedürfnisse gleichermaßen geeignet ist. So ist es für eine Autoreise von Frankfurt nach Hamburg am besten, wenn man eine gute Autobahnkarte mit einem kleinen Maßstab hat [...] Will man aber dieselbe Strecke mit dem Fahrrad bewältigen, ist man mit einer Wanderkarte mit großem Maßstab sehr viel besser bedient. Ob ein Modell gut oder schlecht ist, hängt also vor allem davon ab, ob es dem Anwender eine möglichst gute Einsicht in komplexe ökonomische Zusammenhänge vermitteln kann. Dazu ist es unumgänglich, dass Modelle immer nur ein vereinfachtes Abbild der Realität darstellen. [...] Vereinfachung ist dabei kein Nachteil, sondern gerade der Zweck eines Modells.

Bofinger, Peter: Grundzüge der Volkswirtschaftslehre. Pearson Studium - Economic VWL. German Edition: Pearson Deutschland. Kindle-Version, S. 63

Volkswirtschaftslehre
Unter Volkswirtschaftslehre versteht man einen Teil der Wirtschaftswissenschaften, der sich mit Wirtschaftstheorie, Wirtschaftspolitik und Finanzwissenschaften befasst.

Aufgaben

72035-152

1. Ergänzen Sie im Schaubild **M8** die Geldströme mit Hilfe der Informationen aus **M7**. Beschriften Sie die Linien und zeigen Sie die Richtung der Verbindung an.
2. Ergänzen Sie im Schaubild das Ausland sowie die Geldströme für den Import und Export von Waren und Dienstleistungen. Begründen Sie Ihr Vorgehen.
3. Der Volkswirtschaftler Peter Bofinger nennt Modelle auch „Landkarten“ (**M9**). Arbeiten Sie heraus, welchen Nutzen seiner Auffassung nach Modelle haben.
4. Erörtern Sie am Beispiel des Kaufs eines Hauses (**M6**), ob das Kreislaufdiagramm (**M8**) eine „gute Einsicht in komplexe ökonomische Zusammenhänge“ (**M9**) und in die Realität ermöglicht. Stellen Sie Nutzen und Grenzen tabellarisch gegenüber.

5.2 Die Wirtschaftssubjekte

5.2.1 Die Unternehmen: Gewinne statt Verantwortung?

Zum Thema: In Deutschland gibt es ungefähr 3,4 Millionen Unternehmen unterschiedlicher Größe. Unternehmen sind nicht nur Produzenten, sondern auch Zulieferer für andere Unternehmen, Arbeitgebende und Steuerzahler:innen. Sie stehen zudem im Wettbewerb mit anderen Unternehmen. Das unternehmerische Wirken und dessen Erfolg ist somit ein wichtiger Faktor für die Entwicklung einer Volkswirtschaft. Aber die unternehmerischen Ziele konkurrieren auch mit den Interessen anderer Wirtschaftssubjekte. Sie setzen sich im Folgenden mit den Aspekten unternehmerischen Entscheidens auseinander.

M10 Simulation: Wie kommt es zu einer Unternehmensentscheidung?

Aufsichtsrat einer Aktiengesellschaft
Der Aufsichtsrat kontrolliert als zentrales Organ der Aktiengesellschaft (neben Vorstand und Hauptversammlung) u. a. den Vorstand.

Aufsichtsratssitzung der Herbus AG		
Ort	Firmensitz Großweiler	
Tagesordnung	Prüfung des vom Vorstand vorgelegten Jahresabschlusses 2021	
Teilnehmer	**Von der Hauptversammlung der Aktionäre gewählte Aufsichtsratsmitglieder** Hans Herbus (sen.) Hans Herbus (jun.)	**Von den Arbeitnehmenden gewähltes Aufsichtsratsmitglied** Irmgard Gerber **Geschäftsführender Vorstand** Georg Haber

1 „Wir sind als Familienunternehmen seit 150 Jahren in Großweiler."

2 „Die Familien unserer Angestellten haben im Neubaugebiet eine Heimat gefunden."

3 „Zum Glück hat die neue Regierung auf Steuererhöhungen verzichtet."

4 „Am Ende zählt der Bestand des Unternehmens und der wird durch Gewinn garantiert."

5 „Wir haben doch noch das Angebot, die neuen Produktionshallen im Ausland zu bauen."

6 „Die Aktionäre in der Hauptversammlung werden mit den Zahlen nicht zufrieden sein und Maßnahmen fordern."

7 „Angesichts der steigenden Energiepreise werden die Hoffnungen der Kolleginnen und Kollegen ganz auf die nächste Lohnerhöhung gerichtet sein."

8 „Die Vorgaben der Politik zur Reduzierung der Abgase unserer Produktion erfordern weitere Investitionen."

9 „Die Bürgerinitiative „Gesundes Großweiler" hat die nächste Bürgerversammlung gegen neue Produktionshallen einberufen."

Bearbeiter

Firmenporträt der Herbus AG
72035-154

Einstiegsaufgaben 72035-153

1. Ordnen Sie die Aussagen in den Sprechblasen den Teilnehmenden der Aufsichtsratssitzung zu (**M10**).
2. Erläutern Sie die Interessenskonflikte und erörtern Sie Regelungsmöglichkeiten.

M11 Die Unternehmensstruktur in Deutschland

Nach Angaben des Statistischen Bundesamtes gehören fast alle Unternehmen zu den kleinen und mittleren Unternehmen (KMU) mit gut der Hälfte aller Beschäftigten, allerdings nur mit ca. 30 Prozent des Umsatzes. Bei KMU wird unterschieden zwischen Kleinstunternehmen (bis 9 Beschäftigte und bis 2 Millionen Euro Umsatz), kleinen Unternehmen (bis 49 Beschäftigte und bis 10 Millionen Euro Umsatz) und mittleren Unternehmen (bis 249 Beschäftigte und bis 50 Millionen Euro Umsatz). Großunternehmen haben über 249 Beschäftigte und über 50 Millionen Euro Umsatz. Am umsatzstärksten sind die Unternehmen des verarbeitenden Gewerbes und des Handels, die zusammen fast drei Viertel des Umsatzes aller Branchen leisten und auch die meisten Beschäftigten haben. Danach folgt sowohl beim Umsatz als auch den Beschäftigten der Dienstleistungssektor. Die häufigste Unternehmensform in Deutschland sind die rund zwei Millionen Einzelunternehmer, gefolgt von gut 400.000 Personengesellschaften und über 760.000 Kapitalgesellschaften. Unternehmen sind Akteure auf der Angebotsseite des Marktes, die Waren und Dienstleistungen anbieten. Dazu kaufen sie Produktionsfaktoren ein. Dabei sind Unternehmen Risiken ausgesetzt, die zu Verlusten des Gewinns oder des gesamten Unternehmens führen können. Laut Statistischem Bundesamt gab es 2019 rund 430.000 Unternehmensschließungen bei gut 310.000 Neugründungen.

Bearbeiter

Grafik: Übersicht der Unternehmensformen

72035-155

M12 Unternehmensziele im Konflikt: Welche Ansätze gibt es?

Shareholder-Ansatz	Stakeholder-Ansatz
• Interessen und Bedürfnisse der Aktionäre (Shareholder) im Mittelpunkt unternehmerischen Handelns • Ziel ist, Wert eines Unternehmens langfristig und nachhaltig zu maximieren • Legitimation des Unternehmensziels leitet sich aus Eigentum ab	• Zulieferer, Mitarbeiter, Kunden, Staat und Gesellschaft für die Existenz und das Handeln eines Unternehmens notwendig • Unternehmensziel an den Interessen aller Anspruchsgruppen (Stakeholder) orientiert • Legitimation des Unternehmensziels leitet sich aus Leistung der Stakeholder für Unternehmen ab

Bearbeiter, basierend auf: https://lippold.bab-consulting.de, Abruf am 29.09.2022

M13 Unternehmen zwischen Verantwortung und Gewinn

1 Gesellschaftliches Engagement von Unternehmen

84 Prozent der DAX-40-Unternehmen spenden für die Bereiche Wissenschaft und Forschung, Umwelt, Bildung und Weiterbildung. Darauf folgen Sport und Soziales mit je 74 Prozent. 80 Prozent dieser Unternehmen geben an, regelmäßig Geld zu spenden. Zurückgegangen ist der Anteil aller Unternehmen durch die Corona-Krise von 54 Prozent auf 37 Prozent im November 2020. Überhaupt kein Geld spendeten vor der Pandemie 13 Prozent, im November 2020 fast ein Drittel. Unternehmen spenden Geld, zum Beispiel zum Einbau von Luftreinigungssystemen in Schulen, aber auch Sachspenden, wie Masken und Zeitspenden, sowie die Freistellung von Personal für die Pflege von Erkrankten.

Bearbeiter, basieren auf: Abigne, Anaël u.a.: Corona und das gesellschaftliche Engagement der Wirtschaft. Berlin: ZiviZ im Stifterverband und Bertelsmann Stiftung 2021

2 Krise kostet Arbeitsagentur 52 Milliarden

Die Corona-Pandemie hat bei der Bundesagentur für Arbeit bislang Kosten in Höhe von 52 Milliarden Euro verursacht. Der Großteil der Ausgaben entfiel auf die Finanzierung des Kurzarbeitergeldes in den Pandemiejahren 2020 und 2021 mit rund 24 Milliarden Euro.

Tagesschau: Krise kostet Arbeitsagentur 52 Milliarden. In: www.tagesschau.de, 18.11.2021

4 Der Staat springt ein – Shareholder profitieren?

Durch die Auszahlung der Dividenden von Unternehmen in Kurzarbeit [fließt] das Geld des deutschen Staats [...] als Rendite direkt in die Finanzwirtschaft. [...] Die zu erwartenden Auswirkungen ließen nicht lange auf sich warten: Volkswagen, Daimler, Continental und MTU gerieten in eine derartige wirtschaftliche Schieflage, dass in allen Fällen mehrere Tausend Arbeitsplätze akut gefährdet sind.

Jaspert, Robin: Dividenden und Kurzarbeit in Deutschland. In: www.facing-finance.org, Februar 2021, S. 3

6 Die Bedeutung von Familienunternehmen für die Volkswirtschaft

Die Familienunternehmen stellen mehr als 90 Prozent der deutschen Unternehmen und fast 60 Prozent aller Arbeitsplätze. [...] Viele von ihnen sind Weltmarktführer in ihren jeweiligen technologischen Nischen, zum Beispiel in den Branchen Maschinenbau und Automobilindustrie. Sie weisen eine dynamische Beschäftigungsentwicklung auf, denn die TOP 500 Familienunternehmen hoben von 2007 bis 2016 ihre Beschäftigtenzahl um 23 Prozent (auf 2,54 Millionen Beschäftigte) an.

Bearbeiter, basierend auf: www.familienunternehmen.de, Abruf am 08.01.2023

3 Gewinne auf Kosten der Allgemeinheit

Die Ausschüttungen der Unternehmen im Untersuchungszeitraum haben sich fast verdoppelt. Die Personalausgaben sind im Vergleich nur leicht angestiegen.

Die Aktionär*innen [haben] stärker vom Gewinn profitiert [...] als Arbeitnehmer*innen. [...]

Auch die Höhe der Vorstandsvergütung [...] beträgt [...] ein Vielfaches des Durchschnittslohnes, [...] sie wuchs zwischen 2009 und 2020 mit 34 Prozent auch weiterhin schneller als die durchschnittliche Bezahlung der Mitarbeiter*innen (25 Prozent).

Oxfam Deutschland e. V. / Finanzwende GmbH (Hg.): Gewinne auf Kosten der Allgemeinheit. In: www.finanzwende-recherche.de, November 2021

5 Der Unternehmer Friedhelm Loh zur Frage unternehmerischer Verantwortung

„Wir wissen, dass es zwischen Wachsen und Weichen nur einen sehr schmalen Grat gibt.

Fast jede unternehmerische Entscheidung ist verbunden mit Erfolg oder Misserfolg, und es gehört zur unternehmerischen Verantwortung, dauerhaften Erfolg zu sichern. [...]

Als Unternehmer habe ich neben der wirtschaftlichen Verantwortung auch die soziale Verantwortung für 12.000 Mitarbeiter und ihre Familien. Verzichte ich auf Wachstum, geht das in der Regel zulasten der Beschäftigung und dauerhaft auch zulasten des Gewinns."

Diemand, Stefanie: „Unternehmertum ist nicht per se gottlos". In: www.faz.net, 24.12.2021

M14 Welche Verantwortungsebenen der Corporate Social Responsibility gibt es?

philanthropische Ebene:
Unternehmen engagieren sich freiwillig für soziale Zwecke ihres Gemeinwesens (Corporate Citizenship) durch Spenden und Unterstützung sozialer und kultureller Projekte

ethische Ebene:
unternehmerisches Handeln unter Berücksichtigung gesellschaftlich erwarteten Tuns oder Unterlassens jenseits rechtlicher Normen

rechtliche Ebene:
Beachtung der Grenzen unternehmerischen Handelns entlang der staatlichen Regularien des Wirtschaftens

ökonomische Ebene:
wertsteigernde Unternehmensführung (Corporate Governance) unter Verbindung der Interessen der Kapitaleigner und der Beschäftigten

Bearbeitergrafik

Zusatzmaterial:
Zur Geschichte von Corporate Social Responsibility (CSR)

72035-156

Aufgaben

72035-157

1. Erarbeiten Sie die Unternehmensstruktur nach Branchen, Beschäftigten und Unternehmensformen und -größen (**M11**).
2. Erläutern Sie die Konzepte des Shareholder- bzw. Stakeholder-Value (**M12**) unter Verwendung des Falles in **M10**.
3. Positionieren Sie sich als Vertreter:in des Shareholder-Ansatzes oder des Stakeholder-Ansatzes. Begründen Sie Ihr Votum mit Hilfe zentraler Kategorien (→ Kategorienraster).
4. Analysieren Sie die Informationen in **M13** mit Hilfe des Shareholder- und Stakeholder-Ansatzes im Hinblick auf deren Wirksamkeit und Relevanz.
5. Versetzen Sie sich in die Lage eines Teilnehmenden der Aufsichtsratssitzung der Herbus AG (**M10**). Nehmen Sie in einer Grundsatzrede vor der Aktionärsversammlung der Herbus AG Stellung zu der Frage „Soll die eigentliche Verantwortung von Unternehmen darin bestehen, den Gewinn zu steigern?“. Berücksichtigen Sie dabei Ihre bisherigen Ergebnisse, **M14** und die für die Perspektiven der Betroffenen relevanten Kategorien (→ Methode, S. 31 f.).
6. Vergleichen Sie die Reden und beurteilen Sie diese mit Hilfe des Kategorienrasters für politische Urteile (→ Kategorienraster).

Politik aktiv
Erstellen Sie ein Firmenporträt zu einem Familienunternehmen.
Machen Sie deutlich, welche Rolle das CSR-Konzept spielt.

5.2.2 Der Finanzsektor: Soll der Staat die Banken retten?

Zum Thema: Sparkassen, Volksbanken und andere Geschäftsbanken spielen für den Geldfluss zwischen Haushalten, Unternehmen und Staat eine zentrale Rolle. Redewendungen wie „Ohne Moos nix los" oder „Auf die hohe Kante legen" veranschaulichen die Bedeutung für die Wirtschaftssubjekte. Im Folgenden setzen Sie sich damit auseinander, welche Relevanz dieser Finanzsektor für eine Volkswirtschaft hat und welche Risiken und politischen Maßnahmen damit verbunden sind.

M15 Banken in der Krise

A Bankenrettung in der Kritik

Milliardengrab Bankenrettung?

Dramatische Zahlen: In der Finanzkrise zwischen 2008 und 2011 brauchten deutsche Banken 259 Milliarden Euro Staatshilfe, in Großbritannien sogar 300 Milliarden. Insgesamt nahmen Banken in der EU 1,6 Billionen Euro Hilfsgelder in Anspruch. Die Quittung der Rettung: Am deutschen Steuerzahler bleiben nach Schätzungen von Experten zwischen 30 und 50 Milliarden Euro hängen.

Bearbeiter

B „Bank Run" – Schaltersturm

2007: Aufregung bei Kund:innen der britischen Bank „northern rock". Sie wandte sich an die Regierung, da sie nicht genug Geld hatte. Die Sparer:innen erfuhren davon und wollten schnell ihre Ersparnisse abheben.

Einstiegsaufgaben 72035-158

1. Sie sind Kontoinhaber:in bzw. Bankdirektor:in der betroffenen Bank/anderer Banken im Land (**M15a**). Was befürchten Sie? Wie würden Sie handeln?
2. Nennen und begründen Sie Maßnahmen in Bezug auf Banken, die politische Entscheider:innen sofort und in Zukunft ergreifen müssten (**M15 A + B**).

M16 Wie funktioniert der Finanzsektor?

In Deutschland gibt es ungefähr 1.600 Banken und Sparkassen mit über 20.000 Filialen. Sie sind der größte Teil des Finanzsektors, der als Gesamtheit aller staatlichen und privaten Unternehmen, die Geldmittel zur Verfügung stellen und mit ihnen Handel treiben, definiert werden kann. Ein eigenes Konto ist ab einem gewissen Alter unverzichtbar, sei es, um Löhne und Einkommen zu erhalten oder Mieten zu bezahlen. Auch können dort Unternehmen Rücklagen und Privatpersonen Sparguthaben schaffen. Banken geben den Unternehmen Kredite für Investitionen und den Haushalten für den Konsum . Dafür stellen sie Zinsen in Rechnung. Die Kostendeckung der Banken entsteht dadurch, dass die Zinsen für Kredite höher als für Sparguthaben sind. Neben dieser Hauptaufgabe erleichtern Banken auch den Erwerb von Waren und Dienstleistungen durch die Bereitstellung von Tauschmitteln wie Debit- oder Kreditkarten für ihre Kundinnen und Kunden. Außerdem kann man über Banken auch Aktien von Unternehmen und Anleihen von Unternehmen und Staaten erwerben und so das eigene Vermögen aufbewahren und eventuell durch Dividenden (Gewinne auf Aktien) oder Zinsen (Gewinne auf Anleihen) vermehren. Nicht nur Unternehmen und Haushalte, auch der Staat ist Nutznießer dieses Systems des Geldleihens, Aufbewahrens und Bezahlens. Redewendungen wie „Ohne Moss nix los" oder „Auf die hohe Kante legen" veranschaulichen die Bedeutung für die Wirtschaftssubjekte.

Bearbeiter

Aktie
Wertpapier, das dem Inhaber (Aktionär) einen Besitzanteil an einem Unternehmen verbrieft

Anleihe
Wertpapier, das dem Inhaber die Rückzahlung des geliehenen Geldes verbrieft

M17 Welche Gefahren sind mit einer Bankenkrise verbunden?

Wenn Kundinnen und Kunden einer Bank deren Konkurs befürchten, begeben sie sich schnellstmöglich zu einer Filiale, um ihr Geld abzuheben (Bank Run), weil sie befürchten, dass es sonst durch den Konkurs der Bank verloren geht. Da sich diese Panik einzelner Kundinnen und Kunden auf alle Kundinnen und Kunden einer Bank auswirken kann, führt es zu Liquiditätsproblemen der jeweiligen Bank, da diese nicht genug Bargeld zur Auszahlung zur Verfügung hat. Beispielsweise wurden 2007 innerhalb weniger Tage von den Kundinnen und Kunden der „northern rock" (→ M15 B) knapp drei Milliarden Euro abgehoben. Tatsächlich führt ein solcher „Run" eher dazu, dass die Bank tatsächlich pleitegeht. Verstärkt wird diese Befürchtung dadurch, dass die Bank schließt, bis sie sich genug Bargeld besorgt und auch Geld durch die Rückzahlung von Krediten anderer Kundinnen und Kunden erhält. Der Sturm auf eine Bank kann auch das Vertrauen der Kundinnen und Kunden anderer Banken schädigen und ähnliche Reaktionen auslösen.

Bearbeiter

M18 Folgen der Bankenrettung in der Vergangenheit

1

Die Finanzkrise hat die deutschen Steuerzahler eine zweistellige Milliardensumme gekostet – und es könnte noch teurer werden. Bis Ende 2017 summieren sich die Kosten der öffentlichen Haushalte auf 59 Milliarden Euro. [...] Diese Summe ist nur vorläufig, weil die Hilfen nicht abgeschlossen sind. Neue Zahlen weisen darauf hin, dass die Kosten auf mehr als 68 Milliarden Euro steigen werden. [...] „Die Bankenkrise in Deutschland ist noch nicht vorbei", sagt der Grünen-Finanzexperte Gerhard Schick. Bund, Länder und Kommunen sind also zehn Jahre nach dem Ausbruch der globalen Finanzkrise weiter damit beschäftigt, heimische Banken zu stützen. Die Bilanz sei „verheerend", sagt Schick. Es werde erstmals sichtbar, wie stark die Bürger belastet worden seien. „Eine vierköpfige Familie hat mehr als 3.000 Euro für die Pleitebanken bezahlt."

Gammelin, Cerstin: Jede Familie zahlt 3000 Euro für Finanzkrise. In: www.sueddeutsche.de, 12.09.2018

2 Auf eine Kleine Anfrage der FDP antwortet die Bundesregierung: Der Bund hat in der Finanzmarktkrise im Jahr 2009 als Teil der Maßnahmen zur Stabilisierung des Finanzmarktes durch den Finanzmarktstabilisierungsfonds (FMS) eine Aktienbeteiligung an der Commerzbank AG übernommen, die heute noch einen Anteil von 15,6 Prozent umfasst. [...] [Die] Beteiligung an der Commerzbank [ist] nicht als dauerhafte Bundesbeteiligung anzusehen. [...] Der rechnerische Anschaffungswert der [...] Commerzbank-Aktien beläuft sich auf rund 5,054 Mrd. Euro. Im Jahresabschluss 2019 des FMS ist die Aktienbeteiligung an der Commerzbank mit rund 1,078 Mrd. Euro bewertet.

Deutscher Bundestag: Drucksache 19/22701. In: dserver.bundestag.de, 21.09.2019

3 Zu groß, um scheitern zu dürfen: Mit dieser „Too big to fail"-Einstufung bescheinigte die Politik nach der Finanzkrise vor zehn Jahren großen Banken eine sogenannte Systemrelevanz. Das heißt: Eine Pleite hätte massive Auswirkungen auch über die Finanzbranche hinaus, da die Bank in ihrer Funktion als Kreditgeber für Unternehmen der Realwirtschaft auszufallen droht. Diese gefährliche Kettenreaktion soll durch aus öffentlichen Geldern gespeiste Rettungsprogramme verhindert werden. Für solche „Bailouts " wurden dabei in der Vergangenheit enorme Summen aufgewendet.

www.zdf.de, 18.03.2019

Bailout
Rettungsmaßnahme für ein hoch verschuldete oder überschuldete Unternehmen durch Dritte (hier den Staat)

4 Herbst 2008: Die Finanzkrise hält die Welt in Atem. Mitte September bricht die amerikanische Bank Lehman Brothers zusammen. Andere Banken sind bedroht, auch deutsche – und damit das Geld der Sparer. Drei Wochen nach der Lehman-Pleite wenden sich Bundeskanzlerin Merkel und der damalige Finanzminister Steinbrück von der SPD gemeinsam an die Öffentlichkeit [...] „Wir sagen den Sparerinnen und Sparer, dass ihre Einlagen sicher sind. Dafür steht die Bundesregierung ein." – „Ich möchte gerne unterstreichen, dass die Sparerinnen und Sparer in Deutschland nicht befürchten müssen, einen Euro ihrer Einlagen zu verlieren."

Lueb, Uwe: Absicherung mit Unsicherheiten. In: www.deutschlandfunk.de, 05.10.2018

M19 Bankenrettung: unpopulär, aber nötig

Wenn es eine Berufsgruppe gibt, die sich das geballte Misstrauen der Welt über die Jahre redlich verdient hat, dann sind es die Banker. [...] Kein Wunder also, dass es in der Corona-Krise mit Blick auf die Banken jetzt heißt: Nicht schon wieder! [...] Der Frustimpuls ist nachvollziehbar – und trifft doch diesmal nicht den Punkt. Erstens: [...] Anders als 2008 sind die Institute diesmal aber nicht Täter, sondern, wie alle anderen auch, Opfer. Zwar ist es richtig, dass viele in den letzten Jahren Geld für Boni und Aktienrückkäufe verschleudert und nicht ausreichend vorgesorgt haben. Diesen Vorwurf allerdings müssen sich derzeit fast alle Akteure gefallen lassen: der Staat etwa, der nie einen Vorrat an medizinischer Schutzkleidung anlegte, oder Konzerne, die ihre Lieferketten völlig einseitig auf China ausrichteten. Und zweitens: Ja, die Corona-Krise hat gezeigt, dass Ärztinnen und Krankenpfleger, Müllmänner und Busfahrerinnen systemrelevant sind. Das Gleiche aber gilt für die Banken: Ohne sie wird es nicht gelingen, den Konjunkturabsturz abzufedern und die Wirtschaft anschließend wieder auf Erholungskurs zu steuern. Banken sind gerade in Deutschland die wichtigsten Kreditgeber kleiner und mittlerer Betriebe, sie sind Kapitalsammelstellen, Bonitätsprüfer und Geldverteiler in einem. Ohne Bank kein staatlich verbürgter Krisenkredit der KfW, kein Darlehen für die Wiederaufbauinvestitionen. Auch haben [...] Ökonomen [...] nachgewiesen, dass sich Rezessionen drastisch verkürzen lassen, wenn der Staat Geldhäuser rasch und entschlossen rekapitalisiert. [...] Allerdings heißt retten natürlich nicht retten um jeden Preis. [...] Diesmal sind klare Auflagen nötig: Bonus- und Dividendenstopp, Verbot von Aktienrückkäufen, Deckelung der Managergehälter, Mitspracherecht des Staats bei strategischen Entscheidungen, persönliche Haftung der Manager bei Regelverstößen, Schluss mit Geschäften in Steueroasen und anderen Tricksereien gegenüber dem Fiskus. Auch die Zwangsrekapitalisierung von Geldhäusern [...] kann ein probates Mittel sein. Hier muss der Staat notfalls die Mehrheit übernehmen und das Management austauschen. Wer im Übrigen glaubt, Bankenrettung sei immer gleichbedeutend mit dem Verbrennen von Steuergeldern, der sollte sich einmal den Fall USA anschauen. Dort griff die Regierung 2008/2009 sehr viel rabiater ein, teilverstaatlichte oder fusionierte mehr als 700 Banken – und stieß die Beteiligungen Jahre später mit einem zweistelligen Milliardengewinn wieder ab.

Hulverscheidt, Claus: Unpopulär, aber nötig. In: www.sueddeustche.de, 04.05.2020

KFW
Die Kreditanstalt für Wiederaufbau (KFW) ist die deutsche Förderbank. Sie arbeitet im Auftrag von Bund und Ländern mit dem Ziel, die Lebensbedingungen der Menschen (weltweit) zu verbessern.

Aufgaben

72035-159

1. Erläutern Sie anhand der Formulierung „Ohne Moos nix los“ (**M16**) die Stellung und Funktion der Banken im Finanzsektor.
2. Stellen Sie die in **M17** beschriebene Kettenreaktion als Schaubild dar (→ Methode, S. 102).
3. Erläutern Sie anhand Ihres Schaubildes (Aufgabe 2), wie in der Finanzkrise (**M18**) versucht wurde, eine Kettenreaktion gemäß **M17** zu verhindern.
4. Beurteilen Sie das politische Handeln im Rahmen der Finanzkrise und dessen Ertrag (**M18**) perspektivisch und kategorial (→ Methode, S. 31 f.).
5. a) Erläutern Sie die Argumentation des Kommentators (**M19**) für eine Bankenrettung in der Corona-Krise. Berücksichtigen Sie dabei auch das CSR-Konzept (→ S. 213, **M14**).
   b) Stellen Sie Ihre Ergebnisse im Kurs vor.

Sie als Bürger:in ...
verfassen einen Brief an ein Mitglied des Finanzausschusses des Bundestags, indem Sie Kritik oder Lob am "Einlagensicherungsgesetz" (→ digitaler Aufgabenkasten) formulieren. Berücksichtigen Sie die Problematik der Bankenrettung durch Steuergelder und nennen Sie zentrale Argumente, Kategorien und Perspektiven.

5.2.3 Der Staat: Staatsausgaben senken?!

Zum Thema: Der Staat (Bund, Länder und Kommunen) wird als Wirtschaftssubjekt vor allem dadurch wahrgenommen, dass er Steuern erhebt und dafür öffentliche Leistungen wie Infrastruktur bereitstellt. Man spricht in diesem Zusammenhang von den öffentlichen Haushalten bzw. der öffentlichen Hand. Dieses wirtschaftliche Handeln ist aber umstritten. Es wird diskutiert, ob der Staat nicht zu viel Geld für seine wirtschaftlichen Aufgaben ausgibt. In diesem Kapitel setzen Sie sich mit dem Agieren des Staates im Wirtschaftskreislauf und den politischen Auseinandersetzungen darüber auseinander und bewerten, ob Sie eine Reduktion der Staatsquote befürworten oder ablehnen.

M20 Meine Forderungen an den Staat

Staatsquote
Die Staatsquote ist das Verhältnis zwischen dem Geld, das der Staat zur Erfüllung seiner Aufgaben ausgibt, und dem, was in ihm lebenden Menschen erwirtschaften. Dieses Verhältnis wird in Prozent gemessen.

A **Damit überall in Deutschland „schnelles Internet“ verfügbar ist, soll der Staat ...**

Möglichkeiten	Zustimmung	Ablehnung
▪ Schulden machen		
▪ woanders sparen		
▪ Steuern erhöhen		
▪ nicht handeln		
▪ oder ...		

Bitte ins Heft

B **Damit alle Schüler:innen mit digitalen Endgeräten ausgestattet sind, soll der Staat ...**

Möglichkeiten	Zustimmung	Ablehnung
▪ Schulden machen		
▪ woanders sparen		
▪ Steuern erhöhen		
▪ nicht handeln		
▪ oder ...		

Bitte ins Heft

Einstiegsaufgaben 72035-161

1. Wie würden Sie entscheiden? Positionieren Sie sich mit Hilfe von **M20**.
2. Welche Probleme befürchten Sie? Begründen und diskutieren Sie.

M21 Hintergrundinformation: der Staat als Konsument und Investor

Bruttoinlandsprodukt (BIP)
Wert aller Waren und Dienstleistungen, die in einem Land erbracht werden

Die Staatsquote misst die Konsum- und Investitionsausgaben von Bund, Ländern und Gemeinden im Verhältnis zum Bruttoinlandsprodukt. Oft zählen dazu auch die Ausgaben der gesetzlichen Sozialversicherung (→ QR-Code). Als Konsumausgaben des Staates werden die Kosten derjenigen Güter bezeichnet, die vom Staat selbst produziert werden, wie Gehälter der Beamten und Angestellten des öffentlichen Dienstes, die Bereitstellung von Dienstleistungen wie das Schulwesen, das Gesundheitswesen, die öffentliche Verwaltung oder die Sozialversicherungen. Zudem beinhaltet der staatliche Konsum die Ausgaben für monetäre Leistungen wie Kindergeld, Elterngeld oder Lohnfortzahlung im Krankheitsfall. Die Konsumausgaben des Staates betrugen 2019 über 700 Milliarden Euro und 2021 über 800 Milliarden Euro. Öffentliche Investitionen sind diejenigen Ausgaben des Staates für dauerhafte Wirtschaftsgüter wie Ausrüstungen für Schulen, Verwaltungen oder Krankenhäusern. Diese stiegen von rund 38 Milliarden (2019) auf ca. 41 Milliarden Euro (2021). Hierzu zählen beispielsweise Computer oder Mobiliar, aber auch Rüstungsgüter. Für Bauten, wie die Errichtung von Schwimmbädern, Datennetzen, Kasernen oder Straßen investierte der Staat 2021 rund 49 Milliarden Euro gegenüber knapp 45 Milliarden im Jahr 2019. Einen wichtigen Teil der staatlichen Ausgaben machen die Subventionen aus. Darunter versteht man Finanzhilfen oder Steuervergünstigungen für bestimmte Regionen, Wirtschaftsbereiche oder Unternehmen, die ohne Gegenleistung gewährt werden. Ziel der Subventionen sind der Erhalt von Unternehmen oder Branchen, den Wandel in einer Branche (Hilfen für Bergbau oder Landwirtschaft), sowie die Förderung eines wirtschaftlichen Verhaltens (Umweltschutz oder Existenzgründungen). Gemäß dem Subventionsbericht der Bundesregierung (→ QR-Code) stieg das Volumen der Finanzhilfen und Steuervergünstigungen des Bundes von über 24 Milliarden Euro im Jahr 2019 auf gut 42 Milliarden Euro im Jahr 2021.

Bearbeiter

Zusatzmaterial:
Übersicht der Sozialversicherung und der Subventionsbericht des Bundes

72035-163

M22 Welche Einnahmen und Ausgaben hat der Staat?

Das Grundgesetz legt die Verteilung der Steuereinnahmen auf Bund, Länder und Gemeinden in Artikel 106 GG fest (→ QR-Code). Gemäß dem Statistischen Bundesamt wurden im Jahr 2020 in Deutschland insgesamt 739,7 Milliarden Euro Steuern (−7,5 % gegenüber 2019) eingenommen. Den größten Teil der Steuern machten mit 540,3 Milliarden Euro (−8 %) die Gemeinschaftssteuern aus, die auf Bund, Länder und Kommunen aufgeteilt werden. Davon den größten Anteil bildeten die Umsatzsteuer mit 219,5 Milliarden Euro (−9,8 %) und die Lohnsteuer mit 209,3 Milliarden Euro (−4,7 %). Die größten Anteile bei den nicht zu verteilenden Steuern hatten die Energiesteuer auf Bundesebene mit 37,6 Milliarden Euro (−7,5 %), die Grunderwerbsteuer mit 16,1 Milliarden Euro (+1,7 %) auf Landesebene und die Gewerbesteuer mit 45,3 Milliarden Euro (−18,3 %) auf Gemeindeebene. Nach Verteilung der Gemeinschaftssteuern blieben dem Bund 283,1 Milliarden Euro (−14,0 %), den Ländern 316,3 Milliarden Euro (−2,5 %) und den Gemeinden 107,8 Milliarden Euro (−6,2 %). Zudem wurden an die Europäische Union 32,8 Milliarden Euro (+6,0 %) der Steuern gezahlt. Zu den Einnahmen zählen auch Kredite. So nahm laut Statistischem Bundesamt der Bund 2020 in Höhe von 215 Milliarden Euro neue Kredite auf, die Länder für gut 57 Milliarden und die Gemeinden für gut zwei Milliarden.

Bearbeiter

Zusatzmaterial:
Art. 106 GG und Informationen zu den Steuerarten

72035-165

M23 Bund, Länder, Gemeinden: Wer ist für was verantwortlich?

Öffentliche Infrastrukturleistungen werden von allen staatlichen Ebenen erbracht: vom Bund, von den sechzehn Ländern und von den rund 11.000 Kommunen, also Städten, Gemeinden und Landkreisen. Jede dieser Ebenen kümmert sich dabei zunächst um die Investitionen, die zur Erfüllung ihrer jeweiligen Aufgaben benötigt

Schaubild: öffentliche Aufgabenverteilung

72035-166

werden. So ist der Bund unter anderem für die Infrastrukturen der Verteidigung und des bundesweiten Verkehrs verantwortlich. Die Länder unterhalten beispielsweise Hochschulen und Forschungseinrichtungen sowie die Strukturen des Rechts und der inneren Sicherheit, von Gerichten über Polizeistationen bis hin zu Gefängnissen. Das breiteste Spektrum von Infrastrukturen stellen allerdings die Kommunen bereit. Diese reichen buchstäblich von der Wiege bis ans Grab, von der Geburtsstation im Kreiskrankenhaus bis zum Gemeindefriedhof. Dazwischen kommen Menschen unablässlich mit kommunalen Infrastrukturen in Berührung. Städte, Kreise und Gemeinden unterhalten zahlreiche Kindertagesstätten und fast alle Schulen, zusätzlich soziale Einrichtungen, Theater und Museen, Parks und Sportstätten sowie die Infrastrukturen der sogenannten Daseinsvorsorge, wie Abwasserentsorgung, Straßenbeleuchtung und Müllabfuhr.

Thöne, Michael: Bund, Länder und Kommunen: Gewährleistung von Infrastrukturen. In: Heinrich-Böll-Stiftung (Hg.): Infrastrukturatlas. Daten und Fakten über öffentliche Räume und Netze. Berlin 2020, S. 14-15

M24 Welche Rolle soll der Staat in der Wirtschaft einnehmen?

1 Die Steuerquote, der Anteil von Steuern und Sozialbeiträgen in Prozent des BIP, war 2019 in Frankreich (47,4 %) und Dänemark (46,9 %) am höchsten, in Irland (22,7 %) und Rumänien (26,8 %) am niedrigsten. Der EU-Schnitt liegt bei 41,1 %, Deutschland bei 41,7 %.

Bearbeiter, basierend auf: Eurostat: Steuerquote im Verhältnis zum BIP in der EU bei 41,1%. In: http://ec.europa.eu, 29.10.2020

2 Bei der Steuer- und Abgabenlast ist Deutschland trauriger Spitzenreiter. In kaum einem Land muss der Mittelstand so viel an den Staat abgeben wie bei uns. So darf es nicht bleiben. Deshalb wollen wir ein grundlegendes Umdenken in der Steuerpolitik erreichen und die Bürgerinnen und Bürger sowie Betriebe spürbar entlasten. Steuererleichterungen sind zudem die Voraussetzung für die wirtschaftliche Erholung unseres Landes, denn nur wenn wir den Menschen und den Unternehmen mehr Geld lassen, bleibt mehr Spielraum für wichtige Zukunftsinvestitionen.

Dürr, Christian: Wie wir die Balance zwischen Privat und Staat wiederherstellen. In: https://cduerr.abgeordnete.fdpbt.de, 22.08.2021

4 Eine neue Studie des Deutschen Instituts für Wirtschaftsforschung zeigt, dass öffentliche Investitionen die private Investitionstätigkeit spürbar anregen. 1 € öffentlicher Investitionen (Bau, Ausrüstungen, Sonstige) generiert im Durchschnitt 1,50 € private Investitionen.

Bundesministerium der Finanzen: BMF-Monatsbericht. April 2021. In: www.bundesfinanzministerium.de

3 Auf eine Umfrage der Universität Chicago etwa antwortete gerade einmal eine Minderheit von einem guten Drittel der befragten Ökonomen, sie seien überzeugt, dass Steuersenkungen das Wachstum steigern könnten. […] Als „gut gestaltet" werten Ökonomen zum Beispiel Steuersenkungen, bei denen als Gegenfinanzierung gekürzt wird, was sie als „unproduktive Staatsausgaben" bezeichnen. Wobei sich schon über diese Klassifizierung trefflich streiten lässt: Was genau sind unproduktive Ausgaben des Staates?

Bidder, Benjamin/Diekmann, Florian: Warum niemand weiß, was Steuersenkungen wirklich bringen. In: www.spiegel.de, 23.01.2019

5 Nach ersten Berechnungen des Statistischen Bundesamtes [...] ist die deutsche Wirtschaftsleistung im ersten Quartal 2020 um 2,2 Prozent im Vergleich zum Vorquartal gesunken. [...]
Einzig die Konsumausgaben des Staates und die Investitionen in Bauten hätten einen stärkeren Rückgang verhindert.

Deutsche Bundesbank: Deutsche Wirtschaftsleistung sinkt wegen Corona stark. In: www.bundesbank.de, 15.05.2020

6 Einem geschenkten Gaul schaut man nicht ins Maul – das denken sich wohl auch die Unternehmen und Privathaushalte, die Jahr für Jahr Geld aus dem Subventionstopf der Bundesregierung erhalten. [...] Die für 2022 veranschlagten Finanzhilfen sind mit 27,7 Milliarden Euro mehr als dreimal so hoch wie jene, die im Jahr 2019 gewährt wurden; die Steuervergünstigungen sind in diesem Zeitraum um gut ein Fünftel auf knapp 20 Milliarden Euro gestiegen.

Institut der deutschen Wirtschaft Köln e.V.: Subventionen: Was der Staat am stärksten fördert. In: www.iwd.de, 08.02.2022

7 Wissenschaftler des Kieler Instituts für Weltwirtschaft sehen Subventionen als oft volkswirtschaftlich schädlich an, da sie einzelne Branchen bevorzugten und nicht wettbewerbs- und überlebensfähige Produktionsstätten unnötigerweise am Leben halten.
Sie plädieren für eine Kürzung der Subventionen, um die durch die Pandemie stark belasteten Staatshaushalte zu entlasten und den Wettbewerb zu stärken. Eine Senkung der Steuern und Sozialbeiträge durch Einsparungen bei Subventionen würde Anreize für private Investitionen schaffen.

Bearbeiter, basierend auf: Laaser, Claus-Friedrich/Rosenschon, Astrid: Kieler Subventionsbericht 2020: Subventionen auf dem Vormarsch. Kieler Beiträge zur Wirtschaftspolitik Nr. 29, September 2020. Kiel: Institut für Weltwirtschaft (IfW)

Aufgaben

72035-167

1. Stellen Sie die Informationen aus **M21** in einem Schaubild dar (→ Methode, S. 102). Vergleichen Sie Ihre Ergebnisse im Anschluss mit Ihrer Nachbarin bzw. Ihrem Nachbarn.
2. Stellen Sie die Einnahmesituation der drei Ebenen des Staatshaushalts (**M22**) in einem Diagramm dar.
3. Erläutern Sie die Herausforderungen der staatlichen Aufgabenverteilung (**M23**) vor dem Hintergrund der Finanzsituation der drei Ebenen (**M22**). Arbeiten Sie in Kleingruppen (2-3 Personen) und stellen Sie Ihre Ergebnisse abschließend im Kurs vor.
4. Problematisieren Sie anhand Ihrer Ergebnisse die Aussagen im Einstiegsmaterial **M20**.
5. Der US-Ökonom Milton Friedman sagte 2002 in einem Interview: „Jeder Deutsche arbeitet die Hälfte des Jahres für den Staat. Um es unverblümt zu sagen: Ihr seid halbe Sklaven." Erörtern Sie diese provokante These mit Hilfe der „Kontroverse um die Rolle des Staates als Wirtschaftsakteur" (**M24**) und des Kategorienrasters für politische Urteile. Stellen Sie sich zu zweit gegenseitig Ihre Ergebnisse mit Hilfe eines Kurzreferates vor. Fügen Sie im Anschluss daran Ihre Ergebnisse zusammen und präsentieren Sie diese im Kurs.

5.3 Entscheiden in der Sozialen Marktwirtschaft

5.3.1 Wirtschaftstheorien: Ordnung der Wirtschaft – mehr individuelle Freiheit oder mehr staatlich garantierte Gleichheit?

Zum Thema: Zur Ordnung der Wirtschaft stehen sich zwei grundsätzlich gegensätzliche theoretische Positionen gegenüber: die liberale Wirtschaftstheorie nach Adam Smith und das Konzept einer Plan- oder Zentralverwaltungswirtschaft. Die liberale Theorie sieht das Individuum mit seinen auch egoistischen Motiven im Zentrum, die planwirtschaftliche Idee legt den Fokus mehr auf einen starken Staat, der die Bedürfnisse der Gemeinschaft am besten befriedigen kann. Sie sollen in diesem Kapitel die beiden kontroversen wirtschafts- und ordnungspolitischen Positionen kennenlernen und differenziert beurteilen.

M25 Privat oder Staat?

Karikatur: Klaus Stuttmann, 17.10.2005

Einstiegsaufgaben 72035-168

1. Analysieren Sie die Karikatur (**M25**) (→ Methode, S. 268).
2. Halten Sie eine Privatisierung von Autobahnen für wünschenswert? Diskutieren Sie Ihr Votum im Kurs.

M26 Liberalismus: die klassische Wirtschaftstheorie nach Adam Smith

Jeder Mensch ist stets darauf bedacht, die vorteilhafteste Anwendung allen Kapitals, worüber er zu verfügen hat, ausfindig zu machen. Er hat in der Tat nur seinen eigenen Vorteil und nicht den der Nation im Auge; aber natürlicher- oder vielmehr notwendigerweise führt ihn die Bedachtnahme auf seinen eigenen Vorteil gerade dahin, daß er diejenige Kapitalbenutzung vorzieht, welche zugleich für die Nation die vorteilhafteste ist. Erstens sucht jeder Mensch sein Kapital soviel als möglich in der Nähe und folglich auf die Unterstützung des einheimischen Gewerbes anzuwenden, vorausgesetzt, daß er dabei den üblichen oder doch nicht viel weniger als den üblichen Kapitalgewinn ziehe. [...] Wie nun jedermann nach Kräften sucht, sein Kapital auf den inländischen Gewerbefleiß zu verwenden und diesen Gewerbefleiß so zu leiten, daß sein Produkt den größten Wert erhält, so arbeitet auch jeder notwendig dahin, das jährliche Einkommen der Nation so groß zu machen, als er kann. Allerdings ist es in der Regel weder sein Streben, das allgemeine Wohl zu fördern, noch weiß er auch, wie sehr er dasselbe befördert. Indem er den einheimischen Gewerbefleiß dem fremden vorzieht, hat er nur seine eigene Sicherheit vor Augen, und indem er diesen Gewerbefleiß so leitet, daß sein Produkt den größten Gewinn erhalte, beabsichtigt er lediglich seinen eigenen Gewinn und wird in diesen wie in vielen anderen Fällen von einer unsichtbaren Hand geleitet, daß er einen Zweck befördern muß, den er sich in keiner Weise vorgesetzt hatte. Auch ist es nicht eben ein Unglück für die Nation, daß er diesen Zweck nicht hatte. Verfolgt er sein eigenes Interesse, so befördert er das der Nation weit wirksamer, als wenn er dieses wirklich zu befördern die Absicht gehabt hätte. [...] Welche Gattung des einheimischen Gewerbefleißes er mit seinem Kapital in Gang bringen kann und bei welcher das Produkt den größten Wert zu haben verspricht, das kann offenbar jeder einzelne Mensch in seiner besonderen Lage weit besser beurteilen, als es ein Staatsmann oder Gesetzgeber für ihn tun könnte. Ein Staatsmann, der sich´s einfallen ließe, Privatleuten darüber Vorschriften zu geben, auf welche Weise sie ihre Kapitalien anwenden sollen, würde sich nicht allein eine höchst unnötige Sorge aufladen, sondern auch eine Autorität anmaßen, die keinem Senat oder Staatsrat, geschweige denn einem einzelnen Mann, mit Sicherheit überlassen werden könnte. [...] Räumt man also alle Begünstigungs- oder Beschränkungssysteme völlig aus dem Weg, so stellt sich das klare und einfache System der natürlichen Freiheit von selbst her. Jeder Mensch hat, solange er nicht die Gesetze der Gerechtigkeit übertritt, vollkommene Freiheit, sein Interesse auf seine eigene Weise zu verfolgen und [...] sein Kapital mit [...] den Kapitalien anderer Menschen oder anderer Klassen von Leuten in Konkurrenz zu bringen. [...] Nach dem System der natürlichen Freiheit hat die Staatsregierung nur noch drei Pflichten zu beobachten. [...]

Adam Smith (1723 – 1790) legte mit seinem Werk „Der Wohlstand der Nationen" im Jahr 1776 die Basis des Wirtschaftsliberalismus. Er gilt als Begründer der modernen Wirtschaftslehre.

Die erste ist die Pflicht, die Nation gegen die Gewalttätigkeiten und Angriffe anderer unabhängiger Nationen zu schützen, die zweite [ist] die Pflicht, jedes einzelne Glied der Nation gegen die Ungerechtigkeit oder Unterdrückung jedes anderen Gliedes derselben soviel als möglich zu schützen, d.h. die Pflicht, eine genaue Rechtspflege aufrechtzuerhalten; die dritte Pflicht endlich ist die, gewisse öffentliche Werke und Anstalten zu errichten und zu unterhalten, deren Errichtung und Unterhaltung niemals in dem Interesse eines Privatmannes oder einer kleinen Zahl von Privatleuten liegen kann, weil der Gewinn daran niemals [...] Entschädigung gewähren würde. [...] Die richtige Erfüllung jeder dieser Pflichten der Staatsregierung setzt gewisse Ausgaben voraus, und diese Ausgaben erfordern wieder notwendig gewisse Einkünfte, um sie bestreiten zu können.

Smith, Adam: Der Wohlstand der Nationen. Ins Deutsche übertragen von Stirner, Max, herausgegeben von Schmidt, Heinrich. München: Anaconda Verlag 2021, S. 449, 451 f., 703 f.

M27 Wer regelt was?

M28 Neoliberalismus: die Neubegründung des Liberalismus als politisches Konzept

Zusatzmaterial: Beispiele neoliberaler Netzwerke

72035-169

Am Ende der 1930er Jahre waren die Anhänger des Liberalismus – und nicht nur sie – zu der Überzeugung gelangt, dass dessen Niedergang mit dem Beginn des Ersten Weltkriegs eingesetzt hatte. [...] [Am Ende der 1920er Jahre] musste [...] der Liberalismus einen weiteren herben Rückschlag in Form der Weltwirtschaftskrise hinnehmen. [...] Angesichts der enormen sozialen und wirtschaftlichen Verwüstungen, die die Krise mit sich brachte, überrascht es kaum, dass die typisch liberale Parteinahme zugunsten von kapitalistischen Märkten als unverzichtbaren Wohlstands- und Wachstumsgeneratoren einiges an Anziehungskraft einbüßte bzw. diese gänzlich verlor, und zwar vor allem bei denjenigen, die von Massenarbeitslosigkeit und Verarmung betroffen waren. Die Krise und ihre sozioökonomische Schadensbilanz führten so zu massiven Problemen für den Liberalismus, da der Druck auf gewählte Regierungen dermaßen wuchs, ein aktives Krisenmanagement zu betreiben und zumindest die größten sozialen Verwerfungen zu lindern, dass er kaum noch zu ignorieren war. [...]

Keynesianismus
→ Kap. 5.4.3, S. 258, M75

Die Hauptantagonisten des Neoliberalismus sind offensichtlich Kommunismus und Nationalsozialismus/Faschismus, die aus neoliberaler Perspektive nicht mehr als unterschiedliche Manifestationen der gleichen Grundmischung aus Kollektivismus und Totalitarismus darstellen. Wichtig an diesem Sektor des Feldes der Gegnerschaft sind aber auch die Verbindungen, die zwischen diesen extremsten Varianten illiberaler Politik und anderen Phänomenen hergestellt werden, die bisweilen als die Vorstufen des radikalen Illiberalismus begriffen werden, wie etwa der Sozialstaat sowie – in indirekterer Weise – der Keynesianismus und dementsprechend auch seine Unterstützer, insbesondere die Gewerkschaften. [...] Für die große Mehrheit der frühen Neoliberalen [...] stand fest, dass der Niedergang des Liberalismus nicht nur das Resultat des Erstarkens externer Gegner, sondern auch selbstverschuldet war. [...] Der Liberalismus musste modernisiert werden, um in den ideologischen Auseinandersetzungen des 20. Jahrhunderts bestehen bzw. überleben zu können; das neoliberale Projekt konnte also kein rein restauratives sein.

Biebricher, Thomas: Die politische Theorie des Neoliberalismus. Berlin: Suhrkamp 2021, S. 26 f., 35 f., 38

M29 Neoliberalismus als politischer Kampfbegriff

a Simon Wren-Lewis, Professor für Wirtschaftspolitik an der Oxford University:

Ich persönlich weiß, was ich meine, wenn ich (gelegentlich) den Begriff „neoliberal" verwende. Der Neoliberalismus ist eine politische Bewegung oder Ideologie, die einen „starken Staat" hasst und jede Form von Markteingriffen durch den Staat ablehnt, die Unternehmensinteressen favorisiert und gegen eine organisierte Arbeitnehmerschaft opponiert. [...] In der europäischen Tradition könnten wir dieses Konzept als den Glauben eines (Markt-)Liberalen definieren.

Wren-Lewis, Simon: Was ist eigentlich „Neoliberalismus"? In: https://makronom.de/, 02.05.2016

c Konrad-Adenauer-Stiftung:

Manchen Begriffen wird bewusst Gewalt angetan. „Neoliberalismus" ist ein solcher Fall. Seit seiner Entstehung hat dieser Begriff unter dem Einfluss der politischen Linken in aller Welt einen derartigen Bedeutungswandel erlitten, dass er im öffentlichen Diskurs mittlerweile für das Gegenteil des ursprünglich Gemeinten steht. Stichworte der Verunglimpfung sind: Kapitalismus ohne Herz, Effizienz und wirtschaftlicher Profit statt sozialer Gerechtigkeit, Entmachtung der Politik und Primat des „ungezügelten" Markts, Minimalstaat, kollektive Regellosigkeit, Ausbeutung. Mit den Absichten und Inhalten, die sich mit dem originären Neoliberalismus verbinden, hat all dies nichts gemein.

Horn, Karen: Neoliberalismus. In: Hasse, Rolf H. / Schneider, Hermann / Weigelt, Klaus (Hg.): Lexikon Soziale Marktwirtschaft. Wirtschaftspolitik von A-Z. Sankt Augustin: Konrad-Adenauer-Stiftung 2013, S. 147 f.

b Rainer Hank, ehemals Leiter der Wirtschafts- und Finanzredaktion der FAS:

Wo immer ein Schuldiger gesucht wird, da bietet sich der Neoliberalismus an. Sahra Wagenknecht [...] macht es vor. In ihrem neuen Buch „Die Selbstgerechten" [...] wirft sie den Neoliberalen vor, Gier und Bereicherungssucht zu noblen Charakterzügen geadelt zu haben. Neoliberale verunglimpfen den Staat, wollen keine Steuern zahlen, haben nichts gegen Ungleichheit, sind stets auf der Seite von Big Business. Es fehlt ihnen ein Herz für die Verlierer im Kapitalismus; die toxische Wirkung des Wettbewerbes können sie nicht sehen. Für Gemeinsinn und Solidarität haben sie kein Verständnis. Egoismus ist Trumpf, Gesellschaft kommt in ihrem Weltbild nicht vor.

Hank, Rainer: „Kalt, gierig, unmenschlich!" – Warum ist eigentlich immer der „Neoliberalismus" an allem schuld? In: www.nzz.ch, 05.06.2021

d Clemens Fuest, Leiter des Ifo Instituts und Berater der Bundesregierung:

Als neoliberal wird ja alles – in Anführungsstrichen – kritisiert, was Vorteile von Märkten betont, oder als neoliberal werden Dinge bezeichnet, die eigentlich Missstände sind und überhaupt nichts mit Marktwirtschaft zu tun haben – der Missbrauch von Marktmacht von irgendwelchen Konzernen in Schwellenländern und ähnliches mehr. [...] Natürlich ist das ahistorisch und das Ganze diskreditiert natürlich den Begriff liberal und Marktwirtschaft und Wettbewerb.

Langen, Kristin: Ein Gespenst geht um in der Welt. In: www.deutschlandfunkkultur.de, 28.12.2021

M30 Ordoliberalismus: die deutsche Variante des Neoliberalismus

In Euckens Wirtschaftsverfassung hat der „starke Staat" (Eucken) die Aufgabe, einen neutralen Ordnungsrahmen zu schaffen, in dem der Staat wie ein Schiedsrichter die verlässliche Einhaltung von Regeln durchsetzen und die Ausnutzung von Marktmacht verhindern soll. Daher soll der Staat nicht direkt am Wirtschaftsgeschehen partizipieren, weil ansonsten Interessenkonflikte unvermeidlich sein werden. Vielmehr weist Eucken dem Staat zahlreiche Regulierungsaufträge zu.

Im Zentrum steht das Grundprinzip freier Preise als neutraler Anzeiger von Knappheit – ähnlich wie ein Thermometer objektiv die Temperatur anzeigt und so die wichtigste Informationsquelle für eine arbeitsteilige Wirtschaft bildet. Das zweite zentrale Prinzip ist die Geldwertstabilität durch das „Primat der Währungspolitik" (Eucken). Inflation zerstört einerseits den Preismechanismus und andererseits die Kapitalallokation, denn bei zu hoher Inflation besteht die Gefahr, dass Kapital in Im-

Walter Eucken
(1891-1950) war Wirtschaftswissenschaftler und Begründer der sogenannten Freiburger Schule.
Die Freiburger Schule bezeichnete sich selbst auch als „ordoliberal". Die deutsche Variante des Neoliberalismus, der Ordoliberalismus, wurde maßgeblich von Walter Eucken begründet.

mobilien oder andere Sachwerte fließt, anstatt in zukunftsweisende Investitionen. Außerdem trifft Inflation in erster Linie arme und alte Menschen, die der Inflation nicht ausweichen können und deren Sparguthaben entwertet werden. Drittens ist das Privateigentum an den Produktionsmitteln die Voraussetzung für einen sorgfältigen und nachhaltigen Umgang mit diesen. Eigentumsrechte sind Voraussetzung für unternehmerische Tätigkeit und Innovation. Nach dem Grundsatz, dass Eigentum verpflichtet, darf es nicht zur Beschränkung von Freiheitsrechten Dritter missbraucht werden. In engem Zusammenhang damit steht das Prinzip der Vertragsfreiheit. Sie bezieht sich auf die Möglichkeit, etwas zu unternehmen, Innovationen durchzusetzen und neue Geschäftsfelder zu entwickeln. Damit steht sie quasi in direkter Opposition zu staatlicher Planung und Einflussnahme. Aber auch bei der Vertragsfreiheit gilt bei Eucken der Grundsatz, dass sie nicht missbraucht werden darf zur Beschränkung des Wettbewerbs und individueller Grundrechte. Durch die unternehmerische Haftung kommt eine höhere Rationalität in das Marktgeschehen. Erfolgreiche Unternehmer mit attraktiven Produkten werden am Markt durch Gewinne entlohnt, erfolglose Unternehmer scheiden konkursbedingt oder freiwillig aus. Der Unternehmer haftet für sein Handeln. Außerdem sind offene Märkte für neue Anbieter und den internationalen Handel die Grundvoraussetzung für Wohlstand und Arbeitsteilung. Das nächste konstituierende Eucken-Prinzip fordert eine konstante Wirtschaftspolitik, die berechenbar und langfristig ausgerichtet sein muss, um die Erwartungen der Wirtschaftssubjekte zu stabilisieren.

Die Zusammengehörigkeit aller Prinzipien im Sinne der Interdependenz der Ordnungen ist die Voraussetzung einer störungsfreien Wirtschaftsordnung. Geht man von einer massiven Störung eines Prinzips aus bei Funktionsfähigkeit aller anderen Prinzipien, so wird die gesamte Wirtschaftsordnung relativ schnell funktionsunfähig. Um die konstituierenden Prinzipien herum sind die sogenannten regulierenden Prinzipien angesiedelt. Dies sind die Monopolkontrolle durch entsprechende Aufsichtsbehörden, mit der der Wettbewerb garantiert und Machtkonzentration auf Märkten verhindert werden soll. Durch die progressive Besteuerung betreibt der Staat eine umverteilende Einkommenspolitik. Die Korrektur externer Effekte bei schädlichen Auswirkungen des Wirtschaftens auf die Allgemeinheit sowie die Vorkehrung gegen anomale Reaktionen des Angebots, vor allem von Löhnen auf den Arbeitsmärkten, gehören ebenso zu den regulierenden Prinzipien.

Bearbeiter nach Wentzel, Dirk: Soziale Marktwirtschaft: Ordnungspolitik im Wandel – Perspektiven für die Zukunft. In: Landeszentrale für politische Bildung Baden-Württemberg (Hg.): Deutschland und Europa. Heft 76-2018, S. 15 f.

M31 Modell einer ordoliberalen Wirtschaftsverfassung

Nach: Philip Braun

M32 Wie funktioniert eine ideale Planwirtschaft?

Die ideale Funktionsweise einer reinen Planwirtschaft kann wie folgt umrissen werden: Zuerst erfasst der Staat die Produktionsmöglichkeiten der Volkswirtschaft und die Bedürfnisse der Gesellschaftsmitglieder. [...] Daraufhin beschließt der Staat den Umfang der Produktion und der Investition aller Betriebe und die Verteilung der Güter: an die Privathaushalte für ihren Endverbrauch und an die Betriebe für ihre laufende Produktion und für die Erweiterung ihrer Produktionskapazitäten. Die Erwerbsfähigen unterliegen einer allgemeinen Arbeitspflicht und gesetzliche Arbeitsnormen bestimmen ihren Arbeitsumfang in Abhängigkeit vom Arbeitsplatz und von relevanten persönlichen Charakteristika wie z.B. Alter und Gesundheitszustand. Differenzierte Konsumnormen bestimmen die Verteilung der Gebrauchsgüter. In Abhängigkeit von ausgewählten Merkmalen wie Alter, Geschlecht und Wohnort legt der Staat das Bündel von Gütern und Dienstleistungen fest, das ein Individuum aufgrund seiner Merkmale erhält. Der Beschluss des Staates hinsichtlich der Gesamtheit der Produktionsaktivitäten und der Güterverteilung wird in einem in sich zusammenhängenden Plan formalisiert, bei dem also produzierte und verwendete Mengen für jedes Gut und jede Dienstleistung übereinstimmen. Alle Betriebe und Verteilungsstellen sind genauso wie die einzelnen Individuen gesetzlich verpflichtet, dem Plan zu folgen. Die Erstellung des Plans ist eine kollektive Entscheidung, welche das Ergebnis demokratischer Willensbildung sein kann. Dies ist sicherlich wünschenswert und in der Folge gehe ich deshalb von einer demokratisch legitimierten Zentralplanung aus. Beispielsweise könnten rivalisierende politische Parteien den Wählern gesamtwirtschaftliche Pläne mit unterschiedlichen Schwerpunkten (etwa im Gesundheitsbereich oder im Bereich Energie und Umwelt) vorschlagen, die sie im Fall der Übernahme der Regierungsverantwortung umsetzen würden. [...] Erstens ist der Plan ein zentralisierter Mechanismus zur Koordination wirtschaftlicher Aktivitäten [...]. Zweitens erfolgt die Ressourcenallokation [...] mittels Anordnungen [...]. Drittens peilt der Plan eine explizite Koordination ex ante [= im Voraus] an [...].

Corneo, Giacomo: Bessere Welt. Berlin / Wien: Goldegg-Verlag 2014, S. 144-146

Aufgaben

72035-170

1. Arbeiten Sie die Idee der klassischen liberalen Wirtschaftstheorie (M26) heraus und veranschaulichen Sie die Rolle des Individuums und des Staates für das Gemeinwohl in einem Schaubild (→ Methode, S. 102).
2. Bestimmen Sie aus der Sicht der liberalen Wirtschaftstheorie (**M26**) die Aufgaben für Staat und Markt in **M27**.
3. Stellen Sie anhand von **M28** dar, inwiefern der Neoliberalismus als eine Neubegründung (neo = neu, erneuert) des Konzepts von Adam Smith bezeichnet werden kann und erläutern Sie den politischen Richtungsstreit, dem der Neoliberalismus seit seiner Begründung ausgesetzt ist (**M28** und **M29**).
4. Ergänzen Sie das Schüler-Schaubild **M31** und erklären Sie daran das Konzept des Ordoliberalismus (**M30**).
5. Vergleichen Sie das Konzept der Planwirtschaft (**M32**) mit den Ideen des Liberalismus.
6. Schreiben Sie einen Kommentar zu den Wirtschaftstheorien aus der Sicht
   a) eines Arbeiters bzw. einer Arbeiterin, der oder die für wenig Geld arbeiten geht und immer mit einer Entlassung rechnen muss;
   b) oder erfolgreicher Unternehmerinnen und Unternehmer in der IT-Branche.
7. Welche Wirtschaftstheorie bevorzugen Sie? Schreiben Sie eine perspektivische und kategoriale Beurteilung (→ Methode, S. 31).

F zu Aufgabe 2
Adam Smith gilt einerseits als Urvater der freien Marktwirtschaft, eines Systems, das ungehemmtem Gewinnstreben und sozialer Ungerechtigkeit Vorschub leistet. Allerdings gibt es auch andere Einschätzungen, die aus heutiger Sicht das Konzept verteidigen. Arbeiten Sie aus dem Text (→ digitaler Aufgabenkasten) heraus, warum Adam Smith als „[f]alsch verstandener Vordenker" bezeichnet wird.

5.3.2 Die Soziale Marktwirtschaft: mehr Staat oder mehr Markt?

Zum Thema: Sowohl die klassische liberale Wirtschaftstheorie als auch die Planwirtschaft haben enorme Nachteile. Um die Nachteile zu minimieren, aber die Vorteile zu nutzen, hat sich in Deutschland das Konzept der Sozialen Marktwirtschaft durchgesetzt. Um die Ausgestaltung dieses Konzepts durch wirtschaftspolitische Entscheidungen herrscht seit der Verkündung des Grundgesetzes am 23. Mai 1949 ein reger Wettbewerb zwischen Parteien, politischen Entscheidungsträgern und Betroffenen. Im Folgenden setzen Sie sich am Beispiel der Wohnungsmieten mit der zentralen Frage der Sozialen Marktwirtschaft auseinander, welche Rolle staatliches Handeln in einer marktwirtschaftlichen Ordnung spielen soll und kann.

M33 Aus einem Chat: zu hohe Mieten in Großstädten?

1 „Es ist meine Wohnung, ich entscheide über die Miethöhe, wer so viel nicht zahlen will oder kann: umziehen oder einen Zweit- und Drittjob annehmen. Eine staatliche Mietpreisbremse beschränkt meine Freiheit!“

Demonstration gegen hohe Mieten in Berlin, Mai 2021

2 „Ohne Mietpreisbremse verdient Ihr Wohnungsbesitzer Euch eine goldene Nase auf Kosten von Alleinerziehenden und Geringverdienern. Das ist ungerecht und die Politik soll einfach nur zuschauen?“

Bearbeiter

Einstiegsaufgaben 72035-172

1. Welcher Aussage stimmen Sie zu?
2. Diskutieren Sie im Kurs: (Wie) soll der Staat helfen?

M34 Soziale Marktwirtschaft: Wirtschaftssteuerung statt -lenkung

Alfred Müller-Armack (1901-1978), Nationalökonom, Ministerialbeamter und Staatssekretär im Bundeswirtschaftsministerium

Alfred Müller-Armack schreibt (1946): Es gilt heute Klarheit darüber zu gewinnen, wie wenig es möglich ist, die Ideale menschlicher Freiheit und persönlicher Würde zu verwirklichen, sofern die wirtschaftliche Ordnung, die wir wählten, dem widerspricht. [...] Wer die Geschichte der Wirtschaftslenkung in den letzten Jahren verfolgt, sieht, wie unaufhaltsam sich nicht nur das Netz wirtschaftlichen Zwanges zusammenzog, sondern auch politische Grundrechte aufgehoben und der individuellen Freiheit der Garaus gemacht wurde. [...] Wir haben allen Anlaß, Montesquieu ernst zu nehmen mit seinem Nachweis, daß Freiheit nur gedeihen kann, wo Machtmittel aufgeteilt sind. Dies gilt auch für die wirtschaftlichen Gewalten. [...] Die beiden Alternativen, zwischen denen die Wirtschaftspolitik sich bisher bewegt, die rein liberale Marktwirtschaft und die Wirtschaftslenkung sind innerlich verbraucht [...]. [...] Was wir brauchen ist eine synthetische Denkweise. [...] Wir sprechen von „Sozialer Marktwirtschaft“, um diese dritte wirtschaftspolitische Form zu kennzeichnen. Es bedeutet dies, [...] daß dies eben keine sich selbst überlassene, liberale

Marktwirtschaft, sondern eine bewußt gesteuerte, und zwar sozial gesteuerte Marktwirtschaft sein soll. [...] Ihr Kennzeichen ist die Ausgestaltung einer beweglichen Preis- und Wertrechnung. [...] Indem sie die nach der Knappheit errechneten Wertgrößen mit den Preisen in Übereinstimmung hält, ist es ihr möglich, den marktmäßigen Austausch aufrechtzuerhalten, das heißt, die Güterzuteilung auf dem Markte an kein anderes Kriterium zu binden als an das der Bereitwilligkeit, den Marktpreis zu zahlen. [...] Ohne Zweifel führt die marktwirtschaftliche Einkommensbildung zu Einkommensverschiedenheiten, die uns sozial unerwünscht erscheinen. [...] Wenn auf dem Weg der Besteuerung die höheren Einkommen gekürzt und die einlaufenden Beträge etwa in Form von direkten Kinderbeihilfen, Mietzuschüssen, Wohnungsbauzuschüssen weitergeleitet werden, liegt geradezu der Idealfall eines marktgerechten Eingriffes vor. [...] Die Verschiebung der Kaufkraft führt eine rein marktwirtschaftliche Verlagerung der Kaufkraftrichtung herbei.

Müller-Armack, Alfred: Wirtschaftslenkung und Marktwirtschaft. München: Kastell Verlag 1990, S. 68 ff., 96, 98 f., 119

M35 Ludwig Erhard: Wie kann Wohlstand erreicht und gesichert werden?

Ludwig Erhard schreibt (1957): Das erfolgversprechendste Mittel zur Erreichung und Sicherung jeden Wohlstandes ist der Wettbewerb. Er allein führt dazu, den wirtschaftlichen Fortschritt allen Menschen, im besonderen in ihrer Funktion als Verbraucher, zugute kommen zu lassen [...]. Auf dem Weg über den Wettbewerb wird [...] eine Sozialisierung des Fortschritts und des Gewinns bewirkt und dazu noch das persönliche Leistungsstreben wachgehalten. Immanenter Bestandteil der Überzeugung, auf solche Art den Wohlstand am besten mehren zu können, ist das Verlangen, allen arbeitenden Menschen nach Maßgabe der fortschreitenden Produktivität auch einen ständig wachsenden Lohn zukommen zu lassen. Um dieses Ziel zu erreichen, müssen wichtige Voraussetzungen erfüllt werden. Wir dürfen über dem sich ausweitenden Konsum die Mehrung der Produktivität der Wirtschaft nicht vergessen. [...] Wirtschaftspolitik [schließt] auch eine Erweiterung des Katalogs der traditionellen menschlichen Grundfreiheiten ein. Hierbei ist zuvorderst an die Freiheit jedes Staatsbürgers gedacht, das zu konsumieren, sein Leben so zu gestalten, wie dies im Rahmen der finanziellen Verfügbarkeiten den persönlichen Wünschen und Vorstellungen des einzelnen entspricht. Dieses demokratische Grundrecht der Konsumfreiheit muß seine logische Ergänzung in der Freiheit des Unternehmers finden das zu produzieren oder zu vertreiben, was er [...] als notwendig und erfolgversprechend erachtet. Konsumfreiheit und die Freiheit der wirtschaftlichen Betätigung müssen in dem Bewußtsein jedes Staatsbürgers als unantastbare Grundrechte empfunden werden. [...] Die Soziale Marktwirtschaft ist ohne eine konsequente Politik der Preisstabilität nicht denkbar. Nur diese Politik gewährleistet auch, daß sich nicht einzelne Bevölkerungskreise zu Lasten anderer bereichern. Solche Versuche haben gerade in jüngster Vergangenheit vielfache Ausprägungen erfahren. Hier seien z.B. die Vereinbarungen der Sozialpartner erwähnt, deren Effekt bereits dahin geführt hat, daß Lohnerhöhungen den Produktivitätsfortschritt übersprungen haben und damit gegen den Grundsatz der Preisstabilität verstoßen. Der gleiche Vorwurf trifft die Unternehmer, wenn sie aus solchem Anlaß oder aus Eigennutz in höhere Preise glauben ausweichen zu können.

Erhard, Ludwig: Wohlstand für Alle. Bearbeitet von Wolfram Langer. Köln: Anaconda-Verlag 2009, S. 15 f., 22 f.

Ludwig Erhard
(1897 – 1977), Professor der Volkswirtschaft und Wirtschaftsminister unter Konrad Adenauer (beide CDU)

Sozialpartner
Sozialpartner meint hier die Verbände der Arbeitnehmenden und Arbeitgebenden.

M36 Was sind die wirtschaftsbezogenen Grundrechte?

Das Grundgesetz garantiert in seinem Artikel 14 das Privateigentum einschließlich des unternehmensbestimmten Eigentums und seiner ökonomischen Nutzbarkeit. Es gewährt in Art. 12 Abs. 1 Satz 1 Berufs- und damit auch Gewerbe- und Unternehmerfreiheit sowie das Recht der freien Wahl des Arbeitsplatzes und der Ausbildungsstätte. Ferner gewährleistet die Verfassung in Art. 11 Abs. 1 das Recht, an jedem Ort im Bundesgebiet Aufenthalt und Wohnung zu nehmen. Allen Deutschen wird in Art. 9 Abs. 1 GG das Recht der Gründung von Handelsgesellschaften* sozietärer und korporativer Art, das Recht der Betätigung in solchen Vereinigungen, des Austritts, der Auflösung und des Fernbleibens von Korporationen gewährt. Die Freiheit des Abschlusses von Verträgen und der autonomen Vertragsinhaltsbestimmung ist, sofern nicht spezielle Garantien betroffen sind, Bestandteil der in Art. 2 Abs. 1 GG gewährleisteten allgemeinen Handlungsfreiheit. Schließlich eröffnet Art. 9 Abs. 3 GG das Recht, Koalitionen zu gründen, ihnen beizutreten oder fernzubleiben und über die Koalitionen die Arbeits- und Wirtschaftsbedingungen in einer Ordnung der sozialen Selbstverwaltung privatautonom festzulegen.

Papier, Hans-Jürgen: Wirtschaftsordnung und Grundgesetz. In: Aus Politik und Zeitgeschichte 13/2007, S. 4

** Handelsgesellschaften sind z.B. GmbH, AG, OHG oder KG.*

M37 Soziale Marktwirtschaft und Ordoliberalismus

Dabei sind Ordoliberalismus und Soziale Marktwirtschaft nicht gleichzusetzen, sondern als komplementäre Kategorien zu verstehen. [...] [D]ie Soziale Marktwirtschaft [ist] als eine flexible Implementierungsstrategie zu verstehen, welche die Funktion hatte, die ordnungspolitischen Programmsätze des deutschen Neoliberalismus in konkrete Politik zu übersetzen.

Biebricher, Thomas/ Ptak, Ralf: Soziale Marktwirtschaft und Ordoliberalismus zur Einführung. Hamburg: Junius Verlag 2020, S. 17 f.

M38 Fallbeispiele: Demonstrationen gegen Mietpreise

Mai 2021 in Berlin

Oktober 2018 in Frankfurt am Main

Juni 2013 in München

April 2019 in Stuttgart

M39 Wie sind die Mietpreise in Deutschland?

A Mietpreise in Deutschland in der Übersicht

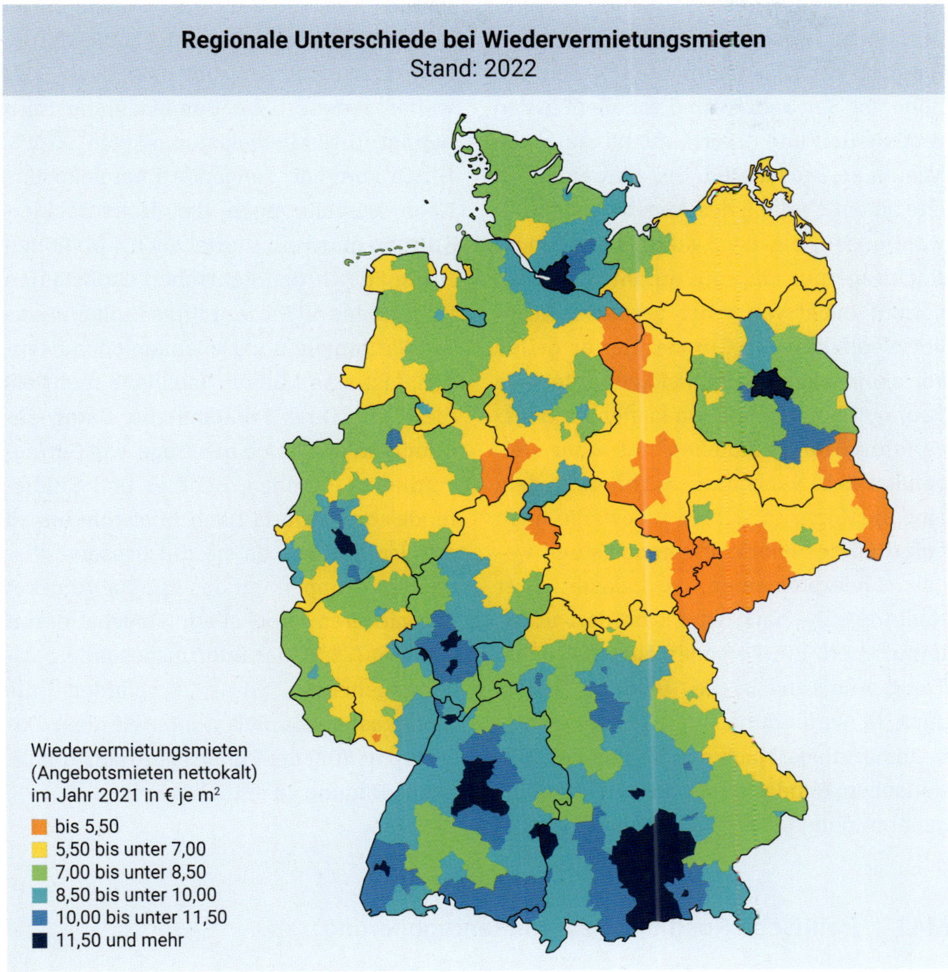

Nach: Bundesministerium für Wohnen, Stadtentwicklung und Bauwesen, 2022

B Veränderung der Mieten in Deutschland seit 2010

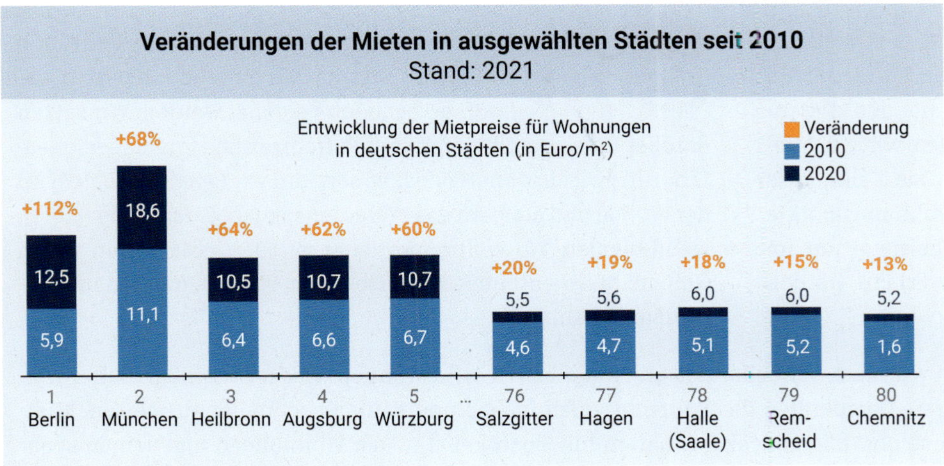

Nach: Statista, 2021; Zahlen: Immowelt

M40 Welche Probleme gibt es auf dem deutschen Mietwohnungsmarkt?

Mietbelastungsquote
Anteil der Bruttokaltmiete am Haushaltsnettoeinkommen

Gut die Hälfte der Haushalte in Deutschland leben zur Miete, in Städten wesentlich mehr, wogegen in eher ländlichen Räumen der Eigenheimanteil wesentlich höher ist. Seit Jahren sind vor allem in den Großstädten und deren Umland steigende Mieten zu beobachten. Die zentrale Ursache ist der Umfang des Angebots an Mietwohnungen, der trotz ständig steigender Nachfrage nur langsam erhöht wird. Man spricht dabei von einer geringen Angebotselastizität. Als Gründe hierfür gelten vor allem knappes Bauland, zeitintensive Baumaßnahmen und Baugenehmigungsverfahren für Immobilien mit einer steigenden Zahl von Bauvorschriften. Zudem sind die Kapazitäten im Baugewerbe, auch aufgrund des Fachkräftemangels und wegen Lieferproblemen ausgelastet. Der Nachfrageüberhang wird befördert durch immer mehr Ein-Personen-Haushalte, den Trend vom Land in die Städte zu ziehen, auch in Verbindung mit einer guten Arbeitsmarktlage. Nach den Zahlen des Statistischen Bundesamtes steigen die Baugenehmigungen für Neubauwohnungen und die Renovierung von Bestandswohnungen zwar seit 2019 wieder leicht an, jedoch ergeben sich politische Herausforderungen, da das Angebot sich auch 2021 weiter verteuert. Im Bundesdurchschnitt beträgt die Mietbelastungsquote 27,2 %. Hinzu kommen steigende Energiekosten. Nach Berechnungen der Hans-Böckler-Stiftung muss ein Viertel der 8,4 Millionen Haushalte in den deutschen Großstädten mindestens 40 Prozent ihres Einkommens für Warmmiete und Nebenkosten aufwenden, fast eine Million Haushalte mehr als die Hälfte ihres Einkommens. Daran anknüpfend stellt sich die Frage, wie Geringverdiener, Familien, Rentner und Studierende ihre Bedarfe nach Mietwohnungen erfüllen können, da sie mit besserverdienenden Gruppen um das knappe Angebot konkurrieren. Vor allem Haushalte mit Kindern (78 %), darunter insbesondere Alleinerziehende (81 %), empfinden die Wohnkosten als Belastung, wie dem Datenreport 2021 der Bundeszentrale für politische Bildung zu entnehmen ist.

Bearbeiter

M41 Politische Positionen zur Mietenregulierung

Zur These „Die Möglichkeiten der Vermieterinnen und Vermieter, Wohnungsmieten zu erhöhen, sollen gesetzlich stärker begrenzt werden." (Wahlomat zur Bundestagswahl 2021) gaben die im Bundestag vertretenen Parteien unterschiedliche Stellungnahmen ab.

SPD Soziale Politik für Dich. Die Mieterinnen und Mieter brauchen eine Atempause bei der Mietenentwicklung. Deshalb wollen wir ein Mietenmoratorium einführen. Das heißt, dass die Mieten dort, wo die Wohnungsmärkte angespannt sind, zeitlich befristet nur im Rahmen der Inflationsrate erhöht werden dürfen.

CDU CSU Wir haben die Mietpreisbremse eingeführt und verlängert, sodass Mietenerhöhungen in gefragten Gegenden begrenzt werden. Wir setzen darüber hinaus nicht auf rechtlich fragwürdige und ungeeignete Eingriffe, wie den Mietendeckel, sondern packen das Problem an der Wurzel und steigern das Wohnungsangebot, damit die Mieten stabil bleiben. Wo Wohnraum teuer ist oder fehlt, wie in vielen Großstädten, heißt unsere Devise: mehr, schnell, modern und bezahlbar bauen.

Freie Demokraten FDP Nur wenn wir mehr, schneller und günstiger bauen, wird Wohnen wieder bezahlbar. Daher wollen wir Freie Demokraten das Baurecht vereinfachen und Bauland schneller ausweisen. Mietpreisbremse und Mietendeckel schaffen hingegen keine neuen Wohnungen und sorgen sogar für eine Verknappung des Angebots.

BÜNDNIS 90 DIE GRÜNEN

Ein bundeseinheitliches Gesamtkonzept soll u.a. mit einem Bundesgesetz gewährleisten, dass regionale Mietobergrenzen im Bestand ermöglicht werden und die Mietpreisbremse entfristet und deutlich nachgeschärft wird. Reguläre Mieterhöhungen sollen auf 2,5 Prozent im Jahr innerhalb des Mietspiegels begrenzt werden.

AfD

Die AfD steht für ein ausgewogenes Mietrecht und lehnt staatliche Überregulierungen sowie Investitionshemmnisse wie die Mietpreisbremse oder den Mietendeckel ab.

DIE LINKE.

Wir wollen im gesamten Bundesgebiet ermöglichen, die Mieten zu deckeln. Unser Ziel: die Explosion der Mieten nicht nur bremsen, sondern beenden und rückgängig machen. Besonders hohe Mieten müssen abgesenkt werden. Als Sofortmaßnahme fordern wir überall dort, wo der Wohnungsmarkt angespannt ist, einen Mietenstopp. Die Mieten werden eingefroren. Jedes Jahr schaffen wir mindestens 250 000 zusätzliche Wohnungen, die dauerhaft bezahlbar, also in Sozialbindung, bleiben.

Bundeszentrale für politische Bildung: Wahl-O-Mat Bundestagswahl 2021. In: www.wahl-o-mat.de, Abruf am 04.10.2022

M42 Welche politischen Instrumente zur Mietenregulierung gibt es?

1 Mietspiegel

Es handelt sich um eine Übersicht über die ortsübliche Vergleichsmiete, die von der Gemeinde oder von Interessenvertretern der Vermieter und der Mieter gemeinsam erstellt oder anerkannt worden ist. Diese Mietspiegel sollen im Abstand von zwei Jahren der Marktentwicklung angepasst werden.

Bearbeiter nach BGB § 558c

2 Mietendeckel

Das Berliner Abgeordnetenhaus hat am 24. Februar 2020 das Gesetz zur Mietenbegrenzung im Wohnungswesen in Berlin (MietenWoG Bln – „Mietendeckel") verabschiedet, mit dem das Einfrieren, das Deckeln und das Absenken von Mieten in den nächsten fünf Jahren geregelt werden sollte. Mit seinem Beschluss vom 25. März 2021 hat das Bundesverfassungsgericht festgestellt, dass dem Land Berlin die Gesetzgebungskompetenz fehlt. Damit wurde der Berliner Mietendeckel für nichtig erklärt.

Bearbeiter, basierend auf: https://mietendeckel.berlin.de, Abruf am 08.01.2023

3 Mietpreisbremse

Vermieter dürfen seit 2015, wenn sie ihre Wohnung erneut vermieten, nur eine Miete fordern oder vereinbaren, die höchstens 10 Prozent über der ortsüblichen Vergleichsmiete liegt. Die Mietpreisbremse gilt nur in Gebieten mit angespannten Wohnungsmärkten. Dort muss die jeweilige Landesregierung eine Verordnung erlassen.

Bearbeiter, basierend auf: Deutscher Mieterbund e.V.: Mietpreisbremse. In: www.mieterbund.de, Abruf am 04.10.2022

4 Grunderwerbsteuer

Die Grunderwerbsteuer ist Ländersache. Sie ist fällig auf den Kaufpreis eines unbebauten Grundstücks bzw. auf den Kaufpreis einer bereits gebauten Immobilie. Sie variiert je nach Bundesland zwischen 3,5 % in Bayern und Sachsen sowie 6 % in Berlin bzw. 6,5 % beispielsweise in Nordrhein-Westfalen und Brandenburg.

Bearbeiter

5 Vergesellschaftung

Hiermit ist die Überführung von Immobilien sowie Grund und Boden in Gemeineigentum (z.B. Kommune) zum Zwecke der Vergesellschaftung nach Art. 15 Grundgesetz gemeint.

Bearbeiter, basierend auf: Initiative Deutsche Wohnen & Co enteignen: Warum enteignen? In: www.dwenteignen.de, Abruf am 04.10.2022

6 Wohngeld

Das Wohngeld wird als Mietzuschuss (für Mieterinnen und Mieter) oder als Lastenzuschuss (für selbstnutzende Eigentümerinnen und Eigentümer) geleistet. [...] Wer zum Kreis der Berechtigten gehört, hat darauf einen Rechtsanspruch. [...] Wohngeld wird nur an Personen geleistet, die keine Transferleistungen (wie z. B. Arbeitslosengeld II, Sozialhilfe, Grundsicherung im Alter und bei Erwerbsminderung) beziehen, da bei Transferleistungen die Unterkunftskosten bereits berücksichtigt werden. [...]

Bundesministerium für Wohnen, Stadtentwicklung und Bauwesen: Wohngeld. In: www. bmwsb.bund.de, Abruf am 04.10.2022

7 Aufstocken und Nachverdichten

Von städtebaulicher Nachverdichtung wird gesprochen, wenn frei liegende Flächen innerhalb einer bestehenden Bebauung genutzt werden. Häufig handelt es sich dabei um Baulücken oder Restgrundstücke. Eine weitere Möglichkeit der städtebaulichen Nachverdichtung ist das Aufstocken und Ausbauen von Dächern. Hierbei wird neuer Wohnraum geschaffen, ohne dass neue Flächen in Anspruch genommen werden müssen.

Umweltbundesamt: Was bedeutet Nachverdichtung/Aufstocken und wie sieht es in der Praxis aus? In: www.umweltbundesamt.de, Abruf am 08.11.2022

8 Mietwohnraumförderung

Die Mietwohnraumförderung richtet sich an Interessenten, die bereit sind, Mietwohnraum insbesondere an Haushalte mit geringem Einkommen zu überlassen. Für alle hier angebotenen Programme der Mietwohnraumförderung gilt, dass die Förderempfängerin oder der Förderempfänger als Gegenleistung für die Fördergelder Pflichten, insbesondere Belegungs- und Mietbindungen, übernimmt. [...] Die Förderung erfolgt durch vom Land im Zins verbilligte Darlehen der ISB sowie durch Zuschüsse. [...] Das Förderinstrument der Tilgungszuschüsse wird auch für die Förderung von Studierendenwohnheimen, für die Förderung von Gemeinschaftswohnungen für betreute Wohngruppen und Wohngemeinschaften, die Modernisierungsförderung sowie die Förderung von Wohnraum für Flüchtlinge und Asylbegehrende bereitgestellt.

Rheinland-Pfalz – Ministerium der Finanzen: Soziale Wohnraumförderung. In: https://fm.rlp.de, Abruf am 04.10.2022

Aufgaben

72035-173

1. Erarbeiten Sie in Form von Schlagworten die grundlegenden Ideen zur Gestaltung der Sozialen Marktwirtschaft (**M34**, **M35**).
2. a) Erstellen Sie eine Übersicht der Grundrechtsbezüge der Sozialen Marktwirtschaft (**M36**). Ergänzen Sie diese durch Art. 14 Abs. 2 und 3, Art. 15 und Art. 20 Abs. 1 GG.
   b) Erläutern Sie, welche Ideen von Müller-Armack und Erhard sich im Grundgesetz wiederfinden.
3. Nehmen Sie Stellung zur These in **M37**, indem Sie sich auf die bisherigen Ergebnisse und das Konzept des Ordoliberalismus beziehen (**M30**).
4. Erklären Sie die Proteste gegen hohe Mieten (**M38**, **M39**) und erarbeiten Sie die Merkmale des Mietwohnungsmarkts in Großstädten (**M40**).
5. Ordnen Sie die Positionen (**M41**) und Instrumente (**M42**) zur Mietenregulierung danach, wie sehr sie in den Markt (Angebot bzw. Nachfrage) eingreifen, und skizzieren Sie deren mögliche Auswirkungen.
6. Beurteilen Sie Möglichkeiten/Grenzen einer stärkeren/geringeren staatlichen Regulierung des Mietwohnungsmarktes perspektivisch und kategorial (→ Methode, S. 31 f.).

Politik aktiv

Das durch die Ampelkoalition neu geschaffene Bundesministerium für Wohnen, Stadtentwicklung und Bauwesen (BMWSB) veranstaltet angesichts der Lage auf dem Mietwohnungsmarkt ein Hearing zum Thema „Wohnen im Wohlstand für alle als Auftrag der Sozialen Marktwirtschaft“. Bereiten Sie sich auf eine Rolle vor, indem Sie eine Rede gemäß Ihrer Rollenkarte (→ digitaler Augabenkasten) entwerfen.

Einen politischen Redebeitrag gestalten

I. Worum geht es?

Politisches Handeln erfolgt in wesentlichem Maße durch Sprechen, Beteiligung an Diskussionen und Verhandeln. Dabei sind es häufig sorgfältig durchdachte und vorbereitete Redebeiträge, mit denen in Parlamenten, bei Versammlungen oder Kundgebungen um Zustimmung für eine Sache bzw. für die eigene Position geworben wird. Das Ziel einer politischen Rede ist es, das Publikum gezielt anzusprechen und zu überzeugen. Dazu braucht es eine klare Botschaft und eine gute argumentative Strategie.

II. Gehen Sie dabei so vor:

1 Inhaltliche Vorbereitung und Konzept entwerfen

1. Vergegenwärtigen Sie sich die Fragestellung bzw. das Thema Ihrer Rede.
2. Sammeln und strukturieren Sie die Argumente (einschließlich der Beispiele und Belege) anhand von Perspektiven und Kriterien.
3. Skizzieren Sie eine schlüssige Argumentation und gewichten Sie dabei Perspektiven und Kriterien.
4. Machen Sie sich Notizen zu folgenden Fragen:
   - Wer sind die Adressierten? Was bedeutet dies z. B. für die sprachliche Form?
   - Welchen Anlass hat die Rede bzw. in welchem Kontext steht sie?
   - Welches konkrete Ziel verfolgt die Rede?

▼

2 Den Redebeitrag ausformulieren

1. Gliedern Sie Ihre Rede in Einleitung, Hauptteil und Schluss. Nutzen Sie dabei die Leitfragen:

Einleitung	▪ Wie begrüße ich das Publikum adressatengerecht? ▪ Wie gewinne ich die Aufmerksamkeit der Zuhörenden gleich zu Beginn? ▪ Auf welchen Anlass/welches Ausgangsproblem nehme ich Bezug?
Hauptteil	▪ Was kennzeichnet die aktuelle Situation konkret? ▪ Auf welche Aspekte beziehe ich mich? ▪ Wie erkläre ich die Situation/das Problem? ▪ Wie kann ich meine Situationsanalyse belegen? ▪ Welche Folgen ergeben sich daraus? ▪ Welche Veränderungsvorschläge lassen sich ableiten und welche Chancen ergeben sich daraus? ▪ Welche Position/welchen Vorschlag vertrete ich? ▪ Wie können Gegenpositionen entkräftet werden?
Schluss	▪ Wie lässt sich meine Position zusammenfassen? ▪ Auf welche leitenden Kriterien beziehe ich mich dabei? ▪ Wie lautet die konkrete Aufforderung zum Handeln? ▪ An wen ist die Handlungsaufforderung gerichtet?

2. Pürfen und überarbeiten Sie Ihren Redebeitrag:
   - Passen alle Bestandteile zueinander, sind sie widerspruchsfrei?
   - Ist die verwendete Sprache korrekt und stilistisch passend?
   - Würden Sie selbst gerne Ihrer Rede zuhören?

Bearbeiterin

5.3.3 Ziele staatlicher Wirtschaftspolitik: Sind die Prioritäten richtig gesetzt?

Zum Thema: Das eigentliche Ziel staatlicher Wirtschaftspolitik und auch des privaten Wirtschaftens ist Wohlstand, im besten Fall „Wohlstand für alle", wie Ludwig Erhard plakativ formuliert hat. Die Wirtschaftssubjekte verfolgen unterschiedliche Ziele, Wirtschaftspolitik jedoch soll Ziele im Sinn der Allgemeinheit verfolgen. Welche Ziele auf der Prioritätenliste wirtschaftspolitischer Entscheidungen weit oben und welche nachrangig zu nennen sind, ist umstritten. Zudem stehen Ziele im Konflikt zueinander. In diesem Kapitel setzen Sie damit auseinander, welche Ziele mit Blick auf eine lebenswerte Zukunft an erster Stelle stehen sollten und diskutieren Ihre Vorstellungen im Kurs.

M43 Löhne und Preise im Konflikt

Karikatur: Wilhelm Hartung

Einstiegsaufgaben 72035-174

1. Analysieren Sie die Karikatur (→ Methode, S. 268).
2. Würden Sie eher höhere Löhne oder niedrigere Preise bevorzugen? Diskutieren Sie Ihr Votum mit Hilfe konkreter Beispiele.

Zusatzinformation:
Stabilitätsgesetz
72035-175

M44 Was ist das Magische Viereck?

Das „Gesetz zur Förderung der Stabilität und des Wachstums der Wirtschaft" (Stabilitätsgesetz → QR-Code) wurde als Reaktion auf die Verschlechterung der wirtschaftlichen Lage in der Bundesrepublik 1966/67 beschlossen. Das vom damaligen Wirtschaftsminister einer Großen Koalition, Karl Schiller (SPD), vorgelegte Gesetz benennt vier Ziele, die Bund und Länder mit ihren wirtschaftlichen und finanzpolitischen Maßnahmen gleichzeitig erreichen sollen: stetiges und angemessenes Wirtschaftswachstum, stabiles Preisniveau, hoher Beschäftigungsstand und außenwirtschaftliches Gleichgewicht. Da es ziemlich schwierig und nahezu unmöglich ist, diese vier Ziele gleichzeitig zu erreichen, spricht man auch vom „Magischen Viereck".

Bearbeiter

M45 Wie entwickelt sich die deutsche Wirtschaft?

a) Aus dem Jahreswirtschaftsbericht 2022 der Bundesregierung

Im Ergebnis stieg das preisbereinigte Bruttoinlandsprodukt der deutschen Wirtschaft im Jahr 2021 mit einer Rate von 2,7 Prozent. Für das Gesamtjahr 2022 erwartet die Bundesregierung eine Zunahme des preisbereinigten Bruttoinlandsprodukts (BIP) in Höhe von 3,6 Prozent. [...] Insgesamt werden sich die Exporte von Waren und Dienstleistungen in diesem Jahr voraussichtlich um 6,3 Prozent nochmals kräftig erhöhen [...] [A]uch mit einer starken Steigerung der Einfuhren um rund 7,1 Prozent [2021: +9,2 Prozent] [ist] zu rechnen. [...] Der Leistungsbilanzüberschuss bleibt im laufenden Jahr bei 6,5 Prozent und damit auf gleichem Niveau wie im vergangenen Jahr. [...] Die Erwerbstätigkeit legte im Verlauf des vergangenen Jahres merklich zu [...]. Im laufenden Jahr kommt es auf Grund der erwarteten weiteren wirtschaftlichen Erholung zu einem kräftigen Anstieg um 425.000 Personen. [...] Die Arbeitslosenquote dürfte im Jahr 2022 um 0,6 Prozentpunkte auf 5,1 Prozent zurückgehen. [...] Die Inflationsrate in Deutschland lag [...] im Jahr 2020 deutlich unter und im Jahr 2021 deutlich über der Zielmarke der Europäischen Zentralbank für den gesamten Euroraum. [...] Alles in allem wird damit gerechnet, dass der Anstieg des Verbraucherpreisniveaus in diesem Jahr [2022] mit jahresdurchschnittlich 3,3 Prozent abermals deutlich ausfällt.

Bundesministerium für Wirtschaft und Klimaschutz (Hg.): Jahreswirtschaftsbericht 2022. Berlin: Bundesministerium für Wirtschaft und Klimaschutz (BMWK) 2022, S. 103-112

Bruttoinlandsprodukt
Dienstleistungen, die in einem Jahr innerhalb der Landesgrenzen einer Volkswirtschaft erwirtschaftet werden. Dabei wird die Inflationsrate nicht mit einberechnet.

Leistungsbilanz
Gegenüberstellung des Werts aller im- und exportierten Waren (Handelsbilanz) und Dienstleistungen (Dienstleistungsbilanz).

Zielmarke
Mittelfristig strebt die Europäische Zentralbank (EZB) eine Inflationsrate von 2 % an.

Begriffserklärungen:
Erwerbstätige, Arbeitslose, Inflationsrate

72035-176

b) Kennzahlen des Magischen Vierecks in Deutschland in der Übersicht

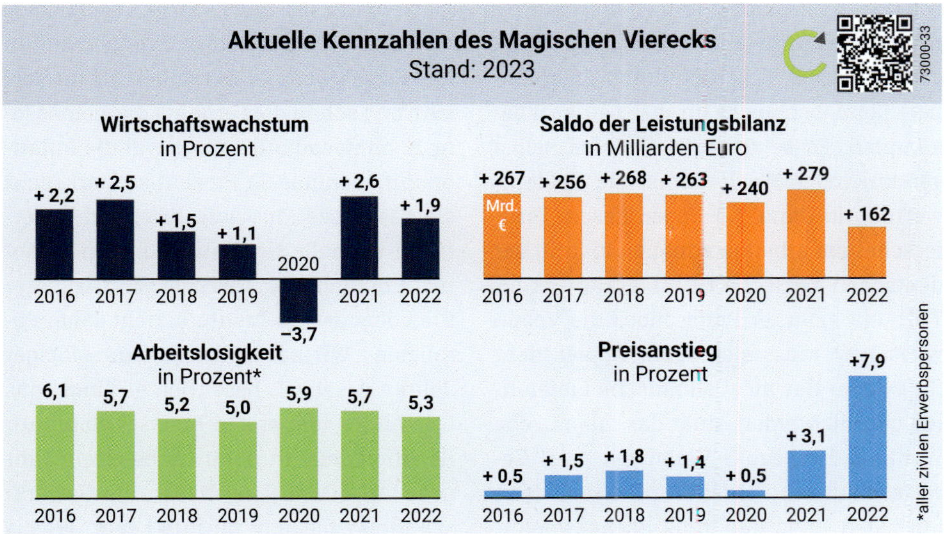

© C.C. Buchner Verlag, aktuelle Daten nach: DESTATIS, Bundesbank, Bundesagentur für Arbeit (Datenerhebung 2022, Grafikerstellung 2023)

M46 Das Neue Magische Viereck: Welche Zielgrößen sind wichtig?

Wenn aus ökonomischer Perspektive über den Zustand eines Landes gesprochen wird, geht es meist um Zahlen zum Arbeitsmarkt, zum Staatshaushalt oder zum Wirtschaftswachstum. [...] [D]ie Politik [sollte] auch beachten, dass es noch andere wichtige Ziele gibt, die teilweise in Konflikt mit den oben genannten Indikatoren stehen. Beispielsweise mag zwar der deutsche Staatshaushalt einen Überschuss aufweisen, aber gleichzeitig verfällt die deutsche Infrastruktur. In Deutschland stehen immer mehr Menschen in Lohn und Brot, aber gleichzeitig steigt auch die Zahl der von Armut bedrohten Menschen. Die Wirtschaft mag konstant und (relativ) solide wachsen, aber dies gilt auch für den Ausstoß klimaschädlicher Treibhausgase. Dieses Magische Viereck ist deswegen „neu", weil es das alte Magische Viereck von 1967 ablösen soll. Zur Erläuterung: Das alte Magische Viereck war 1967 im deutschen Grundgesetz verankert worden und legte als Staatsziel das Anstreben von hoher Beschäftigung, hohem und stetigen Wachstum, niedriger Inflation und eines außenwirtschaftlichen Gleichgewichts fest.

Die neuen vier Zielgrößen lauten:

- Wirtschaftlicher Wohlstand und Stabilität,
- Nachhaltigkeit der Staatstätigkeit und der -finanzen,
- Soziale Nachhaltigkeit und
- Ökologische Nachhaltigkeit

Jedem Hauptziel wurden drei bis vier Indikatoren zugeordnet, anhand derer sich ableiten lässt, wie es um das Erreichen dieser Ziele derzeit bestellt ist. „Magisch" ist das Viereck, weil viele der Ziele wie eingangs erwähnt zueinander im Konflikt stehen können – die Regierung muss die hohe Kunst beherrschen, diese wichtigen Ziele unter einen Hut zu bekommen und etwaige Zielkonflikte auszubalancieren.

Lindner, Fabian: Neues Magisches Viereck. Die Zielkonflikte der Wirtschaftspolitik. In: https://makronom.de, 19.12.2017

M47 Kommentar: Wer oder was treibt die Preise hoch?

Die aktuellen Inflationsraten haben ungute Erinnerungen geweckt – an die Zeit anhaltend hoher Geldentwertung bei stark erhöhten Energiepreisen. Und so kehrte auch ein Begriff mit schaurigem Unterton zurück: Lohn-Preis-Spirale. Er steht für das, was schiefgehen kann, wenn Gewerkschaften in solchen Zeiten offensiv auftreten; falls sie mit aller Macht versuchen, die Folgen der Teuerung durch umso höhere Lohnabschlüsse für ihre Leute zu bekämpfen. Es setzt leicht ein sich selbst verstärkendes Wechselspiel der Geldentwertung in Gang. [...] Hagen Lesch, Tarifforscher am arbeitgebernahen Institut der deutschen Wirtschaft (IW), erklärt es so: Trifft ein externer Preisschock die Volkswirtschaft, muss also zum Beispiel mehr für Öl oder Gas an ausländische Lieferanten gezahlt werden, sinkt das inländische Wohlstandsniveau. „Verlangen die Gewerkschaften in ihren Tarifrunden dann um jeden Preis den Teuerungsausgleich, ist das faktisch ein gesellschaftlicher Verteilungskampf darum, wer die Einbußen trägt." Das erinnert an das Motto, hinter dem sich in der Finanzkrise 2009 Kritiker der Bankenrettung scharten: „Wir zahlen nicht für eure Krise." Wo aber stehen wir heute? Die Tarifabschlüsse lagen 2021 im Durchschnitt unter 2 Prozent. Die Effektivlöhne sind zwar um 3,1 Prozent gestiegen, was aber teils mit Corona-Effekten zu tun hat: Es gab weniger Kurzarbeit als im Vorjahr, und schon dies erhöhte das gemessene Lohnniveau. Allerdings war die Inflation mit ebenfalls 3,1 Prozent so stark, dass sie das ganze Plus aufzehrte; und die erhoffte schnelle Normalisierung ist bisher nicht in Sicht.Hans-Werner Sinn, früherer Präsident des Ifo-Instituts, zieht daher Parallelen. „Wir haben das in den siebziger Jahren gesehen", beschrieb er jüngst das Lagebild – vom ersten Preisschub bis zur Reaktion der Tarifpolitik habe es ein Jahr gedauert. „Dann aber haben die Gewerkschaften zugelangt für ihre Leute." Was ja völlig verständlich sei, wenn deren Lebenshaltungskosten steigen. [...] Vielleicht ist es aber auch komplizierter – jedenfalls in anderer Weise kompliziert als damals: Einst waren fast 40 Prozent der Beschäftigten in Gewerkschaften organisiert, heute kaum noch 15 Prozent. Ebenso ist der Anteil der Betriebe, für die Tarifverträge gelten, gesunken. [...] Christoph Schmidt, Präsident des RWI-Leibniz-Instituts, urteilt daher anders: Vergleiche mit den 1970er-Jahren seien kaum angebracht. [...] Es gibt [...] Gegenkräfte. [...] Dazu gehört die Erhöhung des Mindestlohns [...]. 12 Euro von Oktober an, wie von Arbeitsminister Hubertus Heil (SPD) geplant – das ist eine Erhöhung um 25 Prozent binnen Jahresfrist. Zugleich gibt es neue Vorgaben in der Altenpflege, sie erhöhen die Lohnuntergrenzen dort um 17 bis 48 Prozent. [...] Die gewerkschaftsnahe Hans-Böckler-Stiftung rechnete jüngst vor, dass die Inflationseffekte dieser Politik unbedeutend seien. Der höhere Mindestlohn [...] hebe das gesamtwirtschaftliche Lohnniveau nur um 0,6 Prozent – und die Inflation um 0,25 Prozentpunkte. [...] Ganz so entspannt sieht RWI-Chef Schmidt den Mindestlohn nicht [...]. Der mächtigste Lohntreiber sei allerdings ein anderer – eine neue, dritte Kraft neben Staat und Gewerkschaften: Arbeitskräfteknappheit. Diese sei „einer der wichtigsten Faktoren, der möglicherweise eine ‚Lohn-Preis-Spirale' antreiben könnte". Und der bevorstehende Renteneintritt der geburtenstarken Jahrgänge werde die Knappheit in den kommenden Jahren eher noch verschärfen. [...] In den Gewerkschaften stößt indessen allein schon das Konzept „Lohn-Preis-Spirale" auf Widerstand – denn es sei einseitig arbeitgeberfreundlich und fast beliebig gegen Lohnforderungen einsetzbar. Das stört selbst Michael Vassiliadis, Chef der Chemiegewerkschaft IG BCE [...]: „Ich sehe keine Lohn-Preis-Spirale", sagt er lapidar. „Eher haben wir es mit einer Energie-Preis-Spirale zu tun." Damit aber greift er den Kern des Konzepts an: Was sind in der Inflation eigentlich die unabänderlichen Fakten – und was Stellschrauben? Am hohen Ölpreis 1973 konnte die Regierung wohl wirklich wenig ändern. Also kam es, neben der Geld- und Fiskalpolitik, besonders auf lohnpolitische Weitsicht der Gewerkschaften an. Heute dagegen hat die Regierung durch die vielen Regulierungen und Abgaben, die Energie verteuern, lauter eigene Hebel in der Hand.

Creutzburg, Dietrich: Lohnpolitik. Wer treibt hier die Preise hoch? In: www.faz.net, 19.02.2022 © Alle Rechte vorbehalten. Frankfurter Allgemeine Zeitung GmbH, Frankfurt. Zur Verfügung gestellt vom Frankfurter Allgemeine Archiv

Aufgaben

72035-177

1. Stellen Sie die Ziele des Magischen Vierecks und deren Messung mit Hilfe von **M44** und **M45** übersichtlich dar.
2. Erklären Sie, welche Ziele gemäß den Vorgaben des Stabilitätsgesetzes erreicht wurden (**M45**).
3. Arbeiten Sie heraus, wie der Autor das Neue Magische Viereck (**M46**) begründet.
4. Erläutern Sie mit Hilfe von **M47** Ursachen und Wirkung der „Lohn-Preis-Spirale" im Jahr 2022. Berücksichtigen Sie dabei auch **M43**.
5. Analysieren Sie das Untersuchungsergebnis zur Erreichung der Ziele des Neuen Magischen Vierecks (→ digitaler Aufgabenkasten). Gehen Sie dabei auch darauf ein, welche Rolle das ursprüngliche Magische Viereck darin spielt.
6. Höhere Löhne oder niedrigere Preise? Analysieren und bewerten Sie die Frage (**M43**) mit Hilfe der Magischen Vierecke.
7. Beurteilen Sie die Auswirkungen des Neuen Magischen Vierecks auf das Spannungsfeld von Ökonomie und Ökologie perspektivisch und kategorial (→ Methode, S. 31 f.).

5.3.4 Wettbewerbspolitik: Unter welchen Bedingungen soll der Staat regulierend in den Wettbewerb eingreifen?

Zum Thema: Freier Wettbewerb gilt als ein wichtiges Prinzip der Sozialen Marktwirtschaft. Im Folgenden erarbeiten Sie zentrale Aspekte des Wettbewerbs am Beispiel des Lebensmitteleinzelhandels, indem Sie die Entwicklung des Marktes untersuchen und die Möglichkeiten und die Notwendigkeit staatlicher Regulierung von Märkten reflektieren.

M48 Wie entwickelt sich der Lebensmitteleinzelhandel in Deutschland?

Zahl der Verkaufsstätten im Lebensmitteleinzelhandel (Stand: 2022)

73000-490

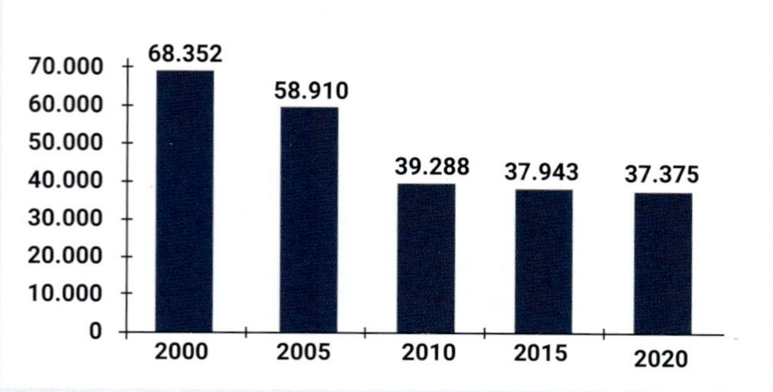

© C.C. Buchner Verlag, aktuelle Daten nach: BMEL, 2022

Verkaufsfläche in Mio. m² im Lebensmitteleinzelhandel (Stand: 2022)

73000-504

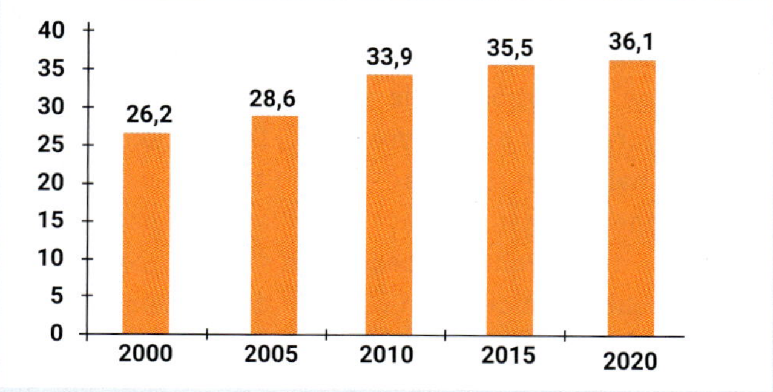

© C.C. Buchner Verlag, aktuelle Daten nach: BMEL, 2022

Einstiegsaufgaben 72035-178

1. Analysieren Sie die beiden Statistiken (**M48**).
2. Stellen Sie Vermutungen über die Gründe der dargestellten Entwicklung an und formulieren Sie Forderungen an den Staat.

M49 Wofür sorgt der Wettbewerb?

Begriffserklärungen:
Kartell, Grenzkosten

72035-180

Der Wettbewerb sorgt dafür, dass das Gewinnstreben des Einzelnen letztlich zu gesamtgesellschaftlich erwünschten Ergebnissen führt, vor allem dazu, dass die Verbraucher von wachsender Produktivität profitieren. Monopole und Kartelle schwächen meistens die wirtschaftliche Effizienz und untergraben die breite Teilhabe am Wohlstand. [...] Unternehmensgrößen allein haben allerdings eine begrenzte Aussagekraft über die herrschende Wettbewerbsintensität. Denn für die Nutzung von Größenvorteilen ist es unerlässlich, große Unternehmen zu haben. [Eine] Zersplitterung der Unternehmen [hält] zwar die Marktmacht in engen Grenzen, [verursacht] aber ineffizient hohe Produktionskosten. Entscheidend ist, dass sich die Preise nicht allzu weit von den Produktionskosten entfernen. Hohe und wachsende Aufschläge auf Grenzkosten können ein Zeichen für abnehmenden Wettbewerb sein.

Fuest, Clemens: Soziale Marktwirtschaft: Exportschlager oder Auslaufmodell? In: ifo Schnelldienst 21/2018, 08.11.2018, S. 37 f.

M50 Wie beeinflusst die Marktform den Wettbewerb?

Der Monopolist hat es insgesamt gesehen recht einfach: Er kann seine Preispolitik optimal auf die Marktbedingungen ausrichten und so den für ihn optimalen Gewinn einfahren.
Sehr viel schwieriger wird die Preisgestaltung, wenn es auf einem Markt zwei Wettbewerber gibt, die auch noch ähnlich groß sind. Man spricht dann von einem Duopol. Wenn auf einem Markt mehr als zwei, aber trotzdem nur sehr wenige Anbieter aktiv sind, spricht man von einem Oligopol; die [...] Marktform mit vielen Anbietern wird dementsprechend als Polypol bezeichnet. Natürlich ist das Leben für die Anbieter eines Duopols oder Oligopols noch immer sehr viel angenehmer als unter dem scharfen Wind des vollständigen Wettbewerbs.
Aber die Preisgestaltung ist zugleich wesentlich komplexer als in der Welt eines Monopols. Das liegt daran, dass jeder der Anbieter damit rechnen muss, dass seine eigene Preissetzung durch das Verhalten seiner Konkurrenten unterlaufen wird. [...] Das kann dann leicht zu einer Preisschlacht führen, die für beide Anbieter nachteilige Effekte hat.

Bofinger, Peter: Grundzüge der Volkswirtschaftslehre (Pearson Studium – Economic VWL). 5. Auflage. München: Pearson Studium 2020, S. 134

Beispiel für ein Duopol
Ein anschauliches Beispiel hierfür ist der Markt für Passagierflugzeuge, der von den beiden großen Unternehmen Boeing und Airbus weitgehend beherrscht wird. Aufgrund der hohen Fixkosten bei der Flugzeugproduktion ist es für neue Anbieter nahezu unmöglich, in diesen Markt einzudringen.

Bofinger, Peter: Grundzüge der Volkswirtschaftslehre (Pearson Studium – Economic VWL). 5. Auflage. München: Pearson Studium 2020, S. 134

M51 Situationsbericht 2022 des Deutschen Bauernverbandes: Wie ist die Lage der Lebensmittelhersteller?

Der Anteil der landwirtschaftlichen Verkaufserlöse an den Verbraucherausgaben für Nahrungsmittel inländischer Herkunft lag im Jahr 2020 bei 21 Prozent. Anfang der 70er Jahre lag der entsprechende Anteil mit 48 Prozent mehr als doppelt so hoch. [...]
Der Lebensmitteleinzelhandel (LEH) in Deutschland ist der größte Absatzkanal für die deutschen Lebensmittelhersteller. Er erzielte 2020 einen Umsatz einschließlich Non Food von 267,1 Milliarden Euro. [...] Die Unternehmenskonzentration ist hoch, die fünf größten Unternehmen – Edeka, Rewe, Schwarz-Gruppe, Aldi und Metro – vereinen knapp 79 Prozent Marktanteil auf sich. Durch diese ungleich verteilten Verhandlungspositionen entstehen unter den Lebensmittelherstellern ein harter Qualitäts- und Preiswettbewerb und damit ein intensiver Wettbewerb um die Listenplätze der Handelsunternehmen.

Deutscher Bauernverband e. V. (Hg.): Situationsbericht 2021/22. Trends und Fakten zur Landwirtschaft. Berlin: Deutscher Bauernverband e. V. S. 22, 33

Grafik: Die Top 10 der deutschen Lebensmittelhändler

72035-181

M52 Zum Verhältnis von Lebensmittelhandel und -lieferanten

[Die Entwicklungshilfeorganisation] Oxfam hat [...] 100 Rabatt- und Konditionenforderungen zusammengetragen [...]. [...] „Lieferanten müssen also zahlen, wenn der Supermarkt eine Filiale renoviert, sie bezahlen Abschläge, wenn Erträge hinter den Erwartungen des Handels zurückbleiben und wenn Waren nicht vor dem Ablauf des Mindesthaltbarkeitsdatums verkauft sind, müssen sie die Kosten ebenfalls mit übernehmen", erklärt Marita Wiggerthale, Agrarexpertin bei Oxfam Deutschland.

Oxfam Deutschland e. V.: Knebelliste deutscher Supermärkte setzt Lieferanten unter Druck. In: www.oxfam.de, 09.02.2021

M53 Fallbeispiel Wettbewerbspolitik: das Agrarmarktstrukturgesetz

Der Bundestag hat am 6. Mai 2021 eine Änderung des Agrarmarktstrukturgesetzes beschlossen und setzt damit eine EU-Richtlinie um. Demnach sind beispielsweise einseitige Vertragsänderungen, kurzfristige Stornierungen, zu späte Zahlungen oder Beteiligung an Lagerkosten zu Ungunsten der Lieferanten untersagt. Nichtregierungsorganisationen kritisieren, dass Bundesregierung und Bundestag die Chance verpasst hätten, dem ruinösen Preiskampf im Lebensmitteleinzelhandel einen Riegel vorzuschieben und den Einkauf unterhalb der Produktionskosten als unlautere Handelspraktik in das Gesetz aufzunehmen [...] Supermarktketten könnten weiter ihren Lieferanten die Preise diktieren. Der Verbraucherzentrale Bundesverband lobt, dass es durch das Gesetz mehr Fairness gebe, da der Preisdruck genommen werde, was auch Verbraucher begrüßten. Der Deutsche Bauernverband (DBV) sprach von einem positiven Signal, die SPD-Fraktion lobte die Stärkung der Marktposition der Landwirte. Die Union unterstrich, dass das Gesetz die Marktmacht der großen Vier mindere und Bauern schütze. Den Grünen geht das Gesetz nicht weit genug. Sie forderten ein Verbot für zu niedrige Preise für Lebensmittel, lobten aber das Verbot von Listungsgebühren für bereits am Markt eingeführte Produkte. Die FDP kritisierte, dass die Große Koalition die Folgen ihrer schlechten Landwirtschaftspolitik dem Lebensmitteleinzelhandel aufbürde. Die Situation der Landwirte könne nur durch eine Stärkung des Bundeskartellamts verbessert werden.

Bearbeiter, basierend auf: afp/taz: Ketten diktieren weiter die Preise. In: www.taz.de, 07.05.2021

Aufgaben

72035-182

1. Erklären Sie, welche Marktform a) für den Wettbewerb, b) für den Verbraucher und c) für die Unternehmen am vorteilhaftesten ist (**M49**, **M50**).
2. In einem Ort gibt es zwei große Lebensmittelgeschäfte. Beide Geschäftsführer sprechen über die Menge Erdbeeren, die sie im Sommer anbieten wollen und einigen sich mündlich auf 40 Kilo pro Tag, um den Preis je Kilo möglichst hoch zu halten. Sollen sich beide an die Absprache halten? Diskutieren Sie unter Berücksichtigung von **M49** und **M50**. Simulieren Sie den Fall als „Gefangenendilemma" (→ digitaler Aufgabenkasten).
3. Werten Sie die Entwicklung im Lebensmitteleinzelhandel (**M51**, **M52** und **M53**) mit Hilfe Ihrer Ergebnisse aus Aufgabe 1 und 2 aus.
4. Analysieren Sie anhand der gesetzlichen Vorgaben zum Wettbewerb (→ digitaler Aufgabenkasten) die Marktmacht der Lebensmittelketten.
5. Beurteilen Sie die gesetzlichen Vorgaben für den Wettbewerb im Lebensmitteleinzelhandel (**M48**, **M52**, **M53**) perspektivisch und kategorial (→ Methode, S. 31 f.). Berücksichtigen Sie dabei die Perspektiven der beteiligten Wirtschaftssubjekte.

Politik aktiv

1. Recherchieren Sie auf der Webseite des Bundeskartellamts zu den Bereichen
a) Fusionskontrolle: Berichten Sie über Fusionen Ihrer Wahl, die genehmigt/untersagt wurden. Welche Beispiele für eine „Ministererlaubnis" gibt es?
b) Kartellverbot: Berichten Sie über Kartellverfahren und -verbote Ihrer Wahl.
2. Planen Sie einen (virtuellen) Besuch beim Bundeskartellamt in Bonn.

5.3.5 Strukturpolitik: Wie stark soll der Staat Schlüsselindustrien unterstützen?

Zum Thema: Neben der Wettbewerbspolitik ist auch die Strukturpolitik ein zentraler und permanenter Gestaltungsbereich der Politik. Auch hier sind viele Bereiche des Lebens betroffen, wenn es darum geht, gewisse Branchen der Wirtschaft zu erhalten, zu fördern oder neuen Branchen und Unternehmen die Entstehung und Gründung zu erleichtern. Der Fokus der Öffentlichkeit und daher auch der Politik liegt häufig auf den sogenannten Schlüssel- oder Kernindustrien. Sie sollen in diesem Kapitel am Beispiel der Automobilindustrie die Möglichkeiten und Erfordernisse politischen Handelns analysieren und beurteilen.

M54 Fallbeispiel „Autogipfel": überflüssig oder notwendig zur Sicherung des Wohlstandes?

Das Auto spielt in Deutschland eine große Rolle: positiv (Wirtschaftsfaktor, Mobilität, Statussymbol, ...) wie negativ (Luftverschmutzung, Rohstoffabhängigkeit, ...). Beim „Autogipfel" treffen sich regelmäßig Vertreter:innen der Bundesregierung mit Vertreter:innen der Automobilindustrie, um beispielsweise über eine wirtschaftliche und klimaverträgliche Zukunft des Autos zu sprechen.

A

Jan Korte
@jankortemdb

Eine Milliarde Euro Steuergelder will die Bundesregierung in die Autoindustrie stecken. Die Konzerne könnten das locker selber machen, haben ihre mit Kurzarbeitergeld gestützten Gewinne aber lieber den Aktionären ausgezahlt: VW 2,4 Mrd., Daimler 1,4 Mrd., BMW 1,2 Mrd. #Autogipfel

12:20 nachm. · 18. Aug. 2021

354 Retweets 22 Zitierte Tweets 1.318 „Gefällt mir"-Angaben

B

Frank Schäffler
@f_schaeffler

Erst wenn das letzte Auto gebaut, der letzte Arbeitsplatz vernichtet, das letzte Unternehmen verschwindet, werdet ihr merken, dass Wohlstand in Deutschland nicht vom Himmel fällt. #Autogipfel

5:47 nachm. · 8. Sep. 2020

442 Retweets 24 Zitierte Tweets 2.714 „Gefällt mir"-Angaben

Bildschirmfoto Twitter, Hashtag #Autogipfel, Abruf am 04.10.2022

Kurzarbeitergeld
Begriffserklärung →
digitaler Aufgabenkasten

Einstiegsaufgaben 72035-183

1. Welchem Tweet stimmen Sie eher zu (M54 A + B)?
2. Formulieren Sie einen Retweet und begründen Sie ihn stichpunktartig.

M55 Was sind Schlüsselindustrien?

Als Kern- oder Schlüsselindustrie werden die Branchen angesehen, die einen größeren Teil der Wertschöpfung und Beschäftigung ausmachen und darüber hinaus auch eng mit anderen Branchen verflochten sind. In Deutschland steht daher die Autoindustrie an erster Stelle. Die großen Unternehmen der Automobilindustrie wie Volkswagen, BMW, Daimler oder Opel sind weltbekannt. Hinzu kommen die Autozulieferer der großen Hersteller wie Bosch oder Continental, Schaeffler und viele kleinere Betriebe. Nach Angaben des Bundeswirtschaftsministeriums erwirtschafteten die Unternehmen der Automobilindustrie 2020 einen Umsatz von gut 378 Milliarden Euro mit knapp 809.000 Beschäftigten. Zudem ist diese Branche mit der chemischen Industrie, der Textilindustrie, dem Maschinenbau und der elektrotechnischen Industrie sowie der Stahl- und Aluminiumindustrie verbunden.

DAX
Deutscher Aktienindex, hier sind die 40 Unternehmen mit dem höchsten Aktienwert gelistet.

Außerdem sind Ingenieurbüros, Autohändler, Werkstätten und Tankstellen vom Erfolg der Branche abhängig. Insgesamt hängen von ihr 2,2 Millionen (7 %) der sozialversicherungspflichtigen Arbeitsplätze in Deutschland ab. Vier von 40 Unternehmen im Deutschen Aktienindex (DAX) gehören der Automobilbranche an. Gemessen an der Anzahl der DAX-Unternehmen ist auch die Chemieindustrie eine Schlüsselindustrie. Das Bundeswirtschaftsministerium stuft sie als drittgrößten Industriezweig (464.000 Beschäftigte / ca. 190 Milliarden Umsatz im Jahr 2020) nach dem Maschinenbau (970.000 Beschäftigte / ca. 217 Milliarden Umsatz im Jahr 2020) ein, der mit Siemens auch einen DAX-Konzern aufweist.

Bearbeiter

M56 Strukturwandel und -politik: Wie verändert sich die Wirtschaft und was kann die Politik tun?

In einer dynamisch wachsenden Wirtschaft verschiebt sich üblicherweise die relative Bedeutung einzelner Wirtschaftsbereiche und Regionen. Dieser [...] Vorgang wird als Strukturwandel bezeichnet. [...]
Der sektorale Strukturwandel kann nachfrage- und angebotsbedingt sein. [...] In alternden Gesellschaften werden z.B. weniger Spielzeugartikel nachgefragt, die Nachfrage nach Medizin und Gesundheitsdienstleistungen steigt möglicherweise. Angebotsseitig wird die sektorale Wirtschaftsstruktur durch technischen Wandel beeinflusst. Dieser kann neue Industrien [...] begünstigen und traditionelle Branchen [...] zurückdrängen. Oft ändert sich die Art der Arbeitsteilung [...]. Lohnerhöhungen belasten z.B. arbeitsintensiv produzierende und begünstigen kapitalintensiv produzierende Branchen; steigende Energie- und Rohstoffpreise begünstigen Investitionen zur Erhöhung der Ressourceneffizienz. [...] Der räumliche Wandel wird zum einen vom sektoralen Strukturwandel beeinflusst. Regionen mit vielen Unternehmen in stagnierenden Wirtschaftsbereichen [...] verzeichnen Entwicklungsnachteile im Vergleich zu Regionen mit mehr Unternehmen in zukunftsträchtigen Sektoren [...]. Allgemein scheinen Verdichtungsgebiete und ihr unmittelbares Umland, also der verkehrlich gut angebundene „Speckgürtel" um die großen Verdichtungsräume, Vorteile gegenüber der Peripherie zu haben. [...] Häufig werden allerdings unbefriedigende Ergebnisse bzw. Wirkungen des Wandels als Anlass bzw. Rechtfertigung für staatliche Eingriffe herangezogen. [...] Zum einen will die Strukturpolitik dazu beitragen, dass knappe Produktionsfaktoren reibungsarm in Regionen und Sektoren gelenkt werden, in denen sie hohe Produktionsbeiträge erwirtschaften. [...] Dieses Wachstumsziel kann durch eine aktive, d.h. den Strukturwandel aktiv vorantreibende Strukturpolitik auf zwei Wegen verfolgt werden: [...] Die Strukturpolitik versucht [...], sektorale bzw. regionale Anpassungsprozesse zu erleichtern und zu beschleunigen. Dazu gehören z.B. Maßnahmen zur Verbesserung der Innovationsbereitschaft, die Förderung von Technologien, welche Strukturwandel erleichtern [...], die Unterstützung des Forschungs- und Technologietransfers, die Arbeitskräftequalifikation [...]. Nicht alte Strukturen, sondern der Ausstieg aus alten und der Umstieg auf neue Strukturen sollen gefördert werden [...]. Im Rahmen der Strukturentwicklung [...] geht es dagegen um die gezielte Förderung „zukunftsträchtiger" Sektoren bzw. Produktionen. [...] Beispielsweise werden unternehmerische Investitionen und Innovationen unterstützt, die für die Bewältigung künftiger Aufgaben im Bereich Klima- und Umweltschutz sinnvoll erscheinen [...]. Zum anderen will Strukturpolitik die negativen Begleiterscheinungen des Strukturwandels

mildern (passive bzw. reaktive Strukturpolitik). [...] Dabei soll es nicht darum gehen, Branchen zu erhalten, die auf Dauer nicht wettbewerbsfähig sind [...]. Vielmehr soll ein abrupter Verlust vieler Arbeitsplätze vermieden werden, um Zeit für die Umstrukturierung der Unternehmen in Richtung auf neue Produkte oder neue Absatzmärkte und für die Schaffung neuer Arbeitsplätze zu gewinnen. Damit soll ein regionaler Abwärtssog im Sinne von negativen Verstärkungseffekten der rückläufigen Einkommen verhindert werden, vor allem dann, wenn große und regional dominierende Unternehmen mit vielen Zulieferern in eine Krise geraten.

Kampmann, Ricarda / Walter, Johann: Angewandte Wirtschaftspolitik. Ausgewählte Handlungsfelder. Berlin: De Gruyter 2019, S. 116-121

M57 Produktionsstandorte des Volkswagenkonzerns in Deutschland

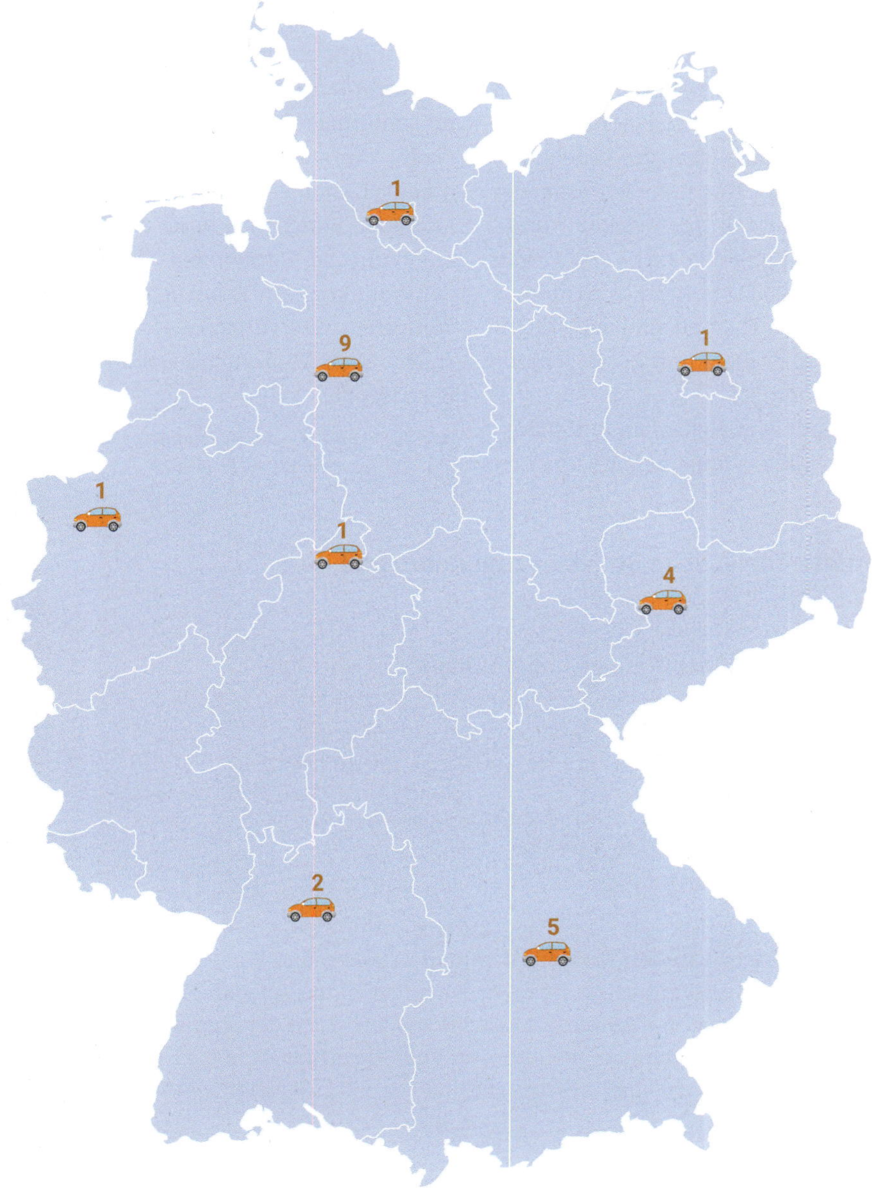

Bearbeitergrafik, Daten nach: Volkswagen AG, 2022

Interaktive Karte:
die Produktionsstandorte des Volkswagenkonzerns

72035-184

M58 Bundesregierung stützt deutsche Autoindustrie mit „Zukunftsfonds“

Mit einer Milliarde Euro will die Bundesregierung den Wandel zu saubereren Antrieben vorantreiben. Beim Autogipfel wurde die konkrete Ausgestaltung des „Zukunftsfonds“ vorgestellt. [...]
Die Auto-Runde kommt regelmäßig zusammen. Diesmal ging es bei der Videokonferenz mit Kanzlerin Angela Merkel (CDU), Vertretern der Branche sowie von Gewerkschaften, Ländern und der Großen Koalition vor allem um die Elektromobilität: den weiteren Wandel der deutschen Autoindustrie zu digitalen Lösungen und klimaschonenderen Antrieben. [...]
Um mehr Elektroautos auf die Straßen zu bringen, setzt die Bundesregierung unter anderem auf einen Ausbau des Ladenetzes und Kaufanreize. Nach Vorschlägen der EU-Kommission soll der Ausstoß klimaschädlichen Kohlendioxids (CO_2) von Neuwagen bis 2030 stärker sinken als derzeit vorgesehen. Themen sind auch Mobilitätsdaten und die künftige Beschäftigungssicherung. [...]
Für den Wandel der deutschen Autoindustrie hin zu klimaschonenderen Antrieben steht nun zusätzliche Unterstützung vom Bund bereit. Ein dafür vorgesehener „Zukunftsfonds“ mit einem Volumen von einer Milliarde Euro bis 2025 sei jetzt startklar, sagte Vize-Kanzler Olaf Scholz (SPD) heute. Die Einrichtung des Fonds, der besonders auf „Auto-Regionen“ in Deutschland zielt, war bereits bei einem „Autogipfel“ im November beschlossen worden. Nun wurde die konkrete Ausgestaltung geklärt. [...]
Konkret sollen laut Wirtschaftsministerium 340 Millionen Euro für regionale „Transformationsnetzwerke“ bereitgestellt werden, um Akteure vor Ort zusammenzubringen und Strategien zu entwickeln. Weitere 340 Millionen Euro sollen digitale Lösungen voranbringen. Rund 320 Millionen Euro sollen unter anderem mittelständische Firmen bei Umstellungen der Produktion für E-Antriebe und Brennstoffzellen unterstützen. Gefördert werden sollen auch Weiterbildungskonzepte für Beschäftigte.

dpa/ZDF heute: Wie die E-Mobilität gefördert werden soll. In: www.zdf.de, 18.08.2021

M59 Unterschiedliche Stimmen zum Autogipfel

IG Metall
Die Industriegewerkschaft Metall ist mit über zwei Millionen Mitgliedern eine Interessenvertretung der Beschäftigten der Metall- und Elektroindustrie.

Attac
Attac, eine globalisierungskritische Vereinigung, ist die Abkürzung für den französischen Ausdruck „Vereinigung zur Besteuerung von Finanztransaktionen im Interesse der Bürger*innen“ (association pour une taxation des transactions financières pour l'aide aux citoyens).

1 **IG-Metall -Chef Jörg Hofmann:** „Aus Sicht der Beschäftigten entscheidet sich in den Regionen, ob die Transformation gelingt oder zu Arbeitsplatz- und Wohlstandsverlusten führt.“

dpa/ZDF heute: Wie die E-Mobilität gefördert werden soll. In: www.zdf.de, 18.08.2021

2 **Attac-Aktivist Hermann Mahler:** „Verstopfte Straßen und Städte werden durch E-Autos nicht entlastet. Die Erwartungen an eine klimagerechte und sozialgerechte Mobilität können nur erfüllt werden, wenn der Sparkurs im öffentlichen Personenverkehr beendet wird. Hier muss massiv in die Erneuerung und den Ausbau von Infrastruktur und Personal investiert werden.“

Lang, Rahel: Die Bundesregierung macht eine Milliarde Euro für die Autoindustrie locker. In: www.netzpolitik.org, 19.08.2021

3 **Hildegard Müller, Präsidentin des Verbandes der Automobilindustrie (VDA):** „Die deutsche Automobilindustrie ist besser für die Zukunft gerüstet als der Standort Deutschland. Daher sollte die Politik die notwendigen Schritte unternehmen, um Produktion und Beschäftigung in Deutschland zu halten und zu stärken. Das große Thema des Jahres 2021 ist deshalb der Standort Deutschland und wie wir ihn wieder besser machen können."

Verband der Automobilindustrie e. V. (VDA): Hildegard Müller: 2021 entscheidet über die Zukunft der Industrie in Deutschland und Europa. In: www.vda.de, 26.01.2021

4 **FDP-Verkehrsexperte Oliver Luksic:** „Die Bundesregierung versucht kurz vor der Wahl, die selbst angeheizte Krise im Fahrzeugbau mit Subventionen zu übertünchen."

dpa/ZDF heute: Wie die E-Mobilität gefördert werden soll. In: www.zdf.de, 18.08.2021

5 **Marcus Efler vom Portal 24auto.de:** „Ob der Geldsegen den mit dem Verbrennungsmotor verwobenen Betrieben letztlich hilft, erfolgreich in die Elekro-Ära zu starten und auch die meisten Arbeitsplätze zu retten, ist freilich noch lange nicht ausgemacht. Kritiker bemängeln zudem, dass die deutsche Autoindustrie solche Hilfe vom Staat überhaupt brauche, um fit für die elektrische Zukunft zu werden."

Efler, Markus: Autobranche erhält eine Milliarde Euro Steuergeld – braucht sie wirklich so viel? In: www.24auto.de, 23.08.2021

Aufgaben

72035-141

1. Nennen Sie die Merkmale, welche die Automobilbranche zu einer Schlüsselindustrie (**M55**) machen.
2. Stellen Sie in Schaubildern die Dimensionen des Strukturwandels und das Konzept der Strukturpolitik (**M56**) dar.
3. Analysieren Sie den Zusammenhang zwischen den Produktionsstätten des Volkswagenkonzerns (**M57**) und strukturpolitischen Herausforderungen für die jeweiligen Bundesländer. Recherchieren und ergänzen Sie dazu die deutschen Produktionsstätten anderer Hersteller.
4. Erarbeiten und analysieren Sie die Beschlüsse des „Zukunftsfonds" (**M58**) mit Hilfe des Konzepts der Strukturpolitik (**M56**).
5. Diskutieren Sie mit verteilten Rollen unter Verwendung der Stellungnahmen in **M59** die staatlichen Maßnahmen zur Unterstützung des Strukturwandels in der Automobilindustrie. Welche Stellungnahme überzeugt Sie am meisten?

5.4 Konjunkturpolitik

5.4.1 Das Bruttoinlandsprodukt: Welche Aspekte muss ein geeigneter Wohlstandsindikator umfassen?

Zum Thema: Wohlstand für alle war das Versprechen eines der Begründer der Sozialen Marktwirtschaft, Ludwig Erhard. Immer wieder taucht im Zusammenhang damit das Bruttoinlandsprodukts (BIP) auf, mit dem in Deutschland das Wirtschaftswachstum gemessen wird und das als „mächtigste Kennzahl der Menschheitsgeschichte " (Phillip Lepenies, Soziologe) bezeichnet wird. Robert Kennedy (Justizminister der USA unter Präsident John F. Kennedy) dagegen urteilte, dass das Bruttoinlandsprodukt alles messe, „außer dem, was das Leben lebenswert macht". Mit dem Nutzen des Bruttoinlandsprodukts als Indikator und dessen Grenzen setzen Sie sich in diesem Kapitel auseinander und beurteilen seine Eignung als Wohlstandsindikator.

M60 Fallbeispiel: Wohlstand durch Katastrophen?

Feuer nach einer Explosion auf der Ölbohrplattform Deepwater Horizon im April 2010

Als 2010 die Ölplattform Deepwater Horizon im Golf von Mexiko explodierte, starben elf Menschen, die Ölmassen im Meer ließen Millionen Fische verenden und Küstenabschnitte verseuchen. Das BIP der USA, der entscheidende Wohlstandsmesser, stieg immer weiter durch die Milliarden Dollar, die der Ölkonzern BP und die US-Regierung für den Kampf gegen die Ölpest an Reinigungsfirmen, Umweltfachleute, Aufräumtrupps und Schadenersatz zahlten.

Bearbeiter

Einstiegsaufgabe 72035-143

Erläutern Sie den Fall in **M60** mit eigenen Worten und diskutieren Sie, inwiefern es sich beim BIP demnach um einen geeigneten Wohlstandsindikator handelt.

M61 Das Bruttoinlandsprodukt: wie Wohlstand gemessen wird

a) Begriffsdefinition

In der einfachsten Definition bestimmt sich das BIP als der „Wert der im Inland erwirtschafteten Leistung einer Volkswirtschaft in einer Periode". Er bezieht sich auf alle „im Inland hergestellten Waren und Dienstleistungen (Wertschöpfung), soweit diese nicht als Vorleistungen für die Produktion anderer Waren und Dienstleistungen verwendet werden". Unter dem Wert ist der Betrag in Geldeinheiten zu verstehen. Nicht Stückzahlen oder die Qualität von Produkten oder Dienstleistungen sind für das BIP relevant, sondern der aufaddierte Preis aller produzierten Güter. [...] Aus der Veränderung des BIP gegenüber dem Wert des vorausliegenden Vergleichszeitraums bestimmt sich das Wachstum. Es wird in Prozent ausgewiesen und ist preisbereinigt: Man versucht, die Inflation herauszurechnen. Sonst würde ein bloßer Anstieg des Preisniveaus bereits als BIP-Wachstum erscheinen, auch wenn die Menge der hergestellten Güter und Dienstleistungen gar nicht zugenommen hat. Brutto bedeutet, dass die während des Produktionsprozesses auftretende Wertminderung des angelegten Kapitals (insbesondere die Abnutzung der Maschinen) unberücksichtigt bleibt. Berechnet man diesen Verschleiß in Form von Abschreibungen mit ein, wird aus dem Bruttoinlandsprodukt das Nettoinlandsprodukt. Um das Inlandsprodukt handelt es sich, weil nur wirtschaftliche Aktivitäten von Individuen erfasst werden, die innerhalb eines bestimmten Wirtschaftsgebiets – häufig in den Grenzen des jeweiligen Nationalstaats – erbracht werden (Inlands- oder Arbeitsortkonzept). [...] Die methodische Besonderheit der Berechnung des BIP [...] besteht darin, dass es auf drei verschiedene Arten ermittelt werden kann. Laut Definition müssen die jeweiligen Ergebnisse übereinstimmen. [...] Beim Produktionsansatz wird das BIP anhand der oben beschriebenen Bruttowertschöpfung bei den Produzenten ermittelt. Der Ausgabenansatz hingegen erfasst, was die Endverbraucher für Waren und Dienstleistungen ausgeben, also wie hoch der Wert der Waren und Dienstleistungen ist, die sie über den Markt beziehen. [...] Die dritte Berechnungsform, die Verteilungsrechnung, basiert auf der Erfassung der Einkommen, die durch den Produktionsprozess innerhalb der betrachteten Periode entstanden sind. [...] Das BIP und seine Berechnung sind Teil der sogenannten Volkswirtschaftlichen Gesamtrechnungen (VGR oder national accounts). [...] Die Volkswirtschaftlichen Gesamtrechnungen ermöglichen ein Abbild der Kreislaufbeziehung aller wirtschaftlich tätigen Menschen einer Gesellschaft. Lehrbücher der Wirtschaftswissenschaften beginnen oft mit einer graphischen Darstellung des Wirtschaftskreislaufs.

Lepenies, Philipp: Die Macht der einen Zahl. Berlin: Suhrkamp Verlag, S. 15-21

Ausgabenansatz
auch Verwendungsrechnung genannt

Produktionsansatz
auch Entstehungsrechnung genannt

Wirtschaftskreislauf
→ Kap. 5.2.1, S. 208 ff.

b) Entstehung, Verwendung und Verteilung des BIP

Entstehung, Verwendung und Verteilung des Bruttoinlandsprodukts 2021 in Milliarden EUR (Stand: 2022)

Entstehung	= Verwendung	= Verteilung
Bruttowertschöpfung 3.258,6	**Konsumausgaben 2.571,3**	**Volkseinkommen 2.743,4**
Prod. Gewerbe (ohne Baugewerbe) 783,2	Private Konsumausgaben 1.773,8	Arbeitnehmerentgelt 1.918,0
Handel, Verkehr, Gastgewerbe 516,8	Konsumausgaben des Staates 797,5	Untnehmens- & Vermögenseinkommen 825,4
Grundstücks- & Wohnungswesen 342,0	+	+
Öffentl. Dienstleister, Erziehung, Gesundheit 628,4	**Bruttoinvestitionen 838,9**	**Produktions- & Importabgaben an den Staat abzügl. Subventionen vom Staat 281,2**
Sonstige 988,2	Bruttoanlageinvestitionen 783,8	+
	Vorratsveränderungen 55,1	**Abschreibungen 704,9**
+	+	-
Gütersteuern abzügl. Gütersubventionen 343,2	**Außenbeitrag 191,6**	**Saldo der Primäreinkommen aus übr. Welt 127,7**
	Exporte 1.693,9	
	- Importe 1.502,4	

Bruttoinlandsprodukt = 3.601,8

Nach: Statistisches Bundesamt (Destatis), 2022

c) Entstehung des BIP nach Branchen

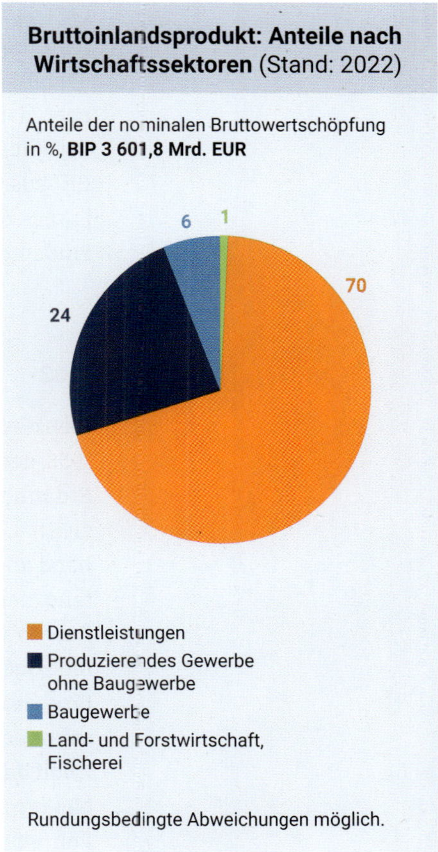

Nach: Statistisches Bundesamt (Destatis), 2022

M62 Das BIP als Wohlstandsmesser in der Diskussion

Das Bruttoinlandsprodukt ist vergleichbar mit dem eigenen Einkommen [...]. Wie beim eigenen Einkommen gilt: Je höher es ist, desto billiger die Kredite, desto höher das Ansehen, desto größer der Einfluss. Ähnlich verhält es sich mit Volkswirtschaften. [...] Ein hoher Wert erweitert den Handlungsspielraum von Staaten, eine negative Entwicklung schränkt sie ein. [...] Den größten Einfluss hat das Bruttoinlandsprodukt aber auf die Psyche – auf die der Wähler und damit ebenso die der Politiker. Besonders deutlich wird dies, wenn von Wirtschaftswachstum oder der Konjunktur die Rede ist. Beides errechnet sich auf Grundlage des BIP. Beides sagt wenig über unseren tatsächlichen Wohlstand aus. Dennoch versinken regelmäßig ganze Länder in kollektiver Depression, wenn vor die Zahlen ein Minus rückt. Dabei zeigt die historische Entwicklung: Die deutsche Wirtschaft wächst seit Jahrzehnten immer langsamer und nähert sich immer mehr der magischen Null. Ärmer sind wir deshalb nicht geworden. Sehr wohl ist aber das Vermögen im Land ungleicher verteilt. Darüber jedoch schweigt sich das BIP aus. [Die Wut der Kritiker] speist sich [...] aus der Erkenntnis, dass das Bruttoinlandsprodukt auf Kosten der Lebensqualität wächst und damit falsche Anreize für Politik und Wirtschaft setzt. Ein Beispiel verdeutlicht dies: Steigt durch die wachsenden Anforderungen an Arbeitnehmer die Zahl psychischer Erkrankungen, gehen mehr Mitarbeiter in Behandlung. Psychiater und Krankenhäuser machen höhere Umsätze und das Bruttoinlandsprodukt steigt. Seit der letzten Revision fließt zudem der Handel mit Drogen als Schätzung in die Berechnung mit ein. Ähnliches gilt für die Produktion von Militärgerät, den Bau und Unterhalt von privaten Gefängnissen und andere Ausgaben für die innere Sicherheit. Krieg, Krawalle und Kriminelle mögen gesellschaftlich verheerende Folgen haben, dem BIP-Wachstum können sie durchaus zuträglich sein. Umgekehrt ist vieles, was die Lebensqualität unbestritten steigert, wie zum Beispiel öffentliche Parks und Strände, für das Bruttoinlandsprodukt unerheblich – zumindest wenn sie keinen Eintritt kosten. Kurzum: Das BIP ist also nicht nur nicht gleichzusetzen mit einer verbesserten Lebensqualität; ersteres kann sogar zunehmen, während letztere abnimmt – und umgekehrt.

Fischer, Frederik: Die mächtigste Zahl der Welt: Das Bruttoinlandsprodukt. In: https://krautreporter.de, 05.12.2015

M63 Warum kann das BIP-Wachstum eine Gefahr sein?

Das Mauna-Loa-Observatorium misst seit 1958 den Anteil von Kohlendioxid in der Erdatmosphäre. [...] Wer sich die Kurve ansieht, [...] erkennt, dass sie fast durchgehend ansteigt. [...] Mitte der Siebziger-, Anfang der Neunzigerjahre und nach 2008 flachte die Kurve leicht ab. [...] Mitte der Siebzigerjahre kam es zur Ölkrise [...], Anfang der Neunzigerjahre kam es zum Zusammenbruch der Sowjetunion und vor zwölf Jahren hat die Finanzkrise in vielen Ländern das BIP-Wachstum verlangsamt. Politisch sehr verschieden, bedeuten diese Ereignisse ökonomisch gesehen jedoch das Gleiche: Es wird weniger produziert, weniger transportiert, weniger konsumiert und damit auch weniger Kohlendioxid ausgestoßen. Anders gesagt: Schrumpft die Wirtschaft, verlangsamt sich der Klimawandel. Wächst die Wirtschaft, beschleunigt er sich. Oder noch einfacher ausgedrückt: Wirtschaftswachstum in seiner heutigen Form heißt Klimawandel. Und mehr Wirtschaftswachstum heißt noch mehr Klimawandel.

Göpel, Maja: Unsere Welt neu denken. Eine Einladung. Berlin: Ullstein Verlag 2021, S. 75-77

M64 Warum ist das BIP immer noch wichtig?

Das Bruttoinlandsprodukt dient als Wachstumsindikator einer Volkswirtschaft und ist weltweit der Hauptindikator für Fortschritt und Entwicklung. Die Berechnung des BIP anhand der Volkswirtschaftlichen Gesamtrechnungen ist international durch das Europäische System Volkswirtschaftlicher Gesamtrechnungen (ESVG) und das System of National Accounts (SNA) der Vereinten Nationen harmonisiert und dient somit der Vergleichbarkeit von Volkswirtschaften. Innerhalb der Europäischen Union gilt das BIP als Maßstab für die Berechnung der Staatsverschuldung [...]. Die politischen Akteure in Deutschland setzen auf Wachstum, also eine kontinuierliche Zunahme des BIP, wie es auch im „Gesetz zur Förderung der Stabilität und des Wachstums der Wirtschaft" formuliert ist. Im Wahlprogramm der FDP für die Bundestagswahl taucht der Wachstumsbegriff über 20-mal auf. Die Autoren verweisen dabei darauf, dass „die USA [...] wieder Kurs auf kräftiges und anhaltendes Wirtschaftswachstum (setzen)" und fordern deshalb massive Investitionen „in die Grundlagen von Aufstieg und Wachstum", denn bereits vor der Corona-Krise habe Deutschland Wirtschaft an Fahrt verloren, weshalb „wir trotz Krise wieder schnell auf Wachstumskurs kommen" müssen. Das Wachstum des Bruttoinlandsproduktes wird also gemeinhin als Synonym für Fortschritt und Wohlstand angesehen. Eine ähnliche Zielrichtung hatte Ludwig Erhard im Auge, der in seinem Werk „Wohlstand für Alle" sinngemäß davon spricht, dass es viel leichter sei, die Teilhabe am Wohlstand aus einem immer größer werdenden Kuchen (gemeint ist das BIP) als aus einem immer kleiner werdenden zu gewährleisten. Der Soziologe Philip Lepenies konstatiert, dass das BIP seit seiner Etablierung zu einem brauchbaren Instrument zur Vorhersage und Planung der zukünftigen Entwicklung einer Volkswirtschaft geworden sei. Diese These findet ihre Bestätigung nicht zuletzt darin, dass auch das Statistische Bundesamt als zentrale Größe der Volkswirtschaftlichen Gesamtrechnung auf das Bruttoinlandsprodukt setzt. Die Bundesbehörde setzt zur Erhaltung der Genauigkeit und Vergleichbarkeit auf sogenannte Generalrevisionen der Berechnungsgrundlage im Rhythmus von fünf Jahren. So wurden beispielsweise Schätzungen zur Schwarzarbeit, zum Drogenhandel, der Prostitution oder auch die Einbeziehung von Ausgaben für Forschung und Entwicklung in die Investitionsberechnung von Unternehmen berücksichtigt.

Bearbeiter

Gesetz zur Förderung der Stabilität und des Wachstums der Wirtschaft
→ Kap. 5.3.3, S. 236 ff.

Aufgaben

72035-145

1. Erstellen Sie ein Glossar zu den in **M61a** und **M61b** verwendeten Begriffen.
2. Erläutern Sie das Beispiel zur Berechnung des BIP (→ digitaler Aufgabenkasten) mit Hilfe von **M61** und problematisieren Sie anschließend, ob und wo der Wohlstand steigt.
3. Stellen Sie anhand von **M61-M64** die Vor- und Nachteile des Bruttoinlandsprodukts als Wohlstandsindikator tabellarisch gegenüber.
4. Beurteilen Sie differenziert das BIP als Wohlstandsindikator.

Politik aktiv
Entwickeln Sie einen eigenen Indikator, um Wirtschaft und Wohlstand zu messen (→ Methode, S. 102).

F zu Aufgabe 3
Entwickeln Sie aufgrund der Vor- und Nachteile weitere Indikatoren, die eine präzisere Wohlstandsmessung als durch das BIP gewährleisten. Recherchieren Sie dazu auch zum Human Development Index (HDI) und zu den neuen Wohlfahrts- und Nachhaltigkeitsindikatoren des BMWi.

5.4.2 Konjunkturindikatoren: Wie einflussreich sind psychologische Faktoren?

Zum Thema: Wirtschaft und Psychologie gehören zusammen. Das hat Auswirkungen auf die wirtschaftliche Lage, die Konjunktur: Wenn die allgemeine wirtschaftliche Lage gut ist, die Zukunftsaussichten noch besser, macht das den Menschen Mut. Krisen und Ungewissheiten machen den Menschen Angst. Diese Verhaltensweisen lassen sich an den Wirtschaftssubjekten, vor allem den Unternehmen und Haushalten deutlich beobachten. Im Folgenden werden Sie sich mit der Messung und den psychologischen Einflussfaktoren auf wirtschaftliche Entwicklung beschäftigen.

M65 Ein kurzfristiges Geldgeschenk: Was würden Sie damit tun?

Angenommen, Sie bekommen zum Abitur eine Summe von 2.000 Euro zu Ihrer freien Verfügung von einem Verwandten geschenkt. Er sagt: „Glückwunsch zum Abitur! Das Geld gehört dir, du kannst damit vieles anfangen, aber bedenke, was ich heute Morgen in der Zeitung gelesen habe: *Spare in der Zeit, dann hast Du in der Not: Die Deutschen legen aus Sorge vor schlechten Zeiten wieder mehr Geld auf die hohe Kante.*"

Bearbeiter

Einstiegsaufgaben 72035-150

1. Ausgeben oder sparen? Begründen und diskutieren Sie Ihre Einschätzungen im Kurs.
2. Welche Folgen könnten wirtschaftspolitisch entstehen, wenn viele Bürger:innen eher sparen als Geld auszugeben?

M66 Was ist unter einem Konjunkturzyklus zu verstehen?

Konjunktur
Konjunktur meint die Schwankungen der wirtschaftlichen Entwicklung einer Volkswirtschaft (vgl. BIP) über einen längeren Zeitraum.

Im Wirtschaftsablauf wechseln Phasen stärkeren Wachstums mit solchen einer geringeren Zunahme der Produktion oder gar rückläufiger Wirtschaftstätigkeit. Bei dieser sogenannten Konjunktur zeigen sich gewisse Regelmäßigkeiten im Auf und Ab der gesamtwirtschaftlichen Produktion und es lassen sich die Phasen Aufschwung, Hochkonjunktur (Boom), Rezession (Abschwung) und Depression (Tief) unterscheiden. Alle vier Phasen zusammen, von Tief zu Tief – beziehungsweise von Boom zu Boom – umfassen einen Konjunkturzyklus, wobei der Ausgangs- und Endpunkt je nach Ausprägung der Ab- bzw. Aufwärtsbewegung voneinander abweichen können. Die Dynamik des marktwirtschaftlichen Systems bewirkt, dass Neuerungen das Leistungspotenzial der gesamten Wirtschaft längerfristig tendenziell erweitern, so dass die gesamtwirtschaftliche Produktion am Ende eines Zyklus höher liegt, als an seinem Anfang. Bei der Darstellung von Konjunkturkurven wählt man deshalb einen insgesamt leicht nach oben gerichteten Verlauf; man unterstellt also einen auf längere Zeit positiven, schräg nach oben laufenden Wachstumstrend. Dieses „Auf" und „Ab", gemessen mit den Wachstumsraten des Bruttoinlandsproduktes über einen längeren Zeitraum, ergibt den Konjunkturverlauf als wellenförmige Kurve. Phasen der Rezession dauern im internationalen Mittel aller Marktwirtschaften ungefähr ein Jahr, Aufschwungphasen circa fünf Jahre. Dabei ist ein Konjunkturzyklus einer Volkswirtschaft nicht ein zwangsläufiger, regelmäßiger und vorhersehbarer Ablauf.

Bearbeiter

M67 Wie verlief die Konjunktur in Deutschland in den letzten Jahren?

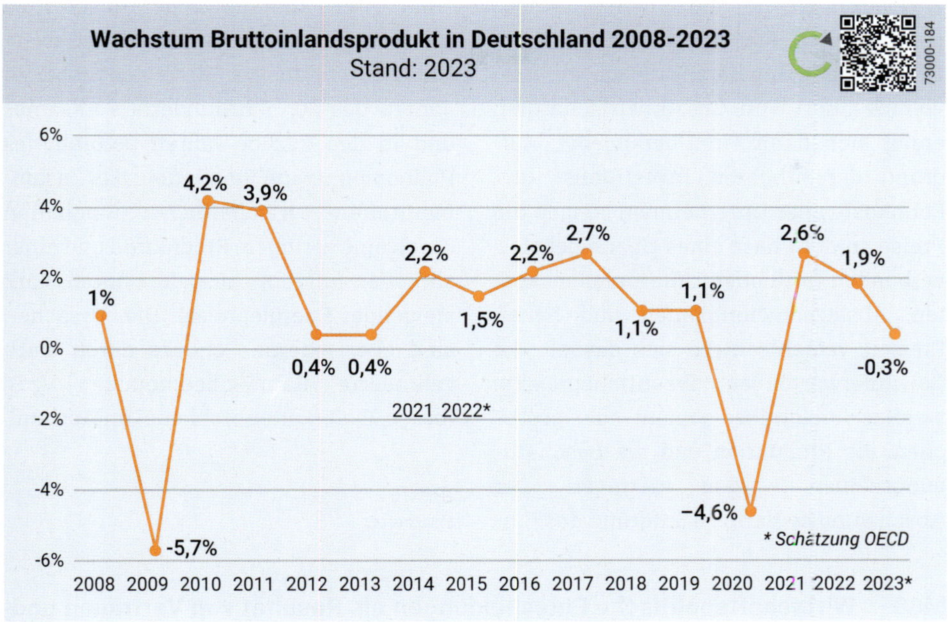

© C.C. Buchner Verlag, aktuelle Daten nach: Statistisches Bundesamt, OECD

M68 Wie handeln die Wirtschaftssubjekte in den Konjunkturphasen?

Im Konjunkturtief stagnieren die private Nachfrage, die Produktion und die Lagerbestände werden abgebaut. Auch die Gewinne, die Preise und die Löhne verharren auf niedrigem Niveau. Es wird nicht investiert, eher rationalisiert und manche Betriebe werden geschlossen. Durch die ansteigende Arbeitslosigkeit geben die privaten Haushalte weniger Geld für Konsum aus und neigen eher zum sogenannten „Angstsparen“. Weil die Unternehmen im Abschwung negative Absatz- und Ertragserwartungen haben, werden nur noch Ersatz- und keine Neuinvestitionen getätigt, Arbeitskräfte entlassen, Löhne gesenkt. Dadurch sinkt auch die private Nachfrage bei gleichzeitig höherer Sparaktivität. So sinken die Preise, die Absatzzahlen und es kommt zu Firmenzusammenbrüchen. Die Aufschwungphase wird oftmals ausgelöst durch eine Zunahme der Auslandsnachfrage (Konjunkturlokomotive). Hierbei treten Faktoren der Selbstverstärkung auf: Wenn vom Ausland zusätzliche Aufträge an die inländische Exportgüterindustrie vergeben werden, steigen Produktion und Beschäftigung in der Exportgüterindustrie. Dadurch entstehen zusätzliche Einkommen. Von den Exportgüterbetrieben gehen zusätzliche Aufträge an die Zulieferer, die zu einer Erhöhung der Produktion, der Einkommen und der Beschäftigung in diesen Bereichen führen. Es steigt deshalb tendenziell auch der Konsum der privaten Haushalte und deren Sparneigung nimmt ab. So erhöhen sich auch in der Konsumgüterindustrie Produktions-, Beschäftigungszahlen und Einkommen. Sind dann in dieser Phase die Produktionsanlagen voll ausgelastet, setzt eine vermehrte Nachfrage nach Investitionsgütern ein, die zur Erweiterung der Produktionsanlagen führt. Die verstärkte Investitionstätigkeit beruht auf der Erwartung, dass die zusätzlichen Güter, die mit den neuen Maschinen und Anlagen (und auch den neu eingestellten Arbeitern und Angestellten) produziert werden können, mit dem Ziel der Umsatz- und Gewinnsteigerung auf dem Markt abgesetzt werden können (Hochkonjunktur). Was aus Sicht der einzelnen Unternehmen möglich erscheint, kann sich als Fehleinschätzung herausstellen, wenn zu viel investiert wird. Gesamtwirtschaftlich ergibt sich dann ein Überangebot. Aufgrund der erhöhten Investitions- und Lohnkosten der Unternehmen steigen die Preise. In der Phase eines Überangebotes, verbunden mit hohen Unternehmenskosten, Absatzschwierigkeiten und hohen Preisen, verschlechtern sich deshalb die Gewinnerwartungen, Investitionsprojekte werden vorsichtiger geplant oder gestrichen, die Produktion und die Beschäftigungszahlen werden verringert. Der Abschwung beginnt, da aufgrund des Einkommensrückgangs auch die Nachfrage sinkt. Der konjunkturelle Abschwung nimmt meist seinen Ausgang in der Investitionsgüterindustrie. Ein in den Siebziger Jahren des 20. Jahrhunderts wirksames und in den 2020er Jahren befürchtetes Phänomen ist die Stagflation: das Zusammentreffen wirtschaftlicher Stagnation durch eine geringere Produktion und einer zu hohen Inflation, ausgelöst durch stark steigende Energiepreise. Die Ursachen sind eher externe Schocks durch stark veränderte Rahmenbedingungen (z.B. Kriege, Lieferkettenprobleme) im Ausland.

Bearbeiter

M69 Wirtschaftspolitische Entscheidungen als Resultat von Vertrauen und Erwartungen

Haushalte und Unternehmen treffen ihre Entscheidungen nicht nur auf der Grundlage von gegenwärtigen Bedürfnissen, sondern auch mit Blick auf die Zukunft. Es ist nicht sehr wahrscheinlich, dass jemand einen Kredit in Höhe von 15.000 Euro zum Kauf eines neuen Pkws aufnimmt, wenn er Angst um seinen Arbeitsplatz hat. Die Medien liefern fast tagtäglich Informationen über die aktuelle konjunkturelle Entwicklung, die führenden Wirtschaftsforschungsinstitute prognostizieren zweimal im Jahr in einer Gemeinschaftsdiagnose die zukünftige Entwicklung, führende Vertreter aus Politik und Wirtschaft nehmen regelmäßig zu Fragen über den gegenwärtigen und zukünftigen Zustand der Volkswirtschaft Stellung. Die Beschäftigten entwickeln ein Gefühl für die Lage in dem Unternehmen, in dem sie arbeiten. Angestellte im öffentlichen Dienst verfolgen die Personalentscheidungen der öffentlichen Arbeitgeber. Die Arbeitskräfte schauen auf die gegenwärtige Inflationsrate und ihren Lohnanstieg, treffen eine Einschätzung über die Inflationsrate in der Zukunft und welchen Lohnanstieg sie benötigen, um ihren gegenwärtigen Lebensstandard aufrechtzuerhalten. Auch für Unternehmen spielt die Inflationsrate eine zentrale Rolle. Annahmen über die zukünftige Inflationsrate und mögliche Kostensteigerungen bei Rohstoffen bilden die Grundlage für Entscheidungen über Preissteigerungen für die Konsumenten. Unsere Erwartungen über die Zukunft formen unsere Entscheidungen.

Mankiw, Gregory N. / Taylor, Mark P.: Grundzüge der Volkswirtschaftslehre. Ins Deutsche übertragen von Herrmann, Marco / Müller, Christian/ Püplichhuysen, Diana. 7. Auflage. Stuttgart: Schäffer-Poeschel Verlag 2018, S. 918

M70 Der Geschäftsklimaindex als Indikator für die wirtschaftliche Entwicklung

Das ifo-Geschäftsklima ist ein Frühindikator für die konjunkturelle Entwicklung in Deutschland. Der Geschäftsklimaindex wird monatlich vom ifo Institut der Universität München veröffentlicht. Die Berechnung des Index basiert auf ca. 9.000

monatlichen Meldungen von Unternehmen. Diese werden gebeten, ihre gegenwärtige Geschäftslage zu beurteilen („gut“, „befriedigend“ oder „schlecht“) und ihre Erwartungen für die nächsten sechs Monate („günstiger“, „gleich bleibend“ oder „ungünstiger“) mitzuteilen.
Im März 2022 sanken die Erwartungen der Unternehmen an die Zukunft aufgrund des Ukraine-Krieges so stark wie noch nie. Die Stimmung im Verarbeitenden Gewerbe war in beiden Bereichen, Erwartungen und aktuelle Lage, am schlechtesten, wogegen Handel und Baugewerbe die aktuelle Lage als „gut“ bzw. „befriedigend“ bezeichneten. Im Dienstleistungssektor ist insbesondere die Logistikbranche sehr besorgt mit Blick auf die Zukunft.

Bearbeiter, basierend auf: ifo Institut: ifo Geschäftsklima Deutschland. In: www.ifo.de, Abruf am 04.10.2022

M71 Der Consumer Index als Indikator für den Konsum der privaten Haushalte

Die Gesellschaft für Konsumforschung (GfK) erhebt monatlich den Frühindikator zum Konsumklima, also der Stimmung der Haushalte. Gemessen werden die Neigung für die Anschaffung langlebiger Verbrauchsgüter, die finanziellen Möglichkeiten und die Notwendigkeit von Anschaffungen.
Gefragt wird zunächst, ob die Verbraucher es derzeit für ratsam halten, größere Anschaffungen zu tätigen. Im März 2022 zeigte sich, dass der Krieg in der Ukraine zu Einbußen bei der Anschaffungsneigung führte. Es sanken die Konjunktur- und Einkommensaussichten der Verbraucher massiv auf ein neues Rekordtief. Besorgt waren rund 90 Prozent der Verbraucher über massiv gestiegene Energiepreise und 80 Prozent über steigende Lebensmittelpreise. Während demnach das Konsumklima weiter sank, stieg dagegen die Sparneigung deutlich an.

Bearbeiter, basierend auf: www.gfk.com, Abruf am 04.10.2022

Aufgaben

72035-160

1. Entwerfen Sie ein Schaubild zum Modell des Konjunkturzyklus mit Hilfe der Informationen aus **M66**.
2. Erklären Sie **M67** mit Hilfe Ihrer Ergebnisse aus Aufgabe 1.
3. Arbeiten Sie aus **M68** heraus, wie sich die Wirtschaftssubjekte Unternehmen und Haushalte in den Konjunkturphasen verhalten.
4. Erklären Sie zu zweit, auch unter Bezug auf **M65**, welche Aspekte die Entscheidungen von Haushalten und Unternehmen (**M69**) beeinflussen. Stellen Sie Ihre Ergebnisse abschließend im Kurs vor.
5. Erörtern Sie, welche Auswirkungen die Stimmung der Wirtschaftssubjekte (**M70, M71**) auf die Konjunktur (gehabt) haben könnten.

F zu Aufgabe 3
Ordnen Sie die in **M68** genannten Indikatoren der Systematik des Statistischen Bundesamtes zu (→ digitaler Aufgabenkasten).

Politik aktiv
Recherchieren Sie die Prognosegenauigkeit der verschiedenen Indikatoren. Welche lagen richtig, welche nicht?

5.4.3 Stabilisierungstheorien nach Keynes und Friedman: Soll die Konjunktur durch Angebots- oder Nachfrageorientierung beeinflusst werden?

Zum Thema: Die Schwankungen der Konjunktur verändern für die Wirtschaftssubjekte die Situation. Unternehmen und private Haushalte reagieren auf die Schwankungen mit wirtschaftlichen Entscheidungen, sie kaufen oder sparen, entlassen oder stellen ein, erweitern ihre Produktion oder fahren sie zurück. Auch der Staat ist gefragt, wenn es darum geht, entweder stabilisierend einzugreifen oder auf die Selbstregulierung des Marktes zu setzen. In diesem Kapitel setzen Sie sich mit den Möglichkeiten der grundlegenden wirtschaftspolitischen Konzeptionen und deren Instrumenten auseinander. Wie soll in Zeiten wirtschaftlichen Aufschwungs und in wirtschaftlichen Krisenzeiten die Konjunktur stabilisiert werden?

M72 Die Energiepreise: Notbremse ziehen?

Karikatur: Nel, 16.10.2012

Einstiegsaufgaben 72035-162

1. Analysieren Sie die Karikatur in **M72** (→ Methode, S. 268).
2. Formulieren Sie Sprechblasen für die abgebildeten Gruppen und ermitteln Sie das politische Problem.

M73 Zur Ausgangssituation: Konjunkturprognose 2022

Nach den Pandemie-Jahren 2020 und 2021 belastet der im Februar 2022 begonnene Ukraine-Krieg durch das Emporschnellen der Energiepreise und den Produktionsstopp in wichtigen ukrainischen Zulieferbetrieben die Konjunktur in Deutschland. Daher werden vom IMK der Hans-Böckler-Stiftung ein günstigeres Basisszenario und ein negativeres Risikoszenario für die Konjunktur 2022 entworfen, die sich hinsichtlich der Verläufe der Rohöl- und Gaspreise unterscheiden. Im Basisszenario beträgt der Anstieg des BIP 2022 im Jahresdurchschnitt 2,1 % und im Risikoszenario sinkt es in diesem Jahr um durchschnittlich 0,3 %. Die Arbeitslosenquote beträgt 4,9 % bzw. 5,3 % im Risikoszenario. In beiden Szenarien steigt die Inflation 2022 stark an: um 6,2% bzw. 8,2 %. Die Ausrüstungsinvestitionen der Unternehmen sinken im Basisszenario um 0,7 Prozent. Im Risikoszenario ist sogar ein Minus von 15,2 Prozent im Jahresmittel 2022 möglich. Die Bauinvestitionen steigen um lediglich 1,3 Prozent, im Risikoszenario wird ein Einbruch um 7,3 Prozent erwartet. Nicht einberechnet ist ein abrupter Lieferstopp russischer Energieträger, was 2022 eine tiefe Rezession in der Bundesrepublik verursachen würde. In diesem Fall würde das deutsche BIP noch einmal deutlich stärker schrumpfen als im Risikoszenario.

Bearbeiter, basierend auf: Institut für Makroökonomie und Konjunkturforschung: Deutsche Wirtschaft wächst um 2,1 Prozent 2022 und 3,2 Prozent 2023 – im Risikoszenario 2022 auch leichte Rezession möglich. In: www.imk-boeckler.de, 29.03.2022

M74 Milton Friedman und die neoklassische Theorie: angebotsorientierte Stabilisierungspolitik

Unter Ökonomen besteht Uneinigkeit darüber, wie die Wirtschaftspolitik auf gesamtwirtschaftliche Fehlentwicklungen wie einen Anstieg der Arbeitslosigkeit, zu hohe Inflation, schrumpfendes Bruttoinlandsprodukt oder außenwirtschaftliche Ungleichgewichte reagieren soll. Das auf der klassischen Wirtschaftstheorie nach Adam Smith basierende Konzept der neoklassischen Angebotspolitik geht davon aus, dass auftretende Ungleichgewichte durch die Selbstheilungskräfte des privatwirtschaftlich organisierten Marktes korrigiert werden, wenn der Staat sich heraushält. Der Staat solle erst gar nicht versuchen, den Konjunkturverlauf zu beeinflussen, sondern sich darauf beschränken, über das Steuersystem wachstumsfreundliche Rahmenbedingungen zu schaffen. Staatliche Eingriffe, beispielsweise in den Preismechanismus, werden aus neoklassischer Sicht äußerst skeptisch beurteilt, da sie den Marktmechanismus stören. Bevorzugt wird auf der Grundlage der Theorie des Monetarismus nach Milton Friedman lediglich die Sicherung eines stabilen Preisniveaus durch eine unabhängige Zentralbank, welche die Geldmenge politisch unabhängig steuert: Ist die Inflation mittelfristig zu hoch, sollte die Zentralbank die Zinsen erhöhen (restriktive Geldpolitik), bei mittelfristig zu niedrigen Preisen, die Zinsen senken (expansive Geldpolitik). Das Hauptaugenmerk der Angebotstheorie richtet sich demnach in erster Linie auf die langfristige Entwicklung des Produktionspotenzials durch die Schaffung günstiger Investitionsbedingungen für die Unternehmen, also der Angebotsseite. Nach dem Say´schen Theorem wird davon ausgegangen, dass die Produktion von Gütern Einkommen in gleicher Höhe entstehen lässt, welches dann für Konsumausgaben (Nachfrage) verwendet werden kann, wodurch weitere Investitionen der Unternehmen folgen. Wird Einkommen gespart, werden die Ersparnisse über den Kapitalmarkt an den Unternehmenssektor transferiert und zur Finanzierung von Investi-

Milton Friedman
Amerikanischer Ökonom

Neoliberalismus
→ Kap. 5.1.3, S. 224, M28

Say´sches Theorem
Lehrsatz nach dem französischen Nationalökonomen Jean Baptiste Say (1767-1832)

Joseph Alois Schumpeter (1883-1950) war ein österreichischer Nationalökonom und Politiker.

Begriffserklärung: öffentliche Güter

72035-185

tionen in Ausrüstungen und Bauten verwendet. Josef Schumpeter spricht von einer „schöpferischen Zerstörung“ auf freien Märkten. Demnach werden alte Industrien immer wieder verschwinden, wenn Märkte gesättigt sind, aber innovative Pionierunternehmer dafür mit neuen Produkten neue Märkte erschließen und demnach Nachfrage generieren. Der Staat soll lediglich in Infrastruktur und andere öffentliche Güter investieren, eigene Konsumausgeben und unternehmerische Tätigkeiten aber reduzieren und im besten Fall privatisieren. Um die Tätigkeit der Privatwirtschaft zu erleichtern, müssen staatliche Vorschriften abgebaut werden (Deregulierung). Das bezieht sich auch auf den Arbeitsmarkt, in dem ausschließlich die Tarifpartner, also Arbeitnehmer und Arbeitgeber den Preis der Arbeitskraft, den Lohn aushandeln.

Bearbeiter, basierend auf: Letzgus, Oliver: VWL für Finanzpraktiker. Geldpolitik, Wirtschaftszyklen, Konjunkturindikatoren, Zahlungsbilanz. Stuttgart: Schäffer-Poeschel Verlag 2017, S. 133-136

M75 John Maynard Keynes: nachfrageorientierte antizyklische Globalsteuerung

John Maynard Keynes
Britischer Ökonom, Politiker und Mathematiker

Fiskalpolitik
Haushaltpolitik, fiscus (lat.) meint die Staatskasse

Diskretionär
Nach freiem, hier politischem Ermessen entscheiden

Das auf den Arbeiten des britischen Ökonomen John Maynard Keynes beruhende Konzept der Nachfragepolitik sieht den Staat in einer aktiven wirtschaftspolitischen Rolle. Im Falle einer Rezession soll der Staat mit zusätzlicher eigener Güternachfrage und einer expansiven Geldpolitik der Notenbank die Konjunktur wieder in Schwung bringen, um eine sich selbst verstärkende Abwärtsspirale aus schrumpfender Wirtschaft und zunehmender Arbeitslosigkeit zu verhindern. Zu warten, bis sich der Markt wieder von selbst ins Gleichgewicht kommt, bringt demnach zu hohe volkswirtschaftliche Kosten mit sich. Staatliche Eingriffe in den Wirtschaftsablauf sind im keynesianischen Konzept aufgrund der Gefahr des Marktversagens zwingend nötig. Starke Konjunkturausschläge sollen im Rahmen der antizyklischen Wirtschaftspolitik rechtzeitig verhindert oder zumindest gedämpft werden. Der Ansatz der Keynesianer konzentriert sich auf die kurz- bis mittelfristige Konjunkturbeeinflussung. Er geht davon aus, dass wirtschaftliche Instabilitäten ein dem kapitalistischen Wirtschaftssystem innewohnender Bestandteil sind und nicht durch Marktkräfte beseitigt werden können. Eine sinkende Konsumgüternachfrage aufgrund von Arbeitslosigkeit oder zu niedrigen Löhnen würde demnach zu einem sinkenden Angebot und reduzierter Produktion bei sinkendem Bedarf nach Arbeitskräften seitens der Unternehmen führen. Das Say´sche Theorem wird daher negiert und umgekehrt unterstellt, dass jede Nachfrage ihr Angebot schafft. Eine sinkende Güternachfrage führt also zu Produktionseinschränkungen und in der Folge zu steigender Arbeitslosigkeit. In der keynesianischen Konzeption genießt also die Bekämpfung der Arbeitslosigkeit Priorität gegenüber anderen wirtschaftspolitischen Zielen, da eine gut bezahlte Beschäftigung die Nachfrage nach Konsumgütern sichert, woraus wiederum Investitionen in Ausrüstungen und Bauten seitens der Unternehmen entstehen. Der staatlichen Fiskalpolitik fällt dabei die zentrale Rolle zu, mittels kurzfristiger Einnahme- und Ausgabevariationen, der diskretionären Finanzpolitik, die Gesamtnachfrage so zu steuern, sodass die Beschäftigung zunimmt. Im Idealfall wird Vollbeschäftigung erreicht. Der öffentliche Haushalt wird damit ganz in den Dienst der gesamtwirtschaftlichen Stabilisierungspolitik gestellt. In Abgrenzung zu den Monetaristen werden die Keynesianer deshalb auch als Fiskalisten bezeichnet. Vorübergehende staatliche Defizite in Folge von Ausgabensteigerungen oder

Steuersenkungen sind hinzunehmen. Man spricht hier vom „Deficit-Spending", also schuldenfinanzierter Nachfragesteuerung. Der Ausgleich der Schulden des Staatshaushalts soll über den gesamten Zyklus hinweg erfolgen, sprich im Aufschwung und Boom sollen die zuvor gemachten Schulden zurückgezahlt werden. Daher wird der keynesianische Ansatz auch als antizyklisch bezeichnet.

Bearbeiter nach Letzgus, Oliver: VWL für Finanzpraktiker. Geldpolitik, Wirtschaftszyklen, Konjunkturindikatoren, Zahlungsbilanz. Stuttgart: Schäffer-Poeschel Verlag 2017, S. 133, 136-138

Deficit-Spending
Das Deficit-Spending, ein Lehnwort von deficit spending (engl.), also Defizitfinanzierung

M76 Nachteile der und Kritik an den Stabilisierungstheorien

Sowohl die Theorie nach Keynes als auch die monetaristische Theorie nach Milton Friedman werden kritisiert und weisen deutliche Nachteile auf. Bei beiden geht es dabei auch um die Wirksamkeit. Diese lässt sich schlecht klar nachweisen, weil Volkswirtschaften komplex sind und neben ökonomischen auch psychologische Mechanismen zum Tragen kommen. So ist unklar, welchen Anteil bestimmte Maßnahmen nach Keynes oder Friedman an einer wirtschaftlichen Veränderung haben und ob und wie diese Veränderungen direkt mit einer Maßnahme zusammenhängen (Kausalität).

A Kritik am Keynesianismus

Als Hauptkritikpunkt am Keynesianismus wird die Gefahr der zunehmenden Staatsverschuldung benannt. Zwar wird das Deficit-Spending im Abschwung/der Rezession von den politischen Entscheidern praktiziert, diese fahren aber die Verschuldung in Phasen des Aufschwungs/Boom nicht genügend zurück, weil Maßnahmen wie Steuererhöhung unpopulär erscheinen und den eigenen Wahlerfolg gefährden. So werden staatliche Eingriffe auch als Dauermittel genutzt, um daraus politischen Gewinn zu ziehen, während Keynes sein Konzept eher zum Ausgleich kurzfristiger Schwankungen sah. Ein weiteres Problem ist, dass nachfrageorientierte Steuerung immer nur Effekte mit Zeitverzögerung liefert, so dass fraglich ist, ob diese für kurzfristige Schwankungen sinnvoll sind. Schwerwiegender wiegt das Argument, dass durch keynesianische Wirtschaftspolitik die eigentlichen strukturellen Probleme einer Volkswirtschaft zugedeckt werden, weil Branchen und Unternehmen, die nicht mehr effizient am Markt bestehen können, durch staatliche Eingriffe finanziert werden und die Anpassung der Volkswirtschaften an Veränderungen verhindert wird.

B Kritik am Monetarismus

Beim Monetarismus wird in erster Linie ein Umsetzungsproblem benannt: Die für den Monetarismus wichtige Steuerung der Geldmenge durch die Zentralbanken in Folge von Leitzinsveränderungen kann kaum staatlich erfolgen, weil die Zentralbanken aus guten Gründen politisch unabhängig sind. Die politischen Entscheider haben also keinen direkten Einfluss auf Leitzinsveränderungen. Außerdem ist fraglich, ob und wie die veränderten Leitzinsen von den Geschäftsbanken/Kreditinstituten an die Unternehmen und privaten Haushalte weitergegeben werden und so Wirksamkeit erzielen. Schwerwiegender wiegt das Argument, dass es in Zeiten wirtschaftlichen Krisen für politische Entscheider kaum kommunizierbar ist, auf die Selbstregulierung des Marktes zu vertrauen und sich selbst herauszuhalten. Dieses Heraushalten wird sicherlich von den Wählerinnen und Wählern kaum befürwortet. Rechtlich ist auch unklar, ob durch das Sozialstaatsprinzip nach Art. 20 GG nicht auch eine Verpflichtung des Staates besteht, intensiver in den Markt einzugreifen, und soziale Härten durch Arbeitslosigkeit (z. B. durch Kündigungsschutz) abzufedern.

Europäische Zentralbank
→ Kap. 10.1.3, S. 422 f.
→ Kap. 10.3.1, S. 431 ff.

A und B: Bearbeiter

M77 Energiepreise: Wie reagiert die Bundesregierung?

Aus dem Steuerentlastungsgesetz:

- Anhebung des Arbeitnehmerpauschbetrags (Abzug vom zu versteuernden Bruttolohn) um 200 Euro auf 1.200 Euro
- Anhebung steuerfreier Grundfreibetrag um 363 Euro auf 10.347 Euro
- Anhebung Entfernungspauschale für Fernpendler (ab dem 21. Kilometer) von 35 auf 38 Cent

Aus einem weiteren Entlastungspaket:

- Senkung der Energiesteuer auf Kraftstoffe für drei Monate um 30 Cent/ Liter, Diesel um 14 Cent/Liter.
- einmalige Energiepauschale in Höhe von 300 Euro je Steuerpflichtige:r
- vergünstigte Tickets für den ÖPNV
- zusätzliche Einmalzahlung für Familien von 100 Euro pro Kind

Bearbeiter, basierend auf: Bundesministerium der Finanzen: Schnelle und spürbare Entlastungen in Milliardenhöhe. In: www.bundesfinanzministerium.de, 30.09.2022

M78 Wie hoch sind die Kosten der Energie- und Klimapolitik?

Seit 2021 wird in Deutschland ein Preis für die Emissionen von Kohlendioxid (CO_2) erhoben. Aktuell gilt ein Preis von 30 Euro pro Tonne CO_2, die beim Verbrennen von Heiz- und Kraftstoffen ausgestoßen wird. Er wird schrittweise auf bis zu 55 Euro im Jahr 2025 steigen.
Im Gebäudebereich soll der CO_2-Preis Vermieter motivieren, energetische Sanierungen ihrer Gebäude voranzutreiben und Mieter dazu, sparsam mit Energie umzugehen. Aktuell können Vermieter die Zusatzkosten für den CO_2-Preis gänzlich an ihre Mieter weitergeben. Damit konnte der CO_2-Preis bislang nicht die gewünschte klimapolitische Lenkungswirkung entfalten. Dem will die Bundesregierung mit der neuen Aufteilung nach dem Stufenmodell für Wohngebäude nun abhelfen. [...] Mit dem Stufenmodell werden anhand der spezifischen CO_2-Emissionen des vermieteten Gebäudes die produzierten CO_2-Kosten künftig anteilig entsprechend der Verantwortungsbereiche und damit fair zwischen Mietern und Vermietern umgelegt. Je schlechter die Energiebilanz des jeweiligen Gebäudes, desto höher ist der zu tragende Kostenanteil für die Vermieter. Bei Wohnungen mit einer besonders schlechten Energiebilanz [...] übernehmen die Vermieter 90 Prozent und die Mieter zehn Prozent der CO_2-Kosten. Wenn das Gebäude jedoch mindestens dem sehr effizienten Standard [...] entspricht, müssen die Vermieter keine CO_2- Kosten mehr tragen.

Bundesministerium für Wirtschaft und Klimaschutz: Fairness bei den CO2-Kosten: BMWK, BMWSB und BMJ einigen sich auf gerechte Verteilung. In: www.bmwk.de, 03.04.2022

M79 Risiko bei der Nachfrageorientierung: Staatsverschuldung

Als ein Risiko von sogenannten Konjunktur- oder Entlastungspaketen wird oft genannt, dass die Staatsverschuldung rapide zunimmt. Konjunkturprogramme der Regierung mittels „Deficit-Spending" erfordern, dass die öffentliche Hand das Geld, was sie nicht hat, um die Wirtschaft wieder anzukurbeln, über Kredite finanzieren muss. Das führt zu einem weiteren Anstieg der absoluten Staatsverschuldung. Als Beispiel hierfür wird die Zeit der Finanzkrise 2008-2010 angeführt, als die damalige Bundesregierung Konjunkturhilfen im Umfang von rund 70 Milliarden Euro beschloss. Das erste Konjunkturpaket vom Juni 2020 zur Bekämpfung der Corona-Folgen hatte sogar einen Umfang von 130 Milliarden Euro.

Bearbeiter

M80 Der Schuldenstand Deutschlands

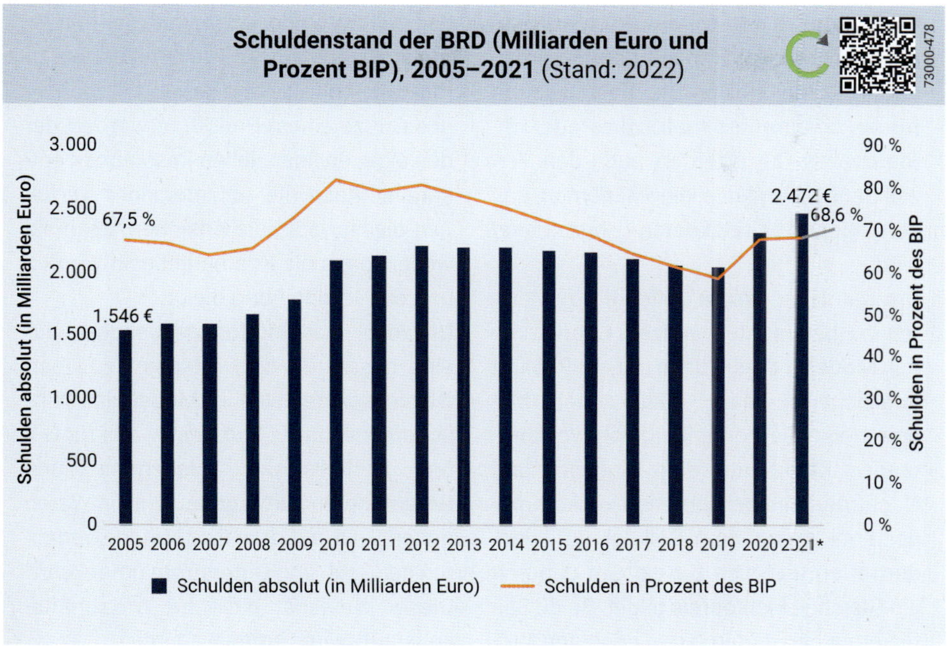

©C.C. Buchner Verlag, aktuelle Daten nach: Bundesbank, 2022

Aufgaben

72035-186

1. Erläutern Sie die konjunkturelle Situation in **M73** und begründen Sie, inwiefern die Notwendigkeit einer konjunktureller Stabilisierung besteht.
2. Erarbeiten Sie die Grundzüge der beiden Stabilisierungstheorien (**M74-M76**) und veranschaulichen diese in einem Schaubild. Präsentieren Sie diese erklärend im Kurs (Teamarbeit).
3. Analysieren Sie die Problematik der Energiepreise (**M73**) sowie die Maßnahmen der Bundesregierung (**M77**, **M78**) und formulieren Sie dazu ein Statement als
   a) Expert:in der Angebotsorientierung und
   b) Expert:in der Nachfrageorientierung.
   c) Stellen Sie Ihre Ergebnisse zunächst Ihrer Nachbarin bzw. Ihren Nachbarn vor. Anschließend präsentieren Sie diese im Kurs.
4. Angebots- oder Nachfrageorientierung: Welche Stabilisierungspolitik überzeugt Sie mehr (**M74-M76**)? Schreiben Sie eine Beurteilung unter Berücksichtigung wichtiger Perspektiven und zentraler Kategorien (→ Methode, S. 31 f.).
5. Überprüfen Sie in Kleingruppen (2-3 Personen) die These der Überschuldung durch Konjunkturpakete mit Hilfe von **M79** und **M80**. Beachten Sie dabei auch die Entwicklung des BIP (→ **Kap. 5.4.2**, **M67**, S. 253).

Sie als Bürger:in ...
vergleichen die aktuelle Verschuldung und die Entwicklung des Schuldenstandes der Bundesrepublik mit der anderen Staaten (außerhalb) Europas. Stellen Sie diese dem Kurs vor und diskutieren Sie, welche Staaten als überschuldet angesehen werden können.

H zu Aufgabe 3
Machen Sie deutlich, welche Auswirkungen die Maßnahmen der Bundesregierung für die Haushalte, die Unternehmen und den Staatshaushalt haben können.

Vier Onlinekapitel:
- Bundeshaushalt
- Tarifverhandlungen
- Transformation der Arbeitswelt
- Mitbestimmung in Unternehmen

72035-187

Wirtschaften auf Märkten

Die Knappheit von Gütern erfordert ökonomisches Handeln nach dem Minimal- und Maximalprinzip. Die Entscheidung für ein bestimmtes materielles oder immaterielles Gut erfordert auch den Verzicht auf ein anderes, ein Phänomen, das als Opportunitätskosten bezeichnet wird.

Um das Handeln der Akteure auf Märkten zu beobachten, nutzen Ökonom:innen Modelle, die sie dann mit der Realität abgleichen können. Dazu gehört beispielweise die Vorstellung vom vollkommenen Markt, auf dem Angebot und Nachfrage in einer Situation vollkommener Konkurrenz, dem Polypol, aufeinandertreffen und sich für ein Gut dadurch ein Gleichgewichtspreis bildet. Beide Seiten erreichen dadurch den höchsten Nutzen. Das Angebot wird vollständig verkauft, die Nachfrage gesättigt, der Markt ist geräumt. Die Idee dahinter ist das Modell des homo oeconomicus, der rein rational darauf aus ist, seinen Nutzen zu maximieren, also ein möglichst günstiges Gut zu einem Preis zu erwerben, der den eigenen finanziellen Ressourcen entspricht. Auch die Anbieter:innen verfolgen dieses rationale Ansinnen, denn sie wollen, dass die Kosten gedeckt werden und ein Gewinn übrig bleibt.

Die Idee, diese Vorgänge bezogen auf eine gesamte Volkswirtschaft zu übertragen, spiegelt sich im Modell des Wirtschaftskreislaufs. Auf dem Markt für Güter treffen sich Haushalte und Unternehmen zum Austausch von Waren gegen Geld, auf dem Faktormarkt verlaufen der Geld- und Güterstrom umgekehrt. Dieser zunächst einfache Wirtschaftskreislauf wird ergänzt durch die Wirtschaftssubjekte Staat und Finanzinstitutionen (Banken).

Übung
82000-712

Die Wirtschaftssubjekte Unternehmen, Banken und Staat

In Deutschland gibt es weit über drei Millionen Unternehmen unterschiedlichster Größe, Branchen und Rechtsformen. Die meisten sind kleine und mittlere Unternehmen in der Rechtsform Einzelunternehmer. Mittlere Unternehmen und Großunternehmen, die den Großteil des Umsatzes mit der Hälfte aller Beschäftigten erbringen, sind eher als Personengesellschaften oder Kapitalgesellschaften organisiert. Neben dem Ziel der Gewinnmaximierung (Shareholder-Ansatz) wird Unternehmen auch eine soziale Verantwortung (Stakeholder-Ansatz) zugewiesen.

Der Finanzsektor ist geprägt durch Banken und Sparkassen, welche die Haushalte, Unternehmen und den Staat mit Geld in Form von Krediten versorgen und deren Guthaben verwalten. Dafür erhalten sie bzw. zahlen sie Zinsen. Durch die höheren Kreditzinsen machen Banken Gewinne. Dieses Geschäftsmodell kann auch dazu führen, dass Kredite von den Schuldnern nicht mehr bedient werden können und Banken durch Pleiten bedroht werden, was das Vertrauen der Kund:innen zerstört und zu gesamtwirtschaftlichen Problemen führen kann. Die Politik ist dann gefordert, die Banken zu retten und durch gesetzliche Regelungen vorzubeugen.

Die Rolle des Staates im Wirtschaftskreislauf einer Volkswirtschaft ist zentral, wie sich an der Staatsquote, also den Konsum- und Investitionsaufwendungen im Verhältnis zum Bruttoinlandsprodukt zeigt. Die Einnahmen der öffentlichen Hand auf den Ebenen des Bundes, der Länder und der Kommunen speisen sich vor allem aus Steuern, aber immer wieder auch aus Krediten, da die Ausgaben die Einnahmen übersteigen. Daher wird politisch kontrovers über das Ausmaß staatlichen Agierens debattiert.

Übung
82000-713

Wirtschaftsordnung

Grundlegend für die Wirtschaftsordnung in der Bundesrepublik Deutschland ist das Konzept der klassischen Wirtschaftstheorie. Darauf baut das Konzept des Ordoliberalismus auf, das die Setzung eines festen Ordnungsrahmens als unverzichtbar ansieht und Eingriffe in den wirtschaftlichen Prozess vonseiten der politischen Entscheidungsträger:innen minimieren möchte. Dieses eher deutsche Konzept ähnelt der Idee des angelsächsischen Neoliberalismus, der teilweise negativ konnotiert ist. Das gilt auch für die eher eingreifende und lenkende Konzeption der Planwirtschaft. In Deutschland hat sich seit der Gründung das Konzept der Sozialen Marktwirtschaft als Rahmensetzung etabliert. Hier werden Aspekte des freien Marktes mit staatlichen Steuerungsinstrumenten verknüpft. Die wirtschaftsbezogenen Artikel des Grundgesetzes sichern diesen Rahmen verfassungsrechtlich ab, lassen aber viel Spielraum für wirtschaftspolitische Entscheidungen.

Übung
82000-714

Wirtschaftspolitik

Im sogenannten Stabilitätsgesetz sind grundlegende Ziele der Wirtschaftspolitik definiert. Der Wettbewerb als grundlegendes Prinzip der Marktwirtschaft wird durch das Gesetz gegen Wettbewerbsbeschränkungen gesichert und durch Wettbewerbspolitik gesteuert, um Monopole und Kartelle zu verhindern. Mit Strukturpolitik wollen politische Akteure bestimmte Regionen und wichtige Branchen der Wirtschaft fördern, sichern oder aufbauen, womit auch Arbeitsplätze gesichert oder geschaffen werden sollen.

Der Konjunkturpolitik kommt hinsichtlich der wirtschaftlichen Entwicklung zentrale Bedeutung zu. Aufgrund der Beobachtung verschiedener Konjunkturindikatoren, insbesondere der Entwicklung des Bruttoinlandsprodukts, kann erkannt werden, ob sich die Gesamtwirtschaft in einem Aufschwung oder einem Abschwung befindet. Politische Debatten um eine Beeinflussung der Konjunktur finden zwischen den angebots- und nachfrageorientierten Konzepten der Wirtschaftspolitik statt. Diese Grundsatzfragen werden auch mit Blick auf die Staatsverschuldung geführt.

Übung
82000-715

Arbeitnehmende und Arbeitgebende

Die Tarifautonomie ist ein wichtiges, grundgesetzlich garantiertes Prinzip. Arbeitnehmende und Arbeitgebende dürfen sich in Verbänden organisieren, um ihre Interessen zu artikulieren und durchzusetzen. Zentral ist dabei das Aushandeln von Löhnen zwischen den Tarifvertragsparteien, wodurch wichtige Funktionen wie der Schutz der Arbeitnehmenden und der Arbeitsfrieden für die Unternehmen und den gesellschaftlichen Frieden erfüllt werden können. Weitere wichtige Aspekte der Partizipation der Arbeitnehmenden sind die betriebliche Mitbestimmung über Betriebsräte und die unternehmerische Mitbestimmung in mittleren und großen Unternehmen. Die Relevanz der Mitbestimmung in einer sich transformierenden Arbeitswelt ist unbestritten, die Rolle der Gewerkschaften aber gefährdet.

Übung
82000-716

KOMPETENZEN ANWENDEN

Kursarbeitstraining

Die folgenden Aufgaben bieten die Möglichkeit, Ihre gewonnen Kompetenzen zu überprüfen und diese anzuwenden. Sie können als Vorbereitung für eine Kursarbeit dienen. Lösungsvorschläge erhalten Sie über den QR-Code.

1 Braucht die Autoindustrie staatliche Hilfen?

Die deutsche Autoindustrie hatte nicht nur gesellschaftspolitisch schon mal einen leichteren Stand. [...] Das Image der Industrie ist spätestens seit dem VW-Dieselskandal schwer beschädigt. Zum schlechten Image der Industrie kommt nun auch noch der historische Umbau des gesamten Systems, weg von fossilen Brennstoffen hin zu nachhaltigerer Mobilität. Die Neuausrichtung der Unternehmen verschlingt Milliarden, zur gleichen Zeit stehen chinesische Autobauer wie BYD, Geely und Brilliance längst parat, den VWs und Daimlers überall in der Welt in die Parade zu fahren.

Auch deshalb konnte die Industrie in den vergangenen Jahren stets auf großzügige Hilfen der Politik setzen. Mit Abwrackprämien gegen die Finanzkrise, mit Milliarden gegen die Folgen der Corona-Pandemie und für den Verkauf von umweltfreundlicheren Autos, und schließlich mit einem milliardenschweren „Zukunftsfonds“ für mehr Elektromobilität und Digitalisierung im Jahr 2025. Der Strukturwandel und die damit einhergehenden Imagekampagnen werden, ganz selbstverständlich, immer weiter staatlich subventioniert.

Dass sich die Industrie komplett verändern und ihren Ausstoß von klimaschädlichem Kohlendioxid (CO_2) in Städten und auf Autobahnen drastisch reduzieren muss, liegt auf der Hand. Es geht um die Zukunft des Planeten. Die Frage ist nur: Warum muss das Notwendige eigentlich mit Milliarden an Steuergeldern gefördert werden? Die 16 weltweit größten Autokonzerne fuhren [...] zwischen Januar und Juni [2021] Betriebsgewinne von zusammen 71,5 Milliarden Euro ein – ein Rekordwert. Nur ein Jahr nach der großen Corona-Depression sind die Autobauer profitabler als vor der Pandemie. [...]

Besonders viel verdienten dabei die Deutschen – allein BMW, Daimler und Volkswagen kamen auf über 30 Milliarden Euro Gewinn. Krise? Von wegen. Rekordzahlen, erhöhte Prognosen, glänzende Aussichten. Das hat damit zu tun, dass viele schon mit gigantischen Sparprogrammen durch ihre Werke gefegt haben. Aber auch damit, dass mit größeren Limousinen und SUVs mehr Geld verdient werden kann. Pflegefälle jedenfalls sind die Unternehmen zurzeit nicht. Warum also dann die sehr generöse Unterstützung durch die Politik?

Diskussionswürdig auch der Fall des US-Elektroautobauer Tesla, der in Grünheide bei Berlin nicht nur seine Elektroautofabrik in Europa baut, sondern dort auch in großem Stil in die Fertigung von Batteriezellen einsteigen will. Ein wichtiges Signal für Europa , für den Standort Berlin und den dortigen Arbeitsmarkt - und eine große strategische Ansage: Batteriezellen müssen nicht unbedingt aus China oder Südkorea importiert werden, man kann sie auch sehr gut hier fertigen und sich auf diese Weise seine Unabhängigkeit bewahren.

Allerdings ist die Sache nicht umsonst: Berichten zufolge soll der kalifornische Autobauer mit staatlichen Fördermitteln von rund 1,1 Milliarden Euro aus einem Europäischen Batteriezellenprogramm bedacht werden. Eine Milliarde Euro, das wäre eine Menge Geld. Überraschend ist das nicht; Tesla-Chef Elon Musk gilt als gewiefter Verhandler und Taktierer – und als Vertreter einer Welt, in der alles seinen Preis hat.

Allerdings: Der Multimilliardär gehört zu den reichsten Menschen der Welt, seine Firma hatte zuletzt einen Börsenwert von mehr als 730 Milliarden Dollar. Brauchen Tesla und sein Boss wirklich 1,1 Milliarden Euro, um Batteriezellen in Grünheide zu

bauen?
Es gibt sicherlich Branchen, die in diesen Zeiten Förderungen ganz gut gebrauchen könnten. Die Autoindustrie aber gehört im Moment nicht dazu.

Fromm, Thomas: Eine ziemlich reiche Branche. In: www.sueddeutsche.de, 06.09.2021

2 Staatsverschuldung ohne Grenzen?

Karikatur: Heiko Sakurai, 24.09.2020

Aufgaben 72035-188

1. Arbeiten Sie die Kritik des Autors an der Strukturpolitik zugunsten der Automobilbranche heraus (1).
2. Interpretieren Sie die Karikatur (2) im bekannten Dreischritt (→ Methode, S. 268).
3. Erörtern Sie die Legitimität der Hilfen für die Automobilindustrie vor dem Hintergrund steigender staatlicher Verschuldung.

Lösungsvorschläge und Erwartungshorizonte

72035-189

Karikaturenrallye: der Sozialstaat in der Krise?

1 Die Sozialsysteme in Deutschland

Karikatur: Thomas Plaßmann, 13.04.2021

2 Das Bedingungslose Grundeinkommen (BGE)

Karikatur: Schwarwel, 17.03.2014

3 Wohnungsnot und Mietpreise

Karikatur: Thomas Plaßmann, 30.07.2020

4 Soziale Gerechtigkeit

Karikatur: Klaus Stuttmann, 16.07.2010

5 Finanzierung des Sozialstaates

Karikatur: Walter Hanel, 2004

6 Altersarmut in Ost und West

Karikatur: Schwarwel, 25.11.2016

Herausforderungen des Sozialstaates

6

Zwischen sozialer Gerechtigkeit und Finanzierbarkeit

Trotz des Wohlstandes in unserer Gesellschaft birgt unser Leben enorm viele Risiken. Jede Bürgerin und jeder Bürger kann unvorhersehbar von Arbeitslosigkeit, Einkommensausfällen, Krankheit oder dem Tod von Angehörigen betroffen sein. Dann droht Armut, weil man nicht mehr von der eigenen Arbeit oder durch die Unterstützung der Familie leben kann. Um diese Lebensrisiken abzumildern, wurde in der Bundesrepublik Deutschland der Sozialstaat kontinuierlich ausgebaut. Zahlreiche Gesellschaftsgruppen wie Arbeitslose, Rentebeziehende oder Menschen mit geringem Verdienst erhielten verstärkt staatliche Leistungen. Neben dem „Wirtschaftswunder" der Nachkriegszeit hat der Ausbau des Sozialstaates einen wesentlichen Beitrag zur Legitimität der Demokratie in unserem Land geleistet. In Artikel 20 Absatz 1 unseres Grundgesetzes steht: „Die Bundesrepublik ist ein demokratischer und sozialer Rechtsstaat." Durch dieses Verfassungsprinzip verpflichtet sich der Staat grundsätzlich dazu, für eine gerechte Sozialordnung zu sorgen und die Verantwortung für den Schutz der sozial Schwachen zu übernehmen. Wie weit jedoch der Staat eingreifen soll, um diese Ziele zu erreichen, ist in der Gesellschaft und politisch umstritten. In diesem Kapitel werden Sie sich intensiv mit grundlegenden Prinzipien des Sozialstaates und dem System der sozialen Sicherungen beschäftigen. Dabei werden Sie die Finanzierungsprobleme unseres Sozialstaates aufgrund des demographischen Wandels und der Transformation der Gesellschaft durch die Digitalisierung und den Klimawandel bearbeiten und die Zukunft des Sozialstaates beurteilen.

Leitfragen

1. Erfüllt der Sozialstaat in Deutschland noch seine grundlegenden Aufgaben der Armutsbekämpfung und Ungleichheitsvermeidung?
2. Welche Ziele verfolgen die verschiedenen wohlfahrtsstaatlichen Modelle?
3. Soll der Staat weniger oder stärker in das Wirtschaftsgeschehen eingreifen, um der sozialen Ungleichheit in der Gesellschaft entgegenzuwirken?
4. Wie können sozialen Sicherungssysteme zukunftsfähig gestaltet und finanziert werden?
5. Was verstehen Sie unter sozialer Gerechtigkeit (Leistungs-, Chancen- oder Bedarfsgerechtigkeit)?

Aufgaben

72035-190

1. Der Kurs wird in sechs Arbeitsgruppen aufgeteilt, jede Gruppe erhält eine andere Karikatur (1 – 6). Analysieren Sie die Ihrer Gruppe zugewiesene Karikatur mit Hilfe der Methodenkarte auf S. 268. (Zeit: 7 Min.).
2. Bearbeiten Sie danach kurz die anderen Karikaturen (Zeit: pro Karikatur 2 Min.). Formulieren Sie in dieser Karikaturenrallye zu jeder weiteren Karikatur knapp die Kernaussage bzw. eine zentrale Fragestellung.
3. Stellen Sie die Interpretation Ihrer Karikatur aus Aufgabe 1 im Kurs vor. Erarbeiten Sie danach zur Unterrichtsreihe „Sozialstaat im Wandel" ein gemeinsames Tafelbild.

METHODE

Karikaturen interpretieren

Die Karikatur ist eines der beliebtesten Medien der politischen Kommunikation. Sie stellt ein aktuelles politisches Problem überspitzt dar. Die Karikaturistin bzw. der Karikaturist bezieht durch die ironische bzw. entlarvende Darstellung in der Regel kritisch Stellung und fordert die Betrachtenden heraus, sich selbst eine Meinung zum dargestellten Problem zu bilden. Um eine Karikatur vollständig zu erfassen, ist neben Vorwissen über den behandelten Sachverhalt ein strukturiertes Vorgehen bei der Interpretation nötig:

1 Beschreibung

- Wer hat die Karikatur gezeichnet? Wann und wo ist sie erschienen (falls vorhanden)?
- Wie ist die Karikatur aufgebaut (Bild/Text/Überschrift/Unterschrift)?
- Was ist in der Karikatur zu sehen (Personen, Gegenstände, Umgebung...)? Wie werden diese Elemente dargestellt?
- Welche sonstigen Einzelheiten sind auf der Karikatur zu erkennen?

Dekorative Elemente (z. B. Wolken am Himmel) oder unwichtige Details (z. B. Zahl der Jackenknöpfe) müssen nicht angesprochen werden. Alles, was im nächsten Schritt einer Erklärung würdig ist, muss aber bereits hier beschrieben worden sein!

▼

2 Erklärung

- Wie lassen sich die beschriebenen Bildelemente erklären?
- Zu welchem politischen Problem nimmt die Karikaturistin/der Karikaturist Stellung?
- Welche Haltung nimmt die Karikaturistin/der Karikaturist gegenüber dem Dargestellten ein?
- Welche Lösungsmöglichkeiten des Problems sind in Bild und Realität denkbar?

Bei diesem zentralen Punkt der Interpretation wird bereits erworbenes Wissen angewendet, um die Symbolik und den „Witz" der Karikatur aufzudecken. Die Erklärung muss so umfassend sein, dass eine Person ohne Vorkenntnisse die Karikatur ebenfalls verstehen kann.

▼

3 Bewertung

- Ist die künstlerische Gestaltung der Karikatur geeignet, die Haltung der Karikaturistin/des Karikaturisten abzubilden?
- Worin ist der Karikaturistin/dem Karikaturisten zuzustimmen?
- Was ist ihr/ihm entgegenzuhalten?

Die argumentative Auseinandersetzung mit dem dargestellten politischen Problem und die abschließende eigene Positionierung dazu sind von zentraler Bedeutung. Dies ist aber nur zu leisten, wenn die Karikatur bereits in Beschreibung und Erklärung vollständig erfasst wurde.

Bearbeiter

Formulierungshilfen zu den verschiedenen Schritten

72035-191

6.1 Der Sozialstaat und soziale Gerechtigkeit

6.1.1 Soziale Gerechtigkeit: eine angemessene Leistungsbelohnung oder eine möglichst gleiche Güterverteilung?

Zum Thema: Politische Entscheidungen werden oft auf der Grundlage eines subjektiven Gerechtigkeitsempfindens beurteilt. Allerdings verändern sich diese Bewertungen je nach Perspektive und zugrundeliegendem Gerechtigkeitskonzept. Sie setzen sich ausgehend von Ihren eigenen Gerechtigkeitsvorstellungen mit den verschiedenen Konzepten der sozialen Gerechtigkeit auseinander und diskutieren, ob diese sich ergänzen oder gegenseitig in einem Zielkonflikt stehen. Was ist für Sie „gerecht"?

M1 Schere zwischen Arm und Reich – auch in Deutschland?

Fast jedes fünfte Kind in Deutschland lebt in Armut. Vor der Essener Tafel stehen Menschen vor der Ausgabestelle und warten auf Hilfsgüter wie Essen und Trinken.

Die Austernbar im Kaufhaus des Westens in Berlin (KaDeWe): Im sechsten und siebten Stock befindet sich mit 34.000 Artikeln auf 7000 m² die größte Feinkostabteilung Europas.

Was ist Armut?

Absolute Armut besteht, wenn eine Person über ein Einkommen unterhalb des Existenzminimums verfügt und somit ihre Grundbedürfnisse nicht befriedigen kann. Diese Armutsschwelle liegt nach Angaben der Weltbank bei 1,90 US-Dollar pro Tag. Nach dem europäischen Sozialbericht liegt der Grenzwert für relative Armut bei 50 Prozent des Medianeinkommens der Bevölkerung. Jedoch wird bereits bei einem Einkommen unter dem Schwellenwert von 60 Prozent von einem starken Armutsrisiko ausgegangen.

Bearbeiter

Einstiegsaufgaben 72035-192

1. Beschreiben Sie die Bilder in **M1** und setzen Sie 1 zu 2 in Beziehung.
2. Formulieren Sie unter Berücksichtigung der Bilder eine eigene Definition für soziale Gerechtigkeit.

M2 Was bedeutet „soziale Gerechtigkeit"?

Gerechtigkeit ist das zentrale Prinzip, an dem sich das Recht in der Bundesrepublik Deutschland orientiert. Die Würde und die Gleichheit des Menschen werden dabei häufig als Kern der Gerechtigkeit angesehen. Das wichtigste Ziel des Sozialstaates ist es, soziale Gerechtigkeit innerhalb der Gesellschaft zu erreichen und somit den Bürgerinnen und Bürgern eine größtmögliche Absicherung vor Lebensrisiken zu gewährleisten. Gerechtigkeit ist aber kein objektiver und messbarer Begriff. Was die Bürgerinnen und Bürger konkret unter sozialer Gerechtigkeit verstehen, ist umstritten. Die konkrete Gerechtigkeitsvorstellung ergibt sich aus der jeweiligen politischen Perspektive. Das liberale Bürgertum fordert häufig Leistungsgerechtigkeit im freien Wettbewerb des Marktes (Freiheit). Durch den Fortschritt und den Anstieg des allgemeinen Wohlstandes profitieren aus seiner Sicht alle Bürgerinnen und Bürger einer Gesellschaft. Die Sozialdemokratie fordert hingegen mehr Chancen für Benachteiligte und die angemessene Befriedigung von Grundbedürfnissen aller Menschen in der Gesellschaft (Solidarität). Unabhängig von den unterschiedlichen Gerechtigkeitsvorstellungen ist es jedoch zentral, wie die Bevölkerung die sozialen Ungleichheiten in der Gesellschaft wahrnimmt, welche Konzepte zur Sicherung des sozialen Friedens präferiert werden und sich folglich im demokratischen Wettbewerb durchzusetzen vermögen.

Bearbeiter

M3 Umfrage zur sozialen Gerechtigkeit

	Soziale Gerechtigkeit herrscht vor, …	**stimme zu**	**stimme nicht zu**	**weiß nicht**
1	wenn die Person mehr verdient, die mehr leistet.			
2	wenn alle Kinder die Schulbücher vom Staat bezahlt bekommen.			
3	wenn Reiche einen Zusatzbeitrag zahlen müssen.			
4	wenn der Staat dafür sorgt, dass jede und jeder eine bezahlbare Wohnung hat.			
5	wenn der Staat jedem/jeder Bürger:in ein Grundeinkommen von 1000 Euro garantiert.			
6	wenn alle Menschen in der Gesellschaft die gleiche medizinische Versorgung erhalten.			
7	wenn politische Entscheidungen keine Generation oder Bevölkerungsschicht benachteiligt oder bevorzugt.			
8	wenn Bürgerinnen und Bürger auch einen schlecht bezahlten Job annehmen, um ihren Lebensunterhalt selbst zu verdienen.			

Bitte ins Heft

Bearbeiter

M4 Was sind die „Konzepte der sozialen Gerechtigkeit"? (Stefan Hradil)

Vorstellungen von Leistungsgerechtigkeit fordern, dass Menschen so viel erhalten sollen (Lohn, Schulnoten, Lob etc.), wie ihr persönlicher Beitrag und/oder ihr Aufwand für die jeweilige Gesellschaft ausmachen. Konzepte der Leistungsgerechtigkeit sehen also ungleiche Belohnungen vor, um die Menschen für ungleiche Bemühungen und ungleiche Effektivität zu belohnen, sie zur weiteren Anstrengung zu motivieren und so für alle Menschen bessere Lebensbedingungen zu erreichen.

Vorstellungen von (Start-)Chancengerechtigkeit zielen darauf ab, dass alle Menschen, die im Wettbewerb um die Erlangung von Gütern und die Vermeidung von Lasten stehen, die gleichen Chancen haben sollen, Leistungsfähigkeit zu entwickeln und Leistungen hervorzubringen. Das Konzept der Chancengerechtigkeit bezieht sich also nicht auf das Ergebnis, sondern auf die Ausgestaltung von Leistungswettbewerb. Unterstellt werden ungleiche Verteilungsergebnisse. Die Vorstellung von Chancengerechtigkeit hat nur dann einen Sinn, wenn Chancen bestehen, mehr oder weniger große Erfolge zu erzielen (zum Beispiel das Abitur, statt einen Hauptschulabschluss zu absolvieren). [...]

Als bedarfsgerecht gelten Verteilungen, die dem „objektiven" Bedarf von Menschen entsprechen, insbesondere ihren Mindestbedarf berücksichtigen. Empirisch vorzufinden ist Bedarfsgerechtigkeit zum Beispiel in den unterschiedlichen Steuerklassen des Einkommenssteuerrechts. Hinter diesem Konzept steht die Einsicht, dass Chancen- und Leistungsgerechtigkeit nicht in der Lage ist, dem jeweiligen Bedarf der nicht Leistungsfähigen, das heißt der Kranken, Alten, Kinder etc. gerecht zu werden.

Dem Konzept der egalitären Gerechtigkeit zufolge sollen Güter und Lasten möglichst gleich verteilt werden. In einer abgeschwächten Version dieser Gerechtigkeitsvorstellung werden auch Verteilungen von Gütern und Lasten, die gewisse Bandbreiten der Ungleichheit nicht überschreiten, als gerecht angesehen. Empirisch äußern sich egalitäre Gerechtigkeitsvorstellungen zum Beispiel in der Kritik an bestimmten Managergehältern allein aufgrund ihrer enormen Höhe oder an der Erwartung, dass eine „gerechte" Gesundheitsversorgung für alle Menschen gleich gut sein müsse. [...]

Konzepte der „Globalen Gerechtigkeit" sind [...] auf alle Menschen unseres Planeten gerichtet. Forderungen nach „Generationengerechtigkeit" erstrecken sich auf die Güter- und Lastenverteilung der heute lebenden Generationen wie auch der kommenden. Die Konzepte einer globalen und einer intergenerationalen Gerechtigkeit stellen keine neuen Gerechtigkeitsarten, sondern Maßstabsveränderungen bisheriger Gerechtigkeitsverständnisse dar.

Hradil, Stefan: Deutsche Verhältnisse. Eine Sozialkunde. Bonn: Bundeszentrale für politische Bildung 2012

Aufgaben

72035-193

1. Erläutern Sie, was unter sozialer Gerechtigkeit verstanden werden kann (**M2**).
2. Bearbeiten Sie die Umfrage (**M3**) und vergleichen Sie Ihre Ergebnisse im Kurs.
3. Gliedern Sie den Text in **M4** in geeignete Sinnabschnitte. Erstellen Sie ein Schaubild, indem Sie die Dimensionen der Sozialen Gerechtigkeit strukturiert darstellen (→ Methode S. 102).
4. Ordnen Sie Ihre Einschätzungen der Umfrage (**M3**) einem Konzept der Sozialen Gerechtigkeit (**M4**) zu. Begründen Sie Ihre Zuordnung.
5. Prüfen Sie am Beispiel der Lehrmittelfreiheit für einkommensschwache Familien, ob die verschiedenen Dimensionen der Sozialen Gerechtigkeit miteinander vereinbar sind.
6. Ist es zumutbar, dass arbeitslose Bürgerinnen und Bürger dazu verpflichtet werden, jede angebotene Stelle annehmen zu müssen? Beurteilen Sie diese Frage unter Berücksichtigung der Kategorien Selbstverantwortung/Leistungsgerechtigkeit und Solidarität/Chancengerechtigkeit.

Lehrmittelfreiheit bedeutet in Rheinland-Pfalz, dass Lehr- und Schulbücher auf Antrag vom Staat kostenlos bereitgestellt werden.

6.1.2 Theorien sozialer Gerechtigkeit: Wie kann eine gerechte Gesellschaft erreicht werden?

Zum Thema: In diesem Kapitel setzen Sie sich mit den wohl einflussreichsten Gerechtigkeitstheorien des 20. Jahrhunderts auseinander. Dabei vergleichen Sie die Theorie von John Rawls (Liberalismus) mit den Gerechtigkeitsvorstellungen von Robert Nozick (Libertarismus). Auf der Grundlage dieser beiden Klassiker der politischen Theorien sollen Sie ein eigenes Gerechtigkeitskonzept für unsere Gesellschaft entwickeln.

M5 Ein Gedankenexperiment: der Schleier des Nichtwissens (John Rawls)

Stellen sie sich vor, sie leben in einem gesellschaftlichen Zustand, in dem niemand sein Einkommen, Beruf, soziales Umfeld (Familie) und seine körperlichen und geistigen Fähigkeiten (Alter, Geschlecht, geistige und körperliche Fähigkeiten) kennt. Alle Personen in dieser Gesellschaft befinden sich hinter einem sogenannten „Schleier des Nichtwissens" und sind somit in der gleichen Lage. Niemand wird durch seine Herkunft oder natürlichen Veranlagungen bevorzugt oder benachteiligt.

Aus dieser Situation heraus verhandeln sie mit anderen Gesellschaftsmitgliedern über die Grundsätze der Gerechtigkeit. Was soll in dieser Gesellschaft gerecht sein? Dabei haben willkürliche Zufälligkeiten und gesellschaftliche Verhältnisse keinen Einfluss auf die Entscheidung.

Bearbeiter, nach: Rawls, John: Eine Theorie der Gerechtigkeit. Übersetzt von Hermann Vetter. Frankfurt am Main: Suhrkamp 1979, S. 28 f. und S. 81 (Rechtschreibung vom Bearbeiter angepasst)

Einstiegsaufgaben 72035-194

1. Fassen Sie die hypothetische Situation in **M5** mit eigenen Worten zusammen.
2. a) Einzelarbeit: Formulieren Sie fünf Grundsätze einer gerechten Gesellschaft. Bedenken Sie, dass Sie sich unter dem Schleier des Nichtwissens befinden.
   b) Tandemarbeit: Einigen Sie sich mit einem anderen Mitglied des Kurses auf fünf gemeinsame Grundsätze (5 Minuten).
   c) Vierergruppe: Je zwei Paare einigen sich auf fünf gemeinsame Grundsätze.
   d) Jede Vierergruppe entsendet ein Mitglied in einen Fishbowl (→ Methodenglossar). Einigen Sie sich auf fünf Grundsätze, die den Konsens für den ganzen Kurs bilden sollen.

M6 Eine Theorie der Gerechtigkeit nach John Rawls

a) Der Gesellschaftsvertrag

Wir wollen uns also vorstellen, dass diejenigen, die sich zur gesellschaftlichen Zusammenarbeit vereinen wollen, in einem gemeinsamen Akt die Grundsätze wählen, nach denen Grundrechte- und Grundpflichten und die Verteilung der gesellschaftlichen Güter bestimmt werden. Die Menschen sollen im Vorraus entscheiden, wie sie ihre Ansprüche gegeneinander regeln wollen und wie die Gründungsurkunde ihrer Gesellschaft aussehen soll. Ganz wie jeder Mensch durch vernünftige Überlegung entscheiden muss, was für ihn das Gute ist, d. h. das System der Ziele, die zu verfolgen für ihn vernünftig ist, so muss eine Gruppe von Menschen ein für alle Mal entscheiden, was ihnen als gerecht und ungerecht gelten soll. Die Entscheidung, die vernünftige Menschen in dieser theoretischen Situation der Freiheit und Gleichheit treffen würden, bestimmt die Grundsätze der Gerechtigkeit.

John Rawls (1921 – 2002) war ein amerikanischer Philosoph und Professor an der Havard-Universität. 1971 veröffentlichte er sein Grundlagenwerk „A Theorie of Justice“

b) Gerechtigkeitsprinzipien nach John Rawls

1 „Jedermann soll gleiches Recht auf das umfangreiche System gleicher Grundfreiheiten haben, das mit dem gleichen System für alle anderen verträglich ist.“

2 „Soziale und wirtschaftliche Ungleichheit sind so zu gestalten, dass a) vernünftigerweise zu erwarten ist, dass sie zu jedermann Vorteil dient, und b) sie mit Positionen und Ämter verbunden sind, die jedermann offen stehen.

Rawls, John: Eine Theorie der Gerechtigkeit. Übersetzt von Hermann Vetter. Frankfurt am Main: Suhrkamp 1979, S. 28 f. und S. 81 (Rechtschreibung vom Bearbeiter angepasst)

M7 Die Gerechtigkeitstheorie nach Robert Nozick

a) Die Rolle des Staates

Der amerikanische Philosoph Robert Nozick gilt als einer der einflussreichsten Autoren der modernen Gerechtigkeitstheorie. Mit seinem Hauptwerk *Anarchy, State, and Utopia* aus dem Jahr 1974 lieferte Nozick eine philosophische Begründung des Minimal- oder Nachtwächterstaates – auch als Gegenentwurf zu Rawls' drei Jahre zuvor erschienener *Theory of Justice* (1971), welche zwar ebenfalls dem Liberalismus zugerechnet werden kann, doch auch deutliche egalitäre Züge aufweist. Den Gerechtigkeitsprinzipien von Rawls, wie auch allen anderen klassi-

Robert Nozick (1938 – 2002) war ein amerikanischer Philosoph und Professor an der Havard-Universität. Sein 1974 veröffentlichtes Buch „Anarchy, State and Utopia“ war eine libertäre Antwort auf John Rawls Theorie der Gerechtigkeit.

schen Verteilungsprinzipien, setzt Nozick nun seine „Anspruchstheorie" *(entitlement theory)* der Gerechtigkeit gegenüber: Danach sei eine Güterverteilung gerecht, wenn jedem diejenigen Besitztümer zustünden, die er sich entweder rechtmäßig ursprünglich angeeignet hat oder die ihm rechtmäßig übertragen wurden. Da diese Anspruchstheorie nur auf einer Kette rechtmäßiger Eigentumsübertragungen beruhe, handele es sich um eine rein „historische" Betrachtung. Nozick hält diese für vorzugswürdig, da sie – anders als jede andere Theorie, welche eine Umverteilung vorsehe – nicht notwendig zu kontinuierlichen Eingriffen in die Eigentumsrechte führe. Da Nozick als sogenannter Libertarianer die negative Freiheit des Einzelnen, also das Absehen von möglichst jeglichem Eingriff des Staates in die Autonomie der Bürger, als wichtigsten Wert betrachtet, der in einem Gemeinwesen zu verfolgen ist, kommt er auch zu der Schlussfolgerung, dass der Staat auf minimale Funktionen beschränkt werden solle, d. h. im Wesentlichen auf den Schutz vor Gewalt, Diebstahl und Betrug sowie auf die Durchsetzung von Verträgen.

Mahlmann, Matthias: Einführung in die Rechtswissenschaft.

b) Drei Prinzipien der Gerechtigkeit nach Robert Nozick

1 „Wer ein Besitztum im Einklang mit dem Grundsatz der gerechten Aneignung erwirbt, hat Anspruch auf dieses Besitztum."

2 „Wer ein Besitztum im Einklang mit dem Grundsatz der gerechten Übertragung von jemanden erwirbt, der Anspruch auf das Besitztum hat, der hat Anspruch auf das Besitztum."

3 „Ansprüche auf Besitztümer entstehen lediglich durch (wiederholte) Anwendung der Regel 1. und 2. (...) Alles, was aus gerechten Verhältnissen auf gerechte Weise entsteht, ist selbst gerecht."

Nozick, Robert: Anarchie, Staat, Utopie. Übersetzt von Hermann Vetter. München: Moderne Verlagsgesellschaft 1974, S. 144

Aufgaben

72035-195

1. Fassen Sie John Rawls Theorie der Gerechtigkeit mit eigenen Worten zusammen (**M6a** und **M6b**).
2. Vergleichen Sie Rawls Ausführungen mit Ihren eigenen Grundsätzen einer gerechten Gesellschaft zu **M5**.
3. Erläutern Sie die Kritik Robert Nozick an der Theorie der Gerechtigkeit nach John Rawls (**M7a** und **M7b**).
4. Entwickeln und simulieren Sie ein fiktives Streitgespräch zwischen Rawls und Nozik. Gehen Sie dabei auf die unterschiedlichen Gerechtigkeitsgrundsätze der Theoretiker ein.

H zu Aufgabe 4
Gerechtigkeitsgrundsätze können sein: Rechte und Pflichten des Bürgers gegenüber dem Staat, Begründung eines zulässigen Ausmaßes an Ungleichheit, Funktion des Staates, Finanzierbarkeit des Sozialstaates.

Sie als Bürger:in ...
schreiben einen Kommentar für eine überregionale Zeitung zur Frage: Ist es gerecht, die Mehrwertsteuer auf Erdgas von 19 % auf 7 % zu senken. Stützen Sie die Argumente in Ihrem Kommentar auf eine der Gerechtigkeitstheorien.

6.1.3 Grundlagen des sozialen Rechtsstaates: Dürfen Immobilienkonzerne in Berlin enteignet werden?

Zum Thema: In diesem Kapitel lernen Sie die grundlegenden Aufgaben des Sozialstaates kennen. Sie prüfen am Beispiel der Volksabstimmung über die Enteignung von Immobilienkonzernen in Berlin, inwiefern das Sozialstaatsprinzip mit dem Rechtsstaatsprinzip des Grundgesetzes vereinbar ist.

M8 Fallbeispiel: der Volksentscheid in Berlin ...

Ein Plakat zur Enteignung der Immobilienkonzerne. Am Ende stimmten sogar 59,1 % der Berliner:innen für die Vergesellschaftung.

Insbesondere die Wohnungsgesellschaft „Deutsche Wohnen“, mit etwa 110.000 Wohnungen der größte Mietkonzern in Berlin, stand in der öffentlichen Kritik wegen permanenter Mietenerhöhungen. Dies war der Anlass zur Namensgebung der Berliner Bürgerinitiative „Deutsche Wohnen & Co enteignen“, die sich für die Vergesellschaftung großer Wohnungsgesellschaften einsetzte. Im September 2021 forderten 59,1 Prozent der abstimmenden Einwohnerinnen und Einwohner Berlins den Senat per Volksentscheid auf, Immobilienkonzerne zu enteignen, die mehr als 3000 Wohnungen besitzen. In Berlin sollten nach dem Volksentscheid 240.300 Wohnungen in eine „Anstalt des öffentlichen Rechtes“ überführt werden. Im Nachgang zu dieser Entscheidung kam es in Deutschland zu einer scharfen Kontroverse, ob solche Enteignungen mit den Vorgaben des Grundgesetzes vereinbar sind.

Bearbeiter

Enteignung
bezeichnet den Entzug des Eigentums an einer beweglichen oder unbeweglichen Sache durch den Staat. Sie hat im Rahmen der Gesetze und gegen Entschädigungszahlungen zu erfolgen. Gemäß Art. 14 GG hat jeder Bürger ein Anspruch auf Eigentum, dass aber gleichzeitig dazu verpflichtet, dem Allgemeinwohl zu dienen.

Anstalt des öffentlichen Rechts
Eine mit Sachmitteln und Personal ausgestattete juristische Person des öffentlichen Rechts (z. B. Bund, Länder, Gemeinden, Religionsgemeinschaften), die von einem Träger der öffentlichen Verwaltung gehalten wird und dauerhaft einem öffentlichen Zweck dient.

Einstiegsaufgaben 72035-196

1. Beschreiben Sie das Plakat zum Volksentscheid in Berlin (**M8**).
2. Nehmen Sie zur Frage begründet Stellung, ob Enteignungen von Mietkonzernen zur Bekämpfung des drastischen Mietpreisanstiegs gerechtfertigt sind.

M9 Der soziale Rechtsstaat in Deutschland: Grundannahmen

1 „Die Bundesrepublik ist ein demokratischer und sozialer Rechtsstaat." (Artikel 20,1 GG). Dieser Artikel der Verfassung erteilt dem Staat die Aufgabe, für einen Ausgleich sozialer Gegensätze sowie für eine gerechte Sozialordnung zu sorgen. Alle staatlichen Einrichtungen, Steuerungsmaßnahmen und Regelungen in Deutschland, mit denen Lebensrisiken und soziale Folgen der marktwirtschaftlichen Wirtschaftsordnung politisch bearbeitet werden, können somit als Sozialstaat definiert werden. Beim Sozialstaat kann auch von einer institutionellen Form der sozialen Sicherung gesprochen werden. Er schützt die Bürgerinnen und Bürger vor den Risiken einer modernen Leistungsgesellschaft, insbesondere vor Krankheit, Unfall, Arbeitslosigkeit, Alter und Pflege. Weiterhin reduziert er die soziale Ungleichheit durch Maßnahmen, die auf eine Umverteilung von Gütern und Leistungen ausgerichtet sind (Redistribution).

2 Die soziale Sicherung basiert dabei auf drei grundlegenden Elementen [...]: Dem Versicherungsprinzip, Versorgungsprinzip und Fürsorgeprinzip. Dagegen wird der in diesem Zusammenhang sehr häufig verwendete Begriff des Wohlfahrstaates nach Josef Schmid eher als Analysekategorie verwendet, um sozialsstaatliche Aktivitäten von unterschiedlichen Staaten vergleichen zu können.

3 Der Staat der Bundesrepublik Deutschland nimmt als Rechtsstaat und als Sozialstaat geradezu eine doppelte Rolle wahr (Sozialer Rechtsstaat). Das Rechtsstaatsprinzip hat eine abwehrende Wirkung und schützt die Bürgerin bzw. den Bürger vor Eingriffe der öffentlichen Ordnung in ihre bzw. seine Grundrechte. Der staatlichen Willkür werden somit Grenzen gesetzt und die Freiheitsrechte der einzelnen Person vom Staat geschützt. Dagegen fordert das Sozialstaatsprinzip aktive bzw. gestaltende Eingriffe des Staates in der Gesellschaft. Der Sozialstaat soll die Teilhabe der Menschen in einer Gesellschaft ermöglichen, indem er interveniert und notfalls mit Leistungen unterstützt. Heute wird der Sozialstaat aufgrund der Demographie und den ökonomischen Transformationsprozessen vor finanziellen Herausforderungen gestellt, die gesellschaftlich angenommen und politische gestaltet werden müssen. Doch über die konkrete Ausgestaltung gibt es grundlegend unterschiedliche Auffassungen. Eine zentrale Frage der letzten beiden Jahrzehnte war: Soll dieser Sozialstaat durch mehr Eigenverantwortung der Bürger:innen oder stärkere staatliche Fürsorge bestimmt werden?

1: Basierend auf: Andersen, Uwe/Woyke, Wichard: Handwörterbuch des politischen Systems der Bundesrepublik Deutschland. 7. Auflage. Wiesbaden: Springer VS 2013, S. 618 f.; 2: Schmid, Josef: Sozialstaat. Eine Institution im Umbruch. In: Hradil, Stefan (Hg.): Deutsche Verhältnisse. Eine Sozialkunde. Bonn: bpb 2012, S. 427– 430; 3: Bearbeiter

M10 Das System der sozialen Sicherung in Deutschland

Schaubild: der soziale Rechtsstaat

72035-197

© C.C. Buchner Verlag, Daten nach: bpb, 2015

M11 Verschiedene Kommentare zum Volksentscheid in Berlin

1 Jan-Marco Luczak, CDU-Bundestagsabgeordneter für Berlin, hat 2020 in Karlsruhe erfolgreich gegen den Mietendeckel geklagt

„Ich bin sehr für starke soziale Leitplanken auf dem Immobilienmarkt. Nicht umsonst haben so viele Menschen für Enteignungen gestimmt. Wer ihre Sorgen ernst nimmt, muss ehrlich sein: Durch Vergesellschaftung wird keine einzige neue Wohnung geschaffen. Ähnlich wie beim gescheiterten Mietendeckel geht es um die grundlegende Frage, ob wir weiter in einer freiheitlichen Gesellschaft leben wollen, in der privates Eigentum als wirtschaftliche Basis individueller Freiheit geschützt wird, oder ob wir zulassen, dass der Staat immer weiter in Freiheitsräume eingreift oder diese gar negiert."

2 Cansel Kiziltepe ist SPD-Bundestagsabgeordnete im Wahlkreis Friedrichshain-Kreuzberg. Dort stimmten 72,4 Prozent für die Enteignung.

Ich habe mich schon 2019 bei einer SPD-internen Abstimmung für die Vergesellschaftung von Wohnraum ausgesprochen. Als Volkswirtin geht es mir um Marktmacht: Je mehr Wohnungen in öffentlicher Hand sind, desto mehr Einfluss hat der Staat auf die Mieten – und damit auch auf das Ziel, dass sich Normal- und Geringverdienende das Leben in der Innenstadt leisten können. Um das zu erreichen, ist Neubau zwar der zentrale, aber nicht der einzige Baustein – dazu ist im Stadtstaat Berlin die wichtigste Ressource zu knapp: der Boden. Mindestens ebenso wichtig ist es in einem Spekulation-Hotspot wie der Hauptstadt, nicht vollständig die Kontrolle über Preise und Renditeerwartungen abzugeben."

3 Jenny Stupka ist Mieterin und Aktivistin.

„Ich wohne selbst bei einem der Kandidaten für die Enteignung und zahle eine Staffelmiete – die steigt seit acht Jahren jährlich um fast sieben Prozent. Dabei sollte sich das Eigentum an Wohnraum doch eigentlich an den Grundsätzen des Gemeinwohls orientieren statt an den Geschäftsinteressen von Immobilienkonzernen. Die spekulieren mit Wohnraum und tun alles, um die Ausschüttungen an ihre Aktionäre und Aktionärinnen zu erhöhen: Entmietung, unnötige Sanierungen, ständige Verkäufe und so weiter. Das kann so nicht weitergehen! Jetzt müssen wir den politischen Druck aufrechterhalten, damit dem Volksentscheid auch Taten folgen."

4 Maren Kern ist Vorständin des BBU Verband Berlin-Brandenburgischer Wohnungsunternehmen e.V..

„In Berlin haben wir einige Erfahrungen mit Enteignungen, beispielsweise zu DDR-Zeiten hat es das schon gegeben, und wir haben gesehen, wohin das führte. Das jetzt wiederholen zu wollen ist gar keine gute Idee. Ich kann nur hoffen, dass ein neuer Senat sich gründlich mit dem Thema befasst, damit es nach dem Mietendeckel nicht zum nächsten Berliner Chaos kommt. Am Ende wird die Sache so oder so beim Bundesverfassungsgericht landen. Unsere Mitgliedsunternehmen, die die Hälfte aller Mietwohnungen in Berlin bereitstellen, sind jedenfalls alarmiert. Die ersten wollen sich mit Investitionen zurückhalten oder nur noch im Berliner Umland bauen."

Parnack, Charlotte/Rohwetter, Marcus: Der Hausnahmezustand. In: www.zeit.de, 30.09.2021

Vergesellschaftung
Die Überführung von privatem Grund, Boden, Natur oder Produktionsmittel in Formen des Gemeineigentums. Diese Vergesellschaftung kann durch Bodenreformen, Übergabe an Genossenschaften, Belegschaftsbeteiligung etc. geschehen.

M12 Verfassungsrechtliche Grundlagen zum sozialen Rechtsstaat

Artikel 1

(1) Die Würde des Menschen ist unantastbar. Sie zu achten und zu schützen ist Verpflichtung aller staatlichen Gewalt. (...).

Artikel 3

(1) Alle Menschen sind vor dem Gesetz gleich.
(2) Männer und Frauen sind gleichberechtigt. Der Staat fördert die tatsächliche Durchsetzung der Gleichberechtigung von Frauen und Männern und wirkt auf die Beseitigung bestehender Nachteile hin.

(3) Niemand darf wegen seines Geschlechtes, seiner Abstammung, seiner Rasse, seiner Sprache, seiner Heimat und Herkunft, seines Glaubens, seiner religiösen oder politischen Anschauungen benachteiligt oder bevorzugt werden. Niemand darf wegen seiner Behinderung benachteiligt werden.

Artikel 14

(1) Das Eigentum und das Erbrecht werden gewährleistet. Inhalt und Schranken werden durch die Gesetze bestimmt.

(2) Eigentum verpflichtet. Sein Gebrauch soll zugleich dem Wohle der Allgemeinheit dienen.

(3) Eine Enteignung ist nur zum Wohle der Allgemeinheit zulässig. Sie darf nur durch Gesetz oder auf Grund eines Gesetzes erfolgen, das Art und Ausmaß der Entschädigung regelt. Die Entschädigung ist unter gerechter Abwägung der Interessen der Allgemeinheit und der Beteiligten zu bestimmen. Wegen der Höhe der Entschädigung steht im Streitfalle der Rechtsweg vor den ordentlichen Gerichten offen.

Artikel 15

Grund und Boden, Naturschätze und Produktionsmittel können zum Zwecke der Vergesellschaftung durch ein Gesetz, das Art und Ausmaß der Entschädigung regelt, in Gemeineigentum oder in andere Formen der Gemeinwirtschaft überführt werden.

Artikel 20

Die verfassungsmäßige Ordnung in den Ländern muss den Grundsätzen des republikanischen, demokratischen und sozialen Rechtsstaates im Sinne dieses Grundgesetzes entsprechen.

M13 Stellungnahme eines ehemaligen Verfassungsrichters

Der ehemalige Verfassungsrichter Hans-Jürgen Papier ist der Meinung, dass es eine Frage des Gemeinwohls im Sinne des Grundgesetzes ist, dass Wohnen auch für den/die Durchschnittsbürger:in bezahlbar sein müsse. Aber dieses Ziel kann nach Papier mit viel milderen Mitteln als dem Entzug von Eigentum erreicht werden. Seiner Meinung nach ist eine Enteignung von Wohnungskonzernen rechtswidrig.

Bearbeiter, basierend auf: chrs./dpa/Reuters: Ehemaliger Verfassungsrichter hält Enteignungen für unzulässig. In: www.faz.net, 20.04.2019

Aufgaben

72035-198

1. Erklären Sie mit eigenen Worten die drei grundlegenden Elemente der sozialen Sicherung in Deutschland (**M9 + M10**). Erläutern Sie danach das Spannungsfeld zwischen Rechtstaatlichkeit und Sozialstaatlichkeit (**M9** und **QR-Code**).
2. Arbeiten Sie aus den Stellungnahmen Argumente für bzw. gegen eine Enteignung der Immobilienkonzerne (**M11**) heraus. Führen Sie danach eine „Minidebatte" zum Thema „Sollen Immobilienkonzerne in Berlin enteignet werden?"
3. Prüfen Sie, ob sich aus den Artikeln des Grundgesetzes (**M12 + M13**) eine Enteignung der Mietkonzerne in Berlin rechtskonform ableiten lässt.
4. Soll der Staat in die Eigentumsrechte eingreifen, um zum Schutz des Gemeinwohls das Wohnen für die Durchschnittsbürgerin bzw. den Durchschnittsbürger bezahlbar zu machen? Beurteilen Sie die Auffassung unter Berücksichtigung der Dimensionen Sozialpolitik und Rechtsstaatlichkeit.

Politik aktiv

Entwickeln Sie als Bürgermeister:in von Berlin ein politisches Konzept, um die Mietpreise in Ihrer Stadt für untere und mittlere Einkommen langfristig bezahlbar zu machen.

6.1.4 Sozialstaatliche Modelle: Ist es Aufgabe des Staates, verstärkt den sozialen Wohnungsbau zu fördern?

Zum Thema: Das sozialstaatliche Konzept der Bundesrepublik Deutschland ist grundlegend von der Frage geprägt, ob und inwieweit sich der Staat aktiv in die Gesellschaft einbringen soll, um soziale Sicherheit und soziale Gerechtigkeit herzustellen oder ob und inwiefern dies die Aufgabe der individuellen Selbstverantwortung ist. Sie sollen dieses Spannungsfeld am Beispiel des Eingriffes in den sozialen Wohnungsbau analysieren und bewerten.

M14 Meinungen zum sozialen Wohnungsbau

a) Demonstration in Berlin

Eine Demonstration in Berlin gegen hohe Mietpreise und unbezahlbares Wohnen

b) Stellungnahmen zum sozialen Wohnungsbau

1 In Deutschland stehen den Bürger:innen durchschnittlich 46 qm Wohnfläche zur Verfügung. Zwei Millionen Wohnungen stehen leer. Wir benötigen keinen sozialen Wohnungsbau.

2 In sechs Jahren sind die Mietpreise in den Städten um 34 % gestiegen. Einkommensschwache Haushalte können sich keine bezahlbaren Wohnungen in den Städten mehr leisten.

Bearbeiter

Einstiegsaufgaben 72035-199

1. Welche Stellungnahme (**M14b**) überzeugt Sie am meisten? Begründen Sie Ihren Standpunkt.
2. Soll der Staat verstärkt den Sozialen Wohnungsbau insbesondere in Großstädten fördern? Positionieren Sie sich auf Basis Ihres derzeitigen Wissensstandes.

M15 Die sozialstaatlichen Modelle

Idealtypisch kann von drei Sozialstaatsmodellen gesprochen werden. Der konservative Wohlfahrtsstaat in Kontinentaleuropa wurde sehr stark durch das Bismarck'sche Sozialversicherungsmodell des 19. Jahrhundert geprägt. Die Politik greift in diesem Modell aktiv in die Wirtschaft und Gesellschaft ein, aber eher zeitlich begrenzt und aus sozialpolitischen Motiven (Krankheit, Arbeitslosigkeit, Alter). Umverteilung und der Ausgleich sozialer Ungleichheiten durch eine aktive Sozialpolitik sind nicht ausgeprägt. Die Höhe der Sozialleistungen (Renten,-Kranken-, Arbeitslosenversicherung) orientiert sich dabei am jeweiligen Lohn und ist somit an den jeweiligen sozialen Status gebunden. Ziel ist die Sicherheit der Bürger:innen vor Lebensrisken und dem Statusverlust.

Im sozialdemokratischen Wohlfahrtsstaaten, meist in den skandinavischen Ländern anzutreffen, wird eine allgemeine Versorgung der Bürger:innen mit hohen sozialstaatlichen Leistungen gewährleistet. Die sozialpolitischen Ziele der Arbeiterbewegung und sozialdemokratische Regierungsprogramme haben in diesem Modell ihren Niederschlag gefunden. Die Politik greift hier stark in die Wirtschaft und den Arbeitsmarkt ein, um möglichst Vollbeschäftigung und soziale Gleichheit zu erzielen. Somit sind die Sozialabgaben meist sehr hoch, um ein möglichst hohes Maß an sozialer Gerechtigkeit zu ermöglichen. Es wird allgemein eine Gleichheit der Bürger:innen auf einem sehr hohen Niveau angestrebt.

Das liberale Wohlfahrtsstaatsmodell der angelsächsischen Länder wie die USA, Großbritannien oder Kanada betont vor allem die Rolle des freien Marktes. In diesen Ländern haben die Arbeiterbewegung und die Sozialdemokratie in der Regel einen eher untergeordneten Einfluss auf die Ausgestaltung des Wohlfahrtstaates. Der gesamte Sozialstaat wird in diesem Modell überwiegend steuerfinanziert. Soziale Transferleistungen sind meist niedrig und in der Regel bedürftigkeitsgeprüft. Die Anspruchsvoraussetzungen sind streng und die Anspruchsrechte eher niedrig. Ziel der Politik ist durch niedrige Steuern und einem dynamischen Arbeitsmarkt einen hohen privaten Wohlstand zu ermöglichen.

Bearbeiter, basierend auf: Oschmiansky, Frank/ Berthold, Julia: Wohlfahrtsstaatliche Grundmodelle. In: www.bpb.de, 28.02.2020

Sozialpolitik im Kaiserreich

Die Entstehungsgeschichte des deutschen Sozialstaates reicht in das 19. Jahrhundert zurück, als im Kaiserreich der Staat mit politischen Maßnahmen auf die sogenannte Soziale Frage reagierte, die im Zusammenhang mit der Industrialisierung aufkam. Die damalige Gesellschaft war durch die Verelendung großer Teile der wirtschaftlich schwachen Bevölkerung gekennzeichnet. Ein unregulierter Markt sowie die Folgen des Bevölkerungs- und Städtewachstums führten zu menschenunwürdigen Zuständen. In diesem Zusammenhang gab es erste Regierungsmaßnahmen unter dem Kanzler Bismarck zur Verbesserung der Arbeitsbedingungen. Ebenso wurden einzelne Zweige der gesetzlichen Sozialversicherungen ins Leben gerufen. Der Reichskanzler ergriff diese Maßnahmen nicht zuletzt zur Abwehr der immer stärker aufkommenden Sozialdemokratie.

Bearbeiter

M16 Pro und Kontra sozialer Wohnungsbau

Etwa die Hälfte der Menschen in Deutschland wohnen zur Miete. In den Großstädten sind es sogar 70 % der Einwohner:innen. Aufgrund eines starken Mieterschutzrechtes, den Mietpreisbremsen, welche die Mietsteigerungen begrenzen sollen, und dem staatlich geförderten Wohnungsbau konnte die breite Bevölkerungsschicht lange Zeit mit genügend Mietwohnungen versorgt werden. Doch immer mehr Mieter:innen mit geringem Einkommen können sich trotz staatlicher Unterstützung teure Wohnungen nicht mehr leisten. Für 2020 bis 2024 sind nach Plänen der Bundesregierung dafür jeweils eine Milliarde Euro Fördergeld zur Unterstützung der Bundesländer vorgesehen.

A Positive Wirkung für alle (Tom Krebs)

Was kann die Politik tun, um die Wohnungsnot in den Städten zu lindern? Viele Ökonomen haben eine einfache Antwort: Vertraue auf den Markt und alles wird gut. Doch die Erfahrung hat gezeigt, dass diese Empfehlung desaströse Konsequenzen für Gesellschaft und Wirtschaft haben kann. [...] [Externalitäten einer reinen Marktlösung verursachen] in Wechselwirkung mit bestehenden Einkommens- und Vermögensungleichheiten eine exzessive Segregation der Bevölkerung. Zum anderen ist Wohnraum nicht nur ein Konsumgut, sondern beeinflusst auch Produktivität und Bildungschancen. Fehlallokationen auf dem Wohnungsmarkt wirken sich daher negativ auf die Chancengleichheit und das wirtschaftliche Wachstum aus. [...] Ein klug konstruierter öffentlicher Wohnungsbau fördert sozial ausgewogene Wohnquartiere und verhindert so exzessive Segregation. [...] Und er hat drei weitere Vorteile im Vergleich zur Marktlösung kombiniert mit Wohngeld [...]. Erstens schafft er mehr bezahlbare Wohnungen für die gleiche Menge an Bauland. Zweitens ist er ein effizientes Mittel, spekulative Leerstände zu vermeiden und Mietpreisexplosionen zu begrenzen. Drittens reduziert er die ökonomische Ungleichheit und steigert gleichzeitig die gesamtwirtschaftliche Produktion – er schafft inklusives Wachstum. Die aktuelle Forschung zeigt, dass die positiven Auswirkungen einer gelungenen Wohnraumförderung auf die betroffenen Personen und die Gesamtwirtschaft erheblich sind.

B Mehr öffentliche Mittel für den Bau? (Friedrich Breyer)

Der soziale Wohnungsbau weist zwar den Vorteil auf, dass er eine direkte Wirkung auf das Wohnungsangebot hat. Dem steht aber eine Reihe gravierender Nachteile gegenüber: So wird in den meisten Bundesländern die Berechtigung zum Bezug einer Sozialwohnung nur ein einziges Mal überprüft und auf die Erhebung einer Fehlbelegungsabgabe nach einem Anstieg des Haushaltseinkommens fast überall wegen des Verwaltungsaufwands verzichtet. [...] Eine neuere Studie [...] zeigte, dass ca. 23 % aller Mieter in Sozialwohnungen der oberen Hälfte (!) der Einkommensverteilung angehören – ein klarer Fall von Fehlsubventionierung. Noch wichtiger erscheint aber die Tatsache, dass es angesichts sich rasch ändernder gesellschaftlicher Trends wie der Landflucht der letzten Jahrzehnte kaum möglich sein wird, für alle einkommensschwachen Haushalte jeweils dort, wo sie hinziehen (müssen), rechtzeitig eine Sozialwohnung zu bauen. Die Bundesregierung will den Ländern in dieser Legislaturperiode 5 Mrd. Euro für den sozialen Wohnungsbau zur Verfügung stellen. Bei einem Zuschuss von 50 000 Euro pro Wohnung reicht dies gerade einmal für 100 000 Wohnungen [...] Sinnvoller wäre es, die Problemstellung aufzugliedern und jedes einzelne Problem mit geeigneten Instrumenten zu lösen: Es fehlt in Ballungsgebieten an Wohnraum; also sollten die Kommunen dort mehr Bauland ausweisen, und es fehlt vielen Haushalten an Kaufkraft; also sollten diese durch Wohngeld in die Lage versetzt werden, sich eine Wohnung am freien Wohnungsmarkt leisten zu können.

Krebs, Tom/Beyer, Friedrich: Pro & Contra Sozialer Wohnungsbau. In: Wirtschaftsdienst. Zeitschrift für Wirtschaftspolitik. 98. Jahrgang. Heft 10. Hamburg: ZBW – Leibniz-Informationszentrum Wirtschaft 2018, S. 686 – 687

Aufgaben

72035-200

1. Stellen Sie die drei Modelle des Sozialstaates (**M15**) in einer Tabelle dar. Verwenden Sie dabei geeignete Kategorien zum Vergleich.
2. Entsprechen alle drei Modelle des Wohlfahrtstaats den sozialstaatlichen Forderungen unseres Grundgesetzes? Nehmen Sie begründet Stellung.
3. Ordnen Sie die beiden Stellungnahmen der Wirtschaftswissenschaft er (**M16**) jeweils begründet einem wohlfahrtsstaatlichen Modell (**M15**) zu.
4. Anhänger:innen eines konservativen, eines sozialdemokratischen und eines liberalen Sozialstaates werden in eine Talkshow zum Thema „Wie bekämpfen wir die Wohnungsnot in deutschen Großstädten?" geladen. Führen Sie in Kleingruppen ein Streitgespräch in dieser Talkshow-Runde durch (→ Methodenglossar).
5. Verfassen Sie unter Berücksichtigung der Thesen der beiden Professoren für Volkswirtschaft (**M16**) ein Plädoyer für und gegen den Ausbau des Sozialen Wohnungsbaus in Deutschland und halten dieses im Kurs.

6.1.5 Finanzierung des Sozialstaates: Überfordert der Sozialstaat unsere öffentlichen Finanzen?

Zum Thema: Zu seiner Finanzierung muss der Sozialstaat jedes Jahr neue Schulden aufnehmen. Auch wenn hiermit zum Teil Zukunftsinvestitionen getätigt werden, was je nach politischer Anschauung immer kontrovers beurteilt wird, lasten diese Schulden auf den Schultern zukünftiger Generationen. In diesem Kapitel setzen Sie sich mit den Sozialausgaben und der expansiv steigenden Ausgabenentwicklung des Sozialbudgets der Bundesrepublik Deutschland auseinander. Sie werden danach die Probleme untersuchen, die sich aus dieser dynamischen Entwicklung der Sozialausgaben und der enormen Staatsverschuldung ergeben und diese beurteilen.

M17 Was leisten die Krankenversicherung und die Grundsicherung?

a) Leistungen der Krankenversicherung und der Grundsicherung

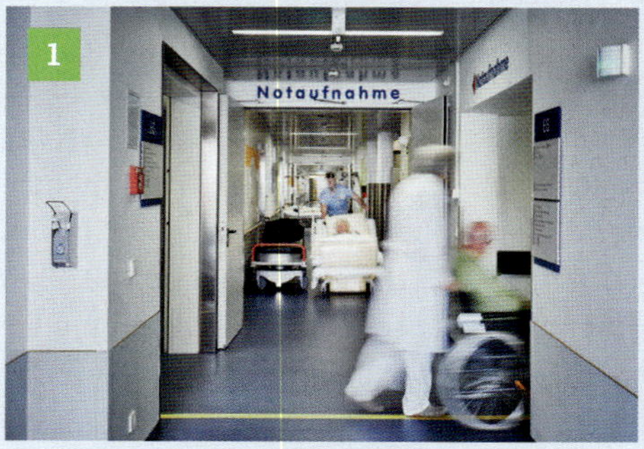

Zur Finanzierung der Krankenversicherung in Deutschland wurden 2020 etwa 260, 3 Mrd Euro ausgegeben.

Im Jahr 2022 bezogen etwa 3.793.336 Personen in Deutschland Arbeitslosengeld II, eine Grundsicherungsleistung für erwerbsfähige Hilfsbedürftige.

b) Zitate aus Wirtschaftszeitungen

1 Die Vollkasko-Republik – Wie Deutschland seine Bürger gängelt.
Immer mehr Geld fließt in die Sozialkassen.

Rickens, Christian u. a.: Die Vollkasko-Republik – Wie Deutschland seine Bürger gängelt. In: www.handelsblatt.com, 08.02.2019

2 Unser Sozialstaat: Teuer, ineffizient und ungerecht.

Suding, Katja: Unser Sozialstaat: Teuer, ineffizient und ungerecht. In: www.wiwo.de, 01.03.2019

Einstiegsaufgaben 72035-201

1. Setzen Sie die Informationen (**M17a**) mit den Zitaten aus den Wirtschaftszeitungen (**M17b**) in Beziehung.
2. Ist der Sozialstaat zukünftig noch finanzierbar? Erläutern Sie Ihre Meinung.

M18 Der Ausbau des Sozialstaates

Die Kosten des Sozialstaates entsprechen etwa einem Drittel des Wertes aller hergestellten Güter und Dienstleistungen (Bruttoinlandsprodukt) in Deutschland. Das Sozialbudget in Deutschland betrug 2020 insgesamt etwa 1.119 Mrd. Euro, während das Bruttoinlandsprodukt bei 3.329 Mrd. Euro lag. Mehr als die Hälfte der Ausgaben des Staates werden dabei für Sozialversicherungen (Pflege-, Rente-, Kranken-, Unfall- und Arbeitslosenversicherung) ausgegeben. Immer mehr Menschen finanzieren mittlerweile ihren Lebensunterhalt durch Sozialleistungen. Gründe für den kontinuierlichen Ausbau des Sozialstaates sind vielfältig. Neben dem grundgesetzlichen Auftrag an den Staat innerhalb der Gesellschaft für einen sozialen Ausgleich zu sorgen, stiegen die Ansprüche der Bürger:innen nach Sozialleistungen. Diese mussten Parteien in ihren Programmen immer stärker bedienen. Die Interessen der Rentebeziehenden, Pensionierten, Landwirtinnen und Landwirte, Alleinerziehenden, Arbeitslosen und vielen anderen Personenkreisen konnten von der Politik nicht ignoriert werden und hatten großen Einfluss auf ihre Entscheidungen bei den jeweiligen Landes- und Bundestagswahlen. Nach Einschätzung des Politikwissenschaftlers Professor Marcus Höreth scheinen Wahlerfolge für viele Parteien in Deutschland nicht mehr möglich zu sein, ohne die Interessen dieser Wählendenklientel vorrangig zu bedienen, wie zum Beispiel die stark anwachsende Generation der Rentebeziehenden. Auf der anderen Seite steht eine Staatsverschuldung, die für zukünftige Generationen eine enorme Belastung darstellt, weil die heute jüngeren Menschen diese Schulden werden tragen müssen. Die zahlreichen europäischen und globalen Krisen (z. B. Euro-/Finanz- Migrationskrise und die Corona-Pandemie) verschärften diese Situation noch. Es bleibt eine große Herausforderung für die zukünftige Politik, das Verhältnis von Solidarität und Eigenverantwortung bzw. Subsidiarität politisch neu abzuwägen.

Bearbeiter

M19 Das Sozialstaatbudget der Bundesrepublik

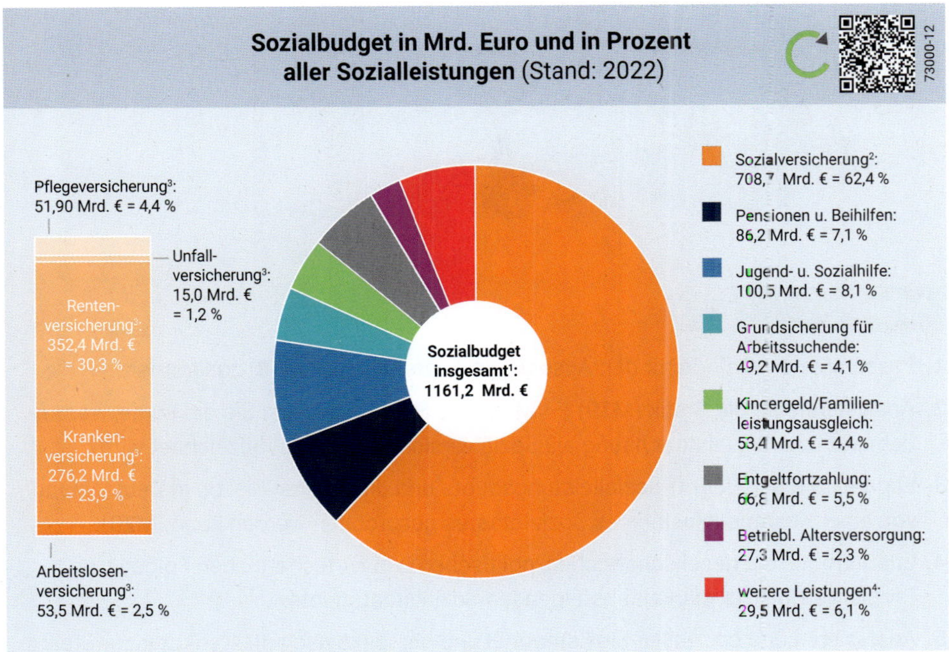

©C.C. Buchner Verlag, aktuelle Daten nach: Bundesministerium für Arbeit und Soziales, Sozialbericht, 2021

[1] Sozialbudget insgesamt u. allgemeine Systeme konsolidiert um Beiträge des Staates;
[2] Ohne wechselseitige Verrechnung der einzelnen Institutionen. Summenbildung ist nicht möglich;
[3] Teil der Sozialversicherung
[4] u. a. Wohngeld, BAföG, Elterngeld, PKV

Sozialleistungsquote
Die Sozialleistungen lagen 2020 nach Berechnungen des Bundesministeriums für Arbeit und Soziales bei 1.119 Mrd. Euro. Die Aussagekraft dieses Wertes ist aber sehr gering. Er wird nicht in Beziehung zur Einwohnerzahl und der wirtschaftlichen Leistungskraft gesetzt. Es kann nicht abgelesen werden, ob eine solche sozialstaatliche Leistung als besonders hoch eingestuft werden kann. Deshalb wird das Bruttoinlandsprodukt (BIP) in Beziehung zu den Sozialleistungen gesetzt. Die sich daraus ergebene Sozialleistungsquote hat für 2020 den Wert von 33,6 %.

M20 Die Sozialleistungsquote

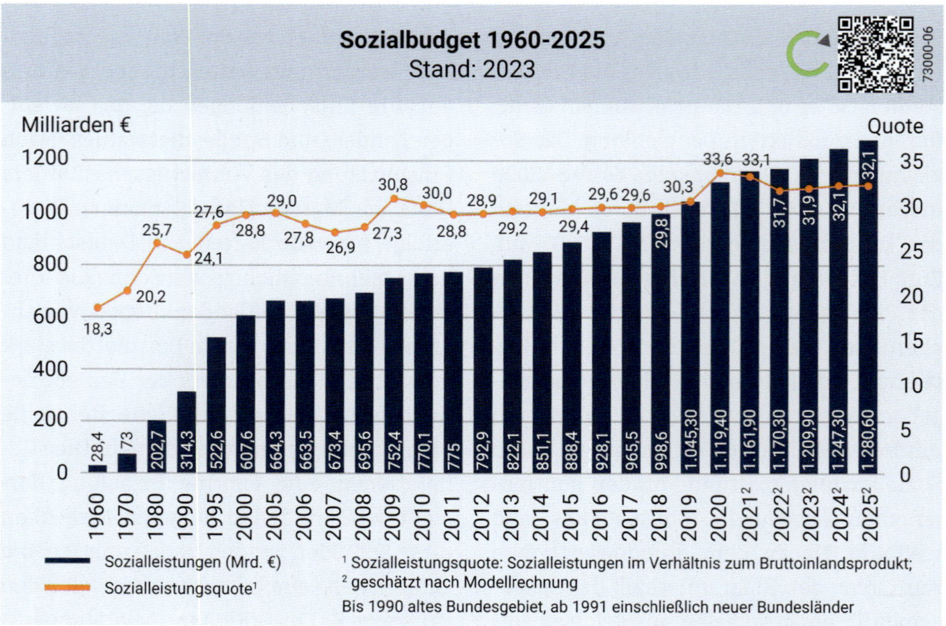

©C.C. Buchner Verlag, aktuelle Daten nach: Bundesministerium für Arbeit und Soziales, Sozialbericht 2021 (Datenerhebung: 2021; Grafikerstellung: 2023)

M21 Zukunftslasten karikiert: Staatsverschuldung

Karikatur: Thomas Plaßmann, 16.11.2009

Aufgaben

72035-202

1. Fassen Sie die Gründe für den Ausbau des Sozialstaates (**M18**) zusammen.
2. Analysieren Sie die Grafik (**M19**) (→ Methode, S. 56). Erläutern Sie die Frage, warum der deutsche Sozialstaat häufig als Sozialversicherungsstaat bezeichnet wird?
3. Erklären Sie den Begriff Sozialleistungsquote und diskutieren Sie, ob in Deutschland von einer Kostenexplosion des Sozialstaates gesprochen werden kann (**M20**).
4. Erläutern Sie die gesellschaftlichen, politischen und wirtschaftlichen Folgen bzw. Probleme einer permanent ansteigenden Sozialstaatsquote.
5. Analysieren und beurteilen Sie kategorial und perspektivisch die Karikatur zur Staatsverschuldung (**M21**) (→ Methode, S. 268, → Kategorienraster).

6.1.6 Soziale Gerechtigkeit durch Steuerpolitik: Wie hoch sollen die Steuern für wen sein?

Zum Thema: Steuern als Zahlungen an den Staat verringern das monatliche Einkommen, erhöhen den Preis für Konsumgüter und Dienstleistungen und werden deshalb von vielen eher negativ betrachtet. Andererseits ermöglichen nur Steuern Investitionen des Staates und auch die Ausgaben für den Sozialstaat. In diesem Kapitel sollen Sie anhand verschiedener Steuerarten die Höhe des Steuersatzes im Spannungsfeld zwischen der Gemeinwohlverpflichtung des Einkommens und dem Recht auf Eigentum analysieren und bewerten.

M22 Steuern im politischen Diskurs

Ein Wahlplakat der FDP

Ein Wahlplakat der LINKEN

Einstiegsaufgabe 72035-203

Welcher Aussage stimmen Sie am ehesten zu (M22 A + B)? Diskutieren Sie Ihre Auffassungen im Kurs.

M23 Steuergerechtigkeit am Beispiel der Einkommensteuer

Obwohl Einigkeit darüber herrscht, dass ein Steuersystem gerecht sein soll, gibt es viele unterschiedliche Auffassungen darüber, wie Gerechtigkeit politisch auszugestalten ist. Das Leistungsfähigkeitsprinzip, wonach jeder Bürger gemessen am Einkommen Steuern zahlen soll, lässt sich unterteilen in die vertikale und die horizontale Gerechtigkeit. Einerseits müssten reiche Steuerzahler mehr als arme Steuerzahler zum Steueraufkommen beitragen, wobei die Frage bleibt, was mit „mehr" ge-

Einkommensteuer
[Sie] wird z. B. auf Einkünfte aus selbständiger Arbeit, Kapitalvermögen oder Renten erhoben. Lohnsteuer zahlen Arbeitnehmer auf ihren Arbeitslohn. Sie ist keine eigenständige Steuer, sondern eine Form der Einkommensteuer.
Bundesministerium der Finanzen: Die Lasten gerecht verteilen. In: Einkommen- und Lohnsteuer. Ausgabe 2019, S. 7

meint sein kann: Geht es dabei um den absoluten oder den relativen Betrag? Nach dem proportionalen Steuertyp bezahlen Steuerzahler mit niedrigem und hohem Einkommen denselben Prozentsatz ihres Einkommens als Steuer. Gemäß dem progressiven Steuertyp bezahlen reichere Steuerzahler einen höheren Prozentsatz Steuern als ärmere. Die regressive Steuer würde vom reicheren Steuerzahler einen niedrigeren Prozentsatz seines Einkommens, aber einen höheren absoluten Betrag abverlangen als dem Ärmeren. Die horizontale Gerechtigkeit befasst sich mit der Frage, welche Unterschiede in den Lebensumständen für die steuerliche Leistungsfähigkeit außer der Höhe des Einkommens eine Rolle spielen können. Dabei können familiäre, soziale und gesundheitliche Aspekte oder der Aufwand für das Erreichen der Arbeitsstelle eine Rolle spielen und sich in der endgültigen Steuerlast widerspiegeln.

Bearbeiter nach: Mankiw, Gregory N./Taylor, Mark P.: Grundzüge der Volkswirtschaftslehre. Übersetzt von Herrmann, Marco/Müller, Christian/Püplichhuysen, Diana. 7. Auflage. Stuttgart: Schäffer-Poeschel Verlag 2018, Seite 292 – 294

M24 Eine Umfrage zur Verteilung von Einkommen

Nach: Böckler Impuls 18/2019, Forsa/Forum New Economy 2019

M25 Grundtarif Einkommensteuer in Deutschland

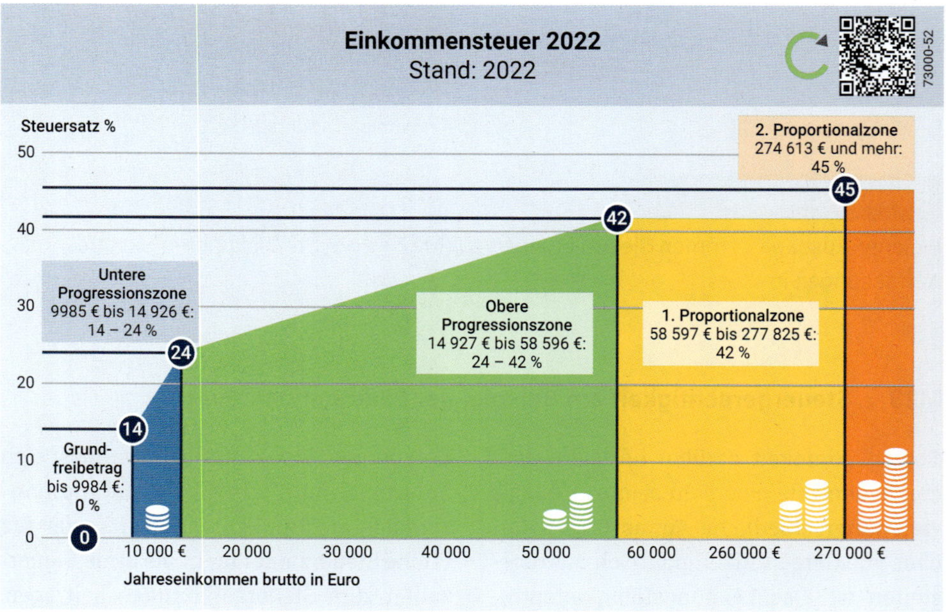

© C.C. Buchner Verlag, aktuelle Daten nach: www.lohn-info.de, 2022

Zusatzmaterial:
Einkommensteuertarif
72035-204

M26 Steuerverteilung und Steuerhöhe

a) Steuern als Fundament des Sozialstaates

Rund 1,6 Billionen Euro betrugen die deutschen Staatseinnahmen im Jahr 2020. Ein großer Teil dessen entsteht durch Steuern und Abgaben an den Sozialstaat wie Einkommensteuer, Mehrwertsteuer, Renten- und Pflegeversicherungsbeiträge. Hiervon wiederum müssen die Leistungen des Sozialstaats finanziert werden: Dazu zählen beispielsweise Renten, Arbeitslosen- oder Kindergeld, aber auch Sachleistungen wie Bildung oder Gesundheit. [...]

Wie viele Abgaben die Deutschen an den Staat zahlen und wie viel sie erhalten, hängt stark vom Alter ab. Kinder und Jugendliche erhalten vor allem Bildungs- und Gesundheitsleistungen. Erst im Erwerbsleben dreht sich die Bilanz allmählich, denn mit dem Erwerbseinkommen steigen Einkommensteuer, Sozialversicherungsbeiträge und weitere Abgaben. Deswegen zahlen erwerbstätige Personen in der Regel mehr an den Staat, als sie an Leistungen beziehen.

Mit Mitte 50 zahlen Deutsche die höchsten Abgaben an den Staat: 20.500 Euro jährlich sind es durchschnittlich, Steuern und Sozialversicherungsbeiträge zusammengerechnet. Mit dem Renteneintritt kehrt sich das Verhältnis von Abgaben und Zahlungen wieder um: Die Deutschen erhalten nun Renten, Pensionen und Leistungen aus dem Gesundheitswesen.

Beznoska, Martin: Der Sozialstaat: Wer zahlt ein, wer nimmt raus? In: www.iwkoeln.de, 21.02.2022

b) Steuereinnahmen nach Einkommenssteuergruppe

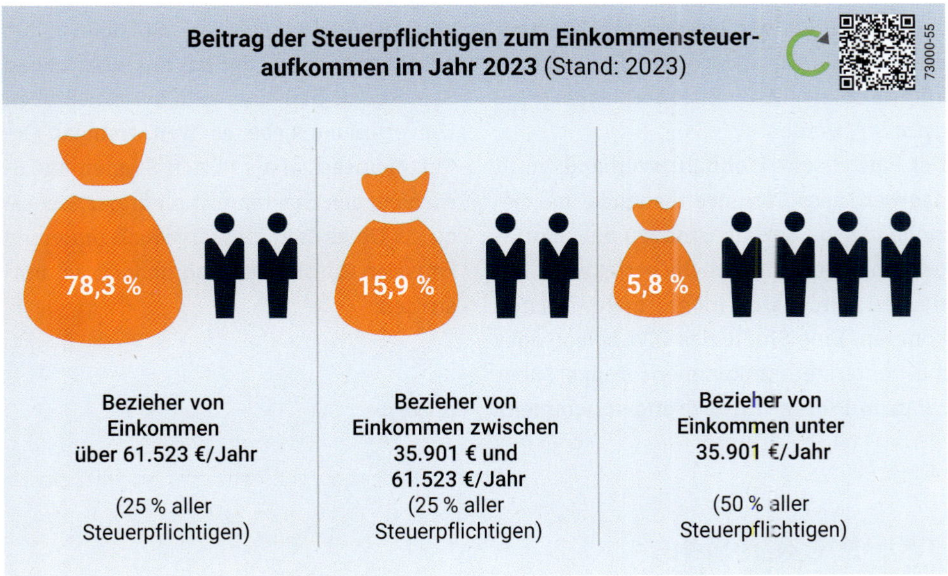

©C.C. Buchner Verlag, aktuelle Daten nach: Bundesministerium der Finanzen, Datensammlung zur Steuerpolitik 2023 (Datenerhebung: 2023; Grafikerstellung: 2023)

c) Steuersenkung als Wachstumsschub?

Grundsätzlich lässt sich annehmen, dass Steuersenkungen für Haushalte und Unternehmen Anreize schaffen, mehr zu konsumieren beziehungsweise zu investieren. Investitionen der Unternehmen führen theoretisch zu neuen Arbeitsplätzen und verbesserten Waren. Steigender Konsum hätte eine vergleichbare Wirkung. Niedrige Steuersätze könnten auch Unternehmen aus dem Ausland anlocken. Auch das bedeutet mehr Wachstum. Forscherinnen und Forscher des gewerkschaftsnahen Instituts für Makroökonomie und Konjunkturforschung (IMK) kommen allerdings in einer Studie zum Ergebnis, dass eine Senkung der Unternehmenssteuern um 10% lediglich ein jährliches Wirtschaftswachstum von 2% bewirken würde. Das Institut der deutschen Wirtschaft (IW) hat sich mit dem Steuersenkungsmodell des Bundesverbands der Deutschen Industrie (BDI) befasst und errechnet, dass eine Senkung der Unternehmenssteuern die Einnahmenverluste des Staates durch die Steuersenkung innerhalb von 10 Jahren durch Nachfrageimpulse nach Investitions- und Konsumgütern um 33 Milliarden Euro übertreffen würde. Unsicher ist aber, ob Unternehmen und Haushalte die zusätzliche Liquidität für eine erhöhte Nachfrage nach Gütern einsetzen, ob Unternehmen in Forschung und Entwicklung investieren oder Haushalte eher sparen.

Bearbeiter

d) Steuererhöhung als Gemeinwohlförderung?

Nicht erst seit dem Amtsantritt der Ampelkoalition fordern Verbände wie PETA oder Greenpeace, dass tierische Produkte aus Gründen des Tierschutzes, des Klimaschutzes und menschenunwürdiger Arbeitsbedingungen in Fleischbetrieben mit einer erhöhten Umsatzsteuer von neunzehn statt sieben Prozent belegt werden sollen. Ähnlich wie bei anderen Konsumsteuern (Tabak, Alcopops oder Alkohol) könnte so die Gesundheit der Bevölkerung gefördert werden.

Der Paritätische Wohlfahrtsverband warnt dagegen, dass Geringverdienende und Beziehende von Sozialleistungen die Leidtragenden wären und sich die verteuerten tierischen Produkte nicht mehr leisten könnten. Eine Studie des DIW belegt, dass die unterste Einkommensgruppe über zwanzig Prozent Ihres Bruttoeinkommens für indirekte Steuern aufbringen müssten, wovon gut die Hälfte auf die Umsatzsteuer entfällt. Mit zunehmendem Einkommen sinkt die Belastung, sodass wohlhabende Haushalte unter zehn Prozent ihres Einkommens für indirekte Steuern ausgeben.

Auf einen Zusammenhang von Umverteilung und Anzahl von Gefängnisinsassen verweist der Ökonom Peter Bofinger: In den skandinavischen Ländern mit einer hohen Steuerquote und einer entsprechend hohen Umverteilung gebe es weit weniger Gefängnisinsassen als in den Staaten angelsächsischen Staaten mit niedriger Steuerquote. Ob es sich hierbei jedoch um einen kausalen Zusammenhang handelt, ist umstritten.

Bearbeiter

Aufgaben

72035-205

1. Stellen Sie das proportionale und das progressive Steuerkonzept (**M23**) als Schaubild dar (→ Methode S. 102). Ordnen Sie das jeweilige Steuerkonzept einer Gerechtigkeitsvorstellung und einem Wahlplakat (**M22**) begründet zu.
2. Beschreiben Sie die beiden Schaubilder (**M24 + M25**). Stellen Sie einen Zusammenhang her und ordnen Sie **M25** einem Steuerkonzept (**M23**) zu.
3. Erarbeiten Sie die Aussagen zur Steuerverteilung und Steuerhöhe (**M26a – d**).
4. Beurteilen Sie die verschiedenen Steuerkonzepte perspektivisch und kategorial (→ Methode S. 31) und entwerfen Sie ein eigenes Steuerkonzept mit Verteilungen und Steuerhöhen.

6.2 Die Zukunft des Sozialstaats

6.2.1 Die Altersvorsorge in der Krise: Wie kann die gesetzliche Rentenversicherung reformiert werden?

Zum Thema: Auch die heute junge Generation wird einmal älter sein und hofft, dass sie dann eine Rente erhält, die zum guten Leben ausreicht. Dies ist allerdings fraglich, weil immer mehr Älteren immer weniger Junge gegenüberstehen, welche die Rente erwirtschaften. In diesem Kapitel werden Sie die Zukunftsprobleme der gesetzlichen Alterssicherung in Deutschland und den dringen Reformbedarf des Rentensystems untersuchen.

M27 Ein Wahlplakat der Partei „DIE LINKE" (Bundestagswahlkampf 2021)

Einstiegsaufgaben 72035-206

1. Beschreiben und interpretieren Sie das Wahlplakat der Partei „DIE LINKE" (M27).
2. Ist der Reformvorschlag zur Gesetzlichen Rentenversicherung geeignet? Begründen Sie Ihre Einschätzung.

M28 Rentenkonzepte: Umlageverfahren und Kapitaldeckungsverfahren

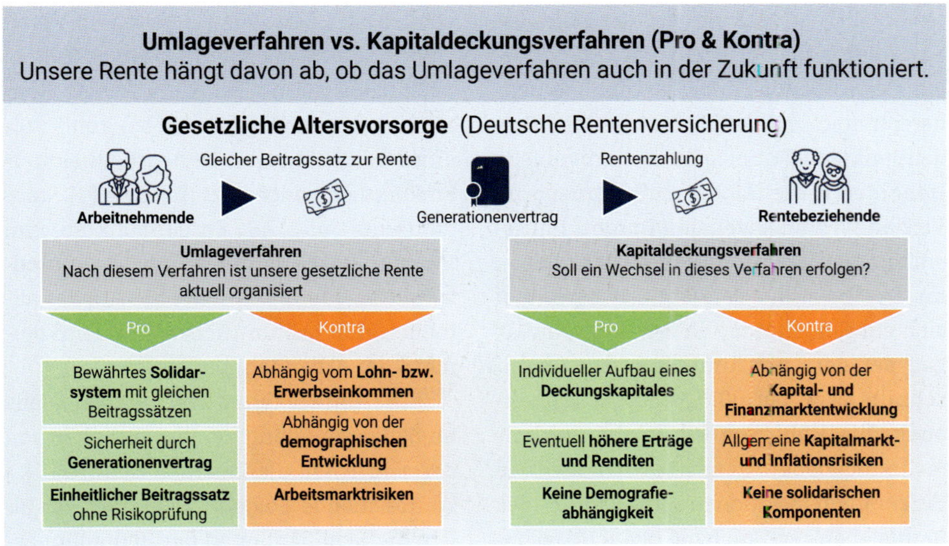

Nach: www.einfach-rente.de, CC BY-SA 3.0

Hinweis zur gesetzlichen Altersvorsorge
Die gesetzliche Altersvorsorge wird durch Pflichtbeiträge der Arbeitnehmenden und Arbeitgebenden umlagefinanziert. Dazu kommt ein Bundeszuschuss.

M29 Ausgaben der Rentenversicherung

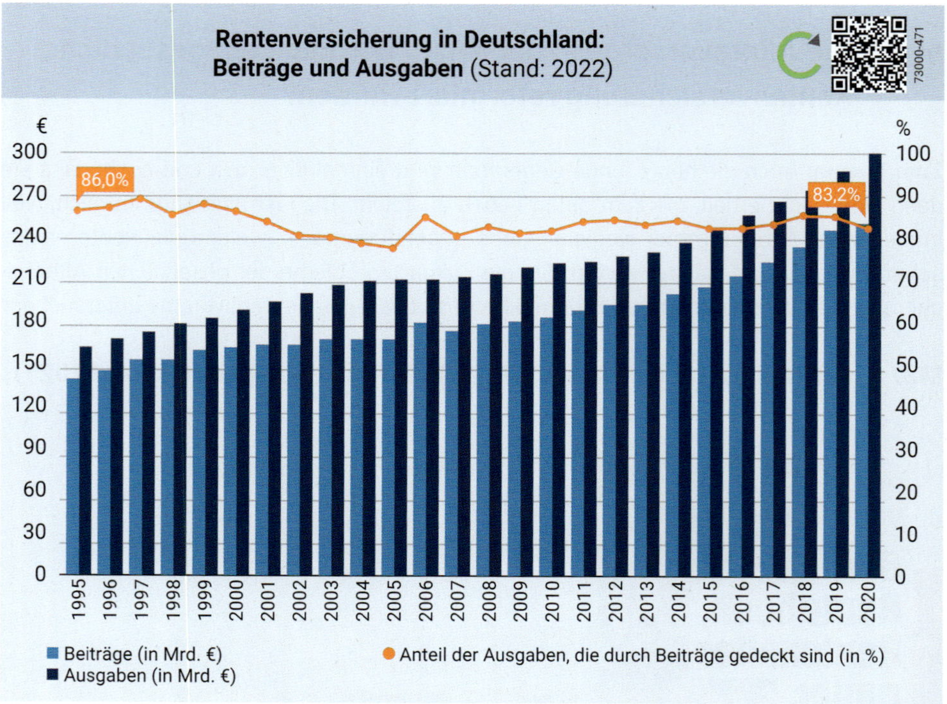

© C.C. Buchner Verlag, aktuelle Daten nach: Deutsche Rentenversicherung Bund, 2021, Darstellung: Statista

M30 Kommentar: Ist die Rente sicher?

Gerhard Bäcker: Rentenversicherung, Lebensstandsicherung und Rentenniveau

[E]ntscheidend für die gesetzlichen Renten ist, dass sie den gesamten Lebenslauf der Versicherten abbilden, dass ihre individuelle Höhe von der Dauer der versicherungspflichtigen Beschäftigung und von dem in dieser Zeit erzielten Einkommen abhängt. Es gilt das Prinzip der Teilhabeäquivalenz: Die in jedem Versicherungsjahr erworbenen und bei der Rentenberechnung schließlich addierten Entgeltpunkte widerspiegeln die individuelle Höhe des verbeitragten Einkommens im Verhältnis zum jeweiligen Durchschnittseinkommen. Wurde in einem Jahr genau im Durchschnitt verdient, so errechnet sich ein Entgeltpunkt in der Höhe von 1,0. Lag der der Lohn unterhalb des Durchschnitts, z. B. bei 80 %, hat der Entgeltpunkt die Höhe von 0,8. In die Gesamtrechnung gehen damit sowohl niedrige Einkommenspositionen am Beginn des Berufslebens wie auch die in der Regel höhere Einkommenspositionen am Ende des Berufslebens ein. [...] Hinzu kommt die strenge Verknüpfung zwischen Rentenanwartschaften und Versicherungsdauer. Wer nur wenige Jahre eingezahlt hat, kann keine Rente erwarten, die nur ansatzweise an das letzte Einkommen anschließt. [...] Seit 1992 [...] gelten 45 Versicherungsjahre als Norm für ein „erfülltes" Arbeitsleben. Und der Zielwert des Rentenniveaus wurde damals bei rund 70% eines vergleichbaren Nettoarbeitnehmereinkommens angesetzt. [...] Eine [...] Standardrente mit 45 Entgeltpunkten (im Verlauf von 45 Jahren wurde also durchschnittlich verdient) sollte bei 70% des aktuellen durchschnittlichen Nettoeinkommens der Arbeitnehmer liegen.

[...] Die Entwicklung des Rentenniveaus im Zeitverlauf hängt im Wesentlichen von der jährlichen Rentenanpassung ab. [...] Weitreichende Folgen haben aber vor allem die Modifikationen der Rentenanpassungsformel, die im Zuge der Einführung der Riesterrente im Jahr 2001 [...] erfolgt sind. Durch den Einbau eines „Nachhaltigkeitsfaktors" in die Rentenanpassungsformel wird die Entwicklung des zahlenmäßigen Verhältnisses von Rentenbeziehern [...] und versicherungspflichtig Beschäftigten anpassungsmindernd wirksam. Sinkt – wie aus demografischen Gründen zu erwarten – der Rentnerquotient [...], fallen die Rentenerhöhungen niedriger aus. [...] Wichtig sind aber nicht die Details, sondern das Ergebnis: Die Rentenerhöhungen werden abgebremst [...]. Das Nettorentenniveau [...] lag im Jahr 2018 noch bei 48,1 % [...]. Als übergeordnetes Ziel gilt seitdem, die Beitragsbelastung für die Versicherten und die Arbeitgeber zu begrenzen. Das Gesetz schreibt vor den Beitragssatz – trotz der demografischen Belastung – bis zum Jahr 2025 unter 20% [...] zu halten.

Becker, Gerhard: Rentenversicherung oder Kapitalmarkt? Lebensstandardsicherung als Aufgabe einer zukunftsfähigen Alterssicherungspolitik. In: Blank, Florian/Hofmann, Markus/Buntenbach, Annelie (Hrsg.): Neustart in der Rentenpolitik. Analysen und Perspektiven. Baden-Baden: Nomos Verlag 2020, S. 28 ff.

M31 Bundestagswahl 2021: Rentenreformvorschläge der Parteien

Der Demographische Wandel und die zukünftige Arbeitsmarktentwicklung durch die Digitalisierung bzw. den technologischen Wandel stellen unser gesetzliches Rentensystem vor schwerwiegende Herausforderungen. Im Bundestagswahlkampf 2021 entwickelten die Parteien in Deutschland unterschiedliche Programme zur Reform unseres aktuellen Rentensystems:

SPD Soziale Politik für Dich.

Das Renteneintrittsalter soll nach den Plänen der SPD bei höchstens 67 Jahren bleiben. Die gesetzliche Rente will sie stärken und das Rentenniveau dauerhaft bei mindestens 48 Prozent halten. Alle Erwerbstätigen sollen einzahlen, also auch Beamte, Selbstständige und Abgeordnete. Die Partei setzt sich für eine geschlechtergerechte Rente ein, die familienbedingte Tätigkeiten, wie etwa die Pflege von älteren Angehörigen, berücksichtigt. Auch Erwerbsminderungsrenten sollen verbessert werden. Betriebsrenten will die SPD ausweiten und attraktiver gestalten.

Die staatlich geförderte private Altersvorsorge durch die Riester-Rente hält die SPD für nicht zufriedenstellend. Sie soll durch ein neues standardisiertes Angebot ersetzt werden, das auch von einer öffentlichen Institution angeboten wird. Dabei sollen staatliche Zuschüsse auf untere und mittlere Einkommensgruppen beschränkt sein.

CDU CSU

Die Union möchte das Renteneintrittsalter bei 67 Jahren lassen. Für die Alterssicherung setzt sie weiterhin auf die drei Säulen der gesetzlichen, betrieblichen und privaten Vorsorge. Die freiwillige Beitragsleistung zur gesetzlichen Rente soll möglich bleiben. Mit Blick auf Geringverdiener wollen CDU und CSU ein Konzept einer Betrieblichen Altersvorsorge für alle und ein Konzept für eine neue Form der kapitalgedeckten Altersvorsorge entwickeln. Dafür kann demnach eine „Generationenrente", also eine Altersvorsorge von Geburt an, ein Baustein sein. Die private, staatlich geförderte Altersvorsorge braucht nach Ansicht der Union einen Neustart, um mehr Menschen zu erreichen. Sie plant ein verpflichtendes Standardvorsorgeprodukt, dem Arbeitnehmerinnen und Arbeitnehmer allerdings aktiv widersprechen können [...]. Zusätzlich will die Union eine Altersvorsorgepflicht für Selbstständige einführen, die nicht bereits anderweitig abgesichert sind – sie sollen wählen dürfen zwischen der gesetzlichen und anderen etwa im Falle einer Insolvenz zugriffsgeschützten Vorsorgearten.

DIE LINKE. Das Renteneintrittsalter [...] will die Linkspartei wieder auf 65 Jahre senken, [...]. Wer 40 Jahre eingezahlt hat, soll schon ab 60 ohne Einbußen in Rente gehen können. Die gesetzliche Rentenversicherung soll gestärkt werden. Alle Erwerbstätigen – also auch Selbstständige, Beamte und Politiker – sollen einbezogen werden. Das Rentenniveau will sie innerhalb von einer Legislatur auf 53 % anheben. Die Mehrkosten sollen Arbeitgeber und Arbeitnehmer zu gleichen Teilen tragen. Im Gegenzug könnten die Beiträge, für die nach Ansicht der Linken gescheiterte Riester-Rente entfallen, diese sollen auf rein freiwilliger Basis in die gesetzliche Rentenversicherung überführt werden können. Für niedrige Einkommensgruppen mit geringem Nettoeinkommen im Alter fordert die Linkspartei eine garantierte steuerfinanzierte Solidarische Mindestrente von 1200 €. Ausbildungszeiten, Zeiten der Erwerbslosigkeit, der Kindererziehung und Pflege sollen für die Rente höher bewertet werden. Ostrenten will die Linke ans Westniveau angleichen. Eltern sollen für jedes Kind zusätzliche Rentenpunkte erhalten. Die betriebliche Altersversorgung soll überwiegend die Arbeitgeber als betriebliche Sozialleistung finanzieren.

BÜNDNIS 90 DIE GRÜNEN Grundsätzlich wollen die Grünen an der Altersgrenze von 67 Jahren festhalten, jedoch früheres oder späteres Ausscheiden aus dem Arbeitsleben vereinfachen. Das Rentenniveau wollen sie langfristig bei 48 Prozent sichern, unter anderem dadurch, dass Frauen ein Rückkehrrecht aus Teilzeit in Vollzeit erhalten. Die Grünen wollen die gesetzliche Rentenversicherung zu einer Bürgerversicherung mit mehr Beteiligten umbauen – perspektivisch sollen alle Arten von Erwerbstätigkeit dort einbezogen sein. Selbstständige ohne andere Altersvorsorgearten und Abgeordnete sollen verpflichtend dort abgesichert werden. Für niedrigere Einkommen soll die Grundrente zu einer Garantierente weiterentwickelt werden. Eine kapitalgedeckte Altersvorsorge sehen die Grünen als sinnvolle Ergänzung zum Umlagesystem. Die Instrumente der Riester-Rente und der Rürup-Rente sollen durch einen öffentlich verwalteten Bürgerfonds ersetzt werden. Arbeitgeber sollen eine betriebliche Altersvorsorge anbieten.

AfD Die AfD will das Renteneintrittsalter nicht festlegen, sondern jeden Menschen selbst entscheiden lassen, wann er oder sie in Rente gehen will. Die Rentenhöhe soll dann abhängig sein von den eingezahlten Beiträgen und dem Renteneintritt. Geringverdiener, die lange in die Rentenkasse eingezahlt haben, will die AfD besserstellen: 25 Prozent der Altersrente sollen nicht auf die Grundsicherung im Alter angerechnet werden. Niedrige Renten sollen über einen höheren Steuerfreibetrag nicht mehr besteuert werden. Grundsätzlich will die AfD die Rente durch einen höheren Steuerzuschuss zukunftsfest machen. Versicherungsfremde Leistungen sollen aus Steuermitteln beglichen werden. Im Gegenzug will die AfD bei Migrations-, Klima- und EU-Politik sparen. Politikerpensionen will die AfD abschaffen. Beamte sollen nicht in die gesetzliche Rentenversicherung einbezogen werden, allerdings will die AfD die Gruppe der Verbeamteten verkleinern und auf hoheitliche Aufgaben wie bei Bundeswehr, Zoll, Polizei, Justiz beschränken. Andere Staatsbedienstete sollen künftig in die gesetzliche Rentenversicherung einzahlen. Eltern sollen für jedes Kind 20.000 Euro der Beiträge zur Rentenversicherung aus Steuermitteln erstattet bekommen [...]. Ungerechtigkeiten bei der Überleitung der Ostrenten will die AfD über eine Fondslösung beseitigen.

Freie Demokraten FDP

Die FDP will die gesetzliche, betriebliche und private Altersvorsorge beibehalten, jedoch sollen sie nach dem Baukastenprinzip frei miteinander kombiniert werden können. Alle Ansprüche sollen bei Wechseln zwischen Arbeitgebern oder zwischen Beschäftigung und Selbstständigkeit flexibel mitgenommen werden können. Auch das Renteneintrittsalter will die Partei flexibilisieren. Wer das 60. Lebensjahr erreicht und mit den Vorsorgeansprüchen mindestens auf Grundsicherungsniveau ist, soll demnach selbst entscheiden, wann der Ruhestand beginnt. Für sozialversicherte Geringverdiener soll es einen Freibetrag in der Grundsicherung geben, somit eine Basis-Rente. Für mehr Generationengerechtigkeit soll ein demografischer Faktor in die Rentenanpassung mit aufgenommen werden. Die Partei will das Rentensplitting erleichtern: Verheiratete, verpartnerte und auch unverheiratete Eltern sollen flexibel über die Aufteilung der Familien- und Erwerbsarbeit und damit auch über die Rentenansprüche entscheiden [...]. Bei der privaten Vorsorge fordert die FDP die Einführung einer gesetzlichen Aktienrente. Hier soll ein kleiner Teil des Beitrags für die gesetzliche Rentenversicherung nicht mehr ins Umlagesystem fließen sondern in einen Fonds. Die betriebliche Altersvorsorge will die FDP stärken und attraktiver gestalten. Staatlich geförderte private Altersvorsorge wie Riester- und Rürup-Renten soll flexibler und als übertragbar ausgestaltet werden, ein Anbieterwechsel soll möglich sein.

Tagesschau: Wahlprogramme im Vergleich: Wie die Parteien die Rente sichern wollen. In: www.tagesschau.de, 12.12.2021

Aufgaben

72035-207

1. Erläutern Sie die Finanzierung der Gesetzlichen Rentenversicherung durch das Umlage- und Kapitaldeckungsverfahren (**M28**). Formulieren Sie die politischen Probleme und Aufgabenstellungen (**M28 + M29**).
2. Geben Sie die Auffassung des Autors zur Rentensicherheit (**M30**) mit eigenen Worten wieder. Stimmen Sie ihm auf der Grundlage von **M28** und **M29** zu?
3. Untersuchen Sie arbeitsteilig die unterschiedlichen Rentenkonzepte der Parteien zur Bundestagswahl 2021 (**M31**). Vergleichen Sie dazu tabellarisch die Wahlprogramme anhand geeigneter Kategorien/Aspekte.
4. Beurteilen Sie die Entwicklung und den Stand der Rentenpolitik perspektivisch und kategorial (→ Methode S. 31).

F zu Aufgabe 3
Erläutern Sie, ob die Parteiprogramme eher die Stabilisierung des Rentensystems oder die Lebensstandsicherung im Alter in den Mittelpunkt stellen.

Politik aktiv

Ein Rentenkonzept für den Koalitionsvertrag

Die Koalitionsverhandlungen der zukünftigen Regierungskoalition stehen an. Entwickeln Sie in Kleingruppen für einen Koalitionsvertrag der Ampelkoalition (SPD, Bündnis 90/Die Grünen, FDP) ein stimmiges Rentenkonzept. Berücksichtigen Sie dabei den Ausgleich zwischen der Leistungs- und Bedarfsgerechtigkeit. Gehen Sie dabei so vor:

1. Bilden Sie Dreiergruppen.
2. Jedes Gruppenmitglied erarbeitet die Reformvorschläge einer Koalitionspartei (**M31**).
3. Tauschen Sie sich in Ihrer Gruppe aus und entwickeln Sie gemeinsam ein Rentenkonzept, welches von allen drei Parteien mitgetragen werden kann.

6.2.2 Finanzierung der gesetzlichen Rentenversicherung: Schützt die gesetzliche Rentenversicherung noch vor Altersarmut?

Zum Thema: Schützt die gesetzliche Rente noch vor Altersarmut? In diesem Kapitel setzen Sie sich mit Hilfe verschiedener Schaubilder kritisch mit dieser Fragestellung auseinander und bewerten die Zukunft der gesetzlichen Rentenversicherung.

M32 Problem der Altersarmut in der Karikatur

Zusatzinformation
Die Höhe der gesetzlichen Rente ist abhängig von der jeweiligen Einkommenshöhe und Lebensarbeitszeit. Im Jahr 2018 waren nach Eurostat 51,9 % der Frauen zwischen 55 und 64 Jahren in Teilzeitbeschäftigung. Dagegen arbeiteten nur 10,5 % der Männer im gleichen Alter regelmäßig kürzer als vergleichbare Vollzeitarbeitnehmer.

Karikatur: Thomas Plaßmann, 19.02.2019

Einstiegsaufgabe 72035-164

Analysieren Sie die Karikatur (**M32**) (→ Methode, S. 268) und formulieren Sie das politische Problem.

M33 Die Alterssicherung in Deutschland

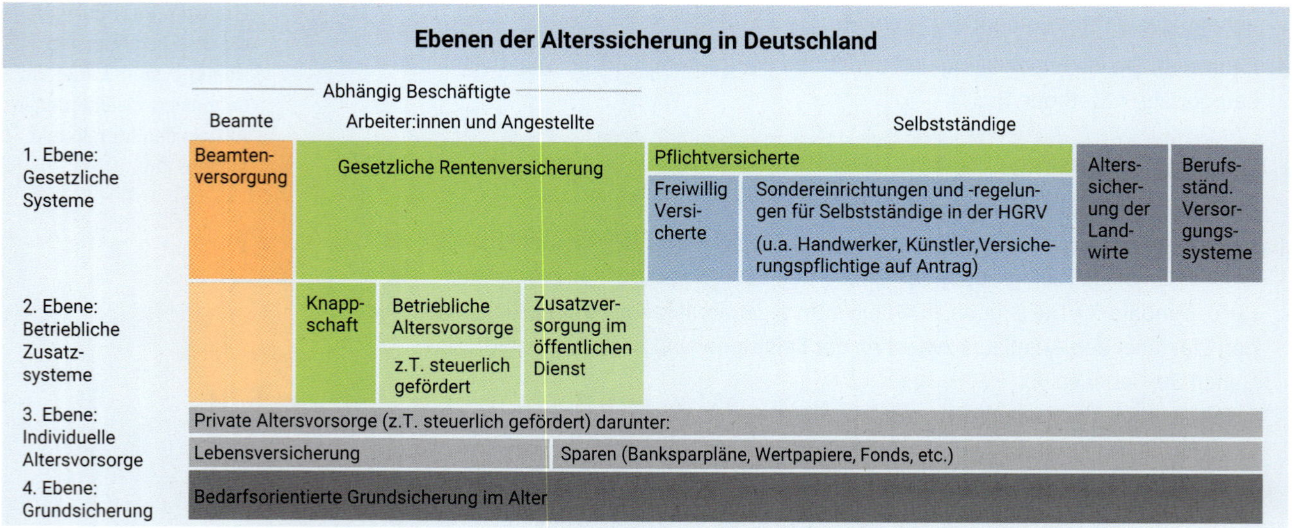

Nach: Bundeszentrale für politische Bildung, 2019, www.bpb.de / CC BY-NC-ND/3.0/de, Quelle: Statistisches Bundesamt (2012): Bevölkerung und Erwerbstätigkeit, Bevölkerungsfortschreibung, Fachserie 1, Reihe 1.2, Wiesbaden

M34 Zukunft der Altersvorsorge

Aktuell liegt die Lebenserwartung bei Männern laut Statistischem Bundesamt bei 78,6 Jahren, Frauen werden durchschnittlich 83,4 Jahre alt, Tendenz weiter steigend. [...] Was Bürgerinnen und Bürger freut, macht dem Rentensystem auf der anderen Seite zu schaffen. Die Löcher in der Rentenkasse werden immer größer. „In den nächsten 15 Jahren gehen die Babyboomer in Rente, und dadurch verschiebt sich die Relation zwischen Beitragszahlern und Rentenbeziehern ganz dramatisch", sagt Martin Werding, Sozialökonom an der Universität Bochum. Die Babyboomer, das sind die geburtenstarken Jahrgänge zwischen 1960 und 1970. Damals kamen auf einen Rentner noch 3,8 Beitragszahler. Aktuell liegt das Verhältnis bei 1,9. Und laut Prognose des Bundesarbeitsministeriums werden im Jahr 2034 auf eine Rentnerin nur noch 1,5 Beitragszahlerinnen kommen. [...] Die Zeit drängt, denn schon in den nächsten Jahren wird die Rücklage der Rentenversicherung – derzeit 34,2 Milliarden Euro – deutlich abschmelzen. [...] Die Bundesregierung hatte beschlossen, bis einschließlich 2025 das Rentenniveau nicht unter 48 Prozent fallen und den Rentenbeitrag nicht über 20 Prozent steigen zu lassen. Und für ein höheres Renteneintrittsalter, die dritte große Stellschraube im Umlagesystem, setzt sich keine Partei im Bundestagswahlkampf ein. Dabei müsse man an den großen Stellschrauben drehen. „Andernfalls steigen die Ausgaben auf Dauer deutlich stärker als die Einnahmen", stellte 2019 die Bundesbank in einer Analyse fest. Sie schlägt eine Kopplung von Renteneintrittsalter und Lebensalter vor. [...] „Man muss also kein festes Rentenalter setzen, keine Rente mit 67 oder 68, sondern sagen, wenn wir länger leben, dann muss man so viel länger arbeiten, damit das Verhältnis gleichbleibt", sagt Börsch-Supan. [...] In der Vergangenheit hat die Bundesregierung Löcher in der Rentenkasse aber vermehrt mit Steuerzuschüssen gestopft. Laut Finanzplanung des Bundes wird der Zuschuss in diesem Jahr 106,4 Milliarden Euro betragen. [...] Für Börsch-Supan ist das ein Unding: „Man kann sich nicht auf den Steuersäckel verlassen, das ist billige Wahlkampfpropaganda, die wir im Augenblick hören." Würde man den Bundeshaushalt weiter mit der Rentenversicherung belasten, fehlte nachher das Geld für Bildung, Infrastruktur oder auch den Klimawandel.

Hoh, Daniel: Wie ehrlich sind die Parteien bei der Rente? In: www.tagesschau.de, 24.09.2021

Umlagesystem
In der gesetzlichen Rentenversicherung bedeutet der Begriff Umlageverfahren, dass die Beitragszahlenden keinen eigenen Kapitalbestand für ihre Rente aufbauen, sondern mit ihren Beiträgen die aktuellen Rentenbeziehenden finanzieren. Sie erwerben damit einen Anspruch auf eine spätere eigene Rente, die von der jüngeren Generation finanziert wird.

M35 Statistiken zur Gesetzlichen Rentenversicherung

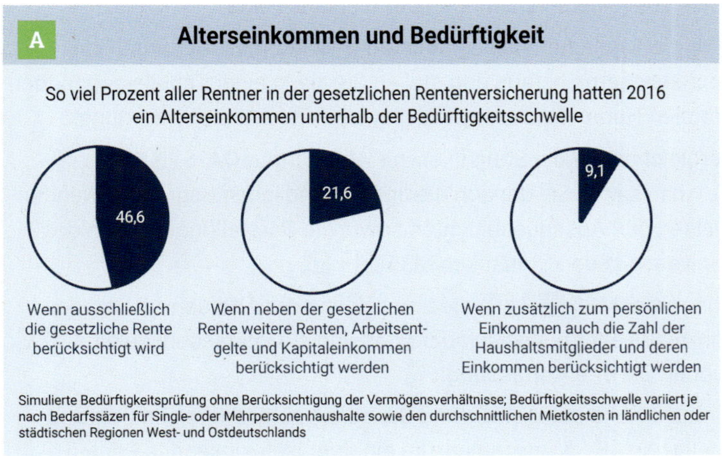

Nach: ©IW Medien/iwd, Quelle: Institut der deutschen Wirtschaft, 2019

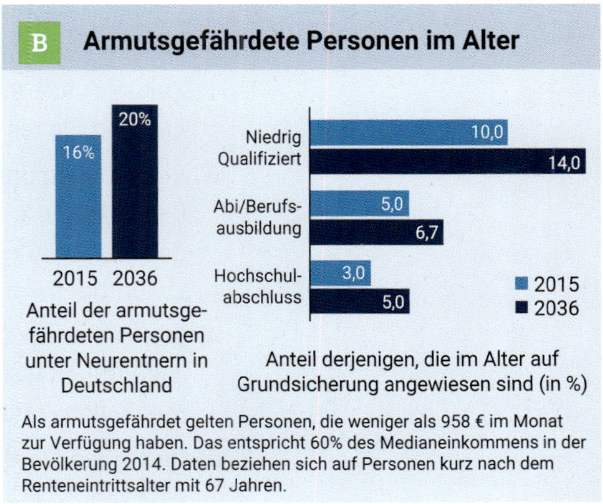

Nach: Statista, 2016

Grundsicherung
Wer von Altersarmut betroffen ist, erhält in Deutschland im Alter eine Grundsicherung. Im Jahr 2019 erhielten dies ca. 3 % der Rentner:innen. Der Regelbedarf der Grundsicherung im Alter beträgt 424 Euro (2019) plus Übernahme der Kosten für Unterkunft und das Heizen. Die relative Altersarmut lag in Deutschland bei den Menschen über 65 Jahre bei 12,6 % (2019).

Rentenniveau
(Auch: Sicherungsniveau vor Steuern)
Ein Verhältniswert aus der Standardrente und dem Durchschnittsentgelt, der zeigt, wie sich die Rente im Verhältnis zu den Löhnen entwickelt.

C **Prognose: die Bruttostandardrente (in €) und das Rentenniveau (in %) in Deutschland (2015–2035)**

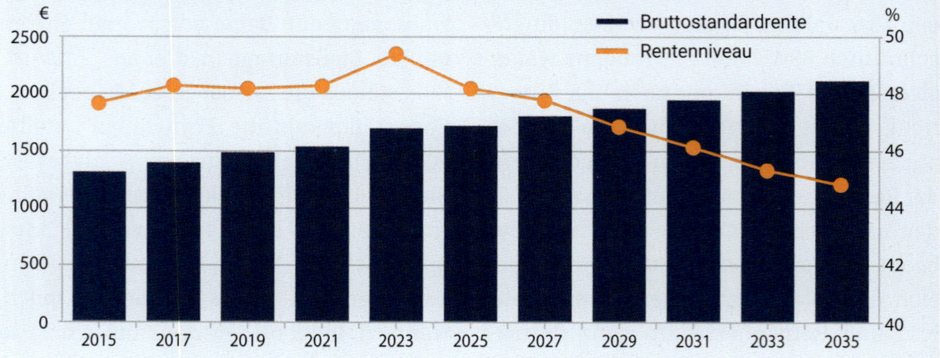

© C.C. Buchner Verlag, Daten nach: Rentenversicherungsbericht der Bundesregierung, 2021

D **Das Rentenniveau der gesetzlichen Rentenversicherung**

in Prozent des durchschnittlichen Bruttoentgelts (zurzeit etwa 3.000 €) während der gesamten Beitragszeit

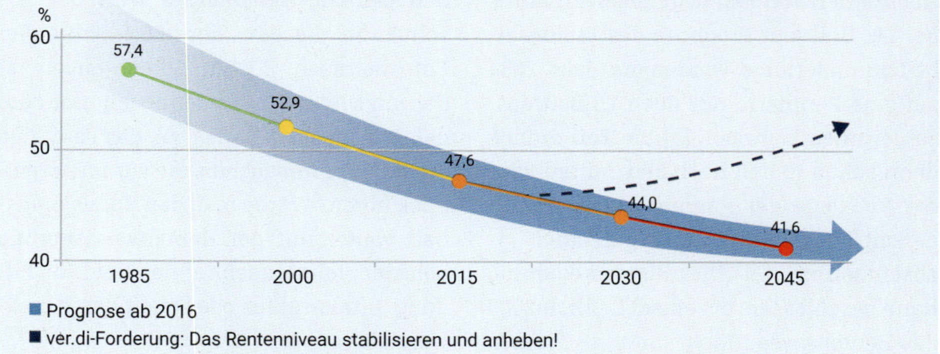

Nach: werkzwei Detmold, Datenquelle: Rentenversicherung in Zahlen 2016

Aufgaben

72035-208

1. Erläutern Sie die Säulen der Alterssicherung in Deutschland (**M33**).
2. Arbeiten Sie aus **M34** die Tatsachenaussagen und die Meinungsäußerungen zur Zukunft unseres Rentensystems heraus und stellen Sie sie in einer Tabelle gegenüber. Erklären Sie die zentralen Herausforderungen der zukünftigen Altersversorgung.
3. Beschreiben und vergleichen Sie die Statistiken zur Altersarmut (**M35** A + B) (→ Methode, S. 56). Analysieren Sie danach die unterschiedlichen Begriffsverwendungen, Darstellungsweisen und Aussageabsichten sowie die Darstellungsformen des zukünftigen Rentenniveaus in den Statistiken **M35** C + D.
4. Stellen die vier Diagramme (**M35** A – D) die Entwicklung der Altersarmut und des zukünftigen Rentenniveaus eher realistisch dar oder sind sie interessensgeleitet bzw. manipulativ? Begründen Sie Ihre Auffassung.
5. Beurteilen Sie differenziert und kategorial: Sind Sie bereit, zukünftig einen Beitragssatz von 27 % (anstelle von 18,6%) zu zahlen, um ein drastisch sinkendes Rentenniveau zu verhindern?

6.2.3 Reform der gesetzlichen Rentenversicherung: Soll eine gesetzliche Aktienrente eingeführt werden?

Zum Thema: Das System der gesetzlichen Rentensicherung weist einen gewaltigen Reformbedarf auf. Viele Akteure beteiligen sich an der Diskussion über die beste Alternative. Die von der FDP im Bundestagswahlkampf 2021 nach schwedischem Vorbild geforderte „Aktienrente“ wurde in der Öffentlichkeit besonders diskutiert. Insbesondere die Gewerkschaften übten heftige Kritik an diesem Vorschlag der FDP. Sie gehen in diesem Kapitel der Frage nach, ob die Aktienrente eine Möglichkeit ist, unser Rentensystem langfristig zu stabilisieren und von der Lohnentwicklung zu entkoppeln?

M36 Wahlplakat zur Einführung einer Aktienrente im Bundestagswahlkampf 2021

Die FDP forderte im Bundestagswahlkampf 2021, dass jede und jeder Versicherte 2% ihres bzw. seines Bruttogehaltes in eine gesetzliche Aktienrente einzahlt.

Einstiegsaufgaben 72035-209

1. Erklären Sie die Forderung und die Ziele der FDP in eigenen Worten (**M36**).
2. Würden Sie zur Sicherung Ihrer Rente einen monatlichen Betrag in Aktien investieren? Diskutieren Sie die Frage, indem Sie entscheidende Kriterien für Ihre Auffassung nennen.

M37 Rentenkonzept der Freien Demokraten (Bundestagswahlkampf 2021)

1 Was ist die FDP- Aktienrente?

Die Gesetzliche Aktienrente soll die gesetzliche Rente in Deutschland nach schwedischem Vorbild enkelfit machen. Jede und jeder Versicherte soll dabei zum Beispiel zwei Prozent des eigenen Bruttoeinkommens in eine Gesetzliche Aktienrente einzahlen. Der Beitragssatz zur Gesetzlichen Rentenversicherung wird entsprechend reduziert. Die Gesetzliche Aktienrente ermöglicht es gerade auch Geringverdienern, am wirtschaftlichen Erfolg teilzuhaben und Eigentum für die Altersvorsorge zu erwerben – ohne höhere Beiträge zahlen zu müssen.

2 Was sind die drei größten Vorteile?

Die Aktienrente ist eine echte Zukunftsinvestition und der Grundstein für eine nachhaltig finanzierbare, generationengerechte Rente. Alle Bürgerinnen und Bürger, insbesondere Geringverdienende, erhalten durch die Gesetzliche Aktienrente langfristig mehr Rente – ohne dafür mehr Geld aufwenden zu müssen als im heutigen System. Die Gesetzliche Aktienrente bietet eine renditeträchtige Kapitalanlage bei geringem Risiko. So wird die Rentenversicherung stabilisiert und aus Beitragszahlern werden Eigentümer.

3 Zu den Gegenargumenten:

„Die Gesetzliche Aktienrente belastet vor allem Geringverdiener."

Im Gegenteil, Geringverdiener profitieren überproportional. Durch die Gesetzliche Aktienrente entstehen für die Versicherten keine Zusatzkosten, da der Beitragssatz insgesamt konstant bleibt. So profitieren gerade Geringverdienende davon, die sonst keine Möglichkeit hätten, in eine zusätzliche, renditestärkere Altersvorsorge zu investieren. [...]

„Die Einführung reißt ein riesiges Loch in die Rentenkasse. Das ist viel zu teuer."

Die Aktienrente ist eine Investition in die Tragfähigkeit des Rentensystems, die gleichzeitig bessere Leistungen für die künftigen Rentnerinnen und Rentner schafft. Zu Beginn entstehen zwar Mehrausgaben von rund 20 Milliarden Euro, die dann zügig sinken. Die Kosten für die Rentenpakete von Union und SPD liegen dagegen schon jetzt bei rund 12 Milliarden Euro im Jahr und steigen künftig stark an: auf 69 Milliarden Euro im Jahr 2030 und 80 Milliarden im Jahr 2035 – ohne Stabilisierungseffekt für die Rente.

FDP: Die Zukunft der Altersvorsorge. Gesetzliche Aktienrente einführen. In: www.fdp.de, März 2021

M38 Stellungnahme des Deutschen Gewerkschaftsbundes zum Rentenmodell der FDP

Die Ziele der FDP [...] sind wenig überraschend: die Arbeitgeber sollen massiv entlastet werden. Dazu soll die gesetzliche Rente massiv gekürzt werden. [...] Ziel ist, den Beitragssatz zur Umlage mittelfristig, um zusätzlich rund 4 Prozentpunkte gegenüber dem geltenden Recht abzusenken. Parallel dazu soll ein paritätisch finanzierter Zusatz-Beitrag (2-Prozentpunkte) in eine Aktienrente investiert werden. Dies soll ein Kapitalstock unter dem Dach der gesetzlichen Rentenversicherung sein, der vollständig international in Aktien investiert werden soll. Mittelfristig soll durch die erwartete Rendite von 6,5 Prozent auf diese Aktienrente das verringerte Rentenniveau ausgleichen. Allerdings nur bei den Altersrenten und nicht bei Erwerbsminderungs- und Witwen-/Witwerrenten. [...] Und es wird unterstellt, dass die Menschen durch den neuen Alterskorridor nach schwedischem Vorbild deutlich länger Arbeiten und später in Rente gehen, also mehr Beiträge zahlen, um kürzer Rente zu beziehen. [...] Die oben erwähnten Leistungskürzungen würden aber den Beitrag zur Umlage nach den Modellrechnungen von Prof. Dr. Werding erst Mitte der 2030er Jahre um mehr als zwei Prozentpunkte senken. Um bis dahin einen höheren Beitragssatz zu vermeiden, soll der Staat Schulden aufnehmen, um das Defizit zu decken bzw. den Aktienfonds zu finanzieren. Der Kapitalstock bei der DRV soll dabei vollständig weltweit in Aktien investiert werden. [...] Ein Lebenszyklusmodell soll, wenn der Renteneintritt näher rückt, das Geld schrittweise in

„sichere" Anlagen umschichten und kurzfristige Verluste vermeiden. Die FDP bzw. der von ihr beauftragte Prof. Dr. Werding erwarten eine Rendite (offensichtlich netto nach Kosten) von 6,5 Prozent auf den Beitrag und schätzen dies sogar noch als „konservativ" gerechnet ein. Ob sich die Erwartungen, anders als bei den privaten Renten, hier tatsächlich erfüllen, kann frühestens in 20 oder 30 Jahren eingeschätzt werden. Dann können Fehler aber natürlich nur schwer korrigiert werden. Scheitert das Modell, zahlen die künftigen Generationen die Rechnung, durch höhere Staatsschulden und deutlich geringere Renten. [...] Nach dem Willen der FDP sollen die Menschen innerhalb eines definierten Alterskorridors (bspw. 63 bis 70 Jahre) den Rentenbeginn frei wählen. Die Rente wird dann aber versicherungsmathematisch auf die erwartete Rentenbezugszeit (Lebenserwartung) umgerechnet. Wer früher geht, bekommt also weniger Rente. [...] Die FDP fordert also „Frühverrentung für Besserverdienende" und länger arbeiten für alle anderen.

DGB: Rente kürzen, hoffen und die Probleme in die Zukunft verschieben. In: www.dgb.de, 04.03.2021

M39 Fiktives Rollenspiel zum Thema Aktienrente

Trotz der eher negativen gesellschaftlichen Bewertung der Teilprivatisierung der Alterssicherung nach 2001 nehmen die Forderungen zahlreicher Wirtschaftswissenschaftler:innen und Mitglieder der Rentenkommission zu, der Staat (Rentenversicherung und Bundessbank) solle verstärkt Rentenbeiträge am Kapitalmarkt und somit an der Börse anlegen. Zur Frage der Aktienrente haben sich Frank Umlagen vom Deutschen Gewerkschaftsbund (DGB) und Dorothea Fonds von der Bundesvereinigung der Deutschen Arbeitgeberverbände (BDA) zu einem fiktiven Streitgespräch bereiterklärt.

Frank Umlagen: Frau Fonds, wollen sie wirklich etwa 57 Millionen Rentenversicherte zu Investoren am Rentenmarkt verpflichten und abhängig vom jeweiligen Börsenstand machen? Das kann aus Sicht unseres Gewerkschaftsverbandes auf keinen Fall gut gehen. Dadurch wird die Rente „mit Sicherheit nicht sicherer".

Dorothea Fonds: Wir fordern als Arbeitgeberinnen und Arbeitgeber, dass der Staat verstärkt in Wertpapiere investieren soll und die Erlöse an die Rentnergeneration auszahlt. Damit werden Löhne der Arbeitnehmenden und die Betriebe entlastet und die allgemeine Kaufkraft gestärkt. In Schweden erwirtschaften solche Pensionsfonds trotz enormer Wirtschaftsschwankungen hohe Renditen von etwa 11 Prozent. Sind Geldanlagen an der Börse langfristig angelegt und breitgestreut, erhält man fast risikolos hohe Gewinne an der Börse. Ich rate Ihnen, machen Sie den deutschen Bürgerinnen und Bürger keine Angst vor staatlichen Fonds und Aktienrenten. Gerade Geringverdienende werden erstmals Aktienbesitzerinnen und -besitzer und profitieren von deren hohen Renditen.

Frank Umlagen: Wir hatten bereits seit 2002 ein Experiment mit kapitalgedeckten Renten. In der sogenannten Riester-Rente sollten Rentenversicherte neben den Umlageverfahren staatlich geförderte, kapitalgedeckte Rücklagen bilden. Hohe Gebühren und Undurchschaubarkeit haben das System scheiten lassen. Geringverdienende zahlten erst gar nicht in das System ein. 2035 gehen im Vergleich zu heute vier Millionen mehr Menschen in Rente. Die Umstellung in Aktienrenten kommt zu einem ungünstigen Zeitpunkt. Sie belasten mit diesem Experiment enorm die Gesetzliche Rentenversicherung, den Staat und was noch viel schlimmer ist, die junge Generation. Diese muss deutlich mehr einzahlen. Das Geld wird aber viel dringender für die Bekämpfung des Klimawandels, den Ausbau der Infrastruktur und das Vorantreiben einer wettbewerbsfähigen Digitalisierung benötigt.

Dorothea Fonds: Das Gesetzliche Rentensystem muss stabilisiert werden, da sind sich alle Wirtschaftsexpertinnen und -experten einig. Es muss auf zwei stabile Säulen gestellt werden: auf das Umlageverfahren und eine deutlich verstärkte kapitalgedeckte Altersvorsorge. Unser derzeitiges Umlageverfahren ist zu stark vom Arbeitsmarkt, den gutbezahlten Jobs und dem demographischen Wandel abhängig. Im Rentenversicherungssystem werden jedes Jahr 300 Milliarden Euro ausgegeben. Ein weiter so bedeutet Rentenkürzungen, Erhöhung der Rentenbeiträge und ein deutlich höheres Rentenalter. Das nennen sie sichere Altersversorgung? Ich auf jedem Fall nicht.

Bearbeiter, basierend auf: Rudzio, Kolja: Kann Jeff Bezos unsere Rente retten? In: www.zeit.de, 08.11.2021

Aufgaben

72035-210

1. Vergleichen Sie die unterschiedlichen Positionen von FDP und Gewerkschaftsbund (**M37** und **M38**) zur Aktienrente. Untersuchen Sie danach, welche Gesellschaftsgruppen (Akteure) von der Aktienrente profitieren und welche eher benachteiligt werden.
2. Analysieren Sie das fiktive Streitgespräch zwischen Dorothea Fonds und Frank Umlagen zum Thema „Einführung der Aktienrente“ (**M39**). Welche Position hat Sie am stärksten überzeugt? Begründen Sie Ihre Auffassung.
3. Soll eine Aktienrente verpflichtend zur Stabilisierung der Gesetzlichen Rentenversicherung eingeführt werden? Debattieren Sie in Vierergruppen die Entscheidungsfrage zur Einführung der Aktienrente. Enden Sie danach ihre Debatte jeweils mit einem Pro/Kontra Schlussplädoyer (→ Methode S. 301).

Sie als Bürger:in ...

verfassen eine persönliche Stellungnahme zur Aktienrente, die Sie einer bzw. einem FDP-Landtags- oder Bundestagsabgeordneten bzw. Bundestagsabgeordnetem vorlegen. Gehen Sie dabei auf die Kategorien soziale Gerechtigkeit, Solidarität, Wirtschaftlichkeit und Versorgungssicherheit ein.

METHODE

Debattieren

Kontroverse Debatten sind eine zentrale Bedingung für eine funktionierende Demokratie und das Zusammenleben einer demokratischen Gesellschaft. Dabei kommt es auf die differenzierte und kategoriale Begründung der Argumente an. Man findet somit heraus, was für oder gegen ein jeweiliges Argument spricht. Debatten brauchen aber klare Regeln, damit sachliche Diskussionen entstehen und Argumente ausgetauscht werden können. Ein konstruktiver Dialog und der damit verbundene Austausch unterschiedlicher Perspektiven kann nur gelingen, wenn die Beteiligten einer Debatte genau wissen, wann sie sprechen und was zielführende, sachorientierte Argumente sind.
Es gibt verschiedenen Möglichkeiten eine Debatte aufzubauen. Der hier erläuterte Ablauf orientiert sich am Wettbewerb „Jugend debattiert".

Website:
Informationen zu Jugend debattiert
72035-211

1 Vorbereitung

- Bilden Sie Vierergruppen.
- Pro Gruppe nehmen zwei Personen die Pro- und zwei Personen die Kontra-Haltung ein.
- Die Teilnehmenden bereiten ihre jeweilige Position vor.

2 Durchführung der Debatte

1. Eröffnung: In der Eröffnungsrede gibt jedes Gruppenmitglied in zwei Minuten ein Plädoyer ab, das die Streitfrage aus die eigenen Perspektive darstellt. Sie tragen nacheinander ihr Plädoyer vor (Pro1, Contra1, Pro2, Contra2).

2. Aussprache: In der freien Aussprache werden weiter Argumente ausgetauscht und aufeinander bezogen. Dabei sollte immer an den vorherigen Beitrag angeknüpft werden. [12 Minuten]

3. Abschluss: In der Schlussrunde beantwortet jedes Gruppenmitglied in einem einminütigen Abschlussplädoyer abschließend die Streitfrage und berücksichtigt alle in der Debatte angeführten Elemente.

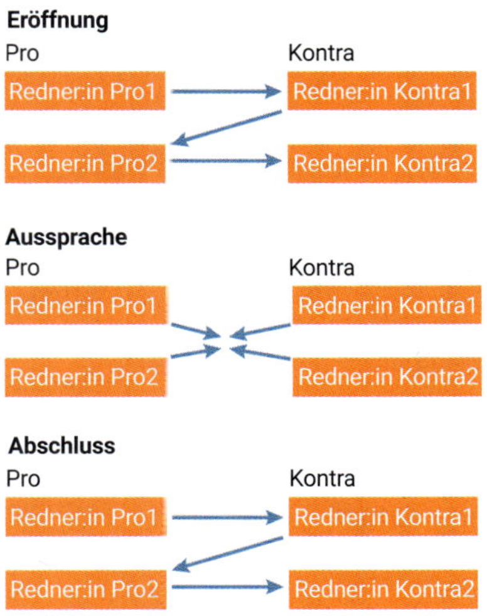

3 Bewertung der Debatte

Die Beiträge der Gruppenmitglieder werden abschließend innerhalb der Gruppe auf Grundlage folgender Kriterien bewertet:

- Sachkenntnis
- Ausdrucksvermögen
- Gesprächsfähigkeit
- Überzeugungskraft

Formulierungshilfen
72035-212

Bearbeiter, basierend auf: Jugend debattiert

6.2.4 Kontroverse um die Ausgestaltung der Arbeitslosenversicherung: (Wie) soll Hartz IV weitergeführt werden?

Zum Thema: Das Arbeitslosengeld II, umgangssprachlich auch als „Hartz IV" bezeichnet, soll den Empfänger:innen eine Grundsicherung bieten und eine menschenwürdige Existenz innerhalb der Gesellschaft ermöglichen. Allerdings ist Hartz IV seit der Einführung im Jahre 2005 immer wieder in der Diskussion. Dabei werden von verschiedenen Seiten die Abschaffung, aber auch der Ausbau und die Weiterführung gefordert. Sie sollen in diesem Kapitel am Beispiel der Hartz IV-Reformdiskussion die Ausgestaltung des Sozialstaates auf dem Arbeitsmarkt zwischen „Fordern und Fördern" kennenlernen und bewerten.

M40 Zeitungsmeldungen zur Streichung der Sanktionen bei Hartz IV

a) Streichung der Sanktionen

Für alle, die das Hartz-System als Sündenfall des deutschen Sozialstaates ansehen, könnte bald ein Traum Wirklichkeit werden. Die Ampelkoalition in Berlin möchte die Sanktionen gegen arbeitsfähige Hartz-IV-Bezieher bis Ende des Jahres komplett streichen. [...] Hubertus Heil (SPD) begibt sich damit in eine der heißesten Streitzonen der Hartz-Reformen, die Geldkürzungen gegen Hartz-IV-Empfänger, wenn sie zum Beispiel Termine versäumen, zumutbare Jobs nicht annehmen oder eine Fortbildung jäh abbrechen.

Preuß, Roland: Widerstand gegen Hartz-IV-Pläne der Ampel. In: www.sueddeutsche.de, 12.03.2022

b) Sanktionen bei Hartz IV beibehalten?

Wissenschaftlerinnen und Wissenschaftler, die Arbeitsagentur, der Städtetag und auch der Beamtenbund fordern, dass die Geldkürzungen als letztes Mittel beibehalten werden. Diese Menschen, die seit Jahren in ihrer Arbeit mit Langzeitarbeitslosen zu tun haben, drängen auf die Wichtigkeit der Sanktionen, welche die Ampelkoalition nun aussetzen möchte. Durch den Stopp der Sanktionen soll der Staat freundlicher erscheinen. Es ist jedoch vor allem Symbolpolitik. Damit wird aber nicht mehr Gerechtigkeit erzielt. Denn tatsächlich betroffen sind von diesen Sanktionen nur noch wenige Prozent der Hartz IV-Beziehenden. Sollte die Gemeinschaft es wirklich einfach hinnehmen, dass diese Menschen Sprachkurse, Weiterbildungsmöglichkeiten oder Jobangebote ausschlagen, ohne mit Sanktionen rechnen zu müssen und damit weiterhin auf die Unterstützung des Staates angewiesen sind?

Bearbeiter, basierend auf: Preuß, Roland: Nur ein Symbol. In: www.sueddeutsche.de, 11.03.2022

Solidarität
Solidarität als Prinzip betont die gegenseitige Verantwortung und Verpflichtung der Bürger:innen in einer Gesellschaft. Solidarität kann z. B. aufgrund einer gemeinsamen politischen, wirtschaftlichen und ethischen Überzeugung oder Zugehörigkeit zu einer Gruppe (Geschlechterzugehörigkeit) geleistet werden (gemeinsame Interessen/Präferenzen). Das Solidarprinzip in den Sozialversicherungssystemen bedeutet eine Umverteilung der Belastungen und Leistungen, um ungleiche Risiken in den Lebensläufen abzumildern und ein Existenzminimum der Bürger:innen zu gewährleisten (Würde des Menschen).

Einstiegsaufgaben 72035-213

1. Geben Sie die Grundaussagen von **M40a** und **b** mit eigenen Worten wieder.
2. Nur fördern, oder auch fordern? Diskutieren Sie die Frage von Sanktionen in **M40** auch unter Einbezug des Prinzips der Solidarität (Randspalte).

M41 Hartz IV als Reform des Arbeitsmarktes

Der Hintergrund für das „Vierte Gesetz für moderne Dienstleistungen am Arbeitsmarkt", kurz: Hartz IV, waren Massenarbeitslosigkeit, wirtschaftlicher Stillstand und horrende Sozialausgaben. Deutschland galt als „kranker Mann" Europas und sollte an diesem neuen Gesetz gesunden, das am 1. Januar 2005 in Kraft trat. Hartz IV war das Herzstück der „Agenda 2010", mit der die damalige rot-grüne Bundesregierung unter Bundeskanzler Gerhard Schröder (SPD) die Wirtschaft des Landes anschieben und die Sozialsysteme umbauen wollte. Unternehmer und wirtschaftsnahe Gruppen begrüßten das Programm. Linke und Gewerkschaften liefen Sturm, weil Hartz IV denjenigen herbe Einschnitte brachte, die ohnehin am unteren Ende der Einkommensskala standen. Genau das war der Plan: Um vom Staat Geld für den Lebensunterhalt und die Miete (Arbeitslosengeld II) zu erhalten, sollen Arbeitslose Gegenleistungen erbringen und sich ernsthaft um eine Ausbildung oder Arbeit bemühen. Vernachlässigen sie dies, kann das Jobcenter ihre Bezüge seit 2019 um bis zu zehn Prozent kürzen. Anfangs waren noch weit härtere Kürzungen möglich. Als äußerste Maßnahme konnte die Behörde statt Geld nur noch Einkaufsgutscheine ausgeben. Doch seit Inkrafttreten ist Hartz IV immer wieder angepasst und nachgebessert worden. An der grundsätzlichen Devise „Fordern und Fördern" hat sich dabei aber nichts geändert.

Die Agenda 2010 nahm übrigens nicht nur den Arbeitsmarkt in den Blick, sondern auch Wirtschaft, Bildung und Ausbildung. So war es einem Handwerker nun auch ohne Meisterbrief möglich, einen eigenen Betrieb zu gründen. Der Kündigungsschutz wurde gelockert und die Lohnnebenkosten gesenkt, indem die Mitarbeiterinnen und Mitarbeiter nun mehr Sozialabgaben bezahlten. [...] All das war dazu bestimmt, die Konjunktur in Schwung zu bringen und dem „kranken" Mann aufzuhelfen. Über die Wirksamkeit der Kur wird bis heute gestritten. Fakt ist, dass die Massenarbeitslosigkeit verschwunden ist. Von ehemals 11,7 Prozent im Jahr 2005 ist die Arbeitslosenquote kontinuierlich bis ins Jahr 2019 auf rund fünf Prozent gesunken. Erst im Corona-Jahr 2020 gab es laut Statista erstmals wieder einen signifikanten Anstieg auf eine Arbeitslosenquote von 5,9 Prozent. Der jahrelange Rückgang der Arbeitslosigkeit verdankte sich maßgeblich der belebten Konjunktur. Welchen Anteil die Hartz-Reformen am wirtschaftlichen Aufstieg Deutschlands hatten, ist umstritten. Die Zahl der Hilfebedürftigen im Land ist langfristig indessen nicht zurückgegangen, sondern verharrt seit etwa zehn Jahren auf demselben Niveau. Der Grund: Es gibt nach wie vor viele Erwerbstätige, deren Verdienst zum Leben nicht reicht und die mit Hartz-IV-Leistungen aufstocken müssen. Daran hat auch der gesetzliche Mindestlohn nichts geändert, der seit Januar 2015 gilt. Besonders umstritten bei Hartz IV war die Zusammenlegung von Arbeitslosen- und Sozialhilfe. Viele Menschen fürchten nun den sozialen Abstieg, sollten sie ihren Arbeitsplatz verlieren. Die Zeiten stabiler, auf Dauer angelegter Arbeitsverhältnisse sind vorbei. Inzwischen sind auch jene Arbeitnehmer nicht mehr sicher, die gut ausgebildet sind und Berufserfahrung haben. Allerdings finden sie meist eine neue Stelle, bevor sie nach einem Jahr Arbeitslosigkeit tatsächlich bei Hartz IV, dem Arbeitslosengeld II, landen. Hartz IV trifft eher Menschen, die aufgrund ihrer geringen Qualifikation schon vorher zu kämpfen hatten, weil die Globalisierung den Wettbewerb insgesamt verschärft hat und einfache Jobs wegrationalisiert wurden.

Landeszentrale für politische Bildung Baden-Württemberg: Arbeitslosengeld II – Hartz IV – Bürgergeld. In: www.lpb-bw.de, Abruf am 14.06.2022

M42 Entwicklung der Arbeitslosigkeit

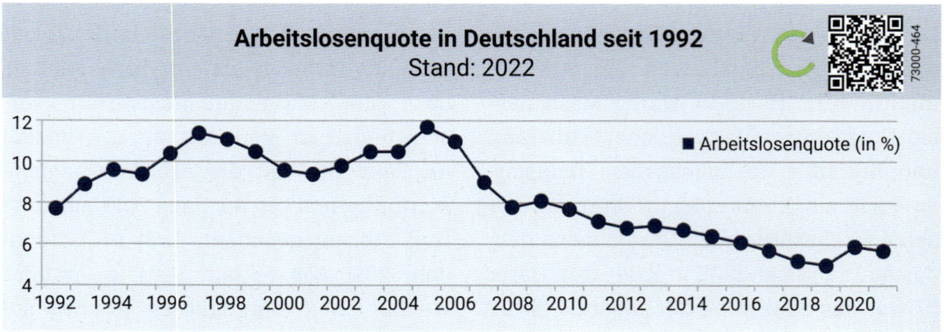

© C.C. Buchner Verlag, aktuelle Daten nach: DESTATIS, 2022

M43 Grundsicherung für Arbeitssuchende

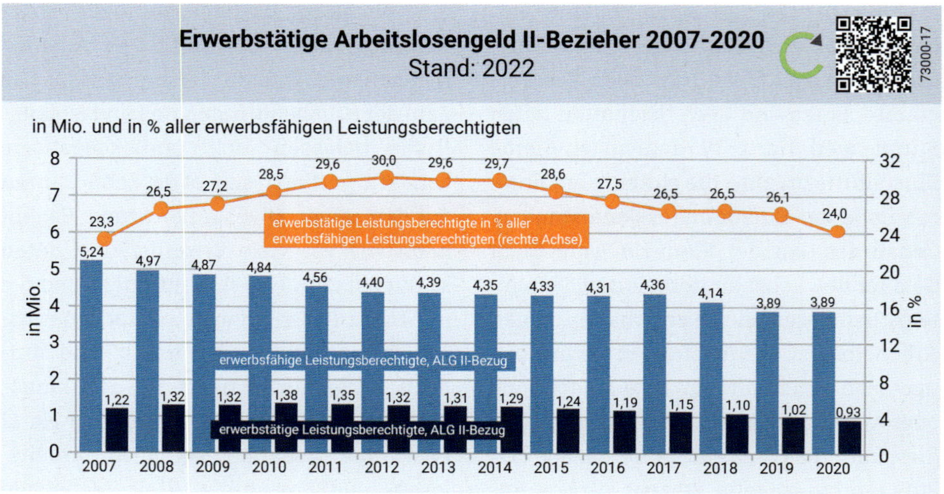

© C.C. Buchner Verlag, aktuelle Daten nach: Bundesagentur für Arbeit, Analyse der Grundsicherung für Deutschland, 2021

M44 Hartz ist eine Errungenschaft des Sozialstaates

Jeder hat Anspruch auf Hilfe – vollkommen unabhängig davon, ob die Notlage selbst herbeigeführt wurde oder aufgrund widriger äußerer Umstände entstand. Die einzige Gegenleistung, die Empfänger dieser Fürsorgeleistung schulden, ist das Bemühen, künftig ohne sie auszukommen. Das Arbeitslosengeld II ist mithin eine essenzielle Errungenschaft unseres Sozialstaats. Wer es abschaffen will, muss darlegen, was an dessen Stelle treten soll. Der Mehrzahl der Kritiker geht es auch gar nicht um eine Abschaffung der Grundsicherung. Sie wollen in der Regel höhere Leistungen und/oder das Wegfallen der Forderung, dass jeder nach Möglichkeit zunächst selbst Verantwortung für seinen Lebensunterhalt übernimmt, bevor er die solidarische Hilfe der Gesellschaft in Anspruch nimmt. Der Ruf nach höheren, voraussetzungslosen Leistungen wird versucht zu begründen, indem dem Arbeitslosengeld II alle möglichen schlimmen Folgen angedichtet werden. [...] Aktuell wird immer wieder behauptet, Hartz IV hätte zur Expansion des Niedriglohnsektors geführt. Die Zahlen sprechen eine andere Sprache. Es gab zwar eine Ausweitung des Niedriglohnsektor, doch die fällt im Wesentlichen in den Zeitraum 1997 bis 2007, kann also mit Hartz IV nicht viel zu tun gehabt haben. Oft wird behauptet, die Empfänger von Arbeitslosengeld 2 hätten vom nachfolgenden Boom auf dem Arbeitsmarkt nicht profitiert. Das trifft nicht zu: Die Zahl der erwerbsfähigen Hilfebedürftigen ist seit 2005 von 5,1 auf 4,4 Millionen gesunken. Und auch die Zahl der Langzeitarbeitslosen hat in den letzten Jahren um knapp 700.000 auf rund 1,1 Millionen abgenommen. Das ist mit Sicherheit noch nicht ausreichend, aber es ist ein Fortschritt [...].

Schäfer, Holger: Hartz IV ist sehr viel besser als sein Ruf. In: www.n-tv.de, 26.11.2014.

M45 In der Niedriglohnfalle

Der Anteil derer, die im Niedriglohnbereich arbeiten, betrug Mitte der Neunzigerjahre 16 Prozent aller abhängig Beschäftigten, heute liegt er bei 24 Prozent. Dies liegt keineswegs daran, dass der Median, also der Referenzwert bei den Stundenlöhnen, gestiegen sei und die Menschen mit niedrigen Löhnen somit abgehängt worden sind. Das Gegenteil ist sogar der Fall: Der reale Stundenlohn des Medians ist seit Mitte der 1990er-Jahre kaum gewachsen. Die starke Ausdehnung des Niedriglohnbereichs ist vielmehr die Folge sinkender Reallöhne beim Drittel der Beschäftigten mit den niedrigsten Stundenlöhnen. Die Reallöhne der 10 Prozent der Beschäftigten mit den niedrigsten Stundenlöhnen sind seit 1995 um 10 Prozent gefallen. Die Reallöhne der oberen 50 Prozent dagegen sind deutlich gewachsen. [...] Wer erhält niedrige Löhne? Es sind vor allem Frauen – 28 Prozent der weiblichen Beschäftigten, bei Männern sind es 17 Prozent. Auch 40 Prozent aller alleinerziehenden Eltern, 30 Prozent der Beschäftigten mit Migrationshintergrund, ein Drittel der Beschäftigten aus Ostdeutschland und Menschen mit geringem Bildungsgrad finden sich besonders häufig im Niedriglohnsektor wieder. Beinahe zwei von drei der Menschen, die für niedrige Löhne arbeiten, bleiben mittelfristig in diesem Niedriglohnsektor [...]. Das widerlegt diejenigen, die behaupten, viele Menschen würden Niedriglöhne nur übergangsweise bekommen und dann den Aufstieg schaffen. Niedriglöhne als Sprungbrett, sozusagen. Das Gegenteil ist der Fall, denn die wenigsten können sich durch Qualifizierung oder Aufstieg selbst aus dem Niedriglohnsektor herausziehen und finanziell besserstellen. Und der Niedriglohnjob ist für die meisten eben nicht ein Nebenerwerb. Diese fehlende Mobilität erweist sich für Gesellschaft und Sozialstaat als Bumerang. Menschen, die langfristig zu geringen Stundenlöhnen arbeiten, werden in eine permanente Abhängigkeit vom Sozialstaat getrieben. Sie sind während ihres Arbeitslebens stark auf soziale Leistungen angewiesen und erfahren im Alter einen weiteren Einschnitt in ihrem Lebensstandard, weil sie selbst kaum Vorsorge betreiben und nur geringe Ansprüche an die gesetzliche Rente erwerben konnten.

Fratzscher, Marcel: In der Niedriglohnfalle. In: www.zeit.de, 17.05.2019

Aufgaben

72035-214

1. Erarbeiten Sie anhand von **M41** die zentralen Elemente der Arbeitsmarktreform der Regierung Schröder und erläutern Sie das Prinzip „fordern und fördern".
2. Analysieren Sie differenziert die Statistiken (**M42** + **M43**) (→ Methode, S. 56). Untersuchen Sie die positiven und negativen Folgen der Hartz IV-Gesetzgebung. Beachten Sie dabei die Chronologie.
3. „Aufgrund der Hartz IV-Gesetze leben Millionen Menschen dauerhaft in Armut. Deshalb müssen die Hartz-Gesetze umgehend abgeschafft werden." Beurteilen Sie differenziert diese Forderung.
4. Vergleichen Sie tabellarisch die beiden Stellungnahmen zur Hartz IV-Gesetzgebung (**M44** + **M45**).
5. Bewerten Sie die Arbeitsmarktreform mit Hilfe der Materialien (**M42** – **M45**) anhand der Kategorien Effizienz, Zumutbarkeit und Solidarität.

Onlinekapitel:
Das neue Bürgergeld

72035-171

6.2.5 Reform des Sozialstaates: Soll ein bedingungsloses Grundeinkommen in Deutschland eingeführt werden?

Zum Thema: Als Reaktion auf die Kritik an Hartz IV und als Idee für eine umfassende Neugestaltung des Sozialstaates ist in letzter Zeit der Vorschlag nach einem bedingungslosen Grundeinkommen besonders populär und wird breit in der Öffentlichkeit diskutiert. Sie sollen in diesem Kapitel diesen Vorschlag mit seinen Vor- und Nachteilen analysieren und beurteilen.

M46 Forderung nach dem bedingungslosen Grundeinkommen

Das bedingungslose Grundeinkommen (BGE) ist ein sozialpolitischer Reformvorschlag, nach dem jede Bürgerin und jeder Bürger unabhängig vom sozialen Status eine vom Gesetzgeber festgelegte finanzielle Zuwendung erhält, ohne dabei eine Gegenleistung erbringen zu müssen. Es gibt je nach dem politischen Standpunkt sehr unterschiedliche Konzepte der Finanzierung und der Ausgabenhöhe. Das bedingungslose Grundeinkommen soll aber in der Regel ohne weiteres Zusatzeinkommen die Existenz sichern.

Einstiegsaufgabe 72035-216

Positionieren Sie sich zur Frage, ob ein bedingungslose Grundeinkommen (**M46**) eingeführt werden soll. Diskutieren Sie Ihre Positionen im Kurs.

M47 Ausgestaltung des bedingungslosen Grundeinkommens nach Götz W. Werner

Erklärfilm: das bedingungslose Grundeinkommen

72035-215

Herr Werner, Sie plädieren in Ihrem jüngsten Buch vehement für ein bedingungsloses Grundeinkommen (BGE). Was bedeutet das? Jeder einzelne erhält einen monatlichen Betrag, der sein kulturelles Existenzminium abdeckt, ohne dass er dafür eine Gegenleistung erbringen müsste.

An welche Summe denken Sie? Derzeit wären wohl um die 1000 Euro pro Kopf und Monat angemessen. [...] Es wird einen kleinen Teil der Bevölkerung geben, vielleicht ein oder zwei Prozent, die das Grundeinkommen nehmen und das war's. Leute, die für Nichtstun Geld bekommen, gab es aber immer schon, den Adel im Mittelalter zum Beispiel. Faulpelze gibt es auch heute. Tatsächlich aber ist das gegenteilige Phänomen viel verbreiteter. Nämlich dass Menschen ungeheure gesellschaftliche Leistungen erbringen, ohne dafür bezahlt zu werden: Sie erziehen Kinder, pflegen Angehörige, arbeiten in Vereinen und Bürgerinitiativen oder engagieren sich anderweitig ehrenamtlich. Das zeigt einesteils die Bereitschaft der Menschen zu sinnhafter, für das soziale Gefüge wertvoller Arbeit. Andernteils verringert ein bedingungsloses Grundeinkommen ungerechte Schieflagen. Zum Beispiel stünden Frauen, die ihr Leben lang hart für ihre Familie gearbeitet haben und deshalb keine eigenen Rentenansprüche erwerben konnten, mit einem Grundeinkommen viel besser da.

Aber was gilt für junge Leute mit schlechtem Schulabschluss und wenig erbaulichen Berufsaussichten? Die könnten das BGE als Einladung begreifen, jedwede Anstrengung zu weiterem Fortkommen einzustellen. [...] Ich glaube, das Gegenteil wird der Fall sein. Das Grundeinkommen befreit vom Arbeitszwang – man könnte auch sagen: von Zwangsarbeit – und eröffnet so erst die Möglichkeit für den einzelnen, sich zu entfalten und weiterzuentwickeln. Nichtstun ist vielleicht einige Wochen ganz nett, aber es wird schnell langweilig [...] Produktivität und gesellschaftlicher Wohlstand wären viel höher, wenn alle Menschen aus freiem Willen arbeiteten. Für den französischen Aufklärer Jean-Jacques Rousseau bedeutete Freiheit, nicht tun zu müssen, was man soll, sondern tun zu können, was man will. Diesem Gedanken folgt das BGE, indem es die Möglichkeit eröffnet, auch Nein zu einem miesen Job sagen zu können. [...]

Bleibt die Frage, wer das gute Werk bezahlen soll. 82 Millionen Bürger mal 1000 Euro mal zwölf Monate ergeben fast eine Billion Euro pro Jahr. Das ist beinahe ein Drittel der gesamten deutschen Jahreswirtschaftsleistung. Woher soll das Geld kommen?

So einfach ist die Rechnung nicht. Denn mit der Einführung des Grundeinkommens werden Hartz IV, Kindergeld und fast alle anderen Sozialtransfers abgeschafft ebenso wie Steuervergünstigungen und Freibeträge. Nur besonders bedürftige Personen, etwa Schwerbehinderte, werden neben dem Grundeinkommen auf weitere soziale Leistungen angewiesen sein. Meine Koautoren Matthias Weik und Marc Friedrich haben das durchgerechnet und sind auf einen Fehlbetrag von 70 Milliarden Euro gekommen, die unser Konzept unter dem Strich pro Jahr zusätzlich kostet. [...]

Und der Herr ließ Manna vom Himmel regnen und alle Menschen wurden satt ... Darauf würde ich mich nicht verlassen. Wir schlagen vor, alle Steuern durch eine einzige Verbrauchssteuer zu ersetzen, mit der dann sämtliche staatlichen Aufgaben finanziert werden können. Unser Steuersystem setzt bisher an der völlig falschen Stelle an: Es besteuert vor allem die Leistung der Menschen, also Einkommen und Gewinne, dafür aber nur in geringem Umfang den Konsum. [...]

Wie hoch müsste der Mehrwertsteuersatz denn steigen, um das BGE und alle staatlichen Aufgaben daraus zu finanzieren? Er müsste sich in etwa an der Staatsquote orientieren, also am Anteil sämtlicher Staatsausgaben an der Wirtschaftsleistung. Die Quote liegt in Deutschland seit Jahren um die 45 Prozent. Addiert man jene 70 Milliarden Euro, die unser Konzept zusätzlich kostet, kommt man auf einen Konsumsteuersatz von rund 50 Prozent.

Stefan Sauer im Interview mit Götz Werner: „Man kann zu einem miesen Job Nein sagen". In: www.fr.de, 14.07.2017

M48 Das bedingungslose Grundeinkommen ist nicht finanzierbar

Die Idee eines bedingungslosen Grundeinkommens ist von bestechender Einfachheit: Jeder Bürger bekommt einen festen, bundesweit einheitlichen Betrag, der zum Leben ausreicht. Im Gegenzug werden alle anderen Sozialleistungen abgeschafft, um für den Staat den nötigen finanziellen Spielraum zu schaffen. Gerade die Covid-Krise mit ihren Härten hat dieser Idee zusätzliche Popularität verschafft. [...] Aber ein existenzsicherndes und bedingungsloses Grundeinkommen (BGE) ist ein Scheinriese: Je näher man ihn betrachtet, desto kleiner wird er – denn er funktioniert nicht. Das Problem ist das Gießkannenprinzip. Der Staat verzichtet freiwillig auf wertvolle Informationen und macht die soziale Sicherung daher sehr teuer. Beispiel Mieten: Ein Schweriner würde ein BGE erhalten, das ausreicht, um eine Münchner

Miete zu zahlen – Zielgenauigkeit sieht anders aus. Das zeigt sich auch bei der sozialen Sicherung von unterschiedlich großen Haushalten. Beim BGE kommt es nicht auf die Familiengröße an, beim Bedarf jedoch sehr wohl. So braucht ein Zweipersonenhaushalt keine zweite Küche und kein zweites Badezimmer. Die beim Arbeitslosengeld II übernommenen Kosten der Unterkunft berücksichtigen das ebenso wie das Wohngeld. Anders das BGE: Es behandelt ein Paar, als hätte jeder Partner eine eigene Wohnung. Es zahlt damit deutlich mehr, als notwendig ist, um den Wohnbedarf abzudecken. Wichtige Informationen zur Bedürftigkeit werden ignoriert. Will das BGE das soziokulturelle Existenzminimum im gleichen Umfang wie bislang sicherstellen, muss es mindestens so hoch angesetzt werden, dass auch die alleinstehende Münchnerin nicht schlechter gestellt wird. Das verlangt nach einem monatlichen BGE von 1.208 Euro für jeden Erwachsenen, und für ein Kind müssten es mindestens 684 Euro sein. Eine Alleinerziehende mit einem Kind erhielte demnach 1.892 Euro, eine Familie mit zwei Kindern 3.784 Euro im Monat. Aber das übersteigt bei Weitem den heutigen Mindestbedarf. Die vierköpfige Familie in München bekäme damit rund 1.000 Euro mehr als der heutige Mindestbedarf, in Berlin wären es knapp 1.500 Euro mehr. In der Summe wird das sehr teuer. Umgekehrt stößt ein Grundeinkommen, das nicht überall ausreichend ist, an verfassungsrechtliche Schranken. Das Bundesverfassungsgericht verlangt bedarfsgerechte soziale Unterstützung und methodisch nachverfolgbare Verfahren zur Ermittlung des jeweils konkreten Existenzminimums. Ein Pauschalbetrag für alle ist das glatte Gegenteil dieser Anforderung. [...] In der Gesamtschau gilt: Ein bedingungsloses, existenzsicherndes Grundeinkommen ist weder finanzierbar noch verfassungsrechtlich umsetzbar. Die Diskussion sollte sich besser den Reformbaustellen der bedarfsorientierten Grundsicherung widmen. Denn Reformbedarf gibt es dort zweifelsohne.

Peichl, Andreas/Schöb, Ronnie/Waldhoff, Christian/Weichenrieder, Alfons: Bedingungsloses Grundeinkommen: Nicht finanzierbar. In: www.taz.de, 26.11.2021

M49 Repräsentative Umfrage zum Grundeinkommen

Nach: Zustimmung für bedingungsloses Grundeinkommen eher bei jungen, bei besser gebildeten Menschen sowie in unteren Einkommensschichten / Jule Adriaans, Stefan Liebig, Jürgen Schupp. In: DIW Wochenbericht. - 86 (2019), 15, S. 263-270

Vertiefung:
Reduziert das BGE die soziale Ungleichheit in unserer Gesellschaft?
72035-217

Aufgaben

72035-219

1. Erläutern Sie die Idee des bedingungslosen Grundeinkommens (BGE) und stellen Sie die Pro- und Kontra- Argumente in einer Tabelle gegenüber (**M47**, **M48**).
2. Analysieren Sie die Umfrage des Deutschen Institutes für Wirtschaftsforschung (**M49**).
3. Entwickeln Sie in Kleingruppen einen Kurzfilm zur Einführung eines Bedingungslosen Grundeinkommens, der diesen Reformvorschlag bewertet.

Onlinekapitel:
Soziale Umverteilung
72035-218

Sozialstaat

Der Begriff des Sozialstaates bezeichnet die Gesamtheit aller staatlichen Maßnahmen, die ergriffen werden, um die Bürgerinnen und Bürger vor Armut, Not und sozialen Folgen der Marktwirtschaft abzusichern. Darüber hinaus zielt das staatliche Handeln darauf ab, soziale Gerechtigkeit herzustellen und die soziale Sicherheit und Integration unterprivilegierter Gesellschaftsgruppen zu fördern. Das Ordnungsprinzip des Sozialstaatsgebotes zählt zum unveränderlichen Verfassungskern des Grundgesetztes.

Übung

82000-277

Soziale Gerechtigkeit

Gerechtigkeit ist ein Grundwert des menschlichen Zusammenlebens in einer Gesellschaft. Die Rechtschaffenheit und der Wille, jedem sein Recht zuteilkommen zu lassen, sind dabei zentrale Normen. Die soziale Gerechtigkeit bezieht sich dagegen auf gesellschaftliche Zustände, wie zum Beispiel die Ressourcenverteilungen und die Rechte der Bürger:innen. Häufig unterscheidet man zwischen verschiedenen Dimensionen der sozialen Gerechtigkeit: Leistungs-, Chancen-, Bedarfs- und Gleichheitsgerechtigkeit. Dazu kommen noch die Generationengerechtigkeit und die globale Gerechtigkeit. Je nach politischer Ausrichtung werden verschiedene Dimensionen präferiert bzw. in den politischen Prozess eingebracht.

Übung

82000-278

Gesetzliche Sozialversicherung

Die gesetzlichen Sozialversicherungen (z. B. Rentenversicherung) gelten als Kern der sozialen Sicherung in Deutschland. Sie sollen wichtige Lebensrisiken (Gesundheit, Alter, Armut) ausgleichen und begrenzen. Versicherungspflichtig sind in der Regel alle Arbeitnehmenden, deren Bruttoeinkommen unter einer sogenannten Beitragsbemessungsgrenze liegt. Die Beiträge werden vom Bruttolohn errichte und liegen seit den 90er Jahren etwa bei 40 %. Etwa 20 % der Abgaben werden direkt vom Lohn abgezogen, die Arbeitgebenden zahlen etwa die gleiche Summe an die Sozialversicherung (paritätische Finanzierung). Der Staat unterstützt häufig die Sozialversicherungen durch Steuermittel.

Übung

82000-279

Wohlfahrtsmodelle

Man kann idealtypisch drei Wohlfahrtmodelle unterscheiden: das liberale, das konservative und das sozialdemokratische Wohlfahrtsmodell. Beim liberalen Modell sind die Leistungen eher gering, nach Bedürftigkeitsprüfung vergeben und meist steuerfinanziert (z. B. USA, Großbritannien). Das konservative Wohlfahrtsmodell zeichnet sich durch Versicherungsleistungen aus (z. B. Deutschland). Das sozialdemokratische Modell finanziert sich überwiegend aus Steuern, dabei gelten Leistungen universal und geradezu als ein soziales Bürgerrecht (z. B. Schweden).

Übung

82000-280

Bearbeiter

KOMPETENZEN ANWENDEN

Kursarbeitstraining

Die folgenden Aufgaben bieten die Möglichkeit, Ihre gewonnen Kompetenzen zu überprüfen und diese anzuwenden. Sie können als Vorbereitung für eine Kursarbeit dienen. Lösungsvorschläge erhalten Sie über den QR-Code.

Deutsches Institut für Wirtschaftsforschung (DIW)
Das DIW ist mit Sitz in Berlin das größte deutsche Wirtschaftsforschungsinstitut. Es erforscht gesamtwirtschaftliche Entwicklungen.

Interview mit Marcel Fratzscher, Präsident des Deutschen Institutes für Wirtschaftsforschung in Berlin

Dirk Müller: Herr Fratzscher, sind die Jungen die Dummen?

Marcel Fratzscher: [...] Meine Sorge ist, wenn man das System überspannt, dass dann auch ein starker wirtschaftlicher Schaden entsteht, denn bereits heute sind die Sozialversicherungsbeiträge für junge Menschen so hoch, dass das wirklich für Unternehmen ein wirtschaftlicher Faktor wird und viele sagen: Das ist uns zu teuer in Deutschland. Wir müssen aufpassen, dass der Bogen nicht überspannt wird und dann Schaden für alle entsteht, für jung und für alt. [...]

Müller: Sie sagen, der Bogen soll nicht überspannt werden. Wo liegt denn die Spanne? Wann ist Schluss?

Fratzscher: [...] Meine Sorge ist, dass viele Menschen in den kommenden Jahren in Rente gehen und in Altersarmut fallen werden. Wir sehen in unseren Prognosen einen massiven Anstieg an Altersarmut, weil viele Menschen haben unterbrochene Erwerbsbiografien, können gar nicht 45 oder 42 Jahre Vollzeit einzahlen, sondern haben Zeiten, wo sie nicht arbeiten, oder viele, [...] vor allem Frauen, arbeiten in Teilzeit. Das heißt, es wird immer mehr Menschen geben, die nicht genug Ansprüche haben und damit in die Altersarmut fallen. [...]

Müller: Staatliche Zuschüsse haben wir noch nicht erwähnt. 100 Milliarden Euro pro Jahr haben wir hier notiert. Das wird, meine Frage, bei weitem nicht ausreichen, um das zu stabilisieren?

Fratzscher: Nein. Wir gehen davon aus, dass diese knapp 100 Milliarden Euro – das ist ein Viertel des gesamten Haushalts des Bundes, das, was die Bundesregierung an Geld ausgeben kann –, dass sich das in den nächsten 25 Jahren verdoppeln wird. Über die Hälfte des Bundeshaushalts wird man in 20 Jahren an Zuschuss für die gesetzliche Rente ausgeben und trotzdem wird es nicht reichen. Das zeigt, wie dramatisch die Situation ist. Man muss einen Weg finden, wie man den Menschen, vor allem Menschen mit geringen Einkommen, die nicht privat sparen können – denn das ist ja die Alternative; wir haben ja drei Säulen in der Rente: die gesetzliche Rente, das was man vom Staat bekommt. Viele haben eine betriebliche Rente, was das Unternehmen noch mal zahlt – aber viele auch nicht, vor allem Menschen mit geringen Einkommen. Und das Private. Wir sehen eine Verlagerung. Immer mehr Menschen werden immer mehr privat vorsorgen müssen und das ist das große und ungewöhnlich große Problem in Deutschland. Wir haben fast 40 Prozent der Deutschen, die gar nicht privat vorsorgen können. [...]

Müller: Jetzt haben wir den Status quo, der problematisch ist, wie Sie sagen. Jetzt gibt es Berechnungen von Experten, die sagen, alles wird viel, viel schlimmer 2025. [...]

Fratzscher: [...] Wir sehen, gerade Menschen mit geringeren Einkommen, mit auch harten körperlichen Jobs schaffen das gar nicht bis 67, so wie es jetzt vorgesehen ist, dass das Renteneintrittsalter auf 67 steigen soll. Andere Menschen dagegen wollen gerne länger arbeiten und da liegt schon mal eine erste Lösung, nicht alle über einen Kamm zu scheren, sondern zu sagen, die Menschen, die länger arbeiten wollen und können, sollen das auch leichter können und nicht hohe Hürden in den Weg gelegt bekommen. Das würde helfen. Aber die Konsequenz ist, was ich vorhin beschrieben habe. Die Renten werden immer weniger auskömmlich sein und damit wird die Altersarmut bei vielen massiv ansteigen. […] Mein größter Kritikpunkt an der deutschen Rente ist, dass das eine Umverteilung von unten nach oben, von arm zu reich ist. Denn nicht nur sind Menschen, die wenig Rente nachher bekommen, die, die natürlich auch wenig Arbeitseinkommen haben, während sie arbeiten, und viel häufiger in Pflege fallen, gar nicht bis zum Renteneintrittsalter arbeiten können, sondern arbeitsunfähig werden. Sondern wenn die Menschen in Rente gehen, haben Menschen mit geringen Einkommen in Deutschland fünf bis sechs Jahre geringere Lebenserwartung. Das heißt: Die Menschen mit hohen Einkommen beziehen nicht nur höhere Renten, sondern beziehen sie auch noch für fünf, sechs Jahre länger.

Müller: Die Zahl der Beitragszahler erhöhen – auch eine Forderung, die immer wieder kommt, verbunden mit dem Stichwort: Beamte, Selbständige mit einbeziehen. Würde das Entlastung bringen?

Fratzscher: Kurzfristig nein, langfristig ja. Kurzfristig nein, weil Beamte werden ja auch sagen, ich habe Ansprüche, die möchte ich so, wie sie mir versprochen wurden, nachher erhalten. Aber langfristig würde das sicherlich etwas bringen, bei Selbständigen in einem gewissen Maße auch, weil gerade Soloselbständige, viele von denen haben gar nicht genug Einkommen, dass sie nachher das Rentensystem entlasten können, sondern würden das eher zusätzlich belasten. Das ist sicherlich eine Option, aber das wird nicht der große Wurf alleine sein. […] Wenn jetzt jemand heute mit 50 oder mit 55 verbeamtet ist, Sie können denen ja jetzt nicht sagen, wir haben es uns anders überlegt, das Versprechen, was Ihnen gegeben wurde, lösen wir jetzt auf. Sondern das bringt dann was, wenn man den Menschen, den jungen Menschen, die man heute neu einstellt, die verbeamtet werden, heute sagt: Ihr kriegt nachher keine Beamtenpension mehr, sondern ihr zahlt auch in die gesetzliche Rente ein und habt damit geringere Ansprüche. Und das wird natürlich dauern, bis sich das dann langfristig rechnet. Eher 30, 40 Jahre als zehn Jahre, und das wird jetzt alleine nicht der große Wurf sein. Ich glaube, für viele Menschen – das haben Sie eben angesprochen – ist mehr Beitragszahler, und der Schlüssel für eine gute Rente liegt letztlich darin, einen guten Job zu haben, möglichst Vollzeit arbeiten zu können oder viele Stunden arbeiten zu können und ein gutes Arbeitseinkommen. Das ist der Schlüssel und das wird häufig vergessen, wenn man am Rentensystem herumschraubt. Wir haben zu viele Menschen heute im Niedriglohn-Bereich, ungewöhnlich viele Menschen arbeiten für weniger als zwölf Euro. Jeder fünfte Beschäftigte ist im Niedriglohn-Bereich. Ganz viele Frauen vor allem arbeiten Teilzeit, über die Hälfte der Frauen. Viele sagen, sie würden gerne mehr arbeiten, wenn sie denn könnten, wenn die Kinderbetreuung und Qualität ordentlich wäre und sich das steuerlich auch lohnen würde.

Marcel Fratzscher im Gespräch mit Dirk Müller: DIW-Präsident zu Rentenstabilisierung. „Meine Sorge ist, dass viele Menschen in Altersarmut fallen". In: www.deutschlandfunk.de, 29.10.2021

Aufgaben

72035-220

1. Fassen Sie den Inhalt des Interviews mit Marcel Fratzscher thesenartig zusammen. Nennen Sie danach die gesellschaftlichen Gruppen, die nach der Auffassung des DIW Präsidenten zu den Verlierenden des aktuellen Rentensystems gehören.
2. Erläutern Sie die Vorschläge Prof. Marcel Fratzscher zur Stabilisierung der gesetzlichen Rentenversicherung.
3. Beurteilen Sie differenziert die angeführten Reformvorschläge zur Stabilisierung des Rentensystems. Verwenden Sie dabei die Beurteilungskategorien Stabilität, Finanzierbarkeit, Menschenwürde und Gerechtigkeit.

Lösungsvorschläge und Erwartungshorizonte

72035-221

Wie viel Freiheit, wie viel gesellschaftliche Ordnung soll unser Grundgesetz ermöglichen?

L Recht auf Asyl

A Recht auf Eigentum, Schutz vor Enteignung

K Recht auf Versammlungsfreiheit

B Gleichheit vor dem Gesetz, Schutz vor Diskriminierung

C Schutz der Menschenwürde

J Recht auf Freiheit der Berufswahl

D Recht auf Vereinigungsfreiheit

I Recht auf Freizügigkeit im Bundesgebiet

E Recht auf Glaubens- und Gewissensfreiheit

H Recht auf Meinungs- und Pressefreiheit, Freiheit der Kunst und der Wissenschaft

F Petitionsrecht

G Recht auf freie Entfaltung der Persönlichkeit, auf Freiheit der Person, auf Leben und körperliche Unversehrtheit

Wichtigkeit	Grundrecht	Begründung
1		
2		
3		
4		
5		

Bitte ins Heft

Grundrechte im Spannungsfeld

7

Zwischen Freiheit und Ordnung

Das Grundgesetz ist nach über 70 Jahre Wirkungsgeschichte immer noch in guter Verfassung. Einerseits sichert es mit den Staatsstrukturprinzipien in den Artikeln 20/28 GG die Organisation und die Verfahren unseres Gemeinwesens, andererseits sind viele Bereiche nicht bis in jede Einzelfrage normiert, da die Antworten politische Entscheidungen sind, welche von mit Mehrheit ausgestatteten Akteuren getroffen werden müssen. Diese Doppelfunktion des GG, einen wertgebundenen Orientierungs- und Handlungsrahmen vorzugeben und gleichzeitig den politisch Handelnden Entscheidungs- und Regelungsfreiheiten zu ermöglichen, hat erheblich zur Anpassungsfähigkeit des Grundgesetzes an veränderte Bedingungen (z. B. Europäische Integration) beigetragen. Über die Staatsstrukturprinzipien hinaus, sind im Besonderen die individuellen Grundrechte in den Art. 1-17 GG herausragend, da sie staatliche Macht begrenzen. Des Weiteren ermöglichen diese Grund- und Freiheitsrechte einerseits ein Abwehrrecht gegenüber unzulässigen staatlichen Eingriffen und bieten andererseits politische Teilhabe an der Mitgestaltung der politischen Ordnung. Dieses Verhältnis eines wertgebundenen Handlungsrahmens und dem gleichzeitigen Schutz individueller Freiheitsrechte ist Gegenstand politischer Auseinandersetzungen, welche sich an politisch umstrittenen Fragen entzünden. Sie sollen sich in diesem Kapitel exemplarisch mit Aspekten der Gefährdung von Grundrechten auseinandersetzen, begründet Grundrechte gewichten und ihre Bedeutung für das politische System bewerten.

Leitfragen

1. Gefährden technologische Entwicklungen individuelle Freiheitsrechte?
2. Verlieren die Grundrechte des GG im Zuge der europäischen Integration ihre Relevanz durch die europäische Grundrechtecharta?
3. Darf die Kommunikation der Bürgerinnen und Bürger aus Gründen der Sicherheitsabwehr durch den Staat überwacht werden?
4. Wie sollen wir in Zukunft das Verhältnis von Sicherheit und Freiheit gestalten?
5. Ist das Parteienverbot im Rahmen der wehrhaften Demokratie noch nötig oder muss unsere Demokratie auch extreme Positionen aushalten können?

Aufgaben

72035-222

1. Ordnen Sie den einzelnen Grundrechten die passenden Grundrechtsartikel zu. Benutzen Sie dafür ein Grundgesetz (analog oder digital).
2. Suchen Sie sich einen Grundgesetzartikel aus und recherchieren Sie, welches Recht dieser Artikel schützt und was es bedeuten würde, wenn dieses Recht nicht geschützt wäre.
3. Ermitteln Sie eine subjektive Reihenfolge der fünf wichtigsten Grundrechte (→ Tabelle, S. 312). Auf welche könnte man verzichten? Diskutieren Sie ihre Prioritätenliste im Kurs.

7.1 Grundrechte im Wandel

7.1.1 Gefährdet der technologische Wandel die Grundrechte?

Zum Thema: Der technologische Wandel, der sich besonders in der Digitalisierung als ein umfassender gesellschaftlicher und politischer Wandel zeigt, ermöglicht einerseits mehr individuelle Freiheit (z. B. in Form unbeeinflusster politischer Kommunikation in sozialen Medien) und gefährdet gleichzeitig Freiheitsrechte (z. B. durch die Möglichkeiten digital gestützter Überwachungstechniken). Sie sollen in diesem Kapitel problematische Entwicklungen der Digitalisierung und ihre Auswirkungen auf die Grundrechte analysieren und eine digitale Grundrechtecharta als Fortentwicklung des Grundgesetzes gestalten.

M1 Bedroht die Digitalisierung Freiheitsrechte?

A

B Schule in China testet System zur Aufmerksamkeitserkennung

In einer Schule [...] in Ostchina kann sich kein Schüler unbemerkt langweilen oder unaufmerksam sein. Kameras überwachen die Schüler. Ein Computer erkennt, ob sie aufmerksam dem Unterricht folgen [und benachrichtigen] [...] den Lehrer.

Pluta, Werner: Schule in China testet System zur Aufmerksamkeitserkennung. In: www.golem.de, 18.05.2018

C Social Score

Wie China die digitale Überwachung vorantreibt

Ab 2020 soll für jeden Chinesen ein individueller Verhaltenswert in Echtzeit ermittelt werden. Damit will der Staat nicht nur das künftige Verhalten jedes Einzelnen berchnen, vorhersagen und ihn so von Straftaten abhalten – sondern auch Linientreue sicherstellen.

Peter Welchering im Gespräch mit Ralf Krauter: Wie China die digitale Überwachung vorantreibt. In: www.deutschlandfunk.de, 06.03.2019

D Künstliche Intelligenz

EU-Datenschützer fordern Verbot von Gesichtserkennung im öffentlichen Raum

Automatisierte Entscheidungssysteme, die mit menschlichen Merkmalen arbeiten, können diskriminieren und Grundrechte einschränken. Deshalb forden zwei EU-Datenschutzinstitutionen nun ein Verbot bestimmter Anwendungen.

Stenner, Pia: EU-Datenschützer fordern Verbot von Gesichtserkennung im öffentlichen Raum. In: www.netzpolitik.org, 21.06.2021

Einstiegsaufgaben 72035-223

1. Analysieren Sie die Materialien **M1** A – D unter der Fragestellung, ob moderne technische Systeme die Freiheit der Einzelnen bedrohen.
2. Bewerten Sie, ob die dargestellten technischen Möglichkeiten mehr Vor- oder mehr Nachteile bieten.

M2 Bedrohung von Grundrechten durch digitale Entwicklungen?

A Künstliche Intelligenz (KI)

Der Begriff „Künstliche Intelligenz“ wurde 1956 von dem amerikanischen Informatiker John McCarthy geprägt. Heute versteht man darunter Computersysteme, die Aufgaben erfüllen können, zu denen eigentlich menschliche Intelligenz erforderlich ist: optisch Objekte wahrnehmen und identifizieren, Sprache erkennen und übersetzen, Daten auswerten, Schlussfolgerungen ziehen und Entscheidungen treffen, Informationen verarbeiten und daraus lernen. Die dabei verwandten Verfahren machen es möglich, dass Computer aus großen Datenmengen Erfahrungen sammeln und auf deren Grundlage immer bessere Empfehlungen abgeben oder Entscheidungen treffen. Vor allem für die Bild- und Sprachverarbeitung wird Deep Learning eingesetzt, das in vereinfachter Form die Arbeitsweise des menschlichen Gehirns mit seinem Netz aus Nervenzellen nachzuahmen versucht. Mittlerweile ist künstliche Intelligenz nicht mehr bloß ein Thema der Forschung. KI-Technologien werden auf breiter Front erprobt oder bereits in praxistaugliche Anwendungen umgesetzt.

Da KI-Anwendungen große Datenmengen benötigen, könnte ohne entsprechende rechtliche Regelungen das Recht auf informationelle Selbstbestimmung verletzt werden. Dieses ist besonders problematisch, da die KI-Anwendungen in der Regel von privaten Unternehmen entwickelt werden. Darüber hinaus können manche Algorithmen der KI bei der Berechnung von Eintrittswahrscheinlichkeiten für bestimmte Ereignisse, Verzerrungen abbilden, die den Gleichheitsgrundsatz und das Diskriminierungsverbot betreffen würden. Entsprechende Erfahrungen aus den USA zeigten bei einem Algorithmus zur Berechnung der erneuten Straffälligkeit bei Gerichtsprozessen eine systematische Benachteiligung von Menschen mit afroamerikanischer Abstammung.

B Gesichtserkennungssoftware

Von der Gesichtserkennung zur Entsperrung des Smartphones, über die Bestimmung von Personen auf Fotos oder Videos, bis zu der Verwendung als biometrisches Merkmal wie der Fingerabdruck oder die Unterschrift zur Identifikation z. B. bei Bankgeschäften reichen die Anwendungsbereiche dieser Software. Ob der anlasslose Einsatz von Gesichtserkennungssoftware mit individuellem Grundrechtsschutz vereinbar ist bleibt abzuwarten. Wenn die Bürger:innen im öffentlichen Raum mittels Gesichtserkennungssystemen jederzeit identifiziert oder verfolgt werden können, schreckt dies Menschen vielleicht auch davon ab, an Demonstrationen teilzunehmen oder ihre Meinung offen zu äußern, sodass hier auch das Recht der freien Meinungsäußerung und das Versammlungsrecht beeinträchtigt sein könnte.

C Virtuelle Realität bzw. augmented Reality

In der virtuellen Realität werden eigene digitale Welten geschaffen, die durch eine Schnittstelle (Brille o. ä.) für Menschen erlebbar werden. Augmented Reality ist im Gegensatz dazu eine Anreicherung der realen Welt durch digitale Anwendungen (z. B. Pokémon Go). Während Anwendungen der virtuellen Realität vor allem problematisch unter der Perspektive sind, dass sie biometrische Daten, wie Iris- oder Retina-Scan, Finger- und Handabdruck, Gesichtsgeometrie und Sprachprofile erfassen und damit leicht Identitäten zuordnen können, bestehen die Risiken bei der augmented Reality im Schutz der Privatsphäre. AR-Unternehmen brauchen größere Mengen an Daten der Nutzer für die Bereitstellung der AR-Inhalte, die sie für andere Zwecke weiterveräußern können.

Bearbeiter

M3 Grundrechte in autoritären Systemen: Chinas Sozialkredit-System

China versucht sein Volk zu erziehen. Jede Privatperson und jedes in China engagierte Unternehmen soll sich dem dortigen Sozialkredit-System unterwerfen. Wer sich falsch verhält, muss mit harten Konsequenzen rechnen.

Das chinesische Sozialkredit-System sieht vor, alle Daten von einer Person zu sammeln und auszuwerten, die der Staat bekommt – offline wie online. Ämter müssen erhobene Daten melden, dazu kommt Videoüberwachung im öffentlichen Raum, Spracherkennung und vieles mehr. Kaufverhalten, soziales Engagement, Chatverläufe, GPS-Daten: Alles soll zusammenfließen und von einem Algorithmus mit Punkten bewertet werden. Wer sich etwa um seine kranken Eltern kümmert oder in einem Ehrenamt engagiert, bekommt Pluspunkte. Wer falsch handelt, womöglich sogar Gesetze überschreitet, bekommt Abzüge. Und das kann gravierende Folgen haben. [...] „Das kann heißen, dass man keine Erste-Klasse-Tickets mehr im Zug bekommt, sondern harte Holzbänke. Irgendwann wird die Reisefreiheit ganz eingeschränkt, man darf keine Flugtickets mehr buchen und bekommt keine Visa mehr. Irgendwann können die eigenen Kinder keine guten Schulen mehr besuchen." So beschreibt Kolja Quakernack den Sanktionskatalog. Der Sinologe hat selbst lange in Shanghai gelebt und über das chinesische Sozialkredit-System gerade erst ein kleines Büchlein verfasst. [...] Besonders verstörend: Das Sozialkredit-System funktioniert wie ein öffentlicher Pranger, jeder kann den Punktestand des Vaters, der Nachbarin oder jedes x-beliebigen Menschen einsehen. Problematisch ist zudem, dass niemand wirklich weiß, wie genau der Punktestand zustande kommt. Der Algorithmus [...] ist eine unkalkulierbare Macht.

Sachsinger, Christian: Chinas Sozialkredit-System: Überwachen und Strafen. In: www.br.de, 04.01.2022

M4 KI-Regeln: Wofür das Europäische Parlament eintritt

Die Europaabgeordneten wollen einen Rechtsrahmen für den Einsatz künstlicher Intelligenz schaffen, der Innovation fördert und Sicherheit bringt. [...] Das Parlament arbeitet an dem am 21. April 2021 von der Kommission vorgelegten Vorschlag, Europa zum globalen Zentrum für vertrauenswürdige KI zu machen. [...] Am 6. Oktober 2021 forderten die Abgeordneten des Europäischen Parlaments strenge Sicherheitsvorkehrungen für den Einsatz von künstlicher Intelligenz in der Strafverfolgung sowie ein dauerhaftes Verbot der automatischen Erkennung von Personen im öffentlichen Raum. Außerdem forderten sie zur Bekämpfung von Diskriminierung mehr Transparenz in Bezug auf die Algorithmen. „Es geht nicht um die Frage, ob die KI-Systeme das Potenzial haben, zu rassistisch voreingenommenen und diskriminierenden Ergebnissen zu führen. Wir wissen eigentlich mit Sicherheit, dass dies der Fall ist", sagte der Berichterstatter Petar Vitanov (Socialists&Democrats (S&D), Bulgarien).

Europäisches Parlament: KI-Regeln: Wofür das Europäische Parlament eintritt. In: www.europarl.europa.eu, 21.10.2020

Politik aktiv

Gestalten Sie eine digitale Grundrechtecharta für die EU, mit der die größten Gefährdungen der Grundrechte durch die Digitalisierung verhindert werden können. Beziehen Sie dabei das Recht auf informationelle Selbstbestimmung mit ein.

Aufgaben

72035-224

1. Ermitteln Sie in Kleingruppen (2-3 Personen) ausgehend von den im **M2** beschriebenen digitalen Entwicklungen mögliche Grundrechtsverletzungen, indem Sie die betroffenen Grundrechte im GG benennen.
2. Erläutern Sie die Grundaussagen des Textes **M3** zur politischen Nutzung von KI in China. Begründen Sie den Zusammenhang zwischen dieser Nutzung und einem autoritären Staatssystem (→ Kap. 12, Workshop S. 480 ff.).
3. Analysieren Sie die Forderungen des EU-Parlaments zum Digital Service Act der EU-Kommission in **M4** und beurteilen Sie die Umsetzbarkeit eines Gesetzes, das zugleich die Unternehmen stärken und dem Gemeinwohl dienen will. Schreiben Sie dazu einen Kommentar.

7.1.2 Die Vorratsdatenspeicherung: Sollen Telefon- und Internetdaten aller Bürger:innen zur Terrorabwehr gespeichert werden?

Zum Thema: Viele Staaten sehen ihre und die Sicherheit der Bürgerinnen und Bürger durch Terroranschläge und andere Gefahren bedroht. Um diese Anschläge und Gefahrenlagen rechtzeitig abzuwehren, möchten Sicherheitsbehörden die sogenannte Vorratsdatenspeicherung erlauben, bei der Telefon- und Internetdaten, wie z. B. Standortdaten oder IP-Adressen von Nutzerinnen und Nutzern, anlasslos von den Providern für einige Zeit gespeichert werden müssen – und zwar auch von Bürgerinnen und Bürgern, die noch nie straffällig geworden sind. Sie sollen in diesem Kapitel am Beispiel der Vorratsdatenspeicherung analysieren und beurteilen, ob die Sicherheitsbelange des Staates höher als der Schutz der Privatsphäre der Bürgerinnen und Bürger zu gewichten ist.

M5 Verschiedene Positionen zur Vorratsdatenspeicherung

A Eike Bone-Winkel vom Bund deutscher Kriminalbeamter (BDK) hält die Vorratsdatenspeicherung für ein notwendiges Instrument:
„Oftmals sind Vorratsdaten die einzig zielführenden Anhaltspunkte, um Ermittlungen erfolgreich abzuschließen. Da die Sieben-Tages-Frist zur Beauskunftung dieser Daten ziemlich knapp ist, werden Strafverfahren in einer relativ hohen Größenordnung eingestellt."

B Nach der Überzeugung des EU-Abgeordneten Patrick Breyer von der Piratenpartei schadet die Speicherung von Daten ohne konkreten Verdacht mehr als sie nützt:
„Sie stört vertrauliche Kommunikation, wo Menschen berechtigterweise auf Nichtrückverfolgbarkeit angewiesen sind, zum Beispiel bei Kontakten zu Psychotherapeuten, Ärzten, Rechtsanwälten, Betriebsräten, Ehe- und Drogenberatern und sonstigen Beratungsstellen."

C Die Staats- und Regierungschefs der EU-Regierungen halten die Vorratsdatenspeicherung allerdings weiter für ein Instrument „zur wirksamen Kriminalitätsbekämpfung" (Rats-Schlussfolgerungen vom Juni 2019) und fordern neue Vorschläge von der EU-Kommission.

D Befürworter der Vorratsdatenspeicherung wie der Christdemokrat Voss begrüßen Brüssels neuen Anlauf:
„Wenn wir bei diesem pauschalen Nein zu einer Vorratsdatenspeicherung bleiben und uns keine Lösung einfällt, habe ich massive Bedenken, dass wir eine Strafverfolgung eigentlich nicht mehr gewährleisten können."

Tagesschau: Streit um Vorratsdatenspeicherung. Er ist wieder da!. In: www.tagesschau.de, 12.09.2021

Einstiegsaufgaben 72035-225

1. Erläutern Sie die unterschiedlichen Positionen zur Vorratsdatenspeicherung (**M5** A – D).
2. Diskutieren Sie, ob sich Ihr Verhalten in digitalen Umgebungen ändern würde, wenn Sie wüssten, dass Ihre Daten dokumentiert und auf Vorrat gespeichert werden und formulieren Sie dann das politische Problem.

Verkehrsdaten
Verkehrsdaten umfassen u. a. die Telefonnummern der Gesprächsteilnehmenden, Zeitpunkt und Dauer des Gesprächs, Seriennummer von Sim-Karte und Handy, genutzte Funkzelle.

M6 Die Geschichte der Vorratsdatenspeicherung

Seit 2006 beschäftigt die Vorratsdatenspeicherung auch die höchsten Gerichte auf nationaler und europäischer Ebene. Im Folgenden wird der Hintergrund dieser Vorratsdatenspeicherung dargestellt.

A Vorratsdatenspeicherung 1.0

Als Reaktion auf die Terroranschläge in New York, London und Madrid erließ die Europäische Union 2006 die Richtlinie 2006/24/EG. Diese Richtlinie verpflichtete die EU-Mitgliedstaaten zu einer Speicherung von Telekommunikationsverkehrsdaten auf Vorrat. Der Deutsche Bundestag setzte diese Richtlinie in nationales Recht um durch das „Gesetz zur Neuregelung der Telekommunikationsüberwachung und anderer verdeckter Ermittlungsmaßnahmen sowie zur Umsetzung der Richtlinie 2006/24/EG". Das Gesetz verpflichtete die Anbieter von öffentlich zugänglichen Telekommunikations- und Internetdiensten, Verkehrsdaten über einen Zeitraum von sechs Monaten auf Vorrat zu speichern und diese – im Bedarfsfall – Strafverfolgungsbehörden, Nachrichtendiensten oder mit Aufgaben der Gefahrenabwehr betrauten Behörden zur Verfügung zu stellen.[...] Der Bundesbeauftragte für den Datenschutz und die Informationsfreiheit (BfDI) hat die Vorratsdatenspeicherung von Anfang an als einen unverhältnismäßigen – und damit verfassungswidrigen – Eingriff in das Fernmeldegeheimnis sowie in das Recht auf informationelle Selbstbestimmung kritisiert. Durch die anlasslose Speicherung aller Telefon-, E-Mail- und Internet-Verkehrsdaten für ein halbes Jahr wurde das gesamte Telekommunikationsverhalten aller Bundesbürgerinnen und Bundesbürger erfasst. Mit diesen Daten ist es unter anderem möglich, weitreichende Sozial- und Bewegungsprofile zu bilden. Jedoch sind die Betroffenen ganz überwiegend weder Verdächtige, noch geht von ihnen eine konkrete Gefahr aus. Damit besteht die Gefahr, dass viele Bürgerinnen und Bürger, die ihnen zur Verfügung stehenden Kommunikationsmittel nicht mehr unbefangen nutzen, ihr Kommunikationsverhalten entsprechend verändern und gegebenenfalls sogar gänzlich auf Telekommunikation verzichten. Dadurch aber würde die für eine freiheitliche Gesellschaft unabdingbare, unbefangene Kommunikation erheblich beeinträchtigt. [...]

B Das Urteil des Bundesverfassungsgerichtes (BVerfG)

Beim BVerfG wurde gegen die Vorratsdatenspeicherung eine Massenverfassungsbeschwerde mit über 35.000 Beschwerdeführern eingelegt. Im Jahr 2008 schränkte das BVerfG zunächst mit zwei Beschlüssen im einstweiligen Rechtsschutzverfahren die Nutzung der auf Vorrat gespeicherten Daten stark ein. Mit Urteil vom 02.03.2010 erklärte das BVerfG die gesetzlichen Vorschriften zur Vorratsdatenspeicherung für verfassungswidrig und nichtig. Das Gericht führte in diesem Zusammenhang allerdings aus, dass eine anlasslose Speicherung von personenbezogenen Daten über einen Zeitraum von sechs Monaten auf Vorrat lediglich dann strikt verboten sei, wenn sie zu unbestimmten und noch nicht bestimmbaren Zwecken erfolgte. Eine verfassungsgemäße Ausgestaltung der Vorratsdatenspeicherung sei somit grundsätzlich möglich, unterliege allerdings sehr strengen Anforderungen, da der mit der Vorratsdatenspeicherung verbundene Eingriff in das Fernmeldegeheimnis als äußerst schwerwiegend bewertet werde. Die hier beanstandeten gesetzlichen Regelungen hätten diesen Anforderungen jedenfalls nicht genügt. Dabei stellte das Gericht fest, dass vorsorglich anlasslose Datenspeicherungen grundsätzlich eine Ausnahme bleiben müssten und – insbesondere auch zusammen mit anderen bereits bestehenden Datensammlungen – nicht zu einer Rekonstruierbarkeit praktisch aller Aktivitäten der Bürgerinnen und Bürger führen dürften.

C Das Urteil des Europäischen Gerichtshofs (EuGH) von 2014

Vier Jahre später ereilte die Richtlinie zur Vorratsdatenspeicherung das gleiche Schicksal wie das deutsche Umsetzungsgesetz. Mit seinem Urteil vom 08.04.2014 erklärte der EuGH die Richtlinie [2006/24/EG] rückwirkend ab ihrem Inkrafttreten für ungültig. Das Gericht begründete seine Entscheidung damit, die Richtlinie stelle einen Eingriff von besonders großem Ausmaß und besonderer Schwere in die Grundrechte auf Achtung des Privatlebens und auf Schutz personenbezogener Daten dar, ohne gleichzeitig zu gewährleisten, dass dieser Eingriff verhältnismäßig sei und auf das tatsächlich absolut Notwendigste beschränkt würde und machte dies an einigen wesentlichen Punkten fest. Es würde eine Speicherpflicht bestehen, die nicht hinreichend differenziert, inwieweit die von der Speicherung erfassten Daten und Personen in irgendeinem konkreten Zusammenhang mit dem Ziel der Bekämpfung schwerer Straftaten stehen. [...] Schließlich kritisierte das Gericht die undifferenzierte Vorgabe der Richtlinie zur Speicherdauer der Daten. [...]

D Vorratsdatenspeicherung 2.0

Nachdem die Europäische Kommission im Nachgang des EuGH-Urteils erklärt hatte, vorerst keine Initiative zur Verabschiedung einer neuen Vorratsdatenspeicherung-Richtlinie ergreifen zu wollen, legte die Bundesregierung im Frühjahr 2015 zunächst einen Katalog mit Leitlinien und schließlich einen Gesetzentwurf zur Wiedereinführung einer Vorratsdatenspeicherung vor. Im Dezember 2015 wurde das neue „Gesetz zur Einführung einer Speicherpflicht und einer Höchstspeicherfrist für Verkehrsdaten" dann verabschiedet. Wie das erste Gesetz zur Vorratsdatenspeicherung verpflichtet auch das zweite Gesetz Telekommunikationsanbieter, Verkehrsdaten anlasslos zu speichern und im Bedarfsfall Sicherheitsbehörden zur Verfügung zu stellen. Der wesentliche Unterschied zwischen den beiden Gesetzen liegt darin, dass die Speicherdauer von pauschalen sechs Monaten auf vier Wochen für Standortdaten und zehn Wochen für die übrigen Verkehrsdaten verkürzt wurde. Darüber hinaus wurde komplett auf die Speicherung von E-Mail-Daten verzichtet.

E Gerichtsurteile seit 2015

Nach der Entscheidung des Oberverwaltungsgerichts Münster aus dem Jahr 2017, dass eine Telekommunikationsfirma die Daten ihrer Kunden nicht speichern muss, verzichtet die Bundesnetzagentur auf die Durchsetzung der gesetzlichen Speicherpflichten. Im Jahre 2019 entscheidet das Bundesverwaltungsgericht, die Entscheidung zur Rechtmäßigkeit des Gesetzes auszusetzen und den Fall dem EuGH vorzulegen unter der Fragestellung, ob das deutsche Gesetz einen unzulässigen Eingriff in das „Grundrecht auf Achtung des Privatlebens" (Art.7 Charta) darstellt, zu überprüfen. In Deutschland sind vor dem Bundesverfassungsgericht diverse Verfahren gegen das Gesetz anhängig.

A-D: BfDI: Historie zur Vorratsdatenspeicherung. In: www.bfdi.bund.de, Abruf am 26.09.2022,
E: Bearbeiter

M7 Die Zukunft der Vorratsdatenspeicherung

Im Grunde ist es nur ein weiteres Urteil in der schier endlosen Reihe richterlicher Entscheidungen zur Vorratsdatenspeicherung. Doch dieses Mal [...] hat der Europäische Gerichtshof (EuGH) eine Antwort gegeben, die auch für die deutschen Regeln zu den Vorratsdaten maßgeblich sein dürfte: Eine „anlasslose" Speicherpflicht für solche Daten verstößt gegen EU-Recht. Der Gerichtshof hält also an seiner strikten Rechtsprechung der vergangenen acht Jahre fest. Dabei hatte der Druck aus den EU-Staaten auf den EuGH in den vergangenen Jahren dramatisch zugenommen. In mündlichen Anhörungen, aber auch hinter den Kulissen versuchten sie, den EuGH von seiner datenschutzfreundlichen Linie abzubringen, mit dem Argument, die Verkehrs- und Standortdaten aus der Telekommunikation seien für die Kriminalitätsbekämpfung unabdingbar. Immerhin ist der Gerichtshof den Kritikern auch einen Schritt entgegengekommen. „Gezielte" Speicherungen, etwa an Kriminalitätsschwerpunkten oder an Flughäfen und Bahnhöfen, können durchaus zulässig sein. Denn das europarechtliche Prinzip, auf das der EuGH beharrt, untersagt nicht jede Form des Datensammelns, sondern lediglich die „allgemeine und unterschiedslose" Speicherung von Telekommunikationsdaten. Eine Pflicht zum Sammeln und Horten solcher Daten auf Vorrat – einfach nur für den Fall, dass die Polizei sie irgendwann benötigen könnte – ist den Staaten untersagt, weil damit tief in die Privatsphäre der Menschen eingegriffen wird; [...]. Das Verbot von Speicherpflichten gilt sogar dann, wenn den Behörden der Zugriff auf die Daten allein zur Bekämpfung schwerer Kriminalität erlaubt sein soll. [...] In der mündlichen Verhandlung hatten mehrere Mitgliedstaaten, aber auch die EU-Kommission vehement eine Ausweitung der Speichermöglichkeiten gefordert. Denn vor anderthalb Jahren hatte der EuGH immerhin begrenzte Speicherpflichten zum Schutz der „nationalen Sicherheit" erlaubt, also etwa im Zusammenhang mit schweren Terroranschlägen. Dieses Prinzip wollten die Kritiker auf die Bekämpfung schwerer Kriminalität ausgeweitet sehen, doch der EuGH blieb bei seinem Nein. [...] Hinter dieser sehr prinzipiellen Haltung steckt auch die Erkenntnis, dass die Risiken für die Bürger, die durch große Datenvorräte entstehen, mit dem technischen Fortschritt eher zugenommen haben, etwa durch Analysetools unter Einsatz von künstlicher Intelligenz. Für die deutsche Vorratsdatenspeicherung dürfte dies, kaum überraschend, das endgültige Aus bedeuten. [...] Die Ampelkoalition hat im Koalitionsvertrag bereits eine Anpassung an die EuGH-Linie in Aussicht gestellt. Das Urteil des obersten EU-Gerichts zeigt aber auch, dass die Kritik an seiner rigiden Linie nicht spurlos an den Richtern vorbeigegangen ist. Die 42-Seiten-Entscheidung enthält eine gehörige Portion Pragmatismus. Der EuGH erlaubt beispielsweise die Datenspeicherung nach „geografischen" Kriterien. Das können bekannte Kriminalitätsschwerpunkte sein, aber auch gefährdete Infrastrukturen – Flughäfen, Seehäfen, Bahnhöfe, Mautstellen. Das beträfe dann vor allem die Mobilfunkdaten. Zudem erleichtert das Gericht die Anwendung einer Methode, die vor elf Jahren die damalige Bundesjustizministerin Sabine Leutheusser-Schnarrenberger (FDP) einführen wollte: „Quick freeze". Schon in einem frühen Stadium können Telekommunikationsdaten sozusagen schockgefrostet werden, sobald ein konkreter Anlass vorliegt, etwa ein Mordfall oder eine schwere Bedrohung der öffentlichen Sicherheit. Auch der amtierende Bundesjustizminister Marco Buschmann (FDP) hat sich für „Quick freeze" starkgemacht. Schon vor zwei Jahren hatte der EuGH den Ermittlern zudem ein wichtiges Instrument zur Bekämpfung von Kinderpornografie an die Hand gegeben. Bei IP-Adressen gilt eine Ausnahme vom Sam-

melverbot, ihre Speicherung darf den Telekommunikationsbetreibern auch ohne konkreten Anlass zur Pflicht gemacht werden. Und schließlich hält der Gerichtshof noch einen weiteren Rat bereit: Natürlich könnten die Staaten auch den Erwerb von Prepaid-Karten von der echten Identitätsprüfung abhängig machen.

Nach: Janisch, Wolfgang: Flächendeckendes Sammeln von Daten bleibt tabu. In: www.sueddeutsche.de, 05.04.2022

M8 Zitat zur Vorratsdatenspeicherung

„Eine Gesellschaft ist umso unfreier, je intensiver ihre Bürger überwacht, kontrolliert und beobachtet werden. Sicherheit ist im demokratischen Rechtsstaat kein Selbstzweck, sondern dient der Sicherung von Freiheit".

Die ehemalige Bundesjustizministerin Sabine Leutheusser-Schnarrenberger in einem Gastbeitrag für Spiegel Online im Jahr 2013.

Leutheusser-Schnarrenberger, Sabine: Sicherheit ist kein Selbstzweck. In: www.spiegel.de, 11.06.2013

Aufgaben

72035-226

1. Geben Sie die Geschichte der Vorratsdatenspeicherung aus **M6** in Form eines Zeitstrahls wieder.
2. Vergleichen Sie zu zweit oder dritt in Kleingruppen die jeweiligen Positionen der Mitgliedstaaten und des EuGH in **M7** und arbeiten Sie Gemeinsamkeiten und Unterschiede heraus.
3. Rollenspiel: Diskutieren Sie mit verteilten Rollen (Innenminister:in, Vertreter:in einer Sicherheitsbehörde, Bürger:innen) folgende Frage: Führt die elektronische Überwachung unabhängig von dem Urteil zur deutschen Vorratsdatenspeicherung zur „gläsernen Bürgerin" bzw. zum „gläsernen Bürger" ?
4. Beurteilen Sie differenziert ausgehend vom Zitat in **M8** die Einführung einer Vorratsdatenspeicherung perspektivisch und kategorial (→ Methode S. 31). Vergleichen Sie abschließend Ihre Ergebnisse im Kurs.

Politik aktiv

Analysieren Sie das von der US-amerikanischen NSA eingeführte Überwachungsprogramm PRISM und simulieren Sie eine Gerichtsverhandlung vor dem EuGH unter der Fragestellung, ob PRISM zur Terrorbekämpfung zulässig sein sollte. Als Prozessbeteiligte brauchen Sie drei Richter:innen, eine:n Ankläger:in, eine:n Verteidiger:in und mehrere Expert:innen, die sich mit dem Programm auskennen. Prüfmaßstab ist die Grundrechtecharta der EU und die Europäische Menschenrechtskonvention.

Onlinekapitel: Grundgesetz und Grundrechtecharta der EU: das Recht auf Vergessen als gemeinsames Grundrecht?

72035-227

7.2 Begrenzung der Grundrechte zum Schutz der Demokratie

7.2.1 Begrenzung von Grundrechten: Wie stark darf und soll der Staat individuelle Freiheit zum Schutz kollektiver Sicherheit einschränken?

Zum Thema: Unsere Verfassung geht mit der Menschenwürde und den Grundrechtsgarantien von der Freiheit der einzelnen Person aus. Allerdings ist diese Freiheit nach dem BVerfG immer gemeinschaftsbezogen und gemeinschaftsgebunden. Einerseits muss der Staat die individuelle Freiheit achten und schützen, andererseits hat der Staat aber auch die Pflicht für die Sicherheit der Bürgerinnen und Bürger zu sorgen. Die Einschränkung von Grundrechten und Abwägung oberster Rechtsgüter ist dabei immer situationsbezogen. Sie sollen in diesem Kapitel am Beispiel der Corona-Pandemie die Einschränkung individueller Freiheit zum Gesundheitsschutz aller analysieren und beurteilen.

M9 Freiheit oder Sicherheit?

Karikatur: Marcus Gottfried, 2013

Einstiegsaufgaben 72035-228

1. Interpretierten Sie die Karikatur in **M9** (→ Methode, S. 268) und erläutern Sie die Abwägung zwischen Freiheit und Sicherheit am Beispiel der Corona-Pandemie, der Terrorismusabwehr und der Klimapolitik.
2. Ordnen Sie sich auf einer gedachten Positionslinie zwischen möglichst viel Freiheit und möglichst viel Sicherheit ein und werten Sie das Gesamtergebnis Ihres Kurses aus.

M10 Grundrechtseinschränkungen im Zuge der Pandemie-Politik

Die rechtliche Grundlage für die Maßnahmen gegen die Ausbreitung des Corona-Virus ist das Infektionsschutzgesetz (IfSG) als spezielles Gesetz zur Gefahrenabwehr. Die Krankheit COVID-19 gilt seit Februar 2020 als meldepflichtig. Liegen Infektionen vor, sind die Behörden ermächtigt, Schutzmaßnahmen zu ergreifen. Dazu gehören unter anderem die Quarantänebestimmungen. Das Infektionsschutzgesetz ist ein Bundesgesetz, sein Vollzug ist jedoch überwiegend Ländersache, auch wenn der Bund mit der sogenannten „Bundes-Notbremse" im Frühjahr 2021 verstärkt Kompetenzen an sich gezogen hat. [...]

„Bundes-Notbremse"
Sie traf im April 2021 in Kraft und sorgte für bundesweit einheitliche Maßnahmen: z. B. Kontaktbeschränkungen und nächtliche Ausgangssperren ab einem bestimmten Inzidenzwert.

A **Art. 2 Abs. 1 GG: Freie Entfaltung der Persönlichkeit**
Mit Quarantäneanordnungen, Vorgaben für Kontaktreduzierungen und anderen Maßnahmen greift der Staat in das Recht der Freiheit der Person ein, etwa wenn Großeltern oder Freunde nicht mehr besucht werden können. Auch das Recht auf freie Entfaltung der Persönlichkeit ist eingeschränkt, wenn beispielsweise Geschäfte oder Betriebe geschlossen werden müssen.

B **Art. 4 Abs. 1 und 2 GG: Religionsfreiheit**
Die bundesweiten Versammlungsverbote griffen zu Beginn der Pandemie massiv und beispiellos in die Religionsfreiheit von Christen, Juden, Muslimen und anderen Religionsgemeinschaften ein. Jeder Gottesdienst gilt als öffentliche Versammlung, die nicht mehr oder nur eingeschränkt stattfinden konnte. Die Freiheit der Religionsausübung war damit eingeschränkt. Allerdings haben die Religionsgemeinschaften diesen Einschnitten selbst zugestimmt. [...]

C **Art. 8 GG: Versammlungsfreiheit**
Die Bundesländer haben unterschiedliche Versammlungsverbote erlassen und greifen damit in die Versammlungsfreiheit der Bürgerinnen und Bürger ein. Dieses Grundrecht, das eng mit der Meinungsfreiheit verbunden ist, ist eines der zentralen Elemente eines freiheitlich-demokratischen Staates. Am 15. April 2020 hat allerdings das Bundesverfassungsgericht an den Wert des Grundrechts erinnert und in einem Beschluss deutlich gemacht, dass pauschale Verbote von Demonstrationen nicht verfassungskonform sind. Unter Einhaltung besonderer Schutzmaßnahmen (Höchstzahl von Teilnehmenden, Abstandsgebot usw.) und nach Einzelfallprüfungen können seither Demonstrationen wieder stattfinden.

D **Art. 11 Abs. 1 und 2 GG: Recht der Freizügigkeit**
Manche Bundesländer haben zu Beginn der Pandemie die Einreise von Personen aus anderen Bundesländern verboten und damit das Recht auf Freizügigkeit praktisch außer Kraft gesetzt. Besonders drastisch waren dabei Fälle, bei denen etwa ein Besitzer einer Zweitwohnung in einem anderen Bundesland nicht in sein Eigentum konnte. Berührt war damit auch Art. 14 Abs. 1 GG (Eigentumsgarantie), weil Bürgerinnen und Bürger nicht mehr frei über ihr Eigentum verfügen können. Auch die Schließung der europäischen Binnengrenzen war in vielerlei Hinsicht eine Einschränkung der Reise- und Bewegungsfreiheit. [...]

E **Art. 12, Abs. 1 GG: Berufsfreiheit**
Dieser Grundgesetzartikel garantiert die freie Berufswahl und die freie Berufsausübung. Vor allem Letztere war durch die Schließung von nicht systemrelevanten Einzelhandelsgeschäften massiv eingeschränkt worden. Auch hier gibt es inzwischen weitreichende Lockerungen, aber eben auch ein Fortdauern der Beschränkungen in zahlreichen Bereichen wie Gastronomie, Hotellerie oder im Kulturbereich (Theater, Oper, Konzerte, Kinos usw.).

Landeszentrale für politische Bildung Baden-Württemberg: Grundgesetz & Grundrechte in Zeiten der Corona-Pandemie. In: www.lpb-bw.de, Abruf am 27.09.2022

M11 Die Wesensbestandsgarantie des Grundgesetzes

Artikel 19 GG: Einschränkung und Wesensbestandsgarantie des GG

(1) Soweit nach diesem Grundgesetz ein Grundrecht durch Gesetz oder auf Grund eines Gesetzes eingeschränkt werden kann, muß das Gesetz allgemein und nicht nur für den Einzelfall gelten. Außerdem muß das Gesetz das Grundrecht unter Angabe des Artikels nennen.

(2) In keinem Falle darf ein Grundrecht in seinem Wesensgehalt angetastet werden.

M12 Bilanz der Grundrechtseinschränkungen von einer Rechtsprofessorin

In der Pandemie wurden Grundrechte massiv eingeschränkt. Es gab und gibt Kritik daran, aber auch Kritik an der Kritik. Um einmal mit einer schlichten Frage zu beginnen: Wozu sind Grundrechte eigentlich da?

Grundrechte sichern in erster Linie die Freiheitssphäre der Bürgerinnen und Bürger vor staatlichen Eingriffen. Anerkannt ist allerdings auch eine Schutzdimension der Grundrechte. Diese Grundrechtsfunktion wurde in der Pandemie im Hinblick auf das Grundrecht auf Gesundheit und Leben relevant. Der Staat ist demnach verpflichtet, Gesundheit und Leben der Menschen in Deutschland zu schützen. Diese beiden Grundrechtsdimensionen – das grundrechtliche Abwehrrecht auf der einen Seite, die staatliche, aus den Grundrechten resultierende Schutzpflicht auf der anderen Seite – weisen leider typischerweise in verschiedene Richtungen, sie kollidieren.

Warum kommt es dazu?

Häufig kann der Staat Grundrechte nur schützen, indem er in Grundrechte eingreift. Ein Beispiel: Der Staat verbietet aufgrund der Pandemie Veranstaltungen ab einer bestimmten Personenzahl, greift also etwa in das Grundrecht der Versammlungsfreiheit ein, um das Leben insbesondere von vulnerablen Gruppen zu schützen. Da nimmt er seine grundrechtliche Schutzpflicht wahr. Juristinnen und Juristen sprechen von „Schutz durch Eingriff". Es ist daher Aufgabe des Staates, zwischen beiden Seiten einen angemessenen Ausgleich herzustellen.

Sind wir bei den Grundrechtseinschränkungen dann – salopp gefragt – glimpflich durch die Krise gekommen?

Nein, glimpflich sicher nicht. Im Gegenteil, es haben die vielleicht schwersten Eingriffe in die Grundrechte seit Bestehen der Bundesrepublik stattgefunden. Die Grundrechtseingriffe betrafen sehr viele gesellschaftliche Bereiche und fast alle Grundrechte: [...] Manche Gruppen waren besonders hart betroffen [...], etwa die alten Menschen in Pflegeheimen, die „abgeriegelt" wurden. Das sind alles andere als glimpfliche Eingriffe. Wichtig ist aber, dass auch sehr weitreichende Grundrechtseinschränkungen verhältnismäßig und daher verfassungsgemäß sein können. Das Beispiel der Alten- und Pflegeheime ist aber sicher ein Grenzfall.

Geeignet, erforderlich, angemessen – auf diesen Dreiklang läuft das Prinzip der Verhältnismäßigkeit hinaus, an das sich Parlamente, Exekutive und Gerichte bei Gesetzen, Verordnungen und Urteilen halten müssen. Ist das in der Pandemie durchgängig eingehalten worden?

Ganz überwiegend halte ich die getroffenen Maßnahmen für verhältnismäßig, ja. Es gab aber auch Fälle, in denen das nicht galt. Die massiven Einschnitte in die Versammlungsfreiheit während des ersten Lockdowns in fast allen Bundesländern – mit der Ausnahme von Bremen – bedeuteten eine faktische Aufhebung dieser Freiheit. Das Bundesverfassungsgericht hat diese Praxis jedoch zügig beendet.

Funk, Albert: „Im Herbst werden die Länder das Heft des Handelns in der Hand halten". In: www.tagesspiegel.de, 10.07.2021

M13 Der Streit um die „Bundes-Notbremse" und die Entscheidung des Bundesverfassungsgerichts (BVerfG)

Bundesverfassungsgericht: Beschwerden gescheitert, Bundesnotbremse war verfassungsgemäß

Das Bundesverfassungsgericht hat [am 30.11.2021] entschieden: Die Bundesnotbremse mit Maßnahmen wie Kontakt- und Ausgangsbeschränkungen war verfassungsgemäß. Die von Ende April bis Ende Juni 2021 verhängte Bundesnotbremse mit nächtlichen Ausgangssperren und Kontaktbeschränkungen sowie Schulschließungen war mit dem Grundgesetz vereinbar. [...]. Zur Begründung seiner Entscheidung teilte der Erste Senat mit, die Maßnahmen hätten in erheblicher Weise in verschiedene Grundrechte eingegriffen, seien aber „in der äußersten Gefahrenlage der Pandemie" mit dem Grundgesetz vereinbar gewesen. Zur Vorbereitung der Entscheidung hatten die Richterinnen und Richter in Karlsruhe Einschätzungen und Stellungnahmen etwa aus den Bereichen Epidemiologie und Virologie, aber auch zum Thema Schulschließungen aus Bildungsforschung und Kinderheilkunde eingeholt. [...] Nach Einschätzung der Karlsruher Richterinnen und Richter waren die Ausgangsbeschränkungen sowie vom Bund angeordneten Schulschließungen zwar Eingriffe in die Grundrechte. Das Schutzkonzept habe aber „in seiner Gesamtheit dem Lebens- und Gesundheitsschutz sowie der Aufrechterhaltung eines funktionsfähigen Gesundheitssystems als überragend wichtigen Gemeinwohlbelangen" gedient, hieß es in der Entscheidung des höchsten deutschen Gerichts.

SWR: Bundesverfassungsgericht: Beschwerden gescheitert, Bundesnotbremse war verfassungsgemäß. In: www.swr.de, 30.11.2021

Aufgaben

72035-229

1. a) Analysieren Sie zu zweit die dargestellten Grundrechtseinschränkungen in **M10** hinsichtlich ihrer Bedeutsamkeit für die Bürgerinnen und Bürger und prüfen Sie sie auf eine Gefährdung der Wesensbestandsgarantie nach Art. 19 (**M11**).
   b) Stellen Sie Ihre Ergebnisse im Kurs vor,
2. Geben Sie die Argumentation der Rechtsprofessorin in **M12** wieder.
3. Das BVerfG hat die „Bundes-Notbremse" als verfassungsgemäß bewertet. Ordnen Sie die Begründung des Gerichts zwischen Freiheit und Sicherheit ein (**M13**).
4. Beurteilen Sie differenziert und kategorial die Regelungen und Entscheidungen zur Bundes-Notbremse unter der Fragestellung, ob es gelungen ist, einerseits den Gesundheitsschutz und andererseits die individuellen Freiheitsrechte zu gewährleisten (→ Methode, S. 31 f.).

Politik aktiv

Entwerfen Sie in Kleingruppen auf der Grundlage einer Analyse der No-Covid-Strategie Australiens (→ digitaler Aufgabenkasten) Handlungsvorschläge zur Umsetzung dieser Strategie in Deutschland im Hinblick auf zukünftige Pandemiebekämpfung. Beachten Sie dabei besonders Folgen für individuelle Grundrechte.

F zu Aufgabe 3
Recherchieren Sie die Positionen der Parteien im Deutschen Bundestag zur Verabschiedung der „Bundes-Notbremse". Wie positionieren sich die Parteien zwischen Freiheit und Sicherheit?

7.2.2 Das Konzept der wehrhaften Demokratie: Sollte die AfD vom Bundesverfassungsgericht verboten werden?

Zum Thema: Die Demokratie in Deutschland erscheint durch verschiedene Bestrebungen gefährdet. Das Einziehen der AfD in den Bundestag, die Querdenker-Bewegung im Rahmen der Corona-Pandemie und rechts- und linksextreme Anschläge werden in diesem Zusammenhang als Gefahren genannt. Aufgrund der Erfahrungen in der Vergangenheit wurde in der Bundesrepublik Deutschland das Konzept der wehrhaften Demokratie verankert, welches Möglichkeiten zum Schutz der Demokratie vor ihren Feinden vorsieht. Am Beispiel der Diskussion um ein mögliches Verbot der AfD sollen Sie in diesem Kapitel das Konzept der wehrhaften Demokratie analysieren, die Möglichkeiten und Grenzen diskutieren und ein mögliches Verbotsverfahren beurteilen.

M14 Schlagzeilen zur Debatte um ein AfD-Verbotsverfahren

A Ehemaliger Ostbeauftragter der Bundesregierung über AfD
„Höchste Zeit für ein Verbotsverfahren"

B Parteiverbot
Die AfD verbieten? Das ist kein Politikersatz

C Debatte über AfD-Verbot
Ein gefährliches Spiel
Thüringens Innenminister hat eine Debatte über ein Afd-Verbot losgetreten. Das war unüberlegt und dumm. Die radikal rechte Partei wird´s freuen.

D Spiegel
Gerichtsentscheid in Köln: Verfassungsschutz darf AfD als „Verdachtsfall" beobachten

Einstiegsaufgaben 72035-231

1. Analysieren Sie die Schlagzeilen und stellen Sie die kontroversen Positionen gegenüber.
2. Legen Sie dar, ob Sie selber einen Verbotsantrag für die AfD befürworten würden bzw. welche Gründe für Sie dagegen sprechen.

M15 Das Konzept der wehrhaften Demokratie

1 Der **verfassungsrechlichen Demokratieschutz** beinhaltet u. a.
- die Ewigkeitsgarantie des Verfassungskerns nach Art. 79,3 GG,
- das Parteiverbot nach Art. 21,2 GG,
- die Grundrechtsverwirkung nach Art. 18 GG
- das Widerstandsrecht nach Art. 20,4 GG
- die Möglichkeit zum Verbot von Vereinigungen nach Art. 9,2 GG

2 Aus dem Grundgesetz leitet sich auch der **administrative Demokratieschutz** ab. Dieser richtet sich auf die Überwachung verfassungsfeindlicher Bestrebungen durch geheimdienstliche Methoden (Verfassungsschutz).

3 Der **strafrechtliche Demokratieschutz**: Dieser ermöglicht die strafrechtliche Verfolgung von verfassungsfeindlichen Aktivitäten (z. B. das Tragen verfassungsfeindlicher Symbole, Volksverhetzung etc.)

4 Der **diskursive Demokratieschutz**: Dieser basiert darauf, dass die Bürgerinnen und Bürger mit Argumenten und ihren demokratischen Wertvorstellungen den Verfassungsfeinden gegenübertreten, um diese zu überzeugen oder auch zu widerlegen und so für die Bewahrung einer demokratischen Mehrheit zu sorgen.

Bearbeiter

M16 Das Parteiverbotsverfahren im Rahmen der wehrhaften Demokratie

Nach der Definition des Bundesverfassungsgerichts (BVerfG) sind Parteien, die nach ihren Zielen oder nach dem Verhalten ihrer Anhänger darauf ausgehen, die freiheitlich demokratische Grundordnung zu beeinträchtigen oder zu beseitigen oder den Bestand der Bundesrepublik Deutschland zu gefährden, verfassungswidrig (vgl. Art. 21 Abs. 2 GG). Nach der bisherigen Rechtsprechung des Bundesverfassungsgerichts genügt alleine die Verbreitung verfassungsfeindlicher Ideen hierfür nicht. Hinzukommen müssen eine aktiv kämpferische, aggressive Haltung gegenüber der freiheitlich demokratischen Grundordnung, auf deren Abschaffung die Partei abzielt, sowie konkrete Anhaltspunkte dafür, dass ein Erreichen der von ihr verfolgten verfassungsfeindlichen Ziele nicht völlig aussichtslos erscheint, somit ein Verbot auch verhältnismäßig ist. Verbotsanträge können vom Bundestag, Bundesrat und der Bundesregierung gestellt werden. In der Geschichte der Bundesrepublik Deutschland gab es bisher zwei erfolgreiche Verbotsverfahren (1952: Sozialistische Reichspartei (SRP) und 1956: Kommunistische Partei Deutschlands (KPD)) und ein aus verfahrungsrechtlichen Gründen eingestelltes Verfahren gegen die NPD im Jahre 2001. 2017 entschied das BVerfG in einem weiteren Verfahren, dass die NPD zwar verfassungsfeindlich sei, aber ein Erreichen ihrer Ziele aufgrund eines zu geringen Wahlerfolges aussichtslos sei. Die NPD wurde deshalb nicht verboten.

Bearbeiter

M17 Vorsitzender der Innenministerkonferenz bringt AfD-Verbot ins Gespräch

Der Vorsitzende der Innenministerkonferenz, Thüringens Innenminister Georg Maier (SPD), bringt ein Verbot der AfD ins Gespräch, falls die Partei sich weiter radikalisieren sollte. Im Zusammenhang mit der Belästigung von Politikern im Bundestag durch Besucher der AfD am vergangenen Mittwoch [18.11.2020], sagte Maier dem Redaktionsnetzwerk Deutschland (RND): „Es wird immer offensichtlicher, wie sehr die AfD als parlamentarischer Arm der Rechtsextremisten fungiert und versucht, die parlamentarische Demokratie von innen auszuhöhlen. Die gesamte Partei entwickelt sich in eine rechtsextremistische Richtung." Maier sagte weiter: "Ein Verbotsverfahren beim Bundesverfassungsgericht ist dabei das allerletzte Mittel. Aber auch das ist nicht mehr auszuschließen, wenn die Partei sich weiter radikalisiert." Aufgabe des Verfassungsschutzes sei es, gerichtsfestes Material zu sammeln, um geeignete Mittel für den Umgang mit der AfD zu finden. Es sei vor allem eine politische und gesellschaftliche Aufgabe, mit dieser antidemokratischen Kraft umzugehen und sie zurückzudrängen, erklärte Maier. Die AfD vermutet hinter den Überlegungen des Thüringer Innenministers ein taktisches Manöver. „Der Vorstoß des SPD-Ministers Maier ist der verzweifelte Versuch, die letzte wahre Oppositionspartei zu diskreditieren", sagte der AfD-Vorsitzende Tino Chrupalla am Samstag der Deutschen Presse-Agentur. [...] Der CSU-Politiker [Alexander Dobrindt] sieht eine „neue Qualität der Auseinandersetzung im Deutschen Bundestag, mit dem Ziel der Zersetzung des demokratischen Betriebes von innen heraus". Die AfD sei einen weiteren Schritt in Richtung Rechtsextremismus gegangen. „Die radikalen Elemente in dieser Partei setzen sich immer stärker durch. Auch die Spitzen der Partei und Fraktion unterstützen diesen radikalen Weg." In Zeiten der Corona-Pandemie werde gezielt versucht, die Spaltung der Gesellschaft zu vertiefen. Im Hinblick auf die Demonstranten am Mittwoch in Berlin sagte Dobrindt: „Dort kamen viele Menschen zusammen, deren Bedenken von den Rädelsführern mit falschen Argumenten politisch missbraucht werden. Die Organisatoren versuchen, mit Lügen ein Schreckensbild vom Ende der Demokratie und dem Einstieg in eine Diktatur zu zeichnen."

Besucher, die am Mittwoch über AfD-Abgeordnete ins Reichstagsgebäude gelangt waren, hatten Politiker belästigt, gefilmt und teils beleidigt. Besucher drangen in Abgeordnetenbüros ein. Der Bundestag hatte an diesem Tag über das Infektionsschutzgesetz abgestimmt. Ziel der Störer wurden vor allem Gesetzesbefürworter unter den Abgeordneten. Rund um das Regierungsviertel hatten Tausende Menschen gegen das Gesetz demonstriert. In einer Aktuellen Stunde im Bundestag am Freitag stellten sich die anderen Fraktionen geschlossen gegen die AfD und brandmarkten sie als „Demokratiefeinde".

SZ/dpa/hij: Vorsitzender der Innenministerkonferenz bringt AfD-Verbot ins Gespräch. In: www.sueddeutsche.de, 21.11.2020

M18 Interview: Hat ein Parteiverbotsverfahren gegen die AfD Erfolgsaussichten?

Der Dortmunder Rechtsextremismusforscher Dierk Borstel war als Sachverständiger im NPD-Verbotsverfahren vor dem Bundesverfassungsgericht tätig.

ZEIT ONLINE: Nach den jüngsten Störaktionen im Bundestag hat Thüringens Innenminister Georg Maier ein Verbotsverfahren gegen die AfD ins Gespräch gebracht – für den Fall, dass sich die Partei weiter radikalisiere. Was halten Sie von diesem Vorstoß?

Dierk Borstel: Man muss zwei Fragen auseinanderhalten. Erstens: Ist dieser Vorstoß realistisch machbar? Und zweitens: Ist er politisch sinnvoll? Das Bundesverfassungsgericht hat in seiner Entscheidung zur NPD 2017 zwei klare Kriterien festgelegt, die ein Verbot einer Partei ermöglichen sollen. Die Partei muss einerseits eine reale Machtoption haben zur Durchsetzung ihrer Ziele. Außerdem muss die Partei eine Ideologie und Ziele verfolgen, die mit dem Menschenbild des Grundgesetzes nicht vereinbar sind.

ZEIT ONLINE: Treffen diese Kriterien inzwischen auf die AfD zu?

Borstel: Ich komme da zu einem differenzierten Bild. Die Machtoption der AfD scheint mir jedenfalls auf Landesebene unstrittig zu sein. Die AfD ist heute deutlich stärker als die NPD zum Zeitpunkt des Verbotsverfahrens. In Thüringen hat sich gezeigt, dass die AfD selbst bei Regierungsbildungen ein Machtfaktor sein kann. Was die Ideologie und die Ziele angeht, wird die Bewertung jedoch schwieriger. Die Bundespartei ist insgesamt uneindeutig. Klar gibt es einen rechtsextremen Flügel, dessen Einfluss wächst. Er hat sich in den Führungsgremien aber noch nicht komplett durchgesetzt. Das heißt, auf Bundesebene haben wir es mit einer Partei zu tun, die noch auf der Suche ist nach einer klaren Position.

ZEIT ONLINE: Und auf Landesebene?

Borstel: Auch dort gibt es noch Richtungskämpfe. Nicht in allen Bundesländern haben sich die Vertreter des sogenannten Flügels durchgesetzt.

ZEIT ONLINE: Was heißt das für die Erfolgsaussichten eines Verbotsverfahrens?

Borstel: Denkbar erscheint – wenn überhaupt – nur ein Teilverbot der AfD. Beispielsweise könnten einzelne Kreisverbände oder zwei Landesverbände verboten werden. Brandenburg und Thüringen böten sich an. Dort hat die AfD die nötige Relevanz und das Spitzenpersonal dort zeigt sich zumindest distanzlos zum harten Rechtsextremismus. Auch da aber gibt es eine Unwägbarkeit: Der thüringische AfD-Chef Björn Höcke etwa bezieht sich gedanklich vor allem auf die konservative Revolution und auf die Neue Rechte – und es gab unterschiedliche Urteile zur Frage, ob dieses Spektrum schon rechtsextrem ist oder gerade noch den äußersten rechten Rand des Grundgesetzes streift. Juristisch ist das eine Grauzone. Ein Verbotsantrag wäre ein großes Wagnis.

ZEIT ONLINE: Wie gefährlich ist die AfD heute – verglichen mit der NPD zum Zeitpunkt des Verbotsverfahrens?

Borstel: Die AfD ist für die demokratische Kultur und eine liberale Gesellschaft viel gefährlicher als es die NPD damals war. Die NPD war zum Zeitpunkt des Verbotsverfahrens in einer Schwächephase und schon dabei unterzugehen, sie hatte keine Landtagsfraktionen mehr. Bis auf wenige Dörfer und kleine Städte spielte sie auch politisch kaum noch eine Rolle. Das ist bei der AfD heute völlig anders. Sie hat sich eine breitere Wählerschicht erschlossen, deren Gedankengut von Wissenschaftlern als gruppenbezogene Menschenfeindlichkeit oder völkischer Nationalismus bezeichnet wird. Die AfD ermöglicht ihren Mitgliedern außerdem Karriereoptionen, die die NPD nie bieten konnte. Damit ist die Gefahr insgesamt viel größer als im Falle der NPD.

ZEIT ONLINE: Aber die NPD hatte damals Teile der militanten Kameradschaftsszene aufgesogen, das ist bei der AfD bisher nicht der Fall.

Borstel: Das ist richtig. Aber im Urteil des Bundesverfassungsgerichts war das nicht der entscheidende Faktor. Dem Gericht ging es vor allem um eine reale Machtoption: Ist die Partei also in der Lage, ihre Ziele, wahlweise mit Gewalt oder auf dem parlamentarischen Weg, umzusetzen? Denn verfassungsfeindliche Ziele kann man ja auch ohne körperliche Gewalt innerhalb des demokratischen Systems durchsetzen.

Dierk Borstel im Interview mit Astrid Geisler: „Die AfD ist viel gefährlicher als die NPD". In: www.zeit.de, 22.11.2020

M19 Grundlagen zur Ausgestaltung der politischen Ordnung Deutschlands

A Wie viel Freiheit verträgt eine Demokratie und wie viel Sicherheit braucht sie?

Das Problem, das bis heute besteht: [...] Zu viel Freiheit [...] eröffne auch extremistischen und antidemokratischen Kräften politischen Spielraum. Zu viel Sicherheit hingegen, zu viele Verbote etwa, erdrosseln die individuellen Freiheitsrechte und höhlen die Demokratie von innen aus. Über das Verhältnis beider Prinzipien wurde und wird in der Bundesrepublik heftig gestritten, weil in den Prinzipien der „wehrhaften Demokratie" auch die Einschränkung von Grundrechten, etwa das Recht auf freie Meinungsäußerung, angelegt ist.

B Darf Demokratie wehrhaft sein oder muss sie alles aushalten?

Es kommt immer wieder die Frage auf, ob Demokratie wehrhaft sein darf. Stehen Verfassungsschutz und Parteiverbot nicht im Widerspruch zur freiheitlich demokratischen Ordnung? Muss eine Demokratie Holocaustleugner, Verfassungsfeinde und religiöse Fundamentalisten tolerieren? Die Meinungen darüber sind geteilt.

Ja, das muss eine Demokratie aushalten, lautet eine Ansicht. Denn wenn sie extreme Meinungen nicht aushält, was unterscheidet sie dann noch von autoritären Regimen? Außerdem sei gerade das Parteiverbot ein ungeeignetes Mittel, mit Extremismus umzugehen. Das Argument ist nicht von der Hand zu weisen, denn mit einem Verbot hört das Problem in der Regel nicht plötzlich auf. Im Gegenteil, die Erfahrung hat gezeigt, dass die Betroffenen nach anderen Wegen suchen und ihre Aktivitäten im Geheimen fortsetzen. Das macht es für die Öffentlichkeit schwieriger, sie wahrzunehmen.

Andere hingegen halten Toleranz für begrenzt. Sie befürchten, dass sich die Geschichte der Weimarer Republik wiederholt, die sich im Rückblick von ihren Feinden regelrecht auffressen lassen hat. Im Grundgesetz spiegelt sich diese Furcht wider: Grundrechte sind kein Blankoscheck. Gleich im ersten Artikel („Die Würde des Menschen ist unantastbar") schränkt es die freie Meinungsäußerung ein, wenn dadurch die Würde Anderer verletzt wird. Im zweiten Artikel wird das Grundrecht auf freie Entfaltung der Persönlichkeit mit den Worten begrenzt: „Jeder hat das Recht auf die freie Entfaltung seiner Persönlichkeit, soweit er nicht die Rechte anderer verletzt und nicht gegen die verfassungsmäßige Ordnung oder das Sittengesetz verstößt."

Zakrzewski, Tanja: Wehrhafte Demokratie. In: www.politische-bildung-brandenburg.de, Abruf am 27.09.2022

Aufgaben

72035-232

1. Erläutern Sie sich zu zweit gegenseitig das Konzept der wehrhaften Demokratie in Deutschland (**M15**).
2. Erarbeiten Sie sich aus **M16** – **M18** Argumente für und gegen ein AfD-Verbotsverfahren. Führen Sie im Kurs eine Pro/Kontra-Debatte zur Frage, ob ein Verbotsantrag gestellt werden soll, durch (→ Methodenglossar).
3. Analysieren Sie, inwiefern es sich beim Verbotsverfahren um einen Konflikt von Freiheit und Sicherheit handelt (**M19**).
4. Beurteilen Sie perspektivisch und kategorial das Parteiverbotsverfahren im Kontext der wehrhaften Demokratie in Deutschland (→ Kategorienraster). Berücksichtigen Sie dabei vor allem das Spannungsfeld Freiheit – Sicherheit (→ Tabelle im hinteren Buchdeckel).

Vorratsdatenspeicherung

Entstand nach den Anschlägen vom 11.09.2001 um die Aufklärung schwerer terroristischer Straftaten und die Gefahrenabwehr vor diesen zu stärken. Ein erster Regelungsentschluss bildete die EU-Richtlinie 2006/24/EG die die Mitgliedsstatten zur anlasslosen Speicherung von Verbindungs- und Standortdaten von Mobilfunk- und Festnetzanschlüssen und Internetverbindungen verpflichtete. Obwohl das BVerfG und der EuGH die Richtlinie bzw. das deutsche Ausführungsgesetz aufgrund von Verstößen gegen die Grundrechte für unzulässig erklärten, versuchen die Staaten und die EU-Kommission seitdem immer wieder Gesetze zur Einführung einer Speicherung von Verbindungsdaten zu beschließen.

Übung

82000-717

Grundrechtseinschränkungen

Auch Grundrechte haben ihre Schranken. Sie stoßen einerseits an Grenzen, wenn sie die Grundrechte Dritter verletzen. Andererseits definieren einige Grundrechtsartikel bereits schon Einschränkungen. Andere enthalten einen Gesetzesvorbehalt, den der Gesetzgeber nutzen kann. In der Corona-Pandemie wurde z. B. die Berufsausübung auf Grund des Gesetzes zur Notbremse eingeschränkt. Für diese Art der Gesetze gilt allerdings nach Art. 19 GG der Grundsatz, dass der Wesensgehalt eines Grundrechts nicht angetastet werden darf und die Verhältnismäßigkeit gewahrt bleiben muss.

Übung

82000-718

Wehrhafte Demokratie

Die wehrhafte oder streitbare Demokratie umfasst alle die Regelungen der Verfassung und die Maßnahmen des Staates, mit denen die freiheitlich-demokratische Grundordnung aktiv geschützt werden soll. Zentrale Regeln zum Schutz sind vor allem die in Art. 79 Abs.3 GG aufgeführte Ewigkeitsklausel für die Art. 1 und Art. 20, die Möglichkeit politische Parteien wegen Verfassungswidrigkeit durch das BVerfG zu verbieten, die Grundrechteverwirkung nach Art. 18 und der Art. 9 Abs. 2 GG mit welchem Vereinigungen von Bürgerinnen und Bürgern, die sich gegen die verfassungsmäßige Ordnung richten, verboten werden können.

Übung

82000-719

Parteiverbot Art. 21 Abs.2, GG

Parteien, die in ihren Zielen oder in ihrem Verhalten ihrer Anhänger die freiheitlich-demokratische Grundordnung beseitigen oder den Bestand der Bundesrepublik Deutschland gefährden sind verfassungswidrig. Für ein Verbotsverfahren sind nur der Bundestag, der Bundesrat und die Bundesregierung antragsberechtigt. Bei Parteien deren Organisation sich auf das Gebiet eines Landes beschränkt, zusätzlich die jeweiligen Landesregierungen. Der Verbotsantrag muss vor dem BVerfG gestellt werden und das Gericht entscheidet nur über die Verfassungswidrigkeit. Sollte die Verfassungswidrigkeit festgestellt werden, verfügt das Gericht die Auflösung der Partei und gegebenenfalls die Einziehung des Parteivermögens.

Übung

82000-720

KOMPETENZEN ANWENDEN

Kursarbeitstraining

Die folgenden Aufgaben bieten die Möglichkeit, Ihre gewonnen Kompetenzen zu überprüfen und diese anzuwenden. Sie können als Vorbereitung für eine Kursarbeit dienen. Lösungsvorschläge erhalten Sie über den QR-Code.

Solidarität als Staatsaufgabe

Die schon lange beklagte zunehmende Individualisierung der Gesellschaft, die mit dem Verlust milieuspezifischer Bindekräfte einhergeht, hat sich in den zurückliegenden Jahren weiter verstärkt. Die Selbstverwirklichung des Einzelnen wird „zu einem Lebensprinzip erhoben, das keine Bevormundung durch Dritte und kein Expertenwissen mehr gelten lässt" (Uwe Volkmann). Die Fragmentierung der Parlamente ist eine weitere Folge hiervon, die sich aktuell in zunehmend ausdiversifizierten Koalitionsgebilden fortsetzt, was politischer Führung zumindest nicht zuträglich zu sein scheint. Das klägliche Scheitern der Gesetzesvorhaben zur Einführung einer allgemeinen Impfpflicht im Deutschen Bundestag kann derart auch als ein weiteres und durchaus besorgniserregendes Symptom dieser Entwicklung begriffen werden. Früh als „Gewissensentscheidung" der Abgeordneten apostrophiert und gepaart mit der weitgehenden Aufgabe des politischen Führungsanspruchs in dieser zentralen Frage der inneren Sicherheit, bleibt am vorläufigen Ende dieses irrlichternden Weges die Herausforderung unbewältigt, den Ausweg aus der Pandemie zu gestalten. Zeitgleich wurden wichtige Elemente aus dem Infektionsschutzgesetz herausgebrochen und die gesetzlichen Grundlagen für Schutzmaßnahmen auf einen „Basisschutz" zurückgeworfen. Das Gesetz bietet so weniger statt mehr Rechtssicherheit für Schutzmaßnahmen der Länder – die es nach dem Willen der Bundesregierung nun auf dieser zurechtgestutzten Grundlage richten sollen.

Wenn es allerdings richtig ist, was zuvor von Vertretern der Bundesregierung und führenden Virologen dargelegt wurde – und wofür vieles spricht –, dass eine Herdenimmunität ohne eine höhere Impfquote tatsächlich nicht zu erreichen ist und daher mit hoher Wahrscheinlichkeit spätestens im Herbst eine neue Corona-Welle droht, deren Bekämpfung mit ähnlich hoher Wahrscheinlichkeit erneut grundrechtsbeschränkende Maßnahmen erforderlich machen könnte, ist die maßgebliche Frage nicht mehr allein, ob der Gesetzgeber eine allgemeine Impfpflicht hätte einführen dürfen. Es drängt sich vielmehr die Frage auf, ob angesichts dieses Szenarios der Gesetzgeber seine grundrechtlichen Schutzpflichten verletzt, wenn er weiterhin untätig bleibt. Das Verfassungsrecht jedenfalls hält das notwendige Instrumentarium bereit, Verfassungspflichten des Staates auch durchzusetzen – und sei es in letzter Konsequenz mithilfe des Bundesverfassungsgerichts. Die integrierende Kraft der Solidarität zu entfalten und sich daran zu erinnern, dass die Verfassung den Staat zur Herstellung einer gewissen „Mindestsolidarität" anhält, könnte einen Ausweg aus dem beschriebenen Dilemma weisen.

Die Eindrücke der letzten beide Jahre geben derart Anlass zur Selbstvergewisserung, indem der Freiheitsbegriff des Grundgesetzes in diesem Lichte erneut betrachtet und eingeordnet wird. Das Grundgesetz geht gerade nicht von einem egoistischen und primitiven Freiheitsbegriff aus. Freiheit ist voraussetzungsvoll. Das Menschenbild des Grundgesetzes ist zwar unbestreitbar auf die Autonomie des Individuums, nicht aber auf Egoismus und Selbstsucht angelegt. Es besteht ein Spannungsverhältnis zwischen Autonomie und Heteronomie, das im Einzelfall austariert werden muss. Das Bundesverfassungsgericht hat es bereits im Jahr 1954 prägnant so formuliert: „Das Menschenbild des Grundgesetzes ist nicht das eines isolierten souveränen Individuums; das Grundgesetz hat vielmehr die Spannung Individuum – Gemeinschaft im Sinne der Gemeinschaftsbezogenheit und Gemeinschaftsgebundenheit der Person entschieden, ohne dabei deren Eigenwert anzutasten." Später haben die Karlsruher Richter noch etwas nachdrücklicher hinzugefügt, das Grundgesetz ziele nicht auf das „selbstherrliche Individuum", sondern auf die „in der Gemeinschaft stehende und ihr vielfältig verpflichtete Persönlichkeit". Auf diese Weise wurde die Autonomie des Individuums und seine Gemeinschaftsgebundenheit mit der damit notwendig einhergehenden Heteronomie verbunden. Dazu gehört die Einsicht, dass Solidarität nicht nur ein moralischer Begriff im Sinne einer „Tugendmoral" ist, sondern auch eine im rechtlichen Sinne formale Solidarität („Pflichtmoral") bezeichnet. Ihr Zweck ist es, den gesellschaftlichen Zusammenhalt aufrechtzuerhalten und das Gemeinwohl zu fördern.

Den Rahmen für die Aktivierung der Solidarität als Verfassungspflicht liefert das Recht. Mit seiner Hilfe wird von dem Einzelnen ein Mindestmaß an Solidarität eingefordert. Der bloße moralische Appell ist insoweit nicht das Instrument, das der Rechtsstaat zur Verfügung stellt. Nur das demokratisch zustande gekommene Recht ist geeignet, im Einzelfall „Autonomie und Heteronomie zu versöhnen" (Martin Kriele). Insoweit hat das Bundesverfassungsgericht bereits im Jahr 1951 herausgestellt, dass es nicht abstrakt der Staat, sondern konkret der Gesetzgeber ist, der „verfassungsrechtlich zu sozialer Aktivität verpflichtet" ist. Das gilt für das Prinzip der Solidarität in besonderem Maße.

Vor diesem Hintergrund liegt es nahe, dass sich die Solidarität als Verfassungsprinzip unter bestimmten engen Voraussetzungen zu einer Verfassungspflicht für den Gesetzgeber, in einem bestimmten Sinne tätig zu werden, verdichten kann. So ist in der Rechtslehre allgemein anerkannt, dass sich ein Rechtsprinzip in bestimmten Konstellationen oder als Garantie eines nicht zu unterschreitenden Mindeststandards auch zu strikt verbindlichen Regeln verfestigen kann. So wie Solidarität unbestritten Legitimation für Eingriffe und Belastungen sein kann, so kann sie auch staatliche Handlungspflichten begründen, soweit etwa spezifische Aufgaben – wie etwa die Verteilung und der Schutz öffentlicher Güter – sinnvoll nur kollektiv erfüllt werden können. Es ist dann der Staat, an den sich die entsprechenden verfassungsrechtlichen Handlungsaufträge richten.

Brocker, Lars: Solidarität als Staatsaufgabe. In: www.zeitung.faz.net, 21.04.2022

Aufgaben 72035-233

1. Fassen Sie die Argumentation des Autors für eine allgemeine Impflicht zusammen.
2. Erläutern Sie den Freiheitsbegriff des Grundgesetzes und arbeiten Sie heraus, wie dieser Freiheitsbegriff mit einer Impfpflicht vereinbar ist.
3. Die Gegnerinnen und Gegner der Impfpflicht argumentieren vor allem mit ihrem Recht auf körperliche Unversehrtheit aus dem Artikel 2 des GG, welches nicht aus Gründen des öffentlichen Gesundheitsschutzes eingeschränkt werden darf. Problematisieren Sie diese Position mit den Argumenten des Autors.

Lösungsvorschläge und Erwartungshorizonte

72035-234

Das Inselspiel – welche Verfassung soll unser idealer Staat haben?

Stellen wir uns eine Insel vor, auf der 100 erwachsene Personen leben. Die Organisation des Zusammenlebens dieser Personen wird mehrere Fragen aufwerfen: Wer soll sich um die Beschaffung und Produktion der wichtigsten Güter kümmern, die sie für ihr Leben benötigen? Wie sollen diese Güter verteilt werden, und wer kann für sich ein Recht beanspruchen, eine allgemein verbindliche Entscheidung bei der Regelung dieser Fragen herbeizuführen? Vielleicht können diese Probleme dezentral und im gegenseitigen Einverständnis aller Mitglieder dieser kleinen Gemeinschaft gelöst werden. Vielleicht bedarf es also gar keiner zentralen Instanz, die bestimmte Regeln für alle Bewohner erlässt und durchsetzt. In einem solchen Fall hätten wir es mit einer Anarchie, einer herrschaftsfreien Gesellschaft zu tun. Vielleicht wachsen im Laufe der Zeit aber die Konflikte und Streitigkeiten, sodass es nicht mehr möglich erscheint, wichtige Entscheidungen wie bisher auf dezentrale Weise und ohne Herrschaftsapparat herbeizuführen. Einige Inselbewohner machen daher eines Tages den Vorschlag, sich auf ein Verfahren zur Herbeiführung und Durchsetzung von Entscheidungen zu einigen, die für alle Bewohner eine besondere Verbindlichkeit in Anspruch nehmen können. Auf unserer kleinen Insel beginnt eine Diskussion darüber, welche Art von Verfahren dafür wohl in Frage kommen könnte. Der älteste Inselbewohner schlägt sich selbst als oberste Autorität vor; sein Argument lautet, er besitze die größte Erfahrung und kenne sich besonders gut auf der Insel aus. Dagegen wendet sich ein besonders wohlhabendes Mitglied der Gemeinschaft und meint, allein ihm käme das Recht zur Festsetzung und Durchsetzung der wichtigsten Regeln des Zusammenlebens zu; schließlich sei er es, der die wichtigsten Institutionen zur Organisation des Zusammenlebens finanziere. Dieser Vorschlag erntet heftigen Widerspruch von einer kleinen Gelehrtengruppe mit einer allseits anerkannten Expertise bei der Auslegung von alten, heiligen Schriften mit detaillierten Anweisungen zur Gestaltung des Zusammenlebens auf der Insel. Der Anführer eines Clans junger und kräftiger Männer ist damit gar nicht einverstanden: Die Mitglieder dieser Gruppe hätten das Recht zur Bestimmung aller wichtiger Regeln, denn an ihnen blieben regelmäßig die schwersten Arbeiten zum Bau von Unterkünften und zur Beschaffung von Lebensmitteln hängen. [...] Früher oder später werden sich auch die Bewohner zu Wort melden, die keine besonderen Qualitäten vorweisen können und ihren Anspruch auf eine Teilhabe an der Ausübung politischer Macht auf ein allgemeines Recht aller Mitglieder der Gemeinschaft stützen. Die Bewohner unserer fiktiven Insel stehen – sofern sie sich denn wirklich auf ein zentrales Verfahren zur Herbeiführung politischer Entscheidungen einigen wollen – vor großen und schwierigen Fragen: Wie vielen Personen soll das Recht zur Festlegung und Durchsetzung der wichtigsten Regeln des Zusammenlebens zukommen? Soll nur einer herrschen, soll ein Monarch die Geschicke der Insel bestimmen? Oder darf eine Minderheit mit besonderen Qualitäten diese Autorität für sich in Anspruch nehmen, sollte man etwa eine Aristokratie einführen? Oder sollten alle Bewohner ein gleiches Recht zur Mitbestimmung erhalten und unser kleines Inselvolk selbst der Souverän sein, der seine Entscheidungen – entweder mithilfe des Mehrheitsprinzips oder mit einer Einstimmigkeitsregel – herbeiführt?

Gemeinsam Ideen sammeln und Lösungen finden

Rinderle, Peter: Demokratie, Grundthemen Philosophie. Herausgegeben von Birnbacher, Dieter/ Stekeler-Weithofer, Pirmin/Tetens, Holm, De Gruyter Verlag, Berlin 2015, S. 1

Politische Ideengeschichte von der Antike bis zur Gegenwart

8

Zwischen Utopie und Realität

Aktuelles politisches Handeln und Diskussionen darüber sind immer geprägt von Denkkonzepten, die sich aus der politischen Ideengeschichte seit der Antike entwickelt haben. Obwohl historisch angelegt bezieht sich die Übernahme der und das Interesse an den politischen Ideen immer auf die Gegenwart. Politisch umstrittene Begriffe wie Freiheit, Herrschaft, Macht oder Demokratie, die heute in ihrer praktischen Ausgestaltung umstritten sind, erschließen sich erst durch den Rückbezug auf ihren Entstehungszusammenhang. Sie sollen in diesem Kapitel die Politische Ideengeschichte an ausgewählten politischen Denkern kennenlernen, die absoluten Grundfragen des Politischen diskutieren, ihren Nutzen für die Gestaltung moderner politischer Ordnungen beurteilen und die Grundzüge einer Verfassung Ihres idealen Staates gestalten.

Leitfragen

1. Strebt die Demokratie als gerechte Herrschaftsform das Allgemeinwohl an?
2. Wie kann in einem politischen Gemeinwesen die Freiheit des Einzelnen erhalten bleiben?
3. Sind geteilte Gewalten ein ausreichender Schutz gegen tyrannische Mehrheiten?
4. Heiligt der Zweck, Herrschaft zu erhalten, alle Mittel?
5. Sind Interessenkonflikte in einer Demokratie nötig oder eher problematisch?
6. Erhält der Staat Anerkennung durch seine Bürger aufgrund des Nutzens oder der Zustimmung?
7. Braucht die Demokratie mehr Beteiligung, um ihre Krise zu überwinden?
8. Ist die Volkssouveränität grenzenlos oder soll und kann der Volkswille eingeschränkt werden?
9. Können alle Konflikte durch Verständigung überwunden werden?

Aufgaben

72035-235

1. Erläutern Sie die Situation im Inselspiel und ermitteln Sie die Grundfragen, welche die Gemeinschaft der Insel zu beantworten hat.
2. Erarbeiten Sie die Grundzüge einer Verfassung für die Insel:
   a) Jeder beantwortet für sich die Grundfragen im Inselspiel.
   b) Entwickeln Sie in kleinen Gruppen die grundlegenden Gesetze für die Verfassung des Inselstaates (max. 5 Artikel).
   c) Simulieren Sie einen Verfassungskonvent mit der Fishbowl-Diskussion (→ Methodenglossar). Gelingt es Ihnen, eine Verfassung im Konsens zu beschließen?
3. Reflektieren Sie die Simulation und die konsensualen und strittigen Punkte in der Verfassung.

Politik vernetzt

Beziehen Sie die Überlegungen der verschiedenen Denker der politischen Ideengeschichte auf Ihre Verfassungsentwürfe und entwickeln Sie diese weiter.

8.1 Politische Theorien der Antike

8.1.1 Aristoteles: Ist die Demokratie eine gute Herrschaftsform und wer soll in der Demokratie mitbestimmen dürfen?

Aristoteles (384-323 v. Chr.)

Aristoteles wurde in Makedonien geboren und kam mit 17 nach Athen, wo er Schüler Platons wurde und später Lehrer u. a. von Alexander dem Großen. Er beschäftigte sich als Universalgelehrter mit vielen Fragen, die heute in die Bereiche Philosophie, Politikwissenschaft und Naturwissenschaften fallen würden. Er gilt als ein Begründer der empirisch-analytischen Politikwissenschaft. Er untersuchte knapp 150 Verfassungen seiner Zeit, ordnete diese und formulierte Grundüberlegungen für einen idealen Staat. Aus heutiger Sicht verstörend ist seine Ablehnung der Demokratie.

M1 Zwei Thesen: Wer soll in der Demokratie mitbestimmen dürfen?

These A:
In einer Demokratie sollen alle durch Wahlen und Abstimmungen mitbestimmen dürfen.

These B:
In einer Demokratie soll die Mitbestimmung an bestimmte Kriterien wie z. B. das Alter, die Bildung, den Charakter o. ä. geknüpft werden.

Einstiegsaufgaben 72035-236

1. Welcher These in **M1** würden Sie zustimmen? Begründen und diskutieren Sie.
2. Formulieren Sie Kriterien für die Mitbestimmung.

M2 Aristoteles: von den guten und schlechten Verfassungen

Aristoteles

An diese Feststellungen schließt sich nun unmittelbar jene Betrachtung selber an, wie viele Verfassungen es gibt und welches dieselben sind. Und zwar beginnen wir dabei mit den richtigen Verfassungen, denn sind diese erst festgestellt, so müssen sich daraus auch ihre Abarten ergeben. Da nun Staatsverfassung (politeia) und Staatsregierung (politeuma) ein und dasselbe bedeuten, die Staatsregierung aber die oberste Gewalt [...] der Staaten (pólis) ist, so muss diese Gewalt entweder von einem oder von wenigen oder von der Mehrzahl des Volkes repräsentiert werden. Wenn dieser eine oder diese wenigen oder die Mehrzahl des Volkes bei ihrer Regierung das allgemeine Wohl im Auge haben, so ergeben sich in allen drei Fällen richtige Verfassungen, wenn aber nur den eigenen Nutzen des einen oder der wenigen oder der großen Mehrzahl, dann bloße Abarten, denn entweder verdienen die Teilnehmer gar nicht den Namen von Staatsbürgern (polites), oder sie müssen auch alle Anteil an den Vorteilen haben. Diejenige Art von Alleinherrschaft nun aber, welche auf das Gemeinwohl ihr Augenmerk richtet, pflegen wir Königtum [Monarchie] zu nennen, die Herrschaft von wenigen, aber doch immer von mehr als einem Aristokratie, sei es nun, dass dies heißen soll Herrschaft der Besten oder dass es bedeutet, ihr Zweck sei das Beste des Staates und der Gemeinschaft; wenn endlich die Mehrzahl des Volkes den Staat mit Rücksicht auf das Gemeinwohl verwaltet, so wird dies mit dem gemeinsamen Namen aller Verfassungen, nämlich Politeía benannt. Dies mit Recht: denn dass ein einzelner oder eine Minderzahl sich durch besondere Tugend [...] auszeichnet, kann leicht vorkommen, dass aber eine größere Zahl es zu jeder Art von Tugend im strengeren Sinne bringt, ist schon eine schwierige Sache [...]. Die Abarten der genannten Verfassungen sind nun aber: vom Königtum die Tyrannis, von der Aristokratie die Oligarchie und von der Politeía die Demokratie. Denn die Tyrannis ist eine solche Art von Alleinherrschaft, welche lediglich zum Vorteil des Monarchen, Oligarchie eine solche Herrschaft, welche zu dem der Reichen, und Demokratie eine solche, welche zu dem der Armen geführt wird, und auf das, was dem ganzen Gemeinwesen frommt, sieht keine von ihnen.

Aristoteles: Politik III, 1278b6-1279b10. Zitiert nach: Massing. Peter/Breit, Gotthard (Hrsg.): Demokratie-Theorien. Von der Antike bis zur Gegenwart. Schriftenreihe der Bundeszentrale für Politische Bildung Bd. 424, Bonn 2003, S. 38f

Zusatzmaterial:
Ein Zeitstrahl politischer Ideengeschichte

72035-237

M3 Aristoteles: die Vorstellung vom idealen Staat

Der Staat besteht außerdem nicht nur aus vielen Menschen, sondern auch aus solchen, die der Art nach verschieden sind. Aus ganz Gleichen entsteht kein Staat. [...] Wo aber eine Einheit entstehen soll, da muss es Verschiedenheiten der Art geben; daher bewahrt die ausgleichende Gerechtigkeit den Staat [...]. Dies muss auch bei Freien und Gleichberechtigten gelten. Denn es können nicht alle gleichzeitig regieren, sondern jahrweise oder nach irgendeiner andren Ordnung oder Zeit. Auf diese Weise werden doch alle regieren [...]. [...] Aber es ist löblich, wenn man ebenso zu regieren wie regiert zu werden versteht, und es scheint in gewisser Weise die Tugend des Bürgers zu sein, gut zu regieren und gut regiert werden zu können. [...] Es gibt auch eine Herrschaft, in der man über Gleichartige und Freie regiert. Diese nennen wir politische Herrschaft. Sie muss der Regent lernen dadurch, dass er regiert wird [...]. Darum wird auch mit Recht gesagt, dass keiner gut regieren kann, der nicht sich gut hat regieren lassen. Hier handelt es sich um verschiedene Tugenden; der gute Bürger aber muss sich sowohl regieren lassen wie auch regieren können, und dies ist die Tugend des Bürgers: die Regierung von Freien in beide Richtungen zu verstehen. [...] Denn die Bürger sollen wohlhabend sein, und die genannten sind eben die Bürger. Die Banausen gehören nämlich nicht zum Staate, noch auch irgendeine andere Klasse, die nicht die Tugend zur Aufgabe hat. Dies ergibt sich aus der Voraussetzung: Was glückselig sein soll, muss die Tugend besitzen können, und bei der Glückseligkeit eines Staates darf man nicht nur an einen Teil, sondern muss an die Gesamtheit der Bürgerschaft denken. So muss denn auch der Besitz diesen gehören, weil ja die Bauern Sklaven sein sollen oder umwohnende Barbaren. [...] Da wir nun nach der besten Verfassung fragen, also derjenigen, bei der der Staat am glücklichsten ist, und da wir vorhin feststellten, dass die Glückseligkeit ohne Tugend nicht bestehen kann, so ist es klar, dass im vollkommenen Staate, dessen Bürger also schlechthin und nicht nur unter bestimmten Voraussetzungen gerecht sind, diese weder als Banausen noch als Krämer leben dürfen (denn ein solches Leben ist unedel und der Tugend widersprechend); ebenso wenig dürfen diejenigen, die vollkommene Bürger werden wollen, Bauern sein (denn es bedarf der Muße, damit die Tugend entstehen und politisch gehandelt werden kann) [...]. Ziel des Staates ist also das edle Leben, und jenes andere ist um dieses Ziel willen da. Und der Staat ist die Gemeinschaft der Geschlechter und Dorfgemeinden um des vollkommenen und selbständigen Lebens willen. Dieses endlich ist, wie wir betonen,

Una Ulrike Schäfer, Christoph Böhm, Erika Holter, Sebastian Schwesinger. (2018): Digitale Simulation einer Ansprache vor der Volksversammlung auf der Pnyx in Athen (Exzellenzcluster Bild Wissen Gestaltung)

das glückselige und edle Leben. [...] In allen Staaten gibt es drei Teile, die sehr Reichen, die sehr Armen und die Mittleren. Wenn nun das Maß und die Mitte anerkanntermaßen das Beste sind, so ist auch in Bezug auf die Glücksgüter der mittlere Besitz von allen der beste. Denn in solchen Verhältnissen gehorcht man am leichtesten der Vernunft. Schwierig ist es dagegen, wenn man übermäßig schön, kräftig, adlig oder reich ist, oder umgekehrt übermäßig arm, schwach und gedemütigt. Die einen werden leicht übermütig und schlecht im Großen, die andern bösartig und schlecht im Kleinen; [...]. Außerdem werden die übermäßig mit Einfluss, Reichtum, Freunden und dergleichen Begünstigten weder gehorchen wollen noch es können [...]; wer aber übermäßige Not leidet, ist zu wenig stolz. So können die einen nicht herrschen, sondern nur in sklavischer Weise gehorchen, die anderen lassen sich überhaupt nicht regieren, wenn sie selbst regieren, so tun sie dies despotisch. Auf diese Weise gibt es denn einen Staat von Herren und Knechten, aber nicht von Freien [...]. Der Staat soll aus möglichst Gleichen und Ebenbürtigen bestehen, dies ist bei den Mittleren am meisten der Fall. [...] Diese Schicht der Bürger hat ja auch im Staate am meisten Sicherheit. Denn sie begehren nicht nach fremdem Besitz, wie die Armen, noch begehren andere nach dem ihrigen, wie es die Armen den Reichen gegenüber tun. [...] Wo dagegen die einen viel haben und die andern nichts, da entsteht entweder die äußerste Demokratie oder eine reine Oligarchie oder aus beiden Extremen eine Tyrannis.

Aristoteles: Politik. Zitiert nach: Oberndörfer, Dieter/Rosenzweig, Beate: Klassische Staatsphilosophie: Texte und Einführungen von Platon bis Rousseau. Verlag C.H. Beck, München 2000, S. 68 – 76

M4 Kreislauf der Verfassungen bei Aristoteles

Politie
Bezeichnung für ein Gemeinwesen, das von vielen gemeinwohlorientiert geleitet wird

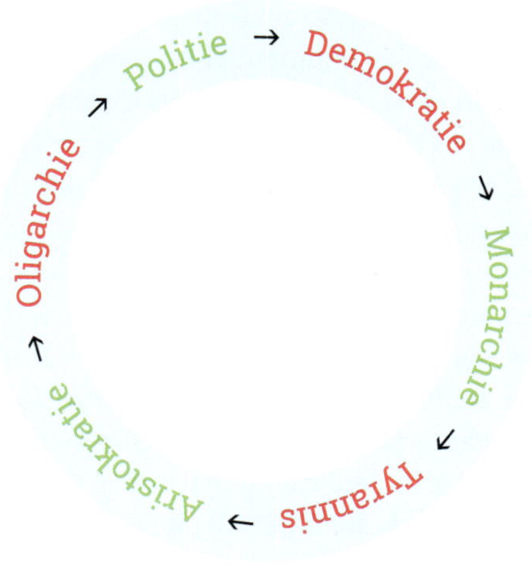

gute Verfassung;
schlechte Verfassung

Aristoteles untersuchte nach dem empirisch-analytischen Wissenschaftsansatz knapp 150 Verfassungen des antiken Griechenlands. Neben seiner Einordnung in gute und schlechte Verfassungen entdeckte er auch eine bestimmte Abfolge von Herrschaftsformen. Er stellte mit seinem Verfassungskreislauf die Aussage auf, dass die verschiedenen Verfassungen durch einen Verfallsprozess zyklisch aufeinander folgen.

Ehemals gute Verfassungen entarten und werden damit zu Verfassungen, die nicht mehr am Gemeinwohl, sondern nur noch an den Vorteilen der jeweils Regierenden, orientiert sind. Nach einer Phase der

Machtkämpfe und Unzufriedenheit bildet sich dann die nächste Phase des Verfassungskreislaufes heraus.
Beginnend mit der Alleinherrschaft verlangen andere reiche und einflussreiche Bürger nach mehr Mitbestimmung und kritisieren die Macht nur bei einer Person. Es entsteht die Aristokratie/Oligarchie. Die Konzentration von Macht und Reichtum bei wenigen erzürnt die Masse der Bevölkerung. Es kommt zum Umsturz und zur Demokratie. In dieser Demokratie führt die Vielheit der Interessen, der Egoismus des Volkes, welches nur an sich denkt, ins Chaos. Der Ruf nach einem starken Führer wird laut, so dass es wieder zur Alleinherrschaft kommt.

Bearbeiter

Aufgaben

72035-238

1. Erarbeiten Sie mit Hilfe von **M2** die verschiedenen Verfassungsformen nach Aristoteles und deren Bewertung. Tragen Sie diese in eine Tabelle ein (→ digitaler Aufgabenkasten).
2. Fassen Sie zu zweit die Grundaussagen von Aristoteles zur besten Verfassung zusammen (**M3**). Erläutern Sie diese in einem kleinen Vortrag im Kurs.
3. Erklären Sie den Kreislauf der Herrschaftsformen (**M4**) und diskutieren Sie, ob dieser noch heute gültig ist.
4. Beurteilen Sie die Aussagen zum idealen Staat nach Aristoteles (**M3**) perspektivisch und kategorial.

Politik aktiv

Zeitreise:
Beurteilung der athenischen Demokratie in der Rolle athenischer Bürger zur Zeit von Perikles

Szenario:
Es wird in der athenischen Volksversammlung auf der Agora vorgeschlagen, dass die Steuerabgaben für die athenischen Bürger halbiert werden sollen.
Schildern Sie aus Sicht
a) eines reichen Adligen,
b) eines Handwerkers mit mittlerem Einkommen
c) eines armen Bauern.
die folgenden Aspekte in den Aufgaben 1 und 2:

1. Beurteilen Sie,
   a) was in der athenischen Volksversammlung genau geschieht, d. h. wie und ob eine Entscheidung getroffen wird.
   b) welche Entscheidung getroffen wird.
   c) ob Sie in Ihrer Rolle mit dieser Entscheidung zufrieden sind.
2. Reflektieren Sie nach dem Rollenspiel die Bewertung der Demokratie als schlechte Verfassung.

Sie als Bürger:innen ...
erarbeiten in Teams eine Umfrage, um bei den Schüler:innen Ihrer Schule die Kernpunkte von deren Demokratieverständnis, die Zustimmung zur Demokratie und Möglichkeiten zur Verbesserung der Demokratie in Deutschland zu ermitteln.

8.1.2 Zum Begriff der Demokratie: Was heißt „Demokratie“ (für mich)?

M5 Freiheit oder Sicherheit?

Nach: Stimmrecht 2019 – Niedersachsen

M6 Was heißt „Demokratie“? Demokratie als komplexes Konzept

Demokratie wird als „fuzzy term“ […] charakterisiert, als ein Konzept, dessen Definitionsränder unscharf sind. Dazu trägt nicht zuletzt bei, dass das Wort bereits nahezu zweieinhalbtausend Jahre alt ist und im Laufe seiner Existenz für durchaus unterschiedliche Phänomene verwendet worden ist. […] Der Demokratiebegriff mag zwar seine Wurzeln im Politischen haben, seine Äste hat er jedoch weit in andere gesellschaftliche Bereiche ausgestreckt. […] In einer weiten Auslegung des Begriffs kann überwall dort, wo Machtbeziehungen vorliegen (z. B. auch in der Familie), Demokratisierung gefordert werden […]. In einem solch expansiven Verständnis lösen sich die Konturen des Begriffs endgültig auf. Insofern ist es bereits ein erster wichtiger – wenngleich umstrittener – Schritt, „Demokratie“ alleine auf einen politischen Kontext zu beziehen. […] In einer weiteren Einschränkung kann „Demokratie“ zur Charakterisierung, Beschreibung oder Bezeichnung eines politischen Systems, also eines staatlichen Herrschaftsverbands, dienen. […] Mit dieser begrifflichen Unschärfe könnte man ohne Weiteres leben, bestünde nicht die Notwendigkeit, „Demokratie“ zu definieren, weil es einen praktischen Bedarf an konzeptioneller Klarheit gibt […]: Die Debatte rund um die Legitimation der Europäischen Union und ihre Demokratisierung lässt sich nicht führen und Reformvorschläge lassen sich nicht sinnvoll entwickeln, wenn keine Einigkeit darüber besteht, was die Kriterien und was die Wege hin zur Demokratie in der Europäischen Union sein könnten – und ob ihre Demokratisierung überhaupt ein wünschenswertes Ziel darstellt. […] Das Wort ist griechischen Ursprungs, tauchte erstmalig in der zweiten Hälfte des 5. Jahrhunderts auf […]. Es setzt sich zusammen aus den zwei Bestandteilen δ μος [d mos], „Volk“, und κρατία [kratía], „Herrschaft“. „Volksherrschaft“ – so also die simple Übertragung des Wortes; der „demos“ regiert sich selbst. In ihrer ursprünglichen Bedeutung beschäftigt sich Demokratie folglich mit der Herrschaftsform, die als zentrales Merkmal die Selbstregierung des Volkes aufweist. Auf dem Weg zu einer weiteren Konkretisierung wird oft auf die berühmte Lincoln-Formel zurückgegriffen. […] Der 16. US-amerikanische Präsident hielt […]

1863 eine vergleichsweise kurze Ansprache, an deren Ende er die (US-amerikanische) Demokratie als „government of the people, by the people, for the people" bezeichnete. [...] Was leistet diese Formel für die Definition von Demokratie? Zunächst werden die Grundbegriffe sprachlich übertragen: Aus „Herrschaft" wird bei Lincoln „government", also „Regierung" oder „Regieren", aus „demos" wird „people". Der entscheidende Beitrag der Lincoln-Formel liegt freilich darin, [...] unterschiedliche Dimensionen der Demokratie aufzuzeigen. Aus der „Volksherrschaft" wird die Regierung des Volkes, durch das Volk und für das Volk. So wird Demokratie weiter konturiert, zugleich tauchen aber auch neue Fragen auf:

1) *Regierung des Volkes:* Demokratie wird in dieser Demokratie erfasst als eine Herrschaft, die im Volk wurzelt, aus dem Volk heraus entsteht und in diesem ihre legitimatorische Basis findet. Aber: Was und wer genau ist „demos" zu verstehen? [....]
2) *Regierung durch das Volk:* Das Volk ist in der Demokratie nicht nur der Ursprung der Regierung, sondern am Regieren beteiligt. Es ist nicht bloßes Objekt des staatlichen Handelns, sondern ebenso ihr Subjekt. Welches Ausmaß und welche Form seine Beteiligung an der Herrschaft annehmen kann, beispielsweise direkt oder vermittelt durch Repräsentanten, lässt die Formel offen. [...]
3) *Regierung für das Volk:* Schließlich beinhaltet die Formel noch eine Zielvorgabe. Die Regierung soll ihr Handeln auf das Volk ausrichten. [...] Es begründet sich auch darin, dass die Ergebnisse dem Volk dienen sollen. Gleichwohl: Was „dient" dem Volk als Ganzem? In diesem Zusammenhang wird das Konzept des Gemeinwohls bemüht – mit aller seiner konzeptionellen Unschärfe [...].

Zusammengefasst: „Demokratie stellt ein unscharfes Konzept dar, über dessen Bedeutung immer wieder reflektiert, diskutiert und eine Verständigung erzielt werden muss.

Marschall, Stefan: Demokratie. In: Schriftenreihe der Bundeszentrale für politische Bildung, Bd. 1426, Bonn 2014, S. 12 – 19

M7 Varianten der Demokratie

Der Blick in die Werke der vergleichenden Demokratieforschung und zur politischen Theorie zeigt die verwirrende Vielfalt an Demokratien, z. B.:

- Direkte Demokratie,
- Repräsentative Demokratie,
- Konkurrenzdemokratie,
- Mehrheitsdemokratie,
- Konkordanzdemokratie,
- Pluralistische Demokratie,
- Konsensusdemokratie,
- Parlamentarische Demokratie,
- Soziale Demokratie,
- Demokratischer Sozialismuss, [...].

Sie unterscheiden sich sowohl in der Frage, wer das herrschende Volk ist, als auch in der Einschätzung, wie das Volk herrscht bzw. staatliche Herrschaft legitimiert. Sie haben unterschiedliche Vorstellungen darüber, inwieweit Demokratie lediglich als Staats- und Regierungs- oder erweitert gar als Lebensform anzusehen ist.

Frevel, Bernhard/ Voelzke, Nils: Entwicklung – Gestaltung –Herausforderungen. 3. Auflage, Springer VS, Wiesbaden 2017, S. 6f

Weitere Demokratien sind zum Beispiel:

- präsidentielle Demokratie
- radikale Demokratie
- deliberative Demokratie
- partizipative Demokratie

Onlinekapitel:
Augustinus – der Gottesstaat: Welche Rolle sollen Glauben und Kirche im Staat spielen?

72035-240

Aufgaben

72035-239

1. Welche Begriffe in **M5** gehören für Sie zu Demokratie, welche Begriffe fehlen?
2. Erarbeiten Sie ggfs. in Kleingruppen die Grundzüge des Konzeptes Demokratie? (**M6, M7**) Was macht den Kern aus, worin liegen die Unschärfen?

8.2 Politische Theorien der Neuzeit

8.2.1 Niccolò Machiavelli: Inwieweit dürfen politische Handlungen nur am Zweck orientiert sein ohne die Beachtung von Werten, Normen und Moral?

Niccolò Machiavelli (1469 – 1527)

Machiavelli wurde in Florenz geboren. Er war ab 1498 Sekretär des „Rates der Zehn" in Florenz. Der Höhepunkt seiner politischen Laufbahn war die Eroberung Pisas mit einer von ihm aufgestellten Volksmiliz. Nach der Rückkehr der Medici an die Macht, verlor er seine Ämter und wurde auf sein Landgut verbannt. Die berühmte Abhandlung „Der Fürst" ist im Stil einer Handlungsanweisung für Staatsführer geschrieben, um politische Macht zu erwerben und zu erhalten. Machiavelli gilt als DER theoretische Bezugspunkt für zweckrationales – lediglich am Erfolg orientiertes – politisches Handeln, der sogenannten Realpolitik.

M8 Frage: Dürfen und sollen Politiker:innen lügen?

Dürfen und/oder sollen politische Entscheider:innen die Bevölkerung anlügen?

Einstiegsaufgabe 72035-241

Positionieren Sie sich zur Ausgangsfrage. Diskutieren Sie Kriterien/Situationen, die Lügen als politische Handlungen erlauben könnten.

M9 Auszüge aus Machiavelli: der Fürst

Niccolò Machiavelli

Viele haben sich Vorstellungen von Freistaaten und Alleinherrschaften gemacht, von denen man in Wirklichkeit weder etwas gesehen noch gehört hat; denn zwischen dem Leben, wie es ist, und dem Leben, wie es sein sollte, ist ein so gewaltiger Unterschied, dass derjenige, der nur darauf sieht, was geschehen sollte, und nicht darauf, was in Wirklichkeit geschieht, seine Existenz viel eher ruiniert als erhält. Ein Mensch, der immer nur das Gute möchte, wird zwangsläufig zugrunde gehen inmitten von so vielen Menschen, die nicht gut sind. Daher muss sich ein Herrscher, wenn er sich behaupten will, zu der Fähigkeit erziehen, nicht allein nach moralischen Gesetzen zu handeln sowie von diesen Gebrauch oder nicht Gebrauch zu machen, je nachdem wie es die Notwendigkeit erfordert. Ich [...] spreche nur von der Wirklichkeit. [...] Ich bin mir wohl bewusst, [...] das Löblichste wäre, wenn ein Herrscher von all den aufgezählten Eigenschaften nur die besäße, die für gut gelten. Da es nun einmal unmöglich ist, sie alle zu besitzen oder sie alle miteinander zu beachten, und zwar wegen der menschlichen Anlage, die dies nun einmal nicht zulässt, muss ein Herrscher so klug sein, den schlechten Ruf jener Laster zu meiden, die ihn um die Macht bringen können. [...] Es braucht ihn auch nicht zu berühren, den schlechten Ruf jener Laster auf sich zu nehmen, ohne die er sich nur schwer an der Macht halten kann; denn wenn man alles genau betrachtet, so wird man finden, dass manches, was als Tugend gilt, zum Untergang führt, und dass manches andere, das als Laster gilt, Sicherheit und Wohlstand bringt. [...] Denn von den Menschen kann man allgemein sagen, dass sie undankbar, wankelmütig, verlogen, heuchlerisch, ängstlich und raffgierig sind. Solange du ihnen Vorteile verschaffst, sind sie dir ergeben und bieten dir Blut, Habe, Leben und Söhne an, aber nur [...] wenn die Not ferne ist. Rückt sie aber näher, so empören sie sich. Ein Herrscher, der ganz auf ihre Versprechungen baut und sonst keine Vorkehrungen trifft, ist verloren [...]. Auch haben Menschen weniger Scheu, gegen einen beliebten Herrscher vorzugehen als gegen einen gefürchteten; denn Liebe wird nur durch das Band der Dankbarkeit erhalten, das die Menschen infolge ihrer Schlechtigkeit bei jeder Gelegenheit aus Eigennutz zerreißen. Furcht dagegen beruht auf der Angst vor Strafe, die den Menschen nie verlässt. Trotzdem soll ein Herrscher nur insoweit gefürchtet sein, dass er, falls er schon keine Liebe erwirbt, doch nicht verhasst ist; denn es kann sehr wohl vorkommen, dass man gefürchtet und doch nicht verhasst ist. Einem Herrscher wird dies stets gelingen, wenn er sich nicht an der Habe und den Frauen seiner Mitbürger und Untertanen vergreift. Und wird er auch in die Notwendigkeit versetzt, jemandem das Leben zu nehmen, so mag er es tun, wenn er eine hinreichende Rechtfertigung und einen ersichtlichen Grund hierfür hat. [...] Doch darf ein Herrscher nicht leichtgläubig und beeinflussbar sein; er darf sich auch nicht vor vermeintlichen Gefahren fürchten. Vielmehr soll er maßvoll, klug und menschenfreundlich handeln, damit ihn allzu großes Vertrauen nicht unvorsichtig und allzu großes Misstrauen nicht unerträglich machen. Daran schließt sich eine Streitfrage: ist es besser, geliebt als gefürchtet zu werden oder umgekehrt? Die Antwort lautet, dass man sowohl das eine als das andere sein sollte. Da es aber schwer ist, beides zu vereinigen, ist es viel sicherer, gefürchtet als geliebt zu sein, wenn man schon auf eines von beiden verzichten muss. [...] Jeder sieht ein, wie lobenswert es für einen Herrscher ist, wenn er sein Wort hält und ehrlich, ohne Verschlagenheit seinen Weg geht. Trotzdem sagt uns die Erfahrung unserer Tage, dass gerade jene Herrscher Bedeutendes geleistet haben, die nur wenig von der Treue halten und es verstanden haben, mit Verschlagenheit die Köpfe der Menschen zu verdrehen; und schließlich haben sie über die die Oberhand gewonnen, die ihr Verhalten auf Ehrlichkeit gegründet haben. [...] Ein kluger Machthaber kann und darf daher sein Wort nicht halten, wenn ihm dies zum Schaden gereichen würde [...]. Wären die Menschen alle gut, so wäre dieser Vorschlag nicht gut; da sie aber alle schlecht sind und das gegebene Wort auch nicht halten würden, hast auch du keinen Anlass, es ihnen gegenüber zu halten. [...] Ein Herrscher braucht [...] die [...] guten Eigenschaften nicht in Wirklichkeit zu besitzen; doch muss er sich den Anschein geben, als ob er sie besäße. [...] Die Handlungen aller Menschen und besonders die eines Herrschers [...] beurteilt man nach dem Enderfolg. Ein Herrscher braucht also nur zu siegen und seine Herrschaft zu behaupten, so werden die Mittel dazu stets für ehrenvoll angesehen und von jedem gelobt.

Machiavelli, Niccolò: Der Fürst. Zitiert nach: Oberndörfer, Dieter/Rosenzweig, Beate: Klassische Staatsphilosophie: Texte und Einführungen von Platon bis Rousseau. Verlag C.H. Beck, München 2000, S. 138ff

Aufgaben

72035-242

1. Charakterisieren Sie das Menschenbild Machiavellis (**M9**). Welche Handlungsanweisungen gibt er den Herrschenden?
2. Analysieren Sie aktuelle politische Entscheidungen der Innen- und Außenpolitik dahin, inwiefern sich in ihnen Zweckrationalität zum Machterhalt oder Stabilität des Staates zeigt.
3. Beurteilen Sie die Auffassung von Machiavelli zu politischen Entscheidungen.

METHODE

Textanalyse

Im Mittelpunkt der Textanalyse stehen das Herausarbeiten des Textinhalts und die Erklärung des Textes im historischen Kontext. Im Anschluss an die Erklärung kann eine Beurteilung des Textes erfolgen. Das Methodenblatt stellt Teiloperationen der grundlegenden Arbeitsschritte vor, die jedoch – *in Abhängigkeit von Material und Aufgabenstellung* – nicht bei jeder Textanalyse vollständig angewandt werden müssen.

1 Beschreibung des Textes

1. Formal

Titel, Autor:in, Erscheinungsort und -datum, Adressaten
- Titel
- Name der Verfasserin/des Verfassers
- Entstehungszeit/Erscheinungsdatum, Entstehungs-/Erscheinungsort
- Adressaten des Textes

Quelle oder Sekundärtext
- Quelle: aus der Vergangenheit überlieferter Text
- Sekundärtext: in der Gegenwart entstandener Text über die Vergangenheit

Textsorte
- z. B. Rede, Artikel, Essay, (Regierungs-)Erklärung, Pamphlet, Flugschrift, Interviewtext, (Auto-)Biographie, Monographie („Einzelschrift"), wissenschaftlicher Text, journalistischer Text ...

2. Inhalt und Sprache

Herausarbeiten des Inhalts
- Thema/Fragestellung/Problem
- Kernaussagen des Textes anhand von übergeordneten Gesichtspunkten

Herausarbeiten sprachlicher Gestaltungsmittel
- Wortschatz der Autorin/des Autors: z. B. einfach/schwierig, rhetorisch gewandt, nüchtern/bildreich, wissenschaftlich ...
- auffällige rhetorische oder literarische Stilmittel

2 Erklären im historischen Kontext

Textinhalt in den historischen Kontext einordnen
- Textinhalt einer politischen/gesellschaftlichen/kulturellen/wirtschaftlichen Situation zuordnen
- spezifischen Sachverhalt erläutern, auf den sich der Text bezieht, und den Text in den Sachverhalt einordnen

Resümee formulieren
Grundaussage des Textes wiedergeben und einordnen

Perspektive der Verfasserin/des Verfassers erklären

72035-243 Anleitung hinter dem QR-Code

3 Beurteilen

- sachliche Richtigkeit und Angemessenheit, z. B. Berücksichtigung vieler/aller Informationen/Fakten
- Schlüssigkeit der Argumentation, z. B. Widersprüche
- Transparenz der Textaussage:
  - Legt die Verfasserin/der Verfasser ihre/seine eigenen Werte/Normen offen?
  - Nennt die Verfasserin/der Verfasser ihre/seine Intention?
  - Überprüft die Verfasserin/der Verfasser ihre/seine Sichtweise anhand anderer Einschätzungen/Perspektiven/Urteile?
- zusammenfassendes Gesamturteil formulieren

Nach: Lehrerinnenfortbildung Baden-Württemberg: Methodenblatt. Textarbeit (Quellen/Darstellungen). In: www.lernfortbildung-bw.de, Abruf am 04.11.2022

Vertragstheorien

Die Vertragstheorien (Kontraktualismus) entstanden in der Epoche des Rationalismus und der Aufklärung, als Antwort auf das Problem, dass durch die Ablösung von einer von Gott vorgegebenen Ordnung die Menschen eine neue Legitimation für die staatliche und gesellschaftliche Ordnung entwickeln mussten. Die Vertragstheorie ersetzt den früheren Autoritätsglauben durch ein Modell, indem Individuen durch Übereinkunft auf der Grundlage ihrer „natürlichen" Interessen eine Vereinbarung für eine Herrschaftsordnung treffen. Durch den Vertragsgedanken wird diese Übereinkunft für alle verpflichtend. Die Vertragstheorien sind immer nach demselben Dreischritt aufgebaut: Zuerst wird der Natur- oder Urzustand definiert, für den der Vertragsschluss eine Regelung treffen soll. In einem zweiten Schritt wird der Vertragsschluss als Resultat einer rationalen Überlegung dargelegt, um zuletzt die Aufgaben der Herrschaftsordnung und ihre Sicherstellung zu benennen. Wichtigste Vertreter der Vertragstheorien für das Zeitalter des Rationalismus sind Hobbes, Locke, Rousseau und Kant. Sie sollen am Ende der nächsten Kapitel wichtige Strukturelemente der Vertragstheorien in Form einer Synopse analysiert haben und den Ertrag dieser Theorien für die Gegenwart beurteilen können.

Vergleichsraster zu den Vertragstheorien

Untersuchungskategorie	Hobbes	Locke	Rousseau
Leitideen und zentrale Begriffe			
Menschenbild			
Ausübung von Herrschaft			
Beteiligung der Bürger			
Vertragsart			
Gewaltenteilung			
Ziel des politischen Gemeinwesens			
Beurteilung der Vertragstheorie			

Bearbeiter

Tabelle zu den Vertragstheorien zum Ausfüllen

72035-244

Politik aktiv

Einen eigenen Gesellschaftsvertrag gestalten

Gehen Sie dabei so vor:

- Formulieren Sie mit Hilfe der Vertragstheorien von Hobbes, Locke und Rousseau einen eigenen Gesellschaftsvertrag, den Sie Ihren Mitschüler:innen, auch in anderen Kursen, zur Unterschrift vorlegen.
- Werten Sie das Ergebnis aus und schreiben Sie dazu einen Eintrag für die Homepage der Schule.

8.2.2 Thomas Hobbes: Schützt nur die Unterwerfung vor der Anarchie des Kriegszustandes?

Thomas Hobbes (1588 – 1679)
Er wurde in Malmesburry/England geboren. Seine Werke sind vor allem geprägt durch die Eindrücke seiner Zeit mit Bürgerkriegen und insbesondere dem 30jährigen Krieg. Von besonderer Bedeutung ist vor allem seine Schrift „Leviathan", in der er ein bestimmtes Menschbild mit staats- und gesellschaftstheoretischen Überlegungen verbindet. Er lebte etwa zur gleichen Zeit wie John Locke, beide gehören zu den sogenannten Vertragstheoretikern.

M10 Zwei Thesen zum Menschenbild und zur Aufgabe des Staates

These A:
Menschen sind von Natur aus böse. Lediglich der Staat verhindert durch Gesetze und die Angst vor Strafen, dass sich Menschen gegenseitig Schaden zufügen.

These B:
Menschen sind von Natur aus gut. Sie können auch ohne Gesetze und die Androhung von Strafen friedlich zusammenleben.

Einstiegsaufgabe 72035-245

Welcher These in **M10** stimmen Sie eher zu? Analysieren und diskutieren Sie die Folgen ihrer Entscheidung für das Zusammenleben von Menschen in einem Staat.

M11 Auszug aus Thomas Hobbes: Leviathan

Thomas Hobbes

Leviathan
bezeichnet ein biblisches Seeungeheuer, das metaphorisch für Allmacht steht

Zuvörderst wird also angenommen, dass alle Menschen ihr ganzes Leben hindurch beständig und unausgesetzt eine Macht nach der anderen sich zu verschaffen bemüht sind [...], weil sie ihre gegenwärtige Macht und die Mittel, glücklich zu leben, zu verlieren fürchten, wenn sie sie nicht vermehren. [...]

Die Natur hat die Menschen sowohl hinsichtlich der Körperkräfte wie der Geistesfähigkeiten untereinander gleichmäßig begabt; und wenngleich einige mehr Kraft oder Verstand als andere besitzen, so ist der hieraus entstehende Unterschied im Ganzen betrachtet dennoch nicht so groß, dass der eine sich diesen oder jenen Vorteil versprechen könnte, welchen der andere nicht auch zu erhoffen berechtigt sei. [...] Mitbewerbung, Verteidigung und Ruhm sind die drei hauptsächlichen Anlässe, dass die Menschen miteinander uneins werden. Mitbewerbung zielt auf Herrschaft und veranlasst Streit über Gewinn; Verteidigung hat Sicherheit zur Absicht und streitet über Wohlfahrt; Ruhm strebt nach einem guten Namen und bewirkt oft über geringfügige Dinge Uneinigkeiten wie z. B. über ein Wort, ein Lächeln, eine Äußerung [...]. Hieraus ergibt sich, dass ohne eine einschränkende Macht der Zustand der Menschen ein solcher sei, wie er zuvor beschrieben wurde, nämlich ein Krieg aller gegen alle. Denn der Krieg dauert ja nicht etwa nur so lange wie faktische Feindseligkeiten, sondern so lange, wie der Vorsatz herrscht, Gewalt mit Gewalt zu vertreiben. Beim Kriege kommt es wie beim Wetter allein auf die Dauer an. So wenig ein heftiger Regen schon nasses Wetter ist, ebenso wenig wird irgendein einzelnes Gefecht ein Krieg genannt werden können. Die Zeit aber, in der kein Krieg

herrscht, heißt Frieden. [...] Die Absicht und Ursache, warum die Menschen bei all ihrem natürlichen Hang zur Freiheit und Herrschaft sich dennoch entschließen konnten, [...], lag in dem Verlangen, sich selbst zu erhalten und ein bequemeres Leben zu führen; oder mit anderen Worten, aus dem elenden Zustande eines Krieges aller gegen alle gerettet zu werden. [...]
Um aber eine allgemeine Macht zu gründen, unter deren Schutz gegen auswärtige und innere Feinde die Menschen bei dem ruhigen Genuss der Früchte ihres Fleißes und der Erde ihren Unterhalt finden können, ist der einzig mögliche Weg folgender: jeder muss alle seine Macht oder Kraft einem oder mehreren Menschen übertragen, wodurch der Willen aller gleichsam auf einen Punk vereinigt wird, so dass dieser eine Mensch oder diese eine Gesellschaft eines jeden einzelnen Stellvertreter werde und ein jeder die Handlungen jeder so betrachte, als habe er sie selbst getan, weil sie sich dem Willen und Urteil jener freiwillig unterworfen haben. Dies fasst aber noch etwas mehr in sich als Übereinstimmung und Eintracht; denn es ist eine wahre Vereinigung in einer Person und beruht auf dem Vertrage eines jeden mit einem jeden, wie wenn ein jeder zu einem jeden sagte: „Ich übergebe mein Recht mich selbst zu beherrschen, diesem Menschen oder dieser Gesellschaft unter der Bedingung, dass du ebenfalls dein Recht über dich ihm oder ihr abtrittst."
Auf diese Weise werden alle einzelnen eine Person und heißen Staat oder Gemeinwesen. So entsteht der große Leviathan oder, wenn man lieber will, der sterbliche Gott, dem wir unter dem ewigen Gott allein Frieden und Schutz zu verdanken haben. Dieses von allen und jedem überragende Recht bringt eine so große Macht und Gewalt hervor, dass durch sie unsere Gemüter aller zum Frieden unter sich gern geneigt gemacht und zur Verbindung gegen auswärtige Feinde leicht bewogen werden. Dies macht das Wesen eines Staates, dessen Definition folgende ist:
Staat ist eine Person, deren Handlungen eine große Menge Menschenkraft der gegenseitigen Verträge eines jeden mit einem jeden als ihre eigenen ansehen, auf dass diese nach ihrem Gutdünken die Macht aller zum Frieden und zur gemeinschaftlichen Verteidigung anwende. Von dem Stellvertreter des Staates sagt man, er besitzt die höchste Gewalt. Die übrigen alle heißen Untertanen und Bürger. ...

Hobbes, Thomas: Leviathan. Herausgegeben von Mayer, Jacob Peter. Ditzingen 1970. S. 90ff

Erweiterte Textfassung:
Thomas Hobbes: Leviathan
72035-246

Aufgaben

2035-248

1. Erarbeiten Sie aus **M11** das Menschenbild von Thomas Hobbes und erläutern Sie seine Definition des Naturzustandes als „Krieg aller gegen alle" (Z. 33).
2. Erarbeiten Sie sich die Grundzüge der Hobbesschen Gesellschaftsvorstellung mit Hilfe des Vergleichsrasters zu den Vertragstheoretikern (→ S. 345) und entwickeln Sie ein Schaubild, das die Staatsorganisation von Hobbes darstellt.
3. Analysieren Sie die Titelillustration seines bekanntesten Werkes „Leviathan" (→ digitaler Aufgabenkasten) und setzen Sie diese mit der Hobbesschen Gesellschaftsvorstellung in Verbindung.
4. Beurteilen Sie die Auffassung von Hobbes zum Menschenbild und zum Staats- und Gesellschaftsaufbau differenziert.

8.2.3 John Locke: Wie kann der Schutz der Freiheit und der Sicherheit gewährleistet werden?

John Locke (1632 – 1704)
Locke wurde in Wrington geboren. Er studierte in Oxford und arbeitete dort anschließend als Dozent. Danach wurde er Sekretär eines Politikers und in Folge einer politischen Intrige verhaftet, weshalb er ins Exil nach Holland musste. Mit der Glorious Revolution kehrte Locke nach England zurück, wo er 1704 starb. Seine wichtigsten Schriften sind die „Zwei Abhandlungen über die Regierung“ und die „Abhandlungen über den menschlichen Verstand“. Er ist – neben Hobbes und Rousseau – einer der wichtigsten Vertragstheoretiker und beeinflusste insbesondere die Verfassung der USA mit seinen Überlegungen.

M12 Umfrage: Welche Aufgaben soll der Staat haben?

Einstiegsaufgabe 72035-249

Erstellen Sie – möglichst konsensual – einen Aufgabenkatalog für den Staat. Was soll er gewährleisten? (Methode: Think-Pair-Share → digitaler Aufgabenkasten)

M13 Auszug aus John Locke: über die Regierung

John Locke

Um politische Gewalt richtig zu verstehen [...], müssen wir sehen, in welchem Zustand sich die Menschen von Natur aus befinden. Es ist ein Zustand vollkommener Freiheit, innerhalb der Grenzen des Naturgesetzes seine Handlungen zu lenken und über seinen Besitz und seine Person zu verfügen, wie es einem am besten scheint – ohne jemandes Erlaubnis einzuholen und ohne von dem Willen eines anderen abhängig zu sein. Es ist [...] ein Zustand der Gleichheit, in dem alle Macht und Rechtsprechung wechselseitig sind, da niemand mehr besitzt als ein anderer: [...] Ist dies zwar ein Zustand der Freiheit, so ist es doch nicht ein Zustand der Zügellosigkeit. Obwohl der Mensch in diesem Zustand die unkontrollierbare Freiheit besitzt, über seine Person und seinen Besitz zu verfügen, hat er jedoch nicht die Freiheit, sich selbst oder irgendein in seinem Besitz befindliches Lebewesen zu zerstören, es sei denn, ein edlerer Zweck als die bloße Erhaltung erfordere es. Im Naturzustand herrscht ein natürliches Gesetz, das für alle verbindlich ist. Die Vernunft aber, welcher dieses Gesetz entspringt, lehrt alle Menschen, wenn sie nur um Rat fragen wollen, dass niemand einem anderen, da alle gleich und unabhängig sind, an seinem Leben, seiner Gesundheit, seiner Freiheit oder seinem Besitz Schaden zufügen soll. [...] Wenn der Mensch im Naturzustand so frei ist, [...] wenn er der absolute Herr seiner eigenen Person und Besitztümer ist, dem Größten gleich und niemandem Untertan – warum soll er seine Freiheit aufgeben? Warum soll er auf diese Selbstherrschaft verzichten und sich der Herrschaft und dem Zwang einer anderen Gewalt unterwerfen? Die Antwort darauf liegt auf der Hand; denn, wenn er im Naturzustand auch ein solches Recht hat, so kann er sich seiner doch nur mit wenig Sicherheit erfreuen und ist fortwährend den Übergriffen anderer ausgesetzt. Da nämlich alle in demselben Maße König sind wie er selbst, [...] ist der Besitz seines Eigentums in diesem Zustand höchst unsicher und höchst ungewiss. Das lässt ihn bereitwillig einen Zustand aufgeben, der bei aller Freiheit voll ist von Furcht und ständiger Gefahr [...] Das große und hauptsächliche Ziel also, zu dem sich Menschen in Staatswesen zusammenschließen und sich unter eine Regierung stellen, ist die Erhaltung ihres Eigentums. Die Menschen sind [...] von Natur aus alle frei, gleich und unabhängig, und niemand kann ohne seine Einwilligung aus diesem Zustand verstoßen und der politischen Gewalt eines anderen unterworfen werden. Die einzige Möglichkeit, diese natürliche Freiheit aufzugeben und die Fesseln bürgerlicher Herrschaft anzulegen, ist die, dass man mit anderen Menschen übereinkommt, sich zusammenzuschließen und in eine Gemeinschaft zu vereinigen, mit dem Ziel behaglich, sicher und friedlich miteinander zu leben [...]. Jede beliebige Zahl von Menschen kann dies tun, denn es verletzt nicht die Freiheit der übrigen; diese verbleiben wie zuvor in der Freiheit des Naturzustandes. Sobald eine Anzahl von Menschen auf diese Weise übereingekommen ist, eine Gemeinschaft oder Regierung zu bilden, haben sie sich ihr sogleich einverleibt, und sie bilden einen einzigen politischen Körper, in dem die Mehrheit das Recht hat, zu handeln und die übrigen Glieder mitzuverpflichten. [...] Ein jeder also, der mit anderen übereinkommt, einen einzigen politischen Körper unter einer Regierung zu bilden verpflichtet sich gegenüber jedem einzelnen dieser Gesellschaft, sich dem Beschluss der Mehrheit zu unterwerfen und sich ihm zu fügen. Dieser ursprüngliche Vertrag, durch den er sich mit anderen in eine Gesellschaft vereinigt, würde ohne alle Bedeutung sein und kein Vertrag, wenn der einzelne weiter frei bliebe und unter keinen anderen Verpflichtungen stünde als zuvor im Naturzustande. [...] Diese Freiheit wäre noch ebenso groß wie die, welche er vor seinem Vertrag hatte oder wie sie irgendjemand sonst im Naturzustand hat, der sich irgendwelchen Handlungen einer Gemeinschaft unterwerfen und ihnen zustimmen mag, wenn es ihm nützlich scheint. [...] Das große Ziel, mit welchem die Menschen in eine Gesellschaft eintreten, ist der Genuss ihres Eigentums in Frieden und Sicherheit, und das große Werkzeug und Mittel dazu sind die Gesetze, die in dieser Gesellschaft erlassen worden sind. Das erste und grundlegende positive Gesetz aller Staaten ist daher die Begründung der legislativen Gewalt – so wie das erste und grundlegende natürliche Gesetz, welches selbst über der legislativen Gewalt gelten muss, die Erhaltung der Gesellschaft und (soweit es vereinbar ist mit dem öffentlichen Wohl) jeder einzelnen Person in ihr ist. Diese legislative Gewalt ist nicht nur die höchste Gewalt des Staates, sondern sie liegt auch geheiligt und unabänderlich in jenen Händen, in die die Gemeinschaft sie einmal gelegt hat. Die legislative Gewalt ist jene, die das Recht hat zu bestimmen, wie die Macht des Staates zur Erhaltung der Gemeinschaft und ihrer Glieder gebraucht werden soll. [...] Weil aber die Gesetze [...], von beständiger und dauernder Gültigkeit sind und fortwährend vollstreckt oder befolgt werden sollen, ist es notwendig, dass es eine dauernd im Amte befindliche Gewalt gibt, die darauf zu achten hat, dass die erlassenen und in Kraft bleibenden Gesetze vollzogen werden. So geschieht es, dass die legislative und die exekutive Gewalt oftmals getrennt sind.

Locke, John: Über die Regierung. Herausgegeben von Mayer-Tasch, Peter Cornelius. Ditzingen 1974. S. 4 ff

Aufgaben

72035-250

1. Erläutern Sie den Zusammenhang zwischen Naturzustand und Notwendigkeit eines Staates bei Locke (**M13**).
2. Erarbeiten Sie sich die Grundzüge der Lockeschen Demokratievorstellung (**M13**) und ergänzen Sie das Vergleichsraster zu den Vertragstheoretikern (→ S. 345). Entwickeln Sie daraus ein Schaubild, das die Staatsorganisation von Locke darstellt.
3. Diskutieren Sie mit Hilfe von **M13**, ob der Staat für die Menschen eher freiheitsbegrenzend oder freiheitssichernd ist.

8.2.4 Jean-Jaques Rousseau: Individuum oder Gemeinschaft – wer zählt mehr?

Jean-Jacques Rousseau (1712 – 1778)
Rousseau wurde in Genf geboren. Anders als seine philosophischen Pendants war er ein reiner Autodidakt und hat nie eine universitäre Bildung genossen. Durch seine provokanten Schriften machte er sich auf der einen Seite Feinde und auf der anderen Seite fand er auch großzügige Gönner, die sich finanziell um ihn kümmerten. Er verfasst eine große Bandbreite von Schriften aus den verschiedensten Bereichen, von der Pädagogik bis zur Naturwissenschaft. Rousseau starb im Jahr 1778. Elemente seiner Staatsphilosophie finden sich heute sowohl in demokratischen als auch in totalitären und autoritär-kommunistischen Staaten. Er gilt als Urheber des identitären bzw. monistischen Demokratiemodells.

M14 Der Fall: Eigeninteresse vs. Gemeinwohl – wer drosselt seinen Gasverbrauch zum Wohl aller?

Im Zuge des russischen Angriffskriegs gegen die Ukraine und der Verknappung der russischen Gaslieferungen wurden die Bürger:innen in Deutschland von Wirtschaftsminister Robert Habeck aufgefordert, Gas einzusparen. Dies könnte bedeuten, im Winter nicht mehr die gewünschte Wohnraumtemperatur einstellen zu können, damit der Gasverbrauch in Deutschland insgesamt sinkt. Dadurch wären die Unternehmen in der Lage, weiterhin Gas zur Produktion ihrer Waren und Güter zu nutzen. Zudem könnte ein niedrigerer Gasverbrauch die Gasmenge für viele Bürgerinnen und Bürger sichern.

Bearbeiter

Einstiegsaufgabe 72035-252

Würden Sie Ihren persönlichen Gasverbrauch einschränken und damit die Temperatur in Ihrer Wohnung absenken für das Gemeinwohl? Diskutieren Sie die Frage und reflektieren Sie die Folgen Ihrer Entscheidung.

M15 Jean-Jacques Rousseau: Abhandlung über den Ursprung und die Grundlagen der Ungleichheit unter Menschen

Jean-Jacques Roussau

Der erste, der ein Stück Land eingezäunt hatte und auf den Gedanken kam zu sagen „Dies ist mein" und der Leute fand, die einfältig genug waren, ihm zu glauben, war der wahre Begründer der zivilen Gesellschaft. Wie viele Verbrechen, Kriege, Morde, wie viele Leiden und Schrecken hätte nicht derjenige dem Menschengeschlecht erspart, der die Pfähle herausgerissen oder den Graben zugeschüttet und seinen Mitmenschen zugerufen hätte: "Hütet euch davor, auf diesen Betrüger zu hören. Ihr seid verloren, wenn ihr vergesst, dass die Früchte allen gehören und dass die Erde niemandem gehört."

Rousseau, Jean-Jacques: Über den Gesellschaftsvertrag. Herausgegeben von Philipp Rippel. Ditzingen 1998, S. 74

M16 Jean-Jacques Rousseau: Vom Gesellschaftsvertrag

Der Mensch ist frei geboren, und überall liegt er in Ketten. Einer hält sich für den Herrn der anderen und bleibt doch mehr Sklave als sie. [...]

Ich unterstelle, dass die Menschen jenen Punkt erreicht haben, an dem Hindernisse, die ihrem Fortbestehen im Naturzustand schaden, in ihrem Widerstand den Sieg davontragen über die Kräfte, die jedes Individuum einsetzen kann, um sich in diesem Zustand zu halten. Dann kann dieser ursprüngliche Zustand nicht weiterbestehen und das Menschengeschlecht würde zugrunde gehen, wenn es die Art seines Daseins nicht änderte. Da die Menschen nun keine neuen Kräfte hervorbringen, sondern nur die vorhandenen vereinen und lenken können, haben sie kein anderes Mittel, sich zu erhalten, als durch Zusammenschluss eine Summe von Kräften zu bilden, stärker als jener Widerstand, und diese aus einem einzigen Antrieb einzusetzen und gemeinsam wirken zu lassen.

Diese Summe von Kräften kann nur durch das Zusammenwirken mehrerer entstehen: da aber Kraft und Freiheit jedes Menschen die ersten Werkzeuge für seine Erhaltung sind – wie kann er sie verpfänden, ohne sich zu schaden und ohne die Pflichten gegen sich selbst zu vernachlässigen? Diese Schwierigkeit lässt sich auf meinen Gegenstand angewandt, so ausdrücken: "Finde eine Form des Zusammenschlusses, die mit ihrer ganzen gemeinsamen Kraft die Person und das Vermögen jedes einzelnen Mitglieds verteidigt und schützt und durch die doch jeder, indem er sich mit allen vereinigt, nur sich selbst gehorcht und genauso frei bleibt wie zuvor." Das ist das grundlegende Problem, dessen Lösung der Gesellschaftsvertrag (contrat social) darstellt.

Die Bestimmungen dieses Vertrages sind durch die Natur des Aktes so vorgegeben, dass die geringste Abänderung sie null und nichtig machen wurde; so dass sie, wiewohl sie vielleicht niemals förmlich ausgesprochen wurden, allenthalben die gleichen sind, allenthalben stillschweigend in Kraft und anerkannt; bis dann, wenn der Gesellschaftsvertrag verletzt wird, jeder wieder in seine ursprünglichen Rechte eintritt, seine natürliche Freiheit wiedererlangt und dadurch die auf Vertrag beruhende Freiheit verliert, für die er die seine aufgegeben hatte. Diese Bestimmungen lassen sich bei richtigem Verständnis sämtlich auf eine einzige zurückführen, nämlich die völlige Entäußerung jedes Mitglieds mit allen seinen Rechten an das Gemeinwesen als Ganzes. [...] Wenn man also beim Gesellschaftsvertrag von allem absieht, was nicht zu seinem Wesen gehört, wird man finden, dass er sich auf folgendes beschränkt: Gemeinsam stellen wir alle, jeder von uns seine Person und seine ganze Kraft unter die oberste Richtschnur des Gemeinwillens [Volonté générale]; und wir nehmen, als Körper, jedes Glied als untrennbaren Teil des Ganzen auf. Dieser Akt des Zusammenschlusses schafft augenblicklich anstelle der Einzelperson jedes Vertragspartners eine sittliche Gesamtkörperschaft, die aus ebenso vielen Gliedern besteht, wie die Versammlung Stimmen hat, und die durch ebendiesen Akt ihre Einheit, ihr gemeinschaftliches Ich, ihr Leben und ihren Willen erhält. Diese öffentliche Person, die so aus dem Zusammenschluss aller zustande kommt, trug früher den Namen Polis, heute trägt sie den der Republik oder der staatlichen Körperschaft, die von ihren Gliedern Staat genannt wird, wenn sie passiv, Souverän, wenn sie aktiv ist, [...]. Was die Mitglieder betrifft, so tragen sie als Gesamtheit den Namen Volk, als Einzelne nennen sie sich Bürger, sofern sie Teilhaber an der Souveränität, und Untertanen, sofern sie den Gesetzen des Staates unterworfen sind. [...]

Aus dem Vorhergehenden folgt, dass der Gemeinwille immer auf dem rechten Weg ist und auf das öffentliche Wohl abzielt: woraus allerdings nicht folgt, dass die Beschlüsse des Volkes immer gleiche Richtigkeit haben. Zwar will man immer sein

Bestes, aber man sieht es nicht immer. Verdorben wird das Volk niemals, aber oft wird es irregeführt, und nur dann scheint es das Schlechte zu wollen. Es gibt oft einen beträchtlichen Unterschied zwischen dem Gesamtwillen [volonté de tous] und dem Gemeinwillen; dieser sieht nur auf das Gemeininteresse, jener auf das Privatinteresse und ist nichts anderes als eine Summe von Sonderwillen: aber nimm von ebendiesen das Mehr und das Weniger weg, das sich gegenseitig aufhebt, so bleibt als Summe der Unterschiede der Gemeinwille. Wenn die Bürger keinerlei Verbindung untereinander hätten, würde, wenn das Volk wohlunterrichtet entscheidet, aus der großen Zahl der kleinen Unterschiede immer der Gemeinwille hervorgehen, und die Entscheidung wäre immer gut. Aber wenn die Parteiungen entstehen, Teilvereinigungen auf Kosten der großen, wird der Wille jeder dieser Vereinigungen ein allgemeiner hinsichtlich seiner Glieder und ein besonderer hinsichtlich des Staates; man kann dann sagen, dass es nicht mehr so viele Stimmen gibt wie Menschen, sondern nur noch so viele Vereinigungen. [...]

Wir haben gesehen, dass die Legislative beim Volke liegt und nur bei ihm liegen kann. Demgegenüber ersieht man aus den oben aufgestellten Grundsätzen leicht, dass die Exekutive nicht bei der Allgemeinheit liegen kann, die gesetzgebend und souverän ist; weil diese Gewalt nur aus einzelnen Akten besteht, die in keiner Weise in den Bereich des Gesetzes und folglich auch nicht in den des Souveräns fallen, dessen Akte alle nur Gesetze sein können. Die öffentliche Gewalt braucht deshalb einen eigenen Geschäftsführer, der sie zusammenfasst und gemäß den Anweisungen des Gemeinwillens ins Werk setzt, der als Verbindung zwischen Staat und Souverän dient, der für die öffentliche Person in gewisser Weise, das bewirkt, was beim Menschen die Vereinigung von Seele und Körper hervorbringt. Das ist im Staat der Sinn der Regierung, die fälschlicherweise mit dem Souverän verwechselt wird, dessen Diener sie nur ist.

Was ist also eine Regierung? Eine vermittelnde Körperschaft, eingesetzt zwischen Untertanen und Souverän zum Zweck des wechselseitigen Verkehrs, beauftragt mit der Durchführung der Gesetze und der Erhaltung der bürgerlichen wie politischen Freiheit. [...]. Es handelt sich ausdrücklich nur um einen Auftrag, ein Amt, bei dem diese als einfache Beamte des Souveräns in dessen Namen die Macht ausüben, die er ihnen anvertraut hat und die er einschränken, abändern und zurücknehmen kann, wenn es ihm gefällt.

Rousseau, Jean-Jacques: Über den Gesellschaftsvertrag. Herausgegeben von Brockard, Hans. Ditzingen 1977, S. 16ff

Aufgaben

72035-253

1. Erläutern Sie sich in Kleingruppen gegenseitig das Menschenbild und die Hauptelemente des Gesellschaftsvertrags bei Rousseau (**M15**, **M16**).
2. Erarbeiten Sie sich die Grundzüge der Rousseauschen Demokratievorstellung und ergänzen Sie das Vergleichsraster der Vertragstheoretiker (→ S. 345).
3. Erläutern Sie die Ermittlung des Gesamt- und Gemeinwillens mit Hilfe des Schaubildes im digitalen Aufgabenkasten.
4. Beurteile Sie die Realisierbarkeit des Gemeinwillens in modernen Staaten differenziert mit Hilfe des Textes im digitalen Aufgabenkasten.
5. Würden Sie gerne in einem Staat leben, in dem das identitäre Demokratiemodell nach Rousseau verwirklicht ist? Diskutieren Sie Vor- und Nachteile und positionieren Sie sich zu dieser Frage.

Identitäre Demokratie
Die Bürger:innen machen die Gesetze, denen sie selbst gehorchen müssen.

8.2.5 Charles de Secondat Baron de Montesquieu: Gewaltenteilung vs. Entscheidungsfähigkeit des Staates?

Charles de Secondat Baron de Montesquieu (1689 – 1755)
Montesquieu wurde im Jahre 1689 als Sohn einer Familie des hohen Amtsadels geboren. Nach dem Besuch einer angesehenen Privatschule studierte er in Bordeaux Rechtswissenschaften. Nach Abschluss seines Studiums praktiziert er für einige Jahre in Paris, bevor er nach Bordeaux zurückkehrt, um dort als Gerichtspräsident tätig zu sein. Seine Reisen durch Europa inspirierten ihn und seine Werke, in denen er versteckte Kritik am Absolutismus übt. Montesquieu starb im Jahre 1755 und erlebte damit den prägenden Einfluss seiner Philosophie auf die entstehende Demokratie in den USA nicht mehr. Das Konzept der modernen institutionellen Gewaltenteilung wird insbesondere auf ihn zurückgeführt.

M17 Wer soll über die Klimapolitik entscheiden?

Ist es angesichts der voranschreitenden Klimakatastrophe nicht notwendig, dass ausgewählte Wissenschaftsexperten die notwendigen Schritte direkt beschließen dürfen? Die gewählten Politiker bekommen das nicht hin, die Entscheidungen dauern zu lange oder sind lediglich unwirksame Kompromisse.

Einstiegsaufgabe 72035-254

Diskutieren Sie Vor- und Nachteile einer Entscheidung durch Wissenschaftlerinnen bzw. Wissenschaftler.

M18 Montesquieu: vom Geist der Gesetze

Politische Freiheit für jeden Bürger ist jene geistige Beruhigung, die aus der Überzeugung hervorgeht, die jedermann von seiner Sicherheit hat. Damit man diese Freiheit genieße, muß die Regierung so beschaffen sein, dass kein Bürger einen andern zu fürchten braucht. Sobald in ein und derselben Person oder derselben Beamtenschaft die legislative Befugnis mit der exekutiven verbunden ist, gibt es keine Freiheit. Es wäre nämlich zu befürchten, dass derselbe Monarch oder derselbe Senat tyrannische Gesetze erließe und dann tyrannisch durchführte. Freiheit gibt es auch nicht, wenn die richterliche Befugnis nicht von der legislativen und von der exekutiven Befugnis geschieden wird. Die Macht über Leben und Freiheit der Bürger würde unumschränkt sein, wenn jene mit der legislativen Befugnis gekoppelt wäre, denn der Richter wäre Gesetzgeber. Der Richter hätte die Zwangsgewalt eines Unterdrückers, wenn jene mit der exekutiven Gewalt gekoppelt wäre. Richterliche Befugnis darf nicht einem unabsetzbaren Senat verliehen werden, vielmehr muss sie von Personen ausgeübt werden, die nach einer vom Gesetz vorgeschriebenen Weise zu gewissen Zeiten im Jahr aus dem Volkskörper ausgesucht werden. Sie sollten ein Tribunal bilden, das nur so lange besteht, wie die Notwendigkeit es verlangt. [...] In einem freien Staat soll jeder Mensch, [...] durch sich selbst regiert werden: daher müsste das Volk als Gesamtkörper die legislative Befugnis innehaben. Da dies in den großen Staaten unmöglich ist [...], ist das Volk genötigt, all das, was es nicht selbst machen kann, durch seine Repräsentanten machen zu lassen. Die Nöte seiner eigenen Stadt kennt man besser als die anderer Städte. [...] Darum sollen die Mitglieder der legislativen Körperschaft nicht pauschal aus dem Ganzen der Nation ausgesucht werden. Es ist vielmehr zweckmäßig, dass sich die Einwohner jedes bedeutenden Orts einen Repräsentanten wählen. Die Repräsentanten sind in der Lage, die Angelegenheiten

Charles de Secondat Baron de Montesquieu

Erweiterte Textfassung: Montesquieu: Vom Geist der Gesetze
72035-255

zu erörtern. Das ist ihr großer Vorteil. Das Volk ist dazu nicht geeignet. Das ist eines der großen Gebrechen der Demokratie. [...] Die repräsentierende Körperschaft darf [...] nicht für irgendeine eigenmächtige Beschlussfassung gewählt werden [...], sondern zur Schaffung von Gesetzen beziehungsweise zur Kontrolle, ob die geschaffenen Gesetze richtig angewendet wurden. Das vermag sie sehr gut, und niemand besser als sie. [...] Stets gibt es im Staat Leute, die durch Geburt, Reichtum oder Auszeichnungen hervorragen. Wenn sie aber mit dem Volk vermengt würden und wie die andern bloß eine Stimme besäßen, so würde die gemeinsame Freiheit für sie Sklaverei bedeuten. [...] Ihre Teilnahme an der Gesetzgebung [ist angemessen] [...], wenn sie eine Körperschaft bilden, die das Recht hat, Unternehmungen des Volkes auszusetzen, genauso wie das Volk das Recht hat, die ihrigen auszusetzen. Auf diese Weise wird die legislative Befugnis sowohl der Adelskörperschaft als auch der gewählten Körperschaft der Volksvertreter anvertraut. Jede hat ihre Versammlungen und Abstimmungen für sich, sowie getrennte Gesichtspunkte und Interessen. [...] Die exekutive Befugnis muss in den Händen eines Monarchen liegen, weil in diesem Zweig der Regierung fast durchweg unverzügliches Handeln vonnöten ist, das besser von einem als von mehreren besorgt wird. Was hingegen von der legislativen Befugnis abhängt, wird oft besser von mehreren angeordnet als von einem. Es gäbe keine Freiheit mehr, wenn es keinen Monarchen gäbe und die exekutive Befugnis einer bestimmten, aus der legislativen Körperschaft ausgesuchten Personenzahl anvertraut wäre, denn die beiden Befugnisse wären somit vereint. Dieselben Personen hätten an der einen und der anderen manchmal teil – und somit könnten sie immer daran teilhaben. Es gäbe keine Freiheit mehr, wenn die legislative Körperschaft eine beachtliche Zeitspanne nicht zusammenberufen worden wäre. Denn eins von beiden würde eintreten: entweder würden keine gesetzgeberischen Beschlüsse mehr gefasst und der Staat würde in Anarchie stürzen, oder aber diese Beschlüsse würden von der exekutiven Befugnis gefasst und er würde absolutistisch. [...] Wenn die exekutive Befugnis nicht das Recht besäße, die Unternehmungen der legislativen Körperschaft aufzuhalten, wäre letztere despotisch. Sie vermöchte sich alle erdenklichen Vollmachten selber zu verleihen und so alle anderen Befugnisse zunichte zu machen. ...

Baron de la Brède et de Montesquieu, Charles de Secondat: Vom Geist der Gesetze. Herausgegeben von Weigand, Kurt. Ditzingen 1994, S. 216ff

Aufgaben

72035-256

1. Erarbeiten Sie die grundlegenden Elemente des Konzepts der Gewaltenteilung nach Montesquieu (**M18**) und stellen Sie diese in einem Schaubild dar (→ Methode, S. 102).
2. Verdeutlichen Sie das Konzept der Gewaltenteilung am politischen System der Bundesrepublik Deutschland (→ Kap. 4, S. 120 ff.).
3. *„Gewaltenteilung geht auf Kosten der Handlungs- und Entscheidungsfähigkeit in einem politischen System“.* Erläutern und beurteilen Sie diese These.

Politik aktiv

Recherchieren Sie in Kleingruppen die Vorwürfe gegen Polen, die Unabhängigkeit der eigenen Justiz einzuschränken (→ digitaler Aufgabenkasten).

Onlinekapitel: Federalist Papers: Verhindert der Föderalismus eine „Tyrannei der Mehrheit“?

72035-258

8.3 Politische Theorien der Moderne

8.3.1 Ernst Fraenkel: Gemeinwohl durch Pluralismus?

Ernst Fraenkel (1898 – 1975)
Fraenkel wurde als Sohn jüdischer Eltern in Köln geboren. Er studierte Rechtswissenschaft und Geschichte und arbeitete von 1926 bis 1938 als Anwalt am Kammergericht in Berlin. 1938 musste er aus Deutschland fliehen und kehrte 1951 als amerikanischer Staatsbürger als Dozent an die Deutsche Hochschule für Politik in Berlin zurück. Sein Hauptwerk „Deutschland und die westlichen Demokratien" ist geprägt von Abhandlungen über den Pluralismus. Entsprechend sind im Gegensatz zu Rousseau (→ S. 350) Partikularinteressen legitim und Interessenkonflikte notwendig. Ernst Fraenkel starb 1975 in Berlin.

M19 Inwieweit ist ein politischer Konsens/ein Gemeinwohl wünschenswert und realistisch?

These A:
Es ist wünschenswert, dass politische Entscheidungen so getroffen werden, dass diese im Interesse aller Bürgerinnen und Bürger sind?

These B:
Es gibt keine politischen Entscheidungen, die den Interessen aller Bürgerinnen und Bürger entsprechen.

Einstiegsaufgabe 72035-259

Welcher These in **M19** würden Sie eher zustimmen? Begründen und diskutieren Sie Ihre Auffassungen.

M20 Ernst Fraenkel: die Begründung der pluralistischen Demokratietheorie

Eine jede totalitäre Diktatur geht von der Hypothese eines eindeutig bestimmbaren, vorgegebenen Gemeinwohls aus. Von ihm wird unterstellt, es sei ausreichend detailliert, um von der Einheitspartei als politisches Aktionsprogramm verwertet werden zu können. Eine jede pluralistische Demokratie geht davon aus, dass, um funktionieren zu können, sie nicht nur Verfahrensvorschriften und Spielregeln eines fair play, sondern auch eines allgemein anerkannten Wertkodexes bedarf, der ein Minimum abstrakter regulativer Ideen generellen Charakters enthalten muss: sie glaubt jedoch nicht, dass in politisch relevanten Fällen diese regulativen Ideen ausreichend konkret und genügend substantiiert zu sein vermögen, um für die Lösung aktueller politischer Probleme unmittelbar verwendungsfähig zu sein.
Der Pluralismus beruht vielmehr auf der Hypothese, in einer differenzierten Gesellschaft könne im Bereich der Politik das Gemeinwohl lediglich a posteriori als das Ergebnis eines delikaten Prozesses der divergierenden Ideen und Interessen der Gruppen und Parteien erreicht werden, stets vorausgesetzt, um dies der Klarheit wegen zu wiederholen, dass bei deren Zusammen- und Widerspiel die generell ak-

Ernst Fraenkel

A posteriori
Das Gemeinwohl ist das Ergebnis politischer Auseinandersetzungen und nicht von vorne herein festgelegt.

zeptierten, mehr oder weniger abstrakten regulativen Ideen sozialen Verhaltens respektiert und die rechtlich normierten Verfahrensvorschriften und die gesellschaftlich sanktionierten Regeln eines fair play ausreichend beachtet werden.

Die pluralistische Theorie des Gemeinwohls bestreitet keineswegs, dass es weite Gebiete des staatlichen und gesellschaftlichen Lebens gibt, über deren Ordnung ein consensus omnium [weitgehende Übereinstimmung] vorliegt; ja sie betont mit Nachdruck, dass auf die Dauer ein Staat nicht lebensfähig ist, in dem weder über ein Minimum fundamentaler noch über zahlreiche detaillierte Fragen der Wirtschaft, Gesellschaft und Politik eine weitgehende Übereinstimmung besteht. Sie nimmt jedoch den Umstand, dass es weite Gebiete des staatlichen und gesellschaftlichen Lebens gibt, über deren Regelung Meinungsverschiedenheiten zwischen verschiedenen Gruppen existieren, nicht nur mit Gleichmut hin, sondern erachtet dies als unvermeidlich, ja geradezu als Indiz eines in Freiheit pulsierenden Lebens. Sie hält es weder für wünschenswert noch für möglich, dass in einem freiheitlichen Staatswillen ein einheitlicher Gemeinwille besteht. [...] Die offene Austragung der in jedem freien Staat unausbleiblichen Meinungsverschiedenheiten und die Kompromisse, durch die diese Konflikte beigelegt werden, betrachtet sie als den einzig geeigneten Weg, eine tragbare Lösung für Probleme zu finden, über die ein consensus omnium nicht besteht.

Die Pluralisten betonen, dass eine Staatstheorie höchst unvollkommen ist, die auf die Frage keine Antwort zu geben weiß, wie es den Bürgern ermöglicht werden soll, mit guten Gewissen zu tun, was sie heute mit schlechten Gewissen tun, nämlich durch die Errichtung und den Ausbau von Interessengruppen einen aktiven Anteil an der Ausgestaltung derjenigen öffentlichen Angelegenheiten zu nehmen, die sie am unmittelbarsten berühren und deshalb am intensivsten beschäftigen.

Der Pluralismus stellt gleichsam einen Transformator dar, in dem gesellschaftliche in politische Energie umgewandelt wird. [...] Denn die Mitwirkung des Bürgers an öffentlichen Angelegenheiten darf sich nicht darauf beschränken, alle vier Jahre zur Wahlurne zu gehen und durch seine Stimmabgabe Einfluss darauf auszuüben, welches Team im Bereich der hohen Politik regieren soll – so wichtig das auch ist. Die Mitwirkung des Bürgers muss die Möglichkeit einschließen, durch Mitgliedschaft und Mitarbeit in den Interessenorganisationen an der Regelung der Alltagsfragen teilzunehmen, die ihn unmittelbar berühren.

Fraenkel, Ernst: Der Pluralismus als Strukturmerkmal der freiheitlich-rechtsstaatlichen Demokratie. Zitiert in: Massing, Peter/Breit, Gotthard (Hrsg.): Demokratie-Theorien. Wochenschau Verlag Schwalbach, Lizenzausgabe für die Bundeszentrale für politische Bildung, Bonn 2002, S. 214ff

Aufgaben

72035-260

1. Fassen Sie in Kleingruppenarbeit (2-3 Personen) die Begründung von Ernst Fraenkel für die pluralistische Demokratietheorie thesenartig zusammen (**M20**). Entwickeln Sie anschließend daraus ein Schaubild (→ Methode, S. 102).
2. Beantworten Sie durch Ankreuzen im Pluralismus-Barometer die jeweiligen Aussagen nach eigener Auffassung (→ digitaler Aufgabenkasten).
3. Diskutieren Sie die Frage, inwiefern die Auffassung von Fraenkel für den inneren Frieden einer Gesellschaft problematisch sein könnte (**M20**, Kapitel 2 und 11).

8.3.2 Fritz Scharpf: Wird ein Staat durch Zustimmung oder durch den Nutzen für seine Bürger anerkannt?

Fritz Scharpf (geb. 1935)
Scharpf ist ein deutscher Rechts- und Politikwissenschaftler. Er gilt als ein Vertreter der komplexen Demokratietheorie, die sowohl die Input-Seite (Partizipation) als auch die Output-Seite (Steuerungsleistungen politischer Systeme) in den Blick nimmt. Am Beispiel der EU zeigt Scharpf, dass ungenügende und ineffektive Entscheidungen ebenso wie eine zu geringe Partizipation zu Legitimationsproblemen führen können.

M21 Welche Legitimation ist wichtiger?

Situation 1:
Im EU-Ministerrat soll über eine Entscheidungsfrage mit Mehrheit abgestimmt werden. Dies bedeutet, das ein Land, welches in der Frage nicht zustimmt, diese Entscheidung trotzdem umsetzen muss, obwohl die Minister:innen der anderen Länder gar nicht von den Bürger:innen in diesem Land legitimiert wurden. Mehrheitsentscheidungen sind in der Regel leichter herstellbar.

Situation 2:
Im EU-Ministerrat soll über eine Entscheidungsfrage im Konsens abgestimmt werden. Jeder Minister/jede Ministerin von jedem Land hat damit ein Vetorecht. Das Ringen um eine Entscheidung ist oft nicht erfolgreich. Und wenn, dann kommen (Formel)-Kompromisse heraus, die nur unzureichend das Problem lösen, aber eben auch von jedem Land zustimmungsfähig sind.

Einstiegsaufgaben 72035-261

1. Erläutern Sie die jeweiligen Situationen in **M21** mit eigenen Worten.
2. Welche Entscheidungsart, Mehrheit oder Konsens, würden Sie bevorzugen? Diskutieren Sie mit konkreten Beispielen.

M22 Scharpf: Input- und Output-Legitimation in modernen Demokratien

Die input-orientierte Perspektive betont die „Herrschaft durch das Volk“. Politische Entscheidungen sind legitim, wenn und weil sie den „Willen des Volkes widerspiegeln“ […]. Im Unterschied dazu stellt die output-orientierte Perspektive den Aspekt der „Herrschaft für das Volk“ in den Vordergrund. Danach sind politische Entscheidungen legitim, wenn und weil sie auf wirksame Weise das allgemeine Wohl im jeweiligen Gemeinwesen fördern. Obwohl beide Argumente komplementär verwendet werden, sind sie analytisch zu unterscheiden und sie beruhen bei separater Betrachtung auf höchst unterschiedlichen Vorbedingungen. […] Input-orientierte Argumente stützen sich häufig gleichzeitig auf die Formeln der „Partizipation“ und des „Konsenses“. Das ist plausibel, wenn der […] Schwerpunkt bei lokalen Problemen liegt, bei denen die von einer Entscheidung betroffenen Personen oder mit ihnen engverbundene Vertreter zur Beratung über Lösungen zusammenkommen, […]. Die Überzeugungskraft […] schwindet jedoch in dem Maße, wie sich die Distanz zwischen den direkt betroffenen Personen und ihren Vertretern vergrößert; […]. Deswegen muss unter pragmatischen Gesichtspunkten die Rechtfertigung der Mehrheitsherrschaft als Zentralproblem input-orientierter Theorien demokratischer Legitimation angesehen werden. […] Um die Gehorsamspflicht [gegenüber Mehrheitsentscheidungen durch die Minderheit] rein input-orientiert zu begründen, bedarf es also

Fritz Scharpf

Legitimation
Berechtigung für staatliches Handel

Erweiterte Textfassung: Scharpf: Input- und Output-Legitimation in modernen Demokratien

72035-262

[z]ustätzlicher [...] Argumente, die das Vertrauen der Minderheit in die Mehrheit – „the people can do no wrong" – begründen könnten. [...] Kann diese starke kollektive Identität vorausgesetzt werden, [...] kann [die Merheitsherrschaft] [...] Maßnahmen der interpersonellen und interregionalen Umverteilung legitimieren, [...]. Innerhalb etablierter Nationalstaaten, in denen die sozio-kulturellen Vorbedingungen kollektiver Identität mehr oder minder gesichert sind, mögen diese Erwägungen eher akademisch erscheinen. Für die Europäische Union dagegen erklären sie die Sorge um ein „demokratisches Defizit", [...], obwohl die Kompetenzen des Europäischen Parlaments durch die Einheitliche Europäische Akte und die Verträge von Maastricht und Amsterdam beträchtlich erweitert wurden. [...] Während die Input-Perspektive, [...], die nicht veränderbare Aspekte des Demokratiedefizits der europäischen Politik betont, erlaubt die Output-Perspektive die Berücksichtigung einer größeren Zahl legitimierender Mechanismen. Eben deshalb ist ihre legitimierende Kraft jedoch im Vergleich zur identitätsgestützten Mehrheitsdemokratie in höherem Maße von Zusatzbedingungen abhängig und in ihrer Reichweite enger begrenzt. Die „Herrschaft für das Volk" leitet Legitimität von der Lösung von Problemen ab, die kollektiver Lösungen bedürfen, weil sie weder durch individuelles Handeln noch durch den Markt und auch nicht durch freiwillig-gemeinsames Handeln in der Zivilgesellschaft gelöst werden könnten. Da solche Probleme häufig aus Bedingungen entstehen, die viele Personen in ähnlicher Weise betreffen oder ihre Ursache in der Interdependenz individueller Handlungen haben, erfordert ihre Lösung typischerweise nicht einmalige und eng spezialisierte, sondern dauerhafte und multifunktionale Strukturen. Aus praktischen Gründen setzt deswegen auch output-orientierte Legitimität die Existenz einer politischen Einheit mit abgrenzbarer Mitgliedschaft voraus. [...] Legitimität kann also auch in politischen Einheiten erreicht werden, deren schwache Identität keinerlei organismische Interpretation zuließe. [...] Deshalb kann man hier die Europäische Union [...] als die geeignete politische Einheit für die kollektive Lösung bestimmter Arten von gemeinsamen Problemen definieren. [In] [...] demokratischen Nationalstaaten [koexisiteren] input- und output-orientierte Legitimität Seite an Seite, und sie verstärken, ergänzen und ersetzen sich gegenseitig – was erklärt, warum die hier eingeführte theoretische Unterscheidung in der Praxis politischen Diskurses kaum eine Rolle spielt. Im Nationalstaat soll und kann Demokratie Herrschaft durch das Volk und für das Volk zugleich sein. Für die Europäische Union hat dies die bedauerliche Konsequenz, dass die Legitimität ihrer institutionellen Praxis, wenn sie überhaupt explizit diskutiert wird, fast automatisch unter Bezugnahme auf, die für nationale Debatten kennzeichnende Vermengung input- und output-orientierter Kriterien beurteilt und dementsprechend als unzureichend abgelehnt wird. ...

Scharpf, Fritz: Regieren in Europa. Zitiert in: Massing, Peter/Breit, Gotthard (Hrsg.): Demokratie-Theorien. Wochenschau Verlag Schwalbach, Lizenzausgabe für die Bundeszentrale für politische Bildung, Bonn, S. 269f

Aufgaben

72035-263

1. Unterscheiden und erläutern Sie die input-orientierte und die output-orientierte Legitimation (**M22**) und gestalten Sie zu zweit ein Schaubild, dass die beiden Legitimationsseiten in modernen Demokratien darstellt.
2. Recherchieren und analysieren Sie mögliche Demokratiedefizite der Europäischen Union und ordnen Sie die aufgefundenen Demokratiedefizite jeweils der input- oder output-Legitimation zu (→ Kap.9.2.4, S. 393 ff.).
3. Beurteilen Sie, inwiefern eine auf Output-Orientierung angelegte Regierungsform mit dem Demokratieprinzip im Spannungsfeld steht.

Onlinekapitel: Benjamin Barber: Lässt sich die Krise der liberalen, repräsentativen Demokratie durch mehr Bürgerbeteiligung überwinden?

72035-264

8.3.3 Jürgen Habermas: Ist Mündigkeit die Voraussetzung zur Demokratie?

Jürgen Habermas (geb. 1929)
Habermas ist gegenwärtig der wichtigste Vertreter der „Kritischen Theorie“ der „Frankfurter Schule“, die auf Adorno und Horkheimer zurückgeht. 1961 habilitierte er sich mit der Schrift „Strukturwandel der Öffentlichkeit“. Er sich immer wieder in die politische Diskussion eingebracht; sei es als Gegner des Klonierens oder zur Frage der Finalität der Europäischen Union.

M23 Welche politische Entscheidung soll getroffen werden?

Entscheidungsgrundsatz A:
Eine Entscheidung, die von der Mehrheit befürwortet wird.

Entscheidungsgrundsatz B:
Eine Entscheidung, die aufgrund der besseren Argumente getroffen wird.

Einstiegsaufgaben 72035-265

1. Erläutern Sie, inwiefern zwischen A und B (**M23**) ein Widerspruch bestehen könnte.
2. Welcher Entscheidungsgrundsatz ist für Sie wichtiger: A oder B? Begründen und diskutieren Sie Ihre Auffassungen.

M24 Was ist Deliberation?

Deliberation [lat.: deliberare, dt. abwägen] beschreibt eine auf den Austausch von Argumenten angelegte Form der Entscheidungsfindung unter Gleichberechtigten. Das bessere Argument und nicht die Mehrheitsabstimmung soll die Entscheidungen prägen und zu besseren Entschlüssen führen, weil – im Idealfall – alle Argumente gegeneinander abgewogen werden und eine Einigung auf die »beste« Lösung möglich ist. Das Konzept der Deliberation basiert u. a. auf der Diskurstheorie des Sozialphilosophen Jürgen Habermas (* 18.6.1929; »Theorie des kommunikativen Handelns«, 1981). Entscheidend sind nicht Mehrheitsentscheidungen und politische Macht, sondern der diskursive Austausch von Argumenten.

Große Hüttmann, M.: Deliberation. Das Europalexikon. In: www.bpb.de, Abruf am 28.09.2022

Diskurstheorie
Kommunikatives Handeln, das im Idealfall auf das bessere Argument abzielt

Schaubild: Deliberative Demokratie
72035-266

M25 Jürgen Habermas: die Begründung der deliberativen Demokratie

Das Prinzip der Volkssouveränität drückt sich in den Kommunikations- und Teilhaberechten aus, die die öffentliche Autonomie der Staatsbürger sichern; die Herrschaft der Gesetze in jenen klassischen Grundrechten, die die private Autonomie der Gesellschaftsbürger gewährleisten. Das Recht legitimiert sich auf diese Weise als Mittel zur gleichmäßigen Sicherung privater und öffentlicher Autonomie. Allerdings hat die politische Philosophie die Spannung zwischen Volkssouveränität und Menschenrechten, [...], nicht ernstlich zum Ausgleich bringen können. Die politische Autonomie der Bürger soll sich in der Selbstorganisation einer Gemeinschaft verkörpern, die sich durch den souveränen Willen des Volkes ihre Gesetze selber gibt.

Jürgen Habermas

Die private Autonomie der Bürger soll andererseits in Grundrechten Gestalt annehmen, die die anonyme Herrschaft der Gesetze gewährleisten. Wenn die Weichen erst einmal so gestellt sind, kann die Idee nur auf Kosten der anderen zur Geltung gebracht werden. Die intuitiv einleuchtende Gleichursprünglichkeit [...] bleibt auf der Strecke: Der [...] Republikanismus hat stets der öffentlichen Autonomie der Staatsbürger Vorrang vor den politischen Freiheiten der Privatleute eingeräumt. Der [...] Liberalismus hat die Gefahr tyrannischer Mehrheiten beschworen und einen Vorrang der Menschenrechte postuliert. In einem Fall sollen die Menschenrechte ihre Legitimität dem Ergebnis der ethischen Selbstverständigung und souveränen Selbstbestimmung eines politischen Gemeinwesens verdanken; im anderen Fall sollten sie von Haus aus legitime Schranken bilden, die dem souveränen Willen des Volkes den Übergriff auf unantastbare subjektive Freiheitssphären verwehren. [...] Um diese Intuition richtig auszudrücken, empfiehlt es sich, das demokratische Verfahren, das dem Prozess der Rechtsetzung unter Bedingungen des gesellschaftlichen und weltanschaulichen Pluralismus erst seine legitimätitserzeugende Kraft verleiht, unter diskurstheoretischen Gesichtspunkten zu betrachten. [...] Wenn nun Diskurse und Verhandlungen [...] den Ort bilden, an dem sich ein vernünftiger politischer Wille bilden kann, muss sich jene Vermutung auf Vernünftigkeit, die das demokratische Verfahren begründen soll, letztlich auf ein kunstvolles kommunikatives Arrangement stützen: es kommt auf die Bedingungen an, unter denen die für eine legitime Rechtsetzung notwendigen Kommunikationsformen ihrerseits rechtlich institutionalisiert werden können. Der gesuchte interne Zusammenhang zwischen Menschenrechten und Volkssouveränität besteht dann darin, dass das Erfordernis der rechtlichen Institutionalisierung einer staatsbürgerlichen Praxis des öffentlichen Gebrauchs kommunikativer Freiheiten eben durch die Menschenrechte selbst erfüllt wird. Menschenrechte, die die Ausübung der Volkssouveränität ermöglichen, können dieser Praxis nicht als Beschränkung von außen auferlegt werden. Diese Überlegung leuchtet freilich unmittelbar nur für die politischen Bürgerrechte, also die Kommunikations- und Teilnahmerechte ein, die die Ausübung der politischen Autonomie sichern, nicht jedoch für die klassischen Menschenrechte, die die private Autonomie der Bürger gewährleisten. ...

Habermas, Jürgen: Über den inneren Zusammenhang von Rechtsstaat und Demokratie. In: Habermas, Jürgen: Die Einbeziehung des Anderen. Frankfurt/M. 1996, S. 293ff

Erweiterte Textfassung: Jürgen Habermas: die Begründung der deliberativen Demokratie

72035-267

Aufgaben

72035-268

1. Erläutern Sie das Prinzip der Deliberation mit eigenen Worten (**M24**). Verwenden Sie bitte auch den Mediencode neben **M24**.
2. Erklären Sie die im Text dargestellte „Gleichursprünglichkeit der Volkssouveränität und der Grundrechte“ (Z. 27 f.) und fassen Sie die Hauptaussagen von **M25** thesenartig zusammen.
3. Charakterisieren Sie die Kompetenzen, welche die beteiligungsinteressierten Bürger:innen für eine funktionierende deliberative Demokratie besitzen müssen (**M25**). Ergänzen und diskutieren Sie weitere Kompetenzen (→ Onlinekapitel auf S. 134).

Sie als Bürger:in ...
wollen stärker bei politischen Entscheidungen beteiligt werden. Gestalten Sie ein Plädoyer für die Vorteile der Einrichtung von Bürgerräten bei existenziellen Fragen (z. B. Klimawandel, Erweiterung der EU, Umbau der sozialen Sicherungssysteme).

Onlineworkshop: Politischer Systemwechsel: Der lange Weg Kladoniens

72035-257

Verfassungsschema (Aristoteles)

Aristoteles untersuchte unzählige Verfassungen der Stadtstaaten seiner Zeit und entwickelte empirisch ein Sechser-Schema der Verfassungen. Dabei unterscheidet er einerseits die Zahl der Regierenden und andererseits, ob das politische Handeln gerecht nur für eine Gruppe oder für alle ist. Mit diesen beiden Kriterien lassen sich sechs Verfassungen unterscheiden, wovon drei gute (Monarchie, Aristokratie und Politie) und drei schlechte (Tyrannis, Oligarchie, Demokratie) Verfassungen entstehen.

Übung 82000-721

Vertragstheorien

Unter einer Vertragstheorie (Kontraktualismus) versteht man eine Vorstellung, um Staatsordnungen zu legitimieren. Dabei wird hypothetisch angenommen, dass alle Beteiligten einer solchen Gesellschaft per Vertragsabschluss zustimmen würden bzw. könnten. Das Kriterium der Zustimmung wird als Merkmal der Rechtmäßigkeit der Ordnung angenommen.

Übung 82000-722

Gewaltenteilung

Die Gewaltenteilung gilt als unverzichtbarer Grundsatz freiheitlicher Demokratien. Im Kern soll die Gewaltenteilung mit der Begrenzung, Hemmung und Kontrolle politischer Macht deren Missbrauch verhindern.

Übung 82000-723

Pluralismus

Pluralistische Demokratietheorien gründen auf der Annahme, dass eine breite Verteilung der Machtpositionen innerhalb einer Gesellschaft am besten autoritäre Herrschaft verhindern kann. Dabei betont der Pluralismus die zentrale Rolle, die die Parteien und unterschiedlichen Interessengruppen im Staat erfüllen. Allerdings betont der Pluralismus auch die Notwendigkeit eines Konsenses über die Regeln der gesellschaftlichen Konfliktaustragung, ohne dass politische Systeme zu instabil werden würden.

Übung 82000-724

Input-Output-Legitimation

Die Input-Output-Legitimation basiert auf der Überlegung, dass politische Systeme aufgrund zweier Prinzipien legitimiert werden können. Die Input-Legitimationsebene besteht in der rechtmäßigen Zustimmung (z. B. durch Wahlen) der Beherrschten, während die Output-Legitimationsebene in der Nützlichkeit der Leistungen eines politischen Systems für die Bürger bemessen werden kann.

Übung 82000-725

Deliberative Demokratie

Das Konzept der deliberativen Demokratie basiert auf der Grundannahme, dass nur in einem öffentlichen Diskurs (Erörterung, Diskussion) eine rationale Willens- und Meinungsbildung stattfinden kann. Die für diesen Diskurs notwendige Öffentlichkeit muss für jeden gleich zugänglich sein und darf keinen Einschränkungen unterliegen. Die Ergebnisse dieses Diskurses setzen die notwendigen Impulse, die die Parteien oder das Parlament aufgreifen und in politische Entscheidungen umwandeln müssen.

Übung 82000-726

KOMPETENZEN ANWENDEN

Kursarbeitstraining

Die folgenden Aufgaben bieten die Möglichkeit, Ihre gewonnen Kompetenzen zu überprüfen und diese anzuwenden. Sie können als Vorbereitung für eine Kursarbeit dienen. Lösungsvorschläge erhalten Sie über den QR-Code.

FDGO und Demokratiebegriff im Grundgesetz
Die Urteile im Parteiverbotsverfahren gegen die Sozialistische Reichspartei (23.Oktober 1952 – 1 BvB 1/51 – BverfGE 2, S. 1ff) und gegen die KPD (17.August 1956 – 1 BvB 2/51 – BverfgE 5, S. 85ff) führten zu grundlegenden Ausführungen über die freiheitliche demokratische Grundordnung und dem Demokratiebegriff des Grundgesetzes.

1 Der Demokratiebegriff des Grundgesetzes aus dem Parteiverbotsurteil gegen die SRP:

Die besondere Bedeutung der Parteien im demokratischen Staat rechtfertigt ihre Ausschaltung aus dem politischen Leben nicht schon dann, wenn sie einzelne Vorschriften, ja selbst ganze Institutionen der Verfassung mit legalen Mitteln bekämpfen, sondern erst dann, wenn sie oberste Grundwerte des freiheitlichen demokratischen Verfassungsstaates erschüttern wollen. Diese Grundwerte bilden die freiheitlich demokratische Grundordnung die das Grundgesetz innerhalb der staatlichen Gesamtordnung als fundamental ansieht. Dieser Grundordnung liegt letztlich die Vorstellung zugrunde, dass der Mensch in der Schöpfungsordnung einen eigenen selbstständigen Wert besitzt und Freiheit und Gleichheit dauernde Grundwerte der staatlichen Einheit sind. Daher ist die Grundordnung eine wertgebundene Ordnung. Sie lässt sich als eine Ordnung bestimmen, die unter Ausschluss jeglicher Gewalt- und Willkürherrschaft eine rechtsstaatliche Herrschaftsordnung auf der Grundlage der Selbstbestimmung des Volkes nach dem Willen der jeweiligen Mehrheit und der Freiheit und Gleichheit darstellt. Zu den grundlegenden Prinzipien dieser Ordnung sind mindestens zu rechnen: Die Achtung vor den im Grundgesetz konkretisierten Menschenrechten, vor allem vor dem Recht der Persönlichkeit auf Leben und freie Entfaltung, die Volkssouveränität, die Gewaltenteilung, die Verantwortlichkeit der Regierung, die Gesetzmäßigkeit der Verwaltung, die Unabhängigkeit der Gerichte, das Mehrparteienprinzip und die Chancengleichheit für alle politischen Parteien.

23.Oktober 1952 – 1 BvB 1/51 – BverfGE 2, S. 1ff

Das Gebäude des Bundesverfassungsgerichts in Karlsruhe

2 Anknüpfung des KPD-Urteils an das Parteienverbotsurteil:

Die freiheitliche Demokratie lehnt die Auffassung ab, dass die geschichtliche Entwicklung durch ein wissenschaftlich erkanntes Endziel determiniert sei und dass folglich auch die einzelnen Gemeinschaftsentscheidungen als Schritte zur Verwirklichung eines solchen Endziels inhaltlich von diesem her bestimmt werden könnten. Vielmehr gestalten die Menschen selbst ihre Entwicklung durch Gemeinschaftsentscheidungen, die immer nur in größter Freiheit zu treffen sind. [...]

Die schließlich erreichten Entscheidungen werden gewiss stets mehr den Wünschen und Interessen der einen oder anderen Gruppe oder sozialen Schicht entsprechen; die Tendenz der Ordnung und die in ihr angelegte Möglichkeit der freien Auseinandersetzung zwischen allen realen und geistigen Kräften wirkt aber in Richtung auf Ausgleich und Schonung der Interessen aller. Das Gesamtwohl wird eben nicht von vorneherein gleichgesetzt mit den Interessen oder Wünschen einer bestimmten Klasse [...].

Die staatliche Ordnung der freiheitlichen Demokratie muss [...] insbesondere Missbräuche der Macht hemmen. Ihre Aufgabe besteht wesentlich darin, die Wege für alle denkbaren Lösungen offen zu halten, und zwar jeweils dem Willen der tatsächlichen Mehrheit des Volkes für die einzelnen Entscheidungen Geltung zu verschaffen, aber diese Mehrheit auch zur Rechtfertigung ihrer Entscheidungen [...] vor der Minderheit zu zwingen. Dem dienen die leitenden Prinzipe dieser Ordnung wie auch ihre einzelnen Institutionen. Was die Mehrheit will, wird jeweils in einem sorgfältig geregelten Verfahren ermittelt. Aber der Mehrheitsentscheidung geht die Anmeldung der Forderungen der Minderheit und die freie Diskussion voraus [...]. Da die Mehrheit immer wechseln kann, haben auch Minderheitsmeinungen reale Chancen zur Geltung zu kommen. [...] Dass diese Ordnung funktionieren, dass sie das Gesamtwohl schließlich in einer für allen zumutbaren Weise verwirklichen könne, wird durch ein System rechtlich gesetzter oder vorausgesetzter Spielregeln sichergestellt, die sich aufgrund der geschilderten Prinzipien in einer langen historischen Entwicklung ergeben haben.

17.August 1956 – 1 BvB 2/51 – BverfgE 5, S. 85ff

Aufgaben 72035-269

1. Arbeiten Sie die Merkmale der freiheitlich demokratischen Grundordnung (FDGO) heraus (1, 2).
2. Ordnen Sie die Demokratieauffassung des Grundgesetzes in die demokratietheoretischen Positionen von Locke, Montesquieu und Fraenkel ein.
3. Gestalten Sie aus der Perspektive Rousseaus eine politische Ordnung, die das Gegenteil der freiheitlich demokratischen Grundordnung darstellt.

Lösungsvorschläge und Erwartungshorizonte

72035-270

1

Die EU engagiert sich außenpolitisch und militärisch. Hier am Horn von Afrika, um die Hilfslieferungen des World Food Programmes nach Somalia vor Piratenangriffen zu schützen.

2

In vielen Mitgliedstaaten gehen EU-Kritiker:innen auf die Straße, um gegen die EU-Politik zu demonstrieren.

3

„Die Einheit Europas war ein Traum von Wenigen. Sie wurde eine Hoffnung für Viele. Sie ist heute eine Notwendigkeit für uns alle."

Konrad Adenauer im Deutschen Bundestag am 15.12.1954

4

Verbindliche Entscheidungen für alle Mitgliedstaaten (Plenarsaal des Europäischen Parlaments in Brüssel)

5

Euro-Münzen aus verschiedenen Staaten der Europäischen Union

9

Die politische Ordnung der Europäischen Union

Zwischen supranationaler und nationaler Souveränität

Die Europäische Union hat inzwischen Einfluss auf fast alle Bereiche des menschlichen Zusammenlebens. Trotzdem bewerten viele die EU als bürgerfernes bürokratisches System. Der Nationalstaat kann Teile seiner Souveränität an die EU abgeben, um von gesamteuropäischen Lösungen zu profitieren. Doch welche Themen sollen national, welche supranational entschieden werden? Die Antwort auf diese Frage ist umstritten.
Die europäische Integration garantiert das friedliche Zusammenleben der EU-Staaten. Besondere Herausforderungen, z. B. in der Flüchtlings- oder der Klimapolitik, zeigen aber, dass es nicht immer so einfach ist, alle Mitgliedstaaten auf einen gemeinsamen Nenner zu bringen.
Sie erhalten in diesem Kapitel zunächst einen Überblick über die Entwicklung der Europäischen Integration und den politischen Prozess in der Europäischen Union, bevor Sie besondere Herausforderungen und Zukunftsperspektiven der EU beurteilen sollen.

Leitfragen

1. Wie beeinflusst die Europäische Union meinen Alltag?
2. Nehme ich mich als europäische:n Bürger:in wahr?
3. Wie wirken die verschiedenen Akteure im politischen Entscheidungsprozess der EU mit Blick auf Effektivität, Legitimität, Macht und Transparenz zusammen?
4. Soll das politische System der EU im Rahmen Ihrer Werteordnung demokratischer und/oder handlungsfähiger gestaltet werden?
5. Wie kann und soll sich die EU unter Ausbalancierung nationaler und supranationaler Souveränität in der Zukunft entwickeln?

Aufgaben

72035-271

1. Beschreiben Sie die Materialien 1 – 5 auf der linken Seite. Nennen Sie Assoziationen zur Europäischen Union, die Ihnen dabei in den Sinn kommen.
2. Bilden Sie zwei Gruppen: Eine Gruppe übernimmt die Rolle einer von der EU beauftragten Werbeagentur, die andere Gruppe tritt als EU-kritische Partei auf. Entwerfen Sie aus der jeweiligen Perspektive Slogans zu Europa. Stellen Sie Ihre Produkte in Form einer Collage (→ Methodenglossar) im Kurs vor.

9.1 Die europäische Integration

9.1.1 Motive der europäischen Integration: ein Friedens- oder ein Wirtschaftsprojekt?

Zum Thema: Zwei Weltkriege haben gezeigt, was Konkurrenz und Feindseligkeit zwischen den europäischen Nationalstaaten anrichten können. Politische Eliten, vor allem in Frankreich und Deutschland, entwickelten Perspektiven für ein Europa, das in Zukunft durch mehr Gemeinsamkeiten als Gegensätze geprägt sein sollte. Die Interessen ihrer eigenen Nationalstaaten verloren sie dabei allerdings auch nie aus dem Blick. In diesem Kapitel werden Sie die Motive ermitteln, die am Anfang der Europäischen Einigung standen. Sie beurteilen auch, ob diese eher von politisch-ethischen oder eher von wirtschaftlichen Interessen angetrieben wurden und diskutieren Ihr eigenes „Bild" von der Europäischen Union.

M1 Rede von Winston Churchill an die akademische Jugend am 19. September 1946 in Zürich

Winston Churchill, britischer Premierminister von 1940 – 1945 und von 1951 – 1955

Ich möchte heute über Europas Tragödie zu Ihnen sprechen. [...] In weiten Gebieten starren ungeheure Massen zitternder menschlicher Wesen gequält, hungrig, abgehärmt und verzweifelt auf die Ruinen ihrer Städte und Behausungen und suchen den düsteren Horizont angestrengt nach dem Auftauchen einer neuen Gefahr, einer neuen Tyrannei oder eines neuen Schreckens ab. [...] Und doch gibt es all die Zeit hindurch ein Mittel, das, würde es allgemein und spontan von der großen Mehrheit der Menschen in vielen Ländern angewendet, wie durch ein Wunder die ganze Szene veränderte und in wenigen Jahren ganz Europa, oder doch dessen größten Teil, so frei und glücklich machte, wie es die Schweiz heute ist. Welches ist dieses vorzügliche Heilmittel? Es ist die Neuschöpfung der europäischen Völkerfamilie, oder doch so viel davon, wie möglich ist, indem wir ihr eine Struktur geben, in welcher sie in Frieden, in Sicherheit und in Freiheit bestehen kann. Wir müssen eine Art Vereinigte Staaten von Europa errichten.

Churchill, Winston: Ein britischer Patriot für Europa. In: www.zeit.de, 05.05.2009, übersetzt von Die ZEIT

Zusatzmaterial:
Originalrede von Churchill
72035-272

Einstiegsaufgaben 72035-273

1. Geben Sie den Inhalt der Rede in **M1** in eigenen Worten wieder.
2. „Die europäische Integration: ein Friedensprojekt." Teilen Sie diese Auffassung?

M2 Erklärung von Robert Schuman, 09. Mai 1950, Paris

Die französische Regierung schlägt vor, die Gesamtheit der französisch-deutschen Kohle- und Stahlproduktion einer gemeinsamen Hohen Behörde zu unterstellen, in einer Organisation, die den anderen europäischen Ländern zum Beitritt offensteht. Die Zusammenlegung der Kohle- und Stahlproduktion wird sofort die Schaffung gemeinsamer Grundlagen für die wirtschaftliche Entwicklung sichern – die erste Etappe der europäischen Föderation – und die Bestimmung jener Gebiete ändern, die lange Zeit der Herstellung von Waffen gewidmet waren, deren sicherste Opfer sie gewesen sind. Die Solidarität der Produktion, die so geschaffen wird, wird bekunden, dass jeder Krieg zwischen Frankreich und Deutschland nicht nur undenkbar, sondern materiell unmöglich ist. Die Schaffung dieser mächtigen Produktionsgemeinschaft, die allen Ländern offensteht, die daran teilnehmen wollen, mit dem Zweck, allen Ländern, die sie umfasst, die notwendigen Grundstoffe für ihre industrielle Produktion zu gleichen Bedingungen zu liefern, wird die realen Fundamente zu ihrer wirtschaftlichen Vereinigung legen. Diese Produktion wird der gesamten Welt ohne Unterschied und Ausnahme zur Verfügung gestellt werden, um zur Hebung des Lebensstandards und zur Förderung der Werke des Friedens beizutragen. [...] Im Gegensatz zu einem internationalen Kartell, das nach einer Aufteilung und Ausbeutung der nationalen Märkte durch einschränkende Praktiken und die Aufrechterhaltung hoher Profite strebt, wird die geplante Organisation die Verschmelzung der Märkte und die Ausdehnung der Produktion gewährleisten.

Schuman, Robert. In: Europäische Union 1995 – 2022: Schuman Erklärung von Mai 1950. In: www.european-union.europa.eu, Abruf am 05.10.2022

Konrad Adenauer, Bundeskanzler der Bundesrepublik Deutschland, und **Robert Schuman**, französischer Außenminister, 1951

M3 Beitrittsmotive zur Europäischen Union: Fallbeispiel Lettland

[Man sieht] gerne darüber hinweg, dass die EU ja Europa eben nicht nur aus den großen Nationalstaaten besteht, sondern auch den mittleren und kleinen. Für diese ist die EU auch Garant dafür, dass sie eine gesicherte Stimme gegenüber größeren Nachbarn haben – im Rat zählt die Stimme Maltas so viel wie die Frankreichs. Lettland ist eines dieser kleineren Länder. Etwa so groß wie Bayern hat es nur ca. 2 Millionen Einwohner und ist entsprechend dünn besiedelt. [...] Zwischen 1941 und 1990 war Lettland erst durch Deutschland besetzt [bis 1945], danach war es von der Sowjetunion okkupiert. Und so ist heute die EU-Mitgliedschaft [...] für Lettland der Garant für Selbstständigkeit. Neben der offensichtlichen geopolitischen, hat dies auch eine finanzielle Dimension. Lettland gehört zu den sogenannten Nettoempfängern, ca. 2 % des BIP kamen 2016 aus Brüssel. „Liebe geht durch den Magen und Europa auch durch den Geldbeutel", wie es Dr. Tobias Mörschel, Leiter der FES Büros in den baltischen Staaten formuliert. Und so weiß man in Riga, was man an der EU hat. Denn mit der Finanzkrise stand der kleine nordosteuropäische Staat, bis dahin ein transformationspolitischer Musterschüler, vor dem Kollaps. [...] . Umso wichtiger ist und bleibt damit auch die EU, weswegen euroskeptische Töne in Lettland wenig Anklang finden. Es gibt einen pro-EU Konsens über die politischen Lager hinweg.

Mürer, Timon: Selbständigkeit und Souveränität – Lettland und die EU. In: www.fes.de, Abruf am 23.10.2022

EU-Beitritt Lettlands
Der baltische Staat Lettland, an der Grenze zu Russland gelegen, trat 2004 der Europäischen Union bei.

Stimme zur Idee der EU

Ich sehe die EU nicht als Familie an. Für mich ist sie eher ein wirtschaftlicher Zweckverband.

Bearbeiter

Aufgaben

72035-274

1. Vergleichen Sie die Motive Schumans (**M2**) mit denen Churchills (**M1**). Formulieren Sie stichpunktartig Gemeinsamkeiten und Unterschiede.
2. Analysieren Sie die Motive für den Beitritt und die EU-Euphorie in Lettland (**M3**). Inwiefern unterscheiden Sie sich von denen Churchills (**M1**) und Schumans (**M2**)?
3. „Europäische Union": Ist für Sie die EU eher eine friedenspolitische oder eher eine wirtschaftspolitische Idee (**Randspalte zu M3**)? Vergleichen und diskutieren Sie Ihre EU-Bilder.

9.1.2 Etappen der europäischen Integration: eine Erfolgsgeschichte?!

Zum Thema: Die Europäische Union kann inzwischen auf eine über 70-jährige Geschichte zurückblicken. Neben erfolgreichen Episoden wird sie jedoch auch immer wieder von Krisen herausgefordert und droht gar zu scheitern. Allein ihre Existenz reicht als Beleg für ihren Erfolg nicht aus. Vielmehr muss sie sich immer wieder an den Zielen messen lassen, die sie sich selbst gesetzt hat. In diesem Kapitel sollen Sie ermitteln, wo die EU die in sie gesetzten Hoffnungen erfüllen konnte und wo sie hingegen gescheitert ist. Sie beurteilen dann, ob die europäische Integration als Erfolgsgeschichte bezeichnet werden kann.

M4 Ziele der europäischen Integration im Wandel der Zeit

Europäische Integration bezeichnet den Prozess der immer engeren Zusammenarbeit europäischer Staaten im Hinblick auf die verstärkte Abgabe nationaler Souveränität an die europäische Ebene sowie die Erweiterung der Gemeinschaft.

Europäische Gemeinschaft für Kohle und Stahl (1951):
Arbeitsplätze schaffen, Wirtschaftsaufschwung, verbesserter Lebensstandard in den Mitgliedstaaten

© 2016 Europa-News: Aufgaben und Ziele der EGKS. In: www.leseuronautes.eu, Abruf am 07.10.2022

Einheitliche Europäische Akte (1987):
Verwirklichung des Binnenmarktes, Ausbau demokratischer Strukturen/Abschaffung des Einstimmigkeitserfordernisses, Gesamtorganisation einer Europäischen Politischen Zusammenarbeit, Erweiterung der Zuständigkeit auf Währungs-, Sozial-, Forschungs- und Umweltpolitik

Die Bundesregierung: Einheitliche Europäische Akte. In: www.bundesregierung.de, Abruf am 07.10.2022

Europäische Union (2022):
Friedensförderung, Garantie innereuropäischer Rechtsstaatlichkeit, Ausbau des Binnenmarktes, nachhaltiges Wirtschaftswachstum, soziale Gerechtigkeit, Solidarität zwischen EU-Mitgliedsländern.

© Europäische Union, 1995–2022: Europäische Union – Ziele und Werte. In: www.european-union.euroa.eu, Abruf am 07.10.2022

F Aufgabe
Formulieren Sie eigene Zielvorstellungen an die europäische Integration, die Sie in den nächsten 20 Jahren erfüllt sehen wollen! Welches ist Ihr wichtigstes Ziel?

Einstiegsaufgaben 72035-275

1. Vergleichen Sie die Zielformulierungen in **M4**. Beschreiben Sie die Entwicklung, die sich ablesen lässt.
2. Welche Ziele hat die europäische Integration bis heute erreicht? Diskutieren Sie Ihre Einschätzungen.

M5 Meilensteine der europäischen Einigung

Verwaltung in der EGKS
Die Verwaltung in der EGKS übernahm eine „Hohe Behörde", aus der sich später die Europäische Kommission entwickelte.

1952: Europäische Gemeinschaft für Kohle und Stahl (EGKS): Am 23. Juli 1952 trat der Vertrag zur Gründung der Europäischen Gemeinschaft für Kohle und Stahl (EGKS) in Kraft. Der Plan war der erste entscheidende Schritt zur Europäischen Einigung. Mit diesem Vertrag wurde ein gemeinsamer Markt für Schlüsselindustrien errichtet, der supranationalen Regelungen unterworfen war. Rechtsstreitigkeiten sollten vom Europäischen Gerichtshof (EuGH) geschlichtet werden.

1958: Die Römischen Verträge – EWG und Euratom: Am 1. Januar 1958 traten die Römischen Verträge zur Gründung der Europäischen Wirtschaftsgemeinschaft (EWG) und der Europäischen Atomgemeinschaft (Euratom) in Kraft. Die EWG hatte die Schaffung eines gemeinsamen Marktes zum Ziel, in dem Waren, Personen, Dienstleistungen und Kapital frei zirkulieren konnten. Diese vier Grundfreiheiten sollten nach und nach verwirklicht werden. Zweck der Euratom war die gemeinsame Kontrolle und Entwicklung der Nukleartechnik.

1985/1995: Schengener Abkommen: Der Schengen-Raum und die entsprechende Zusammenarbeit stützen sich auf das Schengener Abkommen von 1985 und sind seit 1995 verwirklicht. Der Schengen-Raum stellt ein Gebiet dar, in dem der freie Personenverkehr gewährleistet ist. Zwischen den Unterzeichnerstaaten des Abkommens wurden alle Binnengrenzen zugunsten einer einzigen, einheitlich kontrollierten Außengrenze abgeschafft. Um die Sicherheit innerhalb des Schengen-Raums zu gewährleisten, wurden gleichzeitig die Zusammenarbeit und die Koordinierung zwischen den Polizeidiensten und den Justizbehörden verstärkt (Europol).

1993: Maastrichter Vertrag: Der Maastrichter Vertrag trat 1993 in Kraft und enthielt die Vereinbarung, die Europäischen Gemeinschaften nunmehr Europäische Union zu nennen. Zudem wurde vereinbart, die vorherige – nur begrenzt verbindliche – währungspolitische Zusammenarbeit im Rahmen des Europäischen Währungssystems in die Europäische Währungsunion zu überführen. Hierzu gehörte auch die Einführung des Euro als gemeinsame europäische Währung für 1999 (Umstellung der Konten) bzw. 2002 (Einführung des Bargeldes). Außerdem verpflichteten sich die Vertragspartner zu einer engeren Zusammenarbeit in der Außen- und Sicherheitspolitik sowie in der Innen- und Justizpolitik, wobei diese Politikbereiche jedoch von den Gemeinschaftsverfahren ausgeschlossen blieben.

2007: Vertrag von Lissabon: Am 13. Dezember 2007 unterzeichneten die EU-Staats- und Regierungschefs sowie die Außenminister feierlich den „Vertrag von Lissabon". Der Reformvertrag ersetzt die im Jahr 2005 gescheiterte EU-Verfassung und soll die Europäische Union mit 27 Mitgliedern handlungsfähig halten. Nach der Ratifizierung durch die Mitgliedstaaten trat der Reformvertrag zum 1. Januar 2009 in Kraft. Zentrale Anliegen des Vertrags von Lissabon sind neben der verbesserten Handlungsfähigkeit der EU-27 durch veränderte Mehrheitserfordernisse auch eine Stärkung der demokratischen Legitimation der EU durch Erweiterung der Befugnisse des seit 1978 direkt gewählten Europäischen Parlaments. Außerdem sollte etwa die Einbeziehung der Charta der Grundrechte in den neuen Vertragstext sowie die Einführung eines Europäischen Bürgerbegehrens die Rolle der Bürger aufwerten.

2013: Im Juli 2013 trat Kroatien als vorerst letztes Mitglied der EU bei. Durch den 2016 per Volksentscheid beschlossenen und 2021 schließlich umgesetzten Brexit, den Austritt Großbritanniens aus der Gemeinschaft der EU, besteht die Europäische Union aktuell aus 27 Mitgliedstaaten.

Bearbeiter, basierend auf: Bundeszentrale für politische Bildung: Deutsche Geschichten 1989-2016. In: www.deutschegeschichten.de, Abruf am 07.10.2022

Grafik:
Die Erweiterungsrunden der EU im Überblick

73000-311

M6 Schaubild: Politikfelder in der EU nach dem Vertrag von Lissabon

Zuständigkeiten für die jeweiligen Politikfelder nach dem Vertrag von Lissabon
- Vertrag über die Europäische Union (EUV)
- Vertrag über die Arbeitsweise der Europäischen Union (AEUV)

ÜBERTRAGUNG VON SOUVERÄNITÄT ↑

	Politikfelder:	
Ausschließliche Zuständigkeit bei der EU (Art. 3 AEUV) **Vergemeinschaftete Politikfelder:** Souveränität, verbindliche Rechtsakte zu beschließen, liegt bei der Europäischen Union	• Zollunion • Wettbewerbsregeln für den Binnenmarkt • Währungspolitik für Euro-Mitglieder	• gemeinsame Handelspolitik • Erhaltung der biologischen Meeresschätze im Rahmen der gemeinsamen Fischereipolitik
Geteilte Zuständigkeit zwischen Nationalstaat und EU (Art. 4,5 AEUV) **Teilweise vergemeinschaftete Politikfelder:** Die Mitgliedstaaten nehmen ihre Zuständigkeit Rechtsakte zu beschließen nur wahr, sofern und soweit die EU ihre Zuständigkeit nicht ausgeübt hat.	• Binnenmarkt • Sozialpolitik • wirtschaftlicher, sozialer und territorialer Zusammenhalt • Landwirtschaft und Fischerei • Umwelt	• Verbraucherschutz • Verkehr • transeuropäische Netze • Energie • Raum der Freiheit, der Sicherheit und des Rechts • Migration, Asyl
Zuständigkeit bei den Mitgliedstaaten (Art. 6 AEUV, Art. 21-46 EUV) **Nicht vergemeinschaftete Politikfelder:** Die Mitgliedstaaten entscheiden souverän über eine europäische Zusammenarbeit. Die EU kann/soll dabei unterstützen und koordinieren.	• Gesundheitspolitik • Industrie • Kultur • Tourismus • allgemeine und berufliche Bildung, Jungend und Sport	• Katastrophenschutz • Verwaltungszusammenarbeit • Außen-, Sicherheits- und Verteidigungspolitik • Grenzkontrollen

Bearbeitergrafik

„Die Geschichte der EU ist die Geschichte ihrer Krisen."

Sascha Lehnartz im Interview mit Luuk van Middelaar: Aus Sicht der anderen ist Deutschland immer schuld. In: www.welt.de, 24.03.2017

M7 Das Krisenjahrzehnt: die Lissabonner Architektur im Stresstest

Die gescheiterten Abstimmungen zur EU-Verfassung in Frankreich und den Niederlanden, die zunächst zu einer Lähmung und erst nach mühsamen Verhandlungen zum Lissabonner Vertrag führten, sowie seit 2016 der Brexit, belasteten die Arbeit der europäischen Institutionen. Beide Entwicklungen stehen dabei für eine zunehmende EU-Skepsis innerhalb der Bevölkerung. EU-kritische Parteien verzeichnen in allen Mitgliedstaaten Gewinne in der Wählergunst. Die Klima- und Corona-Krise, Rechtsstaatsverletzungen innerhalb der EU sowie der Krieg in der Ukraine stellen die Union ebenfalls vor besondere Herausforderungen. [...] Insgesamt gibt die EU im Krisenmodus kein allzu positives Bild ab. Die starken Interessenunterschiede zwischen ihren Mitgliedstaaten führen zu nationalen Alleingängen, langwierigen Verhandlungen und kleinschrittigen Lösungen in Form eines Minimalkonsenses. Dem Handlungswillen der EU-Organe wie Kommission und Parlament stehen die von Nationalinteressen und nicht zuletzt ihren Wählerschaften getriebenen Staats- und Regierungschefs gegenüber, die Lösungen nur zustimmen können, wenn Sie dabei einen „Erfolg" mit nachhause bringen.

Wessels, Wolfgang: Geschichte. In: Das Politische System der Europäischen Union. Springer Reference Sozialwissenschaften. Springer VS. Wiesbaden. 2021. S. 58 – 61

Aufgaben

72035-276

1. Erstellen Sie eine Tabelle (Jahr, Mitgliedstaat, Vereinbarungen) zu den Meilensteinen der europäischen Integration (**M5,** QR-Code, S. 369).
2. Beschreiben Sie den Aufbau des Vertrages von Lissabon (**M6**).
3. Begründen Sie das Zitat (Randspalte) anhand von **M7**. Stimmen Sie zu?
4. Beurteilen Sie perspektivisch und kategorial die These: „Die europäische Integration ist eine Erfolgsgeschichte!" (→ Kategorienraster).

F zu Aufgabe 1
Entscheiden Sie für jeden Meilenstein über dessen Erfolg oder Misserfolg.

Theorien der europäischen Integration

Zum Thema: Die Integration europäischer Nationalstaaten zur Europäischen Union ist ein bemerkenswerter politischer, wirtschaftlicher und kultureller Prozess. Ihn zu verstehen, zu erklären und die weitere Entwicklung vorherzusagen, ist Aufgabe der Theorien der europäischen Integration. Diese stellen die entscheidenden Fragen: Warum gibt es europäische Integration? Unter welchen Bedingungen kommt es zu weiterer Integration, Stagnation oder sogar Desintegration? Wie kommt es, dass die EU heute viel mehr als ein Wirtschaftsraum ist? Wie kann der Austritt eines Mitglieds erklärt werden? Die Theorien legen Prognosen nahe, wie die Europäische Union der Zukunft gestaltet sein könnte. Sie sollen in diesem Kapitel die wichtigsten Theorien kennenlernen und ihre Aussagekraft auf die europäische Integration beurteilen.

M8 Thesen: Worin liegt die Antriebsfeder für europäische Integration?

These 1:

Die Integration der Europäische Union muss von den Nationalstaaten aktiv unterstützt werden.

These 2:

Die Integration der Europäischen Union ist ein eigendynamischer Prozess, der weitgehend unabhängig von externen Effekten aus sich selbst heraus entsteht.

Einstiegsaufgaben 72035-277

1. Erläutern Sie die beiden Thesen in **M8** mit eigenen Worten.
2. Welche These überzeugt Sie mehr? Begründen und diskutieren Sie.

M9 Zentrale Theorien der europäischen Integration

A Der Intergouvernementalismus (IG)

Die Theorie des Intergouvernementalismus (IG) geht auf Stanley Hoffmann (1966) zurück. Er sieht die Nationalstaaten als die zentralen Akteure und die Integration als das Ergebnis von Regierungsverhandlungen, bei denen die relative Verhandlungsmacht der Regierungen ausschlaggebend dafür ist, inwieweit sie ihre Präferenzen durchsetzen können. [...] Die Integration bleibt unter der Kontrolle der Regierungen [...]. Der traditionelle, realistische IG nimmt entsprechend der realistischen Theorie der internationalen Politik an, dass Staaten einheitliche Akteure sind, deren Außenpolitik vom Streben nach nationaler Autonomie und Sicherheit bestimmt wird. Der neuere, liberale IG folgt hingegen der liberalen Theorie der internationalen Politik darin, dass gesellschaftliche Gruppen die fundamentalen Akteure sind und Regierungen im (vorrangig wirtschaftlichen) Interesse der mächtigsten nationalen Interessengruppen handeln. [...] In allgemeiner Form lautet das intergouvernementalistische Kernargument, dass europäische Integration von nationalen Regierungen vereinbart

Theorien der Internationalen Beziehungen
→ Workshop, S. 547 ff.

Autonomie
Unabhängigkeit

Interdependenz
Gegenseitige Abhängigkeit

wird, um unter den Bedingungen internationaler Interdependenz das staatliche Interesse zu fördern. [...] Der realistische IG nimmt ein „nationales Interesse" an, das von der Regierung definiert wird und grundlegend darin besteht, die Sicherheit und Autonomie des Staates zu fördern. Hier tut sich augenscheinlich ein Widerspruch auf. Warum sollte ein autonomiemaximierender Staat sich auf Integration einlassen, die im Kern darin besteht, die staatliche Souveränität durch die Übertragung von Aufgaben [...] einzuschränken? Dem ist entgegenzuhalten, dass formelle Souveränität und faktische Autonomie oft auseinanderklaffen. Schwache, kleine Staaten mögen formell souverän sein; tatsächlich sind sie aber oft gezwungen, sich den Wünschen mächtiger Staaten anzupassen. Auch können sie der Macht der Märkte oder großer Wirtschaftsunternehmen oft wenig entgegensetzen. Es kann sich also für Staaten auszahlen, einen Teil ihrer formellen, aber unwirksamen Souveränität aufzugeben, um im Verbund mit anderen Staaten ihre faktische Autonomie zu erhöhen. Zum einen sind sie gemeinsam gegenüber Drittstaaten stärker. [...] Zum anderen stärkt die Integration von starken und schwachen Staaten die schwächeren Staaten, weil sie die stärkeren Staaten an gemeinsame Regeln und Verfahren bindet und den politischen Einfluss der schwächeren Staaten durch Stimmrechte und durch die Vertretung in den supranationalen Organen erhöht. [...] Die relevanten Akteure in den Verhandlungen über die europäische Integration sind wiederum die Regierungen. Sie stehen zunächst vor der Herausforderung, Verhandlungsergebnisse zu identifizieren, die alle beteiligten Regierungen gegenüber dem Status quo besserstellen. Regierungen, die von einer Integrationsvereinbarung keinen Zusatznutzen erwarten, lehnen diese Vereinbarung ab oder beteiligen sich nicht an der Integration. [...]

B Der Neofunktionalismus (NF)

Die Theorie des Neofunktionalismus (NF) geht zurück auf Ernst Haas (1958). [...] Der NF fasst die vielfältigen Feedback-Prozesse der Integration unter dem Konzept des „Spillover" (wörtlich: Überschwappen oder Überlaufen) zusammen. [...] Der *funktionale* Spillover resultiert aus dem Sachzusammenhang von Politikbereichen. Wird ein Politikbereich A europäisch integriert, ein mit ihm eng zusammenhängender Politikbereich B aber nicht, so kann dies „negative Externalitäten" in beiden Politikbereichen zur Folge haben. Die europäisch integrierte Politik A unterminiert die nationale Politik B, kann aber nicht auf der nationalen Ebene korrigiert werden – und umgekehrt. Weil negative Externalitäten den Integrationsnutzen schmälern, entsteht der Wunsch, die Zuständigkeitsverteilung neu zu ordnen, so dass zusammenhängende Politikbereiche auf der gleichen Ebene geregelt werden. [...] Auch der *geografische* Spillover resultiert aus negativen Externalitäten [...]. Integriert sich eine Gruppe von Staaten, z. B. in einem gemeinsamen Markt, an dem eine andere Gruppe von Staaten nicht teilnimmt, kann es zu unerwünschten Effekten für beide Gruppen kommen. Der größere gemeinsame Markt zieht Handel und Investitionen an, während die kleineren Märkte der nichtintegrierten Staaten an Attraktivität verlieren. Andererseits können nichtintegrierte Staaten das Regulierungsniveau des gemeinsamen Marktes unterbieten, z. B. durch eine laxere Steuer- oder Umweltpolitik, und damit Investitionen zu ihren Gunsten umleiten. Dadurch entstehen Anreize, das Regulierungsniveau anzugleichen oder den gemeinsamen Markt zu vergrößern. Der *politische* Spill-

Externalitäten
Externalitäten sind Kosten/Nutzen, die sich nicht auf den Verursacher, sondern auf unbeteiligte Personen auswirken.

over entwickelt sich als Reaktion auf einen anfänglichen Integrationsschritt, wenn Interessengruppen, Bürokratien, Parteien und auch die Bürgerinnen und Bürger ihre politischen Erwartungen und Aktivitäten auf die europäische Ebene hin orientieren. Insoweit die Integration ihnen hilft, ihre Ziele im europäischen Rahmen besser als im nationalen Rahmen zu verwirklichen, bilden sie transnationale Koalitionen und Organisationen. [...] Der *institutionelle* Spillover ist schließlich auf die Aktivitäten der supranationalen Organe der EU – Kommission, Gerichtshof und Parlament – zurückzuführen. Diesen Organen unterstellt der NF ein Eigeninteresse an der Konsolidierung und Weiterentwicklung europäischer Integration. Zum einen rekrutieren diese Organe überwiegend integrationsfreundliches Personal; zum anderen hängen Fortbestand und Wachstum dieser Organe vom Fortbestand und Wachstum der EU ab. [...]

Die zentrale Unterscheidung zwischen den beiden Theorien besteht in der Antwort auf die Frage, ob der Integrationsprozess ein eigendynamischer Prozess ist oder nicht. Der IG verneint diese Frage: die europäische Integration folgt den Interessen und Machtkonstellationen der Regierungen und bleibt unter ihrer Kontrolle. Der NF bejaht sie: die von den Regierungen vereinbarte institutionelle Integration löst eine eigendynamische Entwicklung aus, die der Kontrolle der Regierungen entgleitet, ihre Macht einschränkt und ihre Interessen verändert.

Bearbeiter, nach: Schimmelfennig, Frank: Theorien der europäischen Integration. In: Becker, P./ Lippert, B. (Hrsg.): Handbuch Europäische Union. Springer Verlag. Wiesbaden, 2018, S. 3

M10 Überblick: die Theorien der europäischen Integration

	Intergouvernementalismus	Neofunktionalismus	Postfunktionalismus
Nachfrage (Präferenzen)			
Akteure: Regierungen und ...	Nationale Interessengruppen (liberal)	Transnationale Interessengruppen und supranationale Organe	Nationale Wähler und Parteien
Ziele: Wohlfahrt und ...	Autonomie und Sicherheit (realistisch)	Integration	Selbstbestimmung
Angebot (Verhandlungen)			
Akteure: Regierungen und ...		Supranationale Organe	Nationale Wähler und Parteien
Kontext: Intergouvernementale Verhandlungsmacht und ...		Supernationale Institutionen	Nationale Institutionen
Feedback			
	Keines	Positiv	Negativ

Nach: Schimmelfennig, Frank: Theorien der europäischen Integration. In: Becker, P./ Lippert, B. (Hrsg.): Handbuch Europäische Union. Springer Verlag. Wiesbaden, 2018, S. 6

Aufgaben

72035-278

1. Erarbeiten Sie die zentralen Inhalte der Theorien der europäischen Integration (**M9, M10**). Erläutern Sie diese in einem Kurzvortrag.
2. Wenden Sie die jeweiligen Theorien in **M9** und **M10** auf verschiedene Aspekte der europäischen Integration an (historische Etappen, Entscheidungsprozess, politische Organe, Zukunft der EU). Welche Theorie erklärt den jeweiligen Aspekt besser?

9.1.3 Die EU als Staatenverbund: Soll die Souveränität beim Nationalstaat oder auf der supranationalen Ebene liegen?

Zum Thema: Über welche Fragen der Nationalstaat entscheiden darf und soll und in welchen Fragen die europäische Ebene die Souveränität haben soll, ist seit Beginn der europäischen Integration die fundamentale Grundfrage. Heute hängt es ab vom entsprechenden Politikfeld, ob eine Entscheidung vergemeinschaftet ist oder nicht. Sie sollen in diesem Kapitel Ihre subjektive Auffassung zur Souveränitätsfrage mit dem Vertrag von Lissabon vergleichen und die Konsequenzen für die Europäische Union beurteilen.

M11 Fallbeispiel: europäisches Recht vs. nationales Recht

a) Der Fall Tanja Kreil: Sollen Frauen in der Bundeswehr Dienst leisten dürfen?

Soldatin bei der Bundeswehr

Die Energieelektronikerin Tanja Kreil bewarb sich 1996 für den freiwilligen Dienst in der Bundeswehr mit dem Verwendungswunsch Instandsetzung (Elektronik).
Nach Ablehnungen und Widersprüchen erhob Frau Kreil beim Verwaltungsgericht Hannover Klage gegen die Bundesrepublik Deutschland. Sie trug dabei vor, die Ablehnung ihrer Bewerbung allein aus geschlechtsspezifischen Gründen sei gemeinschaftsrechtswidrig. Das VG Hannover legte daraufhin die Klage dem Europäischen Gerichtshof (EuGH) vor. Im Jahr 2000 entschied der EuGH, dass der vollständige Ausschluss von Frauen aus bewaffneten Einheiten der Bundeswehr der EU-Richtlinie zur Gleichbehandlung von Mann und Frau widerspricht.
Nach Art. 12 GG durften Frauen aber „auf keinen Fall" Dienst an der Waffe leisten.
Nach dem Urteil des EuGH wurde das Grundgesetz und das Soldatengesetz geändert. Anfang 2001 rückten die ersten deutschen Soldatinnen zur Grundausbildung in die Kasernen ein.

Bearbeiter, basierend auf: Bundeswehr: Frauen in der Bundeswehr: Natürlich gleichberechtigt. In: www.bundeswehr.de, Abruf am 05.01.2023

b) Zwei Kommentare zum Urteil

1 Die Nationen müssen ihre Eigenheiten und Traditionen wahren können. [...] Es darf nicht sein, dass Europa sich anmaßt, in unsere Verfassung einzugreifen.
Bearbeiter

2 Wir brauchen hier den Vorrang des europäischen Rechts, damit die Gleichstellung der Geschlechter europaweit gewährt bleibt und alle europäischen Länder nach der gleichen Rechtsprechung handeln.
Bearbeiter

Einstiegsaufgabe 72035-279

1. Geben Sie die Situation in **M11a** mit eigenen Worten wieder. Worin liegt das politische Problem?
2. Welchem Kommentar in **M11b** stimmen Sie eher zu? Begründen Sie.

M12 Umfrage: Wer soll entscheiden – der Nationalstaat oder die EU?

Politische Entscheidungssituation	Souveränität beim Nationalstaat (N) oder der EU?
Tschechien möchte an der Grenze zu Deutschland ein Kernkraftwerk errichten.	
Es wird diskutiert, ob die EU für jedes Land eine Quote festlegen darf, wie viele Flüchtlinge dieses aufnehmen muss.	
Aufgrund des großen Erfolgs der skandinavischen Länder wird gefordert, das europäische Schulsystem nach deren Vorbild zu vereinheitlichen.	
Es wird gefordert, dass nationale Haushaltsgesetze von der Europäischen Kommission genehmigt werden müssen.	
Es wird vorgeschlagen aus Gründen internationaler Autorität und zur Steigerung des Gemeinschaftsgefühls die Uniformen von Polizisten und des Militärs europaweit zu vereinheitlichen.	Bitte ins Heft
Ein Land verschuldet sich zu stark. Es wird diskutiert, ob die übrigen EU-Staaten ihm verpflichtend helfen sollen.	
Es wird als Folge des Krieges in der Ukraine gefordert, dass die EU die Nationalstaaten verpflichten kann, sich an militärischen und diplomatischen Situationen sowie Sanktionen entsprechend zu beteiligen.	
Es soll europaweite Regelungen für alle Produkte geben, damit diese überall in der entsprechenden Qualität verkauft werden können.	
Die europäischen Verkehrsvorschriften sollen überall so angeglichen werden, dass Rechtsverkehr und gleiche Höchstgeschwindigkeiten für Stadt, Land und Autobahn gelten.	
In Deutschland wird gefordert, dass weiterhin Verbrennermotoren gebaut werden dürfen und diese nicht demnächst europaweit verboten sind.	
Die Arbeitslosenunterstützung und Sozialhilfe soll in allen Staaten der EU gleich hoch sein.	

Bearbeiter

M13 Die EU als Staatenverbund: zwischen Bundesstaat und Staatenbund

Das Konzept des **Staatenbundes** bezeichnet einen Zusammenschluss mehrerer Staaten, bei dem die Souveränität bei jedem Mitgliedstaat verbleibt. Im Staatenbund wird in der Regel im Konsens entschieden, jedem Mitgliedstaat kommt somit ein Vetorecht zu.

Das Konzept **Bundesstaat** bezeichnet einen Zusammenschluss von Teilstaaten, bei denen die Souveränität auf den Bund übergeht. Die Gliedstaaten haben dann zwar noch eigene Kompetenzen, doch die supranationale Ebene ist diesen übergeordnet. Im Bundesstaatsprinzip wird in der Regel nach dem Mehrheitsprinzip entschieden, wobei den Gliedstaaten jedoch eine Mitwirkung bei der politischen Willensbildung eingeräumt wird – meist in Form einer „zweiten Kammer" des Parlaments.

Das Bundesverfassungsgericht meidet in Bezug auf die Europäische Union einen dieser beiden Begriffe und spricht stattdessen von einem sogenannten **Staatenverbund**, bei dem sowohl Elemente des Bundesstaates als auch des Staatenbundes

Schaubild zum Vertrag von Lissabon
→ Kap. 9.1.2, M6

Begriffserklärung:
Supranational versus intergouvernemental

72035-281

vorhanden sind. In der Debatte um die weitergehende Europäische Union wird seit vielen Jahren vorgeschlagen, die Europäische Union zum Bundesstaat weiterzuentwickeln (**„ever closer union"**). Zum echten Bundesstaat fehlt jedoch die sogenannte Kompetenz-Kompetenz, nach der ein souveräner Staat selbst über seine Kompetenzen entscheidet. Die EU dagegen bezieht ihre Kompetenzen weiterhin von ihren Mitgliedstaaten durch Verträge.

Bearbeiter

M14 Entscheidung des Bundesverfassungsgerichts zum Staatenverbund

Das Grundgesetz ermächtigt mit Art. 23 GG zur Beteiligung und Entwicklung einer als Staatenverbund konzipierten Europäischen Union. Der Begriff des Verbundes erfasst eine enge, auf Dauer angelegte Verbindung souverän bleibender Staaten, die auf vertraglicher Grundlage öffentliche Gewalt ausübt, deren Grundordnung jedoch allein der Verfügung der Mitgliedstaaten unterliegt und in der die Völker – das heißt die staatsangehörigen Bürger – der Mitgliedstaaten die Subjekte demokratischer Legitimation bleiben. [...] Die europäische Vereinigung auf der Grundlage einer Vertragsunion souveräner Staaten darf nicht so verwirklicht werden, dass in den Mitgliedstaaten kein ausreichender Raum zur politischen Gestaltung der wirtschaftlichen, kulturellen und sozialen Lebensverhältnisse mehr bleibt.

BVerfG, Urteil des Zweiten Senats vom 30. Juni 2009 – 2 BvE 2/08 –, Rn. 1-421. In: www.bundesverfassungsgericht.de, Abruf am 09.07.2022

M15 Was bedeutet das Subsidiaritätsprinzip der EU?

Das Subsidiaritätsprinzip besagt, dass Aufgaben soweit wie möglich von der unteren Ebene bzw. kleineren Einheit wahrgenommen werden sollen. Entscheidungen sollen so bürgernah wie möglich getroffen werden. Nur wenn dies nicht möglich ist, wird die Aufgabe an die höhere Ebene weitergegeben. Sie darf nur tätig werden, wenn die Maßnahmen der Mitgliedstaaten nicht ausreichen und wenn die politischen Ziele besser auf der Gemeinschaftsebene erreicht werden können. So gilt in Bezug auf die EU nach Art. 5 EUV der Grundsatz der begrenzten Einzelermächtigung, nach der die Union nur innerhalb der Grenzen der Zuständigkeiten tätig werden darf, welche die Mitgliedstaaten ihr übertragen haben. Nicht übertragene Zuständigkeiten verbleiben beim Mitgliedstaat.

Bearbeiter

Aufgaben

72035-282

1. Führen Sie die Umfrage (**M12**) im Kurs durch und notieren Sie die Ergebnisse.
2. Ergänzen Sie die Tabelle in **M12** um eine Spalte „Politikfelder". Ordnen Sie die Fälle in **M12** einem Politikfeld aus dem Vertrag von Lissabon (**M6**, S. 370) zu. Entscheiden Sie erneut für jeden Fall, ob darüber die EU oder der Nationalstaat entscheiden soll.
3. Erklären Sie die Konzepte in **M13-M15** und stellen Sie diese als Schaubild dar.
4. Erläutern und diskutieren Sie die Bezeichnung der EU als Staatenverbund durch das Bundesverfassungsgericht (**M14**).
5. Prüfen Sie anhand von **M15**, ob das Subsidiaritätsprinzip in der EU umgesetzt ist oder ob zu viele Politikfelder vergemeinschaftet sind.
6. Beurteilen Sie perspektivisch und kategorial, ob die EU zu viele oder zu wenige Souveränitätsrechte besitzt (→ Methode, S. 31 f.).

Onlinekapitel
EU aktuell: Zustand der Gemeinschaft

72035-283

9.2 Der politische Prozess in der Europäischen Union

9.2.1 Das politische System der EU: zu viele Veto-Spieler?

Zum Thema: Das institutionelle Gefüge der EU ist komplex. 27 Mitgliedstaaten haben ein Interesse, an gemeinsamen Entscheidungen mitzuwirken und angemessen berücksichtigt zu werden. So gibt es eher Organe, in denen die Nationalstaaten dominieren oder andere, in denen die gesamteuropäische Ausrichtung im Vordergrund steht. Vielfach sind die Institutionen in der Europäischen Union als Mehrebenensystem voneinander abhängig, was Entscheidungen erschwert oder durch Vetos blockiert. Sie sollen in diesem Kapitel erarbeiten, wie die Institutionen der EU zusammenwirken, und beurteilen, ob das System aufgrund der vielen Vetospieler zu wenig handlungs- und entscheidungsfähig ist.

M16 EU-Parlamentarier kritisiert Blockade bei europäischer Datenschutzgrundverordnung

Jan Philipp Albrecht: Das Problem ist, dass wir seit zwei Jahren an dieser Reform verhandeln und das Europäische Parlament nach anderthalb Jahren zu einer Einigung gekommen ist, obwohl es sehr, sehr viele Änderungsanträge und Wünsche gegeben hat und wir sehr in die Tiefe gegangen sind. Nach diesen zwei Jahren ist der Ministerrat zu keiner Einigung gekommen. Es gibt auch keine gemeinsame Position der Minister. Das liegt vor allen daran, dass eine kleine Minderheit an Mitgliedstaaten – und leider ist darunter auch Deutschland – seit Monaten eine Einigung blockiert und eine Abstimmung nicht will.

Bosen, Ralf: „Blockade beim Datenschutz". In: www.learngerman.dw.com, Abruf am 28.09.2022

Jan Philipp Albrecht,
Bündnis 90/Die Grünen,
EU-Parlamentarier von 2009-2018

Einstiegsaufgabe 72035-284

Erläutern Sie die Situation in **M16** und formulieren Sie das politische Problem.

M17 Die politischen Institutionen der Europäischen Union

A Das Europäische Parlament

Das Europäische Parlament (kurz: EP) ist das einzige direkt gewählte EU-Organ und zuständig für die Gesetzgebung, die Kontrolle anderer EU-Organe und den Haushalt. Es hat aktuell 705 Mitglieder und tagt in Straßburg oder Brüssel. Es wird alle fünf Jahre direkt von den Bürgerinnen

Das Europäische Parlament bei einer Sitzung in Straßburg

und Bürgern der EU gewählt. Die Anzahl der Abgeordneten pro Land richtet sich ungefähr nach der Bevölkerungszahl, ist aber nicht vollständig proportional zu dieser: Kein Land kann weniger als sechs oder mehr als 96 Abgeordnete haben. Die Mitglieder des Parlaments sind nach Fraktionen und nicht nach Staatsangehörigkeit gruppiert.
Fachspezifische Ausschüsse erarbeiten und diskutieren die von der EU-Kommission vorgeschlagenen Rechtsvorschriften.

Im Bereich der Gesetzgebung verabschiedet das Europäische Parlament gemeinsam mit dem Rat der EU auf der Grundlage von Vorschlägen der Europäischen Kommission EU-Rechtsvorschriften und entscheidet über internationale Abkommen und EU-Erweiterungen. Als Kontrollorgan wählt es den Vorsitz der EU-Kommission und die Kommission selbst und kann diese durch einen Misstrauensantrag zum Rücktritt zwingen.

Basierend auf: Europäische Union: Europäisches Parlament. In: www.european-union.europa.eu, Abruf am 20.09.2022

B Der Europäische Rat – Rat der Staats- und Regierungschefs

Im Europäischen Rat kommen die Staats- und Regierungschefs der EU-Länder zusammen, um die politische Agenda der EU festzulegen.

Der Europäische Rat in Brüssel

Ihm gehören außerdem der Präsident des Europäischen Rates und die Präsidentin der Europäischen Kommission an. Er umfasst damit 29 Mitglieder. Der Präsident des Europäischen Rates beruft die Tagungen ein, übernimmt deren Vorsitz und repräsentiert die EU nach außen. Er wird vom Europäischen Rat selbst für eine Amtszeit von zweieinhalb Jahren gewählt, die einmal verlängert werden kann. Der Europäische Rat tagt mindestens zweimal pro Halbjahr. Bei Bedarf können aber auch zusätzliche „Gipfeltreffen" stattfinden. Entscheidungen werden in der Regel im Konsens getroffen. Die Hauptaufgabe des Rates der Staats- und Regierungschefs ist die allgemeine Ausrichtung der EU-Politik. Er legt dabei die Prioritäten des künftigen Handelns fest, ohne selbst für die Erlassung von Rechtsvorschriften befugt zu sein. Dazu kommt das Vorschlagsrecht für wichtige Ämter auf EU-Ebene, wie das des Kommissionspräsidenten. Außerdem befasst er sich mit komplexen oder sensiblen Themen, die auf niedrigeren Ebenen nicht geklärt werden konnten und intergovernmental entschieden werden sollen, weil sie nicht bereits vergemeinschaftet sind (Bsp.: die Griechenland-Rettung).

Basierend auf: Europäische Union: Europäischer rat. In: www.european-union.europa.eu, Abruf am 20.09.2022

C Der Rat der Europäischen Union – Ministerrat

Im Rat der EU, auch als „Ministerrat" bezeichnet, kommen Minister aus allen EU-Ländern zusammen, um über die von der Kommission vorgeschlagenen Rechtsvorschriften zu diskutieren und zu entscheiden. Er tagt in Brüssel und koordiniert alle Politikbereiche der EU. Die teilnehmenden Minister sind allesamt befugt, für die Regierungen der von ihnen vertretenen Mitgliedstaaten verbindlich zu handeln.

Der Rat der Europäischen Union hat dabei keine festen Mitglieder. Vielmehr tritt er je nach betroffenem Politikbereich in verschiedenen Besetzungen zusammen (Rat der Verkehrsminister, Rat der Außenminister etc.). Zu diesen Treffen sendet jedes Mitgliedsland den jeweils für das anstehende Politikfeld/Ressort zuständigen Minister. Die Arbeit des Rates wird vom Ausschuss der Ständigen Vertreter der Mitgliedstaaten (AStV) vorbereitet, bei denen es sich um nationale Botschafter und Botschafterinnen bei der EU handelt.

Kommen die Ständigen Vertreter bereits zu einer Einigung, muss der Ministerrat die Rechtsvorschrift nur noch formal annehmen. Im Rat gilt: Ein Beschluss ist angenommen, wenn eine sogenannte qualifizierte Mehrheit vorliegt: 55 % der Länder (bei den derzeit 27 Mitgliedstaaten sind das 15 Länder), die außerdem 65 % der EU-Gesamtbevölkerung stellen, müssen zustimmen. Lediglich bei nicht vergemeinschafteten Politikfeldern (s. Vertrag von Lissabon, M 86, S. 174 wie Steuern oder Außenpolitik ist Einstimmigkeit erforderlich. Der Ministerrat ist gemeinsam mit dem Europäischen Parlament für die Verabschiedung der von der Europäischen Kommission vorgeschlagenen Rechtsvorschriften, internationale Übereinkünfte und den EU-Haushalt zuständig.

Der Rat der Europäischen Union in Brüssel

Basierend auf: Europäische Union: Rat der Europäischen Union. In: www.european-union.europa.eu, Abruf am 20.09.2022; Wessels, W.: Der Rat der Europäischen Union. In: Das Politische System der Europäischen Union. Springer VS; Wiesbaden 2020

D Die Europäische Kommission

Die Kommission fördert die allgemeinen Interessen der EU durch Vorschläge für neue europäische Rechtsvorschriften und überwacht deren Durchsetzung. Direkt in Brüssel angesiedelt, ist sie die politisch unabhängige Exekutive der EU und verwaltet den EU-Haushalt. Sie besteht aus einem Mitglied je EU-Staat, aktuell also aus 27 Kommissar:inn:en, die die politische Leitung ihres Zuständigkeitsbereiches für einen Zeitraum von fünf Jahren übernehmen. Für die politische Ausrichtung der Kommission ist der/die Kom-

Die Europäische Kommission in Brüssel

Zusatzmaterial:
Informationen zu weiteren Organen der EU

72035-285

missionspräsident:in zuständig. Um gewählt zu werden, benötigt der Kandidat oder die Kandidatin die Unterstützung einer Mehrheit der Abgeordneten des Europäischen Parlaments. Die Präsidentin nominiert daraufhin Kommissionsmitglieder, die wiederum der Zustimmung des Europäischen Rates und des Europäischen Parlaments bedürfen. Eine besondere Rolle innerhalb der Kommission übernimmt der Hohe Vertreter für Außen- und Sicherheitspolitik. Er gestaltet als Kommissar das auswärtige Handeln der EU. Die Beschlüsse der EU-Kommission werden gemeinsam gefasst. Alle Kommissionsmitglieder sind im Beschlussfassungsprozess gleichberechtigt und für die gefassten Beschlüsse gleichermaßen verantwortlich.

Die Kommission ist das einzige EU-Organ, das dem Parlament und dem Rat Gesetzesvorschläge zur Abstimmung vorlegen kann. Sie ist verantwortlich für die Vergabe von Finanzmitteln und erstellt Jahreshaushaltspläne, die von Parlament und Rat angenommen werden sollen. Gemeinsam mit dem Gerichtshof wacht die Kommission über die ordnungsgemäße Anwendung des EU-Rechts in allen Mitgliedstaaten und spricht in internationalen Organisationen für alle EU-Länder. Sie handelt außerdem im Namen der EU internationale Verträge aus.

Basierend auf: Europäische Union: Europäische Kommission. In: www.european-union.europa.eu, Abruf am 20.09.2022

E Der Gerichtshof der Europäischen Union (EuGH)

Der Gerichtshof der Europäischen Union ist das oberste Rechtsprechungsorgan der EU und somit Hüter des Europarechts. Durch die Auslegung des EU-Rechts gewährleistet er, dass es in allen EU-Ländern auf die gleiche Weise angewendet wird. Er hat seinen Sitz in Luxemburg und entscheidet auch in Rechtsstreitigkeiten zwischen nationalen Regierungen und EU-Institutionen. Der EuGH umfasst 27 Richterinnen und Richter, da jeder EU-Mitgliedstaat eine Person entsendet, sowie eine elfköpfige Generalanwaltschaft. Der EuGH befasst sich mit folgenden Rechtsangelegenheiten:

- Vorabentscheidung: Der Gerichtshof klärt „vorab", also ohne, dass er wegen einer konkreten Rechtsverletzung angerufen wurde, auf Antrag nationaler Gerichte die Übereinstimmung von EU-Recht mit seiner Umsetzung. Dabei beseitigt er Zweifel bezüglich der Auslegung oder Gültigkeit einer EU-Rechtsvorschrift.
- Vertragsverletzung: Wird einem Mitgliedsland eine Verletzung von EU-Recht vorgeworfen, garantiert der Gerichtshof durch ein entsprechendes Urteil die Durchsetzung des Rechts oder kann bei Fortbestehen der Vertragsverletzung Bußgelder verhängen.
- Nichtigkeitsklage: Wird ein Widerspruch zwischen EU-Recht und EU-Verträgen oder EU-Grundrechten beklagt, entscheidet der EuGH über die Annullierung des Rechtsaktes. Dieses Verfahren steht nicht nur EU-Institutionen, sondern auch Einzelpersonen offen, falls der Rechtsakt sie direkt betrifft.

Der Gerichtshof der Europäischen Union (EuGH)

Basierend auf: Europäische Union: Gerichtshof der Europäischen Union (EuGH). In: www.european-union.europa.eu, Abruf am 20.09.2022; Rittberger, B.: Die Europäische Union, C. H. Beck, München 2021

M18 Schaubild: das Institutionengefüge der Europäischen Union

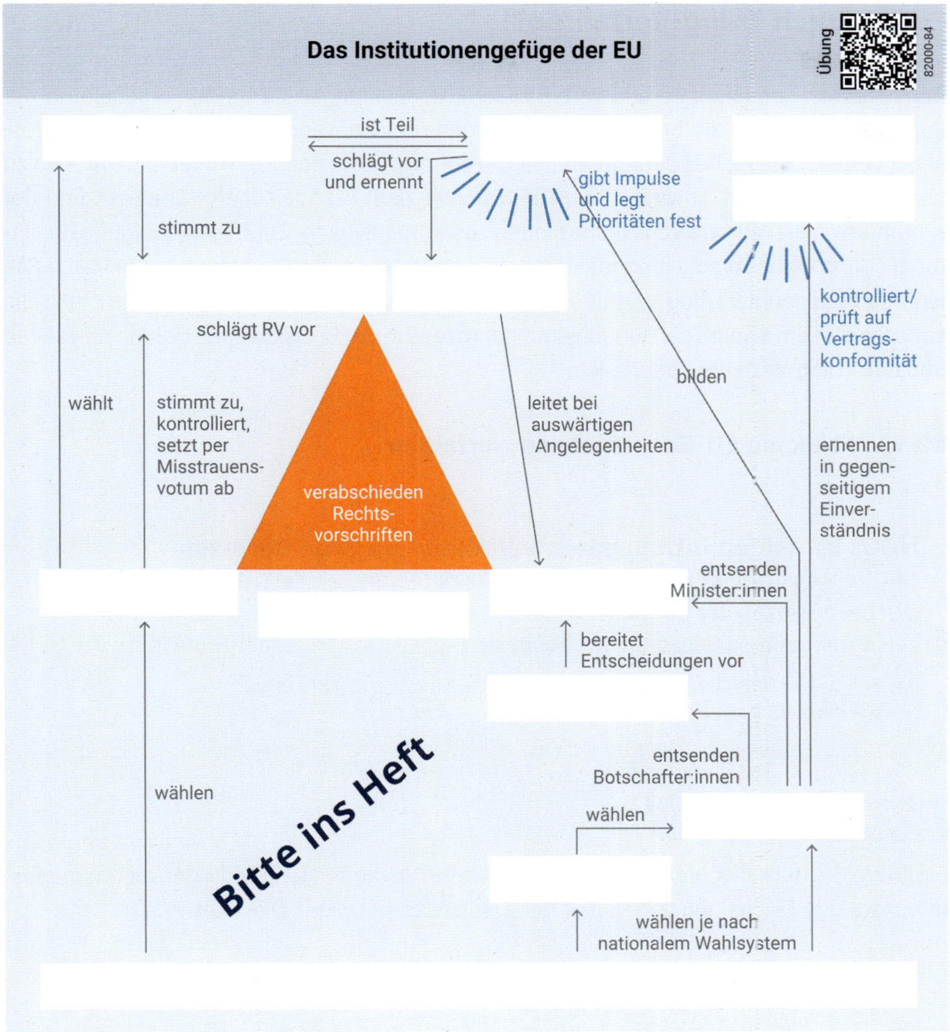

Bearbeitergrafik

Aufgaben

72035-287

1. Erarbeiten Sie die Institutionen der EU in einem Gruppenpuzzle (→ Methodenglossar). Legen Sie dabei in den Expertenrunden vor allem Wert auf Zusammensetzung, Arbeitsweise und Aufgaben Ihres Organs sowie seiner Beziehung zu anderen Institutionen.
2. Vervollständigen Sie das Schaubild des Institutionengefüges der EU (**M18**).
3. Markieren Sie im Institutionengefüge:
   a) Legislative, Exekutive und Judikative
   b) eher supranationale und eher national ausgerichtete Institutionen (jeweils eine Farbe). Analysieren Sie anschließend die Anteile.
4. a) Vergleichen Sie den Aufbau des politischen Systems der EU mit dem politischen System der Bundesrepublik Deutschland.
   b) Formulieren Sie mögliche Gründe für Parallelen und Unterschiede.
5. Zu viele Akteure? Beurteilen Sie das Institutionengefüge der Europäischen Union mit Hilfe der Vetospieler-Theorie (→ Kap. 4.3, S.148 ff.).

9.2.2 Entscheidungsprozess in der EU: zu wenig Transparenz durch Trilog-Verfahren?!

Zum Thema: Gemeinsame und verbindliche Entscheidungen zu treffen, erscheint in der Europäischen Union als besonders schwieriges und langwieriges Unterfangen. So müssen 27 unterschiedliche Länderinteressen, in denen jeweils noch verschiedene Parteien zu berücksichtigen sind, sowie mit dem Ministerrat, dem Europäischen Parlament und der Kommission drei europäische Institutionen zusammenwirken. Zur Beschleunigung und Ermöglichung einer Entscheidungsfindung wird im Rahmen der Gesetzgebung in vielen Fällen das sogenannte Trilog-Verfahren praktiziert. Allerdings steht dieses in der Kritik. Sie sollen in diesem Kapitel den Entscheidungsprozess in der Europäischen Union analysieren und das Trilog-Verfahren beurteilen.

M19 Kritik am EU-Gesetzgebungsverfahren

NGOs kritiseren intransparente Verhandlung von Gesetzen

Die Zivilgesellschaft kommt fast nie an Dokumente aus den Trilog-Verhandlungen bei Gesetzen der EU. Dabei werden die mittlerweile bei vier von fünf Gesetzen durchgeführt. Gegen die Intransparenz gibt es schon länger Protest.

Reuter, Markus: NGOs kritisieren intransparente Verhandlung von Gesetzen. In: www.netzpolitik.org, 01.03.2022

Einstiegsaufgabe 72035-289

Erläutern Sie die Kritik in **M19** mit eigenen Worten. Inwiefern bestärkt oder widerlegt dies Ihre bisherige Einstellung gegenüber der Europäischen Union? Diskutieren Sie.

M20 Verfahrensarten für europäische Gesetze und Entscheidungen

Nach welchem Verfahren in der Europäischen Union Gesetze beschlossen und Entscheidungen getroffen werden hängt ab vom jeweiligen Politikfeld. In den meisten Politikfeldern wird nach dem sogenannten **„ordentlichen Gesetzgebungsverfahren"** (oft auch noch als **Mitentscheidungsverfahren**) entschieden. Es gibt aber auch noch das **Anhörungsverfahren**, das **Zustimmungsverfahren** und das **Verfahren der Zusammenarbeit**, wobei letzteres nur eine untergeordnete Rolle spielt. Alle Verfahren unterscheiden sich darin einerseits, ob im Ministerrat Einstimmigkeit vorliegen oder die (qualifizierte) Mehrheit der nationalen Regierungen zustimmen muss. Andererseits gibt es Unterschiede darin, inwiefern das Europäische Parlament die Möglichkeit und die Kompetenz hat, Gesetze mitzuentscheiden oder zu beeinflussen. Auf europäischer Ebene werden zwei Arten von Gesetzen unterschieden: **Richtlinien** und **Verordnungen**. Richtlinien sind Rahmengesetze der EU; sie stellen eine politische Forderung an die Gemeinschaft und müssen von den nationalen Parlamenten der Mitgliedstaaten innerhalb einer gesetzten Frist in nationales Recht umgesetzt werden. Verordnungen sind dagegen EU-Gesetze, die sofort und unmittelbar in allen Mitgliedstaaten gelten.

Basierend auf: Europäisches Parlament: Die Gesetzgebungsverfahren. In: www.europarl.europa.eu, Abruf am 28.07.2022

Anhörungsverfahren
(das älteste Rechtssetzungsverfahren in der EU): Die Kommission legt einen Gesetzesentwurf vor. Die Zustimmung im Ministerrat muss einstimmig erfolgen. Vorher wird das Parlament konsultiert, welches zum Entwurf eine Stellungnahme abgeben darf. Diese Stellungnahme ist für die Kommission nicht bindend.

M21 Grundprinzipien des ordentlichen Gesetzgebungsverfahrens (Mitentscheidungsverfahren) in der Europäischen Union

Mit dem Vertrag von Lissabon wurde die Mitentscheidung offiziell zum „ordentlichen Gesetzgebungsverfahren" (Artikel 294 AEUV2) und zur allgemeinen Regel beim Erlass von EU-Rechtsvorschriften für die weitaus meisten Tätigkeitsfelder der Union [...]. Das ordentliche Gesetzgebungsverfahren stützt sich auf den Grundsatz der Gleichberechtigung zwischen dem direkt gewählten Europäischen Parlament als Vertretung der Völker der Union und dem Rat als Vertretung der Regierungen der Mitgliedstaaten. Auf der Grundlage eines Vorschlages der Kommission erfolgt eine gemeinsame Verabschiedung von Rechtsakten durch die beiden Mitgesetzgeber. Keine dieser beiden Institutionen kann ohne die Zustimmung der anderen Rechtsvorschriften erlassen, und ein identischer Text muss von beiden Mitgesetzgebern gebilligt werden.

Europäisches Parlament: Handbuch zum ordentlichen Gesetzgebungsverfahren. Ein Leitfaden zur Arbeit des Europäischen Parlaments als Mitgesetzgeber. In: www.europarl.europa.eu, September 2020

Zustimmungsverfahren (angewendet z. B. bei völkerrechtlichen Verträgen der EU mit Drittstaaten): Bei diesem Verfahren bestimmt der Rat einstimmig einen Rechtsakt, dem das Parlament zustimmen muss. Es kommt ihm damit ein Vetorecht zu, allerdings ohne die Möglichkeit, Änderungsanträge zu stellen.

M22 Der formelle Ablauf des ordentlichen Gesetzgebungsverfahrens (Mitentscheidungsverfahrens)

Die Kommission hat das „Initiativrecht". Das ordentliche Gesetzgebungsverfahren beginnt daher damit, dass die Kommission dem Parlament und dem Rat einen Vorschlag für einen Gesetzgebungsakt vorlegt.

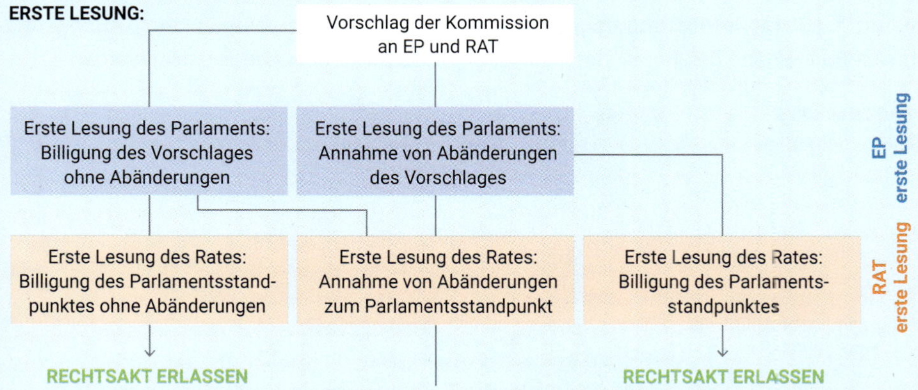

In der ersten Lesung prüfen Parlament und Rat parallel den Vorschlag der Kommission.

Das Parlament muss zuerst handeln, indem es den Vorschlag der Kommission ohne Änderungen billigt, ändert oder ablehnt. Nachdem das Parlament seinen Standpunkt angenommen hat, kann der Rat beschließen, diesen Standpunkt zu billigen – in diesen Fällen gilt der Rechtsakt als erlassen –, oder er kann den Standpunkt des Parlaments abändern und dem Parlament seinen Standpunkt in erster Lesung dem Parlament zur zweiten Lesung zurücksenden. Das Parlament und der Rat können jederzeit eine informelle Einigung erzielen, die zu einer Einigung in erster Lesung führen kann. [...] Das Parlament entscheidet dann mit einfacher Mehrheit (d. h. einer Mehrheit der abstimmenden Mitglieder) in erster Lesung über den Vorschlag der Kommission: Es kann den Vorschlag insgesamt ablehnen oder ihn ohne Änderungen billigen oder – was der häufigste Fall ist – Änderungsanträge zum Vorschlag annehmen.

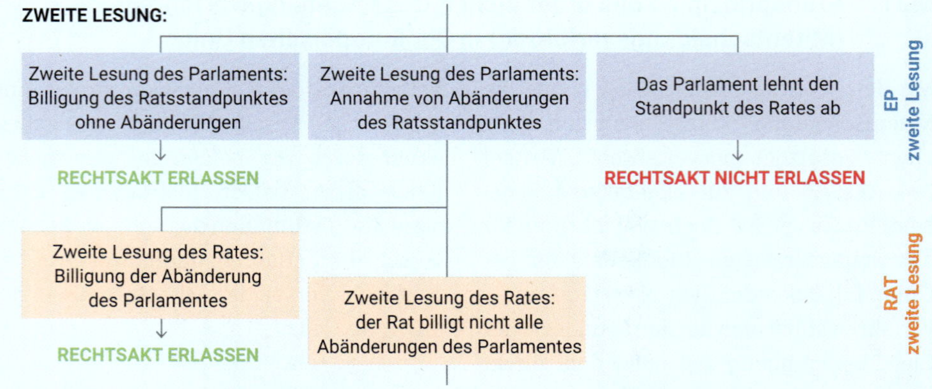

Ähnlich wie im Parlament beginnt der Rat nach Erhalt des Vorschlags der Kommission seine vorbereitenden Arbeiten. Die beiden Organe können simultan arbeiten; allerdings kann der Standpunkt des Rats in erster Lesung nicht angenommen werden, bevor nicht das Parlament seinen Standpunkt in erster Lesung übermittelt hat. Manchmal jedoch erzielt der Rat, noch bevor das Parlament seinen Standpunkt in erster Lesung festlegt, eine politische Einigung, auch „allgemeine Ausrichtung" genannt. [...] Formale Abstimmungen finden nur auf der Ebene des Rates statt. Auf der Ebene der Arbeitsgruppen oder des Ausschusses der Ständigem Vertreter (AStV) versucht der Vorsitz im Rat, auf möglichst breiter Grundlage eine Einigung über die meisten der von den Mitgliedstaaten als relevant hervorgehobenen Fragen zu erzielen, wobei immer überprüft wird, ob bezüglich etwaiger Kompromisse im Rat die nötige Mehrheit erzielt wird. Ziel ist es, mit einigen wenigen oder keinen offenen Fragen in die Tagung des Rates zu gehen, indem die meisten politischen und technischen Fragen bereits auf AStV- und Arbeitsgruppenebene gelöst werden. [...]

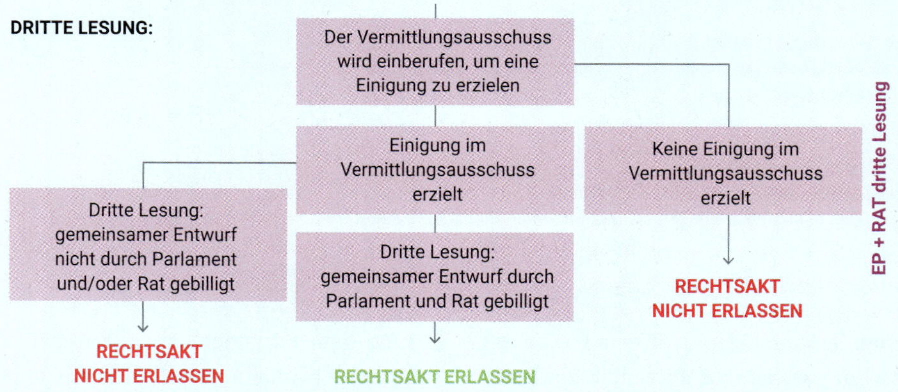

Die Vermittlung (3. Lesung) besteht aus Verhandlungen zwischen Parlament und Rat im Rahmen des Vermittlungsausschusses mit dem Ziel, eine Einigung in Form eines „gemeinsamen Entwurfs" herbeizuführen. Der Vermittlungsausschuss besteht aus zwei Delegationen:

- der Delegation des Rates, der ein Vertreter jedes Mitgliedstaates (Minister oder ihre Vertreter) angehört,
- und der Delegation des Parlaments, der eine gleiche Zahl von Mitgliedern angehört und in der einer der drei Vizepräsidenten, die für die Vermittlung zuständig sind, den Vorsitz führt.

Die Kommission wird durch das für das Dossier zuständige Mitglied der Kommission vertreten und hat die Aufgabe, alle notwendigen Schritte zu unternehmen, um die Standpunkte des Parlaments und des Rates miteinander in Einklang zu bringen.

Schaubilder nach: Europäisches Parlament: Handbuch zum ordentlichen Gesetzgebungsverfahren. Ein Leitfaden zur Arbeit des Europäischen Parlaments als Mitgesetzgeber. In: www.europarl.europa.eu, September 2020, S. 14;
Texte: Basierend auf: Europäisches Parlament: Handbuch zum ordentlichen Gesetzgebungsverfahren. Ein Leitfaden zur Arbeit des Europäischen Parlaments als Mitgesetzgeber. In: www.europarl.europa.eu, September 2020, S. 14 – 30

M23 Der *informelle* Ablauf des ordentlichen Gesetzgebungsverfahrens (Trilog-Verfahren)

Mit dem Vertrag von Amsterdam wurde die Möglichkeit eingeführt, bereits in erster Lesung eine Einigung zu erzielen. Damit kann das ordentliche Gesetzgebungsverfahren in allen Phasen abgeschlossen werden. Die Annäherung der Standpunkte wird durch informelle interinstitutionelle Verhandlungen, die Triloge genannt werden, erreicht.

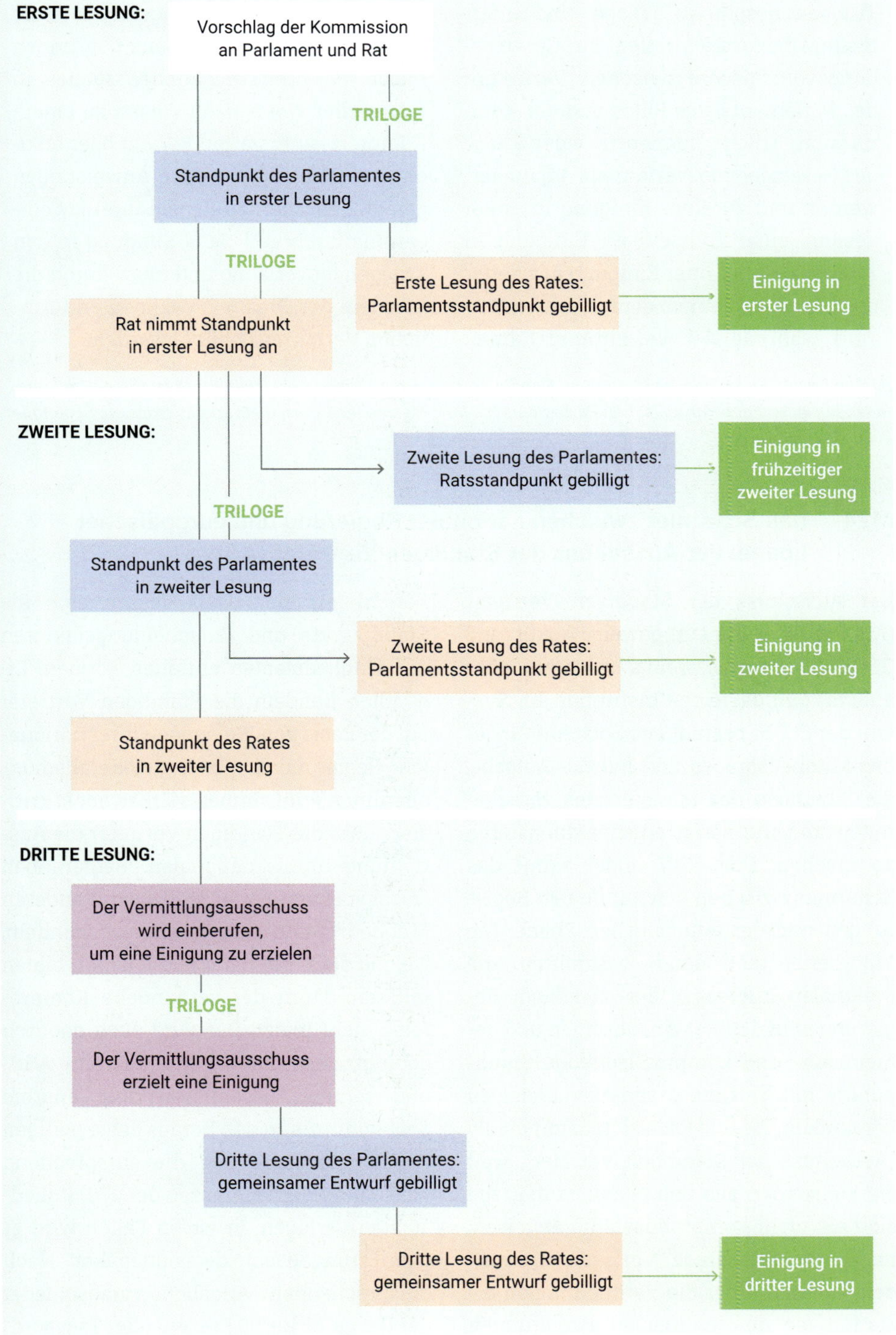

Zusatzmaterial:
Beispiel für ein Gesetzgebungsverfahren
72035-290

Schaubilder nach: Europäisches Parlament: Handbuch zum ordentlichen Gesetzgebungsverfahren. Ein Leitfaden zur Arbeit des Europäischen Parlaments als Mitgesetzgeber. In: www.europarl.europa.eu, September 2020, S. 32

Damit ein Gesetzgebungsakt im ordentlichen Gesetzgebungsverfahren erlassen werden kann, müssen sich die Mitgesetzgeber während des Verfahrens auf einen gemeinsamen Text einigen, der sowohl für das Parlament als auch den Rat akzeptabel ist. Das setzt voraus, dass die Organe miteinander reden, was in Form von Trilogen geschieht: Triloge sind informelle Dreiparteientreffen zu Gesetzgebungsvorschlägen zwischen Vertretern des Parlaments, des Rates und der Kommission. Triloge können in jeder Phase des Gesetzgebungsverfahrens organisiert werden und zu einer Einigung in erster Lesung, einer frühzeitigen Einigung in zweiter Lesung, einer Einigung in zweiter Lesung oder zu einem gemeinsamen Entwurf während der Vermittlung führen. Triloge bestehen aus politischen Verhandlungen, wobei ihnen vorbereitende technische Sitzungen vorausgehen können, an denen Experten der drei Organe teilnehmen. [...] Die Kommission handelt als Vermittler, um die Einigung zwischen den Mitgesetzgebern zu erleichtern. Die Teilnehmer an Trilogen arbeiten auf der Grundlage der Verhandlungsmandate, die ihnen ihre jeweiligen Organe übertragen haben: Die drei Delegationen suchen in informeller Weise nach Wegen zu einem Kompromiss, erstatten Bericht oder ersuchen regelmäßig um neue Anweisungen gemäß den internen Regeln ihrer jeweiligen Institution [...]. Jede Einigung in den Trilogen ist vorläufig und muss durch die in jedem der Organe anwendbaren förmlichen Verfahren gebilligt werden.

Basierend auf: Europäisches Parlament: Handbuch zum ordentlichen Gesetzgebungsverfahren. Ein Leitfaden zur Arbeit des Europäischen Parlaments als Mitgesetzgeber. In: www.europarl.europa.eu, September 2020, S. 32 – 34

M24 Das Scharnier zwischen nationaler Regierung und europäischer Ebene: der Ausschuss der Ständigen Vertreter (AStV)

Der Ausschuss der Ständigen Vertreter (AStV) bzw. seine europaweite Abkürzung COREPER ist eine wenig beachtete, aber äußerst einflussreiche Institution im System der EU. Er besteht aus Botschaftern jedes Mitgliedslandes und hat die Aufgabe, die Sitzungen des Ministerrates vorzubereiten und ihn somit entscheidungsfähig zu machen. Der AStV bildet somit das Scharnier zwischen den nationalen Regierungen und der europäischen Ebene. Die Mitarbeiter sind damit beschäftigt, die nationalen Interessen der jeweiligen Regierungen in den Rat einzubringen und gemeinsame und kompromissfähige Standpunkte mit Vertretern anderer Länder zu verhandeln. Sie erweisen sich damit oft als „Ausschuss der Ständigen Verräter", weil sie Weisungen aus den Hauptstädten, die sich als nicht kompromissfähig erweisen, in kompromissfähige Vorlagen umwandeln müssen. Über die Verhandlungen erstatten sie den nationalen Regierungen Bericht, auf der Basis dessen sich die Standpunkte und Entscheidungsfaktoren der Mitgliedstaaten entfalten können. Eigentlich handeln die Ständigen Vertreter auf der Basis von Weisungen ihrer nationalen Regierungen (Exekutivföderalismus), allerdings wird immer stärker auch kritisiert, dass die Ständigen Vertreter die Ausrichtung ihrer nationalen Regierungen selbst vorformulieren, weil sie mit anderen Mitgliedstaaten Kompromisse aushandeln, welche dann die nationale Position bilden müssen, damit der verhandelte Kompromiss nicht platzt. Das wird auch dadurch bedingt, dass die Unterhändler im AStV und seinen Ausschüssen über enorme Sachkenntnis zu den Details der jeweiligen Regelungsanlässe und die entsprechend vielschichtigen Interessen der 27 Mitgliedstaaten verfügen. In vielen Fällen wird er damit zum „de facto decision maker". Nach entsprechenden Angaben verabschiedet der Rat ca. 85 bis 90 Prozent aller Tagesordnungspunkte als so genannte „A-Punkte", die nicht weiter von den Ministern selbst beraten, sondern aufgrund der Vorlage des Ausschusses nur aus formalen Gründen ‚abgesegnet' werden.

Bearbeiter

M25 Trilog in der Kritik: mangelnde Transparenz, personelle Konzentration, Schattengesetzgebungsverfahren

Es spricht [zunächst] für das Funktionieren des Verfahrens, wenn eine komplexe Materie [...] innerhalb von 15 Monaten vom Vorschlag zur (vorläufigen) Einigung gebracht wird. Zwischen 70 und 80 Prozent der Gesetzgebungsakte sind Folge eines Trilogs. Die Zahl der so verabschiedeten Rechtsakte nahm in den letzten Jahren stark zu (von 28 % in der Ersten Lesung abgeschlossenen Vorhaben im Zeitraum 1999 – 2004 zu 89 % für 2014 – 2019). So beschäftigt sich das parlamentarische Plenum zum ersten Mal mit einem Gesetzgebungsakt, wenn dieser bereits ausverhandelt ist. [...] Zunächst zur Transparenz: Die Verhandlungen finden hinter verschlossenen Türen statt, daran ändern auch Berichte an Ausschüsse nichts. Parlament und Rat sollen im Gesetzgebungsverfahren jeweils öffentlich tagen. Beide gemeinsam tun dies nicht. Ein Kernmerkmal des demokratischen Prozesses fehlt: sein Geschehen vor den Augen des Bürgers. Transparenz wird auch nicht dadurch geschaffen, dass Verhandlungsstände gelegentlich durchsickern. Im Gegenteil, ein ungleicher Zugang zu Informationen gibt gut vernetzten Lobbyisten größere Einflussnahmemöglichkeiten. [...] Natürlich ist es Realität, dass Gesetze häufig mehr Resultat parteipolitischer „Deals" als Produkt offenen demokratischen Diskurses sind. Im parlamentarischen Prozess bleibt jedoch der Weg zur Entscheidung nachvollziehbarer. Es wird deutlich, wer sich wofür eingesetzt, wessen Idee sich durchgesetzt hat und welche Alternative unbeachtet geblieben ist. Dies ist in geheimen Verhandlungen anders: Wer kann ausschließen, dass die Reichweite eines Gesetzes davon abhängt, wer am Verhandlungstisch das längere Durchhaltevermögen hat? Darf es sein, dass einem Gesetz für knapp 450 Millionen Bürger im stillen Kämmerlein der oftmals entscheidende Twist gegeben wird? Damit hängt zusammen, dass das Trilog-Verfahren zu einer Konzentration von Handlungsträgern und Ideen führt [...]. Durch die Konzentration auf wenige Verhandelnde und mangelnde öffentliche Beobachtung wird auch die Einflussnahme „durchsetzungsstarker Partikularinteressen", wie es in der Agenda an anderer Stelle heißt, erleichtert. [...] Zuletzt ist das Trilog-„Verfahren" nicht nur gelegentlicher Austausch, es institutionalisiert vielmehr ein Schattengesetzgebungsverfahren. [...]. Auch und gerade in den Augen der Bürger, die dem Weg eines Gesetzes bis zur Black Box Trilog folgen können, dann aber nur das Ergebnis stiller Kompromisse präsentiert bekommen.

Simantke, Elisa: EU-Trilog. Wie Brüssel im Hinterzimmer die Demokratie aushöhlt. In: www.tagesspiegel.de, 21.05.2015

M26 Trilog statt Transparenz

Kaum ein wichtiges europäisches Gesetzgebungsprojekt kommt mehr ohne Trilog zustande [...]. In den Unionsverträgen ist das Verfahren hinter verschlossenen Türen indes gar nicht vorgesehen. Das Dilemma: Einerseits tragen die Triloge wesentlich zur Arbeitsfähigkeit des Unionsgesetzgebers bei. Zugleich schwächen sie mit ihrer Intransparenz die Union als regulatorischen Akteur. [...] Sie sind das „Schmiermittel" der EU-Gesetzgebungsmaschinerie: Hier verhandeln Vertreter von Kommission, Europäischem Parlament und Rat am „Runden Tisch" hinter verschlossenen Tü-

Jelena von Achenbach lehrt Recht an der Justus-Liebig-Universität Gießen.

ren die politische Einigung, die für EU-Gesetzgebung notwendig ist. Sie tun dies, ohne dass die Unionsverträge diese Verhandlungsform vorsehen. Ohne Triloge kommt indes seit mindestens einem Jahrzehnt quasi kein wichtiges europäisches Gesetzgebungsprojekt mehr zustande. Zu schwerfällig ist das vertraglich vorgesehene Gesetzgebungsverfahren, in dem Parlament und Rat in abwechselnden Lesungen getrennt beraten. Die Triloge beginnen früh – regelmäßig bevor im EP im Einzelnen eine inhaltliche Positionierung stattgefunden hat. Die Triloge sind längst kein Geheimnis mehr. Die Geschäftsordnung des EU-Parlaments sieht vor, dass dessen Verhandlungsführer dem zuständigen Parlamentsausschuss über den Stand der interinstitutionellen Verhandlungen berichtet. Zudem besteht nach einem Urteil des EuG aus dem Jahr 2018 [...] grundsätzlich ein Anspruch der Bürgerinnen und Bürger auf Zugang zu dem zentralen Verhandlungsdokument der Triloge. Auch wenn weiterhin vielfach von den informellen Trilogen die Rede ist, sind diese also heute durchaus verrechtlicht und formalisiert. [...] Aber sind die Triloge damit nun hinreichend demokratisch eingebettet und „gezähmt"? Zweifel sind angebracht. So wurden die Termine, Tagesordnungen und Verhandlungsdokumente für die Triloge zum Digital Markets Act und zum Digital Services Act nicht publik gemacht. Damit können die Bürgerinnen und Bürger diese entscheidende politische Phase nicht verfolgen. Die fehlende Öffentlichkeit behindert deren politische Teilhabe und die Mitwirkung der europäischen Parlamente. [...] Die Triloge tragen wesentlich zur Arbeitsfähigkeit des Unionsgesetzgebers bei. Aber indem sie die öffentliche Kontrolle der Politik beeinträchtigen, schwächen sie die Union zugleich als regulatorischen Akteur.

Von Achenbach, Jelena: Trilog statt Transparenz. In: www.rsw.beck.de, 02.06.2022

M27 Interview mit Marcus Höreth zum Entscheidungsprozess in der EU

Marcus Höreth lehrt und forscht an der TU Kaiserslautern zur Vergleichenden Regierungslehre und hat zur Europäischen Union habilitiert.

Im Bundestag gibt es bei den meisten Entscheidungen eine große Fraktionsdisziplin. Wie sieht dies aus beim Europäischen Parlament?

Die Funktionslogik des Europäischen Parlaments ist eine andere als die des Bundestages. Die Kommission als „Quasi-Regierung" Europas handelt insofern unabhängig vom Parlament, als sie eine Abberufung aus politischen Gründen nicht fürchten muss. Das hat zur Folge, dass im Parlament die Fraktionen keine feste parlamentarische Mehrheit bilden müssen, um eine Regierung zu stützen. Genauso wenig kann eine parlamentarische Minderheit als Opposition hoffen, selbst – z. B. durch ein erfolgreiches Misstrauensvotum – an die Regierung zu gelangen. Die Notwendigkeit für ein geschlossenes Abstimmungsverhalten (Fraktionsdisziplin) besteht für die Fraktionen daher nicht.

Inwiefern ist die Beschreibung des Ausschusses der Ständigen Vertreter als „Ausschuss der Ständigen Verräter" zutreffend und wie groß ist die Bedeutung dieses Gremiums im Entscheidungsprozess?

Keinesfalls sollte die Rolle des AStV unterschätzt werden, denn er bildet das administrative Rückgrat des Ministerrates. Faktisch werden hier ca. 80 Prozent alle EU-Beschlüsse entschieden, die von den nationalen Ministern im Rat später ohne Diskussion nur bestätigt werden. Die Kompromisssuche zwischen den Mitgliedstaaten verlangt aber, dass im Zuge von Verhandlungen jeder Mitgliedstaat bereit sein muss, ursprüngliche nationale Maximalpositionen zugunsten einer gemeinsamen Lösung aufzugeben. Oft werden dabei verschiedene Politikfelder in so genannten „Paketlösungen" miteinander verknüpft, so dass jeder Mitgliedstaat in Feldern, die ihm nicht so wichtig erscheinen, anderen großzügig entgegen kommt – von diesen wiederum jedoch in jenen Politikfeldern, die ihm besonders wichtig sind, Unterstützung erfährt: „do ut des" (ich gebe, damit du gibst) ist das Geheimnis erfolgreicher europäischer Politik. Dies als Verrat zu bezeichnen, ist billige Polemik.

Ist nicht vor allem die Kommission auf informelle Triloge angewiesen?

Die Kommission genießt nur eine schwache demokratische Legitimation. Sie muss sich daher durch ihre Fähigkeit bewähren, am europäischen Gemeinwohl orientierte Problemlösungen zu präsentieren, die nicht nur im Interesse möglichst vieler Mitgliedstaaten liegen, sondern auch beim Europäischen Parlament als „Anwalt der europäischen Bürgerschaft" Zustimmung finden. Daher muss sich die Kommission ständig informell mit sehr vielen Akteuren europäischer Mehrebenenpolitik abstimmen, bevor sie Gesetzesvorschläge mit Aussicht auf Erfolg initiiert. Die Kommission ist daher im eigenen Interesse bestrebt, sich ständig nicht nur mit den Vertretern der Mitgliedstaaten und wichtigen Parlamentsabgeordneten auszutauschen, sondern auch mit Repräsentanten organisierter Interessen und der Zivilgesellschaft.

Interview mit dem Bearbeiter, August 2022

Aufgaben

72035-291

1. Erarbeiten Sie die Verfahrens- und Gesetzesarten in der Europäischen Union (**M20**, **M21**). Erstellen Sie dazu eine Tabelle.
2. Erläutern Sie den formellen Ablauf im ordentlichen Gesetzgebungsverfahren (**M22**). Inwiefern ist das Prinzip der Gleichberechtigung (**M21**) dabei umgesetzt?
3. Analysieren Sie die Unterschiede zwischen dem formellen und dem informellen Gesetzgebungsprozess (**M22**, **M23**) und begründen Sie die Notwendigkeit eines Trilog-Verfahrens.
4. Erarbeiten Sie die Rolle des Ausschusses der Ständigen Vertreter im Entscheidungsprozess (**M24**). Analysieren Sie, ob der AStV eher Vertreter oder Verräter der nationalen Interessen sein muss (**M24**, **M27**).
5. Erarbeiten Sie in Stichpunkten die Kritik am Trilog-Verfahren (**M25**, **M26**). Formulieren Sie einen Gegenkommentar aus Sicht eines Abgeordneten im Europäischen Parlament.
6. Prüfen Sie mit Hilfe des Konzepts Input-Legitimation vs. Output-Legitimation (→ Kap. 8.3.2, S. 357 f.), inwiefern der Entscheidungsprozess ein Demokratiedefizit aufweist.
7. Erarbeiten Sie die Kernaussagen von Prof. Höreth zum Entscheidungsprozess (**M27**). Wie bewertet er die informellen Prozesse?
8. Beurteilen Sie perspektivisch und kategorial das Trilog-Verfahren (→ Methode, S. 31 f. oder → Kategorienraster).

Politik vernetzt

Vergleichen Sie die Gesetzgebungsverfahren in der Bundesrepublik Deutschland (→ S. 164) mit dem in der Europäischen Union. Erstellen Sie dazu eine Tabelle und präsentieren Sie Ihre Ergebnisse im Kurs.

9.2.3 Das Spitzenkandidatenmodell: Soll der Präsident/die Präsidentin der Europäischen Kommission durch die Wahl zum Europäischen Parlament ermittelt werden?

Zum Thema: Inwiefern die Europäische Union ihre Präsidentin bzw. ihren Präsidenten der Europäischen Kommission vom Ausgang der Wahl zum Europäischen Parlament beeinflussen lässt, ist Gegenstand dieses Kapitels. Sie sollen in diesem Kapitel das Spitzenkandidatenmodell als Möglichkeit der Weiterentwicklung des politischen Systems der EU analysieren und diskutieren.

M28 Stimmen zum Spitzenkandidatenmodell in der Europäischen Union

Das Europäische Parlament spricht sich vor der Europawahl 2019 dafür aus, dass der Spitzenkandidat der stärksten Partei beziehungsweise jener Koalition, die eine Mehrheit auf sich vereint, das höchste Amt der EU bekleiden, d. h. Präsident:in der Europäischen Kommission, werden solle. Bei der Wahl 2019 folgten die Staats- und Regierungschefs diesem sogenannten Spitzenkandidatenmodell aber nicht und schlugen stattdessen Ursula von der Leyen als Präsidentin vor, die vorher bei der Wahl zum Europäischen Parlament gar nicht auf einer Liste stand.

A „Wir müssen die Auswahl des EU-Spitzenpersonals demokratisieren."
Dacian Cioloș Fraktionschef von Renew Europe

Ursula von der Leyen, Kommissionspräsidentin der Europäischen Union

B „Es gibt keinen anderen Weg für die EU – sie muss demokratischer und transparenter werden. Es ist ein wichtiger Schritt in die richtige Richtung, wenn die Bürger die Kandidaten für das Amt des Präsidenten der Europäischen Kommission vor den Wahlen kennen."
Esteban González Pons, stellv. Vorsitzender der Fraktion

Grobe, Stefan: EU-Parlament sauer auf Europäischen Rat. In: de.euronews.com, Abruf am 29.7.2022; Europäisches Parlament: Europawahl 2019: Parlament wird am Prinzip des Spitzenkandidaten festhalten. In: europarl.europa.eu, 07.02.2018

Einstiegsaufgaben 72035-292

1. Erläutern Sie die beiden Stimmen (**M28** **A** + **B**) unter Kenntnis des politischen Systems der EU (→ Kap. 9.2.1, S. 377 ff.).
2. Inwiefern stimmen Sie diesen Auffassungen in **M28** zu? Diskutieren Sie.

M29 Diskussion um die rechtliche Grundlage des Spitzenkandidatenmodells

1 Der Europäische Rat schlägt dem Europäischen Parlament nach entsprechenden Konsultationen mit qualifizierter Mehrheit einen Kandidaten für das Amt des Präsidenten der Kommission vor; dabei berücksichtigt er das Ergebnis der Wahlen zum Europäischen Parlament. Das Europäische Parlament wählt diesen Kandidaten mit der Mehrheit seiner Mitglieder. Erhält dieser Kandidat nicht die Mehrheit, so schlägt der Europäische Rat dem Europäischen Parlament innerhalb eines Monats mit qualifizierter Mehrheit einen neuen Kandidaten vor.

Aus dem Vertrag von Lissabon, Artikel 17 (7)

2 „Es gibt keine rechtliche Grundlage für die Installation von Spitzenkandidaten bei der Europawahl!"

Emmanuel Macron, französischer Staatspräsident

3 „Das ist falsch! Er muss nur den Vertrag von Lissabon lesen!" [...] Das Wort „Spitzenkandidat" taucht in diesem Artikel 17 nicht auf. [...] Aber auch im Grundgesetz findet sich dieses Wort nicht. Der Spitzenkandidat ist nichts anderes als die logische und politisch-praktische Umsetzung der primärrechtlichen Vorgaben des Vertrags. Denn der billigt den Staats- und Regierungschefs nur ein eingeschränktes Vorschlagsrecht zu. Schließlich ist das Parlament dem Vertrag zufolge bei der Bestimmung des Kommissionspräsidenten eindeutig die entscheidende Instanz. Das lässt sich schon an der Wortwahl erkennen: „Wenn ‚wählen' nur heißen sollte, dass die Entscheidung woanders fällt und das Parlament nur als Notar abhaken soll, dann hätte man das Wort ‚wählen' nicht benutzt. Diese Änderung ist im Vertrag aber bewusst gemacht worden."

Elmar Brok, ehemaliges Mitglied des Europäischen Parlaments

Kapern, Peter: Der Streit um das Spitzenkandidaten-Modell. In: www.deutschlandfunk.de, 23.05.2019

M30 Argumente: das Spitzenkandidatenmodell in der Diskussion

1 Das Spitzenkandidatenmodell macht den Auswahlprozess für den Kommissionspräsidenten transparenter und erhöht die Akzeptanz für die Bürger. Das ist ein Beitrag gegen die „Hinterzimmerpolitik" in der EU.

2 Das Spitzenkandidatenmodell sorgt für eine Personalisierung und Politisierung der Europäischen Union. Die Bürgerinnen und Bürger können sich so eher mit dem europäischen Spitzenpersonal identifizieren.

3 Gesamteuropäische Spitzenkandidaten sind nicht sinnvoll, weil es keine gesamteuropäische Öffentlichkeit, keine gesamteuropäischen Parteien und Medien gibt. Die Wählerinnen und Wähler befürworten nationale Kandidat:innen auf Wahllisten, die sie kennen und deren Sprache sie sprechen.

4 Das Spitzenkandidatenmodell bedeutet kein Mehr an Demokratie. Schließlich sind die Staats- und Regierungschefs der Nationalstaaten ebenso demokratisch legitimiert wie Abgeordnete des Parlaments. Außerdem bedeutet die qualifizierte Mehrheit im Europäischen Rat, dass ein größerer Teil der Bevölkerung beim Vorschlag für den Kommissionspräsidenten Berücksichtigung findet als im EP.

5 Die Kompromissfindung im Europäischen Rat ist zwar wenig transparent, aber politische Normalität und notwendig. Nur in einem geschützten Raum können Kompromisse auf höchster Ebene verabredet werden. Das Ergebnis ist dann ein Kandidat möglichst aller Staaten in der EU, der die dafür notwendigen Kompetenzen wie Regierungserfahrung mitbringt und von allen Nationalstaaten akzeptiert ist.

6 Das Spitzenkandidatenmodell sorgt für eine Parteipolitisierung der Europäischen Kommission, die eigentlich einen gesamteuropäischen Auftrag hat. Es ist besser, einen gesamteuropäischen Vorschlag zu entwickeln, nicht einen mit parteipolitischer Mehrheit im Parlament.

7 Die Aufwertung des Europäischen Parlaments durch das Spitzenkandidatenmodell sorgt für eine Kompetenzverschiebung auf die europäische Ebene. Diese geht zu Lasten der nationalstaatlichen Souveränität. Die Einflussmöglichkeiten nationaler Regierungen und Parlamente nimmt dadurch ab.

8 Das Spitzenkandidatenmodell bedeutet eine direktere demokratische Legitimation der Exekutive in der Europäischen Union. Dies ist ein Beitrag zur Abmilderung des Demokratiedefizits der Europäischen Union.

9 Das Spitzenkandidatenmodell ist nicht sinnvoll, weil es keine gesamteuropäische Öffentlichkeit, keine gesamteuropäischen Parteien und Medien gibt. Die Wählerinnen und Wähler befürworten nationale Kandidat:innen auf Wahllisten, die sie kennen und die sie sprachlich verstehen.

Bearbeiter

Aufgaben

72035-293

1. Analysieren Sie in Kleingruppenarbeit (2-3 Personen) die vertraglichen Grundlagen des Spitzenkandidatenmodells und bewerten Sie die beiden Einschätzungen von Macron und Brok (**M29**).
2. Erarbeiten und erläutern Sie den Inhalt der Argumente in **M30**. Welche Urteilskategorien sind in ihnen jeweils zu finden?
3. Soll das Spitzenkandidatenmodell verpflichtend in der Europäischen Union umgesetzt werden? Diskutieren Sie die Frage mit verteilten Rollen (Moderator:in, Staats- und Regierungschef:innen, Bürger:innen).
4. Beurteilen Sie die Einführung des Spitzenkandidatenmodells perspektivisch und kategorial (→ Kategorienraster). Reflektieren Sie: Welches „Europabild" – Bundesstaat oder Staatenbund – findet sich in Ihrem Urteil?

Onlinekapitel: Der Europäische Gerichtshof

72035-294

Onlinekapitel: Der Rechtsstaatsmechanismus der EU

72035-295

9.2.4 Das Demokratiedefizit der EU: Wie demokratisch soll die EU sein?

Zum Thema: Die Zustimmungswerte zur Europäischen Union in den verschiedenen Mitgliedstaaten gründen hauptsächlich auf der Frage des persönlichen – wirtschaftlichen – Nutzens und auf der Frage, wie demokratisch und bürgernah die EU wahrgenommen wird. Oft wird in diesem Zusammenhang von einem Demokratiedefizit der EU gesprochen. Es ist allerdings nicht Konsens in Wissenschaft und Gesellschaft, dass ein solches Demokratiedefizit überhaupt vorliegt, wie groß dieses gegebenenfalls ist, und ob und wie dieses behoben werden kann. Sie sollen sich in diesem Kapitel mit der Diskussion um das Demokratiedefizit in der Gemeinschaft auseinandersetzen und die Frage nach Demokratisierung differenziert beurteilen.

M31 Fallbeispiel: Umfrage zur Zufriedenheit mit der EU als Demokratie

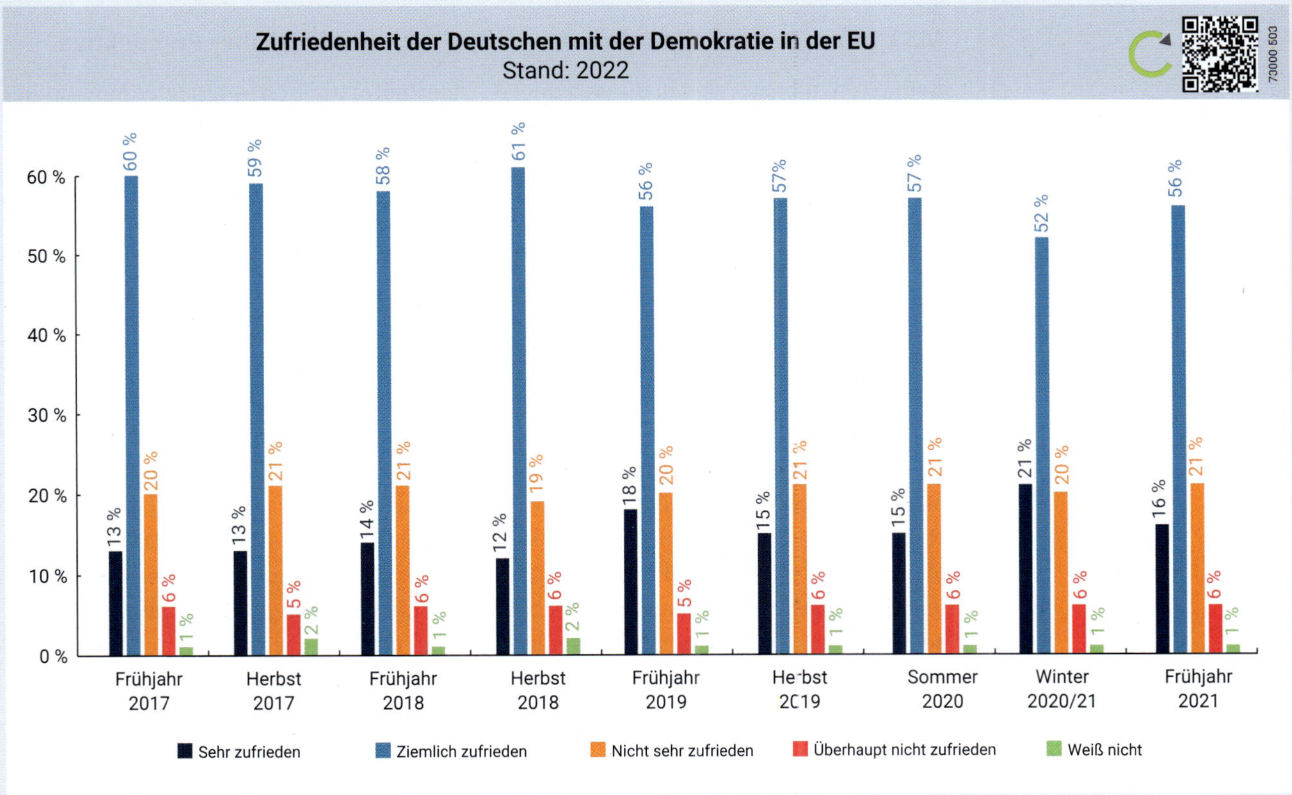

© C.C. Buchner Verlag, aktuelle Daten nach: Standard Eurobarometer 97, 2021; Darstellung: Statista

Einstiegsaufgaben 72035-296

1. Beschreiben und interpretieren Sie die Statistik in **M31** (→ Methode S. 56).
2. Welche Antwort hätten Sie auf die Frage der Demokratiezufriedenheit in **M31** gegeben? Begründen und diskutieren Sie Ihre Auffassungen und formulieren Sie das politische Problem.

M32 Drei zentrale Thesen zum Demokratiedefizit in der EU

1 **These vom institutionellen Defizit:** Das politische System der EU bedarf einer Reform, die es dem Ideal eines parlamentarischen Systems annähert. Sobald die Bürger:innen mehr Einfluss auf EU-Politik haben, entwickelt sich die Union zu einer vollwertigen Demokratie.

2 **These vom substanziellen Defizit:** Da die EU nicht über eine Öffentlichkeit, eine Identität, gemeinsame Erinnerungen und Erfahrungen verfügt, fehlen ihr die Voraussetzungen, um eine Demokratie zu werden.

3 **„No Deficit Thesis":** Die EU ist ausreichend demokratisch, da die in den EU-Verträgen festgelegten Kompetenztransfers legitimiert sind und sie nur Aufgaben wahrnimmt, die nicht Gegenstand parteipolitischen Wettbewerbs sein sollten.

Plottka, Julian und Rebmann, Nicola: Demokratiedefizit. In: W. Weidenfeld et al. (Hrsg.): Europa von A bis Z, Taschenbuch der europäischen Integration, 15. Auflage, Springer Verlag, 2020, S. 128

M33 Das Demokratiedefizit der EU aus wissenschaftlicher Perspektive

Demokratien haben sich historisch im nationalstaatlichen Kontext entwickelt. Hieraus resultiert das Problem […], ob und inwiefern die im Nationalstaat entstandenen Bewertungskriterien auch für den supranationalen Kontext angemessen sind. […] In der aktuellen Debatte dominieren diejenigen Stimmen, welche die Notwendigkeit einer demokratischen Unterfütterung und damit Stärkung der Legitimation der EU ausdrücklich befürworten. Denn die EU habe sich zweifelsohne als „supranationaler Herrschaftsverband entwickelt […], in dem regiert wird, also rechtlich verbindliche Entscheidungen von einer Tiefe und Reichweite getroffen und durchgesetzt werden, die zuvor allein souveränen Nationalstaaten vorbehalten waren" […]. Zugleich besteht Dissens, worin genau das Demokratie- bzw. Legitimationsdefizit besteht, was Ursachen und Folgen sind und welche Möglichkeiten der Demokratiestärkung bestehen. […] Um die Anerkennungswürdigkeit der politischen Ordnung immer wieder aufs Neue zu sichern, müssen liberale Systeme auf freiwillige, im demokratischen Prozess erzeugte und die Pluralität von Gesellschaft respektierende Instrumente und Verfahren zurückgreifen. Sie sichern so ihre Legitimation nicht nur normativ, sondern auch kommunikativ ab und erzeugen auf diese Weise Systemvertrauen. In repräsentativen Demokratien sind kompetitive Wahlen hierfür ein zentraler Mechanismus, […] die der Idee der Selbstherrschaft des Volkes […] Rechnung tragen. Im supranationalen Kontext kommt ein zweiter Aspekt hinzu: die EU ist zuvörderst eine Union der Staaten. Insofern ist von herausragender Bedeutung, inwiefern auch die Mitgliedstaaten die Union legitimieren, etwa durch die konstruktive Mitwirkung […] und die Umsetzung von EU-Recht. […] Damit besteht in der EU nicht nur „eine zweistufige Herrschaftsbeziehung – zwischen der Union und den Mitgliedstaaten und zwischen diesen und deren Bürgern" […], sondern eben auch „eine zweistufige Legitimationsbeziehung" […]. Die Frage nach dem Verhältnis zwischen den Mitgliedstaaten und der supranationalen Gemeinschaft bestimmte den Prozess der europäischen Integration von Anfang an. In diesem Sinne wurde die EU (bzw. ihre Vorläufergemeinschaften) als spezifische internationale Organisation konzipiert – mit Folgen für die Legitimationsproblematik: Legitimation erfolgte über die Mitgliedstaaten als „Herren der Verträge". Aber auch die zweite Dimension, „Regierung der Bürger“, spielte schon frühzeitig eine wichtige Rolle [...] (im Sinne von Output), andererseits die Frage nach ihren Partizipationsmöglichkeiten (im Sinne von Input). In diesem Kontext wurden die Direktwahlen zum Europäischen Parlament ab 1979 eingeführt [...]. Damit sollte der zentrale Mechanismus demokratischer Legitimität, nämlich kompetitive Wahlen, auf EU-Ebene übertragen werden, was allerdings nur mangelhaft gelang. [...] Output-Legitimation resultiert aus der Problemlösungsfähigkeit von Politik [...]. Die EU ist ein Mehrebenensystem; Institutionen bestehen auf der supranationalen sowie auf der nationalen Ebene und sie interagieren. [...]. Kurzum: in Mehrebenensystemen ist die Legitimationsfrage notwendigerweise komplexer [...] Auch in der EU [...] gilt es die Herausforderung zu bewältigen, dass mehrere Legitimationskanäle existieren – der supranationale, der nationale und ggf. der regionale – und interagieren. Gemeinhin wird unterstellt, dass die nationalen Institutionen den höchsten Grad an Legitimität genießen [...]. Die Mitgliedstaaten [sind] eine [...] zentrale Quelle für die Legitimation der EU [...]. Politische Öffentlichkeit ist in demokratischen Systemen ein wichtiges Korrektiv, bleibt in der EU aber weiterhin primär national [...] und es ist umstritten, „ob die EU überhaupt den strukturellen Voraussetzungen genügt, um auf Öffentlichkeit als Legitimationsmechanismus demokratischer Herrschaftsausübung zurückgreifen zu können“. [...]

Kann es Demokratie ohne einen demos geben? Das Fehlen eines europäischen Volkes war für einige Beobachter Anlass zu konstatieren, dass es deshalb auch keine Demokratie auf EU-Ebene geben könne.

Abels, Gabriele: Legitimität, Legitimation und das Demokratiedefizit der Europäischen Union. In: Peter Becker/Barbara Lippert (Hrsg.): Handbuch Europäische Union, Springer Verlag, Wiesbaden 2019, S. 175–184

M34 Kommentar: Die EU hat ein großes Demokratiedefizit

Dietrich Murswiek: Mehr oder weniger Demokratie?

Das Demokratiedefizit der EU ist lange bekannt: Hauptgesetzgebungsorgan ist nicht das Parlament, sondern der Rat, der sich aus Vertretern der Regierungen der Mitgliedstaaten zusammensetzt. Dem Parlament fehlt sogar das Initiativrecht; es kann also nicht nach seinen eigenen Vorstellungen Gesetze gestalten. Das Initiativmonopol liegt bei der Kommission, bei der die von den Wählern ausgehende demokratische Legitimation nur noch in homöopathischer Verdünnung ankommt. Die Wähler haben mit ihrer Stimme, die sie bei der Wahl zum Europaparlament abgeben, keinen wirklichen Einfluss auf die Gesetzgebung der EU. Sie können gar nicht abschätzen, was sie mit ihrer Stimme bewirken: Es fehlt in der EU an einem Gegenüber von Regierung und Opposition, und die Entscheidungsbildung lässt nicht erkennen, welche Parteien für welche europäischen Richtlinien, die daheim auf Ablehnung stoßen, eigentlich verantwortlich sind. Somit leistet die Wahl zum Europaparlament nicht, was der Hauptzweck der demokratischen Wahl ist: dem Wähler die Möglichkeit zu geben, sich für eine Alternative zur augenblicklich herrschenden Politik zu entscheiden. Diese Defizite werden durch den Vertrag von Lissabon noch vergrößert. Die demokratische Legitimation der EU-Gesetzgebung erfolgte bisher in erster Linie durch die Völker der Mitgliedstaaten: Diese wählen die nationalen Parlamente, welche die Regierungen wählen, die Vertreter in den Rat der EU entsenden. Diese Legitimationskette trägt jedoch nur, solange regelmäßig nach dem Einstimmigkeitsprinzip entschieden wird. Andernfalls lässt sich die Legitimation des betreffenden Gesetzes nicht auf die Völker der überstimmten Staaten zurückführen. Der Vertrag von Lissabon aber macht das Mehrheitsprinzip zum Regelentscheidungsverfahren im Rat. Damit ist die Legitimationskette zerrissen. Die Legitimation der EU-Gesetze durch den Rat ist so nicht mehr möglich. Dieser Defekt wird auch nicht dadurch beseitigt, dass der Vertrag die Zuständigkeiten des EU-Parlaments stärkt. Denn zum einen hat das Parlament nach wie vor kein Initiativrecht. Zum anderen wird es nicht nach demokratischen Prinzipien gewählt. Die europäischen Wähler haben nicht die gleiche Stimme, sondern die Wähler kleiner Mitgliedstaaten haben ein bis zu dreizehn Mal größeres Stimmgewicht als die Wähler großer Mitgliedstaaten. Das ist ein Verstoß gegen die Grundlage der Demokratie, die staatsbürgerliche Gleichheit.

Murswiek, Dietrich: Mehr oder weniger Demokratie? Die Lücke wächst. In: www.fr.de, 26.06.2009

M35 Zentrale Spannungsfelder in der Diskussion um ein EU-Demokratiedefizit

A Mehrheit- oder Einstimmigkeit im Ministerrat

Für Mehrheitsentscheid: Das Prinzip der doppelten qualifizierten Mehrheit erleichtert die Entscheidungsfähigkeit gegenüber der Einstimmigkeit. Einzelne Länder können nicht mehr durch ein Veto Entscheidungen für alle blockieren. Allerdings wird durch das Erfordernis eines bestimmten Bevölkerungsanteils auch das Prinzip der Staatengleichheit verzerrt.

Für Einstimmigkeit: Das Prinzip der Einstimmigkeit erfordert die Zustimmung jedes einzelnen Landes in der EU. Kein Land kann überstimmt werden, alle Länder haben das gleiche politische Gewicht. Es kann nicht – wie bei Mehrheitserfordernis – passieren, dass Entscheidungen in einem Land umgesetzt werden müssen, dessen Minister:in im Rat nicht zugestimmt hat. Dadurch entsteht in diesen Ländern ein Legitimationsdefizit.

B Gleichwertigkeit der Stimmen in der Wahl zum Europäischen Parlament?

Für Gleichwertigkeit der Stimmen: Bei der Wahl zum Europäischen Parlament soll das Prinzip der Gleichwertigkeit der Stimmen („one man, one vote") gelten. Für eine bestimmte und über alle Länder gleiche Zahl von Einwohnern:innen soll ein Mandat vergeben werden. Dies ist die Grundlage für Repräsentation demokratischer Wahlen. Das EP ist aus diesem Grund aktuell nicht wirklich ein Repräsentativorgan der europäischen Wahlberechtigten.

Für den Schutz kleinerer Länder: Bei der Wahl zum Europäischen Parlament ist es sinnvoll, kleine Länder mit wenig Einwohnern:innen zu schützen. In Deutschland repräsentiert ein Abgeordneter 914.000 Bürger:innen, in Malta hingegen nur 76.000. Bei Berücksichtigung der Gleichwertigkeit von Stimmen hätte Deutschland statt 99 ganze 1155 Abgeordnete. Entweder würde also das EP viel zu groß werden oder kleine Länder hätten kaum Sitze und somit Mitbestimmungsmöglichkeiten im Parlament.

C Kompetenzzuwachs beim Europäischen Parlament?

Für mehr Kompetenzen: Durch weitere Kompetenzen wie das Initiativrecht oder eine zentralere Rolle bei der Regierungsbestellung (Wahl- und Abwahl der Kommission) würden das EP zum wichtigsten Legislativorgan in der EU werden lassen. Durch diese Veränderungen entsteht echter europäischer Parlamentarismus, in der die „EU-Regierung" (Kommission) von der Mehrheit im EP getragen wird.

Kein Kompetenzzuwachs: Die Aufwertung des Europäischen Parlaments schwächt die Rolle des Rates und damit die Rolle der nationalen Regierungen und nationalen Parlamente. Damit wird die europäische Legitimation wichtiger als die nationale. In der EU sollte aber die zentrale Legitimation über die Nationalstaaten erfolgen, was sich in der wichtigen Rolle des Ministerrats ausdrückt.

Bearbeiter

Aufgaben

72035-297

1. Erläutern Sie sich zu zweit gegenseitig die Thesen zum Demokratiedefizit (**M32**). Welche überzeugt Sie am meisten?
2. Fassen Sie die wissenschaftlichen Aussagen zum Demokratiedefizit (**M33**) zusammen und veranschaulichen Sie die Problematik des Mehrebenensystems in einem Schaubild.
3. a) Geben Sie die zentralen Kritikpunkte an der EU (**M34**) mit eigenen Worten wieder.
   b) Stellen Sie Ihre Ergebnisse im Kurs vor.
4. Erarbeiten Sie mit Hilfe von **M32-M34** die Spannungsfelder (**M35**, → Tabelle im hinteren Buchdeckel) in der Diskussion um ein Demokratiedefizit.
5. Formulieren Sie einen differenzierten Kommentar zu **M34**, in dem Sie den Autor kritisieren oder ihm zustimmen. Benennen Sie dabei zentrale Argumente und Kategorien in der Begründung.

9.2.5 Geschlossenheit und Uneinigkeit in der EU: Wie soll die EU mit Ungarns Blockadepolitik umgehen?

Zum Thema: In der Europäischen Union sollen politische Probleme gemeinsam diskutiert und entschieden werden. Gerade die häufigen Blockaden und Vetos verschiedener Länder, insbesondere ist hier Ungarn unter Viktor Orbán zu nennen, schränken aber die Handlungsfähigkeit der Gemeinschaft ein. Es scheint so, als wären diese Länder nur aus Eigeninteresse in der Europäischen Union und nicht, um gemeinsam zu handeln. Ungarn dagegen sieht in seiner Politik die Durchsetzung legitimer nationaler Interessen. Sie sollen in diesem Kapitel am Beispiel von Ungarn analysieren, inwiefern die EU im Spannungsfeld zwischen gemeinsamem Handeln und nationalstaatlichem Einzelinteresse herausgefordert ist.

M36 Der russische Angriffskrieg gegen die Ukraine: Ungarn legt Veto gegen EU-Sanktionen gegenüber Russland ein

„Höchste Zeit, dass die EU sich von Orban nicht mehr an der Nase herumführen lässt"

Wieder einmal scheitert die EU an Viktor Orban. Der ungarische Ministerpräsident blockiert Sanktionen gegen den russischen Patriarchen und Putin-Vertrauten Kirill. So reagiert die deutsche Presse.

Die EU verzichtet wegen des Widerstands Ungarns vorerst auf Sanktionen gegen das russisch-orthodoxe Kirchenoberhaupt Patriarch Kirill. Das sechste EU-Sanktionspaket, in dem auch ein weitgehendes Öl-Embargo enthalten ist, wurde am [...] [03. Juni 2022] von Vertretern der 27 EU-Staaten ohne die eigentlich geplante Strafmaßnahme gegen Kirill gebilligt. Weil eine einstimmige Entscheidung notwendig war, konnten sich die anderen 26 Länder nicht gegen Ungarn durchsetzen.

Viktor Orban, von 1998-2002 und seit 2010 Ministerpräsident von Ungarn

Der Stern: „Höchste Zeit, dass die EU sich von Orban nicht mehr an der Nase herumführen lässt". In: www.stern.de, 03.06.2022

Einstiegsaufgaben 72035-298

1. Erarbeiten Sie die politische Situation in **M36**.
2. Kommentieren Sie: Wie soll die EU mit Ungarn umgehen?

M37 Hintergrundinformationen: Ungarns Mitgliedschaft in der Europäischen Union

a) Historische Entwicklung

Schon bald nach Ende des kommunistischen Systems strebte Ungarn eine Mitgliedschaft in der EU an [...]. In den vergangenen Jahren kam es zu vermehrten Spannungen zwischen der EU und der seit Mai 2010 amtierenden Regierung unter Viktor Orban. So kritisierte die EU ein im Dezember 2010 erlassenes Mediengesetz, dass [sic!] von Brüssel als eine Einschränkung der Pressefreiheit gesehen wurde und das zum Beispiel Geldstrafen gegen einzelne Medien bei „nicht ausgewogener Berichterstattung" vorsah. Die ungarische Regierung milderte daraufhin einige Bestimmungen ab. [...] Im April 2012 entschied die EU Kommission, Klage gegen Ungarn wegen Verletzung der EU-Verträge beim Europäischen Gerichtshof einzureichen, da die Unabhängigkeit der Justiz im Land bedroht sei. Ungarn weigert sich wie Polen Geflüchtete nach dem Quotenprinzip der EU aufzunehmen. Auch errichtete Ungarn entlang seiner Grenzen zu Serbien, Kroatien und Rumänien Stacheldrahtzäune, um Flüchtlinge an der Einreise zu hindern. [...] Die fortwährenden Verletzungen von Grundrechten veranlasste im September 2018 das Europäische Parlament dazu, ein Verfahren nach Artikel 7 des EU-Vertrags gegen Ungarn einzuleiten, da es immer schlechter um die Rechtsstaatlichkeit in Ungarn bestellt ist. [...] Insgesamt betrachtet plädiert Orban anstelle der EU in ihrer bisherigen Form für ein „Europa der Nationen" mit ausgeprägt christlichen und kulturell konservativen Traditionen. [...] Viktor Orbán verfolgt seit Jahren sein Konzept eines „illiberalen Staates" für Ungarn. Bei der Verkündigung des Konzepts 2014 benannte er damals auch seine Vorbilder: Russland, China und die Türkei. Orbán hat seitdem keine Gelegenheit ausgelassen, um die Beziehungen seines Landes zu den Führern dieser Staaten zu intensivieren. Damit geht er immer mehr auf diplomatischen Konfrontationskurs zur EU-Außenpolitik.

Landeszentrale für politische Bildung Baden-Württemberg: Außenpolitik Ungarn. In: www.osteuropa.lpb-bw.de, Abruf am 02.08.2022

b) Ziele ungarischer EU-Politik

Wochenlang hat Ungarn das Öl-Embargo gegen Russland blockiert – und bekam Sonderrechte: Ungarn darf weiter Öl aus Russland importieren. Jetzt hat Viktor Orbán erneut „Nein" gesagt, die Sanktionen gegen das russisch-orthodoxe Kirchenoberhaupt Kyrill blockiert – und sich erneut durchgesetzt: Die EU verzichtet vorerst auf die Sanktionen. Viele EU-Staaten sind mächtig sauer, Orbán steht alleine gegen alle und manövriert sich immer weiter ins Abseits. Was bezweckt er damit?

Das sechste EU-Sanktionspaket gegen Russland, in dem auch ein Öl-Teilembargo enthalten ist, wurde [...] von Vertretern der EU-Staaten gebilligt [...]. Der ungarische Ministerpräsident macht der EU gerade Probleme. Viele Menschen fragen sich: Wem steht Viktor Orbán eigentlich gerade näher – Russland oder der Europäischen Union? Die Blockade eines vollständigen Öl-Embargos sei insofern noch nachvollziehbar gewesen, weil diese ja tatsächlich konkrete und sofortige wirtschaftliche Folgen für Ungarn gehabt hätte, sagt die Politikwissenschaftlerin Sonja Priebus von der Europäischen Universität Viadrina in Frankfurt/Oder. [...] Warum Orbán die Sanktionen gegen Kyrill nicht befürwortet, sei dagegen bedeutend schwieriger zu erklären. Sie sieht mehrere Gründe: Zum einen sei es eine Machtdemonstration nach den Wahlen im April, die Orbán und seine Partei Fidesz zum wiederholten Mal haushoch gewonnen hatten. Offenbar möchte Orbán zeigen, dass Ungarn auch in der EU blockieren kann, sagt Sonja Priebus. Zweitens sei Russland – trotz des Krieges in der Ukraine – immer noch ein starker Verbündeter Ungarns. Orbán habe in den letzten Jahren sehr starke wirtschaftliche und politische Verbindungen zu Russland aufgebaut. Diese möchte er nicht gefährden, deshalb gibt er sich sozusagen als eine Art Vertreter der russischen Interessen in der EU.

Außerdem könne das Verhalten Ungarns als „eine Art Revanche" für das Verfahren gelesen werden, das die EU wegen des Abbaus von Demokratie und Rechtsstaatlichkeit gegen Ungarn eingeleitet hat. Die Kommission hält zudem nach wie vor Gelder [...] zurück. Es kann zu einem langfristigen Entzug oder zur Kürzung von EU-Bezügen kommen. Orbán versuche mit seiner Russland-Politik quasi, hier in Brüssel noch Zugeständnisse zu erzwingen.

[...] Orbán sage zwar immer wieder, sein Land wolle nicht aus der EU austreten – Ungarn sei auch einfach auf die Gelder angewiesen, so die Politikwissenschaftlerin. Dass Ungarn Russland näherstehe als der Europäischen Union, sei nicht nur ein Eindruck. Es ist tatsächlich so glaubt Sonja Priebus. [...] Ungarn ist zwar EU-Mitglied, durch den Ausbau der wirtschaftlichen und politischen Beziehungen zu Russland verfolge die Regierung in den letzten Jahren aber gleichzeitig eine deutlich sichtbare Politik der sogenannten Ostöffnung. [...] Ungarn habe das Ziel, stärker mit Staaten wie Russland, China oder der Türkei zu kooperieren, sagt Sonja Priebus. [...] Die EU befindet sich in einer schwierigen Situation, so die Politikwissenschaftlerin. Momentan versuche der Staatenbund, über Geld Druck auf Ungarn auszuüben. Der Konflikt zeige aber einmal mehr die strukturellen Defizite der EU: Sie habe keine wirksamen Sanktionsinstrumente gegen blockierende Regierungen wie die von Viktor Orbán. Das Einstimmigkeitsprinzip müsse abgeschafft werden. [...] Um einheitlich gegenüber Russland agieren zu können, müsse die EU also möglicherweise noch weitere Zugeständnisse an Ungarn machen. Eine vollständige Konfrontation mache da wenig Sinn.

Haase, Till: Sanktionen gegen Russland. Was Orbán mit seiner Blockadehaltung bezweckt. In: www.deutschlandfunknova.de, 03.06.2022

Zusatzmaterial:
Zwei Kommentare zu Ungarns Politik
72035-299

c) Ungarn als EU-Nettoempfänger

Polen und Ungarn stehen an der Spitze der Nettoempfänger von EU-Geldern: Im Jahr 2019 erhielt Polen 12,1 Milliarden Euro von der EU, Ungarn 5,1 Milliarden Euro. Auch in der Haushaltsperiode 2021 bis 2027 sollen Polen und Ungarn im Top der Nettoempfänger bleiben.

Sieradzka, Monika/Verseck, Keno: Polens und Ungarns Veto gegen den EU-Haushalt: Ist es gerechtfertigt? In: www.dw.com, 01.12.2020

M38 Kommentar: Ohne Ungarn ist die EU stärker

Geschlossenheit wird überbewertet. Sanktionen nach der Formel „EU minus eins" entfalten mehr Druck als verwässerte Strafmaßnahmen.

Die EU beugt sich Orbán. Das ist ein Fehler. Europa muss Wege finden, wie es Störenfriede, die den Wunsch nach Geschlossenheit für Erpressungsmanöver missbrauchen, zu gemeinschaftlichem Handeln zwingt. [...] Ein Ölembargo der EU würde auch ohne Ungarn wirken. Die EU müsste Orbán dann kein Zugeständnis für sein Ja machen. Sie könnte sogar selbstbewusst von „EU minus eins"-Sanktionen sprechen. Bei jeder öffentlichen Erwähnung des Begriffs stünde Orbán am Pranger, weil er Geschlossenheit verhindert hat. In diesem Fall würde „Konsens minus eins" mehr Druck entfalten als ein verwässertes Sanktionspaket. [...] Anders liegt der Fall bei Beschlüssen, die Einstimmigkeit verlangen. [...] Immer öfter missbrauchen einzelne Mitglieder den Zwang zur Geschlossenheit als Hebel, um nationale Anliegen durchzusetzen, auch wenn diese mit der Sache nichts zu tun haben. Wenn das Schule macht, werden die Organisationen handlungsunfähig. Sie funktionieren nur, wenn der Gemeinschaftsnutzen für alle Beteiligten von so hohem Wert ist, dass sie Zugeständnisse machen. Im Extremfall bleibt nur ein Ausweg: Auflösung und Neugründung ohne das störrische Mitglied. [...] Ein solches Vorgehen ist freilich riskant. Es kann den Störenfried motivieren, jede Entscheidung, die Einstimmigkeit verlangt, zur Blockade zu nutzen. Derzeit [hat die] EU [...] mehr Angst vor Orbán [...] als umgekehrt. Sie [muss] sich Respekt verschaffen; sonst [gibt] sie sich auf. Und [verliert] an Wert für ihre Mitglieder.

Von Marschall, Christoph: Orbán, Kirill und das Ölembargo. Ohne Ungarn ist die EU stärker. In: www.tagesspiegel.de, 02.06.2022

M39 Karikatur: Es geht nur ums Geld

Kostas Koufogiorgos, 2020

Aufgaben

72035-300

1. Erarbeiten Sie die Interessen, Strategien und Bedingungen der ungarischen EU-Politik (**M37a-c** und **QR-Code**, S. 399). Erstellen Sie dazu einen Steckbrief.
2. Geben Sie die Kernaussagen von **M38** mit eigenen Worten wieder. Erstellen Sie eine Liste der genannten Möglichkeiten für den Umgang mit Ungarns Blockadepolitik (**M37**, **M38**).
3. Beschreiben und interpretieren Sie die Karikatur in **M39**.
4. Beurteilen Sie am Beispiel der Auseinandersetzungen der EU mit Ungarn perspektivisch und kategorial: Wie soll die EU mit Vetos umgehen?

9.3 Herausforderungen und Zukunft der europäischen Integration

9.3.1 Die Gemeinsame Außen- und Sicherheitspolitik in der EU und die Sanktionspolitik gegenüber Russland – endlich gemeinsam?!

Zum Thema: Auf der internationalen Bühne ist es für die europäischen Nationalstaaten zunehmend schwieriger geworden, Einfluss geltend zu machen. Die EU dagegen hat als deren gebündelte Vertretung eine deutlich stärkere Verhandlungsposition, vorausgesetzt die Mitgliedstaaten können sich auf einen gemeinsamen Standpunkt einigen. Im folgenden Kapitel werden Sie am Beispiel des Öl-Embargos gegen Russland die Gemeinsame Außen- und Sicherheitspolitik (GASP) der EU kennenlernen und bewerten, ob die EU international geschlossen genug auftritt.

M40 Öl-Embargo gegen Russland: EU entgeht knapp einer Blamage

„Der Streit um das Öl-Embargo zeigt: Die EU wird auf internationaler Ebene nie mit einer Stimme sprechen!"

Karikatur: Harm Bengen, 2022

Einstiegsaufgaben 72035-301

1. Analysieren Sie die Karikatur in **M40** mit Blick auf das politische Problem gemeinsamer europäischer Außenpolitik.
2. Sollte auf Konsens in der EU-Außenpolitik verzichtet werden? Begründen Sie Ihre Position.

M41 Die Gemeinsame Außen- und Sicherheitspolitik in den europäischen Verträgen

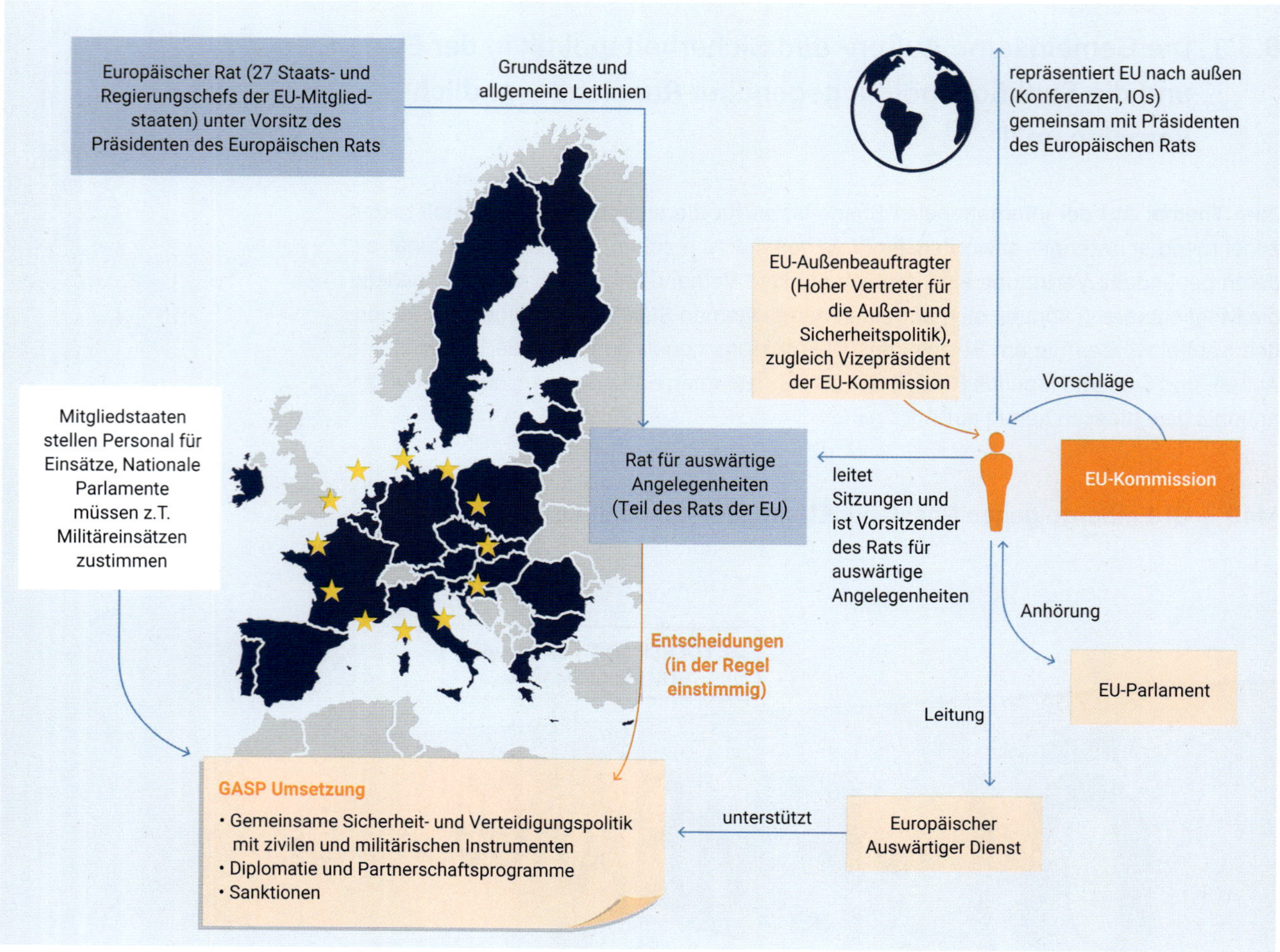

Bearbeitergrafik

Artikel 28

(1) Verlangt eine internationale Situation ein operatives Vorgehen der Union, so erlässt der Rat die erforderlichen Beschlüsse. In den Beschlüssen sind ihre Ziele, ihr Umfang, die der Union zur Verfügung zu stellenden Mittel sowie die Bedingungen und erforderlichenfalls der Zeitraum für ihre Durchführung festgelegt. [...]

(2) Die Beschlüsse nach Absatz 1 sind für die Mitgliedstaaten bei ihren Stellungnahmen und ihrem Vorgehen bindend. [...]

Artikel 29

Der Rat erlässt Beschlüsse, in denen der Standpunkt der Union zu einer bestimmten Frage geografischer oder thematischer Art bestimmt wird. Die Mitgliedstaaten tragen dafür Sorge, dass ihre einzelstaatliche Politik mit den Standpunkten der Union in Einklang steht.

Konsolidierte Fassungen des Vertrags über die Europäische Union und des Vertrags über die Arbeitsweise der Europäischen Union

Zusatzmaterial:
Weitere Artikel des Vertrages über die EU

72035-302

M42 Kommentare zu einer gemeinsamen Außenpolitik der EU

a) Bundeskanzler Scholz: Eine größere EU und Mehrheitsentscheidungen in der Außenpolitik

Bundeskanzler Olaf Scholz plädiert für eine deutliche Erweiterung der Europäischen Union mit Blick auf deren geopolitische Rolle. „Eine EU mit 27, 30, 36 Staaten mit dann mehr als 500 Millionen freien und gleichberechtigten Bürgerinnen und Bürgern kann ihr Gewicht in der Welt noch stärker zur Geltung bringen" [...]. Um Blockaden zu vermeiden, müsse „in der Außen- und auch in der Finanzpolitik schrittweise zu Mehrheitsentscheidungen" übergegangen werden. Er wisse wohl, „dass wir da noch viel Überzeugungsarbeit leisten müssen", räumte der Kanzler ein. Letztlich bedeuteten Mehrheitsentscheidungen aber einen Zugewinn und „keinen Verlust an Souveränität".

Tagesschau: „Eine EU mit 27, 30, 36 Staaten". In: www.tagesschau.de, Abruf am 22.10.2022

Bundeskanzler Olaf Scholz

b) Kommentar: Die Abschaffung des Einstimmigkeitsprinzips in der Außenpolitik ist nicht sinnvoll

Als eine der Lehren, die aus dem Ukrainekrieg zu ziehen seien, hat der Bundeskanzler jetzt [...] noch einmal vorgeschlagen, die Einstimmigkeit in der Außenpolitik der EU abzuschaffen. Eigentlich ist das keine neue Forderung, sondern die Bekräftigung eines alten deutschen Standpunkts. Schon vor Putins Überfall war er auf den meisten Sprechzetteln in Berlin zu finden. Es ist klassisch integrationistisch gedacht: Die EU gilt als stärker, wenn die nationalen Regierungen weniger Macht haben und die Brüsseler Institutionen mehr. Noch jede Generation deutscher Europapolitiker hat diesen Glaubenssatz verinnerlicht. Es ist aber nicht gesagt, dass er auch auf das fordernde Feld der Außenpolitik zutrifft. Im Ministerrat der EU, um den es in dieser Debatte geht, wird schon seit Jahren auf den meisten Politikfeldern mit Mehrheit abgestimmt. Das ist sinnvoll, wenn es etwa um den Außenhandel oder die Agrarpolitik geht, in denen die Kompetenzen weitgehend in Brüssel liegen. Die „Gemeinsame Außen- und Sicherheitspolitik", wie sie amtlich heißt, ist dagegen nicht vergemeinschaftet. Die wichtigsten Instrumente haben die Mitgliedstaaten behalten [...]. Eine europäische Armee gibt es schon gar nicht. [...] Anders als es in der deutschen Debatte oft dargestellt wird, ist das kein überkommenes Festhalten an nationalem Eigensinn, sondern eine vernünftige Regelung. Auf keinem Politikfeld ist der Einsatz so hoch wie in der Außenpolitik. In letzter Konsequenz geht es hier um Krieg und Frieden, wie gerade wieder in der Ukraine zu besichtigen ist. Die Vorstellung, man könne die Regierung eines oder mehrerer Mitgliedsländer bei Fragen von solcher Tragweite einfach mal überstimmen, ist befremdlich. Die Folgen eines EU-Beschlusses müssen alle tragen. Das gilt auch für die Sanktionspolitik, die Scholz als ersten Schritt in die Mehrheitsentscheidung überführen möchte. Wenn die EU zum Beispiel mit Mehrheit den Handel mit einem Drittstaat einstellen sollte, dann müssten auch die Mitgliedstaaten ihre Geschäfte aufgeben, die dagegen waren. Eine Vergeltung träfe wiederum alle 27 EU-Länder. In einem gar nicht mehr so extremen Szenario ist vorstellbar, dass ein Land wie Russland auf europäische Sanktionen auch militärisch reagiert. Kann die EU solche Risiken wirklich eingehen, ohne dass alle Regierungen zugestimmt haben? Und wo soll das enden? Sollen eines Tages auch Militäreinsätze per Mehrheit beschlossen werden? [...] Was in solch zugespitzten Lagen passieren kann, kennt man aus der Innen- und Justizpolitik der EU. Dort gibt es keine Einstimmigkeit mehr. Im Jahr 2015 beschloss der Ministerrat mit Mehrheit, Flüchtlinge in der gesamten EU zu verteilen. Obwohl es sich um einen rechtskräftigen Beschluss handelte, weigerten sich mehrere osteuropäische Staaten erfolgreich, ihn umzusetzen. Das ist in Berlin vielleicht vergessen, aber es wäre auch in der Außenpolitik eine wahrscheinliche Folge bei einem starken Dissens im Rat. Der Schaden wäre sicherlich größer als der bei den manchmal unbefriedigenden Kompromissen, die heute in Brüssel eingegangen werden müssen. Überstimmt werden könnte auch Deutschland. Die Mehrheitsregeln im Rat begünstigen aber die großen Mitgliedstaaten, weil sie die Einwohnerzahl berücksichtigen. Scholz (und Macron) geht es letztlich darum, kleineren EU-Ländern das Vetorecht zu nehmen.

Busse, Nikolas: Scholz zieht die falsche Lehre aus dem Krieg. In: www.faz.de, 02.09.2022

M43 Alternativen zum Konsensprinzip (Einstimmigkeitsprinzip)

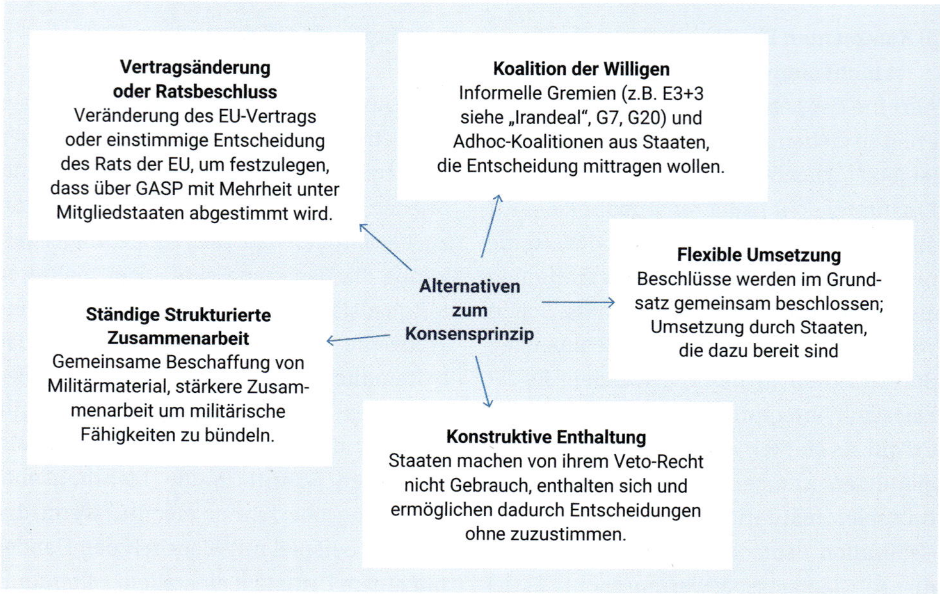

Bearbeiter

Aufgaben

72035-305

1. Erarbeiten Sie aus dem Schaubild (**M41**) die Grundzüge der Gemeinsamen Außen- und Sicherheitspolitik der EU (GASP).
2. Formulieren Sie die Argumente für und gegen das Einstimmigkeitsprinzip in der Außenpolitik mit eigenen Worten (**M42a-b**).
3. Erläutern Sie die Alternativen zum Einstimmigkeitsprinzip in **M43** mit Hilfe konkreter Beispiele.
4. Soll das Einstimmigkeitsprinzip in der EU-Außenpolitik abgeschafft werden? Schreiben Sie einen zustimmenden oder kritischen Kommentar an den Autor von **M42a**.

Politik aktiv

Simulieren Sie eine Dringlichkeitssitzung des EU-Außenminsterrates zur Frage von Sanktionen gegen den fiktiven europäischen Krisenstaat Kabadien (→ digitaler Aufgabenkasten).

Onlinekapitel: Die Gemeinsame Sicherheits- und Verteidigungspolitik

72035-303

Onlinekapitel: Die Erweiterung der EU

72035-304

9.3.2 Weiterentwicklung der Europäischen Union: Wie soll die EU der Zukunft aussehen?

Zum Thema: Europäische Union im Jahre 2050? In Anbetracht der zahlreichen Erfolge und Krisen wird die Frage nach der zukünftigen Entwicklung der EU in Wissenschaft und Politik immer wieder gestellt und vielfältig beantwortet. Besonders einflussreich sind dabei fünf Szenarien der EU-Entwicklung. Im folgenden Kapitel werden Sie diese Szenarien kennenlernen und selbst Ihr persönliches Zukunftsszenario entwickeln, um die Frage zu beantworten, wie die EU der Zukunft aussehen soll.

M44 Marine Le Pen: „Ich will die EU zerstören!"

Le Pen sagt ungefiltert, was sie will. Und das ist nichts anderes als die Zerstörung der EU.

„Die EU ist ein großes Verhängnis, ein antidemokratisches Monster", sagt sie. „Ich will verhindern, dass es fetter wird, weiteratmet." Aus Le Pens Sicht hat die EU ihren Mitgliedern die staatliche Souveränität genommen und sie mit dem Euro in eine nicht zu lösende Krise getrieben. Ihr Rezept heißt: zurück zum Nationalstaat, Austritt aus dem Euro. Auf die Frage, ob sich ihre Partei das Frankreich der frühen Sechzigerjahre zurückwünsche, antwortet Le Pen: „Damals waren die Franzosen unbestreitbar in einer besseren Lage.

Marine le Pen, 2011-2022 Vorsitzende der französischen, rechtspopulistischen und in Teilen rechtsextremen Partei Rassemblement National (RN)

Ik/DPA: Marine le Pen: „Ich will die EU zerstören!". In: www.stern.de, 01.06.2014

Einstiegsaufgaben 72035-306

1. Geben Sie die Aussagen von Le Pen (**M44**) mit eigenen Worten wieder.
2. Formulieren Sie einen Kommentar zu Le Pens Auffassung.

M45 Welche EU-Zukunftsszenarien werden diskutiert?

A Titanic

Das Titanic-Szenario beschreibt eine substantielle Gefährdung bis hin zur Auflösung der europäischen Integration. [...]

B Geschlossenes Kerneuropa

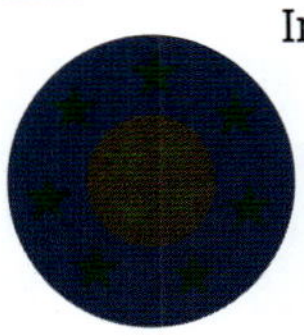

Im geschlossenen Kerneuropa besteht unter den Mitgliedstaaten kein Konsens hinsichtlich der künftigen Entwicklung der Europäischen Union. Eine Gruppe von Mitgliedstaaten entschließt sich zu einer Zusammenarbeit außerhalb des vertraglichen Rahmens. [...]

Erweiterte Textfassungen:
Die EU-Zukunftsszenarien
72035-307

C Methode Monnet

Im Szenario Methode Monnet setzt sich die künftige Entwicklung der Europäischen Union nach dem Muster der vergangenen Jahrzehnte fort. [...] Trotz ihrer Schwächen zerfällt die Europäische Union nicht. Der Binnenmarkt, das Schengen-Regime, die Währungsunion sowie das Bewusstsein, dass der europäische Integrationsprozess dem alten Kontinent Frieden und Stabilität beschert hat, halten die Union zusammen. Den Regierungen, Parlamenten und Parteien, aber auch den Bürgern ist bewusst, dass es keine ernsthafte Alternative zur EU gibt. [...]

D Offener Gravitationsraum

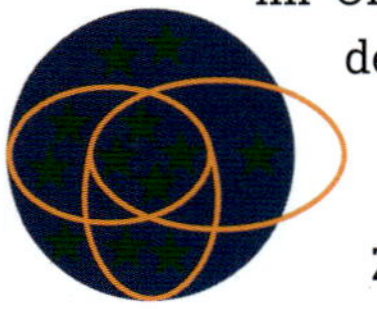

Im Offenen Gravitationsraum verfolgt eine der Gemeinschaftsmethode verpflichtete Avantgarde das Ziel einer kontinuierlichen Integrationsvertiefung. Das Zentrum des Gravitationsraums bildet dabei die Gruppe der Länder, die sich an den meisten Integrationsprojekten beteiligen. [...] Die integrationswilligen Mitgliedstaaten vertiefen ihre Zusammenarbeit in einzelnen alten und neuen Politikfeldern innerhalb des Vertragsrahmens der EU. [...] [J]edem Mitgliedstaat [wird] die Teilnahme an einer verstärkten Zusammenarbeit ermöglicht. [...]

E Supermacht Europa

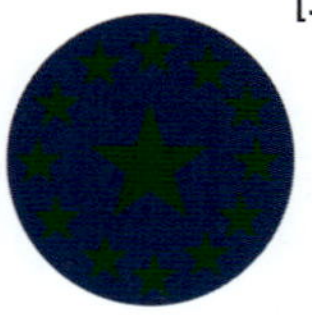

[...] Die Europäische Union nutzt ihre materiellen und institutionellen Ressourcen in vollem Umfang. Wirtschaftliche Leistungsfähigkeit, Bevölkerungszahl, militärisches Potential und das europäische Wertesystem bieten ihr eine beachtliche Handlungsbasis. Eine lineare Integrationsentwicklung im Sinne kontinuierlicher Reformerfolge prägt die Union der Zukunft. Die zunehmende Transparenz im EU-System sowie die Fähigkeit, den internen und internationalen Herausforderungen auf Unionsebene gerecht zu werden, wirkt sich positiv auf die Akzeptanz der Union bei den Bürgern aus. Die zunehmende Vernetzung der Gesellschaften fördert die öffentliche Auseinandersetzung mit europäischen Themen. Der Aufbau intermediärer Strukturen (Medien, Nichtregierungsorganisationen) führt zur Etablierung einer gesamteuropäischen Öffentlichkeit als Grundlage einer europäischen Zivilgesellschaft. [...] Im Zuge der Integrationsentwicklung übertragen die Mitgliedstaaten weit reichende Kompetenzen an die Union. [...] Der Gedanke der Solidarität und das Ziel der Angleichung der Lebensverhältnisse führen dazu, dass der Union immer mehr Kompetenzen übertragen werden. Insgesamt wird der europäischen Ebene eine höhere Problemlösungsfähigkeit zugeschrieben als den zum Teil reformunfähigen Nationalstaaten. Der Geschichte und den Traditionen ihrer einzelnen Mitgliedstaaten und Regionen folgend haben das Staatsverständnis und das Regierungssystem der Supermacht Europa eine eigene Qualität. Nach der Reform der Vereinten Nationen erhält die EU einen ständigen Sitz im UN-Sicherheitsrat.

Algieri, Franco / Janis A. Emmanouilidis / Roman Maruhn: Europas Zukunft. 5 EU-Szenarien. In: www.cap.uni-muenchen.de, Abruf am 08.01.2023
Grafiken nach: Centrum für angewandte Politikforschung (CAP) der Ludwig-Maximilians-Universität München

Aufgaben

72035-308

1. a) Erarbeiten Sie in Kleingruppen (2-3 Personen) die Zukunftsszenarien der EU (**M45**) in Form eines Gruppenpuzzles und sichern Sie Ihre Ergebnisse mit Hilfe eines Padlets.
   b) Stellen Sie Ihre Ergebnisse im Kurs vor.
2. Ordnen Sie die fünf Zukunftsszenarien in ein Koordinatensystem aus Integrationsreichweite und Integrationstiefe ein und begründen Sie, auf welcher Integrationstheorie (→ Workshop, Kap. 9.1, S. 371 ff.) die Szenarien basieren.

Politik aktiv

Entwerfen Sie Ihr persönliches Zukunftsszenario für die EU im Jahre 2050. Stellen Sie Ihr Ergebnis abschließend im Kurs vor.

Die Geschichte der europäischen Integration

Nach dem Ende des Zweiten Weltkrieges standen die Friedenssicherung und die wirtschaftliche Erholung im Interesse der europäischen Nationalstaaten. Deutschland nutzte dabei die Handlungsräume der EGKS und der Westintegration, während Frankreich einen größeren Markt für seine Montanprodukte und die Kontrolle der deutschen Rüstungsindustrie verfolgte. Die anfangs nur wirtschaftliche Integration weitete sich zunehmend auf andere Politikbereiche aus und mündete schließlich in eine politische Wirtschafts- und Währungsunion mit einem vollendeten Binnenmarkt. Außerdem wuchs die Gemeinschaft auf insgesamt 27 Mitgliedstaaten an. Inzwischen ist das geeinte Europa eine weltwirtschaftliche Größe und Garant des Friedens und der Menschenrechte für alle seine Bürgerinnen und Bürger.

Übung
w-727

Der politische Prozess in der Europäischen Union

Das historisch gewachsene Institutionengefüge des europäischen Mehrebenensystems erinnert oft und keineswegs zufällig an die föderale Ordnung der Bundesrepublik Deutschland: Das direkt gewählte Europäische Parlament bildet zusammen mit dem ministerialen Rat der EU die Legislative. Der Europäische Rat der Staats- und Regierungschefs gibt die Leitlinien der EU-Politik vor, die von dem Exekutiv-Organ der Europäischen Kommission umgesetzt werden. Der Europäische Gerichtshof ist als Judikative mit seiner pro-europäischen Rechtsprechung ein Motor des Integrationsgeschehens. Die große Zahl an Vetospielern schlägt sich konsequent in einem in der Regel langwierigen Prozess der Politikformulierung nieder. Die bereits formal stark ausgeprägte Politikverflechtung wird durch informelle Prozesse, wie das Trilogverfahren oder den intergouvernementalen Ausschuss der Ständigen Vertreter, weiter intensiviert, die andererseits das System aber regierbarer und effizienter gestalten. Neben Umwelt- und Verbraucherschutz sowie der Digitalisierung ist die europäische Flüchtlingspolitik eines der komplexen und umstrittenen Themen, an deren Lösung sich das politische System abarbeitet. Die zentrale Frage jeder europäischen Regelung bildet dabei die Abwägung, ob die dazu erforderliche Kompetenz beim Nationalstaat oder bei der supranationalen EU liegen sollte. Vertiefung und gleichzeitige Erweiterung der Europäischen Union stellen die Gemeinschaft bisweilen vor eine Zerreißprobe, was die Diskussionen um das Spitzenkandidatenmodell und die Beibehaltung des Veto-Prinzips in einer EU der 27 vor Augen führen.

Übung
82000-728

Herausforderungen und Zukunft der europäischen Integration

Als große Herausforderung der europäischen Integration zählen vor allem die außen- und verteidigungspolitische Selbstfindung, der Umgang mit anti-europäischen Kräften innerhalb der Union und der Brexit. Die EU blickt auf eine ungewisse Zukunft, in der vom Superstaat Europa bis zur Rücknahme von Integration viele verschiedene Szenarien möglich scheinen. Ausschlaggebend wird die Fähigkeit der EU sein, sich als weltweit einzigartiges System sui generis zwischen supranationaler und intergouvernementaler Integration demokratisch und subsidiär die europäischen Nationalstaaten an sich zu binden, ohne ihren nationalen politischen Systemen die Luft zum Atmen zu nehmen.

Übung
82000-729

KOMPETENZEN ANWENDEN

Kursarbeitstraining

Die folgenden Aufgaben bieten die Möglichkeit, Ihre gewonnen Kompetenzen zu überprüfen und diese anzuwenden. Sie können als Vorbereitung für eine Kursarbeit dienen. Lösungsvorschläge erhalten Sie über den QR-Code.

1 Karikatur: Brüssel liefert ...

Karikatur: Heiko Sakurai, 2021

2 Europäische Integration: EU-Staaten im Widerstand

Das Integrationsparadox der EU

Die EU muss mit einem Integrationsparadox leben. Integration ist zur Lösung vieler Probleme notwendig, allerdings führt mehr Integration auch zu mehr Widerstand. Europaskeptizismus und Populismus sind auf dem Vormarsch und erschweren europäische Problemlösungen. Die Krisenjahre haben zudem einen Politikstil hervorgebracht, der von vielen Bürgern als entmündigend wahrgenommen wird und die demokratische Legitimation des Integrationsprojektes zu untergraben droht. Wenn immer mehr Entscheidungen dem Imperativ der „Alternativlosigkeit" folgen, verkommen demokratische Prozesse. [...]

Europaskeptizismus weicht nicht über Nacht Europaenthusiasmus. Die strukturellen Hürden zur Demokratisierung europäischer Politik werden nicht von heute auf morgen verschwinden. Europäische Politik in den nationalen Parteienwettbewerb zu integrieren, hat bisher eher disruptive als integrative Folgen gehabt: Parteien der Mitte werden geschwächt, populistische und europaskeptische Parteien finden neuen Nährboden. Wenn sich das Integrationsparadox nicht auflöst, kann es dann zumindest abgeschwächt werden? [...]

Um der Vielfalt staatlicher Interessen in einer Gemeinschaft der 27 Rechnung zu tragen und gleichzeitig handlungsfähig zu bleiben, stehen den Mitgliedstaaten im gegenwärtigen Vertragswerk einige Instrumente zur Verfügung. Verfahren wie die 1999 eingeführte „verstärkte Zusammenarbeit" oder die „Ständige Strukturierte Zusammenarbeit" im Bereich der Sicherheits- und Verteidigungspolitik ermöglichen kooperationswilligen Mitgliedstaaten eine engere Zusammenarbeit, ohne dass alle Mitgliedstaaten an Bord sein müssen. Die Einführung einer Europäischen Staatsanwaltschaft, die Straftaten verfolgen soll, die zulasten des EU-Haushalts gehen, ist ein Beispiel verstärkter Zusammenarbeit. Die Planung einer europäischen Transaktionssteuer erfolgt ebenfalls unter diesem Rechtsinstrument. Das Prinzip „flexibler" oder „differenzierter" Integration – der Möglichkeit der selektiven Teilnahme an einzelnen Gemeinschaftspolitiken – liegt diesen Instrumenten zugrunde.

Auf der Ebene des Primärrechts ist differenzierte Integration schon längst etabliert, unter anderem in Form der Eurozone oder des Schengen-Raums. Differenzierte Integration verspricht einen möglichen Ausweg aus dem Integrationsparadox: Wird der innenpolitische Widerstand bei einem Integrationsvorhaben zu stark, muss nicht jeder Mitgliedstaat unbedingt mitziehen. Gleichzeitig sabotiert er damit nicht die Integrationsbemühungen seiner Nachbarn. Eine stärkere Ausdifferenzierung der EU wäre die Folge. Aber vielleicht verhilft ja gerade diese Ausdifferenzierung der EU zu neuer Stabilität.

Rittberger, Berthold: Die Europäische Union – Politik, Institutionen, Krisen. München 2021, S. 120-125

Aufgaben

72035-310

1. Stellen Sie Zusammensetzung und Aufgaben der Europäischen Kommission dar.
2. Analysieren Sie die Karikatur (1) im Ihnen bekannten Verfahren (→ Methode , S. 268).
3. Erarbeiten Sie die Hauptaussagen von 2 .
4. Beurteilen Sie die Auffassung des Autors zur Beseitigung des Integrationsparadoxos perspektivisch und kategorial.

Lösungsvorschläge und Erwartungshorizonte

72035-311

1

Bargeld, hier: Euromünzen

2 Urlaubsgeschichte aus dem Jahr 1994

Marie will Urlaub machen. Gemeinsam mit ihrer Freundin Sophie plant sie eine Reise von Deutschland über Österreich nach Italien – erst ein bisschen wandern, dann Sonne am Gardasee tanken. Zur Vorbereitung wechseln die beiden einige ihrer gesparten D-Mark, um österreichische Schilling und italienische Lira zu erhalten, Wechselgebühren inklusive. Die Einreise nach Österreich dauert deutlich länger als Marie und Sophie geplant hatten, da sich eine lange Autoschlange an den Grenzkontrollen gebildet hat. Deshalb stärken sich die beiden an einer Raststätte mit einer Bratwurst. Deren Kosten können sie aufgrund des Umrechnungskurses nur schwer einschätzen.

Auf ihren Wanderungen in den Bergen gönnen sich Marie und Sophie immer wieder kulinarische Köstlichkeiten – Kaiserschmarrn, Wiener Schnitzel oder Tafelspitz. Auf ihrer letzten Etappe jedoch müssen sie auf das Mittagessen verzichten – sie haben bereits all ihre getauschten Schilling aufgebracht.

Angekommen in Italien verbringen sie viel Zeit in ihrem Wellness-Hotel, in dem hauptsächlich italienische Servicekräfte arbeiten. Dabei geben die zwei Mädchen deutlich weniger Geld aus, als sie eingeplant hatten. Einzig ihre kleinen Münzen nutzen Sie, um per Fernsprechapparat zu Hause ein paar Grüße auszurichten. Die restlichen Lire bleiben nach ihrem Urlaub ungenutzt im Schreibtisch liegen. Der Aufwand, die Scheine wieder zurückzutauschen, ist einfach zu groß – vielleicht steht ja bald der nächste Italien-Urlaub an.

Bearbeiterin

3 Die Euroländer
Stand: 2023

73000-99

EU-Mitglieder und das Jahr ihrer Euro-Einführung:

Belgien	1999	**Niederlande**	1999	**Zypern**	2008
Deutschland	1999	**Österreich**	1999	**Slowakei**	2009
Finnland	1999	**Portugal**	1999	**Estland**	2011
Frankreich	1999	**Spanien**	1999	**Lettland**	2014
Irland	1999	**Griechenland**	2001	**Litauen**	2015
Italien	1999	**Slowenien**	2007	**Kroatien**	2023
Luxemburg	1999	**Malta**	2008		

EU-Mitglieder ohne Euro und ihre aktuelle Währung:

Bulgarien	Lew
Dänemark	Dänische Krone
Polen	Złoty
Rumänien	Leu
Schweden	Schwed. Krone
Tschechien	Tschech. Krone
Ungarn	Forint

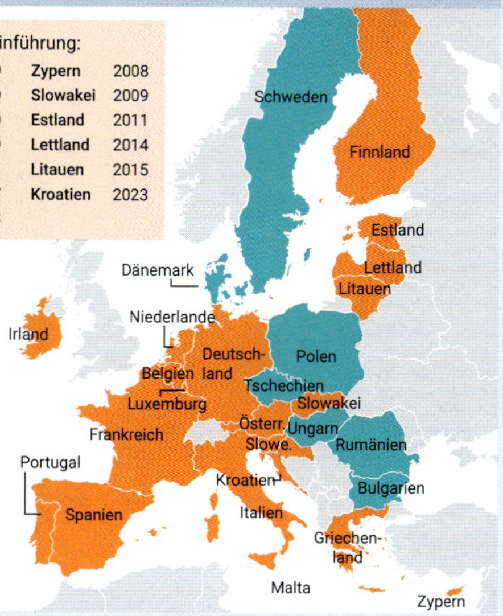

© C.C. Buchner Verlag, aktuelle Daten nach: Europäische Kommission (Datenerhebung: 2023; Grafikerstellung: 2023)

Der europäische Binnenmarkt

10

Zwischen wirtschaftlichem Wachstum und politischer Notwendigkeit

Denken wir an die Europäische Union, so kommt uns sofort der Euro als gemeinsame Währung in den Sinn. Er erleichtert uns das private Reisen, ist aber auch Grundlage des europäischen Handels insgesamt und steht damit als Bindeglied für das wirtschaftliche Wachstum auf dem europäischen Kontinent und auch für die politische Integration. Gleichzeitig ist der Euro nur ein sichtbares Zeichen für eine vielfältige Verflechtung ökonomischen Handelns in der Europäischen Union. Dahinter stehen vielmehr grundlegende Konzepte wie der europäische Binnenmarkt, der vor allem den freien Handel zwischen den europäischen Mitgliedstaaten ermöglicht. Gleichsam zeigen sich am Euro auch wesentliche Herausforderungen der europäischen Gemeinschaft: Eine gemeinsame Währungspolitik stellt bei allen wirtschaftspolitischen Unterschieden die EU immer wieder vor eine Zerreißprobe.

In diesem Kapitel lernen Sie, wie die Europäische Union im Bereich der Wirtschaft miteinander verflochten und voneinander abhängig ist. Wir stellen uns außerdem die Frage, wie die verschiedenen ökonomischen Interessen der Mitgliedstaaten zusammengeführt werden können und welche Rolle die Europäische Zentralbank hierbei einnimmt.

Leitfragen

1. Welche Möglichkeiten bieten uns der europäische Binnenmarkt und Wirtschaftsraum?
2. Welche Herausforderungen stellt uns die gemeinsame Währung, der Euro, und wie können wir diesen begegnen?
3. Wie können die Interessen der einzelnen Nationalstaaten und das Gesamtinteresse der EU miteinander verbunden werden?
4. Wie können zentrale Wertekonflikte wie ökonomische Freiheit und soziale Gerechtigkeit, Nachhaltigkeit und Wohlstand politisch ausbalanciert werden?

Aufgaben

72035-312

1. Gestalten Sie angelehnt an 2 eine kurze europäische Urlaubsgeschichte der Frauen Marie und Sophie heutzutage.
2. Finden Sie durch Gespräche mit Familienmitgliedern und älteren Freundinnen und Freunden heraus, wie deren Sicht auf den Euro ist.
3. Diskutieren Sie die folgende Problemfrage: Der Euro – mehr als eine gemeinsame Währung?

10.1 Grundlagen des europäischen Wirtschaftsraums

10.1.1 Der europäische Binnenmarkt: Handlungsfreiheit oder Regulierungswut?

Zum Thema: Vieles ist für uns Bürgerinnen und Bürger der Europäischen Union selbstverständlich geworden: Das freie Reisen ohne Grenzkontrollen, die Arbeit im Nachbarland oder der zollfreie Kauf von Waren. All dies beruht auf den Freiheitsprinzipien des europäischen Binnenmarktes und ist nicht mehr wegzudenken. Gleichzeitig bestimmen Schlagzeilen zu Verboten und neuen Regeln unseren Blick auf die europäische Wirtschaft. In diesem Kapitel sollen Sie analysieren, inwiefern sich zu viel Regulierung und Freiheiten gegenüberstehen und den europäischen Binnenmarkt in diesem Spannungsfeld beurteilen.

M1 Schlagzeilen zur Regulierung auf dem europäischen Binnenmarkt

1 EU verbietet Buntstifte und Wasserfarben

www.heute.at, 27.01.2017

2 Schutz für Kinder: Buntstifte mit zu viel Blei sollen ab 2018 vom Markt

Westdeutsche Zeitung, 08.02.2017

3 EU sperrt Sprungtürme in Schwimmbädern

Schröter, Friderike: Spring nicht. In: Spiegel, 02.06.2013

4 Mythos: Es gibt keine europäische Richtlinie oder Verordnung zu Sprunganlagen. Fakt: Es gibt nur eine europäische Norm und damit Empfehlung

Europedirect-aachen.de, 16.05.2019

5 Gurkenkrümmungsverordnung: Der Tag, an dem die Diskriminierung der Gurken begann

Schrittwieser, Eva. In: www.diepresse.com, 15.06.2018

6 Warum Europas Gurken auch ohne Verordnung gerade sind

Dierks, Benjamin. In: www.deutschlandfunk.de, 11.06.2018

Hintergrundwissen: die Gurkenkrümmungsverordnung

72035-489

Einstiegsaufgaben 72035-313

1. Arbeiten Sie die jeweiligen Sichtweisen auf die Entscheidungen der EU heraus und vergleichen Sie diese.
2. Formulieren Sie das dahinterstehende politische Problem.

M2 Der europäische Binnenmarkt: ein Markt für 500 Millionen Bürgerinnen und Bürger

a) Worin bestehen die vier Freiheiten des europäischen Binnenmarktes?

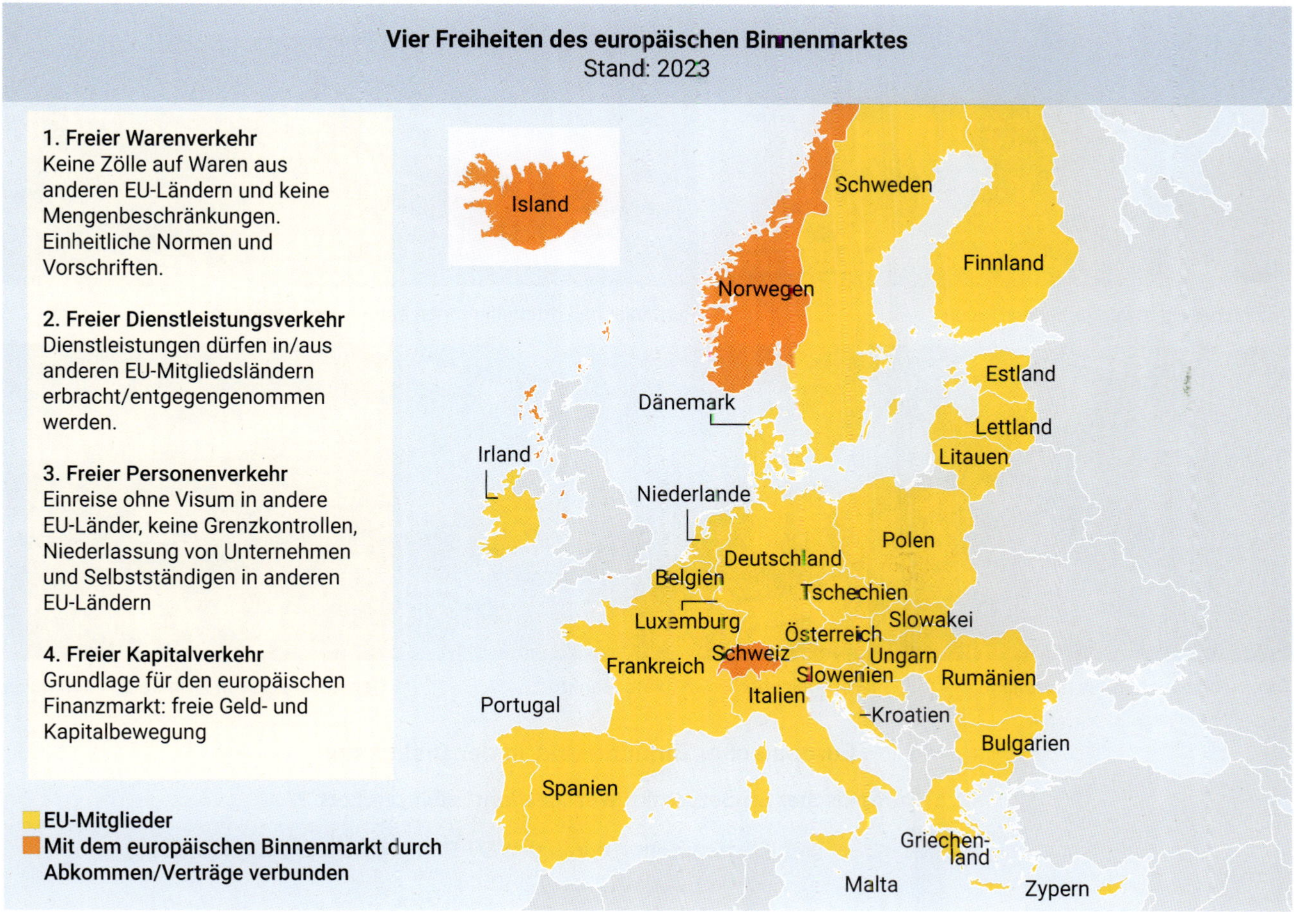

Nach: dpa, Globusgrafik 14116

b) Europäischer Binnenmarkt: Herzstück der EU-Integration

Als zentrales Element der europäischen Integration gilt der europäische Binnenmarkt. Seine Anfänge gründen auf dem gemeinsamen Markt für Kohle und Stahl, wobei er schrittweise auf weitere Themen ausgeweitet wurde. Heute umfasst er nahezu alle Bereiche des Waren-, Dienstleistungs-, Kapital- und Personenverkehrs in Europa. Diese vier Grundfreiheiten sollen dem Wettbewerb zwischen den Mitgliedstaaten dienen, Wachstum fördern, eine hohe Beschäftigungsrate ermöglichen und Ressourcen effizient verteilen.

Durch den großen Umfang erfordert die Politik zum Binnenmarkt auch Entscheidungen in anderen Politikfeldern, zum Beispiel die Gesundheits- oder Verkehrspolitik betreffend.

Oftmals liegt der Fokus der Betrachtung des europäischen Binnenmarktes nicht auf den errungenen Freiheiten, sondern vielmehr auf den einhergehenden Einschränkungen: Das Setzen von Standards, die Vereinheitlichungen wirtschaftlicher Rahmenbedingungen oder bürokratische Auflagen zur besseren Kontrolle – das alles erscheint notwendig, damit ein alle EU-Mitgliedstaaten umfassender Markt tatsächlich funktioniert. Viele Regelungen rufen jedoch auch den Vorwurf einer Brüsseler Regulierungswut hervor.

Bearbeiterin

M3 Fallbeispiele: europäischer Binnenmarkt im Alltag

Polnischer Handwerker bei der Arbeit

Rumänische Erntehelfer:innen beim Spargelstechen

Tomatengewächshaus in Holland

Europäischer Finanzplatz Frankfurt

Offene Grenzen von Frankreich nach Italien

M4 Europäischer Binnenmarkt in der Diskussion

a) Europäischer Binnenmarkt: Wer „gewinnt" oder „verliert"?

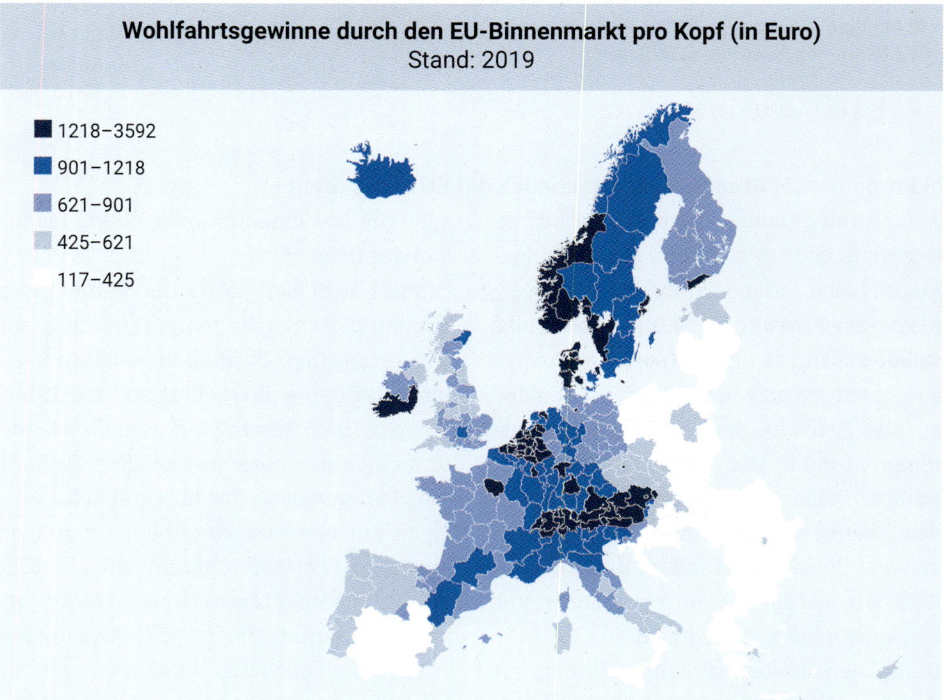

Nach: Bertelsmann Stiftung: Estimating economic benefits of the Single Market for European countries and regions, 2019

b) Zitat über den EU-Binnenmarkt: Alle gewinnnen!

Aart Jan de Geuss (ehemaliger Vorstandsvorsitzender der Bertelsmann-Stiftung):
„Der EU-Binnenmarkt ist einer der größten Treiber für unseren Wohlstand und wirkt ähnlich wie die Marktwirtschaft: Nicht jeder profitiert gleichermaßen, aber alle gewinnen."

De Geus, Aart Jan zitiert in: EU-Binnenmarkt erhöht Pro-Kopf-Einkommen der Deutschen um 1.000 Euro jährlich. In: www.bertelsmann-stiftung.de, Abruf am 29.09.2022

c) Kontrovers diskutiert: zwei Perspektiven zum europäischen Binnenmarkt

1 Der Binnenmarkt verursacht Probleme

Die Probleme mangelnder Wirtschaftsdynamik, einer schrumpfenden Beschäftigtenbasis und reduzierter Ausbildungsmöglichkeiten hängen mit der jahrelangen Abwanderung zusammen. Sie sind wiederum zugleich die Gründe für die andauernde Abwanderung aus den betroffenen Regionen. In Süditaliens Mezzogiorno zeigen sich wie unter einem Brennglas die Probleme von Deindustrialisierung, demografischen Ungleichgewichten, ausbleibenden öffentlichen Investitionen und einem global nicht wettbewerbsfähigen Dienstleistungssektor.

Hacker, Björn: Ungleiches Europa. In: Regionale Disparitäten in der EU überwinden. Friedrich-Ebert-Stiftung, S. 28.

2 Der Binnenmarkt sorgt für Aufschwung

Polen verdankt einen Großteil seines wirtschaftlichen Erfolgs in den letzten zwei Jahrzehnten seiner Mitgliedschaft in der EU [und der Teilnahme am europäischen Binnenmarkt]. Wäre unser Land außerhalb der Gemeinschaft geblieben, hätten wir höchstwahrscheinlich nicht mehrere Jahre hintereinander ein fast ununterbrochenes hohes Wirtschaftswachstum verzeichnet. Das Pro-Kopf-BIP Polens ist in den 17 Jahren seiner Mitgliedschaft von 49 % auf 76 % des EU-27-Durchschnitts gestiegen, wodurch Polen den wirtschaftlichen Abstand zu den westeuropäischen Ländern mehr als halbiert und einige von ihnen bereits überholt hat. Die EU-Mitgliedschaft ist für mehr als die Hälfte des gesamten polnischen BIP-Wachstums nach 2003 verantwortlich.

Duszczyk, Maciej et al.: Die europäische Union zahlt sich aus. In: Konrad-Adenauer-Stiftung, Abruf am 16.06.2022

M5 Folgen und Wirkungen des europäischen Binnenmarktes

Größere Konkurrenz und Wettbewerb	Die Wirtschaftssubjekte stehen im gesamten EU-Raum in Konkurrenz, müssen deshalb besonders effizient ihren Betrieb gestalten. Dies wirkt sich unter Umständen auf die Qualität und den Preis aus. Diese Konkurrenz kann aber auch die Existenz von Betrieben gefährden, weil sie beispielsweise in Ländern angesiedelt sind, die ein höheres Lohnniveau haben.
Größere Absatzmärkte	Produkte können jetzt überall in der EU verkauft werden, wenn Sie einmal zugelassen sind und den Richtlinien des Binnenmarktes entsprechen. Dies ermöglicht höhere Umsätze und Gewinne für die Unternehmen.
Einheitliche und rechtssichere Standards (auch Produktnamen und Marken)	Verbraucherinnen und Verbraucher können sich sicher sein dass Sie beim Erwerb eines Produktes aus dem Ausland eine bestimmte Qualität nach den Standards des europäischen Binnenmarktes bekommen. Auch bestimmte Produktnamen und Marken werden dadurch geschützt, z. B. muss Schwarzwälder Schinken aus dem Schwarzwald kommen und Parmeggiano Regiano aus bestimmten Regionen in Italien. Diese Produkte dürfen nicht (billiger) in anderen Regionen nachgemacht werden und den gleichen Namen tragen.

→

Verlagerung von Produktion und Arbeitsplätzen/ Lohndumping	Die Freizügigkeit erlaubt auch, dass sowohl Arbeitnehmerinnen und Arbeitnehmer als auch Unternehmen ihren Standort verlagern. Dies führt dazu, dass Unternehmen europaweit ihren Standort nach der dortigen Infrastruktur, dem Lohnniveau und der Qualifikation von Arbeitnehmerinnen und Arbeitnehmern ausrichten können.
Outsourcing	Einzelne Aufgaben eines Unternehmens werden an externe Dienstleisterinnen und Dienstleister abgetreten mit Folgen für Preise, Löhne und Arbeitsplätze.
Länderübergreifende Kriminalität	Durch die weggefallenen Grenzkontrollen steigt die Geschwindigkeit von Transporten, die Logistik- und Transportkosten sinken. Es birgt aber auch die Gefahr, dass Kriminalität leichter von einem Land ins nächste gelangen kann.

Bearbeiterin

M6 Kommentar: Warum der europäische Binnenmarkt ohne weitere Integration nicht überleben wird

Austerität
Bezeichnung für eine strenge staatliche Haushaltspolitik, die eine Verringerung der Staatsschulden anstrebt.

Die Europäische Union (EU) ist heute die am stärksten wirtschaftlich integrierte Region der Welt. Diese wirtschaftlichen Verknüpfungen sind zu einem wichtigen Teil für den heutigen Wohlstand in Europa mitverantwortlich. Ohne die heutige Form des europäischen Binnenmarktes wäre Europa kaum Heimat einiger der weltgrößten Automobilkonzerne, die hier grenzüberschreitend produzieren und verkaufen können. In internationalen Handelsverhandlungen kann die EU regelmäßig weitgehend ihre Interessen durchsetzen – etwas, was selbst Deutschland als größtem Mitgliedstaat nicht möglich wäre.

Die EU ist eine wirtschaftliche Supermacht. Selbst ihre größten Mitgliedstaaten sind wirtschaftlich im globalen Maßstab heute bestenfalls zweitrangige Mittelmächte, wie Großbritannien erfahren musste, als das Land nach der Entscheidung zum EU-Austritt versuchte, Freihandelsabkommen mit Drittstaaten auszuhandeln. [...]

Trotz der Erfolge der EU stehen zumindest Teile der europäischen Integration immer wieder unter massivem öffentlichen Beschuss. [...] Einer der Kristallisationspunkte der Kritik war in vielen Ländern das Bündel wirtschaftspolitischer Maßnahmen, das zur Überwindung der Euro-Krise 2010 ff. umgesetzt wurde. Vor allem in den Euro-Krisenstaaten Südeuropas waren viele Bürger_innen unzufrieden, dass die EU mit ihren Fiskalregeln auf Austerität beharrte. In den nördlichen Mitgliedstaaten wuchs derweil die Unzufriedenheit mit immer neuen Rettungsprogrammen mit schwindelerregenden Summen, für die die Nordländer zumindest mitbürgen mussten. [...] In einem gemeinsamen Binnenmarkt ist absehbar, dass einzelne Regionen stärker profitieren werden als andere. Agglomerationseffekte, bei denen sich Unternehmen eines Sektors in der geografischen Nähe anderer Unternehmen ansiedeln, führen dazu, dass bestimmte Industrien sich in einzelnen Ländern „clustern". Gibt es zudem gewisse Skaleneffekte, so ist denkbar, dass ganze Länder, zumindest aber einzelne Regionen am Ende ohne relevante Industrien dastehen.

Sowohl die Währungsintegration als auch die Freizügigkeit von Arbeitnehmer_innen kann als Versuch verstanden werden, die Folgen dieser Agglomerationseffekte abzumildern. So hat die Währungsunion den Mitgliedern niedrigere Zinsen und damit niedrigere Finanzierungskosten gebracht. Die Freizügigkeit der Arbeitnehmer_innen ist für Länder wie Bulgarien und Rumänien von zentraler Bedeutung, weil dort ganze Regionen davon abhängen, dass Menschen von dort im Ausland arbeiten und Teile ihrer Verdienste in die Heimat zurückschicken.

Würde man nun die Integration in diesen Bereichen einfach zurückdrehen, so dürften die negativen Folgen des Binnenmarktes für einzelne Länder deutlicher sichtbar werden. Absehbare Folgen dürften dann immer lautere Rufe nach Einschränkung der Handelsintegration, etwa durch das Zulassen nationaler Unterstützungsmaßnahmen der eigenen Betriebe, sein – oder gar der Ruf nach einem Austritt aus der EU nach dem Modell des britischen Brexit. [...] Die Lösung muss deshalb heißen: Ein strategisches Mehr an Integration, das die Schwächen der bisherigen Europäisierung angeht, um die bestehenden Vorteile der EU zu sichern.

Dullien, Sebastian: Warum der EU-Binnenmarkt ohne weitere Integration nicht in seiner aktuellen Tiefe überleben wird. In: www.fes.de, 17.08.2020

Aufgaben

72035-314

1. a) Erläutern Sie die in **M2** angesprochene Aussage, der europäische Binnenmarkt fördere Wachstum, Beschäftigung sowie eine effiziente Ressourcenallokation anhand konkreter Beispiele.
   b) Stellen Sie Ihre Ergebnisse im Kurs vor.
2. Beschreiben Sie in Kleingruppen (3 Personen) arbeitsteilig Chancen und Herausforderungen der in **M3** abgebildeten Aspekte des europäischen Binnenmarktes. Berücksichtigen Sie dabei verschiedene Perspektiven: Konsument:innen, Arbeitnehmer:innen, Unternehmer:innen.
3. Benennen Sie Gründe für die ungleiche Verteilung der Gewinne am europäischen Binnenmarkt (**M4a**) mit Hilfe der Einblicke aus **M4c**.
4. Formulieren Sie eine differenzierte Antwort auf das Zitat von Aart de Geus aus **M4b**, in der Sie die aufgelisteten Argumente ausführen und die Perspektive unterschiedlicher Staaten berücksichtigen.
5. a) Erarbeiten Sie Vor- und Nachteile des Binnenmarktes (**M5**) und beurteilen Sie diesen differenziert unter Berücksichtigung wichtiger Perspektiven und Kategorien (**M6**) (→ Methode, S. 31 f.).
   b) Stellen Sie Ihre Ergebnisse im Kurs vor.

Politik aktiv

Gestalten Sie ein fiktives Interview (→ Methodenglossar) einer Journalistin oder eines Journalisten mit dem europäischen Kommissar für den europäischen Binnenmarkt (Stand 2022: Thierry Breton).
Formulieren Sie hierzu kritische Fragen sowie ideenreiche Antworten für die Zukunft des Binnenmarktes mit Blick auf die Problemfrage dieses Kapitels.

Sie als Bürger:in ...

beschreiben, wie sich Ihr Alltag ohne den Europäischen Binnenmarkt verändern würde.

10.1.2 Die Agrarpolitik der EU: notwendige Hilfen oder Wettbewerbsverzerrung?

Zum Thema: Noch lange vor der Verwirklichung des Binnenmarktes lenkte die EU ihren Fokus auf die landwirtschaftliche Zusammenarbeit. Ein großer Anteil der Finanzmittel der EU fließt jährlich in die Gemeinsame Agrarpolitik (GAP). So soll die Erhaltung der europäischen Landwirtschaft gesichert, die Lebensqualität im ländlichen Raum verbessert und eine nachhaltige Landwirtschaft im Sinne des Klimaschutzes angestrebt werden. Allerdings wird die Agrarpolitik der EU auch von vielen Seiten kritisiert, weil sie einen Eingriff in den Wettbewerb darstellt. Intensiv wurden diese Kritikpunkte im Zuge der Reform 2021 diskutiert. Sie sollen in diesem Kapitel analysieren, inwiefern die GAP eine sinnvolle Unterstützung der landwirtschaftlichen Produktion in der EU oder eine zu verändernde Wettbewerbsverzerrung darstellt.

M7 Fallbeispiel karikiert: „Existenzsichernde Getreidesorte für Bauernhöfe“

Einstiegsaufgaben 72035-315

1. Analysieren Sie die Karikatur (→ Methode, S. 268).
2. Beziehen Sie die Karikatur auf das Kapitelthema Agrarpolitik der EU und formulieren Sie das politische Problem.

Karikatur: HSBCartoon, 2017.

M8 Welche Ziele verfolgt das Konzept der „Gemeinsamen Agrarpolitik (GAP)“?

A Grundinformation: die Gemeinsame Agrarpolitik der Europäischen Union (GAP)

Die gemeinsame Agrarpolitik gehört zu den ältesten Politikfeldern in der EU. Schon 1957 wurde sie in den Römischen Verträgen beschlossen und trat 1962 in Kraft. Mit zirka 40% ist sie der größte Einzelposten im EU-Gesamthaushalt. Die Ziele waren und sind die Steigerung der Produktivität der Landwirtschaft, die Erhaltung der Landwirtschaft durch höhere Pro-Kopf-Einkommen der landwirtschaftlichen Bevölkerung und Erzeuger, die Sicherstellung der Versorgung mit Nahrungsmitteln in entsprechender Qualität, angemessene Nahrungsmittelpreise für die Bevölkerung in der EU, die Stabilisierung der Märkte sowie in neuerer Zeit auch der Umwelt-, Tier- und Klimaschutz. Ursprünglich setzte die GAP dabei auf

Preisgarantien für Produkte. Dies führte aber in bestimmten Bereichen zur Überproduktion (Schlagzeilen: „Milchseen und Butterberge"), so dass heute der Kern der Agrarpolitik durch produktionsunabhängige Direkthilfen und Zahlungen an Höfe/Erzeuger gebildet wird.

Die GAP besteht aus zwei Säulen. Diese werden aus Fonds im EU-Haushalt finanziert. Zwischen beiden Säulen dürfen in bestimmten Maß Umschichtungen von den Mitgliedstaaten vorgenommen werden.

Die **erste Säule** umfasst

- Direktzahlungen an Landwirte, die sich nach der Größe der bewirtschafteten Fläche richten. Diese Direktzahlungen werden an die Umsetzung entsprechender Standards/Vorgaben zur Erzeugung (EU-Mindestanforderungen an Tierhaltung, Pestizideinsatz, Klima- und Umweltschutzauflagen, Biodiversität) geknüpft,
- marktbezogene Ausgaben.

Die **zweite Säule** dient der Entwicklung des Ländlichen Raumes durch Förderung strukturschwacher Regionen. Sie enthält auch Maßnahmen zur Optimierung einer nachhaltigen Landwirtschaft. Die Planung und Umsetzung von Maßnahmen zum Umwelt-, Klima- und Tierschutz obliegt dabei den Nationalstaaten auf nationaler, lokaler und regionaler Ebene. Auf EU-Ebene werden dazu allgemeine Ziele festgelegt, die national erreicht werden müssen. Die Prüfung, Sichtung und Kommentierung der nationalen Pläne erfolgen durch die EU-Kommission, welche die Maßnahmen und deren Wirksamkeit beurteilt und gegebenenfalls Änderungen verlangt.

Die Förder-Leitlinien und Ziele der GAP werden in der Regel alle sieben Jahre beschlossen – aktuell für den Zeitraum 2021 bis 2027. In diesem Zeitraum stehen 378 Milliarden Euro zur Verfügung.

An der GAP wird vielfach Kritik geäußert. Im Fokus stehen dabei die Direktzahlungen, weil Großbetriebe zu stark profitierten und Kleinbauern zu wenig unterstützt würden, da deren Direktzahlungen oft für Pacht an die Landeigentümer draufgingen. Gefordert wird deshalb eine stärkere Begrenzung oder der Ausstieg aus der Direktzahlung. Die Direktzahlungen verhinderten – so die Kritiker – echte Preise, weil sie als Subventionen für eine Marktverzerrung sorgen. Auch Umwelt- und Klimaauflagen spielen in den Augen vieler Kritiker:innen noch eine zu geringe Rolle (s. die Diskussion zum Dünger und Pestizideinsatz), auch sei die Kontrolle der Nationalstaaten und der EU oft nicht effektiv und umfassend genug.

Die selbständige Umsetzung der allgemeinen Zielvorgaben in der Agrarpolitik durch die Nationalstaaten hat den Vorteil, dass die Länder angepasst an ihre nationale Situation einen Strategieplan entwickeln können. Diese Freiheit birgt allerdings die Gefahr, welche von Kritiker:innen geäußert wird, dass sich jeweils der niedrigste Standard für die Umsetzung der Vorgaben durchsetzt (Race to the Bottom), und nicht eine Konkurrenz von besonders nachhaltigen und guten Methoden entsteht.

Bearbeiter

B Zwei Säulen der GAP

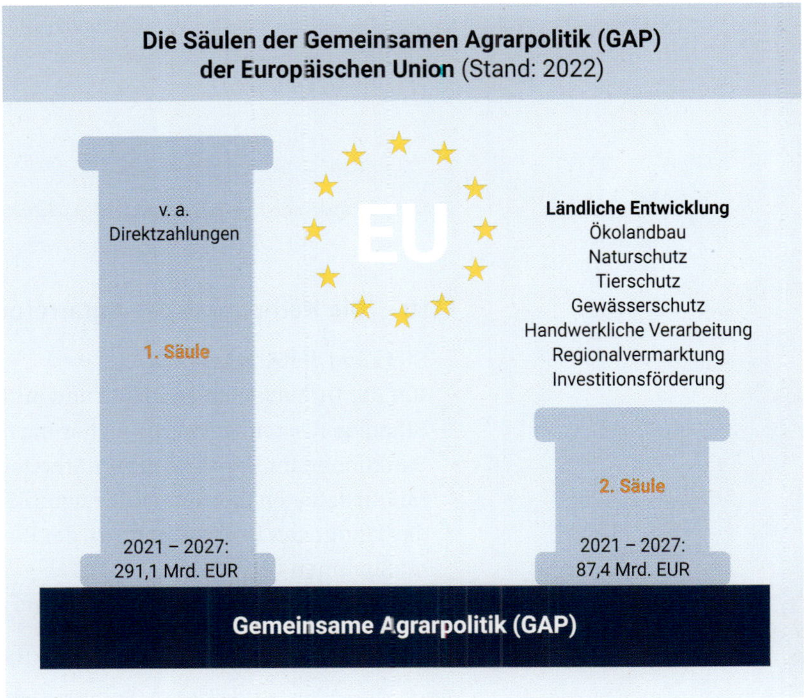

© C.C. Buchner Verlag, Daten nach: Forum für internationale Agrarpolitik e.V., 2022

Zusatzmaterial:
Detaillierte Analyse der Ziele

72035-317

M9 Welche Ziele verfolgt die GAP?

Nach: © Europäische Kommission, Abruf 31.03.2023

M10 Die Kernpunkte der Agrarreform 2021

- Stärkung der Artenvielfalt
- 10% der Direktzahlen an kleine und mittlere Betriebe, 3% an Junglandwirte
- Ständige Krisenreserve zur Sicherung der Preis- und Marktstabilität
- Sanktionen für Verstöße gegen Arbeitsvorschriften
- Mitgliedstaaten müssen mindestens 35% der Haushaltsgelder für die Entwicklung des ländlichen Raumes und 25% der Direktzahlungen für Umwelt- und Klimaschutzmaßnahmen verwenden
- Konditionalität: Knüpfung der Zahlung an höhere Umwelt-, Tier- und Klimaschutzauflagen

Basierend auf: Pressemitteilung des Europäischen Parlaments vom 23.11.2021: Parlament nimmt Reform der Gemeinsamen Agrarpolitik endgültig an: In: www.europarl.europa.eu, 23.11.2021

M11 Die Reform der GAP in der Diskussion

a) Kommentar I: Vom Green Deal der EU-Präsidentin ist nicht viel übrig

Bei der Reform der Agrarpolitik ist die Europäische Union als Löwe gesprungen und als Bettvorleger gelandet. Ziemlich vollmundig wurde der Umbau und die Entschlackung des milliardenschweren und reichlich verfilzten Subventionsapparates angekündigt, doch am Ende steht allenfalls ein Reförmchen. Die ursprüngliche Idee einer ökologischen Neuorientierung der Landwirtschaft und einer gerechteren Verteilung der Gelder ist lediglich als Ahnung in einigen Teilen des Papiers spürbar geblieben. Die Mutlosen, die Bedenkenträger und vor allem die Lobbyvertreter haben diesem Regelwerk ihren Stempel aufgedrückt. Damit macht sich Europa selbst unglaubwürdig. [...]

Krohn, Knut: Europa verpasst die Chance zur Agrarreform. In: www.tagesspiegel.de, 23.11.2021

Erweiterte Textfassung

72035-321

Erklärfilm:
Kritik an der GAP

72035-320

b) Kommentar II: An dieser EU-Agrarreform kann die GAP endgültig zerbrechen

Diese Reform spickt die europäische Agrarpolitik mit so vielen Extras, Optionen und Ausnahmen von der Ausnahme, dass die Landwirte in den 27 Mitgliedstaaten nach völlig unterschiedlichen Regeln ackern werden – und das auf einem freien Binnenmarkt. Kein Wunder, dass die Flucht in nationale Herkunftskennzeichen in Mode gekommen ist. Die Flexibilität, die den Regierungen gewährt wird, damit sie dem großen Ganzen zustimmen, wird dafür sorgen, dass der Wettbewerb noch stärker verzerrt wird als das ohnehin schon der Fall ist. Hinzu kommt: Das neue Verfahren, wonach jedes Land einen nationalen Strategieplan vorlegen und jährlich durch die EU-Kommission genehmigen lassen muss, wird endlose Streitereien mit Brüssel verursachen. [...]

Lehmann, Norbert: Die EU-Agrarreform 2021 oder: Der letzte Schluck aus der Pulle. In: www.agrarheute.com, 29.06.2021

Erweiterte Textfassung

72035-322

Aufgaben

72035-323

1. Beschreiben Sie das Konzept der GAP (**M8** A) und erläutern Sie dieses am Säulenmodell **M8** B.
2. Begründen Sie, inwiefern die GAP eine Verzerrung des Wettbewerbes darstellt und erklären Sie die Notwendigkeit von Hilfen in der Agrarpolitik (**M8, M9, M10**).
3. a) Arbeiten Sie aus **M11** (und dem Zusatzmaterialien im digitalen Aufgabenkasten) die Kritik an der Gemeinsamen Agrarpolitik der EU heraus und stellen Sie diese strukturiert in einer Mindmap dar (→ Methodenglossar).
   b) Stellen Sie Ihr Ergebnis im Kurs vor.
4. Beurteilen Sie die GAP im Spannungsfeld von Notwendigkeit der Hilfen und zu weitgehender Wettbewerbsverzerrung. Formulieren Sie dazu einen Internetkommentar.

10.2 Akteure der Wirtschafts- und Finanzpolitik

10.2.1 Europäische Wirtschafts- und Währungsunion: EU-Finanzminister:in – braucht die EU mehr wirtschafts- und finanzpolitische Souveränität?

Zum Thema: Die Wirtschafts- und Währungsunion ist die konsequente Weiterentwicklung des europäischen Binnenmarktes bei zunehmender wirtschaftlicher Integration der Mitgliedstaaten. Hierbei ringt gleichzeitig das Interesse der Nationalstaaten, die ihre Entscheidungskompetenz über wirtschaftliche Fragen behalten möchten, mit der Idee supranationaler Souveränität bei der EU. So wird u. a. die Einsetzung einer EU-Finanzministerin bzw. eines EU-Finanzministers gefordert. In diesem Kapitel sollen Sie analysieren, inwieweit die Wirtschafts- und Währungspolitik national oder supranational entschieden werden soll.

M12 Umfrage zur Einsetzung einer europäischen Finanzministerin bzw. eines europäischen Finanzministers

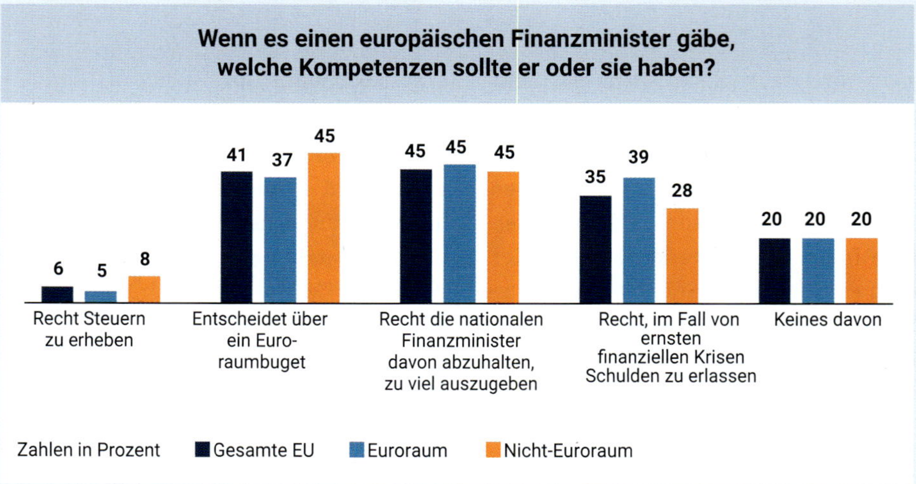

Nach: Bertelsmann Stiftung - eupinions, 2016

Einstiegsaufgaben 72035-324

1. Führen Sie die Umfrage (**M12**) im eigenen Kurs durch:
   a) aus Ihrer subjektiven Perspektive.
   b) aus der Perspektive als Finanzminister:in eines EU-Landes.
2. Erläutern Sie Auswirkungen der Rechte einer europäischen Finanzministerin bzw. eines europäischen Finanzministers auf die Wirtschaftspolitik der Mitgliedstaaten.

M13 Die Wirtschafts- und Währungsunion innerhalb der EU

Grafiken:
EU-Wirtschaft in Zahlen
72035-326

Die WWU [...] ist das bislang bedeutendste Integrationsprojekt der EU, weil es die Verantwortung für die Währungspolitik – ein klassisches Symbol von Staatlichkeit – auf die neu geschaffene Europäische Zentralbank (EZB) überträgt und »vergemeinschaftet«. Die WWU wurde mit dem Vertrag von Maastricht (1993) eingeführt. Im Mittelpunkt der WWU steht die Schaffung neuer Institutionen und Instrumente der Währungspolitik sowie die Einführung einer gemeinsamen Währung (»Euro«), welche am 1.1.1999 im bargeldlosen Zahlungsverkehr und dann am 1.1.2002 in Form von Scheinen und Münzen eingeführt wurde. Die Aufnahme in die WWU ist an die Einhaltung von Kriterien, mit denen die wirtschaftliche Stabilität eines Landes gemessen wird, gebunden. Inzwischen haben von den 28 EU-Staaten 19 den Euro eingeführt [...]. Mit dem Maastrichter Vertrag wurde jedoch nur die Geldpolitik vergemeinschaftet, nicht jedoch die Wirtschafts- und Finanzpolitik; die ersten Versuche, parallel auch diese Bereiche der nationalstaatlichen Kontrolle zu entziehen und eine »Politische Union« zu gründen, sind Anfang der 1990er-Jahre fehlgeschlagen. [...] Die ersten 10 Jahre der WWU werden allgemein als Erfolg angesehen, weil die Eurostaaten, um den Eintritt in die WWU zu schaffen, weitreichende Reformen umgesetzt haben, und der Euro sich neben dem US-$ zur zweitwichtigsten Reservewährung entwickelt hat. Im Zuge der europ. Staatsschulden- und Finanzkrise (seit 2008) wurden jedoch die – von vielen Kritikern schon im Vorfeld von Maastricht bemängelten – »Geburtsfehler« der WWU (»Europäisierung« bzw. Vergemeinschaftung der Währungspolitik bei gleichzeitiger Beibehaltung der nationalen Verantwortung für die Wirtschafts- und Haushaltspolitik) zum offensichtlichen Problem, weil die vorhandenen EU-Mechanismen zur Kontrolle der mitgliedstaatlichen Haushaltspolitik (Stabilitäts- und Wachstumspakt, SWP) versagten. Das Überleben des Euro und der WWU wurde, nachdem einige Eurostaaten (z. B. Griechenland) an den Rand des Staatsbankrotts geraten waren, von vielen Beobachtern in Zweifel gezogen. Die Schaffung neuer Instrumente zur Kontrolle der mitgliedstaatlichen Haushaltspolitik bzw. die Reform des Stabilitäts- und Wachstumspaktes sollten den drohenden Zerfall der WWU aufhalten und künftigen Krisen vorbeugen. Der immense Schuldenstand und die Probleme der Eurokrisenstaaten (Griechenland, Portugal, Irland, Italien, Spanien), sich an den Finanzmärkten mit Geld zu versorgen, erhöhten den politischen Druck, die in Maastricht unterlassenen Integrationsschritte nachzuholen, um das Überleben der WWU langfristig zu sichern. Kurzfristige Maßnahmen waren seit 2010 die Errichtung von »Eurorettungsschirmen« (EFSF, ESM), um den Krisenstaaten finanziell beizustehen und die Zukunft der Eurozone zu sichern. So wurde seit Mai 2010 in Rekordzeit eine Vielzahl neuer Instrumente (auch außerhalb des EU-Rechts) geschaffen, um verloren gegangenes Vertrauen in die Überlebensfähigkeit des Euro an den Finanzmärkten wiederherzustellen. Dazu gehörten Instrumente der schärferen Kontrolle der Haushaltspolitik in den EU-Staaten (z. B. Europäisches Semester, Fiskalpakt) und neue Formen der wirtschaftspolitischen Koordinierung (engl.: »Economic Governance«). Dies sollte ein Auseinanderbrechen der Eurozone bzw. den Austritt einzelner Staaten (z. B. Griechenlands, »Grexit«) verhindern und die in wirtschaftlicher, politischer und sozialer Hinsicht auseinanderdriftende Eurozone wieder zusammenzuführen. Dank dieser Maßnahmen, die mit einer harten Spar- und Reformpolitik in den Krisenstaaten einherging, und auch dank der Aufkäufe von Staatsanleihen der Krisenstaaten durch die EZB [...] konnte ein von vielen Beobachtern in den Jahren 2011 und 2012 für möglich gehaltenes Auseinanderbrechen der WWU verhindert werden. Die milliardenschweren Kreditgarantien und die verschiedenen Maßnahmen der »Eurorettung« haben die Frage nach der Solidarität zwischen reichen und armen EU-Staaten sowie die Frage nach der Legitimität und Akzeptanz einer stärkeren Vergemeinschaftung der Haushalts- und Wirtschaftspolitik neu aufgeworfen.

Hüttemann, M. Große: Wirtschafts- und Währungsunion (WWU). In: Das Europalexikon. In: www.bpb.de, abgerufen am 26.06.2022

M14 Maastricht Kriterien: Wann dürfen Mitgliedstaaten der Währungsunion beitreten?

Im Maastricht-Vertrag von 1992 wurden Kriterien für den Beitritt eines Landes zur Währungsunion festgelegt – sogenannte Konvergenzkriterien, bekannt auch als „Maastricht-Kriterien“: ein stabiles Preisniveau, stabile langfristige Zinssätze, stabile Wechselkurse und Obergrenzen für das öffentliche Defizit und den öffentlichen Schuldenstand der Mitgliedstaaten der EU.

Der europäische Stabilitäts- und Wachstumspakt enthält Vorgaben zur Einhaltung der Maastricht-Obergrenzen für Defizit und Schuldenstand:

Maastricht-Defizit: Das gesamtstaatliche Finanzierungsdefizit eines Mitgliedstaates darf 3 Prozent des BIP nicht überschreiten.

Maastricht-Schuldenstand: Der Schuldenstand eines Mitgliedstaates darf 60 Prozent des BIP nicht überschreiten.

Bundesministerium der Finanzen: Fiskalregeln. Abruf am 18.05.2022

M15 Aussage des DGV-Vorsitzenden zu den Maastricht-Kriterien

Reiner Hoffmann (ehemaliger Vorsitzender des Deutschen Gewerkschaftsbundes, DGB):
„Die Maastricht-Kriterien sind nicht mehr tragbar. Bei der Gründung der Währungsunion hatten wir ein deutlich höheres Zins- und Inflationsniveau. [...] Dass der Schuldenstand eines EU-Landes 60 Prozent der Wirtschaftsleistung nicht übersteigen darf und das gesamtwirtschaftliche Defizit maximal drei Prozent des Bruttoinlandsprodukts betragen darf, passt nicht mehr in die Zeit.[...]“

DGV-Vorsitzender Reiner Hoffmann zitiert nach Augsburger Allgemeine

M16 Wirtschafts- und Währungsunion karikiert: gemeinsame Spielregeln?

Karikatur: Gerhard Mester, 2016

M17 Austerität in der Finanzpolitik: Sparen bis zum letzten Cent

[Einige] Jahre [ist es] her, dass Griechenland seine Haushaltszahlen korrigieren musste und so die Krise in der Eurozone einleitete. In der Folge wurde Griechenland nicht nur für das Narrativ missbraucht, exzessive Staatsverschuldung sei die zentrale Krisenursache, sondern das Land leidet auch am längsten unter der daraus abgeleiteten, fremdbestimmten Austeritätspolitik. [...] Durch Sparpolitik werde das Vertrauen von Investoren wiederhergestellt und wirtschaftliche Erholung gefördert. Das war die von dubiosen Studien gestützte Position des Internationalen Währungsfonds, der EU-Kommission und auch der deutschen Bundesregierung, an die diese ihre Zustimmung zu Finanzhilfen knüpften. Damit war Europas kurzer keynesianischer Moment nach der internationalen Finanzkrise abrupt vorbei. [...]

Die Sparpolitik bürdete die Lasten einseitig den Schwächsten auf, deren Löhne sanken und die am stärksten auf öffentliche Dienstleistungen angewiesen waren. Auf der anderen Seite ließ die Niedrigzinspolitik der Europäischen Zentralbank Aktienkurse und Immobilienpreise in die Höhe schnellen – wer davon profitierte, liegt auf der Hand. Während die Schwächsten litten, durften die Stärksten weitermachen wie bisher. Dies verschärfte nicht nur die soziale Ungleichheit in der EU, sondern gab der alten Klassenfrage in Europa neue Aktualität. Zunehmende politische Instabilitäten und aufkommender Populismus sind weitere negative Folgeerscheinungen. [...]

Sparpolitik konnte nie ein wirksames Mittel gegen die Eurokrise sein, weil Staatsschulden nur ihr Symptom, nicht aber ihre Ursache waren, so bequem diese Erklärung auch gewesen sein mag. Ihr Kern lag vielmehr in politischen Konstruktionsfehlern der Eurozone, insbesondere aber auch in wirtschaftlichen Ungleichgewichten zwischen den Mitgliedstaaten, wobei in einigen Ländern die sozialpartnerschaftlichen Arrangements stark genug sind, um Lohnzurückhaltung und damit eine interne Abwertung konsequent durchzusetzen. Sinkende Lohnstückkosten fördern Exporte und dämpfen die Binnennachfrage und Importe, verzerrte reale Wechselkurse sind die Folge – und die berühmten Leistungsbilanzüberschüsse und -defizite. Deutschland hätte eigentlich aufwerten, Griechenland abwerten müssen, was beide nicht konnten. [...] Sparpolitik ändert an diesem Systemfehler nichts. Auf falsche Diagnosen konnten schwerlich richtige Therapien folgen.

Friedrich-Ebert-Stiftung: Austerität in der EWU-Finanzpolitik: Sparen bis zum letzten Cent. In: www.fes.de, 12.03.2019

Aufgaben

72035-327

1. Stellen Sie die Informationen zur Wirtschafts- und Währungsunion (**M13**, **M14**) anschaulich in einer strukturierten Mindmap dar (→ Methodenglossar).
2. Prüfen Sie anhand von **M13** und **M14**, ob Reiner Hoffmann mit seiner Aussage (**M15**) Recht hat.
3. Diskutieren Sie, ob die in **M13** angesprochenen Defizite der WWU durch einen europäischen Finanzminister (**M12**) behoben werden könnten.
4. Analysieren Sie arbeitsteilig die Zahlen zur wirtschaftlichen Leistungsfähigkeit der einzelnen EU-Staaten (→ QR-Code, S. 422). Welche Auswirkungen haben diese Zahlen auf die Frage, ob die EU mehr wirtschaftliche Souveränität braucht?
5. Analysieren Sie die Sichtweise des Karikaturisten (**M16**) auf die Problemfrage des Kapitels.
6. Entscheiden Sie begründet (z. B. mit Hilfe eines Rollenspiels), ob aus Sicht der Austeritätsstaaten (z. B. Griechenland und Italien) mehr wirtschaftliche Souveränität für die EU wünschenswert wäre (**M17**).
7. Wie viel Entscheidungskompetenz soll die EU im Politikfeld Wirtschaft haben? Beurteilen Sie die Frage durch Abwägen zwischen einer stärkeren Integration sowie der Eigenständigkeit und Selbstverantwortung der Nationalstaaten.

Politik aktiv
Formulieren Sie zur Frage der Entscheidungskompetenz der EU im Politikfeld Wirtschaft einen konkreten Vorschlag für eine Reform der EU-Verträge (Vertrags- bzw. Gesetzestext).

10.2.2 Interessenvertretung innerhalb der EU: zu großer Einfluss der (Wirtschafts-)Lobbyistinnen und Lobbyisten?

Zum Thema: Innerhalb der EU werden zahlreiche Entscheidungen mit großer Reichweite getroffen. Kein Wunder also, dass Interessengruppen unterschiedlichster Art versuchen, ihre Positionen gegenüber Entscheidungsträgern deutlich zu machen. Dabei sind Wirtschaftsvertreterinnen und Wirschaftsvertreter in der deutlichen Überzahl und dominieren beispielsweise Verbraucherschützerinnen und Verbraucherschützer. Sie sollen in diesem Kapitel analysieren, inwiefern dieser Einfluss zu groß ist und stärker reglementiert werden sollte.

M18 Standpunkt von Lobbycontrol: Die europäische Demokratie ist durch Lobbyismus in Gefahr

Plakat von Lobbycontrol bei einer Demonstration im Jahr 2022

Schätzungsweise 25.000 Lobbyisten mit einem Jahresbudget von 1,5 Milliarden Euro nehmen in Brüssel Einfluss auf die EU-Institutionen. Etwa 70 Prozent von ihnen arbeiten für Unternehmen und Wirtschaftsverbände. Sie genießen privilegierte Zugänge zu den Kommissaren. Und sie überhäufen die Abgeordneten mit ihren Änderungsanträgen für Gesetzesvorlagen. Die europäische Demokratie läuft Gefahr, zu einer wirtschaftsdominierten Lobbykratie ausgehöhlt zu werden.

LobbyControl – Initiative für Transparenz und Demokratie e. V.: Lobbyismus in der EU, Abruf am 30.09.2022

Einstiegsaufgaben 72035-329

Geben Sie den Inhalt von **M18** mit eigenen Worten wieder und formulieren Sie das politische Problem.

M19 Interessengruppen in der EU – notwendige Fachkenntnisse für die politischen Entscheider?!

Die Organe der Europäischen Union unterhalten Kontakte mit einer Vielzahl von Gruppen und Organisationen, die spezifische Interessen vertreten und Lobbyaktivitäten ausüben. Dies ist ein rechtmäßiger und notwendiger Teil des Entscheidungsfindungsprozesses, um sicherzustellen, dass die politischen Maßnahmen der Europäischen Union den wahren Bedürfnissen der Menschen in der Union gerecht werden.

Alle Arten von Interessenvertretern können dem Parlament Kenntnisse und spezielles Fachwissen in zahlreichen Fachgebieten in den Bereichen Wirtschaft, Soziales, Umwelt und Wissenschaft zur Verfügung stellen. Sie können im offenen und pluralistischen Dialog, der die Grund-

Erklärfilm:
Lobbyismus

72035-330

Artikel 11 des Vertrags über die Europäische Union

„Die Organe geben den Bürgerinnen und Bürgern und den repräsentativen Verbänden in geeigneter Weise die Möglichkeit, ihre Ansichten in allen Bereichen des Handelns der Union öffentlich bekannt zu geben und auszutauschen. Die Organe pflegen einen offenen, transparenten und regelmäßigen Dialog mit den repräsentativen Verbänden und der Zivilgesellschaft."

lage demokratischer Systeme bildet, eine entscheidende Rolle spielen.
Transparente und ethische Beziehungen zwischen den EU-Organen und europäischen Spitzenpolitikern einerseits und der Zivilgesellschaft und repräsentativen Verbänden andererseits werden im Vertrag über die Europäische Union angesprochen und ermutigt.

Europäisches Parlament: Lobbygruppen und Transparenz. In: www.europarl.europa.eu, Abruf am 30.09.2022

M20 Unternehmenslobbyismus in Brüssel – mangelnde Transparenz und zu großer Einfluss?

Brüssel gilt nach Washington als Hauptstadt des Lobbyismus. Laut Schätzungen von Transparency International kämpfen rund um die EU-Institutionen mehr als 37.000 Lobbyist/-innen für ihre Interessen. Auf jeden Abgeordneten des Europaparlaments kommen also rund 50 Lobbyistinnen und Lobbyisten. Die meisten Lobbyistinnen und Lobbyisten, schätzungsweise 70 Prozent, vertreten Interessen von Unternehmen und Industrie. Sie arbeiten in einem der Büros von transnationalen Konzernen, für einen Unternehmensverband oder für Anwaltskanzleien, PR-Firmen, Thinktanks und Beraterfirmen. 20 Prozent der Lobbyszene setzen sich für die Interessen von Städten, Regionen und Staaten ein. 10 Prozent vertreten Menschen- und Arbeitsrechte, Umweltschutz, humanitäre Hilfe oder globale soziale Gerechtigkeit. Dabei sind die finanziellen Ressourcen der verschiedenen Interessengruppen sehr unterschiedlich: So hatte der Chemieverband CEFIC laut eigenen Angaben im EU-Lobbyregister im Jahr 2017 ein Gesamtbudget von 41 Millionen Euro für seine Arbeit zur Verfügung. CEFIC hat 150 Mitarbeiterinnen und Mitarbeiter und wird bei seiner Arbeit unterstützt von Chemie-Konzernen wie BASF oder Bayer und von nationalen Chemieverbänden, die in Brüssel eigene Büros unterhalten. Im gleichen Zeitraum hatte die europäische Sektion von Greenpeace, einem der größten Umweltverbände auf EU-Ebene, laut Lobbyregister ein Budget von 1,7 Millionen Euro – und einen einzigen Mitarbeiter von insgesamt 13, der die EU-Chemiepolitik der Organisation betreute. Die ungleiche Ausstattung mit finanziellen und personellen Ressourcen bedeutet, dass Unternehmens-Lobbygruppen die EU-Institutionen intensiver lobbyieren können als andere Interessengruppen. […]
Wer […] beeinflussen will, wendet sich am besten direkt an die […] EU-Kommission. Das politische Berlin wäre ein Umweg. Die Bundesregierung kann die Verhandlungen zwar beeinflussen – aber nicht direkt. Sie sitzt quasi in der zweiten Reihe. Und in jener Reihe sitzen außerdem die Regierungen von 27 weiteren Ländern. Da wird man schnell überhört. Das Europaparlament kommt erst nach Abschluss der Verhandlungen zum Zuge, wenn es über ein fertig verhandeltes Abkommen abstimmen muss. Ihm bleibt dabei nur ein „ja" oder „nein" zum gesamten Vertrag. Allerdings kann das Parlament seine Position schon

TTIP (Translantic Trade and Investment Partnership)
Das Translantische Freihandelsabkommen wird mit Unterbrechungen seit 2013 ausgehandelt. Befürworter:innen erwarten mehr Arbeitsplätze durch erhöhten Export in die USA, Kritiker:innen befürchten z. B. negative Folgen für Arbeiternehmer:innenrechte und den Verbraucherschutz.

vorher deutlich machen – und die Kommission drängen, diese Position zu berücksichtigen, wenn sie später keine Ablehnung riskieren möchte. [...] Die Lobbygruppen der Großkonzerne haben in der Vergangenheit mehrfach gegen EU-Initiativen mobilisiert, die mehr Umwelt-, Verbraucher- und Arbeitnehmer-Schutz bedeutet hätten. So lobbyierte BusinessEurope gegen Gesetzesvorschläge zu einer Frauenquote in Aufsichtsräten, zur Verlängerung des Mutterschutzes und zur Reduktion von Luftverschmutzung. FoodDrinkEurope investierte eine Milliarde in eine Kampagne zur Verhinderung der so genannten Lebensmittelampel, einer verbraucherfreundlichen Kennzeichnung von Lebensmitteln. CEFIC war eine der treibenden Kräfte in einer Kampagne zur Verzögerung von Initiativen, die darauf abzielten, negative Auswirkungen hormonell wirksamer Chemikalien auf Mensch und Umwelt zu verhindern. [...]
In ihrer Lobbyarbeit werden Industrieverbände und einzelne Unternehmen von einer Reihe weiterer Akteure unterstützt; so etwa von Anwaltskanzleien. [...] Der Großteil der EU-Lobbytätigkeit von Kanzleien findet im Verborgenen statt. Hugo Paemen, früher EU-Botschafter in den USA und jetzt Lobbyist für die Kanzlei Hogan Lovells beschrieb das gegenüber der New York Times einmal so: „Ich suche nicht gerade nach Sichtbarkeit. Die wirklich wichtige Arbeit passiert am Telefon, während eines Mittagessens oder bei einem Kaffee." Ähnliche Arbeit machen professionelle Beratungs- bzw. Lobbyagenturen – von der Erstellung von Studien über die Organisation von Veranstaltungen bis zum Einfädeln von Treffen mit wichtigen Entscheiderinnen und Entscheidern. [...].
Eine typische Dienstleistung, die professionelle Lobby-Agenturen ihren Kunden anbieten, ist die Einrichtung so genannter „Front Groups". Diese Organisationen schmücken sich oft mit Namen, die nach Wissenschaft oder sozialem Engagement klingen, aber letztendlich nichts anderes als Lobby-Vehikel für Unternehmen sind. Mit ihrer Hilfe versuchen einige Konzerne, ihre Partikularinteressen als gesamtgesellschaftliche Anliegen darzustellen und so die Akzeptanz für umstrittene Projekte zu erhöhen. [...]
Die TTIP-Lobby kann sich bei ihrer Arbeit auf eine politische Kultur stützen, die von einer zunehmenden Symbiose zwischen politischen und wirtschaftlichen Schlüsselfiguren in Brüssel gekennzeichnet ist. Ein solches Zusammenrücken unterstreicht der rege personelle Austausch zwischen der Lobbyindustrie und den EU-Institutionen, durch den sich die Industrie Insiderwissen und ein Netzwerk an Kontakten ins politische System kauft. Laut Transparency International sind mehr als die Hälfte aller ehemaligen EU-Kommissarinnen und -Kommissare sowie 30 Prozent aller ehemaligen Europaabgeordneten heute in der Lobbyindustrie tätig. Sie sind also von der Politik wie durch eine Drehtür in die Wirtschaft gewechselt. [...]
Die EU-Kommission hält sich [...] zurück, öffentlich zu dokumentieren, wer [...] mit welcher Agenda, welchen Ressourcen und mit welchem Erfolg versucht hat zu beeinflussen. [...]
Besonders die Undurchsichtigkeit der versuchten Einflussnahme und der privilegierte Zugang, den die EU-Institutionen den Unternehmenslobbies im Vergleich zu anderen gesellschaftlichen Akteuren oft gewähren, sind immer wieder von zivilgesellschaftlichen Organisationen, aber auch der Europäischen Bürgerbeauftragten angemahnt worden. Bisher ohne nennenswerten Erfolg.

Eberhardt, Pia: Unternehmenslobbyismus in Brüssel am Beispiel TTIP. In: www.bpb.de, 13.03.2019

M21 Organisationen im europäischen Transparenzregister

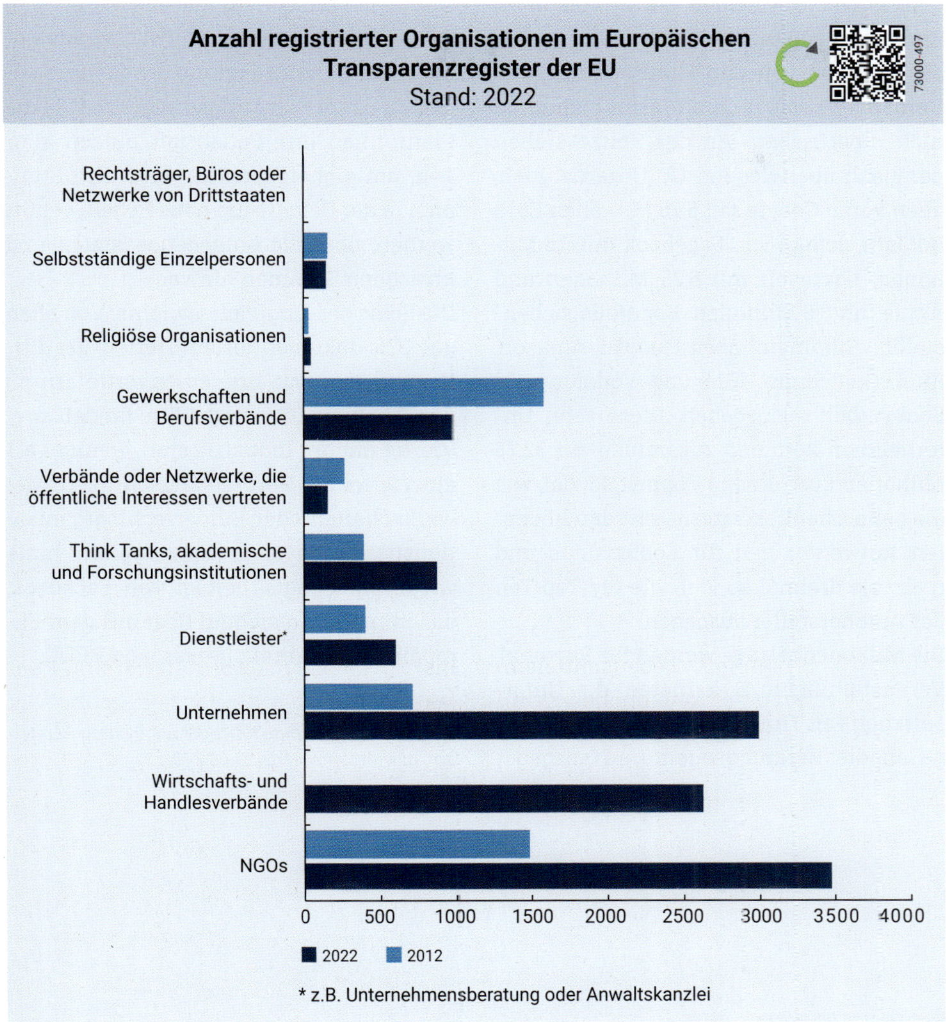

© C.C. Buchner Verlag, aktuelle Daten nach: Europäische Kommission, 2022

Transparenzregister
Im Transparenz-Register der EU sind Organisationen aufgeführt, die Einfluss auf die Rechtsetzung und Politikgestaltung der EU-Institutionen nehmen möchten. Es enthält Angaben darüber, welche Interessen von wem und mit welchem finanziellen Aufwand verfolgt werden.

M22 Google führt die Lobbyismus-Liste an

Die Europäische Union ist für Plattformbetreiber, Software- und Hardwareanbieter, Chiphersteller und Mobilfunkbetreiber nicht nur ein wichtiger Marktplatz mit Hunderten Millionen potenziellen Kundinnen und Kunden. Sie ist auch die vielleicht größte regulatorische Gefahrenzone für die Technikbranche – entsprechend umkämpft ist der Zugang zu den Entscheidern.

Schon das Ringen um die EU-Datenschutz-Grundverordnung (DSGVO) galt als Lobbyismus-Schlacht, wie sie der damals zuständige Berichterstatter des EU-Parlaments, Jan Philipp Albrecht »noch nie erlebt« hatte. Die von der EU-Kommission geplanten Gesetze zu digitalen Diensten und digitalen Märkten (DSA und DMA) dürften sogar noch härter umkämpft werden.

Keine andere Branche – sei es Pharma, Finanzen, fossile Energien oder Chemie – gibt auf EU-Ebene so viel Geld für Lobbyismus aus wie »Big Tech«. Bei 1452 registrierten Lobbyistinnen und Lobbyisten waren es zuletzt jährlich 97 Millionen Euro. Das hat die Organisation Lobbycon-

Zusatzmaterial:
Fallbeispiele zum Thema Lobbyismus
72035-331

trol anhand des EU-Transparenzregisters festgestellt. Die Zahlen darin sind nicht immer ganz aktuell oder vollständig, aber sie kommen von den Unternehmen und Verbänden selbst, sind also sicherlich nicht übertrieben. An der Spitze stehen demnach überwiegend US-Unternehmen, allen voran Google mit 5,75 Millionen Euro im Jahr, gefolgt von Facebook mit 5,5 Millionen, Microsoft mit 5,25 Millionen und Apple mit 3,5 Millionen. Ebenfalls siebenstellige Summen haben Huawei, Amazon, Intel, Qualcomm, IBM und Vodafone für Lobbyarbeit ausgegeben. Diese zehn Unternehmen kommen zusammen auf 32,75 Millionen Euro, knapp doppelt so viel, wie die zehn Chemiekonzerne mit den höchsten Aufwendungen für Lobbyismus und mehr als dreimal so viel, wie die Top Ten der Autohersteller ausgeben.

Die Millionenbeträge werden für Personal, Veranstaltungen, Büromieten, die Unterstützung von Thinktanks sowie für Aufträge an die Beratungsagenturen ausgegeben. Letzteres macht bei Google fast ein Viertel der Gesamtsumme aus. [...]

Der Aufwand spiegele die wachsende gesellschaftliche Bedeutung des Sektors wider. [...] Es sei »besorgniserregend, dass die Plattformen ihre Feuerkraft nutzen können, um sicherzustellen, dass ihre Stimmen in der Debatte um neue Regeln gehört werden, über die entgegengesetzten und kritischen Stimmen hinweg«.

Die Folge des Ungleichgewichts: Von allen gut 270 dokumentierten Treffen der EU-Kommission mit Interessenvertretern zu den Themen DSA und DMA fanden drei Viertel mit der Industrie statt, weniger als ein Viertel mit Verbraucherschützern, Gewerkschaften oder Bürgerrechtsorganisationen. Die meisten Einzeltreffen hatte wiederum Google, gefolgt von Facebook, das immerhin gleichauf liegt mit dem Europäischen Verbraucherverband BEUC.

Beuth, Patrick: Google führt die Lobbyismus-Liste an. In: www.spiegel.de, 31.08.2021

Aufgaben

72035-333

1. Erläutern Sie die Notwendigkeit (**M19**) und die Probleme von Interessengruppen in der EU (**M20**). Erstellen Sie dazu eine Tabelle.
2. Erläutern Sie mögliche Auswirkungen des Ungleichgewichts verschiedener Interessengruppen auf Entscheidungen der EU (**M20**, **M21** + QR-Code, S. 430).
3. Führen Sie eine Debatte mit verteilten Rollen: Soll der Zugang zu EU-Gremien für Wirtschaftslobbyist:innen beschränkt werden?

Politik aktiv

Formulieren Sie einen Maßnahmenkatalog, mit dem Sie die Einflussnahme auf Entscheidungen der EU transparenter und gerechter gestalten würden.

Sie als Bürger:in ...

beurteilen mit einem spezifischen politischen Interesse, inwiefern Interessengruppen Ihnen Möglichkeiten der Einflussnahme auf Entscheidungen der EU öffnen können. Gestalten Sie dann einen Handlungsplan, um Ihr Interesse auf EU-Ebene durchzusetzen.

10.3 Geld- und Haushaltspolitik der EU

10.3.1 Die Geldpolitik der Europäischen Zentralbank: aktive Wirtschaftspolitik oder nur Sicherung der Preisstabilität?

Zum Thema: Die Europäische Zentralbank ist die unabhängige Notenbank derjenigen 19 Länder in der Europäischen Union, die den Euro als Zahlungsmittel eingeführt haben (Euro-Raum). Sie ist vorrangig der Preisstabilität verpflichtet („Hüterin des Euro") und besitzt deshalb eine tragende Rolle in der europäischen Wirtschafts- und Währungsunion. Allerdings wird ihr oftmals vorgeworfen, nicht nur die Inflation im Blick zu behalten, sondern aktive Wirtschaftspolitik zu betreiben: Seien es die Nullzinspolitik als Antwort auf die Wirtschafts- und Finanzkrise 2008, das große Anleihekaufprogramm oder die Debatte über den Umgang mit der massiven Inflation in Folge des völkerrechtswidrigen russischen Angriffs auf die Ukraine. Sie sollen in diesem Kapitel das Spannungsfeld zwischen Preisstabilität und aktiver Wirtschaftspolitik perspektivisch analysieren und beurteilen.

M23 Zwei Positionen zur Frage der aktiven Wirtschaftsförderung durch die Europäische Zentralbank (EZB)

Im Jahr 2022 wuchs der öffentliche Druck auf die EZB, durch Erhöhung der Leitzinsen der hohen Inflation entgegenzuwirken. Die EZB hielt aber lange Zeit an ihrer Nullzinspolitik fest und erhöhte erst spät und zaghaft die Leitzinsen. Außerdem verfolgte sie über viele Jahre vorher mit ihrer expansiven Geldpolitik (z. B. durch Staatsanleihenkäufe) eine aktive Förderung der Konjunktur. Diese Politik wird kontrovers diskutiert:

Christine Lagarde, seit dem 1.11.2019 Präsidentin der EZB

„Die Notenbank darf nicht zu einer vorzeitigen Straffung der Geldpolitik übergehen, wenn sie mit vorübergehenden oder angebotsbedingten Inflationsschocks konfrontiert ist. [...] In einer Zeit, in der die Kaufkraft bereits durch höhere Energie- und Treibstoffkosten geschmälert wird, würde eine unangemessene Straffung einen ungerechtfertigten Gegenwind für den Aufschwung bedeuten."

„Dem Eurosystem wurde Unabhängigkeit gewährt, um sein vorrangiges Ziel der Preisstabilität zu erreichen. Je weiter wir unser Mandat auslegen, desto mehr laufen wir Gefahr, uns mit der Politik zu verstricken und uns mit zu vielen Aufgaben zu überfrachten."

Jens Weidmann war von 2011 bis 2021 ehemaliger deutscher Bundesbankpräsident

Zitate nach: Stock, Oliver: Die mächtige Mutter der Inflation macht den Deutschen Angst. In: www.focus.de, 27.05.2022

Einstiegsaufgaben 72035-334

1. Erläutern Sie die unterschiedlichen Vorstellungen der Aufgaben der EZB.
2. Positionieren Sie sich: Soll die EZB auch aktive Wirtschaftspolitik betreiben oder soll sie sich auf die Preisstabilität beschränken und die Wirtschaftspolitik den gewählten Politikerinnen und Politikern überlassen?

H zu Aufgabe 1
Beziehen Sie sich dabei auch auf die Ziele des Magischen Vierecks (→ S. 236).

EZB-Rat
Die Mitglieder des EZB-Rates werden für langjährige, und im Falle des Direktoriums einmalig achtjährige, Amtszeiten ernannt, und dürfen nur aus schwerwiegenden Gründen ihres Amtes enthoben werden. Diese Regelung erlaubt es den EZB-Ratsmitgliedern, über den kurzfristigen Zyklen der Tagespolitik zu stehen und sich ausschließlich auf die mittelfristige Ausrichtung der Geldpolitik und das Erreichen des Preisstabilitätsziels zu konzentrieren.

Glöckler, Gabriel / Graeff, Christine: Die Europäische Zentralbank und ihre Rolle in der Krise. Springer, Wiesbaden, S. 8

M24 Zusammensetzung und Aufgaben der EZB

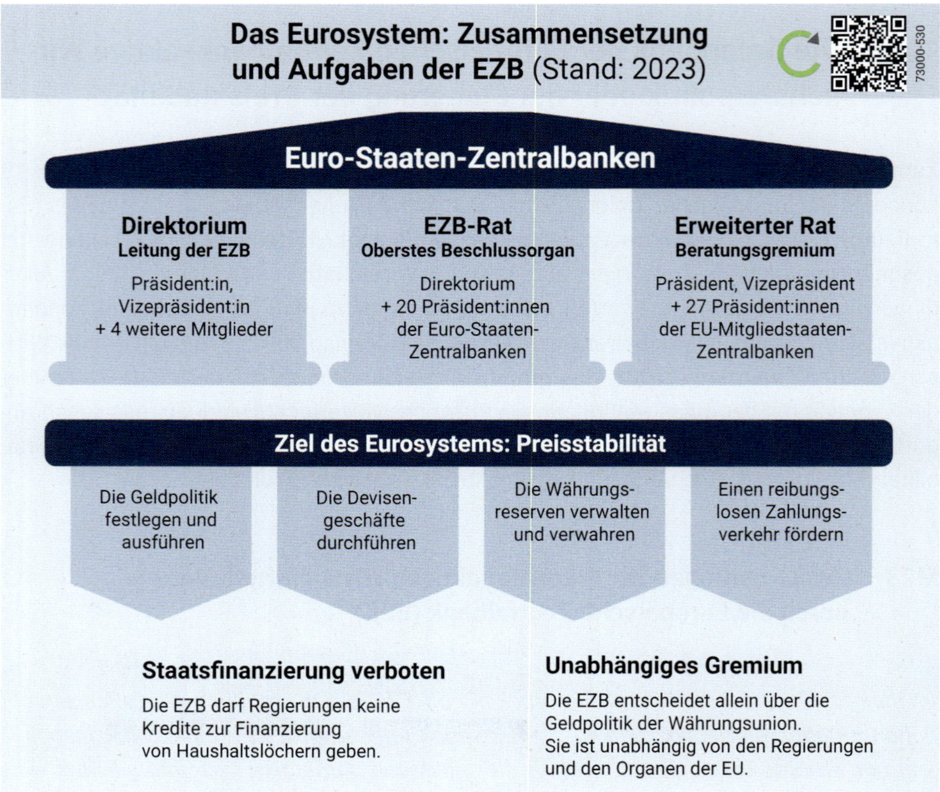

© C.C. Buchner Verlag, aktuelle Daten nach: Bundesbank, 2023

M25 Welche geldpolitischen Instrumente stehen der EZB zur Verfügung?

Die Europäische Zentralbank beobachtet die Inflationsentwicklung im Euro-Raum und legt anschließend eine wünschenswerte Geldmenge fest.

Als wichtigstes Instrument zum Erreichen ihres obersten Ziels, der Preisstabilität, steht der EZB die Festlegung des Leitzinses zur Verfügung. Der Hauptrefinanzierungssatz legt fest, zu welchem Zins sich Geschäftsbanken bei der EZB mit frischem Notenbankgeld eindecken können. Indirekt beeinflusst die EZB somit den Geld- und Kapitalmarkt, denn die Banken geben in der Regel eine Erhöhung oder Senkung des Leitzinses der EZB an ihre Kunden (Privatleute oder Unternehmen) weiter.

Zwei weitere Zinssätze bestimmen die Geldpolitik der EZB: Die Spitzenrefinanzierungsfazilität legt fest, zu welchem Zins sich Banken kurzfristig über Nacht Geld leihen können, um Lieferengpässe zu verhindern. Und die Einlagefazilität beschreibt, zu welchen Bedingungen Geschäftsbanken ihr Geld kurzfristig bei der EZB anlegen können. Diese beiden Zinssätze markieren sozusagen eine obere und untere Grenze für den Handel mit Geld zwischen Banken. Diese müssen jeweils attraktivere Konditionen als die EZB bieten, um entsprechend handelsfähig zu bleiben.

Durch die Zinsfestlegungen setzt die EZB Anreize, mehr zu sparen (bei hohen Zinsen) oder mehr Kredite aufzunehmen und das Geld in Umlauf zu bringen (bei niedrigen Zinsen).

Das Instrumentarium der Zinssätze wird ergänzt durch weitere Maßnahmen. Wichtig sind in jüngerer Vergangenheit in Folge der Griechenland-Krise der Ankauf von

Staatsanleihen. Staatsanleihen sind Wertpapiere, die von Staaten herausgegeben werden. Wer eine Anleihe kauft, leiht dem Staat Geld. Wenn die EZB als Notenbank von Banken diese Staatsanleihen kauft, erhöht sich die im Umlauf befindliche Geldmenge. Kommt mehr Geld in Umlauf, zieht die Konjunktur an und die Inflation steigt. Ein weiteres zentrales Ziel des Kaufes von Staatsanleihen ist, durch den Kauf bei Banken deren Zinsen zu drücken, die Refinanzierung für wirtschaftlich instabile Staaten und Unternehmen zu erleichtern und die Banken zu mehr Kreditvergabe zu animieren. Die EZB nutzt auch ein geldpolitisches Instrument, das als Forward Guidance bezeichnet wird. Mit ihm kommuniziert sie ihre künftigen geldpolitischen Absichten. Diese beruhen auf ihrer Einschätzung hinsichtlich der Aussichten für die Preisstabilität. Des Weiteren kann sie die Mindestreserve, die Pflicht für Banken, ein Mindestguthaben bei der EZB zu haben, festlegen. Auch möglich sind der Kauf und Verkauf von Devisen zur Beeinflussung des Wechselkurses des Euros.

Bearbeiterin

M26 Erwartete Wirkungen der Leitzinspolitik im Schaubild

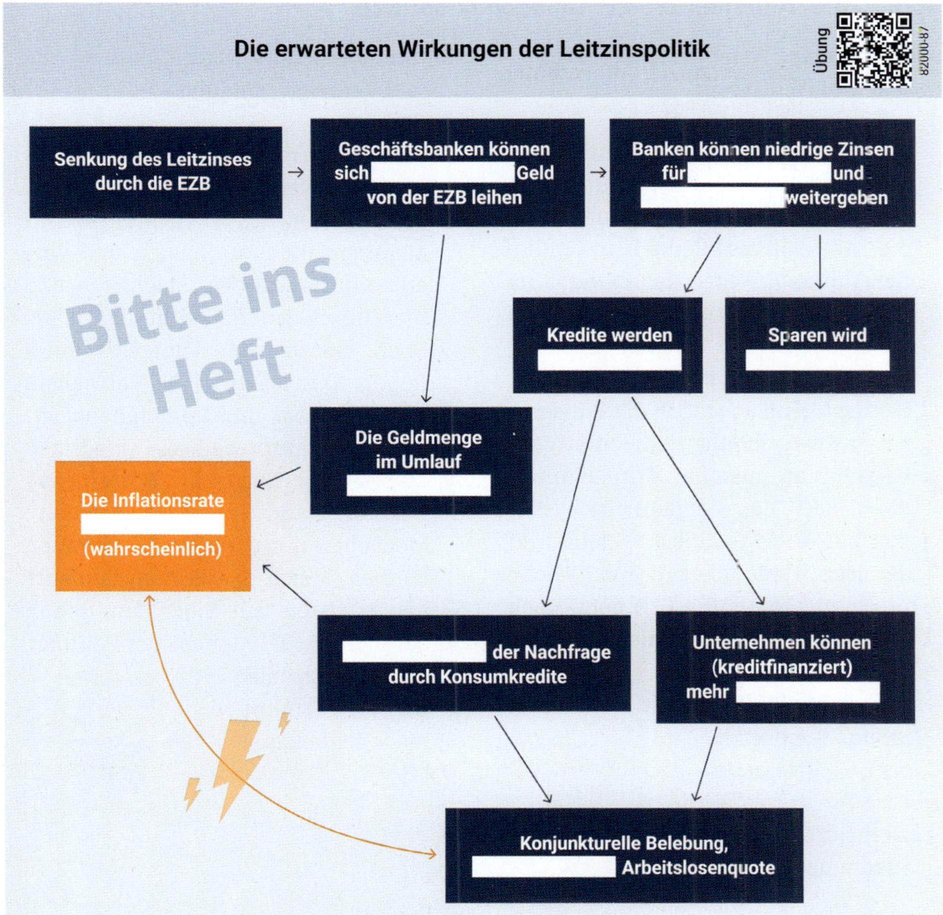

Einzutragende Begriffe:
sinkende – steigt – Kredite – günstiger – unattraktiver – Ankurbelung – Spareinlagen – investieren – attraktiver – steigt

Bearbeiteringrafik

Geldvermehrung durch die EZB

1. Die Europäische Zentralbank „produziert" neues Geld.
2. Die EZB kauft Staatsanleihen auf dem Markt.
3. Das Geld soll über die Banken in den realen Markt einsickern.

Ziel: Die Konjunktur zieht an und die Inflation erhöht sich.

M27 Ankauf von Staatsanleihen durch die EZB

Die Debatten in Deutschland zum Mandat der EZB konzentrieren sich insbesondere auf dessen Grenzen, d. h. ob die EZB-Sondermaßnahmen – beispielsweise der Ankauf von Staatsanleihen – überhaupt legal und innerhalb des Kompetenzbereichs der EZB sind. Dem Vorwurf einer Mandatsüberschreitung liegt die Sorge zugrunde, dass die EZB durch Ankäufe von Staatsanleihen die ordnungspolitisch so wichtige Trennlinie zwischen Geld- und Fiskalpolitik verwischt, und sich damit in die allgemeine Wirtschaftspolitik einmischt. Des Weiteren sehen die Kritiker einen Verstoß gegen das [...] verankerte Verbot der monetären Staatsfinanzierung durch die Zentralbank [...]. Von Seiten der EZB wird argumentiert, dass die Ankaufprogramme ganz klar eine geldpolitische Maßnahme seien und daher innerhalb des Kompetenzbereichs der EZB liegen, und dass die Rahmenbedingungen für die Programme so gesetzt sind – beispielsweise werden die Ankäufe ausschließlich am Sekundärmarkt unternommen –, dass sie gänzlich in Übereinstimmung mit geltendem Recht sind.

Glöckler, Gabriel / Graeff, Christine: Die europäische Zentralbank und ihre Rolle in der Krise, in: P. Becker/ B. Lippert (Hrsg.): Handbuch Europäische Union, S. 15

Zusatzmaterial:
Der Kauf von Staatsanleihen durch die EZB

72035-335

M28 Drei Kommentare zur Geldpolitik der EZB

a) Kommentar I: Anleihenkäufe – alles andere als fahrlässig

Grenzwertig sind ihre Anleihenkäufe. Trotz des Verbots der unmittelbaren monetären Staatsfinanzierung hält die EZB Staatsanleihen in Billionen-Umfang. Wegen des Erwerbs im Sekundärmarkt verstößt sie damit nach bisheriger Rechtsprechung formal zwar nicht gegen die Auflagen. Faktisch wird so jedoch die Emission neuer Staatsanleihen erleichtert. Die Behauptung mancher Kritiker:innen, dies sei das eigentliche, aber kaschierte geldpolitische Ziel, wirkt dennoch wenig überzeugend. Welche Alternative hätte die EZB denn nach dem Ausreizen traditioneller Instrumente damals noch gehabt, um angesichts deflationärer Tendenzen ihrem gesetzlichen Primärziel der Preisniveaustabilisierung nachzukommen? [...]

Volltext

72035-336

Nach: Marquardt, Ralf-M.: Geldpolitik: EZB-Bashing gerechtfertigt? In: Wirtschaftsdienst, 102. Jahrgang, 2022, Heft 1, S. 8

b) Kommentar II: massiver Einfluss auf Vermögensbildung

Die EZB muss durch ihre Anleihekäufe die Zinsen niedrig halten, sonst drohen Unternehmenspleiten, Kreditklemmen für Euro-Staaten und eine erneute Finanzkrise. Macht die EZB hier ihren Job gut, hilft das allen. Doch die lockere Geldpolitik birgt Reputationsrisiken [...]. Vor allem Aktieninhaber und Immobilienbesitzer profitieren, weil die niedrigen Zinsen den Boom an Börsen und Wohnungsmärkten befeuern. Menschen mit geringen Einkommen können sich Aktieninvestments kaum leisten, ein Eigenheim schon gar nicht. Es ist Aufgabe der Politiker, diese sozialen Ungerechtigkeiten aufzufangen. [...]

Erweiterte Textfassung

72035-337

Nach:Zydra, Markus: Die EZB geht locker ins Risiko. In: www.sueddeutsche.de, 08.07.2021

c) Kommentar III: Inflation links liegen lassen

Robert Halver ist Leiter des Bereichs Kapitalmarktanalyse bei der Baader Bank: „Grundsätzlich hat die Geldpolitik nur eine Aufgabe: die Inflationsbekämpfung. Aber auch andere Probleme wie Überschuldung, die Wettbewerbsfähigkeit der Wirtschaft, die Finanzierung des Klimaschutzes sowie die unterschiedliche Entwicklung von Staaten in einem Währungsraum müssen berücksichtigt werden. Da kann man keine klassische Geldpolitik wie früher machen. Das heißt, man lässt die Inflation in gewisser Weise auch mal links liegen."

Halver, Robert zitiert in Bücker, Till: Notenbanken unter Zugzwang. In: www.tagesschau.de, 15.12.2021

Aufgaben

72035-339

1. Erläutern Sie sich zu zweit gegenseitig den Aufbau, die Zusammensetzung und Instrumente der EZB (**M24, M25**).
2. Ergänzen Sie das Schaubild in **M26** und erklären Sie die Wirkungen von Leitzinsveränderungen.
3. Erstellen Sie analoge Wirkungsketten zu **M26**, indem Sie
   a) Leitzinserhöhungen und
   b) vermehrte Anleihenkäufe berücksichtigen.
4. Erläutern Sie, wie die EZB mit Anleihenkäufen ihr Mandat überschreiten könnte (**M27**).
5. Geben Sie die Grundaussagen der Kommentare zur EZB mit eigenen Worten wieder (**M28a – c**). Welcher Grundaussage stimmen Sie eher zu (Begründung)?
6. Beurteilen Sie die Politik der EZB: Soll die Notenbank aktive Wirtschaftsförderung betreiben oder sich hauptsächlich auf Preisstabilität beschränken? Formulieren Sie dazu einen Brief an das Präsidium der EZB, in dem Sie die Ihrer Auffassung nach richtige Geldpolitik begründen und fordern.

F zu Aufgabe 2
Begründen Sie auch, warum Notenbanken unabhängig von der Politik sein sollten.

F zu Aufgabe
Vergleichen Sie die EZB mit dem Fed (Federal Reserve System) mit Hilfe der Tabelle im → digitalen Aufgabenkasten.

Politik aktiv

Gestalten Sie eine Talkshow zur Debatte, welche Rolle die EZB in Bezug auf die Wirtschaftspolitik der EU nehmen darf und soll (→ Methodenglossar).
Folgende (fiktive) Gäste können eingeladen werden:

- Italienische:r Finanzminister:in: „Währungsstabilität kann nur durch starke Mitgliedstaaten erreicht werden. Die EZB muss uns also auch in unserem Bestreben unterstützen, Schulden langfristig abzubauen und investitionsfähig zu bleiben."
- Deutsche:r Wirtschaftsminister:in: „Die EZB schwächt durch ihre Eingriffe den Anreiz für manche Mitgliedstaaten, den eigenen Staatshaushalt zu konsolidieren. Das kann nicht im Sinne einer gemeinsamen Währung sein."
- Journalist:in: „Die EU ist sich nicht im Klaren darüber, welche Rolle sie der EZB zugestehen möchte. Die Herausforderungen unserer Zeit sind nur dann lösbar, wenn starke europäische Organe an einem Strang ziehen."
- Bürger:in: „Die EZB handelt ohne Transparenz. Für mich ist nicht mehr nachvollziehbar, warum Wirtschaftsunternehmen und Staaten stetig unterstützt werden und wir Bürger:innen durch Inflation und Nullzinspolitik an den Rand der Existenz getrieben werden."

10.3.2 EU-Haushalt und Rechtsstaatsmechanismus: Soll die Auszahlung von EU-Geldern an Bedingungen geknüpft werden?

Zum Thema: Der Haushalt der EU wird von den jeweiligen Mitgliedstaaten finanziert. Diese zahlen und die Europäische Union entscheidet über die Verteilung der Mittel. Der mehrjährige Finanzrahmen ist das Ergebnis langer und intensiver Verhandlungen, der oft zu Streit und Konflikten zwischen der EU und den Mitgliedstaaten und auch zwischen Mitgliedstaaten führt. Ob die Kritik am Haushalt der EU gerechtfertigt ist und inwiefern die EU ihre Gelder als Druckmittel auf ihre Mitgliedstaaten verwenden sollte, sollen Sie in diesem Kapitel diskutieren.

M29 Karikatur: Gelder aus Brüssel – bedingungslos?

Zur Situation in der Karikatur: Polen schränkt seit 2015 durch Reformen seines Justizsystems die Unabhängigkeit der Judikative erheblich ein. Die Europäische Union reagierte mit dem sogenannten Rechtsstaatsmechanismus, der die Auszahlung von EU-Geldern mit Rechtsstaatlichkeit verknüpft.

„Polen und die EU"

Karikatur: Kostas Koufogiorgos, 2018

Einstiegsaufgaben 72035-342

1. Beschreiben und interpretieren Sie die Karikatur **M29**. Formulieren Sie das politische Problem.
2. Versetzen Sie sich in die Lage einer der beiden in der Karikatur abgebildeten Personen und führen Sie mit Ihrem Partner bzw. Ihrer Partnerin ein Streitgespräch.
3. Positionieren Sie sich zur Frage, ob Haushaltsmittel der EU an bestimmte Bedingungen in den Mitgliedstaaten geknüpft werden sollen.

M30 Wie hoch ist der Haushalt der EU bis 2027?

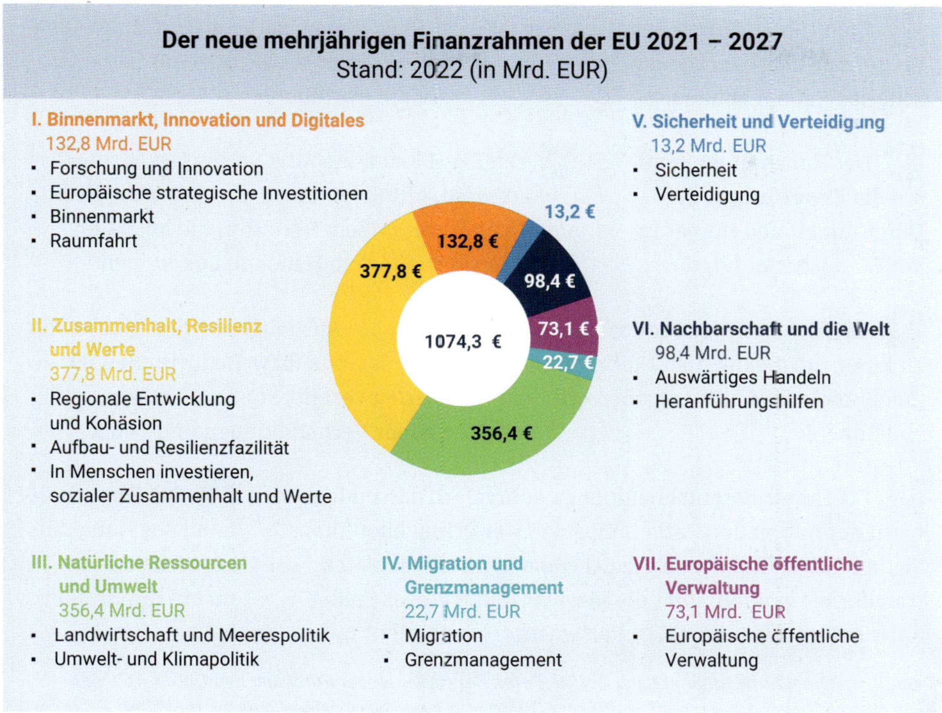

© C.C. Buchner Verlag, Daten nach: Europäische Kommission, 2021

M31 Nationale Beiträge der Mitgliedstaaten der EU

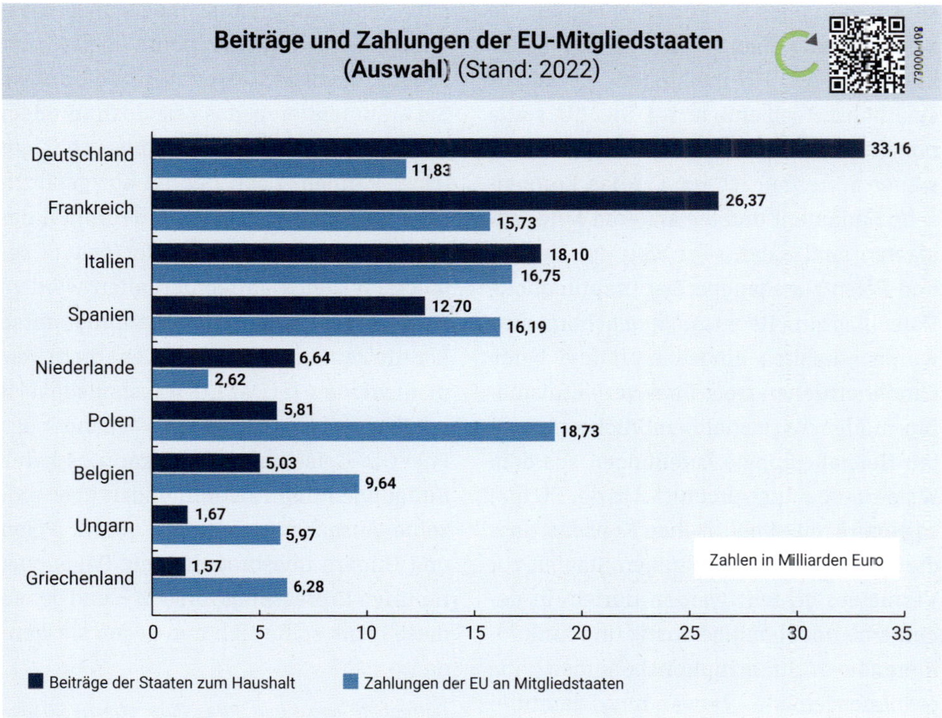

© C.C. Buchner Verlag, aktuelle Daten nach: EU Haushalt 2021; Darstellung: Statista

M32 Allgemeine Kritik am EU-Haushalt

1 Die EU bleibt ohne Recht, eigene Steuern zu erheben, zu stark von den Mitgliedstaaten abhängig.

2 Es stehen für moderne, innovative Ausgaben zu wenig oder gar keine Gelder zur Verfügung.

3 Der Haushalt ist nicht auf die Erwartungen der Bürgerinnen und Bürger in der EU ausgerichtet.

4 Die EU-Haushaltspolitik verliert an Glaubwürdigkeit, wenn Mitgliedstaaten, die gegen die Rechtstaatlichkeit verstoßen, weiterhin die höchsten Auszahlungen aus dem Haushalt bekommen.

5 Das Volumen des Finanzrahmens ist zu klein, um die auf die EU übertragenen Zuständigkeiten und Aufgaben erfüllen zu können.

6 Die Ausgaben werden nicht nach Wohlstands- bzw. Bedürftigkeitskriterien verteilt, sondern als Ergebnis zäher Verhandlungen und Deals.

7 EU-Haushaltsentscheidungen schmälern das Budgetrecht der nationalen Parlamente, da zwei Drittel aller finanziellen Zuwendungen an die EU von den Mitgliedstaaten transferiert werden. Über die Verausgabung dieser Gelder entscheiden die nationalen Parlamente jedoch nicht mit.

8 Die Festschreibung des Haushalts auf sieben Jahre macht ihn unflexibel.

Zusammengestellt und ergänzt nach Becker, Peter: Der Haushalt der Europäischen Union – Großer Reformbedarf bei dominierender Status quo-Orientierung und Nettosaldo-Logik, in: P. Becker/ B. Lippert (Hrsg.): Handbuch Europäische Union, S. 24f.

M33 Fallbeispiel: Polen und Ungarn und das Veto-Recht im EU-Haushalt

Ungarn und Polen blockieren [...] die Verabschiedung des EU-Finanzpakets für die kommenden sieben Jahre, weil sie die Verknüpfung der EU-Zahlungen an Rechtstaatlichkeit ablehnen. [...] Die EU sollte nun die Ruhe bewahren. Sie darf sich nicht weiter erpressen lassen. [...] Das Europäische Parlament und die anderen Mitgliedstaaten sind dabei sehr weit auf Ungarn und Polen zugegangen: Der ursprüngliche Vorschlag zum Rechtsstaatsmechanismus wurde erheblich eingedampft und beide Länder erhielten trotz ihrer verhältnismäßig milden Wirtschaftseinbrüche im ersten Halbjahr üppige Zuteilungen aus dem Wiederaufbauinstrument. [...] In der EU gibt es einen breiten politischen Konsens, dass die EU-Gelder nur denjenigen Staaten zur Verfügung gestellt werden dürfen, in denen eine unabhängige Justiz und funktionierende Antikorruptionsbehörden die ordnungsgemäße Verwendung garantieren. [...] Die Regierungen in Warschau und Budapest wollen ihren Bürgern weismachen, eine langfristige Blockade des Finanzpakets würde sie nichts kosten oder sogar finanzielle Nutzen mit sich bringen. Sie argumentieren, dass sie doch mit dem bisher geltenden Finanzrahmen sehr gut leben können. Doch das ist ein gefährlicher Trugschluss. Zwar würde formal der alte EU-Finanzrahmen weiter gelten, solange die Vetos aufrechterhalten werden. Aber ohne neue Ausgabenprogramme könnte kein einziger neuer Cent mehr verplant werden. [...] Der EU-Haushaltsdeal ist ein Gesamtpaket. Solange zwei Länder das Paket in Geiselhaft halten, kann es keine Einigungen und Abstimmungen über einzelne Ausgabenprogramme geben. Polen und Ungarn missbrauchen die Paketlogik für ihren Erpressungsversuch – und genau diese Logik sollte sich nun gegen sie wenden.

Guttenberg, Lucas und Buras, Piotr: Wie die EU den Spieß umdrehen kann. In: Die Zeit, 23.11.2020

M34 Urteil des EuGHs: EU darf Polen und Ungarn Zahlungen kürzen

Nach einem Urteil des EuGH kann die Kommission Mitgliedstaaten Geld vorenthalten, die gegen rechtsstaatliche Prinzipien verstoßen. Geklagt hatten die beiden Regierungen, die am kritischsten beäugt werden. Auf Ungarn und Polen kommen womöglich hohe finanzielle Einbußen zu, weil dort nach Ansicht der EU-Kommission der Rechtsstaat ausgehöhlt wird. Der Europäische Gerichtshof (EuGH) hat den Weg freigemacht, die neuen Regeln zur Ahndung entsprechender Verstöße in der EU anzuwenden. Die Richter erklärten den sogenannten Rechtsstaatsmechanismus „in vollem Umfang" für legal. Damit könnte die Kommission [...] Verfahren gegen Länder wie Ungarn und Polen einleiten, um ihnen am Ende auch Mittel aus dem EU-Haushalt zu kürzen. [...] Dagegen klagten Polen und Ungarn, die sich besonders im Fokus des neuen Instruments sehen, vor dem EuGH. Gegen beide Länder laufen Rechtsstaatsverfahren nach Artikel 7 der EU-Verträge. Polen baut das Justizwesen trotz internationaler Kritik um, die ungarische Regierung steht wegen ihrer Flüchtlings-, Medien-, Hochschul- und Justizpolitik in der Kritik. [...] Die EU gründe auf gemeinsamen Werten, dazu zählten Rechtsstaatlichkeit und Solidarität, teilte der Gerichtshof mit. „Da die Achtung der gemeinsamen Werte somit eine Voraussetzung für den Genuss all jener Rechte ist, die sich aus der Anwendung der Verträge auf einen Mitgliedstaat ergeben, muss die Union auch in der Lage sein, diese Werte im Rahmen der ihr übertragenen Aufgaben zu verteidigen." Der Haushalt sei „eines der wichtigsten Instrumente" der EU, heißt es in der Mitteilung des EuGH weiter. Wenn die Gefahr bestehe, dass ein Mitgliedstaat das Geld der EU nicht in ihrem Sinne verwende, seien auch die wirtschaftlichen Interessen der EU beeinträchtigt. Und wenn es hier einen „echten Zusammenhang" gebe, dürfe sie die Auszahlung an entsprechende Bedingungen koppeln. [...] Polen und Ungarn bekommen jährlich Milliarden aus dem Gemeinschaftsbudget. [...] Nach dem Urteil reagierte Ungarn mit schweren Vorwürfen. „Die Entscheidung ist ein lebender Beweis dafür, wie Brüssel seine Macht missbraucht", schrieb Justizministerin Judit Varga auf Twitter. Polen wiederum deutete zuletzt Kompromissbereitschaft im Dauerstreit mit der EU über seine Justizreformen an. Abgeordnete der regierenden Partei Recht und Gerechtigkeit (PiS) stellten vergangene Woche einen Gesetzentwurf vor, wonach Richter nicht mehr der höchst umstrittenen Disziplinarkammer unterworfen sein sollen, die die EU-Kommission als Gefahr für die Unabhängigkeit der Richter wertet.

Stroh, Kassian: EU darf Polen und Ungarn Zahlungen kürzen. In: Süddeutsche Zeitung, 16.02.2022

Weiteres Fallbeispiel:
Druck auf Griechenland
72035-343

Aufgaben

72035-344

1. Beschreiben Sie die Statistiken zum EU-Haushalt (**M30, M31**). Setzen Sie die jeweiligen Statistiken zueinander in Beziehung und formulieren Sie Ihre Ergebnisse thesenartig.
2. Prüfen Sie die Kritikpunkte am Haushalt der EU (**M32**) anhand **M30** und **M31**.
3. Erläutern Sie den Rechtsstaatsmechanismus und die jeweiligen Interessen, Ziele und Machtmöglichkeiten der Akteure (**M33, M34**).
4. Erarbeiten Sie eine Rede (→ Methode, S. 235) aus der Sicht von a) EU-Kommissionspräsident:in b) Regierungschefin oder -chef von Polen oder Ungarn c) der deutschen Bundeskanzlerin/ des deutschen Bundeskanzlers zum Rechtsstaatsmechanismus. Verwenden Sie dabei den Begriff nationale Souveränität.
5. Beurteilen Sie den Rechtsstaatsmechanismus der EU perspektivisch und kategorial.

Onlinekapitel:
Europäische Strukturpolitik: EFRE – ein Erfolgsmodell?
72035-345

Europäischer Binnenmarkt: Der europäische Binnenmarkt ist bezogen auf die Wirtschaftsleistung der größte einheitliche Markt der Welt. Er bildet das Fundament des gemeinschaftlichen wirtschaftlichen Handelns der EU. Dabei umfasst er vier Grundfreiheiten: den freien Verkehr von Waren durch den Wegfall der Grenzkontrollen und innereuropäischen Zölle; den freien Verkehr von Personen, der sich insbesondere in Reisefreiheit und der Möglichkeit, im Ausland zu leben und arbeiten zeigt; den freien Verkehr von Dienstleistungen sowie den freien Kapitalverkehr. Den Mitgliedstaaten der EU ist es untersagt, eine Politik zu verfolgen (z. B. durch protektionistische Maßnahmen oder andere „Maßnahmen gleicher Wirkung"), die die vier Grundfreiheiten an ihrer Entfaltung hindert.

Übung 82000-730

Wirtschafts- und Währungsunion: Die Wirtschafts- und Währungsunion ist das Ergebnis der fortschreitenden wirtschaftlichen Integration der EU und baut auf dem europäischen Binnenmarkt auf. Der Euro wurde als verbindendes Element eingeführt. Während eine einheitliche Währungspolitik durch die Europäische Zentralbank festgelegt wird, bleibt ein Großteil der Ausgestaltung der Wirtschaftspolitik bei den einzelnen Mitgliedstaaten. Allerdings stehen damit den Mitgliedstaaten deutlich weniger Instrumente bei der Ausgestaltung ihrer Wirtschaftspolitik zur Verfügung. So können sie beispielsweise nicht mehr ihre nationale Währung, über die sie früher noch verfügten, abwerten, um ihrer exportorientierten Industrie bessere internationale Absatzchancen zu ermöglichen. Ziel der WWU ist es, durch geeignete Maßnahmen ein nachhaltiges Wirtschaftswachstum und ein hohes Beschäftigungsniveau innerhalb der EU zu fördern.

Übung 82000-731

Maastricht-Kriterien: Die Konvergenzkriterien, die im Vertrag von Maastricht festgeschrieben wurden, sind Vorgaben, die die EU-Mitgliedstaaten erfüllen müssen, wenn sie den Euro als Zahlungsmittel einführen wollen. Insbesondere darf der Schuldenstand des Staates 60 Prozent seines Bruttoinlandsproduktes nicht übersteigen und die Neuverschuldung höchstens 3 Prozent des BIP betragen. Dieses Kriterium wird immer wieder auch von Euro-Staaten verletzt.

Übung 82000-732

Europäische Zentralbank: Die Europäische Zentralbank ist für die Geldpolitik im Euro-Währungsraum zuständig. Ihr oberstes Ziel ist das der Preisstabilität, d. h. sie versucht durch Leitzinspolitik und Anleihenkäufe sowohl Inflation als auch Deflation im Euroraum zu vermeiden. Erhöht die EZB die Zinssätze (restriktive Geldpolitik), verteuern sich dadurch indirekt Kredite, sodass die Geldmenge im Euroraum verknappt wird. Das Wirtschaftswachstum wird abgebremst, die Inflation abgemildert. Ihre Entscheidungen trifft die EZB unabhängig von politischen Weisungen.

Übung 82000-733

Europäische Agrarpolitik: Eins der wichtigsten Politikfelder der Europäischen Union ist die gemeinsame Agrarpolitik (GAP). Zentrales Interesse ist hierbei die Sicherstellung der Nahrungsmittelversorgung einhergehend mit der Erhaltung der natürlichen Ressourcen und der Entwicklung der ländlichen Räume. Neben der Formulierung von Regeln und Standards macht die Finanzierung und Subventionierung der Landwirtschaft einen erheblichen Anteil des Gesamtbudgets der EU aus. Kritik, Protektionismus zu betreiben und dadurch beispielsweise die Abhängigkeit Afrikas von europäischen Nahrungsmittelimporten zu erhöhen, bleibt nicht aus.

Übung 82000-734

KOMPETENZEN ANWENDEN

Kursarbeitstraining

Die folgenden Aufgaben bieten die Möglichkeit, Ihre gewonnen Kompetenzen zu überprüfen und diese anzuwenden. Sie können als Vorbereitung für eine Kursarbeit dienen. Lösungsvorschläge erhalten Sie über den QR-Code.

Krieg gegen die Ukraine, Corona-Pandemie, Lieferengpässe, Inflation, ... alles zusammen ist ein schlechter Mix für Europas Wirtschaft. Das weiß auch die Europäische Zentralbank:

„Alles in allem gehen wir davon aus, dass es zu einer Frühjahrsbelebung kommt und es mit der Wirtschaft dann auch wieder bergauf geht." Ich höre die Ökonomen noch diesen oder ähnliche Sätze sagen, bevor vor einer Woche eine neue Zeitrechnung begonnen hat. Die Angriffe auf die Ukraine bringen menschliches Leid ungeahnten Ausmaßes hervor. Inzwischen werden auch die wirtschaftlichen Folgen dieses Krieges spürbar. Ständig steigende Preise belasten, sei es nun im Supermarkt oder an der Zapfsäule. Das Problem: die Wirtschaft wächst nicht in dem Maße, in dem die Preise anziehen. Ökonomen sprechen hier von Stagflation, einer Phase, in der hohe Preissteigerungen und ausbleibendes Wirtschaftswachstum zusammentreffen. [...] Eine schwächelnde Konjunktur bei gleichzeitig steigenden Preisen; das mag manchem aus alten Zeiten bekannt vorkommen. Bereits rund um den Ölschock aus dem Jahre 1973 wurde eine Stagflation beobachtet. Damals wirkte sich die Geldentwertung von der Energiebranche auf die gesamte Wirtschaft aus. Was lernen wir daraus? Die Europäische Zentralbank steht für Stabilität in der Eurozone. Nun muss sie die steigenden Preise mit der schwächeren Konjunktur in Einklang bringen. Normalerweise wird steigender Inflation mit steigenden Zinsen begegnet. Doch diese würden die Konjunktur noch mehr abwürgen. Ein Spagat wird nötig sein, um eine Stagflation einzudämmen. Entweder die hohen Preise werden relativ früh bekämpft, durch steigende Zinsen – die Folge wäre eine mehrmonatige Rezession als Folge schwacher Konjunktur – oder die EZB schont die Konjunktur. Der Preis wäre eine sich beschleunigende Inflation. Wie sollen die steigenden Preise gestemmt werden? Im Normalfall durch höhere Löhne. Doch was ist schon normal in diesen Zeiten?
Wenn die Lohnerhöhungen über den Produktivitätssteigerungen liegen, werden die höheren Preise wieder an die Verbraucher weitergegeben. Eine Lohn-Preis-Spirale entsteht. Auch ein Dilemma der EZB. Ein Ende der ultralockeren Geldpolitik der Notenbank zum Ende des Jahres ist wahrscheinlich. Dann dürfte vielleicht erstmals an der Zinsschraube gedreht werden. Diesem Schritt ist die EZB nun durch das „Schreckgespenst" Stagflation einen entscheidenden Schritt nähergekommen.

Mainitz, Sina: Stagflation – das neue Sorgenkind. In: www.zdf.de, 03.03.2022

Aufgaben 72035-346

1. Beschreiben Sie die Ziele der EZB und erklären Sie das daraus resultierende Dilemma im Umgang mit einer Stagflation.
2. Erläutern Sie Auswirkungen einer Leitzinserhöhung der EZB auf die Haushalts- und Schuldenpolitik einzelner Euro-Staaten.
3. Gestalten Sie einen Kommentar zur Frage der Zukunft des Euros, in dem Sie Herausforderungen für die EU sowie ihre Mitgliedstaaten berücksichtigen.

Lösungsvorschläge und Erwartungshorizonte

72035-347

Ökonomischer Fortschritt auf ökologischer Basis – der grüne Wirtschaftsplanet?

Flüchtlinge im Mittelmeer

Dimensionen der Globalisierung – Chance oder Herausforderung?

3

Bundeskriminalamt kaufte heimlich Abhörsoftware „Pegasus“ in Israel

ldh AFP: Bundeskriminalamt kaufte heimlich Abhörsoftware „Pegasus“ in Israel. In: www.stern.de, 07.09.2021

Gefahren durch Atomwaffen

5

„Wir sind einsamer denn je in dieser durch Vermassung gekennzeichneten Welt, welche die Einzelinteressen bevorzugt und die gemeinschaftliche Dimension der Existenz schwächt.“

Papst Franziskus in Vatican news: „Fratelli tutti“: Einige Kernsätze. In: www.vaticannews.va, 04.10.2020

6

Demokratie gegen Diktatur – wer im neuen globalen Machtkampf auf welcher Seite steht

SN: Demokratie gegen Diktatur – wer im neuen globalen Machtkampf auf welcher Seite steht. In: www.sn.at, 18.03.2022

Globalisierung der Gesellschaft

11

Zwischen lokalem und globalem Denken und Handeln

Nicht nur im Bereich der Wirtschaft, sondern in vielfältigen Aspekten ist die Welt miteinander verknüpft und voneinander abhängig. Die Klimakrise macht nicht an nationalen Grenzen Halt, Terrorgruppen und Massenvernichtungswaffen dominieren sicherheitspolitische Überlegungen eines jeden Nationalstaates, Migrationsbewegungen werden zur großen Herausforderung für Gesellschaften.

Doch profitieren wir auch vom Kennenlernen einer Vielzahl anderer Kulturen, wir genießen Freiheiten und Selbstbestimmung, wir nutzen zahlreiche Kommunikationsmöglichkeiten zum Austausch und zur Selbstentfaltung. Gemeinsame Forschung verhilft zu Durchbrüchen im Gesundheitswesen und demokratische Errungenschaften können Vorbild für andere Gesellschaften sein.

In diesem Kapitel lernen Sie, wie die globalen Herausforderungen der Welt zusammenhängen und welche Lösungsansätze es gibt. Sie diskutieren die Frage, ob die Chancen der globalen Vernetzung überwiegen und wie alle oder möglichst viele Menschen auf der Welt von ihr profitieren können.

Leitfragen

1. Wie nehme ich mich in einer zunehmend globalisierten Gesellschaft wahr?
2. Welche globalen Herausforderungen sind grundlegend für das Agieren verschiedener Akteure auf globaler Ebene?
3. Welchen Beitrag können Politik und Zivilgesellschaft zur Entschärfung globaler gesellschaftlicher Probleme leisten?
4. Wie kann eine global vernetzte Welt organisiert und strukturiert sein, um die globalen Herausforderungen meistern zu können?

Aufgaben

72035-348

1. Arbeiten Sie verschiedene Spannungsfelder heraus, die in den Schlagzeilen, Zitaten und Bildern angesprochen werden. Ergänzen Sie diese durch eigenes Vorwissen.
2. Erstellen Sie nun ein „Netz der Weltprobleme" (→ digitaler Aufgabenkasten), indem Sie vielfältige Herausforderungen der Globalisierung benennen und ihre Abhängigkeiten zueinander darstellen. Berücksichtigen Sie dabei die Aspekte Wirtschaft, Umwelt, Sicherheit, Gesellschaft, Technologie.

11.1 Dimensionen der Globalisierung

11.1.1 Global Goals: utopisch oder erreichbar?

Zum Thema: Im Jahr 2015 verabschiedeten die Vereinten Nationen 17 Ziele für eine nachhaltige Entwicklung (SDGs: Social Development Goals). Diese sind als Weiterentwicklung der bis dahin gültigen Millenniumsziele gedacht, die vor allem die Verringerung der Armut in den Entwicklungsländern in den Blick nahmen. Breiter aufgestellt sollen die SDGs nun vielfältigere Aspekte für eine nachhaltige Entwicklung weltweit berücksichtigen. In diesem Kapitel sollen Sie die SDGs am Beispiel der Geschlechtergleichheit analysieren und beurteilen, wie und ob die Ziele erreichbar sind oder ob sie eine wünschenswerte Utopie bleiben.

M1 Globale Nachhaltigkeitsziele

Die 17 Nachhaltigkeitsziele der UN

Einstiegsaufgaben 72035-349

1. Formulieren Sie auf Basis des Netzes der Weltprobleme (→ Seite 443, Aufgabe 2) eigene Ziele, die die internationale Politik Ihrer Meinung nach verfolgen sollte.
2. Ordnen Sie die SDGs (**M1**) den Kategorien „erreichbar" und „utopisch" zu. Begründen und diskutieren Sie Ihre Einordnung.

M2 Ziel 5: Geschlechtergleichheit

Das fünfte Nachhaltigkeitsziel nimmt die Gleichheit der Geschlechter in den Blick, wobei vielfältige Aspekte berücksichtigt werden: Gleichheit vor dem Gesetz, Gewalterfahrungen, wirtschaftliche, politische und soziale Teilhabe.

A Diskriminierung von Frauen und Mädchen weltweit beenden.

B Gewalt gegen und Ausbeutung von Frauen und Mädchen abschaffen.

C Unbezahlte Pflege- und Hausarbeit anerkennen.

D Teilhabe am politischen, wirtschaftlichen und öffentlichen Leben ermöglichen.

E Ungehinderten Zugang zu sexueller und reproduktiver Gesundheit ermöglichen.

F Gleiche Rechte auf Zugang zu Land und Eigentum einräumen.

G Nutzung von Informations- und Kommunikationstechnologien unterstützen.

H Rechtsvorschriften verabschieden, die die Gleichberechtigung der Geschlechter fördern.

Bearbeiterin nach: BMZ: SDG 5: Geschlechtergleichheit. In: www.bmz.de, Abruf am 30.08.2022

M3 Entwicklung einzelner Aspekte der Geschlechtergleichheit

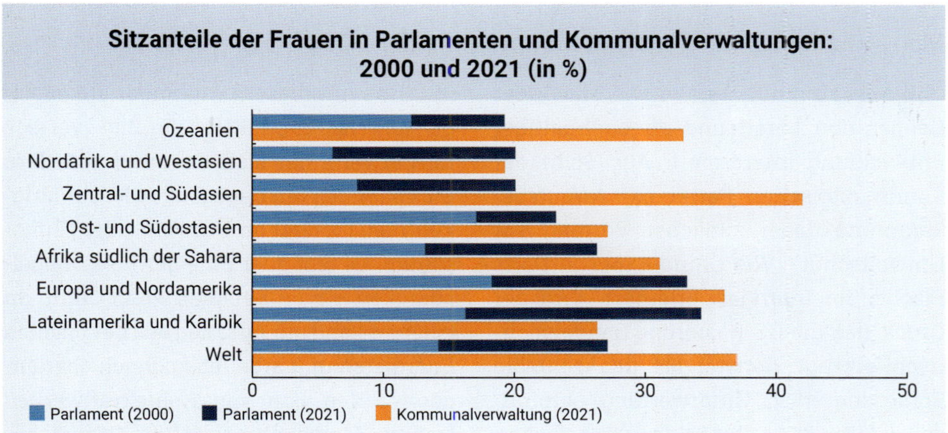

Adapted from: Ziele für nachhaltige Entwicklung. Bericht 2021, by Loris Jensen, ©2021 United Nations. Used with the permission of the United Nations.

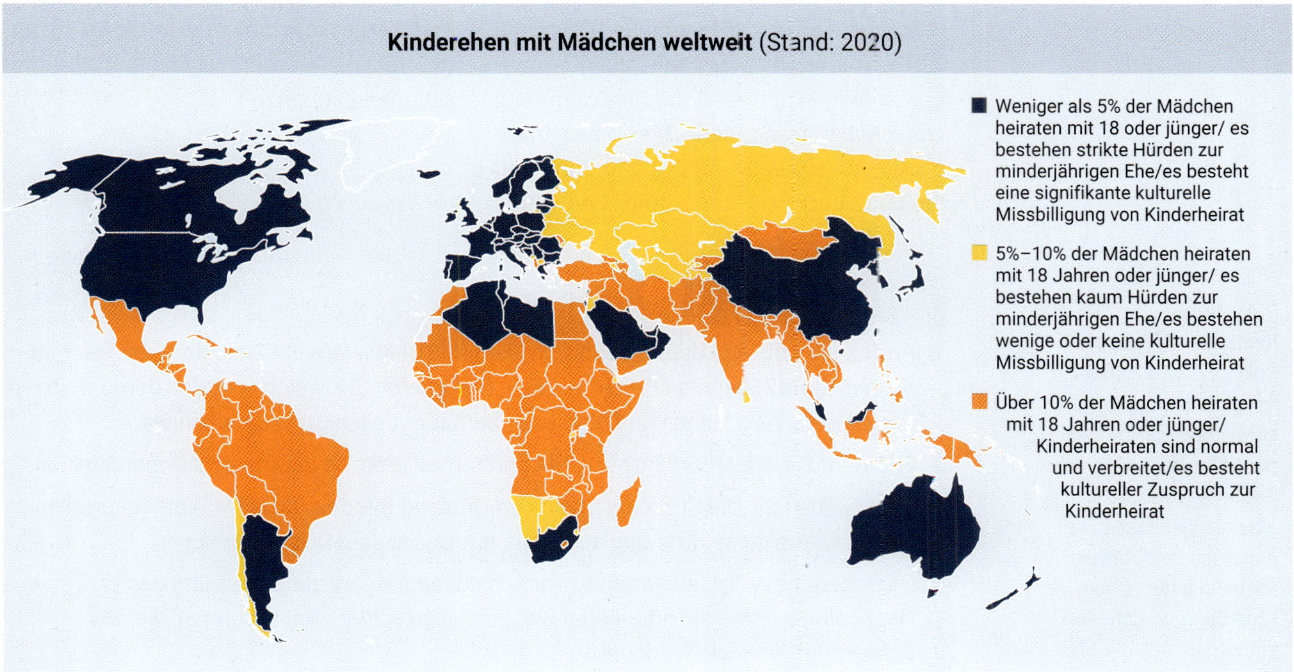

Nach: The WomanStats Project, 2020

M4 Kritik an der Umsetzung der Nachhaltigkeitsziele

- Den historischen Versprechen sind kaum Taten gefolgt. Gerade im Bereich Klimaschutz oder nachhaltiger Konsum sind die OECD Länder weit entfernt von den Zusagen ihrer Regierungschefs.
- Lebensstandards und Konsumvorlieben in den Industrieländern verursachen häufig externe Kosten in Drittländern.
- Es gibt ein Missverhältnis zwischen Mangelernährung und Überproduktion an Lebensmitteln: Ein Drittel der Lebensmittel weltweit landet in Mülltonnen, trotz über 800 Millionen unterernährter Menschen.
- Die Deutschen produzieren jährlich pro Kopf rund 22 Kilogramm Elektroschrott – fast dreimal so viel wie in der Türkei oder Mexiko und rund genauso viel wie in den USA.
- Nur in 18 von 43 befragten G20- und Schwellenländern sind die Nachhaltigkeitsziele in nationalen Budget-Plänen überhaupt genannt.

Bearbeiterin nach: Bertelsmann Stiftung: Viele Worte, wenig Taten: UN-Nachhaltigkeitsziele könnten scheitern. In: www.bertelsmann-stiftung.de, 19.06.2019

M5 Fallbeispiel: Wie ernst nimmt China die SDGs?

Weltwirtschaft, Internationale Handelskonflikte
→ Kap. 14.1.4, S. 586 ff.

China ist zu multilateraler wie bilateraler Kooperation bereit und an nachhaltiger Entwicklung interessiert. Aus Sicht der Kommunistischen Partei hat Armutsbekämpfung dabei zunächst Vorrang vor Umweltschutz. Wie China-Expertin Doris Fischer im Interview erläutert, wird der Druck, den die US-Regierung handelspolitisch erzeugt, derweil als unakzeptable Forderung nach Unterwerfung empfunden. [...] [Die SDGs dienen der chinesischen Regierung als Leitlinien,] und zwar nicht nur verbal. Allerdings ist die Agenda sehr komplex. An verschiedenen Stellen treten Zielkonflikte auf. Aus Sicht der Kommunistischen Partei hat Armutsbekämpfung zunächst Vorrang, denn Menschen brauchen ausreichend Nahrung, Kleidung und ein Dach über dem Kopf. Lange Zeit wurde in China mit diesem Argument die ökologische Nachhaltigkeit als Ziel vertagt, mittlerweile hat sich das aber geändert. Europäer denken dagegen bei Nachhaltigkeit meist zuerst an Umwelt- oder Klimaschutz. Es gibt aber eine gewisse Doppelbödigkeit – zum Beispiel, wenn China im eigenen Land am Ausstieg aus der fossilen Energietechnik arbeitet, zugleich aber anderswo den Bau von Kohlekraftwerken fördert. Meine chinesischen Gesprächspartner würden Ihnen sagen, dass ihre Partnerländer dringend Energie brauchen und dass es nun darum geht, ihnen zu helfen, fossile Ressourcen möglichst klimaschonend zu nutzen.

Fischer, Doris/ Dembowski, Hans: „Hackordnung der Nationen". In: www.dandc.eu, 11.07.2019

Politik aktiv
Keines der 17 Nachhaltigkeitsziele beschäftigt sich direkt mit Menschenrechten und Demokratie.
Gestalten Sie ein 18. eigenes Ziel zu diesen Aspekten und ordnen Sie es in unterschiedliche Spannungsfelder ein, denen sich die UN ausgesetzt sehen.

Aufgaben

72035-350

1. Prüfen Sie mit Hilfe der beiden Statistiken (**M3**), inwiefern die Ziele der Geschlechtergleichheit (**M2**) bereits erreicht wurden. Diskutieren Sie, welche Hürden dem Erreichen der Ziele im Weg stehen und ob diese überhaupt beseitigt werden können.
2. Erläutern Sie die Argumente aus **M4** und formulieren Sie jeweils eine Gegenposition.
3. Beschreiben Sie die Strategie Chinas im Umgang mit den SDGs (**M5**) und beurteilen Sie, inwiefern diese Strategie ausreicht, um global die SDGs zu erreichen.
4. Gestalten Sie Aufgabenkarten für verschiedene Akteure zur Erreichung der 17 Nachhaltigkeitsziele. Formulieren Sie dabei hierfür klare Anweisungen, die das notwendige Handeln verdeutlichen.
5. Diskutieren Sie kritisch: Sind die Global Goals utopisch oder erreichbar (und von wem)?

11.1.2 Weltgesellschaft: Weltbürger oder nationale Identität?

Zum Thema: Wirtschaftliche Vernetzung, weltweite Kommunikationsmöglichkeiten, globale Probleme und globale Lösungsansätze – wir alle sind Bürgerinnen und Bürger EINER Welt und Teil EINER Gesellschaft. Spätestens die Corona-Pandemie mit ihren globalen Auswirkungen hat uns dies intensiv vor Augen geführt. Doch inwiefern ist uns das bewusst und prägt es unsere Identität und unser Handeln? Wie erstrebenswert ist es, nur noch global zu denken und nationale Grenzen zu überwinden? Inwiefern sind globale Vielfalt und weltweite Einheit zu vereinen? Sie sollen diese Fragen in diesem Kapitel bearbeiten und diskutieren.

M6 Umfrage zum Thema Weltgesellschaft

1 Ich fühle mich am ehesten als…

- Deutsche:r
- Europäer:in
- Weltbürger:in
- …

2 Mich einbringen kann ich am besten…

- kommunal
- national
- international
- …

3 Die Welt kann am besten verändert werden…

- lokal
- national
- international
- …

Bearbeiterin

Einstiegsaufgabe 72035-351

Führen Sie die Umfrage in Ihrem Kurs durch, begründen und diskutieren Sie die Ergebnisse. Gibt es widersprüchliche Aussagen?

M7 Wie unterscheiden sich Kosmopoliten und Kommunitaristen?

A Als **Kosmopoliten** werden Personen bezeichnet, die die zunehmende Öffnung der nationalen Grenzen fordern. Sie empfinden sich als weltoffen und kulturell liberal und orientieren sich deshalb international. Sie sind der Ansicht, dass viele Probleme nur global gelöst werden können, weshalb sie über den Nationalstaaten stehende Organisationen befürworten, die diese Probleme angehen sollen.

B **Kommunitaristen** identifizieren sich dagegen stärker über ihre Nationalität. Da sie sich international abgehängt fühlen und die zunehmende globale Vernetzung ihnen Angst macht, befürworten sie einen starken Nationalstaat und geschlossene nationale Grenzen.

Bearbeiterin, basierend auf: Teney, Céline: Distanzierung, Mobilisierung, Politisierung. In: www.frankfurter-hefte.de, 04.06.2019

M8 Umfrage zum Weltbürgertum

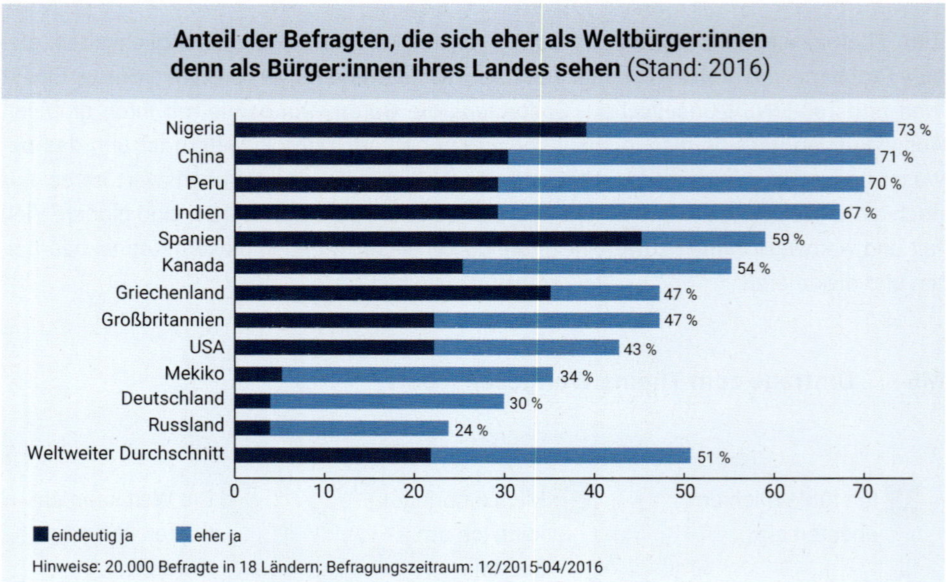

© C.C. Buchner Verlag, Daten nach: Globescan, 2016

M9 Kritik am Kosmopolitismus

Die kosmopolitische Tradition unterschätzt die Bedeutung des Nationalstaats: Nur im Rahmen begrenzter politischer Ordnungen und Institutionen könnten wir überhaupt mitbestimmen, Verantwortung übernehmen – und zugleich die politisch Handelnden zur Rechenschaft ziehen.

Martha Nussbaum, Philosophin in Möller, Christian: Globale Verantwortung beginnt bei der Nation. In: www.deutschlandfunkkultur.de, 31.05.2020

Aufgaben

72035-352

1. Gestalten Sie mit Hilfe von **M7** eine „Wordcloud" zum Thema Kosmopolitismus.
2. Erläutern Sie mögliche Gründe für die in der Statistik (**M8**) dargestellten Unterschiede.
3. Beschreiben Sie die Einstellung Martha Nussbaums (**M9**) zum Kosmopolitismus und antworten Sie ihr in einem Leserbrief.
4. Erarbeiten Sie die neue Konfliktlinie zwischen Kommunitarismus und Kosmopolitismus für die Gesellschaft in Deutschland (→ S. 93, **M58**).
5. Erstellen Sie eine persönliche Collage (→ Methodenglossar) zum Thema Weltgesellschaft mit den Aspekten „eigene Identität" und „globale Vielfalt". Erläutern Sie daran Ihre eigene Identität (Kosmopolit oder Kommunitarist) in diesem Spannungsfeld.

Sie als Bürger:in ...

sollen in der Lage sein, die eigene Position argumentativ zu vertreten. Suchen Sie sich deshalb eine:n Partner:in, die bzw. der sich im Spannungsfeld zwischen Kosmopolitismus und Kommunitarismus anders als Sie verortet, und führen Sie ein spontanes Streitgespräch.

11.2 Globale Herausforderungen

11.2.1 Klimapolitik: individuelle Betroffenheit = gemeinsames Handeln?!

Zum Thema: Der Klimawandel ist eine der größten globalen Herausforderungen des 21. Jahrhunderts. Die einzelnen Nationalstaaten sowie Unternehmen und Privatpersonen tragen unterschiedlich stark Verantwortung für die Verursachung des Klimawandels. Inwiefern aus der individuellen Betroffenheit auch ein gemeinsames globales Handeln folgen kann, soll in diesem Kapitel geklärt werden.

M10 Rede Greta Thunbergs zum UN-Klimagipfel 2019

„All das ist falsch. Ich sollte nicht hier oben sitzen. Ich sollte wieder in der Schule auf der anderen Seite des Ozeans sein. Doch ihr alle setzt eure Hoffnung auf uns junge Menschen. Wie könnt Ihr es wagen! Ihr habt meine Träume und meine Kindheit mit euren leeren Worten gestohlen. Und doch bin ich eine der Glücklichen. Menschen leiden. Menschen sterben. Ganze Ökosysteme kollabieren. Wir stehen am Anfang eines Massensterbens, und alles, worüber ihr reden könnt, sind Geld und Märchen über ewiges Wirtschaftswachstum. Wie könnt ihr es wagen!"

Mohammadi, Sarah: Greta Thunberg: Die ganze Klimagipfel-Rede im Wortlaut. In: www.kontrast.at, 24.11.2019

Video: die Rede von Greta Thunberg

72035-353

Einstiegsaufgaben 72035-354

1. Beschreiben Sie die verschiedenen Interessen und Ziele der in der Rede angesprochenen Akteure.
2. Äußern Sie sich spontan: Fühlen Sie sich betroffen? Werden Sie handeln und wenn ja, wie?

M11 Gemeinsame Betroffenheit – gemeinsames Handeln? Zwei Karikaturen

Karikatur: Gerhard Mester, 2015

Karikatur: Gerhard Mester, 2017

Interaktive Karte:
weltweite Produktion von Kunststoffabfällen
72035-328

M12 Beispiel Plastikmüll

Das große Plastikmüllaufkommen ist ein Beispiel für die weltweite Vernetzung und Abhängigkeit im wirtschaftlichen Bereich sowie für die Notwendigkeit einer gemeinsamen Lösungsfindung zum Schutz des Klimas.

Plastikmüll im Meer

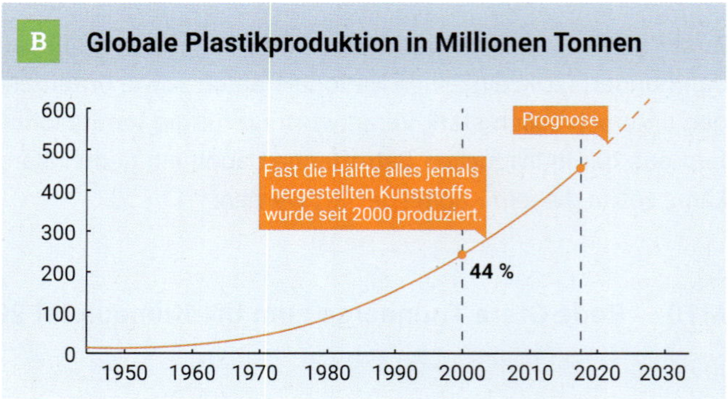

Nach: PLASTIKATLAS / Appenzeller/Hecher/Sack (M) CC-BY-4.0

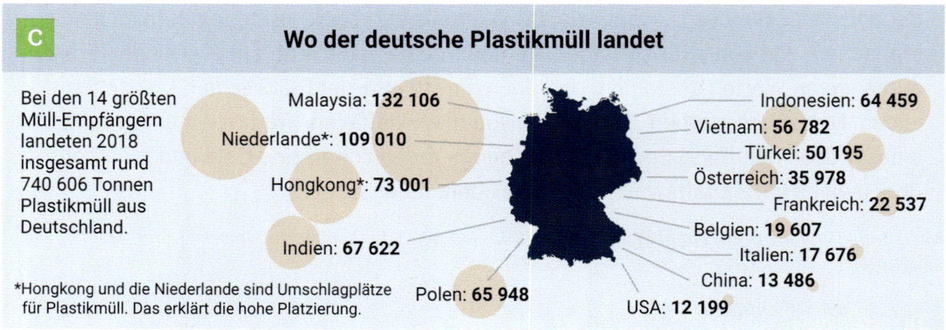

Nach: PLASTIKATLAS / Appenzeller/Hecher/Sack (M) CC-BY-4.0

M13 Kann individuelle Betroffenheit gemeinsames Handeln fördern?

Einerseits erhöht die räumliche Nähe von Umweltproblemen bzw. Umweltbelastungen die Akzeptanz und Umsetzung von umweltfreundlicheren Handlungsweisen. Andererseits erschwert das „nicht hier“ (bspw. der NIMBY-Effekt), dass Maßnahmen zur Reduktion von Umweltbelastungen implementiert werden. Genauer betrachtet stehen sich hier zwei Betroffenheiten gegenüber: einerseits das emotionale „Betroffen sein“ über die Zerstörung der Umwelt allgemein und andererseits das räumliche „Betroffen sein“ konkret als Anrainer. Beide Betroffenheiten haben mit der räumlichen Komponente zu tun und können sich aufgrund ihrer Widersprüchlichkeit aufheben bzw. kann die Wirkung der direkten die indirekt erzeugte Betroffenheit übersteigen. […] Umweltveränderungen, Umweltschäden oder Klimawandel auf individuelles Handeln, auf Individuen zurückzuführen, wird in einer global existentiell vernetzten Welt immer schwieriger. Die komplexer und mächtiger werdenden Technologien sind die Folgen individuellen Handelns, aber für das einzelne Individuum immer schwieriger abschätzbar und – obwohl die Menschheit so viel Macht über die Natur hat – so hat doch der Einzelne sehr wenig Macht um bspw. negative Folgen seines Verhaltens zu beschränken, dies trotz des umfassenden und verfügbaren Wissensbestandes unserer Zeit.

Hübner, Renate: Umwelt: Wahrnehmung zwischen Ästhetik und Betroffenheit. In: GW-Unterricht 133, S. 5 – 17, 2004

NIMBY
= not in my backyard
engl. nicht in meinem Hinterhof

Anrainer
Nachbar, Anwohner

M14 Kann kollektive Betroffenheit gemeinsames Handeln fördern?

Durch die Zurechnung von Umweltbelastungen auf den Einzelnen werden die Ursachen ökologischer Schäden individualistisch verzerrt, die sozialstrukturellen Einflussfaktoren ausgeblendet, die Notwendigkeit eines schnellen strukturellen Wandels in Wirtschaft und Gesellschaft von der politischen Agenda verdrängt. Nachhaltigkeit verdünnt sich zur Attitüde eines besonderen ökologischen Lebensstils mit moralischen Extraprofiten, was zahlreiche sozialkulturelle Verwerfungen zur Folge hat. [...]

Verwandelt sich Klimaschutz in eine eigenverantwortliche Aufgabe der Person, wird er von der öffentlichen in die private Sphäre verschoben. Hier aber, im privaten Bereich, unterliegen die Bemühungen um eine ökologische Lebensführung einem selbstinduzierten Scheitern. In der Umweltpolitik wird dem ökologischen Fußabdruck gerade deswegen so viel Gewicht beigemessen, weil er die Bürgerinnen und Bürger in die Pflicht nimmt, während es doch die Regierungen sind, die den ökologischen Wandel entschlossen einleiten sollten. Der private Konsum- und Lebensstil wird so von den materiellen Infrastrukturen der Gesellschaft getrennt, die ihn doch erst ermöglichen können. All dies lenkt davon ab, dass in kurzer Zeit die großen Systeme von Energie, Produktion und Verkehr klimagerecht umgebaut werden müssen, wovon dann auch die CO_2-Bilanz aller profitiert. Wirksamer und überdies sozial gerechter ist es, sustainability als ein kollektives Gut nachhaltiger Infrastrukturen zu organisieren, deren Funktionen ökologisch verträglich gestaltet werden und deren Nutzung prinzipiell allen Bürgern offensteht.

Neckel, Sighard. Die Klimakrise und das Individuum. In: www.soziopolis.de, 17.06.2021

M15 Was geht mich das an?

A „Ich erlebe das alles sowieso nicht mehr."

B „Die oder der Einzelne kann eh nichts ausrichten."

C „Aber ich zahle doch eine CO_2-Kompensation fürs Fliegen."

Bearbeiterin

Aufgaben

72035-355

1. Analysieren Sie die beiden Karikaturen (**M11**) und formulieren Sie jeweils eine Kernthese (→ Methode, S. 268).
2. Erstellen Sie passend zur ersten Karikatur (**M11**) eine Wirkungskette zum Stichwort „globale Abhängigkeiten" und arbeiten Sie darin die unterschiedliche Betroffenheit der einzelnen Akteure ein.
3. Gestalten Sie eine strukturierte Mindmap (→ Methodenglossar) zum Thema „Plastikmüll: globale Verantwortung?" mit Hilfe von **M12** sowie eigener Recherche.
4. Arbeiten Sie aus **M13** und **M14** Gründe für individuelles sowie kollektives Handeln heraus und folgern Sie daraus Bedingungen für einen erfolgreichen Kampf gegen den Klimawandel.
5. Antworten Sie auf die drei Aussagen (**M15**) jeweils in einem prägnanten Statement.
6. Entwerfen Sie Ihre persönliche Handlungs- bzw. Nichthandlungsstrategie und erläutern Sie diese in Form einer kleinen Rede im Kurs. Diskutieren Sie die Ergebnisse.

F Aufgabe
Finden Sie zu jedem Buchstaben des Wortes „Solidarität" ein Argument, warum gemeinsames Handeln für den Klimaschutz notwendig ist (z. B. „L": Langzeitfolgen zu beseitigen wird deutlich teurer als jetzt präventiv gemeinsam tätig zu werden).

11.2.2 Globale Migration: Verschärfung globaler Probleme?

Zum Thema: Unterschiedliche Betroffenheit zeigt sich auch beim Thema Migration. Sowohl Herkunfts- als auch aufnehmende Staaten sind weltweit ungleich verteilt. Viele Konfliktursachen resultieren aber aus globalen Problemen und auch die Herausforderungen, die sich durch die Migrationsbewegungen ergeben, können nur global gelöst werden. Inwiefern Migration die globalen Probleme noch verschärft und welche Handlungsanforderungen an die Staatenwelt existieren, soll in diesem Kapitel analysiert werden.

M16 Fallbeispiel: Herkunftsländer von Geflüchteten

Durch britische Wissenschaftler werden bei worldmapper.org globale Ungleichheiten dargestellt. Bei den verzerrten Karten werden Regionen, die von einer Entwicklung besonders betroffen sind, übergroß dargestellt, die anderen sind geschrumpft. Die folgende Karte zeigt die Herkunftsländer Geflüchteter im Jahr 2018.

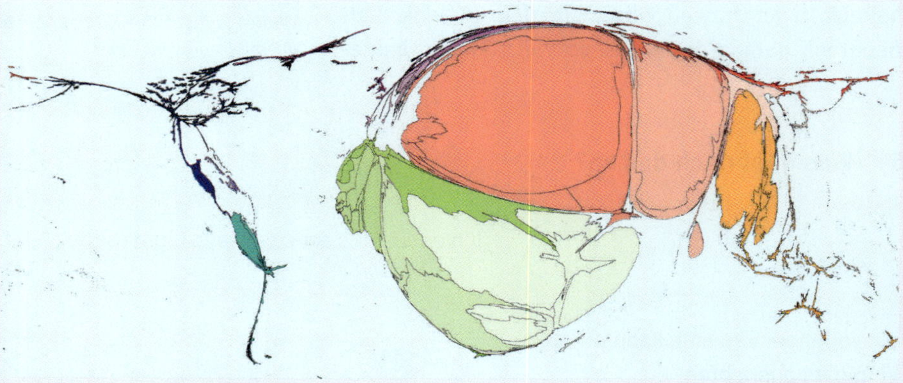

www.worldmapper.org

Einstiegsaufgaben 72035-356

1. Beschreiben Sie Ihre Eindrücke beim Blick auf die in der Karte dargestellten Anteile der Herkunftsländer an globalen Migrationsbewegungen.
2. Benennen Sie Ursachen und Auswirkungen der dargestellten Migrationsbewegungen bzgl. der globalen Aspekte Gerechtigkeit, Wirtschaft, Klima, Armut und Demokratie.

M17 Die Flüchtlingsfrage als globales Problem

Grafiken:
Zahlen zur Migration
72035-357

„Flüchtlinge" sind laut [...] Genfer Flüchtlingskonvention (GFK) jene Migrantinnen und Migranten, die vor Gewalt über Staatsgrenzen ausweichen, weil ihr Leben, ihre körperliche Unversehrtheit, Freiheit und Rechte direkt oder sicher erwartet bedroht sind. 147 Staaten haben die GFK [...] unterzeichnet und sich verpflichtet, Flüchtlinge dann anzuerkennen, wenn diese Verfolgung wegen „ihrer Rasse, Religion, Nationalität, Zugehörigkeit zu einer bestimmten sozialen Gruppe oder wegen ihrer politischen Überzeugung" nachweisen können. [...] Flucht ist selten ein linearer Prozess, vielmehr bewegen sich Flüchtlinge meist in Etappen: Häufig lässt sich zunächst ein überstürztes Ausweichen in die nächste Stadt oder einen anderen als sicher erscheinenden Zufluchtsort in der unmittelbaren Nähe ausmachen, dann die Weiterwanderung zu Verwandten und Bekannten in einer benachbarten Region bzw. einem Nachbarstaat [...]. Größere Flüchtlingsdistanzen sind selten, weil finanzielle Mittel dafür fehlen und Transit- bzw. Zielländer die Migration behindern. Weil Flüchtlinge überwiegend nach einer raschen Rückkehr streben, suchen sie ohnehin in der Regel Sicherheit in der Nähe der überwiegend im globalen Süden liegenden Herkunftsregionen. [...] Angesichts dessen überrascht es nicht, dass Staaten des globalen Südens 2015 nicht weniger als 86 Prozent aller weltweit registrierten Flüchtlinge beherbergten. [...] Europa und insbesondere die Bundesrepublik Deutschland sind seit 2011 vermehrt zum Ziel von globalen Flüchtlingsbewegungen geworden. [...] Eine globale Flüchtlingsfrage bedarf eines globalen Flüchtlingsregimes. [...] Vor dem Hintergrund der in den vergangenen Jahren stetig gewachsenen Aufmerksamkeit gegenüber der globalen Flüchtlingsfrage wäre es an der Zeit, eine neue internationale Verabredung über die Normen, Werte und institutionellen Erfordernisse des globalen Flüchtlingsregimes zu treffen.

Nach: Oltmer, Jochen: Globale Migration, Geschichte und Gegenwart. Bonn: Bundezentrale für politische Bildung 2017, S. 127 ff.

Sechs Elemente, die zur Zunahme der Flüchtlingsströme nach Deutschland (und Europa) beitrugen	
Finanzielle Mittel	Die relative geographische Nähe der Herkunftsländer (Syrien, Irak, Südosteuropa) zu Deutschland begünstigte die Migration, weil sich die Kosten für die Flucht für die Flüchtlinge in Grenzen hielt.
Netzwerke	Migration findet vornehmlich über Netzwerke von Verwandten und Bekannten statt. In Deutschland gab es schon länger größere Gruppen von Migrant:innen, so dass Menschen aus entsprechenden Herkunftsländern zu Bekannten oder Verwandten gleicher Herkunft in Deutschland flüchteten.
Aufnahmeperspektive	Die Möglichkeit in einem Land aufgenommen zu werden und dort wirtschaftlich und sozial eine Perspektive zu haben, ist für Flüchtlinge global sehr unterschiedlich. Gerade Deutschland hat in der Vergangenheit durch den Fachkräftemangel, eine höhere Akzeptanz in der Bevölkerung und menschenrechtliche Standards u. ä. bei Flüchtlingen eine gute Zukunftserwartung ausgelöst.
Aufhebung von Migrationsbarrieren	Durch die Destabilisierung von Staaten z. B. in Nordafrika (Libyen, Tunesien), mit denen die EU in der Vergangenheit ein System zur Abwehr von Fluchtbewegungen aufgebaut hatte, war die Migration über diese Länder erleichtert.
Auflösung des Dublin-Systems	Nach dem Dublin-Abkommen waren in der EU diejenigen Länder mit der Durchführung des Asylverfahrens beauftragt, über welche die Einreise in die EU erfolgte. Dieses System wurde de facto in Folge des massiven Anstiegs von Flüchtlingszahlen 2015 und die daraus resultierende ungleiche Lastenverteilung für die Länder an der EU-Grenze nicht mehr umgesetzt, was die Durchreise nach Deutschland begünstigte.
Deutschland als „Ersatz-Zufluchtsland"	Durch die weltweite Finanz- und Wirtschaftskrise sank die Bedeutung traditioneller Asylländer wie Frankreich und Großbritannien, so dass Deutschland eine Art von Ersatz-Zufluchtsland wurde.

Bearbeiter, basierend auf: Oltmer, Jochen: Globale Migration, Geschichte und Gegenwart. Bonn: Bundezentrale für politische Bildung 2017, S. 130 ff.

M18 Wie wird auf Migration reagiert?

A Bundesministerium für wirtschaftliche Zusammenarbeit und Entwicklung

Es ist absehbar, dass die Zahl der regulären Migrantinnen und Migranten weiter steigen wird: In der globalisierten Wirtschaft ist ein Studium im Ausland von Vorteil, und die Arbeitsmärkte wachsen global immer stärker zusammen. Zudem steigt in vielen Ländern der Bedarf an internationalen Fachkräften. Mobilität ist gefragt. [...] Das Bundesministerium für wirtschaftliche Zusammenarbeit und Entwicklung (BMZ) setzt sich im Sinne der Agenda 2030 und des Globalen Pakts für sichere, geordnete und reguläre Migration dafür ein, reguläre Migration entwicklungspolitisch zu gestalten und Alternativen zu irregulärer Migration aufzuzeigen. Wichtig ist sicherzustellen, dass Migration Nutzen für alle entfaltet: für Aufnahmeländer, Herkunftsländer und die Migrantinnen und Migranten selbst. Es arbeitet dabei in Deutschland eng mit anderen Politikbereichen zusammen, etwa der Außen-, Innen-, Arbeitsmarkt- und Bildungspolitik. Zugleich unterstützt die deutsche Entwicklungszusammenarbeit ihre Partnerländer dabei, die Potenziale von Migration besser zu nutzen. Viele Migrantinnen und Migranten in Deutschland engagieren sich in ihren Herkunfts- und Aufnahmeländern. Sie vermitteln dabei Kenntnisse und Fähigkeiten, die sie in Deutschland erworben haben. Das BMZ fördert dieses zivilgesellschaftliche Engagement, um die soziale und wirtschaftliche Entwicklung in den Partnerländern voranzubringen.

BMZ: Perspektiven schaffen für Menschen auf der Suche nach Chancen. In: www.bmz.de, Abruf am 30.09.2022

B Welthungerhilfe

Die Bekämpfung der Ursachen von Flucht und erzwungener Migration kann nicht allein den Hilfsorganisationen oder der Entwicklungspolitik aufgebürdet werden. Sie können durch humanitäres Engagement Leiden mindern und auch Perspektiven fern der Heimat schaffen, aber die Überwindung der eigentlichen Ursachen ist Aufgabe der gesamten Politik, allen voran der Außen- und Sicherheitspolitik. Von ihr fordert die Welthungerhilfe auch, die Bedingungen für eine nachhaltige Entwicklung zu schaffen, die sich an der Agenda 2030 orientiert. Mit fairen Handelsbeziehungen, einer gerechten Finanz-, Wirtschafts- und Umweltpolitik und Strategien zur Krisen- und Konfliktprävention. Das sind langfristig die besten Strategien zur Bekämpfung von Fluchtursachen. Vor dem Hintergrund der aktuellen Debatte setzt sich die Welthungerhilfe dafür ein, dass Migration nicht bekämpft, sondern angemessen geregelt wird. Menschen verlassen ihre Heimat in aller Regel nicht gerne; Entwicklungszusammenarbeit kann dazu beitragen, dass sie eine Wahl treffen können und nicht gezwungen sind, wegzugehen. Sie kann auch dabei eine wichtige Rolle spielen, Angebote und Arbeitsmöglichkeiten für Rückkehrer*innen in ihren Heimatländern zu schaffen.

Deutsche Welthungerhilfe e. V. Fluchtursachen bekämpfen und Migration gestalten. In: www.welthungerhilfe.de, Abruf am 30.09.2022

C Globale Perspektive

Mehr als eine Million Mal. So oft haben US-Grenzschützer seit dem Amtsantritt von Präsident Joe Biden Menschen aus den USA rausgeworfen – ohne dass diese auch nur angehört worden waren. [...] Ähnlich wie im EU-Recht gilt auch in den USA eigentlich: Wer die Grenze erreicht, muss einen Antrag auf Asyl stellen dürfen, muss gehört werden. Zusätzlich sind beide Akteure auch auf internationaler Ebene gebunden: In der Genfer Flüchtlingskonvention, die aus den Lehren des Zweiten Weltkriegs entstand, verpflichten sie sich, Schutzsuchende nicht zurückzuweisen [...]. Zur Wahrheit gehört aber auch, dass die Zahlen so stark angewachsen sind, dass sie mit den derzeitigen Mitteln nicht zu bewältigen sind: 2020 waren 281 Millionen Menschen migriert – das sind mehr als je zuvor. [...] Ein Großteil der Menschen ist nicht asylberechtigt im eigentlichen Sinne, also politisch verfolgt. Geht man vom »subsidiären Schutz« nach der Genfer Konvention aus, dann erweitert sich der Personenkreis deutlich, auch auf Menschen, die etwa vor einem Bürgerkrieg oder sogar vor Bandengewalt fliehen. [...] Man mag argumentieren, dass das Asylrecht und die Genfer Konvention in einer Zeit geschaffen wurden, in der sich wesentlich weniger Menschen auf den Weg machten; dass sie für die heutige Situation nicht mehr passen – zu Recht. Für die Aufnahme einer sehr großen Anzahl an Flüchtlingen fehlt schlicht die Akzeptanz in der Bevölkerung. Zur Realität gehört auch, dass es ohne schnelle Verfahren und harte Entscheidungen, ohne das Abschieben und das Auslagern an willige, bezahlte Drittstaaten nicht gehen wird. Aber es sollten eben sichere Drittstaaten sein, in denen Geflüchtete und Migranten nicht um Leib und Leben fürchten müssen. Nicht jeder kann hingehen, wo er mag. Die Suche nach einem Weg aus der Armut, nach besseren Chancen für die eigenen Kinder – so verständlich sie auch ist, gilt nicht als Schutzgrund. Doch es ist nicht akzeptabel, die Rechte von Migrierenden derart auszuhöhlen, wie dies derzeit weltweit geschieht. [...] Deutschland verrät seine aus der Vergangenheit abgeleiteten Grundsätze eher durch das Wegsehen beim Ertrinkenlassen im Mittelmeer, als es das durch Waffenlieferungen an die Ukraine tun würde. [...] Solches Handeln oder eben Nichthandeln höhlt am Ende nicht nur nationale Asylsysteme oder das Völkerrecht aus, sondern führt auch zu einer Erosion des westlichen Wertegerüsts insgesamt. Die Freiheit Deutschlands oder der USA wird auch auf dem Mittelmeer und an der Grenze zu Mexiko verteidigt, aber anders, als gedacht.

Abé, Nicola: Die Freiheit des Westens wird auch an den Grenzen verteidigt – aber anders als gedacht. In: www.spiegel.de, 01.02.2022

Aufgaben

72035-358

1. a) Strukturieren Sie zu zweit die in **M17** genannten Fluchtursachen in einem Schaubild oder einer Tabelle und ergänzen Sie weitere Ursachen. Erläutern Sie, warum Flucht ein globales Problem ist.

b) Stellen Sie Ihre Ergebnisse im Kurs vor.

2. a) Beschreiben Sie Unterschiede und Gemeinsamkeiten der Strategien im Umgang mit Migrationsbewegungen (**M18** A – C). Beachten Sie jeweils, auf welche Gruppe Migrant:innen sich das Material bezieht.

b) Leiten Sie aus den verschiedenen Strategien ab, welche globalen Konflikte sich durch Migrationsbewegungen verschärfen können und deshalb bekämpft werden müssen.

3. Erläutern Sie die Interessen der aufnehmenden Staaten bzgl. der Migrationsfrage (**M18** C).

4. Formulieren Sie Argumente, warum die westlichen Staaten handeln müssen, um „die Erosion ihres Wertegerüsts“ zu verhindern (**M18** C).

5. Beurteilen Sie die Forderung in **M17** nach einem globalen Flüchtlingsregime (Z. 40) und entwickeln Sie hierfür Eckpunkte (Werte, Institutionen, Sanktionsmöglichkeiten, Anreize etc.).

H zu Aufgabe 1
Weitere Ursachen für Migration können sein: Armut, Krankheiten, Umweltkatastrophen, Hunger, fehlende Bildungschancen, Erderwärmung, religiöse Verfolgung ...

Sie als Bürger:in ...
beschreiben, welche Handlungen Sie von den Herkunftsstaaten (z. B. Staaten des Nahen Ostens oder Afrikas) sowie von den aufnehmenden Staaten (z. B. Mitgliedstaaten der Europäischen Union) im Umgang mit Migration erwarten, um die Verschärfung globaler Probleme zu verhindern.

11.3 Zukunft globalen Handelns

11.3.1 Soziale und Ökologische Herausforderungen: Welchen Einfluss sollten internationale Nichtregierungsorganisationen (INGOs) haben?

Zum Thema: Die meisten von Ihnen werden die spektakulären Aktionen von Greenpeace, dem WWF, Amnesty International, Terre des Femmes, Attac und vielen weiteren kennen. Internationale Organisationen, die regierungsunabhängig sind, genannt INGOs (international non-governmental organizations), sind wesentlicher Bestandteil der internationalen Zusammenarbeit. Sie sollen in diesem Kapitel die Arbeit dieser Organisationen zwischen Einfluss und Ohnmacht erarbeiten und beurteilen.

M19 Fallbeispiel: eine Protestaktion von Greenpeace

Video: Protestaktion von Greenpeace

72035-359

a) Informationen zur Protestaktion

Eine Protestaktion von Greenpeace bei einem EM-Spiel von Deutschland gegen Frankreich 2021. Ein Gleitschirmflieger stürzt auf das Spielfeld, verletzt dabei zwei Menschen und wäre beinahe von Scharfschützen abgeschossen worden.

b) Reaktionen auf die Aktion

A Greenpeace schadet sich selbst. Protest ist ok, aber nicht so!

B Jedes Jahr sterben weltweit unzählige Menschen durch Umweltverbrechen von Politik und Wirtschaft. Ich bin genau deshalb Mitglied bei Greenpeace, damit die Organisation weiterhin konfrontiert und provoziert. Alle Mittel müssen genutzt werden, um Umweltkriminalität den Kampf anzusagen!

Bearbeiterin

Einstiegsaufgaben 72035-360

1. Positionieren Sie sich begründet zu einer der beiden Aussagen (**M19b**).
2. Analysieren Sie, inwiefern internationale Aufmerksamkeit für die Arbeit von NGOs bedeutsam ist und formulieren Sie im Spannungsfeld zwischen Einfluss und Ohnmacht das politische Problem.

M20 NGOs: Was sind ihre Aufgaben und wie wirken sie?

1 Nichtregierungsorganisationen (NGOs) übernehmen vielfältige Rollen und Funktionen in der Politikgestaltung moderner Demokratien. Als gut organisierter Teil der Zivilgesellschaft tragen sie zur Mobilisierung und Aktivierung von Bürger*innen bei, als Expertiseträger setzen sie vernachlässigte Themen auf die politische Agenda und als sektorale Watchdogs weisen sie öffentlichkeitswirksam auf Missstände hin. [...] NGOs [haben] oftmals keine klassische Mitgliederstruktur mit basisdemokratischer Rückkopplung, sondern konzentrieren sich auf relativ kleine, autonome, hoch professionalisierte Organisationseinheiten. Diese verfügen häufig über eine hohe Kampagnenfähigkeit, die mediale Resonanz erzeugt.

2 Vielfach genießen NGOs einen gesellschaftlichen Vertrauensvorschuss für ihre Anliegen, und vermehrt werden sie in etablierte Gremien der Governance-Strukturen einbezogen. In der „positiven Storyline" [...] war von einer „NGOisierung der Weltpolitik" die Rede, die die schlecht organisierbaren Interessen der Zivilgesellschaft in einflussreiche Gegenspieler von Politik und Wirtschaft aufrücken ließ. Hingegen geraten klassische Verbände, wie Wirtschaftsverbände und Gewerkschaften, durch die Veränderungstrends unter Druck. [...] NGOs finanzieren sich oftmals primär über Spenden oder sogar [...] aus Projektmitteln öffentlicher Geldgeber. Dies erschwert die finanzielle Planbarkeit und kann zu einseitigen Abhängigkeiten von Spenden- und Aufmerksamkeitszyklen führen. [...]

3 Unter dem Eindruck grenzüberschreitender Entwicklungen, die mit den Stichworten Globalisierung, Digitalisierung und Europäisierung überschrieben werden können, hat sich sowohl das Feld der Akteure ausdifferenziert, die Interessenvermittlung betreiben, als auch das Spektrum an Aktivitäten verändert und erweitert, welche unter dem Begriff der Interessenvermittlung subsumiert werden können. Der Aufstieg von NGOs im Feld der Interessenvermittlung spiegelt einen Trend zur Ausdifferenzierung, Spezialisierung und Professionalisierung wider. Mit NGOs werden häufig spektakuläre Protestaktionen (z. B. von Greenpeace) oder großangelegte Kampagnen (z. B. die Gemeinschaftskampagne gegen TTIP/CETA [...] [verbunden].

Thierse, Stefan/Schiffers, Maximilian: „NGOisierung" der Interessenvermittlung und Pluralisierung der Politikgestaltung. In: Zeitschrift für Politikwissenschaft 31/2021, S. 152 ff.

M21 Interview mit einer Mitarbeiterin von Amnesty International

Worin besteht die politische Arbeit von Amnesty International und was sind deren Ziele?

Amnesty International ist eine Menschenrechtsorganisation und setzt sich für die Durchsetzung und Einhaltung von international bindenden Menschenrechtsnormen ein. Wir treten an Staaten heran und nehmen sie in die Verantwortung, Menschenrechte umzusetzen, zu schützen und zu fördern. Und auf internationaler Ebene setzen wir uns dafür ein, dass für neue Herausforderungen in der Welt wie dem digitalen Wandel oder der Klimakrise Rechtsnormen angepasst werden. Zum Beispiel sehen wir Rechtslücken im Umgang mit Spionagesoftware privater Unternehmen, die von Staaten gekauft und genutzt werden, ohne dass Betroffene davon wissen.

Welche Kompetenzen weisen Nichtregierungsorganisationen wie Amnesty International auf, die anderen politischen Akteuren, z.B. Staaten, fehlen?

Uns zeichnet die große Expertise aus; wir arbeiten mit hoher Professionalität und Glaubwürdigkeit. Diese ist hilfreich für politische Entscheider:innen, da sie auf ein Thema hingewiesen werden und darauf basierend in Abwägung mit anderen Interessen Entscheidungen treffen können.

Über welche Einflusswege und -kanäle erzielen Sie die größten Erfolge?

Wir versuchen den direkten politischen Dialog auf verschiedenen politischen Ebenen und Kampagnenarbeit zu vereinen. Auf der einen Seite können wir durch die Arbeit mit eigenen Daten [...], die vielfach

Nick Nuttall
Sprecher des Umweltprogramms der Vereinten Nationen UNEP

verifiziert werden, als Sachverständige in politischen Gremien auftreten. Die größten Erfolge erzielen wir dabei in solchen Gremien, die sich explizit mit Menschenrechtsfragen beschäftigen. Auf der anderen Seite sind wir dann erfolgreich, wenn wir die Öffentlichkeit mobilisieren und dadurch Druck ausüben können.

Glauben Sie, dass Nichtregierungsorganisationen einen zu großen Einfluss auf politische Entscheidungen haben?

Wir treffen keine Entscheidungen, wir versuchen nur, sie zu beeinflussen. Machtbefugnis liegt daher in den Händen von demokratisch gewählten Politiker:innen. Außerdem ist Amnesty basisdemokratisch organisiert. Unser gemeinwohlorientiertes Ziel der Menschenrechte legitimiert unsere Arbeit. Es geht schließlich darum, geltendes Recht durchzusetzen, weshalb wir eine wichtige Kontrollfunktion neben den Medien ausüben. Das Problem liegt eher darin, dass ein extremes Übergewicht durch Kapital entsteht, das in denjenigen Interessengruppen steckt, die wirtschaftlich arbeiten. [...]

Stimmen Sie nachfolgender Aussage zu? „Wir leben nicht mehr in einer Welt, in der Regierungen alleine über die Zukunft entscheiden können". (Nick Nuttall)

Die Entwicklung der Welt, also unsere Zukunft, wird von viel mehr entschieden als von Politiker:innen. Politik hinkt häufig neuen Technologien hinterher. Wirtschaftliche Interessen und Konsumentscheidungen tragen ebenfalls dazu bei, dass sich die Welt ändert. Unsere Herausforderung besteht deshalb darin, einen Interessenausgleich zwischen verschiedenen Themen zu finden und Blasen, in denen einzelne Fachpolitiker:innen arbeiten, zu durchbrechen. Zum Beispiel ist der Klimawandel auch eine Menschenrechtskrise, wenn es um Fragen der Flucht und Vertreibung oder um den Verlust von kulturellem Erbe geht. Dieser Vernetzung müssen wir gerecht werden.

Das Interview führte die Bearbeiterin im März 2022 mit Alexia Knappmann, der damaligen Sprecherin für übergeordnete Außenpolitik in der deutschen Sektion von Amnesty International und Verantwortlichen für die politische Arbeit gegenüber den Internationalen Organisationen.

M22 Kritik am Einfluss von NGOs

1 Internationale NGOs haben oft kein Wissen um die Lage vor Ort.

2 Lokale NGOs sind abhängig von großen NGOs, die die Prioritäten setzen.

3 Große NGOs verfügen über sehr viel Geld und damit auch Macht.

4 Regierungen wälzen anstrengende Arbeit auf NGOs ab.

Bearbeiterin

Aufgaben

72035-361

1. Erarbeiten Sie, was mit „NGOisierung der Weltpolitik" (**M20** 2, Z. 5) gemeint ist und beschreiben Sie Einflusswege von NGOs auf internationale Entscheidungsprozesse.
2. Erläutern Sie die Welt, die Nick Nuttall anspricht (**M21**).
3. Sammeln Sie mit Hilfe von **M21** und **M22** Argumente, die für die politische Bedeutung der NGOs sprechen.
4. Formulieren Sie Maßnahmen auf nationaler und internationaler Ebene, um der Kritik am Einfluss von NGOs zu begegnen (**M22**).
5. Diskutieren Sie in einer Talkshow (→ Methodenglossar) die Frage, wie viel Einfluss internationale NGOs haben sollten. Wählen Sie dazu geeignete Gäste aus.
6. Beurteilen Sie entlang von **M20** – **M22** die Arbeit von NGOs perspektivisch und kategorial (→ Kategorienraster).

Politik aktiv
Erstellen Sie zu einer NGO Ihrer Wahl durch Recherche einen informativen Steckbrief.

11.3.2 EINE Welt: Vision oder Utopie?

Zum Thema: Wie kann eine globale Gesellschaft der Zukunft aussehen? Welche Abhängigkeiten bestehen? Was ist gerecht? Diese und weitere Fragen sollen in diesem Kapitel aufgeworfen und beantwortet werden. Im Mittelpunkt steht dabei die Vision von „EINER Welt".

M23 EINE Welt?

Hände unterschiedlicher Menschen

Eine Weltkugel mit Länderflaggen

Die vernetzte Welt

Zwei sich gebende Hände

Bearbeiterin

Einstiegsaufgabe 72035-362

Wählen Sie ein Bild aus und beschreiben Sie daran Ihre Vorstellung von der „EINEN Welt".

M24 Was bedeutet „Globalität"?

Globalität ist etwas anderes als die empirisch messbare, lineare Vollendung der Globalisierung. Globalität geht bei allen Unterschieden im Lebensalltag und bei allen Deutungskontroversen in der Interpretation des individuellen und sozialen Lebens von dem Grundbefund der Einheit des Globus und der Verbundenheit der Lebenspraxis seiner Bewohner aus. Globalisierung ist demzufolge kein autonomer Prozess, der sich aus sich selbst heraus mit unabweisbarer historischer Notwendigkeit zu einem Endzustand – der Globalität – hin bewegt. Auch wenn die Wirkkräfte der Globalisierung technisch-materieller Natur sind, so sind die ihnen zugrundeliegenden Quellen Ausdrucksformen menschlichen Geistes. Kein Internet, keine Autostraße, kein Fahrrad und kein medizinisches Instrument wäre denkbar ohne die vorherige Befassung des menschlichen Geistes mit der jeweiligen Grundfrage, die zu beantworten die entsprechenden Instrumente erfunden worden sind: [...] Die globalitäre Perspektive versetzt den auf diesem Globus lebenden Menschen in die Perspektive der Reflexion über die Umstände und Ursachen, Bedingungen und Folgen seiner Existenz gemeinsam mit allen anderen Menschen. Insofern ist die Denkfigur Globalität immer planetarisch und pragmatisch. Diese Perspektive unterstützt, auf neue, globalitäre, planetarische Weise in Worte zu fassen, in Begriffen auszudrücken sowie in Symbolisierungen und künstlerischen Ausdrucksformen zu artikulieren, was allen Menschen gemeinsam ist und sie doch extrem trennen kann. Die Methode der globalitären Reflexion über den Planeten Erde, über die formale Einheit der Erde und der auf ihr existierenden Vielfalt und Widersprüchlichkeit an Lebensvollzügen und Denkweisen ist ein der menschlichen Existenz immanenter Akt der Selbstwerdung.

Kühnhardt, Ludger: Globalität: Begriff und Wirkung. In: Ludger Kühnhardt/ Tilman Mayer (Hg.): Bonner Enzyklopädie der Globalität:Handbuch, 1.Auflage 2017 Edition. Wiesbaden: Springer VS 2017, S. 28 f.

M25 EINE Welt: Vision?

„EINE Welt" – das ist ein Hoffnungswort. Und zugleich ein Traum. Ein schöner Traum! Ein gefährlicher Traum! Denn aus diesem Traum kann man herausgerissen werden in eine bittere Wirklichkeit. Der Traum von der „EINEN Welt" kann ein Wunschdenken bleiben, das dem harten Alltag nicht standhält. Wir sind leider keine „EINE Welt": weder im Einkommen, noch im Auskommen, weder in der gesundheitlichen Versorgung noch in der Bildung, weder im Verständnis von Religion noch im Verständnis von Demokratie. Nur mit viel Toleranz und Feingefühl lassen sich die Blöcke auflösen und können sich Völker und Nationen annähern.

Eberts, Peter: Eine Welt – nur ein Wunschtraum? In: www. dw.com, 07.09.2013

M26 EINE Welt: Utopie?

Karikatur: Waldemar Mandzel, 2017

Politik vernetzt
John Rawls formuliert in seiner „Theory of Justice" zwei Prinzipien, wie Gerechtigkeit in einer Gesellschaft erreicht werden kann (→ Kap. 6.1.2, S. 273).

1. Formulieren Sie Prinzipien für eine globale gerechte Gesellschaft.
2. Ordnen Sie ein: Wie würde sich Rawls zu einer Hilfspflicht gegenüber belasteten Gesellschaften positionieren?

Aufgaben

72035-363

1. Arbeiten Sie den Zusammenhang von „Globalität" und „EINE Welt" heraus (**M24**, **M25**).
2. Analysieren Sie die Karikatur in **M26** (→ Methode, S. 268).
3. Sammeln Sie Hinderungsgründe zum Erreichen „EINER Welt" (**M24** – **M26**) und formulieren Sie daraus Handlungsaufforderungen an unterschiedliche beteiligte Akteure.
4. Formulieren Sie jeweils eine These, die „EINE Welt" mit folgenden Aspekten in Verbindung bringen: Abhängigkeiten, Verantwortung, Gerechtigkeit, Vielfalt.
5. Diskutieren Sie im Kurs: Ist „EINE Welt" im 21. Jahrhundert nur eine Utopie?

Planspiel Weltklimakonferenz

Das Szenario

Sie spielen in dieser Simulation Vertreter:innen unterschiedlicher Nationalstaaten und der Zivilgesellschaft auf der jährlich stattfindenden Klimakonferenz der Vereinten Nationen (UN). Ihre Aufgabe besteht darin, sich auf weitere – möglichst verbindliche – Schritte in Sachen Klimaschutz zu einigen. Um die globalen Klima- und Entwicklungsziele zu erreichen, braucht es einen Wandel hin zu einer Wirtschaft, die nahezu ohne Emissionen von Treibhausgasen auskommt. Hierzu ist eine klare Verringerung insbesondere des CO_2-Ausstoßes unabdingbar. Jedes Zögern beim Klimaschutz macht späteres Handeln schwieriger und erhöht die ökologischen und wirtschaftlichen Kosten.
Eingeladen sind zu dieser Konferenz die großen Industrienationen und damit Hauptverursacher des Treibhausgasausstoßes, aber auch Entwicklungsländer und Staaten, die in ihrer Existenz bedroht sind, sowie Vorreiter und Bremser in Sachen Klimaschutz, Profiteure von Kohle und Öl, Verfechter von Windkraft und Solarenergie. Geleitet wird die Konferenz durch die Delegation der UN.

Folgende zentrale Fragen stehen für Sie auf der Tagesordnung:

- Welche Zusagen zu CO_2-Grenzwerten und Ausbau erneuerbarer Energien tätigen Sie als Vertreter:innen der jeweiligen Nationalstaaten?
- Erreichen Sie eine Einigung auf ein Kontrollsystem und wird das Nichteinhalten der Zusagen gar sanktioniert?
- Unterstützen Sie als Vertreter:innen der großen Industrienationen die vom Klimawandel besonders betroffenen (Entwicklungs-)Länder finanziell?
- Erreichen Sie auf dieser Konferenz eine Einigung auf gemeinsame Verbote (z. B. für den Neubau von Kohlekraftwerken oder für Verbrennermotoren)?
- Welchen Einfluss können Sie als nichtstaatliche Akteure auf die Verhandlungen der Staaten nehmen und diese zu einer Einigung drängen?

Anleitung:
Das Planspiel interaktiv und digital gestützt

72035-490

Ablaufplan für 2 Doppelstunden

1 Einführungsphase (ca. 15 Minuten)

- Vorstellen des Planspiels und des Zeitplans durch die Lehrkraft
- Verteilung der Rollen im Losverfahren und Austeilen der Rollenkarten (→ QR-Code, S. 462)

2 Strategieplanungsphase (ohne Kontakt zu anderen Gruppen) (ca. 30 Minuten)

- Bearbeiten der Rollenkarte und Durchsicht der Materialien
- Wie positionieren Sie sich konkret zu den Fragen der Konferenz?
- Welche Ziele müssen Sie unbedingt erreichen? Wobei sind Ihrerseits Kompromisse möglich?
- Welche anderen Akteure werden Sie zuerst kontaktieren? Wie können Sie diese von Ihrer Position überzeugen?

3 Verhandlungsphase (ca. 60 Minuten)

- Informelle Verhandlungen zwischen allen Akteuren
- Arbeiten am Abschlussdokument: Hinarbeiten auf gemeinsame Beschlüsse und Regelungen
- Währenddessen erste Umfrage zu den laufenden Verhandlungen (optional)

METHODE

Hinweis
Jeder einzelne Nationalstaat (bzw. in Vertretung die EU) muss für sich entscheiden, welchen Teilen des Ergebnispapiers er zustimmt. Somit ist es möglich, dass zu manchen Regelungen nur Teile der Staatengemeinschaft zustimmen. Die Wirkung solcher Entscheidungen gilt es anschließend zu reflektieren.

4 Entscheidungsphase (30 Minuten)

- Abschließende Konferenz der Nationalstaaten zur Verabschiedung eines Ergebnispapiers (Leitung durch die Vertretung der Vereinten Nationen)
- Zweite Umfrage zum Ergebnis der Verhandlungen (optional)

5 Auswertungsphase (45 Minuten)

- Methodische Reflexion der Ergebnisse
  - Welche Verbesserungsvorschläge gibt es zur Durchführung des Spiels?
  - Welche Unterschiede zur Realität traten im Planspiel auf?
- Inhaltliche Reflexion der Ergebnisse
  - Welchen Einfluss hatten die einzelnen Akteure auf die abschließenden Entscheidungen?
  - Wie sind die entstandenen Kompromisse zu bewerten?
  - Ist ein kollektives Handeln zu beobachten oder prägen Einzelentscheidungen die Ergebnisse?

Bearbeiterin

Weitere Rollenkarten der teilnehmenden Delegationen

72035-364

Rollenkarte

Vertretung der Vereinten Nationen

Sie sind in der Rolle des Gastgebers dieser Weltklimakonferenz. Ihr Ziel ist es, möglichst viele konkrete Zusagen der Akteure und rechtlich verbindliche Regeln zum Kampf gegen den Klimawandel zu erhalten. Die Beschlüsse werden auf der abschließenden Konferenz gefasst, die Sie vorbereiten und leiten.

Behalten Sie vor allem zwei Aspekte im Blick:
- Zu welchen CO_2-Grenzwerten lassen sich die einzelnen Mitgliedstaaten bewegen und wie wird die Umsetzung dieser Ziele kontrolliert bzw. sanktioniert?
- Welche finanziellen Zusagen zur Unterstützung der vom Klimawandel besonders betroffenen (Entwicklungs-)Länder werden die großen Industrienationen tätigen?

Das sind Ihre Aufgaben:
- Kontaktieren Sie die einzelnen Nationalstaaten, um Kompromissmöglichkeiten herauszufinden (Gespräche, Schriftliche Anfragen).
- Koordinieren Sie die Verhandlungen: Führen Sie Akteure zusammen, die gemeinsame Interessen haben und motivieren Sie sie zur gemeinsamen Zielformulierung.
- Fassen Sie Zwischenergebnisse der offenen Verhandlungen schriftlich so zusammen, dass sie in der abschließenden Konferenz beschlossen werden können. Nutzen Sie hierfür den Vorschlag eines Ergebnispapiers (→ QR-Code).
- Leiten Sie die abschließende Konferenz.

Vorlage: Ergebnispapier

72035-365

A Globale Temperaturentwicklung der letzten Jahrzehnte (Stand: 2020)

Abweichung der globalen Land- und Wasseroberflächentemperatur vom Durchschnittswert der Jahre 1951–1980

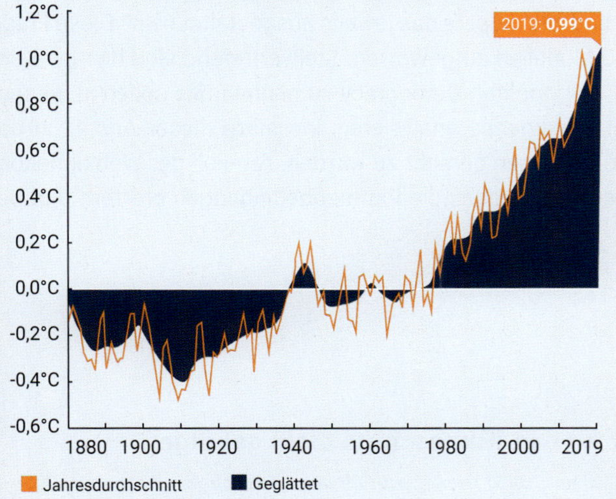

Nach: Statista, Datenquelle: NASA, 2020

B CO_2-Ausstoß ausgewählter Staaten (Stand: 2019)

Länder mit den höchsten CO_2-Emissionen 1970 und 2019 (in Mrd. Tonnen)

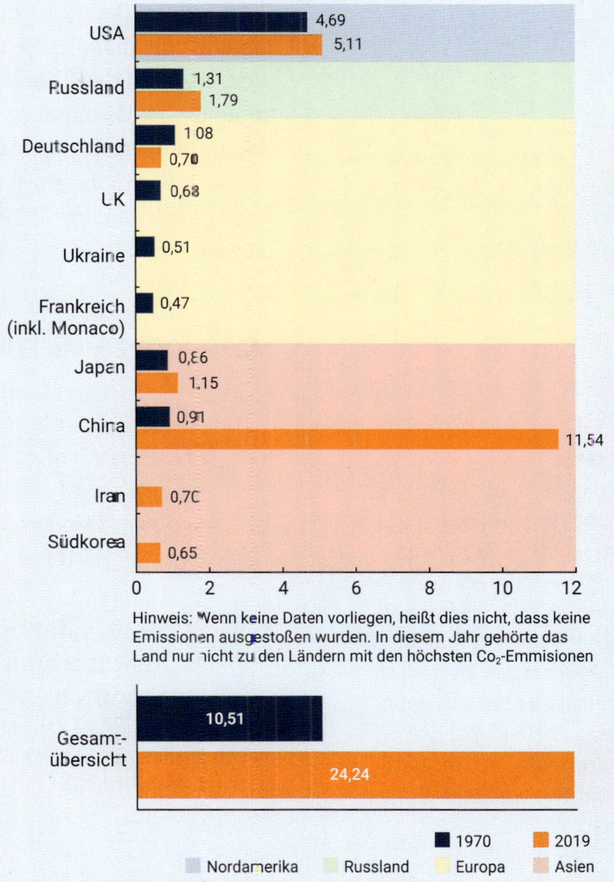

Nach: Statista, Datenquelle: EU-Kommission, 2020

C Investitionen in Erneuerbare Energien Stand: 2020

Energiewende-Investitionen nach Ländern 2020 (in Mrd. US-Dollar)*

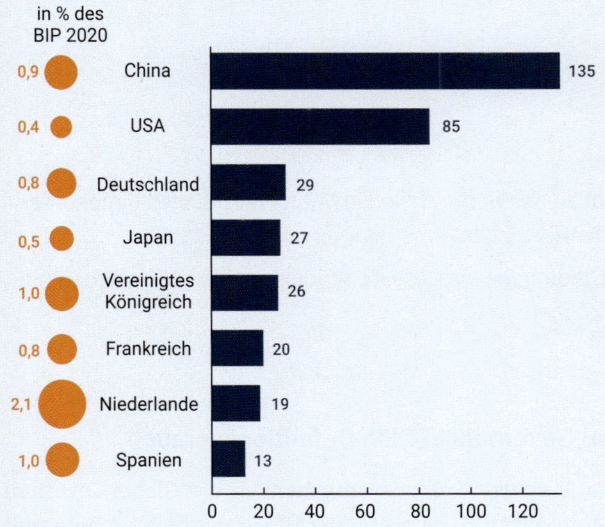

*Investitionen in erneuerbare Energien, elektrifizierte Wärme und Verkehr, Energiespeicher, CCS und Wasserstoff

Nach: Statista, Datenquelle: Bloomberg/NEF, 2021

D Kosten durch Naturkatastrophen (Stand: 2019)

Durch Naturkatastrophen verursachte wirtschaftliche Schäden (in Mrd. US-Dollar)

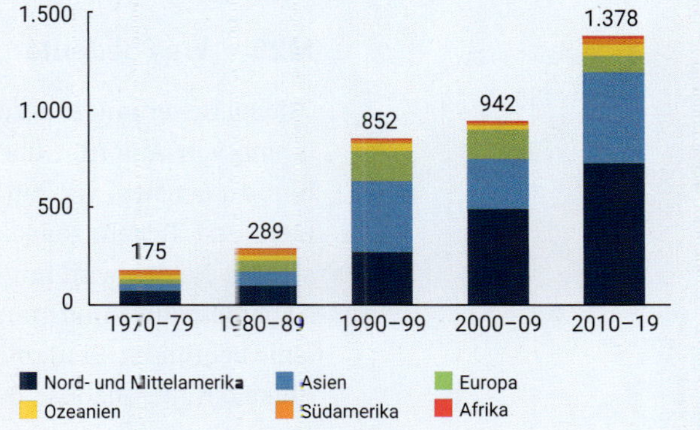

Nach: Statista, Datenquelle: WMO, 2020

Weitere Materialien

72035-366

11.3.3 Global Governance: Lösung der globalen Herausforderungen?

Zum Thema: Bedarf es zur Lösung und Bearbeitung globaler Probleme einer globalen Regierung oder globales Regieren und wie müsste das jeweils ausgestaltet sein? Diese Frage wird in vielfältigen Theorien und Modellen aufgeworfen. Stellvertretend sind hier die Konzepte Global Governance und Cosmopolitan Democracy zu nennen. Sie sollen in diesem Kapitel am Beispiel von Global Governance analysieren, inwiefern dieser Ansatz in der Lage ist, den globalen Herausforderungen gerecht zu werden. Am Fall der Weltklimakonferenz von Glasgow (COP 26) sollen Sie dazu die Rahmenbedingungen erörtern und beurteilen.

M27 COP26: ein Erfolg?

COP26
Conference of the Parties (COP) ist eine jährlich stattfindende Weltklimakonferenz der UN mit einer Vielzahl unterschiedlicher Akteure (Parties). Sie wird in den Medien oftmals als Weltklimakonferenz bzw. Klimagipfel bezeichnet. Im Jahr 2021 fand sie zum 26. Mal statt.

1 COP26: Großer Wurf für den Klimaschutz nicht gelungen

Hein, Joachim/ Fricke, Maximilian: COP26: Großer Wurf für den Klimaschutz nicht gelungen. In: www.bdi.eu, 06.12.2021

2 COP26 endet mit „historischem" Kompromiss

red, ORF.at/Agenturen: COP26 endet mit „historischem" Kompromiss. In: www.orf.at, 13.11.2021

3 Weltklimakonferenz einigt sich auf Kohleausstieg

ZEIT ONLINE: Weltklimakonferenz einigt sich auf Kohleausstieg. In: www.zeit.de, 13.11.2021

Einstiegsaufgaben 72035-367

1. Formulieren Sie ein Statement zu den Schlagzeilen in **M27**: War die Weltklimakonferenz in Glasgow ein Erfolg oder etwa nicht?
2. Begründen Sie Ihr Statement, indem Sie Ihre Kriterien für einen Erfolg offenlegen. Diskutieren Sie Ihre Einschätzungen.

M28 Was bedeutet „Global Governance"? Ein Definitionsversuch

„Global Governance" verweist auf die Ausübung von Autorität über Ländergrenzen hinweg genauso wie auf vereinbarte Normen und Regeln jenseits des Nationalstaates. Beides wird mit dem Hinweis auf Allgemeingüter und transnationale Probleme begründet. Eine solche Definition berücksichtigt zunächst, dass Global Governance sowohl in internationalen als auch in transnationalen Institutionen stattfindet. So sprechen wir von Global Governance, wenn der UN-Sicherheitsrat eine militärische Intervention mandatiert, genauso, wie wenn eine private, gewinnorientierte Organisation wie Standard & Poor's Kreditratings für Anleger am Finanzmarkt ausstellt. Global Governance verweist also auf eine Pluralisierung der entscheidenden Akteure. Man könnte dabei unterscheiden zwischen Global Governance durch eine

(Welt-)Regierung, Global Governance mit Staaten (z. B. in zwischenstaatlichen Organisationen wie den Vereinten Nationen) und Global Governance ohne Staaten (wie in rein transnationalen Regimen, z. B. dem International Accounting Standards Board, das Regularien für Unternehmen und indirekt auch für Staaten entwickelt). Weiterhin beinhaltet eine solche Definition gleichzeitig vereinbarte Normen sowie deren Umsetzung durch die Ausübung von Autorität. Diese Autorität ist das Kernstück von Global Governance, von allen akzeptierte Werte und Regeln sollten aber nicht ausgeschlossen werden. Gemeinsame Ziele bilden die Basis für gemeinsame Regeln und Verfahren, so zum Beispiel die Streitschlichtungsstelle der Welthandelsorganisation oder die die UN-Konvention gegen Folter. Die Vereinbarung gemeinsamer Normen ist ein kommunikativer Akt. Mit ihm einher geht der Anspruch rechtmäßig und durchsetzungsfähig zu sein. Global Governance ist also alles, was den Anspruch hat, Global Governance zu sein. In diesem Sinne gibt es auch eine öffentliche Autorität, unabhängig von Staaten oder nichtstaatlichen Akteuren – der Hitler-Stalin-Pakt kann also nicht als Teil von Global Governance angesehen werden, da er, geheim gehalten, nie öffentlich gerechtfertigt wurde. Dagegen ist ein Waffensperrvertrag zwischen Großmächtigen durchaus Teil von Global Governance, da er Sicherheit und Frieden – Gemeingüter – gewährleisten soll. [...] Letztendlich betreffen nicht alle Absprachen im Rahmen des Global Governance die gesamte globale Gemeinschaft. Auf der einen Seite gibt es immer noch Akteure der Staatengemeinschaft, die nahezu überhaupt nicht an internationalen Vereinbarungen teilnehmen, z. B. Nordkorea. Auf der anderen Seite gibt es aber gute Gründe, auch regionale staatliche Bündnisse wie beispielsweise die EU in Vereinbarungen miteinzubeziehen.

Nach: Zürn, Michael: A Theory of Global Governance. Authority, Legitimacy, & Contestation. Oxford University Press 2018, S. 3 ff.

M29 Zwei Einschätzungen zur Weltklimakonferenz COP26

A Ein erster Blick

Dies war eine gute Weltklimakonferenz! Tatsächlich die beste, von der ich seit dem historischen Klimagipfel vor sechs Jahren in Paris berichten durfte. Die Erkenntnis der Wissenschaft scheint endlich bei den Staaten angekommen zu sein: Wir dürfen mit dem Runterfahren der Treibhausgasemissionen nicht mehr warten, dürfen uns keine 5-Jahres-Zyklen mehr gewähren. Die 2020er Jahre müssen das Jahrzehnt der Umsetzung sein!

Dafür sprechen einige Absätze im Abschlussdokument: Möglichst schneller globaler Ausstieg aus der Kohlenutzung, Schluss mit staatlicher Subventionierung der fossilen Klimakiller Öl, Gas, Kohle. Reduzierung auch der „Nicht-CO_2-Treibhausgase", vor allem Methan, wodurch bei relativ geringen Kosten sogar kurzfristig die Erderhitzung gebremst werden könnte. Die Staaten sollen nicht erst 2025, sondern schon nächstes Jahr mit besseren Nationalen Klimaplänen zur COP27 zurückkommen und zeigen, wie sie ihre Treibhausgasemissionen bis 2030 herunterfahren. Und dann das Jahr darauf zur COP28....und zur COP29...

Das Beste daran ist aber: Diese Beschlüsse passen absolut zu dem, was ich hier in den zwei Wochen erleben konnte. Zahlreiche Staaten-Allianzen, häufig gepaart mit Vertretern von Regionen bzw. Konzernen und Investmentfonds, haben genau dazu umfassende Zusammenarbeit vereinbart, vorgestellt und noch während der COP26 weitere Mitglieder gefunden. Egal, ob zu Methan, zum Verbot von Verbrennermotoren, zum Ausstieg aus der Kohle oder dem Ende der Gas- und Ölfinanzierung, die Botschaft war klar: Fossile Energieträger sind das Geschäft von gestern und heute, aber wer morgen noch auf dem Weltmarkt erfolgreich sein will, wechselt lieber auf CO_2-freie Produktion. Das kommt spät, aber die Erkenntnis ist anscheinend endlich auch in den Köpfen – fast – aller Staatschefs angekommen.

Reepen, Detlef: COP26 endet mit Klima-Pakt. In: www.wdr.de, 13.11.2021

B Ein zweiter Blick

Unablässig wurde in den vergangenen zwei Wochen an der Weltklimakonferenz in Glasgow das Ziel beschworen: Die 1,5 Grad müssen am Leben erhalten werden. Schon in diesem Bild steckte der Kern des Zweifels und der Resignation; das Ableben eines sterbenden Patienten sollte durch verzweifelte Rettungsmaßnahmen hinausgezögert werden. Nun ist die Konferenz zu Ende, und der Patient ist tot. Den 197 Unterzeichnerstaaten der Uno-Klimakonvention von 1992 ist es trotz zahllosen wohlklingenden Reden ihrer Politiker nicht gelungen, einen überzeugenden Weg aufzuzeigen, der die bis zum Ende des Jahrhunderts erwartete Erwärmung der Erde auf 1,5 Grad begrenzen würde.

Die Klimajugendbewegung Fridays for Future könnte sich schon fast über diesen Ausgang freuen, wenn sie die Klimaerwärmung nicht so tragisch fände. Schon eine Woche vor Abschluss hatte sie die Konferenz an einer Demonstration in Glasgow für gescheitert erklärt. Die Heldin der Bewegung, die mittlerweile 18-jährige Schwedin Greta Thunberg, erklärte: „Es ist kein Geheimnis, dass diese Konferenz ein Versagen ist. Man kann die Krise nicht mit denselben Mitteln lösen, die sie verursacht haben." [...]

Zwar ist das 1,5-Grad-Ziel realistisch betrachtet gestorben, doch die weltweite Klimapolitik ist so lebendig und aktiv wie nie zuvor. [...] Abgesehen von den multilateralen Verhandlungen war die Klimakonferenz Branchentreffpunkt und Schaufenster für Unternehmen und Nichtregierungsorganisationen. Hier werden klimaschonende Produkte und Projekte angepriesen und Ideen ausgetauscht. All das nützt dem Klimaschutz, denn ohne die Initiativen und Innovationen der Privatwirtschaft kann man den für die Klimaziele erforderlichen technischen Fortschritt gleich vergessen. [...] Klimaschutz ist ein riesiges Business geworden. Noch nie haben Unternehmen verschiedenster Branchen einen so großen Druck empfunden, sich auf Klimaneutralität auszurichten und ihre Investitionen in entsprechende Projekte zu lenken. Dieser Druck kommt primär von der Öffentlichkeit, den Kunden und den Mitarbeitern.

Auch nach Glasgow reichen die Zusagen für nationale Emissionsreduktionsziele der großen Emittenten wie China, die USA, Indien, die EU, Russland oder die Golfstaaten bei weitem nicht aus, um die Erderwärmung auf 1,5 Grad zu begrenzen. Zwar sieht die Abschlusserklärung der Konferenz vor, dass diese Pläne schon im nächsten Jahr wieder vorgelegt werden sollen. Doch die Uhr läuft, das Erreichen von 1,5 Grad wird immer unwahrscheinlicher. Wichtiger als diese letztlich nicht durchsetzbaren Deklarationen werden die effektiven Taten sein. Diese zu erfassen und energisch von den großen Emittenten einzufordern, wird die wichtigste Aufgabe der nächsten Jahre sein.

Rásonyi, Peter: Das 1,5-Grad-Ziel ist tot – es lebe die Klimapolitik. In: www.nzz.ch, 14.11.2021

M30 COP26: ein Erfolg für Global Governance?

Karikatur: Kostas Koufogiorgos, 31.10.2021

M31 Thesen zur Global Governance der Zukunft

- Nationalstaaten werden weiterhin das Fundament der internationalen Ordnung sein, [...].
- Wenn es stimmt, dass Staaten, die sich im Kontext internationaler Institutionen zu internationalen Lösungen verpflichten, ein wenig in ihrer Handlungsfreiheit eingeschränkt würden, dann müssen sie davon überzeugt werden, dass dies in ihrem Interesse geschieht.
- Wenn internationale Organisationen auch in Zukunft arbeitsfähig bleiben wollen, müssen sie Machtrealitäten zur Kenntnis nehmen [...]
- Die andere Seite der Machtteilung [...] erfordert von den aufstrebenden Mächten auch größere Bereitschaft zur Lastenteilung.

Nach: Hulsman, John C.: Vom Wunschdenken zur Realität. In: www.zeit.de, 20.04.2009

Aufgaben

72035-368

1. Erklären Sie das Konzept von Global Governance (**M28**) anschaulich mit eigenen Worten und an konkreten Fallbeispielen.
2. Ordnen Sie Global Governance in die Weltordnungsmodelle (→ Kap. 13, S. 547 ff.) ein und diskutieren Sie daran das Problem der Anarchie in den Internationalen Beziehungen.
3. Vergleichen Sie die beiden Kommentare (**M29** A und B) zum (Miss-)Erfolg der Weltklimakonferenz in Glasgow hinsichtlich grundlegender Entscheidungshemmnisse und entscheidungsförderlicher Bedingungen. Erstellen Sie dazu eine tabellarische Gegenüberstellung.
4. Analysieren Sie die Karikatur in **M30** (→ Methode, S. 268) hinsichtlich der Frage, wie der Karikaturist das Konzept der Global Governance sieht.
5. a) Stellen Sie sich vor, Sie sind Organisator:in der nächsten Weltklimakonferenz. Wer sitzt am „Tisch" der Internationalen Gemeinschaft? Welche Regeln würden Sie für ein erfolgreiches Miteinander formulieren?
   b) Ergänzen Sie die im Einstieg formulierten Erfolgskriterien für die nächste Weltklimakonferenz.
6. Diskutieren Sie die in **M31** formulierten Thesen kritisch unter Berücksichtigung der Problemfrage des Kapitels sowie konkreter aktueller Beispiele.

WISSEN KOMPAKT

Global Goals
Die 17 Ziele für nachhaltige Entwicklung der Vereinten Nationen rufen sowohl die internationale Staatengemeinschaft als auch uns alle zu mehr Nachhaltigkeit auf. Sie sollen Leitfaden für alle Akteure sein, sich verantwortungsvoll der Zukunft und dem gemeinsamen Leben auf unserem Planeten zu stellen und umfassen dabei verschiedenste Aspekte eines nachhaltigen Miteinanders, wie beispielsweise Bildung und Geschlechtergerechtigkeit.

Übung
82000-735

Weltbürgertum – Kosmopolitismus
Bei dieser politischen Weltanschauung wird die ganze Erde als Heimat betrachtet. Ein Kosmopolit befürwortet offene Grenzen und damit auch den uneingeschränkten Warenaustausch (inklusive Dienstleistungen, Kapital, Arbeit) sowie die Freizügigkeit eines jeden Einzelnen. Er sieht damit vor allem die Vorzüge der Globalisierung.

Übung
82000-736

Weltklimagipfel
Die Weltklimakonferenz der Vereinten Nationen ist eine jährlich stattfindende Konferenz, um gemeinsame Maßnahmen im Kampf gegen den Klimawandel zu beschließen. Die Staatengemeinschaft hat sich zum Beispiel in Glasgow auf das 1,5-Grad-Ziel als strenge Zielmarke verständigt.

Übung
82000-737

Globale Migrationsbewegungen
Weltweit sind Millionen von Menschen unterwegs, um ihre Heimat zu verlassen und woanders neu anzufangen. Die Gründe dafür sind vielfältig: politisch, humanitär, wirtschaftlich, religiös... Die internationale Staatengemeinschaft sieht sich der Aufgabe gegenüber, die Ursachen von Flucht zu bekämpfen und den Herausforderungen in den aufnehmenden Gesellschaften zu begegnen.

Übung
82000-738

Nichtregierungsorganisationen
Nichtstaatliche Organisationen sind zivilgesellschaftlich zustande gekommene und nicht öffentlich legitimierte Interessensverbände, die versuchen, auf nationaler und internationaler Ebene ihre Interessen in einem Politikfeld einzubringen.

Übung
82000-739

Global Governance
Global Governance beschreibt den internationalen Rahmen von Prinzipien, Regeln, Gesetzen und Verfahren zur Herbeiführung politischer Entscheidungen und bezieht dabei auch internationale Organisationen mit ein. Der Begriff ist abzugrenzen von dem einer „Weltregierung".

Übung
82000-740

Bearbeiterin

Kursarbeitstraining

1 Karikatur über den Anstieg der Weltbevölkerung

Karikatur: Waldemar Mandzel, 2017

2 Kommentar: Nicht die Überbevölkerung ist unser großes Problem

Ich bin oft in Ländern mit vielen Menschen. Werden diese Kinder Arbeit kriegen? Ein akzeptables Gesundheitssystem? Der naheliegende Gedanke, wir Menschen seien „zu viele", ist ein Fehlschluss. Jene, die Überbevölkerung als akutestes Menschheitsproblem bezeichnen, gleiten nur allzu oft in exkludierende, manchmal rassistische Argumentationen. Wer soll denn nun verschwinden? Immer die anderen! Die weltweite Geburtenrate von 5,4 Nachkommen pro Frau (1965) sank zum Glück auf die Hälfte, ein sich fortsetzender Trend. [...] Die Weltpopulation, jetzt knapp acht Milliarden, wird sich bei elf Milliarden einpendeln. „Jeder, der möchte, soll Zugang zu Verhütungsmitteln kriegen, überall", forderte der schwedische Arzt und Statistiker Hans Rosling, „die Ärmsten zögern da, wenn ihre Kinder sterben, wenn keine Schule im Dorf steht. Du kannst ihnen nicht Nachwuchs verbieten, den sie als Familienarbeitskräfte brauchen." Wachsender Wohlstand bremst Geburten ein. Eher als über Überbevölkerung sollten wir über mangelnde Bildung von Frauen sprechen. Gut Ausgebildete bringen weniger Kinder zur Welt. Staaten, die Bildungsinvestitionen senken, produzieren Bevölkerungswachstum. Der Anstieg der Lebensqualität in China oder Indien ist unübersehbar. Unsere Ressourcenknappheit tritt nicht aufgrund von Überbevölkerung auf, sondern wegen unseres rücksichtslosen Lebensstils, der auch das Klima belastet. Wir im Westen nehmen Ländern mit stärkerer Population den Platz weg, nicht sie uns. Es gibt zu viele von uns, nicht von ihnen. Die reichsten zehn Prozent der Erdenbürger konsumieren die Hälfte aller Weltressourcen, während die ärmere Hälfte ein Zehntel von ihnen verbraucht. Aus all diesen Gründen halten führende Wissenschaftler die Fokussierung auf Überbevölkerung für unproduktiv. Wir stehen vor einem Verteilungsproblem. [...] Es wäre genug für alle da.

Amanshauser, Martin: Nicht die Überbevölkerung ist unser großes Problem. In: www.diepresse.com, 06.10.2021

Aufgaben

72035-369

1. Benennen Sie mit Hilfe des Kommentars und der Karikatur Herausforderungen für die globale Weltgemeinschaft.
2. Arbeiten Sie aus dem Kommentar Aufgaben für verschiedene Akteure der internationalen Ebene heraus, um diesen Herausforderungen zu begegnen.
3. Verfassen Sie einen Zeitungskommentar aus dem Jahr 2035 zum dann vermutlich aktuellen Stand der „EINEN Welt".

Lösungsvorschläge und Erwartungshorizonte

72035-370

Friedensdemonstrationen in ganz Deutschland wegen des russischen Angriffskriegs gegen die Ukraine, hier in Mainz am 6. März 2022

B Das zivilisatorische Hexagon

Rechtsstaatlichkeit
Begrenzung der Staatsgewalt durch Prinzipien wie Gewaltenteilung und richterliche Unabhängigkeit

Demokratische Partizipation
Beteiligung der Bürger am politischen Willensbildungs- und Entscheidungsprozess, z.B. durch Wahlen

Konfliktkultur
Bereitschaft und Fähigkeit zur gewaltfreien konstruktiven Konfliktbewältigung

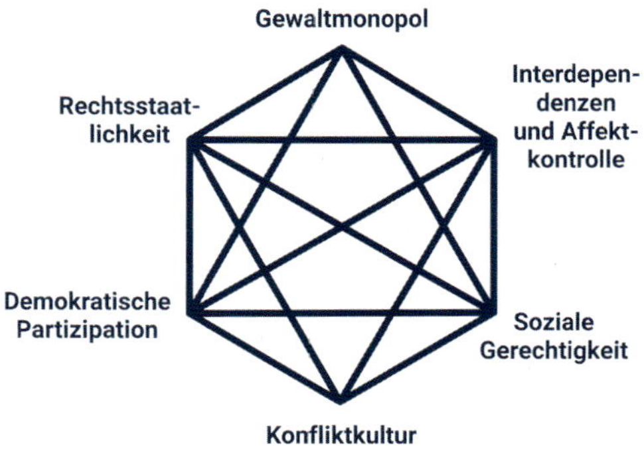

Staatliches Gewaltmonopol
Vorherrschaft des Rechts, nicht Durchsetzung des jeweils Stärkeren

Interdependenzen/Affektkontrolle
Wissen um „wechselseitige Abhängigkeiten“ fördert Identitätsausbildung; ist Voraussetzung für Toleranz und Kompromissbereitschaft

Soziale Gerechtigkeit
gerechte Verteilung von Rechten und Chancen in der Gesellschaft ist Voraussetzung für konstruktive Konfliktbearbeitung

Das zivilisatorische Hexagon nach Dieter Senghaas, das die Bausteine für eine stabile Friedensordnung zwischen Menschen symbolisiert.

Russische Angriffe auf Kiew. Foto aus dem Präsidentenpalast

Skulptur „Non Violence“ des schwedischen Künstlers Carl Fredrik Reutersward vor dem Hauptgebäude der Vereinten Nationen in New York City (USA)

Frieden, Krieg und Recht im Wandel der Zeit

12

Zwischen Verrechtlichung und Anarchie

Russlands Angriffskrieg gegen die Ukraine begann im Februar 2022. Er stellt eine „Zeitenwende“ für die europäische Friedensordnung seit dem Ende des Zweiten Weltkrieges dar, wie es Bundeskanzler Olaf Scholz gegenüber dem Deutschen Bundestag formulierte. Alle Politikerinnen und Politiker in liberalen Demokratien sind durch das Völkerrecht und ihre jeweiligen Verfassungen daran gebunden, für den Frieden in der Welt zu arbeiten.
Inwiefern Frieden aber ein Zustand ist, der nicht nur beschworen und gewünscht, sondern auch tatsächlich universell hergestellt werden kann, wird in diesem Kapitel diskutiert. Aber was meint eigentlich Frieden? Und was bedeutet Krieg?
Sie sollen in diesem Kapitel die Friedenstheorien und Ursachen für Kriege ideengeschichtlich analysieren und die Bedeutung des Völkerrechts als internationale Ordnungsfrage zum gewaltfreien Interessenausgleich sowie die Menschenrechte als universeller Handlungsrahmen bewerten.

Leitfragen

1. Warum gibt es Krieg und welche Friedensstrategien gibt es?
2. Sorgen allgemeine Normen durch das Völkerrecht für eine Verhinderung von Krieg?
3. Kann der Frieden durch internationale Rechtsprechung gewahrt werden?

Aufgaben

72035-371

1. a) Beschreiben Sie die Bilder A – C auf der linken Seite. Erläutern Sie in Tandemarbeit die Bedeutung für den Frieden.
   b) Stellen Sie Ihre Ergebnisse im Kurs vor.
2. Vergleichen Sie in Kleingruppen Ihre Vervollständigung nachfolgender Sätze in einem Placemat (→ Methodenglossar):
   - Für mich heißt Frieden …
   - Für mich heißt Krieg …
   - Es gibt kein Frieden ohne …
   - Krieg gibt es, weil …
3. Erweitertes Inselspiel: Sie sind Mitglieder einer Gemeinschaft auf der Insel „Ted“. In Gruppenarbeit setzen Sie sich mit Hilfe des zivilisatorischen Hexagons von Dieter Senghaas (B) mit der innerstaatlichen und internationalen Friedensordnung auseinander. Ihre Aufgaben und die benötigten Materialien finden Sie im → digitalen Aufgabenkasten.

12.1 Friedensstrategien und Kriegsursachenforschung

12.1.1 Häufigkeit und Dynamik weltweiter Gewaltkonflikte und Kriege: Kriegs- oder Friedenszeiten?

Zum Thema: Schon vor dem Beginn des russischen Angriffskriegs gegen die Ukraine im Februar 2022 stand die europäische Friedenspolitik vor einer Belastungsprobe: Der Konflikt in der Ostukraine, gewaltsame Auseinandersetzungen in Afrika, im Nahen und Mittleren Osten sowie die Folgen der Corona-Pandemie als Triebfeder für weitere innerstaatliche Gewaltkonflikte. Besonders dramatisch ist die Zahl von weltweit ca. 1,5 Mrd. Kindern und Jugendlichen, die direkt Kriegen oder innerstaatlichen Gewaltkonflikten ausgesetzt sind. Vor welchen Herausforderungen steht die Friedensordnung in Europa oder in der Welt? In diesem Kapitel analysieren Sie mit Hilfe der Untersuchungen der Friedens- und Konfliktforschung Häufigkeit und Dynamiken weltweiter Gewaltkonflikte und Kriege.

M1 Überblick: In welchen Regionen gibt es derzeit Frieden?

Interaktive Karte:
Konflikte weltweit
72035-373

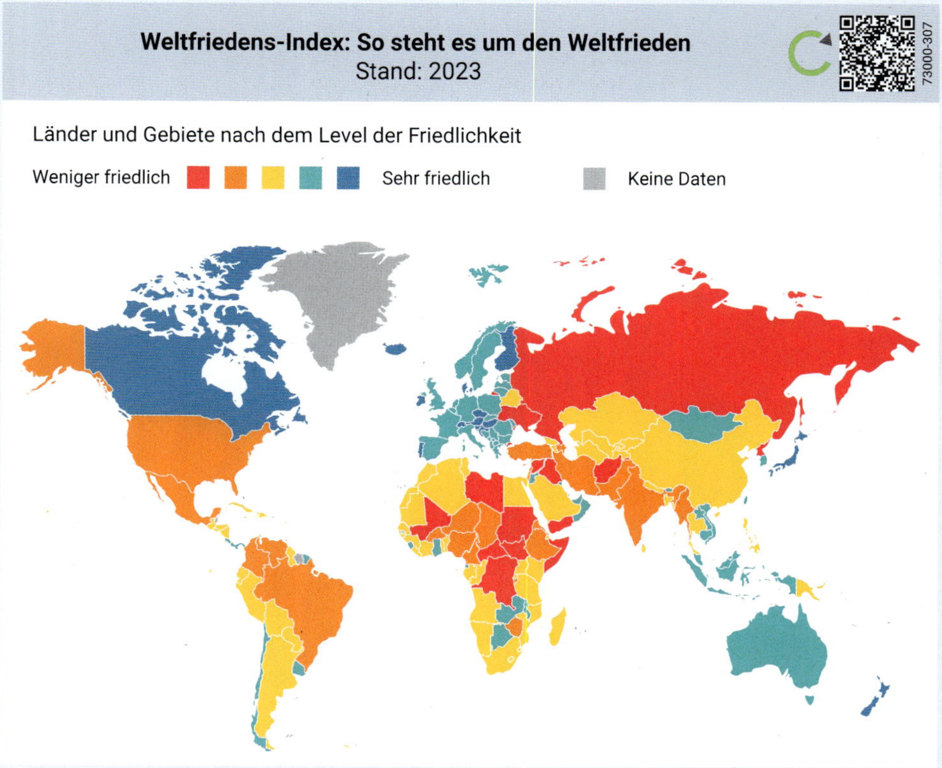

© C.C. Buchner Verlag, aktuelle Daten nach: Global Peace Index/Institute for Economics and Peace (Datenerhebung: 2022; Grafikerstellung: 2023); Darstellung: Statista

Einstiegsaufgaben 72035-374

1. Analysieren Sie die Karte in **M1** hinsichtlich der geografischen Verbreitung und des jeweiligen Friedenszustands.
2. Diskutieren Sie: Leben wir in Friedens- oder Kriegszeiten?

M2 Was bedeuten „positiver" und „negativer" Frieden?

Frieden wird in der Regel negativ definiert als Abwesenheit von offener Gewaltanwendung. Strukturelle Gewaltanwendung kann sich langfristig negativ auf eine friedliche Konfliktaustragung innerhalb einer Gesellschaft auswirken. Strukturelle Gewalt umfasst gesellschaftliche, wirtschaftliche oder kulturelle Strukturen und Bedingungen, die Einzelpersonen oder Personengruppen benachteiligen. Dazu zählen alle Formen von Diskriminierung, wie die ungleiche Verteilung von Einkommen und Ressourcen, Bildungschancen und Lebenserwartungen. Positiver Frieden herrscht nur dann, wenn die Menschenrechte geachtet werden und die Menschen freiwillig in einer politischen und gesellschaftlichen Ordnung leben, ohne von gegebenen Machtverhältnissen dazu gezwungen zu werden. Die Entwicklung des positiven Friedens ist demnach der politische Prozess, der zu mehr Sicherheit führt.

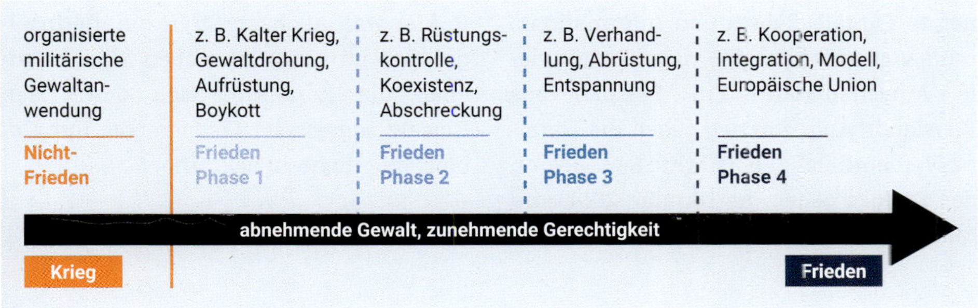

Bearbeiter

M3 Entwicklung von Kriegs- und Friedenszeiten

1 Welche Kriegstypen werden unterschieden?

- Die Arbeitsgemeinschaft Kriegsursachenforschung (AKUF) definiert Kriege als gewaltsam ausgetragene Massenkonflikte zwischen zwei oder mehr bewaffneten Gruppen, von denen mindestens eine Seite reguläre Streitkräfte der Regierung sind. Die Kampfhandlungen müssen ein Mindestmaß an zentral gelenkter Organisation aufweisen und mit einer gewissen Kontinuität geführt werden.
- Andere Definitionen (z.B. des Projektes „Correlates of War") berücksichtigen ausschließlich größere Kriege, in denen u.a. pro Jahr mindestens 1.000 Tote in bewaffneten Auseinandersetzungen registriert wurden. [...]
- In der Literatur wird häufig die zahlenmäßige Dominanz innerstaatlicher Kriege als eines der Hauptmerkmale des Kriegsgeschehens seit 1945 genannt. Allerdings zeigen die Langzeitdaten des „Correlates of War"-Projektes (CoW), dass bereits für das 19. Jahrhundert signifikant mehr inner- als zwischenstaatliche Kriege geführt wurden. [...]
- Das Attribut „innerstaatlich" darf nicht darüber hinwegtäuschen, dass diese Kriege durchaus mit äußerer Beteiligung und Einmischung stattfinden. Finanzielle oder militärische Unterstützung der innerstaatlichen Kriegsparteien – zum Beispiel durch Waffenlieferungen von Nachbarstaaten oder regionalen und globalen Großmächten – sind eher die Regel als die Ausnahme. Nachweislich waren seit 1945 ausländische Truppen etwa an einem Drittel der innerstaatlichen Kriege direkt beteiligt.

Nach: Schreiber, Wolfgang: Innerstaatliche Kriege seit 1945. In: www.bpb.de, 11.10.2021

2 Sonderfall Hybride Kriege

Der Begriff bezeichnet im allgemeinen militärischen, politischen und journalistischen Sprachgebrauch das Verschwinden der Trennlinie zwischen Krieg und Frieden. Als hybride Kriegshandlungen werden kriegerische Handlungen bezeichnet, die abseits „klassischer" militärischer Mittel angewandt werden – und oft besonders die Zivilbevölkerung treffen. Die direkten Aggressoren/Urheber bleiben unklar oder sind nur schwer offiziell nachzuvollziehen, z. B. bei Cyberangriffen und Propaganda (fake news). Der heutige vernetzte digitale Cyber- und Informationsraum bietet für hybride Kriegsführung viele Angriffspunkte. Ein Beispiel aus Russlands Angriffskrieg gegen die Ukraine verdeutlicht den Begriff: Seit Beginn des Krieges gegen die Ukraine 2014 wird Russland eine hybride Kriegführung vorgeworfen. Im Fokus dabei: die militärische und finanzielle Unterstützung von Separatisten in der Ostukraine und die Desinformationskampagnen mittels russischer (Staats-)Medien und via Social Media. Russland steht auch im Verdacht, für Hackerangriffe verantwortlich zu sein, die der Spionage und Sabotage (z. B. der Energieversorgung) dienten. Auch wurde die Krim von Soldaten besetzt, die keine offiziellen Abzeichen trugen und so keiner Partei zugeordnet werden konnten – auch wenn die Urheberschaft Russlands de facto klar war. Auch im Streit um die Inselgruppen im südchinesischen Meer versuchen die Konfliktparteien durch den Einsatz aggressiver Fischerboote ihre Gebietsansprüche zu bekräftigen.

Bearbeiter

3 Symmetrischer, asymmetrischer oder Neuer Krieg?

Im symmetrischen Krieg stehen sich in der Regel reguläre staatliche Armeen gegenüber. Sie weisen eine ähnliche strategische, organisatorische und waffentechnische Vergleichbarkeit auf. In asymmetrischen Kriegen sind die Gegner der regulären Armeen oftmals weniger organisiert, zahlenmäßig unterlegen und wenden andere Strategien an (z. B. Anschläge etc.).

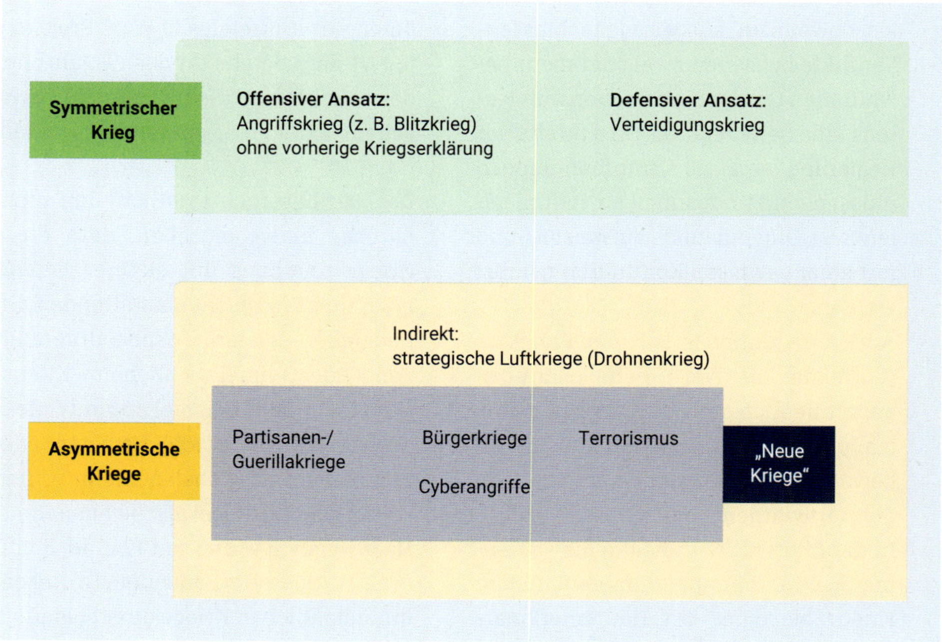

Bearbeiter

M4 Wie viele Kriege gibt es derzeit?

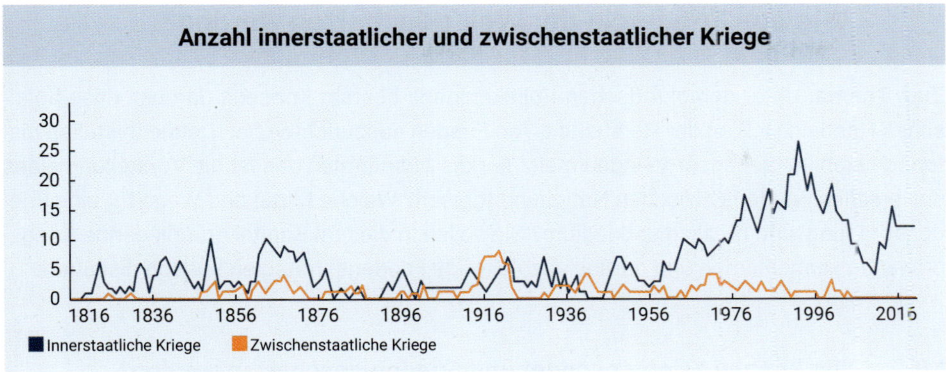

Nach: Bundeszentrale für politische Bildung, 2021, CC: BY-NC-ND

Grafik: Anzahl getöteter Menschen in Gewaltkonflikten

72035-372

M5 Friedensgutachten 2021: Herausforderungen in Europa

Eine Bewährungsprobe europäischer Friedens- und Sicherheitspolitik sind die Konflikte um die sogenannten De-Facto-Regime im post-sowjetischen Raum. Die Kämpfe zwischen Aserbaidschan und Armenien um Bergkarabach im Herbst 2020 und die russische Truppenmassierung an der Grenze zum Donbass im Frühling 2021 [Stand 14. April 2021] verdeutlichen, welch hohes militärisches Eskalationspotenzial De-Facto-Regime aufweisen. Die EU muss kreative Strategien im Umgang mit den De-Facto-Regimen in Osteuropa und im Südkaukasus entwickeln. Sie sollte überzeugende Anreize für politische Kompromissbereitschaft setzen und pragmatische Lösungen für die Verbesserung der Lebenssituation in De-Facto-Staaten und beim grenzüberschreitenden Austausch finden, ohne diese Gebilde aber völkerrechtlich anzuerkennen. Die Bundesregierung sollte zudem ausloten, in welchen Bereichen das Mandat der OSZE gestärkt werden kann. Im Verbund mit Partnern wie Frankreich könnte Deutschland eine wichtige Rolle bei Vermittlungsprozessen über De-Facto-Regime wahrnehmen. Dazu muss mit Russland verhandelt werden, das letztlich der Patron der meisten osteuropäischen De-Facto-Regime ist – aber zunehmend unter dieser wirtschaftlichen Belastung leidet. Auch jenseits von Osteuropa und dem Südkaukasus verharrt das globale Konfliktgeschehen auf hohem Niveau. [...] Die Hälfte aller Gewaltkonflikte wird in Subsahara-Afrika ausgetragen.

Bonn International Center for Conversion (BICC); Hessische Stiftung Friedens- und Konfliktforschung; Institut für Friedensforschung und Sicherheitspolitik an der Universität Hamburg (IFSH); Universität Duisburg-Essen Campus Duisburg, Fak. für Gesellschaftswissenschaften, Institut für Entwicklung und Frieden (INEF): Friedensgutachten 2021: Europa kann mehr!. transcript Verlag: Bielefeld 2021, S. 7

De-Facto-Regime
Ein international nicht anerkanntes Herrschaftsgefüge, das aber in allen sonstigen Belangen hinreichend Staatlichkeit aufweist.

Aufgaben

72035-375

1. Erläutern Sie den negativen und positiven Friedensbegriff in eigenen Worten und vergleichen Sie ihn mit Ihrer Definition von der Auftaktseite (**M2**).
2. Erklären Sie die Begriffe Krieg, größere Kriege, innerstaatliche Kriege, zwischenstaatliche Kriege, symmetrische, asymmetrische, neue und hybride Kriege (**M3**).
3. Analysieren Sie die Entwicklung der Friedens- und Kriegszeiten bis heute (**M4**).
4. Friedens- oder Kriegszeiten: Als Außenminister:in halten Sie eine differenzierte Rede (→ Methode, S. 235) zum aktuellen Stand des globalen Friedens (**M1-M5**).

F zu Aufgabe 2
Recherchieren Sie dazu auch anschauliche Beispiele.

F zu Aufgabe 4
Gehen Sie insbesondere auf die Situation in Osteuropa ein (**M5**).

12.1.2 Friedenssicherung im 21. Jahrhundert: Wie soll Frieden in der Welt geschaffen werden?

Zum Thema: Unter demokratischen Politiker:innen besteht Konsens darüber, dass politisches Handeln sich an der Herstellung von Frieden auszurichten hat. Dennoch stellen historisch stabile Friedensordnungen meist nur die Ausnahmen dar. Ist die Vorstellung eines universellen Friedens zwischen Nationen utopisch? Welche Mittel und Wege für eine Friedensordnung sind nützlich und legitim? Sie sollen in diesem Kapitel grundlegende Kriegsursachen kennenlernen und daraus abzuleitende Friedensstrategien kritisch diskutieren.

M6 Wie können Kriege beendet und Frieden geschaffen werden? Vier Strategien ...

Deutschland liefert Waffen an die Ukraine.

Der UN Sicherheitsrat beruft eine Notstandssondertagung der Generalversammlung zum russischen Angriffskrieg gegen die Ukraine ein.

Staats- und Regierungschefs konferieren um eine diplomatische Lösung des russischen Angriffskriegs gegen die Ukraine.

Proteste in Russland gegen den russischen Angriffskrieg gegen die Ukraine

Einstiegsaufgaben 72035-376

1. Erläutern Sie die Bilder hinsichtlich der Friedensstrategie (M6).
2. Welcher Strategie stimmen Sie am ehesten zu? Vergleichen und begründen Sie Ihre Entscheidung mit der Nennung des entscheidenden Kriteriums.

M7 Ideengeschichtliche Kriegs- und Friedenstheorien

A Revolutionäre Theorieschule

Ausgangspunkt der revolutionären Theorieschule ist die als ungerecht empfundene Verteilung von Macht und Reichtum in den Gesellschaften der Welt.

Revolutionismus

Macht äußert sich vor allem im Imperialismus der Staaten und der strukturellen Gewalt (politische Unterdrückung, soziale Ungleichheit, ungleiche Klimafolgen, Zugang zu Ressourcen) innerhalb von Staaten. Außerdem sind arme Staaten von reichen Staaten sehr stark abhängig. Kriege gibt es demnach vor allem deshalb, weil die Bevölkerung, die unter schlechten wirtschaftlichen, politischen und sozialen Bedingungen leidet, ihre Aggression gegen andere richtet. Frieden gibt es nur, wenn das zivilisatorische Hexagon (→ S. 470) das allgemeine Ziel des Zusammenlebens in der Welt ist. Vor allem eine gerechte Aufteilung des Reichtums und der Macht in der Welt kann dieser Logik zufolge zur globalen Befriedung beitragen.

Maidan Revolution in Kiew, 2014

B Liberale Theorieschule

Ausgangspunkt der liberalen Theorieschule sind die inneren politischen Strukturen der Staaten.

Weltgemeinschaft

Da Politiker:innen in Demokratien innenpolitisch durch den Rechtsstaat begrenzt sind, ist es logisch, dass Demokratien in der Welt auch das Völkerrecht anerkennen und es eher befolgen als Diktatoren. Unterstützt wird diese Idee von der Logik der Wirtschaftswelt und Globalisierung, die Völker miteinander vernetzt und die kulturelle Ideen verknüpft und nationale Egoismen abbaut. Jeder ist von jedem abhängig und hat daher ein Interesse, dass alle die gleichen Regeln befolgen und Frieden herrscht. Als Schlüssel zur Durchsetzung von Recht und Handel sind neben dem Völkerrecht als Rechtsbasis internationale Organisationen wichtig, die für eine gerechtere Welt einstehen sollen.

Demokratische Friedenspolitik

Kriege sind das Ergebnis persönlichen Machtstrebens vieler politischer Herrscher. Sie hören aber in dem Moment auf, wenn diejenigen, die darunter zu leiden haben, ihn beschließen müssen. Das Wesensmerkmal von Demokratien ist daher der Erhalt des Friedens. Ursache dafür sind erstens die Interessen der Bürger:innen in Demokratien, die im Kriegsfall die Kosten in Form von Menschenleben, sei es auf dem Schlachtfeld oder der Zivilbevölkerung, oder durch Wohlstandsverlust, z. B. in Form von Kosten für militärische Aufrüstung durch Steuergelder, tragen müssen. Dieses Interesse kann bei Entscheidungen von Politiker:innen in den demokratischen Institutionen nicht ignoriert werden. Zweitens überwachen sich in Demokratien Exekutive, Legislative und Judikative gegenseitig. Eine zum Krieg neigende Exekutive muss in Demokratien idealerweise die Zustimmung der anderen Gewalten einholen, damit ihre Entscheidung umgesetzt wird.

C Realistische Theorieschule

Ausgangspunkt aller realistischen Theorien ist die Annahme, dass Staaten aufgrund des Fehlens einer „Weltpolizei" oder eines „Weltgerichts" klug beraten sind, machtorientiert und egoistisch zu sein.

Imperialismus

Unter Imperialismus wird jene Politik eines Staates verstanden, die auf größtmögliche Machtausdehnung und Vergrößerung des Territoriums abzielt, sei es über militärische, wirtschaftliche oder politische Dominanz. Selbst nach dem Ende der Kolonialreiche verfolgen viele Staaten eine „imperialistische" Politik gegenüber kleineren Staaten, die sie als Teil ihrer machtpolitischen Einflusszone betrachten und/oder handfeste wirtschaftliche Interessen dort haben. Das Menschenbild gleicht einer sozialdarwinistischen Vorstellung von „zivilisierten" Völkern und „wilden" Völkern.

Panzer und Militärflugzeuge im Einsatz

Klassischer Realismus

„Der Mensch ist dem Menschen ein Wolf" (Hobbes) ist das Menschenbild dieser politischen Denker. Die Grausamkeiten, die Menschen einander in Kriegen zufügen, werfen doch zurecht die Frage auf, wie der Mensch an sich beschaffen ist. Ist er von Natur aus gut und friedfertig oder ist er von Natur aus böse und aggressiv? Kriege entstehen zufolge der Realisten in den Köpfen der Menschen, und zwar weil sie dumm, selbstsüchtig oder durch aggressive Triebe fehlgeleitet werden. Aus diesem Grund sind demokratische Entscheidungsprozesse bei Kriegs- und Friedensfragen gefährlich. Denn nur die Staatsmänner/frauen (Staats- und Regierungschef:innen) sind in der Lage, klug zu handeln und durch Diplomatie Machtinteressen auszugleichen. Ist ein Staatschef allerdings zu machtorientiert oder zu moralisch handelnd hinsichtlich der Frage von Krieg und Frieden, sind Konflikte in der Welt wahrscheinlicher.

Bearbeiter

Aufgaben

72035-377

1. Erarbeiten Sie die Grundaussagen der ideengeschichtlichen Kriegs- und Friedenstheorien (**M7**) in einem Gruppenpuzzle (→ Methodenglossar). Nutzen Sie dazu die Waltz'sche Analyseebenen (→ Methode, S. 479).
2. Nehmen Sie Stellung zu folgenden Friedensstrategien
   - Autokratische Staaten gewaltsam stürzen
   - Waffenlieferungen an Kriegspartei
   - Militärisches Eingreifen in Kriege
   - Anschaffen von Atomwaffen
   - Militärische Aufrüstung
   - Friedensdemonstrationen
   - Direkte Volksentscheide über den Einsatz der Streitkräfte
   - Strenge Kontrolle der Exekutive in der Außenpolitik durch die Parlamente
   - Weltregierung und Weltgericht mit eigener Polizei
   - Abschaffung der Bundeswehr
3. Diskutieren Sie, inwiefern die Kriegs-/Friedenstheorie für die heutige Zeit noch relevant sind (**M7**). Gehen Sie besonders auf mögliche Friedensstrategien ein. Bereiten Sie dazu eine Talkshow mit entsprechenden Vertreter:innen der Theorien vor (→ Methodenglossar).
4. Bewerten Sie die Theorien (**M7**) in einer Punktabfrage von 0 –10.

Analyse von Kriegsursachen

In seinem 1959 veröffentlichten Buch „Man, the State and War" unterscheidet der amerikanische Politikwissenschaftler Kenneth Waltz drei Analyseebenen, die zur Erklärung von Krieg und Frieden in der internationalen Politik herangezogen werden können. Ursachen für Kriege können auf allen Ebenen gefunden werden.

1 Analyseebenen voneinander unterscheiden

- Die **erste Ebene** fokussiert sich auf die Persönlichkeitseigenschaften des Individuums, welche auch das Verhalten der politischen Entscheidungsträger:innen und der Bürger:innen bestimmen. *Entscheidungsfrage: Sind machtgierige Menschen, die über Krieg und Frieden zu entscheiden haben, das zentrale Problem?*
- Die **zweite Ebene** stellt das politische System eines Staates ins Zentrum. Annahme ist, dass die Staats- und Regierungsform (Demokratie, Autokratie), die soziale und wirtschaftliche Situation, die Mitwirkung der Gesellschaft sowie der Grad der Militarisierung Einfluss auf ein friedfertiges oder weniger friedfertiges Verhalten der Staaten in der Welt haben. *Entscheidungsfrage: Spielt es eine Rolle, ob Staaten demokratisch oder diktatorisch und wie gut die wirtschaftliche oder soziale Lage ist?*
- Auf der **dritten Ebene** geht es ausschließlich um die Sphäre der internationalen Politik und das Wechselwirken der Staaten und deren Gesellschaften miteinander. Ebenso wie der Markt das Verhalten der Firmen bestimmt, zwingen Kräfte des internationalen Systems – ob das Fehlen einer Weltpolizei oder allgemein anerkannte verbindliche Regeln und Normen – die Staaten dazu, zu kooperieren oder miteinander in einen Konflikt zu geraten, bis hin zum Krieg. *Entscheidungsfrage: Gibt es Chancen einer gemeinsamen Abhängigkeit in der Welt, die zum Frieden führt oder haben Großmächte aus eigenem Machtinteresse kein Interesse an Frieden?*

2 Theorien zum Krieg einer Analyseebenen zuordnen und Kriegsursache ableiten

Entscheidendes Kriterium bei den Theorien (→ S. 477/478 A bis E) für die Zuordnung können die Akteure (Staaten, Bürger:innen, Staats- und Regierungschef:innen) und der Bezugspunkt (Innenpolitische Faktoren oder Gegebenheiten in der internationalen Politik) sein.

3 Friedensstrategie planen

Analyseebene	Auf welcher Ebene ist die Theorie einzuordnen?	Warum kommt es zum Krieg?	Welche Strategien zur Befriedung sind möglich?
3. Ebene: Internationales System			• *Militärische Aufrüstung und Dominanz über andere Staaten und Festlegung von Einflusszonen* • *Befolgung des Völkerrechts und Bildung einer demokratischen Weltgemeinschaft*
2. Ebene: Gesellschaftliche Akteure und politisches System		• *diktatorische Herrschaft, fehlende rechtsstaatliche Verfassung der Staaten* • *gleichmäßige Verteilung des Wohlstands*	
1. Ebene: Individuum	*Klassischer Realismus*		

Müller, Marcus: Analyse von Kriegsursachen, Bamberg 2023

12.2 Demokratien, Autokratien und das Völkerrecht

Analyse nicht-demokratischer Systeme: noch demokratisch, autoritär oder totalitär?

Der US-amerikanische Politikwissenschaftler Francis Fukuyama vertrat 1992 die These, der Zusammenbruch der sozialistischen Systeme in Osteuropa habe zu einer Schlussphase der politischen Systementwicklung geführt. Totalitäre Systeme seien keine politischen Alternativen mehr zum politischen Liberalismus. Diese These ist heute umstritten, gerade im Hinblick auf Russland, China und demokratiefeindliche Bestrebungen in westlichen Ländern. Was kennzeichnet Autokratien, Diktaturen, defekte Demokratien oder gar *Failed States* (gescheiterte Staaten)? Sie sollen auf diesen Workshop-Seiten exemplarisch nicht demokratische politische Systeme analysieren und zentrale Unterschiede zu demokratischen Systemen herausarbeiten.

M8 Defekte türkische Demokratie oder echte Autokratie?

Autokratie Türkei

Erdogan regiert nur noch mit der Brechstange

Der Demokratieabbau im Land schreitet voran und die wirtschaftliche Lage ist schlecht. Der Stern des Präsidenten sinkt. Ein Kommentar.

Der türkische Präsident Tayyip Erdogan verliert an Zustimmung im eigenen Land.

Nach: Güsten, Susanne: Erdogan regiert nur noch mit der Brechstange. In: www.tagesspiegel.de, 05.06.2020

Einstiegsaufgabe 72035-378

Kommentieren Sie die Schlagzeile (**M8**) hinsichtlich des politischen Systems der Türkei.

M9 Defekte Demokratien: Wann ist ein Staat noch eine Demokratie?

Konzept [Defekte Demokratien sind] Herrschaftssysteme, die sich durch das Vorhandensein eines weitgehend funktionierenden demokratischen Wahlregimes zur Regelung des Herrschaftszugangs auszeichnen, aber durch Störungen in der Funktionslogik [...] der übrigen Teilregime die komplementären Stützen verlieren, die in einer funktionierenden Demokratie zur notwendigen Sicherung von Freiheit, Gleichheit und Kontrolle unabdingbar sind. [Defekte Demokratien müssen keine Übergangslösungen sein. Sie können sich auch langfristig etablieren.]

Merkel, Wolfgang/Puhle, Hans-Jürgen/Croissant, Aurel/Eicher, Claudia/Thiery, Peter: Defekte Demokratie. In: Defekte Demokratie. Wiesbaden: VS Verlag für Sozialwissenschaften 2003, S. 66

Kritik Kritische Politikwissenschaftler:innen bemängeln, der Demokratiebegriff werde im Konzept von Merkel zu weit gedehnt. Selbst Länder mit autoritären Zügen könnten danach noch als defekt demokratisch bezeichnet werden. So galt Russland Ende der 2010er noch als „stark defekte Demokratie" mit einer Tendenz zur Autokratie. Problematisch ist vor allem, dass die Verletzung freier und fairer Wahlen den Kern jeder Demokratie ausmacht. Nach dem Konzept Merkels könnten aber Staaten als „exklusive Demokratie" gelten.

Kriterien zur Analyse

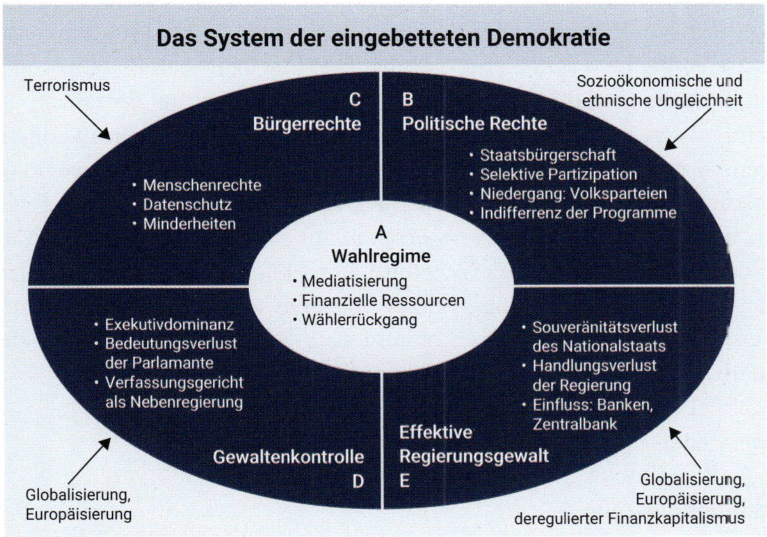

Nach: Bundeszentrale für politische Bildung, Quelle: Merkel, Wolfgang, u. a.: Defekte Demokratie. (Anm.15), 2003, S. 29

Formen defekter Demokratien

- Exklusive Demokratie: universelles Wahlrecht ist nicht gegeben
- Illiberale Demokratie: Beschädigungen am Rechtsstaat
- Delegative Demokratie: Kontrolle der Exekutive ist durch Legislative und dritte Gewalt eingeschränkt
- Enklavendemokratie: verzerrte Machtbildung durch Vetomächte

Bearbeiter, basierend auf: Merkel, Wolfgang/Puhle, Hans-Jürgen/Croissant, Aurel/Eicher, Claudia/Thiery, Peter: Defekte Demokratie. In: Defekte Demokratie. Wiesbaden: VS Verlag für Sozialwissenschaften 2003, S. 239 ff.

M10 Was sind Autokratien?

Als solche verstehe ich politische Systeme, die „einen begrenzten, nicht verantwortlichen politischen Pluralismus haben; die keine ausgearbeitete und leitende Ideologie, dafür aber ausgeprägte Mentalitäten besitzen und in denen keine extensive oder intensive politische Mobilisierung, von einigen Momenten in ihrer Entwicklung abgesehen, stattfindet und in denen ein Führer oder manchmal eine kleine Gruppe die Macht innerhalb formal kaum definierter, aber tatsächlich recht vorhersagbarer Grenzen ausübt" [...]. [...] [N]ur ihr gleichzeitiges Vorhandensein macht ein System totalitär.

Linz, Juan J.: Totalitäre und autoritäre Regime. 2., überarbeitete und ergänzte Auflage. Berlin: Berliner Debatte Wissenschaftsverlag 2003, S. 21, S. 129

M11 Was sind totalitäre Regime?

a) Hannah Arendt über Totalitarismus als Gegenbegriff zur Demokratie

„Nun ist zwar totalitäre Herrschaft gesetzlos, insofern sie prinzipiell alles positiv gesetzte Recht verletzt [...], aber sie ist keineswegs willkürlich. An die Stelle des positiv gesetzten Rechts tritt nicht der allmächtige willkürliche Wille des Machthabers, sondern das Gesetz der Geschichte oder das „Recht der Natur" [...]. Dem Glauben der Nazis an Rassengesetze lag die Darwinsche Vorstellung vom Menschen als einem eigentlich zufälligen Resultat einer Naturentwicklung zugrunde, die nicht notwendig mit dem Menschen an ihr Ende gekommen zu sein braucht [...]. Dem Wesen totalitärer Herrschaft in diesem Sinne ist der Terror, der aber nicht willkürlich und nicht nach den Regeln des Machthungers eines Einzelnen (wie in der Tyrannis), sondern in Übereinstimmung mit außermenschlichen Prozessen und ihren natürlichen oder geschichtlichen Gesetzen vollzogen wird. Als solcher ersetzt er den Zaun des Gesetzes, in dessen Umgehung Menschen in Freiheit sich bewegen können, durch ein eisernes Band, dass die Menschen so stabilisiert, dass jede freie, unvorhergesehene Handlung ausgeschlossen wird [...]. Sind die Bewegungen erst einmal an die Macht gekommen, so beginnen sie, die Wirklichkeit im Sinne ihrer ideologischen Behauptung zu verändern. [...] Totalitäre Herrschaft beraubt Menschen nicht nur ihre Fähigkeiten zu handeln, sondern macht sie im Gegenteil, gleichsam als seien sie alle wirklich nur ein einziger Mensch, mit unerbittlicher Konsequenz zu Komplizen aller von dem totalitären Regime unternommenen Aktionen und begangenes Verbrechen."

Arendt, Hannah: Elemente und Ursprünge totaler Herrschaft, München: Piper 1986

b) Merkmale totalitärer Regime

Machtkonzentration	Staatsideologie	Kontrolle gesellschaftlicher Partizipation
• Legitimität staatlichen Handelns nur durch Führer • Institutionen bekommen ihre Legitimität nur durch Führer	• Legitimiert Herrschaft • Deutet politische Entscheidungen und gesellschaftliches Handeln	• Gesellschaftliche Integration im Rahmen der Partei oder der Staatsideologie • Apathie und politische Passivität wird sanktioniert

Bearbeiter

c) Prüfkategorien der Elemente für totalitäre Herrschaft nach Sartori

Kategorie	Bewertung der Intensität (3 = sehr stark, 2 = stark, 1 = schwach, 0 = nicht zutreffend)
Führerzentralität	
Parteizentralität	
Physisches und psychisches Terrorsystem zur Kontrolle und Überwachung der Bürger und Bekämpfung von potentiellen „Feinden"	
Ideologie mit umfassenden Wahrheitsanspruch: Religion	

Ideologie mit umfassenden Wahrheitsanspruch als „ismus“, z. B. Marxismus, Stalinismus	Bitte ins Heft
Gleichschaltung der Medien	
Abhängigkeit der Justiz	
Abhängigkeit der Kirche	
Kontrolle der Bildung	
Zerschlagung von Protesten	
Staatliche Willkür	
Zentrale Lenkung der Wirtschaft	

Bearbeiter nach: Lauth, Hans-Joachim: Regimetypen: Totalitarismus – Autoritarismus – Demokratie. In: Lauth, Hans-Joachim (Hg.): Vergleichende Regierungslehre. Wiesbaden: VS Verlag für Sozialwissenschaften 2010, S. 95 ff.

M12 Die Auswirkungen der Verfassungsreform in der Türkei

a) Das politische System der Türkei nach der Verfassungsreform

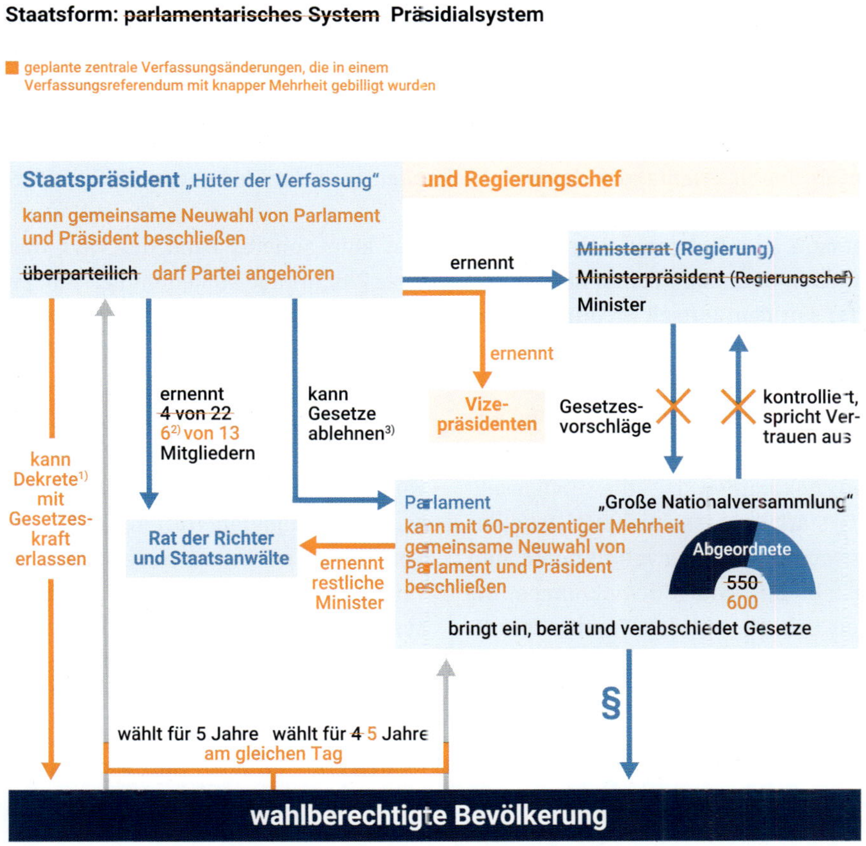

1) dürfen nicht in Grundrechte eingreifen, können durch vom Parlament verabschiedete Gesetze unwirksam werden

2) darunter vier direkt ernannt sowie den Justizminister und dessen Staatssekretär

3) Nationalversammlung kann Ablehnung ~~mit 2/3~~ absoluter Mehrheit überstimmen

Nach: dpa, Quelle: BPB, CAP, türk. Parlament, Venedig-Kommission, dpa

b) Veränderungen im System nach der Verfassungsreform

In dem neuen System wird die Macht deutlich stärker in der Person des Staatspräsidenten konzentriert. Dazu wird die Verfassung in entscheidenden Punkten verändert:

- Das Amt des Ministerpräsidenten wird abgeschafft. Den Posten des Regierungschefs übernimmt der Präsident. Dieser darf anders als zuvor einer Partei angehören und vorsitzen. Als Parteivorsitzender hätte der Präsident entscheidenden Einfluss auf die Besetzung der Parlamentssitze.
- Der Präsident ernennt selbst seine Stellvertreter und seine Minister, das Parlament muss nicht zustimmen und kann auch keine Vertrauensfragen mehr stellen. Außerdem kann er neue Ministerien schaffen oder bestehende auflösen.
- Das Parlament und der Präsident werden zukünftig am selben Tag für eine fünfjährige Legislaturperiode gewählt. Das macht es wahrscheinlicher, dass auch im Parlament die Partei des Präsidenten eine Mehrheit gewinnen kann.
- Neuwahlen kann jederzeit sowohl der Präsident ausrufen als auch das Parlament. Dort ist dafür allerdings eine Dreifünftelmehrheit nötig. In beiden Fällen werden sowohl Parlament als auch Präsident neu gewählt.
- Für bestimmte Bereiche kann der Präsident Dekrete erlassen. Das Parlament muss darüber nicht abstimmen. Mit Bekanntmachung im Amtsblatt treten diese Verordnungen in Kraft. Erlässt das Parlament in dem Bereich aber ein Gesetz, gilt das Gesetz.
- Die Mitgliederzahl im Verfassungsgericht und dem für die Besetzung von Richter- und Staatsanwaltsposten entscheidenden Rat der Richter und Staatsanwälte wird reduziert. Der Präsident kann in beiden Institutionen einen nicht unerheblichen Teil der Mitglieder ernennen. Er hat damit großen Einfluss auf die Justiz.

Cieschinger, Almut/Kazim, Hasnain/Küpper, Mara/Niesen, Claudia: Wie Erdogan die Türkei umbauen will. In: www.spiegel.de, 16.04.2017

M13 Ist die Türkei auf dem Weg zur Autokratie?

Martin Erdmann, ehemaliger deutscher Botschafter in der Türkei von 2015-2020 sieht noch demokratische „Reflexe" in der Türkei

Heinemann: Herr Erdmann, welche Veränderungen in dem Land haben Sie als Botschafter seit dem Putsch im Juli 2016 beobachtet?

Erdmann: Eine Verschärfung der inneren Verfasstheit, die Tatsache, dass es zu wesentlichen Restriktionen in der Pressefreiheit gekommen ist, die Zivilgesellschaft stark eingeschüchtert ist, das Justizwesen sich als dysfunktional herausgestellt hat, sind Entwicklungen, die auf den Schock, auf das Trauma des 15. Juli 2016 zurückzuführen sind. Wie überhaupt dieses Land eine Fülle von Ereignissen generiert hat in der Vergangenheit und damit sehr viel Geschichte geschrieben hat, die für sich genommen jeweils schon ganz massive Eingriffe gewesen sind. Nehmen wir zum einen den Krieg in Syrien seit 2011, der dauert zehn Jahren, hat zu 3,5 Millionen Flüchtlingen geführt. Das ist eine Flüchtlingsbewegung in die Türkei, wie sie weltweit einmalig ist. Es gibt kein anderes Land der Welt, das so viele Flüchtlinge aufgenommen hat. Zweitens, Sie erwähnten es, der Putschversuch vom Juli 2016, und drittens eine selbst generierte politische Veränderung im Land, nämlich die Präsidialverfassung, die durch ein Referendum 2017 eingeführt wurde und dann 2018 implementiert wurde. Mit anderen Worten, die türkische Verfassung ist vollkommen grundlegend verändert worden, hin zu einem Präsidialsystem ohne Checks-and-Balances. Und das ist der große Unterschied zum Präsidialsystem, wie wir es aus den USA oder Frankreich kennen und das sind tiefgreifende Veränderungen, die dieses Land erst einmal konsumieren muss.

Heinemann: Und gerade hat das türkische Parlament die staatliche Kontrolle über Onlinenetzwerke verschärft. Gibt es noch Meinungsfreiheit?

Erdmann: Die Meinungsfreiheit ist stark eingeschränkt und sie bezieht sich im Wesentlichen genau auf diese Medien, nämlich Onlinemedien, internationale Onlinemedien. Das waren Plattformen, auf denen bis heute noch relativ freizügig agiert werden kann. Und das Ziel ist offenkundig, diesen Bereich auch der staatlichen Kontrolle stärker zu unterwerfen.

Heinemann: Gleichzeitig sinkt die Unterstützung für den Präsidenten offensichtlich.

Erdmann: Das ist richtig. Die AKP, also die Partei, deren Vorsitzender der Präsident ist, konnte bis 2014 regieren ohne Koalitionspartner. Dann gab es Wahlen in 2015 im Juni, wo die absolute Mehrheit erstmals verfehlt wurde. Die wurde dann im November 2015 wieder errungen und seitdem geht es in der Tat systematisch bergab. Derzeit ist die regierende AKP mit der nationalkonservativen MHP in einer Koalition. Und die Unterstützung für die AKP bröckelt und das hat auch mit einem demografischen Faktor zu tun, denn die Hälfte der türkischen Bevölkerung ist unter 35 Jahre alt. Bei den nächsten Wahlen 2023 gehen erstmals 6,3 Millionen Erstwähler an die Urne. und das sind überwiegend Menschen, die durch die modernen Kommunikationsmedien beeinflusst werden. Kurzum, nach 20 Jahren AKP-Führung unter der Leitung ihres Vorsitzenden Erdoğan bröckelt die Machtbasis zunehmend. [...]

Heinemann: Herr Erdmann, wird die Türkische Republik im Jahr 2023 ihren 100. Geburtstag als Republik noch erleben?

Erdmann: Davon bin ich fest überzeugt, denn die türkische Gesellschaft ist eine durch und durch demokratische Gesellschaft. Die Wahlen, die ich in den letzten fünf Jahren dort erlebt habe, und es waren viele, waren allesamt freie Wahlen. Die OSZE- und die EU-Beobachter haben immer ein positives Zeugnis ausgestellt. Damit sage ich nicht, dass die Wahlen fair waren. Sie waren frei, nicht fair, aber es gab Wahlen und der Wahlmechanismus wurde im Prinzip akzeptiert, sowohl von den regierenden Parteien wie auch natürlich von der Opposition und der Bevölkerung, die selber Wahlbeobachter in großer Zahl gestellt hat und Beweis für diese These ist die Wahl von Ekrem İmamoğlu als Bürgermeister von Istanbul, der im März 2019 erstmals gewählt wurde mit einem ganz knappen Vorsprung. Die Wahl wurde angefochten von der AKP. Im Juni wurde erneut gewählt und der Vorsprung war riesig. Also, mit anderen Worten, die demokratischen Reflexe in der Türkei funktionieren.

Martin Erdmann im Gespräch mit Christoph Heinemann: „Die demokratischen Reflexe funktionieren". In: www.deutschlandfunk.de, 02.08.2020

Aufgaben

72035-379

1. Erklären Sie die Typen und Kriterien „defekter Demokratien" (**M9**).

2. Erläutern Sie entlang der Hauptaussagen Hannah Arendts den Unterschied zwischen autoritären und totalitären Regimen (**M10**, **M11a + b**).

3. Analysieren Sie am Beispiel der Türkei, ob es sich um einen noch demokratischen oder schon autoritären Staat handelt (**M11c, M12, M13**).

4. Beurteilen Sie die folgenden Thesen kritisch:
   1. Die Kriterien der „defekten Demokratie" können auch auf Deutschland angewendet werden.
   2. Wenn keine freien und fairen Wahlen gegeben sind, kann ein Staat nicht als Demokratie bezeichnet werden.
   3. Die herrschende Partei in autokratischen Staaten kommt meistens aus dem rechten Parteienspektrum.
   4. Putin ist ein Diktator.
   5. China ist kein totalitäres Regime.

12.2.1 Autoritäre Staaten in den Internationalen Beziehungen: Wie sollen Demokratien mit Autokratien umgehen?

Zum Thema: Liberale Demokratien müssen sich gegen selbstbewusste Autokratien verteidigen – vor allem gegen Russland und China, in deren Schatten andere autoritäre Herrschaftssysteme erstarken, welche Menschenrechte verletzen und den Frieden bedrohen. Müssen Demokratien sich damit abfinden, dass Autokratien selbstverständlicher Bestandteil der Welt sind? Sollten sie mit ihnen kooperieren, verhandeln und wirtschaftliche Beziehungen pflegen? Oder sollten sie eher auf Eindämmung, Abgrenzung, Demokratisierung oder ähnliches als politische, wirtschaftliche und militärische Strategie setzen?

M14 Fallbeispiel Russland: Kooperation oder Konfrontation?

A

Bundeskanzler Scholz zu Besuch bei Russlands Präsidenten Wladimir Putin kurz vor dem Angriffskrieg Russlands gegen die Ukraine im Februar 2022

B These 1: Ausgrenzen	These 2: Verhandeln!
Die Bedrohung der freiheitlichen demokratischen Welt ist groß. Liberale Demokratien müssen sich gegen diese Bedrohung wehren und sich von autoritären und totalitären Regimen und ihren Führern abgrenzen, sie eindämmen und nicht mit ihnen zusammenarbeiten.	Auch wenn Konflikte um die internationale Ordnung zwischen Demokratien und autoritären Regimen zunehmen, sollten Demokratien versuchen auch mit autoritären Regimen zusammenzuarbeiten und durch Handel und Partnerschaften friedvolle Beziehungen zu pflegen.

Bearbeiter

Einstiegsaufgaben 72035-380

1. Beschreiben und analysieren Sie das Bild in **M14** A.
2. Beziehen Sie auf einer Positionslinie Stellung zu den Thesen in **M14** B und ordnen Sie sich einer der beiden Thesen zu.

Stimme voll und ganz zu — Stimme zu — Weiß nicht — Stimme nicht zu — Stimme überhaupt nicht zu

M15 Schaubild: Demokratien auf dem Rückzug?

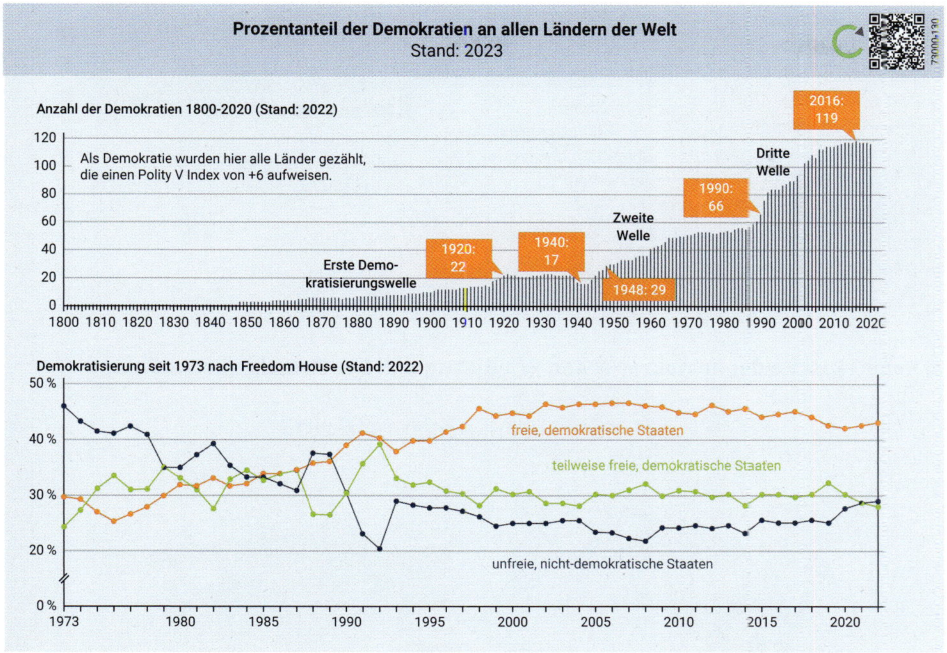

© C.C. Buchner Verlag, aktuelle Daten nach: Polity V Database, 2021 / Freedom House (Datenerhebung: 2022; Grafikerstellung: 2023)

M16 Die Theorie des demokratischen Friedens

a) Der Doppelbefund des demokratischen Friedens

Der Doppelbefund in der Politikwissenschaft lautet wie folgt: Demokratien führen untereinander keine Kriege, gegen Nicht-Demokratien allerdings schon.

Die Theorie des demokratischen Friedens ist politischen Entscheidungsträger:innen nicht verborgen geblieben. US-Präsident Joe Biden rief zum Beispiel in seiner Rede zur Lage der Nation 2022 zur Verteidigung einer demokratischen Weltordnung gegen die Bedrohung durch Autokraten auf und begründete dies mit der Friedfertigkeit von Demokratien. Historische Beispiele, wonach Politiker:innen unter dem Vorwand der Demokratieförderung Kriege führten, gibt es allerdings ebenso, z. B. vor dem Irakkrieg 2003. Inwiefern Demokratien generell friedfertiger sind als andere ist in der Forschung heftig umstritten. Zwar ist es gut belegt, dass Demokratien untereinander keine Kriege führen. Staaten wie die USA, Frankreich, Großbritannien, Indien oder Israel führten aber sehr häufig Kriege – vor allem gegen autoritäre Regime und Terrororganisationen. Diese Schattenseite des demokratischen Krieges wird unterschiedlich erklärt. Zum einen scheinen Demokratien vor allem im Übergang zur Autokratie besonders kriegerisch.

Ein missionarischer Eifer zur Demokratisierung kann ebenso Kriege gegen Nicht-Demokratien heraufbeschwören. Abgesehen von der eigenen Verteidigung gehen Demokratien nur in den Krieg, wenn ihr Militär überlegen ist, die Mehrheit der Gesellschaft verschont bleibt (z. B. Berufsarmee) oder die Bevölkerung manipuliert wird.

Bearbeiter

Hintergrundwissen:
demokratischer Frieden
72035-381

b) Argumentationspfad der demokratischen Friedenstheorie:

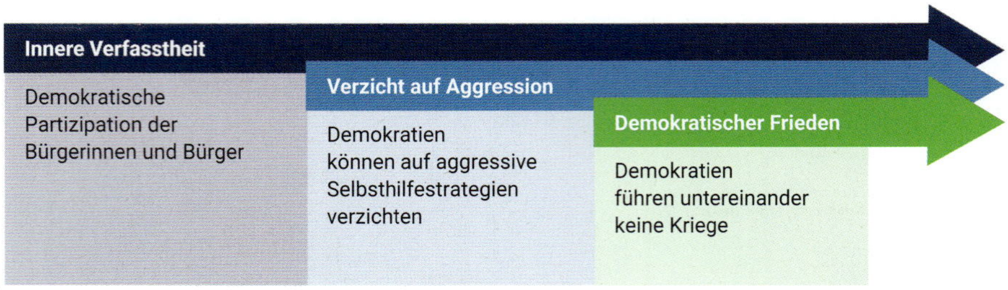

Bearbeiter

Informationen zur Grafik
Die Grafik bildet die Summe der Beteiligungen an Kriegen und Gewaltkonflikten eines Landes von 1946 bis 2017 ab. Ein Land wird hier entsprechend der Häufigkeit seiner Beteiligung eingefärbt, ausschlaggebend ist dabei nicht, wo der Konflikt stattgefunden hat. Je dunkler die Farbe, desto häufiger war ein Land in Kriege und Gewaltkonflikte verwickelt.

Interaktive Karte:
Freiheit weltweit

72035-382

c) Schattenseite der demokratischen Friedfertigkeit: Der Demokratische Krieg!

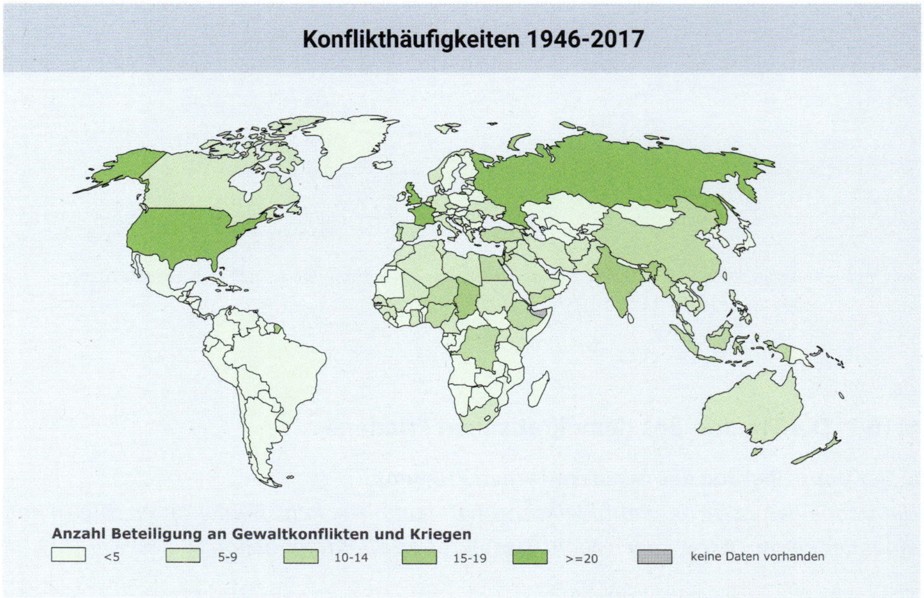

Nach: Bundeszentrale für politische Bildung, 2018; CC BY-NC-ND; Datenquelle: UCDP/PRIO Armed Conflict Dataset v. 18.1, 1946 - 2017

M17 Welche Strategien für Demokratien gegen Autokratien werden diskutiert?

a) Wandel durch Handel?

Jörg Lau, Außenpolitischer Koordinator im Ressort Politik der ZEIT über die wirtschaftlichen Beziehungen zu Autokratien:

Es gibt zahlreiche Varianten der Denkfigur des Wandels durch Handel, etwa Wandel durch Verflechtung oder Modernisierungspartnerschaft. Sie alle gehen auf eine Formel Egon Bahrs zurück, mit der dieser 1963 bei einer Tutzinger Rede das Konzept der Neuen Ostpolitik eingeführt hatte: Wandel durch Annäherung. Der gedankliche Kern ist, dass ein autoritäres Regime (damals die Sowjetunion) durch den Anreiz der wirtschaftlichen Öffnung auch politisch und gesellschaftlich aufgeschlossen werden soll. Zweifellos ist dies eine der folgenreichsten außenpolitischen Ideen der Bundesrepublik. [...] Heutige Fans der stabreimenden Phrase ignorieren geflissentlich, dass sie in den Siebzigern, während der KSZE-Verhandlungen, mit einem klaren Bekenntnis zu Menschen- und Bürgerrechten daherkam. Man rang den Ostblock-Herrschern in der Helsinki-Schlussakte ein Ja zur „Achtung der Menschenrechte und Grundfreiheiten, einschließlich der Gedanken-, Gewissens-,

KSZE
Konferenz über Sicherheit und Zusammenarbeit in Europa
Weitere Informationen:

72035-383

Religions- oder Überzeugungsfreiheit" ab. Womöglich haben diese darin zunächst bloß folgenloses Wortgeklimper gesehen. Doch die Verknüpfung war entscheidend. Der Deal mit den Ostblock-Herrschern lautete: Ihr bekommt unsere Anerkennung nur, wenn ihr selbst die Menschenrechte anerkennt. Darauf wiederum konnten sich dann Dissidenten berufen, die von innen heraus für größere Freiheiten im Ostblock stritten. Der Erfolg der Entspannungspolitik entsprang der kreativen Kombination von Anreiz und Druck, Wirtschaft und Moral, Werten und Interessen. Die heutige Schwundform suggeriert, wirtschaftliche Kooperation werde irgendwie selbsttätig und unwiderstehlich eine Öffnung herbeiführen. Dabei widerlegt das chinesische Beispiel diesen schlichten Glauben seit Jahren: Nie gab es mehr Austausch und doch nie mehr Repression. Das Pekinger Regime kombiniert wirtschaftliche Öffnung virtuos mit gesellschaftlicher Schließung. Handel geht auch ohne Wandel, freie Märkte lassen sich mit unfreien Bürgern bewirtschaften. Interessanterweise praktiziert die chinesische Regierung in ihrer Außenwirtschaftspolitik selbst eine Variante von Wandel durch Handel – nur soll die Veränderung eben im Sinne chinesischer Werte und Ideen erfolgen. Wer in China Autos verkaufen will, muss zum Los der Uiguren schweigen. Wer seine mobilen Daten über chinesische Infrastruktur lenkt, soll bitte keine Fragen zur Sicherheit dieser Daten im Konfliktfall stellen. Und: Wer chinesische Bewerber aus Sicherheitsbedenken vom Netzausbau in Deutschland ausschließt, der möge sich doch bitte mal die Abhängigkeit der deutschen Exportindustrie vom chinesischen Markt vor Augen führen.

Lau, Jörg: „Wandel durch Handel". In: www.internationalepolitik.de, 01.09.2021

Hintergrundwissen:
Der Umgang der chinesischen Regierung mit den Uiguren

72035-384

b) Demokratieförderung nach innen und außen

Die Menschenrechtsorganisation Human Rights Watch und ihr Präsident Kenneth Roth sehen Autokratien langfristig zum Scheitern verurteilt:

Autokraten sahen sich im vergangenen Jahr erheblichem Gegenwind ausgesetzt, doch die Demokratie wird sich im Wettstreit mit der Autokratie nur durchsetzen können, wenn ihre Entscheidungsträger*innen den globalen Gegenwartsproblemen wirksamer entgegentreten als ihre autokratischen Gegenspieler*innen, so Kenneth Roth, Executive Director von Human Rights Watch anlässlich der Veröffentlichung des Human Rights Watch World Report 2022. [...] Viele demokratische Entscheidungsträger*innen waren zu sehr mit kurzfristigen Belangen und politischen Punktgewinnen beschäftigt, um schwerwiegenden Problemen wie dem Klimawandel, der Covid-19-Pandemie, Armut und Ungleichheit, ethnischem Unrecht oder den Gefahren neuer Technologien wirksam entgegenzutreten.

„In einem Land nach dem anderen gingen Menschen – trotz des Risikos, verhaftet oder erschossen zu werden – in großer Zahl auf die Straße. Dies zeigt, welch enorme Anziehungskraft die Demokratie immer noch besitzt", so Roth. „Dennoch müssen die gewählten Staatschefs mehr tun, um den großen Herausforderungen entgegenzutreten. Sie müssen beweisen, dass die Demokratie ihre Versprechen hält und sich auszahlt." [...]

Viele Autokraten behaupten zwar, sie dienten ihrem Volk erfolgreicher als demokratisch gewählte Vertreter*innen, doch sie bedienen meist vor allem sich selbst und versuchen den Wahlprozess so zu manipulieren, dass die Bürger*innen sie nicht abwählen können. Um abzulenken, appellieren die Autokraten an rassistische, sexistische, fremdenfeindliche oder homophobe Vorurteile. [...]

Da die Autokraten sich für den Machterhalt nicht mehr auf subtil manipulierte Wahlen verlassen können, greift eine wachsende Anzahl von ihnen – von Nicaragua bis nach Russland – zu offenkundigem Wahltheater, das zwar das erwünschte Resultat garantiert, jedoch nicht die Legitimierung bietet, welche die Machthaber sich von der Abhaltung von Wahlen versprechen. Die wachsende Unterdrückung sei kein Zeichen der Stärke, sondern der Schwäche, so Roth.

Die Klimakrise stellt eine verheerende Bedrohung für die gesamte Menschheit dar. Demokratische Entscheidungsträger*innen begegneten ihr jedoch nur zaghaft. [...] US-Präsident Biden brach mit Trumps Offenheit gegenüber „freundlichen" Autokraten und versprach eine von den Menschenrechten geleitete Außenpolitik. Dennoch lieferten die USA weiterhin Waffen nach Ägypten, Saudi-Arabien, Israel und in die Vereinigten Arabischen Emirate, trotz der andauernden Repression in diesen Staaten. Obwohl in Zentralamerika vielerorts autokratische Tendenzen zu beobachten waren, gab Biden den Bemühungen zur Eindämmung der Migration meist den Vorrang vor der Bekämpfung der Autokratie. Andere westliche Regierungsoberhäupter zeigten ähnliche Schwächen bei der Verteidigung der Demokratie. Die Regierung der scheidenden Bundeskanzlerin Angela Merkel trug zwar dazu bei, eine weltweite Verurteilung der Verbrechen gegen die Menschlichkeit durch die chinesische Regierung in Xinjiang zu koordinieren, doch sie setzte sich im Rahmen der EU-Präsidentschaft auch für ein Investitionsabkommen der EU mit China ein, obwohl Peking Angehörige der uigurischen Volksgruppe als Zwangsarbeiter*innen einsetzte. Die Regierung des französischen Präsidenten Emmanuel Macron war ebenfalls an der Koordinierung einer breiten Verurteilung der chinesischen Politik in Xinjiang beteiligt. Vor der katastrophalen Menschenrechtslage in Ägypten verschloss sie jedoch die Augen. „Wer Demokratie fördern will, muss für demokratische Institutionen wie unabhängige Gerichte, freie Medien, handlungsfähige Parlamente und lebendige Zivilgesellschaften einstehen, selbst wenn dies unerwünschte Zweifel und Kritik an der eigenen Politik mit sich bringt", so Roth.

Human Rights Watch: Die Zukunft für Autokraten ist düsterer, als sie scheint. In: www.hrw.org, 13.01.2022

c) Regime Change: gewaltsamer Sturz autokratischer Herrscher?

Ben Denison von der amerikanischen Denkfabrik CATO zweifelt an der Effizienz von militärisch herbeigeführten Regimewechsel

Vor allem die USA haben in ihrer Rolle als Weltmacht nach dem Zweiten Weltkrieg zu verschiedenen Zeiten mehrfach militärische Gewalt eingesetzt, um in der ganzen Welt demokratischen Regimewechsel zur Durchsetzung ihrer Sicherheitsinteressen und der Beendigung von Gewaltkonflikten herbeizuführen. In den letzten Jahren ist jedoch ein politikwissenschaftlicher Konsens darüber entstanden, dass diese Operationen zum Regimewechsel im Ausland oft ineffektiv sind und mit gefährlichen Nebenwirkungen verbunden sind. Stattdessen entfachen sie wahrscheinlich weitere Bürgerkriege zwischen ethnischen Konfliktlinien, führen zu einem niedrigeren Demokratieniveau, verstärken die Unterdrückung einzelner Gruppen und verwickeln den ausländischen Interventen schließlich in langwierige Projekte zum Aufbau von Nationen (nation-building). Selbst nach den öffentlichkeitswirksamen Misserfolgen im Irak, in Afghanistan und in Libyen fordern einige Politiker immer noch, illiberale Regime zu stürzen. Die Befürworter des Regimewechsels behaupten, dass mit diesem Instrument die Ziele kostengünstiger und schneller erreicht werden können als mit anhaltendem diplomatischem Druck und dass solche Operationen nicht zu langwierigen umfassenderen Militäraktionen führen werden. Angesichts solcher Behauptungen sollten politische Entscheidungsträger die empirische Erfahrung berücksichtigen, die eindeutig zeigt, dass ein Regimewechsel eher scheitert als erfolgreich ist. Die verschiedenen Staaten der Welt haben unterschiedliche politische Prioritäten, und der Versuch, diese Prioritäten durch eine einfache Beseitigung des Regimes zu ändern, ist schwieriger, als man gemeinhin annimmt. Anstatt mehr Demokratie zu fördern und die amerikanische Sicherheit zu erhöhen, untergräbt der übermäßige Einsatz von Regimewechseln die Wirksamkeit anderer außenpolitischer Instrumente, die bei der Förderung der Freiheit und der Verbesserung der Menschenrechte in der ganzen Welt erfolgreicher sind, und schadet daher letztlich Amerikas Fähigkeit, seine politischen Ziele zu erreichen. Musterbeispiele erfolgreicher Regimewechsel in Deutschland und Japan im Zweiten Weltkrieg stehen daher nach wie vor für sich alleine.

Nach: Denison, Ben: The More Things Change, the More They Stay the Same: The Failure of Regime-Change Operations. In: www.cato.org, 06.01.2022 [Aus dem Englischen übersetzt von Marcus Müller]

M18 Außenministerin Annalena Baerbock über die Bedrohung der Demokratien durch Autokratien

„Für uns alle geht es um nicht weniger als den Frieden in Europa und die Frage, ob wir unsere regelbasierte Ordnung verteidigen, auch wenn es hart auf hart kommt. Wir leben in einer Welt, in der diese regelbasierte Ordnung nicht nur in Osteuropa unter Druck gerät – mit wachsenden geopolitischen Spannungen, im Wettbewerb zwischen autoritären Kräften und liberalen Demokratien."

Rede von Außenministerin Annalena Baerbock beim Panel "Unlearning Helplessness: Meeting Global Challenges" auf der Münchner Sicherheitskonferenz, 18.02.2022

Aufgaben

72035-385

1. Analysieren Sie den aktuellen Zustand der weltweiten Demokratien (**M15**).
2. Erläutern Sie die Folgen des demokratischen Doppelbefundes zum Verhältnis von Demokratien und Autokratien (**M16**) und entwickeln Sie dazu ein Schaubild.
3. Diskutieren Sie in einer Fishbowl-Diskussion (→ Methodenglossar) die Möglichkeiten zum Umgang mit Autokratien im 21. Jahrhundert (**M17**).
4. Beurteilen Sie vor dem Hintergrund der von Außenministerin Baerbock formulierten Bedrohung durch Autokratien, wie Demokratien mit autoritären Staaten umgehen sollten (**M18**).

Sie als Bürger:in ...
positionieren sich zu der Frage, inwiefern Demokratien mit Autokratien in Fragen von Wirtschaftspolitik, Klimapolitik, Sicherheitspolitik und Menschenrechten zusammenarbeiten sollen. Formulieren Sie Kriterien für den Umgang mit Autokratien.

12.2.2 Das Völkerrecht und die UN-Charta von 1945: Garant für Frieden?

Zum Thema: Beim Völkerrecht geht es vereinfacht gesprochen um die rechtliche Basis der internationalen Beziehungen. Es geht um Regelungen, die alle Staaten, die sie unterzeichnet haben, binden. Als Kernpfeiler stehen seit dem Westfälischen Frieden die staatliche Souveränität und spätestens seit dem Ende des Zweiten Weltkriegs die territoriale Integrität, der Schutz der Menschenrechte und das Gewaltverbot im Zentrum. Demnach ist Krieg grundsätzlich verboten. Dennoch vergeht kaum ein Tag, an dem wir keine Berichte von Kriegen in der Welt hören und sehen. Ist das Völkerrecht also überhaupt ein Friedensgarant und warum brauchen wir es, wenn sich nicht alle Staaten daran halten wollen? In diesem Kapitel erarbeiten Sie die Grundlagen des Völkerrechts und am Beispiel der UN-Charta von 1945 deren Herausforderungen und Grenzen.

M19 Vier Thesen zum Völkerrecht

These 1
Das Völkerrecht ist ein Spielball in der Hand der Mächtigen.

These 2
In Ausnahmefällen sollten Staaten das Völkerrecht nicht beachten, wenn ihre Interessen bedroht sind.

These 3
Krieg soll zu jedem Zeitpunkt überall und ausnahmslos verboten sein.

These 4
Nur nicht-demokratische Länder verstoßen gegen das Völkerrecht.

Bearbeiter

Einstiegsaufgaben 72035-386

1. Erläutern Sie die Thesen mit Hilfe der 4-Ecken-Methode (→ digitaler Aufgabenkasten).
2. Bewerten Sie die Thesen auf einer Bewertungsskala von 1 (stimme zu) bis 5 (stimme überhaupt nicht zu).

M20 Was sind die Grundzüge des Völkerrechts nach der UN-Charta von 1945?

Die Charta der Vereinten Nationen (UN-Charta) ist der Gründungsvertrag der Vereinten Nationen (United Nations). Ihre universellen Ziele und Grundsätze bilden die Verfassung der Staatengemeinschaft, zu der sich alle inzwischen 193 Mitgliedstaaten bekennen. Sie wurde am 26. Juni 1945 in San Francisco am Ende der Konferenz der Vereinten Nationen für internationale Organisation unterzeichnet und trat am 24. Oktober 1945 in Kraft. Das Statut des Internationalen Gerichtshofs ist ein wesentlicher Bestandteil der Charta.

Präambel

Wir, die Völker der Vereinten Nationen – fest entschlossen, künftige Geschlechter vor der Geißel des Krieges zu bewahren, die zweimal zu unseren Lebzeiten unsagbares Leid über die Menschheit gebracht hat, unseren Glauben an die Grundrechte des Menschen, an Würde und Wert der menschlichen Persönlichkeit, an die Gleichberechtigung von Mann und Frau sowie von allen Nationen, ob groß oder klein, erneut zu bekräftigen, [...]

Artikel 1

Die Vereinten Nationen setzen sich folgende Ziele:
(1) den Weltfrieden und die internationale Sicherheit zu wahren und zu diesem Zweck wirksame Kollektivmaßnahmen zu treffen, um Bedrohungen des Friedens zu verhüten und zu beseitigen, Angriffshandlungen und andere Friedensbrüche zu unterdrücken und internationale Streitigkeiten oder Situationen, die zu einem Friedensbruch führen könnten, durch friedliche Mittel nach den Grundsätzen der Gerechtigkeit und des Völkerrechts zu bereinigen oder beizulegen;
(2) freundschaftliche, auf der Achtung vor dem Grundsatz der Gleichberechtigung und Selbstbestimmung der Völker beruhende Beziehungen zwischen den Nationen zu entwickeln und andere geeignete Maßnahmen zur Festigung des Weltfriedens zu treffen; [...]

Artikel 2

[...] (3) Alle Mitglieder legen ihre internationalen Streitigkeiten durch friedliche Mittel so bei, daß der Weltfriede, die internationale Sicherheit und die Gerechtigkeit nicht gefährdet werden.
(4) Alle Mitglieder unterlassen in ihren internationalen Beziehungen jede gegen die territoriale Unversehrtheit oder die politische Unabhängigkeit eines Staates gerichtete oder sonst mit den Zielen der Vereinten Nationen unvereinbare Androhung oder Anwendung von Gewalt. [...]

Artikel 51

Diese Charta beeinträchtigt im Falle eines bewaffneten Angriffs gegen ein Mitglied der Vereinten Nationen keineswegs das naturgegebene Recht zur individuellen oder kollektiven Selbstverteidigung, bis der Sicherheitsrat die zur Wahrung des Weltfriedens und der internationalen Sicherheit erforderlichen Maßnahmen getroffen hat. Maßnahmen, die ein Mitglied in Ausübung dieses Selbstverteidigungsrechts trifft, sind dem Sicherheitsrat sofort anzuzeigen; sie berühren in keiner Weise dessen auf dieser Charta beruhende Befugnis und Pflicht, jederzeit die Maßnahmen zu treffen, die er zur Wahrung oder Wiederherstellung des Weltfriedens und der internationalen Sicherheit für erforderlich hält.

Vereinte Nationen: Die Charta der Vereinten Nationen. In: www.unric.org, Abruf am 20.07.2022

M21 Wird auch das Völkerrecht zum Opfer von Wladimir Putins Krieg?

Dass Recht ein Spielball in der Hand der Mächtigen ist und von ihnen instrumentalisiert wird, ist ein uralter Topos. [...] Mehr noch als für das innerstaatliche Recht wurde diese Kritik mit Blick auf das Völkerrecht formuliert. Im 19. Jahrhundert stellte der Rechtsphilosoph John Austin infrage, ob es im eigentlichen Sinne ein Völkerrecht gebe, denn es fehle ihm eine zentrale Instanz für Rechtssetzung und Rechtsdurchsetzung. [...] Sieht man im Völkerrecht lediglich eine Manifestation der und Camouflage für die jeweiligen geopolitischen Machtstrukturen, müssen sich die Vertreterinnen und Vertreter der Disziplin in den Worten Immanuel Kants als „lauter leidige Tröster" apostrophieren lassen, aus deren – wohl gut gemeinten – Schriften die Staaten Vorwände und nachträgliche Erklärungen zur Rechtfertigung ihrer Machtpolitik gewinnen. [...] Daraus folgt dann aber auch, dass es Ausnahme- und Grenzfälle gibt, in denen sich Staaten für die Nichtbeachtung des Völkerrechts entscheiden, gerade wenn es um aus ihrer Sicht vitale Interessen geht. Eben hier werden manche den völkerrechtswidrigen Angriff Russlands auf die Ukraine einordnen wollen. Nun weiß aber auch das innerstaatliche Recht nur zu gut darum, dass es Rechtsverletzungen gibt und dass allein dadurch seine Rechtsnatur noch nicht infrage steht. Dies entscheidet sich vielmehr im Hinblick darauf, ob und wie effektiv die Rechtsordnung auf derartige Rechtsverletzungen reagiert. Dies ist die recht eigentliche Herausforderung für die Völkerrechtsordnung angesichts der russischen Aggression gegenüber der Ukraine. Es liegt deutlich zutage, dass es sich dabei um einen eklatanten Verstoß gegen fundamentale Regeln des Völkerrechts handelt

(territoriale Souveränität und Integrität der Ukraine, Gewaltverbot, Verbot des Angriffskriegs) und dass die russischen Versuche, völkerrechtliche Rechtfertigungen ins Treffen zu führen, der nötigen faktischen und juristischen Basis entbehren. Dazu gehören die Selbstverteidigung Russlands selbst und/oder zugunsten der (angeblich) unabhängigen Volksrepubliken Donezk und Luhansk, die Verhinderung eines angeblichen Völkermords in der Ostukraine und der Schutz russischer Staatsbürger in der Ukraine. [...]
Die Weltgemeinschaft hat 1945 – also unter dem Eindruck des Zweiten Weltkriegs, der Aggressionspolitik von Nazideutschland und Japan, von Völkermord und Kriegsverbrechen ungekannten Ausmaßes – einen gewagten Schritt getan: Sie hat mit dem Gewaltverbot mit einer jahrhundertelangen Tradition gebrochen, Krieg als Mittel staatlicher Interessendurchsetzung geächtet und mit der Schaffung der Organisation der Vereinten Nationen (Uno) ein institutionelles Rahmenwerk geschaffen, das den Weltfrieden und die internationale Sicherheit schützen soll. [...]
Just hier wird sich – und zwar nicht heute oder morgen, sondern erst nach Jahren im Rückblick – entscheiden, ob wir einen Abgesang auf das Völkerrecht erleben, wie wir es kennen, oder den ernsthaften Versuch seiner Verteidigung und Bewährung. Das wird davon abhängen, ob die gesetzten Schritte mit der nötigen Nachhaltigkeit und Ausdauer weiter gegangen werden. Das Völkerrecht verpflichtet alle Staaten der Welt, egal wie nah oder fern zum Kriegsschauplatz, die durch Verletzung seiner fundamentalsten Grundsätze herbeigeführten Situationen nicht als rechtmäßig anzuerkennen oder Beihilfe zu deren Aufrechterhaltung zu leisten. Konkret bedeutet das, dass mit Russland oder von ihm allenfalls auf ukrainischem Boden installierten Marionettenregimen jetzt und in Zukunft keine die Eroberung direkt oder indirekt legitimierenden Kooperations- und Wirtschaftsabkommen geschlossen werden dürfen. Dazu gehört auch die Verantwortung der Staaten, die ihrer Verantwortung unterstehenden Unternehmen und anderen privaten Akteure davon abzuhalten, sich in einer derartigen Weise zu betätigen. Manche mögen das für bloße Symbolakte halten. [...] Aber er bekräftigt einen Grundsatz, dem sich jede Rechtsordnung verpflichtet weiß: *ex iniuria ius non oritur*. Aus Unrecht darf kein Recht entstehen!

Müller, Andreas: Wird auch das Völkerrecht zum Opfer von Wladimir Putins Krieg? In: www.derstandard.de, 07.03.2022

M22 Kommentar: Im russischen Völkerrechtsverständnis gibt es Widersprüche

Das Völkerrechtsverständnis eines Landes spiegelt die generelle Wahrnehmung des „Rechts" durch seine Elite wider. Russlands Herrscher waren im Laufe der Geschichte nur begrenzt von den Formalitäten des öffentlichen Rechts eingeschränkt. Die Gerichte waren relativ schwach und stellten keine ernstzunehmenden Begrenzungen der Exekutive dar. [...] Russland bleibt [...] auch nach dem Zusammenbruch der Sowjetunion der größte Territorialstaat der Welt. Es ist daher teilweise verständlich, dass es Völkerrechtsinterpretationen vorzieht, die es dem Land notfalls erlauben würden, das eigene Territorium zu schützen und auf wahrgenommene Bedrohungen seiner Souveränität zu reagieren. Aus diesem Grund zeigen Russlands außenpolitische Doktrinen – sowohl zu Sowjetzeiten als auch danach – eine Präferenz für eine solche Interpretation des Völkerrechts, die der eigenen Souveränität und territorialen Integrität Vorrang gewährt. Gleiches gilt jedoch nicht notwendigerweise für Russlands kleinere Nachbarstaaten. Die Priorisierung der staatlichen Souveränität geht teilweise zu Lasten von Konzepten wie Menschenrechten, Demokratie und dem Selbstbestimmungsrecht der Völker – denn zu viele Freiheiten (individuelle wie kollektive) werden als Gefahr für die Zentralmacht und zum Teil auch für die territoriale Integrität des Landes ausgewiesen.

Mälksoo, Lauri: Analyse: Russland und das Völkerrecht: Einige Widersprüche. In: www.bpb.de, 19.11.2018

M23 Halten sich Staaten an das Völkerrecht?

A Völkerrecht bewirkt keine Verhaltensänderung von Staaten. Diese sind nur an der Interessensdurchsetzung orientiert. Regierungen nutzen das Völkerrecht vor allem zur Rechtfertigung ihrer Handlungen. Sie halten jedoch Regeln ein, wenn dies im wohlverstandenen Eigeninteresse liegt. Oder sie halten Regeln ein, wenn sie dazu von mächtigeren Staaten (Hegemon) oder einer Staatengruppe gezwungen werden.

B Völkerrecht erzeugt bei den innenpolitischen Gruppen (Bürger:innen, Unternehmen, NGOs , ...), die von der Beachtung und Pflege profitieren, eindeutige Interessen. Sie üben Druck auf Regierungen aus, sich daran zu halten. Die Wahrscheinlichkeit ist besonders groß, wenn die Staaten demokratisch sind. Bei autoritären Staaten ist dieser Nexus zu gering.

C Regierungen nutzen die Möglichkeit kostspielige Signale zu senden, indem sie internationale Verträge ratifizieren. Damit unterstreichen sie ihre Absicht, allgemeine Prinzipien einzuhalten und sich an geschlossene Verträge zu binden. Die Praxis der Vertragstreue löst einen Internalisierungsprozess aus, der die Identität der Staaten verändert, weil diese schließlich Völkerrecht aufgrund von Gewohnheit beachten.

Pessimistischer Blick ⟷ Optimistischer Blick

Bearbeiter

M24 Völkerrecht versus nationales Recht

Bearbeitergrafik

Onlinekapitel: Die Internationale Rechtsprechung in Kriegszeiten

72035-387

Aufgaben

72035-388

1. Erstellen Sie eine Rangordnung der wichtigsten Verfügungen der UN-Charta von 1945 (**M20**) und erklären Sie die ideale Normenhierarchie (**M24**).
2. Erklären Sie, inwiefern Russlands Angriffskrieg gegen die Ukraine gegen die UN-Charta verstößt (**M21**, **M22**).
3. Vergleichen Sie unter Rückgriff auf den russischen Angriffskrieg gegen die Ukraine, inwiefern das Völkerrecht staatliches Handeln reguliert (**M23**).
4. Entwickeln Sie ein neues Völkerrecht mit Hilfe der Simulation auf S. 496

Onlinekapitel: Krieg und humanitäres Völkerrecht am Beispiel des amerikanischen Drohnenkrieges

72035-389

METHODE

Simulation: gemeinsames Recht und Regeln für alle Staaten verhandeln

Nach dem Angriffskrieg Russlands gegen die Ukraine ist die Welt in Aufruhr. Sie sind Delegierte:r auf einer Staatenkonferenz, die das Völkerrecht für das 21. Jahrhundert neu festlegen soll. An der Konferenz nehmen Delegierte aus den USA, China, Russland, Saudi-Arabien, Ruanda und der EU teil. Das alte Regelwerk (UN-Charta) ist nach Ansicht vieler Expert:innen gescheitert, nicht zuletzt durch die Ära der Großmachtrivalität, die ihren Gipfel fand. Noch gibt es kein internationales Regelwerk – eine neue Charta – die Fragen der Menschenrechte, Einsatz militärischer Gewalt oder Souveränität und Territorien klären soll. Die Verhandlungen darüber gehen in die letzte Runde.

1 Rollenaufteilung und Rollenvorbereitung

1. Verteilen Sie die Rollen im Kurs.
2. Erarbeiten Sie entlang Ihrer Zuteilung Ihre mögliche Rollenzuschreibung. Wichtig: Sie vertreten die Interessen Ihres Staates und haben die Vollmacht über eine Charta abzustimmen.
3. Entwickeln Sie eine Verhandlungsposition, unter Klärung der folgenden Fragen:
   - Wie stehen Sie zu den einzelnen Themen der Charta?
   - Wo sind Sie kompromissbereit?
   - Mit wem verhandelen Sie über welche Fragen?
   - Wie wollen Sie andere von Ihrer Position überzeugen?
   - Wie präzise sollen die Artikel formuliert werden?
4. Rollenfindung und eigene Verhandlungsposition zur Charta schriftlich festhalten [10 min] Tipp: Bereiten Sie die Rollenkarten im Vorfeld als Hausaufgabe vor.

2 Durchführung der Simulation:

1. Bestimmen Sie eine Konferenzleitung: Eine/r der Delegierten achtet auf gleichmäßige Redezeit und dass niemand während der Sitzung unterbrochen wird.
2. Führen Sie die erste Sitzung der Staatenkonferenz durch [5 min]
3. Verhandlungsphase [15 min]
4. Führen Sie die zweite Sitzung und Abstimmung durch. [15 min]

Abstimmungsregeln zur Abstimmung über die Ausgestaltung der Artikel der Charta:
- Es kann dafür oder dagegen gestimmt werden
- Zum Abstimmen halten die Delegierten deutlich ihr Länderschild nach oben.
- Die Delegierten votieren abwechselnd für/gegen den Entwurf.
- Die Charta ist angenommen, wenn alle Staaten zugestimmt haben.

3 Auswertung

Tauschen Sie sich im Kurs darüber aus, wie Sie die Verhandlungen wahrgenommen haben. Wo war eine Einigung einfach, wo schwierig?

Müller, Marcus: Simulation: gemeinsames Recht und Regeln für alle Staaten verhandeln, Bamberg 2023

Teilnehmende Staaten(gemeinschaften)

China

EU

Russland

Ruanda

Saudi-Arabien

USA

Material zum Herunterladen und Ausdrucken

72035-390

Vorlage: Entwurf einer neuen Charta

72035-391

WISSEN KOMPAKT

Krieg und Frieden

Kriege und Frieden bestimmen schon immer die Menschheitsgeschichte. Man kann auch sagen, sie sind sozialer Tatbestand des menschlichen Zusammenlebens auf der Welt, schon bevor es moderne Demokratien gab. Zwei Weltkriege und auch der jetzige Angriffskrieg Russlands gegen die Ukraine haben offenbart, wie sensibel die Friedensordnung in Europa ist, deren Zielsetzung durch das zivilisatorische Hexagon beschrieben wird. Auch der globale Frieden ist fragil und in manchen Weltregionen herrschen insbesondere innerstaatliche Gewaltkonflikte, deren Ursachen in ethischen Spannungen, diktatorischer Herrschaft, ungleicher Verteilung sozio-ökonomischer Güter oder dem imperialen Streben von Großmächten liegen.

Übung
82000-741

Kriegsursachenforschung

In der Kriegsursachenforschung existieren diese Perspektiven (internationales System, politisches System und Gesellschaftsstruktur, Persönlichkeiten der Staats- und Regierungschefs) parallel nebeneinander und lassen in seltensten Fällen ein eindeutiges Urteil zu. Wichtig ist in der Analyse und Beurteilung der Fragen von Krieg und Frieden vor allem, wie politische Herrschaft in den Ländern organisiert ist – ob demokratisch oder autoritär.

Übung
82000-742

Demokratischer Frieden

Laut der Theorie des Demokratischen Friedens macht die Organisation der politischen Herrschaft in einem Land einen entscheidenden Unterschied, wie friedfertig Staaten untereinander sind. Die Frage, inwiefern Demokratien mit Diktaturen zusammenarbeiten oder sie ausgrenzen sollen bis hin zur militärischen Bekämpfung, ist sehr umstritten. Denn dem Frieden und der Ächtung völkerrechtwidriger Angriffskriege sind alle politischen Akteure nach der UN-Charta von 1945 verpflichtet.

Übung
82000-743

Das Völkerrecht

Neue Waffen wie bewaffnete Kampfdrohnen stellen eine besondere Herausforderung für die völkerrechtliche Legitimität der Kriegsführung dar. Über die Einhaltung des Völkerrechts wachen auch Gerichte, z. B. der Internationale Gerichtshof und der internationale Strafrechtshof in Den Haag, deren Wirkung und Legitimität aber nicht zuletzt vom Interesse der Großmächte abhängig ist.

Übung
82000-744

Bearbeiter

KOMPETENZEN ANWENDEN

Kursarbeitstraining

Die folgenden Aufgaben bieten die Möglichkeit, Ihre gewonnen Kompetenzen zu überprüfen und diese anzuwenden. Sie können als Vorbereitung für eine Kursarbeit dienen. Lösungsvorschläge erhalten Sie über den QR-Code.

1 Karikatur: „Justice coming for Putin“

Karikatur: Tjeerd Royaards, 23.05.2022

2 Der Syrien-Prozess in Koblenz: Hoffen auf einen Dominoeffekt?

Der Prozess ist ein Durchbruch, sind sich Menschenrechtsengagierte einig. Das weltweit erste Verfahren um Staatsfolter in Syrien, das am Donnerstag vor dem Oberlandesgericht Koblenz endete, könnte weitreichende Folgen haben. „Wir hoffen, dass der Koblenzer Prozess einen Dominoeffekt auslöst“, erklärte der Generalsekretär der Menschenrechtsorganisation „European Center for Constitutional and Human Rights“ (ECCHR), Wolfgang Kaleck. Er soll einen Impuls für die Verfolgung der Verbrechen des Regimes von Staatschef Baschar al-Assad geben. „Erstmals wird gerichtlich festgestellt, dass das, was in Syrien seit spätestens April 2011 passiert, ein Menschheitsverbrechen ist“, sagte Patrick Kroker, der in dem Verfahren neun Nebenkläger vertrat. Das sei ein Meilenstein. Für syrische Flüchtlinge in Deutschland habe die Verurteilung von Anwar R. zu lebenslanger Haft eine große Bedeutung, sagten Betroffene und Opfer-Anwälte vor der Urteilsverkündung. „Dieser Prozess ist etwas Besonderes“, erläuterte die syrische Menschenrechtsaktivistin Joumana Seif. Sie hoffe, dass er die Grundlage für viele weitere Bemühungen biete, gegen hochrangige syrische Beamte vorzugehen, die für Verbrechen verantwortlich seien. Anwar R. stand seit dem 23. April 2020 wegen Staatsfolter vor Gericht. Den Richtern zufolge ist er verantwortlich für Tötung, Folter, schwerwiegende Freiheitsberaubung, Vergewaltigung und sexuelle Nötigung in Tateinheit mit Mord in 27 Fällen, gefährliche Körperverletzung in 25 Fällen, besonders schwere Vergewaltigung, sexuelle Nötigung in zwei Fällen, über eine Woche dauernde Freiheitsberaubung in 14 Fällen, Geiselnahme in zwei Fällen und sexuellen Missbrauch von Gefangenen in drei Fällen. Den mitangeklagten Eyad A. hatte das Gericht bereits Ende Februar 2021 zu viereınhalb Jahren Haft verurteilt. Die beiden Ex-Geheimdienstler waren 2014 beziehungsweise 2018 nach Deutschland gekommen und im Februar 2019 festgenommen worden. Der Prozess gegen Anwar R. und Eyad A. in Deutschland war durch das sogenannte Weltrechtsprinzip im Völkerstrafrecht möglich. Das deutsche Recht erkennt die universelle Gerichtsbarkeit einiger der schwersten Verbrechen nach dem Völkerrecht an. Dadurch können entsprechende Taten in Deutschland verfolgt werden, auch wenn sie von Menschen anderer Nationalität im Ausland begangen wurden. „Diese Strafverfolgungen werden immer wichtiger bei den internationalen Bemühungen, Opfern, die sich an niemanden sonst wenden können, Gerechtigkeit widerfahren zu lassen", erklärte die stellvertretende Direktorin für internationale Justiz bei Human Rights Watch, Balkees Jarrah. „Dieser Prozess zeigt, dass Deutschland kein Zufluchtsort für Kriegsverbrecher ist und dass die Verantwortlichen für Gräueltaten zur Rechenschaft gezogen werden."

Doch es gibt auch Kritik: Für die arabische Gemeinschaft sei es schwierig gewesen, den Prozess zu verfolgen, stellte Nebenkläger-Anwalt Kroker fest. Denn das Gericht genehmigte eine Übersetzung des Verfahrens ausschließlich für die offiziellen Prozessbeteiligten sowie die wenigen akkreditierten arabischsprachigen Journalisten. Das ECCHR und Human Rights Watch bemängelten zudem die fehlende Dokumentation des Prozesses für wissenschaftliche Zwecke. Das Gericht hatte Tonaufzeichnungen der Verhandlungen abgelehnt. „Das Verfahren hat einen historischen Wert. Da vergibt man eine Chance", kritisierte Kroker. In Deutschland geht die Verfolgung von Verbrechen gegen die Menschlichkeit in Syrien nach dem Weltrechtsprinzip aber weiter. Bereits am kommenden Mittwoch soll vor dem Oberlandesgericht Frankfurt ein Prozess gegen einen weiteren früheren syrischen Funktionär beginnen. Dem Arzt und ehemaligen Mitarbeiter des syrischen Militärgeheimdienstes werden ebenfalls Folter und die Tötung von Menschen vorgeworfen. Die Europaabgeordnete Katrin Langensiepen (Bündnis90/Die Grünen), Beobachterin des Prozesses und Mitglied im Außenausschuss im Europaparlament, dringt darauf, weitere Gerichtsverfahren in der EU in die Wege zu leiten. Außerdem müsse die EU weiter auf die Einrichtung eines syrischen Kriegsverbrechertribunals pochen. Die Übertragung eines Mandats zur Untersuchung der Verbrechen in Syrien an den Internationalen Strafgerichtshof in Den Haag war 2014 im UN-Sicherheitsrat an der Blockade Russlands und Chinas gescheitert.

Rometsch, Claudia: Der Syrien-Prozess: Hoffen auf einen Dominoeffekt. In: www.migazin.de, 14.01.2022

Aufgaben

72035-392

1. Beschreiben, interpretieren und beurteilen Sie die Karikatur in 1.
2. Erarbeiten Sie ausgehend von der Karikatur die verschiedenen Friedens- und Kriegsbegriffe.
3. Stellen Sie die Grundzüge des Völkerrechts in der UN-Charta und des humanitären Völkerrechts dar.
4. Beurteilen Sie ausgehend von 2, inwiefern die Syrien-Prozesse in Koblenz einen weltweiten Dominoeffekt zur Verfolgung von Menschrechtsverletzungen und Kriegsverbrechen auslösen kann.
5. Beziehen Sie Stellung: Sind Klagen gegen Kriegsverbrechen vor deutschen Gerichten nach dem Weltrechtsprinzip eine sinnvolle Alternative?

Lösungsvorschläge und Erwartungshorizonte

72035-393

Raketenangriff des israelischen Militärs auf Ziele der Hamas im Gaza-Streifen, Mai 2021

Letzter Vermittlungsversuch unmittelbar vor dem Beginn des großangelegten russischen Angriffskrieges gegen die Ukraine im Februar 2022: Bundeskanzler Scholz trifft Russlands Präsident Putin in Moskau.

Die G7 (Gruppe der 7 wichtigsten westlichen Industrienationen) verspricht beim Gipfel in Elmau 2022 umfassende militärische, humanitäre und finanzielle Hilfe für die Ukraine im Zuge des russischen Angriffskrieges gegen die Ukraine.

D **Das „Chicken Game“**

Es gibt die Erzählung, dass Jugendliche in den USA in den 1950er Jahren folgendes Spiel spielten, welches sie als Chicken (wörtlich 'Huhn') bezeichneten: Zwei Personen sitzen je in einem Auto und rasen frontal aufeinander los. Jeder hat zwei einfache Aktionen ('Strategien') zur Auswahl: Kurs halten oder ausweichen. Es verliert derjenige, der zuerst ausweicht. Bei Kollision sind beide tot.

Tabelle zum „Chicken Game“

72035-394

Sicherheit und Frieden in den Internationalen Beziehungen

13

Zwischen Kooperation und Konflikt

Wesentliches Ziel in der internationalen Politik ist es, Frieden und Sicherheit zu schaffen. So steht es in der Charta der Vereinten Nationen von 1949, im Lissabonner Vertrag der EU oder der Präambel des Grundgesetzes. In der Praxis (Empirie) zeigt sich aber, dass Konflikte, Terrorismus, Massenvernichtungswaffen, Autokratie und letztlich Krieg mit vielschichtigen Ursachen Bestandteil der Internationalen Beziehungen sind. So markieren der Fall der Mauer 1989 mit dem sich anschließenden Ende der Sowjetunion 1992, die Terroranschläge vom 11. September 2001, der russische Angriffskrieg gegen die Ukraine beginnend mit der Krim-Annexion 2014, Chinas Aufstieg zu einer Großmacht oder die US-Präsidentschaft Donald Trumps Umbruchstellen mit sich verändernden Herausforderungen für die Stabilität in der globalen Ordnung – und in besonderem Maße für die Zukunft von Demokratien in der Welt.

In diesem Kapitel sollen Sie ausgehend vom israelisch-palästinensischen Konflikt (Nahostkonflikt) und dem russischen Angriffskrieg gegen die Ukraine verstehen, wie internationale Konflikte und die wichtigsten Ordnungsfragen in den Internationalen Beziehungen analysiert werden können, um daran die Handlungsmöglichkeiten Deutschlands, Europas und der westlichen Demokratien sowie Ihre eigenen in den Internationalen Beziehungen (IB) zu beurteilen.

Leitfragen

1. Was sind die Ursachen/Lösungsmöglichkeiten internationaler Konflikte (am Beispiel des Nahostkonflikts und des russischen Angriffskriegs gegen die Ukraine)?
2. Welche Position soll Deutschland bei den verschiedenen internationalen Ordnungsfragen einnehmen?
3. Welche Transformationschancen und Denkmuster der Internationalen Beziehungen gibt es und welche sind zu bevorzugen?
4. Welche Handlungsmöglichkeiten gibt es für Sie, für Deutschland und Europa?

Aufgaben

72035-395

1. Beschreiben und analysieren Sie die Bilder A – C (→ Methode, S. 504). Ermitteln Sie die handelnden Akteure und die politischen Herausforderungen für die internationale Gemeinschaft.
2. Gewichten Sie in einem Placemat (→ Methodenglossar) Ihre eigenen Prioritäten in der internationalen Politik.
3. a) Führen Sie das in D dargestellte „Chicken Game" mit zwei Stühlen im Klassenzimmer durch.
   b) Erörtern Sie die Möglichkeiten, das Spiel zu gewinnen oder ein Ausweichen zu vereinbaren mit Hilfe einer Spielmatrix (→ QR-Code, S. 500).
   c) Erarbeiten Sie am Beispiel der Simulation die Kategorien zur Analyse internationaler Politik (Akteure, Interessen, Macht, Sicherheit, Stabilität, Strategien, Recht, Selbst/Fremdwahrnehmung, Vertrauen ...).

13.1 Der Nahostkonflikt

13.1.1 Mediale Vermittlung des israelisch-palästinensischen Konflikts – stereotype Darstellungen der Konfliktakteure: „Täter" – „Opfer"?!

Zum Thema: In der Wahrnehmung und Bewertung des Nahostkonflikts spielt die mediale Vermittlung – durch Bilder oder Videos in den sozialen Netzwerken, Zeitungen und im Fernsehen – eine zentrale Rolle. Diese beeinflussen uns bei der Beurteilung des Konflikts, indem sie eindeutige Aussagen über Täter:innen, Opfer, Schuldige und Unschuldige suggerieren. Tatsächlich werden aber die bildhaften Darstellungen der Komplexität des Konflikts und den sehr heterogenen Gesellschaften in Israel und Palästina kaum gerecht und verzerren damit die Wirklichkeit vor Ort. In diesem Kapitel soll anhand ausgewählter Bilder ein erster Zugang zum Konflikt und zu den Konfliktakteuren stattfinden aber auch die Kompetenz zur kritischen Analyse und De-Konstruktion von Bildern geübt werden.

M1 Eine Collage von Bildern zur Annäherung an den israelisch-palästinensischen Konflikt

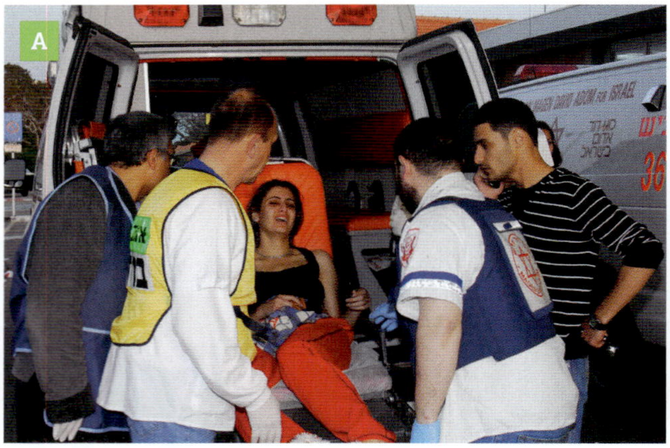

Rettungskräfte in der südisraelischen Stadt Sderot versorgen eine Frau nach einem Raketenangriff aus dem Gazastreifen, Mai 2021.

Nationalreligiöse Siedler bei der Errichtung eines nach internationalem Recht illegalen Outpost (Kleinstsiedlung) im Westjordanland, Juli 2021

Mitglieder der Qassam-Brigaden, dem militärischen Arm der Hamas, bei einer Parade im Gaza-Streifen, Mai 2021

Tausende feiern eine LGBT-Party in den Straßen von Tel Aviv, Juni 2021.

Israelische Soldaten führen einen palästinensischen Jungen bei Zusammenstößen in Hebron ab, Westjordanland im Oktober 2017.

Palästinenser:innen beim Einkaufen in Ramallah, Westjordanland im Juli 2021

Muslime beten auf dem Tempelberg-Plateau in Jerusalem, Juli 2017.

Charedim – ultraorthodoxe Juden – im Jerusalemer Stadtteil Mea Shearim, September 2020

Aufgaben

72035-396

1. Analysieren und beurteilen Sie die Bilder A – H mit Hilfe der Methodenkarte auf Seite 504.
2. a) Diskutieren Sie zunächst zu zweit: Inwiefern wird die Wahrnehmung des Konflikts und der Konfliktakteure durch diese Bilder ausdifferenziert oder inwiefern finden sich in ihnen Stereotype?
   b) Vergleichen Sie Ihre Ergebnisse im Kurs.

Stereotype
Vereinfachende, verallgemeinernde, klischeehafte Darstellungen und Annahmen

Politik aktiv

Finden Sie eigene Bilder zum Nahostkonflikt im Internet. Führen Sie mit Hilfe der umseitigen Methodenkarte eine Bilderanalyse und -beurteilung durch und präsentieren Sie diese im Kurs.
Welche Fragen an den Konflikt ergeben sich durch Ihre Bilder?
Versuchen Sie die Fragen am Ende der Unterrichtsreihe zu beantworten.

Onlinekapitel: Der Nahostkonflikt als Projektionsfläche in Deutschland

72035-397

METHODE

Bilder analysieren und beurteilen

Bilder begegnen uns im Zusammenhang mit politischen Ereignissen und Nachrichten immer wieder. Dabei werden sie oft bewusst eingesetzt, um bei den Betrachtenden bestimmte Emotionen hervorzurufen und Sichtweisen zu lenken. Die kritische Analyse und De-Konstruktion von Bildern ist also eine wichtige Kompetenz, die mündige Bürgerinnen und Bürger sich aneignen sollten.

So gehen Sie vor:

1 Bildbeschreibung

a) Formale Aspekte:
- Fotografin bzw. Fotograf, Agentur, Herstellerin bzw. Hersteller, Auftraggeberin bzw. Auftraggeber, Verwendungszweck, Datum, Ort und Medium der Veröffentlichung, Unterschrift- oder Überschrift

b) Visuelle Aspekte:
- Abgebildete Personen, Gegenstände, Symbole, Motiv, Handlungen, Vordergrund, Hintergrund etc.
- Aufnahmeperspektive, Art des Bildes, eventuelle Bildbearbeitung

2 Bildanalyse und -interpretation

- **Politischer Kontext der Darstellung:** Welche Situation soll gezeigt werden?
- **Ästhetik des Bildes:** Was wird wie dargestellt? (Personen, Symbole, Farben etc.)
- **Wirkung des Bildes:** Welche Wirkung des Bildes soll durch die Ästhetik erzeugt werden?
- **Fokussierung des Bildes:** Was wird im Bild nicht dargestellt? Welcher Ausschnitt aus der politischen Wirklichkeit ist abgebildet, welcher nicht?
- **Adressaten:** An wen richtet sich das Bild und warum?
- **Aussageabsicht:** Was soll mit dem Bild gezeigt werden? Welche Haltung soll durch das Bild eingenommen werden?
- **Welche Werthaltung, Perspektive, Meinung** der Fotografin bzw. des Fotografen/ der Produzentin bzw. des Produzenten, etc. zeigt sich im Bild?

3 Bildbeurteilung über Kommunikation

Die subjektive Beurteilung des Bildes soll mit anderen Beurteilungen kommunikativ verglichen werden.

a) Subjektiver Teil:
- Welche Erkenntnisse gewinne ich durch das Bild, was bleibt unklar?
- Welche Emotionen löst das Bild aus?
- Welche Teile/Aspekte des Bildes sind für die subjektive Beurteilung wichtiger als andere?
- Welche Position zur Thematik nehme ich durch das Bild ein?
- Hat sich durch das Bild die eigene Position verändert?

b) Kommunikativer Teil in der Gruppe/im Kurs:
Leitfragen für den Austausch:
- Auf wen wirkt das Bild wie?
- Welche Aspekte/Teile des Bildes sind für wen besonders wichtig, für wen nicht?
- Bei wem hat das Bild eine Bestätigung der Position gebracht, bei wem eine Veränderung?
- Welche Antworten geben die Bilder, welche Fragen werfen sie aber auch auf?

Bearbeiter

13.1.2 Konflikt-Vorgeschichte bis 1947: Wer hat welchen Anspruch auf das „Heilige Land“?

Zum Thema: Der heutige israelisch-palästinensische Konflikt lässt sich in seiner ganzen Komplexität nur durch seine Vorgeschichte verstehen. Dabei beziehen sich die Konfliktakteure auf weit zurückliegende Ereignisse und Traditionen, die als kollektive Erinnerungen dazu dienen, aus der Geschichte eigene Ansprüche auf das Land abzuleiten. Außerdem prägen diese Erinnerungen und Narrative die Identitäten der Konfliktakteure. In diesem Kapitel soll es darum gehen, die Vorgeschichte und die Argumente kennenzulernen sowie die Ansprüche auf das „Heilige Land“ zu bewerten?

M2 Karikatur: die Bedeutung des Landes im Nahostkonflikt

Karikatur: Fritz Behrendt, 1990

„Wir waren schon immer hier.“

Einstiegsaufgaben 72035-398

1. Analysieren Sie die Karikatur in **M2**.
2. Formulieren Sie mögliche Ansprüche der Konfliktakteure auf das „Heilige Land“ ausgehend von der Karikatur (**M2**).

M3 Chronologie wichtiger Ereignisse im Nahostkonflikt bis 1939

Vorgeschichte

Ab 2000 v. Chr.: Die Kanaanäer wandern in das Gebiet des heutigen Israel-Palästina ein, welches als Durchgangsland zwischen den Großreichen in Mesopotamien und Ägypten fungierte. In der Folgezeit kommen in dieses Gebiet auch israelitische Stämme (in der Bibel Hebräer genannt) und Philister, die um die Vorherrschaft über Kanaan konkurrieren.

Ab 1000 v. Chr.: Nach dem Zusammenschluss der israelitischen Stämme festigen diese unter den Königen Saul und David ihre Herrschaft. Jerusalem wird zum politischen und religiösen Zentrum des Landes. Nach dem Tod des Königs Salomo (926 v. Chr.) zerfällt das israelitische Reich in ein Nordreich (Israel) und ein Südreich (Juda), welche beide im heutigen Westjordanland liegen.

Diaspora
Bezeichnet das Leben in der Fremde (auch die Zerstreuung der ursprünglichen Bevölkerung über weite Teile der Welt).

597/586 v. Chr.: Die Babylonier erobern das Südreich und zerstören den ersten Tempel von Jerusalem, viele Jüdinnen und Juden müssen nach Babylon ins Exil (erste Diaspora). Dort entstehen entscheidende Schriften, in denen die Besonderheit jüdischer Religion, Tradition und Geschichte erzählt wird, um so die Identität der jüdischen Minderheit in der Fremde zu bewahren. Das Nordreich war schon viele Jahre vorher von den Assyrern erobert worden.

515 v. Chr.: Die Juden kehren aus dem Exil in Babylon zurück und errichten einen zweiten Tempel in Jerusalem. Der Name „Land Israel" (Eretz Israel) für das Gebiet setzt sich durch.

63 v. Chr.: Die Römer besetzen das Land. Immer wieder kommt es zu jüdischen Aufständen gegen die Besatzung. Im jüdischen Krieg wird der zweite Tempel in Jerusalem zerstört (70 n. Chr.). Viele Juden werden getötet oder vertrieben (zweite Diaspora, hauptsächlich nach Europa, Mesopotamien und Nordafrika). Nur wenige bleiben zurück. Die in alle Welt zerstreuten Juden halten in der Fremde aber an ihren Traditionen und an ihrer Erinnerung an die historische Heimat fest. Den Namen „Palästina" erhält das Gebiet 135 n. Chr. von den römischen Besatzern.

70 n. Chr.: Nach der Vertreibung der Juden durch die Römer ziehen arabische Nomaden durch das Territorium. Sie werden von den Römern geduldet und später im Gebiet sesshaft.

325 n. Chr.: Die Bevölkerung in Palästina ist fast vollständig christianisiert. Durch die Ausbreitung des Islam wird Jerusalem um 600 n. Chr. auch für Muslime zum religiös bedeutenden Ort.

637/638 n. Chr.: Araber erobern Palästina, die christlich-hellenistische Bevölkerung nimmt mit der Zeit – auch durch große Einwanderungswellen aus Nord-, Süd- und Zentralarabien – den Islam und die arabische Kultur an. Diese Prägung behält die Bevölkerung auch während des Osmanischen Reiches **(1517–1918)**. Während die Juden zwar vor den Arabern im „Heiligen Land" lebten, siedelten diese durchgängig länger in diesem Gebiet.

Zionismus
Der Begriff geht auf den Berg Zion in Jerusalem zurück. In ihm drückt sich die Sehnsucht der Jüdinnen und Juden nach der Heimkehr in das Land aus, aus dem sie nach der Zerstörung des zweiten Tempels 70 n. Chr. vertrieben wurden.

Politischer Zionismus und jüdische Einwanderung

Mit Theodor Herzl („Der Judenstaat", **1896**) entsteht als Reaktion auf den Antisemitismus – der bis weit ins Mittelalter zurückreicht – und den europäischen Nationalismus der politische Zionismus. In der Diaspora waren die Jüdinnen und Juden in der Minderheit, wurden ausgegrenzt, verfolgt oder mussten sich assimilieren und somit ihre kulturelle und religiöse Identität aufgeben. Für Herzl lag die Lösung in der Errichtung eines eigenständigen jüdischen Staates im „Land der Vorväter". Die ursprünglich säkular-nationale Idee wurde mit einer religiösen Komponente verbunden, was ihre Wirksamkeit steigerte. Das Leitbild des Zionismus lautete „Für ein Volk ohne Land ein Land ohne Volk".

In fünf großen Einwanderungswellen (Alija) wandern zwischen **1882 und 1939** circa 380.000 Jüdinnen und Juden aus Europa und Russland nach Palästina ein. Den Wellen gingen vielfach Pogrome und Verfolgung voraus. Die weniger religiös als sozialistisch motivierten Siedler kaufen Boden von arabischen Großgrundbesitzern und gründen Siedlungen und Betriebe.

Volltext:
Die McMahon-Korrespondenz 1915 und die Balfour-Erklärung 1917
72035-399

1915 sagte die britische Regierung den Arabern die Unterstützung eines eigenen Staates zu (McMahon-Korrespondenz).

1917 verspricht der englische Außenminister Balfour den Jüdinnen und Juden Hilfe bei der Errichtung einer „nationalen Heimstätte" (Balfour-Erklärung). Durch die Landkäufe werden viele arabische Bauern arbeits- und heimatlos. Es kommt immer wieder zu blutigen Zusammenstößen zwischen Juden und Arabern. In der Gegnerschaft zum türkischen Nationalismus im Osmanischen Reich und später zu den zionistischen Siedlern entstehen die Anfänge eines arabischen Nationalismus in der Region. Ein palästinensischer Nationalismus ist zu dieser Zeit erst im Entstehen.

1922 erhält Großbritannien das Völkerbund-Mandat über Palästina mit den Kernsätzen der Balfour-Erklärung.

1937 sieht die Peel-Kommission als einzigen Ausweg, den wachsenden Unruhen und Zusammenstößen entgegenzuwirken, in einer Teilung des Landes und der Schaffung eines jüdischen und eines arabischen Staates. Immer weniger Menschen auf beiden Seiten glauben an eine friedliche Koexistenz von Juden und Arabern in einem Staat. Die britische Regierung lässt den Peel-Plan später fallen.

Nach 1939: Der Holocaust verstärkt den Einwanderungsdruck nach Palästina enorm.

1947: Die Generalversammlung der Vereinten Nationen (UN) beschließt einen Plan, der die Gründung zweier Staaten vorsieht (Israel und Palästina). Dieser Plan wird von der jüdischen Seite angenommen, von der arabischen Seite abgelehnt. (→ S. 510)

Zusammenstellung von Michael Sauer

M4 Die Bevölkerung Palästinas 1920 bis 1938

	Jüdische Bevölkerung	Arabische Bevölkerung
1920	61 000	542 000
1933	209 000	829 000
1938	411 000	957 000

Nach: Mejcher, Helmut: Die arabische Welt: Aufbruch in die Moderne. Stuttgart: Klett Verlag 1970, S. 60 ff.

M5 Die religiöse Bedeutung des Territoriums für die Konfliktakteure

Flagge Palästinas

Die arabisch-palästinensische Perspektive

Die arabisch-palästinensische Bevölkerung in Israel und Palästina gehört überwiegend dem islamischen Glauben sunnitischer Prägung an. Ein dezidiert religiös begründeter Anspruch auf das Land wird allerdings nur von einem Drittel vertreten, stattdessen überwiegen nationalistische Begründungen bei den Palästinensern. Trotzdem gibt es auch eine religiöse Verbindung der Muslime mit dem Land. Nach islamischer Überlieferung ist der Prophet Mohammed von Jerusalem aus in den Himmel aufgestiegen. An dieser Stelle auf dem Haram-al-Sharif (jüdisch: Tempelberg) steht heute der Felsendom mit der goldenen Kuppel. Die benachbarte Al-Aqsa-Moschee gilt nach Mekka und Medina als drittwichtigste Moschee im Islam (als „ferne Kultstätte" im Koran bezeichnet) und Jerusalem war die ursprüngliche Gebetsrichtung. Aufgrund seiner Nähe zu Al-Aqsa kam in den 1930er Jahren die Idee auf, dass Palästina insgesamt eine religiöse Stiftung (Waqf) sei und damit unveräußerlicher Besitz der Muslime. So darf aus der Perspektive dieses religiös-palästinensischen Nationalismus das Land nur von Muslimen regiert werden, jede nichtmuslimische Herrschaft ist zu beenden. Auf dem Territorium solle ein palästinensischer Staat nach den Gesetzen des Islam entstehen. Diese Weltanschauung ist eng mit der Muslimbruderschaft verbunden und findet sich heute in Bewegungen wie der Hamas wieder.

Jerusalemer Tempelberg mit Felsendom und Westmauer

Flagge Israels

Die jüdisch-israelische Perspektive

Das Judentum versteht sich sowohl als Volks- als auch als Religionsgemeinschaft, wobei sich im heutigen Israel weniger als die Hälfte der Jüdinnen und Juden als religiös bezeichnen. Damit wird auch der Anspruch auf das Land nicht von allen Jüdinnen und Juden religiös begründet oder der Konflikt als religiöser Konflikt verstanden. Stark exponiert und überrepräsentiert findet sich der religiöse Aspekt bei den nationalreligiösen Siedlern. In deren religiös-zionistischer Perspektive erfüllt sich mit dem Staat Israel ein erster Schritt von Gottes Plan (→ QR-Code), in der das jüdische Volk in sein biblisches Heimatland zurückkehrt. Das Zentrum dieses Wunsches stellt Jerusalem als Hauptstadt des Königtums und Ort des zweiten Tempels dar. An der Westmauer (im Deutschen oft verzerrend als „Klagemauer" bezeichnet), einem Relikt des zweiten Tempels, sprechen die Jüdinnen und Juden heute ihre Gebete. Das Land ist gekennzeichnet durch viele weitere biblische Erinnerungsorte (z. B. das Grab von Abraham in Hebron), so dass die Anhänger eines religiösen Zionismus ihre Erlösung vorantreiben können, in dem sie sich im gesamten biblischen Land Israel niederlassen, Siedlungen gründen und regieren.

Auszug aus dem Alten Testament: Landverheißung und auserwähltes Volk

72035-400

Bearbeiter, basierend auf: Zalzberg, Ofer: Der israelisch-palästinensische Konflikt und seine Lösungsversuche: Eine Analyse des ideologischen Kontextes. In: israel&palästina – Zeitschrift für Dialog Heft 2–3/2021. AphorismA-Verlag, S. 10 ff.

M6 Kommentar zu den Ansprüchen der Konfliktakteure

Wir nehmen zur Kenntnis, dass zwei Völker Anspruch auf dasselbe Land erheben. Im Konflikt um Israel/Palästina steht nicht Recht gegen Unrecht, sondern Anspruch gegen Anspruch. […] Der israelisch-palästinensische Konflikt ist Ausdruck der konkurrierenden Ansprüche zweier Völker.

Böhme, Jörn/Sterzing, Christian: Kleine Geschichte des israelisch-palästinensischen Konflikts. 7. aktualisierte und erweiterte Auflage. Schwalbach/Ts.: Wochenschau Verlag 2014, S. 8 f.

M7 Wie können Konflikte mit Hilfe eines Rasters analysiert werden?

Raster zur Analyse von Konflikten

Konfliktebenen
- lokal
- regional
- international/global

Konfliktakteure
- Ziele, Interessen, Motive
- Potenziale/Macht (politisch, ökonomisch, militärisch)
- Strategien/Mitteleinsatz
- Akteursstruktur (symmetrisch/asymmetrisch)
- Bündnisse, Gegnerschaft
- Normen, Regelungen, Verfahren
- Einstellungen, Ideologie/Kultur/Tradition, Wahrnehmung, Identität, Narrative, Emotion

Konflikt

Konfliktintensität
- latenter Konflikt
- manifester Konflikt
- Krise/Gewalt
- Krieg

Konfliktgegenstände
- Interessen- und Zielkonflikt (Territorium, knappe Güter, Ressourcen, Macht, Herrschaft)
- Wertkonfklikt (Identität, Religion, Ideologie, …)
- als **teilbar** interpretierte Konfliktgegenstände / als **unteilbar** interpretierte Konfliktgegenstände

Nach: Hagemann, Steffen/Sauer, Michael: Nahostkonflikt. Wochenschau 1/2018, Schwalbach/Ts., S. 7 [vom Bearbeiter leicht verändert]

Aufgaben

72035-401

1. Teilen Sie den Kurs in zwei Delegationen. Erarbeiten Sie jeweils aus **M3–M5** Argumente aus der jüdisch-israelischen und der palästinensisch-arabischen Perspektive, um ihren Anspruch auf das „Heilige Land" zu begründen. Unterscheiden Sie zwischen historischen, (völker)rechtlichen und religiösen Argumenten.
2. Diskutieren Sie Ihre Argumente peer-to-peer mit einer Vertreterin bzw. einem Vertreter der Gegenseite.
3. Bewerten Sie den Kommentar von Jörn Böhme und Christian Sterzing zum Anspruch der Konfliktakteure in **M6**.
4. Stellen Sie den Nahostkonflikt mit Hilfe des Analyserasters in **M7** als Schaubild dar.
5. Der Nahostkonflikt ist ein mehrdimensionaler Konflikt (**M7**), der von einer territorialen, einer religiösen und einer ethno-nationalistischen Dimension bestimmt wird. Begründen Sie mit Hilfe von **M3–M5** diese Dimensionen.

13.1.3 Der UN-Teilungsplan von 1947: Teilung = Lösung?!

Zum Thema: Die Zwei-Staaten-Lösung gilt vielen Beobachter:innen und politischen Entscheider:innen im israelisch-palästinensischen Konflikt als erstrebenswert. In einer Frühphase des Konfliktes nahm die UN-Generalversammlung 1947 einen solchen Plan, der zwei Staaten vorsah, mit Zwei-Drittel-Mehrheit an. Dieser wurde allerdings von den arabischen Staaten und der arabischen Bevölkerung in Palästina abgelehnt – aus heutiger Sicht für viele Beobachter:innen unverständlich und kaum nachvollziehbar. Ist Teilen überhaupt der richtige Ansatz für die Konfliktregulierung?

M8 Eine Schlagzeile zur Teilung des Territoriums in zwei Staaten

Die Zwei-Staaten-Lösung – eine Utopie?

Die Idee der Zwei-Staaten-Lösung ist beinahe ebenso alt wie der Nahost-Konflikt selbst.

Knipp, Kersten: Die Zwei-Staaten-Lösung – eine Utopie? In: www.dw.com, 17.05.2021

Einstiegsaufgabe 72035-402

Positionieren Sie sich auf Basis Ihres derzeitigen Wissenstandes zu einer Teilung des Gebietes in einen jüdisch-israelischen und einen arabisch-palästinensischen Staat. Begründen Sie Ihre Position.

M9 Was sind die Inhalte und Folgen des UN-Teilungsplans von 1947?

Mit Ende des Zweiten Weltkrieges spitzten sich sowohl die jüdisch-arabischen Auseinandersetzungen als auch Angriffe beider Seiten auf britische Einrichtungen zu. London bat daher schließlich die neu gegründeten Vereinten Nationen um Vermittlung. Im Mai 1947 wurde ein UN-Sonderausschuss [...] eingesetzt, um Lösungsvorschläge zu erarbeiten. [...] Dem Plan zufolge sollte das britische Mandat beendet werden und, den jeweiligen Hauptsiedlungsgebieten entsprechend und durch eine Wirtschaftsunion verbunden, ein jüdischer und ein arabischer Staat entstehen. Dabei sollte der jüdische Staat gut 56 Prozent des Gebiets umfassen, der arabische Staat etwa 43 Prozent. Zu diesem Zeitpunkt betrug der jüdische Bevölkerungsanteil allerdings nur rund 30 Prozent, während der arabische auf circa 70 Prozent kam. Zudem wurden dem jüdischen Staat auch Gebiete zugesprochen, in denen die arabische Bevölkerung in der Mehrheit war. Für den Großraum Jerusalem mit seinen Heiligen Stätten sollte es als sogenanntes Corpus Separatum ein spezielles internationales Regime geben. Dieser Teilungsplan wurde von der UN-Generalversammlung am 29. November 1947 als Resolution 181 (II) mit 33 zu 13 Stimmen bei 10 Enthaltungen angenommen. [...] Gegen den Teilungsbeschluss stimmten unter anderem die arabischen Staaten, die zwar das Leid und Unrecht anerkannten, das den Juden in Europa widerfahren war, es aber ablehnten, das zionistische Projekt auf Kosten der arabischen Bevölkerung Palästinas zu verwirklichen [...]. Vor Ort wurde das Abstimmungsergebnis von der jüdischen Bevölkerung enthusiastisch gefeiert. Von der arabischen Bevölkerung, die die Gründung eines jüdischen Staates in ihrer Heimat ablehnte und die bei der Entscheidung kein Mitspracherecht gehabt hatte, wurde es mit Bestürzung zur Kenntnis genommen. [...] Am 14. Mai 1948 endete das britische Mandat über Palästina und am selben Tag verlas der Ministerpräsident der provisorischen Regierung David Ben-Gurion die Unabhängigkeitserklärung des Staates Israel. Weniger als 24 Stunden später brach der erste israelisch-arabische Krieg aus.

Asseburg, Muriel: Palästina und die Palästinenser. Eine Geschichte von der Nakba bis zur Gegenwart. 2., aktualisierte Auflage. München: Verlag C.H. Beck 2022, S. 23–25

M10 Karte: der UN-Teilungsplan 1947

Zusatzmaterial:
Unabhängigkeitserklärung Israels 1948
72035-403

M11 Bewertungen und Einschätzungen zum UN-Teilungsplan 1947

A Der jüdische Staat kommt in den Besitz der ganzen Zitrus-Kulturen, die Palästinas größtes Exportgut darstellen: Der beste und ertragsreichste Boden [...] fallen dem jüdischen Staat zu. Die Araber als primär landwirtschaftlich orientierte Bevölkerung verlieren ihre Hauptexistenzgrundlage; [...] Der vorgeschlagene arabische Staat könnte nur in Abhängigkeit vom jüdischen Staat und von internationaler Hilfe existieren.

Hollstein, Walter: Kein Frieden um Israel. Frankfurt a. M. : Fischer-Taschenbuch-Verlag 1972, S. 157 f.

B Obwohl nur teilweise verwirklicht, gilt die VN-Resolution [...] nach wie vor als zentrales Gründungsdokument zweier Staaten, d. h. als völkerrechtliche Legitimation sowohl des Staates Israel als auch des palästinensischen Rechtsanspruchs auf einen eigenen Staat.

Timm, Angelika: 100 Dokumente aus 100 Jahren. Teilungspläne, Regelungsoptionen und Friedensinitiativen im israelisch-palästinensischen Konflikt (1917–2017). Berlin: AphorismA-Verlag 2017, S. 108

C Die gesamte arabische Welt lehnte den Teilungsplan [...] ab, weil er das Recht der Palästinenser auf das ganze Land in Frage stellte und einen unschätzbaren Verlust an Rechten, Eigentum sowie politischen und sozialen Einrichtungen bedeutete. Die Araber bewerteten die jüdischen Ansprüche auf Palästina als rechtswidrige Inbesitznahme [...], die der ursprünglichen Bevölkerung ihr Recht auf einen Nationalstaat absprach [...].

Watzal, Ludwig: Friedensfeinde. Der Konflikt zwischen Israel und Palästina in Geschichte und Gegenwart. Berlin: Aufbau Verlag 1998, S. 23 f.

D Der Palästina-Konflikt wäre vermeidbar gewesen, hätten die Araber den Uno-Teilungsplan vom 29.11.1947 (Resolution 181) akzeptiert, und als Folge gäbe es „heute möglicherweise zwei florierende Länder im Nahen Osten, die im Genuss von gutnachbarschaftlichen Verhältnissen wären".

Neue Züricher Zeitung: Der Palästina-Konflikt und die Geschichte des Uno-Teilungsplans von 1947. In: www.nzz.ch, 06.02.2007

Aufgaben

72035-404

1. Analysieren Sie anhand von **M9**, **M10** und **M11** **A** die Inhalte und Folgen des UN-Teilungsplans 1947 für die Kategorien Territorium, Bevölkerung und Ressourcen. Erstellen Sie eine Tabelle mit den Ergebnissen.
2. Geben Sie die Kommentare in **M11** **A** – **D** mit eigenen Worten wieder und veranschaulichen Sie diese anhand der Karte in **M10**.
3. Halten Sie eine kurze Rede aus Sicht der arabisch-palästinensischen Bevölkerung bzw. der jüdisch-israelischen Bevölkerung, in der Sie Ihre Ablehnung oder Anerkennung zum Teilungsplan erläutern.
4. War die Ablehnung des Planes durch die arabische Seite aus heutiger Sicht ein Fehler? Beurteilen Sie die Auffassung in **M11** **D**.
5. Welche Konsequenzen lassen sich aus dem Teilungsplan für zukünftige Lösungen, die auf Teilung basieren, ableiten? Erstellen und diskutieren Sie einen Kriterienkatalog.

13.1.4 Konfliktanalyse – wichtige Ereignisse im Nahostkonflikt bis heute: Wer bedroht wen?

Zum Thema: Einige Ereignisse im israelisch-palästinensischen Konflikt seit 1947 waren und sind für die Konfliktakteure und die Gegebenheiten vor Ort zentral und prägend: territorial, emotional, strategisch oder auch in Bezug auf die Macht- und Mehrheitsverhältnisse. Sie haben dazu geführt, dass sich beide Seiten von der anderen bedroht fühlen. Es herrscht tiefes Misstrauen. Die Wirkung dieser zentralen Ereignisse auf die Identität, die Narrative und die Handlungslogiken der Konfliktakteure sollen in diesem Kapitel analysiert und beurteilt werden.

M12 Gegenseitige Bedrohung und Gewalt im Nahostkonflikt

A

Kontrolle des israelischen Militärs im Westjordanland, in der Nähe der Siedlung Ariel, 2019

B

Kämpfer des bewaffneten Arms der Hamas im Gazastreifen, 2020

C Die Hintergründe der Gewalt

Am 21. Mai trat eine Waffenruhe zwischen Israel und militanten Palästinensern ein. In den vorangegangenen Tagen war es zu den schwersten Zusammenstößen seit Jahren gekommen. Auslöser waren aktuelle Ereignisse, aber auch Jahrzehnte zurückliegende spielen eine zentrale Rolle.

Deutschlandfunk: Die Hintergründe der Gewalt. In: www.deutschlandfunk.de, 21 05.2021

Einstiegsaufgaben 72035-405

1. Beschreiben Sie die Bilder in **M12** A und B (→ Methode, S. 504). Inwiefern zeigt sich hier der Aspekt der gegenseitigen Bedrohungswahrnehmung?
2. Formulieren Sie entlang von **M12** C konkrete Fragen zum Zusammenhang zwischen aktueller Gewalt und vergangenen Ereignissen.

M13 Besonders prägende Ereignisse im Nahostkonflikt nach 1947

Die nachfolgenden drei Kriege (A, B, C) werden in beiden Gesellschaften unter verschiedenen Namen erinnert.

A 1948: Unabhängkeitskrieg oder Nakba (Katastrophe)

Der [...] Krieg ging wie alle anderen arabisch-israelischen Kriege mit zwei Namen in das regionale Geschichtsbewusstsein ein: als Unabhängigkeitskrieg bei den Israelis, als Nakba (arabisch für Katastrophe) bei den Arabern. Die Ergebnisse dieses ersten arabisch-israelischen Krieges veränderten die nahöstliche Landkarte grundlegend, und sie bestimmen bis heute die Konturen des Territorialkonflikts sowie einer möglichen Friedensregelung. [...] Der offene Krieg brach im Mai 1948 mit dem Abzug der britischen Mandatsmacht und der Ausrufung des Staates Israel aus. Eine Allianz von fünf Staaten (Ägypten, Irak, Jordanien, Libanon und Syrien) griff den jungen Staat an [...]. Im Laufe der militärischen Auseinandersetzungen eroberten die israelischen Truppen das seither weithin international als Staatsgebiet Israels anerkannte Territorium innerhalb der Grünen Linie. Jordanien eroberte das Westjordanland, das es 1950 annektierte. Ägyptische Truppen besetzten den Gaza-Streifen [...], Syrien machte Geländegewinne an der Golan-Front. 1949 schlossen Israel und seine Nachbarstaaten unter Vermittlung der UN bilaterale Waffenstillstandsabkommen, die das militärische Ergebnis im Prinzip bestätigten. [...] Die arabische Niederlage hatte Rückwirkungen auf die gesamte Region. Einerseits machte sie Israel zu einem von seiner Umgebung zwar nicht anerkannten, aber faktischen Akteur im Nahen Osten. Andererseits entstand mit der Vertreibung und Flucht eines großen Teils der im israelischen Staatsgebiet ansässigen palästinensischen Bevölkerung ein Konfliktgegenstand, der bis heute keine Lösung gefunden hat. Während nach Angaben der UN rund 700.000 Palästinenser flohen oder vertrieben wurden, verblieben [...] rund 150.000 Palästinenser in Israel. Sie und ihre Nachkommen bilden heute die Minderheit der arabischen Israelis, die rund 20 Prozent der Gesamtbevölkerung umfasst. Die Anwesenheit Hunderttausender palästinensischer Flüchtlinge nicht nur in den Nachbarstaaten Israels [...] trug zudem wesentlich dazu bei, dem israelisch-palästinensischen Konflikt eine gesamtarabische [...] Dimension zu geben. [...] Für Israel entwickelte sich aus dem Unabhängigkeitskrieg ein Gründungsmythos – oft dargestellt durch das Bild David gegen Goliath –, der vor allem als Gründungstrauma wirkte: die ständige Bedrohung durch eine Überzahl von Feinden, die den entstehenden Staat zerstören wollten und ihm jegliche Legitimität abstritten.

Arabische Bevölkerung auf der Flucht in Richtung in Libanon als Folge des Krieges 1948

Grüne Linie
→ S. 523

B 1967: Sechs-Tage-Krieg oder Naksa (arabisch für Rückschlag)

Im Frühjahr 1967 verlegte der ägyptische Präsident Nasser Truppen in den Sinai und ließ den Golf von Akaba – Israels einzigen Zugang zum Roten Meer – für die israelische Schifffahrt sperren. Für die israelische Regierung war dies ein Kriegsgrund.

Trotz der vorangegangenen Spannungen und der allgemeinen Kriegsstimmung waren Ägypten, Syrien und Jordanien überrascht, als Israel am 5. Juni angriff. Die israelische Armee konnte innerhalb weniger Tage den Gaza-Streifen und den Sinai, die syrischen Golanhöhen sowie das Westjordanland mit Ost-Jerusalem erobern. Aus Sicht Israels, das sich von einer feindlichen Umgebung bedroht fühlte, war der Krieg ein Präventivkrieg [...].

Der schnelle Sieg gegen die arabischen Armeen führte auch zum Mythos der Unbesiegbarkeit, der bis heute nachwirkt. Für die arabische Welt stellte er sich dagegen als Aggression Israels und als „Rückschlag" [...] dar.

In jedem Fall markierte dieser Krieg einen bedeutenden Einschnitt in der regionalen Geschichte: Israel wurde zur Besatzungsmacht, nicht nur im Sinai, sondern auch auf dem Golan und über die palästinensische Bevölkerung im Westjordanland, in Ost-Jerusalem und im Gaza-Streifen. Noch 1967 annektierte es Ost-Jerusalem und bekräftige mit dem Jerusalemgesetz von 1980, das Jerusalem „die vollständige und vereinte Hauptstadt Israels" sein solle. 1981 wurden auch die Golanhöhen per Gesetz annektiert.

Den USA und den UN gelang zwar die Vermittlung eines Waffenstillstands. Ihre Versuche, eine regionale Lösung auf Grundlage der 1967 verabschiedeten UN-Sicherheitsratsresolution 242 zustande zu bringen, blieb aber erfolglos.

Diese Resolution ist bis heute einer der Hauptbezugspunkte für eine Konfliktregelung. Sie implizierte erstmals das „Land-für-Frieden"-Prinzip, also die Aufforderung an Israel, seine Truppen aus (bzw. aus den) besetzten Gebieten zurückzuziehen, und im Gegenzug die Forderung an alle Staaten, die Souveränität, territoriale Integrität und politische Unabhängigkeit aller Staaten der Region sowie ihr Recht in Frieden und in sicheren und anerkannten Grenzen zu leben, zu achten.

Jüdische Soldaten stehen an der Westmauer (Klagemauer) nach dem Sieg über jordanische Truppen in Ostjerusalem, 1967.

Resolution 242
Die Resolution lässt aufgrund der Übersetzung unterschiedliche Interpretationen zu:
In der französischen Übersetzung heißt es „Rückzug aus den besetzten Gebieten", in der englischen „Rückzug aus besetzten Gebieten". Erstere könnte auf alle Gebiete bezogen werden, die englische auf bestimmte Gebiete.
Nach israelischer Lesart – der englischen Lesart folgend – ist die Resolution 242 erfüllt, weil z. B. der Sinai nach 1979 an Ägypten zurückgegeben wurde.

C 1973: Jom-Kippur-Krieg oder Oktober/Ramadan-Krieg

Bei den Arabern verstärkte sich der Eindruck, dass Israel nicht bereit sei, sich aus den besetzten Gebieten zurückzuziehen, die es seit Jahren trotz internationaler Appelle und Verurteilungen besetzt hielt – zumal es in den Gebieten jüdische Siedlungen anlegte. [...] Völlig überraschend griffen Ägypten und Syrien am Jom Kippur 1973 (dem Versöhnungstag, dem höchsten jüdischen Feiertag, an dem das gesamte öffentliche Leben ruht) Israel an. Weil der israelische Geheimdienst die Absichten des Gegners falsch eingeschätzt hatte und Israels Armee völlig unvorbereitet war, erzielten die arabischen Armeen zunächst beträchtliche Erfolge: Den Ägyptern gelang es, die in Israel für unüberwindbar gehaltenen Befestigungsanlagen am Suez-Kanal [...] zu stürmen; die Syrer stürmten bis kurz vor Tiberias. Erst als die amerikanischen Nachschublieferungen anliefen, gewannen die Israelis militärisch die Oberhand, sodass nur ein von den USA durchgesetzter Waffenstillstand eine weitere demoralisierende Niederlage der arabischen Armeen verhindern konnte. Der Mythos von der israelischen Unbesiegbarkeit war durch die arabischen Anfangserfolge jedoch erschüttert.

Tatsächlich leitete der Krieg einen ersten Friedensprozess in Nahost ein: 1974 wurde unter amerikanischer Vermittlung ein ägyptisch-israelisches und ein syrisch-israelisches Truppenentflechtungsabkommen geschlossen. Syrien und Ägypten erhielten dabei jeweils Teile des 1967 besetzten Territoriums zurück [...]. Im März 1979 wurde dann der israelisch-ägyptische Friedensvertrag – der erste und auf weitere 15 Jahre einzige Friedensvertrag zwischen Israel und einem arabischen Staat – unterzeichnet.

Ein israelischer Soldat richtet im Oktober 1973 seine Nationalflagge am Ostufer des Suezkanals auf.

D Die Erste Intifada (1987–1991) und die Zweite Intifada (2000–2005)

Im Dezember nahm die palästinensische Bevölkerung in den besetzten Gebieten die Dinge selbst in die Hand und begann einen weitgehend zivilen und lokal organisierten Aufstand gegen die israelische Besatzung. Hatten spektakuläre Terroranschläge der 1970er-Jahre – insbesondere das Olympia-Attentat in München 1972 [...] – die palästinensische Frage auf die internationale Agenda gesetzt, aber das Anliegen zugleich delegitimiert, so rief die Erste Intifada (arabisch für „Abschütteln") beträchtlich größere internationale Sympathie für den palästinensischen Kampf gegen die Besatzung hervor. Insbesondere beanspruchten die Palästinenser nun, angesichts der israelischen Übermacht, erfolgreich das David-Narrativ für sich. Die Exil-PLO [...] reagierte, indem sie die Führung des Aufstandes übernahm und Ende 1988 im algerischen Exil einen palästinensischen Staat ausrief. Durch den Bezug auf die UN-Resolutionen 181 und 242

PLO (Palestine Liberation Organization, gegr. 1964)
Die PLO ist eine Dachorganisation zur Vertretung der Palästinenser:innen. Die stärkste Gruppe ist die Fatah. Von 1969 bis 2004 führte Jassir Arafat die PLO. Sie vollzog 1974 einen strategischen Wechsel vom bewaffneten Kampf hin zur politischen Bewegung.

(von 1947 bzw. 1967) akzeptierten sie faktisch einen Staat in den 1967 besetzten palästinensischen Gebieten. Die Erste Intifada war auch der Anlass für den palästinensischen Arm der Muslimbrüder, die Hamas zu gründen und den bewaffneten Kampf gegen Israel aufzunehmen. Im Gegensatz zur PLO hatte die Hamas zu diesem Zeitpunkt die „Befreiung" des gesamten historischen Palästinas zum Ziel. [...]

Ursächlich für die Zweite oder sog. Al-Aksa-Intifada war [...] die in der palästinensischen Bevölkerung angestaute Frustration über einen Friedensprozess [Anm. des Bearbeiters: den Oslo-Friedensprozess von 1995 und das Scheitern von Camp-David 2000], der ihnen weder ein Ende der Besatzung noch eine greifbare ökonomische Friedensdividende gebracht hatte. [...] Innerhalb weniger Monate entwickelte sich aus zunächst friedlichen Massenprotesten – nicht zuletzt in Reaktion auf die Gewaltanwendung Israels – ein bewaffneter Kampf militanter palästinensischer Gruppierungen: nicht nur gegen militärische Einrichtungen und Siedlungen in den besetzten Gebieten, sondern auch gegen die Zivilbevölkerung in Israel. Die israelische Führung reagierte wiederum mit

Erste Intifada: Steine gegen Panzer

massiver Gewaltanwendung, Kollektivstrafen und der gezielten Tötung von Anführern des Aufstands. [...] Allein bis Januar 2005 [...] kamen [...] rund 950 Israelis und über 3200 Palästinenser ums Leben – auf beiden Seiten überwiegend Zivilisten. Dabei brachte die Zweite Intifada zwei bedeutende Einschnitte mit sich: Erstens wurde das Diktum, man habe auf der palästinensischen Seite keinen Partner für Frieden, infolge der Selbstmordattentate auf israelische Zivilisten nun auch von weiten Teilen der israelischen Linken und der Friedensbewegung geteilt. Zweitens wurden palästinensische Bürger Israels [...] Teil der Auseinandersetzungen. [...] Viele solidarisierten sich nun mit dem Aufstand in den besetzten Gebieten und wurden von der Mehrheitsgesellschaft zunehmend als fünfte Kolonne gesehen.

Zweite Intifada: palästinensisches Selbstmordattentat auf einen Bus in Jerusalem mit 19 Todesopfern, 2002

A, B, C (Z. 31-44), D: Asseburg, Muriel/Busse, Jan: Der Nahostkonflikt. Geschichte, Positionen, Perspektiven. 4., aktualisierte Auflage. München: C. H. Beck Verlag 2021, S. 19–22, 24–26, 28, 31 und 38 f.; C, Z. 1- 30: Böhme, Jörn/Sterzing, Christian: Kleine Geschichte des israelisch-palästinensischen Konflikts. 7., aktualisierte und erweiterte Auflage. Schwalbach/Ts.: Wochenschau Verlag 2014, S. 44 f

Hamas
Die islamistische Hamas (arabisch für „Eifer") wurde 1987 zur Aufnahme des bewaffneten Kampfes zur Befreiung des gesamten historischen Palästinas und zur Errichtung eines islamischen Staates gegründet. Die Hamas hat neben einem bewaffneten Arm (den Quassam-Brigaden) auch einen politischen und wirkt in den besetzten Gebieten auch als soziale Bewegung. Sie wird u. a. von der EU und den USA als Terrororganisation eingestuft, weil sie für viele Selbstmordattentate und Raketenangriffe verantwortlich ist.

M14 Karten: Veränderung des Territoriums – 1947 bis heute

1947

- Grenze des britischen Mandatsgebietes (1922–Mai 1948)
- Staatsgrenze
- jüdischer Landbesitz in Palästina vor 1948

UN-Teilungsplan von November 1947

- arabischer Staat
- jüdischer Staat
- internationale Zone

0 100 km

© mr-kartographie, Gotha 2019

1948–1967

- Waffenstillstandslinie 1949 („Green Line“)
- Staatsgrenze
- sonstige Grenze
- Israel bei Staatsgründung Mai 1948
- Israel 1949
- entmilitarisierte Gebiete, internationale Zone
- Westjordanland, 1948–1967 von Jordanien annektiert
- Gazastreifen, 1948–1967 von Ägypten verwaltet

1967–1993

- Staatsgrenze Israels
- Waffenstillstandslinie 1949 (noch nicht endgültig festgelegter Grenzverlauf)
- sonstige Staatsgrenze
- sonstige Grenze
- Israel
- von Israel besetztes Gebiet
- von Israel zeitweise besetztes Gebiet

1 Südlibanon: 1982 besetzt, 1985 bis 2000 Rückgabe an Libanon
2 Golanhöhen: 1981 von Israel annektiert
3 Pufferzone: weit 1975 von UN kontrolliert
4 Sinai-Halbinsel: 1967 von Israel besetzt, 1979–1982 Rückgabe an Ägypten
5 geteilte Stadt Jersalem: Ortsteil 1967 von Israel besetzt, 1980 annektiert

seit 1995

- Staatsgrenze Israels
- Waffenstillstandslinie 1949 (noch nicht endgültig festgelegter Grenzverlauf)
- sonstige Staatsgrenze
- sonstige Grenze
- Israel
- Golanhöhen: zu Syrien, von Israel annektiert
- Jerusalem: politischer Status international umstritten

palästinensische Gebiete:

- Autonomiegebiet unter palästinensischer Selbstverwaltung
- palästinensiche Zivilverwaltung, Sicherheit durch israelische Militärpräsenz
- von Israel kontrolliertes Gebiet

Gebiete unter UN-Kontrolle:

- Golanhöhen UNDOF, Südlibanon UNIFIL

© mr-kartographie, Gotha; Erstveröffentlichung: Informationen zur politischen Bildung, Nr. 336, 1/2018, Israel, Bundeszentrale für politische Bildung/bpb, Bonn

Aufgaben

72035-406

1. Erarbeiten Sie in Kleingruppen (3 – 4 Personen) für die zentralen Ereignisse des Konflikts in **M13** Ursachen, Verlauf und Folgen.
2. Erklären Sie die Ereignisse im Kurs anhand der jeweiligen Bilder in **M13** und der territorialen Veränderungen in **M14**.
3. Welche Wirkungen, Narrative, Handlungslogiken und Strategien lassen sich für die Konfliktakteure aus den zentralen Ereignissen ableiten? Nutzen Sie hierfür folgende Spannungsfelder:
   - Mehrheit vs. Minderheit;
   - Sicherheit vs. Unsicherheit;
   - Aktion vs. Reaktion.
4. Begründen Sie, inwiefern die zentralen Ereignisse durch die „Nie wieder Opfer!“-Prämisse der Israelis und die „Widerstands“-Haltung der Palästinenserinnen und Palästinenser zu erklären sind.
5. Wer bedroht wen? Beurteilen und diskutieren Sie die Frage perspektivisch und kategorial.

Politik aktiv

Gestalten Sie einen Podcastbeitrag (→ Methode, S. 576) zu den zentralen Ereignissen. Stellen Sie dazu Interviews mit Augenzeugen auf beiden Seiten nach, in denen diese über ihre Emotionen und Lehren aus den Ereignissen berichten.

13.1.5 Der Oslo-Friedensprozess: Welche Lehren sollten aus dem Scheitern gezogen werden?

Zum Thema: Zu Beginn der 1990er Jahre galt der Nahostkonflikt durch das Ende des Ost-West-Konflikts, die Auswirkungen des Golfkrieges und die erste Intifada als regelungsreif. Beide Seiten – die israelische und die palästinensische – machten Zugeständnisse und unterzeichneten mehrere Abkommen, die als „Oslo-Friedensprozess" zusammengefasst werden. Aus heutiger Sicht ist der Friedensprozess, dem damals viele mit großer Hoffnung begegneten, gescheitert. In diesem Kapitel soll es darum gehen, durch die Analyse des Friedensprozesses zu beurteilen, welche Lehren für zukünftige Verhandlungen gezogen werden können.

M15 Historischer Händedruck im Oslo-Friedensprozess

Die späteren Friedensnobelpreisträger Jitzchak Rabin (Ministerpräsident Israel) und Palästinenserführer Jassir Arafat geben sich die Hände vor den Augen des amerikanischen Präsidenten Bill Clinton, Washington 1993.

Ein Bild, das um die Welt ging. Am 13. September 1993 reichen sich Israels Ministerpräsident Jitzchak Rabin und Palästinenserführer Jassir Arafat im Rosengarten des Weißen Hauses die Hände. Ein historischer Handschlag zweier Erzfeinde, der der Gewalt – so Rabin – ein Ende setzen sollte. „Wir haben gegen die Palästinenser gekämpft. Jetzt sagen wir zu Ihnen, klar und deutlich: Es sind genug Blut und Tränen geflossen. Genug davon." [...] Eine Lösung im jahrzehntelangen Nahost-Konflikt schien erstmals möglich. Doch es war nur ein kurzes Intermezzo. 25 Jahre danach scheint sich der Geist von Oslo, das Versprechen auf einen dauerhaften Frieden, verflüchtigt zu haben.

Segador, Julio: Vom Ende großer Hoffnungen. In: www.deutschlandfunk.de, 13.09.2018

Oslo-Friedensprozess
Verhandlungen und Abkommen zum Friedensprozess im Nahostkonflikt, die teilweise in Oslo stattfanden und so ihren Namen erhielten.

Einstiegsaufgaben 72035-407

1. Beschreiben Sie das Bild in **M15** und erläutern Sie mit Hilfe des Textes die Hoffnung auf einen Frieden.
2. Setzen Sie die Wirkung des Bildes in **M15** mit der aktuellen Situation in Verbindung. Inwiefern kann der Friedensprozess als gescheitert betrachtet werden?

M16 Gegenseitige Anschreiben vor den Verhandlungen

A *Aus dem Brief des PLO-Vorsitzenden Arafat an Ministerpräsident Rabin:*

9. September 1993

Herr Ministerpräsident,

die Unterzeichnung der Prinzipienerklärung kennzeichnet eine neue Ära in der Geschichte des Nahen Ostens. Fest überzeugt vom Inhalt dieser Erklärung bestätige ich hiermit wie folgt:
Die PLO erkennt das Recht des Staates Israel auf Existenz in Frieden und Sicherheit an.
Die PLO verpflichtet sich auf den Nahost-Friedensprozess und auf eine friedliche Lösung des Konflikts zwischen den zwei Parteien und erklärt, dass alle ausstehenden Fragen über den dauerhaften Status durch Verhandlungen geregelt werden.
Die PLO betrachtet die Unterzeichnung der Prinzipienerklärung als historisches Ereignis, das eine neue Epoche friedlicher Koexistenz ohne Terror und alle Arten von Gewalt, die Frieden und Stabilität gefährden, einleiten. Die PLO verzichtet entsprechend auf Terror und jede andere Art von Gewalt.

Hochachtungsvoll

Yassar Arafat
Vorsitzender
Palästinensischer Befreiungsorganisation

B *Aus dem Brief des Ministerpräsidenten Rabin an den PLO-Vorsitzenden Arafat:*

9. September 1993

Herr Vorsitzender,

in Beantwortung Ihres Schreibens vom 9. September 1993 möchte ich hiermit bestätigen, dass die israelische Regierung [...] beschlossen hat, die PLO als die Vertretung des palästinensischen Volkes anzuerkennen und Verhandlungen mit der PLO im Rahmen des Nahost-Friedensprozesses aufzunehmen.

Hochachtungsvoll

Yitzhak Rabin
Ministerpräsident
des Staates Israel

Botschaft des Staates Israel (Hg.): Die Vereinbarung zwischen Israel und der PLO. September 1993, S. 4–6. In: Johannsen, Margret: Der Nahost-Konflikt. Eine Einführung. 4., aktualisierte Auflage. Wiesbaden: Springer VS 2017, S. 54 ff.

M17 Der Verlauf und das Scheitern des Oslo-Friedensprozesses

Siedlungsbau
→ S. 526 ff.

Nach knapp vier Jahren Intifada nahmen [im Oktober 1991] in Madrid Friedensgespräche ihren Anfang. US-Präsident George Bush senior brachte die israelischen, palästinensischen und jordanischen Verhandlungspartner an einen Tisch. Im darauffolgenden Jahr wählten die Israelis Jitzchak Rabin zu ihrem neuen Ministerpräsidenten. [...] Die neue Staatsführung verbot jeden weiteren Ausbau der jüdischen Siedlungen in den Palästinensergebieten. In Oslo trafen sich Regierungsmitarbeiter heimlich mit hochrangigen Vertretern der PLO. Nach zähen

Verhandlungen kamen beide Seiten zu einem Kompromiss. Israel würde sich etappenweise aus den besetzten Gebieten der Palästinenser zurückziehen. Eine palästinensische Autonomiebehörde würde im Gegenzug die Gebiete verwalten. Im September 1993 unterzeichneten Jitzchak Rabin und Yassir Arafat ein Grundsatzabkommen in Washington [...]. Das Motto lautete „Land für Frieden", womit sich beide Seiten zu Zugeständnissen bereiterklärten. Das Bild des Händedrucks des israelischen Ministerpräsidenten Rabin mit dem PLO-Chef Arafat ging um die Welt [...] Arafat und Rabin erhielten später zusammen mit Schimon Peres den Friedensnobelpreis. [...]

Doch das Abkommen von Oslo hatte einen Haken: Viele wichtige Fragen hatten die Verhandlungspartner ausgeklammert. So waren erst nach mehreren Jahren sogenannte Endstatus-Gespräche vorgesehen. Dort sollte bei den umstrittensten und zugleich wichtigsten Fragen eine Einigung erzielt werden. Sie betrafen die Zukunft der jüdischen Siedlungen und der palästinensischen Flüchtlinge sowie den Grenzverlauf zwischen den beiden Staaten und den Status Jerusalems.

Gegner der Friedensverhandlungen gab es sowohl in Israel als auch in den Palästinensergebieten. Auf israelischer Seite protestierten Siedler und rechte Politiker. Sie konnten sich nicht vorstellen, Palästinensern einen eigenen Staat zuzusprechen. Auf palästinensischer Seite waren es oft religiös motivierte Bewegungen, die einen israelischen Staat nicht anerkennen wollten.

Immer wieder brachten radikale Gruppen auf beiden Seiten ihren Protest in Form von brutalen Angriffen zum Ausdruck. Im Februar 1994 war es Baruch Goldstein, der für ein kurzes Aussetzen der Friedensgespräche sorgte. Der jüdische Siedler drang in die Abraham-Moschee in Hebron ein. [...] Mit einem Schnellfeuergewehr schoss Goldstein in die betende Menge. 29 Moscheebesucher starben, über 100 Palästinenser wurden teils schwer verletzt. Auf israelischer Seite rissen die Anschläge radikaler Palästinenser Dutzende in den Tod. Im April 1994 explodierte eine Autobombe in Afula, in Hadera sprengte sich ein Selbstmordattentäter in einem Bus in die Luft, im Oktober geschah das Gleiche in Tel Aviv. [...]

Das israelische Militär verhängte Ausgangssperren in den Palästinensergebieten [...]. Zugleich errichteten die Soldaten Straßensperren und Kontrollpunkte, wo sie Autofahrer und Fußgänger befragten und nach Waffen durchsuchten. Bereits 1993 hatte die israelische Armee damit begonnen, die Palästinensergebiete abzuriegeln. Trotz der Anschläge bemühte sich der israelische Ministerpräsident Jitzchak Rabin von der Arbeiterpartei um ruhigere Töne. Seine politischen Konkurrenten, die sich gerne an der Macht gesehen hätten, taten das Gegenteil, allen voran der Likud Politiker Benjamin Netanjahu. Auf Demonstrationen gegen Rabins Politik hetzte Netanjahu gegen seinen Widersacher. [...] Rabin antwortete auf derartige Kritik auf seine eigene Weise. Am 4. November 1995 nahm er an einer von ihm initiierten Friedensdemonstration in Tel Aviv teil. [...] Rabin verließ gegen 21.45 Uhr die Bühne. Der ultra-rechte Israeli Jigal Amir feuerte drei Schüsse auf ihn ab. Rabin erlag seinen Verletzungen eine Stunde später im Krankenhaus. [...]

Ende Mai 1996, knapp fünf Monate nach Rabins Ermordung, gewann ein Politiker des rechten Likud-Blocks die Wahlen. Seine Parole „Frieden mit Sicherheit" kann nach einer Reihe von palästinensischen Selbstmordanschlägen bei den Israelis gut an. Der neue Mann wandte sich gegen einen eigenen Staat der Palästinenser. Es war niemand anders als der Mann, der immer gegen Rabins Friedenspolitik gehetzt hatte: Benjamin Netanjahu.

Schäuble, Martin/Flug, Noah: Die Geschichte der Israelis und Palästinenser. Überarbeitete und aktualisierte Neuauflage. München: Carl Hanser Verlag 2013, S. 119 ff.

M18 Ausgestaltung und Einschränkungen der palästinensischen Selbstverwaltung nach Oslo

Der 1993 fixierte grobe Fahrplan für die Transformation der israelischen Besatzung führte in mehreren Etappen zur Etablierung eines palästinensischen Gemeinwesens, das zwar wesentliche Merkmale von Staatlichkeit aufwies, dessen Selbstverwaltung aber vielfach eingeschränkt war. Einerseits besaß das palästinensische Gemeinwesen mit der 1994 gebildeten Palästinensischen Autonomiebehörde (PA) eine international anerkannte Führung, Regierungs- und Verwaltungsbehörden sowie einen Polizeiapparat. Nach den Präsidentschafts- und Parlamentswahlen 1996 war die Selbstverwaltung zudem demokratisch legitimiert. Sie gab sich Gesetze, sorgte für öffentliche Ordnung und pflegte rege diplomatische Beziehungen. Andererseits war die in den Abkommen zwischen der PLO und Israel vereinbarte Autonomie unvollständig: Sie war erstens eine Autonomie auf Zeit: Nach einer fünfjährigen Übergangsphase, die formell 1999 endete, blieb die Regelung des endgültigen Status aus. Sie war zweitens eine Autonomie in zersplitterten Räumen: Das Westjordanland und der Gazastreifen blieben territorial voneinander getrennt; beide waren zudem von israelischen Militär- und Sicherheitszonen, jüdischen Siedlungen und diese mit dem israelischen Kernland verbindenden Straßen durchzogen und besaßen keine territoriale Kontinuität. Sie war drittens eine funktional eingeschränkte Autonomie:
Die Sicherheits-, Außen- und Außenwirtschaftspolitik und auch die direkte Kontrolle und Verfügungsgewalt über strategische Ressourcen wie Wasser und Boden unterlagen weiterhin der alleinigen israelischen Kontrolle. Das „Gaza-Jericho-Abkommen" vom 4. Mai 1994 und das „Israelisch-Palästinensische Interimsabkommen über das Westjordanland und den Gazastreifen" vom 28. September 1995 regelten die territorialen und funktionalen Zuständigkeiten der PA. [...] Das Westjordanland [...] wurde in drei Zonen unterteilt [→ M19]:

- **Die autonome Zone A** mit den großen Städten Dschenin, Nablus, Tulkarem, Kalkilja, Ramallah, Bethlehem und Jericho; hier erhielt die PA alle zivilen und polizeilichen Kompetenzen [...].
- **Die gemischte Zone B** mit rund 450 Kleinstädten und Dörfern; hier übernahm die PA gleichfalls die zivile Administration; für Sicherheitsfragen bestand gemeinsame israelisch-palästinensische Zuständigkeit, wobei aber die Entscheidungsbefugnis letztendlich beim israelischen Militär lag; [...]
- **Die Zone C**; hier übte Israel weiterhin vollständige Kontrolle aus; [...] Landwirtschaft war den Palästinensern erlaubt, die Errichtung von Gebäuden aber weitgehend verboten. Hier liegen die israelischen Siedlungen und Militäreinrichtungen.

Für die äußere Sicherheit blieb Israel zuständig. [...] Die Zersplitterung der A- und B-Gebiete sowie die Restriktionen, denen die Palästinenser in den C-Gebieten unterworfen sind, erwiesen sich als schwere Hypothek für die wirtschaftliche Entwicklung des palästinensischen Gemeinwesens [...]. Die C-Zone umfasst mit ca. 330.000 Hektar 60 Prozent des Westjordanlandes [...]. Es obliegt Israel, für die Errichtung und den Erhalt der zur Versorgung der Bevölkerung benötigten Infrastruktur zu sorgen. Im Jordantal, wo 1967 noch etwa 250.000 Palästinenser lebten, sind es heute weniger als 50.000 – 95 Prozent von ihnen leben heute in den Zonen A und B. [...]
Der unterschiedliche Status der A-, B- und C-Gebiete war ursprünglich lediglich für die Übergangszeit bis zu einem Abkommen über den Endstatus gedacht. Die Übergangszeit dauert indes seit über 20 Jahren an und blockiert inzwischen eine ökonomische Entwicklung im Westjordanland, die der Bevölkerungsentwicklung Rechnung tragen würde.

Johannsen, Margret: Der Nahost-Konflikt. Eine Einführung. 4., aktualisierte Auflage. Wiesbaden: Springer VS 2017, S. 54 ff.

M19 Karte: A-, B- und C-Gebiete im Westjordanland (Stand: 2018)

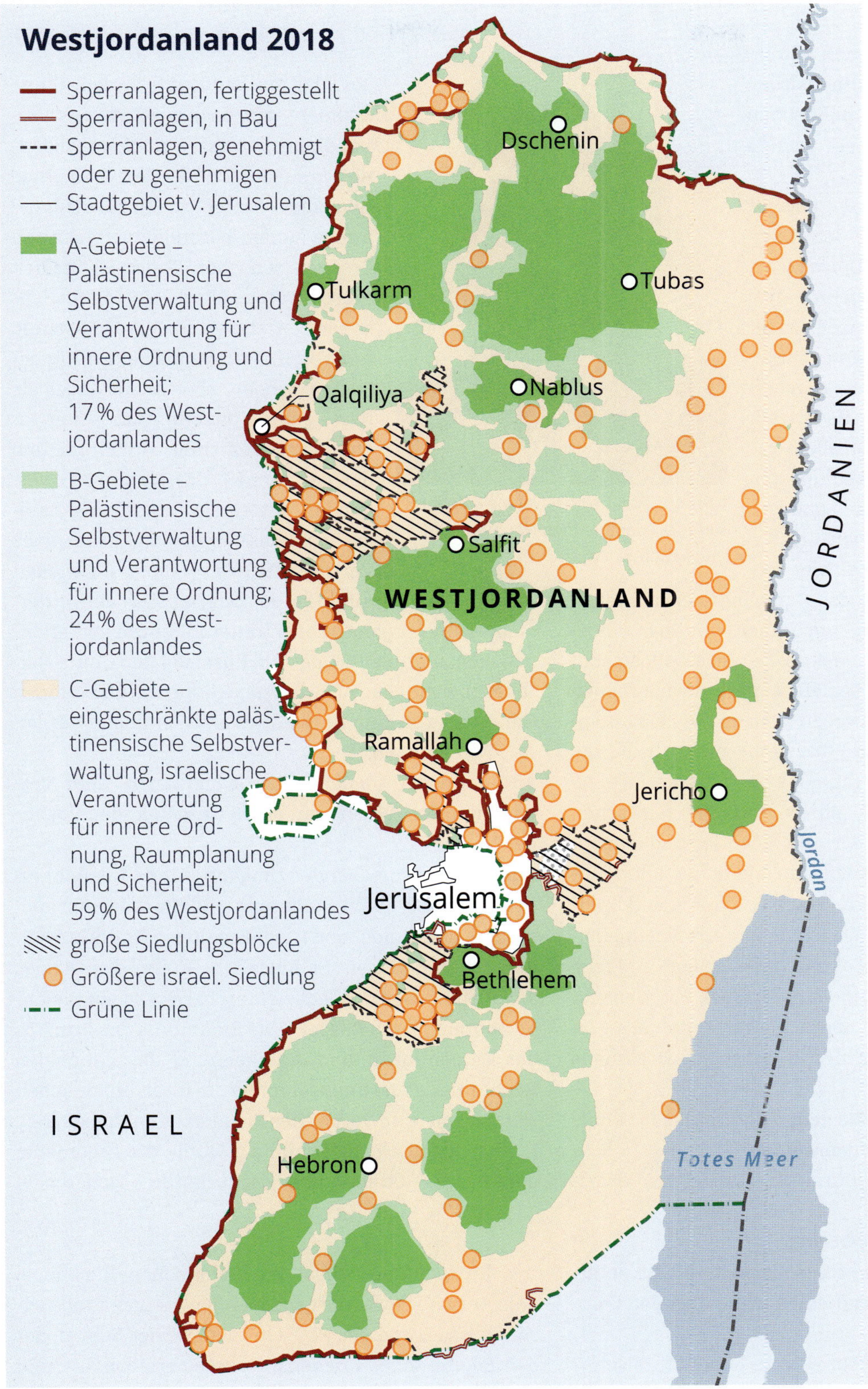

© Peter Palm, Berlin

Grüne Linie
bezeichnet die Waffenstillstandslinie zwischen Israel und den arabischen Staaten, die nach dem Krieg 1948 (→ M13) in einem Waffenstillstandsabkommen festgehalten wurde. Sie gilt informell als völkerrechtlich zulässiger Grenzverlauf des Staates Israel.

M20 Interviews: Welche Lehren aus israelischer und palästinensischer Perspektive können aus dem Oslo-Prozess gezogen werden?

A Interview mit Suleiman Abu Dayyeh

Was denken die palästinensische Gesellschaft und die politischen Entscheidungsträger:innen heute über den Oslo-Prozess?

Mehrheitlich betrachtet die palästinensische Gesellschaft den Oslo-Prozess als gescheitert. Diese Mehrheit glaubt, dass die mehrdeutige Vereinbarung von Oslo es der israelischen Seite ermöglichte, unter dem Deckmantel eines imaginären Friedensprozesses, die Rechtfertigung, die Mittel und vor allem die Zeit zu haben, um ihre Siedlungspolitik und ihre fortgesetzte Landentnahme und -enteignungen massiv zu forcieren. Die Mehrheit der Palästinenser:innen glaubt, dass Israel nach Oslo ihre Lebensräume und Bewegungsfreiheit massiv eingeschränkt hat und seine faktische Besatzungsmacht über die 1967 besetzten Gebiete weiterhin vollkommen unter Kontrolle hält. Deswegen glauben die Palästinenser:innen, dass der Oslo-Prozess sie nicht in die gewünschte Freiheit, Unabhängigkeit und zum eigenen palästinensischen Staat führen wird. Die politischen Entscheidungsträger:innen sind machtlos und können aus Gründen der Selbsterhaltung und Beibehaltung ihrer Machtposition und Privilegien Oslo nicht aufkündigen. Sie würden sonst die Existenz der Palästinensischen Autonomiebehörde und sich selbst in Frage stellen. Auch die Mehrheit der politischen Parteien und Gruppierungen der PLO sowie die oppositionelle Hamas-Bewegung und die des Islamischen Dschihads lehnen Oslo ab.

Suleiman Abu Dayyeh war viele Jahre Büroleiter der Friedrich-Naumann Stiftung in Jerusalem.

Welche Lehren können aus dem Oslo-Prozess für künftige Verhandlungen gezogen werden?

Zuallererst muss von Beginn an das Endziel des Prozesses klar und eindeutig in dem Sinne definiert sein, dass am Ende des Verhandlungsprozesses ein Staat Palästina entstehen wird. Der endgültige Rückzug der israelischen Besatzungsarmee zu den künftigen vereinbarten Grenzen zwischen den zwei Staaten muss klar formuliert sein. Ein realistischer Zeitrahmen für die Umsetzung der Vereinbarung muss eindeutig getroffen werden, aber nicht länger als fünf Jahre dauern. Ein Überwachungsmechanismus zur Einhaltung der getroffenen Übereinkunft – verbunden mit einem gestaffelten Katalog von Maßnahmen im Falle eines Vertragsbruches – muss entwickelt werden. Die Erweiterung des Kreises der Vermittlerstaaten und Organisationen unter Einbezug von arabischen Staaten, der EU, der UN, Russland und China sollte geschehen, aber auch die Aufstellung von eindeutigen Garantien zur Einhaltung der Verpflichtungen der beteiligten Parteien.

Wie kann der Umgang mit Gegner:innen einer Verhandlungslösung und mit deren Gewaltaktionen gelingen?

Ein erfolgversprechender Umgang mit den Gegner:innen kann nur durch Förderung und Stärkung der moderaten und dialog- und friedenswilligen Kräfte auf beiden Seiten gelingen. Es muss eine Kultur des Dialogs auf allen Ebenen gepflegt werden, basierend auf Gleichberechtigung und Respekt. Die Einhaltung des Prinzips der Gerechtigkeit und Anerkennung der nationalen Rechte der Palästinenser:innen in ihrer historischen Heimat sowie ihr verbrieftes Recht auf Unabhängigkeit, Freiheit und Selbstbestimmung würde die Argumente der Gegner entkräften und gesellschaftlich isolieren.

B Interview mit Nimrod Goren

Was denken die israelische Gesellschaft und die politischen Entscheidungsträger:innen heute über den Oslo-Prozess?

Das Oslo-Abkommen selbst wird in Israel oft fälschlicherweise als ein gescheitertes Friedensabkommen bezeichnet. Tatsächlich war das Abkommen eine positive Entwicklung, selbst im historischen Rückblick. Sein Kernstück war die gegenseitige Anerkennung zwischen Israel und der PLO, ein historischer Schritt, der den Beginn eines Friedensprozesses ermöglichte und die Realität zum Besseren verändert hat. Die israelisch-palästinensischen bilateralen Verhandlungen der

1990er Jahre sind gescheitert, und so werden sie auch in der israelischen Öffentlichkeit wahrgenommen. Die regionalen und internationalen Auswirkungen des Oslo-Prozesses werden in Israel oft vergessen, obwohl sie von großer positiver Bedeutung sind. Der Durchbruch mit der PLO ermöglichte es Israel, einen Friedensvertrag mit Jordanien zu unterzeichnen, offizielle Beziehungen zu einer Reihe von muslimischen und arabischen Ländern aufzubauen und sein internationales Ansehen erheblich zu verbessern. Die Saat der israelisch-arabischen Normalisierung wurde während des Oslo-Prozesses gesät.

Nimrod Goren ist Präsident und Gründer von Mitvim – The Israeli Institute for Regional Foreign Policies und Teaching Fellow in Middle Eastern Studies an der Hebräischen Universität Jerusalem.

Welche Lehren können aus dem Oslo-Prozess für künftige Verhandlungen gezogen werden?

Der Oslo-Prozess hat gezeigt, dass tief verwurzelte Rivalen wie Israel und die PLO, die sich jahrzehntelang bekämpften und sich gegenseitig jede Art von Legitimität verweigerten, schließlich zu einer gegenseitigen diplomatischen Anerkennung gelangen können. Er gibt auch anderen Konflikten Hoffnung, denn er zeigt, dass die Realitäten dynamisch sind und sich ändern können. Der Prozess unterstrich die Bedeutung nichtstaatlicher Akteure in Konfliktlösungsprozessen, die in den 1990er Jahren und darüber hinaus daran arbeiteten, Verbindungen zwischen der israelischen und der palästinensischen Gesellschaft herzustellen. Es wurde auch deutlich, welch wichtige Rolle regionale und internationale Akteure spielen können, wenn es darum geht, die bilateralen Verhandlungen voranzubringen. Die Idee, die Kernfragen erst in der Endphase der Verhandlungen zu erörtern, erwies sich als falsch – sie verschaffte Extremisten Zeit, den Prozess durch Terror und Schaffung von Fakten vor Ort zu schädigen.

Außerdem wurden die Aussichten auf einen Führungswechsel nicht richtig eingeschätzt, der einen Führer an die Macht bringen könnte, der den Prozess ablehnt, wie es 1996 in Israel geschah.

Wie kann der Umgang mit Gegner:innen einer Verhandlungslösung und mit deren Gewaltaktionen gelingen?

Der Umgang mit Gegner:innen wird auch in Zukunft eine große Herausforderung in jedem israelisch-palästinensischen Friedensprozess sein. Es bedarf einer mutigen, friedensfreundlichen Führung, die wirksame Botschaften vermittelt und die Öffentlichkeit effektiv mobilisiert. Einen zukünftigen Friedensprozess so inklusiv wie möglich zu gestalten, könnte ebenfalls ein Weg sein, den Widerstand abzuschwächen, ebenso wie bereits heute in zivilgesellschaftliche Organisationen zu investieren, die daran arbeiten, die öffentliche Unterstützung für den Frieden zu erhöhen und positive Interaktionen zwischen einer großen Anzahl von Israelis und Palästinenser:innen zu schaffen.

Die Interviews führte der Autor Michael Sauer im Jahr 2021.

Aufgaben

72035-408

1. Analysieren Sie die beiden Anschreiben in **M16**. Was sagen sie über das Selbstverständnis und die Einstufung des Verhandlungspartners aus?
2. Ordnen Sie den Oslo-Prozess in **M17** in den zeitlichen Kontext des Konflikts ein und erläutern Sie den Verlauf, Zugeständnisse und Errungenschaften mit eigenen Worten. Welche Ereignisse haben zum Scheitern von Oslo geführt?
3. Beschreiben Sie anhand von **M18** und der Karte **M19** die palästinensische Selbstverwaltung.
4. Erarbeiten Sie die heutige Sicht auf den Oslo-Prozess aus israelischer und palästinensischer Perspektive (**M20**). Wo liegen ähnliche Einschätzungen vor, worin unterscheiden sie sich?

Onlinekapitel:
Die Besatzungsfrage: Bringt die Besatzung mehr Sicherheit oder mehr Unsicherheit (und für wen)?

72035-409

13.1.6 Die Siedlungsfrage: Wird durch die Siedlungen ein palästinensischer Staat unmöglich?

Zum Thema: Der israelische Siedlungsbau im Westjordanland ist eine Streitfrage im Konflikt, die international aber auch vor Ort immer wieder zu Konfrontationen führt. An der Siedlungsproblematik lassen sich exemplarisch für alle Endstatusfragen die Lösungschancen und -hemmnisse aufzeigen. Es geht um Grenzen, Sicherheit, Souveränität und Ressourcen. Wie stark wird eine (Zwei-Staaten-) Lösung des Konflikts durch den Siedlungsbau gefährdet?

M21 Meldungen zur Siedlungsproblematik aus den Jahren 2021 und 2022*

A Israel baut neue Siedlung im Westjordanland

Bennett ist seit Juni israelischer Regierungschef [...]. [Er] gilt als scharfer Gegner einer Zweistaatenlösung im Nahost-Konflikt. Seine Jamina-Partei hat viele Anhänger bei israelischen Siedlern im Westjordanland.

ntv.de: Israel baut neue Siedlung im Westjordanland. In: www.n-tv.de, 24.10.2021

B Israel baut keine Siedlungen, die eine zukünftige Zwei-Staaten-Lösung verhindern

Die israelische Regierung handelt nach dem Motto „keinen Schaden anrichten". Laut Israels Außenminister Lapid wird es nur „natürliches Wachstum" in den Siedlungen geben.

Basierend auf: Tagesschau.de: Baerbock wirbt für Zwei-Staaten-Lösung. In: www.tagesschau.de, 10.02.2022

*Das Kabinett Bennett-Lapid bildete vom Juni 2021 bis Dezember 2022 die Regierung des Staates Israel.

Einstiegsaufgabe 72035-410

Analysieren Sie die beiden Nachrichtenmeldungen in **M21**. Inwieweit zeigen sich in ihnen unterschiedliche oder auch gemeinsame Einschätzungen der Siedlungsfrage?

M22 Die Siedlungsfrage im Westjordanland

Zusatzmaterial: Israelische Rechtsauffassung zu den Siedlungen im Westjordanland

72035-411

Seit der Besetzung der palästinensischen Gebiete [...] im Juni 1967 haben israelische Regierungen [...] den Siedlungsbau vorangetrieben. Die Politik der Regierung der Arbeitspartei zielte nach 1967 darauf ab, durch die Errichtung von Siedlungen strategisch wichtige Gebiete zu kontrollieren, das israelische Kernland zu schützen und die Herrschaft über Jerusalem zu festigen. Die Siedlungspolitik verstößt allerdings gegen das Völkerrecht. So ist es nach Artikel 49 der IV. Genfer Konvention einer Besatzungsmacht untersagt, Zivilbevölkerung in das von ihr besetzte Gebiet zu transferieren. [...] Das Rechtsgutachten des Internationalen Gerichtshofes (IGH) von 2004 zum Bau der Sperranlagen in den palästinensischen Gebieten erklärt den Siedlungsbau für völkerrechtswidrig. [...] Für den israelischen Staat sind die Siedlungen kostenintensiv, da er den Bau mit hohen Zuschüssen subventioniert und ihre Sicherheit gewährleisten muss. [...] Insbesondere solche Siedlungen, die wie in Ost-Jerusalem oder Hebron inmitten palästinensischer Wohngebiete liegen, provozieren immer wieder Zusammenstöße und bewaffnete Auseinandersetzungen. Für die Palästinenser haben der fortgeführte Bau von Siedlungen, Siedlungsinfrastruktur und Verbindungsstraßen sowie deren ausschließliche Nutzung durch die Siedler eine immer stärkere Zerstückelung des für einen palästinensischen Staat vorgesehenen Territoriums, eine Einschränkung der Bewegungsfreiheit, eine fortgesetzte Präsenz des israelischen Militärs, das die Siedlungen und Zufahrtswege kontrolliert, sowie den Verlust von landwirtschaftlicher Fläche und Wasser mit sich gebracht. Dies hat nicht nur die palästinensische Landwirtschaft besonders im Jordangraben massiv eingeschränkt, sondern die Entwicklungsmöglichkeiten insgesamt beschnitten. [...] Ein Kompromiss bezüglich der Siedlungen scheint durchaus möglich. So hat die palästinensische Führung in bisherigen Verhandlungen ihre Bereitschaft zu einem Landtausch signalisiert. Dadurch könnten die Hauptsiedlungsblöcke entlang der Grünen Linie (der Schomron-Block, der Etzion-Block und die Siedlungen um Jerusalem), in denen rund 70 Prozent der Siedler im Westjordanland leben, zu israelischem Staatsgebiet werden. Allerdings müsste ein solcher Kompromiss den Tausch gleich großen und gleichwertigen Landes beinhalten und dürfte nicht zu Enklaven palästinensischen Gebiets inmitten israelischen Territoriums oder zur Isolierung von Ost-Jerusalem vom Westjordanland führen. Wahrscheinlich ist ein solcher Kompromiss allerdings nicht. Zwar zeigen Umfragen, dass eine Mehrheit in der israelischen Bevölkerung bereit ist, für ein Friedensabkommen mit den palästinensischen Nachbarn die Siedlungen aufzugeben. Aber obwohl die jüdischen Siedler nur rund zehn Prozent der gesamten jüdisch-israelischen Bevölkerung ausmachen, haben sie dank ihrer Lobbyorganisationen wie dem Siedlerrat, durch die Beteiligung der nationalreligiösen Partei „Jüdisches Heim" an der Regierungskoalition sowie die Präsenz von Siedlervertretern in anderen Parteien [...] einen starken Einfluss auf die Regierungspolitik. [...] Laut einer Umfrage der Tel Aviver Universität lehnten knapp 80 Prozent der Siedler eine Zweistaatenregelung ab. Nur ein Viertel könnte sich vorstellen, als dauerhafter Bewohner in einem palästinensischen Staat zu leben. Bisher hat es keine israelische Regierung gewagt, die Konfrontation mit den Siedlern im Westjordanland aufzunehmen, die zum eigenen Schutz Waffen tragen dürfen. [...] In den letzten Jahren haben militante Siedler zudem begonnen, als Vergeltung für unliebsame Entscheidungen der israelischen Regierung oder für palästinensische Gewalttaten, Gewalt gegen die palästinensische Zivilbevölkerung auszuüben, Moscheen und Kirchen zu verwüsten und gegen israelische Friedensaktivisten, Regierungseinrichtungen und die Armee vorzugehen.

Nach: Asseburg, Muriel/Busse, Jan: Der Nahostkonflikt. Geschichte, Positionen, Perspektiven. 4., aktualisierte Auflage. München: C. H. Beck Verlag 2021, S. 62–65

M23 Differenzierung: Siedlungen und Siedlerinnen bzw. Siedler

Die israelischen Siedlerinnen und Siedler im Westjordanland lassen sich grob in drei Gruppen unterscheiden, welche einen etwa gleich großen Anteil an der gesamten Siedlerschaft haben: die Siedlerinnen und Siedler aus ökonomischen Gründen, die nationalreligiösen und die Charedim [oft als ultraorthodoxe Siedlerinnen und Siedler bezeichnet].

A Die Siedlerinnen und Siedler aus ökonomischen Gründen

Viele Siedlerinnen und Siedler wohnen in Siedlungen aus ökonomischen Gründen, weil in den Siedlungen der Wohnraum günstiger ist als in Israel (auch durch Steuerbegünstigungen durch die Regierung), die Grundstücke größer und die Infrastruktur ausgesprochen gut. Sie erheben auf das Land keinen ideologisch oder religiös begründeten Anspruch, oft fehlt ihnen sogar das Bewusstsein dafür, dass sie nicht in Israel, sondern in nach internationalem Recht besetzten Gebieten leben. Strategisch dienen die Siedlungen um Jerusalem vor allem dazu, die arabischen

Städte wie Ramallah und Bethlehem von Jerusalem abzutrennen, um den Anspruch auf ganz Jerusalem als Hauptstadt Israels durch Fakten unveränderlich zu untermauern („facts on the ground"-Politik).

Har Homa ist eine Siedlung in Ost-Jerusalem mit 40.000 Einwohner:innen. Die Menschen leben hier überwiegend aus nichtreligiösen ökonomischen Gründen.

B Die nationalreligiösen Siedlerinnen und Siedler

Nationalreligiöse Siedlerinnen und Siedler erheben einen religiös begründeten Anspruch auf das Land ihrer Vorväter. Sie sehen in der Besiedlung die eigentliche Aufgabe der zionistischen Idee und siedeln deshalb in der Nähe von religiösen Stätten (z. B. in Hebron und Silwan), aber auch mitten im Westjordanland. Neben größeren Siedlungen wie Kirjat Arba errichten sie auch sogenannte Outposts, nach israelischem Recht illegale Siedlungen. Regelmäßig werden diese vom israelischen Militär abgerissen, teilweise aber auch im Nachhinein legalisiert. In Silwan und anderen arabischen Stadtteilen von Ost-Jerusalem geht es den nationalreligiösen Siedlerinnen und Siedler darum, durch ihre Präsenz den Anspruch auf das Territorium auszudrücken und mit der Zeit die demographische Zusammensetzung der Bevölkerung zu beeinflussen. Dies führt oft zu Auseinandersetzungen mit der arabischen Bevölkerung.

Errichtung eines auch nach israelischem Recht illegalen Outposts im Westjordanland

Nationalreligiöse Siedlerinnen und Siedler inmitten des arabischen Stadtteils Silwan in Ost-Jerusalem

C Die Charedim

Die Charedim (oft als „Ultraorthodoxe" bezeichnet) weisen innerhalb der Bevölkerung die größte Geburtenrate auf. Deshalb – und aus ökonomischen Gründen – sind sie am meisten von der Wohnraumknappheit in Israel betroffen. Schon früh – mit dem Allon-Plan in den 1970er Jahren – hat deshalb die israelische Regierung Siedlungen speziell für die Charedim gegründet. Diese befinden sich nahe der Grünen Linie, in unmittelbarer Nähe zum israelischen Kernland. Die Mehrheit der Charedim steht einer Verhandlungslösung in der Siedlungsfrage pragmatisch gegenüber, auch wenn die Mehrheit in den letzten Jahren politisch weiter nach rechts gerückt ist.

Beitar Illit (im Hintergrund) ist eine Siedlung im Gush-Etzion Block zwischen Jerusalem und Bethlehem, in der mehr als 60.000 überwiegend ultraorthodoxe Jüdinnen und Juden wohnen.

D Die Siedlerstraße

Die speziellen Siedlerstraßen im Westjordanland sollen den Bewohnerinnen und Bewohnern der Siedlungen eine schnelle und gefahrlose Anbindung an das israelische Kernland und die Metropolen Jerusalem und Tel Aviv ermöglichen. Sie reduzieren zwar die Gefahr von Anschlägen, sind für die Palästinenserinnen und Palästinenser aber Barrieren, die das Westjordanland zerstückeln und ihnen größere Umwege aufzwingen. Zusätzlich wird hierdurch auch nochmal der unterschiedliche (Rechts-)Status verdeutlicht: Für die Siedlerinnen und Siedler gilt israelisches Zivilrecht, für die Palästinenserinnen und Palästinenser gilt israelisches Militärrecht.

Siedlerstraße zwischen Jerusa em und Hebron, hier in der Höhe von Beit Jala

A-D: Michael Sauer

E Wie viele Siedlerinnen und Siedler bzw. Siedlungen gibt es?

©C.C. Buchner Verlag, aktuelle Daten nach: www.peacenow.org.il, 2022

Nach Informationen der israelischen NGO Peace Now gab es im Jahr 2018 insgesamt 132 Siedlungen und 140 Outposts im Westjordanland (ohne Ost-Jerusalem). Insgesamt machen die Siedlerinnen und Siedler 14 Prozent der gesamten Bevölkerung in den besetzten Gebieten aus (441.000 Siedlerinnen und Siedler gegenüber 2.755.000 Palästinenserinnen und Palästinensern).

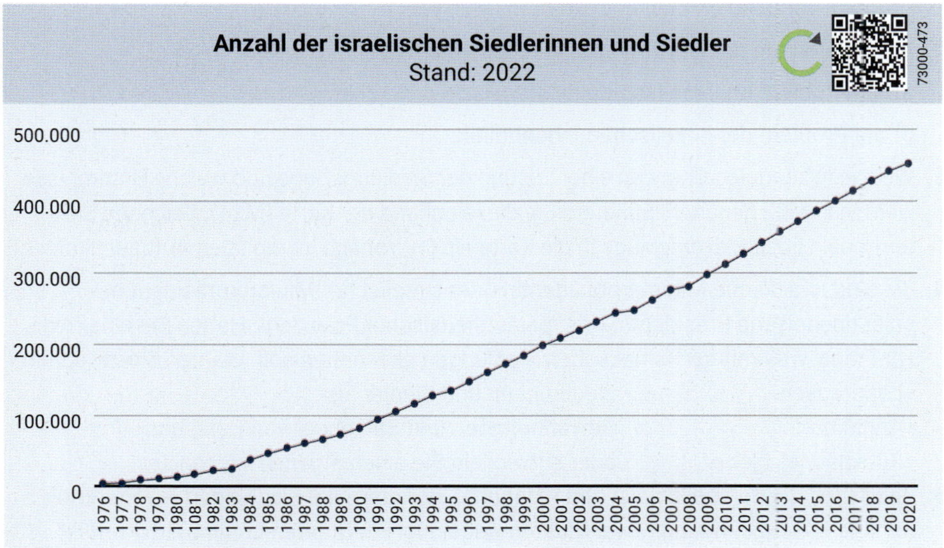

©C.C. Buchner Verlag, aktuelle Daten nach: www.peacenow.org.il, 2022

M24 Karte: Siedlungsbau – das Westjordanland unter israelischer Besatzung

© Peter Palm, Berlin

Aufgaben

72035-412

1. Beschreiben Sie mit Hilfe von **M22** und **M23** die Entwicklung und die Ziele des israelischen Siedlungsbaus. Unterscheiden Sie dabei auch die unterschiedlichen Gruppen von Siedlerinnen und Siedlern (**M23**).
2. Analysieren Sie anhand von **M22** die Siedlungsfrage
   a) als Problem im israelisch-palästinensischen Konflikt;
   b) als Problem der israelischen Innenpolitik.
3. Welche territorialen Chancen einer Lösung der Siedlungsfrage und welche Hemmnisse werden in **M22** genannt? Erläutern Sie diese anhand der Karte (**M24**). Zeichnen Sie territoriale Lösungsvorschläge in die Karte ein (→ Vorlage im digitalen Aufgabenkasten).
4. Sie sind israelische Ministerpräsidentin oder israelischer Ministerpräsident bzw. palästinensische Präsidentin oder palästinensischer Präsident: Halten Sie eine Rede zur Frage, was mit den israelischen Siedlungen geschehen soll. Wählen Sie zwischen:
   - Landtausch
   - Annektion
   - Rückbau/Aufgeben
   - Siedlerinnen und Siedler als Bewohnerinnen und Bewohner von Palästina
   - oder entwickeln Sie einen eigenen Vorschlag
5. Beurteilen Sie perspektivisch und kategorial, inwiefern die Siedlungen ein Hemmnis für eine Lösungsfindung (Zwei-Staaten-Regelung, Ein-Staaten-Lösung) im Konflikt darstellen. Formulieren Sie dazu einen Kommentar für eine Internetseite.

H Aufgabe 2
Nutzen Sie die Kategorien Grenzen, Sicherheit, Souveränität, Ressourcen, Identität und Religion.

Onlinekapitel:
Gaza-Kriege: Gewalt im Nahostkonflikt – wer profitiert von der Eskalation?
72035-413

13.1.7 Lösungsmöglichkeiten und -hindernisse: One-State – Two-States – Status Quo?

Zum Thema: Seit der Peel-Kommission 1937 und dem UN-Teilungsbeschluss 1947 (→ S. 510, M9) wurde immer die Zwei-Staaten-Lösung als diejenige genannt, die am ehesten für eine dauerhafte und tragfähige Regulierung des Konflikts sorgen könnte. Dies ist auch die Auffassung der internationalen Gemeinschaft und der deutschen Außenpolitik. Doch von vielen Beobachtenden wird eben diese Zwei-Staaten-Lösung für nicht mehr umsetzbar erklärt, so dass die Frage gestellt werden kann, welche anderen Optionen für eine Lösung des Konflikts diskutiert werden und welche Chancen diese Lösungsoptionen haben. Außerdem: Ist eine Lösung des Konflikts überhaupt absehbar?

M25 Zustimmung und Ablehnung der Zwei-Staaten-Lösung

A Umfrage zur Zwei-Staaten-Lösung und zum Status Quo in der palästinensischen Gesellschaft Oktober 2021

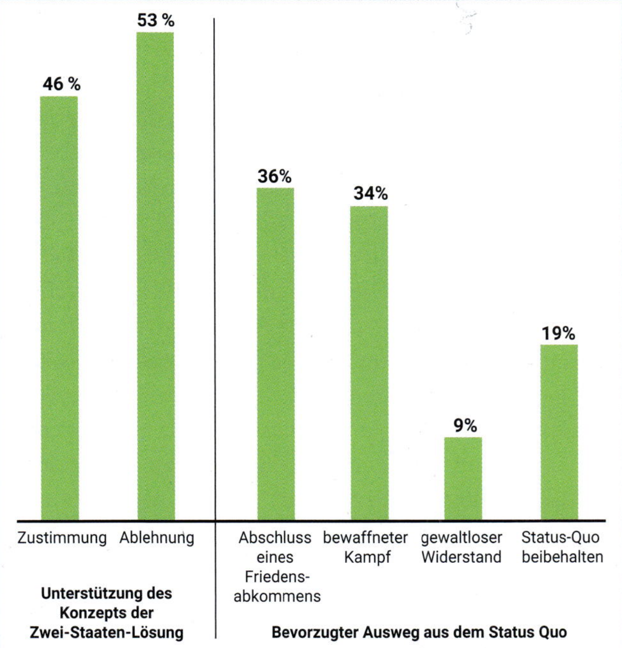

© C. C. Buchner Verlag, Daten nach: Palestinian Center for POLICY and SURVEY RESEARCH, 2021

B Umfrage zu Lösungsmöglichkeiten in der israelischen Gesellschaft (Juli 2021)

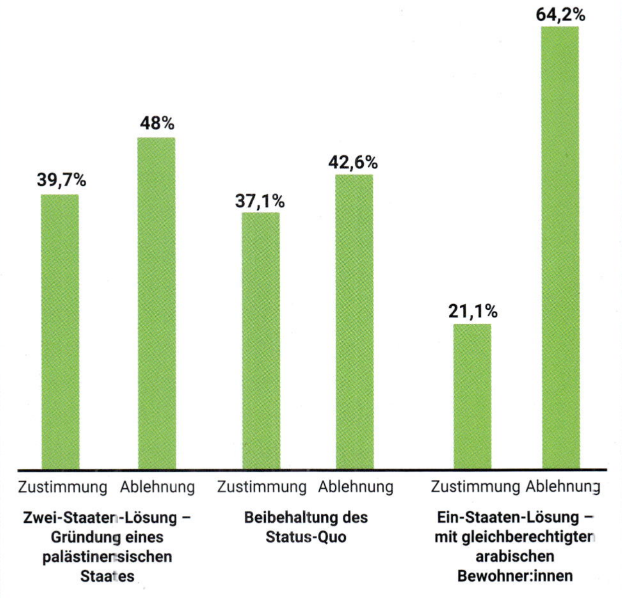

© C. C. Buchner Verlag, Daten nach: The Israel Democracy Institute, 2021

Einstiegsaufgaben 72035-414

1. Führen Sie im Kurs eine Umfrage durch: Befürworten Sie eine Zwei-Staaten-Lösung für den israelisch-palästinensischen Konflikt?
2. Vergleichen Sie Ihr Umfrageergebnis mit denen in der israelischen und palästinensischen Gesellschaft (**M25** A + B). Formulieren Sie das politische Problem.

M26 Zwei-Staaten, Ein-Staat oder Beibehaltung des Status-Quo: eine Gegenüberstellung der Lösungsoptionen

Statistiken: Einstellung in der israelischen Gesellschaft zur Regulierung des Konflikts

72035-415

A Die **Zwei-Staaten-Lösung** gilt als diejenige in der internationalen Gemeinschaft, welche am ehesten eine tragfähige und dauerhafte Befriedung gewährleisten könnte, sofern sie durch Verhandlungen zwischen den Konfliktakteuren erreicht wird. Eine Zwei-Staaten-Lösung bedeutet, dass neben dem Staat Israel ein palästinensischer Staat geschaffen und anerkannt wird. Dies wurde in der Vergangenheit von israelischen (Mitte-Links-) Parteien oft mit dem Verweis auf Sicherheitsgründe und fehlende Partner auf palästinensischer Seite sehr skeptisch betrachtet oder abgelehnt. So müsste in einer Verhandlung von beiden Seiten akzeptiert werden, welche Souveränitätsrechte der palästinensische Staat haben soll, wo dessen Grenzen verlaufen und wie die Jerusalem-Frage zu regulieren wäre, besonders in Bezug darauf, ob sie Hauptstadt beider Staaten oder nur eines Staates sein kann. Aufgrund der israelischen Siedlungen und der territorialen Trennung von Westjordanland und Gaza-Streifen besteht die Sorge, dass kein zusammenhängender und wirtschaftlich überlebensfähiger Staat mehr entstehen könne. Deshalb wurde in der Vergangenheit auch ein Gebietstausch für die Realisierung der Zwei-Staaten-Lösung diskutiert. Politisch Rechte lehnen in Israel den palästinensischen Staat grundsätzlich ab, weil sie das Westjordanland als Teil Israels sehen wollen.

B Eine weitere diskutierte Option ist die Ein-Staaten-Lösung in Form eines **binationalen Staates**. Nach dieser Idee sollen Israelis und Palästinenserinnen und Palästinenser in einem gemeinsamen Territorium als Bürgerinnen und Bürger eines gemeinsamen Staates mit gleichen und kollektiven Bürgerrechten leben. Weil der entstehende Staat dann durch die demographische Entwicklung entweder kein jüdischer oder kein demokratischer mehr sein könne, wird diese Option von der Mehrheit der Israelis abgelehnt. Die politische Rechte in Israel fordert deshalb oft die Teilannexion von weiten Teilen des Westjordanlandes mit Ausnahme der großen palästinensischen Städte, um so die jüdische Mehrheit zu erhalten. Eine Variante des binationalen Staates ist das **föderative Modell**, bei dem das Territorium beispielsweise in 30 Kantone aufgeteilt wird, davon 20 mit jüdischer Mehrheit. So könne israelisches Recht überall im Westjordanland gelten, mit vollen Bürgerrechten für die Palästinenserinnen und Palästinenser und die jüdisch/israelische Dominanz wäre trotzdem gesichert. Die Sicherheitskontrolle läge bei Israel. Da dies aber die Auflösung der Palästinensischen Autonomiebehörde und auch die Aufgabe der Idee eines eigenen palästinensischen Staates bedeutet, erreicht diese Option durch die Verwurzelung der Nationalstaatsidee in der palästinensischen Identität kaum Zustimmung.

Website: Information zur Idee „Two States, One Homeland"

72035-416

C In jüngster Zeit wird aufgrund der Ausweglosigkeit ein **konföderativer Ansatz** (Two States, One Homeland) immer populärer. Nach dieser visionären Idee sollen in einem gemeinsamen Gebiet zwei souveräne Staaten entstehen, mit Bewegungsfreiheit für alle Bewohner des Territoriums. Beide Staaten sollen Demokratien mit eigenen Institutionen sein, Jerusalem bliebe die ungeteilte Hauptstadt beider Staaten, die heiligen Stätten würden international verwaltet. Die Sicherheit und gemeinsame Angelegenheiten sollten von gemeinsamen Institutionen der Konföderation bearbeitet werden. Dieser Ansatz wird am meisten der tatsächlichen Verwobenheit der Völker und der besiedelten und beanspruchten Territorien gerecht.

D Am wahrscheinlichsten gilt aber für die nähere Zukunft die Beibehaltung des sogenannten **Status-Quo**, also die Erhaltung der aktuellen Situation mit A, B und C-Gebieten, der Fortsetzung der Besatzung und dem weiteren Ausbau der Siedlungen. Auf beiden Seiten ist aktuell kaum Bereitschaft für Verhandlungen zu erkennen, auch der Druck der internationalen Gemeinschaft ist gering. Für beide Regierungen hätte eine Verhandlungslösung zu hohe politische Kosten, weil es die dauerhafte Anerkennung des ausgehandelten Zustandes bedeuten würde, und damit die Abkehr von Maximalforderungen in den eigenen Gesellschaften. Die Gegner einer Verhandlungslösung müssten dauerhaft kontrolliert werden. Dies betrifft sowohl die Fatah gegenüber den Forderungen der Hamas, als auch beispielsweise den großen Einfluss der nationalreligiösen Siedler:innen in Israel, welche regelmäßig wieder für Koalitionsregierungen benötigt werden. Die extremistischen und gewalttätigen Akteure auf beiden Seiten agieren somit als Störer:innen jeglicher Art von Lösungsoption.

Bearbeiter

M27 Zwei Positionen: Wie geht es mit der Zwei-Staaten-Lösung weiter?

A Da sowohl in der israelischen als auch in der palästinensischen Zivilgesellschaft ernsthaft nach alternativen Wegen gesucht wird, ist das Festhalten der internationalen Staatengemeinschaft an der Zwei-Staaten-Regelung nicht mehr zu rechtfertigen. Auch die EU und die Bundesregierung müssen sich die Frage gefallen lassen, ob ihre Politik nicht illusionär ist, wenn sie ausschließlich auf die Zwei-Staaten-Lösung setzen.

Müller, Kerstin: Das Ende der Zwei-Staaten-Lösung. In: Internationale Politik 3/2020, S. 71-75

Zusatzmaterial:
Aktuell diskutierte Lösungsoptionen

72035-417

B **Ist die Zwei-Staaten-Lösung tot?**

Die steigende Zahl von Siedlerinnen und Siedlern und der Ausbau der Siedlungsinfrastruktur in den besetzten Gebieten erschweren die Umsetzbarkeit der Zwei-Staaten-Regelung, da eine Räumung immer größere politische und finanzielle Kosten verursachen würde. Zudem steht durch die Zerstückelung der palästinensischen Gebiete immer weniger Territorium zur Verfügung, auf dem ein zusammenhängender, lebensfähiger Staat gegründet werden könnte. Auch die Spaltung zwischen dem Westjordanland und dem Gaza-Streifen steht der Entstehung eines gemeinsamen palästinensischen Staates im Wege. Trotz dieser Herausforderungen ist eine (angepasste) Zwei-Staaten-Regelung prinzipiell weiterhin möglich, wenn der politische Wille für ihre Umsetzung vorhanden ist. Wendet sich die Mehrheit jedoch dauerhaft von der Zwei-Staaten-Regelung ab, wird eine Implementierung immer weniger möglich sein.

Interview des Bearbeiters mit Dr. Steffen Hagemann, Leiter des Büros der Heinrich-Böll-Stiftung in Tel Aviv, Dezember 2021

Aufgaben

72035-418

1. Geben Sie die verschiedenen Lösungsoptionen in **M26** mit eigenen Worten wieder und veranschaulichen Sie diese anhand einer Karte.
2. Analysieren Sie die Realisierbarkeit der unterschiedlichen Lösungsoptionen hinsichtlich folgender Kriterien (**M26, M27**): Sicherheit, Vertrauen, Identität, Souveränität, Grenzverlauf, Grenzkontrolle (Land, Luft und See) und Ressourcen.
3. Erläutern und beurteilen Sie die Auffassungen zur Zwei-Staaten-Lösung in **M27**.
4. Diskutieren Sie in kleinen Gruppen die einzelnen Lösungschancen und -hemmnisse.
5. (Wie) kann und soll der israelisch-palästinensische Konflikt gelöst werden? Formulieren Sie einen eigenen differenzierten Beitrag (im Video-, Audio- oder Textformat). Stellen Sie sich Ihre Ergebnisse vor und reflektieren Sie diese.

Onlinekapitel:
Deutsche Außenpolitik im Nahostkonflikt: uneingeschränkte Solidarität?!

72035-419

13.2 Deutschlands Rolle in einer unsicheren Welt

13.2.1 Deutsche Außenpolitik nach Russlands Angriffskrieg gegen die Ukraine: Frieden schaffen mit Waffen?!

Zum Thema: Die Leitlinie deutscher Außenpolitik ist die Verantwortung gegenüber dem Zivilisationsbruch des „Holocausts" und den Kriegsverbrechen Deutschlands in der NS-Zeit. Ob das eine Kultur der Zurückhaltung oder mehr aktives Engagement – zur Not auch militärisch zur Folge hat – ist heute mit dem russischen Angriffskrieg gegen die Ukraine prägend für die Debatte über deutsche Außenpolitik. Sie sollen in diesem Kapitel entlang der Frage der Waffenlieferungen an die Ukraine Bedingungen, Möglichkeiten und Grenzen deutscher Außenpolitik innerhalb der westlichen Staatengemeinschaft analysieren und beurteilen.

M28 Panzerabwehrwaffen und Flugabwehrpanzer „Gepard" der Bundeswehr für die Ukraine: Wie soll Deutschland reagieren?

An den Bundeskanzler richteten sich im Frühjahr 2022 zwei „Offene Briefe" zum russischen Angriffskrieg gegen die Ukraine. Hintergrund ist die Entscheidung der Bundesregierung, Waffen an die Ukraine zu liefern, damit diese sich gegen den Angriff Russlands verteidigen kann.

A 28 Intellektuelle und Künstler:innen um Alice Schwarzer schreiben einen Offenen Brief an Kanzler Scholz:

Sehr geehrter Herr Bundeskanzler, 29.04.2022

wir begrüßen, dass Sie bisher so genau die Risiken bedacht hatten: das Risiko der Ausbreitung des Krieges innerhalb der Ukraine; das Risiko einer Ausweitung auf ganz Europa; ja, das Risiko eines 3. Weltkrieges. Wir hoffen darum, dass Sie sich auf Ihre ursprüngliche Position besinnen und nicht, weder direkt noch indirekt, weitere schwere Waffen an die Ukraine liefern. Wir bitten Sie im Gegenteil dringlich, alles dazu beizutragen, dass es so schnell wie möglich zu einem Waffenstillstand kommen kann; zu einem Kompromiss, den beide Seiten akzeptieren können.

Der offene Brief an Kanzler Scholz. In: www.emma.de, 29.04.2022

B Intellektuelle um den Publizisten Ralf Fücks plädieren für die kontinuierliche Lieferung von Waffen an die Ukraine, nachdem eine Gruppe um Alice Schwarzer davor gewarnt hatte:

Sehr geehrter Herr Bundeskanzler, 04.05.2022

[...] Es bedarf keiner besonderen Militärexpertise, um zu erkennen, dass der Unterschied zwischen „defensiven" und „offensiven" Rüstungsgütern keine Frage des Materials ist: In den Händen der Angegriffenen sind auch Panzer und Haubitzen Defensivwaffen, weil sie der Selbstverteidigung dienen. Wer einen Verhandlungsfrieden will, der nicht auf die Unterwerfung der Ukraine unter die russischen Forderungen hinausläuft, muss ihre Verteidigungsfähigkeit stärken und die Kriegsfähigkeit Russlands maximal schwächen. Das erfordert die kontinuierliche Lieferung von Waffen und Munition, um die militärischen Kräfteverhältnisse zugunsten der Ukraine zu wenden.

Offener Brief. In: www.zeit.de, 04.05.2022

Einstiegsaufgaben 72035-420

1. Sie sind die deutsche Bundekanzlerin bzw. der deutsche Bundeskanzler: Formulieren Sie eine kurze Antwort auf die beiden Briefe in **M28**.
2. Vergleichen und diskutieren Sie Ihre Antworten aus Ihrer eigenen Position heraus.

M29 Was sind die normativen Grundlagen deutscher Außenpolitik?

Grundgesetz	Gesetze	Völkerrechtliche Verträge
• Frieden als zentrale Verfassungsbestimmung (Präambel GG) • Betonung der internationalen Zusammenarbeit im Sinne eines kooperativen Internationalismus (Art. 24 GG) • „Der Bund kann sich (...) einem System gegenseitiger kollektiver Sicherheit einordnen" (Art. 24 GG) • Wahrung des Völkerrechts (Art. 25 GG) • Achtung und Schutz der Menschenrechte (Art. 1 GG) • Verbot der Vorbereitung und Führung eines Angriffskrieges (Art. 26 GG)	• Das **Kriegswaffenkontrollgesetz** erlaubt die Herstellung von zur Kriegführung bestimmten Waffen nur mit Genehmigung der Bundesregierung • Wer einen Angriffskrieg führt, plant oder eine sonstige Angriffshandlung begeht, die ihrer Art, ihrer Schwere und ihrem Umfang nach einer offenkundigen Verletzung der Charta der Vereinten Nationen darstellt, wird mit lebenslanger Freiheitsstrafe bestraft. (aus dem § 13 des **VStGB**) • **Parlamentsbeteiligungsgesetz** (ParlBG): Der Bundestag muss dem Einsatz deutscher Soldat:innen im Ausland zustimmen.	• Im sog. Zwei-plus-Vier-Vertrag hat sich Deutschland 1990 dazu verpflichtet, dass von deutschem Boden nur Frieden ausgeht und das vereinte Deutschland nur Waffen in Übereinstimmung mit der UN-Charta einsetzt.

Bearbeiter

M30 Ab wann wird Deutschland Kriegspartei?

Seit dem Beginn des großangelegten russischen Angriffskriegs gegen die gesamte Ukraine im Februar 2022 wird in der innenpolitischen Debatte darüber diskutiert, ab wann Deutschland, welches die Ukraine mit Militärhilfe (Gelder/Waffen) unterstützt, selbst zur Kriegspartei wird. Gilt es, der Verletzung des Gewaltverbotes (Art. 2 Ziff. 4 UN-Charta) durch einen Aggressor-Staat als Staatengemeinschaft entgegenzutreten, ist heute kein Staat mehr zur „Neutralität" gegenüber den Konfliktparteien verpflichtet. Sowohl die UN-Generalversammlung als auch der Internationale Gerichtshof haben die Verletzung des Gewaltverbotes durch Russland festgestellt. Insofern darf die finanzielle und militärische Unterstützung des angegriffenen Staates erfolgen – ohne dass ein Staat dadurch selbst zur Kriegspartei wird (allenfalls Atomwaffen sind von der Hilfe durch den Atomwaffensperrvertrag ausgeschlossen). Das Eingreifen mit eigenen Streitkräften, d. h. die unmittelbare Beteiligung an den Konflikthandlungen mit militärischem Personal, machen einen unterstützenden Staat zweifelsohne zur kriegsführenden Konfliktpartei. Dazu zählt auch eine „Flugverbotszone" oder die Ausbildung von ukrainischen Soldat:innen an Waffen, egal ob „offensiv" oder „defensiv". Graubereiche zwischen Konfliktteilnahme und Nichtkriegsführung ergeben sich ferner mit Blick auf die Übermittlung von Geheimdienstinformationen sowie von Informationen der Luftaufklärung. Beispielsweise hat nach Berichten der New York Times das US-Militär gezielt Informationen über den Aufenthalt russischer Generäle an die Ukraine weitergegeben, welche diese dann gezielt getötet hat. Ebenso ist die rechtliche Bedeutung der Nutzung von Militärstützpunkten von NATO-Staaten zur Ausbildung ukrainischer Soldaten nicht eindeutig zu bewerten. Politisch betrachtet hängt die Wahrnehmung Deutschlands oder anderer NATO-Mitgliedstaaten als Kriegspartei aber am Ende von der Einschätzung Russlands ab, ab welchem Zeitpunkt eine „Reizschwelle" überwunden ist.

Bearbeiter

M31 Chronologie: die Kehrtwende des Kanzlers bei „schweren“ Waffen

- **06.02.2022** Bundeskanzler Scholz erklärt den Kurs seiner Regierung: keine Waffen in ein Kriegsgebiet!
- **22.02.2022– 24.02.2022** Scholz bestärkt den Kurs von Anfang Februar, während Russlands Präsident Putin öffentlich eine Kriegserklärung an die Ukraine ausspricht.
- **27.02.2022** Die russische Invasion in der Ukraine beginnt. Der Bundeskanzler spricht im Bundestag von einer „Zeitenwende“ der deutschen und europäischen Außenpolitik. Deutschland liefert 1000 Panzerabwehrwaffen und 500 Stinger-Raketen an die Ukraine
- **03.03.2022** Die Ukraine fordert Kampfflugzeuge, U-Boote und Kampfpanzer. Die Bundesregierung sagt weitere Flugabwehrraketen zu.
- **17.03.2022** Der ukrainische Präsident Selenskyi spricht im Bundestag. Die Bundesregierung verspricht weitere Panzerfäuste, erteilt einer Lieferung von Panzern eine Absage.
- **06.04.2022** Scholz nennt Gründe gegen schwere Waffen: kein Alleingang Deutschlands, die Sicherheit Deutschlands werde gefährdet, den Ukrainerinnen und Ukrainern fehlt Erfahrung an deutschen Waffen.
- **11.04.2022** Außenministerin Baerbock fordert schwere Waffen. Es gibt wachsende Kritik der Koalitionspartner FDP/B‘90/Die Grünen an Scholz.
- **19.04.2022** Scholz: Keine direkte Waffenlieferungen, dafür soll es einen Ringtausch mit NATO-Staaten wie Polen, Slowakei, Lettland und Tschechien geben, die für die Lieferung alter sowjetischer Waffen an die Ukraine im Gegenzug deutsche Waffensysteme erhalten.
- **22.04.2022** Scholz erklärt, dass Waffenlieferungen Deutschland zur Kriegspartei machen könnte.
- **26.04.2022** Deutschland will nun die Ukraine im Abwehrkrieg gegen Russland mit Flugabwehrpanzern und der Ausbildung von Soldaten unterstützen. Das kündigte Verteidigungsministerin Lambrecht (SPD) bei einem hochrangig besetzten Treffen auf dem US-Luftwaffenstützpunkt im rheinland-pfälzischen Ramstein an, nachdem auch die Kritik an Deutschland von NATO-Partnern wie den USA lauter wurde.

Bearbeiter

M32 Breiter parteipolitischer und gesellschaftlicher Konsens für eine militärische Unterstützung?

a) Reaktionen auf den Ukraine-Kurs der Bundesregierung

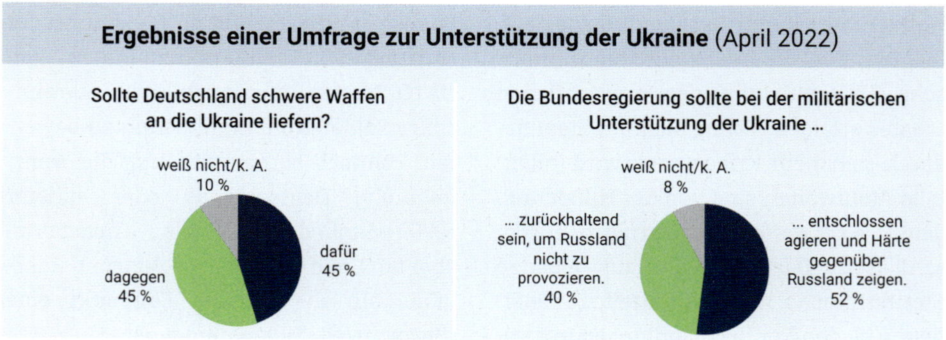

© C.C. Buchner Verlag, Daten nach: ARD-DeutschlandTrend, 2022

b) Wie stimmt der Deutsche Bundestag zu Waffenlieferungen an die Ukraine ab?

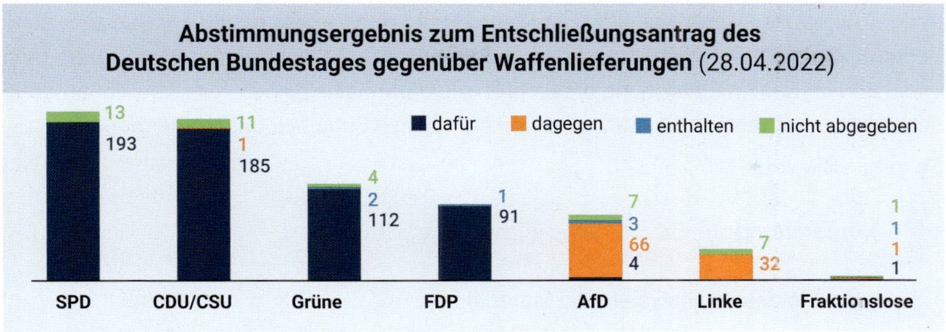

© C.C. Buchner Verlag, Daten nach: Deutscher Bundestag, 28.04.2022

c) Bundestagsdebatte vom 28.04.2022 zum Entschließungsantrag

1 Britta Haßelmann (Fraktionsvorsitzende der Grünen): „Wir wägen ab, wir zweifeln, ja, wir hadern, aber wir entscheiden, und das ist am Ende das, was zählt. [...] Wir sind bei allem, was wir tun, vom festen Grundsatz geleitet, dass die Ukraine nach der Charta der Vereinten Nationen ein uneingeschränktes Recht auf Selbstverteidigung hat. Wir nehmen unsere Aufgabe verantwortungsvoll wahr, einerseits nicht Kriegspartei zu werden [...] und andererseits die Ukraine nicht schutzlos dem Aggressor Putin auszuliefern.

2 Lars Klingbeil (SPD-Vorsitzender): Es ist richtig und wichtig, dass es hier aus der Mitte des Parlamentes ein klares Signal an Wladimir Putin und ein klares Signal an die Menschen in der Ukraine gibt, dass wir als Deutscher Bundestag auf der richtigen Seite der Geschichte stehen.

3 Christian Dürr (FDP-Fraktionsvorsitzender): Russland hat die Ukraine überfallen, mit einem Vielfachen an Militärgerät, fünfmal so vielen Panzern, dreimal so vielen aktiven Soldaten. [...] Butscha ist kein Einzelfall. Jeder russische Vorstoß bedeutet, dass sich diese Verbrechen wiederholen.

4 Friedrich Merz (Unionsfraktionsvorsitzender): Wenn die Ukraine und ihre mutige Armee sich nicht militärisch verteidigten und wenn wir der Ukraine dabei nicht helfen würden, dann wird uns diese unterlassene Hilfe – wie schon in der Vergangenheit – als Schwäche und als Zögerlichkeit ausgelegt, und dann wird es nach der Ukraine weitere Länder und weitere Regionen geben, die von dem russischen Regime bedroht werden.

5 Tino Chrupalla (AfD-Partei- und Fraktionsvorsitzender): Heute bringen die Koalition und die Unionsfraktion einen gemeinsamen Antrag ein, der den Ukrainekrieg verlängern wird und uns zur Kriegspartei in einem atomar geführten Krieg machen könnte. [...] [Der Antrag] liest sich wie die Beitrittsbekundung zu einem Krieg.

6 Dietmar Bartsch (Die Linke-Fraktionsvorsitzender): Unter anderem mit der Angst vor einem Atomkrieg hat der Bundeskanzler die Lieferung schwerer Waffen ausgeschlossen, und zwar zu Recht. [...] Glaubt wirklich irgendwer hier im Hause, dass dieser Krieg mit der Lieferung schwerer Waffen beendet wird? [...] [H]ier wird viel zu wenig über diplomatische Vorstöße und Initiativen geredet.

Deutscher Bundestag (2022): Plenarprotokoll 20/31. Stenografischer Bericht. [Protokoll]. Deutscher Bundestag – 20. Wahlperiode – 31. Sitzung. Berlin. 28.04.2022. Köln: Bundesanzeiger Verlag GmbH. S. 2720 ff.

Zusatzmaterial:
Stimmen zu deutschen/internationalen Waffenlieferungen an die Ukraine

72035-421

METHODE

Qualitative Inhaltsanalyse

In der Politikwissenschaft genießt die Methode der qualitativen Inhaltsanalyse eine hohe Bedeutung, da sie als Prisma zur Erhebung von Sprechakten, Denkmustern, Argumenten und der kategorialen Einordnung dieser hilft. Als Datenbasis dienen vor allem Parlamentsdebatten oder öffentliche Äußerungen von politischen Entscheidungsträgerr:innen.

So gehen Sie vor:

1 Vorbereitung

- Legen Sie das zu analysierende Material fest.
- Legen Sie die Analyseeinheit fest (Regierungsoberhaupt, Parlamentsabgeordnete, Minister:in, Generälin/General, Expert:innen, usw.).
- Legen Sie die politische Dimension fest (Unterstützung/Ablehnung eines Problems).

2 Analyse

Herzstück ist das Kategoriensystem, das Sie auf Basis der Urteilskategorien festlegen können. Die Redebeiträge werden dann entsprechend Ihres Kategoriensystems „kodiert", d. h. einer Kategorie zugeordnet. Bei mehrfachen Zuordnungsmöglichkeiten entscheiden Sie begründet Ihre Auswahl.

Politische Dimension	Kategorie	Sprecher:in/Akteur	Argument
Unterstützung der Waffenlieferungen an die Ukraine	Sicherheit	CDU-Fraktionschef Merz	Schutz weiterer Länder vor russischer Bedrohung
Ablehnung der Waffenlieferungen an die Ukraine	Effizienz	Fraktionschef der Linken Bartsch	Zweifel an Beendigung des Krieges durch mehr Waffen für die Ukraine
...	...	...	...

Bearbeiter

Aufgaben

72035-422

1. Analysieren Sie die Frage deutscher Waffenlieferungen aus politischer, rechtlicher und strategischer Perspektive (**M29**, **M30**, **M32**). Erstellen Sie dazu eine Tabelle.
2. „Außenpolitik ist Innenpolitik": Diskutieren Sie diese These mit Hilfe des Zwei-Ebenen-Spiels (→ digitaler Aufgabenkasten) am Beispiel der Kehrtwende des Bundeskanzlers in **M31**.
3. Erarbeiten Sie mögliche Argumente für oder gegen Waffenlieferungen mit Hilfe der qualitativen Inhaltsanalyse (→ Methode, S. 538) anhand der Bundestagsdebatte zu Waffenlieferungen an die Ukraine vom 28.04.2022 (**M32c**).
4. Führen Sie eine Talkshow mit den Rollen MdB für Waffenlieferungen, MdB gegen Waffenlieferungen, Politikwissenschaftler:in, ukrainischer Botschafter, Unterzeichner:innen Brief A (**M28**) Unterzeichner:innen Brief B (**M28**).
5. Beurteilen Sie deutsche Waffenlieferungen an die Ukraine perspektivisch und kategorial – sowohl aus damaliger wie aus heutiger Sicht.

13.2.2 „Zeitenwende“ in der deutschen Außen- und Sicherheitspolitik: nie wieder Krieg?!

Zum Thema: Am 26. Februar 2022 verkündete Bundeskanzler Olaf Scholz anlässlich der russischen Invasion in der Ukraine eine „Zeitenwende“ deutscher Außen- und Sicherheitspolitik im Deutschen Bundestag. Was das für das Rollenverständnis Deutschlands bedeutet, sollen Sie in diesem Kapitel analysieren und beurteilen.

M33 Deutschlands Rolle in der Welt

a) Nie wieder Krieg!

Außenministerin Baerbock bekräftigt die historische Verantwortung Deutschlands als Friedensmacht beim Besuch der Holocaust-Gedenkstätte Yad Vashem (10.02.2022).

b) Nie wieder Angriffskrieg in Europa!

Außenministerin Baerbock bekräftigt Deutschlands Verantwortung als Führungsnation zur militärischen Unterstützung der Ukraine im russischen Angriffskrieg (27.04.2022).

Einstiegsaufgaben 72035-423

1. Analysieren und diskutieren Sie entlang der beiden Bilder mit Außenministerin Annalena Baerbock (**M33**) die Bedeutung der Überschriften „Nie wieder Krieg!“ und „Nie wieder Angriffskrieg“!
2. Soll ein „Nie wieder“ auch den Einsatz deutscher Soldatinnen und Soldaten zum Erhalt des Friedens beinhalten? Positionieren Sie sich zu dieser Frage.

M34 Instrumente in der Außen- und Sicherheitspolitik zur Durchsetzung eigener Interessen

A Diplomatisch

- Public Diplomacy: akademischer Austausch, deutsche Auslandsschulen, Deutsch als Fremdsprache
- Verhandlungen: Botschaftseröffnungen, regelmäßige bi-, multilaterale Treffen und Beratungen, Verhandlungen über Verträge, Abkommen, Krisengespräche, Telefonate, Botschaft ausweisen, Botschaften schließen

B Ökonomisch

- Entwicklungshilfe: Finanzielle Unterstützung, Bildungsförderung, Infrastrukturbau, Lebensmittellieferung
- Sanktionen: Unterbrechung diplomatischer Beziehungen oder militärischer Zusammenarbeit, Handels- und Finanztransaktionen, Transport- und Kommunikationsströme blockieren, Einzelpersonen sanktionieren

Unilateralismus
Der Staat kooperiert nur dann mit anderen Staaten, wenn dies seinen eigenen Interessen entspricht.

Bilateralismus
Betrifft nur zwei Staaten.

Multilateralismus
Eine bevorzugte Strategie zur Lösung von Problemen, die von einzelnen Staaten nicht mehr allein bewältigt werden können.

C Rechtlich
- Nationale Strafprozesse: Weltrechtsprinzip gegenüber ausländischen Kriegsverbrechern, Überstellung von Kriegsverbrechern an Internationalen Strafgerichtshof

D Militärisch
- Cyberangriff: Gezielte Angriffe auf staatliche Rechnernetze zur Sabotage oder Informationsgewinnung
- Abschreckung (Deterrence): Militärmanöver, Truppenverlegungen bis hin zur Androhung militärischer Gewalt, Stationierung von Atomwaffen
- Streitkräfte Einsatz (Intervention): Von Ausbildungsmissionen bis hin zum Einsatz militärischer Gewalt von Luftangriffen bis hin zu Bodeninvasion; Atomwaffeneinsatz

Nach: Hook, Steven W./Jones, Christopher M.: Routledge Handbook of American Foreign Policy. 1. Edition. Routledge 2012.

M35 Deutschlands Rolle in der Welt: von der Zivil- zur normalen Macht nach dem russischen Angriffskrieg gegen die Ukraine?

a) Deutschland als Zivilmacht seit 1990

Der Zivilmacht-Ansatz Hanns W. Maulls [definiert] Zivilmacht [...] als Staat, dessen außenpolitisches Rollenkonzept und Rollenverhalten gebunden sind an Zielsetzungen, Werte, Prinzipien sowie Formen der Einflussnahme und Instrumente der Machtausübung, die einer Zivilisierung der internationalen Beziehungen dienen. Der Idealtyp der Zivilmacht beinhaltet sechs eng miteinander verwobene Dimensionen: (1) die Einhegung und Beschränkung staatlich organisierter Gewaltanwendung bei der Austragung innerstaatlicher wie internationalisierter Konflikte; (2) die umfassende Verriegelung und Verrechtlichung der internationalen Politik; (3) die Förderung des Multilateralismus und demokratisch-partizipatorischer Entscheidungsprozesse zur Legitimierung einer globalen Ordnung auf der Basis der Grundwerte Freiheit, Demokratie und Marktwirtschaft; (4) das Engagement für eine soziale Ausgewogenheit und globale Gerechtigkeit; (5) den Ausbau von internationalen Institutionen zur besseren Kontrolle und Durchsetzung allgemein gültiger Normen, verbunden mit der Bereitschaft, staatliche Souveränität partiell abzugeben; sowie (6) die Begrenzung der Austragung militärischer Konflikte durch besondere Auflagen und Prinzipien.

Mello, Patrick A.: Von der Bonner zur Berliner Republik: Die „Zivilmacht" Deutschland im Spiegel parlamentarischer Debatten zu Auslandseinsätzen der Bundeswehr, 1990 bis 2018. In: Klaus Brummer und Friedrich Kießling (Hg.) Zivilmacht Bundesrepublik? Bundesdeutsche außenpolitische Rollen vor und nach 1989 aus politik- und geschichtswissenschaftlichen Perspektiven, Baden-Baden: Nomos 2019, 295 – 316.

Bearbeitergrafik

b) Nie wieder? Ansprache des Bundeskanzlers Olaf Scholz am Jahrestag des Endes des Zweiten Weltkriegs in Europa (08. Mai)

Heute vor 77 Jahren endete in Europa der Zweite Weltkrieg. Das Schweigen der Waffen am 8. Mai 1945 glich einer Friedhofsruhe – über den Gräbern von mehr als 60 Millionen Frauen, Männern und Kindern. [...] Millionen sind in ihren Städten und Dörfern, in Konzentrations- oder Vernichtungslagern ermordet worden. Deutsche haben dieses Menschheitsverbrechen verübt. [...] Wir können nicht an das Ende des Zweiten Weltkriegs in Europa erinnern, ohne der Tatsache ins Auge zu sehen: Es herrscht wieder Krieg in Europa. Russland hat diesen Krieg entfesselt. [...] Aus der katastrophalen Geschichte unseres Landes zwischen 1933 und 1945 haben wir eine zentrale Lehre gezogen. Sie lautet: „Nie wieder!" Nie wieder Krieg. Nie wieder Völkermord. Nie wieder Gewaltherrschaft. Und doch ist es wieder passiert – Krieg in Europa. [...] Vier klare Grundsätze folgen daraus für die Politik: Erstens: Keine deutschen Alleingänge! Was immer wir tun, stimmen wir auf das Engste mit unseren Bündnispartnern ab – in Europa und jenseits des Atlantiks. Zweitens: Bei allem, was wir tun, achten wir darauf, unsere eigene Verteidigungsfähigkeit zu erhalten! Und: Wir haben entschieden, die Bundeswehr deutlich besser auszustatten, damit sie uns auch in Zukunft verteidigen kann. Drittens: Wir unternehmen nichts, was uns und unseren Partnern mehr schadet als Russland. Und viertens: Wir werden keine Entscheidung treffen, die die NATO Kriegspartei werden lässt.

Scholz, Olaf: Fernsehansprache des Bundeskanzlers der Bundesrepublik Deutschland Olaf Scholz, MdB am Jahrestag des Endes des Zweiten Weltkriegs in Europa. In: www. bundesregierung. de, 08.05.2022

Bundeskanzler Olaf Scholz

Zusatzmaterial: Zeitenwende-Rede von Bundeskanzler Scholz

72035-424

c) Zeitenwende auch in der öffentlichen Meinung

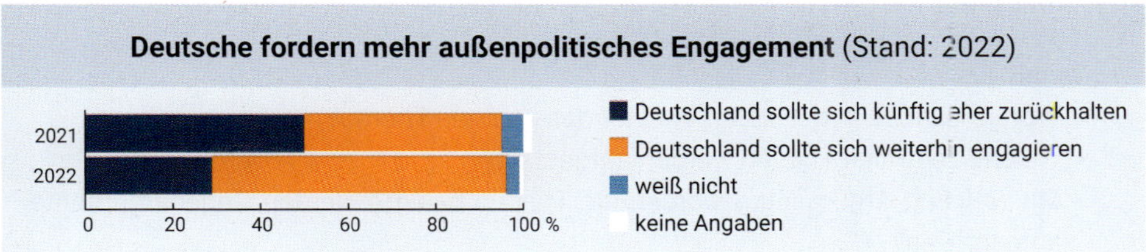

Bearbeitergrafik, Daten nach: Körber Stiftung, 2022

Zusatzmaterialien: Von der Zivil- zur normalen Macht

72035-425

Aufgaben

72035-426

1. Analysieren Sie die verschiedenen außenpolitischen Instrumente (**M34**) und wenden Sie diese auf das Konzept Zivilmacht an (**M35a**).
2. Analysieren Sie die Rede von Olaf Scholz zur „Zeitenwende" (QR-Code zu **M35b**).
3. Fassen Sie die Grundaussagen der Reden von Bundeskanzler Scholz in **M35b** und im QR-Code zu **M35b** zusammen und vergleichen Sie diese. Was bedeuten sie jeweils für das Zivilmachtskonzept (**M35a + c**, und QR-Code neben **M35c**).
4. Nie wieder Krieg?! Beurteilen Sie die Frage/Aussage erneut differenziert. Begründen Sie Ihr Ergebnis mit dem entscheidenden Argument, der wichtigsten Perspektive und der zentralen Kategorie (→ Kategorienraster).

Politik aktiv

Entwickeln Sie in Kleingruppen eine außenpolitische Doktrin Deutschlands nach der Zeitenwende (**M34, M35a – b**) als Infografik (→ Methode, S. 102) hinsichtlich der Interessen, Bedrohungen für Deutschland, einzusetzenden Instrumente und der Rolle der Bundeswehr. Vergleichen Sie Ihre Ergebnisse im Plenum.

Onlinekapitel: Deutsche Außenpolitik und die Auslandseinsätze der Bundeswehr

72035-427

METHODE

Eine politische Rede analysieren

Das Halten von Reden durch Politiker:innen ist bereits seit der Antike ein wesentlicher Bestandteil der Auseinandersetzung um politische Inhalte und Positionen. Politische Reden über Absichten, Appelle oder Vorhaben werden auch im politischen System der Bundesrepublik im Bundestag oder zu anderen Anlässen gehalten. Da eine Rednerin/ein Redner verschiedene sprachliche und rhetorische Mittel verwendet, um intendierte Ziele zu erreichen, können sie analysiert werden, um den Zweck einer Rede vertieft zu erfassen.

So gehen Sie vor:

1 Beschreibung

- **Titel** und **Datum** der Rede
- **Redner:in:**
  - Wer ist die Rednerin bzw. der Redner? In welcher Funktion spricht diese Person?
- **Adressierte:**
  - An wen richtet sich die Rede? (Politische Anhänger:innen oder Gegner:innen, politische Eliten, die Öffentlichkeit oder eine indifferente Gruppe?)
  - Bezieht die Rednerin bzw. der Redner die Adressierten in ihre bzw. seine Rede ein? Wie geschieht dies (etwa durch direkte Ansprache)?
- **Kontext und Anlass:** Wann und wo wird die Rede gehalten?

2 Interpretation

- **Inhalt:**
  - Worum geht es in der Rede? Was ist das zentrale Thema?
  - Welche zentralen Thesen werden aufgestellt?
  - Mit welchen Argumenten werden die Thesen belegt? Werden Gegenargumente aufgegriffen?
  - Werden Schlüsselbegriffe, Schlagworte, sprachliche Bilder genutzt?
  - Ist die Argumentation logisch und stringent?
- **Sprachliche und rhetorische Analyse:**
  - Welchem Redetyp ist die Rede zuzuordnen (z. B. Wahlkampfrede, Parlamentsrede, Sachvortrag, ...)?
  - Werden besondere sprachliche und rhetorische Mittel eingesetzt (z. B. Fremdwörter, Fachsprache, Metaphern, Vergleiche, Alliterationen, Übertreibungen, ...)? Welche Wirkung soll damit vermutlich erzielt werden?

3 Bewertung

- Welche Intention verfolgt die Person, die die Rede hält?
- Was bleibt von der Rede in Erinnerung?
- Hat die Rede auf das nachfolgende (politische) Geschehen einen bedeutsamen Einfluss (etwa indem Sie meinungsbildend wirkt oder Diskussionen und Kontroversen hervorruft)?

Bearbeiter

13.3 Weltordnungsmodelle und die Sicherheitsarchitektur in Europa

13.3.1 Weltordnung und Großmachtrivalitäten nach der Invasion Russlands in der Ukraine: Welche Weltordnung wollen wir?

Zum Thema: Die uns in Europa vertraute internationale Ordnung wurde mit der UN-Charta 1945 konzipiert und seitdem durch die militärische Präsenz der NATO stabilisiert. Häufig wird sie als liberale internationale Ordnung bezeichnet. Die Krise der Demokratie in den USA unter Trump, das aufstrebende China und der russische Angriffskrieg mitten in Europa haben diese Ordnung in Frage gestellt. Sie sollen in diesem Kapitel die Frage diskutieren, welchen Bestand die liberale Ordnung angesichts wachsender Großmachtrivalitäten zwischen China, den USA und Russland hat und welche Rolle Europa und darin spielen kann und soll.

M36 Zwei Weltordnungen auf dem Prüfstand: amerikanisches/europäisches oder russisch-chinesisches Modell?

A Alte liberale Weltordnung unter Führung der USA
Ein „Weltpolizist" sorgt für Einhaltung der Prinzipien der liberalen Weltordnung: Demokratie, staatliche Souveränität, freie Marktwirtschaft und Handel, Frieden und Sicherheit durch Ächtung von Gewalt. Die USA lassen es nicht zu, dass sie ihre Vormachtstellung teilen müssen. Europa und andere westliche Demokratien leben in einem freundschaftlichen Bündnis mit den USA.

US-Präsident Biden hält eine Rede beim G7- Gipfel in Elmau.

B Mögliche neue Weltordnung
Der Westen ist im Niedergang, der Osten steigt auf. China und Russland präferieren eine Weltordnung, die nicht von den USA, sondern von verschiedenen Machtzentren dominiert wird. Dazu werden Einflusssphären definiert, in die sich niemand von außen einmischen darf. Demokratie und Menschenrechte haben keine universelle Geltung.

Der russische Präsident Putin trifft den chinesischen Präsidenten Jinping.

Bearbeiter

Einstiegsaufgaben 72035-428

1. Erläutern Sie die beiden Weltordnungskonzepte in **M36** mit eigenen Worten. Kommentieren Sie die beiden kurz.
2. Sammeln und diskutieren Sie spontan Kriterien für eine gute Weltordnung.

M37 Entwicklung der Weltordnung von 1945 bis 2022

a) Die bipolare Weltordnung nach dem Zweiten Weltkrieg

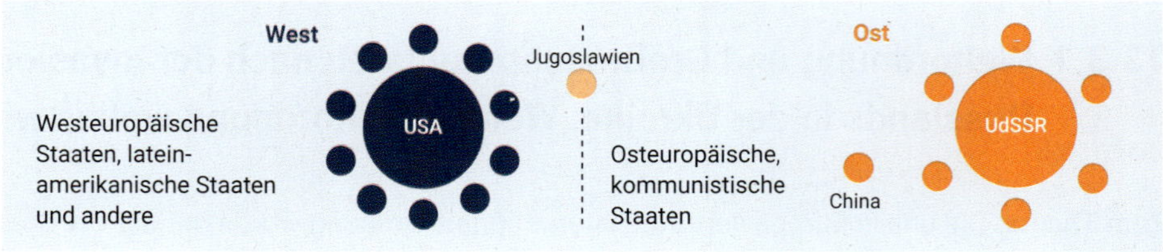

b) Die multipolare Weltordnung nach 1990

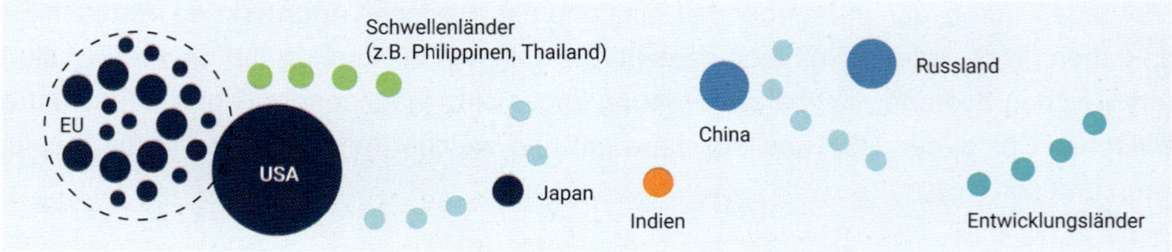

Nach: Vierecke, Andreas/Mayerhofer, Bernd/ Kohout, Franz: dtv-Atlas Politik, Politische Theorie – Politische Systeme – Internationale Beziehungen. 5. Auflage. München 2018, S. 176

Postkoloniale Theorie
Sie bezeichnet ein breites Spektrum theoretischer Zugänge zu und kritischer Auseinandersetzungen mit historischen und gegenwärtigen Machtverhältnissen, die im Zusammenhang mit dem europäischen Kolonialismus und seinen bis heute währenden Fortschreibungen stehen.

c) Hierarchie von Staaten im internationalen System

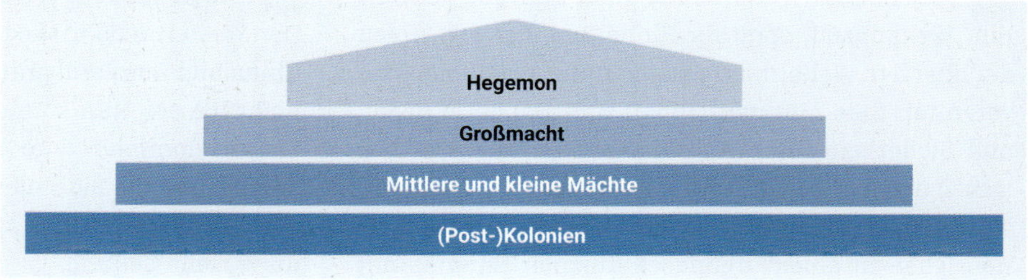

Bearbeitergrafik

M38 Faktoren der Machtverteilung im internationalen System

a) Militärische Stärke der Großmächte im Vergleich

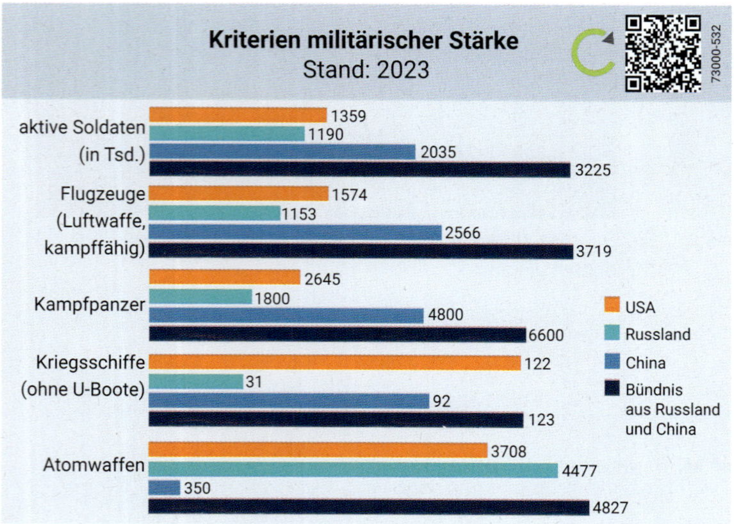

© C.C. Buchner Verlag, aktuelle Daten nach: SIPRI, IISS (Datenerhebung: 2022, Grafikerstellung 2023)

b) Stärke der wirtschaftlichen Beziehungen der Großmächte

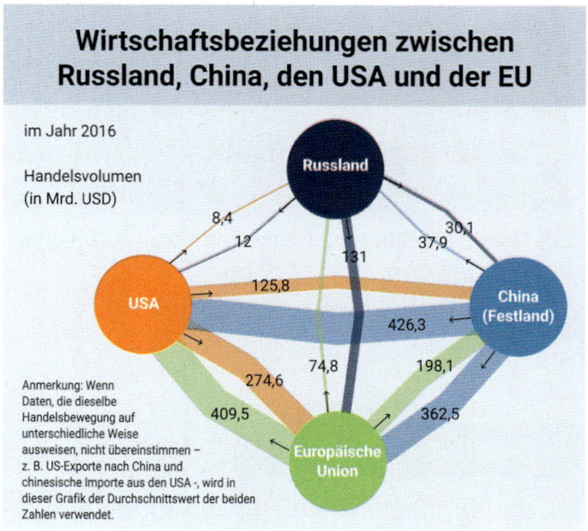

Nach: Strategic Trends 2018, publiziert vom Center for Security Studies, ETH Zürich

M39 Interview mit Florian Böller: Die liberale Weltordnung ist in der Krise

Florian Böller ist Inhaber des Lehrstuhls Internationale Beziehungen an der TU Kaiserslautern und forscht dort im Schwerpunkt zu transatlantischen Beziehungen und US-Außen- und Sicherheitspolitik

„Krise der US-Führungsrolle", „Putins Bedrohung der europäischen Sicherheitsordnung und Chinas Muskelspiele in Südostasien": Wie hat sich die internationale Ordnung seit der Präsidentschaft Trumps verändert?

Es ist eine Zunahme an gewaltsamen Konflikten auf internationaler Ebene seit den 2010er Jahren festzustellen. Dazu zählen nicht nur Großmachtkonflikte, sondern auch Bürgerkriege (z. B. Syrien) und regionale Konflikte (z. B. Jemen, Ukraine). Zudem gibt es Schwierigkeiten globaler Herausforderungen, wie zum Beispiel die Klimakrise oder das Problem der Verbreitung von Massenvernichtungswaffen gemeinsam zu regeln. Die Krise der internationalen Ordnung begann schon vor Trump und ist ein Symptom einer multipolaren Welt, in der es nicht mehr nur eine (oder zwei) Supermächte gibt, die für Stabilität sorgen.

Allerdings feuerte der US-Präsident die Krise zusätzlich an. Die USA zogen sich unter Trump aus internationalen Organisationen zurück, kündigten Verträge auf und hielten sich aus Konflikten heraus. Dadurch fehlte eine stabilisierende Rolle für die internationale Ordnung durch das militärisch und wirtschaftlich mächtigste Land der Welt. [...]

Was kennzeichnet die Notwendigkeit einer internationalen Ordnung?

Unter internationaler Ordnung wird ein stabilisierender Rahmen aus Institutionen (z. B. internationalen Organisationen), Regeln (z. B. Verträgen) und Normen (z. B. Gewaltverbot) verstanden. Im Idealfall sorgt die Ordnung also für Frieden und Stabilität. Häufig gibt es mächtige Staaten, die versuchen, die Ordnung zu stabilisieren, indem sie bei Konflikten eingreifen und öffentliche Güter bereitstellen (z. B. Finanzkapital, aber auch Sicherheit). Diese Staaten werden auch als Hegemon bezeichnet. Nach dem Ende des Zweiten Weltkriegs entstand das, was wir als liberale Ordnung bezeichnen. Diese spezielle Form der Ordnung basiert auf multilateralen Institutionen, etwa im Rahmen der UN, gemeinsamen Regeln (z. B. in der Handelspolitik) und Normen (z. B. geregelt in der Charta der UN, etwa Menschenrechte, Demokratie und Freiheit).

Die Ordnung war aber stets auch umstritten, da sie nicht von allen Akteuren anerkannt wurde und wird. Forschende untersuchen daher, inwiefern eine Ordnung effektiv ist (d. h. bestimmte Ziele wie etwa Frieden und Stabilität erreicht); wie viel Autorität der jeweilige Hegemon besitzt (also wie anerkannt seine Führungsrolle ist); und wie viel Legitimität die Ordnung insgesamt beanspruchen kann (d. h. inwiefern Staaten und Gesellschaften die Ordnung als rechtmäßig anerkennen).

Warum ist die liberale Ordnung auch für Deutschland so wichtig?

Zum einen profitiert Deutschland von Frieden und Stabilität, die auch durch die liberale Ordnung garantiert wird. Das gilt für die friedliche und auf verbindlichen völkerrechtlichen Regeln basierende Zusammenarbeit in Europa oder auch in der Welthandelspolitik, die auf multilateralen Institutionen aufbaut.

Zum anderen hat sich Deutschland gemäß Grundgesetz zur Wahrung der Menschenrechte (Art. 1), zur Vertiefung der europäischen Integration (Art. 23), zu internationaler Kooperation (Art. 24) sowie zur Geltung des Völkerrechts und Wahrung des Friedens (Art. 25-26) verpflichtet.

Das Interview mit Florian Böller führte der Bearbeiter, 2022

M40 Der Kampf um die neue Weltordnung

In der Ukraine geht es um mehr als einen regionalen Krieg. Der Konflikt entscheidet auch, welche Politik das 21. Jahrhundert prägt.

	USA und Europa	Russland und China
Regelbasierte Ordnung gegen das Recht des Stärkeren	Die USA fühlen sich unter Biden dem Prinzip verpflichtet, dass verbindliches Recht Richtschnur im Umgang der Staaten sein muss. Darum schaltete Washington nach Beginn der russischen Invasion sofort die Vereinten Nationen ein und nutzte die UN-Vollversammlung wie den UN-Sicherheitsrat, um klarzumachen, dass Moskau bis auf wenige Ausnahmen eine Phalanx der Ablehnung gegenübersteht.	In Russland und China gilt das Recht des Stärkeren. Moskau hat seine Interessen in Tschetschenien und Georgien mit Militärgewalt durchgesetzt und versucht Ähnliches in der Ukraine. Tatsächlich beobachtet China den Ausgang des russischen Angriffskriegs gegen die Ukraine. Er könnte eine Blaupause für die „friedliche Wiedervereinigung“ mit Taiwan sein.
Demokratie gegen Autokratie	US-Präsident Joe Biden hat bei seiner großen Warschauer Rede bekräftigt, dass für ihn die „große Schlacht zwischen Demokratie und Autokratie“ das 21. Jahrhundert bestimmen wird. Biden will Amerika zum Antreiber einer Allianz gleichberechtigter westlicher Demokratien machen.	Russlands Präsident Wladimir Putin ließ sich 2020 per Referendum und 2021 per Gesetz die Chefposition bis 2036 sichern. Ähnlich machte es Chinas Präsident Xi Jinping. Der Volkskongress beschloss 2018 auf sein Geheiß, die Begrenzung der Amtszeit des Staatschefs auf zweimal fünf Jahre aufzuheben. Die Grundpfeiler westlicher Demokratien – Presse- und Meinungsfreiheit, Rechtsstaatlichkeit – gelten im Osten wenig.

Nach: Backfisch, Michael/ Hautkapp, Dirk: Krieg in der Ukraine: Der Kampf um die neue Weltordnung. In: www.waz.de, 31.03.2022

Aufgaben

72035-429

1. Stellen Sie die Informationen zu den Strukturen der Weltordnung (**M37**) und ihrer Machtgrundlagen (**M38**) thesenartig zusammen. Entwickeln Sie daraus ein gemeinsames Schaubild (→ Methode, S. 102).
2. Analysieren Sie das Interview mit Florian Böller (**M39**).
3. Entwickeln Sie geeignete Kriterien zur Beurteilung der Weltordnungsmodelle und dem Handeln der Großmächte USA, China, Russland und Europa (**M40**, → digitaler Aufgabenkasten).
4. Beurteilen Sie perspektivisch und kategorial die konkurrierenden Weltordnungskonzepte in **M36, M37**.

Die Theorien der Internationalen Beziehungen und globale Ordnungsstrukturen

Zwischen Kooperation und Konfrontation: Wie verhalten sich Staaten zueinander?

Theorien können dazu beitragen, politisches Handeln und Entscheiden besser zu verstehen und vorauszusagen, weil sie konkrete Situationen auf allgemeine und grundsätzliche „Gesetzmäßigkeiten" zurückführen. Tatsächlich gibt es in vielen Bereichen, insbesondere in den Internationalen Beziehungen, eine Konkurrenz von Theorien. So stellt sich die Frage, welche dieser Theorien die passenderen, besseren Erkläransätze hat und welche Aussagen über die Normen und Strukturen des internationalen Systems die Theorien jeweils beinhalten. Sie sollen in diesem Kapitel die Grundaussagen der wichtigsten Theorien der Internationalen Beziehungen analysieren und ihre Erklärkompetenz im Allgemeinen und am Fallbeispiel beurteilen.

M41 Wie sollen sich Staaten im internationalen System zueinander verhalten?

A „Bewaffnen Sie Ihren Staat so, dass Sie sich gegen einen möglichen Angriff des Nachbarlandes verteidigen können, da Ihnen keine „Weltpolizei" zur Hilfe kommen wird".

B „Treten Sie in Verhandlungen mit Ihrem Nachbarland, um gemeinsame Interessen zu suchen und schließen Sie verbindliche Vereinbarungen".

C „Nehmen Sie Ihr Nachbarland als Freund wahr und bauen Sie auf Basis gemeinsamer Werte ein vertrauensvolles Verhältnis auf, um Konflikte friedlich zu lösen".

D „Machen Sie Ihre Außenpolitik abhängig von den Interessen Ihrer Bürger:innen und davon, ob das andere Land auch demokratisch ist".

Einstiegsaufgaben 72035-430

1. Gewichten Sie die vier Thesen (**M41**) in einem Prioritätenspiel.
2. Vergleichen und diskutieren Sie Ihr Ergebnis im Kurs mit Blick auf das Spannungsfeld zwischen Kooperation und Konfrontation.

M42 Grundzüge der Theorien in den Internationalen Beziehungen

Es gibt vier große Theorieschulen in den Internationalen Beziehungen: Realismus, Institutionalismus, Liberale Theorie und Konstruktivismus, die sich im Verlauf weiter ausdifferenzierten.

A Anarchie der Staatenwelt: der strukturelle Realismus oder Neorealismus

Die Tatsache, dass es keine Weltpolizei gibt, die von Staaten an anderen Staaten begangenes Unrecht ahndet, führt zu einem Untersicherheitsgefühl. Nach der Auffassung von Neorealisten wie John Mearsheimer oder Kenneth Waltz resultieren Kriege aus dieser anarchischen Struktur des internationalen Systems und dem allgegenwärtigen Sicherheitsdilemma. Denn Staaten müssen in dieser düsteren Welt zur Selbsthilfe greifen, um sich vor Übergriffen anderer Staaten zu schützen. Je mehr militärische Macht, desto weniger Angst müssen Staaten ha-

Schaubild: Entwicklung der Theorien der Internationalen Beziehungen

72035-431

ben. Anarchie bedeutet aber nicht per se Chaos, sondern vielmehr, dass souveräne Staaten ohne höherrangige Autorität im internationalen System interagieren. Kluges Handeln bedeutet dabei, dass Staaten Entscheidungen treffen, die ihre eigene Machtposition und Sicherheit nicht gefährden und wenn möglich verbessern. Vor diesem Hintergrund stellen sich Neorealisten das multipolare internationale System als „Billardtisch" vor, auf denen die Staaten „Billardkugeln" sind, deren Größe von ihrer Machtposition abhängen. Stoßen zwei Kugeln zusammen, bedeutet das in der Regel, dass ein Interessenskonflikt vorherrscht.

Grundannahme: Ein Staat überlebt in den anarchisch strukturierten Internationalen Beziehungen nur, wenn er selbst für seine Sicherheit sorgt.

B Gleichgewicht der Mächte: defensiver Neorealismus (Kenneth Waltz)

Staaten achten im Bild der defensiven Neorealisten auf jede Veränderung der herrschenden Machtkonstellation. Auf Machtverschiebungen reagieren vor allem die Großmächte mit Aufrüstung. Kleine Staaten schließen sich einer Allianz mit Großmächten zu ihrem eigenen Schutz an (bandwagoning). Die ständige Reaktion der Großmächte auf vermeintliche Machtgewinne der anderen Staaten (balancing) führt zu einem prekären militärischen Gleichgewichtszustand. Dieses „Gleichgewicht des Schreckens" ist der einzige Schutz vor Krieg untereinander, weil die wechselseitige Zerstörung und die Folgekosten für die Großmächte zu groß wären. Eine Störung des Gleichgewichts hat Krieg zur Folge, aus dem sich allerdings ein neues Gleichgewicht entwickeln kann. Aufgrund von Stabilitätsüberlegungen stellt sich ein solches Gleichgewicht immer zwischen zwei Großmächten mit ihren kleineren Verbündeten ein, wie etwa im Kalten Krieg zwischen den USA und der Sowjetunion. Das internationale System wird vor diesem Hintergrund als bipolar bezeichnet.

Kernhypothese: Die militärische und ökonomische Macht gilt dann als ausreichend, wenn eine Großmacht sich auf Augenhöhe mit der anderen Großmacht wähnt. Die damit verbundene wechselseitige Abschreckung garantiert eine Stabilität.

C Hegemoniale Ordnung: offensive Neorealisten

Nur eine dominierende Weltmacht kann andere Staaten und deren Streben nach Macht in der Weltpolitik in Zaum halten. Offensive Neorealisten argumentieren deshalb, dass ein Staat so viel militärische oder ökonomische Machtmittel anhäufen muss, dass er als Hegemon der internationalen Ordnung und anderen Staaten seinen Willen aufzwingen und Fehlverhalten ggf. bestrafen kann. Historisch betrachtet gab es eine solche Ordnung erst mit dem Zusammenbruch der Sowjetunion und der daraus folgenden alleinigen Hegemonstellung der USA. Eine solche Ordnung ist allerdings nur zeitlich begrenzt stabil. Neue Großmächte werden zu einem bestimmten Zeitpunkt versuchen den Hegemon politisch, wirtschaftlich und militärisch herauszufordern, wenn dieser seine Machtmittel überdehnt hat, z. B. durch langjährige Kriegseinsätze oder innenpolitische Krisen. Das internationale System wird vor diesem Hintergrund als unipolar bezeichnet.

Kernhypothese: Wenn ein Staat seine Machtmittel maximiert und allen anderen Staaten überlegen ist, dann hat er für maximale Sicherheit gesorgt und muss niemanden fürchten.

D Horizontale Selbstkontrolle: Institutionalismus und Liberale Theorie

Institutionalisten um Robert o. Keohane gehen zwar auch von einem anarchisch strukturierten System der Internationalen Beziehungen aus. Beherrschbar wird aber dieses System im Gegensatz zu den Vorstellungen der Neorealisten, indem Staaten miteinander kooperieren und feste Regeln, gemeinsame Normen, Prinzipien und wechselseitige Überprüfungsverfahren (Verifikation) vereinbaren. Grund dafür ist die Abhängigkeit der Staaten voneinander (Interdependenz) zur Lösung gemeinsamer Herausforderungen oder Probleme (z. B. Klimawandel, Abrüstung von Nuklearwaffen, Menschenrechte). Ziel ist es daher, mit Verhandlungen Vereinbarungen in Verträge festzuhalten und mit unabhängigen

Kontrollinstanzen in Form von internationalen Organisationen zur Überwachung der Vertragstreue zu unterstützen. Vorteil der Kooperation ist die Senkung des Unsicherheitsgefühls, Erwartungssicherheit und die Schaffung gemeinsamer Regeln und Normen.

Kernhypothese: Je stärker die zwischenstaatliche Abhängigkeit (Interdependenz) zur Lösung von gemeinsamen Problemen, desto eher bilden sich Regime, kooperative Institutionen, auf Basis von Verträgen heraus. Diese Abhängigkeit führt zur Entstehung internationaler Organisationen.

Liberale Theoretiker um Andrew Moravcsik oder Ernst-Otto Czempiel gehen noch einen Schritt weiter und sagen eine langanhaltende friedliche internationale Ordnung voraus (Demokratischer Frieden), je größer der Grad und die Anzahl demokratischer Staaten im internationalen System ist. Kooperation ist natürlich, weil durch wirtschaftliches Handeln und dem Verzicht auf Krieg vor allem die Gesellschaften profitieren, die risikoaverse und rationale Akteure sind. Der Einfluss der Gesellschaft ist weniger kurzfristig, wie bei Krisen, sondern eher mittel- und langfristig anzulegen und äußert sich in Wahlen und ständigen Umfragen. Außerdem werden die Staats- und Regierungschefs innenpolitisch, z. B. vom Parlament, kontrolliert und an den Willen der Gesellschaft zurückgebunden. Aufgabe des Parlamentes ist es in diesem Bild auch, die Präferenzen der Gesellschaft zu repräsentieren und für deren Berücksichtigung bei außenpolitischen Entscheidungen zu finden.

Kernhypothese: Je größer und dringlicher die gesellschaftlichen Präferenzen und je mächtiger die Einflussmöglichkeiten der nationalen Parlamente, desto risikoaverser und kooperativer ist die Außenpolitik eines Staates bzw. dessen zwischenstaatlichen Beziehungen.

Tabelle: Weltordnungsmodelle im Überblick

72035-432

E Weltregierung: Konstruktivisten

Für Konstruktivisten wie Alexander Wendt (*1966) ist die Anarchie menschengemacht (sozial konstruiert) und muss deshalb nicht immer zu Konflikten zwischen Staaten führen. Denn Staaten, die sich ziemlich sicher sind, dass auch andere friedliche Absichten haben wie sie selbst, werden diese Staaten nicht als Bedrohung empfinden. Ursachen für Gewalt sind verhärtete Feindbilder und fehlendes Vertrauen, welches nur durch neue Denkweisen zwischen den Regierungen und Völkern aufgebaut werden kann. Da aber die dominierenden Ideen stets die Ideen der Regierenden sind, setzen neue Ideen Lernprozesse unter den Staaten und gesellschaftlichen Wandel voraus. Die Weltordnung zwischen den Staaten ist daher nicht in Stein gemeißelt, sondern veränderbar, sowohl in Richtung Kooperation als auch Konflikt. Die Überlegungen gehen sogar so weit, dass wenn Staaten Kooperationsstrukturen aufgebaut, gemeinsame Organisationen mit Regeln geschaffen und alle Feindbilder abgebaut haben, eine gemeinsame akzeptierte Weltregierung unter Aufgabe der eigenen Souveränität möglich ist. Solch eine Weltregierung würde dann auch über das Gewaltmonopol der Internationalen Beziehungen mit den entsprechenden Instrumenten (Militär, Polizei) zur Durchsetzung der Entscheidungen verfügen. Die Weltregierung wird umgekehrt demokratisch legitimiert und kontrolliert.

Kernhypothese: Machtstrukturen und Konflikte in den Internationalen Beziehungen beruhen auf verhärteten Denkmustern der Akteure, die durch Kommunikation und neue Denkweisen abbaubar und transformierbar sind.

Bearbeiter

Aufgaben

72035-434

1. Erarbeiten Sie die Grundzüge der unterschiedlichen Weltordnungsmodelle (**M42**). Stellen Sie diese in einem Schaubild zusammen und erläutern Sie diese im Kurs.
2. Beurteilen Sie das Erklärungspotenzial der jeweiligen Theorien am Beispiel eines aktuellen internationalen Konflikts (z. B. → russischer Angriffskrieg gegen die Ukraine, S. 559 oder Nahostkonflikt, S. 502 ff.).

F zu Aufgabe 1
Ordnen Sie die Modelle in das Diagramm (→ digitaler Aufgabenkasten) und gewichten Sie sie nach Ihrer Präferenz.

WORKSHOP

Simulation: Isle of Ted 2.0

Ist Kooperation möglich? In der Simulation prüfen Sie spielerisch, unter welchen Bedingungen und unter Einfluss Ihrer Entscheidungen und Handlungen konfrontative oder kooperative Beziehungen im internationalen System möglich sind. Das erlaubt einen Rückschluss auf die theoretisch erarbeiteten Weltordnungsmodelle mit ihren Annahmen.

1 Ausgangslage

- Sechs Staaten (A, B, C, D, E, F) existieren auf der Isle of Ted.
- Ziel jedes Staates ist es, zu überleben.
- Jeder Staat hat zehn Machtpunkte zu Beginn zur Verfügung.

2 Regeln und Ablauf

1. Die Staaten entscheiden, wie sie ihre Machtpunkte ausgeben: entweder komplett für „Aufrüstung“ oder „Demokratie“ oder eine Kombination aus beiden. Alle Punkte müssen eingesetzt werden.
2. Entwerfen Sie eine eigene nationale Sicherheitsstrategie vor Spielbeginn.
3. Die Staaten entscheiden vor jeder Runde, ob sie eine Außenpolitik „Krieg“ oder „Frieden“ verfolgen.
4. Wollen alle Staaten „Frieden“, dann ist das Ergebnis Frieden auf Isle of Ted. Alle Staaten behalten ihre Punkte.
5. Wenn ein Staat „Krieg“ verfolgen möchte, erklärt er dem / den betreffenden Staat(en) den Krieg. Der Staat mit den meisten Punkten für „Aufrüstung“ gewinnt den „Krieg“. Er behält seine Punkte und bekommt alle Demokratiepunkte hinzu.
6. Vor der Runde können die Staaten miteinander in Verhandlungen treten. Staaten können sich zusammenschließen. Im Falle von „Krieg“ summieren sich dann die Aufrüstungspunkte.
7. Die nächste Runde beginnt wieder mit den anfänglichen Machtpunkten.
8. Ein Spiel umfasst mindestens drei Runden. Je nach Spiel kommen neue Staaten aus den bisherigen Kleingruppen hinzu.

3 Drei Spielvarianten

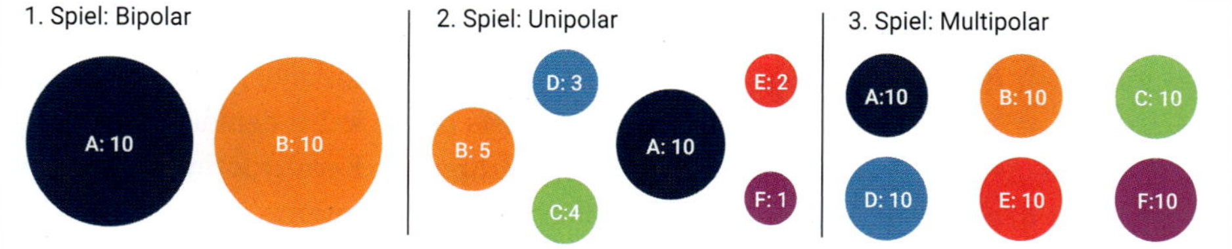

Bearbeiter Marcus Müller, 2022

Aufgabe 72035-435

Führen Sie die Simulation durch. Diskutieren Sie das Ergebnis: Wie wichtig waren Ihnen:

- Aufrüstung zur eigenen Sicherheit;
- Demokratiepunkte;
- Allianzbildungen;
- Frieden auf der Isle of Ted;
- Verhandlungen zur Vertrauensgewinnung;
- der Zugewinn von Punkten im Falle von einer erfolgreichen „Kriegsführung“?
- die Folgen einer unipolaren, multipolaren oder bipolaren Machtkonstellation im internationalen System.

Druckvorlage:
Spielprotokoll
72035-436

13.3.2 Die USA und China im Kampf um die Weltmacht: friedliche Koexistenz oder zunehmende Konfrontation?

Zum Thema: Die Rivalität zwischen den USA und China ist trotz des russischen Angriffskriegs gegen die Ukraine zum alles überragenden Thema der Internationalen Beziehungen geworden. Es prägt strategische Debatten in den Hauptstädten und hat viele Dimensionen. Sie sollen in diesem Kapitel die Rivalität zwischen USA und China verstehen und beurteilen.

M43 Zwei Aussagen der Regierungschefs von den USA und China: auf Konfrontationskurs?

a) Statement von US-Präsident Joe Biden

„Wir stehen im Wettbewerb mit China und anderen Ländern, um den Sieg im 21. Jahrhundert. Wir befinden uns an einem großen Wendepunkt der Geschichte."

b) Statement von Chinas Präsident Xi Jinping

„Das chinesische Volk wird es ausländischen Mächten niemals erlauben, es zu schikanieren [...]. Wer das wagt, dem wird an der Großen Mauer aus Stahl, geschmiedet von 1,4 Milliarden Chinesen, der Kopf blutig geschlagen."

Nach: Remarks by President Biden in Address to a Joint Session of Congress. In: www.whitehouse.gov, 28.04.2021 [Übersetzung: Bearbeiter]; SRF: Xi Jinping: „Chinesen haben grosse Mauer aus Stahl geschmiedet". In: www.srf.ch, 01.07.2021

Einstiegsaufgabe 72035-437

Bewerten Sie die Aussagen von US-Präsident Biden und Chinas Präsident Xi Jinping zur Rivalität der beiden Großmächte. Für wie bedrohlich halten Sie diese?

M44 Vom Kalten zum Heißen Krieg? Die Politikwissenschaft streitet über die Aussagekraft der Thukydides-Falle

a) Die Thukydides-Falle

Graham Allison von der Harvard University beschreibt mit der Thukydides-Falle eine Konstellation zwischen Großmächten, bei der die Angst einer herrschenden Macht vor einer aufstrebenden Macht unausweichlich zum Krieg führt. Nur vier von 16 untersuchten Fällen endeten nicht im Krieg (→ QR-Code). US-Präsident Biden stellte deshalb gleich klar, dass trotz Russlands Aggressionen China der große globale Rivale ist. So sollte niemand mit den USA als dominierende Weltmacht gleichziehen dürfen. Genau das hat Peking aber vor: Präsident Xi Jinping formulierte das Ziel, bis zum 100. Geburtstag der Volksrepublik im Jahr 2049 zur „Supermacht" aufsteigen zu wollen. Längst sieht sich China als Ordnungsmacht im asiatischen Raum und beansprucht u. a. das demokratische Taiwan als Teil seines Staatsgebietes. Die-

Beispiele:
herrschende Macht vs. aufstrebende Macht

72035-433

ser Streit zwischen den mit Taiwan verbündeten USA gilt als Pulverfass, dass den „Kalten Krieg" in Handels- und Technologiefragen zu einem „heißen Krieg" werden lassen könnte. Es gibt viele Gründe, um China zu kritisieren: die Repressionen gegen die Uiguren – manche sprechen bereits von einem Genozid –, das rigide Vorgehen gegen die Demokratiebewegung in Hongkong oder der ungeklärte Ursprung des Coronavirus, um nur einige zu nennen. Im Prinzip stehen sich wie mit Blick auf Russland zwei Wertesysteme unversöhnlich gegenüber: Demokratie versus Autokratie. Außenpolitisch wollen die USA auch im Zuge des russischen Angriffskrieges in der Ukraine Europa militärisch und wirtschaftlich als engen Verbündeten halten. Flankiert wird diese Strategie mit politischem Druck, Europa, u. a. Chinas Staatsunternehmen Huawei vom 5G-Ausbau auszuschließen. Auch die amerikanische Innenpolitik ist in der China-Frage geeint wie sonst in keinem Politikfeld. Demokraten und Republikaner befürworten einen harten Kurs gegen China. Billionenschwere Investitionspakete in Technologie, Infrastruktur und Klimaschutz des US-Kongresses sind vor dem Hintergrund dieser Auseinandersetzung zu verstehen.

Bearbeiter

b) Der Politikwissenschaftler Joseph S. Nye Jr. (Harvard University) über die Metapher „Kalter Krieg"

Aus diesem Grund ist die Metapher des Kalten Krieges zwar bequem, aber faul und potenziell gefährlich. [...] Auf wirtschaftlicher Ebene sind die Vereinigten Staaten und China stark voneinander abhängig. Das Handelsvolumen der Vereinigten Staaten mit China betrug im Jahr 2020 mehr als eine halbe Billion Dollar. [...] Auch das soziale Gefüge der Vereinigten Staaten und Chinas ist eng miteinander verwoben: Es gibt Millionen von sozialen Verbindungen zwischen den beiden Ländern, von Studenten, Touristen und anderen. Und es ist physisch unmöglich, ökologische Probleme wie Pandemien und Klimawandel zu entkoppeln."

Nach: Nye Jr., Joseph S.: With China, a 'Cold War' Analogy Is Lazy and Dangerous. In: www.nytimes.com, 02.11.2021 [Übersetzung: Bearbeiter]

Hintergrundwissen: Chinas Außenpolitik

72035-439

Aufgaben

72035-438

1. Erläutern Sie die Zitate und Thesen zu einer möglichen Konfrontation zwischen den USA und China (**M43**) mit eigenen Worten (Teamarbeit).
2. Beurteilen Sie die drohende Konfrontation zwischen den USA und China differenziert.
3. Unausweichliche Falle? Fassen Sie die Grundaussage der Thukydides Falle nach Graham Allison (**M44**) zur Rivalität zwischen den USA und China zusammen.
4. Diskutieren Sie die These der Thukydides-Falle kritisch mit Hilfe der „Ein Schritt nach vorne"-Methode (→ digitaler Aufgabenkasten). Stimmen Sie ab, welche Seite Sie am meisten überzeugt hat.
5. Führen Sie das Chicken Game (→ S. 500) durch: Trifft die Situation auf das Verhältnis der USA und China zu?

Sie als Bürger:in ...
informieren sich über die Beziehungen Deutschlands zu den USA und zu China. Formulieren Sie Kriterien, wie mit beiden Weltmächten aus deutscher/europäischer Perspektive umzugehen wäre, sollte ein Konflikt eskalieren.

Onlinekapitel: Transatlantische Beziehungen und amerikanische Außen- und Sicherheitspolitik im Zeitalter der Großmachtrivalität

72035-440

13.3.3 Die NATO als Sicherheitsgemeinschaft im russischen Angriffskrieg gegen die Ukraine: Wie wichtig ist die Beistandsverpflichtung der NATO im Verteidigungsfall?

Zum Thema: Die NATO (North Atlantic Treaty Organization) wurde vor mehr als 70 Jahren als Sicherheitsgemeinschaft gegenüber der sowjetischen Bedrohung gegründet. Doch sie ist heute so akut gefordert wie selten zuvor: von außen durch die externen Sicherheitsbedrohungen im Osten und Süden; von innen durch Spannungen unter den Alliierten sowie durch die unzureichende Ausstattung der meisten europäischen Streitkräfte. Trotzdem stellt sich für Kritiker:innen die Frage, ob dieses Relikt zur Schaffung von Sicherheit in und außerhalb Europas noch gebraucht wird? In diesem Kapitel lernen Sie die politischen und militärischen Grundzüge der NATO kennen und diskutieren ihre Bedeutung exemplarisch am Beispiel der Beistandspflicht nach Art. 5 im Angesicht des russischen Angriffskriegs gegen die Ukraine.

M45 NATO und Russland: Pulverfass Kaliningrad?

Exklave Kaliningrad als neuer Brennpunkt

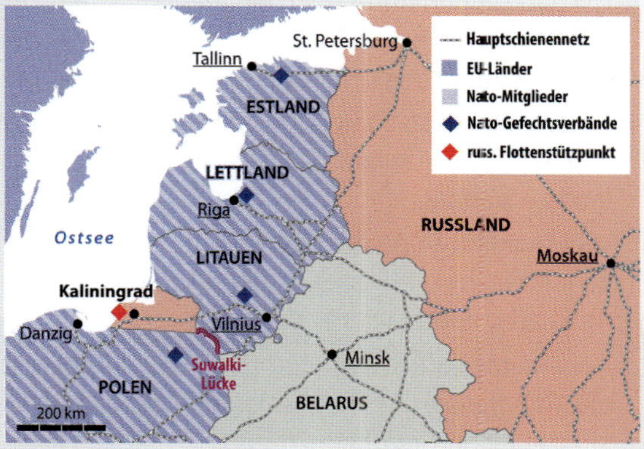

©dpa, Daten nach: NATO, dpa, OSM-Mitwirkende

Als Folge der russischen Invasion könnte nun ein weiterer, potenziell gefährlicher, Konflikt entstehen: Litauen verbietet unter Verweis auf EU-Sanktionen teils russische Warenlieferungen per Zug in die baltische Exklave Kaliningrad. Russland reagiert wütend. Das Gefährliche daran: Eine Eskalation könnte im schlimmsten Fall zu einer bisher strikt vermiedenen direkten Konfrontation Russlands und der NATO führen.

guti, ORF.at/Agenturen: Exklave Kaliningrad als neuer Brennpunkt. In: www.orf.at, 21.06.2022

Einstiegsaufgabe 72035-441

1. Beschreiben Sie die Kaliningrad-Problematik mit Blick auf die Enklave Russlands und der dortigen NATO-Staaten (**M45**).
2. Sie sind das deutsche Regierungsoberhaupt: Würden Sie zur Verteidigung osteuropäischer NATO-Staaten (Polen, Litauen, Lettland und Estland) gegen einen russischen Angriff einen Einsatz deutscher Soldat:innen befürworten?

M46 Chronologie wichtiger NATO-Ereignisse

Jahr	Ereignis
1949	Zwölf Länder unterzeichnen den Gründungsvertrag der NATO als Sicherheitsgemeinschaft: die USA, Kanada, Großbritannien, Frankreich, Italien, die Niederlande, Belgien, Luxemburg, Portugal, Norwegen, Dänemark und Island.
1955	Die Bundesrepublik Deutschland tritt dem Bündnis auf Einladung der NATO bei. Daraufhin gründet die Sowjetunion den Warschauer Pakt – eine militärische Organisation der sozialistischen Staaten in Europa.
1979	Der NATO-Doppelbeschluss sieht die Aufstellung neuer Atomraketen in Westeuropa vor. Zunächst soll jedoch über atomare Abrüstung verhandelt werden. Als die Verhandlungen mit der Sowjetunion scheitern, werden die Raketen ab 1983 aufgestellt.
1990/91	Die Wiedervereinigung Deutschlands und die Auflösung des Warschauer Pakts bescheren der NATO eine neue Rolle: Sie soll nicht länger vorwiegend Verteidigungsbündnis sein, sondern langfristig umfassende Sicherheit gewährleisten – etwa durch Krisenmanagement außerhalb des Bündnisgebiets.
1999	NATO-Osterweiterung um Ungarn, Polen und Tschechien. Die NATO führt ohne UN-Sicherheitsratsbeschluss aufgrund des Widerstandes Russlands eine humanitäre Intervention im Kosovokrieg 1999 durch, um einen Völkermord zu verhindern.
2001	Nach den Terroranschlägen vom 11. September in den USA wird erstmals der Bündnisfall gemäß Artikel 5 (Prinzip der kollektiven Selbstverteidigung) festgestellt.
2003	Das Kommando über die multinationale Friedenstruppe in Afghanistan ist die erste Großoperation außerhalb des Bündnisgebiets.
2011	Die NATO übernimmt nach einer Entscheidung des UN-Sicherheitsrates die „Flugverbotszone" zum Schutz der Zivilbevölkerung im libyschen Bürgerkrieg. Kritik wird laut, nachdem das Gaddafi-Regime auch mit NATO-Unterstützung gestürzt wird.
2014	Wegen der russischen Annexion der Krim und weiterer Gebiete der Ukraine beschließen die inzwischen 28 Partner, sich gegen mögliche Bedrohungen aus Russland zu wappnen.
2017	US-Präsident Donald Trump verlangt wiederholt, dass die Verteidigungsausgaben zugunsten der USA anders verteilt werden. Er bezeichnet die NATO als «obsolet», rückt aber später wieder davon ab.
2018	Auf einem Gipfel droht Trump mit einem Alleingang seines Landes, sollten nicht alle Bündnispartner ihre Verteidigungsausgaben erhöhen. Erst nach einer Krisensitzung sichert er Bündnistreue zu.
2019	Frankreichs Präsident Emmanuel Macron erklärt die NATO für «hirntot». Bundeskanzlerin Angela Merkel und Trump widersprechen.
2020	US-Präsident Joe Biden versichert auf der Münchner Sicherheitskonferenz, dass die USA „voll und ganz" zum Nordatlantikpakt stehen und Artikel 5 die Treue halten.
2021	Biden verkündet im April 2021 nach Konsultierung der NATO-Partner das Ende des gemeinsamen Afghanistan-Einsatzes. Kritik mehrt sich an der Evakuierungsmission nach der schnellen Eroberung Kabuls durch die Taliban und die fehlende Abstimmung zwischen den Partnern.
Januar 2022	Russlands Präsident droht mit einer Invasion in die Ukraine, wenn die NATO-Partner nicht ihre „Erweiterung" in das russische Einflussgebiet stoppen sollten.
Februar 2022	Russland greift die Ukraine an und beendet damit die europäische Sicherheitsordnung nach dem Ost-West-Konflikt. Die NATO sanktioniert unter Führung der USA nahezu entschlossen Russland, bildet ukrainische Soldat:innen aus und leistet Militärhilfe.

Bearbeiter

M47 Auszug aus dem NATO-Vertrag (Washington, D. C. am 4. April 1949)

Präambel

Die Parteien dieses Vertrags bekräftigen erneut ihren Glauben an die Ziele und Grundsätze der Satzung der Vereinten Nationen und ihren Wunsch, mit allen Völkern und Regierungen in Frieden zu leben. Sie sind entschlossen, die Freiheit, das gemeinsame Erbe und die Zivilisation ihrer Völker, die auf den Grundsätzen der Demokratie, der Freiheit der Person und der Herrschaft des Rechts beruhen, zu gewährleisten. [...]

Artikel 5

Die Parteien vereinbaren, dass ein bewaffneter Angriff gegen eine oder mehrere von ihnen in Europa oder Nordamerika als ein Angriff gegen sie alle angesehen werden wird; sie vereinbaren daher, dass im Falle eines solchen bewaffneten Angriffs jede von ihnen in Ausübung des in Artikel 51 der Satzung der Vereinten Nationen anerkannten Rechts der individuellen oder kollektiven Selbstverteidigung der Partei oder den Parteien, die angegriffen werden, Beistand leistet, indem jede von ihnen unverzüglich für sich und im Zusammenwirken mit den anderen Parteien die Maßnahmen, einschließlich der Anwendung von Waffengewalt, trifft, die sie für erforderlich erachtet, um die Sicherheit des nordatlantischen Gebiets wiederherzustellen und zu erhalten.

Nordatlantikvertrag

M48 Wie ist die NATO strukturiert?

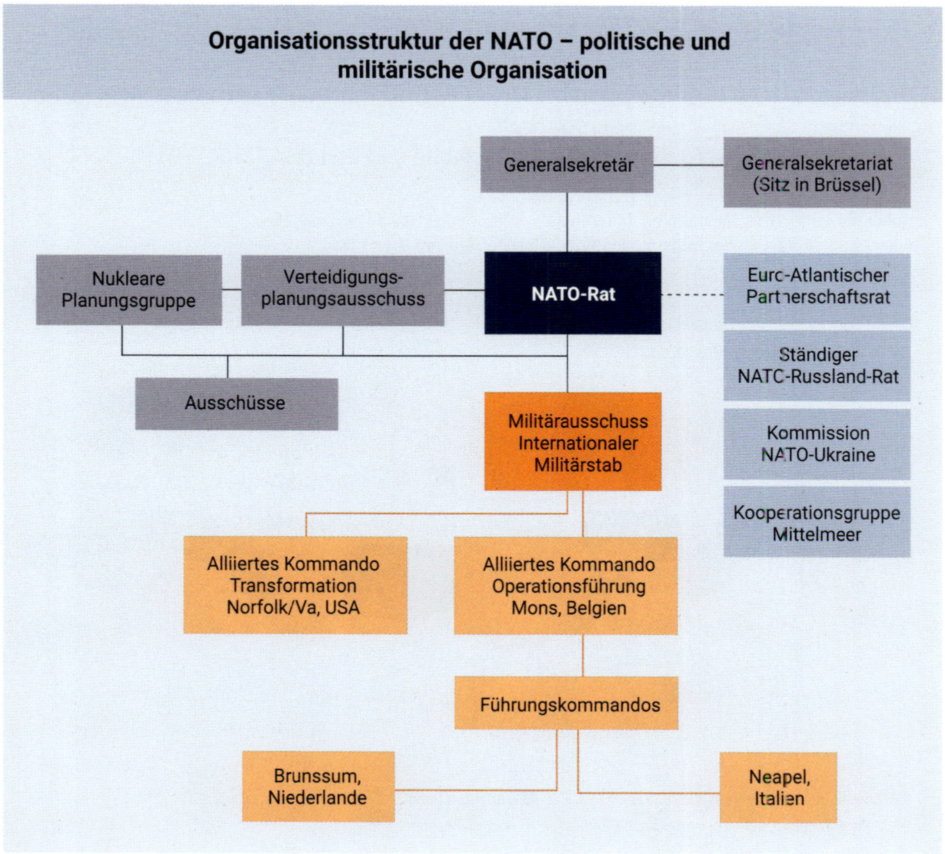

Bearbeitergrafik

M49 Die Rolle der NATO im russischen Angriffskrieg gegen die Ukraine

a) Was macht die NATO im russischen Angriffskrieg gegen die Ukraine?

Wie hat die NATO die Ukraine in der Vergangenheit unterstützt?
Seit der völkerrechtswidrigen Annexion der Krim 2014 hat die NATO die Ausbildung der ukrainischen Streitkräfte unterstützt. Sie hat überdies Gelder bereitgestellt, um die ukrainische Armee zu ertüchtigen und den Sicherheitsapparat zu reformieren.

Wieso unterstützt die NATO die Ukraine nicht mit Truppen?
Da die Ukraine kein Mitgliedsland der NATO ist, kommt diese Beistandsverpflichtung zur kollektiven Verteidigung hier nicht zum Tragen. Mit dem Einsatz von Truppen in der Ukraine würde die NATO unmittelbar zu einer Konfliktpartei werden. Dabei bestünde die Gefahr, dass der Konflikt erheblich weiter über die Ukraine hinaus eskalieren könnte.

Börner, Sylvia: Ukraine-Krieg: Wie reagiert die NATO? In: www.bmvg.de, 09.03.2022

b) Statement von Joe Biden

„Denken Sie nicht mal daran, gegen einen Zentimeter NATO-Gebiet vorzugehen. [Die USA und ihre Nato-Partner] haben die heilige Pflicht nach Artikel 5, jeden einzelnen Zentimeter des NATO-Gebiets mit der vollen Kraft unserer kollektiven Macht zu verteidigen."

Remarks by President Biden on the United Efforts of the Free World to Support the People of Ukraine. In: www.whitehouse.gov, 26.03.2022 [Übersetzung: Bearbeiter]

c) Umfrage: Welche Länder sollten bei einem Angriff Russlands verteidigt werden?

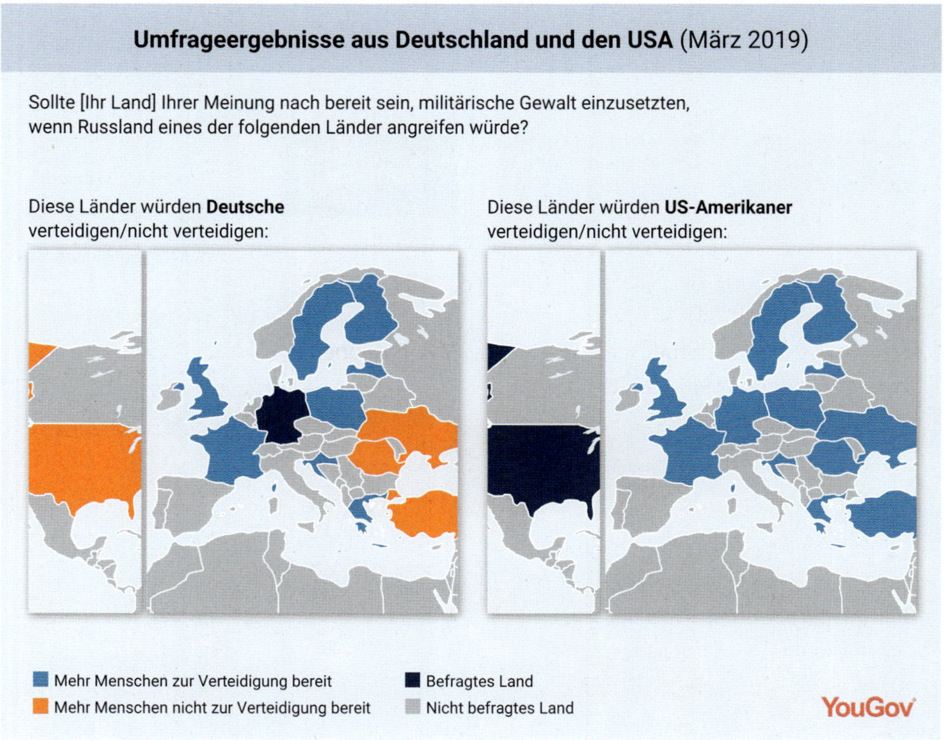

Nach: YouGov 2019

Grafik: Verteidigungsausgaben der NATO-Mitglieder

72035-442

M50 Kontrovers: Wie ist die zukünftige Rolle der NATO?

1 Der Politikwissenschaftler Kenneth Waltz (gest. 2013) über die Rolle der NATO in den Internationalen Beziehungen

„In Ermangelung einer überragenden Bedrohung war die Neigung auf beiden Seiten des Atlantiks, nicht die Einheit, sondern die Unterschiede und die Unvereinbarkeit zwischen Europa und Amerika zu betonen. Die NATO ist ein verschwindendes Konstrukt. Es ist die Frage, wie lange sie eine bedeutende Institution bleiben wird, auch wenn ihr Name weiterbestehen mag. Eine Verteidigungsallianz [...] dient lediglich einem Zweck: Abwehr einer äußeren Bedrohung mit Hilfe von Gegenmachtbildung"

Waltz, Kenneth N.: NATO expansion: A realist's view. Contemporary Security Policy. 21:2/2000, S. 23-38,

2 Aus dem Strategiepapier „NATO 2030"

„So wird sich die NATO neben ihren bisherigen Kernaufgaben zukünftig wesentlich intensiver mit [der] Frage beschäftigen, wie sich das Bündnis mit Blick auf den Erhalt der regelbasierten Ordnung sowie Russland und China positionieren soll."

Redaktion der Bundeswehr: Neues strategisches Konzept der NATO: Die Allianz in 2030. In: www.bmvg.de, 19.11.2021

M51 Entwicklung der NATO-Strategie – eine Allianz im Wandel

NATO im Kalten Krieg bis 1990	NATO nach dem Kalten Krieg seit 1990	NATO nach dem Beginn des russischen Angriffskriegs gegen die Ukraine 2022
Mehr Verteidigungsallianz	Politisch-militärisches Bündnis	...
Sicherheit = Verteidigung + Entspannung	Sicherheit = moderne Verteidigung + aktives Engagement	...
Militärstrategische Konzepte: • Verteidigung und Abschreckung • Massive Retaliation 1952 • Tripwire Doctrine 1957 • Flexible Response 1967 • NATO Doppelbeschluss 1979 • Sowjetunion als Systemfeind	Strategisches Konzept 2010: • Kollektive Verteidigung • Offene Tür für Partnerschaften • Faire Lastenverteilung • Terrorismus	...

Bearbeiter

Aufgaben

72035-443

1. Fassen Sie (in Teamarbeit) die wichtigsten Informationen zur NATO in einem Steckbrief zusammen (**M46 – M48**).
2. Erläutern Sie die Bedeutung des Art. 5 für die NATO (**M45, M47**) und prüfen Sie, inwiefern die NATO nur eine Sicherheitsgemeinschaft oder auch eine Wertegemeinschaft darstellt.
3. Analysieren Sie die Rolle der NATO im russischen Angriffskrieg gegen die Ukraine (**M49a – c**). Diskutieren Sie ein Eingreifen der NATO in der Ukraine.
4. Geben Sie die Aussagen (**M50**) zur Bedeutung der NATO mit eigenen Worten wieder. Welcher stimmen Sie eher zu?
5. Analysieren Sie die bisherige Entwicklung der NATO-Strategie (**M51**) und ergänzen Sie die tatsächlich praktizierte und /oder von Ihnen erwünschte Strategie nach dem Beginn des russischen Angriffskrieges gegen die Ukraine im Februar 2022 (Teamarbeit).

13.3.4 Die NATO und der russische Angriffskrieg gegen die Ukraine: Trägt die NATO eine Mitschuld am Krieg?

Zum Thema: Der russische Angriffskrieg gegen die Ukraine ist ein Krieg mitten in Europa. Zur Frage nach den Ursachen wird neben der Aggression Russlands mitunter auch die Ausdehnung der NATO nach Osten genannt. Welche Argumentation zutreffend ist und inwiefern sie abhängt von der jeweiligen Perspektive, sollen Sie in diesem Kapitel beurteilen.

M52 Karikatur: Bedrohung für Russland?!

Einstiegsaufgabe 72035-444

Beschreiben und interpretieren Sie die Karikatur (**M52**) mit Blick auf die zugrundeliegende Bedrohungswahrnehmung aus Sicht der NATO und Russlands.

Karikatur: Harm Bengen, 2014

M53 Erweiterung der NATO: Mitgliederentwicklung

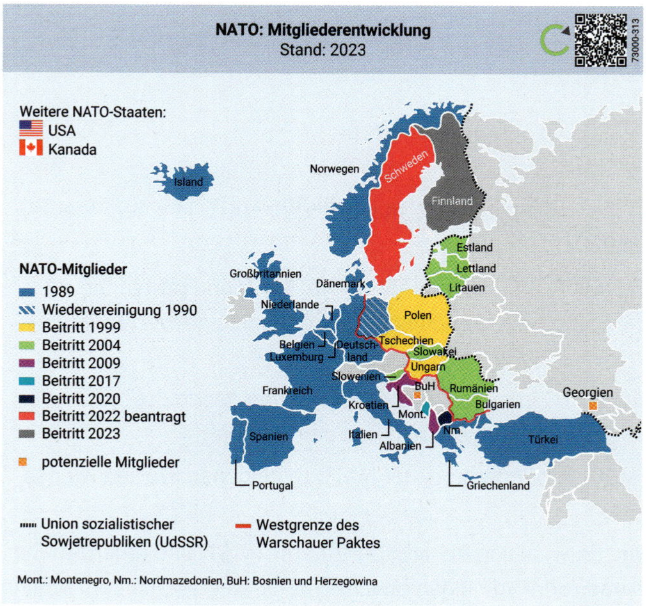

©C.C. Buchner Verlag, aktuelle Daten nach: NATO HQ, 2023

M54 Hintergrund: der Weg zu Russlands Angriffskrieg gegen die Ukraine

1 Vorgeschichte

[Die Spannungen zwischen Russland und der Ukraine] haben eine Vorgeschichte, die bis ins Mittelalter reicht. Die beiden Länder haben gemeinsame Wurzeln im ostslawischen Staat Kiewer Rus, weshalb Russlands Präsident Waldimir Putin heute gerne von „einem Volk" spricht. In Wirklichkeit waren die Wege beider Nationen über Jahrhunderte getrennt, es entstanden zwei Sprachen und Kulturen – eng verwandt und doch unterschiedlich. [...]

2 1990er-Jahre: Russland lässt die Ukraine gehen

Im Dezember 1991 gehört die Ukraine zusammen mit Russland und Belarus zu den drei Schwesterrepubliken, die die Auflösung der Sowjetunion besiegeln. [...] Im Budapester Memorandum verpflichteten sich Russland, die USA und Großbritannien in drei getrennten Erklärungen jeweils gegenüber Kasachstan, Belarus und der Ukraine, als Gegenleistung für einen Nuklearwaffenverzicht die Souveränität und die bestehenden Grenzen der Länder zu achten.

3 Erste Risse in den Beziehungen

Bei der Präsidentenwahl in der Ukraine 2004 unterstützt Russland massiv den prorussischen Kandidaten Viktor Janukowitsch. Doch die „Orange Revolution" verhindert seinen gefälschten Sieg, es gewinnt der prowestliche Politiker Viktor Juschtschenko. Während seiner Amtszeit dreht Russland der Ukraine zweimal den Gashahn zu, 2006 und 2009.[...]

4 Die NATO wird Konfliktakteur

2008 versuchte der damalige US-Präsident George Bush, die Ukraine und Georgien in die NATO zu bringen und in ein formelles Vorbereitungsprogramm aufzunehmen. Putin protestierte. Moskau machte damals deutlich, dass es die Unabhängigkeit der Ukraine nicht völlig akzeptiert. Deutschland und Frankreich verhinderten Bushs Vorhaben. Auf dem NATO-Gipfel in Bukarest wurde der Ukraine und Georgien eine Mitgliedschaft zwar in Aussicht gestellt, doch ohne Datum.

5 Die Krim-Annexion und Krieg im Donbas als Zäsur europäischer Nachkriegsordnung

Weil es mit der NATO nicht schnell klappt, versucht die Ukraine die Westanbindung über ein Assoziierungsabkommen mit der EU voranzutreiben. Im Sommer 2013, wenige Monate vor Unterzeichnung, übt Moskau massiven wirtschaftlichen Druck auf Kiew aus [...]. Vor diesem Hintergrund legte die Regierung des damaligen Präsidenten Janukowitsch, der 2010 die Wahl gewonnen hatte, das fertig ausgehandelte Abkommen auf Eis. Janukowitsch hatte damit oppositionelle Proteste ausgelöst, die im Februar 2014 zu seiner Flucht nach Russland führten. [...] Der Kreml nutzt das Machtvakuum in Kiew aus, um im März 2014 die Krim zu annektieren. Es war eine Zäsur, der Beginn eines unerklärten Krieges. Gleichzeitig begannen russische paramilitärische Kräfte, im ostukrainischen Kohlerevier Donbass für einen Aufstand zu mobilisieren. Es wurden „Volksrepubliken" in Donezk und Luhansk ausgerufen – mit Russen an der Spitze. [...]

6 Weg zum russischen Angriffskrieg gegen die Ukraine

- Seit Dezember 2021 fordert Russlands Präsident Putin offen von den USA, dass die Ukraine niemals der NATO beitreten und keine militärische Hilfe bekommen soll. Die NATO weist diese Forderung zurück. Zugleich beginnt Russland mit einem Truppenaufmarsch an der Grenze zu der Ukraine von bis zu 100.000 Soldaten.
- Zwischen Januar und Februar gibt es mehrere bi- und multinationale Treffen zur Beilegung eines drohenden Krieges. Diese bleiben ergebnislos.
- 21. Februar 2022: Russland erkennt die Unabhängigkeit der sog. „Volksrepubliken" an und entsendet Truppen zur offiziellen Unterstützung der Separatisten.
- 24. Februar 2022: Russland beginnt einen großangelegten Angriffskrieg gegen die Ukraine. Die NATO verurteilt den Krieg als völkerrechtswidrig. Putin gibt der NATO am Gedenktag zum Sieg über Nazi-Deutschland am 9. Mai 2022 die alleinige Schuld am Angriffskrieg gegen die Ukraine.

1-5: Nach: Goncharenko, Roman: Russland und die Ukraine: Chronik bis zum Angriff. In: www.dw.com, 24.02.2022
6: Bearbeiter

Zusatzmaterial:
der russische Angriffskrieg gegen die Ukraine

72035-445

M55 Disput zum Umgang mit Putin: Trägt die NATO eine Mitschuld an Russlands Angriffskrieg gegen die Ukraine?

Der Politologe Johannes Varwick (Martin-Luther Universität Halle-Wittenberg) und der Jurist Roger Näbig, der den Blog „Konflikte und Sicherheit" betreibt, diskutieren über die Rolle der NATO vor Russlands Angriff auf die Ukraine.

Sie, Herr Varwick, glauben, dass der Westen im Umgang mit Russland Fehler gemacht hat. Wäre der Überfall auf die Ukraine denn durch ein anderes Verhalten der NATO vermeidbar gewesen?

Johannes Varwick: [...] Das oberste Kriegsziel Russlands ist die Verhinderung einer weiteren Ausweitung der NATO. Dass Russland bereit sein würde, fast jedes Mittel für dieses Ziel einzusetzen, war früh absehbar. Ich bin überzeugt, dass wir den Krieg hätten verhindern können, wären wir der russischen Perspektive ein Stück weit entgegengekommen.

Roger Näbig: Das sehe ich anders. Als Russland am 17. Dezember die zwei Vertragsentwürfe mit Forderungen an die NATO veröffentlichte, war klar, dass es hier darum geht, einen Vorwand für ein militärisches Eingreifen zu schaffen. Allein dieses Vorgehen, Vertragsentwürfe zu veröffentlichen, die zwei Tage vorher den USA übergeben worden waren, war völlig unüblich für völkerrechtliche Verhandlungen. Auch inhaltlich muss Russland klar gewesen sein, dass seine Forderungen für den Westen nicht akzeptabel sind. [...]

Johannes Varwick: [...] Unser Versäumnis ist es, erst darauf reagiert zu haben, als Russland im vergangenen Jahr den militärischen Druck erhöhte. Es ist zwar richtig, dass die Vertragsentwürfe vom 17. Dezember nicht akzeptabel für uns waren. Aber man hätte darüber verhandeln können. [...]

Roger Näbig: Der russische Krieg gegen Georgien 2008 wurde von der NATO noch wie eine Art Betriebsunfall behandelt. Dann kam 2014 die Besetzung und Annexion der Krim sowie der Konflikt in der Ostukraine. Das war der Sündenfall. Damals fing der Westen an, darüber nachzudenken, ob mit Russland überhaupt noch vernünftige Sicherheitspolitik möglich ist. Denn in den vergangenen acht Jahren gab es im Donbass einen Krieg mit 14.000 Toten. Und mit Blick auf die russischen Vertragsentwürfe: Die offizielle russische Position war, dass ihre Forderungen nicht verhandelbar sind. Stattdessen drohte Moskau mit „militärisch-technischen Mitteln", sollten die russischen Forderungen nicht erfüllt werden.

Johannes Varwick: Wenn das so wäre, dann wäre der Krieg in der Tat unausweichlich gewesen. Ich glaube aber, dass Kriege nie unausweichlich, sondern die Folge falscher Entscheidungen sind. Die Eintrittskarte in Verhandlungen wäre gewesen, die Frage der ukrainischen NATO-Mitgliedschaft nicht zu tabuisieren. [...]

Ist denn die russische Auffassung, dass die NATO Russland bedroht, überhaupt richtig?

Johannes Varwick: Faktisch bedroht die NATO Russland nicht. Die NATO ist ein Bündnis von 30 Demokratien, ein Angriffskrieg gegen Russland wäre innerhalb des Bündnisses niemals mehrheitsfähig. Das wissen die Russen natürlich auch. Dennoch ist nachvollziehbar, dass eine Großmacht gegenüber einem Klub, dem sie nicht angehört, eine gewisse Skepsis hat. Wir würden es uns zu einfach machen, wenn wir sagen: Wir sind die Guten, wir bedrohen niemanden. Das setzt jede Logik in der internationalen Politik außer Kraft, in der die militärische Stärke des einen immer zwangsläufig die Bedrohung eines anderen ist.

Roger Näbig: Ich sehe jedenfalls nicht, warum Russland sich von der NATO bedroht fühlen müsste. Die NATO hat sich 1997 in der NATO-Russland-Grundakte dazu verpflichtet, russische Sicherheitsbedenken ernst zu nehmen und keine substantiellen Einheiten dauerhaft in den neuen NATO-

Staaten des ehemaligen Warschauer Pakts zu stationieren. [...] Und selbst wenn Russland sich von der NATO bedroht gefühlt hat: Das soll ein Grund sein, in die Ukraine einzufallen? Für mich ist das keine stimmige Argumentationskette. Zumal ein NATO-Beitritt der Ukraine überhaupt nicht anstand.

Mit Johannes Varwick und Roger Näbig sprach Hubertus Volmer: Trägt der Westen eine Mitschuld an Russlands Krieg? In: www.n-tv.de, 20.03.2022

M56 Der Mythos vom falschen Versprechen

Wladimir Putin hat das Vorrücken der Nato in seiner Jahrespressekonferenz am 23. Dezember [2021] zum wiederholten Mal angeprangert [...] Russische und deutsche Politiker behaupten dabei, der Westen habe der Sowjetunion 1990 fest versprochen, die Nato nach einer Wiedervereinigung nicht zu erweitern. Das ist die politisch wohl folgenreichste Legende jener Zeit. [...] Nachdem die Mauer am 9. November 1989 gefallen war, sprach der damalige deutsche Außenminister Genscher regelmäßig mit dem sowjetischen Außenminister Eduard Schewardnadse. Sein Vorgesetzter war der sowjetische Staatschef Michail Gorbatschow. [...] Ähnlich tat es der damalige US-Außenminister James Baker in Gesprächen mit Schewardnadse und mit Gorbatschow. In diesen Gesprächen ließen Baker, aber auch Genscher, durchblicken, im Falle einer Wiedervereinigung könne die Nato darauf verzichten, ihre Jurisdiktion und Truppenverbände bis an die gesamtdeutsche Ostgrenze vorzuschieben. [...] Das Ende des Warschauer Pakts im März 1991 war jedoch nicht absehbar, sondern der Dramatik der folgenden Ereignisse in Osteuropa geschuldet. Die Behauptung, es habe ein festes Versprechen gegeben, die Nato nicht über die Bundesrepublik hinaus zu erweitern, ist falsch.

Thumann, Michael: Der Mythos vom falschen Versprechen. In: www.zeit.de, 21.01.2022

M57 Russlands Interessen in der Weltpolitik

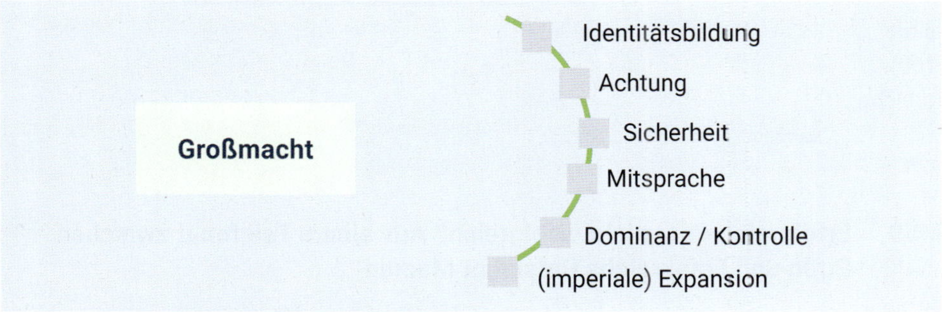

Nach: Eitelhuber, Norbert: Russland im 21. Jahrhundert.

Aufgaben 72035-446

1. Ermitteln Sie aus der Karte (**M53**) die Perspektiven der NATO und Russlands auf die NATO-Osterweiterung.
2. Erarbeiten Sie die jeweiligen Positionen und simulieren Sie eine Pressekonferenz des russischen Präsidenten und des amerikanischen Präsidenten wenige Tage vor Beginn des russischen Angriffskrieges gegen die Ukraine, in dem Sie Ihre jeweiligen Forderungen und Ursachen der Krise darlegen und begründen (**M54**).
3. Erarbeiten Sie die jeweiligen Positionen zur möglichen „Mitschuld" der NATO (**M55**). Setzen Sie diese mit den Interessen von Russland (**M56 – M57**) in Verbindung.
4. Beurteilen Sie perspektivisch und kategorial die Frage, inwiefern die NATO eine mögliche „Mitschuld" am russischen Angriffskrieg gegen die Ukraine trägt.

13.3.5 Konfliktregulierung durch Diplomatie: Wann gelingt eine Verhandlungslösung?

Zum Thema: Neben der Frage von sicherheitspolitischen Krisen, militärischer Eingriffe und internationaler Konferenzen bzw. Treffen zwischen Staats- und Regierungschefs, nimmt die Diplomatie einen traditionell wichtigen Teil der Weltpolitik ein. Ziel ist es, Interessen auszugleichen und Konflikte zu lösen. Tatsächlich steht die Diplomatie immer im Spannungsfeld zwischen militärischen Mitteln und Sanktionen. In diesem Kapitel lernen Sie die Handlungsmöglichkeiten der internationalen Diplomatie am Beispiel des russischen Angriffskriegs gegen die Ukraine kennen und bewerten diese kritisch.

M58 Karikatur: Diplomatie im russischen Angriffskrieg: Bringt das was?

Karikatur: Tom Janssen, 2022

Einstiegsaufgabe 72035-447

Beschreiben und interpretieren Sie die Karikatur in **M58** (→ Methode, S. 268). Formulieren Sie Kriterien für erfolgreiche Diplomatie.

M59 Erfolgreich oder nicht erfolgreich? Aus einem Telefonat zwischen Putin und Frankreichs Präsident Macron

Es ist der 20. Februar 2022. Frankreichs Präsident Emmanuel Macron versucht ein letztes Mal in einem verzweifelten Telefonat mit Präsident Wladimir Putin, Russland von einer Invasion der Ukraine abzuhalten.

Emmanuel Macron: Seit unserem letzten Gespräch haben die Spannungen nicht aufgehört, stärker zu werden, und du weißt von meinem Engagement und meiner Entschlossenheit, den Dialog aufrechtzuerhalten. [...]

Wladimir Putin: Was soll ich sagen? Du siehst selbst, was passiert. Du und Kanzler Scholz habt mir gesagt, dass Selenskyj zu einer Geste bereit wäre, dass er einen Gesetzesentwurf zur Umsetzung des Minsker Abkommens vorbereitet habe. [...] In Wirklichkeit hat unser geschätzter Kollege Herr Selenskyj gar nichts getan. Er lügt euch an [...] Hör zu, Emmanuel, ich verstehe euer Problem mit den Separatisten nicht. Sie tun auf unser Drängen hin wenigstens alles Nötige, um einen konstruktiven Dialog mit der ukrainischen Regierung zu eröffnen.

Macron: [...] Erstens, das Minsker Abkommen ist ein Dialog mit euch, da hast du vollkommen recht. In diesem Zusammenhang ist es aber nicht vorgesehen, dass die

Grundlage der Diskussion ein von den Separatisten vorgelegter Text wäre. Und wenn dein Verhandlungsführer also versucht, den Ukrainern aufzuzwingen, auf der Grundlage von Plänen der Separatisten zu diskutieren, dann hält er sich nicht ans Minsker Abkommen. [...]

Putin: Es ist richtig, wir haben tatsächlich eine unterschiedliche Lesart der Situation. [...]

Macron: [...] Ich selbst schaue mir nur die Texte an und versuche, sie anzuwenden! Und ich weiß nicht, welcher Jurist dir sagen könnte, dass in einem souveränen Land die Gesetzesentwürfe von separatistischen Gruppen vorgelegt werden und nicht von der demokratisch gewählten Regierung.

Putin: *(in einem genervten Ton)* Das ist keine demokratisch gewählte Regierung. Sie ist durch einen Staatsstreich an die Macht gekommen, Menschen wurden bei lebendigem Leibe verbrannt, es war ein Blutbad und Selenskyj ist einer der Verantwortlichen. [...]

Macron: Ich habe dir doch bereits gesagt, uns ist egal, was die Separatisten vorschlagen. Was wir von ihnen verlangen, ist, dass sie auf die Texte der Ukrainer reagieren, und so muss das gemacht werden, denn das ist das Gesetz! [...]

Putin: *(immer noch sehr genervt)* Hör mir gut zu. Hörst du mich? Ich sage es dir noch einmal: Die Separatisten, wie du sie nennst, haben auf die Vorschläge der ukrainischen Regierung reagiert. Sie haben geantwortet, aber eben diese Regierung ist nicht darauf eingegangen.

Macron: Also gut: Auf der Grundlage ihrer (der Separatisten) Antwort auf die Texte der Ukrainer schlage ich vor, dass wir ein Treffen von allen Parteien im Rahmen der Kontaktgruppe veranlassen, um weiter voranzukommen. Wir können das schon morgen fordern, und von allen Beteiligten verlangen, dass es keine Politik des leeren Stuhls gibt. [...]

Putin: Um ganz klar zu sein: Sobald wir aufgelegt haben, werde ich diese Vorschläge prüfen. Aber von Anfang an hätte man Druck auf die Ukrainer ausüben müssen, aber niemand wollte es tun.

Emmanuel Macron im Videocall mit Wladimir Putin

Macron: Doch, ich tue mein Bestes, um sie zu drängen, das weißt du.

Putin: Ich weiß, aber das ist leider nicht wirkungsvoll.

Macron: Du musst mir ein bisschen helfen *(schelmisch)*. Die Situation an der Kontaktlinie ist sehr angespannt. [...] Gestern gab es viele Bombardements. Wenn man dem Dialog eine Chance geben will, muss man die Lage in der Region beruhigen. Wie siehst du die Entwicklung der Militärübungen?

Putin: Die Übungen laufen nach Plan.

Macron: Also sind sie heute Abend beendet, richtig?

Putin: Ja, wahrscheinlich heute Abend, und wir werden auf jeden Fall eine militärische Präsenz an der Grenze belassen, solange die Lage im Donbass nicht beruhigt wird. [...]

Macron: In Ordnung. [...] Präsident Biden hat auch darüber nachgedacht, wie man die Situation auf glaubwürdige Weise deeskalieren, deine Forderungen berücksichtigen und die Frage der Nato und der Ukraine sehr deutlich ansprechen kann. Nenne mir einen Termin, der dir passt.

Putin: Vielen Dank, Emmanuel. Es ist mir immer eine große Freude und eine große Ehre, mit euren europäischen Amtskollegen zu sprechen, genau wie mit den Vereinigten Staaten.

RND/lg: „Ich verlasse mich sehr auf dich": ein Telefonat zwischen Macron und Putin im Wortlaut. In: www.rnd.de, 29.06.2022

Ereignisse Ende Februar 2022

Am 21 Februar 2022 erkennt Russland die Unabhängigkeit der Separatistengebiete Luhansk und Donezk an. Am 24. Februar 2022 greift Russland die Ukraine an.

M60 Faktoren für eine erfolgreiche Verhandlungslösung von Konflikten

- Beide Konfliktparteien stimmen einer Vermittlung zu, die Vermittler:innen müssen als (un-) parteiisch wahrgenommen werden.
- Bei einem zwischenstaatlichen Krieg ist vor allem die Beteiligung hoher Regierungsvertreter:innen wichtig, die verbindliche Absprachen treffen können.
- Erst wenn sich ein (militärischer) Patt eingestellt hat, bei der keine der beiden Seiten mehr (Land-)gewinne macht, die Kosten für beide Seiten zu hoch sind und eine Fortsetzung zu mehr Kosten als eine Verhandlungslösung führen könnte, ist der Konflikt reif für eine Verhandlungslösung.
- Solange sich eine Konfliktpartei mehr Vorteile durch eine militärische Weiterführung des Konflikts verspricht, ist der Konflikt nicht lösungsreif.
- Die Rolle externer Akteure, vor allem Großmächte, die hinter einer Konfliktpartei stehen, kann die Verhandlungslösung sowohl erschweren als auch erleichtern, je nachdem wie deren Interessen gegenüber der anderen Konfliktpartei gelagert sind.
- Vermittelnde Akteure müssen zum Interessensausgleich sowohl militärisch geschaffene Fakten hinsichtlich territorialer Eroberungen und das Völkerrecht hinsichtlich der territorialen Integrität abwägen.
- Der Bestand von Verhandlungslösungen ist abhängig von der Zustimmung wichtiger innenpolitischer Akteure, in Demokratien sind das Parlament und die Öffentlichkeit.

Bearbeiter

M61 Das Konfliktbarometer zur Konfliktregulierung

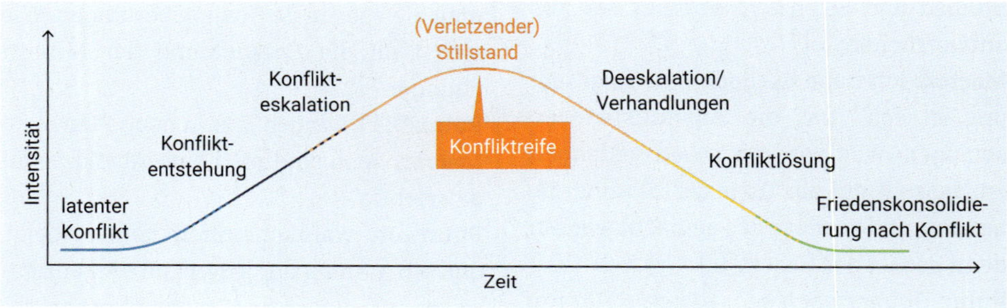

Bearbeitergrafik

Aufgaben

72035-448

1. Analysieren Sie die Telefondiplomatie zwischen Macron und Putin hinsichtlich der Interessen, Strategie und Angebote zur Konfliktlösung (**M59**).
2. Erläutern Sie mit Hilfe von **M60** mögliche Gründe für das Scheitern der diplomatischen Bemühungen Macrons.
3. Prüfen Sie am Beispiel der „Konfliktreife“ (**M61**) und der bisherigen Versuche zur Beilegung des Krieges vor dem Beginn des Angriffskrieges auf die gesamte Ukraine im Februar 2022 (→ digitaler Aufgabenkasten) die Erfolgsaussichten für eine friedliche Lösung auf diplomatischem Weg.

Politik aktiv

Analysieren und bewerten Sie internationale Verhandlungen im russischen Angriffskrieg gegen die Ukraine mit Hilfe der Spieltheorie. (→ digitaler Aufgabenkasten)

H zu Politik aktiv
Stellen Sie sich u. a. folgende Fragen: Welcher Ausgang ist realistisch?, Wie rational sind die beteiligten Akteure?, ...

13.3.6 Der Sicherheitsrat der Vereinten Nationen nach dem russischen Angriffskrieg gegen die Ukraine: Friedensgarant oder Spielball der Großmächte?

Zum Thema: Der UN-Sicherheitsrat ist das oberste Entscheidungsgremium der Vereinten Nationen und soll für den Erhalt des Weltfriedens sorgen. Angesichts der jahrelangen Blockaden im UN-Sicherheitsrat seitens der USA mit Blick auf den Nahostkonflikt oder durch Chinas und Russlands Vetos während des Syrienkrieges ist es fraglich, ob der UN-Sicherheitsrat die ihm zugedachte Rolle erfüllen kann. Sie sollen in diesem Kapitel die Möglichkeiten und Grenzen des UN-Sicherheitsrats bei der Konfliktbearbeitung analysieren und beurteilen.

M62 Karikatur: die UN – zwischen Gründungsidee und Realität

Karikatur: Jürgen Janson, 27.04.2022

Schall und Rauch in Moskau

Einstiegsaufgabe 72035-449

Beschreiben und interpretieren Sie die Karikatur in **M62** (→ Methode, S. 268). Formulieren Sie das politische Problem in Bezug auf die UN.

M63 Hintergrund: Aufbau und Struktur der Vereinten Nationen (UN)

a) Die Charta der Vereinten Nationen

Präambel, Artikel 1, 2 & 51
→ Kap. 12.2.2, S. 492 f

Artikel 9

(1) Die Generalversammlung besteht aus allen Mitgliedern der Vereinten Nationen.
(2) Jedes Mitglied hat höchstens fünf Vertreter in der Generalversammlung. [...]

Artikel 24

Um ein schnelles und wirksames Handeln der Vereinten Nationen zu gewährleisten, übertragen ihre Mitglieder dem Sicherheitsrat die Hauptverantwortung für die Wahrung des Weltfriedens und der internationalen Sicherheit und erkennen an, daß der Sicherheitsrat bei der Wahrnehmung der sich aus dieser Verantwortung ergebenden Pflichten in ihrem Namen handelt. [...]

Artikel 41

Der Sicherheitsrat kann beschließen, welche Maßnahmen – unter Ausschluß von Waffengewalt – zu ergreifen sind, um seinen Beschlüssen Wirksamkeit zu verleihen; [...]

Artikel 42

Ist der Sicherheitsrat der Auffassung, daß die in Artikel 41 vorgesehenen Maßnahmen unzulänglich sein würden oder sich als unzulänglich erwiesen haben, so kann er mit Luft-, See- oder Landstreitkräften die zur Wahrung oder Wiederherstellung des Weltfriedens und der internationalen Sicherheit erforderlichen Maßnahmen durchführen.

Artikel 43

Alle Mitglieder der Vereinten Nationen verpflichten sich, zur Wahrung des Weltfriedens und der internationalen Sicherheit dadurch beizutragen, daß sie nach Maßgabe eines oder mehrerer Sonderabkommen dem Sicherheitsrat auf sein Ersuchen Streitkräfte zur Verfügung stellen, Beistand leisten und Erleichterungen einschließlich des Durchmarschrechts gewähren, soweit dies zur Wahrung des Weltfriedens und der internationalen Sicherheit erforderlich ist.

b) Organigramm des UN-Sicherheitsrates

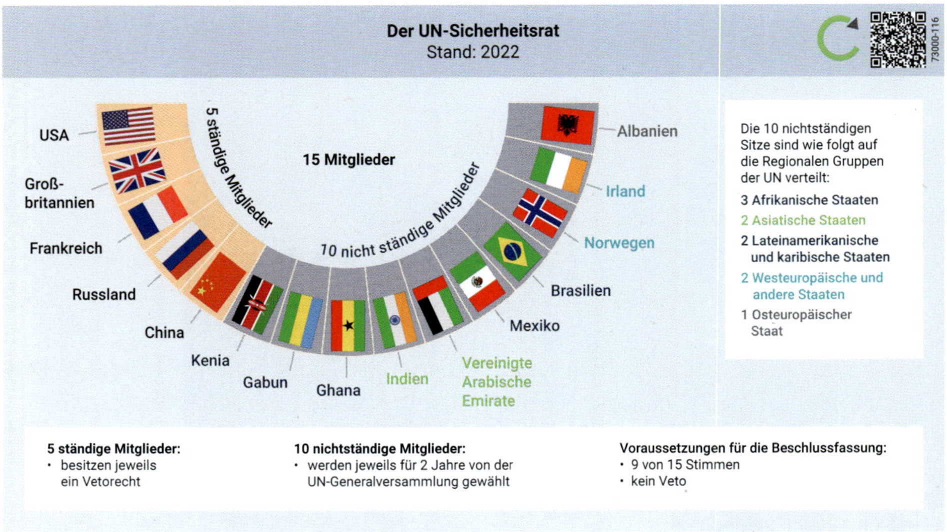

©C.C. Buchner Verlag, aktuelle Daten nach: United Nations, 2022

M64 Verteilung der eingelegten Vetos von den ständigen Mitgliedern des UN-Sicherheitsrates

a) ... nach Vetomacht

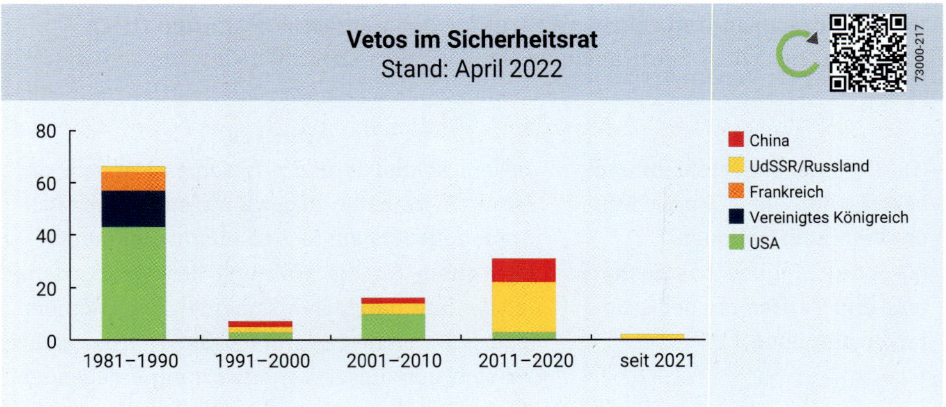

©C. C. Buchner Verlag, aktuelle Daten nach: UN-Sicherheitsrat, 2022; Darstellung: Statista

b) ... nach internationalen Konflikten bis 2023

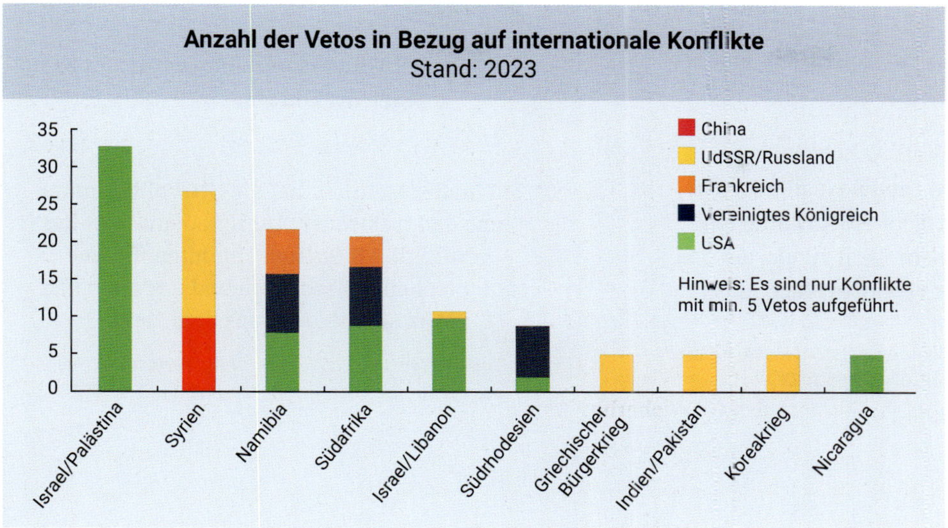

© C.C. Buchner Verlag, Daten nach: United Nations, Dag Hammarskjöld Library, 2023

M65 Zukunft der UN nach dem russischen Angriffskrieg gegen die Ukraine: Droht ein Bedeutungsverlust während der Großmachtrivalität?

Der Ausgang des Krieges in der Ukraine bleibt unkalkulierbar. Doch eines erscheint schon jetzt sicher: Die Vereinten Nationen, wie wir sie kennen, dürften den Krieg kaum überstehen. Dabei sah es zunächst so aus, als könnte die Weltorganisation eine Schlüsselrolle in der Krise spielen: Der Weltsicherheitsrat tagte in nächtlichen Sondersitzungen [...]. Und vor einer Woche brandmarkte die überwältigende Mehrheit der Generalversammlung erneut die russische Aggression in Anbetracht der eskalierenden humanitären Katastrophe. Doch auch die regste diplomatische Betriebsamkeit kann nicht darüber hinwegtäuschen, dass die Handlungsfähigkeit der Vereinten Nationen aktuell begrenzt und ihr konkreter Einfluss überschaubar ist. Eindringliche Appelle des UN-Generalsekretärs António Guterres, den „absurden Krieg" endlich zu beenden, verhallen ungehört. Und auch für die von der Staatengemeinschaft verhängten Sanktionen waren die Diskussionen im US-Kongress und auf dem Dreifachgipfel westlicher Staaten in Brüssel zuletzt entscheidender als die auf den Fluren der Vereinten Nationen. [...] Eine UN-light mit reduzierter Zuständigkeit wären aber ein harter Bruch mit der Rolle, die die Weltorganisation seit Ende des Kalten Krieges gespielt hat. Sie würde den Erfordernissen globaler Kooperation in Anbetracht globaler Herausforderungen kaum gerecht werden. Trotz Pandemie und Kriegsgewalt bleiben die Vereinten Nationen ihren ambitionierten Zielen noch treu. Doch angesichts der Rückkehr der geopolitischen Spaltung ist es fraglich, ob die UN, die in der Kernaufgabe der internationalen Friedenssicherung jetzt mit eskalierender Gewalt konfrontiert sind, auch weiter ein globaler Entwicklungsmotor sein können. In Zeiten, in denen die regelbasierte Weltordnung unter Druck steht wie selten zuvor, gilt es in Sachen globale Kooperation deshalb zu retten, was zu retten ist. Denn angesichts der Vielzahl der Herausforderungen kann sich die Welt alles leisten, aber keinen politischen, diplomatischen und humanitären Globalausfall.

Bröning, Michael: Es droht eine UN-Version light. In: www.zeit.de, 01.04.2022

M66 Die UN beim russischen Angriffskrieg gegen die Ukraine – erfolgreich?

1 Ukraines Präsident Selenskyj wirft dem UN-Sicherheitsrat Versagen vor

„Es ist offensichtlich, dass die zentrale Institution der Welt zum Schutz von Frieden nicht effektiv arbeiten kann. [...] Wir haben es mit einem Staat zu tun, der das Veto des Sicherheitsrates der Vereinten Nationen in das Recht auf Tod umwandelt".

Vereinte Nationen: Sitzung des Sicherheitsrats: Selenskyj nennt Russland „Terrorstaat". In: www.unric.org, 29.06.2022

2 UN-Vollversammlung verurteilt Krieg gegen die Ukraine

Mit großer Mehrheit hat die UN-Vollversammlung den russischen Angriff auf die Ukraine verurteilt. 141 Staaten stimmten für eine entsprechende Resolution und forderten den Abzug Russlands aus dem Land.

Tagesschau: UN-Vollversammlung verurteilt Krieg gegen Ukraine. In: www.tagesschau.de, 02.03.2022

Grafik: Abstimmungsergebnis

72035-450

M67 Die UN-Vollversammlung: eine gute Alternative?

Die UN-Vollversammlung im Gebäude der UN in New York

Am 2. März 2022, nur einen Tag nach der gescheiterten Notstandssitzung des UN-Sicherheitsrates, verurteilte die Generalversammlung in einem historischen Votum mit 141 Ja-Stimmen und nur 5-Nein-Stimmen bei 35 Enthaltungen den Angriff Russlands auf die Ukraine und forderte Russland auf, alle Kampfhandlungen einzustellen. Obwohl die Resolutionen der Generalversammlung nicht bindend und daher eher symbolisch zu verstehen sind, war es aus politischer Sicht wichtig, die „Erzählung" Russlands von einer „speziellen Militäroperation" als klaren widerrechtlichen Angriffskrieg zu bezeichnen.

Bearbeiter

F zu Aufgabe 1 – 4

Entwickeln Sie mit Hilfe der Szenario-Technik (→ Methodenglossar) Reformvorschläge für den UN-Sicherheitsrat. Berücksichtigen Sie die formalen Grundlagen für eine Reform und die politischen Interessen der Mitglieder nach Macht, Herrschaftsform und Weltregion.

Aufgaben

72035-451

1. Erarbeiten Sie einen Vergleich der wichtigsten Verfügungen der UN-Charta (**M63a**) hinsichtlich der Legitimation, Macht, Zusammensetzung und Funktion für den UN-Sicherheitsrat und die UN-Generalversammlung.
2. Analysieren Sie die Problematik des Vetorechts im UN-Sicherheitsrat perspektivisch (**M64a – b**). Inwiefern stellt dieses ein Haupthindernis für die Konfliktregulierung dar?
3. Erläutern Sie die Rolle und das Handeln von UN-Sicherheitsrat und UN-Generalversammlung in Bezug auf den russischen Angriffskrieg gegen die Ukraine (**M66**).
4. Diskutieren Sie, inwiefern der UN-Sicherheitsrat beibehalten werden soll oder ob die UN-Generalversammlung nicht die bessere Alternative wäre (**M67**).

Politik aktiv

Simulieren Sie eine Sitzung des UN-Sicherheitsrates (→ digitaler Aufgabenkasten), bei der es um eine Resolution zum Waffenstillstand zwischen der Ukraine und Russland geht.

13.3.7 Das UN-Konzept der Schutzverantwortung (R2P): Kann und soll die UN in Gewaltkonflikte (militärisch) eingreifen trotz Veto im UN-Sicherheitsrat?

Zum Thema: Wenn in internationalen Konflikten massive Menschenrechtsverletzungen auftreten, die Zivilbevölkerung getötet oder gefoltert wird, dann erscheint die Handlungs- und Entscheidungsunfähigkeit des durch Vetos blockierten UN-Sicherheitsrates besonders tragisch. Das Konzept der Schutzverantwortung R2P (Responsibility to protect) wird deshalb als Option diskutiert, auch ohne Mandat des UN-Sicherheitsrates der betroffenen Bevölkerung (militärisch) zur Hilfe zu eilen. Sie sollen in diesem Kapitel analysieren und beurteilen, ob Sie ein solches Vorgehen unterstützen.

M68 Fallbeispiel: massive Menschenrechtsverletzungen im Bürgerkrieg

Bombardement im Wohngebiet

Im Land im mittleren Osten eskaliert der Bürgerkrieg, in dem verschiedene bewaffnete Milizen die diktatorische Regierung beseitigen wollen. Die Regierung setzt Bomben gegen die Milizen ein, davon ist aber auch die Zivilbevölkerung betroffen. Hunderttausende sind im Land auf der Flucht, der drohende Winter ist lebensbedrohend durch die Kälte und fehlende Nahrungsmittel. Außerdem gibt es Berichte von massiven Menschenrechtsverletzungen des Regimes über Folter und Vergewaltigungen. Westliche Medien berichten seit Wochen über das Thema und verschiedene europäische wie auch die amerikanische Regierung fordern, die Bevölkerung zu schützen und militärisch zu unterstützen.

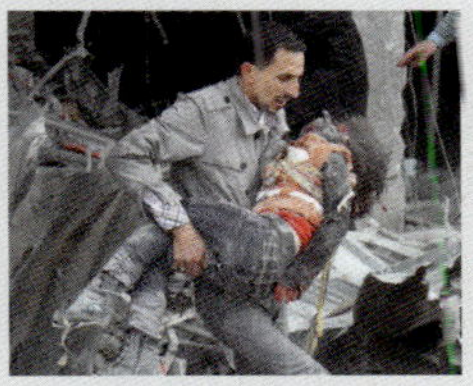

Vater mit seinem Kind nach dem Bombardement seines Hauses

Bearbeiter

Einstiegsaufgaben 72035-452

1. Erläutern Sie die Situation in **M68** mit eigenen Worten.
2. Sie sind Botschafter:in in einer Dringlichkeitssitzung im UN-Sicherheitsrat: Halten Sie ein kurzes Plädoyer für oder gegen eine militärische Intervention in den Bürgerkrieg.

M69 Das Prinzip der Schutzverantwortung (Responsibility to Protect, R2P)

In den 1990er Jahren scheiterten humanitäre Interventionen der internationalen Gemeinschaft zur Verhinderung eines Genozids in Srebrenica (Bosnien) oder fanden – wie in Ruanda – erst gar nicht statt. Aus diesen Erfahrungen heraus wuchs der moralische und politische Anspruch insbesondere westlich-demokratischer Staaten, dass „so etwas" nie wieder geschehen dürfe. Als im Kosovo 1999 die Lage erneut eskalierte und Bilder und Berichte über „ethnische Säuberungen" auftauchten, sah sich die internationale Gemeinschaft in der Pflicht, weitere Menschenrechtsverstöße militärisch zu unterbinden. Das sogenannte Prinzip der Schutzverantwortung ist deshalb kein festgeschriebenes Völkerrecht, wurde aber de facto im Falle Kosovos 1999, Libyens 2011 und Syriens 2017/18 zur Legitimierung der humanitären Intervention herangezogen, selbst wenn sie abgesehen von Libyen nicht vom UN-Sicherheitsrat mandatiert wurde.

Bearbeiter

M70 Die drei Säulen der Schutzverantwortung (R2P)

1. Säule: Prinzip der Schutzverantwortung
Jeder Staat hat durch seine Souveränität die Pflicht, seine Zivilbevölkerung vor Völkermord, Kriegsverbrechen, Verbrechen gegen die Menschlichkeit und ethnischen Säuberungen zu schützen.

2. Säule: Verletzung der Pflicht durch Staaten
Ein Staat kann seine Pflichten nicht mehr erfüllen, wenn Gewalt von ihm selbst ausgeht oder die Staatsfunktion eingeschränkt ist.

3. Säule: Militärisches Eingreifen
Der Schutz der Zivilbevölkerung geht auf die internationale Gemeinschaft über, die als letztes Mittel militärisch eingreifen darf.

Bearbeiter

M71 Argumente für und gegen das R2P-Konzept

A Wenn ein Regime die eigene Bevölkerung mit Giftgas tyrannisiert, hat es seine Legitimität verloren. Wie soll man die Zivilbevölkerung schützen, ohne dass wir uns mit diesem Regime gewaltsam anlegen? Militärische Eingriffe sind das letzte Mittel der Demokratien gegen Diktaturen.

B „Nie wieder Auschwitz, nie wieder Krieg, nie wieder Völkermord, nie wieder Faschismus! Beides gehört bei mir zusammen, liebe Freundinnen und Freunde!"
Außenminister a.D. Joschka Fischer (B'90/Grünen) zur Begründung der deutschen Beteiligung an der humanitären Intervention in Kosovo 1999

C Wenn der UN-Sicherheitsrat eine Entscheidung blockiert, wie dies aufgrund von Russland und China im Falle Syriens und der Ukraine der Fall ist, können Regionalorganisationen wie die NATO oder die EU Mittel zum militärischen Eingreifen bereitstellen.

D Das militärische Eingreifen des demokratischen Westens ist für Russland oder China nichts anderes als ein" trojanisches Pferd" zum Sturz ungeliebter Regime und zur weltweiten Demokratisierung. Mangelnde Legalität durch das Fehlen eines UN-Mandates öffnet Tür und Angel für autokratische Staaten, mit militärischen Mitteln gegen innere und äußere Feinde vorzugehen.

Bearbeiter

Vier Onlinekapitel:
- Die Rolle von Atomwaffen in den Internationalen Beziehungen
- Deutschland und die nukleare Teilhabe in der NATO
- Der Iran als dauerhafte globale Sicherheitsherausforderung
- Der War on Terror als andauerndes Ordnungsproblem

72035-454

Aufgaben

72035-453

1. Erklären Sie das Konzept der Schutzverantwortung (**M69 + M70**) mit eigenen Worten. Wenden Sie dieses auf das Eingangsbeispiel in **M68** an.
2. Erläutern Sie die Argumente in **M71** (weitere Argumente im digitalen Aufgabenkasten) mit Blick auf die Positionierung gegenüber dem R2P-Konzept. Unterscheiden Sie dabei in rechtliche, moralische und strategische Entscheidungsaspekte.
3. Beurteilen Sie die Anwendung des R2P-Konzepts perspektivisch und kategorial (→ Methode, S. 31 f.).

Politik aktiv
Halten Sie als Bundeskanzler:in eine Rede im Deutschen Bundestag, in der Sie Ihre Haltung zu R2P begründen und erklären, ob sich daran gegebenenfalls auch deutsche Soldat:innen beteiligen sollen.

Internationale Beziehungen (IB)

Die IB unterscheidet sich von allen anderen Disziplinen der Politikwissenschaften durch die besondere Struktur und ihre verschiedenen theoretischen Perspektiven auf Kooperation und Konfrontation zwischen Staaten: Staaten oder außenpolitische Entscheidungsträger:innen agieren in einem Umfeld, wo es keine oberste Kontrolle wie eine Weltpolizei oder ein Weltgericht gibt. Diese anarchische Struktur des internationalen Systems sorgt für einen Wettbewerb um Sicherheit und Einfluss in der Welt. Auch wenn primär Staats- und Regierungschefs sowie deren Diplomaten im Tagesgeschäft internationaler Politik aktiv sind, ist Außenpolitik immer ein Spiegel innenpolitischer Entscheidungs- und Aushandlungsprozesse, in dem auch Bürger:innen eine Rolle haben.

Übung 82000-745

Vereinte Nationen (UN)

Die nach dem Zweiten Weltkrieg ratifizierte UN-Charta und die Institutionalisierung der Vereinten Nationen, allen voran des UN-Sicherheitsrates, zur Wahrung des Weltfriedens haben eine gemischte Bilanz aufzuweisen. U. a. spielt der Gegensatz zwischen Demokratie und Autokratie eine wichtige Rolle bei der Frage gemeinsamer Kooperationen oder Konfrontation.

Übung 82000-746

Großmachtrivalität

Der Systemkampf zwischen den USA und Europa auf der einen Seite und China und Russland (mit seinem Angriffskrieg gegen die Ukraine) auf der anderen Seite sind Beispiele für Großmachtrivalitäten. Dabei geht es um politische, militärische und wirtschaftliche Macht, aber auch um die Frage von Werten wie Demokratie und Menschenrechte. Eine besondere Rolle wird seit dem Ende des Zweiten Weltkrieges Atomwaffen zugeschrieben, die trotz aller Abrüstungs- und Kontrollverpflichtungen eine strategische Bedeutung bei der Abschreckung von Bedrohungen haben.

Übung 82000-747

NATO

Westliche Demokratien haben sich zur NATO – unter Führung der Weltmacht USA – zusammengeschlossen, die durch Artikel 5 für eine wechselseitige militärische Absicherung im Bündnisfall sorgen würde. Die Kritik an der NATO-Osterweiterung durch Russland ist spätestens seit dem russischen Angriffskrieg gegen die Ukraine ein politischer und politikwissenschaftlicher Streitpunkt. Im Fokus stehen dabei mögliche Ursachen und diplomatische wie militärische Lösungsmöglichkeiten.

Übung 82000-748

Deutsche Außenpolitik

Die Leitlinie deutscher Außenpolitik ist die Verantwortung gegenüber dem Zivilisationsbruch des „Holocausts" und den Kriegsverbrechen Deutschlands in der NS-Zeit. Ob dies eine Kultur der Zurückhaltung oder mehr aktives Engagement Deutschlands – auch militärisch – zur Folge hat, wird innenpolitisch kontrovers diskutiert. Russlands Angriffskrieg gegen die Ukraine in der Mitte Europas stellt somit eine Zeitenwende dar.

Übung 82000-749

Bearbeiter

KOMPETENZEN ANWENDEN

Kursarbeitstraining

Die folgenden Aufgaben bieten die Möglichkeit, Ihre gewonnen Kompetenzen zu überprüfen und diese anzuwenden. Sie können als Vorbereitung für eine Kursarbeit dienen. Lösungsvorschläge erhalten Sie über den QR-Code.

1 Karikatur zur deutschen Außenpolitik: „Nie wieder Krieg, nie wieder Invasion"!

Karikatur: Gerhard Mester, 2022

2 Ein Fehler des Westens?

Ich denke, der ganze Ärger in diesem Fall begann im April 2008 auf dem NATO-Gipfel in Bukarest, wo die NATO anschließend eine Erklärung herausgab, in der es hieß, die Ukraine und Georgien würden Teil der NATO werden. Die Russen machten damals unmissverständlich klar, dass sie dies als existenzielle Bedrohung betrachteten, und zogen einen Schlussstrich unter die Sache. Im Laufe der Zeit sind wir jedoch dazu übergegangen, die Ukraine in den Westen einzubeziehen, um die Ukraine zu einem westlichen Bollwerk an Russlands Grenze zu machen. [...] Die NATO-Erweiterung ist das Herzstück der Strategie, aber sie umfasst auch die Erweiterung der EU, und sie umfasst die Umwandlung der Ukraine in eine pro-amerikanische liberale Demokratie, was aus russischer Sicht eine existenzielle Bedrohung darstellt. [...] Das ist kein Imperialismus, das ist Großmachtpolitik. Wenn man ein Land wie die Ukraine ist und direkt neben einer Großmacht wie Russland lebt, muss man genau darauf achten, was die Russen denken, denn wenn man ihnen mit einem Stock ins Auge sticht, werden sie zurückschlagen.

Bearbeiter nach: Mearsheimer, John: https://www.newyorker.com/news/q-and-a/why-john-mearsheimer-blames-the-us-for-the-crisis-in-ukraine

KOMPETENZEN ANWENDEN

3 Das ist Putins Krieg!

Mit der These von der NATO-Osterweiterung als Ursache des Krieges kann auch nicht verstanden werden, weshalb Putin nun zu Rechtfertigungsnarrativen greift, die von scheinbaren Nazis in der ukrainischen Regierung, Genoziden und kruden Geschichtskonstruktionen handeln. Die Frage des Zeitpunktes kann mit einer anderen Theorie viel besser erklärt werden. Putin kann aus Gründen des Machterhalts keine demokratische Ukraine dulden. Und genau eine solche Entwicklung haben wir seit 2014 in der Ukraine gegen den Welttrend gesehen. Eine Wiederbelebung des Demokratisierungsprozesses, der zuletzt ein ordentliches Maß an Stabilität vermittelte und die Putinkräfte im Land an den Rand gedrängt hat [...] Hinzu kommt eine offensichtliche Veränderung im Kreml. Immer mehr obsiegte eine Weltdeutung, der zufolge Russland und seine Verbündeten dem liberalen Westen konfrontativ gegenüberstehen. Zudem haben sich die Informationskanäle verengt, und Fehleinschätzungen habe zugenommen.: über die Wehrbereitschaft der Ukrainer, über die Sanktionsbereitschaft der liberalen Demokratie und ihrer Zivilgesellschaften und über die Stärke des russischen Militärs. Der Krieg ist das Resultat eines Systemkampfes zwischen einer Autokratie und einem demokratisierenden Nachbar. Die konkrete Entscheidung, die allem Anschein schon im Oktober [2021] des letzten Jahres getroffen wurde, wurde durch strukturell verursachte Fehleinschätzungen befeuert.

Zürn, Michael: Ist der Westen am Krieg schuld? In: www.faz.net, 16.03.2022

Aufgaben

72035-455

1. Analysieren Sie die Karikatur in 1 unter Berücksichtigung der deutschen Außen- und Sicherheitspolitik vor und nach dem Beginn des russischen Angriffskriegs gegen die Ukraine.
2. Stellen Sie die Grundaussagen der beiden Texte von Mearsheimer und Zürn in 2 und 3 gegenüber und ordnen Sie beide Autoren einer Theorie der Internationalen Beziehungen begründet zu.
3. Skizzieren Sie die Grundmuster der liberalen Weltordnung und der Bedeutung von Großmachtrivalitäten.
4. Erläutern Sie ausgehend von der Kritik Mearsheimer an der NATO-Osterweiterung die Rolle der NATO im russischen Angriffskrieg gegen die Ukraine.
5. Bilden Sie ein kategoriales und perspektivisches Urteil: Ist der Westen schuld am russischen Angriffskrieg gegen die Ukraine?

Lösungsvorschläge und Erwartungshorizonte

72035-456

Der lange Weg vom Rohstoff zum Handy

Weltweit Smartphones in Benutzung

Europa/USA Entsorgte Smartphones stapeln sich.

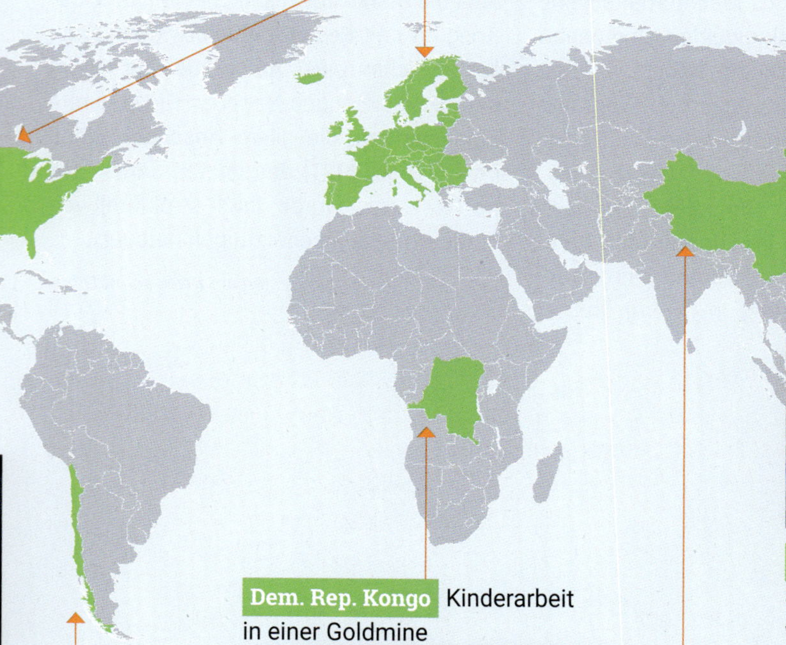

Kalifornien Ein neues Smartphone wird vorgestellt.

Weltweit Smartphones werden in einem Laden verkauft.

Dem. Rep. Kongo Kinderarbeit in einer Goldmine

Ozeane Fertige und unfertige Produkte werden per Schiff verschickt.

Chile Lithium-Karbonat wird im Salzsee in der Atacamawüste im Norden Chiles gefördert.

China Arbeiterinnen fügen in Fließbandarbeit die Einzelteile zusammen.

Globale Wirtschaft: Handeln auf unterschiedlichen Ebenen

14

Zwischen Protektionismus und Freihandel

Viele Konsumgüter sind aus unserem Alltag nicht mehr wegzudenken, beispielsweise das Smartphone. Bis ein Smartphone in unseren Händen landet, legt es jedoch eine lange Reise zurück. Ob Rohstoffabbau, Produktentwicklung oder Produktion die Weltwirtschaft ist eng zwischen verschiedenen Produktionsstandorten verknüpft. Wir profitieren von unterschiedlichen Lieferketten und Fertigkeiten einzelner Staaten und vergessen dabei allzu oft Gefahren und Herausforderungen, die mit einer globalisierten Weltwirtschaft einhergehen.

In diesem Kapitel lernen Sie, wie die Welt im Bereich der Wirtschaft miteinander verflochten und abhängig voneinander ist. Wir stellen uns außerdem die Frage, wie die verschiedenen Akteure jeweils in ihrem Handlungsspielraum tätig werden können, um das gemeinsame Ziel einer nachhaltigeren Weltwirtschaft zu erreichen.

Leitfragen

1. Welche Chancen und Risiken ergeben sich durch einen globalisierten Wirtschaftsraum?
2. Wie hängen unterschiedliche Akteure mit vielfältigen Interessen und die globalen Ziele der Gegenwart und Zukunft interdependent zusammen?
3. Wie kann auf verschiedenen Ebenen in Politik und Wirtschaft verantwortlich gehandelt werden, um Freiheit, Wohlstand, Gerechtigkeit und Nachhaltigkeit zu gewährleisten?
4. Welche Handlungsoptionen eröffnen sich für Sie mit Blick auf globale Herausforderungen?
5. Wie können Sie als Wirtschaftssubjekt zu einer gerechteren und friedlicheren Welt beitragen?

Aufgaben

72035-457

1. Beschreiben Sie anhand der Bilder auf der linken Seite die Reise eines Smartphones mit den jeweils beteiligten Akteuren.
2. Erstellen Sie einen Stop-Motion-Film (→ Methode, S. 576), in dem Sie auch soziale und ökologische Gefahren der Reise eines Smartphones ansprechen.

METHODE

Ein Stop-Motion-Video erstellen

Ein Stop-Motion-Video ist ein Film, der aus aneinandergereihten einzelnen Bildern besteht. Durch die passend ausgewählte Aufeinanderfolge entstehen bewegte Eindrücke. Vergleichbar ist ein Stop-Motion-Video mit einem Daumenkino.

Benötigte Materialien: Kamera oder Smartphone, (kostenfreie) Stop-Motion-Studio-App, Objekte (Knetfiguren, Lego, ...), evtl. Beleuchtung

1 Inhaltliche Planung

- Aspekte auswählen, die im Film dargestellt werden sollen (z. B. Spannungsfelder, Akteure, Funktionsweisen ...)
- Punkte strukturieren und dabei Schwerpunkte setzen

2 Methodische Planung

- Visualisierung für die einzelnen Aspekte planen:
  - gezeichnete Kärtchen?
  - andere Figuren?
  - Symbole?
  - Sprechblasen mit Text?
  - ...
- Perspektive der Kamera festlegen
- „Drehbuch" erstellen

3 Aufnahme und Schnitt

- Einzelne Bilder nacheinander aufnehmen
  - Bei Verrücken der Figuren bzw. Materialien auf Stabilität der Kamera achten
  - Figuren bzw. Materialien immer gleichmäßig weiterrücken, bevor das nächste Bild aufgenommen wird
- Bilder aneinanderfügen
- Über die „Vorschaufunktion" Zwischenschritte überprüfen
- Bilder mit Ton hinterlegen

Einen Podcast erstellen

Ein Podcast ist ein Audio- bzw. Videobeitrag, der meist über das Internet zu beziehen ist. Das Kunstwort „Podcast" setzt sich zusammen aus den Begriffen für das Konsumieren auf Abruf („play on demand") und Ausstrahlung („broadcast"). Viele Podcasts werden direkt als Serie produziert.

Benötigte Materialien: Smartphone (oder Tablet), Diktierapp (meist schon vorinstalliert)

1 Inhaltliche Planung

- Themenschwerpunkt auswählen
- Thema in kleine Abschnitte gliedern und Kernaussagen formulieren
- Leitfrage als roten Faden formulieren

2 Methodische Planung

- Gestaltung des Podcasts planen:
  - Als Interview mit Moderator:in und einer/ einem oder mehreren Interviewpartner:innen
  - Als Story mit Erzähler:in
  - Als Diskussion mit verschiedenen Teilnehmenden
- Drehbuch mit wichtigen Formulierungen, Stichworten etc. schreiben

3 Aufnahme und Schnitt

- Podcast aufnehmen und evtl. mehrere kleine Abschnitte zusammenschneiden

  Tipp: Auf freies Sprechen und emotionale Ansprache der Zuhörerenden achten
- Evtl. Hintergrundmusik oder Jingle für den Beginn und Abschluss hinzufügen

Bearbeiterin

14.1 Globale Wirtschaftsentwicklung und Wirtschaftsakteure

14.1.1 Entwicklung der Weltwirtschaft: mehr Chancen oder mehr Gefahren durch die Entfesselung der Weltwirtschaft?

Zum Thema: Die Welt ist zusammengewachsen. Die verschiedensten Güter und Waren oder auch Dienstleistungen werden weltweit gehandelt und in beliebige Regionen unserer Erde geschickt. In diesem Kapitel soll analysiert werden, inwiefern Chancen oder Gefahren einer entfesselten Weltwirtschaft überwiegen.

M1 Fallbeispiele: Standpunkte zur Globalisierung der Wirtschaft

A Für mich ist es wichtig, dass wir Zugriff auf viele verschiedene Produkte und Waren aus allen Ecken dieser Erde haben und uns selbst mit eigenen Fähigkeiten spezialisieren.

B Für mich ist es wichtig, dass wir Ressourcen schonen und unabhängig vom Ausland wirtschaften.

Bearbeiterin

Einstiegsaufgabe 72035-458

Positionieren Sie sich zu einer der beiden Aussagen und begründen Sie Ihre Position.

M2 Die weltweite Entwicklung der Wirtschaft

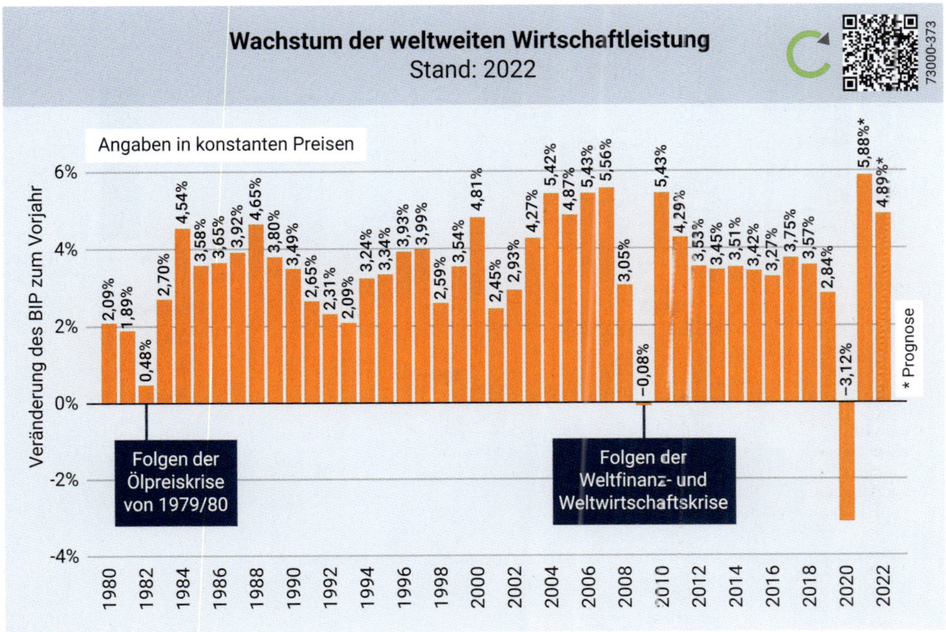

© C.C. Buchner Verlag, aktuelle Daten nach: IMF World Economic Outlook Database, 2022

Grafik: weltweiter Warenhandel
73000-369

M3 BIP, Energieverbrauch und ökologischer Fußabdruck

a) Wie entwickelt sich das BIP in den einzelnen Regionen?

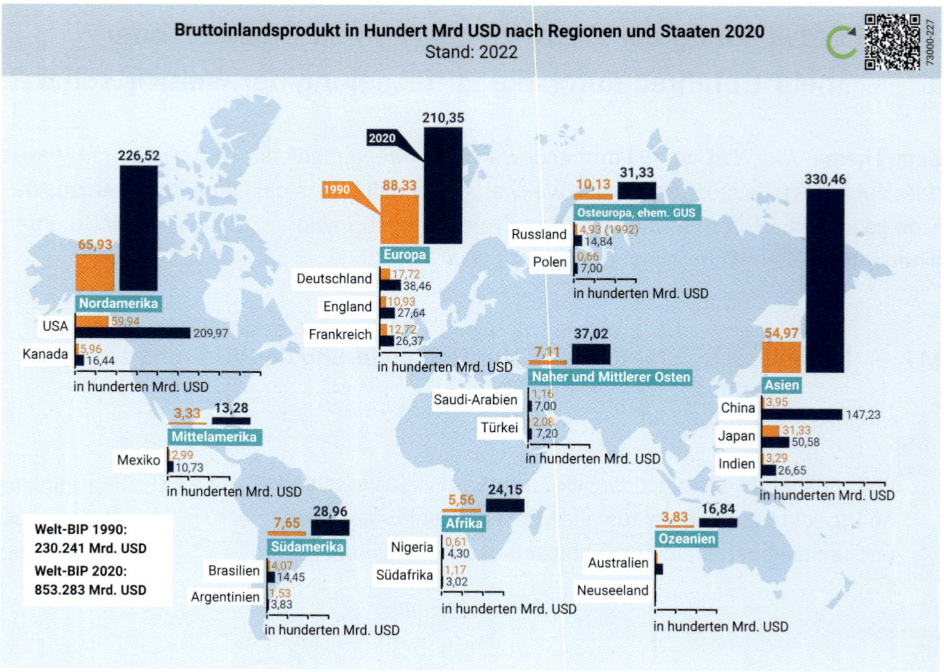

©C.C. Buchner Verlag, aktuelle Daten nach: UNCTAD

b) Wie viel Energie verbrauchen einzelne Regionen weltweit?

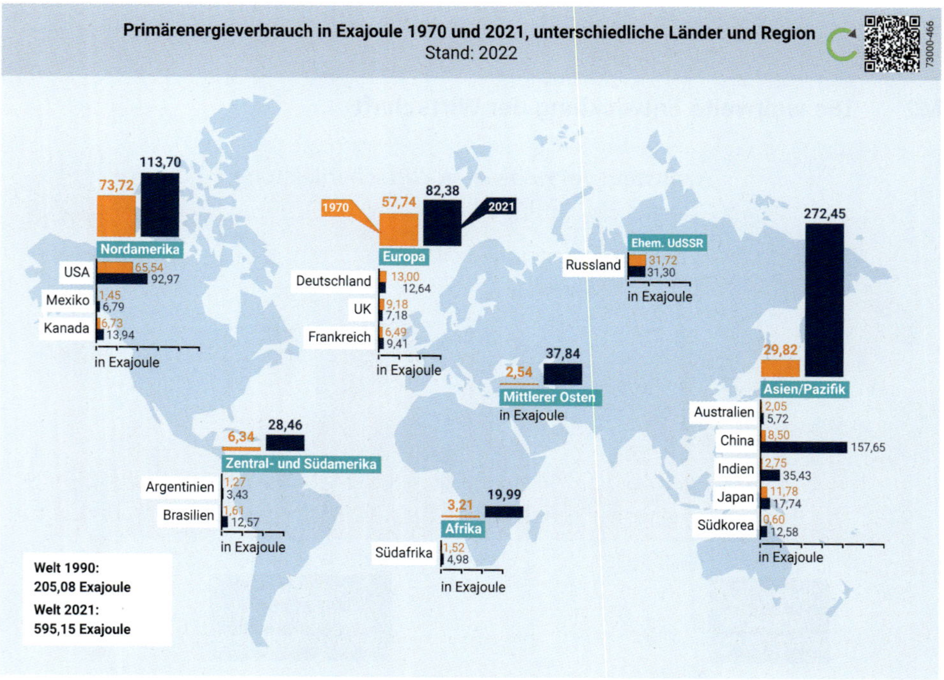

©C.C. Buchner Verlag, aktuelle Daten nach: BP Statistical Review of World Energy, eigene Berechnungen.

c) Welche Regionen haben welchen ökologischen Fußabdruck?

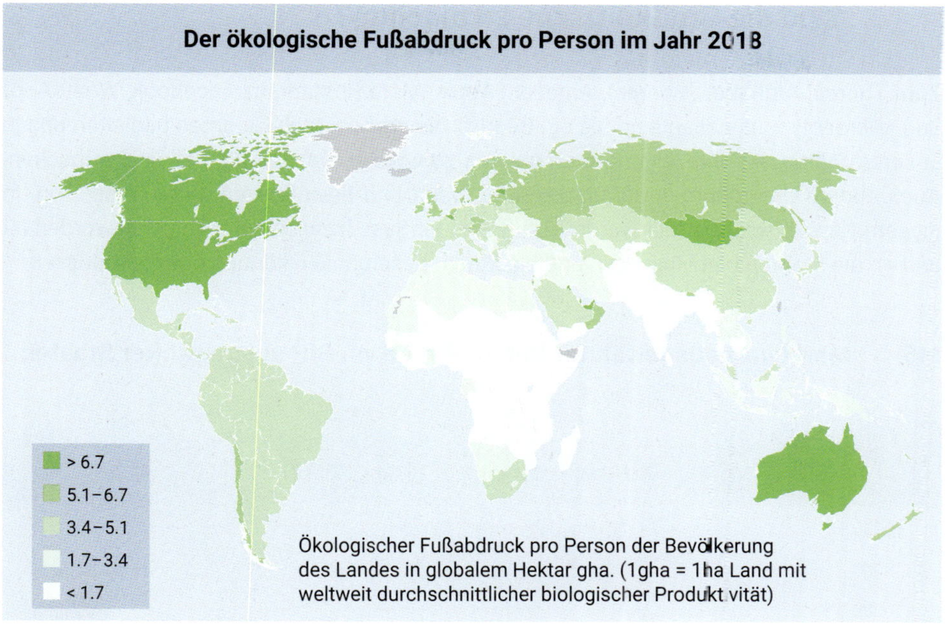

Nach: Global Footprint Network, 2022; www.footprintnetwork.org

M4 Schlagzeilen zum Welthandel

A Weltweite Konjunktur: Wie der Krieg auf die Wirtschaft wirkt

Hiltscher, Lilli-Marie: Wie der Krieg auf die Wirtschaft wirkt. In: www.tagesschau.de, 25.02.2022

B Impfzugang führt zu ungleichem Wachstum der Weltwirtschaft

Jürgen Deppe im Gespräch mit Bernhard Bauske: Plastikmüll im Meer: „Wir brauchen verbindliche Mechanismen". In: www.ndr.de, 08.02.2022

C Plastikmüll im Meer: „Wir brauchen verbindliche Mechanismen."

dpa: Impfzugang führt zu ungleichem Wachstum der Weltwirtschaft. In: www.sueddeutsche.de, 27.07.2021

D Wirtschaftsverbände wollen Lieferkettengesetz aushöhlen

Dohmen, Caspar: Wirtschaftsverbände wollen Lieferkettengesetz aushöhlen. In: www.sueddeutsche.de, 01.09.2022

Aufgaben

72035-459

1. Analysieren Sie die weltweite Entwicklung der Wirtschaft (**M2**, **QR-Code zu M2**) (→ Methode. S. 56) und benennen Sie mögliche Gründe für die jeweiligen Entwicklungen.
2. Vergleichen Sie die Statistiken in **M3** und leiten Sie mögliche Gefahren einer entfesselten Globalwirtschaft ab.
3. a) Arbeiten Sie aus den Schlagzeilen in **M4** Probleme und Gefahren der globalisierten Weltwirtschaft heraus.
   b) Formulieren Sie selbst mögliche Schlagzeilen zur Entwicklung der Weltwirtschaft, wie Sie sie im Jahr 2040 gerne lesen würden.
4. Gestalten Sie einen prägnanten Fernsehkommentar zur Problemfrage des Kapitels.

Video: Ein Vortrag zur Entwicklung der Weltwirtschaft des Ökonomen Hans-Werner Sinn

72035-460

14.1.2 Großkonzerne und Staaten: Sind die Großkonzerne zu mächtig?

Zum Thema: Alphabet (Google), Amazon, Apple, Meta (Instagram, Facebook, WhatsApp) und Microsoft – uns allen sind sie ein Begriff. Die großen Tech-Giganten begleiten uns in unserem Alltag und ihre Algorithmen meinen zu wissen, was wir denken und wünschen. Auch andere Unternehmen dominieren den Markt und beeinflussen damit unser Tun. In diesem Kapitel soll beurteilt werden, ob dieser Einfluss inzwischen zu groß geworden ist und ob die Staaten hier eingreifen und die Macht beschränken können oder gar müssen.

M5 Marktwert ausgewählter Unternehmen vs. BIP ausgewählter Staaten

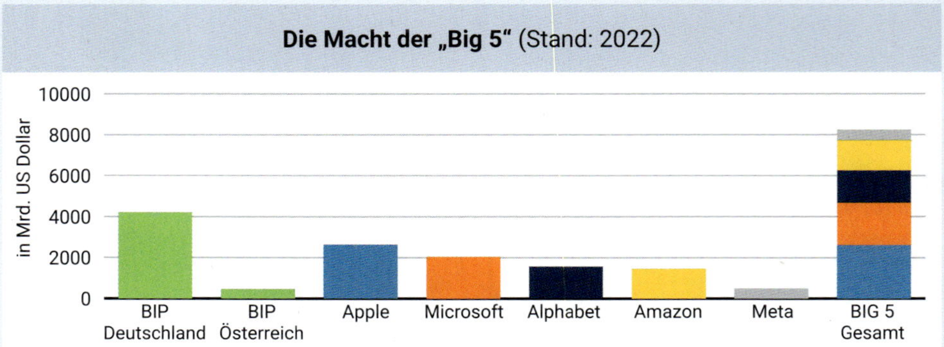

Bearbeiteringrafik, Daten nach: World Bank und Forbes Global 2000 List 2022

Einstiegsaufgaben 72035-461

1. Beschreiben Sie die Statistik in **M5**. Inwiefern entspricht oder widerspricht sie Ihren Erwartungen?
2. Formulieren Sie mögliche Auswirkungen der in der Statistik angesprochenen Punkte auf das Verhältnis zwischen Tech-Giganten und Nationalstaaten.

M6 Hintergrundinformationen zu den Tech-Konzernen

Als Tech-Giganten werden die größten IT-Unternehmen der Welt bezeichnet. Sie sind insbesondere im Bereich Forschung und Entwicklung tätig und vermarkten die neuen technologischen Ideen häufig direkt weltweit. Längst sind einstmals kleine Start-ups zu großen Unternehmen mit Hunderttausenden Mitarbeitenden geworden. Durch die geografische Unabhängigkeit ihrer Technologien können sie Firmensitze dabei einfach in steuerfreundliche Staaten verlagern. Sie kaufen erfolgreich weitere Start-ups hinzu und begeistern durch hohe Gehälter die besten internationalen Nachwuchstalente für sich. So bleiben sie trotz ihrer Größe höchst innovativ und bilden in ihren Bereichen quasi eine Monopolstellung heraus. Es verwundert daher nicht, dass die Börsenwerte der Tech-Konzerne vergleichbar sind mit dem BIP einzelner Nationalstaaten. Durch diese Marktmacht, nahezu ohne Konkurrenz, nehmen die Konzerne Einfluss auf Produkte und Dienstleistungen, Marktpreise und nicht zuletzt auch auf das Verhalten von Marktteilnehmenden.

Bearbeiterin

M7 Wie Tech-Konzerne die staatliche Autonomie bedrohen

Egal, ob wir Taxifahrten bei Uber buchen, Ferienwohnungen bei Airbnb oder ein Auto über eine Car-Sharing-App, alle Anbieter setzen auf dieselbe Dynamik, die ihr Geschäftsmodell antreibt: die Selbstverstärkung. Je größer sie schon sind, desto größer – noch größer – und stärker werden sie. So entsteht ein Monopol – und zwar im Digitalen häufig ein globales, und das sehr schnell. Das liegt an den sogenannten „Netzwerkeffekten". Was ist ein Netzwerkeffekt? Salopp gesagt: Ein Netzwerk ist je voller, desto doller. Also ein Gebilde, das immer wertvoller wird, je mehr Menschen es nutzen. Ein Netzwerkprodukt wird mit jedem zusätzlichen Nutzer für alle anderen besser. Netzwerkeffekte gab es schon in der analogen Medienwelt: Ein einzelnes Telefon hat keinen Sinn. Selbst das Schnurtelefon hat zwei Enden. Doch im Digitalen sind die Netzwerkeffekte viel stärker. [...] Wenn der Nutzen des Einzelnen von der Größe des Netzwerks abhängt, entscheidet man sich für das größte. [...] Doch heute geht es bei Facebook, Google und Co. längst nicht mehr nur um den Markt, sondern um die Bedrohung unserer staatlichen Autonomie. Ein Beispiel. Facebook arbeitet an der globalen Digitalwährung Libra, die bei Einführung auf einen Schlag von drei Milliarden Menschen genutzt werden soll. Damit setzt Facebook zum globalen Staatsstreich an. Denn es sind Staaten, die Währungen ausgeben. Dazu kommt: Einige wenige digitale Monopolisten wie Facebook mit Instagram und Whatsapp und Google mit Android, Youtube und Maps haben heute die gesamte digitale Kommunikations- und Meinungsgewalt in der Hand. Das gibt ihnen eine Manipulations- und Zensurmacht, von der autoritäre Staaten nur träumen können. Facebook überwacht, analysiert, zensiert, kuratiert und privilegiert die Meinungen und Inhalte von beinahe drei Milliarden Menschen. Es gibt also ökonomische wie politische Gründe, heute gegen die digitalen Monopole vorzugehen. Monopole verhindern Vielfalt und Fortschritt, sie schränken unsere Wahlfreiheit ein und verführen zum Missbrauch. Deshalb müssen wir digitale Monopole jetzt scharf regulieren, konsequent besteuern und im letzten Schritt vor die Wahl stellen: Offenlegung ihrer Schnittstellen oder Zerschlagung. Dabei hat „Zerschlagung" nichts mit „Enteignung" zu tun. Sie ist ein klassisches Instrument marktwirtschaftlicher Wettbewerbspolitik. [...] Wer die Demokratie und die freie Marktwirtschaft will, geht jetzt hart gegen die globalen Digitalkonzerne vor.

Barthelmess, Andreas: Wie Tech-Konzerne die staatliche Autonomie bedrohen. In: www.deutschlandfunk.de, 26.05.2020

M8 Sollen und können Techgiganten unter Druck gesetzt werden?

Gisela Schmalz befasst sich als Wirtschaftswissenschaftlerin und Philosophin u. a. mit den Auswirkungen von Medien auf die Gesellschaft und mit der Wirtschaftsethik. Im Interview spricht sie über die Macht großer Tech-Unternehmen.

Katja Bigalke: Viele große Firmen haben zuletzt angekündigt, keine Werbung bei Facebook zu schalten. Lässt sich Facebook dadurch überhaupt wirtschaftlich unter Druck setzen? [...]

Gisela Schmalz: Facebook ist von der Gunst der Masse abhängig. Sie sind im wahrsten Sinne populistisch: Sie laufen der öffentlichen Meinung hinterher. Sie möchten beliebt bei möglichst vielen Nutzenden sein, gerade in der jungen Generation. Ich glaube nicht, dass sich die Tech-Firmen von ein paar Unternehmen, die kurzzeitig keine Werbung schalten, unter Druck setzen lassen. Zumal diese Wirtschaftsfirmen durchaus von den plattformbetreibenden Firmen abhängig sind – die müssen sich darüber an ihre Endkunden wenden – die Tech-Firmen sind immer noch am längeren Hebel.

Bigalke: Wenn man davon ausgeht, der Druck der werbetreibenden Unternehmen habe tatsächlich Einfluss: Ist das adäquat, um die Plattformen in ihre Schranken zu weisen?

Schmalz: Durchaus. Wirtschaftlicher Druck ist eine Methode, mit diesen Technologiefirmen zu sprechen. Die sind wahnsinnig mächtig und auch reicher als die werbetreibenden Kunden. Natürlich sind sie abhängig von den werbezahlenden Konzernen. Wenn diese drohen, sich zurückzuziehen, ist das zumindest ein Aufbäumen dagegen und ein Signal – auch in die Öffentlichkeit. Es gibt also Hoffnung, dass auf einmal eine Vielstimmigkeit da ist und nicht nur nach dem Gesetzgeber gerufen wird. Es ist gut, dass die Konzerne das selbst regeln. Und: dass ethische und demokratische Werte über wirtschaftlichen Druck in die plattformbetreibenden Firmen gesetzt werden.

Martin Böttcher: Ist es nicht trotzdem problematisch, dass auf einmal Firmen eine so gesellschaftliche Rolle bekommen? Das, was eigentlich der Gesetzgeber oder die Zivilgesellschaft aufbauen müsste, wird in die Hände von privaten Firmen gegeben.

Schmalz: Die Plattformen haben wirtschaftliche Macht. Sie haben technologische Macht, Wissensmacht und psychologische Macht über die Endnutzenden, über die sie alles wissen. Auf einmal schiebt man ihnen noch politische oder ethische Macht zu. Auf einmal fordern Konzerne oder auch Bürgerinnen und Bürger über solche Kampagnen, dass die Tech-Konzerne selbst tätig werden in Sachen Werten und Ethik. Das ist höchst problematisch.

Gisela Schmalz im Interview mit Katja Bigalke und Martin Böttcher: Die Macht der Nutzer über Facebook & Co. In: www.deutschlandfunkkultur.de, 04.07.2020

Aufgaben

72035-463

1. Erklären Sie sich zu zweit gegenseitig mit eigenen Worten das Besondere der Tech-Giganten (**M6**).
2. Arbeiten Sie die Gefahren von zu großer Marktmacht der Tech-Giganten für den Staat heraus (**M7**).
3. Formulieren Sie mögliche Thesen für das Verhältnis von Tech-Giganten und Staaten und bilden Sie daraus ein Standbild.
4. Erarbeiten Sie die unterschiedlichen Handlungsoptionen im Umgang mit den Tech-Giganten (**M8**) und bewerten Sie diese hinsichtlich Wirkungsmacht, Langfristigkeit und Akzeptanz.
5. Beurteilen Sie: Haben Großkonzerne einen zu großen Einfluss auf Verbraucherinnen, Verbraucher und Staaten (→ Methode, S. 31 f.)?

Sie als Bürger:in ...

positionieren sich gegenüber den Tech-Giganten. Stellen Sie Ihre persönlichen Bedürfnisse bzgl. digitaler Angebote denjenigen Rechten gegenüber, die Sie den Unternehmen einräumen würden und beurteilen Sie, inwiefern beide Aspekte zusammenpassen.

14.1.3 WTO, IWF und Weltbank: Basis für fairen Handel?

Zum Thema: Neben den Staaten sind auch internationale Organisationen zentrale Akteure des Welthandels. Sie gestalten die Handelsbeziehungen nachhaltig mit und verfolgen zum Teil hohe Ziele für eine fairere Weltwirtschaft. Doch gibt es zu diesen Ambitionen auch kritische Stimmen, zeigen sie doch auch wieder wirtschaftliche Ungleichheiten zwischen den Nationen auf. Sie sollen in diesem Kapitel die Handlungsoptionen von WTO, IWF und Weltbank kennenlernen und ihren Erfolg kritisch reflektieren.

M9 Fallbeispiel: die Rolle des IWF in der Corona-Krise

IWF stärkt Finanzkraft gegen Corona-Krise

Die wirtschaftlichen Folgen der Pandemie dürften vor allem in ärmeren Ländern noch lange zu spüren sein. Um sie abzumildern, stellt der Internationale Währungsfonds (IWF) zusätzliche 650 Milliarden Dollar bereit. Der IWF reagiert damit auf die prekäre Lage in vielen ärmeren und finanzschwächeren Ländern. Diese haben, auch wegen geringerer finanzieller Möglichkeiten, länger und gravierender mit der Corona-Pandemie zu tun. Mangel an Impfstoffen und schlecht ausgebaute Gesundheitssysteme bremsen die Bewältigung der Krise. Der IWF will mit der Finanzspritze vor allem Entwicklungs- und Schwellenländern zur Überwindung der Corona-Krise zusätzliche Liquidität zur Verfügung stellen – ohne deren Verschuldung zu erhöhen.

Tagesschau: IWF stärkt Finanzkraft gegen Corona-Krise. In: www.tagesschau.de, 03.08.2021

Einstiegsaufgaben 72035-464

1. Beschreiben Sie die Hoffnungen aus Sicht ärmerer Staaten, die im Handeln des IWFs zum Ausdruck kommen.
2. Formulieren Sie spontan Kriterien, welche die Akteure IWF und Weltbank einhalten sollten, damit sich die Hoffnung der ärmeren Staaten erfüllen kann.

M10 Zentrale internationale Organisationen in der globalen Wirtschaft

A Die Welthandelsorganisation (WTO)

WORLD TRADE ORGANIZATION

1947 unterzeichneten 23 Staaten, allen voran die USA, das GATT-Abkommen (General Agreement on Tariffs and Trade), dessen grundlegendes Ziel der Abbau von Zöllen und Handelsschranken und die freie Gestaltung der internationalen Handelsbeziehungen war. Die inzwischen 164 Mitgliedstaaten umfassende WTO (World Trade Organization) wurde als Nachfolge des GATT 1995 gegründet. Die WTO bietet insbesondere ein multilaterales Handelsforum, sodass Mitglieder gemeinsam am Abbau von Handelshemmnissen arbeiten können und dabei auch Entwicklungsländer stärker in den Welthandel integriert werden. Die Vereinfachung der Zollverfahren soll letztendlich Wirtschaftskraft und Wettbewerbsfähigkeit eines jeden Mitgliedstaats stärken. Als einzige internationale Organisation verfügt die WTO über einen effizienten Durchsetzungsmechanismus. So kann sie im Falle der Verletzung von WTO-Abkommen intern schlichten. Zudem überprüft sie regelmäßig die nationalen Handelspolitiken ihrer Mitglieder. Drei Grundprinzipien sollen einen offenen, möglichst transparenten Welthandel garantieren. So verpflichtet die WTO erstens alle Mitglieder, ihre Handelsvorteile, die sie einem Handelspartner zugestehen, auch allen anderen Mitgliedstaaten und ihren Bürger:innen zur Verfügung zu stellen. Das zweite Prinzip der Inländerbehandlung sieht vor, dass ausländische Waren sowie deren Anbieter nicht schlechter behandelt werden dürfen als einheimische. Drittens verpflichten sich alle Mitgliedstaaten, ihre Regelungen und Beschränkungen des Außenhandels transparent zu machen.

Bearbeiterin, basierend auf: Schmuck, Claudia: Die WTO ist nicht tot. In: www.bpb.de, 01.10.2018

Bretton-Woods-System
Vereinbarte ursprünglich feste Wechselkurse in Form eines Gold-Dollar-Standards, indem alle beteiligten Währungen eine feste Parität zum US-Dollar erhielten.

B Der Internationale Währungsfonds (IWF)

Der Internationale Währungsfonds mit Sitz in Washington wurde zusammen mit der Weltbank [...] noch vor Ende des Zweiten Weltkriegs auf der Konferenz von Bretton Woods im Juli 1944 gegründet. Während die politische Neuordnung der Welt den Vereinten Nationen vorbehalten war, lag das ursprüngliche Betätigungsfeld der Bretton-Woods-Organisationen auf wirtschaftlichen und währungspolitischen Fragen, um die Weltwirtschaft wieder zu reaktivieren und über eine grenzüberschreitende ökonomische Integration künftig die Gefahr von Kriegen zu reduzieren. Die Kernaufgabe des IWF ist es, die Stabilität des globalen Währungssystems zu sichern, um dadurch ein ausgewogenes Wachstum des internationalen Handels, hohe Beschäftigung und Realeinkommen, ein stetiges Kapitalwachstum sowie ausgelastete Produktionskapazitäten in den Mitgliedstaaten zu gewährleisten. [...] Seit dem Ende des Systems fester Wechselkurse 1973 liegt das Hauptaufgabengebiet des IWF in der Überwachung der Wechselkurse der Mitglieder zur Geringhaltung von Schwankungen und vor allem in der Unterstützung der Mitglieder bei der Überwindung von Währungs- und Finanzkrisen durch Bereitstellung diverser kurz- und mittelfristiger Kredite.

Neumair, Simon Martin/ Schlesinger, Dieter Matthew: Internationale Wirtschaft. Unternehmen und Weltwirtschaftsraum im Globalisierungsprozess. München: Oldenbourg Wissenschaftsverlag 2012, S. 143 f.

Video: Der IWF stellt sich vor (englisch)

72035-465

C Die Weltbank

Die Weltbank wurde zusammen mit dem IWF [...] gegründet [...]. Lag ihre Zielsetzung ursprünglich in der Unterstützung des Wiederaufbaus in Ländern, die durch den Zweiten Weltkrieg einen erheblichen wirtschaftlichen Schaden erlitten haben, ist sie heute mit der Schaffung von für langfristiges Wachstum erforderlichen Strukturen und Entwicklungsprojekten in Ländern der Dritten Welt, Schwellenländern sowie osteuropäischen Transformationsländern befasst. [...] Die Weltbank vergibt dazu an diese Länder Kredite mit einer Laufzeit von 15 bis 20 Jahren bei 3 bis 5 tilgungsfreien Jahren. Sie selbst finanziert sich über die internationalen Kapitalmärkte, auf denen ihr aufgrund ihrer hohen Bonität günstige Konditionen eingeräumt werden, die sie an die kreditnehmenden Länder weitergibt.

Neumair, Simon Martin/ Schlesinger, Dieter Matthew: Internationale Wirtschaft. Unternehmen und Weltwirtschaftsraum im Globalisierungsprozess. München: Oldenbourg Wissenschaftsverlag 2012, S. 149 f.

M11 Kritik der Nichtregierungsorganisation Attac: Hat die WTO eine neoliberale Schlagseite?

A Die Regeln der WTO führen zu Raubbau von Ressourcen, schädigen dadurch Mensch und Umwelt und verschärfen die Klimakrise.

B Die WTO engt den Handlungsspielraum von Regierungen und Parlamenten empfindlich ein.

C Verantwortliche PolitikerInnen agieren im Interesse transnationaler Konzerne statt Gemeinwohl zu berücksichtigen.

D Effizienz, Innovation und Wachstum dominieren die wichtigeren Aspekte Mensch, Klima und Umwelt.

E Vielfältige Interessensgegensätze der Mitglieder resultieren in stockenden Verhandlungen und Minimalergebnissen.

F Demokratische Marktwirtschaften werden gegen „inkompatible Wirtschaftssysteme" ausgespielt: Machtpolitik statt gemeinsame Entscheidungsprozesse.

Nach: Attac: Die WTO – das Fundament der neoliberalen Welthandelsordnung. In: www.attac.de, 10.11.2020

M12 Globale Weltwirtschaft: Schlüsselrolle für IWF und Weltbank?

Vor der letzten Frühjahrstagung des IWF und der Weltbank beschwor die Finanzministerin der USA, Janet Yellen, einen „Bretton Woods Moment für die globale Wirtschaft" und stellte die pandemiebedingten Erschütterungen auf eine Ebene mit den Umwälzungen in der Zeit zum Ende des Zweiten Weltkriegs. Ihr Appel: Die neue globale Wirtschaftsordnung muss auf den Prinzipien von Diversität und Inklusion fußen. Dafür braucht es ein Wirtschafts- und Finanzsystem, welches die planetaren Grenzen respektiert und die freie Entfaltung aller Menschen garantiert. IWF und Weltbank werden als Umsetzungsinstrumente globaler Wirtschaftsreformen eine Schlüsselrolle spielen müssen.

Kühl, Philipp: Same same-or different? IWF/Weltbank vor der Jahrestagung. In: www.boell.de, 14.09.2021

Aufgaben

72035-466

1. Erstellen Sie zu zweit aus den Informationen **M10** **A** – **C** ein strukturiertes Schaubild, das die wesentlichen Aspekte zu den drei genannten Organisationen beinhaltet.
2. Stellen Sie die Stärken der Organisationen ihren Schwächen in einem Waagenmodell gegenüber (**M10, M11**).
3. a) Erläutern Sie die Prinzipien „Diversität und Inklusion", die von Janet Yellen (**M12**) beschworen werden.
   b) Überarbeiten Sie nun die in der zweiten Einstiegsaufgabe auf S. 583 erstellten Kriterien für die Zukunft der Organisationen.
4. Schreiben Sie einen Zeitungskommentar zur Rolle der internationalen Organisationen in der Weltwirtschaft. Berücksichtigen Sie dabei vor allem das Beispiel der Hilfen in der Corona-Pandemie (**M9**).
5. Gestalten Sie aus Sicht eines Entwicklungslandes Ihrer Wahl einen Antrag an die Weltbank für eine nachhaltige Unterstützung.

F zu Aufgabe 1
Erweitern SIe das Schaubild mit Informationen aus eigener Recherche.

14.1.4. Internationale Handelskonflikte: Weltwirtschaft als Verlierer?

Zum Thema: Nicht immer funktioniert der weltweite Handel einwandfrei und ohne Probleme. Jeder Staat verfolgt zunächst seine eigenen Interessen und versucht, diese im internationalen Wettbewerb durchzusetzen. Insbesondere die USA als größte Wirtschaftsmacht stellen ihre eigenen Ziele in den Mittelpunkt des Handelns. So bekommt nicht nur die EU, sondern beispielsweise auch China Strafzölle zu spüren. Inwiefern sich dieser Handelskonflikt auf den globalen Handel insgesamt auswirkt, soll in diesem Kapitel analysiert werden.

M13 Trumps Handelskrieg

Karikatur: Klaus Stuttmann, 2018

Einstiegsaufgaben 72035-467

1. Analysieren Sie die Karikatur (**M13**) (→ Methode, S. 268).
2. Formulieren Sie das zentrale politische Problem.

M14 Was sind Zölle?

Volltext:
Definition „Zölle"
72035-468

[Zölle sind] Abgaben an den Staat, die beim Übergang über die Zollgrenze eines Landes oder eines Zollgebietes zu entrichten sind. In den vergangenen Wirtschaftsepochen dienten Zölle als Instrument der Einnahmebeschaffung für den Staat (Finanzzölle) sowie zur Beeinflussung der Wirtschaftsstruktur, z. B. als Schutzzölle, um die inländischen Anbieter vor der Auslandskonkurrenz zu schützen. ...

Duden Wirtschaft von A bis Z: Grundlagenwissen für Schule und Studium, Beruf und Alltag. 6. Aufl. Mannheim: Bibliographisches Institut 2016. Lizenzausgabe Bonn: Bundeszentrale für politische Bildung 2016

M15 Chronologie des Handelsstreits zwischen USA und China

Während die USA im Jahr 2017 Waren im Wert von 130,4 Milliarden US-Dollar nach China exportierten, importierten sie Waren im Wert von 505,6 Milliarden US-Dollar. 2018 erließ Trump deshalb seine Strafzölle – und der Handelskrieg nahm seinen Lauf. Während die USA ihre Strafzölle unter anderem mit Dumping oder dem Diebstahl geistigen Eigentums durch chinesische Firmen begründeten, warf China den USA unfaire Zollpraktiken vor. Die Regierung Biden möchte den harten Kurs gegenüber Peking fortführen, aber differenzierter und abgestimmter vorgehen, u. a. Gespräche wieder aufnehmen.

Bearbeiterin

M16 Begründungen für die Handelsstrategie aus Sicht der US-amerikanischen Handelsbeauftragten Katherine Tai

[D]ie Handels- und Wirtschaftsbeziehungen zwischen den USA und China sind von tiefgreifender Bedeutung. [...] Sie haben Auswirkungen auf die ganze Welt und Milliarden von Arbeitnehmenden. Diese bilaterale Beziehung ist komplex und wettbewerbsorientiert. Präsident Biden begrüßt den Wettbewerb, da dieser [...] unsere Wirtschaft fördert und Arbeitsplätze im eigenen Land schafft. Er ist der Ansicht, dass wir diesen Wettbewerb verantwortungsvoll leiten müssen – und sicherstellen müssen, dass er fair ist. Zu lange schon hat Chinas mangelnde Einhaltung der globalen Handelsnormen den Wohlstand von Amerikanern und anderen Bürgern auf der Welt untergraben. In den letzten Jahren hat Peking sein staatszentriertes Wirtschaftssystem noch weiter ausgebaut. [...] Trotz des „Phase-One-Agreements" investiert die chinesische Regierung weiterhin Milliarden von Dollar in bestimmte Branchen und formt die Wirtschaft nach dem Willen des Staates, was den Interessen der Arbeitnehmenden hier in den USA und auf der ganzen Welt schadet. [...] Wir sehen den Einfluss von Chinas unfairen Taktiken in der Produktion von Photovoltaik-Solarzellen. Die USA war einst globaler Marktführer in dieser damals aufstrebenden Branche. Doch als China seine eigene Industrie aufbaute, waren unsere Firmen gezwungen, ihre Werke zu schließen. Heute [...] existieren große Teile dieser Solarzellen-Lieferkette in den USA überhaupt nicht mehr. [...] Diese Politik hat eine Nullsummen-Dynamik in der Weltwirtschaft verstärkt, bei der Chinas Wachstum und Wohlstand auf Kosten der Arbeitnehmenden und der wirtschaftlichen Möglichkeiten hier in den USA und anderen marktwirtschaftlichen, demokratischen Volkswirtschaften gehen. [...] [W]ir müssen unsere wirtschaftlichen Interessen bis zum Äußersten verteidigen. Das bedeutet, dass wir alle notwendigen Schritte unternehmen müssen, um uns gegen die Wellen von Schäden zu schützen, die uns im Laufe der Jahre durch unfairen Wettbewerb zugefügt wurden. [...] Und vor allem werden wir eng mit unseren Verbündeten und gleichgesinnten Partnern zusammenarbeiten, um einen wirklich fairen, internationalen Handel zu schaffen, der einen gesunden Wettbewerb ermöglicht.

Tai, Katherine: Remarks As Prepared for Delivery of Ambassador Katherine Tai Outlining the Biden-Harris Administration's "New Approach to the U.S.-China Trade Relationship". In. www.ustr.gov, Oktober 2021 [Übersetzung: Lena Dörr]

M17 Wie reagiert China auf die Handelsstrategie der USA?

Die Pläne der US-Handelsbeauftragten Katherine Tai für „freimütige Gespräche“ mit China könnten darauf hindeuten, dass den USA klar geworden sei, dass sie die Handelsspannungen auf pragmatischere Weise lösen müssten, zitierte das Blatt Gao Lingyun von der Chinesischen Akademie für Sozialwissenschaften. Das stimme mit der Strategie Chinas überein, das immer gesagt habe, dass die Differenzen durch offenherzige Verhandlungen gelöst werden müssten.
Die US-Vorschläge zeigten auch, dass die Strafzölle nicht die geplanten Auswirkungen hätten, [...]. Die USA hätten weder Alternativen für chinesische Produkte gefunden noch seien industrielle Ketten gezwungen worden, China zu verlassen. Zölle im bilateralen Handel schädigten Verbraucher und Hersteller in den USA – und seien im Kampf der US-Regierung gegen Inflation nicht hilfreich. Auch habe China seine Verpflichtungen [...] „weitgehend erfüllt“. [...] Ein anderer Experte warnte auch: „Eine Eskalation der Zwangsmaßnahmen im Handel durch die Biden-Regierung wird eine verschärfte Konfrontation auslösen und für die USA nach hinten losgehen.“

RND/dpa: Erstes positives Echo in China zur neuen Handelsstrategie der USA. In: www.rnd.de, 05.10.2021

M18 Welche Folgen bewirkt der Handelsstreit?

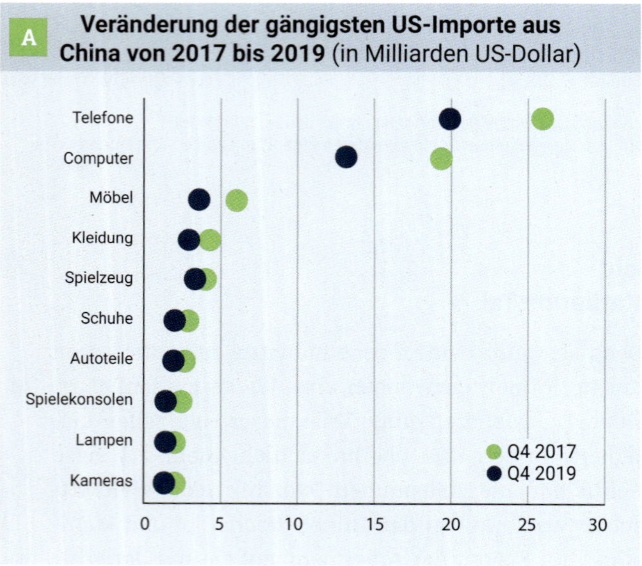

Bearbeitergrafik, Daten nach: ITC Trade Map

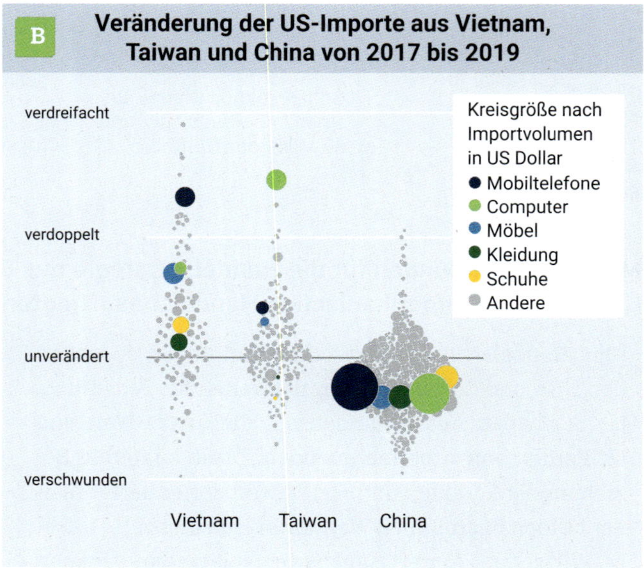

Bearbeitergrafik, Daten nach: ITC Trade Map

Aufgaben

72035-469

1. Erläutern Sie mit **M14** die Funktionsweise von Strafzöllen.
2. Ordnen Sie die unterschiedlichen Begründungen für den Handelsstreit (**M16, M17**) dem Kreislauf der Zölle (**M15**) zu und begründen Sie dadurch die Schwierigkeit, aus diesem Kreislauf auszusteigen.
3. Ist die Weltwirtschaft der Verlierer? Beurteilen Sie die Folgen des Handelsstreits (**M18**) auch mit Blick auf die globalisierte Welt insgesamt perspektivisch und kategorial (→ Kategorienraster).
4. Im März 2018 twitterte Donald Trump, dass für ein Land, welches viele Milliarden Dollar im Handel mit quasi jedem Land verliere, Handelskriege gut seien und einfach gewonnen werden könnten. Antworten Sie Donald Trump auf diesen Tweet zunächst durch einen Twitter-Beitrag, anschließend ausführlich.

14.2 Nachhaltige Weltwirtschaft

14.2.1 Nachhaltigkeit als Prinzip globalen Handelns: Kann mehr Nachhaltigkeit nur global erreicht werden?

Zum Thema: Wachstum steht bei Unternehmen, aber auch bei den allermeisten Staaten häufig an oberster Stelle der eigenen Wirtschaftsziele. Dieses nahezu unbeschränkte Wachstum geht allerdings oft einher mit einer Zerstörung der Umwelt und der Lebensverhältnisse in vielen Regionen dieser Erde. So wird deutlich, warum das Ziel der Nachhaltigkeit, bei dem der schonende Umgang mit Ressourcen im Mittelpunkt steht, immer stärker in den Fokus politischer und wirtschaftlicher Entscheider:innen rücken sollte. In diesem Kapitel sollen Sie analysieren und beurteilen, ob hierbei individuelle Anreize für das gemeinschaftliche Ziel gesetzt werden können oder ob mehr Nachhaltigkeit nur gemeinsam auf globaler Ebene erreicht werden kann.

M19 Nachhaltigkeit – global oder bottom-up?

Mitch Landrieu, Bürgermeister von New Orleans (LA), Juni 2017

„Der Klimawandel ist eine der größten Bedrohungen für unsere Küstengemeinden, die Nation und die Welt, und wir brauchen ein koordiniertes Handeln auf allen Regierungsebenen, um dem Ausmaß dieser Herausforderung gerecht zu werden."

US-Bürgermeister widersprechen Trump mit lauter Stimme. In: www.sonnenseite.com, 03.06.2017

„Für mich ist es wichtig, dass wir Ressourcen schonen und unabhängig vom Ausland wirtschaften."

„Der Wandel kommt, ob es euch gefällt oder nicht." In: www.hagerhof.de, 05.02.2019

Greta Thunberg, schwedische Klimaaktivistin, Dezember 2018

Einstiegsaufgaben 72035-470

1. Beschreiben Sie die unterschiedlichen Perspektiven auf das Ziel einer nachhaltigen Weltwirtschaft. Analysieren Sie, inwiefern sich die beiden Zitate in **M19** tatsächlich unterscheiden.
2. Positionieren Sie sich: Kann mehr Nachhaltigkeit nur global erreicht werden?

M20 Nachhaltigkeit: ein Definitionsversuch

Bereits im 17. Jahrhundert wurde der Grundstein für unser heutiges Verständnis von Nachhaltigkeit gelegt. Dem Freiberger Oberberghauptmann Carl von Carlowitz (1645 – 1714) zufolge sollte in einem Wald nur so viel abgeholzt werden, wie sich binnen gewisser Zeit auf natürliche Weise regenerieren konnte. Im sogenannten Brundtland-Bericht von 1987 wurde erstmals formaljuristisch festgeschrieben: „Dauerhafte Entwicklung ist Entwicklung, die die Bedürfnisse der Gegenwart befriedigt, ohne zu riskieren, dass künftige Generationen ihre Bedürfnisse nicht befriedigen können." Vorwiegend wird hier eine zeitliche Gerechtigkeit beschrieben,

Erklärfilm:
Nachhaltigkeit
72035-471

doch auch die räumliche Dimension von Nachhaltigkeit bleibt nicht außen vor. Umgangssprachlich geläufig ist inzwischen folgende Definition: „Nachhaltigkeit bedeutet, nicht Gewinne zu erwirtschaften, die dann in Umwelt- und Sozialprojekte fließen, sondern Gewinne bereits umwelt- und sozialverträglich zu erwirtschaften." So stehen also drei Säulen – Ökologie, Ökonomie und Soziales – gleichberechtigt nebeneinander und bedingen sich gegenseitig.

Bearbeiterin, basierend auf: Pufé, Iris: Was ist Nachhaltigkeit? Dimensionen und Chancen. In: Aus Politik und Zeitgeschichte Nr. 31–32/2014. Bundeszentrale für politische Bildung, S. 15 ff.

M21 Nachhaltigkeit – unterschiedliche Aspekte

Weggeworfene Lebensmittel

Abholzung der Wälder

Kreislauf-Wirtschaft

Retouren

M22 Welche Ziele verfolgt die Bundesregierung in Bezug auf einen nachhaltigen Konsum bzw. eine nachhaltige Produktion?

- Die natürlichen Ressourcen sollen nachhaltig und effizient genutzt werden.
- Abfälle sollen vermieden oder recycelt, gefährliche Abfälle sicher entsorgt werden.
- Die Nahrungsmittelverschwendung soll verringert werden.
- Die Unternehmen sollen ermutigt werden, ihre sozialen und ökologischen Risiken gering zu halten.
- Verbraucherinnen und Verbraucher sollen besser über nachhaltigen Konsum informiert werden.
- Die Behörden sollen bei der Beschaffung nachhaltige Produkte bevorzugen.
- Der Umgang mit Chemikalien soll umweltverträglicher werden.

BMZ: Was wollen wir mit SDG 12 erreichen? In: www.bmz.de, Abruf am 12.07.2022

M23 Angela Merkels Motto: „Leave no one behind"

Der Klimawandel, die fortschreitende Zerstörung von Lebensräumen für Pflanzen und Tiere und ein schier unersättlicher Ressourcenhunger – angesichts dessen müssen wir uns fragen, warum wir zu sehr im Heute und für das Heute leben, warum die Menschheit so sehr von der Substanz zehrt und warum sie zu wenig auch an morgen denkt. Wir müssen eigene Verhaltensweisen infrage stellen. Denn das steht am Anfang aller Anstrengungen, wenn wir das Prinzip der Nachhaltigkeit wirklich ernst nehmen. [...] Wohlstand, soziale Sicherheit und ein Leben in einer lebenswerten Umwelt – das sind keine Selbstverständlichkeiten, sondern das erfordert die stete Bereitschaft und Fähigkeit zu Veränderungen, zu Innovationen und zu einer gerechten Verteilung von Chancen und Belastungen heute und morgen. [...] Dabei müssen wir beachten, dass sich die notwendigen Veränderungen in der Regel nicht durch einzelne Ministerien in ihren jeweiligen Politikbereichen erreichen lassen, sondern dass das Ganze nur mit ressortübergreifender Zusammenarbeit gelingen kann. Verkehrs- und Umweltpolitik können Emissionen reduzieren, der Einsatz von Holz kann Neubauten nachhaltiger gestalten; und so gibt es vieles mehr. Die Nachhaltigkeitsstrategie appelliert an uns alle, das Offensichtliche, das wir uns vorgenommen haben, auch tatsächlich möglich zu machen. [...] Bei all dem sehen wir, wie wichtig nationales Engagement [...] ist, aber wir sehen auch, dass sich eine nachhaltige Entwicklung am Ende natürlich nur global erreichen lässt. [...] Deutschland hat im vergangenen Jahr auch die deutsche EU-Ratspräsidentschaft dazu genutzt, Nachhaltigkeit voranzubringen [...] Mindestens 30 Prozent der Mittel aus dem Mehrjährigen Finanzrahmen der EU und des zusätzlichen Aufbauprogramms „Next Generation EU" sollen klimafreundlichen Investitionen dienen. Mit dem Green Deal hat die Europäische Kommission ein neues Zukunftsmodell vorgestellt. Es soll dazu dienen, Europa bis 2050 zu einem klimaneutralen, ressourcenschonenden Kontinent zu machen, der gerade deshalb wirtschaftlich wettbewerbsfähig und sozial stark ist. [D]as Leitprinzip der Nachhaltigkeit betrifft uns alle. In letzter Konsequenz bedeutet das, tatsächlich alle Menschen auf dem Weg zu einer besseren, nachhaltigen Zukunft mitzunehmen. „Leave no one behind" – so verlangt es auch die Agenda 2030.

Angela Merkel, Bundeskanzlerin von 2005 – 2021

Rede der damaligen Bundeskanzlerin Merkel anlässlich der 20. Jahreskonferenz des Rates für Nachhaltige Entwicklung. In: www.bundesregierung.de, 08.06.2021

Aufgaben

72035-472

1. a) Beschreiben Sie mit den Definitionen und Bildern (**M20, M21**), welche Teilziele auf dem Weg zu mehr Nachhaltigkeit erreicht werden müssen.
   b) Vergleichen Sie die gefundenen Punkte mit den Zielen der Bundesregierung (**M22**).
2. Arbeiten Sie aus der Rede Merkels heraus, welche Akteure ihrer Ansicht nach einen Beitrag zu mehr globaler Nachhaltigkeit leisten müssen (**M23**). Formulieren Sie für jeden dieser Akteure eine „Hausaufgabe".
3. Begründen Sie, inwiefern Nachhaltigkeit eine globale Herausforderung ist.
4. Antworten Sie in einem Brief an Angela Merkel, inwiefern Ihrer Meinung nach das Motto „Leave no one behind" richtig umgesetzt wird.
5. Top down oder bottom up? Gestalten Sie eine Rede vor der Generalversammlung der Vereinten Nationen, in der Sie verdeutlichen, warum Ihre Strategie die richtige zum Erreichen von mehr Nachhaltigkeit ist. (→ Methode, S. 235)

Politik aktiv
Recherchieren Sie auf den Seiten der Bundesregierung bzw. der EU Beispiele zur Förderung einer nachhaltigeren Weltwirtschaft. Erstellen Sie einen Steckbrief zu einem gewählten Beispiel.

14.2.2. Nationale Handlungsoptionen: Kann Deutschland globales Vorbild für eine nachhaltige(re) und gerechte(re) Weltwirtschaft sein?

Zum Thema: Deutschland hat als eine der führenden Industrienationen Nachhaltigkeit und Klimaschutz als Ziel seiner Wirtschaftspolitik ausgegeben. Bei allen Entscheidungen steht dabei auch die Frage der Gerechtigkeit im Fokus. Welche Optionen hat die deutsche Politik hierbei? Und kann Deutschland eine Vorreiterrolle für mehr soziale und ökologische Nachhaltigkeit einnehmen? Diese Fragen sollen in diesem Kapitel am Beispiel des deutschen Lieferkettengesetzes beantwortet werden.

M24 Zwei Einschätzungen zum Lieferkettengesetz

A Über acht Jahre ist es her, dass in Bangladesch die baufällige Textilfabrik Rana Plaza einstürzte und über 1.000 Näherinnen unter sich begrub. Über acht Jahre ist es her, dass ich kurze Zeit danach fassungslos vor der Trümmerwüste stand und mich verzweifelte Einheimische geradezu anflehten, dass die Deutschen und die Europäer nun endlich aufwachen und für weniger lebensbedrohliche Arbeitsbedingungen in ihrem Land sorgen mögen. Über acht Jahre also hat es gedauert, bis der Deutsche Bundestag über ein Lieferkettengesetz abgestimmt hat. Es wurde höchste Zeit.

Küstner, Kai: Lieferkettengesetz – gezogene Zähne, geschliffene Krallen. In: www. mdr.de, 12.06.2021

B Das Gesetz ist ein zahnloser Tiger und verlangt wenig mehr als ein Lippenbekenntnis der deutschen Unternehmen zu angemessenen Standards bei Menschenrechten und Umweltschutz.

Fratzscher, Marcel: Der faule Kompromiss beim Lieferkettengesetz. In: DIW Wochenbericht 8 / 2021, S. 128

Einstiegsaufgabe 72035-473

Erläutern Sie die beiden Aussagen zum Lieferkettengesetz (**M24 A + B**). Formulieren Sie das politische Problem.

M25 Was ist das Ziel des deutschen Lieferkettengesetzes?

Im Juni 2021 beschlossen Bundestag und Bundesrat das von der Bundesregierung auf den Weg gebrachte „Lieferkettensorgfaltspflichtengesetz". Die Problematik der globalen Lieferketten war schon länger bekannt: Weltweit leben Millionen Menschen in Armut; soziale Mindeststandards werden missachtet; Zwangs- und Kinderarbeit sind an der Tagesordnung – und all das für unseren Konsum. Das Ziel des Gesetzgebers war es, den Schutz der Menschenrechte in den globalen Lieferketten zu verbessern, wobei vor allem Unternehmen in Deutschland ihrer Verantwortung für die gesamte Lieferkette – vom Rohstoff bis zum fertigen Produkt – gerecht werden müssen. Die Unternehmen müssen Risiken für Menschenrechtsverletzungen und Umweltzerstörungen ermitteln, geeignete Gegenmaßnahmen ergreifen und hierüber Bericht erstatten. Berücksichtigung finden dabei Aspekte wie Kinderarbeit, Ausbeutung, Diskriminierung am Arbeitsplatz, fehlende Arbeitsrechte, illegale Abholzungen, Ausstoß von Pestiziden sowie Wasser- und Luftverschmutzung.

Bearbeiterin

M26 Kritik von Nichtregierungsorganisationen am Lieferkettengesetz

Das Gesetz wurde an vielen entscheidenden Stellen abgeschwächt [...]. Durch diese Schwachstellen büßt das Gesetz an Wirksamkeit ein und fällt in Teilen hinter die UNLP zurück. Die folgenden Punkte sorgen dafür, dass das Gesetz nicht wirkungsvoll genug ist:

UNLP
UN-Leitprinzipien für Wirtschaft und Menschenrechte

1 Die Sorgfaltspflichten gelten vollumfänglich nur für den eigenen Geschäftsbereich und für unmittelbare, nicht aber für mittelbare Zulieferer [...].

2 Es fehlt eine zivilrechtliche Haftungsregel, wonach Unternehmen für Schäden haften, die sie durch Missachtung ihrer Sorgfaltspflichten verursacht haben. [...]

3 Das Gesetz berücksichtigt Umweltaspekte nur marginal, eine eigenständige und umfangreiche umweltbezogene Sorgfaltspflicht fehlt [...].

4 Die Anzahl der erfassten Unternehmen ist zu gering. [...] [D]er Gesetzentwurf [erfasst] nur Unternehmen mit über 3.000 Mitarbeitenden (ab 2024: mit über 1.000 Mitarbeitenden). [...]

5 Es bestehen große Lücken bei den Themen Geschlechtergerechtigkeit und indigene Beteiligungsrechte. So ist geschlechtsbezogene Gewalt und Diskriminierung nicht als Verbotstatbestand aufgeführt [...].

Eine Analyse der Initiative Lieferkettengesetz: Was das neue Lieferkettengesetz liefert – und was nicht. In: www.germanwatch.org, 11.06.2021

M27 Kritik von der Initiative Neue Soziale Marktwirtschaft

Diese Anzeige von zahlreichen Verbänden und Organisationen mit Kritik am neuen Gesetz erschien am 08.06.2021 in überregionalen Zeitungen in Deutschland. ...

Die Kritik der Initiative Neue Soziale Marktwirtschaft
72035-474

Initiative Neue Soziale Marktwirtschaft: Mehr Bürokratie, weniger Menschenrechte. In: www.insm.de, 07.06.2021

Aufgaben

72035-475

1. Arbeiten Sie heraus, inwiefern das deutsche Lieferkettengesetz Nachhaltigkeit und Gerechtigkeit fördert und fordert (**M24, M25**).
2. Stellen Sie die Gemeinsamkeiten und Unterschiede der beiden Kritiken am deutschen Lieferkettengesetz dar (**M26, M27**).
3. Beurteilen Sie anhand ausgewählter Kategorien (z. B. Transparenz, Verantwortung, Wirksamkeit ...), ob Deutschland mit dem Lieferkettengesetz eine Vorreiterrolle bzgl. Nachhaltigkeit und Gerechtigkeit in der Welt einnehmen kann.

Politik aktiv
Gestalten Sie eine Talkshow (→ Methodenglossar) mit dem Thema „Deutschland – globaler Vorreiter in Sachen Nachhaltigkeit und Gerechtigkeit?“ Nutzen Sie dazu die Rollenkarten im digitalen Aufgabenkasten.
Diskutieren Sie anschließend kritisch: Welche Wirkungsketten wurden dargestellt? Welche Optionen wurden aufgezeigt? Wer hat am meisten überzeugt?

14.3 Globale Finanzwirtschaft

14.3.1 Internationale Finanzmärkte: Zeichen globaler Freiheit oder dringend regulierungsbedürftig?

Zum Thema: Geld, Wertpapiere, Kredite oder Devisen werden global vernetzt und innerhalb Sekunden international gehandelt. Vielfältige Akteure mischen auf den Finanzmärkten mit. Nicht immer sind die Märkte transparent und stabil. Das hat zum Beispiel die Wirtschafts- und Finanzkrise 2008 gezeigt. In diesem Kapitel soll deshalb erörtert werden, inwiefern wir eine stärkere Regulierung der internationalen Finanzwelt brauchen.

M28 Zwei Meinungen zu Finanzmärkten

A Die Nichtregierungsorganisation ATTAC

Die Finanzmärkte sind die zentralen Institutionen bei der Wandlung der gesellschaftlichen Ordnung von Industrie- zum Finanzmarktkapitalismus. [...] Wir wollen Finanzmärkten wieder eine dienende Funktion zuordnen, anstatt einen Großteil der Bevölkerung zum Wohl von AnlegerInnen und Profiteuren der Finanzbranche auszunehmen.

Attac Trägerverein e.V.: Finanzmärkte. In: https://attac-netzwerk.de, Abruf am 03.10.2019

B Wirtschaftswissenschaftler Robert J. Shiller

Finanzmärkte ermöglichen Risiken zu managen und diejenigen, die Risiken eingehen, zu belohnen [...]. Auch in China, Indien, Russland, in Lateinamerika. Millionen Menschen geht es wegen des Finanzkapitalismus heute besser.

Nach Shiller, Robert J.: Interview mit Gläger Katja. In: Der Stern, 09.09.2012

Einstiegsaufgabe 72035-477

Beschreiben Sie die unterschiedlichen Auffassungen zur Rolle von Finanzmärkten und positionieren Sie sich: Welcher Aussage stimmen Sie eher zu?

M29 Wie funktionieren Finanzmärkte?

Finanzmärkte

- **Kreditmarkt**
  → **Geldmarkt**: kurze und mittelfristige Geldanlagen
  → **Kapitalmarkt**: Mittel- und langfristige Anlagen (z. B. Aktien oder Anleihen); an den Börsen
- **Devisenmarkt**
  Handel mit Währungen/ausländischen Zahlungsmitteln

Auf Finanzmärkten wird anders als auf Gütermärkten nicht mit Waren und Dienstleistungen Handel betrieben, sondern mit Kapital. Dabei unterscheidet man zunächst zwischen nationalen und internationalen Finanzmärkten sowie Märkten für unterschiedliche Finanzprodukte. Auf dem Geldmarkt werden kurz- und mittelfristige Geldanlagen gehandelt; während auf dem Kapitalmarkt mittel- und langfristige Produkte wie Aktien oder Anleihen an den Börsen ge- und verkauft werden. Beide zusammen findet man auch unter dem Namen Kreditmarkt. Ein weiterer wichtiger Teil der Finanzmärkte ist der Devisenmarkt, auf dem mit Währungen und ausländischen Zahlungsmitteln gehandelt wird. Auf Finanzmärkten ist eine Vielzahl von Akteuren aktiv: Privathaushalte, Unternehmen, der Staat. Denn ohne ein stabiles Finanzsystem und das vom Finanzmarkt stammende Geld kann die Realwirtschaft nicht existieren; es ist Grundlage für wirtschaftliches Wachstum. Und umgekehrt spiegelt auch der Finanzmarkt Entwicklungen wie beispielsweise Rohstoffpreise wider. Die Finanzpolitik des Staates hat dabei die Aufgabe, den gesetzlichen Rahmen zu formen, damit marktwirtschaftliche Interessensgegensätze ausgeglichen werden, und allen Marktteilnehmer:innen ein effizienter Zugang zu Finanzmitteln gewährleistet wird, damit Unternehmen ihre Investitionsvorhaben finanzieren können und damit der Austausch der finanziellen Mittel transparent und fair erfolgen kann. Die immer stärkere Vernetzung der Finanzmärkte führt sowohl zu effizienteren Zugangsmöglichkeiten als auch zu einer größeren Störanfälligkeit.

Bearbeiterin

Aufgaben von Finanzmärkten

- Kapitalgeber und Kapitalnehmer (Unternehmen mit Aktien, Staaten mit Anleihen) effizient zusammenbringen
- bei geringen Kosten und hoher Liquidität Kapital beschaffen
- Risiko (Diversifikation) durch die vielfältige Zusammenstellung verschiedener Finanzprodukte (Portfolios) streuen
- durch Transparenz eine Einschätzung und Bewertung der wirtschaftlichen Zukunft z. B. der Unternehmen ermöglichen
- Handlungsoptionen für realwirtschaftliche Entscheidungen des Staates aufzeigen

M30 Was sind die Ursachen der Finanzkrise 2008?

Die Ursachen der Finanz- und Wirtschaftskrise sind vielfältig und einfache Schuldzuweisungen nicht möglich. Eines ist jedoch sicher: die Krise war sowohl das Ergebnis eines Markt- als auch Regulierungsversagens.

„Die Finanzkrise war vermeidbar" – zu diesem Urteil kam Anfang 2011 die [...] Financial Crisis Inquiry Commission (FCIC) [...]. Die Finanz- und Wirtschaftskrise 2007 – 2010 sei kein „perfekter Sturm" gewesen – eine Verkettung unglücklicher Umstände, die keiner habe voraussehen können, wie sie Notenbankchef Ben Bernanke interpretiert. Vielmehr sei die Krise durch „menschliche Taten und Tatenlosigkeit verursacht worden". Ihre Ursachen seien ein „enormes Versagen" von Regierung und Finanzaufsicht sowie ein „rücksichtsloses Risikomanagement" der Geldindustrie gewesen. Nicht nur seien Politiker auf die Krise schlecht vorbereitet gewesen. Die seit Jahren sichtbaren Risiken wurden entweder ignoriert oder unterschätzt. Zu den Warnsignalen gehörten laut dem Bericht unethische Kreditvergabepraktiken, eine dramatisch steigende Verschuldung der privaten Haushalte und ein exponentielles Wachstum des Finanzsektors [...]. Die Analysten sind sich einig: Die Krise hat viele Ursachen. Keine Einigkeit besteht hingegen darin, welches Gewicht den einzelnen Faktoren zugesprochen werden soll: Waren es vor allem die entfesselten Finanzmärkte [...]? Steht im Zentrum eine unverantwortliche Politik der US-Notenbank, welche die Verwerfungen auf den Finanzmärken weiter befeuerte, als die Zeichen der Krise längst sichtbar waren? Oder waren es doch das US-amerikanische Wachstumsmodell und die hohen Kapitalzuflüsse in die USA aus Ländern wie China, welche die unverantwortliche Kreditvergabe erst möglich machten? Eine einfache Antwort auf diese Fragen gibt es nicht, und so enthält auch der Bericht der US-Untersuchungskommission zusätzlich zu der Konsensmeinung der Mehrheit zwei Minderheitsmeinungen. Die von den Republikanern [...] in die Kommission berufenen Mitglieder widersprachen ihren demokratischen Kollegen in einem wichtigen Punkt. [...] [Die] Krise [hätte] auch dann nicht vermieden werden können, wenn das amerikanische Finanzsystem strenger reguliert worden wäre. Sie betonen zum einen die globalen Ungleichgewichte und die mit ihnen verbundenen Kapitalströme in die USA als eine entscheidende Ursache der Finanzkrise, zum anderen die verfehlte Wohnungspolitik der Regierung.

Mildner, Stormy-Annika: bpb.de, 08.05.2012

Financial Crisis Inquiry Commission (FCIC)
Die zehnköpfige FCIC wurde vom US amerikanischen Kongress ins Leben gerufen und veröffentlichte 2011 ihren Bericht „Final Report of the National Commission on the Causes of the Financial and Economic Crisis in the United States".

Hintergrundwissen:
Die Entstehung der Finanzkrise

72035-478

M31 Globales K.O.: die Welle der Krisen

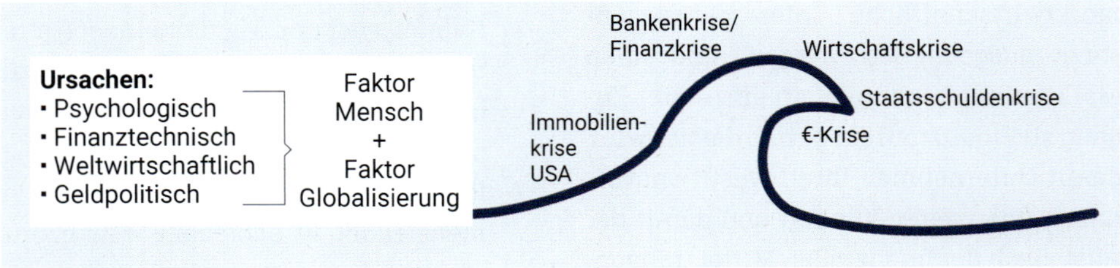

Bearbeiterin

M32 Finanzmärkte: Risiken minimieren?

Martin Hellwig, Volkswirt und ehemaliger Direktor am Max-Planck-Institut zur Erforschung von Gemeinschaftsgütern, meint dazu:

„Für das Verhältnis Gemeinwesen-Banken stellt sich daher eine neue Herausforderung: Wie kann man die Finanzinstitutionen dazu veranlassen, dass sie dafür sorgen, dass die Risiken, die sie in ihren nationalen und internationalen Aktivitäten eingehen, für die Gemeinwesen, in denen sie wurzeln, noch erträglich sind?"

Hellwig, Martin: 2000, S. 354

M33 Regulierung der Finanzmärkte: Welche Ziele und Mittel werden diskutiert?

Ziele einer Finanzmarktregulierung:

- Finanzstabilität, d. h. effiziente Kreditvergabe, Begrenzung finanzieller Risiken sowie Fähigkeit, unerwartete Ereignisse und Schocks abzufangen
- Etablierung fairer Wettbewerbsbedingungen
- Schaffung von Transparenz
- Vermeidung negativer Effekte der Regulierung auf das Wirtschaftswachstum
- Regulierung und Besteuerung der kurzfristigen Risikogeschäfte, aber auch Erleichterung von langfristigem Investieren, z. B. zur Altersvorsorge

↔ **Beispielhafte Mittel einer Finanzmarktregulierung:**

- Erhöhung der Eigenkapitalausstattung der Banken
- Ausweitung der Bankenaufsicht und Meldepflichten
- Europäische Bankenabgabe, um mit einem Abwicklungsfonds Stabilisierungsmaßnahmen für Banken finanzieren zu können (Geringere Haftung für Steuerzahler)
- Finanzmarkttransaktionssteuer

↕

↔ **Interessen der Finanzmarktakteure Banken und Unternehmen:**

- Profitabilität
- Liquidität
- Flexibilität

Bearbeiterin

Aufgaben

72035-479

1. Formulieren Sie einen Lexikon-Eintrag zur Funktionsweise von internationalen Finanzmärkten (**M29**). Erläutern Sie, welche „marktwirtschaftlichen Interessensgegensätze" verschiedener Akteure auf Finanzmärkten aufeinandertreffen.
2. Begründen Sie, warum die „Freiheit der Märkte" zentral für deren Funktionsweise ist.
3. Erstellen Sie am Beispiel der Finanzkrise 2008 (**M30, M31**) ein Wirkungsgefüge, in dem die Abhängigkeit der vielfältigen beteiligten Akteure deutlich wird (Banken – Privathaushalte – Staaten – Unternehmen ...).
4. Erläutern Sie das Zitat aus **M32** mit dem Blick darauf, welche Lehren aus der Finanzkrise gezogen werden können. Berücksichtigen Sie dabei auch die Punkte aus **M33**.
5. Beurteilen Sie die Finanzmarkt-Regulierungsversuche perspektivisch und kategorial (**M33**) (→ Kategorienraster).

Onlinekapitel: Digitale Währungen: mehr Risiko als Chance?

72035-480

14.4 Weltwirtschaft der Zukunft

14.4.1 Freihandel vs. Protektionismus: Welche Strategie ist zukunftsfähiger?

Zum Thema: Der weltweite Handel mit Waren und Dienstleistungen ist in der Vergangenheit immer mehr gewachsen. Doch nicht nur die USA unter Donald Trump richteten ihren Blick mit „America First" stärker auf die eigenen Interessen. Auch die Corona-Pandemie zeigte Schwächen des unbegrenzten Freihandels auf: Lieferketten gerieten ins Stocken, Abhängigkeiten wurden sichtbar. Ein „Zu viel" an Globalisierung und Freihandel bringt nicht nur Gewinner:innen, sondern auch Verlierer:innen hervor. Die Frage, ob mehr Protektionismus oder ein stärkerer Freihandel zukünftig vorteilhafter für die Weltwirtschaft ist, soll in diesem Kapitel perspektivisch beleuchtet werden.

M34 Fallbeispiel: Entscheidung zwischen Freihandel und Protektionismus

Das Szenario: Sie sind Wirtschaftsminister:in eines Staates. Große Teile einer Branche in Ihrem Land sind davon betroffen, dass Firmen ins Ausland abwandern und dadurch vermehrt Arbeitsplätze bei Ihnen vor Ort verloren gehen. Sie überlegen, wie und ob Sie diesen Trend aufhalten können.

Bearbeiter

Einstiegsaufgabe 72035-481

Entscheiden Sie sich zwischen folgenden Möglichkeiten und diskutieren Sie Ihr Votum:

a) Verteuern Sie die Produkte der Branche aus dem Ausland durch hohe Zölle?

b) Subventionieren Sie die Unternehmen der Branche in Ihrem Land?

c) Setzen Sie darauf, dass andere Branchen in Ihrem Land wachsen und die schwächelnde Branche ausgleichen?

M35 Protektionismus: Mit welchen Mitteln schützen Staaten ihre Wirtschaft?

Erklärfilm: Freihandel

72035-482

Bearbeitergrafik

M36 Kommentar: Protektionismus schadet nur

Die Globalisierung hat, getragen von einer multilateralen Welthandelsordnung, über Jahrzehnte zum wirtschaftlichen Wohlstand in armen wie in reichen Ländern beigetragen, unter anderem, indem sie die Eingliederung ehemals sozialistischer Staaten in die Weltwirtschaft ermöglichte. [...] Die Globalisierung kannte allerdings nicht nur Gewinner, sie ist auch mit sozialen und ökologischen Kosten einhergegangen. Doch auch wenn der Saldo deutlich positiv sein mag, ist die Globalisierung [...] Stichwortgeber für populistische Politiker gewesen, die ihre Schattenseiten in den Mittelpunkt stellten und eine Renationalisierung der Wirtschaftspolitik befürworteten. [...] [D]as [Corona-]Virus, etwa in Gestalt brüchiger Lieferketten, und die geopolitischen Spannungen zwischen den Vereinigten Staaten und China [haben] weitere Zweifel an der Globalisierung gesät.

Was dieser Debatte fehlt, ist eine Vorstellung der wirtschaftlichen Kosten eines Verzichts auf globale Wertschöpfungsketten und ihren Ersatz durch eine heimische Produktion, die bisher unterblieb, weil sie als unwirtschaftlich angesehen wurde. [...] Vier Ökonomen [...] haben nun einen Versuch unternommen, die wirtschaftlichen Kosten [...] zu schätzen. [...] Ein erstes Ergebnis ist eindrücklich: Ein Verzicht auf internationale Lieferketten für Zwischengüter führt in normalen Zeiten in allen Ländern zu Wohlfahrtsverlusten. Sie fallen unterschiedlich groß aus. Am bedeutendsten sind sie in kleinen, mit der Weltwirtschaft eng verflochtenen Staaten, die aber kaum in der Lage wären, eigene Produktionskapazitäten aufzubauen. Beispiele für solche Länder sind Luxemburg, Malta oder Estland. Aber auch große Länder mit bedeutenden Binnenmärkten wie die Vereinigten Staaten erleiden in diesem Szenario – wenn auch deutlich kleinere – Wohlfahrtsverluste, obgleich sie eher in der Lage wären, eine eigene Produktion von Zwischengütern zu etablieren. [...] In keinem Fall aber lohnt es sich, in Erwartung von Krisen in einzelnen Ländern generell auf globale Lieferketten zu verzichten, denn jenseits schwerer Krisen nützt dieser Verzicht niemandem. [...]. Freihandel ist nicht in jeder Situation für jedermann perfekt, aber er zeigt sich als Handelsordnung dem Protektionismus deutlich überlegen.

Braunberger, Gerald: Protektionismus schadet nur. In: Fazit – das Wirtschaftsblog, 12.07.2021

M37 Welche Argumente sprechen für Protektionismus?

A Die Idee vom Freihandel kam in Britannien Anfang des 19. Jahrhunderts auf den Plan, als hohe Zölle auf den Import von Getreide erhoben wurden, damit die englischen Großgrundbesitzer gut verdienten. Brot war teuer; arme Leute darbten. Wer damals für Freihandel plädierte, sprach für die Gesellschaft. Seit der internationalen Vernetzung von Wirtschaft und Handel kommt der Freihandel freilich vor allem den Besitzenden zupass, also wohlhabenden Staaten. Völlig unverständlich ist es, dass Wirtschaftskenner den Ausbau des Freihandels befürworten, dabei aber geflissentlich übersehen, dass die Europäische Union, zum Beispiel, diesen nach Möglichkeit unterbindet. Rot vor Scham von morgens bis abends sollten die Zuständigen der Europäischen Kommission und EU-Parlamentarier sein, die Subventionen für den europäischen Agrarmarkt bewilligen – dies vor allem Großagrarunternehmen in Frankreich und Polen zuliebe [...].

[V]iele [...] Erzeugnisse von Afrikas Erde schaffen es nicht vorbei an der EU-subventionierten Konkurrenz. Dieselben EU-Leute, die für die Agrarsubventionen stimmen, jammern mit, wenn beklagt wird, wie bescheiden afrikanische Länder ökonomisch dran sind.

B Protektionismus gilt als Schandwort. Wer das betreibt, gilt als zurückgeblieben und ohne Sinn für den globalisierten Handel. In der Theorie ist Freihandel vernünftig. In der Praxis ist es anders gelaufen: Kein Land der Welt ist bei Beginn seiner Industrialisierung ohne Protektionismus ausgekommen. [...]

Während der Krise der asiatischen „Tigerstaaten" in den späten 1990er-Jahren gab es ein paar Länder, die den Auflagen des Internationalen Währungsfonds nicht folgten: Sie sparten ihre Wirtschaft nicht kaputt, sie erhoben Kapitalverkehrskontrollen, damit nicht Geld abfließe, das daheim für die Wirtschaft nötig war. Südkorea wollte [...] eine eigene Industrie aufbauen. Protektionismus ist bei aufstrebenden Ländern nicht bloß normal, sondern nötig. [...] Vernünftig ist es, wenn die EU ihre interne Wettbewerbsregulierung global ausdehnt. Auch das ist Protektionismus.

Augstein, Franziska: Pro Protektionismus. In: www.sueddeutsche.de, 18.06.2020

C Es lassen sich ja durchaus Gründe finden, warum zumindest Elemente der bisher üblichen globalen Arbeitsteilung hinterfragt werden können. So beruhten die Geschäftsmodelle der vergangenen Jahrzehnte auf der Annahme einer geringen Verletzlichkeit der Lieferketten, was Unternehmen davon abhielt, hohe Lagerbestände zu halten, die Geld kosteten. Wenn die Lieferketten auch künftig brüchig bleiben sollten, besäßen Unternehmen einen Anreiz, trotz der damit verbundenen Kosten größere Lagerbestände als früher zu halten. [...] Ein zweiter wirtschaftlicher Grund, der das Lieferkettenmodell herausfordert, ist ein wachsender Bedarf an Produktdifferenzierung, weil sich die Bedürfnisse von Kunden immer stärker unterscheiden. Das aus Kostengründen naheliegende Prinzip, möglichst weit standardisierte Güter an billigen Standorten zu produzieren und dann quer über den Globus an Kunden zu verkaufen, stößt damit an Grenzen. Ein dritter Grund, der für heimische Produktion zumindest in ausgewählten Wirtschaftszweigen spricht, sind Nebeneffekte in einer durch zunehmende geopolitische Spannungen geprägten Welt. Man kann durchaus die Ansicht vertreten, dass Europa nicht nur bei Militärgütern, sondern auch in der modernen Informationstechnologie seine strategische Unabhängigkeit durch eigene Kapazitäten unterstützen sollte.

Braunberger, Gerald: Protektionismus schadet nur. In: Fazit – das Wirtschaftsblog, 12.07.2021

M38 Protektionismus karikiert: stürmische Zeiten

Karikatur: Jianping Fan, 02.04.2009

Aufgaben

72035-483

1. Recherchieren Sie im Internet konkrete Beispiele protektionistischen Handelns. Erläutern Sie dann deren Funktionsweise (**M35**).
2. Erstellen Sie mit Hilfe der Materialien **M36** und **M37** „Wenn-dann-Ketten", die die Auswirkungen verschiedener protektionistischer Maßnahmen auf unterschiedliche Akteure des Welthandels zeigen.
3. Stellen Sie Pro- und Kontra-Argumente zum Freihandel bzw. Protektionismus in einem Waagen-Modell gegenüber.
4. Analysieren Sie die Karikatur (**M38**) im bekannten Dreischritt (→ Methode, S. 268).
5. Diskutieren Sie im Format einer Talkshow (→ Methodenglossar), welches Konzept für die Zukunft vorteilhafter wäre. Berücksichtigen Sie dabei aktuelle Entwicklungen im Welthandel und wählen Sie geeignete Gäste der Talkshow aus.

Politik vernetzt
Erklären Sie unter Berücksichtigung der Theorien von Keynes und Friedman die Folgen eines „Verzicht[s] auf internationale Lieferketten" (**M36**, Z. 25) für unterschiedliche Akteure der Wirtschaft.

14.4.2. Postwachstumsökonomie: globales Modell der Zukunft?

Zum Thema: „Immer größeres Wachstum – stetig größere Abhängigkeit?" Nicht erst die Corona-Pandemie hat Schwächen der Fokussierung auf Wachstum und Globalisierung aufgezeigt. Das Postwachstums-Modell beschreibt eine globalisierte Zukunft ohne das stetige Wirtschaftswachstum. In diesem Kapitel soll diskutiert werden, ob dies ein Modell für die globale Weltwirtschaft der Zukunft sein kann.

M39 Eine Umfrage zu unseren Verhaltensabsichten ...

In Zukunft versuche ich vermehrt, ...

- ☐ ... weniger kurzlebige und mehr qualitativ hochwertige Produkte zu kaufen, mit längerer Haltbarkeit.
- ☐ ... sparsamer mit Beleuchtung umzugehen.
- ☐ ... sparsamer mit Wasser umzugehen.
- ☐ ... beschädigte Dinge zu reparieren.
- ☐ ... niedrigere Temperaturen beim Heizen einzustellen.
- ☐ ... grundsätzlich weniger zu kaufen.
- ☐ ... gebrauchte Dinge zu kaufen.
- ☐ ... verstärkt mit dem Rad zu fahren oder zu Fuß zu gehen.
- ☐ ... niedrigere Temperaturen beim Waschen einzustellen.
- ☐ ... nicht in den Urlaub zu fliegen, sondern lieber in der Region zu bleiben.
- ☐ ... Kleidung aus fairer und nachhaltiger Herstellung (mit Zertifikat) zu kaufen.
- ☐ ... verstärkt den öffentlichen Nahverkehr zu nutzen.
- ☐ ... verstärkt auf das Auto zu verzichten.
- ☐ ... auf den Konsum von Fleisch zu verzichten.
- ☐ ... auf den Konsum von Fisch zu verzichten.
- ☐ ... auf den Konsum tierischer Produkte (Milch, Käse, Eier etc.) zu verzichten.

Nach: Ganser, Oliver/Reich, Christina: Wie die Klimakrise unser Verhalten ändert. FOM Sommerumfrage 2021 in Deutschland, 23.08.2021

Einstiegsaufgaben 72035-484

1. Führen Sie die Umfrage in Ihrem Kurs durch. Welche Folgen ergeben sich aus den Antworten?
2. Positionieren Sie sich auf einer Linie mit den Enden „Wohlstand" und „Wachstum".

M40 Was sind die Grundzüge einer Postwachstumsökonomie?

Als „Postwachstumsökonomie" wird eine Wirtschaft bezeichnet, die ohne Wachstum des Bruttoinlandsprodukts über stabile, wenngleich mit einem vergleichsweise reduzierten Konsumniveau einhergehende Versorgungsstrukturen verfügt. Die Postwachstumsökonomie grenzt sich von landläufigen, auf Konformität zielende Nachhaltigkeitsvisionen wie „qualitatives", „nachhaltiges", „grünes", „dematerialisiertes" oder „decarbonisiertes" Wachstum ab.

Den vielen Versuchen, weiteres Wachstum der in Geld gemessenen Wertschöpfung dadurch zu rechtfertigen, dass deren ökologische „Entkopplung" kraft technischer Innovationen möglich sei, wird somit eine Absage erteilt. [...]

Gründe für die Alternativlosigkeit einer Postwachstumsökonomie

1. Die Möglichkeit, in Geld und über Märkte transferierte Wertschöpfung systematisch von ökologischen Schäden zu entkoppeln, entbehrt jeder theoretischen und empirischen Grundlage.
2. Nach Erreichen eines bestimmten Niveaus bewirken Zunahmen des Einkommens bzw. Konsums keine weitere Steigerung des individuellen Wohlbefindens (Lebenszufriedenheit oder sog. „Glück").
3. Die soziale Logik des Wachstumsimperativs, wonach Hunger, Armut oder Verteilungsungerechtigkeit durch ökonomische Expansion zu beseitigen sei, ist hochgradig ambivalent. Das Eintreten kontraproduktiver sozialer Effekte des wirtschaftlichen Wachstums ist nicht minder wahrscheinlich.
4. Wirtschaftswachstum stößt an ökonomische Grenzen. Das als „Peak Oil" apostrophierte Phänomen einer zu erwartenden Ressourcenverknappung weitet sich absehbar dergestalt aus, dass von einem herannahenden „Peak Everything" auszugehen ist. Insbesondere die explosionsartige Nachfragesteigerung von Aufsteigernationen wie China und Indien führt zu einer entsprechenden Verteuerung jener Ressourcen, auf deren bislang vermeintlich unbegrenzter Verfügbarkeit der materielle Wohlstand basierte.

Peach, Niko: Grundzüge einer Postwachstumsökonomie (2009). In: www.postwachstumsoekonomie.de, Abruf am 13.07.2022

M41 Bundeskanzlerin Angela Merkel über neue Formen von Wachstum

„Das 21. Jahrhundert wird von uns verlangen, dass wir in neuer Form über Wachstum nachdenken. Es geht nicht nur um die klassischen, ökonomischen Wachstumsgrößen, sondern es geht um ein Wachstum, das nachhaltigen Wohlstand sichert. Dazu werden Größen wie die Sicherheit, die Lebensqualität, die Gesundheit und der nachhaltige Umgang mit Rohstoffen eine entscheidende Rolle spielen."

Bundeskanzlerin Angela Merkel, Video-Podcast, Februar 2010

DKB: Zitate Wachstum & Klima 1/14. In: www.die-klimaschutz-baustelle.de, Abruf am 13.07.2022

M42 Wachstumskritik: offener Brief führender Wissenschaftler:innen an die EU

In den vergangenen sieben Jahrzehnten war das Wachstum des Bruttoinlandsprodukts (BIP) das übergeordnete wirtschaftliche Ziel der europäischen Staaten. Während aber unsere Volkswirtschaften gewachsen sind, haben auch die negativen Auswirkungen unseres Wirtschaftens auf die Umwelt weiter zugenommen. Wir überschreiten bereits die ökologischen Grenzen, die der Menschheit einen sicheren Handlungsraum auf diesem Planeten geben. Und es gibt keine Anzeichen dafür, dass sich die Wirtschaftstätigkeit auch nur annähernd so weit von Ressourcenverbrauch oder Umweltverschmutzung entkoppelt, wie es tatsächlich notwendig wäre. Um die sozialen Probleme in den europäischen Ländern zu lösen, brauchen wir heute kein weiteres Wachstum. Was wir brauchen, ist eine gerechtere Verteilung der Einkommen und des Reichtums, den wir bereits haben. Zudem wird es immer schwieriger, überhaupt Wachstum zu erzeugen – weil die Produktivitätszuwächse abnehmen, die Märkte gesättigt sind und die Umwelt geschädigt ist. Wenn sich diese Trends fortsetzen, könnte es absehbar innerhalb des kommenden Jahrzehnts in Europa überhaupt kein Wachstum mehr geben. In dem Versuch, das

Wachstum doch noch anzukurbeln, werden momentan mehr Schulden gemacht, Umweltregulierungen beseitigt, Arbeitszeiten verlängert und soziale Absicherungen gekürzt. Dieses aggressive Streben nach Wachstum um jeden Preis spaltet die Gesellschaft, schafft wirtschaftliche Instabilität und untergräbt die Demokratie. (...) Zu den vorgeschlagenen Änderungen gehören unter anderem die Begrenzung des Ressourcenverbrauchs, eine progressive Besteuerung, um die zunehmenden Ungleichheiten zu beseitigen, sowie eine schrittweise Verringerung der Arbeitszeit. Die Ressourcennutzung etwa könnte durch die Einführung einer CO_2-Steuer eingedämmt werden. Die Einnahmen hieraus könnten als Dividende für alle ausgeschüttet oder zur Finanzierung von Sozialprogrammen verwendet werden. Die Einführung eines Grund- und eines Maximaleinkommens würde die Ungleichheit weiter verringern. Gleichzeitig könnte dies dazu beitragen, die Sorgearbeit neu zu verteilen und die Machtungleichgewichte zu verringern, die die Demokratie untergraben. Neue Technologien könnten genutzt werden, um die Arbeitszeit zu verkürzen und die Lebensqualität zu verbessern, anstatt dafür Massen von Arbeitenden zu entlassen und die Profite der wenigen Privilegierten zu steigern. Angesichts der sich abzeichnenden Risiken wäre es unverantwortlich, wenn Politiker*innen und politische Entscheidungsträger*innen sich nicht mit den Möglichkeiten einer Zukunft nach dem Wachstum auseinandersetzen.

Zeit online, ae: Schluss mit WachstumWachstum-Wachstum. In: www.zeit.de, 17.09.2018

M43 Kritik an der Postwachstumsökonomie

A Die Probleme, die Wachstum mit sich bringt, müssen technisch gelöst werden, denn ein Verzicht auf Wachstum würde bedeuten, alle aufstrebenden Staaten in die Armut zu verdammen.

Fiktive Antwort eines anonymen Users auf den offenen Brief der Wissenschaftler:innen

B Weniger CO_2 braucht mehr Wachstum, [...] Wachstum schützt das Klima. Denn technischer Fortschritt schont Rohstoffe, senkt den Energieverbrauch und macht Umweltschutz bezahlbar. Nachhaltiges Wachstum bedeutet, dass Fortschritt und Wohlstand nicht die kommenden Generationen belasten. Das schafft nur die soziale Marktwirtschaft.

Initiative Neue Soziale Marktwirtschaft: Plakattext der Kampagne „Nachhaltig wachsen. Besser leben“, 2012

Aufgaben

72035-485

1. Erläutern Sie die Gründe für das Konzept der Postwachstumsökonomie (**M40**).
2. Formulieren Sie passend zum Statement Angela Merkels eigene Aspekte, die für Sie untrennbar mit einer Wirtschaft der Zukunft verbunden sind (**M41**).
3. Beurteilen Sie mögliche Maßnahmen zum Einleiten einer Postwachstumsökonomie (**M42**) kategorial und perspektivisch (→ Methode, S. 31 f.).
4. Antworten Sie abwägend auf die beiden Aussagen in **M43**.
5. Erstellen Sie mit Hilfe der Szenario-Technik (→ Methodenglossar) ein Szenario für die globale Wirtschaft unter der Leitlinie der Postwachstumsökonomie.

Sie als Bürger:in ...
prüfen, wie Sie Ihr Konsumverhalten unter der Leitlinie einer Postwachstumsökonomie verändern können.

Probleme und Gefahren einer globalisierten Wirtschaft

Wirtschaftliche Globalisierung ist ein Prozess, der sich aufgrund des technologischen Fortschritts, gesunkener Transportkosten und neuer zahlreicher Möglichkeiten der Vernetzung entwickelt. Vor allem der Handel von Waren jeder Art funktioniert heute global vernetzt. Aber auch internationale Finanzströme und der Austausch von Arbeitskräften und Dienstleistungen sind global zu beobachten. Mit zunehmender Vernetzung nehmen auch Probleme an Intensität zu: steigende Umweltverschmutzung und Klimawandel. Diese machen jedoch nicht an nationalen Grenzen Halt. Verursacher:innen sind aber häufig nicht diejenigen, die unter den Folgen des Wandels zu leiden haben. Somit wird die politische Notwendigkeit deutlich, gemeinsame Lösungen auf internationaler Ebene zu finden. Zu oft stehen aber nationale Interessen dem Gemeinwohl der Weltgemeinschaft gegenüber.

Übung
82000-750

Tech-Giganten und Global Player

Multinationale Konzerne leisten positive Beiträge zur Entwicklung der Weltwirtschaft: Schaffung von Arbeitsplätzen weltweit, Intensivierung bzw. Ermöglichung von Forschung und Entwicklung, Vernetzung von Kompetenzen und Etablierung von Lieferketten verschiedenster Produktionsstandorte. Gleichsam nehmen sie durch ihre große wirtschaftliche Stärke eine Machtposition ein, welche durch die Nationalstaaten nur schwer kontrollierbar bleibt.

Übung
82000-751

Finanzmärkte

Finanzmarkt ist ein Oberbegriff für alle Märkte, auf denen Handel mit Kapital betrieben wird. Stabile Finanzmärkte bilden eine wesentliche Grundlage für den weltweiten Handel sowie für die soziale Sicherung der Bürgerinnen und Bürger, da zum Beispiel die Altersvorsoge auf den Finanzmärkten erwirtschaftet werden kann.

Übung
82000-752

Protektionismus

Protektionismus beschreibt im Gegensatz zum Freihandel eine Form der Außenhandelspolitik, bei der ein Staat durch die Nutzung unterschiedlicher Handelshemmnisse versucht, ausländische Anbieter zu schwächen und damit die eigenen Produzenten und die Gesamtwirtschaft zu stärken. Solche Auflagen können (Import-)Zölle sein, Einfuhrkontingente, die Setzung von Formalitäten und Standards oder die Subventionierung eigener Güter.

Übung
82000-753

Postwachstumsökonomie

Als Postwachstumsökonomie wird eine Wirtschaft bezeichnet, die auf ein stetiges Wachstum verzichtet und dafür auf stabile Versorgungsstrukturen basiert. Notwendige Voraussetzung hierfür ist ein reduziertes Konsumniveau. Es wird somit nicht davon ausgegangen, dass verbesserte technische Entwicklungen zur Förderung der Nachhaltigkeit eine ständige Vergrößerung des Wachstums rechtfertigen.

Übung
82000-754

Bearbeiterin

KOMPETENZEN ANWENDEN

Kursarbeitstraining

Die folgenden Aufgaben bieten die Möglichkeit, Ihre gewonnen Kompetenzen zu überprüfen und diese anzuwenden. Sie können als Vorbereitung für eine Kursarbeit dienen. Lösungsvorschläge erhalten Sie über den QR-Code.

1 Globalisierung am Ende?

Karikatur: Gerhard Mester, 2020

2 Ohne die Weltwirtschaft wäre Deutschland arm dran

Ja, eine Pandemie führt den Menschen vor Augen, dass manche Güter zentraler sind als andere. Es spricht viel dafür, dass der Staat lebenswichtige Medikamente und Schutzgeräte im Auge behält. Im Notfall sollten Lieferungen aus dem eigenen Land oder befreundeten Staaten gesichert sein. Von einer aggressiven Weltmacht wie China abzuhängen, die über die Versorgung nach politischem Kalkül entscheidet, ist keine gute Idee.

Es wäre aber falsch, diese Autarkie auf das Wirtschaften insgesamt auszudehnen. Was geschieht, wenn die Bundesrepublik alle Waren für ihren Bedarf selbst herstellt und ausländische Produkte an der Grenze blockiert? Zum einen zahlt der Konsument für alles, was in Deutschland teurer hergestellt wird, mehr. Mittelschicht und Ärmere müssten auf einiges verzichten, was sie sich heute leisten können. Zum zweiten werden andere Staaten die Importblockade auf gleiche Weise beantworten. Das wäre das Ende der deutschen Exportweltmeisterei. […]

Von den Deutschen würde eine Renationalisierung besondere Opfer fordern. Unsere Wirtschaftsleistung besteht fast zur Hälfte

aus Exporten. Wie zentral diese Ausfuhren sind, erleben die Bundesbürger in der Pandemie. Nur weil die Industrie exportiert, wächst die Wirtschaft wieder. Die allermeisten Jobs bleiben erhalten. Es ist die Weltwirtschaft, die diese Jobs erhält.
Dies ist eine wertvolle Erkenntnis für ein Land, in dem sich Exportkritik breitmacht. Handelsverträge wie Mercosur mit Südamerika oder TTIP mit den USA werden ohne Differenzierung verdammt. Damit gefährden die Kritiker die Basis unseres Wohlstands. Der frühere US-Präsident Bill Clinton veranschaulichte die Bedeutung der Wirtschaft mit dem Diktum: It's the economy, stupid. Auf Deutschland bezogen, müsste der Satz lauten: It's the world economy, stupid. Ohne die Weltwirtschaft wäre Deutschland ein armes Land.
Das bedeutet nicht, dass eine schrankenlose Globalisierung richtig wäre. Deutsche Fabriken haben gerade Probleme, weil Europa die Herstellung von Chips weitgehend aufgegeben hat und jetzt die Lieferungen von weiter her stocken. Es ist daher zum Beispiel richtig, Europas Chipindustrie mit Staatsgeld zu revitalisieren. Eine solche Industriepolitik sichert nicht nur den Nachschub unverzichtbarer Teile, sie schafft auch gut bezahlte Arbeitsplätze. Außerdem sollten die Deutschen überlegen, ob sie nicht manche Ware aus dem Ausland zu billig bekommen, weil andere den Preis dafür zahlen. Es müsste ein größeres Thema sein, was alles mit Kinderarbeit oder was sehr klimaschädlich hergestellt wird. Die wohlhabenden Deutschen können es sich auch leisten, asiatischen T-Shirt-Arbeitern und afrikanischen Kaffeepflanzerinnen mehr für ihre Schufterei zu zahlen. Eine gute Globalisierung ist auch verantwortungsvoll.

Hagelüken, Alexander: Ohne die Weltwirtschaft wäre Deutschland arm dran. In: www.suedeutsche.de, 05.04.2021

Aufgaben 72035-486

1. Analysieren Sie die Karikatur (1) im bekannten Dreischritt.
2. Erläutern Sie anhand konkreter selbstgewählter Beispiele negative, aber auch positive Auswirkungen der Corona-Pandemie auf Aspekte der Globalisierung.
3. Arbeiten Sie aus dem Text (2) Chancen und Risiken einer global vernetzten Wirtschaft heraus.
4. Gestalten Sie ein Zukunftsszenario für die Weltwirtschaft nach der Pandemie unter Berücksichtigung verschiedener Akteure und deren Interessen.

Lösungsvorschläge und Erwartungshorizonte

72035-487

Die Szenario-Technik

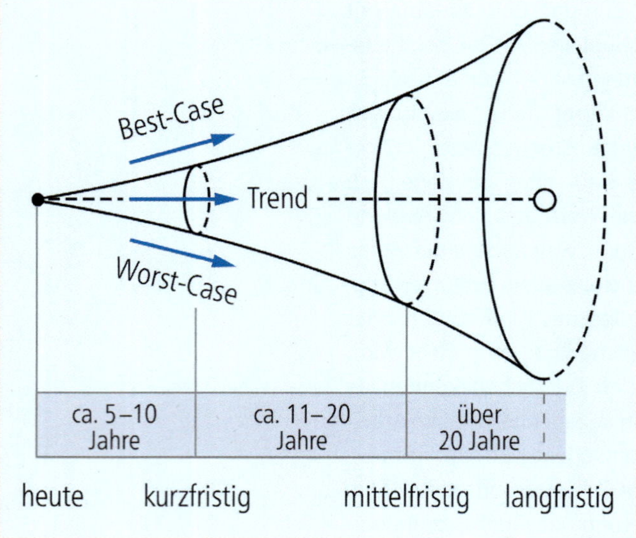

Alles Handeln und Planen ist auf die Zukunft gerichtet. Entscheidend bei der Zukunftsplanung im Privaten wie im Gesellschaftlichen ist es, dass man von prinzipiell möglichen Vorstellungen über die Zukunft ausgeht, um auf dieser Basis strategische Überlegungen anzustellen. Mit Hilfe der Szenario-Technik – einer Methode, die im militärischen, politischen und wirtschaftlichen Sektor vielfach eingesetzt wird – kann man erkennen, wie Zukunft von Staaten, Gesellschaften oder der internationalen Gemeinschaft prinzipiell gestaltbar ist.

Die Szenario-Technik ist eine Methode, mit der mögliche „Zukünfte" ganzheitlich erfasst werden können, wodurch sie sowohl sinnlich als auch gedanklich nachvollziehbar werden. Szenarien sind also weder (genaue) Zukunftsprognosen auf der Grundlage quantitativer Informationen aus Gegenwart und Vergangenheit noch realitätsferne Utopien. Mit der Szenario-Technik werden vielmehr quantitative Daten und Informationen mit qualitativen Informationen, Einschätzungen und Meinungen verknüpft, so dass als Ergebnis detaillierte Beschreibungen oder plastische Schilderungen einer bzw. mehrerer möglicher Zukunftssituationen entstehen. Es werden zwei, manchmal drei Grundtypen von Szenarien entwickelt:

- ein positives Extremszenario: Dieses bezeichnet die bestmögliche Zukunftsentwicklung (best-case-scenario).
- ein negatives Extremszenario: Dieses bezeichnet den schlechtestmöglichen Entwicklungsverlauf (worst-case-scenario).
- ein Trend-Szenario: Dieses beinhaltet die Fortschreibung der heutigen Situation (Trend-Extrapolation)

So gehen Sie vor:

1 Problemanalyse

Ausgangspunkt eines jeden Szenarios ist ein gesellschaftliches bzw. politisches Problem, d. h. ein von einer größeren Anzahl von Gesellschaftsmitgliedern als dringend lösungsbedürftig angesehener, genau definierter Sachverhalt. Dieses Problem wird sachlich, zeitlich und räumlich eingegrenzt. Besonders wichtig ist festzuhalten, wer von diesem Problem in welcher Weise (besonders) betroffen ist.

2 Einflussanalyse und Deskriptorenbestimmung

Nunmehr sind alle Einflussbereiche zu identifizieren, die unmittelbar auf das Untersuchungsfeld einwirken. Diese Bereiche werden durch die Bestimmung von Einflussfaktoren für jeden Bereich weiter ausdifferenziert. Um die Entwicklungsdynamik der Einflussfaktoren beschreiben zu können, sind sogenannte Deskriptoren bzw. Kenngrößen zu bestimmen. Dabei unterscheidet man zwischen quantitativen und qualitativen Deskriptoren:

- Beispiele für quantitative Deskriptoren: Entwicklung der Bevölkerung; Einkommensentwicklung, Menge der aufzufindenden Bodenschätze etc.
- Beispiele für qualitative Deskriptoren: Interessen von Staaten oder Konzernen und deren Durchsetzungsmacht; Wertehaltungen in einer Gesellschaft etc.

3 Szenarienentwicklung und -interpretation

- Diese Phase ist der Höhepunkt der Szenario-Technik, da nun aus den durchgeführten Analysen aus dem Problembereich ausführliche Szenarien, d. h. ganzheitliche „Zukunftsbilder" erstellt werden, die in anschaulicher Weise mögliche Zukunftsentwicklungen und ihre Konsequenzen sichtbar machen.
- In die Szenarien sollen alle in den vorangegangenen Phasen entwickelten Einflussfaktoren und Deskriptoren eingehen. Diese Elemente werden fantasievoll (etwa mit Beispielen) angereichert und daraus stimmige Situationsbeschreibungen zweier möglicher Zukünfte erstellt, nämlich einer bestmöglichen und einer schlechtestmöglichen (Extremszenarien). Dabei muss die Grenze zur Utopie erreicht werden, ohne diese Grenze zu überschreiten!
- Die Szenarien präsentieren Sie allen Kursteilnehmer:innen möglichst lebendig.
- Sie müssen bei der Erstellung der Szenarien besonders darauf achten, dass diese nicht bei der Änderung eines Faktors in sich zusammenbrechen (Konsistenzprüfung).

4 Gewichtung der Einflussfaktoren und Analyse von Wirkbeziehungen

- Analysieren Sie, welche (Kombination von) Einflussfaktoren in besonderer Weise extrem positive bzw. extrem negative Entwicklungen in der Zukunft hauptsächlich bedingt haben.
- Nehmen Sie dabei, die Wechsel- bzw. Wirkbeziehungen in den Blick (z. B. Verstärkung, gegenläufige Tendenzen, Wirkungsneutralität).

5 Maßnahmen und Handlungsmöglichkeiten

Erarbeitung eines Maßnahmenkatalogs, um sich möglichst dem positiven Extremszenario anzunähern. Ziehen Sie dazu Konsequenzen aus den entwickelten Szenarien und entwickeln Sie Handlungs- bzw. Gestaltungsstrategien, die dazu dienen, gewünschte Entwicklungslinien zu unterstützen sowie unerwünschten Entwicklungen entgegenzuwirken bzw. sie abzuschwächen. Dabei sollten Sie sich die Frage stellen, was gesellschaftliche Akteure zur Zielerreichung beitragen können, z. B.:
- Was kann ich, kann jede:r Einzelne tun?
- Was können wir gemeinsam in Gruppen tun (Verbände, Parteien, Vereine, Bürgerinitiativen ...)?
- Was können/sollten Unternehmen tun?
- Was können/sollten die großen Verbände (z. B. Gewerkschaften, Wirtschaftsverbände ...) und Nichtregierungsorganisationen tun?
- Was kann/sollte der Staat tun?
- Was können/sollten supranationale Verbünde (z. B. die EU) und die internationale Staatengemeinschaft tun?

Bearbeiter

Durchführung eines qualitativen Interviews

Mit einem qualitativen Interview möchte man die soziale Wirklichkeit aus der Perspektive einer konkreten Person kennenlernen. Meinungen, Einstellungen, Ansichten und Hintergründe, die bis dahin möglicherweise nur theoretisch bekannt waren, sollen durch das qualitative Interview zutage treten. In einem quantitativen Interview dagegen sammelt man die Antworten möglichst vieler Interviewpartner, um das untersuchte Verhalten in Form von zahlenmäßigen Ausprägungen möglichst genau zu beschreiben und vorhersagbar zu machen.

So gehen Sie vor:

1 Vorbereitung

- Wer ist die Person die interviewt wird (Alter, Geschlecht, Einstellung, Erfahrungen)?
  - Gibt es hervorzuhebende Thesen, Standpunkte, Aussagen oder auch Klischees?
- Welches Ziel soll mit dem Interview verfolgt werden? Was will man erfahren?
- Wie können die Fragen zu sinnvollen Themen gebündelt werden?
  - Auswahl geeigneter Teilaspekte des Themas, die jeweils in einer Frage abgearbeitet werden können
  - Formulierung offener Fragen, die eine kritische Auseinandersetzung mit dem Thema ermöglichen
- Welche Schwierigkeiten sind zu erwarten?

In dieser Phase können Sie in Gruppen zusammenarbeiten. Stellen Sie die Arbeitsgruppen nach der Wahl Ihrer Interviewpartner zusammen, um gemeinsam Fragen formulieren zu können.

2 Durchführung

- Unproblematische Fragen sollten zu Beginn gestellt werden, um die Interviewpartnerin bzw. den Interviewpartner nicht zu überfordern (z. B. sachliche Fragen vor emotionalen Fragen).
- Offene Fragen bringen die Gesprächspartnerin bzw. den Gesprächspartner zum Reden; Entscheidungsfragen (Ja-/Nein-Antworten) sind nicht ergiebig und auch Suggestivfragen sind zu vermeiden.
- Mit der Abschlussfrage soll die Person, die interviewt wird, noch einmal die Chance bekommen, auf etwas besonders Wichtiges hinzuweisen.
- Für die Durchführung empfiehlt es sich, das Gespräch aufzuzeichnen. Wichtig: Holen Sie sich für die Aufzeichnung unbedingt die schriftliche Erlaubnis Ihrer Gesprächspartnerin bzw. Ihres Gesprächspartners ein.

3 Nachbereitung

- Wurden alle Fragen gezielt beantwortet oder wurde an manchen Stellen ausgewichen?
- Welche Teile des Interviews sind wenig gehaltreich?
- Soll das Interview als Frage-Antwort-Text veröffentlicht werden oder wird die Berichtsform den Informationen besser gerecht?

In dieser Phase treten manchmal inhaltliche Schwierigkeiten auf, die durch Nachfragen geklärt werden können. Lassen Sie sich hier die Kontaktdaten Ihrer Interviewpartnerin bzw. Ihres Interviewpartners geben, die unkomplizierte Nachrecherchen ermöglichen.

Bearbeiterin Nach: Staatsinstitut für Schulqualität und Bildungsforschung (Hg.): Sozialpraktische Grundbildung: Nähe zur sozialen Wirklichkeit. München: Staatsinstitut für Schulqualität und Bildungsforschung 2012, S. 14

Eine amerikanische Debatte durchführen

Es handelt sich bei dieser Methode um eine Variante der Pro-Kontra-Debatte. Allerdings ist die amerikanische Debatte deutlich anspruchsvoller als die „einfache" Pro-Kontra-Debatte, da die Teilnehmenden mit jedem Beitrag Bezug auf die/den Vorredner:in nehmen müssen. Ziel der Methode ist es durch eine Perspektivübernahme die kontroversen Positionen zu erarbeiten und durch Argumente zu artikulieren.

So gehen Sie vor:

1 Vorbereitung

1. Zuspitzung der Themenstellung auf eine Ja-Nein-Frage (Entscheidungsfrage).
2. Der Kurs wird in zwei gleichgroße Gruppen aufgeteilt: Eine Pro- und eine Kontra-Gruppen.
3. Auf der Grundlage von Texten oder des vorangegangenen Unterrichts erarbeiten die Gruppen jeweils ihre Position zur Debattenfrage.
4. Für die erste Runde muss für jedes Gruppenmitglied ein Argument gefunden werden, welches die Position der Gruppe unterstützt.

2 Durchführung der 1. Runde

1. Die Gruppen sitzen oder stehen sich gegenüber und die Moderation (z. B. die Lehrkraft) eröffnet die Debatte und erteilt einer Seite das Wort.
2. Abwechselnd nennen die Gruppen eins ihrer Argumente (hierbei müssen sich die Argumente noch nicht aufeinander beziehen).
3. Wenn alle Argumente genannt wurden, beendet die Moderation die 1. Runde.

3 Durchführung der 2. Runde

1. Den Gruppenmitgliedern sind nun die Argumente der Gegenseite bekannt. Jede Gruppe versucht nun sich in einer Reihenfolge zu platzieren, die es ermöglicht das Argument der Vorrednerin bzw. des Vorredners aus der andern Gruppe mit einem eigenen Argument zu entkräften. (Es können auch neue Argumente mit aufgenommen werden.)
2. Die Moderation eröffnet erneut die Debatte und erteilt einer Seite das Wort.
3. Das erste Argument wird genannt, die gegnerische Seite greift das Argument auf, versucht es zu widerlegen und nennt ein weiteres Argument, das wiederum von der anderen Seite aufgegriffen wird. Sollten am Ende der Reihe noch nicht alle Argumente ausgetauscht sein, wird von vorne begonnen.
4. Die Moderation achtet auf die Einhaltung der Reihenfolge und beendet die Debatte.

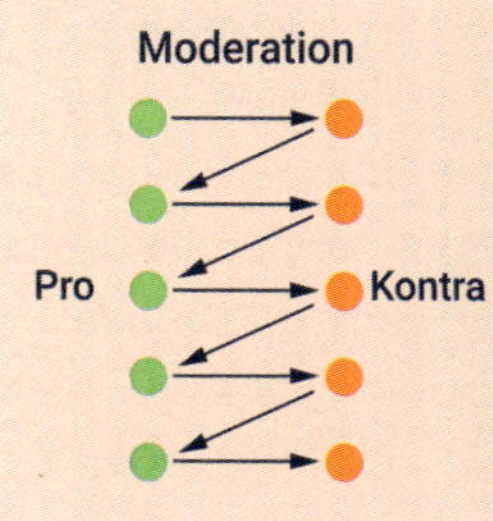

4 Bewertung

Abschließend geben sich die Teilnehmenden gegenseitig Feedback zu Ihren Redebeiträgen und der Argumentationsstruktur.

Bearbeiter

Eine Fishbowl-Diskussion durchführen

Diese Methode der Diskussionsführung hat den Vorteil, dass Mitglieder, die sonst in einer großen Gruppe nicht zu Wort kommen, jederzeit ihre Meinung äußern und aktiv mitdiskutieren können. Dadurch entsteht eine hohe Identifikation aller Teilnehmenden mit der Arbeit am Thema. Eine Person, die keine Lust mehr hat, aktiv mitzudiskutieren, kann einfach aussteigen und von außen zuhören. Dadurch bleibt die Diskussion stets aktiv.

So gehen Sie vor:

1 Vorbereitung

In einer Fishbowl-Diskussion haben jeweils drei Befürworter:innen und Gegner:innen der Fragestellung wie auch die beiden moderierenden Personen feste Plätze am Diskutantentisch. Zwei weitere Plätze können zur Diskussion einzelner Aspekte vom fachkundigen Publikum zeitweise besetzt werden, um neue Gesichtspunkte einzubringen oder konkrete Fragen an eine teilnehmende Person zu stellen. Es ist möglich, sich mehrfach in die Diskussion einzuschalten.

2 Durchführung

1. Machen Sie sich zunächst mit dem Thema und der Problemstellung vertraut: Worum geht es genau? Führen Sie in einer Abstimmung ein erstes Meinungsbild herbei und halten Sie es fest.
2. Bilden Sie Gruppen für die kontroversen Positionen. Es empfiehlt sich, diese Gruppen per Los oder nach dem Zufallsprinzip zusammenzustellen. Sie sollen nämlich nicht Ihre persönliche Meinung weiter ausführen, sondern sich in unterschiedliche Standpunkte einarbeiten und diese argumentativ vertreten.
3. Mit Hilfe geeigneter Materialien setzen sich die Gruppen mit „ihren" Positionen auseinander. Dabei werden auch Gegenargumente gewürdigt. Anschließend verständigen sich die Gruppen auf ihre Vertreter:innen in der Fishbowl-Diskussion. Die anderen fungieren als Zuhörende, die sich aber in die Diskussion einschalten können.
4. Zwei Personen übernehmen die Moderation und bereiten sich auf ihre Aufgabe als Diskussionsleitung vor.

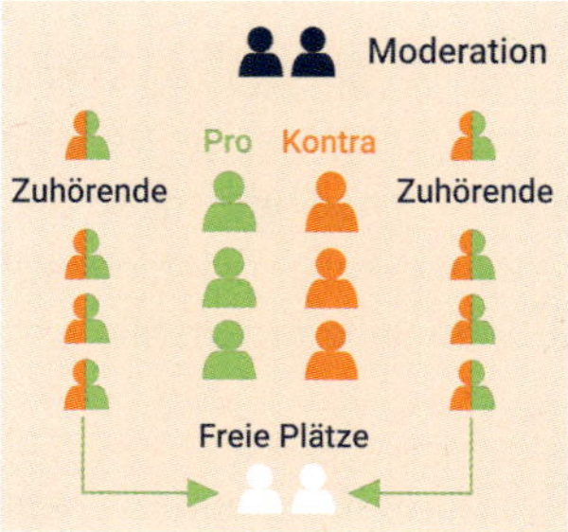

5. Für die Durchführung ist es notwendig, eine geeignete Sitzordnung herzustellen (→ Schaubild).
6. Die Moderation führt in das Thema ein, stellt die Vertreter:innen vor, begrüßt die Zuhörenden erklärt den Ablauf und eröffnet die Diskussion. Während der Diskussion erteilt und entzieht die Moderation das Wort und achtet auf die Zeit. Die Gruppensprecher:innen halten jeweils ein kurzes Eingangsstatement (max. 1 Minute). Anschließend erfolgt in Rede und Gegenrede der Austausch der Argumente und Gegenargumente (ca. 20 min.). Die Moderation beendet die Diskussion.
7. Möchte einer der Zuhörenden sich in die Diskussion einschalten, so setzt sie/er sich auf einen freien Stuhl. Nachdem sie/er das Wort erhalten und ggf. eine Antwort bekommen hat, verlässt sie/er diesen Platz wieder.

3 Auswertung

1. In der Auswertung fordern die Moderation die Zuhörenden auf, mitzuteilen, welche Argumente sie überzeugt haben und die dahinterstehenden Werte zu reflektieren. Auch den Ablauf der Veranstaltung sollen sie bewerten.
2. Abschließend lösen sich alle von ihren Rollen, und es wird eine zweite Abstimmung durchgeführt. Das Ergebnis wird mit dem ersten Meinungsbild verglichen, Unterschiede werden hinterfragt.

Bearbeiter

Eine Pro-Kontra-Diskussion führen

Bei einer ProKontraDiskussion handelt es sich um eine „zugespitze" Form einer Diskussion, die formal nach genau festgelegten Regeln abläuft. Die Pro und Kontra-Gruppen stehen oder sitzen sich gegenüber. Sie diskutieren mit dem Ziel, die Mehrheitsverhältnisse jeweils zu ihren Gunsten zu verändern. Am Anfang und am Ende einer ProKontraDiskussion steht jeweils eine Abstimmung. Das Ziel der ProKontra-Diskussion ist es, möglichst viele Begründungsmöglichkeiten zu einer Frage kennen zu lernen und so die eigene Urteilsgrundlage zu erweitern.

So gehen Sie vor:

1 Stimmungsbild erheben und Vorbereitung

1. Führen Sie zur Entscheidungsfrage eine erste Abstimmung zur Erhebung des Stimmungsbildes durch. Halten Sie das Ergebnis an der Tafel, auf einer Folie o. Ä. fest.
2. Teilen Sie die Klasse in zwei etwa gleich große Gruppen ein. Eine Gruppe übernimmt die Pro, die andere die KontraPosition.
3. Beide Gruppen bereiten sich mit Hilfe der Materialien des Kapitels (ggf. auch mittels weiterer Recherchen) auf die Diskussion vor.
4. Wählen Sie eine Abordnung (ca. 45 Personen) beider Gruppen, die an der Diskussion teilnehmen wird.
3. Wählen Sie eine Moderation, die kurz in die Thematik einführen, die Redeliste führen und für einen ordnungsgemäßen Ablauf sorgen wird.

2 Durchführung

1. Beide Gruppen sitzen sich (ähnlich wie im britischen Unterhaus) gegenüber.
2. Die Moderation eröffnet die Diskussion und fordert pro Gruppe eine Person auf, ihre Position kurz zu verdeutlichen.
3. Im weiteren Verlauf wechseln sich die Redenden der beiden Gruppen nach jedem Redebeitrag ab. Die Moderation führt eine Redeliste, auf der Meldungen der Reihe nach notiert werden und ruft auf.

3 Zweite Abstimmung und Auswertung

1. Am Ende der Diskussion (nach ca. 15 Minuten) erfolgt eine zweite Abstimmung, bei der alle ihre eigene (nun vielleicht veränderte) Position zur Streitfrage vertreten können.
2. Danach wird das Abstimmungsverhalten ausgewertet. (Was hat einen Meinungswandel verursacht? Welche Argumente waren besonders überzeugend? Warum sind Sie (nicht) bei Ihrer Position geblieben? Welche Urteilskriterien waren entscheidend?)
3. Die Teilnehmenden erhalten abschließend eine Rückmeldung zu ihrer Argumentationsleistung von den Beobachtenden.

Bearbeiterin

Eine Collage erstellen

Eine Collage ist eine Technik der Kunst, bei der viele und unterschiedliche Materialien (häufig Fotos) neu zusammengesetzt werden. Durch die besondere Anordnung entsteht nicht nur eine optisch ansprechende Präsentation, sondern auch die Möglichkeit, eine Aussage zu transportieren.

So gehen Sie vor:

1 Inhaltliche Planung

- Aspekt bzw. einen Schwerpunkt des gestellten Themas auswählen
- Welche These soll verdeutlicht werden? Kann eine Entwicklung widergespiegelt werden? Welches Spannungsfeld/ Dilemma kann aufgezeigt werden?

2 Materialsammlung

- Mögliches Material: Bilder, Zeitungsüberschriften, Zitate; evtl. auch Statistiken …

3 Anordnung

Das Material so zusammensetzen, dass in der Anordnung eine Struktur erkennbar wird: z. B. eine zeitliche Entwicklung, eine Gegenüberstellung mehrerer Kategorien, der Blick aus unterschiedlichen Perspektiven …

Bearbeiterin

Eine strukturierte Mindmap erstellen

Eine Mindmap kann dazu dienen, vielfältige Informationen zu einem Thema übersichtlich darzustellen, bzw. neue Ideen und sinnvolle Verknüpfungen zu einem Thema zu generieren. Im Vergleich zum Brainstorming, bei dem alle Assoziationen unsortiert um einen Hauptbegriff in der Mitte geschrieben werden, hat eine Mindmap immer Struktur.

So gehen Sie vor:

1 Ideen und Informationen sammeln

- Geeignete Aspekte zum Schwerpunkt der Aufgabenstellung recherchieren bzw. den eigenen Gedanken freien Lauf lassen und Assoziationen notieren
- Informationen clustern und dadurch Punkte und Unterpunkte entwickeln

2 Struktur

- Das Hauptthema steht zentral in der Mitte (Papier in Querformat verwenden).
- Ausgehend davon folgen Äste und Unteräste zu verschiedenen Aspekten des Themas (vom Allgemeinen ins Detail).
- Wichtig ist die Konzentration auf Stichworte, um allzu viel Text zu vermeiden.
- Symbole und Farben tragen zur Übersichtlichkeit bei.

Bearbeiterin

Eine politische Talkshow durchführen

Bei der politischen Talkshow handelt es sich um ein fiktives, im Unterricht inszeniertes Streitgespräch, das sich z. B. um eine umstrittene politische Entscheidung, ein kontroverses Gesetzesvorhaben oder einen Gegenstand der öffentlichen Diskussion dreht. Im Fernsehen dient die politische Talkshow oft nicht nur der Information, sondern auch der Unterhaltung der Zuschauenden. Für den Unterricht interessant ist das Format, da in der politischen Talkshow nicht nur Argumente ausgetauscht werden (wie z. B. in der Debatte), sondern auch eine Perspektivübernahme erfolgt, so dass die Motive und Interessen der Akteure deutlich werden.

So gehen Sie vor:

1 Hintergründe recherchieren

- Was ist das Thema/die Fragestellung der Talkshow?
- Welche Positionen sollten vertreten sein?

2 Positionen erarbeiten und Vorbereitung

- Bilden Sie Gruppen, die jeweils eine Position erarbeiten. Eine Gruppe übernimmt die Rolle der Moderation.
- **Moderation**: Verschafften Sie sich einen Überblick über die verschiedenen Positionen:
  - Informieren Sie sich über zentrale Beweggründe/Argumente der Talkshowteilnehmenden.
  - Entwickeln Sie gemeinsam auf die jeweiligen Gäste zugeschnittene passende und interessante Fragen zu der Leitfrage.
- **Teilnehmende**:
  - Recherchieren Sie die zentralen Beweggründe (Hoffnungen, Ängste, Wünsche) der jeweiligen Rolle.
  - Entwickeln oder erschließen Sie daraus entsprechende Argumente
  - Versuchen Sie die Perspektive der jeweiligen Person zu übernehmen: Tauschen Sie sich in der Gruppe über die Rolle aus und gestalten Sie diese so, dass Sie sie plausibel und realistisch darstellen könnt – also nicht übertreiben oder ironisieren!
  - Bereiten Sie Ihren Auftritt in der politischen Talkshow vor (Notizzettel anlegen, wichtigste Beweggründe und Argumente klären usw.).
  - Einigen Sie sich ggf. per Los auf eine Person aus Ihrer Gruppe, die an der politischen Talkshow teilnimmt.
- **Bereiten Sie den Kursraum für die Talkshow vor**:
  - Platzieren Sie die Stühle für die Gäste der Talkshow und die Moderation in einem Halbkreis.
  - Das Publikum sollte so sitzen, dass es alle Teilnehmenden der Talkshow gut sehen kann

3 Durchführung der politischen Talkshow

Führen Sie die politische Talkshow durch:

- Die Moderation begrüßt das Publikum und die Teilnehmenden und führt kurz in die Thematik ein.
- In einer Vorstellungsrunde kann jeder Gast kurz die eigene Position zusammenfassen.
- Anschließend leitet die Moderation mit Fragen an die Gäste die Diskussion.
- Nach einer vorher festgelegten Zeit beendet die Moderation die Talkshow.

4 Auswertung

- Werten Sie die Talkshow anschließend aus:
- Stellen Sie die wichtigsten Argumente gegenüber. Welche Argumente waren besonders überzeugend?
- Die Zuschauenden geben den Teilnehmenden der Talkshow eine Rückmeldung zu ihrer Argumentationsleistung und der Umsetzung des Rollenprofils.

Bearbeiterin

Ein Gruppenpuzzle durchführen

Diese Methode arbeitet mit zwei Gruppenformen, der Stamm- und der Expertengruppe. Die Mitglieder eines Kurses werden dabei in Gruppen eingeteilt. Jede Gruppe bearbeitet das Gesamtthema, jedoch jedes Mitglied in Einzelarbeit einen anderen Teil.

So gehen Sie vor:

1 Vorbereitung

1. Teilen Sie den Kurs in Stammgruppen von drei bis sechs Personen auf.
2. Teilen Sie jedem Mitglied einer Stammgruppe eine Teilaufgabe zu. Jedes Gruppenmitglied wird somit zur „Expertin“ bzw. zum „Experten“ eines Themas. Geben Sie sich ausreichend Zeit, damit Sie sich in Ihr Thema einarbeiten können.

2 Bildung von Expertengruppen

1. Bilden Sie nun „Expertengruppen“, indem sich Mitglieder des gleichen Themengebiets treffen und ihre Ergebnisse vergleichen.
2. Erarbeiten Sie für das Ihnen zugeteilte Thema gemeinsam eine Mindmap sowie ein Set aus drei Quizfragen!

3 Rückkehr der Expertinnen und Experten in die Stammgruppe

1. Kehren Sie als „Expertin“ bzw. „Experte“ anschließend in Ihre ursprüngliche Gruppe zurück.
2. Vermitteln Sie Ihren anderen Gruppenmitgliedern, was Sie über Ihr Themengebiet erarbeitet haben.
3. Nach jedem Vortrag besteht die Möglichkeit, Verständnisfragen zu stellen, bevor die aktuelle Expertin bzw. der aktuelle Experte mit Hilfe der Quizfragen den Kenntnisgewinn kontrolliert.

Bearbeiter

Ein Placemat bearbeiten

Mit Hilfe eines Placemats („Platzdeckchen") könnt ihr in Kleingruppen eure Ideen, Meinungen und Lösungsvorschläge zu einem Thema mit grafischer Unterstützung zusammenführen. Das Placemat-Verfahren hilft dabei, zunächst eigene Ideen und Ergebnisse zu einem Gruppenergebnis zusammenzuführen.

So gehen Sie vor:

1 Gruppen bilden und Placemat vorbereiten

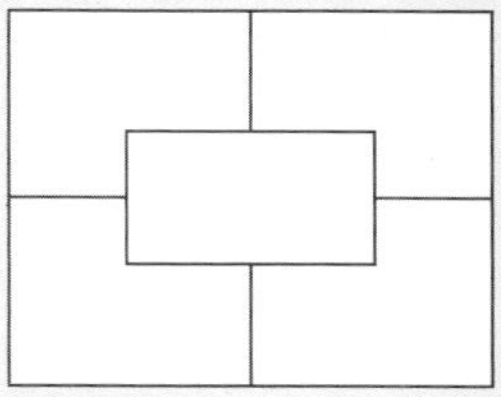

1. Bilden Sie Vierergruppen und versammelt Sie sich jeweils an einem Gruppentisch.
2. Nehmen Sie ein weißes Blatt Papier (am besten A3 oder größer) und zeichnen Sie die nebenstehende Grafik nach.
3. Legen Sie die Grafik mitten auf den Gruppentisch.

2 Durchführung des Placemat-Verfahrens

1. Jedes Gruppenmitglied hat einen Außenbereich in der Grafik für sich. In diesen Bereich können Sie Ihre Ideen zu dem Thema stichpunktartig eintragen.
2. Tauschen Sie sich über Ihre Einträge aus, wenn alle ihre Felder ausgefüllt haben. Drehen Sie hierfür das Placemat einfach immer ein Stück weiter. So erfahrt Sie die Ideen der anderen.
3. Sie können die Ideen der anderen auch mit eigenen Ideen ergänzen.
4. Wenn das Placemat wieder in der Ausgangsposition liegt, können Sie lesen, was die anderen Gruppenmitglieder in Ihrem Felder hinzugefügt haben.
5. Nun werden die Einträge in der Gruppe diskutiert. Einigen Sie sich auf 3 Ideen/ Punkte, die im leeren Feld in der Mitte notiert werden.

3 Vorstellung

1. Stellen Sie Ihre Ergebnisse in der Klasse vor.
2. Vergleichen Sie Ihre Ergebnisse mit den Ergebnissen der anderen Gruppen. Gibt es Gemeinsamkeiten oder Unterschiede?

Bearbeiter

Lexikon Sozialkunde

A

Armut
Von absoluter Armut spricht man, wenn einer Person weniger als 1,25 US-Dollar (ca. 1 Euro) pro Tag zur Verfügung steht. Von relativer Armut spricht man, wenn das Einkommen weniger als 60 % des Durchschnittseinkommens in einem Land (Staat) beträgt.

B

Binnenmarkt
Ein Wirtschaftsraum, in dem einheitliche Bedingungen für den Verkehr von Waren, Dienstleistungen und Kapital herrschen. Bürger können ihren Wohn- und Arbeitsort frei wählen. Der Binnenmarkt in der EU wurde zum 1. Januar 1993 verwirklicht.

Bruttoinlandsprodukt/BIP
Messgröße, mit der der Gesamtwert aller in einem (Kalender-)Jahr in den Landesgrenzen einer Volkswirtschaft hergestellten Waren und Dienstleistungen – nach Abzug aller Vorleistungen – abgebildet wird. Die Veränderung des BIP von Jahr zu Jahr nennt man Wirtschaftswachstum.

Bundeskanzler:in
Der Chef oder die Chefin der Bundesregierung. Er oder sie bestimmt die Richtlinien der Politik und trägt die Verantwortung dafür. Er oder Sie wird vom Bundestag gewählt.

Bundespräsident:in
Das Staatsoberhaupt der Bundesrepublik. Er oder sie repräsentiert Deutschland nach außen. Außerdem gehören zu den Aufgaben die Ernennung und Entlassung der höchsten Staatsbeamten und die Unterzeichnung der vom Bundestag verabschiedeten Gesetze.

Bundesrat
Der Bundesrat ist ein Teil der Legislative. Über ihn wirken die Länder an der Gesetzgebung des Bundes mit. Der Bundesrat muss bei Gesetzen, die Länderinteressen berühren oder die Verfassung ändern, zustimmen, damit diese in Kraft treten können. Bei anderen Gesetzen kann er Einspruch erheben, der aber vom Bundestag überstimmt werden kann.

Bundesregierung
Oberstes Exekutivorgan der Bundesrepublik Deutschland bestehend aus Bundeskanzler:in und Bundesminister:innen. Hauptaufgaben: Umsetzung der Bundesgesetze, Ausarbeitung und Vorschlag von Gesetzen (Initiativrecht). Die Ministerien bereiten Gesetze vor (*Ressortprinzip*), die B. schlägt diese Gesetze gemeinsam vor (*Kollegialprinzip*). Der/Die Bundeskanzler:in bestimmt aber die Grundlagen der Regierungspolitik (*Kanzlerprinzip, Richtlinienkompetenz*).

Bundestag
Der Bundestag verkörpert das einzige direkt vom Volk gewählte Verfassungsorgan. Er ist das Parlament der Bundesrepublik Deutschland und die Versammlung der von den deutschen Bürgern gewählten Repräsentanten (Parlament).

Bundesverfassungsgericht
Höchstes deutsches Gericht mit Sitz in Karlsruhe. Das Bundesverfassungsgericht wacht darüber, dass Parlamente, Regierungen und Gerichte in Deutschland das Grundgesetz einhalten. Alle Bürger:innen können eine Verfassungsbeschwerde beim Bundesverfassungsgericht einreichen.

D

Demografischer Wandel
So werden die Veränderungen in der Bevölkerungszusammensetzung hinsichtlich ihrer Größe und Struktur (z. B. Alterszusammensetzung) bezeichnet.

E

Europäische Union
Die Gemeinschaft von heute (2023) 27 europäischen Staaten wurde 1957 als Wirtschaftsbündnis gegründet. Neben der gemeinsamen Politik in allen wirtschaftlichen Bereichen wurde im Vertrag von Maastricht (1992) auch eine Zusammenarbeit in der Außen- und Sicherheitspolitik sowie der Justiz- und Innenpolitik beschlossen.

F

Finanzmärkte
Sammelbegriff für alle Märkte, an denen Geldtransaktionen stattfinden. Die wichtigsten Teilmärkte sind der Devisenmarkt (Handel mit verschiedenen Währungen), Geldmarkt (kurzfristige Wertpapiere und Kredite) und Kapitalmarkt (langfristige Wertpapiere und Kredite). Der Handel kann über feste Einrichtungen (z. B. Börse, Zentralbank) erfolgen, aber auch direkt zwischen Banken, Unternehmen und Privatpersonen.

G

Gesellschaft
Eine Gesellschaft bezeichnet einen relativ dauerhaften Verbund von Gemeinschaften/ Gruppen, die innerhalb einer politischen und wirtschaftlichen Ordnung leben und gemeinsame Normen und Werte teilen.

Gewaltenteilung
Verteilung der drei Gewalten Gesetzgebung (Legislative), Verwaltung (Exekutive) und Gerichtsbarkeit (Judikative) auf verschiedene, voneinander unabhängige Staatsorgane. In der Regel sind dies Parlament, Regierung und Verwaltung und eine unabhängige Richterschaft. In der Bundesrepublik Deutschland ist die klassische Gewaltenteilung teilweise durchbrochen (Gewaltenverschränkung)

Globalisierung
Die wachsende Verflechtung der Weltwirtschaft, ermöglicht u. a. durch die Ausweitung der Kommunikationsmedien und enger Verkehrsverbindungen.

Grundgesetz
Die Verfassung der Bundesrepublik; sie regelt den Aufbau, die Aufgaben und das Zusammenspiel der Staatsorgane. Im Grundgesetz werden auch die Grundrechte garantiert.

Grundrechte
In der Verfassung garantierte Rechte, die für jeden Einzelnen gewährleistet werden, wie zum Beispiel die Meinungsfreiheit, die Versammlungsfreiheit und die Menschenwürde.

I

Interessenverband
Zusammenschluss von Einzelpersonen oder Organisationen (z. B. Wirtschaftsunternehmen), die dadurch ihre Interessen politisch durchzusetzen versuchen. Es kann sich um private Interessen handeln (z. B. Wirtschaftsverband, Gewerkschaften) oder um eher gemeinwohlorientierte Positionen (z. B. Umweltverband).

K

Kapital
Oberbegriff für alle Sachmittel (= Realkapital, z.B. Maschinen und Werkzeuge) und Finanzmittel (= Geldkapital, z.B. Guthaben auf dem Bankkonto), mit denen ein Unternehmen Leistungen erwirtschaften kann. In der Bilanz wird zwischen Eigenkapital und Fremdkapital (z.B. durch Kredite erlangtes Geld) unterschieden.

Koalition
Zusammenschluss zweier oder mehrerer Parteien, die gemeinsam eine Regierung bilden und Gesetzentwürfe ausarbeiten.

Konjunktur
Bezeichnet die aktuelle wirtschaftliche Entwicklung eines Landes. K. wird anhand von Indikatoren wie dem Bruttoinlandsprodukt, der Arbeitslosenquote und dem Konsumverhalten der Bevölkerung gemessen. Der *Konjunkturzyklus* beschreibt die Schwankungen der wirtschaftlichen Aktivität innerhalb eines bestimmten Zeitraums. Er umfasst eine Abfolge von Phasen, die sich idealtypisch in regelmäßigen Zeitabständen wiederholen: Aufschwung, Boom, Abschwung und Rezession sowie im Extremfall Depression.

Konservatismus
(von lat. conservare: bewahren) politische Weltanschauung, bei der die bestehende politische, wirtschaftliche und soziale Ordnung erhalten oder wiederhergestellt werden soll. Größere Reformen sind daher unerwünscht.

L

Leitzinsen
Zinssätze für Kredite und Guthaben, die eine Zentralbank einseitig festlegt. V.a.

über die Vergabe von Krediten an die Geschäftsbanken zu diesen Zinssätzen wird die Zinsentwicklung in der gesamten Volkswirtschaft beeinflusst, da die Geschäftsbanken bei der Vergabe von Krediten an Unternehmen und Privatpersonen entsprechend reagieren.

Liberalisierung
Abbau von Handelshemmnissen in den Bereichen Waren, Dienstleistungen und Kapital.

Liberalismus
(von lat. liber: frei) Weltanschauung, die im 18.Jahrhundert entstanden ist und den Wert der Freiheit in den Vordergrund stellt. Liberalistische Strömungen gibt es sowohl auf politischer als auch auf wirtschaftlicher Ebene. Im politischen Bereich wird v.a. die Freiheit des einzelnen Menschen betont, woraus die Forderung nach Prinzipien wie das Recht auf Selbstbestimmung und Meinungsfreiheit oder die Beschränkung politischer Macht entsteht. Im wirtschaftlichen Bereich liegt der Fokus auf der Unabhängigkeit der Unternehmen vom Staat mit Forderungen wie Privateigentum und freiem Wettbewerb.

M

Magisches Viereck
Modell zur Darstellung und Analyse von wirtschaftlichen, gesellschaftlichen und ökologischen *Zielbeziehungen*, das auf dem Stabilitäts- und Wachstumsgesetz von 1967 gründet. Es besteht aus vier gleichberechtigten und voneinander abhängigen Zielen, die alle gleichzeitig und in ihrer Gesamtheit angestrebt werden sollen: Preisniveaustabilität, Wirtschaftswachstum, außenwirtschaftliches Gleichgewicht, hoher Beschäftigungsstand.

Mehrheitswahlrecht
Danach ist gewählt, wer in seinem Wahlkreis die Mehrheit der Stimmen erhalten hat, die Minderheiten werden nicht berücksichtigt. Relative Mehrheit: Gewählt ist, wer die meisten Stimmen hat. Absolute Mehrheit: Gewählt ist, wer mehr als die Hälfte der Stimmen erzielt. Qualifizierte Mehrheit: Eine vereinbarte Mehrheit, z. B. 2/3 der Stimmen, muss erreicht werden.

Migration
Im Laufe der Geschichte haben sich immer wieder kleinere oder größere Gruppen von Menschen oder ganze Völker auf Wanderungen begeben. Dies hatte ganz unterschiedliche Gründe: So wurden die Menschen aus religiösen oder politischen Motiven verfolgt, andere waren arm und sahen für sich und ihre Kinder keine Zukunft mehr in ihrer Heimat. Alle diese Wanderungen (lat. migrare = wandern) nennt man Migration.

Monopol
Unter einem Monopol versteht man eine Marktform, in der ein Unternehmen als alleiniger Anbieter auftritt oder einen so großen Marktanteil besitzt, dass er allein die Preise kontrollieren kann und damit über eine besondere Marktmacht gegenüber den Nachfragern bzw. Konsumenten verfügt

O

Opposition, parlamentarische
Abgeordnete in einem Parlament, die nicht den Regierungsfraktionen angehören. Hauptfunktion: Kontrolle der Regierung mit Hilfe parlamentarischer Kontrollinstrumente (u. a. kleine und große Anfragen, Untersuchungsausschüsse), öffentliches Aufzeigen alternativer politischer Positionen

P

Partei, politische
Zusammenschluss von Menschen mit (sehr) ähnlichen politischen Positionen mit dem Ziel, bei Wahlen anzutreten und die politische Macht zu erringen. Funktionen für das politische System: Bündelung der vielen gesellschaftlich vorhandenen Interessen (*Aggregationsfunktion*), Heranführen von Menschen an das politische System sowie Auswahl von Amts- und Mandatstragenden (*Rekrutierungs- und Auswahlfunktion*) und Hineintragen der gesellsch. Interessen ins politische System (*Artikulationsfunktion*).

Partizipation, politische
1. Grad der politischen Teilhabe von Menschen in einem System; 2. Normativer Anspruch demokratischer Systeme, Bürger:innen politisch teilhaben zu lassen. Funktionen: Artikulation gesellschaftlicher

Interessen, Einbindung aller Menschen ins politische System (*Integration*), Repräsentation der Bürgerinteressen im politischen System, *Kontrolle* der Machthaber:innen.

Pluralismus
Unter Pluralismus ist der legitime Wettbewerb unterschiedlichster und zum Teil auch entgegengesetzter Interessen zu verstehen. Er basiert auf der Gewährleistung zentraler Grundrechte wie der Meinungs und Pressefreiheit, der Versammlungsfreiheit und dem Recht auf Bildung von Vereinen und Parteien.

Politik
Politik bedeutet die allgemeinverbindliche oder auf Allgemeinverbindlichkeit zielende Problemlösung oder Gestaltung des Gemeinwesens. Unterschieden werden drei Dimensionen der Politik: policy (Inhalte), polity (Rahmen), politics (Konflikte).

Protektionismus
(engl. to protect: schützen) Schutz der eigenen Wirtschaft im Ganzen oder einzelner Branchen vor ausländischen Anbietern, z.B. um Arbeitsplätze im Inland zu erhalten. Der Staat nutzt dazu Mittel wie Einfuhrverbote, Einfuhrzölle oder spezielle Verwaltungsvorschriften, die die Einfuhr von Gütern oder Dienstleistungen zeitlich und/oder preislich erschweren.

R

Rechtsstaat
Ein Rechtsstaat ist ein Staat, in dem die öffentliche Gewalt an eine objektive Rechtsordnung gebunden ist. In einem Rechtsstaat ist die Macht des Staates begrenzt, um die Bürger vor gesetzloser Willkür zu schützen.

S

Soziale Marktwirtschaft, Prinzipien
Grundsätze und Leitbilder ordnungspolitischer Entscheidungen, die bei einer inhaltlichen Konkretisierung durch die politischen Akteure teils in einem Spannungsverhältnis zueinander stehen. Als Grundp. gelten das *Eigentumsp.* (Schutz des Rechts auf Eigentum) und das *Haftungsp.* (Verantwortung für wirtschaftlichen Erfolg und Misserfolg). Im Sinne einer marktwirtschaftlichen Ordnung bildet der freie Wettbewerb zwischen den Unternehmen eine zentrale Säule (*Wettbewerbsp.*). Dies soll Innovationen, breites Angebot und niedrige Preise bewirken. Eingriffe des Staates in den Markt wiederum genügen dem P. der *Marktkonformität*, wenn diese das freie Zusammenspiel von Angebot und Nachfrage weiterhin ermöglichen.

Sozialstaat
Bezeichnung für einen Staat, der seinen Bürgern ein Existenzminimum sichert, wenn sie in Not geraten sind, und für einen gerechten Ausgleich zwischen Reichen und Bedürftigen sorgt. In Deutschland geschieht dies z.B. durch die Sozialversicherungspflicht und durch staatliche Unterstützung, wie Sozialhilfe, Kindergeld oder Ausbildungs und Arbeitsförderung.

V

Verhältniswahlrecht
Jede Partei bekommt so viele Sitze im Parlament, wie sie prozentual Stimmen von den Wählern erhalten hat. Auch Minderheiten werden berücksichtigt.

W

Wahlen, demokratische
Klassische Partizipationsform der wahlberechtigten Bürger:innen in repräsentativen Demokratien. In Deutschland gelten nach Art. 38 GG fünf *Wahlrechtsrundsätze* (*allgemeine, freie, gleiche, geheime, unmittelbare* Wahlen). In allen Demokratien werden die Parlamente direkt von den Wahlberechtigten gewählt, in manchen auch das Staatsoberhaupt und/oder der/die Regierungschef:in.

Wirtschaftskreislauf
Modell, in dem die Tauschvorgänge zwischen den Wirtschaftssubjekten (private Haushalte, Unternehmen, Staat, Banken; erweiterte Darstellung umfasst auch das Ausland) dargestellt werden.

Wirtschaftspolitik
Umfasst verschiedene Handlungsfelder, die darauf abzielen, die wirtschaftliche Entwicklung zu fördern und zu stabilisieren. Dazu gehören die Ordnungspolitik, die Strukturpolitik und die Prozesspolitik (auch: Konjunkturpolitik).

Register

Zur Benutzung des Registers: Fett gedruckte Seitenzahlen weisen auf die Erläuterung der Begriffe auf den „Wissen Kompakt"-Seiten hin. Kursiv gedruckte Seitenzahlen weisen auf den Begriff in einem verlinkten Onlinekapitel hin.

F

G

H

I

J

K

L

M

Operatoren in den Aufgaben

Die meisten Aufgaben in „**Politik & Co. Sek II – Rheinland-Pfalz**" enthalten sogenannte Operatoren. Operatoren sind bestimmte Verben, die Ihnen in den Aufgaben mitteilen, welche Tätigkeiten und welche Lösungsdarstellungen von Ihnen erwartet werden.
Damit es zu keinen Missverständnissen kommt, was Sie genau machen sollen, wenn Sie in den Aufgaben unterschiedliche Operatoren lesen, finden Sie in den nachfolgenden Tabellen genaue Beschreibungen aller in „**Politik & Co. Sek II – Rheinland-Pfalz**" verwendeten Operatoren.
Das vorliegende Lehrbuch „**Politik & Co. Sek II – Rheinland-Pfalz**" hat sich dabei an die Operatoren für das Fach „Sozialkunde" orientiert – hier aber vereinfacht. Die Operatoren sind drei Gruppen von unterschiedlichen Anforderungsbereichen zugeordnet.

Operatoren im Anforderungsbereich I

Operator	Beschreibung
nennen **wiedergeben** **zusammenfassen**	Fachbegriffe, Daten, Fakten und Aussagen in zusammengefasster Form darstellen
Beschreiben, **darstellen,** **darlegen**	wesentliche Sachverhalte im logischen Zusammenhang mit Hilfe von Fachsprache wiedergeben

Operatoren im Anforderungsbereich II

Operator	Beschreibung
analysieren	Materialien oder Sachverhalte systematisch auswerten. Es geht darum, Wesentliches von unwesentlichem zu trennen und die Strukturen mit Hilfe politischer Kategorien herauszuarbeiten.
einordnen	eine Position zuordnen oder einen Sachverhalt in einen Z usammen hang stellen
erklären	Sachverhalte durch Wissen und Einsichten in einen Zusammenhang (z. B. Regel, Gesetz) einordnen und deuten
erläutern	wie erklären, aber durch zusätzliche Informationen und Beispiele verdeutlichen
erarbeiten **ermitteln**	aus Materialien bestimmte Sachverhalte herausfinden, auch wenn sie nicht explizit genannt werden, und Zusammenhänge zwischen ihnen herstellen
interpretieren	Sinnzusammenhänge aus Materialien erschließen
vergleichen	Sachverhalte gegenüberstellen, um Gemeinsamkeiten, Ähnlichkeiten und Unterschiede herauszufinden

Operatoren im Anforderungsbereich III

Operator	Beschreibung
begründen	zu einem Thema oder Sachverhalt eine Position oder Auffassung mit Argumenten untermauern
Beurteilen, bewerten, Stellung nehmen	Unter Berücksichtigung sowohl zweck- als auch wertrationaler Kategorien und wesentlicher Perspektiven eine eigene Position formulieren
Formulieren, verfassen	Einen eigenen mündlichen oder schriftlichen Beitrag erstellen.
Entwickeln, entwerfen, erstellen	Planen und skizzieren von eigenen Reden, Strategien, Präsentationen, Spots oder anderen medialen Produkten sowie von eigenen Handlungsvorschlägen und Modellen
Präsentieren	Wie entwerfen, aber zusätzlich mit der sprachlichen Darlegung der Ergebnisse im Kurs, Oft auch mit medialer Unterstützung.
problematisieren	Wie beurteilen, zusätzlich aber mit der Notwendigkeit, das politische Problem heraus zu arbeiten
prüfen überprüfen	Inhalte, Sachverhalte, Vermutungen oder Hypothesen auf der Grundlage eigener Kenntnisse oder mit Hilfe zusätzlicher Materi alien auf ihre sachliche Richtigkeit bzw. auf ihre innere Logik hin untersuchen
diskutieren	Sich mit anderen Standpunkten, Positionen oder Thesen argumentativ auseinandersetzen.

Bildnachweis

© Suleiman Abu Dayyeh – S. 524; AdobeStock / alipko – S. 26; - / highwaystarz – S. 590; - / Christin Klose – S. 312; - / Tyler Olson – S. 61; Alamy Stock Photo / ART Collection – S. 346; - / Belga News Agency – S. 378; - Photo / Robert Clay – S. 257; - / CPA Media Pte Ltd – S. 366; - / GL Archive – S. 342; - / Gonçalo Silva – S. 431; - / Granger Historical Picture Archive – S. 353; - / Imaginechina Limited – S. 574; - / Keystone Pictures USA – S. 229; - / Lebrecht Music and Arts Photo Library – S. 348; - / Panther Media GmbH – S. 414; - / francois pauletto – S. 405; - / Mo Peerbacus – S. 470; - / Pictorial Press Ltd – S. 223, 350; - / Peter Probst – S. 37, 123, 233, 292, 583, 584; - / The History Collection – S. 206; - / Urbanmyth Images – S. 584; - / ZUMA Press, Inc. – S. 145; Alternative für Deutschland (AfD) – S. 36, 123, 233, 292; Baaske Cartoons / Fritz Behrendt – S. 505; - / Harm Bengen – S. 558; - / Gerhard Mester – S. 16, 18, 424, 449 (2), 572, 604; - / Burkhard Mohr – S. 80; - / Thomas Plaßmann – S. 57, 76, 183, 266, 284, 294; Barmbeker Schallarchiv / DAS MAGAZIN, Nr. 171, 1938, S. 16 – S. 98; Bergmoser + Höller Verlag, Aachen – S. 195, 196 (2); Bundesregierung / Steffen Kugler – S. 196; Bundeswehr / Thomas Finkeldey – S. 374; © 2014 Bundeswehr / Wilke – S. 364; © Bundesrat / Dirk Michael Deckbar – S. 163; BÜNDNIS 90 / DIE GRÜNEN / www.gruene.de – S. 37, 123, 182, 233, 292; Cagle Cartoons / Jianping Fan – S. 599; Cartoonstock / Tjeerd Royaards – S. 498; CDU Bundesgeschäftsstelle, Berlin – S. 36, 123, 232, 291; CSU - Christlich-Soziale Union in Bayern e. V. – S. 36, 123, 232, 291; Deutscher Bundestag / Axel Hartmann – Cover - / Xander Heinl / photothek – S. 403, 541; - / Leon Kügeler, photothek – S. 173; - / Achim Melde – S. 171, 190; - / photothek.net, Thomas Koehler – S. 321; - / photothek.net, Thomas Köhler – S. 120, 156; - / photothek, Felix Zahn – S. 22; - / Marc-Steffen Unger – S. 173, 175; DIE LINKE, Bundesgeschäftsstelle Berlin – S. 37, 123, 233, 285, 289, 292; DIZ / Süddeutscher Verlag, Bilderdienst, S. M. Süddeutsche Zeitung Photo – S. 226; Europäische Union, 2020, Mauro Bottaro, Claudio Centonze – S. 379; © FDP – S. 37, 123, 182, 232, 285, 293, 297; Fotolia / EvrenKalinbacek – S. 574; - / guenterrmanaus – S. 590; - / javiindy – S. 87; - / ktsdesign – S. 459; GEO EPOCHE / Stefanie Peters - S. 507; Gerichtshof der Europäischen Union – S. 380; Getty Images / Steve Pyke – S. 273; Getty Images Plus / DigitalVision, Christopher Robbins – S. 60; - / iStock Editorial, David_Bokuchava – S. 450; - / iStock Editorial, ZZ3701 – S. 202; - / iStockphoto, Anastasiia_M – S. 496; - / iStockphoto, AndreyPopov – S. 459; - / iStockphoto, Yuriy Altukhov – S. 100; - / iStockphoto, anttohoho – S. 181 (2); - / iStockphoto, arcady_31 – S. 100; - / iStockphoto, ASphotowed – S. 574; - / iStockphoto, Atlas Studio – S. 272; - / iStockphoto, Blankstock – S. 100; - / iStockphoto, ChristianDXB – S. 414; - / iStockphoto, Clarini – S. 362; - / iStockphoto, curraheeshutter – S. 442; - / iStockphoto, flowgraph – S. 496; - / iStockphoto, Gal-Art – S. 414; - / iStockphoto, gorodenkoff – S. 44; - / iStockphoto, gpointstudio – S. 87; - / iStockphoto, GreenOptix – S. 496; - / iStockphoto, Indigo Diamond – S. 100; - / iStockphoto, iZhenya – S. 508; - / iStockphoto, JackF – S. 414; - / iStockphoto, jzehnder – S. 442; - / iStockphoto, kzenon – S. 44; - / iStockphoto, lantapix – S. 496; - / iStockphoto, Leks_Laputin – S. 26; - / iStockphoto, chayakorn lotongkum – S. 26; - / iStockphoto, MilosCirkovic – S. 590; - / iStockphoto, monkeybusinessimages – S. 22, 44, 98; - / iStockphoto, nevarpp – S. 410; - / iStockphoto, nilimage – S. 60; - / iStockphoto, Artem Novosad – S. 100; - / iStockphoto, PanosKarapanagiotis – S. 336; - / iStockphoto, Panuwach – S. 100; - / iStockphoto, Peacefully7 – S. 181; - / iStock-

Bildnachweis

photo, Karen Poghosyan – S. 574; - / iStockphoto, royyimzy – S. 459; - / iStockphoto, sureshsharma – S. 496; - / iStockphoto, tacktack – S. 496; - / iStockphoto, Markus Thoenen – S. 414; - / iStockphoto, trinculo_photo – S. 364; - / iStockphoto, upixa – S. 282; - / iStockphoto, vector simple style. – S. 508; - / iStockphoto, ViewApart – S. 574; - / iStockphoto, Xantana – S. 508; - / iStockphoto, yacobchuk – S. 22; - / iStockphoto, Zinkevych – S. 16, 334; - / Photos.com – S. 82; - / PHOTOS.COM, Jupiterimages – S. 87; © Constantin Grossman – S. 524; Walter Hanel, Bergisch-Gladbach – S. 266; Wilhelm Hartung – S. 236; imago images / Achille Abboud – S. 120; - / Belga – S. 109; - / CHROMORANGE, Cezary Wojtkowski – S. 503; - / Sven Eckelkamp – S. 476; - / epd – S. 359; - / Bernd Friedel – S. 306; - / Future Image – S. 279; - / Future Image, Frederic Kern – S. 151; - / Jürgen Heinrich – S. 22, 93; - / Jürgen Held – S. 269; - / IPON – S. 314; - / Italy Photo Press – S. 112; - / Chris Emil Janßen – S. 151, 179; - / Gerhard Leber – S. 357; - / Moritz Müller – S. 456; - / Photoshot, Construction Photography – S. 574; - / photothek, Florian Gaertner – S. 184, 539; - / photothek, Thomas Imo – S. 77; - / photothek, Thomas Koehler – S. 539; - / Michael Schick – S. 44; - / UPI Photo – S. 517, 528; - / UPI Photo, Oliver Contreras – S. 589; - / Xinhua – S. 397, 476, 574; - / ZUMA Wire – S. 486, 500; - / ZUMA Wire, Yousef Masoud – S. 502; - / ZUMA Wire, Yousef Mohammed – S. 500; Initiative Deutsche Wohnen & Co enteignen – S. 275; INSM - Initiative Neue Soziale Marktwirtschaft GmbH – S. 593; iStockphoto / acilo – S. 208; - / JohnGollop – S. 26; - / LeoPatrizi – S. 98; - / Tashi-Delek – S. 590; © 2019 IW Medien / iwd – S. 295; Jürgen Janson, Landau – S. 200, 565; Foto: JLU / Rolf K. Wegst – S. 388; © Benjamin Krieg – S. 135; LobbyControl / Jakob Huber – S. 426; LUFF (Rolf Henn), Hennweiler – S. 162; Mauritius Images / Alamy Stock Photo, Alamy Live News, Pacific Press, Giuseppe Ciccia – S. 442; - / Alamy Stock Photo, Leo Cavallo – S. 379; - / Alamy Stock Photo, SAGAPHOTO.COM, GAUTIER Stephane – S. 431; - Images / ClassicStock, Charles Phelps Cushing – S. 258; Arno Mohr, Unkenbach – S. 42; © mr-kartographie, Gotha, Erstveröffentlichung: Informationen zur politischen Bildung, Nr. 336, 1/2018, Israel, Bundeszentrale für politische Bildung/bpb, Bonn – S. 518; NEL cartoons / www.nelcartoons.de – S. 47, 256; obs / ZDFinfo, René Dame – S. 128; © Peter Palm, Berlin – S. 511, 523, 530; picture-alliance / ASSOCIATED PRESS – S. 516; - / AA, Issam Rimawi – S. 503; - / abaca, AA – S. 569; - / AP, JIM PRINGLE – S. 514; - / AP Photo, Mahmoud Illean – S. 503, 528; - / ASSOCIATED PRESS, Michael Kappeler – S. 591; - / ASSOCIATED PRESS, Ariel Schalit – S. 502; - / ASSOCIATED PRESS, Tobias Schwarz – S. 500; - / blickwinkel, H. Blossey – S. 202; - / Georg Brock – S. 367; - / dieKLEINERT, Bernhard Foerth – S. 562; - / dieKLEINERT.de, Kostas Koufogiorgos – S. 400, 436, 467; - / dieKLEINERT.de, Schwarwel – S. 266 (2); - / dpa / AFP-POOL, Odd Andersen – S. 202; - / dpa, Andy_Rain – S. 214; - / dpa, dpaweb, epa afp – S. 519; - / dpa, epa afp Gali Tibbon – S. 517; - / dpa / FDP / instagram, Volker Wissing – S. 187; - / dpa Grafik, dpa-infografik GmbH – S. 553; - / dpa, Sebastian Gollnow – S. 470; - / dpa-infografik – S. 483; - / dpa-infografik GmbH – S. 413; - / dpa, Peter Kneffel – S. 230; - / dpa, Carsten Koall – S. 16; - / dpa, Kay Nietfeld – S. 168; - / dpa, Annette Riedl – S. 79; - / dpa, David_Rubinger_Via_Israeli_Government_Press_Office – S. 515; - / dpa, Christoph Schmidt – S. 230; - / dpa, Abir Sultan – S. 529; - / dpa / TASS, Gavriil Grigorov – S. 476; - / dpa / Us Coast Guard, Handout – S. 248; - / dpa, Bernd von Jutrczenka – S. 169; - / EPA, RONALD WITTEK – S. 491; - / EPA-EFE, Michel Euler, POOL – S. 563; - / EPA-EFE, RONALD WITTEK – S. 189; - / Geisler-Fotopress, Christoph Hardt – S. 91; - / Geisler-Fotopress, Anne Stubenrauch – S. 228, 230; - / Heirler – S. 355; - / Rainer Jensen – S. 73; - / JOKER, Konstantin Chernichkin/est&ost/J – S. 477; - / Hans Lucas, Steven Wassenaar – S. 574; - / Newscom – S. 502; - / Newscom, DEBBIE HILL – S. 502; - / Newscom | THE WHITE HOUSE – S. 543; - / Kay Nietfeld – S. 152; - / NurPhoto, Maciej Luczniewski – S. 68; - / Ossinger – S. 65; - / Pacific Press, Michael Debets – S. 230; - / Photoshot – S. 568; - / photothek, Thomas Trutschel – S. 22; - / REUTERS, IBRAHEEM ABU MUSTAFA – S. 513; - / REUTERS, MUSSA ISSA QAWASMA – S. 503; - / REUTERS, RONEN ZVULUN – S. 528; - / Klaus Rose – S. 104; - / Rohwedder – S. 228; - / Julian Stratenschulte – S. 16; - / Timeline Images, Isabella – S. 98; - / TT NEWS AGENCY, Pontus Lundahl – S. 589; - / Philipp von Ditfurth – S. 364, 377; - / Roland Weihrauch – S. 269; - / zb, Fritz Schumann – S. 377; - / ZUMAPRESS.com, Gil Cohen Magen – S. 528; - / ZUMAPRESS.com, Wisam Hashlamoun – S. 513; - / ZUMAPRESS.com, Luiz Roberto Lima – S. 22, 476; - / ZUMAPRESS.com, Ukrainian President's Office – S. 470; Thomas Plaßmann, Essen – S. 266; Robert Puleski / ver.di Bezirk Düssel-Rhein-Wupper, Fachbereich Handel – S. 202; Jane Reed / Harvard University – S. 273; Foto: RPTU/Koziel – S. 388; Heiko Sakurai, Köln – S. 130, 265, 408; © Una Ulrike Schäfer, Christoph Böhm, Erika Holter, Sebastian Schwesinger. (2018) Digitale Simulation einer Ansprache vor der Volksversammlung auf der Pnyx in Athen (Exzellenzcluster Bild Wissen Gestaltung) – S. 338; Shutterstock / 360b – S. 91; - / AlejandroCarnicero – S. 68, 442; - / Drop of Light – S. 480; - / Atsushi Hirao – S. 26; - / Kaliva – S. 551; - / Tabish Hassan Khan – S. 459; - / lev radin – S. 551; - / Alexandros Michailidis – S. 177, 364, 390; - / PhotoSGH – S. 122; - / PhotoStock10 – S. 478; - / plavi011 – S. 543; - / Michael von Aichberger – S. 282; SINUS Markt- und Sozialforschung GmbH – S. 88; SPD-Parteivorstand, Berlin – S. 36, 123, 182, 232, 291; Statista GmbH, Hamburg – S. 33, 49, 78, 120, 183 (2), 231, 295, 463 (4); Statistisches Bundesamt (Destatis), 2020 – S. 49; Klaus Stuttmann, Berlin – S. 222, 266, 586; The WomanStats Project, 2020 – S. 445; toonpool.com / Harm Bengen – S. 401; - / Marcus Gottfried – S. 322; - / HSB-Cartoon – S. 418; - / Waldemar Mandzel – S. 460, 469; - / Pfohlmann – S. 144; - / Jan Tomaschoff – S. 96; © Twitter / Jan Korte – S. 243; © Twitter / Frank Schäffler – S. 243; United Nations – S. 444; Adapted from: Ziele für nachhaltige Entwicklung. Bericht 2021, by Loris Jensen, ©2021 United Nations. Used with the permission of the United Nations. – S. 445; © Worldmapper.org – S. 452; www.wikimedia.org / Karl Martin Bolte – S. 85; - / Wilfried Huss – S. 462, 492.

Mediencodes / Onlinekapitel

AdobeStock / REUTERS, Arnd Wiegmann – S. 360, 72035-257, S. 2; - / vkilikov – S. 354, 72035-258, S. 1; (c) Prof. Sami Adwan – S. 525, 72035-409, S. 4; Baaske Cartoons / Gerhard Mester – S. 392, 72035-295, S. 1; - / Thomas Plaßmann – S. 261, 72035-187, Transformation Arbeitswelt, S. 5; © Daniel Bar-Tal – S. 525, 72035-409, S. 3; Harm Bengen / IG Metall – S. 261, 72035-187, Mitbestimmung im Unternehmen, S. 1 (2); Bergmoser + Höller Verlag, Aachen – S. 211, 72035-155, 276, 72035-197; Bundesregierung / Steffen Kugler – S. 533, 72035-419, S. 1; BÜNDNIS 90/DIE GRÜNEN, nteins – S. 139, 72035-98, S. 2; CartoonStock / Steve Greenberg – S. 570, 72035-454, globale Sicherheitsherausforderung, S. 1; CDU Deutschlands, Foto: CDU / Markus Schwarze – S. 139, 72035-98, S. 2; Deutscher Bundestag / Achim Melde – S. 308 (6), 72035-218, S. 1, 2 (2), 3 (2), 4; © FDP – S. 139, 72035-98, S. 6; Getty Images Plus / iStock Editorial, ginton – S. 90, 72035-59, S. 1; - / iStockphoto, GreenOptix – S. 404, 72035-304, S. 2; - / iStockphoto, Hermsdorf – S. 404, 72035-304, S. 3; - / iStockphoto, NiseriN – S. 552, 72035-440, S. 4, 596, 72035-480, S. 3; - / iStockphoto, sureshsharma – S. 439, 72035-345, S. 1; - / iStockphoto, Tuayai – S. 341, 72035-240, S. 1; Michael Hüter / Germanwatch e. V. / WEITBLICK 2/2013 – S. 139, 72035-98, S. 1; imago images / CTK Photo – S. 358, 72035-264, S. 1; - / Müller-Stauffenberg – S. 533, 72035-419, S. 5; - / photothek, Florian Gaertner – S. 533, 72035-419, S. 1; - / UIG, Mohammed Zaanoun S. 530, 72035-413, S. 1; - / VIADATA, Holger John – S. 503, 72035-397, S. 2; - / Xinhua – S. 525, 72035-409, S. 1; - / Xinhua, Ammar Safarjalani – S. 552, 72035-440, S. 4; - / ZUMA Wire, Michael Mullenix – S. 63, 72035-36, S. 1; - / ZUMA Wire, Naaman Omar – S. 530, 72035-413, S. 1; Mauritius Images / Alamy Stock Photo, Photo 12 – S. 376, 72035-283, S. 1; - / United Archives, TopFoto – S. 347, 72035-246; picture-alliance / ANP, Bas Czerwinski – S. 495, 72035-387, S. 1; - / arkivi – S. 90, 72035-59, S. 1; - / ASSOCIATED PRESS, Majdi Mohammed – S. 525, 72035-409, S. 1; - / Uli Deck – S. 392, 72035-294, S 1; - / dpa, epa epa afp Baz – S. 552, 72035-440, S. 4; - / dpa, Thomas Frey – S. 570, 72035-454, nukleare Teilhabe, S. 1; - / dpa, Rafal Guz – S. 392, 72035-294, S. 3; - / dpa-infografik – S. 570, 72035-454, nukleare Teilhabe, S. 1, War on Terror, S. 2; - / dpa, Wolfgang Kumm – S. 533, 72035-419, S. 2; - / dpa, Roberto Pfeil – S. 261, 72035-187, Tarifverhandlungen, S. 1; - / EPA, ATEF SAFADI – S. 525, 72035-409, S. 1; - / EPA-EFE, OMER MESSINGER – S. 503, 72035-397, S. 1; - / (c)Robert Hunt Library, Mary Evan – S. 552, 72035-440, S. 4; Heiko Sakurai, Köln – S. 392, 72035-294, S. 4; Shutterstock / Stephan Dost – S. 261, 72035-187, Bundeshaushalt, S. 1; - / photocosmos1 – S. 376, 72035-283, S. 1; - / TomaszKudala – S. 392, 72035-295, S. 3; © SPD-Parteivorstand, Foto: Peter Hönnemann – S. 139, 72035-98, S. 6; Statista GmbH, Hamburg – S. 143, 72035-104, S. 2, 261, 72035-187, Mitbestimmung im Unternehmen, S. 3, 376, 72035-283, S. 3, 404, 72035-303, S. 3, 475, 72035-372, 503, 72035-397, 72503-06, 596, 72035-480, S. 1; Klaus Stuttmann, Berlin – S. 55, 72035-28, S. 1; toonpool.com / Kostas Koufogiorgos – S. 541, 72035-427, S. 1; © Twitter / Branko Milanovic – S. 55, 72035-28, S. 4; www.wikimedia.org – S. 439, 72035-345, S. 1.